2017

中国城市经济年鉴

CHINA URBAN ECONOMY YEARBOOK

张巨功　主编

线装书局

图书在版编目（CIP）数据

中国城市经济年鉴. 2017 / 张巨功主编. -- 北京 :
线装书局, 2018.11
ISBN 978-7-5120-3476-1

Ⅰ. ①中… Ⅱ. ①张… Ⅲ. ①城市经济－中国－
2017－年鉴 Ⅳ. ①F299.2-54

中国版本图书馆CIP数据核字(2018)第249233号

2017中国城市经济年鉴

主　　编：张巨功
责任编辑：程俊蓉
装帧设计：张宇民
出版发行：线装書局
　　　　　地　址：北京市丰台区方庄日月天地大厦B座17层（100078）
　　　　　电　话：010-58077126（发行部）010-58076938（总编室）
　　　　　网　址：www.zgxzsj.com
经　　销：新华书店
印　　制：廊坊市华昌印务有限公司
开　　本：890mm×1240mm　1/16
印　　张：42
字　　数：1207千字
版　　次：2018年11月第1版第1次印刷
印　　数：0001—1000册

线装书局官方微信

定　　价：580.00元

《2017中国城市经济年鉴》编辑委员会

《2017中国城市经济年鉴》编辑委员会

副主任

《2017中国城市经济年鉴》编辑委员会

《2017中国城市经济年鉴》编辑委员会

《2017中国城市经济年鉴》编辑部

前言

2016年是决胜全面小康的“十三五”规划开局之年，也是推进结构性改革攻坚之年。经济发展新常态下，我国经济增长速度趋缓，新旧动能交替的现象十分突出，6.7%的GDP增速蕴含了比过去质量更高的经济总量。随着供给侧结构性改革的逐渐深入，资源配置不断优化，第三产业投资增长10.9%，比第二产业高出7.4个百分点，高技术产业投资增长15.8%，增速快于全部投资7.7个百分点。与此同时，产业转型升级的效应进一步显现，2016年第三产业增加值占国内生产总值的比重为51.6%，比上年提高1.4个百分点，服务业增速继续快于工业，形成了以现代服务业为主体的产业结构。工业内部高附加值、低消耗、低排放产业的比重持续上升，战略性新兴产业增加值比上年增长10.5%，增速比规模以上工业高4.5个百分点。全年规模以上工业企业主营业务收入比上年增长4.9%，工业企业效益明显好转。

2016年，以习近平同志为核心的党中央将推进供给侧结构性改革作为主线贯彻始终，一批具有重大牵引作用的改革举措相继出台，改革红利不断释放，为中国经济注入澎湃动力，经济持续增长动力不断增强，推动社会生产力水平整体跃升。

为深入贯彻落实科学发展观，和党的十九大以来一系列经济社会发展的重大决策，积极稳妥地推进城镇化，早日实现伟大复兴梦想，总结城市在现代化建设进程中的经验教训，探索现代城市发展的重大理论和实践问题，中国城市经济专家委员会、中城经会（北京）经济咨询中心、太原城市职业技术学院等相关单位、院校继续编辑推出《2017中国城市经济年鉴》。《2017中国城市经济年鉴》内容包括:一是刊载2016年全国城市经济重要大事记；二是系统整理2016年中国城市经济主要发展数据；三是统计中国直辖市及主要地级城市的经济发展概况；四是中国城市经济特色专题研究；五是中国城市经济专家视点；六是2016中国城市重要研究研究成果，包括论文及图书推荐等等。

《2017中国城市经济年鉴》是一部全国性、综合性、资料性年鉴，是各级领导科学决策和规划城市现代化建设与发展，专家学者研究中国城市经济和中国特色城镇化道路的必备参考书；是广大读者案头实用的知识性和综合性的图书；是一部展示中国城市经济发展轨迹，总结改革发展经验，开展创新研究，科学规划未来的一部有重要参考价值的文献图书。

本年鉴的出版和发行得到了我国各城市领导、中国城市经济专家委员会以及有关专家、学者的大力支持，在此表示诚挚的感谢。由于编委会水平所限，本卷年鉴的缺点和不足在所难免，恳请广大读者对《2017中国城市经济年鉴》的编纂工作提出宝贵的批评和建议。

编委会

2018年7月

CONTENTS 目录

前言

第一篇 2016年中国城市经济大事记

第二篇　2016年国民经济和社会发展情况

第三篇　2016年中国主要城市经济发展概况汇编

第四篇 中国城市经济特色专题研究

第五篇 中国城市经济专家视点

第六篇　中国城市经济重要研究成果选编

附录一　中国城市博览

附录二　书画艺术博览

第一篇

2016年
中国城市经济大事记

2016年中国城市经济大事记

一月

1. 1月3日国务院印发《关于整合城乡居民基本医疗保险制度的意见》，要求城乡居民医保制度政策实现统一覆盖范围、统一筹资政策、统一保障待遇、统一医保目录、统一定点管理、统一基金管理。

2. 1月5日习近平在重庆召开推动长江经济带发展座谈会，指出推动长江经济带发展是国家一项重大区域发展战略，要从中华民族长远利益出发，坚持生态优先、绿色发展，共抓大保护、不搞大开发，把长江经济带建设成为我国生态文明建设的先行示范带、创新驱动带、协调发展带。

3. 江西在全国率先实施了覆盖全境的流域生态补偿机制。

4. 习近平1月26日下午主持召开中央财经领导小组第十二次会议，研究供给侧结构性改革方案、长江经济带发展规划、森林生态安全工作。习近平发表重要讲话强调，供给侧结构性改革的根本目的是提高社会生产力水平，落实好以人民为中心的发展思想。要在适度扩大总需求的同时，去产能、去库存、去杠杆、降成本、补短板，从生产领域加强优质供给，减少无效供给，扩大有效供给，提高供给结构适应性和灵活性，提高全要素生产率，使供给体系更好适应需求结构变化。

5. 1月27日，中共中央、国务院《关于落实发展新理念加快农业现代化实现全面小康目标的若干意见》公开发布。这是进入新世纪以来，党中央连续发出的第十三个指导“三农”工作的“一号文件”。文件围绕加快农业现代化建设、实现全面小康目标，特别是以发展新理念引领农业农村新发展，提出了一系列新观点、新政策、新举措，对做好2016年“三农”工作具有十分重要的指导意义。

二月

6. 2月1日，国务院分别印发《关于钢铁行业化解过剩产能实现脱困发展的意见》和《关于煤炭行业化解过剩产能实现脱困发展的意见》。

7. 2月1日，国内首个产权交易仲裁争议解决平台——上海国际经济贸易仲裁委员会产权交易仲裁中心正式成立。

8. 2月6日，国务院印发《国务院关于深入推进新型城镇化建设的若干意见》。《意见》指出，鼓励各地区进一步放宽落户条件，除极少数超大城市外，允许农业转移人口在就业地落户。除超大城市和特大城市外，其他城市不得采取要求购买房屋、投资纳税、积分制等方式设置落户限制。

9. 2月6日，中共中央、国务院印发《关于全面振兴东北地区等老工业基地的若干意见》。

10. 2月15日，《“十三五”时期京津冀国民经济和社会发展规划》印发实施。这是全国第一个跨省市的区域“十三五”规划。

11. 2月25日，国务院印发《关于同意开展服务贸易创新发展试点的批复》。同意在天津、上海、海南、深圳、杭州、武汉、广州、成都、苏州、威海和哈尔滨新区、江北新区、两江新区、贵安新区、西咸新区等省市（区域）开展服务贸易创新发展试点，试点期为2年，自国务院批复之日起算。

12. 2月27日，中共中央印发《关于深化人才发展体制机制改革的意见》。

三月

13. 3月3日－14日，全国政协十二届四次会议举行。俞正声作全国政协常委会工作报告。

14. 3月5日－16日，十二届全国人大四次会议举行。李克强作政府工作报告。张德江作全国人大常委会工作报告。会议批准《中华人民共和国国民经济和社会发展第十三个五年规划纲要》，通过《中华人民共和国慈善法》。

15. 3月22日上午，习近平主持召开中央全面深化改革领导小组第二十二次会议并发表重要讲话。他强调，夺取全面建成小康社会决胜阶段的胜利，很关键的一条是通过全面深化改革推动落实新发展理念。要围绕形成有利于落实新发展理念的体制机制，加大改革力度，直面经济发展新常态下面临的矛盾和挑战，对准瓶颈和短板，精准对焦、协同发力，努力在增强创新能力、推动发展平衡、改善生态环境、提高开放水平、促进共享发展上取得新突破。

16. 3月24日上午，国务院总理李克强出席博鳌亚洲论坛2016年年会开幕式，并发表题为《共绘充满活力的亚洲新愿景》的主旨演讲。来自亚洲、欧洲、大洋洲等62个国家的2100多位政界、工商界的代表和智库学者参加开幕式。

17. 3月24日，财政部、海关总署、国家税务总局发布通知，经国务院批准，自2016年4月8日起，我国将实施跨境电子商务零售进口税收政策，并同步调整行邮税政策。

18. 3月25日，中共中央政治局召开会议，审议通过《关于经济建设和国防建设融合发展的意见》、《长江经济带发展规划纲要》。

19. 3月30日，国务院总理李克强主持召开国务院常务会议，决定新设一批国家自主创新示范区，部署推进上海加快建设科技创新中心；通过《成渝城市群发展规划》，引领西部新型城镇化和农业现代化；原则通过《中华人民共和国国防交通法（草案）》。

20. 3月31日，国务院批转国家发展改革委《关于2016年深化经济体制改革重点工作的意见》。《意见》提出了10个领域50项年度经济体制改革重点任务。一是大力推进国有企业改革，推进混合所有制改革。二是完善创新驱动发展体制机制。三是持续推进政府职能转变，深入推进“放、管、服”改革。四是加快财税体制改革，完善事权和支出责任相适应的制度。五是深化金融体制改革，深入推进金融机构、利率汇率市场化、资本市场等改革。六是推进新型城镇化和农业农村等体制创新，深化土地管理制度改革，完善扶贫机制，促进城乡区域协调发展。七是加快构建对外开放新体制，推进高水平双向开放。八是加快生态文明体制改革。九是深化社会保障、收入分配、教育、医药卫生、文化体育等改革，完善社会组织管理体制。十是加强改革试点和改革督查评估。

四月

21. 4月5日，国家发改委发布通知，同意甘肃省、内蒙古自治区、吉林省开展可再生能源就近消纳试点方案。各省方案因地制宜，通过扩大用电需求、完善输配电价政策、促进市场化交易等多种方式，提高本地可再生能源消纳能力。

22. 4月19日，习近平主持召开网络安全和信息化工作座谈会，强调网信事业要在践行创新、协调、绿色、开放、共享的新发展理念上先行一步，推进网络强国建设，让互联网更好造福国家和人民。

23. 4月20日，国家统计局发布《2015年全国1%人口抽样调查主要数据公报》，《公报》显示，全国大陆31个省、自治区、直辖市和现役军人的人口为137349万人。

24. 4月28日，国务院办公厅印发《关于健全生态保护补偿机制的意见》。

五月

25. 5月1日，中共中央、国务院、中央军委印发《关于经济建设和国防建设融合发展的意见》。

26. 5月1日，我国全面实施营业税改征增值税试点，试点范围从交通运输业和部分现代服务业等扩大到建筑业、房地产业、金融业、生活服务业，并将所有企业新增不动产所含增值税纳入抵扣范围，确保所有行业税负只减不增。同步实行中央和地方增值税“五五分享”。

27. 5月9日，国务院召开全国推进简政放权放管结合优化服务改革电视电话会议。

28. 5月10日，财政部、国家税务总局联合发文宣布，自2016年7月1日起全面推进资源税改革。

29. 5月16日，习近平主持召开中央财经领导小组第十三次会议，分别研究落实供给侧结构性改革、扩大中等收入群体工作。

30. 5月17日，习近平在京主持召开哲学社会科学工作座谈会并发表重要讲话。

31. 5月19日，中共中央、国务院印发《国家创新驱动发展战略纲要》，提出到2020年进入创新型国家行列、2030年跻身创新型国家前列、到2050年建成世界科技创新强国“三步走”目标。

32. 5月20日，习近平主持召开中央全面深化改革领导小组第二十四次会议并发表重要讲话。会议审议通过了《关于统筹推进城乡义务教育一体化改革发展的若干意见》、《关于深化公安执法规范化建设的意见》、《关于支持和发展志愿服务组织的意见》、《探索实行耕地轮作休耕制度试点方案》、《关于发展涉外法律服务业的意见》、《各地区以改革举措落实供给侧结构性改革情况》。

33. 5月27日，中共中央政治局会议研究部署规划建设北京城市副中心和进一步推动京津冀协同发展有关工作，审议《关于规划建设北京城市副中心和研究设立河北雄安新区的有关情况的汇报》。

34. 5月30日－6月3日，全国科技创新大会、中国科学院第十八次院士大会和中国工程院第十三次院士大会、中国科学技术协会第九次全国代表大会举行。习近平强调，必须坚持走中国特色自主创新道路，加快各领域科技创新，掌握全球科技竞争先机，建设世界科技强国。李克强讲话。

六月

35. 6月15日，深圳市人力资源与社会保障局召开新闻发布会，宣布深圳正式启动医疗保险移动支付试点。深圳是全国首个开展医疗保险移动支付试点的城市。

七月

36. 7月1日，庆祝中国共产党成立95周年大会举行。

37. 7月4日，全国国有企业改革座谈会在京召开。

38. 7月22日下午，习近平主持召开中央全面深化改革领导小组第二十六次会议并发表重要讲话。会议审议通过了《贫困地区水电矿产资源开发资产收益扶贫改革试点方案》、《关于加强文化领域行业组织建设的指导意见》、《关于认罪认罚从宽制度改革试点方案》、《关于建立法官、检察官惩戒制度的意见（试行）》、《关于省以下环保机构监测监察执法垂直管理制度改革试点工作的指导意见》、《关于各地区各部门开展改革督察情况的报告》。

39. 7月28日，国务院印发《“十三五”国家科技创新规划》。

八月

40. 8月5日，国务院印发《关于实施支持农业转移人口市民化若干财政政策的通知》，对建立健全支持农业转移人口市民化的财政政策体系做出部署。加快农业转移人口市民化，是推进以人为核心的新型城镇化的首要任务，是破解城乡二元结构的根本途径，是扩内需、调结构的重要抓手。

41. 8月17日，推进“一带一路”建设工作座谈会举行。习近平强调，要聚焦政策沟通、设施联通、贸易畅通、资金融通、民心相通，聚焦构建互利合作网络、新型合作模式、多元合作平台，聚焦携手打造绿色丝绸之路、健康丝绸之路、智力丝绸之路、和平丝绸之路。

42. 8月19日 20日，全国卫生与健康大会举行。习近平强调，要把人民健康放在优先发展的战略地位，加快推进健康中国建设，努力全方位、全周期保障人民健康。李克强讲话。

43. 8月28日，中国航空发动机集团公司成立大会在京举行。

44. 8月31日，党中央、国务院决定，在辽宁省、浙江省、河南省、湖北省、重庆市、四川省、陕西省新设立7个自贸试验区。

九月

45. 9月3日，十二届全国人大常委会第二十二次会议通过《中华人民共和国国防交通法》。

46. 9月4日至5日，二十国集团（G20）领导人第十一次峰会将在杭州举行。习近平主席将出席并主持会议，与各方一道共商世界经济合作大计，共襄全球发展盛举。杭州峰会，肩负着G20从危机应对机制向长效治理机制转型的期待，也寄托着世界探寻经济强劲增长动力和国际经济合作方向的期待。

47. 9月8日，第十九届中国国际投资贸易洽谈会暨2016国际投资论坛在厦门举行。

48. 9月11日，《长江经济带发展规划纲要》正式印发。长江经济带的四大战略定位：生态文明建设的先行示范带、引领全国转型发展的创新驱动带、具有全球影响力的内河经济带、东中西互动合作的协调发展带。

49. 9月12日，第39届国际标准化组织（ISO）大会开幕式在北京国家会议中心举行。

十月

50. 10月1日，人民币正式加入国际货币基金组织的特别提款权货币篮子。

51. 10月9日，中共中央政治局就实施网络强国战略进行第三十六次集体学习。

52. 10月11日，习近平主持召开中央全面深化改革领导小组第二十八次会议并发表重要讲话。会议审议通过了《关于推进防灾减灾救灾体制机制改革的意见》、《关于全面推行河长制的意见》、《关于深化统计管理体制改革提高统计数据真实性的意见》、《关于进一步把社会主义核心价值观融入法治建设的指导意见》、《关于全面放开养老服务市场提升养老服务质量的若干意见》、《关于推进安全生产领域改革发展的意见》、《关于促进移动互联网健康有序发展的意见》、《关于深入推进经济发达镇行政管理体制改革的指导意见》、《关于进一步健全相关领域实名登记制度的总体方案》、《省级空间规划试点方案》。

53. 10月17日，中共中央、国务院印发《"健康中国2030"规划纲要》。

54. 10月24日－27日，中共十八届六中全会举行。

55. 10月28日，国家发改委批复同意长三角地区创建国家社会信用体系建设区域合作示范区。这是全国首个社会信用体系建设区域合作示范创建区。根据创建方案，皖、沪、苏、浙三省一市将坚持信息共享、监管共为、市场共育、规制共建、品牌共铸原则，深入推进"信用长三角"建设。

56. 10月30日，中共中央办公厅、国务院办公厅印发《关于完善农村土地所有权承包权经营权分置办法的意见》，实行所有权、承包权、经营权分置并行，着力推进农业现代化，是继家庭联产承包责任制后农村改革又一重大制度创新。

十一月

57. 11月1日，国务院印发《关于深入推进实施新一轮东北振兴战略加快推动东北地区经济企稳向好若干重要举措的意见》。

58. 11月4日，中共中央办公厅印发《关于在北京市、山西省、浙江省开展国家监察体制改革试点方案》，部署在3个省（市）设立省、市、县三级监察委员会。

59. 11月16日上午，第三届世界互联网大会在浙江省乌镇开幕。

60. 11月25日，中国证券监督管理委员会和香港证券及期货事务监察委员会发布公告，决定批准深圳证券交易所、香港联合交易所有限公司、中国证券登记结算有限责任公司、香港中央结算有限公司正式启动深港股票交易互联互通机制（简称深港通）。深港通下的股票交易将于12月5日开始。

61. 11月26日，国家级平台上海石油天然气交易中心正式投入运行。目前的交易模式包括挂牌交易和竞价交易，交易品种有天然气及相关产品、原油和成品油。

十二月

62. 12月2日，习近平近日对生态文明建设作出重要指示强调，生态文明建设是“五位一体”总体布局和“四个全面”战略布局的重要内容。各地区各部门要切实贯彻新发展理念，树立“绿水青山就是金山银山”的强烈意识，努力走向社会主义生态文明新时代。

63. 12月12日，国务院发布《政府核准的投资项目目录（2016年本）》，继2013年、2014年后第3次对《目录》作出修订。经过改革，中央层面核准的投资项目数量累计减少90%，外商投资项目95%以上已由核准改为备案管理。

64. 12月14日–16日中央经济工作会议举行。会议指出，党的十八大以来，初步确立了适应经济发展新常态的经济政策框架。会议强调，要坚持以提高发展质量和效益为中心，坚持宏观政策要稳、产业政策要准、微观政策要活、改革政策要实、社会政策要托底的政策思路，坚持以推进供给侧结构性改革为主线，适度扩大总需求，加强预期引导，深化创新驱动，全面做好稳增长、促改革、调结构、惠民生、防风险各项工作，促进经济平稳健康发展和社会和谐稳定，以优异成绩迎接党的十九大胜利召开。

65. 12月18日，《中共中央国务院关于推进安全生产领域改革发展的意见》印发。这是新中国成立以来第一个以党中央、国务院名义出台的安全生产工作的纲领性文件。文件提出的一系列改革举措和任务要求，为当前和今后一个时期我国安全生产领域的改革发展指明了方向和路径。

66. 12月19日至20日，中央农村工作会议在北京召开。习近平强调，要始终重视“三农”工作，持续强化重农强农信号；要准确把握新形势下“三农”工作方向，深入推进农业供给侧结构性改革；要在确保国家粮食安全基础上，着力优化产业产品结构；要把发展农业适度规模经营同脱贫攻坚结合起来，与推进新型城镇化相适应，使强农惠农政策照顾到大多数普通农户；要协同发挥政府和市场“两只手”的作用，更好引导农业生产、优化供给结构；要尊重基层创造，营造改革良好氛围。

67. 12月21日，国务院同意浙江省开展国家标准化综合改革试点工作，浙江成为全国唯一获批的省份。

68. 12月21日下午，习近平主持召开中央财经领导小组第十四次会议，研究“十三五”规划纲要确定的165项重大工程项目进展和解决好人民群众普遍关心的突出问题等工作。

69. 12月25日，十二届全国人大常委会第二十五次会议通过《中华人民共和国中医药法》、《中华人民共和国环境保护税法》。

70. 12月30日，国务院印发《国家人口发展规划（2016–2030年）》，提出到2030年，全国总人口达到14.5亿人左右，人口与经济社会、资源环境的协调程度进一步提高。

第二篇

2016年国民经济和社会发展情况

2016年国民经济和社会发展情况相关数据

中华人民共和国国家统计局

2017年2月28日

2016年，面对复杂多变的国际环境和国内繁重艰巨的改革发展稳定任务，在以习近平同志为核心的党中央坚强领导下，各地区各部门全面贯彻党的十八大和十八届三中、四中、五中、六中全会精神，认真落实党中央、国务院决策部署，统筹推进"五位一体"总体布局和协调推进"四个全面"战略布局，坚持稳中求进工作总基调，坚持新发展理念，以推进供给侧结构性改革为主线，适度扩大总需求，坚定推进改革，妥善应对风险挑战，引导形成良好社会预期，经济社会保持平稳健康发展，实现了"十三五"良好开局。

一、综合

初步核算，全年国内生产总值[2]744127亿元，比上年增长6.7%。其中，第一产业增加值63671亿元，增长3.3%；第二产业增加值296236亿元，增长6.1%；第三产业增加值384221亿元，增长7.8%。第一产业增加值占国内生产总值的比重为8.6%，第二产业增加值比重为39.8%，第三产业增加值比重为51.6%，比上年提高1.4个百分点。全年人均国内生产总值53980元，比上年增长6.1%。全年国民总收入[3]742352亿元，比上年增长6.9%。

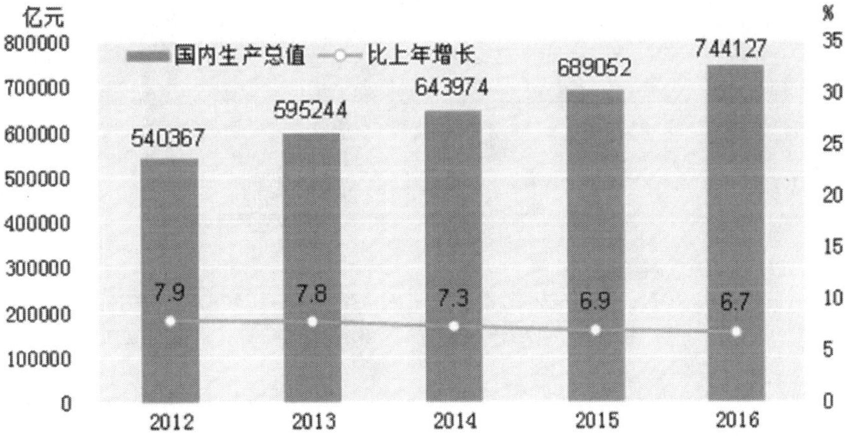

图1　2012-2016年国内生产总值及其增长速度

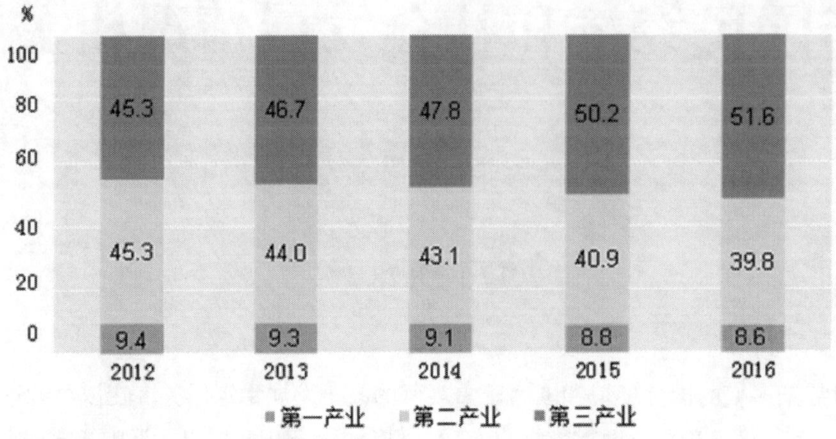

图2 2012-2016年三次产业增加值占国内生产总值比重

年末全国大陆总人口138271万人，比上年末增加809万人，其中城镇常住人口79298万人，占总人口比重（常住人口城镇化率）为57.35%，比上年末提高1.25个百分点。户籍人口城镇化率为41.2%，比上年末提高1.3个百分点。全年出生人口1786万人，出生率为12.95‰；死亡人口977万人，死亡率为7.09‰；自然增长率为5.86‰。全国人户分离的人口[4]2.92亿人，其中流动人口[5]2.45亿人。

表1 2016年年末人口数及其构成

指标	年末数（万人）	比重（%）
全国总人口	138271	100.0
其中：城镇	79298	57.35
乡村	58973	42.65
其中：男性	70815	51.2
女性	67456	48.8
其中：0-15岁（含不满16周岁）[6]	24438	17.7
16-59岁（含不满60周岁）	90747	65.6
60周岁及以上	23086	16.7
其中：65周岁及以上	15003	10.8

年末全国就业人员77603万人，其中城镇就业人员41428万人。全年城镇新增就业1314万人。年末城镇登记失业率为4.02%。全国农民工[7]总量28171万人，比上年增长1.5%。其中，外出农民工16934万人，增长0.3%；本地农民工11237万人，增长3.4%。

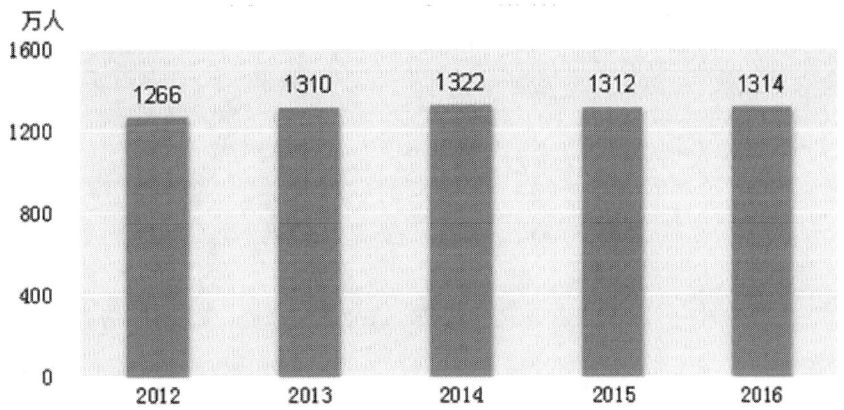

图3 2012-2016年城镇新增就业人数

全年全员劳动生产率[8]为94825元/人，比上年提高6.4%。

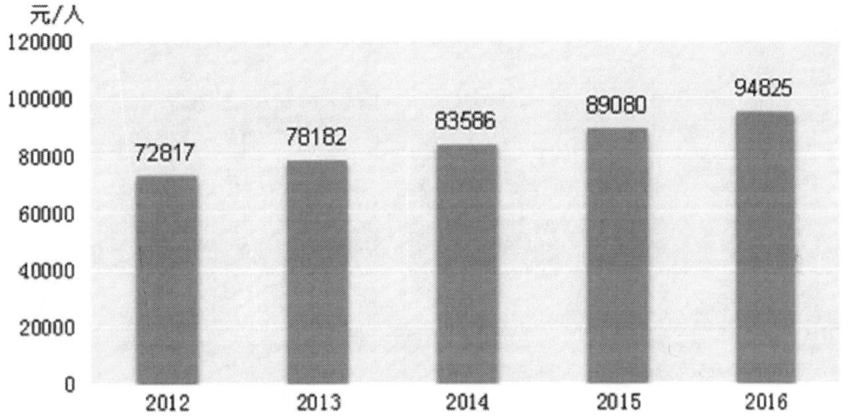

图4 2012-2016年全员劳动生产率

全年居民消费价格比上年上涨2.0%。工业生产者出厂价格下降1.4%。工业生产者购进价格下降2.0%。固定资产投资价格下降0.6%。农产品生产者价格[9]上涨3.4%。

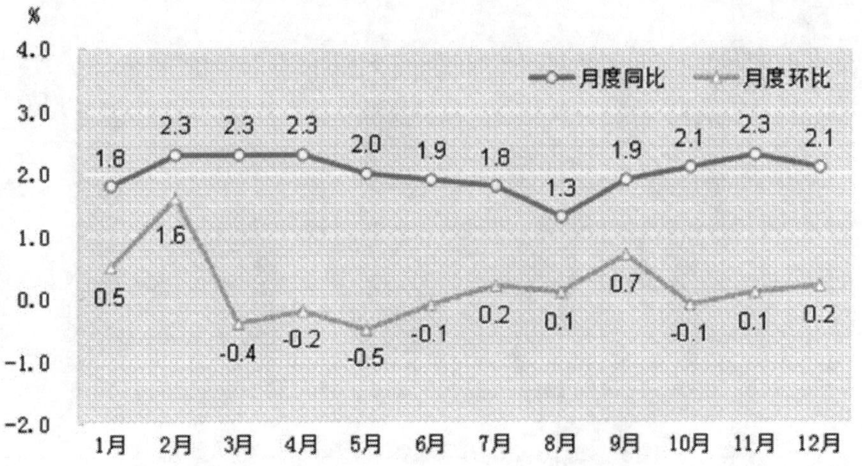

图5 2016年居民消费价格月度涨跌幅度

表2 2016年居民消费价格比上年涨跌幅度

单位：%

指标	全 国	城 市	农 村
居民消费价格	2.0	2.1	1.9
其中：食品烟酒	3.8	3.7	4.0
衣 着	1.4	1.5	1.3
居 住[10]	1.6	1.9	0.6
生活用品及服务	0.5	0.5	0.2
交通和通信	-1.3	-1.4	-1.1
教育文化和娱乐	1.6	1.5	1.9
医疗保健	3.8	4.4	2.5
其他用品和服务	2.8	2.9	2.2

12月份70个大中城市新建商品住宅销售价格月同比上涨的城市个数为65个，下降的为5个；月环比上涨的城市个数为46个，比年内高点减少19个，持平的为4个，下降的为20个。

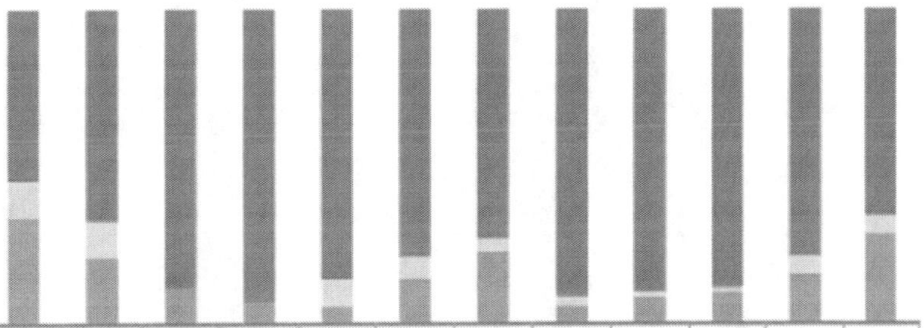

	1月	2月	3月	4月	5月	6月	7月	8月	9月	10月	11月	12月
上涨	38	47	62	65	60	55	51	64	63	62	55	46
持平	8	8	0	0	6	5	3	2	1	1	4	4
下降	24	15	8	5	4	10	16	4	6	7	11	20

图6 2016年新建商品住宅月环比价格上涨、持平、下降城市个数变化情况

全年全国一般公共预算收入159552亿元，比上年同口径[11]增加6828亿元，增长4.5%，其中税收收入130354亿元，增加5432亿元，增长4.3%。

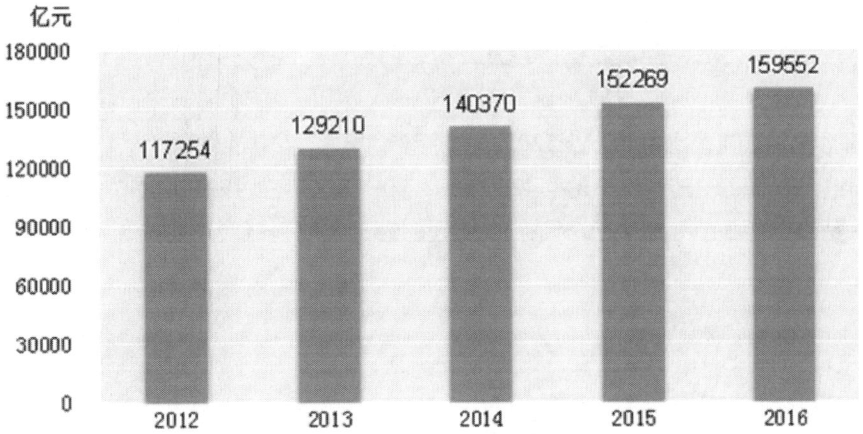

图7 2012–2016年全国一般公共预算收入

注：图中2012年至2015年数据为全国一般公共预算收入决算数，2016年为执行数。

年末国家外汇储备30105亿美元，比上年末减少3198亿美元。全年人民币平均汇率为1美元兑6.6423元人民币，比上年贬值6.2%。

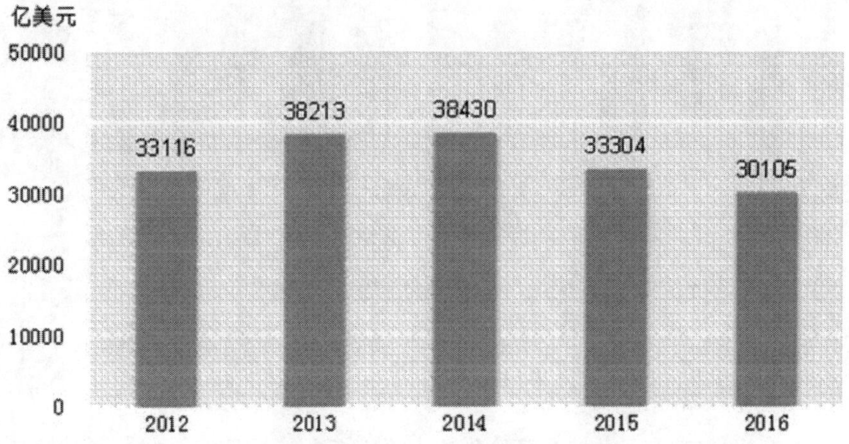

图8 2012-2016年年末国家外汇储备

二、农业

全年粮食种植面积11303万公顷，比上年减少31万公顷。其中，小麦种植面积2419万公顷，增加5万公顷；稻谷种植面积3016万公顷，减少5万公顷；玉米种植面积3676万公顷，减少136万公顷。棉花种植面积338万公顷，减少42万公顷。油料种植面积1412万公顷，增加8万公顷。糖料种植面积168万公顷，减少6万公顷。

全年粮食产量61624万吨，比上年减少520万吨，减产0.8%。其中，夏粮产量13920万吨，减产1.2%；早稻产量3278万吨，减产2.7%；秋粮产量44426万吨，减产0.6%。全年谷物产量56517万吨，比上年减产1.2%。其中，稻谷产量20693万吨，减产0.6%；小麦产量12885万吨，减产1.0%；玉米产量21955万吨，减产2.3%。

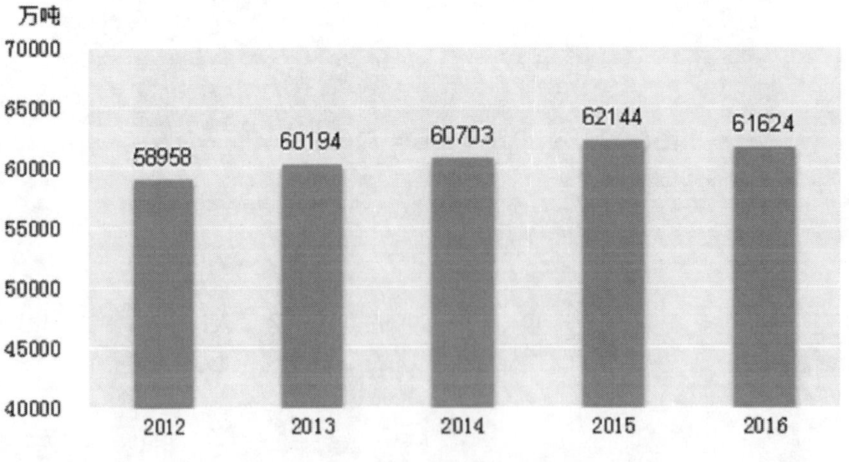

图9 2012-2016年粮食产量

全年棉花产量534万吨，比上年减产4.6%。油料产量3613万吨，增产2.2%。糖料产量12299万吨，减产1.6%。茶叶产量241万吨，增产7.4%。

全年肉类总产量8540万吨，比上年下降1.0%。其中，猪肉产量5299万吨，下降3.4%；牛肉产量717万吨，增长2.4%；羊肉产量459万吨，增长4.2%；禽肉产量1888万吨，增长3.4%。禽蛋产量3095万吨，增长3.2%。牛奶产量3602万吨，下降4.1%。年末生猪存栏43504万头，下降3.6%；生猪出栏68502万头，下降3.3%。

全年水产品产量6900万吨，比上年增长3.0%。其中，养殖水产品产量5156万吨，增长4.4%；捕捞水产品产量1744万吨，下降1.0%。

全年木材产量6683万立方米，比上年下降7.0%。

全年新增耕地灌溉面积118万公顷，新增节水灌溉面积211万公顷。

三、工业和建筑业

全年全部工业增加值247860亿元，比上年增长6.0%。规模以上工业增加值增长6.0%。在规模以上工业中，分经济类型看，国有控股企业增长2.0%；集体企业下降1.3%，股份制企业增长6.9%，外商及港澳台商投资企业增长4.5%；私营企业增长7.5%。分门类看，采矿业下降1.0%，制造业增长6.8%，电力、热力、燃气及水生产和供应业增长5.5%。

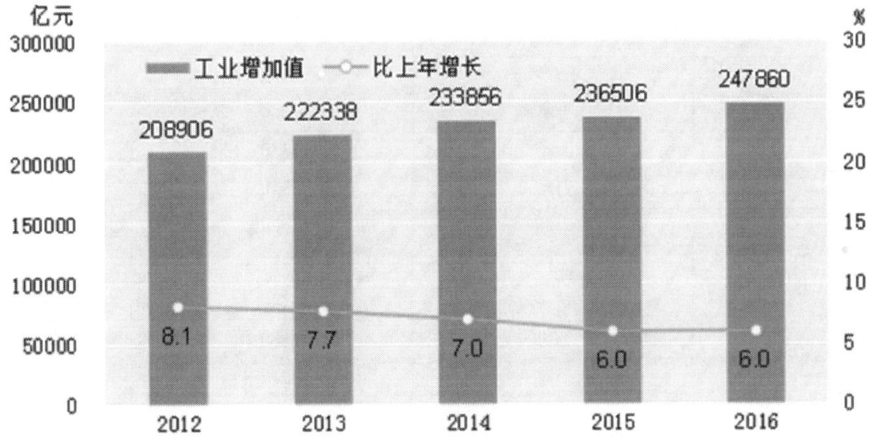

图10 2012-2016年全部工业增加值及其增长速度

全年规模以上工业中，农副食品加工业增加值比上年增长6.1%，纺织业增长5.5%，化学原料和化学制品制造业增长7.7%，非金属矿物制品业增长6.5%，黑色金属冶炼和压延加工业下降1.7%，通用设备制造业增长5.9%，专用设备制造业增长6.7%，汽车制造业增长15.5%，电气机械和器材制造业增长8.5%，计算机、通信和其他电子设备制造业增长10.0%，电力、热力生产和供应业增长4.8%。工业战略性新兴产业[12]增加值增长10.5%。高技术制造业[13]增加值增长10.8%，占规模以上工业增加值的比重为12.4%。装备制造业[14]增加值增长9.5%，占规模以上工业增加值的比重为32.9%。六大高耗能行业[15]增加值增长5.2%，占规模以上工业增加值的比重为28.1%。

表3 2016年主要工业产品产量及其增长速度

产品名称	单位	产量	比上年增长（%）
纱	万吨	3732.6	5.5
布	亿米	906.8	1.6
化学纤维	万吨	4943.7	2.3
成品糖	万吨	1443.3	-2.1
卷　烟	亿支	23825.8	-8.0
彩色电视机	万台	15769.6	8.9
其中：液晶电视机	万台	15713.6	9.2
其中：智能电视	万台	9310.1	11.1
家用电冰箱	万台	8481.6	6.1
房间空气调节器	万台	14342.4	1.0
一次能源生产总量	亿吨标准煤	34.6	-4.2
原　煤	亿吨	34.1	-9.0
原　油	万吨	19968.5	-6.9
天然气	亿立方米	1368.7	1.7
发电量	亿千瓦小时	61424.9	5.6
其中：火电[16]	亿千瓦小时	44370.7	3.6
水电	亿千瓦小时	11933.7	5.6
核电	亿千瓦小时	2132.9	24.9
粗　钢	万吨	80836.6	0.6
钢　材[17]	万吨	113801.2	1.3
十种有色金属	万吨	5310.3	3.0
其中：精炼铜（电解铜）	万吨	843.6	6.0
原铝（电解铝）	万吨	3187.3	1.5
水　泥	亿吨	24.1	2.3
硫　酸（折100%）	万吨	8889.1	-1.0
烧　碱（折100%）	万吨	3283.9	8.7
乙　烯	万吨	1781.1	3.9
化　肥（折100%）	万吨	7128.6	-4.1
发电机组（发电设备）	万千瓦	13218.4	6.3
汽　车	万辆	2811.9	14.8
其中：基本型乘用车（轿车）	万辆	1211.1	4.1
运动型多用途乘用车（SUV）	万辆	914.4	51.8
其中：新能源汽车	万辆	45.9	40.0
大中型拖拉机	万台	63.0	-8.5
集成电路	亿块	1318.0	21.2
程控交换机	万线	1457.7	-22.5
移动通信手持机	万台	205819.3	13.6
其中：智能手机	万台	153764.1	9.9
微型计算机设备	万台	29008.5	-7.7
工业机器人	台（套）	72426.0	30.4

年末全国发电装机容量164575万千瓦，比上年末增长8.2%。其中[18]，火电装机容量105388万千瓦，增长5.3%；水电装机容量33211万千瓦，增长3.9%；核电装机容量3364万千瓦，增长23.8%；并网风电装机容量14864万千瓦，增长13.2%；并网太阳能发电装机容量7742万千瓦，增长81.6%。

全年规模以上工业企业实现利润68803亿元，比上年增长8.5%。分经济类型看，国有控股企业实现利润11751亿元，比上年增长6.7%；集体企业477亿元，下降4.2%，股份制企业47197亿元，增长8.3%，外商及港澳台商投资企业17352亿元，增长12.1%；私营企业24325亿元，增长4.8%。分门类看，采矿业实现利润1825亿元，比上年下降27.5%；制造业62398亿元，增长12.3%；电力、热力、燃气及水生产和供应业4580亿元，下降14.3%。全年规模以上工业企业每百元主营业务收入中的成本为85.52元，比上年下降0.1元。年末规模以上工业企业资产负债率为55.8%，比上年末下降0.4个百分点。

全年全社会建筑业增加值49522亿元，比上年增长6.6%。全国具有资质等级的总承包和专业承包建筑业企业实现利润6745亿元，增长4.6%。其中，国有控股企业1879亿元，增长6.8%。

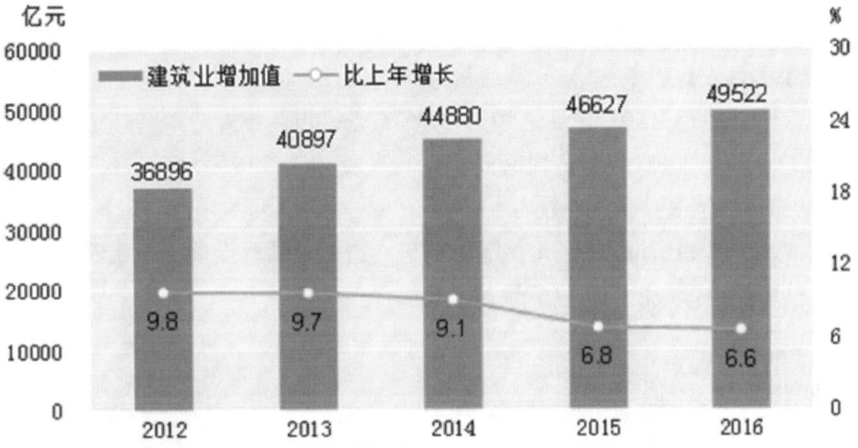

图11　2012-2016年建筑业增加值及其增长速度

四、固定资产投资

全年全社会固定资产投资606466亿元，比上年增长7.9%，扣除价格因素，实际增长8.6%。其中，固定资产投资（不含农户）596501亿元，增长8.1%。分区域看[19]，东部地区投资249665亿元，比上年增长9.1%；中部地区投资156762亿元，增长12.0%；西部地区投资154054亿元，增长12.2%；东北地区投资30642亿元，下降23.5%。

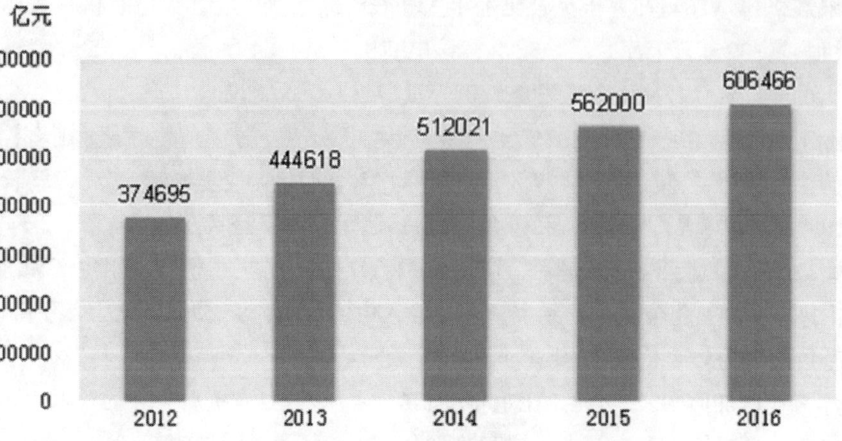

图12 2012-2016年全社会固定资产投资

在固定资产投资（不含农户）中，第一产业投资18838亿元，比上年增长21.1%；第二产业投资231826亿元，增长3.5%；第三产业投资345837亿元，增长10.9%。基础设施投资[20]118878亿元，增长17.4%，占固定资产投资（不含农户）的比重为19.9%。民间固定资产投资[21]365219亿元，增长3.2%，占固定资产投资（不含农户）的比重为61.2%。高技术产业投资[22]37747亿元，增长15.8%，占固定资产投资（不含农户）的比重为6.3%。六大高耗能行业投资66376亿元，增长3.1%，占固定资产投资（不含农户）的比重为11.1%。农林牧渔业、水利、环境保护等短板领域投资快速增长。

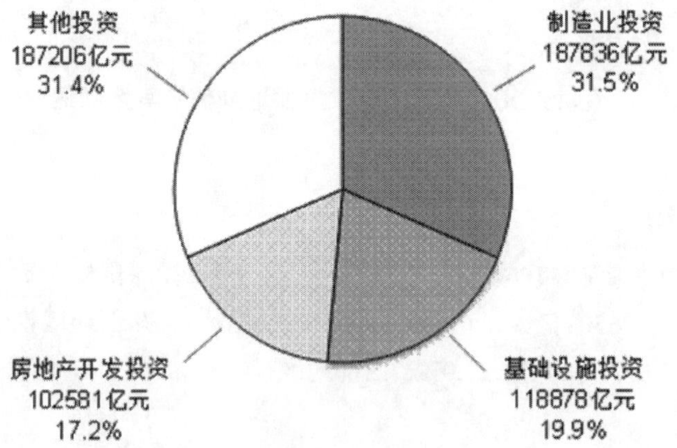

图13 2016年按领域分固定资产投资（不含农户）及其占比

表4 2016年分行业固定资产投资（不含农户）及其增长速度

行业	投资额（亿元）	比上年增长（%）
总计	596501	8.1
农、林、牧、渔业	22774	19.5
采矿业	10320	-20.4
制造业	187836	4.2
电力、热力、燃气及水生产和供应业	29736	11.3
建筑业	4577	-6.5
批发和零售业	17939	-4.0
交通运输、仓储和邮政业	53628	9.5
住宿和餐饮业	5947	-8.6
信息传输、软件和信息技术服务业	6319	14.5
金融业	1310	-4.2
房地产业[23]	135284	6.8
租赁和商务服务业	12316	30.5
科学研究和技术服务业	5568	17.2
水利、环境和公共设施管理业	68647	23.3
居民服务、修理和其他服务业	2677	1.8
教育	9324	20.7
卫生和社会工作	6282	21.4
文化、体育和娱乐业	7830	16.4
公共管理、社会保障和社会组织	8188	4.3

表5 2016年固定资产投资新增主要生产与运营能力

指标	单 位	绝对数
新增220千伏及以上变电设备	万千伏安	24336
新建铁路投产里程	公里	3281
其中：高速铁路[24]	公里	1903
增、新建铁路复线投产里程	公里	3612
电气化铁路投产里程	公里	5899
新改建公路里程	公里	324898
其中：高速公路	公里	6745
港口万吨级码头泊位新增吞吐能力	万吨	32436
新增民用运输机场	个	8
新增光缆线路长度	万公里	554

全年房地产开发投资102581亿元，比上年增长6.9%。其中，住宅投资68704亿元，增长6.4%；办公楼投资6533亿元，增长5.2%；商业营业用房投资15838亿元，增长8.4%。年末商品房待售面积69539万平方米，比上年末减少2314万平方米。年末商品住宅待售面积40257万平方米，比上年末减少4991万平方米。

全年全国城镇棚户区住房改造开工606万套，棚户区改造和公租房基本建成658万套。全年全国农村地区建档立卡贫困户危房改造158万户[25]。

表6 2016年房地产开发和销售主要指标及其增长速度

指标	单位	绝对数	比上年增长（%）
投资额	亿元	102581	6.9
其中：住宅	亿元	68704	6.4
其中：90平方米及以下	亿元	24772	0.5
房屋施工面积	万平方米	758975	3.2
其中：住宅	万平方米	521310	1.9
房屋新开工面积	万平方米	166928	8.1
其中：住宅	万平方米	115911	8.7
房屋竣工面积	万平方米	106128	6.1
其中：住宅	万平方米	77185	4.6
商品房销售面积	万平方米	157349	22.5
其中：住宅	万平方米	137540	22.4
本年到位资金	亿元	144214	15.2
其中：国内贷款	亿元	21512	6.4
个人按揭贷款	亿元	24403	46.5

五、国内贸易

全年社会消费品零售总额332316亿元，比上年增长10.4%，扣除价格因素，实际增长9.6%。按经营地统计，城镇消费品零售额285814亿元，增长10.4%；乡村消费品零售额46503亿元，增长10.9%。按消费类型统计，商品零售额296518亿元，增长10.4%；餐饮收入额35799亿元，增长10.8%。

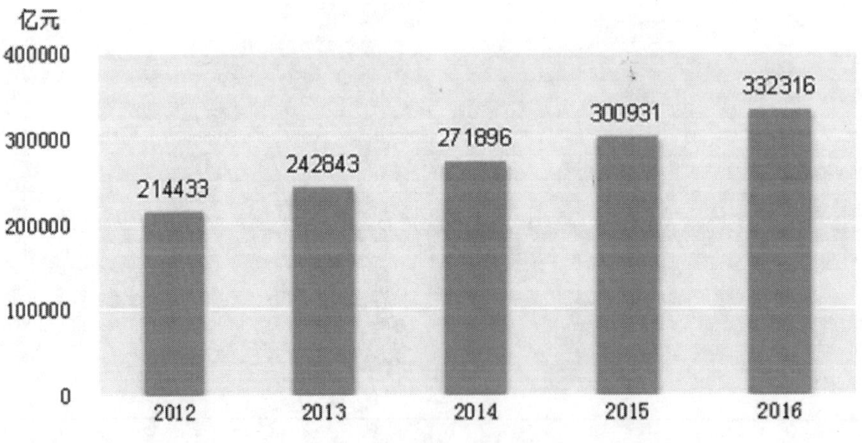

图14 2012-2016年社会消费品零售总额

在限额以上企业商品零售额中，粮油、食品、饮料、烟酒类零售额比上年增长10.5%，服装、鞋帽、针纺织品类增长7.0%，化妆品类增长8.3%，金银珠宝类与上年持平，日用品类增长11.4%，家用电器和音像器材类增长8.7%，中西药品类增长12.0%，文化办公用品类增长11.2%，家具类增长12.7%，通讯器材类增长11.9%，建筑及装潢材料类增长14.0%，汽车类增长10.1%，石油及制品类增长1.2%。

全年网上零售额[26]51556亿元，比上年增长26.2%。其中网上商品零售额41944亿元，增长25.6%，占社会消费品零售总额的比重为12.6%。在网上商品零售额中，吃类商品增长28.5%，穿类商品增长18.1%，用类商品增长28.8%。

六、对外经济[27]

全年货物进出口总额243386亿元，比上年下降0.9%。其中，出口138455亿元，下降1.9%；进口104932亿元，增长0.6%。货物进出口差额（出口减进口）33523亿元，比上年减少3308亿元。对“一带一路”[28]沿线国家进出口总额62517亿元，比上年增长0.5%。其中，出口38319亿元，增长0.5%；进口24198亿元，增长0.4%。

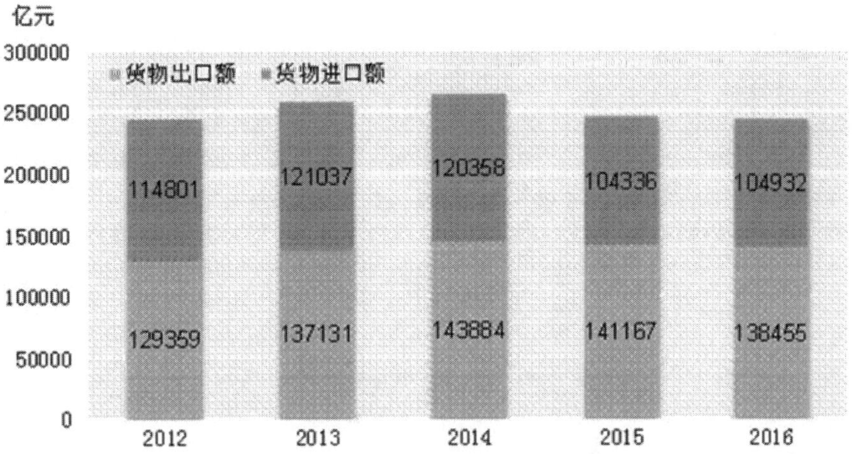

图15 2012-2016年货物进出品总额

表7 2016年货物进出口总额及其增长速度

指标	金额（亿元）	比上年增长（%）
货物进出口总额	243386	-0.9
货物出口额	138455	-1.9
其中：一般贸易	74601	-1.1
加工贸易	47237	-4.6
其中：机电产品	79820	-1.9
高新技术产品	39876	-2.1
货物进口额	104932	0.6
其中：一般贸易	59398	3.7
加工贸易	26223	-5.5
其中：机电产品	50985	1.9
高新技术产品	34618	1.8
货物进出口差额（出口减进口）	33523	—

表8　2016年主要商品出口数量、金额及其增长速度

商品名称	单位	数量	比上年增长（%）	金额（亿元）	比上年增长（%）
煤（包括褐煤）	万吨	879	64.6	46	48.0
钢材	万吨	10849	-3.5	3587	-7.8
纺织纱线、织物及制品	—	—	—	6925	1.9
服装及衣着附件	—	—	—	10413	-3.7
鞋类	万吨	422	-5.6	3113	-6.2
家具及其零件	—	—	—	3151	-3.8
自动数据处理设备及其部件	万台	159257	-7.1	9068	-4.1
手持或车载无线电话	万台	127192	-5.3	7643	-0.9
集装箱	万个	199	-26.7	279	-41.2
液晶显示板	万个	190569	-16.9	1700	-11.6
汽车	万辆	79	9.4	709	1.8

表9　2016年主要商品进口数量、金额及其增长速度

商品名称	单位	数量	比上年增长（%）	金额（亿元）	比上年增长（%）
谷物及谷物粉	万吨	2199	-32.8	375	-35.5
大豆	万吨	8391	2.7	2247	4.1
食用植物油	万吨	553	-18.3	276	-11.5
铁矿砂及其精矿	万吨	102412	7.5	3809	7.0
氧化铝	万吨	303	-35.0	58	-43.1
煤（包括褐煤）	万吨	25551	25.2	938	25.1
原油	万吨	38101	13.6	7698	-7.5
成品油	万吨	2784	-6.5	735	-16.6
初级形状的塑料	万吨	2570	-1.5	2731	-2.2
纸浆	万吨	2106	6.2	808	2.1
钢材	万吨	1321	3.4	869	-2.3
未锻轧铜及铜材	万吨	495	2.9	1741	-3.3
汽车	万辆	107	-2.4	2942	6.1

表10　2016年对主要国家和地区货物进出口额及其增长速度

国家和地区	出口额（亿元）	比上年增长（%）	占我全部出口比重（%）	进口额（亿元）	比上年增长（%）	占我全部进口比重（%）
欧盟	22369	1.3	16.2	13747	5.9	13.1
美国	25415	0.0	18.4	8887	-3.2	8.5
东盟	16894	-1.9	12.2	12978	7.4	12.4
中国香港	19009	-7.6	13.7	1107	39.2	1.1
日本	8529	1.3	6.2	9626	8.4	9.2
韩国	6185	-1.7	4.5	10496	-3.2	10.0
中国台湾	2665	-4.3	1.9	9203	3.4	8.8
印度	3850	6.6	2.8	777	-6.4	0.7
俄罗斯	2466	14.2	1.8	2128	3.1	2.0

全年服务进出口[29]总额53484亿元，比上年增长14.2%。其中，服务出口18193亿元，增长2.3%；服务进口35291亿元，增长21.5%。服务进出口逆差17097亿元。

全年吸收外商直接投资（不含银行、证券、保险）新设立企业27900家，比上年增长5.0%。实际使用外商直接投资金额8132亿元（折1260亿美元），增长4.1%。其中"一带一路"沿线国家对华直接投资新设立企业2905家，增长34.1%；对华直接投资金额458亿元（折71亿美元）。

表11 2016年外商直接投资（不含银行、证券、保险）及其增长速度

行业	企业数（家）	比上年增长（%）	实际使用金额（亿元）	比上年增长（%）
总计	27900	5.0	8132.2	4.1
其中：农、林、牧、渔业	558	-8.4	123.2	30.0
制造业	4013	-11.0	2303.0	6.1
电力、燃气及水生产和供应业	311	18.0	139.8	0.3
交通运输、仓储和邮政业	425	-5.4	329.2	26.7
信息传输、计算机服务和软件业	1463	11.6	540.4	128.0
批发和零售业	9399	2.7	1011.1	36.0
房地产业	378	-2.3	1264.4	-29.4
租赁和商务服务业	4631	3.7	1045.9	67.8
居民服务和其他服务业	245	13.0	33.0	-25.8

全年对外直接投资额（不含银行、证券、保险）11299亿元，按美元计价为1701亿美元，比上年增长44.1%。其中，对"一带一路"沿线国家直接投资额145亿美元。

表12 2016年对外直接投资额（不含银行、证券、保险）及其增长速度

行业	对外直接投资金额（亿美元）	比上年增长（%）
总计	1701.1	44.1
其中：农、林、牧、渔业	29.7	45.0
采矿业	86.7	-20.1
制造业	310.6	116.7
电力、热力、燃气及水生产和供应业	25.3	-9.2
建筑业	53.1	18.0
批发和零售业	275.6	72.0
交通运输、仓储和邮政业	36.2	17.1
信息传输、软件和信息技术服务业	203.6	252.2
房地产业	106.4	17.4
租赁和商务服务业	422.7	1.4

全年对外承包工程业务完成营业额10589亿元，按美元计价为1594亿美元，比上年增长3.5%。其中，对“一带一路”沿线国家完成营业额760亿美元，增长9.7%，占对外承包工程业务完成营业额比重为47.7%。对外劳务合作派出各类劳务人员49万人，下降6.8%。

七、交通、邮电和旅游

全年货物运输总量440亿吨，比上年增长5.7%。货物运输周转量185295亿吨公里，增长4.0%。全年规模以上港口完成货物吞吐量118.3亿吨，比上年增长3.2%，其中外贸货物吞吐量37.6亿吨，增长4.1%。规模以上港口集装箱吞吐量21798万标准箱，增长3.6%。

表13　2016年各种运输方式完成货物运输量及其增长速度

指标	单位	绝对数	比上年增长（%）
货物运输总量	亿吨	440.4	5.7
铁路	亿吨	33.3	-0.8
公路	亿吨	336.3	6.8
水运	亿吨	63.6	3.7
民航	万吨	666.9	6.0
管道	亿吨	7.0	5.3
货物运输周转量	亿吨公里	185294.9	4.0
铁路	亿吨公里	23792.3	0.2
公路	亿吨公里	61211.0	5.6
水运	亿吨公里	95399.9	4.0
民航	亿吨公里	221.1	6.3
管道	亿吨公里	4670.6	5.7

全年旅客运输总量192亿人次，比上年下降1.2%。旅客运输周转量31306亿人公里，增长4.1%。

表14　2016年各种运输方式完成旅客运输量及其增长速度

指标	单位	绝对数	比上年增长（%）
旅客运输总量	亿人次	192.0	-1.2
铁路	亿人次	28.1	11.0
公路	亿人次	156.3	-3.5
水运	亿人次	2.7	0.1
民航	亿人次	4.9	11.8
旅客运输周转量	亿人公里	31305.7	4.1
铁路	亿人公里	12579.3	5.2
公路	亿人公里	10294.8	-4.2
水运	亿人公里	72.0	-1.4
民航	亿人公里	8359.5	14.8
民航	亿吨公里	221.1	6.3
管道	亿吨公里	4670.6	5.7

年末全国民用汽车保有量19440万辆（包括三轮汽车和低速货车881万辆），比上年末增长12.8%，其中私人汽车保有量16559万辆，增长15.0%。民用轿车保有量10876万辆，增长14.4%，其中私人轿车10152万辆，增长15.5%。

全年完成邮电业务总量[30]43344亿元，比上年增长52.7%。其中，邮政行业业务总量7397亿元，增长45.7%；电信业务总量35948亿元，增长54.2%。邮政业全年完成邮政函件业务36.2亿件，包裹业务0.3亿件，快递业务量312.8亿件；快递业务收入3974亿元。电信业全年新增移动电话交换机容量[31]7318万户，达到218384万户。年末全国电话用户总数152856万户，其中移动电话用户132193万户。移动电话普及率上升至96.2部/百人。固定互联网宽带接入用户[32]29721万户，比上年增加3774万户，其中固定互联网光纤宽带接入用户[33]22766万户，比上年增加7941万户；移动宽带用户[34]94075万户，增加23464万户。移动互联网接入流量93.6亿G，比上年增长123.7%。互联网上网人数7.31亿人，增加4299万人，其中手机上网人数[35]6.95亿人，增加7550万人。互联网普及率达到53.2%，其中农村地区互联网普及率达到33.1%。软件和信息技术服务业[36]完成软件业务收入48511亿元，比上年增长14.9%。

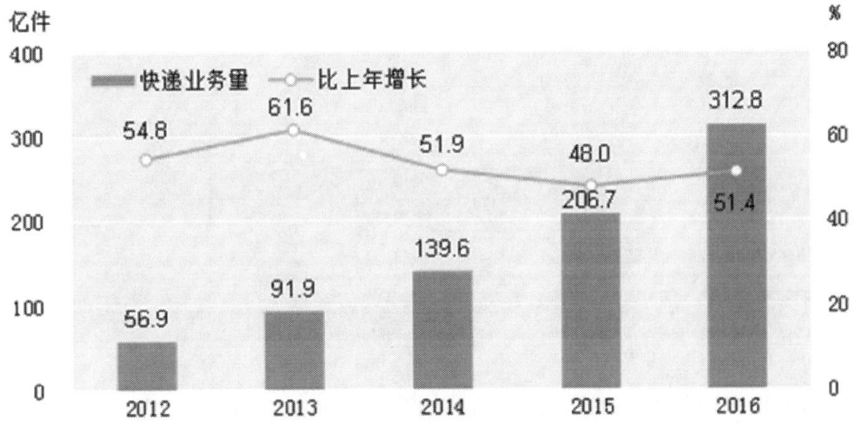

图16 2012-2016年快递业务量及其增长速度

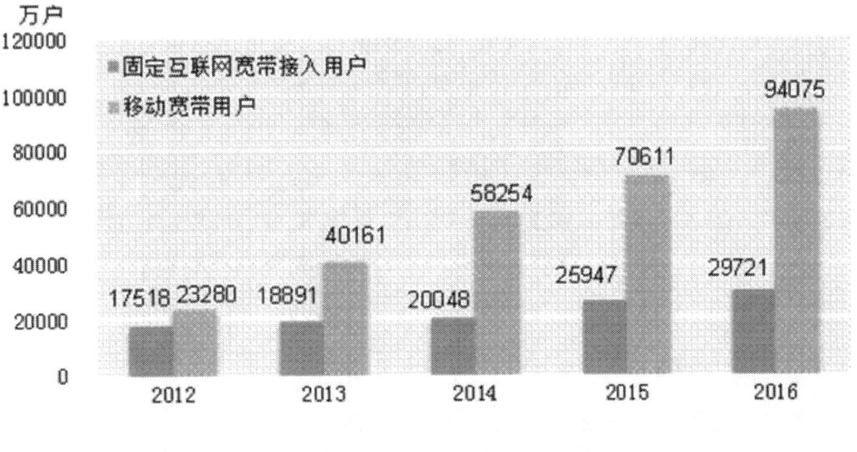

图17 2012-2016年年末固定互联网宽带接入用户和移动宽带用户数

全年国内游客44亿人次，比上年增长11.2%，国内旅游收入39390亿元，增长15.2%。入境游客13844万人次，增长3.5%。其中，外国人2813万人次，增长8.3%；香港、澳门和台湾同胞11031万人次，增长2.3%。在入境游客中，过夜游客5927万人次，增长4.2%。国际旅游收入1200亿美元，增长5.6%。国内居民出境13513万人次，增长5.7%。其中因私出境12850万人次，增长5.6%；赴港澳台出境8395万人次，下降2.2%。

八、金融

年末广义货币供应量（M2）余额155.0万亿元，比上年末增长11.3%；狭义货币供应量（M1）余额48.7万亿元，增长21.4%；流通中货币（M0）余额6.8万亿元，增长8.1%。

全年社会融资规模增量[37]17.8万亿元，比上年多2.4万亿元。年末全部金融机构本外币各项存款余额155.5万亿元，比年初增加15.7万亿元，其中人民币各项存款余额150.6万亿元，增加14.9万亿元。全部金融机构本外币各项贷款余额112.1万亿元，增加12.7万亿元，其中人民币各项贷款余额106.6万亿元，增加12.6万亿元。

表15　2016年年末全部金融机构本外币存贷款余额及其增长速度

指标	年末数（亿元）	比上年末增长（%）
各项存款	1555247	11.3
其中：境内住户存款	606522	9.9
其中：人民币	597751	9.5
境内非金融企业存款	530895	16.6
各项贷款	1120552	12.8
其中：境内短期贷款	380020	3.6
境内中长期贷款	635052	17.8

年末主要农村金融机构（农村信用社、农村合作银行、农村商业银行）人民币贷款余额134219亿元，比年初增加13895亿元。金融机构境内住户人民币消费贷款余额250472亿元，增加60998亿元。其中，短期消费贷款余额49313亿元，增加8347亿元；中长期消费贷款余额201159亿元，增加52651亿元。

全年上市公司通过境内市场累计筹资23342亿元，比上年增加5088亿元。其中，首次公开发行A股248只，筹资1634亿元；A股现金再融资（包括公开增发、定向增发[38]、配股、优先股）13387亿元，增加4618亿元；上市公司通过沪深交易所发行公司债、可转债筹资8321亿元，增加414亿元。全年全国中小企业股份转让系统[39]新增挂牌公司5034家，筹资1391亿元，增长14.4%。

全年发行公司信用类债券[40]8.22万亿元，比上年增加1.50万亿元。

全年保险公司原保险保费收入[41]30959亿元，比上年增长27.5%。其中，寿险业务原保险保费收入17442亿元，健康险和意外伤害险业务原保险保费收入4792亿元，财产险业务原保险保费收入8725亿元。支付各类赔款及给付10513亿元。其中，寿险业务给付4603亿元，健康险和意外伤害险赔款及给付1184亿元，财产险业务赔款4726亿元。

九、人民生活和社会保障

全年全国居民人均可支配收入[42]23821元，比上年增长8.4%，扣除价格因素，实际增长6.3%；全国居民人均可支配收入中位数[43]20883元，增长8.3%。按常住地分，城镇居民人均可支配收入33616元，比上年增长7.8%，扣除价格因素，实际增长5.6%；城镇居民人均可支配收入中位数31554元，增长8.3%。农村居民人均可支配收入12363元，比上年增长8.2%，扣除价格因素，实际增长6.2%；农村居民人均可支配收入中位数11149元，增长8.3%。按全国居民五等份收入分组[44]，低收入组人均可支配收入5529元，中等偏下收入组人均可支配收入12899元，中等收入组人均可支配收入20924元，中等偏上收入组人均可支配收入31990元，高收入组人均可支配收入59259元。贫困地区[45]农村居民人均可支配收入8452元，比上年增长10.4%，扣除价格因素，实际增长8.4%。全国农民工人均月收入3275元，比上年增长6.6%。

全国居民人均消费支出17111元，比上年增长8.9%，扣除价格因素，实际增长6.8%。按常住地分，城镇居民人均消费支出23079元，增长7.9%，扣除价格因素，实际增长5.7%；农村居民人均消费支出10130元，增长9.8%，扣除价格因素，实际增长7.8%。恩格尔系数为30.1%，比上年下降0.5个百分点，其中城镇为29.3%，农村为32.2%。

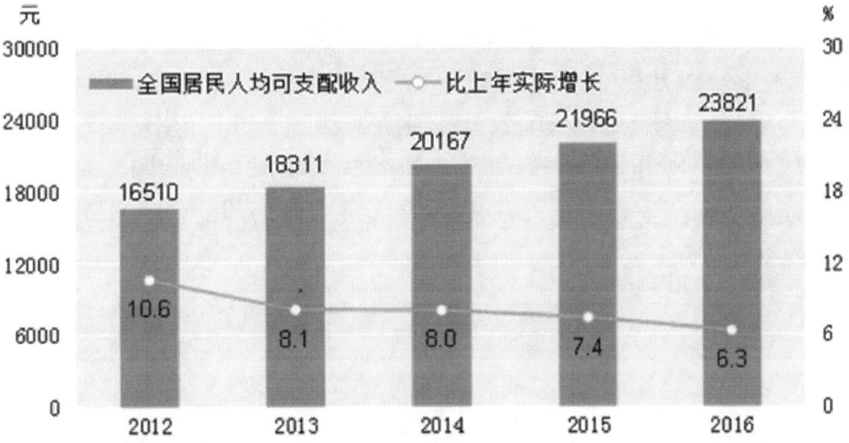

图18 2012–2016年全国居民人均可支配收入及其增长速度

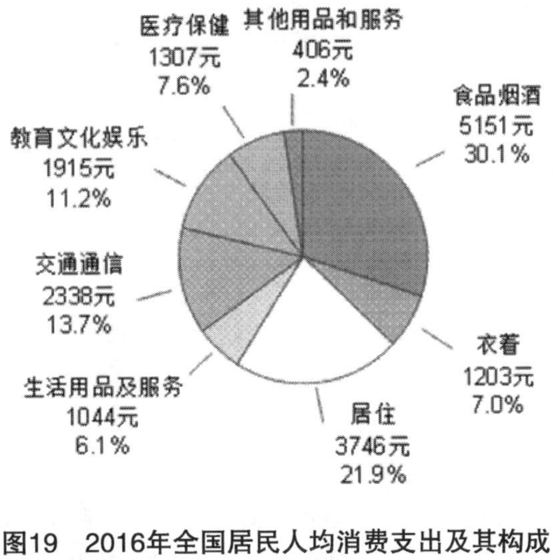

图19 2016年全国居民人均消费支出及其构成

年末全国参加城镇职工基本养老保险人数37862万人，比上年末增加2501万人。参加城乡居民基本养老保险人数50847万人，增加375万人。参加城镇基本医疗保险人数74839万人，增加8257万人。其中，参加职工基本医疗保险人数29524万人，增加631万人；参加城镇居民基本医疗保险人数45315万人，增加7626万人。参加失业保险人数18089万人，增加763万人。年末全国领取失业保险金人数230万人。参加工伤保险人数21887万人，增加455万人，其中参加工伤保险的农民工7510万人，增加21万人。参加生育保险人数18443万人，增加672万人。年末全国共有1479.9万人享受城市居民最低生活保障，4576.5万人享受农村居民最低生活保障，496.9万人享受农村特困人员[46]救助供养。全年资助5620.6万人参加基本医疗保险，医疗救助3099.8万人次。国家抚恤、补助各类优抚对象877.2万人。按照每人每年2300元（2010年不变价）的农村贫困标准计算，2016年农村贫困人口4335万人，比上年减少1240万人[47]。

十、教育、科学技术和文化体育

全年研究生教育招生66.7万人，在学研究生198.1万人，毕业生56.4万人。普通本专科招生748.6万人，在校生2695.8万人，毕业生704.2万人。中等职业教育[48]招生593.3万人，在校生1599.1万人，毕业生533.7万人。普通高中招生802.9万人，在校生2366.6万人，毕业生792.4万人。初中招生1487.2万人，在校生4329.4万人，毕业生1423.9万人。普通小学招生1752.5万人，在校生9913.0万人，毕业生1507.4万人。特殊教育招生9.2万人，在校生49.2万人，毕业生5.9万人。学前教育在园幼儿4413.9万人。九年义务教育巩固率为93.4%，高中阶段毛入学率为87.5%。

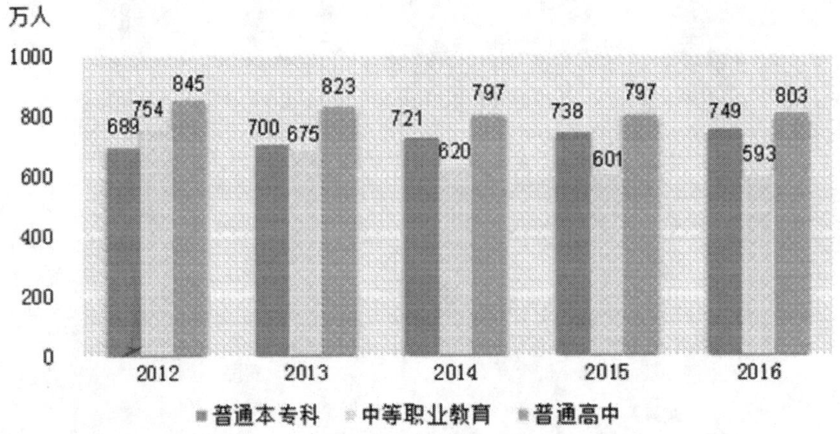

图20　2012-2016年普通本专科、中等职业教育及普通高中招生人数

全年研究与试验发展（R&D）经费支出15500亿元，比上年增长9.4%，与国内生产总值之比为2.08%，其中基础研究经费798亿元。全年国家重点研发计划共安排42个重点专项1163个科技项目，国家科技重大专项共安排224个课题，国家自然科学基金共资助41184个项目。截至年底，累计建设国家重点实验室488个，国家工程研究中心131个，国家工程实验室194个，国家企业技术中心1276家。国家科技成果转化引导基金累计设立9支子基金，资金总规模173.5亿元。全年受理境内外专利申请346.5万件，授予专利权175.4万件。截至年底，有效专利628.5万件，其中境内有效发明专利110.3万件，每万人口发明专利拥有量8.0件。全年共签订技术合同32.0万项，技术合同成交金额11407亿元，比上年增长16.0%。

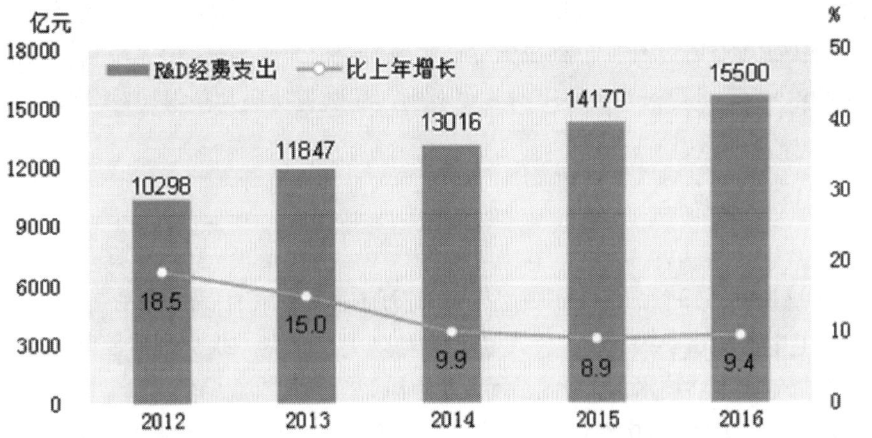

图21 2012–2016年研究与试验发展（R&D）经费支出及其增长速度

表16 2016年专利申请受理、授权和有效专利情况

指标	专利数（万件）	比上年增长（%）
专利申请受理数	346.5	23.8
其中：境内专利申请受理	328.1	25.4
其中：发明专利申请受理	133.9	21.5
其中：境内发明专利	119.3	24.7
专利申请授权数	175.4	2.1
其中：境内专利授权	161.2	2.1
其中：发明专利授权	40.4	12.5
其中：境内发明专利	29.5	15.0
年末有效专利数	628.5	14.7
其中：境内有效专利	540.6	15.7
其中：有效发明专利	177.2	20.4
其中：境内有效发明专利	110.3	26.6

全年完成22次宇航发射。长征五号、长征七号新一代运载火箭成功首飞；天宫二号空间实验室、神舟十一号载人飞船成功发射，航天员在轨驻留30天并安全返回；新一代静止轨道气象卫星风云四号、合成孔径雷达卫星高分三号、3颗北斗导航卫星等成功发射。

年末全国共有产品检测实验室34487个，其中国家检测中心681个。全国现有产品质量、体系认证机构312个，已累计完成对152525个企业的产品认证。全国共有法定计量技术机构3933个，全年强制检定计量器具7878万台（件）。全年制定、修订国家标准1763项，其中新制定1255项。

年末全国文化系统共有艺术表演团体2046个，博物馆3060个。全国共有公共图书馆3172个，总流通[49]64781万人次；文化馆3338个。有线电视实际用户2.23亿户，其中有线数字电视实际用户1.97亿户。年末广播节目综合人口覆盖率为98.4%，电视节目综合人口覆盖率为98.9%。全年生产电视剧330部14768集，电视动画片119895分钟。全年生产故事影片772部，科教、纪录、动画和特种影片[50]172部。出版各类报纸394亿份，各类期刊27亿册，图书86亿册（张），人均图书拥有量[51]6.27册（张）。年末全国共有档案馆4193个，已开放各类档案13388万卷（件）。

全年我国运动员在23个运动大项中获得107个世界冠军，共创9项世界纪录。在里约奥运会上，我国运动员共获得26枚金牌，奖牌总数70枚，位列奥运会金牌榜第三位，奖牌榜第二位。全年我国残疾人运动员在17项国际赛事中获得237个世界冠军。在里约残奥会上，我国运动员共获得107枚金牌，蝉联金牌榜和奖牌榜第一位。

十一、卫生和社会服务

年末全国共有医疗卫生机构99.3万个，其中医院2.9万个，在医院中有公立医院1.3万个，民营医院1.6万个；基层医疗卫生机构93.1万个，其中乡镇卫生院3.7万个，社区卫生服务中心（站）3.5万个，门诊部（所）21.7万个，村卫生室64.2万个；专业公共卫生机构2.9万个，其中疾病预防控制中心3484个，卫生监督所（中心）3138个。年末卫生技术人员844万人，其中执业医师和执业助理医师317万人，注册护士350万人。医疗卫生机构床位747万张，其中医院575万张，乡镇卫生院123万张。全年总诊疗人次[52]78.0亿人次，出院人数[53]2.2亿人。

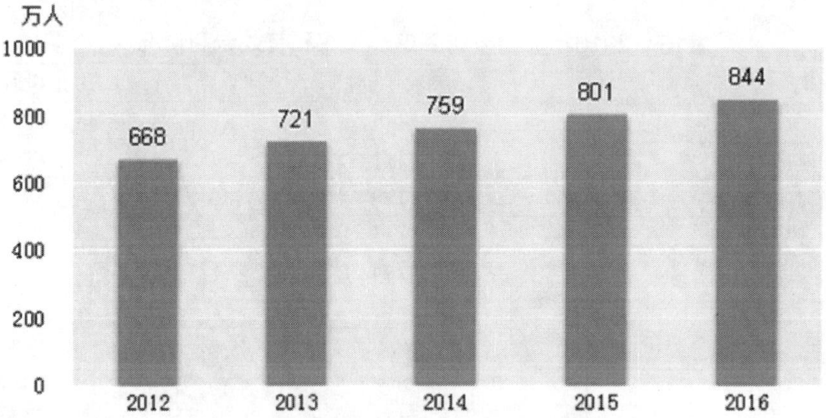

图22　2012-2016年卫生技术人员人数

年末全国共有各类提供住宿的社会服务机构3.1万个，其中养老服务机构2.8万个，儿童服务机构713个。社会服务床位[54]716.6万张，其中养老服务床位680.0万张，儿童服务床位10.0万张。年末共有社区服务中心2.4万个，社区服务站13.0万个。

十二、资源、环境和安全生产

全年全国国有建设用地供应总量[55]52万公顷，比上年下降2.9%。其中，工矿仓储用地12万公顷，下降3.2%；房地产用地[56]11万公顷，下降10.3%；基础设施等用地29万公顷，增长0.2%。

全年水资源总量30150亿立方米。全年平均降水量730毫米。年末全国监测的614座大型水库蓄水总量3409亿立方米，比上年末蓄水量略有减少。全年总用水量6150亿立方米，比上年增长0.8%。其中，生活用水增长2.7%，工业用水减少0.4%，农业用水增长0.7%，生态补水增长1.9%。万元国内生产总值用水量[57]84立方米，比上年下降5.6%。万元工业增加值用水量53立方米，下降6.0%。人均用水量446立方米，比上年增长0.2%。

全年完成造林面积679万公顷，其中人工造林面积381万公顷，占全部造林面积的56.1%。森林抚育面积837万公顷。截至年底，自然保护区达到2750个，其中国家级自然保护区446个。新增水土流失治理面积5.4

万平方公里，新增实施水土流失地区封育保护面积1.6万平方公里。

初步核算，全年能源消费总量43.6亿吨标准煤，比上年增长1.4%。煤炭消费量下降4.7%，原油消费量增长5.5%，天然气消费量增长8.0%，电力消费量增长5.0%。煤炭消费量占能源消费总量的62.0%，比上年下降2.0个百分点；水电、风电、核电、天然气等清洁能源消费量占能源消费总量的19.7%，上升1.7个百分点。全国万元国内生产总值能耗下降5.0%。工业企业吨粗铜综合能耗下降9.45%，吨钢综合能耗下降0.08%，单位烧碱综合能耗下降2.08%，吨水泥综合能耗下降1.81%，每千瓦时火力发电标准煤耗下降0.97%。

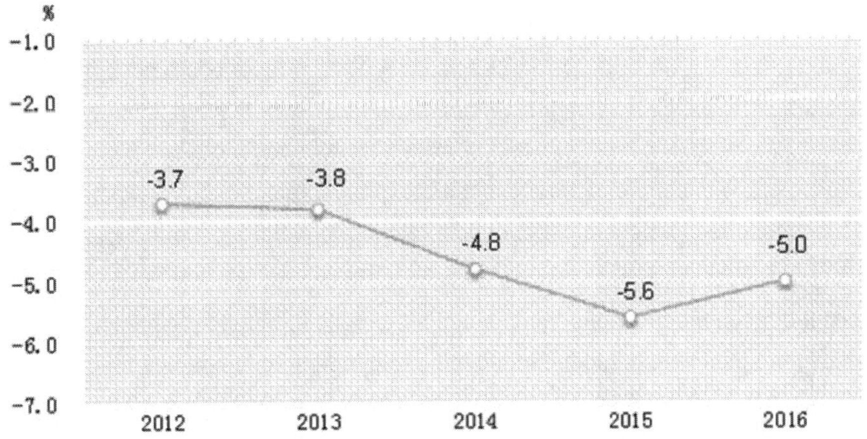

图23　2012-2016年万元国内生产总值能耗降低率

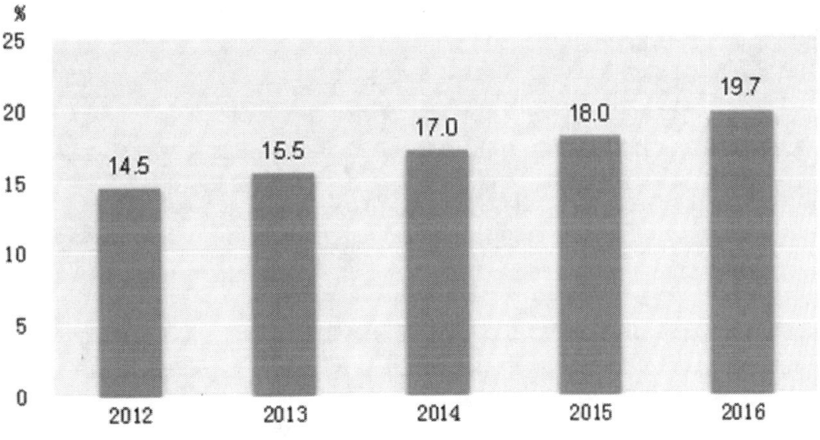

图24　2012-2016年清洁能源消费量占能源消费总量的比重

近岸海域417个海水水质监测点中，达到国家一、二类海水水质标准的监测点占73.4%，三类海水占10.3%，四类、劣四类海水占16.3%。

在监测的338个城市中，城市空气质量达标的城市占24.9%，未达标的城市占75.1%。细颗粒物（PM2.5）未达标地级及以上城市年平均浓度52微克/立方米，比上年下降8.8%。

在监测的322个城市中，城市区域声环境质量好的城市占5.0%，较好的占68.3%，一般的占26.1%，较差的占0.6%。

全年平均气温为10.49℃，比上年下降0.13℃。共有8个台风登陆。

年末城市污水处理厂日处理能力14823万立方米，比上年末增长5.6%；城市污水处理率为92.4%，提高0.5个百分点。城市生活垃圾无害化处理率为95.0%，提高0.9个百分点。城市集中供热面积70.7亿平方米，增长5.2%。城市建成区绿地面积197.1万公顷，增长3.3%；建成区绿地率为36.44%，提高0.08个百分点；人均公园绿地面积13.45平方米，增加0.10平方米。

全年农作物受灾面积2622万公顷，其中绝收290万公顷。全年因洪涝和地质灾害造成直接经济损失3134亿元，因旱灾造成直接经济损失418亿元，因低温冷冻和雪灾造成直接经济损失179亿元，因海洋灾害造成直接经济损失50亿元。全年大陆地区共发生5.0级以上地震18次，成灾16次，造成直接经济损失67亿元。全年共发生森林火灾2034起，森林火灾受害森林面积0.6万公顷。

全年各类生产安全事故[58]共死亡43062人。亿元国内生产总值生产安全事故死亡人数0.058人，按可比口径比上年下降10.8%；工矿商贸企业就业人员10万人生产安全事故死亡人数1.702人，按可比口径下降2.3%；道路交通事故万车死亡人数2.1人，与上年持平；煤矿百万吨死亡人数0.156人，下降3.7%。

注释：

[1]本公报中数据均为初步统计数。各项统计数据均未包括香港特别行政区、澳门特别行政区和台湾省。部分数据因四舍五入的原因，存在着与分项合计不等的情况。

[2]国内生产总值、各产业增加值和人均国内生产总值绝对数按现价计算，增长速度按不变价格计算。

[3]国民总收入，原称国民生产总值，是指一个国家或地区所有常住单位在一定时期内所获得的初次分配收入总额。它等于国内生产总值加上来自国外的净要素收入。

[4]人户分离的人口是指居住地与户口登记地所在的乡镇街道不一致且离开户口登记地半年及以上的人口。

[5]流动人口是指人户分离人口中扣除市辖区内人户分离的人口。市辖区内人户分离的人口是指一个直辖市或地级市所辖区内和区与区之间，居住地和户口登记地不在同一乡镇街道的人口。

[6]2016年年末，0-14岁（含不满15周岁）人口为23008万人，15-59岁（含不满60周岁）人口为92177万人。

[7]年度农民工数量包括年内在本乡镇以外从业6个月及以上的外出农民工和在本乡镇内从事非农产业6个月及以上的本地农民工两部分。

[8]全员劳动生产率为国内生产总值（以2015年价格计算）与全部就业人员的比率。

[9]农产品生产者价格是指农产品生产者直接出售其产品时的价格。

[10]居住类价格包括租赁房房租、住房保养维修及管理、水电燃料等价格。

[11]为推进财政资金统筹使用，2016年起将政府住房基金等5个项目从政府性基金预算转列一般公共

预算，将从国有资本经营预算调入一般公共预算的资金由直接列为一般公共预算收入调整列为财政调入资金。因此，上年基数中考虑了上述因素影响，并以此为基础计算同口径增减额和增减幅。

[12]工业战略性新兴产业包括节能环保产业，新一代信息技术产业，生物产业，高端设备制造产业，新能源产业，新材料产业，新能源汽车产业等七大产业。

[13]高技术制造业包括医药制造业，航空、航天器及设备制造业，电子及通信设备制造业，计算机及办公设备制造业，医疗仪器设备及仪器仪表制造业，信息化学品制造业。

[14]装备制造业包括金属制品业，通用设备制造业，专用设备制造业，汽车制造业，铁路、船舶、航空航天和其他运输设备制造业，电气机械和器材制造业，计算机、通信和其他电子设备制造业，仪器仪表制造业。

[15]六大高耗能行业包括石油加工、炼焦和核燃料加工业，化学原料和化学制品制造业，非金属矿物制品业，黑色金属冶炼和压延加工业，有色金属冶炼和压延加工业，电力、热力生产和供应业。

[16]火电包括燃煤发电量，燃油发电量，燃气发电量，余热、余压、余气发电量，垃圾焚烧发电量，生物质发电量。

[17]钢材产量数据中含企业之间重复加工钢材约35443万吨。

[18]少量发电装机容量（如地热等）公报中未列出。

[19]固定资产投资按东部、中部、西部和东北地区计算的合计数据小于全国数据，是因为有部分跨地区的投资未计算在地区数据中。其中，东部地区是指北京、天津、河北、上海、江苏、浙江、福建、山东、广东和海南10省（市）；中部地区是指山西、安徽、江西、河南、湖北和湖南6省；西部地区是指内蒙古、广西、重庆、四川、贵州、云南、西藏、陕西、甘肃、青海、宁夏和新疆12省（区、市）；东北地区是指辽宁、吉林和黑龙江3省。

[20]基础设施投资是指建造或购置为社会生产和生活提供基础性、大众性服务的工程和设施的支出。公报中的基础设施投资包括交通运输、邮政业，电信、广播电视和卫星传输服务业，互联网和相关服务业，水利、环境和公共设施管理业投资。

[21]民间固定资产投资是指具有集体、私营、个人性质的内资企事业单位以及由其控股（包括绝对控股和相对控股）的企业单位建造或购置固定资产的投资。

[22]高技术产业投资包括医药制造、航空航天器及设备制造等六大类高技术制造业投资和信息服务、电子商务服务等九大类高技术服务业投资。

[23]房地产业投资除房地产开发投资外，还包括建设单位自建房屋以及物业管理、中介服务和其他房地产投资。

[24]高速铁路是指最高营运速度达到200公里/小时及以上的铁路。

[25]数据来源为各省（区、市）汇总上报截至2016年12月底建档立卡贫困户农村危房改造实际开工数。

[26]网上零售额是指通过公共网络交易平台（包括自建网站和第三方平台）实现的商品和服务零售额。其中，网上零售额包括的服务，以及少部分用于生产经营用或被转卖的商品不统计在社会消费品零售总额中。

[27]货物贸易、服务贸易、吸收外资采用人民币计价。对外投资和对外承包工程由于技术原因仍主要沿用美元计价。

[28]“一带一路”是指“丝绸之路经济带”和“21世纪海上丝绸之路”。

[29]服务进出口按照《国际收支手册（第六版）》标准统计，不含政府服务，增速按可比口径计算。

[30]邮电业务总量按2010年价格计算。

[31]移动电话交换机容量是指移动电话交换机根据一定话务模型和交换机处理能力计算出来的最大同时服务用户的数量。

[32]固定互联网宽带接入用户是指报告期末在电信企业登记注册，通过xDSL、FTTx+LAN、FTTH/O以及其他宽带接入方式和普通专线接入公众互联网的用户。

[33]固定互联网光纤宽带接入用户是指报告期末在电信企业登记注册，通过FTTH或FTTO方式接入公众互联网的用户。

[34]移动宽带用户是指报告期末在计费系统拥有使用信息，占用3G或4G网络资源的在网用户。

[35]手机上网人数是指过去半年通过手机接入并使用互联网的6周岁及以上中国居民数量。

[36]软件和信息技术服务业包括软件开发，信息系统集成服务，信息技术咨询服务，数据处理和存储服务，集成电路设计服务和其他信息技术服务等行业。

[37]社会融资规模增量是指一定时期内实体经济从金融体系获得的资金总额。

[38]定向增发不含资产认购部分。

[39]全国中小企业股份转让系统又称“新三板”，是2012年经国务院批准设立的全国性证券交易场所。

[40]公司信用类债券包括非金融企业债务融资工具、企业债券以及公司债、可转债等。

[41]原保险保费收入是指保险企业确认的原保险合同保费收入。

[42]全国居民收入增速快于分城乡居民收入增速的原因是：在城镇化过程中，一部分在农村收入较高的人口进入城镇地区，但在城镇属于较低收入人群，他们的迁移对城乡居民收入均有拉低作用。但无论在城镇还是农村，其收入增长效应都会体现在全体居民收入增长中。

[43]人均收入中位数是指将所有调查户按人均收入水平从低到高（或从高到低）顺序排列，处于最中间位置调查户的人均收入。

[44]全国居民五等份收入分组是指将所有调查户按人均收入水平从低到高顺序排列，平均分为五个等份，处于最高20%的收入群体为高收入组，依此类推依次为中等偏上收入组、中等收入组、中等偏下收入组、低收入组。

[45]贫困地区包括集中连片特困地区和片区外的国家扶贫开发工作重点县，共832个县，其中国家扶贫开发工作重点县共计592个。

[46]农村特困人员是指无劳动能力，无生活来源，无法定赡养、抚养、扶养义务人或者其法定义务人无履行义务能力的农村老年人、残疾人以及未满16周岁的未成年人。

[47]减贫人口等于当年贫困人口减去上年贫困人口，也相当于当年脱贫人口减去当年返贫人口。

[48]中等职业教育包括普通中专、成人中专、职业高中和技工学校。

[49]总流通人次是指本年度内到图书馆场馆接受图书馆服务的总人次，包括借阅书刊、咨询问题以及参加各类读者活动等。

[50]特种影片是指那些采用与常规影院放映在技术、设备、节目方面不同的电影展示方式，如巨幕电影、立体电影、立体特效（4D）电影、动感电影、球幕电影等。

[51]人均图书拥有量是指在一年内全国平均每人能拥有的当年出版图书册数。

[52]总诊疗人次指所有诊疗工作的总人次数，包括门诊、急诊、出诊、预约诊疗、单项健康检查、健康咨询指导（不含健康讲座）人次。

[53]出院人数指报告期内所有住院后出院的人数，包括医嘱离院、医嘱转其他医疗机构、非医嘱离

院、死亡及其他人数，不含家庭病床撤床人数。

[54]社会服务床位数除收养性机构外，还包括救助类机构、社区类机构以及军休所、军供站等机构的床位。

[55]国有建设用地供应总量是指报告期内市、县人民政府根据年度土地供应计划依法以出让、划拨、租赁等方式将土地使用权提供给单位或个人使用的国有建设用地总量。

[56]房地产用地是指商服用地和住宅用地的总和。

[57]万元国内生产总值用水量、万元工业增加值用水量和万元国内生产总值能耗按2015年价格计算。

[58]2016年起，安全监管总局对生产安全事故统计制度进行改革，由于排除了非生产经营领域的事故，事故统计口径发生变化，数据同比按照可比口径计算。

资料来源：

本公报中户籍人口城镇化率、民用汽车、交通事故数据来自公安部；城镇新增就业、登记失业率、社会保障、技工学校数据来自人力资源社会保障部；财政数据来自财政部；外汇储备、汇率、货币金融、公司信用类债券数据来自人民银行；水产品产量数据来自农业部；木材产量、林业、森林火灾数据来自林业局；灌溉面积、水资源数据来自水利部；发电装机容量、新增220千伏及以上变电设备数据来自中电联；新建铁路投产里程、增新建铁路复线投产里程、电气化铁路投产里程、铁路运输数据来自铁路总公司；新改建公路里程、港口万吨级码头泊位新增吞吐能力、公路运输、水运、港口货物吞吐量数据来自交通运输部；新增民用运输机场、民航数据来自民航局；新增光缆线路长度、电话交换机容量、电话用户、宽带用户、移动互联网接入流量、上网人数、互联网普及率、软件业务收入等数据来自工业和信息化部；农村地区互联网普及率数据来自中国互联网络信息中心；棚户区住房改造、农村地区建档立卡贫困户危房改造、城市污水处理、城市垃圾处理、城市集中供热面积、建成区绿地数据来自住房城乡建设部；货物进出口数据来自海关总署；服务进出口、外商直接投资、对外直接投资、对外承包工程、对外劳务合作等数据来自商务部；管道数据来自中石油、中石化、中海油；邮政业务数据来自邮政局；旅游数据来自旅游局、公安部；上市公司数据来自证监会；保险业数据来自保监会；城乡低保、农村特困人员救助供养、社会服务、农作物受灾面积、洪涝地质灾害造成直接经济损失、旱灾造成直接经济损失、低温冷冻和雪灾造成直接经济损失来自民政部；教育数据来自教育部；重点研发计划、科技重大专项、国家重点实验室、科技成果转化引导基金、技术合同等数据来自科技部；自然科学基金项目数据来自自然基金委；国家工程研究中心、企业技术中心等数据来自发展改革委；专利数据来自知识产权局；宇航发射数据来自国防科工局；质量检验、国家标准制定修订等数据来自质检总局；艺术表演团体、博物馆、公共图书馆、文化馆数据来自文化部；广播电视、电影、报纸、期刊、图书数据来自新闻出版广电总局；档案数据来自档案局；体育数据来自体育总局；残疾人运动员数据来自中国残联；卫生数据来自卫生计生委；国有建设用地供应数据来自国土资源部；自然保护区、环境监测数据来自环境保护部；平均气温、登陆台风数据来自气象局；海洋灾害造成直接经济损失数据来自海洋局；地震次数、地震灾害直接经济损失数据来自地震局；安全生产数据来自安全监管总局；其他数据均来自国家统计局。

2016全国城市GDP排名

2017年1月20日，国家统计局公布：2016年中国国内生产总值GDP达744127亿元，同比增长6.7%，城市GDP方面：截至1月20日，全国大部分城市的去年经济运行数据已经公布，根据信息汇总，2016年中国城市GDP（经济总量）100强排名如下：

四大经济强省方面：广东21个省辖市中，9个进入全国百强；江苏13个省辖市全部进入全国百强，是唯一所有省辖市都跻身百强的省份；山东17个省辖市中，15个进入全国百强，数量居全国各省首位；浙江11个省辖市中，8个进入全国百强。

31个省市区2016、2015年GDP总值及增速

	2016年总值排名	2016年总值（亿）	2016年增长率	2015年总值排名	2015年总值（亿）
1.	广东省	79512.05	7.50%	广东省	72812.55
2.	江苏省	76086.2	7.80%	江苏省	70116.38
3.	山东省	67008.2	7.60%	山东省	63002.33
4.	浙江省	46485	7.50%	浙江省	42886.49
5.	河南省	40160.01	8.10%	河南省	37002.16
6.	四川省	32680.5	7.70%	四川省	30053.1
7.	湖北省↑	32297.91	8.10%	河北省	29806.11
8.	河北省↓	31827.9	6.80%	湖北省	29550.19
9.	湖南省	31244.7	7.90%	湖南省	28902.21
10	福建省	28519.15	8.40%	辽宁省	28669.02
11	上海市	27466.15	6.80%	福建省	25979.82
12	北京市	24899.3	6.70%	上海市	25123.45
13	安徽省	24117.9	8.70%	北京市	23014.59
14	陕西省	19165.39	7.60%	安徽省	22005.63
15	内蒙古自治区	18632.6	7.20%	陕西省	18021.86
16	江西省 ↑	18364.4	9.00%	内蒙古自治区	17831.51
17	广西壮族自治区 ↓	18245.07	7.30%	广西壮族自治区	16803.12
18	天津市	17885.39	9.00%	江西省	16723.78
19	重庆市	17558.76	10.70%	天津市	16538.19
20	云南省	14869.95	8.70%	重庆市	15717.27
21	贵州省	11734.43	10.50%	黑龙江省	15083.67
22	新疆维吾尔自治区	9550	7.60%	吉林省	14063.13
23	甘肃省	7152.04	7.60%	云南省	13619.17
24	海南省	4044.51	7.50%	山西省	12766.49
25	宁夏回族自治区	3150.06	8.10%	贵州省	10502.56
26	青海省	2572.49	8.00%	新疆维吾尔自治区	9324.8
27	西藏自治区	1148	11.50%	甘肃省	6790.32
28	山西省	未公布	4.50%	海南省	3702.76
29	辽宁省	未公布	未公布	宁夏回族自治区	2911.77
30	吉林省	未公布	6.90%	青海省	2417.05
31	黑龙江	未公布	6.10%	西藏自治区	1026.39

（数据来源：地方两会政府报告及地方统计局发布）

详细排名：

排名	城市	GDP（亿元）	同比增长（%）	人口（万）
1	上海	26688	6.7	2415
2	北京	24541	6.7	2171
3	广州（广东1）	20004	8	1667
4	深圳（广东2）	19300	9	1077
5	天津	17800	9	1547
6	重庆	17010	10.7	3372
7	苏州（江苏1）	15400	7.5	1060
8	武汉（湖北1）	11756	7.8	1061
9	成都（四川1）	11721	7.5	1573
10	杭州（浙江1）	11700	10	889

区间分析：

随着改革开放的全面深化，作为前沿阵地的广东经济活力进一步增强；前几年发展迅猛的成都进入经济结构调整阶段，经济增速有所放缓；杭州在长三角地区率先完成经济转型升级，进入新一轮高速发展期，未来几年在全国的排名有望继续前移。

排名	城市	GDP（亿元）	同比增长（%）	人口（万）
11	南京（江苏2）	10450	8	824
12	青岛（山东1）	10100	8	871
13	长沙（湖南1）	9309	9.4	743
14	无锡（江苏3）	9157	7.5	651
15	佛山（广东3）	8600	8.5	735
16	宁波（浙江2）	8560	7	783
17	大连（辽宁1）	8150	6.5	669
18	郑州（河南1）	7920	8.5	957
19	沈阳（辽宁2）	7644	3	829
20	烟台（山东2）	7003	8.2	702

区间分析：

南京、青岛前几年受举办国际盛会利好而发展迅速，但随着盛会结束，经济增速也随之放缓，进入相对平稳期；大连、沈阳受东北地区整体经济形势影响，发展速度相对缓慢。

排名	城市	GDP（亿元）	同比增长（%）	人口（万）
21	济南（山东3）	6800	8	706
22	东莞（广东4）	6770	8.1	832
23	泉州（福建1）	6610	8	851
24	南通（江苏4）	6607	9	730
25	唐山（河北1）	6474	7	780
26	西安（陕西1）	6480	8	871
27	哈尔滨（黑龙江1）	6270	8	1001
28	合肥（安徽1）	6200	10	779
29	福州（福建2）	6050	8.3	734
30	长春（吉林1）	5860	7.5	767

区间分析：

济南最大发展障碍是交通拥堵和空气污染，但一直没下定决心根治。号称第二条经十路的刘长山路二期工程一再推诿，如同“血栓于脑、偏瘫在身”，成为阻碍其快速发展的首要因素；泉州、福州受“一带一路”政策带动，短期内还将保持快速发展的势头。

排名	城市	GDP（亿元）	同比增长（%）	人口（万）
31	石家庄（河北2）	5822	8	1049
32	潍坊（山东4）	5746	8	927
33	徐州（江苏5）	5720	8	867
34	常州（江苏6）	5700	8.5	470
35	温州（浙江3）	5110	8	919
36	绍兴（浙江4）	4800	5	501
37	鄂尔多斯（内蒙古1）	4678	7.3	201
38	济宁（山东5）	4620	8	808
39	淄博（山东6）	4400	7.6	464
40	大庆（黑龙江2）	4350	1.5	281

区间分析：

合肥承接江浙沪产业转移的同时，汇集安徽全省优质资源，提升了经济增速，未来几年仍有望保持；潍坊曾经是全球经济发展最快的城市，随着产业结构转型升级，经济增速放缓；大庆石油资源日益枯竭，发展趋缓，迫切需要加快产业结构调整。

排名	城市	GDP（亿元）	同比增长（%）	人口（万）
41	盐城（江苏7）	4380	9	721
42	扬州（江苏8）	4375	9	461
43	昆明（云南1）	4370	6.4	726
44	南昌（江西1）	4360	9	530
45	临沂（山东7）	4305	9	1124
46	东营（山东8）	4013	7	209
47	包头（内蒙古2）	3969	7.6	276
48	台州（浙江5）	3930	6.8	603
49	泰州（江苏9）	3924	9	508
50	嘉兴（浙江6）	3836	6.8	455

区间分析：

扬州近年来的经济增速一直位居江苏省前列，良好的区位优势使其在省内的城市地位逐步提升。南昌、临沂作为红色旅游目的地城市，日益受到国内外游客的青睐，经济增速持续高位运行。

排名	城市	GDP（亿元）	同比增长（%）	人口（万）
51	洛阳（河南2）	3795	8	662
52	厦门（福建3）	3737	8	367
53	镇江（江苏10）	3706	9.1	311
54	金华（浙江7）	3662	7.9	536
55	泰安（山东9）	3630	9.3	556
56	南宁（广西1）	3629	8.5	666
57	沧州（河北3）	3620	7.6	680
58	襄阳（湖北2）	3600	8.6	550
59	宜昌（湖北3）	3591	8.8	405
60	邯郸（河北4）	3500	6.5	917

区间分析：

厦门近年来经济结构转型升级，增速有所放缓，但发展质量显著提升，经济发展水平已跃居副省级城市前列；泰安是中国旅游资源最丰富的地级市之一，随着“中外著名旅游目的地”品牌和旅游大项目建设，其经济增速在未来很长时间都有望高位运行。

排名	城市	GDP（亿元）	同比增长（%）	人口（万）
61	榆林（陕西2）	3412	5	375
62	惠州（广东5）	3390	7.8	476
63	呼和浩特（内蒙古3）	3319	7.1	300
64	威海（山东10）	3257	8.5	280
65	中山（广东6）	3213	7.1	312
66	保定（河北5）	3150	6.7	1017
67	漳州（福建4）	3111	9.3	496
68	贵阳（贵州1）	3077	11	468
69	吉林（吉林2）	3001	6	441
70	德州（山东11）	2990	7.5	650

区间分析：

威海作为世界宜居之都和中国首个国家卫生城市，其环保至上的发展思路带给今天的中国以深刻启示，其绝佳的城市环境未来将更好地推动实体经济增长。鞍山是老牌工业强市，在国家东北老工业基地振兴政策带动下，未来几年的经济发展有望提速。

排名	城市	GDP（亿元）	同比增长（%）	人口（万）
71	鞍山（辽宁3）	2988	3	364
72	太原（山西1）	2985	8.3	429
73	聊城（山东12）	2905	7.4	591
74	乌鲁木齐（新疆1）	2824	10.1	353
75	衡阳（湖南4）	2820	9	734
76	常德（湖南3）	2819	8.9	607
77	岳阳（湖南2）	2735	7.9	559
78	南阳（河南3）	2720	8.3	1009
79	淮安（江苏11）	2717	8.9	564
80	茂名（广东7）	2679	7	601

区间分析：

乌鲁木齐受益于“一带一路”政策利好，近年来经济增速不断走高，并且还将长期保持这一势头。贵阳自从开始大力发展旅游产业，其经济增速就不断提升，这给很多中西部地区发展相对落后的城市提供了很好的借鉴。

排名	城市	GDP（亿元）	同比增长（%）	人口（万）
81	滨州（山东13）	2587	7	380
82	芜湖（安徽2）	2571	9.5	365
83	湛江（广东8）	2570	8	716
84	菏泽（山东14）	2550	8.5	843
85	江门（广东9）	2406	7.4	448
86	柳州（广西2）	2401	7.2	375
87	株洲（湖南5）	2395	8.2	395
88	许昌（河南4）	2385	7.5	431
89	咸阳（陕西3）	2362	7.6	527
90	枣庄（山东15）	2357	7	394

区间分析：

芜湖经济发展水平在全国相对滞后，随着其加快融入长三角城市群的步伐，未来几年还会保持较快的经济增长；咸阳具有深厚历史文化底蕴，但并未像西安那样转化为发展优势，经济发展仍有跨越式提升的潜力。

排名	城市	GDP（亿元）	同比增长（%）	人口（万）
91	廊坊（河北5）	2312	8.6	450
92	宿迁（江苏12）	2306	9.3	485
93	周口（河南5）	2299	8	880
94	连云港（江苏13）	2297	8.5	507
95	湖州（浙江8）	2238	7.7	262
96	兰州（甘肃1）	2220	8.2	401
97	郴州（湖南6）	2170	8	469
98	新乡（河南6）	2133	7	600
99	通辽（内蒙古4）	2112	8	313
100	遵义（贵州2）	2100	12	800

区间分析：

连云港的经济发展水平处于华东沿海地区垫底水平，因此有很大的可提升空间；遵义随着红色旅游产业的发展，带动了经济总量的提升；兰州作为西北地区重要交通枢纽，近年来发展速度较快，经济总量连续多年维持在全国100名左右。

31个省市区2016、2015年GDP增速及变化

	2016年排名	2016年增速	同比变化	2015年排名	2015增速
1.	西藏自治区	11.50%	1.50%	西藏自治区	10.00%
2.	重庆市	10.70%	0.70%	重庆市	10.00%
3.	贵州省	10.50%	-0.20%	贵州省	10.70%
4.	江西省 ⬆	9.00%	-0.10%	天津市	9.30%
5.	天津市 ⬇	9.00%	-0.30%	江西省	9.10%
6.	安徽省 ⬆	8.70%	0.00%	福建省	9.00%
7.	云南省 ⬆	8.70%	0.00%	湖北省	8.90%
8.	福建省 ⬇	8.40%	-0.60%	新疆维吾尔自治区	8.80%
9.	河南省 ⬆	8.10%	-0.20%	安徽省	8.70%
10.	湖北省 ⬇	8.10%	-0.80%	云南省	8.70%
11.	宁夏回族自治区 ⬆	8.10%	0.10%	江苏省	8.50%
12.	青海省 ⬆	8.00%	-0.20%	湖南省	8.50%
13.	湖南省 ⬇	7.90%	-0.60%	河南省	8.30%
14.	江苏省 ⬇	7.80%	-0.70%	青海省	8.20%
15.	四川省 ⬆	7.70%	-0.20%	广西壮族自治区	8.10%
16.	山东省 ⬆	7.60%	-0.50%	甘肃省	8.10%
17.	陕西省 ⬆	7.60%	-0.40%	宁夏回族自治区	8.00%
18.	新疆维吾尔自治区 ⬇	7.60%	-0.30%	广东省	8.00%
19.	甘肃省 ⬇	7.60%	-1.20%	浙江省	8.00%
20.	广东省 ⬇	7.50%	-0.50%	山东省	8.00%
21.	浙江省 ⬇	7.50%	-0.30%	四川省	7.90%
22.	海南省 ⬆	7.50%	-0.50%	陕西省	7.90%
23.	广西壮族自治区 ⬇	7.30%	-0.60%	海南省	7.80%
24.	内蒙古自治区	7.20%	-0.50%	内蒙古自治区	7.70%
25.	吉林省 ⬆	6.90%	0.60%	上海市	6.90%
26.	河北省 ⬆	6.80%	0.00%	北京市	6.90%
27.	上海市 ⬇	6.80%	-0.10%	河北省	6.80%
28.	北京市 ⬇	6.70%	-0.20%	吉林省	6.30%
29.	黑龙江	6.10%	0.40%	黑龙江省	5.70%
30.	山西省	4.50%	1.40%	山西省	3.10%
31.	辽宁省	未发布	无数据	辽宁省	3.00%

（数据来源：地方两会政府报告及地方统计局发布）

【此前报道】

最新地区GDP排行榜：广东江苏山东浙江河南四川位居前六

截至1月26日，各省市区在政府工作报告和统计局报告中陆续公布了2016年的地区经济数据，澎湃新闻梳理数据发现，在目前已公布2016年GDP的省份中，GDP排名次序相比去年变化不大，增速排名则变化较大。其中，地区GDP总量前六名仍然是广东、江苏、山东、浙江、河南、四川，与2015年相同。第七名则有所改变，2015年GDP排名第八的湖北超越了河北，排到了第七。

截至1月26日，各省市区在政府工作报告和统计局报告中陆续公布了2016年的地区经济数据，澎湃新闻梳理数据发现，在目前已公布2016年GDP的省份中，GDP排名次序相比去年变化不大，增速排名则变化较大。其中，地区GDP总量前六名仍然是广东、江苏、山东、浙江、河南、四川，与2015年相同。第七名则有所改变，2015年GDP排名第八的湖北超越了河北，排到了第七。

目前，辽宁、吉林、黑龙江、山西四省尚未发布2016年全年地区生产总值（GDP），辽宁省尚未发布2016年GDP增速。

江苏山东GDP差距扩大1900多亿元

在2016年的地区生产总值榜上，广东、江苏、山东、浙江、河南、四川6省，仍旧占据前六名的位置，次序不变。其中排名第一的广东省，经济总量超过7.9万亿元。广东、江苏之间的差距变化不大，而江苏、山东之间的差距则扩大了1900多亿元。

湖北GDP总量超越河北

目前发布GDP的27个省市区中，只有4个省份的排名发生了变动。在2015年，河北与湖北分别列在第7名、第8名，广西与江西分别列在第17名、第18名，生产总值相差不过百亿，在2016年则互相调换了位置。湖北超过河北上升1名，江西超越广西上升1名。

GDP超过3万亿省份升至9个

2016年地区GDP超过3万亿的省份目前已经增加到9个，湖北、河北、湖南3省的生产总值突破3万亿元，在2015年，广东、江苏、山东、浙江、河南、四川6省的GPD在3万亿元以上。

最新GDP排行:广东江苏山东居前三 东北增速回暖

21个省市区2016年经济增速相对放缓

从经济增长的速度来看，21个省市区的GDP增速在2016年放缓，其中甘肃降幅最大，达到1.2个百分点，降为7.6%。

生产总值排名前三，基数较大的广东、江苏、山东，2016年的GDP增速都放慢了至少0.5个百分点。

只有6个省市区的GDP增速出现上升。西藏在2015年、2016年的GDP增速都位于全国第一，并从10%上升到了11.5%，但经济总量仍旧排名最末。重庆市在2015年、2016年的GDP增速都位于第二，增速也从10%上升到了10.7%。

东北GDP增速回暖

GDP增速增靠后的山西与黑龙江，GDP增速都在回升。山西省从3.1%上升到4.5%，上升1.4个百分点，增幅目前位于全国第二，黑龙江省的增速，也从5.7%回升到6.1%。到目前为止，只有这两个省份没有跑赢全国6.7%的GDP增速。2015年增速排名倒数第四的吉林省，增速也从6.3%提到6.9%，提高了0.6个百分点。

第三篇

2016年中国主要城市经济发展概况选编

直辖市

| 北京市 | 天津市 | 上海市 | 重庆市 |

1

2016年北京市经济发展概况

【经济总量】2016年，北京市全年实现地区生产总值（GDP）24899.3亿元，比上年增长6.7%。其中，第一产业增加值129.6亿元，下降8.8%；第二产业增加值4774.4亿元，增长5.6%；第三产业增加值19995.3亿元，增长7.1%。三次产业构成由上年的0.6：19.7：79.7，调整为0.5：19.2：80.3。按常住人口计算，全市人均地区生产总值达到11.5万元。

【农业】2016年，北京市全市农业观光园1258个，比上年减少70个；观光园总收入28亿元，增长6.3%。设施农业实现收入54.4亿元，下降2.0%。民俗旅游实际经营户9026户，比上年增加85户；民俗旅游总收入14.4亿元，增长11.7%。种业收入14亿元，增长10.4%。全年实现农林牧渔业总产值338.1亿元，比上年下降8.2%，扣除价格因素实际下降9.9%。

【工业和建筑业】2016年，北京市全年实现工业增加值3884.9亿元，比上年增长5.0%。其中，规模以上工业增加值增长5.1%。在规模以上工业中，国有控股企业增加值增长6.7%；股份合作企业、外商及港澳台企业增加值分别增长9.3%和8.5%；高技术制造业、现代制造业、战略性新兴产业增加值分别增长3.4%、11.9%和3.8%。规模以上工业实现销售产值17447.3亿元，增长2.7%。其中,内销产值16500.4亿元，增长3.7%；出口交货值946.9亿元，下降11.9%。

全市具有资质等级的总承包和专业承包建筑业企业完成建筑业总产值8841.2亿元，比上年增长4.8%。其中，在本市完成2838.7亿元，增长5.2%；在外埠完成6002.5亿元，增长4.6%。本年新签合同额13595.5亿元，增长26.0%。

【固定资产投资】2016年，北京市全年完成全社会固定资产投资8461.7亿元，比上年增长5.9%。其中，完成基础设施投资2399.5亿元，增长10.3%。从基础设施投资投向上看，交通运输投资973亿元，所占比重为40.6%;公共服务业投资643.8亿元，所占比重为26.8%。完成民间投资2766亿元，下降5.6%。

分产业看，第一产业投资99.8亿元，比上年下降10.1%；第二产业投资722.9亿元，增长6.8%；第三产业投资7639亿元，增长6.1%。

【科学技术】2016年，北京市全年研究与试验发展（R&D）经费支出1479.8亿元，比上年增长6.9%，相当于地区生产总值的比例为5.94%。全市研究与试验发展（R&D）活动人员36.2万人，比上年增长3.0%。专利申请量与授权量分别为189129件和100578件，分别增长21.0%和7.0%，其中发明专利申请量与授权量分别为104643件和40602件，分别增长17.7%和15.0%。全年共签订各类技术合同74965项，增长3.7%；技术合同成交总额3940.8亿元，增长14.1%。

【国内贸易和对外经济】2016年，北京市全年实现市场总消费19926.2亿元，比上年增长8.1%。其中，实现服务性消费8921.1亿元，增长10.1%；实现社会消费品零售总额11005.1亿元，增长6.5%。限额以上批发和零售企业中，汽车类实现零售额1934亿元，增长6.9%；通信器材类实现零售额1208亿元，增长8.8%；文化办公用品类实现零售额559.6亿元，增长4.7%；家用电器和音像器材类实现零售额488.6亿元，增长19.4%；体育、娱乐用品类实现零售额110.2亿元，增长21.1%。

全年北京地区进出口总值18625.2亿元，比上年下降6.1%。其中，出口3418.1亿元，增长0.7%；进口15207.1亿元，下降7.5%。

【交通、邮电和旅游】2016年，北京市全年完成货运量24098.1万吨，比上年增长3.7%；货物周转量671.2亿吨公里，增长7.6%。客运量69287.6万人，下降1.1%；旅客周转量1888.4亿人公里，增长8.1%。

年末全市机动车保有量571.8万辆，比上年末增加9.9万辆。民用汽车548.4万辆，增加13.4万辆。其中，私人汽车452.8万辆，增加12.5万辆；私人汽车中轿车316.2万辆，减少0.3万辆。

全年实现邮电业务总量1782.4亿元，比上年增长50.7%。其中，邮政业务总量386亿元，增长49.3%；电信业务总量1396.4亿元，增长51.1%。全年发送邮政函件3.9亿件，下降35.8%；特快专递19.6亿件，增长38.6%。年末固定电话用户达到694.9万户，固定电话主线普及率达到32线/百人。年末移动电话用户达到3869万户，移动电话普及率达到178.1户/百人。年末固定互联网宽带接入用户数达到499.4万户。

全年接待国内旅游者2.8亿人次，比上年增长4.7%。国内旅游总收入4683亿元，增长8.4%。接待入境旅游者416.5万人次，下降0.8%。其中，外国人354.8万人次，下降0.8%；港、澳、台同胞61.8万人次，下降1.0%。旅游外汇收入50.7亿美元，增长10.1%。国内外旅游总收入为5021亿元，增长9.0%。全年经旅行社组织的出境游人数571.3万人次，增长7.2%。

【金融和保险】2016年年末，北京市全市金融机构（含外资）本外币存款余额138408.9亿元，比年初增加9833.6亿元，增加额比上年少5415.1亿元。年末全市金融机构（含外资）本外币贷款余额63739.4亿元，比年初增加5180亿元，增加额比上年多358亿元。

全年实现原保险保费收入1839亿元，比上年增长31.0%。其中，财产险保费收入369.2亿元，人身险保费收入1469.7亿元。全年各类保险赔付支出596.6亿元，增长17.8%。其中，财产险赔付229.3亿元，人身险赔付367.3亿元。

2

2016年天津市经济发展概况

【经济总量】2016年，天津市全年实现地区生产总值（GDP）17885.39亿元，按可比价格计算，比上年增长9.0%。其中，第一产业增加值220.22亿元，增长3.0%；第二产业增加值8003.87亿元，增长8.0%；第三产业增加值9661.30亿元，增长10.0%。三次产业结构为1.2：44.8：54.0。

【农业】2016年，天津市全年农业总产值494.44亿元，增长3.3%。其中，种植业产值247.49亿元，增长5.1%；林业产值8.35亿元，增长7.9%；畜牧业产值140.85亿元，下降0.7%；渔业产值85.80亿元，增长3.2%；农林牧渔服务业产值11.95亿元，增长7.5%。

【工业和建筑业】2016年，天津市全年工业增加值7238.70亿元，增长8.3%；其中，规模以上工业增加值增长8.4%。规模以上工业总产值29443.00亿元，增长5.7%。

全年建筑业增加值786.89亿元，增长7.6%。建筑业总产值4891.81亿元，增长9.0%；其中，在外省市完成产值2015.25亿元，增长22.1%，比重达到41.2%，比上年提高4.4个百分点。房屋建筑施工面积17036.16万平方米，增长8.9%；竣工面积3428.73万平方米，下降3.3%。截至年末，全市总承包和专业承包建筑业中具有特级、一级和二级资质企业714家，比上年末增加25家。

【科学技术】2016年，天津市全市12项科技成果获得国家科学技术奖，其中，技术发明奖2项，科技进步奖10项，涉及装备制造、生物医药、新材料等多个领域。全年完成市级科技成果2622项，其中，属于国际领先水平80项，达到国际先进水平390项。全年签订技术合同13060项，合同成交额602.32亿元，增长11.7%；技术交易额435.70亿元，增长4.1%。

【国内贸易和对外经济】2016年，天津市全年批发和零售业增加值2185.72亿元，增长5.1%；住宿和餐饮业增加值262.58亿元，增长5.0%。

全年批发和零售业商品销售额45887.32亿元，增长7.7%；其中，金属材料、石油及制品、煤炭及制品、化工材料及制品四大类生产资料商品销售额合计22264.26亿元，增长1.4%，占限额以上销售额的64.7%；粮油食品、服装、日用品、家电、药品等生活类商品销售额5442.19亿元，增长15.3%，占限上销售额的15.8%，比重比上年提高1.0个百分点。全市亿元以上批发市场实现交易额2201.49亿元，增长2.2%。社会消费品零售总额5635.81亿元，增长7.2%。

全年外贸进出口总额1026.51亿美元，下降10.2%。其中，进口583.65亿美元，下降7.6%；出口442.86亿美元，下降13.4%。从出口方式看，一般贸易出口210.42亿美元，占全市出口的47.5%，比上年提高4.4个百分点；加工贸易出口202.28亿美元，占全市出口的45.7%。从出口市场看，对部分“一带一路”沿线国家出口增长，对俄罗斯、泰国和印度尼西亚出口分别增长1.5倍、11.3%和15.0%。以外贸综合服务企业、跨境电子商务为代表的新型贸易业态快速发展。

【交通、邮电和旅游】2016年，天津市全年货运量51579.86万吨，其中，公路32841万吨，铁路8149.16万吨，水运9514.53万吨。货物周转量2116.89亿吨公里，其中，公路372.49亿吨公里，铁路207.36亿吨公里，水运1530.05亿吨公里。客运量1.99亿人次，增长0.8%；旅客周转量481.44亿人公里，增长9.1%。港口货物吞吐量5.51亿吨，增长1.9%；集装箱吞吐量1451.90万标准箱，增长2.9%。机场旅客吞吐量1687.19万人次，增长17.9%；货邮吞吐量23.71万吨，增长9.1%。新辟公交线路48条，优化调整47条，运营线路总计763条，运营公交车12699辆。全年公交客运量14.99亿人次，下降4.5%；地铁客运量2.77亿人次，增长7.8%。截至年末，全市民用汽车保有量273.75万辆，其中私人汽车234.45万辆；民用轿车182.23万辆，其中私人轿车165.41万辆。

全年邮电业务总量483.85亿元，增长50.5%。其中，电信业务总量397.33亿元，增长51.9%；邮政业务总量86.52亿元，增长44.1%。全年快递业务量4.10亿件，增长60.0%。年末移动电话用户1499.82万户，增长6.7%；短信业务总量38.51亿条，下降18.8%。年末互联网宽带接入用户283.90万户，光纤接入用户263.60万户。

全年接待入境旅游者335.01万人次，增长2.8%；其中，外国人309.04万人次，增长2.8%。旅游外汇收入35.57亿美元，增长7.9%。接待国内游客增长10.3%，国内旅游收入增长12.7%。出境游42.43万人次，增长17.7%。邮轮旅游快速升温，接待到港国际邮轮142艘次，进出境旅客71.5万人次。年末全市共有星级宾馆87家；旅行社447家，其中有出境资质的52家；A级及以上景区107个。

【金融和保险】2016年，天津市全年金融业增加值1735.33亿元，增长9.1%。截至年末，全市金融机构（含外资）本外币各项存款余额30067.03亿元，比年初增加1917.66亿元。各项贷款余额28754.04亿元，比年初增加2759.37亿元。加快金融创新运营示范区建设。天津滨海国家自主创新示范区和天津银行列入全国首批“投贷联动”试点。全年天津股权交易所成交金额7.61亿元，天津铁合金交易所成交金额13.3亿元，天津渤海商品交易所成交金额1822.13亿元。

全年原保险保费收入529.49亿元，增长32.9%。其中，人身险收入401.93亿元，增长44.6%；财产险收入127.56亿元，增长6.1%。赔付支出177.67亿元，增长27.3%。其中，人身险赔付83.27亿元，增长14.0%；财产险赔付94.41亿元，增长42.1%。

3

2016年上海市经济发展概况

【经济总量】2016年，上海市全年实现地区生产总值（GDP）27466.15亿元，比上年增长6.8%。其中，第一产业增加值109.47亿元，下降6.6%；第二产业增加值7994.34亿元，增长1.2%；第三产业增加值19362.34亿元，增长9.5%。第三产业增加值占上海市生产总值的比重为70.5%，比上年提高2.7个百分点。按常住人口计算的上海市人均生产总值为11.36万元。

【农业】2016年，上海市全年全市实现农业总产值286.27亿元，比上年下降6.9%。其中，种植业149.14亿元，下降4.2%；林业13.27亿元，增长23.6%；牧业60.71亿元，下降12.9%；渔业52.57亿元，下降8.5%；农林牧渔服务业10.59亿元，下降8.1%。上海域外市属农场实现农业总产值32.16亿元，增长47.7%。

【工业和建筑业】2016年，上海市全年实现工业增加值7145.02亿元，比上年增长1.0%。全年完成工业总产值33079.72亿元，增长0.7%，其中，规模以上工业总产值31082.72亿元，增长0.8%。在规模以上工业总产值中，国有控股企业总产值11498.09亿元，增长1.3%。

全年实现建筑业总产值6046.19亿元，比上年增长7.0%；房屋建筑施工面积36019.72万平方米，下降1.7%；竣工面积7481.15万平方米，增长3.1%。

【固定资产投资】2016年，上海市全年完成全社会固定资产投资总额6755.88亿元，比上年增长6.3%。其中，第三产业投资占全社会固定资产投资总额的比重为85.4%；非国有经济投资占全社会固定资产投资总额的比重为72.7%。

【科学技术】2016年，上海市全年受理专利申请119937件，比上年增长19.9%，其中，受理发明专利申请54339件，增长15.7%。全年专利授权量为64230件，增长5.9%,其中，发明专利授权量为20086件，增长14.1%。全年PCT国际专利受理量为1560件，比上年增长47.2%。至年末，全市有效发明专利达85049件。全市科技小巨人企业和小巨人培育企业共1638家，高新技术企业6938家，技术先进型服务企业272家。年内全市新认定高新技术企业2306家。年内认定高新技术成果转化项目469项，其中，电子信息、生物医药、新材料等重点领域项目占87.4%。至年末，共认定高新技术成果转化项目10969项。全年经认定登记的各类技术交易合同2.12万件，比上年下降5.8%；合同金额822.86亿元，增长16.2%。

【国内贸易和对外经济】2016年，上海市全年实现批发和零售业增加值4032.43亿元，比上年增长4.6%。全年实现商品销售总额10.08万亿元，比上年增长7.9%，其中批发销售额9.10万亿元，增长7.9%。

全年上海关区货物进出口总额52334.85亿元，比上年增长3.3%。其中，进口20683.76亿元，增长5.1%；出口31651.09亿元，增长2.1%。

【交通、邮电和旅游】2016年，上海市全年实现交通运输、仓储和邮政业增加值1160.27亿元，比上年增长6.3%。

全年各种运输方式完成货物运输量88689.16万吨，比上年下降2.8%。旅客发送量19564.44万人次，增长

5.3%。

全年完成邮政业务总量564.25亿元，比上年增长46.3%；电信业务总量1101.73亿元，增长41.2%。邮政业全年完成邮政函件业务8.26亿件、包裹业务272.86万件、快递业务26.03亿件；快递业务收入709.51亿元。年末固定电话用户731.62万户，其中住宅电话421.80万户。移动电话用户3156.14万户，比上年末减少103.79万户。移动电话用户普及率130.7部/百人。

全年实现旅游产业增加值1689.70亿元，比上年增长6.9%。全年接待国际旅游入境者854.37万人次，比上年增长6.8%。其中，入境外国人659.83万人次，增长7.4%；港、澳、台同胞194.54万人次，增长4.9%。在国际旅游入境者中，过夜旅游者690.43万人次，增长5.6%。全年接待国内旅游者29620.60万人次，增长7.4%，其中，外省市来沪旅游者14679.73万人次，增长5.4%。全年入境旅游外汇收入65.30亿美元，增长9.6%；国内旅游收入3443.93亿元，增长14.6%。

【金融和保险】2016年，上海市年实现金融业增加值4762.50亿元，比上年增长12.8%。

全年保险公司原保险保费收入1529.26亿元，比上年增长35.9%。其中，财产险公司原保险保费收入410.78亿元，增长6.5%；寿险公司原保险保费收入1118.48亿元，增长51.3%。全年保险赔付支出528.77亿元，增长11.7%。其中，财产险赔款支出222.55亿元，增长16.3%；寿险给付245.86亿元，增长7.2%；健康险赔款给付49.96亿元，增长12.8%；意外险赔款支出10.41亿元，增长19.8%。

4

2016年重庆市经济发展概况

【经济总量】2016年，重庆市全年实现地区生产总值17558.76亿元，比上年增长10.7%。按产业分，第一产业增加值1303.24亿元，增长4.6%；第二产业增加值7755.16亿元，增长11.3%；第三产业增加值8500.36亿元，增长11.0%。三次产业结构比为7.4：44.2：48.4。非公有制经济实现增加值10728.77亿元，增长10.9%，占全市经济的61.1%。其中，民营经济实现增加值8760.49亿元，增长12.1%，占全市经济的49.9%。

【农业】2016年，重庆市全年实现农林牧渔业增加值1324.66亿元，比上年增长4.7%。其中，种植业862.30亿元，增长4.4%；畜牧业320.69亿元，增长2.9%；林业53.61亿元，增长11.3%；渔业66.64亿元，增长10.2%；农林牧渔服务业21.42亿元，增长9.8%。

【工业和建筑业】2016年，重庆市全年实现工业增加值6040.53亿元，比上年增长10.2%，占全市地区生产总值的34.4%。规模以上工业增加值增长10.3%。

全年实现建筑业增加值1714.63亿元，比上年增长15.1%。建筑业总产值达7035.81亿元，增长12.4%。全市具有资质等级的总承包和专业承包建筑业企业实现利润336.92亿元，增长9.9%。

【固定资产投资】2016年，重庆市全年完成固定资产投资总额17361.12亿元，比上年增长12.1%。其中，基础设施建设投资5660.87亿元，比上年增长30.0%，占全市固定资产投资的32.6%；民间投资8858.50亿元，增长11.0%，占全市固定资产投资的比重为51.0%。

【科学技术】2016年，重庆市全年研究与试验发展（R&D）经费支出约300亿元，占全市地区生产总值的比重为1.7%。截至年底，市级及以上重点实验室共126个，其中国家重点实验室8个；工程技术研究中心共454个，其中国家级中心10个,企业工程技术研究中心164个。全年共受理专利申请5.95万件，获得专利授权4.27万件。截至年底，有效期内高新技术企业1443家，有效发明专利1.67万件。全年技术市场签订成交合同2094项，成交金额257.4亿元。

【国内贸易和对外经济】2016年，重庆市全年批发和零售业实现增加值1470.85亿元，比上年增长7.9%，占全市地区生产总值的8.4%；住宿和餐饮业实现增加值391.19亿元，增长7.7%，占全市地区生产总值的2.2%。

全年实现货物进出口总额4140.39亿元，比上年下降10.3%。其中，出口2677.96亿元，下降21.6%；进口1462.43亿元，增长22.1%。按美元计算，货物实现进出口627.71亿美元，比上年下降15.7%。其中，出口406.94亿美元，下降26.3%；进口220.77亿美元，增长14.5%。全市货物出口前三位国家（地区）为美国、德国和中国香港，分别出口643.94亿元、264.46亿元和259.51亿元，比上年分别下降16.1%、12.6%和2.6%。货物进口前三位国家（地区）为韩国、马来西亚和中国台湾，分别进口227.11亿元、173.44亿元和159.85亿元，中国台湾和韩国分别增长24.6%、19.2%，马来西亚下降5.3%。

【交通、邮电和旅游】2016年，重庆市全年交通运输、仓储和邮政业实现增加值848.22亿元，比上年增长5.8%，占全市地区生产总值的4.8%。全市高速公路通车总里程2818公里，路网密度3.4公里/百平方公里。全市铁路营运里程达到2231公里。轨道交通营运里程213.3公里，日均客运量189.97万人次。全年完成货物运输10.79亿吨，比上年增长3.7%；完成旅客运输量6.34亿人次，下降1.2%。

全年完成邮电业务总量898.80亿元，比上年增长62.7%。其中，邮政业务总量79.22亿元，增长29.8%；电信业务总量819.58亿元，增长66.8%。邮政业全年完成邮政函件业务2301.09万件，包裹业务38.64万件，快递业务量2.84亿件，快递业务收入38.96亿元。电信业移动电话交换机容量4037.0万户。

全年旅行社组织出境旅游人数196.24万人次，比上年增长7.7%。全年接待入境旅游人数316.58万人次，旅游外汇收入16.87亿美元，分别增长12.1%和14.9%。年末全市拥有国家A级景区214个，其中，5A级景区7个，4A级景区76个。

【金融和保险】2016年，重庆市全年金融业实现增加值1642.59亿元，比上年增长10.3%，占全市地区生产总值的9.4%。其中，新型金融业企业实现增加值318.11亿元，增长29.9%。金融机构资产规模达到4.7万亿元，增长9.4%。

全市共有保险法人机构4家，营业性保险分公司51家。保费总收入601.61亿元。其中，财产保险收入165.23亿元；人寿保险收入335.25亿元；健康和意外伤害保险收入101.13亿元。全年赔付各类保险金250.16亿元。其中，财产保险赔付90.37亿元；人寿保险赔付103.22亿元；健康和意外伤害保险赔付56.57亿元。

河北省

｜石家庄市｜唐山市｜秦皇岛市｜邯郸市｜邢台市｜保定市｜张家口市｜
｜承德市｜沧州市｜廊坊市｜衡水市｜

1

2016年石家庄市经济发展概况

【经济总量】2016年，石家庄市全年实现生产总值（GDP）5857.8亿元，比上年增长6.8%。其中，第一产业增加值480.9亿元，增长0.9%，占生产总值的比重为8.2%；第二产业增加值2638.0亿元，增长4.4%，占生产总值的比重为45.0%；第三产业增加值2738.9亿元，增长10.3%，占生产总值的比重为46.8%。人均生产总值54526元，增长5.9%。

【农业】2016年，石家庄市全年粮食播种面积73.7万公顷，比上年减少1.8万公顷，下降2.4%。粮食总产量495.9万吨，下降1.8%。

全年农业产业化经营率66.8%，比上年提高1.1个百分点。

【工业和建筑业】2016年，石家庄市全年规模以上工业增加值2190.3亿元，比上年增长4.6%。其中，国有及国有控股企业下降1.5%，集体企业下降60.2%，股份制企业增长5.7%，外商及港澳台企业增长0.7%。

年末资质等级以上建筑企业总产值1091.3亿元，比上年增长5.7%。其中，建筑工程产值848.2亿元，增长10.0%。

【固定资产投资】2016年，石家庄市全年全社会固定资产投资5957.6亿元，比上年增长4.0%。其中，固定资产投资（不含农户）5916.0亿元，增长5.4%。

在固定资产投资中，第一产业投资275.6亿元，比上年增长61.6%。第二产业投资2664.5亿元，增长6.4%；其中，工业技改投资1991.3亿元，增长11.5%，占固定资产投资的比重为33.7%。第三产业投资2975.9亿元，下降1.3%。

【科学技术】2016年，石家庄市全年获得年度国家科技奖4项，省级科技奖19项。全年新增专利申请12189件，新增专利授权6994件，万人发明专利拥有量4.1件。全市完成技术交易额15.25亿元。

【国内贸易和对外经济】2016年，石家庄市全年社会消费品零售总额2975.2亿元，比上年增长10.5%。按经营地统计，城镇消费品零售额2506.2亿元，增长10.0%；乡村消费品零售额469.0亿元，增长13.0%。

全年进出口总值765.7亿元，比上年增长1.5%。其中，进口总值302.8亿元，增长1.0%；出口总值462.9亿元，增长1.9%。

【交通、邮电和旅游】2016年，石家庄市全年邮政企业和快递服务企业业务收入（不包括邮政储蓄银行直接营业收入）39.86亿元，比上年增长46.57%；业务总量58.53亿元，增长61.87%。邮政函件业务2391.54万件；包裹业务40.55万件。快递服务企业业务收入30.52亿元,业务量2.76亿件。

全年接待国际游客19.3万人次，比上年增长3.6%;旅游创汇收入6778.2万美元，下降27.6%。接待国内游客7628.4万人次，增长12.8%；旅游收入745.8亿元，增长27.6%。旅游总收入750.3亿元，增长27.1%。

【金融和保险】2016年年末，石家庄市全市金融机构（人民币）各项存款余额11077.9亿元，比年初增加1277.8亿元。其中，住户存款余额5348.2亿元，增加479.3亿元。金融机构（人民币）各项贷款余额7175.9亿元，增加1054.8亿元。

全年保险公司原保险保费收入345.1亿元，比上年增长36.3%。其中，寿险业务原保险保费收入199.8亿元，财产险业务原保险保费收入95.3亿元，健康险和意外伤害险业务原保险保费收入49.9亿元。

2

2016年唐山市经济发展概况

【经济总量】2016年，唐山市全年实现地区生产总值（GDP）6306.2亿元，比上年增长6.8%。其中，第一产业增加值599.0亿元，增长3.5%;第二产业增加值3411.2亿元，增长5.1%;第三产业增加值2296.0亿元，增长10.2%。按常住人口计算，全年人均地区生产总值80617元(按年平均汇率折合12137美元)，增长6.2%。全员劳动生产率为140990元/人，比上年提高7.1%。三次产业增加值结构由上年的9.3：55.1：35.6调整为9.5：54.1：36.4。沿海增长极、中心城市、县域经济三大经济板块地区生产总值分别为570.5亿元、2369.7亿元、3366.0亿元，比上年分别增长8.0%、8.0%、5.6%。

【农业】2016年，唐山市全年粮食播种面积47.9万公顷，比上年下降3.1%。粮食产量305.5万吨，比上年下降0.9%。其中，夏收粮食72.9万吨，秋收粮食232.6万吨。粮食亩产425.3公斤，增长2.3%。棉花播种面积1.7万公顷，产量2.1万吨，下降14.7%。油料播种面积7.9万公顷，产量32.1万吨，增长6.5%。蔬菜播种面积19.0万公顷，产量1466.9万吨，增长1.0%，其中设施蔬菜产量554.4万吨，增长1.1%。

【工业和建筑业】2016年，唐山市全年全部工业增加值3130.8亿元，比上年增长4.9%。其中，规模以上工业增加值2880.0亿元，增长5.0%。

全年全社会建筑业增加值281.7亿元，比上年增长7.0%。具有资质等级的总承包和专业承包建筑企业315家，实现利润15.4亿元，下降4.3%，其中私营企业下降20.4%。

【固定资产投资】2016年，唐山市全年全社会固定资产投资5036.3亿元，比上年增长9.0%。其中，固定资产投资(不含农户)4975.1亿元，增长9.5%。沿海增长极投资1214.5亿元，增长16.8%;中心城市投资1464.9亿元，增长0.8%;县域经济投资2295.7亿元，增长11.9%。

【科学技术】2016年年末，唐山市拥有各类科技产业化园区(基地)36个，其中，国家级园区(基地)7个，省级园区(基地)24个。全市高新技术企业210家，科技型中小企业3972家，科技小巨人企业294家。拥有国家级科技企业孵化器1家、省级孵化器11家，省级众创空间9家。全年申请专利5619项，比上年增长23.8%;授权专利3282项，增长2.3%。技术合同成交总额21.8亿元。全年组织开展重大、重点科技项目55项，其中省级项目25项。取得科学技术奖励122项，其中省级42项。

【国内贸易和对外经济】2016年，唐山市全年社会消费品零售总额2371.1亿元，比上年增长10.4%。按经营地统计，城镇消费品零售额1945.9亿元，增长10.3%;乡村消费品零售额425.2亿元，增长10.7%。分行业统计，批发业零售额376.9亿元，增长9.7%;零售业零售额1816.5亿元，增长10.3%;住宿业零售额16.4亿元，增长11.7%;餐饮业零售额161.4亿元，增长12.5%。

全年进出口总额705.9亿元，比上年下降18.2%。其中，出口额467.0亿元，下降11.5%;进口额238.9亿元，下降28.7%。

【交通、邮电和旅游】2016年年末，唐山市公路通车里程1.8万公里，其中高速公路610公里。唐曹公路改建工程通车。农村公路通车里程1.5万公里，全年改造农村公路535公里。水曹铁路开工建设，京唐城际铁路获得核准。

全年邮电业务总收入66.7亿元，比上年增长6.5%。其中，邮政业务收入12.0亿元(含快递业务收入)，增长24.3%;电信业务收入54.7亿元，增长3.2%。年末移动电话用户955.3万户，比上年末增加64.8万户;互联网宽带接入用户数168.3万户，增加29.6万户。年末全市许可备案的快递企业及其分支机构340家，完成快递业务量(收件量)6486.9万件，增长60.0%，实现业务收入5.4亿元，增长47.8%。

全年接待国内外游客4480万人次，比上年增长31.4%，旅游总收入438亿元，增长41.1%。其中，接待国际游客10.7万人次，增长13.5%，旅游外汇收入4352.4万美元，下降4.3%;接待国内游客4469.1万人次，增长31.5%，国内旅游收入435.1亿元，增长41.5%。成功举办世界园艺博览会、第21届中国北方旅游交易会;迁西县、迁安市、遵化市被国家旅游局列入创建国家全域旅游示范区名单。

【金融和保险】2016年年末，唐山市拥有各类金融机构115家(不含小贷公司)。其中，银行业金融机构33家，证券机构17家，期货机构8家，保险机构54家(保险公司法人机构1家，市级保险公司53家)，其他金融机构3家。年末拥有小额贷款公司43家。

全年保险机构原保险保费收入216.5亿元，比上年增长29.0%。其中，财产险原保险保费收入59.8亿元，人身险原保险保费收入156.6亿元。各类保险赔款与给付支出83.8亿元，增长15.9%。其中，财产险赔款与给付支出32.9亿元，人身险赔款与给付支出50.8亿元。

3

2016年秦皇岛市经济发展概况

【经济总量】2016年，秦皇岛市全年实现地区生产总值（GDP）1339.54亿元，比上年增长7.0%。其中，第一产业增加值195.94亿元，增长5.3%；第二产业增加值461.62亿元，增长5.5%；第三产业增加值681.98亿元，增长8.5%。

【农业】2016年，秦皇岛市全年粮食作物播种面积13.71万公顷，比上年下降7.6%；粮食总产量81.14万吨，下降3.9%。其中：夏粮6.37万吨，下降4.5%；秋粮74.77万吨，下降3.9%。

【工业和建筑业】2016年，秦皇岛市全部工业增加值376.29亿元，比上年增长5.0%。规模以上工业增加值334.87亿元，增长5.2%。规模以上工业中，国有及国有控股企业增加值增长10.5%，集体企业下降15.0%，股份制企业增长6.5%，外商及港澳台投资企业增长4.6%。规模以上工业中，装备制造业增加值151.61亿元，比上年增长9.5%；食品加工业增加值34.60亿元，增长2.1%；非金属矿物制品业增加值8.98亿元，增长5.6%；金属冶炼业增加值76.11亿元，下降0.7%。高新技术产业增加值128.35亿元，增长15.1%。其中，汽车零部件及配件制造业增长25.5%,金属船舶制造业增长35.2%。

【固定资产投资】2016年，秦皇岛市全社会固定资产投资完成892.50亿元，与上年持平。其中，固定资产投资（不含农户）874.66亿元，增长0.1%；农户投资17.84亿元，下降1.5%。在固定资产投资（不含农户）中，第一产业投资69.41亿元，第二产业投资208.13亿元，第三产业投资597.11亿元。工业投资207.92

亿元，下降14.4%，其中技改投资135.60亿元，下降20.0%，占工业投资的比重为65.2%。民间投资567.10亿元，下降9.1%，占固定资产投资（不含农户）比重为64.8%。

【**科学技术**】2016年，秦皇岛市全年组织实施科技计划项目525项，其中107个项目获得国家、省资金支持，42个项目获得省级科技进步奖励；成交技术合同538项，成交额4.75亿元。全市高新技术企业101家，科技小巨人企业90家，经认定的科技型中小企业1540家。专利申请量、授权量分别为5637件和3217件。新建市级以上工程技术研究中心（重点实验室）24家，截至年末全市建有省级产业技术研究院5家，市级以上工程技术研究中心（重点实验室）达109家，居全省前列。

【**国内贸易和对外经济**】2016年，秦皇岛市社会消费品零售总额实现699.80亿元，比上年增长10.4%。按经营单位所在地统计，城镇消费品零售额完成599.63亿元，增长11.0%；乡村消费品零售额完成100.17亿元，增长6.8%。限额以上批发和零售企业(单位)商品零售额中，中西药品类、文化办公用品类和家具类分别增长20.2%、16.1%和12.5%;石油及制品类和汽车类零售出现明显回升，比上年分别增长4.5%和4.4%;书报杂志类、电子出版物及音像制品类和烟酒类分别下降23.1%、17.3%和14.4%。

全年进出口总额完成289.77亿元，比上年增长1.5%。其中,出口194.91亿元，增长5.6%；进口94.86亿元，下降6.0%。贸易产品“优进优出”转型效果明显，植物产品进口占进口总额的48.6%，机电产品出口占出口总额的54.5%。

【**交通、邮电和旅游**】2016年，秦皇岛市交通运输、仓储和邮政业实现增加值124.72亿元，比上年增长5.6%。公路货运量6300万吨，增长19.4%；公路客运量1422万人，下降26.1%。水上货运量1858万吨，增长4.6%；水运客运量5.14万人，增长13.5%。港口货物吞吐量18684万吨，下降26.2%；集装箱吞吐量51.55万箱，增长2.9%。铁路发送货运量672万吨，客运量1040万人。航空货运量426吨，航空客运量23.12万人，分别增长29.1%和48.6%。年末实有公共汽(电)车营运车辆1494辆，增长31.3%；全年公共汽(电)车客运总量11595万人次；年末实有出租车4958辆。年末非营运机动车保有量54.05万辆，其中汽车保有量52.27万辆。

邮政业务收入5.80亿元，比上年增长22.3%。其中快递业务收入3.16亿元，增长58.5%。电信业务收入24.47亿元，增长2.6%。函件总数396万件，下降19.5%；累计订阅报刊杂志4957万份，下降12.7%。年末固定电话用户50.27万户，移动电话用户356.30万户，增长3.7%，其中3G移动电话用户34.2万户。固定互联网宽带接入用户达到90.35万户。

全年接待海外游客29.12万人次，比上年增长2.5%；旅游外汇收入2.11亿美元，增长16.4%。接待国内游客4188.93万人次，增长25.3%；旅游总收入495.52亿元，增长36.7%。

【**金融和保险**】2016年年末，秦皇岛市全部金融机构本外币各项存款余额2621.81亿元，比年初增加190.35亿元，其中住户存款余额1756.11亿元，比年初增加187.41亿元。金融机构本外币各项贷款余额1556.70亿元，比年初减少10.30亿元。

年末实有保险公司41家，年内新增4家。保险公司保费收入72.00亿元，比上年增长27.4%。其中，财产险保费收入19.30亿元，下降1.4%；人身险保费收入52.70亿元，增长42.6%。支付各类赔款给付11.89亿元，下降3.1%。其中，财产险业务赔款给付10.07亿元，下降3.7%；人身险赔款给付1.83亿元，增长0.6%。

4

2016年邯郸市经济发展概况

【经济总量】2016年，邯郸市全年实现地区生产总值（GDP）3337.1亿元，比上年增长6.8%。其中：第一产业增加值417.2亿元，增长1.9%；第二产业增加值1576.4亿元，增长5.1%；第三产业增加值1343.5亿元，增长10.3%。人均生产总值35265元，比上年增长6.1%。三次产业结构由2015年的12.8∶47.2∶40.0变化为12.5∶47.2∶40.3，第三产业比重提高0.3个百分点。

【农业】2016年，邯郸市全年粮食播种面积1172.3万亩，比上年增加12.2万亩，增长1.1%；粮食总产量546.6万吨，增长0.8%。其中：夏粮产量262.5万吨，增长0.7%；秋粮产量264.0万吨，增长0.8%。

【工业和建筑业】2016年，邯郸市全部工业增加值1387.3亿元，比上年增长4.8%。规模以上工业增加值1182.5亿元，增长5.0%。在规模以上工业中，分经济类型看，国有企业增加值增长9.3%，集体企业增长13.4%，股份制企业增长6.4%，外商及港澳台投资企业下降8.1%。

全市建筑业实现总产值473.5亿元，比上年增长0.4%；实现增加值189.1亿元，增长6.1%。资质等级以上建筑业企业房屋施工面积535.5万平方米，增长0.8%；房屋竣工面积89万平方米，下降14.9%。

【固定资产投资】2016年，邯郸市全社会固定资产投资完成3818.4亿元，比上年增长8.3%。其中：固定资产投资（不含农户）3765.2亿元，增长9.3%。

在固定资产投资中（不含农户），第一产业投资139.1亿元，比上年下降34.9%；第二产业投资2121.7亿元，增长6.9%；第三产业投资1504.4亿元，增长20.9%。工业技改投资1045.7亿元，占工业投资的比重为49.2%。民间投资2634.9亿元，增长3.6%。高新技术产业投资461.3亿元，增长12.2%，占固定资产投资的比重为12.3%。其中：新能源投资79.2亿元，增长92.2%。城市基础设施投资783.8亿元，增长39.4%。

【科学技术】2016年，邯郸市全市共取得各类科技成果146项，其中：达到国际领先水平以上成果16项，国内先进水平以上130项。获得2016年度省科学技术奖17项，其中：省科学技术突出贡献奖1项；科学技术进步奖一等奖1项、二等奖3项、三等奖10项；技术发明三等奖2项。市科技进步奖80项，其中：一等奖16项，二等奖24项，三等奖40项。新通过国家认定高新技术企业51家。全市专利申请量4084项，专利申请授权量2107项，发明授权量271项。

【国内贸易和对外经济】2016年，邯郸市全市实现社会消费品零售总额1508.9亿元，比上年增长10.6%。其中：城镇消费品零售额1154.3亿元,增长10.3%；乡村消费品零售额354.6亿元，增长11.6%。在限额以上批发和零售企业（单位）商品零售额中，粮油食品类增长15.2%，服装、鞋帽、针纺织品类增长10.0%，化妆品类增长4.8%，金银珠宝类增长0.6%，日用品类增长10.2%，家用电器和音像器材类增长5.1%，中西药品类增长20.1%，文化办公用品类增长4.6%，家具类增长10.0%，通信器材类下降4.3%，石油及制品类增长13.5%，汽车类增长9.7%，建筑及装潢材料类增长8.4%。

全市进出口总值166.1亿元，比上年下降9.5%。其中：出口103.4亿元，下降4.3%。全市实际利用外资10.2亿美元，比上年增长24.5%。签订外商合资项目7个，占全市合同项目的比重为70%；合同金额4.4亿美元，占全市合同外资的比重为98.7%；实际到位外资5.6亿美元，占全市外商直接投资的58.1%。

【交通、邮电和旅游】2016年，邯郸市全年公路货物运输总量18744.3万吨，比上年增长10.5%；旅客运输总量5345.7万人，增长6.5%；铁路货物运输总量1691.8万吨，下降7.1%；旅客运输总量625.7万人，下降4.6%。民航货物运输总量515.7吨，增长30%；旅客运输总量46.3万人，增长86.1%。

全年邮政业务收入8.62亿元，比上年增长27.7%；完成业务总量8.86亿元，增长33.8%。其中：快递业务收入3.58亿元，增长70.6%；业务总量2891万件，增长88.9%。邮政函件185.8万件，下降42.7%；报纸8340.6万份，下降13.40%；杂志375.3万份，下降17.8%。

全年电信业务收入45.49亿元，比上年增长5.3%；完成业务总量132.3亿元，增长57.6%。固定电话用户年末为59.59万户，比上年减少8.86万户；移动电话用户年末804.88万户，增加93.65万户；互联网用户148.20万户，增加35.08万户。

全年接待海外游客5.8万人次，比上年增长13.7%；旅游收入2117万美元，增长16.8%。全年接待国内旅游者4734.2万人次，增长30.3%；旅游收入488.2亿元，增长45.0%。全市共有星级饭店26家，旅行社82家。

【金融和保险】2016年年末，邯郸市全市金融机构各项存款余额4621.1亿元，比年初增加481.6亿元。金融机构各项贷款余额3129.2亿元，比年初增加325.5亿元。

全年保费收入133亿元，比上年增长25.5%。其中：财产险保费收入43.6亿元，增长30.6%；寿险保费收入89.5亿元，增长22.0%。全年各类保险理赔给付支出27.9亿元，增长19.1%。其中：寿险7.8亿元；财产保险20亿元。

5

2016年邢台市经济发展概况

【经济总量】2016年，邢台市全年实现地区生产总值（GDP）1954.8亿元，按可比价格计算，比上年增长7.1%。其中，第一产业增加值269.7亿元，增长3.4%；第二产业增加值904.9亿元，增长5.7%；第三产业增加值780.2亿元，增长10.2%。全市人均生产总值26752元，比上年增长6.6%。三次产业结构比重由上年的15.6：45.0：39.4调整为13.8：46.3：39.9。三次产业对经济增长的贡献率依次为7.4%、35.9%和56.7%，分别拉动经济增长0.5、2.6和4.0个百分点。

【农业】2016年，邢台市农林牧渔业总产值477.7亿元，比上年增长1.0%。其中，农业产值293.4亿元，增长0.5%；林业产值7.9亿元，增长11.2%；牧业产值147.6亿元，增长0.9%；渔业产值0.9亿元，下降6.6%；农林牧渔服务业产值27.9亿元，增长6.3%。畜牧、蔬菜、果品三大支柱产业产值占农林牧渔业总产值的比重达56.9%，比上年下降0.1个百分点。农业产业化步伐加快。农业产业化经营率达到69.1%，比上年提高1.9个百分点。

【工业和建筑业】2016年，邢台市全部工业增加值完成818.3亿元，比上年增长5.5%。其中，规模以上工业增加值完成632.4亿元，增长5.7%。在规模以上工业中，分经济类型看，国有及国有控股企业增长3.3%；集体企业增长9.7%；股份制企业增长5.5%；外商及港澳台商投资企业增长4.2%。分轻重工业看，轻工业增长6.5%，重工业增长5.2%。钢铁深加工、煤化工、装备制造、食品医药、纺织服装、新型建材和新能源七大优势产业合计完成增加值442.7亿元，比上年增长4.5%；占全市规模以上工业增加值的比重为70.0%，比上年提高0.9个百分点。工业产品销售率为97.9%。出口交货值为107.4亿元，比上年增长0.5%。

全社会建筑业总产值完成154.6亿元，比上年增长5.0%，完成增加值86.6亿元，比上年增长5.6%。资质等级以上建筑业企业房屋建筑施工面积1464.1万平方米，比上年增长28.0%；房屋竣工面积504.2万平方米，比上年增长27.9%。

【固定资产投资】2016年，邢台市全社会固定资产投资完成2068.5亿元，比上年增长9.6%。其中，固定资产投资（不含农户）完成2025.9亿元，增长11.0%。

在固定资产投资中，第一产业完成投资95.8亿元，增长9.1%；第二产业完成投资1293.1亿元，增长8.6%；第三产业完成投资637.0亿元，增长16.3%。全市亿元以上施工项目584个，比上年增加54个，完成投资1111.1亿元，增长13.1%。工业技术改造项目1117个，比上年增加181个，占工业施工项目（1678个）的66.6%，完成投资768.8亿元，增长5.3%。城市基础设施投资309.8亿元，增长54.2%。

【科学技术】2016年，邢台市全年共取得科技成果199项，比上年减少25项。专利申请受理量4571项，专利申请授权量2626项。发明申请896项，比上年增加416项，授权141项，比上年增加15项。

【国内贸易和对外经济】2016年，邢台市全年社会消费品零售总额实现969.9亿元，比上年增长10.8%。其中，城镇市场零售额772.7亿元，增长10.8%；乡村市场零售额197.2亿元，增长10.9%。城镇市场零售额占全市社会消费品零售总额的比重达79.7%。限额以上企业（单位）消费品零售额完成247.6亿元，增长17.3%。在限额以上企业商品零售额中，烟酒类、饮料类和化妆品类增长较快，同比分别增长49.9%、47.4%和33.2%。汽车消费市场平稳增长，同比增长16.5%。

全年进出口总值17.96亿美元，比上年增长1.2%。其中，进口总值4.46亿美元，下降0.5%；出口总值13.50亿美元，增长1.8%。贸易顺差9.04亿美元，比上年扩大0.26亿美元。

【交通、邮电和旅游】2016年，邢台市全年公路货物周转量797.24亿吨公里，比上年增长6.6%；营业性旅客周转量24.96亿人公里，比上年下降4.3%。全市公路通车里程19343公里，增长6.3%，其中，高速公路567公里。

全年完成邮电业务总量(2010年不变价)109.6亿元，比上年增长54.4%。其中，邮政业务量14.8亿元，增长52.9%；电信业务量94.8亿元，增长54.6%。年末局用电话交换机总容量达到765.9万门，比上年末增加10.0万门；全市固定及移动电话用户总数达700.6万户，比上年末增加98.7万户，增长5.3%。固定电话用户达到64.1万户，减少11.2万户。其中，城市电话用户15.4万户，减少11.1万户；乡村电话用户48.7万户，减少0.04万户。移动电话用户总数达636.5万户，比上年末增加109.9万户，增长20.9%，其中，3G移动电话用户84.9万户，4G移动电话用户337.3万户。

全年国内旅游接待人数2109.2万人次，比上年增长22.9%；创收金额181.6亿元，增长29.5%；人均花费860元/人次，比上年增加43元/人次；国际旅游接待人数26823人次，增长12.8%；创汇金额718.7万美元，增长6.6%。

【金融和保险】2016年年末，邢台市全市金融机构人民币各项存款余额3335.3亿元，比年初增加398.3亿元，增长13.6%。其中，住户存款余额2402.4亿元，比年初增加292.3亿元，增长13.9%。金融机构人民币各项贷款余额1995.9亿元，比年初增加236.7亿元，增长13.5%。全市金融机构存贷比为59.8%，比上年下降0.1个百分点。

全年保费收入完成87.2亿元，比上年增长21.0%。其中，财产险保费收入36.2亿元，增长19.3%；寿险保费收入51.0亿元（其中健康意外伤害险保费收入5.8亿元），增长22.7%。各项赔款和给付支出34.2亿元，增长25.0%，其中，财产险赔付16.8亿元，增长21.0%；寿险赔付17.4亿元（其中死伤医疗赔付1.1亿元），增长29.0%。

6

2016年保定市经济发展概况

【经济总量】2016年，保定市全年实现地区生产总值（GDP）3110.4亿元，比上年增长7.1%。其中，第一产业增加值367.5亿元，增长4.1%；第二产业增加值1543.5亿元，增长6.4%；第三产业增加值1199.4亿元，增长9.1%。三次产业结构为11.8：49.6：38.6。人均生产总值29945元，比上年增长6.4%。

【农业】2016年，保定市全市农林牧渔业总产值完成652.9亿元，比上年增长3.8%。其中，农业产值390.6亿元，增长4.5%；林业产值13.9亿元，下降2.0%；牧业产值219.6亿元，增长2.5%；渔业产值8.3亿元，增长4.3%；农林牧渔服务业产值20.4亿元，增长7.0%。

【工业和建筑业】2016年，保定市全市规模以上工业增加值完成1010.8亿元，比上年增长6.8%。规模以上工业中，装备制造业增加值完成447.1亿元，比上年增长9.0%，占规模以上工业的比重为44.2%，比上年提高1.9个百分点。高新技术产业增加值完成451.8亿元，比上年增长18.3%，占规模以上工业的比重为44.7%，比上年提高4.3个百分点。

全市资质等级以上建筑业企业248家，建筑业总产值完成1160.8亿元，比上年增长3.4%；房屋施工面积8175.2万平方米，增长9.7%；房屋竣工面积2760.9万平方米，下降4.4%。

【固定资产投资】2016年，保定市全市全社会固定资产投资完成2672.0亿元，比上年增长6.9%。固定资产投资（不含农户）2620.7亿元，增长8.1%。

在固定资产投资（不含农户）中，第一产业投资115.0亿元，比上年增长30.3%；第二产业投资962.6亿元，下降5.6%；第三产业投资1543.1亿元，增长17.2%。城市基础设施投资537.0亿元，增长18.1%。

【科学技术】2016年，保定市全市产业创新联盟26家,院士工作站21家（其中：院士48人）,学会服务站56家。重点实验室20家,其中，国家级2家，省级18家。工程技术研究中心36家，其中，国家级1家，省级35家。众创空间58家，在孵创业团队2120个。全市取得科技成果193项。本年申请专利6305项，授权专利964项；年末技术合同成交额9.3亿元；有34个项目获科学技术奖励，其中，国家级1项，省级33项，包括省级科技进步奖27项，省级自然科学奖6项。

【国内贸易和对外经济】2016年，保定市全市社会消费品零售总额完成1669.3亿元，比上年增长10.6%，其中，限额以上企业（单位）消费品零售额408.9亿元，增长8.2%。

全市进出口总值完成38.7亿美元，比上年下降13.0%,其中，出口总值27.4亿美元，下降12.4%;进口总值11.3亿美元,下降14.5%。

【交通、邮电和旅游】2016年，保定市全市交通运输、仓储和邮政业增加值完成121.9亿元，比上年增长9.8%。

全市邮电业务收入70.1亿元，比上年增长7.7%，其中，邮政业务收入7.6亿元，增长13.4%；电信业务收入62.5亿元，增长7.0%。年末拥有固定电话用户117.9万户。年末拥有移动电话用户1033.5万户，比上年增加161.6万户，其中4G移动电话用户523.0万户。互联网接入用户达225.2万户，增加51.5万户。

全市A级旅游景区39个，其中，4A级以上景区14个。星级饭店50家。接待国内游客7983.4万人次，比上年增长20.3%，创收754.2亿元，增长23.5%；国际游客15.9万人次，增长6.9%，外汇收入0.5亿美元。

【金融和保险】2016年年末，保定市全市金融机构本外币各项存款余额5860.0亿元，比年初增长14.6%。金融机构本外币各项贷款余额2869.3亿元，比年初增长18.0%。存贷比为49.0%，比上年提高1.4个百分点。

年末全市保险公司53家，其中，财产险25家，人身险28家。保险业保费收入190.6亿元，其中，财产险59.1亿元，人身险131.5亿元。支付各类赔款及给付75.8亿元，其中，财产险27.4亿元，人身险48.4亿元。

7

2016年张家口市经济发展概况

【经济总量】2016年，张家口市全年实现地区生产总值（GDP）1461.05亿元，比上年增长7.0%。其中第一产业实现增加值266.02亿元，增长4.7%；第二产业实现增加值543.17亿元，增长3.4%；第三产业实现增加值651.86亿元，增长11.3%。人均生产总值达33030元，比上年增长6.9%。三次产业增加值占全市地区生产总值的比重分别为18.2%、37.2%和44.6%。

【农业】2016年，张家口市全市实现农林牧渔业总产值465.05亿元，比上年增长4.2%。其中，农业产值238.46亿元，增长3.9%；林业产值18.60亿元，增长11.6%；畜牧业产值194.82亿元，增长4.2%；渔业产值1.74亿元，下降4.7%；农林牧渔服务业产值11.43亿元，增长10.4%。占农林牧渔业的比重分别为：农业51.3%，比上年提高0.78个百分点；林业4.0%，比上年提高0.6个百分点；畜牧业41.9%，比上年降低1.1个百分点；渔业0.4%，比上年下降0.1个百分点；农业服务业2.5%，比上年下降0.1个百分点。

【工业和建筑业】2016年，张家口市全市533家规模以上工业企业实现工业增加值373.90亿元，比上年增长2.4%，其中，国有控股企业增长2.0%，集体控股企业增长12.2%，私人控股企业下降0.6%，港澳台商控股企业增长9.7%；轻工业增长1.7%，重工业增长2.6%。分企业类型看，大型企业累计完成工业增加值126.93亿元，下降4.3%；中型企业累计完成工业增加值84.25亿元，增长0.5%；小型企业累计完成工业增加值150.66亿元，增长10.7%；微型企业累计完成工业增加值12.07亿元，下降8%。

2016年,拥有资质等级以上建筑业企业131家，从业人员达4.08万人。全年资质等级以上建筑企业实现总产值200.34亿元，比上年下降2%。资质等级以上建筑业全年房屋建筑施工面积1584.34万平方米，比上年增长11%。

【固定资产投资】2016年，张家口市固定资产投资累计完成1631.27亿元，比上年增长5.0%。其中城乡建设项目完成投资1305.27亿元，下降2.8%；房地产投资326.0亿元，增长54.0%。分产业看，第一产业投资213.68亿元，增长16.8%；第二产业投资529.16亿元，下降15.7%；第三产业投资888.43亿元，增长19.4%。

【科学技术】2016年，张家口市全市5项科技成果获河北省科技进步奖，6项科技成果获省级山区创业奖。全市争取到了国家863计划、国家国际科技合作、省重大成果转化等国家、省科技计划31项，资金近2300万元。设立了科技型中小企业科技创新专项资金，成立了我市首支天使投资基金1500万元。省级创新型企业4家；新认定科技型中小企业400家，累计达到了1160家，其中科技小巨人企业60家；新增高新技术企业14家，累计达到了53家，实现了历史性的突破。全市建成3家院士工作站、6家省级工程技术中心、2家省级重点实验室、11家市级工程技术中心，全市规上企业建立研发机构78家，新成立5家知识产权代理机构，科技服务能力不断提高。新建成2家省级科技企业孵化器以及5家市级科技企业孵化器，现有科技型企业孵化器10家，其中国家级孵化器1家、省级孵化器3家，市级孵化器6家。建成3家国家级众创空间、3家省级众创空间、12家市级众创空间、10家省级农村“星创天地”等一批创新创业平台。建成了国家级国际合作基地1家和省级国际合作基地4家。建成了14家省级农业科技园区和基地，16家市级农业科技园区和33家县级农业科技园区。积极开展省市两级专利申请资助，全年发放资助金89.5万元，全市专利申请量、授权量分别达到1479件、837件，比上年增长19.08%、6.35%。

【国内贸易和对外经济】2016年，张家口市实现社会消费品零售总额683.17亿元，比上年增长10.5%。其中,全市345家限额以上企业（单位）实现消费品零售额151.00亿元，比上年增长4%。分地区看，城镇零售额实现536.97亿元，增长10.8%；乡村零售额实现146.20亿元，增长9.7%。分行业看，批发业实现零售额130.67亿元，增长15.8%；零售业实现零售额452.55亿元，增长8.0%；住宿业实现零售额14.63亿元，增长20.7%；餐饮业实现零售额84.20亿元，增长15.3%。

全市实际利用外资46003万美元，比上年增长38.3%，其中外商直接投资41264万美元，增长30.4%。2016年，新批外商投资项目5个，比上年下降37.5%。合同外资额达到1574万美元，比上年下降95.8%。当年新注册外商投资企业5个，投资总额1574万美元，比上年下降95.8%。

【交通、邮电和旅游】2016年，张家口市全市交通运输、仓储和邮政业实现增加值105.67亿元，比上年增长7.5%。

全市邮电业务总量达40.08亿元，比上年增长17.3%。其中，邮政业务总量4.42亿元，增长32.1%；电信业务总量35.66亿元，增长15.6%。全年邮政函件133.57万件，比上年下降67.9%；快递1355.60万件，比上年增长71.5%。报纸发行量5972.10万件，比上年下降2.5%；杂志发行量269.18万份，比上年下降16.4%。

2016年全市共有53家A级景区，其中4A级景点12个。星级宾馆49家，其中四星级宾馆17家；旅行社92家。2016年，共接待国内外游客5193.77万人次，旅游收入519.24亿元，比上年分别增长35.0%和45.7%。其中，接待国际游客11.2万人次，创汇2922.13万美元，比上年分别增长5.4%和1.6%。

【金融和保险】2016年，张家口市全市银行业金融机构人民币存款余额2882.84亿元，比上年增长22.9%，比年初新增536.89亿元，比上年多增304.76亿元。其中，住户存款余额为1816.61亿元，比年初新增221.69亿元，比上年多增44.46亿元；非金融企业存款余额546.14亿元，比年初新增181.20亿元，比上年多增148.93亿元。人民币各项贷款余额2026.43亿元，比上年增长20.64%，比年初新增346.66亿元，比上年多增160.08亿元。其中，短期贷款比年初新增40.59亿元，占全部新增贷款的11.7%；中长期贷款比年初新增293.03亿元，占全部新增贷款的84.5%。

全市共有各类保险公司39家，比上年增加6家，其中，财险公司22家，寿险公司17家。全市保费收入达到58.52亿元，比上年增长25.9%。其中：财产险保费收入20.49亿元，比上年增长14.3%；寿险保费收入38.03亿元，比上年增长33.3%。赔款及给付24.16亿元，比上年增长13.2%。其中：财产险给付赔款10.89亿元，比上年增长12.0%；寿险给付赔款13.27亿元，比上年增长14.2%，正常退保9.15亿元。

8

2016年承德市经济发展概况

【经济总量】2016年，承德市全年实现地区生产总值（GDP）1432.9亿元，比上年增长6.9%。其中，第一产业增加值237.8亿元，增长6.7%；第二产业增加值654.1亿元，增长5.1%；第三产业增加值541.0亿元，增长9.5%。三次产业增加值占全市生产总值的比重由上年的17.4：46.8：35.8调整为16.6：45.6：37.8。

【农业】2016年，承德市全年粮食播种面积434.7万亩，比上年下降2.6%，总产量134.0万吨，比上年增加12.8万吨，增长10.5%，粮食平均亩产308公斤，比上年增加36公斤，增长10.9%。在粮食总产中，谷物总产量107.6万吨，增长2.2%。在谷物中，玉米产量87.4万吨，增长1.0%；稻谷产量10.5万吨，下降2.1%。蔬菜播种面积117.5万亩，增长3.1%，总产量463.1万吨，增长6.8%。其中，食用菌（干鲜混合）产量达到67.7万吨，增长13.4%。中药材种植面积19.1万亩，增长3.4%，总产量10.8万吨，比上年增加0.6万吨，增长5.6%。瓜果产量3.1万吨，增长10.0%。

【工业和建筑业】2016年，承德市全年实现全部工业增加值554.2亿元，比上年增长4.3%。518家规模以上工业企业实现工业增加值471.7亿元，增长5.0%。在规模以上工业企业中，从登记注册类型看，国有及国有控股企业增加值125.9亿元，增长3.2%；股份制企业增加值455.8亿元，增长5.1%。从门类看，采矿业增加值217.3亿元，增长6.3%；制造业增加值207.6亿元，增长3.1%；电力、热力、煤气及水生产和供应业增加值46.8亿元，增长7.1%。从企业规模看，84家大中型企业增加值339.9亿元，增长6.2%。从轻重工业看，轻工业增加值50.8亿元，增长4.1%；重工业增加值420.9亿元，增长5.1%。

全年建筑业增加值100.1亿元，比上年增长10.0%。资质等级以上总承包及专业承包建筑企业193家，有施工活动的企业179家。签订合同总额223.3亿元，下降0.8%。其中，本年新签合同额150.6亿元，增长16.1%。房屋建筑施工面积778.7万平方米，下降12.4%，房屋建筑竣工面积279.3万平方米，下降2.4%。

【固定资产投资】2016年，承德市全年完成全社会固定资产投资1632.8亿元，比上年增长6.4%。其中，固定资产投资（不含农户）1615.5亿元，增长6.8%；农村个人投资17.3亿元，下降25.4%。

在固定资产投资（不含农户）中，城乡建设项目投资1478.9亿元，增长7.1%。第一产业投资218.2亿元，增长16.9%。第二产业投资525.2亿元，下降2.5%。其中，工业投资525.2亿元，下降2.4%；黑色金属矿采选业投资68.2亿元，下降36.4%；黑色金属冶炼及压延业投资22.1亿元，增长147.8%；医药制造业投资4.8亿元，下降72.0%；农副食品加工业投资12.8亿元，下降61.2%；汽车制造业投资1.3亿元，下降89.4%；电力热力生产及供应业投资195.1亿元，增长74.4%；工业技术改造投资264.8亿元，下降26.6%。第三产业投资872.1亿元，增长10.9%。其中，交通运输、仓储和邮政业投资165.8亿元，下降36.3%；水利、环境和公共设施管理业投资342.0亿元，增长69.2%。

【科学技术】2016年，承德市全市专利申请1185件，专利授权595件,分别比上年增加389和101件。全年新认定高新技术企业12家、新认定科技小巨人企业15家、科技型中小企业303家，全市科技型中小企业已达到890家、科技小巨人企业达到37家。全市新增省级工程技术研究中心3家，新建院士工作站2家，国家技术创新方法与实施工具技术研究中心-承德基地落户承德，成立了承德市功能农业产业技术创新战略联盟，培育认定市级众创空间9家，国家级创新型孵化器“车库咖啡”已试营业；20家星创天地获省科技厅备案，5个“星创天地”在科技部备案。

【国内贸易和对外经济】2016年，承德市全年实现社会消费品零售总额543.3亿元，比上年增长10.7%。从经营地看，城镇实现消费品零售额407.0亿元，增长10.2%；乡村实现消费品零售额136.3亿元，增长12.1%。

全市进出口总值47563.2万美元，比上年增长19.1%。其中，出口43732.3万美元，增长14.2%。五矿产品出口17260万美元，下降30.1%；农副产品出口5777万美元，增长14.6%；机电产品出口11363万美元，增长199.7%。

【交通、邮电和旅游】2016年，承德市全市境内公路里程22149.3公里。其中，等级公路21450.9公里，高速公路758.5公里，干线公路3307.1公里。公路客运周转量88817.5万人公里，货运周转量1092739.5万吨公里。年末实有公共汽（电）车营运车辆1292辆，客运总量14248万人次。

全年完成邮政业务总量3.5亿元，比上年增长25.0%；快递业务总量1034.0万件,增长73.0%；邮政业务总收入4.0亿元，增长21.2%；快递业务总收入1.8亿元，增长80%；订销报纸杂志累计份数5427.5万件，下降

5.4%。电信业务总收入（移动、联通、电信公司）22.5亿元，比上年增长7.1%。移动电话年末用户数328.7万户，增长16.3%；互联网宽带接入用户57.4万户，比上年增长40.7%。

全年接待境内外游客4636.6万人次，比上年增长38.4%。其中，境内游客4604.1万人次，增长38.7%；境外游客32.5万人次，增长4.1%。实现旅游总收入506.6亿元，比上年增长49.8%。其中，境内游客收入495.0亿元，增长49.8%。

【金融和保险】2016年，承德市全部金融机构人民币各项存款余额2210.4亿元，比年初增长14.4%。其中，住户存款1438.7亿元，增长12.9%；非金融企业存款367.6亿元，增长31.4%。年末各项贷款余额1656.8亿元，增长10.7%。住户贷款556.4亿元，增长18.6%。其中，短期贷款189.4亿元，增长2.7%；中长期贷款367.0亿元，增长28.9%。非金融企业及机关团体贷款1100.4亿元，增长7.2%。

全市人身险保费收入41.2亿元，比上年增长17.9%，赔款、给付金额14.5亿元，增长59.7%。财产险保费收入12.7亿元，增长10.9%，财产险保险金额6201.1亿元，增长39.7%，财产险赔付金额6.4亿元，增长0.6%。交强险保费收入3.3亿元，增长2.9%。

9

2016年沧州市经济发展概况

【经济总量】2016年，沧州市全年实现地区生产总值（GDP）3533.4亿元，比上年增长7.9%。其中,第一产业增加值完成308.6亿元，增长1.1%；第二产业增加值完成1748.7亿元，增长6.6%；第三产业增加值完成1476.1亿元，增长11.0%。三次产业结构为8.7：49.5：41.8，第三产业增加值占地区生产总值比重比上年提高1.0个百分点，对整体经济增长的贡献率57.2%。

【农业】2016年，沧州市农林牧渔业总产值完成625.9亿元，比上年增长1.32%。其中农业完成产值295.2亿元，增长0.08%；林业完成产值5.4亿元，下降8.32%；牧业完成产值181.5亿元，增长1.06%；渔业完成产值36.4亿元，增长5.16%；农林牧渔服务业完成产值107.5亿元，增长4.53%。

【工业和建筑业】2016年，沧州市全部工业完成增加值1572.04亿元，比上年增长6.6%。规模以上工业企业实现增加值1308.2亿元，比上年增长7.0%。

建筑业完成增加值178.38亿元，比上年增长5.9%。资质等级以上建筑业企业完成总产值451.56亿元，同比增长4.26%，房屋建筑施工面积1814.4万平方米，下降5.9%，房屋建筑竣工面积876.2万平方米，增长6.8%。

【固定资产投资】2016年，沧州市固定资产投资完成3481.1亿元，比上年增长12.2%。其中，建设项目投资完成3197.7亿元，增长11.6%；房地产开发投资完成283.4亿元，增长19.0%。

在固定资产投资中，第一产业投资完成74.31亿元，同比下降24.4%；第二产业投资完成2467.62亿元，同比增长12.4%；第三产业投资完成939.15亿元，同比增长15.9%。工业技改投资完成1538.35亿元，增长12.5%，占工业投资的比重为62.3%。

【科学技术】2016年，沧州市全年取得科技成果150项，其中3项科研成果获省科技进步奖；90项获市科技进步奖。申报各项专利4256项，授权2456项。新增4家省级院士工作站，总数达到15家；新增省级工程技术研究中心5家，总数达到17家。

【国内贸易和对外经济】2016年，沧州市全市实现社会消费品零售总额1227.8亿元，比上年增长

10.7%。城镇实现零售额897.6亿元，增长10.1%；乡村实现零售额330.2亿元，增长12.4%。全市限额以上批发零售企业商品零售额增长5.3%，其中，粮油食品类零售额13.6亿元，增长7.6%；服装、鞋帽、针纺织品类商品零售额35.6亿元，增长2.7%；日用品类零售额6.2亿元，增长1.8%；中草药及中成药类零售额3.6亿元，增长5.1%；书报杂志类零售额5亿元，下降7.4%；化妆品类零售额3.6亿元，增长1.4%；石油及制品类零售额35亿元，增长12.8%；建筑及装潢材料类零售额0.4亿元，增长14.7%；汽车类零售额148.5亿元，增长15.9%。

外贸进出口总值28.64亿美元，同比增长10.56%。其中，出口总值21.17亿美元，同比增长5.02%；进口总值7.47亿美元，同比增长29.87%。

10

2016年廊坊市经济发展概况

【经济总量】2016年，廊坊市全年实现地区生产总值（GDP）2706.3亿元，比上年增长8.0%。其中，第一产业增加值198.3亿元，下降0.1%；第二产业增加值1192.7亿元，增长5.3%；第三产业增加值1315.3亿元，增长12.0%。第一产业增加值占全市生产总值的比重为7.3%，第二产业增加值比重为44.1%，第三产业增加值比重为48.6%，比上年提高1.5个百分点。

【农业】2016年，廊坊市粮食播种面积450.4万亩，比上年下降2.7%；粮食总产量159.5万吨，下降0.8%。其中，夏粮产量39.1万吨，下降8.2%；秋粮产量120.3万吨，增长1.9%。

【工业和建筑业】2016年，廊坊市全部工业增加值1010.2亿元，比上年增长5.4%。其中，规模以上工业增加值776.5亿元，增长6.0%。在规模以上工业中，分经济类型看，国有企业增加值增长15.2%，集体企业增长4.9%，股份制企业增长6.9%，外商及港澳台企业增长2.2%；分轻重工看，轻工业增长5.6%，重工业增长6.1%。

建筑业实现增加值182.7亿元，增长5.0%。资质等级以上建筑业企业房屋施工面积3428.1万平方米，下降5.6%；房屋竣工面积1013.6万平方米，下降3.4%。

【固定资产投资】2016年，廊坊市全社会固定资产投资完成2490.8亿元，增长15.0%。其中，固定资产投资(不含农户)2458.5亿元，增长15.2%；农户投资32.3亿元，下降2.1%。

在固定资产投资(不含农户)中，第一产业投资35.2亿元，比上年增长26.9%；第二产业投资1291.5亿元，增长21.9%；第三产业投资1131.8亿元，增长8.1%。在第二产业投资中，工业投资1291.0亿元，增长21.9%，高于固定资产投资6.7个百分点。其中，工业技改投资794.3亿元，增长16.2%，占工业投资的61.5%。

【科学技术】2016年，廊坊市经省科技厅认定的全市高新技术企业192家。共争取省以上科技项目209项，获得扶持资金2.02亿元，其中国家级科技项目97项，资金1.61亿元。登记科技成果77项，其中国际先进2项，国内领先44项，国内先进23项，14项科技成果荣获省科学技术奖，其中技术发明奖1项，自然科学奖1项，科学技术进步奖12项。全市科学技术进步奖73项。专利申请4980项，其中发明专利1010项。专利授权3057项，其中发明专利338项。

【国内贸易和对外经济】2016年，廊坊市社会消费品零售总额实现881.9亿元，增长10.7%。其中，限额以上企业(单位)消费品零售额268.5亿元，增长10.8%。按经营地统计，城镇消费品零售额完成471.1亿元，增长11.0%；乡村消费品零售额完成410.8亿元，增长10.5%。

全市进出口总值332.6亿元，增长10.4%。其中出口总值152.7亿元，增长5.0%；进口总值179.9亿，增长15.3%。

【交通、邮电和旅游】2016年，廊坊市全年公路货物运输总量10383.6万吨，增长1.0倍；货物运输周转量245.7亿吨公里，增长1.1倍。旅客运输总量3063.6万人，增长79.9%；旅客运输周转量9.2亿人公里，增长78.0%。公路通车里程10684公里，其中，国道703.5公里，省道412.7公里，县道749.2公里，乡公路1710.5公里，专用公路276.2公里，村级公路6832.0公里；按等级分，高速公路通车路程341.8公里，一级路561.6公里，二级路1056.0公里，三级路989.2公里，四级路7735.6公里。全市现有公路桥梁2050座180342米。干线公路大中修完成完成项目16项，完成里程259公里，投资22061万元。完成危桥改造7座，4413米，完成投资627万元。

全市邮政业务收入3.1亿元，比上年下降6.1%。邮电业务收入完成61.1亿元，增长31.9%。年末固定电话用户61.6万户，移动电话用户547.6万户，互联网宽带接入用户数108.8万户，互联网宽带接入端口260.2万个。

全年共接待游客2695.7万人次，比上年增长33.0%，实现旅游收入279.9亿元，增长38.6%。其中，接待国际游客15.5万人次，增长13.4%，创汇4882.9万美元，下降10.8%；接待国内游客2680.2万人次，增长33.2%，创收276.6亿元，增长39.3%。

【金融和保险】2016年年末，廊坊市全部金融机构各项存款余额6179.9亿元，比年初增加1168.8亿元。其中住户存款余额2860.3亿元，比年初增加474.9亿元。各项贷款余额4905.2亿元，比年初增加1484.4亿元。

11

2016年衡水市经济发展概况

【经济总量】2016年，衡水市全年实现地区生产总值（GDP）1413.4亿元，按可比价格计算比上年增长7.8%。其中，第一产业实现增加值184.3亿元，增长2.6%；第二产业实现增加值662.9亿元，增长5.2%；第三产业实现增加值566.2亿元，增长12.5%。三次产业增加值占全市生产总值的比重分别为13.0%、46.9%和40.1%。

【农业】2016年，衡水市全年粮食播种面积58.5万公顷，比上年增长1.6%；粮食总产量362.7万吨，增长3.0%。其中：夏粮169.2万吨，下降1.6%，秋粮193.6万吨，增长7.4%。

【工业和建筑业】2016年，衡水市全年规模以上工业实现增加值473.9亿元，比上年增长5.3%。分轻重工业看，轻工业实现增加值153.9亿元，增长5.1%；重工业实现增加值320.0亿元，增长5.4%。

全市具有资质等级的总承包和专业承包建筑业企业166家，实现产值148.0亿元，比上年增长7.6%。

【固定资产投资】2016年，衡水市全年全社会固定资产投资完成1255.2亿元，比上年增长11.1%。其中固定资产投资（不含农户）1230.8亿元，增长13.4%。

在固定资产投资中，第一产业投资47.4亿元，比上年下降4.2%；第二产业投资792.3亿元，增长5.0%；第三产业投资391.1亿元，增长38.9%。工业技术改造投资506.8亿元，增长0.9%，占工业投资的64.0%。基础设施投资136.0亿元，增长60.9%。民间投资1068.3亿元，增长7.4%。

【科学技术】2016年，衡水市全年共批准省级科技成果17项，市级科技成果88项,其中在国家科技成果登记系统登记成果42项。获省级科技进步奖励3项。全年共认定、登记技术合同17份，技术合同成交额1500多万元。专利申请2923件，增长23.7%，专利授权1663件，增长9.1%。

【国内贸易和对外经济】2016年，衡水市全年社会消费品零售总额675.4亿元，比上年增长10.9%。按销售单位所在地统计，城镇消费品零售额490.5亿元，增长11.1%；乡村消费品零售额184.9亿元，增长10.3%。

全年进出口总值26.6亿美元，比上年下降0.2%。其中：出口24.4亿美元，增长5.2%；进口2.2亿美元，下降36.5%。

【交通、邮电和旅游】2016年，衡水市全年公路货物运输量4769.8万吨，比上年增长8.9%，货物运输周转量238.4亿吨公里，增长5.8%；公路旅客运输量1387.0万人，增长0.8%，旅客运输周转量12.2亿人公里，下降12.0%。年末载客汽车890辆，载货汽车63485辆。

全市接待国内外游客1368.61万人次，实现旅游总收入101.74亿元，分别比上年增长31.90%和45.84%。其中接待国内游客1366.98万人次，实现收入101.50亿元，分别增长31.88%和45.81%；接待入境游客16261人次，创汇359.80万美元，分别增长51.60%和44.73%。

【金融和保险】2016年年末，衡水市金融机构各项存款余额2566.55亿元，比年初增加130.75亿元，其中住户存款余额1924.58亿元，增加211.08亿元。各项贷款余额1458.80亿元，增加174.65亿元。金融机构人民币存量存贷比为56.84%，比上年提高4.12个百分点。

年末全市共有保险公司36家，其中财产险15家,人寿险21家。保险公司保险保费收入72.14亿元，比上年增长29.77%。其中，财产险业务原保险保费收入18.11亿元，增长12.99%；寿险业务原保险保费收入52.93亿元，增长40.08%；健康和意外伤害险业务原保险保费收入1.10亿元，下降16.67%。支付各类赔款及给付22.02亿元，增长11.44%。其中，财产险业务赔款6.86亿元，增长8.50%；寿险业务给付14.32亿元，增长13.20%；健康和意外伤害险赔款及给付0.84亿元，增长33.33%。

山西省

| 太原市 | 大同市 | 阳泉市 | 长治市 | 晋城市 | 朔州市 | 晋中市 |
| 运城市 | 忻州市 | 临汾市 | 吕梁市 |

1

2016年太原市经济发展概况

【经济总量】2016年，太原市全年实现地区生产总值（GDP）2955.60亿元，比上年增长7.5%。其中：第一产业增加值38.22亿元，增长2.6%；第二产业增加值1068.04亿元，增长7.3%；第三产业增加值1849.34亿元，增长7.7%。第三产业中，交通运输、仓储和邮政业增加值152.57亿元，增长10.0%；批发零售和住宿餐饮业增加值455.80亿元，增长1.1%；金融业增加值437.73亿元，增长12.8%；房地产业增加值159.99亿元，增长10.1%；营利性服务业增加值353.02亿元，增长15.0%；非营利性服务业增加值288.38亿元，增长1.5%。

【农业】2016年，太原市全年农作物种植面积98.12千公顷，比上年减少2.20千公顷。粮食种植面积73.44千公顷，比上年减少2.13千公顷。其中：夏粮种植面积0.08千公顷，秋粮种植面积73.36千公顷。蔬菜种植面积21.18千公顷，药材种植面积1.20千公顷。

【工业和建筑业】2016年，太原市规模以上工业增加值571.81亿元，比上年增长7.0%。其中：中央企业增加值90.90亿元，增长2.7%；省属企业增加值182.50亿元，下降8.3%；市属及以下企业增加值298.41亿元，增长19.2%。

具有建筑业资质等级的总承包和专业承包建筑业企业总产值2335.12亿元，增长17.6%。建筑业企业房屋建筑施工面积9936.98万平方米，竣工面积1661.43万平方米。

【固定资产投资】2016年，太原市全年固定资产投资2027.71亿元，比上年增长0.1%。其中：中央项目投资94.33亿元，下降38.8%；省属项目投资233.12亿元，下降3.0%；市属及以下项目投资1700.26亿元，增长4.2%。分产业看，第一产业投资48.98亿元，增长37.8%；第二产业投资377.45亿元，下降17.1%。其中：工业投资375.36亿元，下降16.7%；第三产业投资1601.28亿元，增长4.3%。城市基础设施建设投资462.50亿元。三次产业投资比重为2.4%、18.6%和79.0%。

【科学技术】2016年，太原市全年技术市场共登记技术合同1483项，成交金额119.50亿元。国家认定的企业技术中心11家，省级企业技术中心90家。年末累计建成13个国家级重点实验室（国家级工程实验室、国家级工程研究中心），拥有8个国家级科技企业孵化器和35个“院士工作站”。年末累计认定高新技术企业533家。全年获得国家科技奖励4项。全市发明专利申请量3511件、授权量1538件，有效发明专利拥有量6252件。规模以上工业高新技术产业增加值247.14亿元，占地区生产总值的比重为8.4%。

【国内贸易和对外经济】2016年，太原市全年社会消费品零售总额1666.24亿元，比上年增长8.1%。其中：城镇消费品零售额1530.62亿元，增长6.8%；乡村消费品零售额135.62亿元，增长26.5%。

全年外贸进出口总额133.14亿美元，比上年增长24.8%。其中：出口额83.29亿美元，增长26.4%；进口额49.85亿美元，增长22.2%。

【交通、邮电和旅游】2016年年末，太原市全市公路线路里程累计达到7401公里，其中高速公路287公里。公路密度105.9公里/百平方公里。太原地区铁路客运量2641.40万人次，增长1.7%；铁路货运量3403.64万吨，下降22.9%。公路客运量876.00万人，下降19.3%；公路货运量15043.00万吨，增长5.3%。航空客运量984.78万人次，增长11.4%；航空货运量4.91万吨，增长7.9%。

全年邮电业务总量154.60亿元，比上年增长44.2%，其中：邮政业务总量6.70亿元，增长14.4%；电信业务总量147.90亿元，增长45.9%。年末市话到达80.43万户。农话到达3.30万户。移动电话用户691.22万户，其中：3G、4G移动电话用户分别为58.55万户和447.28万户。全市固定及移动电话用户总数达到774.95万户。每百人拥有电话178部，其中：固定电话和移动电话普及率分别达到24部/百人和159部/百人。计算机互联网用户135.12万户，其中：宽带网用户132.27万户。

全市接待海内外游客5688.12万人次，比上年增长15.8%。其中：国内游客5666.17万人次，增长15.8%；海外游客21.95万人次，增长4.5%。海外游客中：外国人15.46万人次，香港同胞3.63万人次，澳门同胞0.43万人次，台湾同胞2.43万人次。全年旅游总收入683.98亿元，增长16.3%。其中：国内旅游收入678.66亿元，增长16.3%；旅游外汇收入0.84亿美元，增长4.8%。

【金融和保险】2016年年末，太原市全市金融机构本外币各项存款余额11497.49亿元，增长6.2%；本外币各项贷款余额12016.78亿元，增长12.0%。人民币各项存款余额11070.04亿元，增长4.5%，其中：个人储蓄存款余额3661.76亿元，增长6.7%；人民币各项贷款余额10103.36亿元，增长11.9%。人民币贷款中，中长期贷款余额6707.47亿元，增长21.5%；短期贷款余额2820.85亿元，下降0.8%。

全年原保险保费收入220.17亿元，增长37.0%。其中：寿险业务保费收入150.85亿元，增长45.6%；健康险业务保费收入15.68亿元，增长43.1%；意外伤害险业务保费收入4.36亿元，增长30.4%；财产险业务保费收入49.28亿元，增长15.2%。

2

2016年大同市经济发展概况

【经济总量】2016年，大同市全年实现地区生产总值（GDP）1025.3亿元，按可比价格计算，比上年增长1.0%。其中，第一产业增加值59.4亿元，增长4.2%；第二产业增加值374.6亿元，下降6.4%；第三产业增加值591.3亿元，增长6.5%。第一产业增加值占地区生产总值的比重为5.8%，第二产业增加值比重为36.5%，第三产业增加值比重为57.7%。人均地区生产总值30032元，比上年增长0.8%。

【农业】2016年，大同市全年全市农作物总播面积312.73千公顷，比上年减少3.17千公顷。其中，粮食作物播种面积277.13千公顷，减少2.96千公顷。在粮食作物播种面积中，夏粮播种面积0.19千公顷，减少0.13千公顷；秋粮播种面积276.94千公顷，减少2.83千公顷。全市油料作物种植面积16.93千公顷，比上年增加5.1千公顷；蔬菜面积13.62千公顷，比上年减少0.42千公顷；饲草作物种植面积1.66千公顷，比上年减少0.55千公顷。

【工业和建筑业】2016年，大同市全年全市规模以上工业企业工业增加值比上年下降14.5%。全年全市规模以上工业企业实现主营业务收入1767.6亿元，比上年下降16.7%。实现利税61.5亿元，比上年下降

8.8%。其中，国有控股工业企业实现利税51.5亿元，下降10.6%。实现利润11.3亿元，比上年下降31.8%。其中，国有控股工业企业实现利润6.3亿元，下降45.9%。

全年全市建筑业增加值71.9亿元，比上年增长6.1%。全市具有建筑业资质等级的总承包和专业承包建筑业企业完成建筑业总产值130.4亿元，比上年增长14.2%。房屋建筑施工面积592.9万平方米，增长16.7%；房屋竣工面积291.8万平方米，增长29.7%。

【固定资产投资】2016年，大同市全年全市全社会固定资产投资1212.8亿元，比上年增长5.9%。其中，国有经济单位投资317.3亿元，下降19.6%；民间投资883.5亿元，增长21.0%。分产业看，第一产业投资335.3亿元，增长17.2%；第二产业投资408.9亿元，下降13.3%；第三产业投资468.6亿元，增长21.0%。在第二产业中，工业投资407.7亿元，下降13.9%。

【科学技术】2016年，大同市全年全市共完成国家申请专利1371件，其中，发明专利312件，实用新型专利943件、外观设计专利116件。全市共获得国家授权专利887件，其中，发明专利109件、实用新型专利731件、外观设计专利47件。全市获2015年度省科学技术奖20项，其中科学技术自然科学二等奖2项，科技进步二等奖9项、三等奖9项。获省2015年度农技承包奖4项，其中集体一等奖1项、个人一等奖1项、集体二等奖2项。年末高新技术企业总数达到35家。

【国内贸易和对外经济】2016年，大同市全年全市社会消费品零售总额609.0亿元，比上年增长7.3%。按经营地统计，城镇消费品零售额497.9亿元，增长6.4%；乡村消费品零售额111.1亿元，增长11.4%。按行业统计，全年全市批发业零售额54.9亿元，增长18.5%；零售业零售额476.9亿元，增长6.0%；住宿和餐饮业零售额77.2亿元，增长8.3%。

全年全市海关进出口总额236305万元，比上年下降8.3%。其中，出口194221万元，增长9.8%；进口42084万元，下降47.9%。

【交通、邮电和旅游】2016年，大同市全年全市公路通车里程12574. 0公里。其中，高速公路549. 3公里。全市公路密度89. 2公里/百平方公里。

全年全市完成邮电业务总量51.22亿元，比上年增长34.1%。其中，电信业务总量47.74亿元，增长36.1%；邮政业务总量3.48亿元，增长11.9%。年末全市固定及移动电话用户431.22万户，比上年增长0.4%。其中，固定电话用户29.99万户，下降20.3%；移动电话用户401.23万户，增长2.4%。在移动电话用户中，3G用户达到137.14万户，比上年增长2.2%。4G用户达到129.80万户，比上年增长20.4%。全市计算机互联网络用户53.18万户，比上年下降2.7%。全市邮政局所145个，邮路总长度3322公里。订销报纸3698.1万份，下降4.6%；订销杂志168万份，下降13.8%；国内函件62万件，下降26.1%。国内包裹88.0万件，增长206.6%。

2016年，成功承办山西省旅游发展大会。全年全市旅游总收入363.3亿元，比上年增长29.2%。其中，国内旅游收入360.7亿元，增长29.4%。全年全市接待国内游客4041.5万人次，比上年增长26.5%；接待入境海外游客6.97万人次，比上年增长6.0%；旅游外汇收入4023万美元，比上年增长7.0%。

【金融和保险】2016年年末，大同市全市金融机构各项存款余额2629.08亿元，比年初增加210.02亿元，比年初增长8.7%。年末全市金融机构各项贷款余额1225.71亿元，比年初增加44.10亿元，比年初增长3.7%。

年末全市共有注册保险机构36家。全年全市保费收入57.16亿元，比上年增长16.0%。其中，寿险业务保费收入38.03亿元，增长18.5%；财产险业务保费收入19.13亿元，增长11.5%。全年全市累计支付各类保险赔款及给付21.34亿元，同比增长7.9%。其中，寿险业务给付10.20亿元，增长23.7%；财产险业务赔款10.06亿元，同比增长2.1%。

3

2016年阳泉市经济发展概况

【经济总量】2016年，阳泉市全年实现地区生产总值（GDP）622.9亿元，按可比价计算，比上年增长3.4%。其中，第一产业完成增加值10.2亿元，增长3.5%；第二产业完成增加值299.2亿元，增长1.7%；第三产业完成增加值313.5亿元，增长5.1%；三次产业构成由2015年1.7∶49.8∶48.5调整为1.7∶48.0∶50.3。

【农业】2016年，阳泉市全年农作物种植面积5.6万公顷，同比下降2.3%。其中粮食种植面积5.4万公顷，下降3.1%；油料种植面积93.3公顷，增长14.6%。在粮食种植面积中，玉米种植面积4.6万公顷，下降3.1%。

【工业和建筑业】2016年年末，阳泉市全市规模以上工业企业达到125个，实现工业增加值184.4亿元，同比增长2.1%。

全年建筑业实现增加值43.7亿元，下降0.6%。具有建筑业资质等级的总承包和专业承包建筑业企业实现利润总额1.0亿元，下降63.0%；上缴税金0.9亿元，下降77.5%。

【固定资产投资】2016年，阳泉市全年全社会固定资产投资完成617.1亿元，增长2.7%。其中，第一产业投资72.5亿元，增长148.4%；第二产业投资239.6亿元，下降7.9%；第三产业投资305亿元，下降2%。按登记注册类型分，国有经济控股投资303亿元，同比增长1.4%；民间投资306.0亿元，同比增长2.8%，占投资总额的49.6%。

【科学技术】2016年，阳泉市全年全市专利申请量为1714件，其中发明专利申请量为710件，分别增长70.9%和215.5%；全市专利授权量为382件，增长14.7%，其中发明专利授权量为23件，减少30.3%。

全年共取得市级以上科研成果47项，其中市级30项，省级17项。全年共签订各类技术合同64项，技术合同成交总额26.2亿元，增长45倍。全年新登记科技成果47项。获得省级科学技术奖2项。国家认定企业技术中心1家。市级企业技术中心29家。

【国内贸易和对外经济】2016年，阳泉市全年社会消费品零售总额完成306.3亿元，增长6.2%。其中，城镇消费品零售额276.9亿元，同比增长6.4%；乡村消费品零售额29.4亿元，增长4.6%。

全年海关进出口总额13211万美元，下降35.5%，其中，出口额9967万美元，下降34.3%，进口额3244万美元，下降38.9%。

【交通、邮电和旅游】2016年，阳泉市全年交通运输、仓储和邮政业实现增加值44.5亿元，同比增长5.0%。公路线路年末里程5658.2公里，比上年末增加2.4公里。全年铁路货运量4075.1万吨，同比增长5.3%，铁路客运量260.7万人，同比增长0.7%。

全年完成邮电业务总量26.8亿元，增长41.0%。其中，邮政业务总量1.8亿元，增长11.4%；电信业务总量25.0亿元，增长43.8%。移动电话用户年末达到147.2万户，下降1.5%，其中4G移动电话用户年末达83.2万户。全市互联网接入用户达到37.2万户，增长9.7%。

按照旅游统计口径计算，全年全市旅游总收入比上年增长24.1%；截至年末，星级宾馆达到10个，旅行社38个，A级旅游景区（点）11个。

【金融和保险】2016年年末，阳泉市全市金融机构本外币各项存款余额1368.0亿元，比年初增长1.1%。各项贷款余额742.6亿元，比年初增长3.0%。

全年保费收入29.6亿元，同比增长9.0%。其中，寿险业务保费收入20.4亿元，增长9.9%；健康险和意外伤害险业务保费收入2.4亿元，增长35.1%；财产险业务保费收入6.9亿元，下降0.3%。支付各类赔款及给付13.8亿元，同比增长13.7%。其中，寿险业务给付6.9亿元，增长38.2%；健康险和意外伤害险业务赔款及给付1.0亿元，增长17.7%；财产险业务赔款5.9亿元，下降6.0%。

4

2016年长治市经济发展概况

【经济总量】2016年，长治市全年实现地区生产总值（GDP）1269.2亿元，比上年增长4.6%。其中，第一产业增加值60.1亿元，增长3.4%，占生产总值的比重为4.7%；第二产业增加值646.9亿元，增长2.7%，占生产总值的比重为51.0%；第三产业增加值562.2亿元，增长6.8%，占生产总值的比重为44.3%。第三产业中，金融保险业增加值82.5亿元，增长7.9%；交通运输、仓储和邮政业增加值79.8亿元，增长8.6%；房地产业增加值82.0亿元，增长4.4%。

【农业】2016年，长治市全年全市粮食种植面积242.8千公顷，比上年减少3.5千公顷；油料种植面积2.6千公顷，比上年增加0.6千公顷；棉花种植面积0.03千公顷。在粮食种植面积中，玉米种植面积205.5千公顷，减少1.9千公顷；小麦种植面积5.5千公顷，减少1.9千公顷。

【工业和建筑业】2016年年末，长治市全市规模以上工业企业319家。全年规模以上工业增加值583.1亿元，增长2.5%。

全年全市建筑业实现增加值50.4亿元，比上年增长5.3%。

【固定资产投资】2016年，长治市全年固定资产投资1514.4亿元，增长5.1%。其中，国有及国有控股投资416.3亿元，下降1.8%。分产业看，第一产业投资253亿元，增长21.9%；第二产业投资598.3亿元，增长1.1%；第三产业投资663.1亿元，增长3.2%。在第二产业中，工业投资601亿元，增长1.1%。其中，煤炭工业投资109亿元，下降8%。

【科学技术】2016年，长治市全年专利申请量与授权量分别为972件和736件。全年全市共签订各类技术合同91项，技术合同成交总额3.1亿元。年末全市共有产品质量检验机构1个。全年对71户企业实施了产品认证，对10种产品进行了监督抽查。全市共有法定计量技术机构19个，全年完成强制检定计量器具7.49万台件。

【国内贸易和对外经济】2016年，长治市全年全市社会消费品零售总额566.6亿元，增长8.0%。其中，城镇消费品零售额459.8亿元，增长8.0%；乡村消费品零售额106.8亿元，增长8.3%。

全年全市进出口总额7731万美元，下降50.9%。其中，进口额4886万美元，下降60.9%；出口额2845万美元，下降12.4%。

【交通、邮电和旅游】2016年年末，长治市全市公路线路里程11643.0公里，其中高速公路339.2公里。

全年全市完成邮电业务总量59.64亿元。其中，邮政业务总量3.38亿元；电信业务总量56.26亿元。年末移动电话用户达到306.4万户，其中，3G移动电话用户达到27.7万户,4G移动电话用户达到172.6万户。全市互联网接入用户55.1万户，其中，新增互联网用户8.6万户。

全年全市商业住宿设施接待入境过夜游客2.5万人次，接待国内旅游者3751.0万人次，分别增长4.4%和15.0%；旅游外汇收入1560.8万美元，国内旅游收入368.2亿元，旅游总收入369.1亿元，分别增长4.7%、15.1%和15.0%。

【金融和保险】2016年年末，长治市全市金融机构本外币各项存款余额2122.2亿元，比年初增加78亿元，比年初增长3.8%。各项贷款余额1196.8亿元，增加64.8亿元，增长5.7%。

全年全市保费收入50.1亿元，增长8.7%。其中，寿险业务保费收入30.9亿元，增长8.3%；健康和意外险业务保费收入5.5亿元，增长23.5%；财产险业务保费收入2.1亿元，下降6.8%；车险业务保费收入11.5亿元，增长6.8%。全年支付各类赔款及给付18.2亿元，增长18.2%。其中，寿险业务保费赔付9.2亿元，增长34.5%；健康和意外险业务保费赔付0.8亿元，下降5.7%；财产险业务保费赔付0.8亿元，下降16.2%；车险业务保费赔付7.4亿元，增长9.6%。

5

2016年晋城市经济发展概况

【经济总量】2016年，晋城市全年实现地区生产总值（GDP）1049.3亿元，按可比价格计算，比上年增长3.9%。其中，第一产业增加值49.8亿元，增长0.6%，占生产总值的比重为4.7%；第二产业增加值554.9亿元，增长2.4%，占生产总值的比重为52.9%；第三产业增加值444.6亿元，增长6.3%，占生产总值的比重为42.4%。第三产业中，金融保险业增加值68.7亿元，增长7.5%；交通运输、仓储和邮政业增加值76.1亿元，增长11.4%；批发和零售业增加值62.3亿元，增长3.0%；住宿和餐饮业增加值30.7亿元，增长7.8%；营利性服务业增加值45.7亿元，增长11.7%。人均地区生产总值45271元，按2016年平均汇率计算为6815美元。

【农业】2016年，晋城市全年全市农作物种植面积180.3千公顷，减少8.9千公顷。其中，粮食种植面积169.0千公顷，减少9.1千公顷；油料种植面积2.1千公顷，增加0.08千公顷；棉花种植面积0.1千公顷，减少0.01千公顷。在粮食种植面积中，玉米种植面积88.3千公顷，减少0.01千公顷；小麦种植面积43.2千公顷，减少3.6千公顷。

【工业和建筑业】2016年年末，晋城市全市规模以上工业企业230家。全年规模以上工业增加值比上年增长2.5%。

年末全市具有资质等级的总承包和专业承包建筑业企业113家，完成总产值56.1亿元，下降5.9%；房屋施工面积376.3万平方米，增长6.3%；签订合同额为119.4亿元，增长3.1%。

【固定资产投资】2016年，晋城市全年全市固定资产投资完成1150.4亿元，增长4.1%。其中，国有及国有控股投资293.3亿元，下降31.7%；港澳台及外商投资43.0亿元，下降24.9%；民间投资817.6亿元，增长32.2%。

在固定资产投资中，第一产业投资120.4亿元，增长87.4%；第二产业投资368.5亿元，下降17.8%；第三产业投资661.5亿元，增长11.6%。在第二产业中，工业投资368.3亿元，下降17.4%。其中，煤炭工业投资66.9亿元，下降55.1%；非煤产业投资301.5亿元，增长1.1%。传统产业（煤炭、炼焦、冶金、电力）投资合计88.5亿元，下降46.7%。

【科学技术】2016年，晋城市全年全市组织实施各类科技项目34项（省级18项、市级16项）。在省级项目中，列入重点研发一般项目4项，成果转化项目4项，农村技术承包项目6项，专利推广资助项目2项，科技重大专项持续支持项目2项。全年全市技术市场交易成交235项，交易额8.32亿元；有效发明专利拥有量340件；省级科技成果鉴定2项。全年全市新认定国家星创天地1个，省民营科技企业7个，省科普基地1

个，省众创空间4个。截至2016年末，全市共有国家星创天地1个，国家科技特派员创业链3个，省级民营科技企业38个，省级科普基地11个，省级创新型企业11个，省级创新型试点企业2个，省级工程技术研究中心4个，省级重点实验室3个，省级科技企业孵化器1个，省级众创空间4个，省级农业科技园区2个，省级星火示范基地3个。

【国内贸易和对外经济】2016年，晋城市全年全市社会消费品零售总额386.2亿元，增长7.6%。按经营地统计，城镇消费品零售额326.5亿元，增长7.5%；乡村消费品零售额59.7亿元，增长8.4%。

全年全市海关进出口总额6.0亿美元，下降32.8%。其中，进口额4.34亿美元，下降28.1%；出口额1.65亿美元，下降42.8%。

【交通、邮电和旅游】2016年，晋城市年末全市公路线路里程9134.5公里。其中,高速公路318.6公里。

全年全市完成邮电业务总量41.5亿元。其中，邮政业务总量1.3亿元；电信业务总量40.2亿元。年末移动电话用户225.0万户。全市宽带接入用户54.3万户，增长24.6%。

年末全市共有A级景区20个。其中，5A级景区1个，4A级景区7个,3A级景区11个，2A级景区1个。共有星级饭店18家。其中，五星级2家、四星级10家、三星级4家、二星级2家。全年全市接待海外旅游者12819人次，接待国内旅游者3885.28万人次，分别增长5.57%和19.76%；旅游外汇收入713.96万美元，国内旅游收入356.34亿元，旅游总收入356.62亿元，分别增长6.26%、20.95%和20.90%。

【金融和保险】2016年年末，晋城市全市金融机构本外币各项存款余额1961.2亿元，比年初增加161.1亿元，增长9.0%。各项贷款余额1091.8亿元，比年初增加84.3亿元，增长8.4%。

全年全市保费收入39.0亿元，增长9.1%。其中，寿险业务保费收入27.2亿元，增长13.3%；财产险业务保费收入11.8亿元，增长0.4%。

6

2016年朔州市经济发展概况

【经济总量】2016年，朔州市全年实现地区生产总值（GDP）918.1亿元，按可比价格计算，比上年增长4.2%。其中，第一产业增加值56.28亿元，增长3.1%，占生产总值比重6.1%；第二产业增加值395.22亿元，增长2.5%，占生产总值比重43.1%；第三产业增加值466.56亿元，增长6.0%，占生产总值比重50.8%。

【农业】2016年，朔州市全年全市农作物种植面积328.0千公顷，比上年减少0.3千公顷。其中，粮食种植面积265.2千公顷，减少2.9千公顷；蔬菜及食用菌种植面积14.3千公顷，减少1.5千公顷；油料种植面积26.4千公顷，增加0.7千公顷。在粮食种植面积中，玉米种植面积154.3千公顷，减少5.4千公顷。

【工业和建筑业】2016年年末，朔州市全市规模以上工业企业245家，比上年减少14家。全年规模以上工业增加值213.1亿元，同比增长2.7%。

全年全市建筑业实现增加值24.96亿元。

【固定资产投资】2016年，朔州市全年全社会固定资产投资637.7亿元,下降31.9%。在固定资产投资（不含跨省、农户）中，基础设施投资完成148.9亿元，下降11.1%。分产业看，第一产业投资151.1亿元，增长3.1%；第二产业投资236.9亿元，下降44.3%；第三产业投资249.7亿元，下降31.7%。

【科学技术】2016年，朔州市全年全市共受理各项专利申请313件，比上年增长27%。全市技术市场共签订技术合同18份，成交金额12000万元。全年有1个项目列入国家各类科技计划，获得国家资助50万元。

全年全市共取得省级以上3项科技成果。

【国内贸易和对外经济】2016年，朔州市全年全市社会消费品零售总额291亿元，增长7.7%。按经营地统计，城镇消费品零售额207.5亿元，增长7.9%；乡村消费品零售额83.5亿元，增长7.5%。按消费形态统计，商品零售额254.4亿元，增长7.6%；餐饮收入额36.6亿元，增长8.9%。

全年全市海关进出口总额52736万元，增长44.5%。其中，进口额28118万元，增长60.6%；出口额24618万元，增长29.7%。

【交通、邮电和旅游】2016年，朔州市全年新增公路通车里程45.5公里，年末全市公路通车里程达到10215.7公里。其中，高速公路388.7公里，普通干线公路815.5里，农村公路9011.5公里。

全年全市完成邮电业务总量11.99亿元。其中，邮政业务总量1.59亿元，电信业务总量10.4亿元。年末移动电话用户153.1万户，其中3G移动电话用户10.5万户，4G移动电话用户86万户。全市宽带接入用户25.2万户。

全年全市接待国内旅游者1717.0万人次，增长21.3%。国内旅游收入160.6亿元，旅游总收入160.7亿元，均增长20.3%。接待入境旅游者人数6405人次,同比增长4.4%；旅游外汇收入219万美元,同比增长4.2%。

【金融和保险】2016年年末，朔州市全市金融机构本外币各项存款余额1295.95亿元，比年初增加104.25亿元，增长8.75%。全市金融机构本外币各项贷款余额577.33亿元，比年初增加18.73亿元，增长3.35%。

全年全市保费收入18.6亿元，比上年增长6.8%。其中，寿险业务保费收入11.2亿元，增长6.4%；健康险业务保费收入0.8亿元，增长76.1%；意外伤害险保费收入0.2亿元，增长44.2%；财产险业务保费收入7.3亿元，增长10.3%。全年保险业赔款和给付支出8.1亿元，增长12.5%。其中，寿险业务给付支出4.3亿元，增长13.6%；财产险业务赔款3.8亿元，同比增长11%。

7

2016年晋中市经济发展概况

【经济总量】2016年，晋中市全年实现地区生产总值（GDP）1091.1亿元，比上年增长5.1%。其中，第一产业增加值108.7亿元，增长2.8%，占生产总值的比重为10.0%；第二产业增加值468.2亿元，增长4.9%，占生产总值的比重为42.9%；第三产业增加值514.2亿元，增长5.7%，占生产总值的比重为47.1%。

【农业】2016年，晋中市全年全市农作物种植面积302.0千公顷，比上年减少5.0千公顷。其中，粮食种植面积256.8千公顷，减少5.7千公顷；油料种植面积1.8千公顷，减少0.3千公顷；棉花种植面积0.02千公顷。在粮食种植面积中，玉米种植面积215.2千公顷，减少2.1千公顷；小麦种植面积6.1千公顷，减少1.8千公顷。

【工业和建筑业】2016年，晋中市年末全市规模以上工业法人企业501家，比上年末减少7家。全年规模以上工业增加值完成374.3亿元，比上年增长5.0%。

【固定资产投资】2016年，晋中市在固定资产投资中，基础设施投资291.8亿元，增长24%。在固定资产投资中，国有及国有控股投资327.3亿元，增长2.2%；民间投资[4]910.7亿元，增长2.1%。分产业看，第一产业投资184.9亿元，增长49.3%；第二产业投资461.1亿元，下降5.7%；第三产业投资729.9亿元，增长4.3%。

【科学技术】2016年，晋中市全年全市专利申请受理量为1265件，比上年增长27.5%；其中发明专利申请受理量为342件，增长12.5%。全年全市专利授权量为689件，减少3.4%；有效发明专利拥有量391件，增长26.5%。按照国家高新技术企业认定办法，年末累计认定高新技术产业企业84家，比上年增加25家，高新技术企业销售额达63.7亿元。

【国内贸易和对外经济】2016年，晋中市全年全市社会消费品零售总额569.2亿元，比上年增长7.5%。按经营地统计，城镇消费品零售额363.9亿元，增长6.4%；乡村消费品零售额205.3亿元，增长9.4%。按消费形态统计，商品零售额529.9亿元，增长7.3%；餐饮收入额39.3亿元，增长9.8%。

全年全市海关进出口总额21071万美元，比上年增长2.0%。其中，进口额2890万美元，增长116.8%；出口额18180万美元，下降5.9%。

【交通、邮电和旅游】2016年年末，晋中市全市公路通车里程15988.2公里，比上年增加77.0公里，增长0.5%；其中高速公路625.0公里，比上年增加64.3公里，增长11.5%。

全年全市完成邮电业务总量[6]61.3亿元。其中，邮政业务总量3.7亿元，电信业务总量57.6亿元。邮政业全年完成邮政函件业务132.4万件，国内普通包裹业务5.4万件，国内标准快递业务量899.4万件。全年全市固定电话用户年末达到34.1万户。年末移动电话用户307.8万户。其中，3G移动电话用户30.7万户，4G移动电话用户186.5万户。年末全市固定及移动电话用户总数达到341.9万户。全市宽带接入用户49.0万户，手机互联网上网人数250.4万人。

全年全市商业住宿设施接待入境过夜游客22.7万人次，增长7.7%，其中，外国人14.5万人次，增长8.0%，港澳台8.2万人次，增长7.2%；接待国内旅游者6335.1万人次，增长26.2%。旅游外汇收入12125.5万美元，增长8.8%，国内旅游收入650.8亿元，增长28.5%，旅游总收入658.2亿元，增长28.2%。

【金融和保险】2016年年末，晋中市全市金融机构本外币各项存款余额2366.1亿元，比年初增加315.9亿元，增长15.4%。各项贷款余额1379.9亿元，比年初增加176.4亿元，增长14.7%。

全年全市保费收入57.2亿元，比上年增长7.7%。其中，财产险业务保费收入15.0亿元，增长3.5%；寿险业务保费收入42.2亿元，增长9.3%。全年支付各类赔款及给付17.3亿元，增长17.8%。

8

2016年运城市经济发展概况

【经济总量】2016年，运城市全年实现地区生产总值（GDP）1222.3亿元，按可比价格计算，比上年增长4.0%。其中：第一产业增加值201.6亿元，增长0.6%;第二产业增加值443.8亿元，增长2.5%；第三产业增加值576.9亿元，增长6.4%。第三产业中，交通运输、仓储和邮政业96.1亿元，增长9.3%；批发和零售业98.3亿元，增长1.1%；金融业72.5亿元，增长7.2%；房地产业46.1亿元，增长12.6%。第一、第二和第三产业增加值占全市生产总值的比重分别为16.5%、36.3%和47.2%，与上年同期相比，一产上升0.1个百分点，二产下降1.2个百分点，三产上升1.1个百分点。

【农业】2016年，运城市全市农林牧渔业总产值完成409.0亿元，按可比价格计算，同比增长0.4%。农林牧渔业增加值完成215.6亿元，增长0.7%。其中，农业167.2亿元，增长0.5%；林业2.5亿元，增长9.2%；牧业30.1亿元，增长0.1%；渔业1.2亿元，增长9.4%；农林牧渔服务业14.6亿元，增长2.3%。

【工业和建筑业】2016年，运城市全年全部工业增加值352.7亿元，比上年增长2.3%。规模以上工业企业增加值226.3亿元，增长2.3%。全年规模以上工业产品销售率为97.9%，同比上升1.3个百分点。

全年全市建筑业实现增加值93.6亿元，比上年增长1.1%。具有资质等级的总承包和专业承包建筑企业上缴税金4.5亿元，增长17.1%；实现利润2.7亿元，下降20.8%。

【固定资产投资】2016年，运城市全年全市固定资产投资1483.7亿元，比上年增长8.2%。其中，项目投资1367.4亿，同比增长9.7%。在固定资产投资中，第一产业投资245.3亿元，比上年增长31.3%；第二产业606.0亿元，增长1.8%；第三产业632.5亿元，增长7.5%。在固定资产投资中，国有投资完成245.5亿元，同比增长22.7%；非国有投资完成1238.3亿元，同比增长5.8%，其中，民间投资1187.8亿元，增长3.4%。民生领域、环境保护等短板领域投资快速增长。

【科学技术】2016年，运城市全年全市受理专利申请1716件，比上年增长37.2%。其中，受理发明专利申请491件，比上年增长31.6%。全市授予专利权952件，减少5.6%。其中，授予发明专利权186件。全年有25个项目列入国家、省各类科技计划，获得项目研究资金1146万元。

【国内贸易和对外经济】2016年，运城市全年全市社会消费品零售总额704.7亿元，比上年增长6.6%。按规模统计，限额以上消费品零售额304.2亿元，下降1.5%；限额以下消费品零售额400.5亿元，增长13.7%。按经营地统计，城镇消费品零售额551.0亿元，增长5.8%；乡村消费品零售额153.7亿元，增长9.6%。按行业统计，商品批发业153.1亿元，增长7.2%；商品零售业466.7亿元，增长5.4%；住宿餐饮业84.9亿元，增长13.0%。

全年全市货物进出口总额800872万元，比上年增长9.2%（以美元计价为121304万美元，增长2.5%）。其中，进口586412万元，增长11.0%（以美元计价为88785万美元，增长4.1%）；出口214461万元，增长4.6%（以美元计价为32519万美元，下降1.7%）。

【交通、邮电和旅游】2016年年末，运城市全市公路通车里程16085公里，其中，国道1074公里，省道865公里，县道2620公里，乡、村道及专用道11526公里；高速公路598公里。全市公路密度113.4公里/百平方公里。公路客运量2921万人，比上年下降21.7%；公路货运量13432万吨，比上年增长16.0%。公路旅客运输周转量14.5亿人公里，比上年下降18.3%；公路货物运输周转量326.1亿吨公里，比上年增长6.0%。

全年全市邮电业务总量87.6亿元，比上年增长66.6%。其中，邮政业务总量6.4亿元，增长41.3%；电信业务总量81.2亿元，增长69.0%。邮政业全年完成邮政函件业务128.1万件，包裹业务8.8万件，快递业务量1653.9万件。年末固定及移动电话用户总数达到497.7万户，比上年末增加8.7万户。其中，固定电话38.5万户，移动电话459.1万户。在移动电话用户中，3G用户39.7万户，4G用户271.7万户。电话普及率达到94.1部/百人。其中，固定电话和移动电话普及率分别达到7.3部/百人和86.8部/百人。全市宽带接入用户达到101万户，增长18.0%。

全年接待国内游客5321.6万人次，增长31.9%。接待入境游客31832人次，增长5.3%。其中，外国人8704人次，增长5.0%；香港同胞8302人次，增长4.6%；澳门同胞5508人次，增长4.2%；台湾同胞9318人次，增长4.5%。全年旅游总收入434.4亿元，增长32.9%。其中，国内旅游收入433.8亿元，增长32.9%；旅游外汇收入914.1万美元，增长7.0%。

【金融和保险】2016年年末，运城市全部金融机构本外币各项存款余额1887.8亿元，比年初增长9.7%，其中人民币各项存款余额1882.5亿元，比年初增长9.6%。全部金融机构本外币各项贷款余额1013.0亿元，比年初增长5.3%,其中人民币各项贷款余额1009.3亿元,比年初增长5.8%。

年末全市共有保险公司41家，全年保费收入77.9亿元，比上年增长14.9%。其中，财产险保费收入19.2亿元，增长15.7%；人身险保费收入8.7亿元，增长36.5%；寿险保费收入50.0亿元，增长11.6%。全年支付各类赔款及给付24.4亿元，增长15.9%。

9

2016年忻州市经济发展概况

【经济总量】2016年，忻州市全年实现地区生产总值（GDP）716.1亿元，按可比价格计算，比上年增长4.7%。其中，第一产业增加值63.3亿元，增长5.1%，占生产总值的比重8.8%；第二产业增加值315.9亿元，增长2.8%，占生产总值的比重44.1%；第三产业增加值336.9亿元，增长6.4%，占生产总值的比重47.1%。

【农业】2016年，忻州市全年全市农作物种植面积466.6千公顷，比上年减少4.7千公顷。其中，粮食种植面积423.5千公顷，减少7.5千公顷；蔬菜种植面积11.2千公顷，增加3.4千公顷；油料种植面积24.1千公顷，减少0.2千公顷。在粮食种植面积中，玉米种植面积233.6千公顷，减少5.4千公顷。果园面积17.8千公顷，增加0.1千公顷。

【工业和建筑业】2016年年末，忻州市全市规模以上工业企业348家，比上年末减少4家。全年全市规模以上工业增加值增长2.6%。

全年全市建筑业实现增加值40.1亿元，增长4.4%。具有建筑业资质等级的总承包和专业承包建筑业企业实现利润2.4亿元，下降25.4%。

【固定资产投资】2016年，忻州市全年全社会固定资产投资1167.7亿元，增长4.3%。分产业看，第一产业投资209亿元，下降11.7%；第二产业投资471.1亿元，增长6.4%；第三产业投资487.6亿元，增长10.7%。

【科学技术】2016年，忻州市全年全市专利申请量539件，增长23.3%；其中发明专利申请量155件，增长28.1%。全市专利授权量319件，下降19.4%；其中发明专利授权量55件，下降25.7%。全年新登记科技成果4项。获得山西省科学技术奖2项。国家级企业技术中心1家，市级企业技术中心84家。按照国家高新技术企业认定办法，年末累计高新技术企业27家。

【国内贸易和对外经济】2016年，忻州市全年全市社会消费品零售总额338亿元，增长7.3%。按经营地统计，城镇消费品零售额236.5亿元，增长6.7%；乡村消费品零售额101.5亿元，增长8.9%。按消费形态统计，商品零售额293.3亿元，增长6.0%；餐饮收入额44.8亿元，增长17.3%。

全年全市海关进出口总额18245万美元，下降6.4%。其中，进口额185万美元，下降56.6%；出口额18060万美元，下降6.4%。

【交通、邮电和旅游】2016年年末，忻州市全市公路线路里程17442.7公里，其中高速公路821.8公里。

全年全市完成邮电业务总量43.5亿元。其中，邮政业务总量2.9亿元；电信业务总量40.6亿元。年末移动电话用户273.3万户，其中，3G移动电话用户122.4万户，4G移动电话用户144.6万户。全市宽带接入用户40万户。

全年全市商业住宿设施接待入境过夜游客54697人次，接待国内旅游者3410.9万人次，分别增长5.7%和18.0%；旅游外汇收入1827.9万美元，同比增长6.5%；国内旅游收入326.5亿元，同比增长15.4%；旅游总收入327.6亿元，增长15.1%。

【金融和保险】2016年年末，忻州市全市金融机构本外币各项存款余额1785.1亿元，比年初增加143.3亿元，比年初增长8.7%。各项贷款余额777.3亿元，比年初增加62.4亿元，增长8.7%。

全年全市保费收入39.5亿元，增长15.4%。其中，寿险业务保费收入27.2亿元，增长16.7%；健康险业务保费收入2.0亿元，增长77.1%；意外险业务保费收入0.5亿元，增长9.5%；财产险业务保费收入9.8亿元，增长5.4%。全年支付各类赔款及给付13.4亿元，增长14.2%。

10

2016年临汾市经济发展概况

【**经济总量**】2016年，临汾市全年实现地区生产总值（GDP）1205.2亿元，比上年增长3.4%。其中，第一产业增加值96.0亿元，增长3.9%，占生产总值的比重为8.0%；第二产业增加值561.1亿元，增长0.5%，占生产总值的比重为46.5%；第三产业增加值548.1亿元，增长6.6%，占生产总值的比重为45.5%。第三产业中，房地产业增加值59.0亿元，增长8.5%；批发和零售业增加值75.1亿元，增长1.9%；交通运输、仓储和邮政业增加值84.5亿元，增长2.8%。

【**农业**】2016年，临汾市全年全市农作物种植面积553.15千公顷，比上年减少6.22千公顷，下降1.1%。其中，粮食种植面积512.53千公顷，减少4.49千公顷；油料种植面积6.48千公顷，减少0.14千公顷；棉花种植面积0.20千公顷，减少0.06千公顷。在粮食种植面积中，玉米种植面积258.34千公顷，增加4.98千公顷；小麦种植面积209.84千公顷，减少9.65千公顷。

【**工业和建筑业**】2016年年末，临汾市全市规模以上工业企业355家。全年规模以上工业增加值同比下降0.4%。

全年全市建筑业实现增加值74.1亿元，比上年增长5.8%。具有建筑业资质等级的总承包和专业承包建筑业企业实现利润2.17亿元，增长1.9%。

【**固定资产投资**】2016年，临汾市全年全市固定资产投资完成1394.3亿元，下降0.5%。从三次产业看，第一产业投资完成129.0亿元，下降22.6%；第二产业投资完成502.4亿元，增长1.6%；第三产业投资完成762.8亿元，增长3.1%。在第二产业中，工业投资完成508.8亿元，增长3.0%。其中，煤炭工业投资49.4亿元，下降46.2%，非煤产业投资453.4亿元，增长14.0%。传统产业（煤炭、焦炭、冶金、电力）投资合计140.8亿元，下降15.6%，非传统产业（食品、建材、化工、装备制造等）投资合计368.0亿元，增长12.4%。

【**科学技术**】2016年，临汾市全年全市受理专利申请1329件，比上年增长10.29%。受理发明专利申请627件，比上年增长10%。

【**国内贸易和对外经济**】2016年，临汾市全年全市社会消费品零售总额609.4亿元，增长6.5%。按经营地统计，城镇消费品零售额485.1亿元，增长6.5%；乡村消费品零售额124.3亿元，增长6.8%。按消费形态统计，商品零售额560.7亿元，增长6.1%；餐饮收入额48.7亿元，增长12.0%。

全年全市海关进出口总额123956万元，下降33.11%。其中，进口额36509万元，下降55.60%；出口额87446万元，下降15.18%。

【**交通、邮电和旅游**】2016年年末，临汾市全市公路线路里程18540.6公里，其中高速公路518公里，比上年末增长8.95%。

全年全市完成邮电业务总量79.86亿元，增长60.1%。其中，邮政业务总量2.92亿元，增长15.8%；电信业务总量76.95亿元，增长62.5%。年末全市固定电话20.8万部，减少13.2万部，下降38.9%；新增移动电话用户15.1万户，年末达到411.2万户，其中，3G、4G移动电话用户达到253.35万户。移动电话普及率92.5部/百人。全市宽带接入用户79.63万户，增长22.4%。

全年全市接待海外旅游者3.8万人次，接待国内旅游者4024.09万人次，分别增长5.67%和26.70%；旅游外汇收入1588.33万美元，国内旅游收入374.14亿元，旅游总收入375.00亿元，分别增长5.69%、27.25%和27.14%。

【金融和保险】2016年年末，临汾市全市金融机构本外币各项存款余额2139.01亿元，比年初增加172.56亿元，比年初增长8.78%。各项贷款余额1184.16亿元，比年初增加104.85亿元，增长9.71%。

全年全市保费收入66.21亿元，增长19.82%。其中，寿险业务保费收入50.97亿元，增长21.47%；健康险业务保费收入6.68亿元；意外险业务保费收入0.99亿元；财产险业务保费收入15.24亿元，增长14.59%。全年支付各类赔款及给付28.45亿元，增长21.01%。

11

2016年吕梁市经济发展概况

【经济总量】2016年，吕梁市全年实现地区生产总值（GDP）995.3亿元，按可比价计算，增长4.1%。其中，第一产业增加值53.7亿元，增长4.7%，占地区生产总值的比重5.4%；第二产业增加值555.3亿元，增长2.5%，占地区生产总值的比重55.8%；第三产业增加值386.3亿元，增长6.4%，占地区生产总值的比重38.8%。

【农业】2016年，吕梁市全年全市粮食播种面积351.4千公顷，比上年减少3.3千公顷；油料播种面积20.4千公顷，比上年减少3.5千公顷；棉花播种面积0.06千公顷，比上年减少0.02千公顷。在粮食播种面积中，玉米播种面积177.3千公顷，比上年减少2.2千公顷；小麦播种面积1.7千公顷，比上年减少0.44千公顷。

【工业和建筑业】2016年年末，吕梁市全市规模以上工业企业448户，比上年末减少23户。全年规模以上工业增加值增长2.6%。

全年全市建筑业实现增加值11.2亿元，增长2.8%。具有建筑业资质等级的总承包和专业承包建筑业企业实现利润22亿元，下降18.8%。

【固定资产投资】2016年，吕梁市全年全市固定资产投资（不含跨市、农户）1118.5亿元，下降4.1%。分产业看，第一产业投资79.6亿元，增长1.3倍；第二产业投资610.3亿元，增长6.6%；第三产业投资428.5亿元，下降23.4%。

【科学技术】2016年，吕梁市按照国家高新技术企业认定办法，年末全市高新技术企业23家。全市4个经济开发区（包括高新区）入区企业206家，其中500强投资企业4家。区内税收收入20.5亿元，下降12%；企业主营业务收入371.9亿元，增长10%。

【国内贸易和对外经济】2016年，吕梁市全年全市社会消费品零售总额433.7亿元，增长6.8%。按经营地统计，城镇消费品零售额331.1亿元，增长8.8%；乡村消费品零售额102.6亿元，增长1.1%。按消费形态统计，商品零售额372.9亿元，增长4.6%；餐饮收入额60.8亿元，增长23%。

全年全市海关进出口总额2.9亿美元，下降27.5%。其中，进口额1.3亿美元，下降45.8%；出口额1.6亿美元，增长0.2%。

【交通、邮电和旅游】2016年年末，吕梁市全市公路线路里程17381.7公里，其中高速公路534.4公里。

全年全市邮政企业和快递服务企业业务收入（不包括邮政储蓄银行直接营业收入）3.6亿元，增长12%；业务总量3.7亿元，增长36.9%。年末全市固定电话23.8万户，下降25.6%；移动电话用户286.1万户，下降0.6%；宽带接入用户57.8万户，增长19.9%。

全年全市商业住宿设施接待入境过夜游客5517万人次，接待国内旅游者3443.8万人次，分别增长4.3%和28.6%；旅游外汇收入214万美元，增长5.1%；国内旅游收入292.8亿元，增长29%；旅游总收入292.9亿元，增长29%。

【金融和保险】2016年年末，吕梁市全市金融机构本外币各项存款余额1811.1亿元，比年初增加194.7亿元，增长12%。各项贷款余额950.9亿元，比年初增加58.7亿元，增长6.6%。

全年全市保费收入49亿元，增长21%。其中，财产险保费收入10.7亿元，增长5.9%；寿险保费收入31.5亿元，增长18.4%；意外险保费收入6884.5万元，增长23.8%；健康险保费收入6.1亿元，增长90.6%。

内蒙古自治区

| 呼和浩特市 | 包头市 | 乌海市 | 赤峰市 | 通辽市 | 鄂尔多斯市 | 呼伦贝尔市 |
| 巴彦淖尔市 | 乌兰察布市 |

1

2016年呼和浩特市经济发展概况

【经济总量】2016年，呼和浩特市全年实现地区生产总值（GDP）3173.6亿元，按可比价格计算，比上年增长7.7%，较全区平均水平高0.5个百分点。分季度看，一季度增长7.7%、上半年增长7.7%、前三季度增长7.8%、全年增长7.7%，增长平稳。分产业看，第一产业增加值113.5亿元，增长3.0%；第二产业增加值884.4亿元，增长8.7%；第三产业增加值2175.7亿元，增长7.7%。三次产业的比例为3.6∶27.8∶68.6。

【农业】2016年，呼和浩特市全市农作物播种面积459.6千公顷，比上年下降0.4%。农作物中，粮食作物播种面积312.1千公顷，比上年下降4.8%，产量130.8万吨，比上年增长0.4%；玉米播种面积172.9千公顷，比上年下降1.3%，产量94.5万吨，比上年下降8.2%；马铃薯播种面积54.8千公顷，比上年下降12.7%，产量20.2万吨，比上年增长42.3%；油料播种面积68.2千公顷，比上年增长5.4%，产量13.3万吨，比上年增长38.5%。

【工业和建筑业】2016年，呼和浩特市全市规模以上工业增加值比上年增长9.1%，其中，国有企业增加值增长1.0倍；股份合作企业增加值下降0.2%；股份制企业增加值增长6.2%；外商及港澳台商投资企业增加值增长7.2%。在规模以上工业企业中，轻工业企业增加值增长8.4%；重工业企业增加值增长9.4%。

【固定资产投资】2016年，呼和浩特市全市城乡500万元以上项目完成固定资产投资1849.2亿元，比上年增长14.2%。从三次产业投资看，第一产业投资56.3亿元，下降25.8%；第二产业投资358.4亿元，增长10.1%，其中，工业投资357.4亿元，增长10.2%；第三产业投资1434.5亿元，增长17.9%。

【科学技术】2016年，呼和浩特市全市财政科学技术支出42768万元，比上年增长80.3%，争取国家及自治区支持资金7150万元，项目67项。年内专利申请量3203件，授权专利1814件。安排重大科技专项经费4400万元。

【国内贸易和对外经济】2016年，呼和浩特市全市社会消费品零售总额1481.5亿元，比上年增长9.5%。按消费形态分，商品零售额1267.6亿元，增长9.2%；餐饮收入213.9亿元，增长10.8%。

全市海关进出口总额13.1亿美元，比上年下降36.7%。其中，进口总额6.3亿美元，下降23.8%；出口总额6.8亿美元，下降45.2%。

【交通、邮电和旅游】2016年，呼和浩特市全市公路货运量16886.7万吨，比上年增长9.4%，公路货运周转量325.83亿吨公里，增长8.3%；公路客运量465.6万人，比上年下降15.4%，公路客运周转量12.9亿人公里，下降14.0%。

2016年，全市完成邮电业务总量83.2亿元，比上年增长27.7%。其中，邮政业务总量10.1亿元，增长

16.5%；电信业务总量73.2亿元，增长29.4%。年末本地网固定电话用户63.8万户；年末移动电话319.8万户。

【金融和保险】2016年年末，呼和浩特市全市金融机构人民币存款余额6178.8亿元，比年初增长15.2%。其中，住户存款余额1866.0亿元，增长10.8%；非金融企业存款余额2535.8亿元，增长20.3%。年末金融机构人民币贷款余额7051.8亿元，比年初增长16.1%。其中，住户贷款余额997.4亿元，增长6.3%；非金融企业及机关团体贷款余额6054.4亿元，增长17.9%。住户贷款中,短期贷款余额324.0亿元，下降0.1%；中长期贷款余额673.4亿元，增长9.7%。

全市保险业实现保费收入98.6亿元，比上年增长20.2%。其中，财产险保费收入33.6亿元，增长19.7%；人身险保费收入65.0亿元，增长20.5%。全市保险业累计赔付支出26.4亿元，比上年增长7.4%。其中，财产险保险赔付支出15.0亿元，下降1.3%；人身险保险赔付支出11.4亿元,增长21.7%。

2

2016年包头市经济发展概况

【经济总量】2016年，包头市全年实现地区生产总值（GDP）3867.6亿元，比上年增长7.6%。其中，第一产业增加值95.0亿元，增长3.6%；第二产业增加值1822.2亿元，增长8.1%；第三产业增加值1950.4亿元，增长7.5%。三次产业增加值占全市生产总值的比重分别为2.5%、47.1%和50.4%，第三产业比重较上年提高1.5个百分点。全市人均生产总值达136021元，比上年增长6.5%，按年平均汇率折算为20478美元。

【农业】2016年，包头市全年农作物播种面积33.1万公顷，比上年增加1.0万公顷，增长3.1%。其中，粮食作物播种面积21.2万公顷，下降5.0%。全年粮食总产量106.4万吨，比上年增长0.7%。其中，小麦产量10.1万吨，增长58.3%；玉米产量80.8万吨，下降9.1%；马铃薯产量10.1万吨，增长9.0%。全年油料产量10.7万吨，增长78.4%；蔬菜产量100.2万吨，下降0.2%。

【工业和建筑业】2016年，包头市全年全部工业增加值1586.8亿元，比上年增长8.3%，其中规模以上工业增加值增长8.9%。在规模以上工业中，轻工业增加值增长9.5%，重工业增长8.8%；钢铁、铝业、装备制造、稀土、电力五大产业增加值比上年增长8.6%，拉动规模以上工业增长4.7个百分点；高技术产业增加值增长8.0%；工业战略性新兴产业增加值增长11.5%，高于规模以上工业增速2.6个百分点；非公有制经济增加值增长14.2%，拉动全市规模以上工业增长10.8个百分点。

全年建筑业增加值236.0亿元，比上年增长7.1%。在本市注册的具有资质等级的建筑企业共114户；完成总产值201.5亿元，比上年增长9.0%。

【固定资产投资】2016年，包头市全年500万元以上项目完成固定资产投资2955.8亿元，比上年增长14.4%。其中，民间投资1743.3亿元，增长2.3%，占全市投资的比重达59.0%；高技术产业完成投资53.3亿元，增长26.8%；基础设施建设投资853.4亿元，增长35.4%，占全市投资的比重为28.9%，对全市投资增长的贡献率达59.8%，拉动全市投资增长8.6个百分点。

【科学技术】2016年，包头市全年申请专利2617件，比上年增长11.8%;专利授权量1465件；签订各类技术合同67份，技术合同成交金额1.8亿元，其中技术交易额1.6亿元。年末全市拥有国家重点实验室2家，国家级企业技术（工程）中心6家，国家地方联合工程研究中心3家。国家高新技术企业达115家，其中年内新增25家；市级以上创新型（试点）企业达到124家，其中国家级创新型（试点）企业2家。年末全市拥有国家级孵化器3家；累计建成自治区级重点实验室26家，其中年内新晋升9家；累计建成自治区级工程技术中心36家，其中年内新增6家。累计建成10家众创空间，其中8家列入国家众创空间试点。此外，还获批国家第二批促进科技和金融结合试点城市。

【国内贸易和对外经济】2016年，包头市全年社会消费品零售总额1400.2亿元，比上年增长9.7%。按经营地统计，城镇消费品零售额1364.7亿元，增长9.6%；乡村消费品零售额35.6亿元，增长12.0%。

全年外贸进出口总额17.2亿美元，比上年增长10.9%。其中，出口总额12.3亿美元，增长38.7%；进口总额4.9亿美元，下降26.1%。全年利用外资额10.1亿美元，比上年增长22.6%。

【交通、邮电和旅游】2016年，包头市全年公路货运量29803.3万吨，增长9.3%；公路客运量656.8万人，增长13.0%。民航客运吞吐量186.8万人次,按可比口径计算，比上年增长4.6%；民航货邮总量9409.5吨，按可比口径计算与上年持平。

全年邮电业务总量51.6亿元，比上年增长34.6%。其中，邮政业务总量1.4亿元，增长25.1%；电信业务总量50.2亿元，增长34.9%。年末固定电话用户29.4万户，下降19.8%。移动电话用户346.2万户，增长11.7%。

全年实施重点旅游建设项目24个，完成投资32.0亿元；实现旅游总收入403.4亿元，比上年增长24.1%。国内旅游人数达1209.3万人次，增长16.7%；国内旅游收入398.4亿元，增长23.6%。

【金融和保险】2016年年末，包头市全市金融机构人民币各项存款余额3236.0亿元，比上年末增长19.4%。其中，住户存款1371.3亿元，增长4.8%；非金融企业存款915.0亿元，增长7.1%。年末金融机构人民币各项贷款余额2403.1亿元，增长9.6%。其中，住户贷款776.7亿元，增长19.3%；非金融企业及机关团体贷款1624.4亿元，增长6.0%。

截至2016年底，全市共有保险公司37家，其中人身险公司16家，财产险公司21家。全年保险业务收入65.1亿元，比上年增长28.7%。其中，财产险收入19.1亿元，增长6.5%；人寿险收入46.0亿元，增长40.9%。保险赔款及给付支出14.1亿元，比上年下降2.5%。其中，财产险赔款及给付8.4亿元，下降2.0%；人寿险赔款及给付5.6亿元，下降3.1%。

3

2016年乌海市经济发展概况

【经济总量】2016年，乌海市全年实现地区生产总值（GDP）572.23亿元，按可比价格计算，比上年增长6.8%，其中，第一产业增加值4.88亿元，增长3.7%；第二产业增加值323.76亿元，增长4.5%；第三产业增加值243.58亿元，增长9.9%。按常住人口计算，我市人均GDP达到102725元，比上年增长6.4%。三次产业结构由上年的0.8：60.3：38.9调整为0.9：56.6：42.5。

【农业】2016年，乌海市全年经济作物总播面积2578.76公顷，比上年增长6.7%。粮食作物播种面积4570公顷，比上年下降1.6%。粮食总产量4.16万吨，比上年增长1.5%。

【工业和建筑业】2016年，乌海市全市完成工业增加值280.86亿元，按可比价计算，比上年增长5.0%。149户规模以上工业企业增加值增长4.5%。其中，国有企业增长14.3%，股份制企业增长4.8%。产品销售率为99.8%，比上年提高4.7个百分点。

全市资质以上建筑施工企业52家，与上年增加2家，实现建筑业增加值42.9亿元，比上年增长1.5%。

【固定资产投资】2016年，乌海市全市完成固定资产投资165.12亿元，比上年增长5.2%。其中，第一产业投资完成1.23亿元，比上年下降3.7%；第二产业投资完成60.42亿元，比上年下降10.0%；第三产业投资完成103.47亿元，比上年增长19.6%。

【科学技术】2016年，乌海市全市取得自治区科技成果19项。年末全市共有公共图书馆4个，总藏书73.5万册，电子图书27.2万册，市属专业艺术表演团体1个，举办演出120场。拥有书画院2个，共有书、画作品350幅。全市拥有文物站、博物馆4个，文物藏品3478套18391件。拥有文化部门艺术表演场所1个，全年开展"百团千场"大中小型演出活动420场。

【国内贸易和对外经济】2016年，乌海市全市实现社会消费品零售总额151.93亿元，比上年增长9.3%。全市商品销售总额202.8亿元，比上年增长10.1%。其中，批发业完成销售总额102.01亿元，比上年增长7.3%，零售业完成销售总额100.79亿元，比上年增长13.2%。住宿业营业额7.8亿元，增长8.2%；餐饮业营业额17.26亿元，增长9.4%。

2016年全市进出口总额达0.89亿美元，比上年增长95.8%；其中出口额0.89亿美元，比上年增长97.1%；进口额0.01亿美元，比上年下降6.1%。

【交通、邮电和旅游】2016年，乌海市全年各种运输方式完成货物运输总量7248.8万吨，比上年下降10.1%，其中，铁路货物运输1368.7万吨，下降17.4%；公路货运量5880万吨，下降8.3%；民航货邮吞吐量完成0.1万吨，下降28.7%。

邮政函件业务累计完成10.69万件，同比增长8.9%;包裹业务累计完成0.17万件，同比下降77.3%;报纸业务累计完成842.17万份,同比下降2.2%;杂志业务累计完成36.85万份,同比下降5.8%;汇兑业务累计完成2.49万笔,同比下降53.6%。

全市快递服务企业业务量累计完成158.29万件,同比增长53.8%；快递业务收入累计完成3676.75万元,同比增长32.0%。其中,同城业务收入累计完成329.54万元,同比增长514.7%;异地业务收入累计完成2144.91万元,同比增长13.5%;国际及港澳台业务收入累计完成100.67万元,同比增长583.9%；其他业务收入累计完成1101.63万元,同比增长33.4%。

全年旅游总收入40.56亿元，比上年同期增长23.1%，旅游接待人数209.64万人次，增长13.4%。

【金融和保险】2016年，乌海市全市金融业实现增加值35.4亿元，比上年增长14.9%。年末全市金融机构人民币存款余额702.79亿元，比年初增加28.76亿元。其中，住户存款余额349.31亿元，比年初增加22.97亿元；金融机构人民币各项贷款余额533.89亿元，比年初减少19.92亿元。其中，住户贷款余额97.72亿元，比年初减少0.2亿元；非金融企业及机关团体贷款余额436.17亿元，比年初减少20.12亿元。

年末全市共有各类保险行业机构65家，较上年减少2家。全年财寿险保费收入16.72亿元,比上年增长21.2%。其中，财产险保费收入3.97亿元，比上年下降16.7%；寿险保费收入12.75亿元，增长41.2%；全年各类保险赔款给付支出3.67亿元，赔付率为22.0%；其中，财产险赔付1.87亿元，赔付率为47.1%；寿险赔付1.8亿元，赔付率为14.2%。

4

2016年赤峰市经济发展概况

【经济总量】2016年，赤峰市全年实现地区生产总值（GDP）1933.28亿元,按可比价格计算，比上年增长7.3%。其中，第一产业增加值292.41亿元，增长3.7%；第二产业增加值908.57亿元，增长7.1%；第三产业增加值732.30亿元，增长8.9%。按常住人口计算，人均生产总值达到44936元，增长7.3%，按年均汇率计算折合为6765美元。从产业结构看，三次产业比例由上年的14.9：47.4：37.7调整为15.1：47.0：37.9，对经济增长的贡献率分别为7.7%、48.0%和44.3%，分别拉动经济增长0.6、3.4和3.3个百分点。

【农业】2016年，赤峰市全市粮食作物播种面积达到93.38万公顷，比上年增长1.3%。粮食总产量503.24万吨，比上年下降2.5%。其中，玉米产量381万吨，下降8.8%；谷子产量46.3万吨，增长21.6%；小麦产量12.66万吨，增长6.6%；大豆产量1.64万吨，增长115.4%；马铃薯产量80万吨，增长26.6%。

【工业和建筑业】2016年，赤峰市全年全部工业完成增加值761.36亿元，比上年增长7.0%。其中，规模以上工业（年主营业务收入2000万元及以上的法人工业企业）增加值增长7.0%。在规模以上工业企业中，国有企业增加值增长1.2%，集体企业增加值下降1.2%，股份制企业增加值增长7.9%，外商及港澳台投资企业增加值增长4.1%，其他企业增加值下降27.6%。在规模以上工业企业中，轻工业增加值增长3.7%，重工业增加值增长7.7%。在规模以上工业企业中，冶金、能源、食品、医药、建材、纺织、化工和机械等八个重点行业增加值增长7.0%，对规模以上工业的贡献率达94.9%，拉动规模以上工业增长6.6个百分点。

全年建筑业完成增加值147.21亿元，比上年增长8.7%。全市具有建筑业资质等级的建筑施工企业147个；施工企业房屋建筑面积1042.3万平方米，与上年持平；竣工房屋面积423.4万平方米，下降43.1%；房屋建筑竣工率40.6%。

【固定资产投资】2016年，赤峰市全年500万元以上项目固定资产投资完成1469.28亿元，比上年增长15.5%。从投资主体看，国有经济单位投资543.67亿元，增长46.6%；集体经济单位投资103.44亿元，增长187.6%；有限责任公司投资288.6亿元，下降23.4%；其他经济类型单位投资533.57亿元，增长9.2%。从三次产业投资看，第一产业投资242.30亿元，增长17.7%；第二产业投资505.93亿元，下降15.6%。其中,工业投资502.97亿元，下降14.8%；第三产业投资721.05亿元，增长54.4%。从项目隶属关系看，地方项目完成投资1384.78亿元，增长11.1%；中央项目完成投资84.5亿元，增长230.4%。

【科学技术】2016年，赤峰市全年鉴定科技成果23项。年内签订技术合同105项，合同成交额9574.25万元。

【国内贸易和对外经济】2016年，赤峰市全年社会消费品零售总额700.25亿元，比上年增长9.9%。分城乡看，城镇消费品零售总额575.98亿元，增长10.1%；乡村消费品零售总额124.27亿元，增长9.1%。全年商品销售（营业）额1604.26亿元，增长13.4%。分行业看，批发业销售额797.79亿元，增长12.6%；零售业销售额688.67亿元，增长14.0%；住宿业营业额23.40亿元，增长14.8%；餐饮业营业额94.40亿元，增长15.7%。

全年对外贸易企业实现进出口总额8.56亿美元，比上年增长11.3%。其中，进口6.45亿美元，增长9.8%；出口2.11亿美元，增长16.1%。在进出口总额中，“三资”企业完成0.49亿美元，比上年增长11.4%。全年实际利用外商投资1.12亿美元，比上年增长31.0%。

【交通、邮电和旅游】2016年，赤峰市全市公路里程达到2.68万公里，增长8.1%，,等级公路率达到99.4%。全年公路货运量1.35亿吨，增长9.3%；货运周转量276.91亿吨公里，增长8.2%。公路客运量2790.6万人，下降12.4%；客运周转量30.04亿人公里，增长0.6%。

全年邮电业务总量55.0亿元，比上年增长54.3%。其中，电信业务总量52.74亿元，增长55.8%；邮政业务总量2.28亿元，增长26.5%。全市固定电话用户29.8万户，下降14.4%。其中，住宅电话17.81万户，下降20.4%。移动电话用户397.75万户，增长7.6%。计算机互联网用户5.05万户，增长11.7%。

全年接待游客1453万人次，比上年增长15.7%。旅游创收228亿元，增长19.6%。

【金融和保险】2016年年末，赤峰市全市金融机构人民币各项存款余额1842.57亿元，比年初增加347.80亿元，同比增长23.3%。其中，城乡居民储蓄存款余额1023.63亿元,比年初增加55.75亿元，同比增长5.8%。年末全市金融机构人民币各项贷款余额1381.50亿元,比年初增加218.36亿元，同比增长18.8%。其中，中长期贷款余额782.20亿元，比年初增加179.6亿元，增长29.8%；短期贷款余额579.95亿元，比年初增加31.3亿元，增长5.7%；个人消费贷款余额259.89亿元，比年初增加59.8亿元，增长29.9%。

全年保险业实现保费收入63.04亿元，增长27.1%；赔款和给付支出19.10亿元，增长25.8%。其中,财产险保费收入23.18亿元，增长19.3%；赔款支出11.88亿元，增长26.9%；人身险保费收入39.86亿元，增长32.2%；赔款与给付支出7.22亿元，增长24.1%。

5

2016年通辽市经济发展概况

【经济总量】2016年，通辽市全年实现地区生产总值（GDP）1949.38亿元，按可比价格计算，比上年增长7.4%。其中，第一产业增加值完成262.64亿元，增长3.6%；第二产业增加值完成977.68亿元，增长8.4%；第三产业增加值完成709.06亿元，增长7.7%。三次产业结构由2015年的14.4：50.5：35.1调整为13.4：50.2：36.4，与上年相比，第三产业所占比重提高了1.3个百分点，第一产业所占比重降低了1.0个百分点，第二产业所占比重降低了0.3个百分点。按常住人口计算人均地区生产总值62424元，按2016年平均汇率计算为9398美元,增长7.4%。

【农业】2016年，通辽市全市耕地面积138.07万公顷。粮食作物播种面积96.50万公顷，比上年增加1.33万公顷，增长1.4%，其中，谷物播种面积90.91万公顷，比上年减少0.29万公顷，下降0.3%。

【工业和建筑业】2016年，通辽市全年全部工业增加值889.95亿元，比上年增长8.6%。其中：规模以上工业企业增加值增长9.3%。

全年建筑业增加值100.40亿元，比上年增长6.2%。全市有工作量的资质等级建筑施工企业60个，实现建筑业总产值51.81亿元,比上年下降3.9%。签订的合同额为78.68亿元，同比下降11.8%。

【固定资产投资】2016年，通辽市全年全社会固定资产投资完成1566.70亿元，比上年增长15.0%。其中，城乡500万元以上固定资产投资总额完成1475.51亿元，同比增长14.5%。分产业看：第一产业投资139.34亿元，同比增长19.5%；第二产业投资690.95亿元，同比增长10.1%，其中：工业投资688.01亿元，同比增长11.3%；第三产业投资645.22亿元，同比增长18.6%。三次产业投资比重为9.4：46.8：43.8。分行业看：制造业完成投资492.78亿元，增长1.9%；电力、热力、燃气及水的生产和供应业完成投资181.35亿元，增长43.9%；批发和零售业完成投资37.30亿元，下降22.0%；交通运输、仓储和邮政业完成投资133.18亿元，下降17.8%；水利、环境和公共设施管理业完成投资289.56亿元，增长65.4%。

【国内贸易和对外经济】2016年，通辽市全年实现社会消费品零售总额515.34亿元，增长9.8%。按城乡划分看：城镇实现消费品零售额358.36亿元，增长9.4%；乡村实现消费品零售额156.98亿元，增长10.7%。乡村消费品零售额增长高出城镇1.3个百分点。按行业划分看：全市批发和零售业实现消费品零售额430.82亿元，增长9.6%，其中：零售业实现消费品零售额369.77亿元，增长10.0%，占全社会消费品零售总额的71.8%；住宿餐饮业实现消费品零售额84.52亿元，增长10.9%，其中：餐饮业实现消费品零售额79.92亿元，增长10.9%，占全社会消费品零售总额的15.5%。

全年全市外贸进出口总额41300万美元，同比下降5.2%。其中：出口29500万美元，同比下降14.2%；进口11800万美元，同比增长29.9%。全市民营企业累计进出口36945万美元，同比下降8.1%，占全市进出口总额的89.5%。其中：出口29279万美元，同比下降13.7%；进口7666万美元，同比增长22.7%。国有企业累计进出口100万美元，同比下降66.6%，占全市进出口总额的0.24%，其中均为出口累计，无进口。外商投资企业累计进出口4234万美元，同比增长40.6%，占全市进出口总额的10.3%。其中：出口121万美元，同比下降23.9%；进口4134万美元，同比增长44.9%。

【交通、邮电和旅游】2016年，通辽市全年交通运输业增加值100.52亿元，比上年增长2.1%。全市公路里程21004公里，其中，高速公路430公里。全年公路货运量9291.6万吨，同比增长9.3%；公路货运周转量179.13亿吨公里，同比增长8.2%；全年公路客运量1627.6万人，同比增长2.8%；公路旅客周转量22.27亿人公里，同比增长7.9%。2016年铁路货物发送量4740.5万吨，同比下降3.0%；铁路旅客发送量660.4万人，同比增长2.2%。全年民航客运量71.05万人,同比下降18.3%；客运周转量9.68亿人公里,同比下降16.6%；全年民航货运量0.15万吨,同比下降56.7%；货物运输周转量127.9万吨公里,同比下降74.1%。

全年全市邮政行业业务收入（不包括邮政储蓄银行直接营业收入）累计完成2.64亿元，同比增长30.1%；业务总量累计完成1.81亿元，同比增长33.1%。全市快递服务企业业务量累计完成570.48万件，同比增长67.5%；业务收入累计完成1.18亿元，同比增长61.4%；邮政函件业务累计完成22.61万件，同比下降29.1%；包裹业务累计完成2.01万件，同比下降52.8%；报纸业务累计完成3540.89万份，同比下降5.8%；杂志业务累计完成73.44万份，同比增长2.9%；汇兑业务累计完成12.61万笔，同比下降41.2%。城镇固定电话拥有量20.57部/百户;农村7.77部/百户。城镇移动电话拥有量258.53部/百户;农村241.89部/百户。每百户城镇和农村居民家用计算机数分别为84.44台和48.89台。

全年旅游总收入135.15亿元，同比增长22.9%。接待国内外旅游者540.80万人次，同比增长20.2%，其中：接待入境旅游者2.6万人次。国际旅游外汇收入1916万美元，国内旅游收入130.10亿元。我市已有A级景区23家，3A级景区达到11家，4A级景区4家；有星级饭店27家。

【金融和保险】2016年年末，通辽市全市金融机构本外币各项存款余额为988.00亿元，同比增长21.1%；全市金融机构人民币各项存款余额为985.87亿元，同比增长21.1%。本外币各项贷款余额为992.26亿元，同比增长7.0%；全市金融机构人民币各项贷款余额为991.71亿元，同比增长7.4%。

全市共有保险机构30家，其中：财险公司16家，寿险公司14家。2016年，全市保险机构保费收入达到39.15亿元，同比增加4.76亿元，增长13.9%，赔款和给付总额13.83亿元，同比增加4.69亿元，增长51.3%；其中：财险保费收入18.17亿元，同比增加1.72元，增长10.5%，赔款和给付8.07亿元，同比增加0.1亿元，增长1.3%；寿险保费收入20.97亿元，同比增加3.04亿元，增长17.0%，赔款和给付5.76亿元，同比增加4.59亿元，增长392.3%。

6

2016年鄂尔多斯市经济发展概况

【经济总量】2016年，鄂尔多斯市全年实现地区生产总值（GDP）4417.9亿元，扣除价格因素，比去年增长7.3%。分产业看，第一产业完成增加值107.6亿元，增长3.2%，对经济增长的贡献率为1.0%，拉动GDP增长0.1个百分点。第二产业完成增加值2461.4亿元，增长7.5%，对经济增长的贡献率为57.7%，拉动

GDP增长4.2个百分点。第三产业完成增加值1848.9亿元，增长7.5%，对经济增长的贡献率为41.3%，拉动GDP增长3.0个百分点。三次产业增加值比例调整为2.4：55.7：41.9。

【农业】2016年，鄂尔多斯市全年现价农林牧渔及服务业总产值182.9亿元，按可比价格计算比上年增长3.1%。其中，农业产值102.4亿元；林业产值7.3亿元；牧业产值67.0亿元；渔业产值2.5亿元；农林牧渔服务业产值3.6亿元。

【工业和建筑业】2016年，鄂尔多斯市全市工业完成增加值2180.0亿元，增长7.9%。规模以上工业企业383家，较去年增加8家。总产值达到4930.3亿元，同比增长9.3%；销售产值4808.6亿元，增长9.3%；工业产品产销率97.50%。

年末全市具有资质等级的建筑施工企业219个，全年总承包和专业承包建筑业总产值170.9亿元，同比增长10.9%，竣工产值92.8亿元，下降17.5%。建筑业企业房屋建筑施工面积253.0万平方米，增长13.4%；竣工面积131.4万平方米，增长8.7%。

【固定资产投资】2016年，鄂尔多斯市全市500万元以上固定资产投资完成3050.1亿元，同比增长12.0%。全年新增固定资产1791.9亿元，固定资产交付使用率58.8%，共有3056个项目建成投产，项目建成投产率65.2%。全市亿元以上开工项目265个，比上年下降19.9%，完成投资1293.1亿元，比上年下降34.4%。

【科学技术】2016年，鄂尔多斯市全市共取得各类科技成果40项，全年提交专利申请1529件，同比增长85.0%。其中，授权专利913件，同比增长66.0%。技术合同认定登记22项，成交金额4626万元，分别同比增长46.7%和136.7%。年内新认定国家级高新技术企业13家，自治区级企业研究开发中心4家，自治区级工程技术研究中心1家，自治区院士专家工作站2家。

【国内贸易和对外经济】2016年，鄂尔多斯市全市实现社会消费品零售总额726.8亿元，同比增长10.1%。其中，城镇实现消费品零售额607.7亿元，同比增长10.1%；乡村实现消费品零售额119.2亿元，同比增长10%。

全市完成进出口总额（不含煤炭）84.1亿元，同比增长90.9%。其中进口总额55.1亿元，同比增长5.9倍；出口总额29.0亿元，同比下降19.5%。

【交通、邮电和旅游】2016年，鄂尔多斯机场全年共营运航线39条，通航城市39个。铁路通车里程达2001公里；全市公路总里程22840公里，其中高速公路里程1136公里，公路网密度为26.3公里/百平方公里。全年各种运输方式完成货运量47215.6万吨，比上年增长3.5%。其中，铁路完成货运量29788.5万吨，增长11.6%；公路货运量17425.8万吨，增长9.3%；民航货运量1.3万吨，增长21.6%。全年各种运输方式完成客运量936.6万人，比上年下降1.1%。其中，铁路完成客运量119.2万人，增长23.2%；公路客运量646.7万人，下降7.3%；民航客运量170.7万人，增长12.1%。全市机动车拥有量54.3万辆，同比减少1.0%，其中新注册3.8万户。

全年实现邮电业务收入20.8亿元，同比增长3.1%。其中，邮政业务收入2.5亿元，增长32.9%；电信业务收入18.2亿元，增长0.2%。年末固定电话用10.8万户，手机电话用户208.8万户，其中，3G移动电话用户34.2万户,下降2.6%；4G移动电话用户111.9万户，增长52.2%；宽带用户达到25.7万户，增长5.7%。

全市A级旅游景区和全国工农业旅游示范点50个，其中，国家5A级旅游景区2个，4A级旅游景区27个，3A级旅游景区11个。全市旅行社106家，其中具有出境经营权的旅行社14家。全市共接待旅游者1040.6万人次，同比增长19.9%。实现旅游收入313.9亿元，同比增长22.7%。

【金融和保险】2016年年末，鄂尔多斯市金融机构各项存款余额（人民币）3118.2亿元，同比增长15.5%。其中，非金融企业存款余额770.7亿元，同比增长7.6%；住户存款余额1574.8亿元，同比增长

11.2%。年末金融机构各项贷款余额2909.8亿元，同比增长7.7%。其中，非金融企业及机关团体贷款2504.2亿元，同比增长11.0%；住户贷款405.6亿元，同比下降8.9%。

全市保险公司中心支公司33家，中支以下各级保险机构243家。保险业实现保费收入49.1亿元，同比增长15.7%。其中，财产险收入16.2亿元，同比增长1.5%；寿险收入27.5亿元，同比增长21.4%；健康险收入4.6亿元，同比增长44.1%；意外伤害险收入0.8亿元，同比增长27.0%。各项赔付支出12.8亿元，同比增长16.0%。其中财产险赔付支出8.0亿元，同比增长8.6%；寿险赔付支出3.2亿元，同比增长33.0%；健康险赔付支出1.4亿元，同比增长27.3%；意外伤害险赔付支出0.2亿元，同比增长21.0%。

7

2016年呼伦贝尔市经济发展概况

【经济总量】2016年，呼伦贝尔市全年实现地区生产总值（GDP）实现1620.86亿元，按可比价计算增长7.0%，人均地区生产总值（GDP）64140元，可比价增长7.0%。其中，第一产业增加值248.43亿元，增长3.5%；第二产业增加值724.02亿元，增长5.7%；第三产业加值648.40亿元，增长9.9%。三次产业结构比例由上年的16.5：44.6：38.9调整为15.3：44.7：40.0。

【农业】2016年，呼伦贝尔市全市粮食作物播种面积2083.37万亩，增长2.0%。全年粮食总产量120.74亿斤，比上年减产3.5亿斤，下降2.8%。在粮食作物中，小麦产量21.46亿斤，下降3.5%；玉米产量68.1亿斤，下降8.0%；大豆产量18.9亿斤，增长9.5%；马铃薯产量（折粮）5.06亿斤，11.9%。粮食平均亩产289.77公斤，下降4.7%。

【工业和建筑业】2016年，呼伦贝尔市全部工业增加值616.70亿元，增长8.3%，其中规模以上工业增加值增长5.5%。在规模以上工业行业中，农副食品加工业增长16.9%；有色金属矿采选业增长16.8%；非金属矿物制品业增长6.6%；饮料制造业增长3.8%；化学原料及化学制品制造业增长1.7%；医药制造业下降26.6%；煤炭开采和洗选业增加值下降16.2%；石油和天然气开采业下降7.5%；电力、热力的生产和供应业下降2.7%；木材加工业下降0.1%；食品制造业下降2.3%。企业产销衔接水平良好，产品销售率97.2%。

建筑业增加值110.90亿元，增长2.3%。全市73户具有资质等级的建筑企业完成产值122.89亿元，下降8.0%。房屋建筑施工面积592.95万平方米，下降17.9%。竣工房屋面积435.48万平方米，下降26.2%，房屋建筑竣工率为73.4%，减少8.2个百分点。

【固定资产投资】2016年，呼伦贝尔市全社会固定资产投资1028.72亿元，增长2.7%。500万元以上固定资产投资982.33亿元（不含铁路、森工及农村个体投资），增长6.1%。其中，房地产企业开发完成投资87.76亿元，增长31.1%。商品房销售面积426.61万平方米，下降11.2%，商品房销售金额155.1亿元，下降22.9%。在500万元以上固定投资投资中，按经济类型划分，国有经济单位投资569.92亿元，增长19.3%。按投资产业划分，第一产业投资49.67亿元，下降13.6%；第二产业投资336.6亿元，下降8.2%，其中，工业投资334.85亿元，占投资的34.1%，下降5.3%。工业投资中，采矿业投资41.07亿元，下降8.7%。制造业投资完成225.35亿元，下降8.2%。电力、热力生产和供应业投资68.43亿元，增长8.6%；第三产业投资完成596.06亿元，增长18.8%，其中，交通运输仓储业投资164.71亿元，增长38.9%；教育投资完成13.46亿元，增长20.0%；水利、环境和公共设施管理业完成202.03亿元，增长18.8%。

【科学技术】2016年，呼伦贝尔市全年鉴定科技成果21项。签订各类技术合同33项，合同成交金额

19321万元，增长21.0%。

【国内贸易和对外经济】2016年，呼伦贝尔市全市社会消费品零售总额完成600.27亿元（不含其他项），增长10.0%。分地区看，城镇市场消费544.80亿元，增长9.7%,乡村市场消费55.47亿元，增长12.3%。按消费形态分，餐饮收入78.49亿元，同比增长18.0%，商品零售521.78亿元，增长8.9%。

全市进出口总额完成26.52亿美元，下降11.3%，其中，出口7.43亿美元，下降39.4%。进口19.08亿美元，增长8.2%。贸易逆差11.65亿美元。

【交通、邮电和旅游】2016年，呼伦贝尔市全年铁路、公路完成货运量17790.9万吨。其中，铁路7712.8万吨，增长6.7%；公路10078.1万吨，增长9.3%。民航行货邮吞吐量2.42万吨，下降2.0%。铁路、公路完成货物周转量465.45亿吨公里。其中，铁路完成货物周转量268.34亿吨公里，增长0.4%；公路完成货物周转量197.11亿吨公里，增长8.1%；

全市邮电主营业务收入完成23.16亿元，增长2.3%。全市电话用户34.93万户，增长9.7%。其中，住宅电话25.87万户，下降8.5%；移动电话用户287.17万户，增长10.7%；互联网用户46.91万户，增长11.9%。

全年共接待旅游者1553.62万人次，增长9.6%。其中，入境旅游者67.29万人次，增长21.0%，国内旅游者1486.33万人次，增长9.2%。国际旅游创汇4.51亿美元，增长28.8%。旅游业总收入527.73亿元，增长17.7%。

【金融和保险】2016年年末，呼伦贝尔市全市金融机构各项存款余额达1473.64亿元，增长16.1%。其中，住户存款余额839.38亿元，增长7.9%；非金融企业存款287.58亿元，增长35.6%；广义政府存款343.76亿元，增长25.1%。金融机构人民币各项贷款余额1074.99亿元，同比增长16.8%。其中，住户贷款281.17亿元，同比增长11.1%；非金融企业及机关团体贷款793.82亿元,增长18.9%。

截止2016年末，全市保险主体29家，其中，财产保险公司16家，寿险公司13家。保险业保费收入54.77亿元，增长17.8%。其中，财产险保费收入16.51亿元，增长6.1%；寿险保费收入38.26亿元，增长23.7%。全年保险赔付额为12.89亿元，增长5.9%。其中，财产险赔付7.66亿元，下降8.22%；寿险赔付5.23亿元，增长36.5%。全年政策性农业保险保费收入7.38亿元，增长0.8%。

8

2016年巴彦淖尔市经济发展概况

【经济总量】2016年，巴彦淖尔市全年实现地区生产总值（GDP）915.4亿元，按可比价格计算，同比增长7.0%。其中，第一产业实现增加值158.1亿元，同比增长3.8%；第二产业实现增加值463.4亿元，同比增长7.0%；第三产业实现增加值293.8亿元，同比增长8.8%。从各产业贡献率看：第一产业对经济增长贡献率为10.2%，第二产业对经济增长贡献率为50.9%，第三产业对经济增长贡献率为38.9%。三次产业结构调整为17.3：50.6：32.1。其中，第三产业比重比上年提升1.6个百分点，三次产业结构进一步优化。全年人均地区生产总值完成54480元，增长6.6%，按年平均汇率折算达到8255美元。

【农业】2016年，巴彦淖尔市农作物总播种面积1084.6万亩，同比增长4.8%。粮食播种面积483.97万亩，同比减少10.4%。其中，小麦面积129.63万亩，比上年增加14.16万亩，增长12.3%；玉米面积349.49万亩，比上年减少71.23万亩，下降16.9%。经济作物播种面积581.02万亩，同比增长22.4%。其中，花葵面积415.49万亩，比上年增加69.14万亩，增长20.0%；油葵面积15.95万亩，比上年增加0.65万亩，增长4.2%；番茄面积14.01万亩，比上年减少1.83万亩，下降11.5%。耕地内种草19.63万亩，同比下降2.7%。

【工业和建筑业】2016年，巴彦淖尔市全市工业实现增加值388.73亿元，同比增长7.2%。规模以上工业增加值同比增长7.1%。从所有制类型看：国有企业增加值下降13.2%，集体企业增加值下降6.6%，股份制企业增加值增长8.2%，外商及港澳台投资企业增加值增长0.7%。从优势特色产业看：农畜产品加工业增加值同比增长12.2%；矿产品采选及冶炼业增加值同比增长4.3%；化学工业增加值同比下降10.1%；电力工业增加值同比增长14.8%。

全市辖区内具有资质的独立核算建筑业企业共57家，从业人员1.9万人。全年建筑业增加值完成74.7亿元，同比增长5.9%。房屋建筑施工面积316.1万平方米，房屋建筑竣工面积119.9万平方米。

【固定资产投资】2016年，巴彦淖尔市全市固定资产投资完成734.7亿元，同比增长10.6%。从投资主体看：国有控股投资376.2亿元；有限责任公司投资185.8亿元；其他有限责任公司投资27.6亿元；股份有限公司投资11.6亿元；私营企业投资111.2亿元；港、澳、台商投资13.4亿元；外商投资4.1亿元；其他投资4.0亿元。从项目隶属关系看：地方项目投资比重较大，占全部投资的98.7%，完成投资725.5亿元，同比增长12.3%；中央项目投资9.2亿元，同比下降50.4%。分产业看：第一产业投资52.1亿元，同比增长17.5%；第二产业投资339.9亿元，同比下降9.6%。其中，工业投资338.9亿元，同比下降8.6%；第三产业投资342.7亿元，同比增长40.5%。从主要行业投资看：采矿业投资71.1亿元，同比下降12.8%；制造业投资170.6亿元，同比增长42.3%；电力投资74.3亿元，同比下降47.0%；水利环境和公共设施管理业投资168.9亿元，同比增长57.8%；交通运输、仓储及邮政业投资72.0亿元，同比增长84.5%；公共管理与社会组织投资19.9亿元，同比增长7.1%。

【科学技术】2016年，巴彦淖尔市新增授权专利203件，其中发明专利81件，实用新型专利84件，外观设计专利38件。全市专利授权总量达到1819件。共培育了1家国家级知识产权优势企业，认定了11家市级知识产权优势企业。

【国内贸易和对外经济】2016年，巴彦淖尔市全市社会消费品零售总额实现257.7亿元，同比增长9.9%。从销售单位所在地看：城镇实现社会消费品零售额224.5亿元，占总额的87.1%，同比增长9.9%；乡村实现社会消费品零售额33.2亿元，占总额的12.9%，同比增长9.6%。从规模看：限额以上企业实现零售额51.9亿元，同比增长8.0%，拉动社会消费品零售总额增长1.7个百分点；限额以下企业及个体户实现零售额205.8亿元，同比增长10.4%，拉动社会消费品零售总额增长8.2个百分点。从行业看：全市批发和零售业实现零售额221.4亿元，同比增长9.8%。其中：零售业实现零售额201.0亿元，同比增长9.6，占批发零售业零售总额的90.7%；批发业实现零售额20.4亿元，同比增长11.4%；住宿餐饮业实现零售额36.3亿元，同比增长10.4%。从商品类别看：粮油、食品类零售额增长10.0%。其中：粮油类增长13.6%；肉禽蛋类增长16.4%；蔬菜类增长13.2%；干鲜果类增长18.9%；饮料类增长12.9%。服装、鞋帽、针纺织品类零售额增长17.3%。其中，服装类增长17.6%；针纺织品类增长17.8%。家用电器类和音像器材类同比增长13.5%；汽车类同比增长7.1%。

全年进出口总额19.9亿美元，同比下降22.4%。其中，出口3.8亿美元，同比下降10.1%；进口16.1亿美元，同比下降24.8%。

【交通、邮电和旅游】2016年年末，巴彦淖尔市全市公路总里程达到22617公里。按技术等级分为：高速公路255公里，一级公路216公里，二级公路660公里，三级公路3724公里，四级公路13518公里（其中7738公里为黑色路面、5780公里为砂石路），等外公路4244公里（占公路总里程的18.8%）。公路密度35.1公里/百平方公里，居全区第三位。全年累计完成客运量1368万人次、客运周转量14.4亿人公里，分别同比下降6.5%和4.4%；货运量8885万吨，货运周转量200亿吨公里，分别同比增长9.2%和8.1%。2016年末全市民用汽车保有量25.4万辆，同比增长11.1%。其中：本年新注册汽车2.7万辆。年末私人轿车保有量22.2万辆，同比增长20.7%，其中：本年新注册轿车2.4万辆。

全年电信业完成营业收入13.8亿元，同比增长9.7%。年末本地网固定电话用户20.1万户，同比下降16.3%；移动电话用户208.8万户，同比增长3.2%；互联网络注册用户26.3万户，同比增长25.2%。全年完成邮政业务总量1.7亿元，同比增长39.0%。其中，完成快递395.3万件，函件13.3万件，包件1.3万件。

2016年，全市依托独特的资源优势，培育特色乡村旅游精品，创建品牌旅游景区，旅游业发展不断加快。全年接待游客425.3万人次，同比增长20.7%，实现旅游收入43.18亿元，同比增长22.8%。全市开工建设旅游项目46个，总投资10.4亿元。被自治区评为星级乡村旅游接待户、特色景观旅游名镇名村58家；临河富强村和五原联星村入选“2016年中国最美村镇”。

【金融和保险】2016年年末，巴彦淖尔市全市金融机构各项存款余额937.1亿元，同比增长15.0%。其中，城乡居民储蓄存款余额610.7亿元，同比增长15.0%。全市金融机构各项贷款余额759.4亿元，同比增长10.5%。其中，短期贷款477.6亿元，同比增长3.0%；中长期贷款269.5亿元，同比增长28.2%。

全市保险业保费收入41.5亿元，同比增长45.2%。其中，财产险收入9.9亿元，同比增长6.5%；人身险收入31.6亿元，同比增长63.8%。各类保险公司赔付支出7.6亿元，同比增长19.8%。其中，财产险公司赔付支出5.3亿元，同比增长19.6%；人身险公司赔付支出2.3亿元，同比增长20.3%。农业保险稳步推进，全年全市农业保险实现保费收入2.2亿元，累计赔付支出2.3亿元。

9

2016年乌兰察布市经济发展概况

【经济总量】2016年，乌兰察布市全年实现地区生产总值（GDP）938.87亿元，按不变价计算，比上年增长6.8%。其中：第一产业完成增加值127.92亿元，增长3.3%；第二产业完成增加值460.28亿元，增长5.9%；其中：工业增加值完成405.62亿元，增长6.4%，建筑业完成增加值54.66亿元，增长2.2%。第三产业完成增加值350.67亿元，增长9.2%。从产业结构看，三次产业结构由上年的14.5：48.6：36.9调整为本年的13.6：49.0：37.4。从贡献率看，第一产业对GDP的贡献率为-17.8%，比上年下降了18.8%；第二产业对GDP的贡献率为65.5%，比上年提高了42.4%；第三产业对GDP的贡献率为52.3%，比上年下降了23.6%。从拉动GDP增长看，第一产业拉动了GDP增长-1.2个百分点，第二产业拉动GDP增长4.4个百分点，第三产业拉动GDP增长3.6个百分点。常住人口人均地区生产总值达到了44560元，现价增长3.0%。

【农业】2016年，乌兰察布市全市农作物种植面积达到65.97万公顷，增长1.6%，其中：粮食作物播种面积48.24万公顷，下降1.3%；经济作物播种面积17.73万公顷，增长1.72%。主要农作物产量有升有降；全年粮食总产量达到105.2万吨，增长4.6%；小麦产量8.89万吨，增长4.3%；玉米产量27.71万吨，增长2.4%；薯类产量58.8万吨，增长1.3%；大豆产量1.46万吨，增长35.2%；蔬菜产量188.19万吨，增长17.1%。

【工业和建筑业】2016年，乌兰察布市全市规模以上工业企业达到340家，规模以上工业增加值增长6.5%。分轻重工业看，轻工业增长5.2%；重工业增长6.7%；分所有制经济类型看，国有及国有控股经济增长1.0%；股份制经济增长6.5%；外商及港澳台经济增长7.5%；其他经济增长11.8%。从分行业看，六大主导产业工业增加值增长6.7%，其中：电力工业增长7.0%；冶金工业增长8.7%；化工工业增长2.2%；建材工业下降0.3%；农畜产品加工增长14.8%；装备制造业增长2.4%。

全年资质等级以上建筑企业单位数40个，建筑业从业人数1.48万人，增长7.0%；建筑业总产值达到44.4亿元，增长23.5%；施工企业房屋建筑施工面积566.8万平方米，增长0.2%；施工企业竣工房屋面积199.1万平方米，增长1.3%。房屋建筑竣工率达到35.1%，下降0.6%。

【固定资产投资】2016年，乌兰察布市全市城乡500万元以上固定资产投资完成661.4亿元，增长5.4%。按所有制经济划分，国有经济投资完成395.5亿元，增长40.8%；集体经济投资完成0.9亿元，增长125.0%；其他经济投资完成260.0亿元，下降31.2%。按三次产业划分，第一产业完成投资44.9亿元，下降5.7%；第二产业完成投资256.5亿元，下降28.8%；第三产业完成投资360.0亿元，增长43.6%。从分行业看，农林牧渔业完成投资44.6亿元，下降5.7%；采矿业完成投资5.0亿元，增长7.2%。制造业完成投资128.0亿元，下降20.0%。电力、燃气及水的生产和供应业完成投资112.7亿元，下降28.8%；交通运输仓储及邮政业完成投资113.6亿元，增长18.4%；教育事业完成投资2.1亿元，下降43.5%；文化体育娱乐类完成投资14.4亿元，增长139.8%；公共设施管理业社会保障完成投资90.3亿元，增长103.8%。城镇住宅施工面积504.6万平方米，增长30.6%；城镇住宅竣工面积47.2万平方米，同比增长62.7%。

【科学技术】2016年，乌兰察布市全市拥有科学研究开发机构7个，各类技术人员251人。高级工程师77人，工程师122人，初级技术人员52人。全年用于科技经费支出611.6万元。

【国内贸易和对外经济】2016年，乌兰察布市全年社会消费品零售额完成317.11亿元，增长9.2%。其中：城镇消费品零售额完成242.42亿元，增长9.8%；城区消费品零售额完成112.59亿元，增长8.0%；乡村消费品零售额完成74.68亿元，增长7.2%。分商品类别看，消费品零售额有增有减。其中：餐饮收入额完成45.72亿元，增长17.5%；商品零售额完成271.3亿元，增长6.5%。随着城乡人民生活水平提高，消费质量不断上升，消费品市场活跃，零售额不断上升。饮料类，化妆品类，日用品类、服装，鞋帽，针纺织品类，中西药品类零售额分别增长2.5%、111.3%、10.8%、19.6%。、26.7%。

全年海关进出口总额7700万美元，增长3.6%。其中：出口总额3200万美元，下降9.1%；进口总额4500万美元，增长15.3%。全年新批准外商投资企业6个，投资总额达到123284万美元，注册资本81217万美元，全年合同使用外商投资79092万美元，直接利用外资到位资金79171万美元。年末工商部门注册的外商投资企业48个。

【交通、邮电和旅游】2016年，乌兰察布市全年公路交通运输业完成公路客运量343.1万人次，下降14.0%；公路旅客周转量52553.8万人公里，下降2.1%；公路货运量完成6383.9万吨，增长9.3%；公路货运周转量1348475万吨公里。增长8.2%。

全市邮政、电信业务总量完成30.4亿元，增长8.3%。其中：电信业务总量完成29.1亿元，增长11.0%；邮政业务总量完成1.3亿元，增长30.1%。联通本地电话用户达到26.9万户，增长1.9%。已通电话行政村比重达到99.7%。移动电话用户达到238.6万户，增长2.8%。计算机互联网用户达到24.3万户，增长6.1%。公用电话用户达到0.49万户，下降5.8%。

全年共接待境内外游客1400.0万人次，增长18.3%。其中：国外游客6.8万人次。增长66.7%。旅游业总收入120亿元，增长22.0%。

【金融和保险】2016年年末，乌兰察布市全市金融机构各项存款余额为1059.95亿元，增长21.6%。其中：非金融企业存款余额194.08亿元，下降81.5%；住户存款余额686.43亿元，增长15.2%。年末金融机构各项贷款为613.69亿元，增长18.9%。其中：住户贷款为254.43亿元，增长2.8%；非金融企业贷款为359.27亿元，增长33.8%。

全市人寿、财险两类保险机构年保费收入为22.19亿元，增长8.4%。其中：人寿保险机构保费收入为13.02亿元，增长4.3%；财产保险保费收入为9.17亿元，增长14.9%。人寿、财产保险两大保险机构业务支出为6.69亿元，下降3.3%。其中：寿险业务支出为2.51亿元，下降12.2%；财产险业务支出为4.18亿元，增长4.2%。

辽宁省

| 沈阳市 | 大连市 | 鞍山市 | 抚顺市 | 本溪市 | 丹东市 | 锦州市 | 营口市 | 阜新市 |
| 辽阳市 | 盘锦市 | 铁岭市 | 朝阳市 | 葫芦岛市 |

1

2016年沈阳市经济发展概况

【经济总量】2016年，沈阳市全年实现地区生产总值（GDP）5460亿元，按可比价计算，比上年下降5.8%。其中，第一产业增加值266.4亿元，下降17.8%；第二产业增加值2135.6亿元，下降13.7%；第三产业增加值3058亿元，增长2.3%。第一产业增加值占GDP的比重为4.9%，第二产业增加值比重为39.1%，第三产业增加值比重为56.0%。按常住人口计算，人均GDP为65851元，下降5.8%。

【农业】2016年，沈阳市全年农林牧渔业总产值534.2亿元。其中，种植业产值243.2亿元，林业产值12.6亿元，畜牧业产值227.5亿元，渔业产值27.2亿元，农林牧渔服务业产值23.7亿元。

【工业和建筑业】2016年，沈阳市全年规模以上工业增加值1208.3亿元，比上年下降19.7%。其中，重工业增加值952.1亿元；轻工业增加值256.2亿元。装备制造业实现增加值785.4亿元，占全市规模以上工业增加值65.0%，比上年提高12.5个百分点。汽车及零部件、建筑产品、农副产品加工、化工产品制造业、钢铁及有色金属冶炼及压延业五大优势产业实现增加值782亿元。工业出口产品交货值178.3亿元。

全市建筑业增加值409.5亿元。资质等级以上建筑业企业完成总产值1395.9亿元。

【固定资产投资】2016年，沈阳市全年固定资产投资1631.6亿元，比上年下降69.4%。从投资主体看，国有经济投资394.6亿元；外商及港澳台经济投资187.4亿元；民间投资1049.6亿元。从产业分布看，第一产业投资13.2亿元；第二产业投资434.9亿元，其中工业投资433.6亿元；第三产业投资1183.5亿元。全年新增固定资产855.5亿元。

【科学技术】2016年，沈阳市争取国家、省级各类科技计划资金8.5亿元。其中，603个项目获得国家自然科学基金的直接资助，支持额度2.9亿元；14个项目获得2016年国家重点研发计划支持，支持额度3.1亿元，均创历史新高。9个项目获国家科技进步奖，10个项目获中国专利奖。到2016年末，全市拥有市级以上民口独立科学研究与技术开发机构103个；市级以上工程技术研究中心和省级以上工程研究中心合计290个，其中国家级14个；市级以上重点实验室和省级以上工程实验室375个，其中国家级15个。拥有两院院士25名，其中中国科学院院士8名，中国工程院院士17名。全年市以上登记认定的科技成果191项，其中应用技术成果171项。应用技术成果中，达到国际水平86项（国际领先15项，国际先进71项）；达到国内水平84项（国内领先64项，国内先进20项）。软科学成果及基础理论成果20项。各类技贸机构技术贸易成交额186.91亿元。专利申请22163件，其中发明专利申请12289件；专利授权9528件，其中发明专利授权2853件。

【国内贸易和对外经济】2016年，沈阳市全年实现社会消费品零售总额3985.9亿元，比上年增长2.5%。其中限额以上单位实现网上商品零售额141.9亿元，增长40.7%，浑南电商基地进入全国优秀电商园区20强。按地区分，城镇零售额3688.9亿元，增长1.3%；乡村零售额297亿元，增长8.7%。

全年进出口总额113.3亿美元，比上年下降19.3%。其中，进口总额70.8亿美元；出口总额42.5亿美元。全年新签外商投资合同项目132个，合同外资额6.8亿美元，实际利用外商直接投资8.2亿美元，比上年下降23.1%。全年对外承包工程与劳务合作合同金额12.7亿美元，实现营业额9.1亿美元，外派人员0.5万人次。

【交通、邮电和旅游】2016年，沈阳市全年货物运输总量22068.6万吨，比上年增长3.3%。其中，铁路558.9万吨，增长15.8%；公路21503万吨，增长3.0%；民用航空6.73万吨，增长3.1%。全年旅客发送量20636万人，略降0.03%。其中，铁路4718.4万人，增长6.6%；公路15244万人，下降2.0%；民用航空673.6万人，增长1.8%。

全年完成邮电业务总量302.7亿元。其中，邮政业业务总量34.7亿元，电信业务总量268.1亿元。年末城乡固定电话用户188.8万户，下降17.7%，移动电话用户1226.3万户，下降9.1%。固定电话普及率22.8部/百人，移动电话普及率147.9部/百人。国际互联网络宽带接入用户207.8万户，增长10.5%。

全市国家A级旅游景区100家，旅行社222家，星级饭店96家。全年旅游总收入583.7亿元，比上年增长12.8%。其中，国内旅游收入562.8亿元，增长13.2%，外汇收入3.44亿美元，增长4.0%；接待国内外旅游者6401.1万人次，增长11.9%，其中，国内旅游者6333万人次，增长12.0%，入境旅游者68.1万人次，增长5.4%。全市在建旅游项目96个，当年投资108亿元。

【金融和保险】2016年年末，沈阳市全市银行机构及网点1490家，金融机构本外币存款余额14446.3亿元，比年初增长2.9%；本外币贷款余额12798.2亿元，比年初增长10.5%。

全市保险机构及网点528家。全年保费收入304.1亿元，比上年增长32.1%。其中，国内财产险保费收入80.5亿元，增长6.4%；人身险保费收入221.2亿元，增长45.8%。全年赔付及给付支出101.5亿元，增长1.6%，其中国内财产险赔款支出43.7亿元，下降4.9%；人身险赔付金额56.1亿元，增长8.6%。

2

2016年大连市经济发展概况

【经济总量】2016年，大连市全年实现地区生产总值（GDP）6810.2亿元，比上年增长6.5%。其中，第一产业增加值462.8亿元，增长4.1%；第二产业增加值2849.9亿元，增长6.7%；第三产业增加值3497.6亿元，增长6.6%。三次产业结构为6.8：41.8：51.4，对经济增长的贡献率分别为4.4%、43.6%和52%。

【农业】2016年，大连市全年农林牧渔及服务业总产值954.5亿元，按可比价格计算比上年增长4.3%。其中，农业产值278.7亿元，增长26%；林业产值8.4亿元，增长0.4%；牧业产值181.5亿元，下降8.7%；渔业产值406.9亿元，增长8.3%；农林牧渔服务业产值79.1亿元，增长5.3%。

【工业和建筑业】2016年，大连市全年全部工业增加值2327.7亿元，比上年增长6.4%。规模以上工业（下同）增加值[2]比上年增长7.6%。按轻重工业分，重工业增长9.1%，轻工业下降1.2%。按经济类型分，国有控股工业增长6.6%，民营控股工业增长0.1%，外商控股工业增长11.2%。销售产值6428.4亿元，比上年下降1.5%。工业产品销售率97.8%，比上年提高0.2个百分点。主营业务收入5803.5亿元，比上年下降9.2%；利税总额674.1亿元，下降0.9%；利润总额273亿元，增长14.4%。

全年资质以上建筑业总产值1001.6亿元，比上年下降31.5%。其中，公有制企业210.3亿元，下降19.5%，下拉资质以上建筑业总产值3.5个百分点；非公有制企业791.3亿元，下降34.1%，下拉资质以上建筑业总产值28个百分点。

【固定资产投资】2016年，大连市全年固定资产投资（不含农户，下同）[3]1436.4亿元，比上年下降68.5%。其中，建设项目投资901.2亿元，下降75.4%；房地产开发投资535.2亿元，下降40.4%。按产业划分，第一产业投资21.3亿元，下降85.8%；第二产业投资375.1亿元，下降73.9%；第三产业投资1039.9亿元，下降65%。

【科学技术】2016年，大连市全年技术交易合同额140亿元，比上年增长10.8%，其中本地登记的技术交易合同额95.9亿元，增长22.3%。通过国家备案的新认定高新技术企业144家、新认定技术先进型服务企业12家，两类科技企业总数达到778家，位居东北各市之首。甘井子区获批国家火炬智能化成形和加工成套设备特色产业基地。

【国内贸易和对外经济】2016年，大连市全年社会消费品零售总额3410.1亿元，比上年增长10.4%。在限额以上批发和零售业零售额中，中西药品类增长16.1%，建筑及装潢材料类增长14.1%，石油及制品类增长12.2%，机电产品及设备类增长10.2%，家具类增长7.4%，通信器材类增长4.7%。销售汽车23.2万辆，销售额328.9亿元，分别比上年增长4.5%和0.3%。

全年自营进出口总额3396.5亿元，比上年下降0.6%。其中，进口1786.8亿元，下降1.7%；出口1609.7亿元，增长0.6%。机电产品出口776.9亿元，增长8.1%，占48.3%。一般贸易出口577.7亿元，下降1.7%，占35.9%。民营企业出口490.7亿元，增长1.6%，占30.5%。前六大主要出口市场是日本、东盟、欧盟、美国、新加坡、韩国。

【交通、邮电和旅游】2016年，大连市全年运输企业客货换算周转量8724.9亿吨公里，按可比口径计算比上年增长3.9%。货物周转量8638.2亿吨公里，增长3.9%；旅客周转量221.7亿人公里，增长7.2%。

全年电信业务总量232.5亿元，比上年增长51.8%；邮政业务总量22.7亿元，增长26.5%。年末固定电话用户212万户，下降7.6%；移动电话用户833.4万户，增长14.8%。年末互联网宽带接入用户149.5万户，增长14.4%。

全年接待国内游客7633.8万人次，比上年增长11.8%；接待海外过夜游客104.4万人次，增长6%。旅游总收入1134.8亿元，增长12.5%。其中，国内旅游收入1100亿元，增长12.6%；旅游外汇收入5.4亿美元，增长4.5%。截至年末，全市拥有旅游星级饭店（宾馆）141家；旅行社433家，其中出境旅行社59家；国家A级旅游景区（点）52个，比上年末增加1个，其中5A级2个、4A级19个。

【金融和保险】2016年年末，大连市全市共有各类金融和融资服务类机构758家，其中外资机构60家，法人机构23家，全国性金融市场1家。

全年保险业原保险保费收入[5]277.32亿元，比上年增长18.9%。其中，财产险73.1亿元，增长2.9%；人身险204.3亿元，增长25.8%。支付各类保险赔款及给付98.8亿元，增长20.4%。其中，财产险42.3亿元，增长7.7%；人身险56.5亿元，增长32%。全市保险深度（保费收入占GDP比重）4.1%，保险密度（人均保费收入）3969元/人。

3

2016年鞍山市经济发展概况

【经济总量】2016年，鞍山市全年实现地区生产总值（GDP）1440.8亿元，按可比价格计算，比上年下降10.8%。其中，第一产业增加值100亿元，下降2.8%；第二产业增加值504.2亿元，下降16.9%；第三产业增加值836.6亿元，下降7.8%。

【农业】2016年，鞍山市全年农林牧渔业增加值102亿元，按可比价计算，比上年下降26.3%。全年粮食作物播种面积21公顷，比上年下降1.5%。其中，稻谷播种面积3.9万公顷；玉米播种面积16.1万公顷；大豆播种面积0.5万公顷。经济作物播种面积3.7万公顷，比上年下降6.4%。其中，油料播种面积0.6万公顷；蔬菜播种面积2.8万公顷；瓜果播种面积0.15万公顷；药材播种面积0.09万公顷。全年粮食总产量139.5万吨，比上年增长2.1%。其中，稻谷产量29.4万吨；玉米产量107.5万吨；大豆产量0.9万吨。全年蔬菜产量213.6万吨；油料作物产量1.7万吨；瓜果产量9万吨。

【工业和建筑业】2016年，鞍山市全年规模以上工业增加值251.7亿元，按可比价计算，比上年下降27.1%。

年末具有资质等级以上的总承包和专业承包建筑企业360个，签订工程合同总额619.8亿元。

【固定资产投资】2016年，鞍山市全年固定资产投资总额473.7亿元，比上年下降69.8%。其中，建设项目投资324.1亿元，下降76.2%；房地产开发投资149.6亿元，下降27.4%。

【科学技术】2016年年末，鞍山市全市拥有省级以上高新技术企业132户，比上年增加13户。规模以上工业企业高新技术产品增加值34.4亿元。全年受理专利申请3429件，增长7.3%；授权专利1912件，下降16.4%。签订技术合同64项，技术合同登记金额10.1亿元，技术合同成交金额10.1亿元。

【国内贸易和对外经济】2016年，鞍山市全年社会消费品零售总额992.1亿元，比上年增长2.4%。

全年进出口总额27.3亿美元，比上年下降4%。其中，出口总额17.5亿美元，下降18.6%；进口总额9.8亿美元，增长41.4%。

【交通、邮电和旅游】2016年，鞍山市全年各种运输方式完成客运量6497.8万人，比上年下降2.2%。其中：公路客运量5769万人，下降2.7%；铁路客运量727.8万人，增长1.6%。全年各种运输方式完成货运量20237.6万吨，比上年增长3%。其中，公路货运量19248万吨，增长3.1%；铁路货运量989.6万吨，增长1%。

全年邮电业务总量85.3亿元，比上年增长45.3%。年末城乡固定电话用户达62.2万户，减少11万户；移动电话用户达327.7万户，减少6.4万户。年末全市国际互联网络宽带接入用户77.9万户，增加6.8万户。

全年全市旅游总收入344.3亿元，比上年增长15.1%。其中，旅游外汇收入2.1亿美元，增长5.7%；国内旅游收入330.7亿元，增长14.1%。年末全市有星级宾馆26家，A级景区36个。

【金融和保险】2016年年末，鞍山市金融机构本外币各项存款余额3235.1亿元，比年初增加125.7亿元，比上年增长4%。其中，人民币各项存款余额3207.6亿元，比年初增加124.2亿元，比上年增长4%。在人民币各项存款中，企业存款831.6亿元，比年初减少61.5亿元；住户存款2125.4亿元，比年初增加168.6亿元。

全年保费收入70.7亿元，比上年增长14.1%。其中，财产险收入21.1亿元，增长3%；人身险收入49.6亿元，增长42.2%。支付各类赔款及给付金额30.1亿元，比上年增长11%。其中，财产险12.2亿元，增长3.9%，人身险17.9亿元，增长16.7%。

4

2016年抚顺市经济发展概况

【经济总量】2016年，抚顺市全年实现地区生产总值（GDP）760.3亿元，按可比价格计算，同比下降7.2%。其中第一产业实现增加值58.3亿元，增长0.2%；第二产业增加值355.6亿元，下降14.1%；第三产业增加值346.4亿元，下降0.9%。三次产业占生产总值的比重为7.7：46.7：45.6。

【农业】2016年，抚顺市全年实现农林牧渔业产值120.5亿元，增长0.2%。其中农业产值44.3亿元，与上年持平；林业产值23.3亿元，增长2.2%；牧业产值32.7亿元，下降1.0%；渔业产值17.2亿元，增长1.0%；农林牧渔服务业产值3亿元，增长3.3%。粮食总产量60.8万吨，下降0.03%；蔬菜及食用菌产量31.4万吨，下降43.1%；水果12.3万吨，增长0.2%；水产品产量1.7万吨，增长1.2%。

【工业和建筑业】2016年，抚顺市全年规模以上工业企业实现产值768.2亿元，下降23.2%。实现增加值163.5亿元，下降10.5%。其中：中央及省属工业实现增加值98.1亿元，增长6.1%；地方工业实现增加值65.4亿元，下降29.7%。国有及国有控股企业实现增加值111.5亿元，下降0.5%。非公有制工业50.2亿元，下降22.0%。全市轻工业实现增加值11亿元，下降22.8%；重工业152.6亿元，下降9.2%。

全市建筑业实现总产值84.9亿元，下降51.6%。施工房屋面积1702.6万平方米，下降28.5%；竣工房屋面积422.1万平方米，增长119.6%。

【固定资产投资】2016年，抚顺市全社会固定资产投资（不含农户）完成157.1亿元，下降73.7%。建设项目230个，完成投资100.6亿元，下降80.7%。其中，亿元以上项目46个，完成投资68.8亿元，下降65.1%。第一产业完成投资0.5亿元，占固定资产投资的比重为0.3%；第二产业完成投资37.3亿元，占23.7%；第三产业完成119.3亿元，占76%。

【国内贸易和对外经济】2016年，抚顺市全年实现社会消费品零售额669.5亿元，增长7.2%。其中，城镇消费品零售额628.9亿元，增长7.1%；乡村消费品零售额40.6亿元，增长7.7%。批发业销售额496.3亿元，下降1.3%；零售业销售额536.7亿元，增长4.6%；住宿业营业额6亿元，下降11.5%；餐饮业营业额127.9亿元，增长10.5%。

全年外贸进出口总额7.8亿美元，下降12.3%，其中出口完成5.5亿美元，下降16.2%；进口2.3亿美元，下降1.8%。

【交通、邮电和旅游】2016年，抚顺市全市公路总里程7045公里，其中高速公路267公里。全年公路货运量8780万吨，比上年增长3.0%。货物周转量1535531万吨公里，增长3.0%；公路客运量2109万人，下降3.0%。旅客周转量113241万人公里，下降3.0%。全市有公共汽车线路82条，长途客运线路411条。民用汽车拥有量21.5万辆。拥有公共汽（电）车1188辆；出租车4971辆，更新611辆；长途载客汽车1191辆，载货汽车25418辆。

邮电业务总量42.5亿元，增长40.7%。其中邮政业务总量2.7亿元，增长24.0%；电信业务总量39.8亿元，增长41.9%。全年完成函件95万件，下降73.7%。固定电话37万户，移动电话194万户，互联网用户52万户，互联网普及率61.2%。

全年实现旅游总收入254.3亿元，增长13.8%，其中国内旅游收入246.7亿元，增长14.2%；外汇收入1.3亿美元，增长2.6%。接待国内旅游者3033.6万人次，增长13.1%；接待入境旅游者15.3万人次，增长2.9%。全市拥有星级宾馆23家，旅行社69家，A级景区23家。

【金融和保险】2016年年末，抚顺市金融机构本外币存款余额1615.1亿元，比年初增加108.9亿元，其中住户存款1180亿元，增加102.3亿元；金融机构本外币贷款余额765.1亿元，增加26.4亿元，其中短期贷款335.4亿元，减少22.6亿元，中长期贷款379.2亿元，增加47亿元。

全市拥有保险机构42家，其中寿险26家、财险16家。实现保费收入40.5亿元，增长8.6%，其中财险8.1亿元，增长0.8%，人身险32.4亿元，增长11.3%。全年保险赔付13.6亿元，下降7.5%，其中财险4.5亿元，人身险9.1亿元。

5

2016年本溪市经济发展概况

【经济总量】2016年，本溪市全年实现地区生产总值（GDP）754.5亿元，比上年下降8.8%。其中，第一产业增加值67.8亿元，增长0.6%；第二产业增加值321.4亿元，下降19.9%；第三产业增加值365.3亿元，增长2.2%。

【农业】2016年，本溪市全年粮食作物播种面积49610公顷，其中稻谷播种面积9674公顷，玉米播种面积34960公顷，谷子播种面积538公顷，高粱播种面积290公顷，豆类播种面积2063公顷。全年经济作物播种面积8397.3公顷，其中油料作物播种面积310.2公顷，药材作物播种面积3179.7公顷，蔬菜作物播种面积4166.8公顷，瓜果播种面积255.3公顷。

【工业和建筑业】2016年，本溪市全年规模以上工业增加值比上年下降33.5%。在规模以上工业主要产品产量中，煤气生产量303.4亿立方米，合成氨7.1万吨，平板玻璃664.4万重量箱，生铁1564.2万吨，粗钢1440.2万吨，钢材1387.3万吨，啤酒98763千升，人造板46975立方米，化学药品原药351.7吨，中成药2769.4吨，水泥199.1万吨，耐火材料制品5.1万吨。

全年具有建筑业资质等级的总承包和专业承包建筑企业共签订工程合同额138.2亿元，完成建筑业总产值96.8亿元。

【固定资产投资】2016年，本溪市全年固定资产投资235亿元，比上年下降59.8%。其中，建设项目固定资产投资206.7亿元；房地产开发投资28.3亿元。全年第一产业投资0.7亿元，占固定资产投资的0.3%；第二产业投资108.4亿元，占46.1%；第三产业投资125.9亿元，占53.6%。

【科学技术】2016年年末，本溪市有科学研究开发机构8个，其中县属以上科学研究与技术服务业事业单位7家，转制为企业的研究机构1家。全年有5项成果获省科技进步奖。其中，获科技进步奖二等奖2项；获科技进步三等奖2项；获企业重大研发成果奖1项。全年受理专利申请860件，比上年增长46%，授权专利443件，比上年增长57%。

【国内贸易和对外经济】2016年，本溪市全年社会消费品零售总额377.4亿元，比上年增长4.3%。按销售单位所在地分，城镇社会消费品零售总额361.8亿元，比上年增长4.0%。其中，城区社会消费品零售总额342.9亿元，增长4.3%；乡村社会消费品零售总额15.5亿元，增长11.1%。

全年出口创汇18.9亿美元，比上年下降23.6%。引进外资项目7个。实际直接利用外资额6076万美元，比上年下降38.6%。

【交通、邮电和旅游】2016年，本溪市全年公路货运量7835万吨，比上年增长3.2%；公路货运周转量119.8亿吨公里，增长3.2%。公路客运量2159万人，比上年下降0.5%；公路客运周转量13.2亿人公里，下降

0.5%。全年铁路货运量2347万吨，比上年增长4.1%；铁路客运量1154万人，增长7.4%。

全年邮政业务量2.2亿元，比上年增长21.6%。电信业务量39.8亿元，增长41.9%。快递业务量444万件，增长54.0%。

全年接待国内旅游人数3496.8万人次，比上年增长13.5%。国内旅游收入264.7亿元，比上年增长14.7%。接待入境旅游者7.5万人次，比上年增长2.7%。旅游创汇7366.4万美元，比上年增长1.9%。全年旅游总收入269.5亿元，比上年增长14.5%。

【金融和保险】2016年年末，本溪市金融机构本外币各项存款余额1284.4亿元，比年初增加90.1亿元。其中，住户存款余额797.4亿元，比年初增加35.5亿元；非金融企业存款余额297.4亿元，比年初增加32.6亿元。年末金融机构本外币各项贷款余额1076.9亿元，比年初增加80.8亿元。

全年人寿保险承保金额4983060万元。承保件数423629件。业务收入258317万元，比上年增长7.1%。给付金额49856万元，赔款金额8742万元。

6、2016年丹东市经济发展概况

【经济总量】2016年，丹东市全年实现地区生产总值(GDP)748.4亿元，经济总量上升一位，居全省第9位，按可比价格计算，比上年下降2.2%，增速位居全省第3位。其中，第一产业增加值127.8亿元，下降13.1%；第二产业增加值229.3亿元，下降1.8%；第三产业增加值391.3亿元，增长1.8%。三次产业增加值占地区生产总值的比重为17.1：30.6：52.3。年人均地区生产总值31107.6元，按可比价格计算，比上年下降2.6%，按年均汇率折算为4683.3美元。

【农业】2016年，丹东市全年农林牧渔业增加值132.5亿元，按可比价格计算，比上年下降12.6%。其中，农业增加值40.7亿元，下降27.9%；林业增加值7.6亿元，增长5.3%；畜牧业增加值16.9亿元，下降31.2%；渔业增加值62.7亿元，增长7.2%；农林牧渔服务业增加值4.67亿元，增长4.7%。

【工业和建筑业】2016年，丹东市全市全部工业实现增加值122.8亿元，按可比价格计算，比上年下降6.7%。其中，规模以上工业增加值下降8.4%。工业用电量61.5亿千瓦时，比上年增长2.5%。年末全市规模以上工业企业342户。

全市具有资质等级以上建筑业企业233户，全年完成建筑业总产值148.6亿元，比上年下降42.6%。其中，建筑工程产值128.2亿元，下降38.5%；安装工程产值15.3亿元，下降36.3%。具有建筑业资质等级的总承包和专业承包建筑企业共签订工程合同额191.4亿元，比上年下降58.3%；房屋施工面积618.3万平方米，下降29.6%；房屋竣工面积179.3万平方米，下降5.1%。

【固定资产投资】2016年，丹东市全年固定资产投资(不含农户)完成280.2亿元，比上年下降52%，增速位居全省第5位。其中，建设项目投资200.2亿元，下降59.8%；房地产开发投资80亿元，下降6.4%。

在固定资产投资中，第一产业投资5.5亿元，比上年下降40%；第二产业投资65亿元，下降70.9%，第二产业投资中工业投资65.4亿元，下降70.6%；第三产业投资209.7亿元，下降40.2%。固定资产投资产业构成为2：23.2：74.8。

【科学技术】2016年，丹东市全年受理发明专利申请621项，授权发明专利137项。全年组织实施科技计划项目70项。全市已认定的高新技术企业75家。其中，新增高新技术企业13家。

【国内贸易和对外经济】2016年，丹东市全年批发零售业实现增加值95.9亿元，按可比价计算，比上年增长4.6%；住宿餐饮业实现增加值23.3亿元，下降1.5%。

全年外贸出口总额24.9亿美元，下降6.1%，增速位居全省第3位；进口总额14.8亿美元，增长1.4%，增速位居全省第3位。在出口总额中，分贸易方式看，一般贸易出口11.7亿美元，下降6.8%；边境小额贸易出口6亿美元，下降3.1%；来料加工贸易出口3.3亿美元，增长12.8%；进料加工贸易出口2.2亿美元，增长7.5%；保税仓库进出境货物出口1.4亿美元，下降47.2%。分商品类型看，机电设备出口4.2亿美元，农副产品出口2.2亿美元，钢铁及钢铁制品出口0.6亿美元。

【交通、邮电和旅游】2016年，丹东市全年公路货运量6829万吨，比上年增长2.9%；铁路货运量1036.5万吨，下降4.5%；水运货运量331.5万吨，下降22%；民航货运量0.16万吨，增长12.4%。全年公路客运量3908万人，比上年下降2%；铁路丹东站客运量548.4万人，增长97.1%；水运客运量93万人，增长78%；民航客运量21.2万人，下降3.2%。全年港口货物吞吐量1.6亿吨，比上年增长5%。其中，集装箱191.9万标箱，增长4.9%。

全年邮电业务总量51.4亿元，比上年增长48.2%。在邮电业务总量中，全年邮政业务总量3.5亿元，增长23.9%。特快专递85.9万件，增长27.4%；函件162.9万件，下降19.5%；订销报纸累计份数2269.9万份，下降1.9%；订销杂志累计份数109.4万份，下降4%。城乡固定电话用户60.4万户，比上年下降8.3%。年末移动电话用户203.6万户，比上年增长7%。年末互联网宽带接入用户55.8万户，增长22.6%。

全年接待国内外旅游者人数比上年增长13.8%，旅游业总收入增长15.6%。年末全市共有A级旅游景区14处，其中，4A级景区6处，3A级景区6处，1A级景区2处。全市共有国家级风景名胜区3个、国家级自然保护区2个、省级自然保护区1个、国家级森林公园1个、省级森林公园5个。全市拥有星级宾馆41家，旅行社102家。

【金融和保险】2016年，丹东市全年金融业实现增加值65.6亿元，按可比价计算，比上年增长9.8%，占GDP的比重为8.8%，占服务业比重为16.8%。金融机构本外币各项存款余额1868.2亿元，比上年增长11.7%。其中，住户存款余额1380.4亿元，增长11.4%。金融机构本外币各项贷款余额1120.9亿元，比上年增长8.0%，新增贷款83亿元。从贷款类型看，短期贷款余额542亿元，增长6%；中长期贷款余额509.1亿元，增长8.3%。全市融资总量超过220亿元，直接融资超6成。从贷款流向看，41.7%流向中小企业、实体经济，40.2%支持三农，小微企业申贷获得率超过96%。

2016年末全市保险主体机构共有41个，比上年增加1个。其中，财险公司18个，寿险公司23个。年末全社会保险承保额5556.6亿元。其中，财产险保额3683.5亿元，人身险保额1873.1亿元。全年财产险和人身险总计实现保费收入49.1亿元。其中，财产险保费收入10.6亿元，人身险保费收入38.5亿元。全地区保险理赔支出金额16.5亿元。其中，财产险赔付支出5.7亿元，增长6.6%；人身险赔付支出10.8亿元，同比增长31.6%。

7

2016年锦州市经济发展概况

【经济总量】2016年，锦州市全年实现地区生产总值（GDP）1035.1亿元，按可比价格计算，比上年下降6.7%。其中，第一产业增加值215.6亿元，增长1.6%；第二产业增加值348.4亿元，下降20.9%；第三产业增加值471.1亿元，增长3.4%。

【农业】2016年，锦州市全年农林牧渔业总产值456.3亿元，按可比价格计算，比上年增长1.9%。其中，农业总产值188.5亿元，增长9.2%；林业总产值1.9亿元，增长22.4%；牧业总产值223.6亿元，下降5.6%；渔业总产值36.2亿元，增长12.5%；农林牧渔服务业总产值6.1亿元，增长0.6%。

【工业和建筑业】2016年，锦州市全年规模以上工业增加值按可比价格计算，比上年下降28.9%。其中，轻工业增加值下降33.6%；重工业增加值下降27.1%。

全市资质等级以上建筑业企业完成总产值119.4亿元，比上年下降28.4%。其中，建筑工程产值98.1亿元，安装工程产值18.7亿元。劳动生产率为246.5千元/人。

【固定资产投资】2016年，锦州市全年固定资产投资379.8亿元，比上年下降51.4%。其中，建设项目投资275.5亿元，下降58.8%；房地产开发投资104.3亿元，下降8.6%。在固定资产投资中，第一产业投资12.8亿元，增长67.1%；第二产业投资167.3亿元，下降63.2%；第三产业投资199.7亿元，下降37.6%。三次产业投资比重由上年的1.0：58.1：40.9调整为3.4：44.0：52.6。

【科学技术】2016年，锦州市全市认定高新技术企业达68家；认定科技创新型中小企业达29家；组建国家、省、市级工程技术研究中心达78家，省级重点实验室达16个；认定国家农业科技园区1家；认定省级产业技术创新联盟2家；2家众创空间纳入国家备案，3家众创空间纳入省备案；4家企业获批组建省产业专业技术创新平台。实施国家、省科技计划项目176项，获科技资金支持2402.5万元。全市有9项科技成果获2016年度省科学技术奖：其中省科技进步二等奖4项，省科技进步三等奖5项；1家企业获得第十八届中国专利奖优秀奖。年末全市专利申请2039件，其中发明专利申请617件；专利申请授权量1294件，其中发明专利授权217件；2家企业被评为辽宁省知识产权优势企业；2家企业通过贯彻辽宁省企业知识产权管理标准验收。技术合同交易额实现13.8亿元，同比增长10.0%。

【国内贸易和对外经济】2016年，锦州市全年社会消费品零售总额610.7亿元，比上年增长2.1%。按消费形态分，餐饮收入80.3亿元，增长2.1%；商品零售530.4亿元，增长2.1%。按销售单位所在地分，城镇消费品市场零售额531.5亿元，增长1.2%；农村消费品市场零售额79.2亿元，增长8.1%。在城镇中，城区消费品市场零售额411.9亿元，增长1.8%。

全年进出口总额20.1亿美元，比上年下降17.4%。其中，出口10.4亿美元，下降23.7%；进口9.7亿美元，下降9.4%。

【交通、邮电和旅游】2016年，锦州市全年公路货运量16311万吨，货物周转量211.9亿吨公里，均增长3.0%；公路客运量4463万人，旅客周转量24.4亿人公里，均下降1.5%。锦州机场航班运输起降1591架次，上升19.4%，旅客吞吐量15.8万人，上升3.7%，货邮吞吐量829吨，下降11.6%。港口货物吞吐量8949.9万吨，下降2.6%；集装箱吞吐量82.5万标箱，上升0.8%。

全年电信业务总量54.0亿元，比上年增长43.9%。固定电话用户61.9万户，移动电话用户252.6万户，互联网宽带接入用户66.7万户。全市邮政业务总量4.6亿元，比上年增长55.5%；全市邮政业务收入（不包括邮政储蓄银行直接营业收入）3.8亿元，同比增长30.9%。全市邮政函件业务109.5万件，同比下降4.5%；包裹业务7.9万件，同比下降30.7%；报纸业务2762.5万份，同比下降2.5%；杂志业务222.7万份，同比下降5.3%；汇兑业务12.2万笔，同比下降42.7%；快递企业业务量1384.6万件，同比增长120.8%。

全年旅游业总收入174.7亿元人民币，比上年增长14.1%。接待国内旅游者2347.4万人次，增长13.4%。

【金融和保险】2016年年末，锦州市全市金融机构本外币各项存款余额2655.3亿元，比年初增加571.2亿元。其中，储蓄存款余额1383.6亿元，比年初增加179.1亿元。各项贷款余额1366.3亿元，比年初增加74.2亿元。其中，短期贷款431.0亿元，比年初增加0.7亿元；中长期贷款888.3亿元，比年初增加105.1亿元。

全年共实现保费收入44.3亿元，比上年增长7.7%。其中，财险保费收入15.3亿元，增长5.8%；寿险保费收入29.0亿元，增长8.7%。赔款、给付金额合计21.0亿元。其中，财险赔款8.8亿元；寿险赔款1.5亿元，给付10.6亿元。

8、2016年营口市经济发展概况

【经济总量】2016年，营口市全年实现地区生产总值（GDP）1189.3亿元，按可比价计算，比上年下降7.5%。分产业看，第一产业增加值110.9亿元，增长0.8%；第二产业增加值507.5亿元，下降18.0%；第三产业增加值570.9亿元，增长3.1%。人均地区生产总值48713元，按年均汇率折算为7334美元。

【农业】2016年，营口市全年粮食作物播种面积93.4千公顷，比上年减少0.7千公顷。其中，水稻播种面积44.3千公顷，玉米播种面积45.3千公顷。全年经济作物播种面积16.1千公顷，增加0.5千公顷。其中，油料作物播种面积0.2千公顷，蔬菜及食用菌播种面积12.4千公顷。全年果园面积36.7千公顷，增加2.1千公顷。

【工业和建筑业】2016年，营口市全年规模以上工业增加值比上年下降23.0%。分轻重工业看，轻工业增长4.1%，重工业下降29.8%。分门类看，全年采矿业占全市规模以上工业增加值的3.3%；制造业占90.9%；电力、燃气及水的生产和供应业占5.8%。分行业看，在全市36个工业大类行业中，有18个行业保持增长，21个行业速度高于全市平均水平。

全年具有建筑业资质等级的总承包和专业承包建筑企业共签订工程合同额208.8亿元，实现利税15.4亿元；实际施工的房屋建筑面积1026.5万平方米。

【固定资产投资】2016年，营口市全年固定资产投资（不含农户）410.2亿元，比上年下降54.7%，其中，建设项目投资314.6亿元，房地产开发投资95.6亿元。在建设项目中，新建项目投资295.2亿元，扩建项目投资10.5亿元，改建和技术改造投资5.6亿元。全年建筑安装工程投资287.0亿元，设备工器具购置投资83.0亿元。

全年第一产业投资11.7亿元，占固定资产投资的比重为2.8%；第二产业投资195.1亿元，占47.6%；第三产业投资203.4亿元，占49.6%。

【科学技术】2016年，营口市全年完成专利申请1250件，其中，发明专利申请457件，授权专利618件。全年获科学技术奖29项，其中，省级科学技术奖3项，市级科学技术奖26项。省级重点实验室4个，省级工程技术研究中心27个，其中，新组建省级重点实验室和工程技术研究中心各1个。全年登记技术市场成交各类技术合同41项，技术合同成交额2.16亿元。

【国内贸易和对外经济】2016年，营口市全年社会消费品零售总额502.7亿元，比上年增长6.6%。分经营地看，城镇消费品零售额441.9亿元，增长6.1%；乡村消费品零售额60.8亿元，增长10.6%。分消费类型看，商品零售额415.6亿元，增长6.4%；餐饮收入额87.1亿元，增长7.9%。

全年进出口总额540714万美元，比上年下降17.8%。其中，出口完成374850万美元；进口完成165864万美元。

【交通、邮电和旅游】2016年年末，营口市全市公路里程总计（不含高速）4329公里，比上年末增加16公里。私人汽车保有量276345辆，增长13.3%。

全年完成邮电业务总量56.8亿元，比上年增长43.5%。其中，邮政业务总量3.1亿元，增长30.0%；电信业务总量53.6亿元，增长44.4%。年末全市固定电话用户40.8万户，下降17.8%。移动电话用户211.1万户，增长3.9%，其中，4G用户137.7万户，4G用户占比由上年的34.8%提升到65.2%。互联网宽带接入用户52.9万户，增长11.2%。

全年国内外旅游人数2407.4万人次，比上年增长14.0%。其中，国内旅游人数2399.6万人次，增长14.0%；入境旅游人数7.8万人次，增长2.6%。旅游总收入210.6亿元，增长13.8%。其中，国内旅游收入206.7亿元，增长14.0%；入境旅游收入6442.5万美元，增长2.8%。

【金融和保险】2016年年末，营口市金融机构本外币各项存款余额2598.3亿元，比年初增加261.7亿元，比上年末增长11.2%。人民币各项存款余额2581.4亿元，增加268.3亿元，增长11.6%。其中，住户存款余额1288.2亿元，增加118.0亿元，增长10.1%；非金融企业存款余额777.2亿元，增加30.3亿元，增长4.1%。年末金融机构本外币各项贷款余额1884.3亿元，增加233.1亿元，增长14.1%。人民币各项贷款余额1854.5亿元，增加222.0亿元，增长13.6%。其中，人民币中长期贷款余额242.0亿元，增加5.9亿元，增长2.5%；人民币短期贷款余额106.8亿元，减少1.3亿元，下降1.2%。

截至2016年底，全市保险主体机构共48家，其中，财产险保险公司23家，人寿险保险公司25家。全行业共承担风险责任保障金额6000.0亿元。实现保费收入49.7亿元，增长10.3%。其中，财产险公司实现16.4亿元，增长2.9%；寿险公司实现33.3亿元，增长14.3%。产寿险公司共支付赔款与给付金额16.5亿元，增长12.4%。其中，财产险公司支付金额10.5亿元，增长7.1%；寿险公司支付金额5.9亿元，增长19.7%。营口地区保险深度（保险费与地区生产总值之比）4.18%。保险密度（人均保险费）2135.7元，增加310.5元。

9

2016年阜新市经济发展概况

【经济总量】2016年，阜新市全年实现地区生产总值（GDP）406.2亿元，比上年下降12.2%。其中，第一产业增加值96.5亿元，下降15.8%；第二产业增加值109.7亿元，下降25.5%；第三产业增加值200.0亿元，增长0.1%。三次产业增加值比重为23.8：27.0：49.2。人均地区生产总值22866元，比上年下降11.9%，按年均汇率折算为3444美元。

【农业】2016年，阜新市全年农作物总播种面积778.0万亩，下降1.8%。粮食作物播种面积545.1万亩，下降0.1%；油料播种面积192.3万亩，下降3.6%，其中花生播种面积192.0万亩，下降3.5%；蔬菜播种面积28.6万亩，下降15.6%。

【工业和建筑业】2016年，阜新市全年规模以上工业实现增加值66.3亿元，同比下降20.0%。实现工业出口交货值4.7亿元，同比下降29.7%，占工业销售产值的1.8%。按轻、重工业分，轻工业完成增加值18.7亿元，同比下降20.4%；重工业完成增加值47.6亿元，下降19.8%。按经济类型分，国有企业完成增加值7.9亿元，下降21.5%；股份制企业完成增加值49.5亿元，下降18.5%；外商及港澳台商投资企业完成增加值6.2亿元，下降20.4%；其他经济类型企业完成增加值2.6亿元，下降31.1%。

全市年末共有205家具有建筑业资质等级的总承包和专业承包建筑企业。实际施工房屋建筑面积为372.9万平方米，房屋建筑竣工面积为97.4万平方米。全年实现主营业务收入59.2亿元，上缴税金2.2亿元。

【固定资产投资】2016年，阜新市全年完成固定资产投资89.0亿元，比上年下降57.2%，其中建设项目完成投资63.3亿元，下降61.5%。按产业分，第一产业完成投资5.0亿元，比上年下降71.2%；第二产业完成投资29.1亿元，下降62.8%；第三产业完成投资54.9亿元，下降51.1%。

【科学技术】2016年，阜新市共取得各项科研成果117项，其中，国内领先2项，国内先进水平8项，省内领先10项，省内先进70项。有117项科研成果得到推广应用。全市规模以上工业高新技术产品增加值13.4亿元。

【国内贸易和对外经济】2016年，阜新市全年社会消费品零售总额282.1亿元，比上年增长2.7%。其中，城镇消费品零售额210.9亿元，增长2.8%；乡村消费品零售额71.2亿元，增长2.5%。从规模看，限额以上零售额85.5亿元，限额以下零售额196.7亿元。

全市进出口总额23033万美元，比上年下降31.1%。其中，出口总额20295万美元，下降25.0%；进口总额2738万美元，下降56.9%。

【交通、邮电和旅游】2016年，阜新市全年完成公路货运量4579万吨，增长3.1%；客运量1155万人次，下降1.2%。完成公路货物周转量766756万吨公里，增长3.1%；客运周转量84262万人公里，下降1.2%。年末民用汽车拥有量23.63万辆，比上年末增长9.0%。其中，载客汽车19.72万辆，载货汽车3.68万辆。在民用汽车拥有量中，年末个人汽车拥有量21.24万辆，比上年末增长8.1%。

全年完成邮电业务总量36.8亿元，增长50.7%。其中，邮政业务总量1.5亿元，增长25.6%；电信业务总量35.3亿元，增长51.8%。完成函件91.5万件，比上年下降24.6%，规模以上企业快递374.5万件，增长47.4%。

全年共接待旅游人数1142.5万人次，增长14.5%。其中，外国人0.85万人次，港澳台同胞1.25万人次，国内旅游人数1140.4万人次。

【金融和保险】2016年年末，阜新市全市金融机构本外币各项存款余额1009.7亿元，比年初增加97.3亿元，同比增长10.7%。其中，住户存款余额662.1亿元，增加41.3亿元；非金融企业存款余额182.7亿元，增加36.0亿元；广义政府存款余额146.3亿元，增加11.3亿元。金融机构本外币各项贷款余额839.8亿元，比年初增加63.6亿元，同比增长8.2%。其中，住户贷款余额164.9亿元，比年初增加4.3亿元；非金融企业及机关团体贷款余额674.8亿元，比年初增加59.3亿元。

全年实现保费收入24.4亿元，比上年增长10.9%。其中，财产险收入8.0亿元，增长6.5%；寿险收入16.4亿元，增长12.5%。全年支付各类赔款和给付总额8.5亿元，其中，财产险支付4.0亿元，人寿险给付4.5亿元。

10

2016年辽阳市经济发展概况

【经济总量】2016年，辽阳市全年实现地区生产总值（GDP）654.2亿元，按不变价格计算，比上年下降4.4%。其中，第一产业增加值72.1亿元，增长0.9%；第二产业增加值261.4亿元，下降14.9%；第三产业增加值320.7亿元，增长4.3%。

【农业】2016年，辽阳市农林牧渔业增加值74.2亿元，按可比价格计算，比上年增长1.2%。其中，农业38.7亿元，增长3.2%；林业1.4亿元，下降6.5%；牧业22.2亿元，下降4.8%；渔业9.8亿元，增长8.5%；农林牧渔服务业2.1亿元，增长2.3%。

【工业和建筑业】2016年，辽阳市规模以上工业增加值按可比价格计算比上年下降23.3%。规模以上工业企业完成出口交货值20.7亿元，比上年下降44.9%。

年末具有建筑业资质等级的总承包和专业承包建筑企业249个，下降1.6%。签订工程合同额282.0亿元，增长3.0%。房屋施工面积450.5万平方米，下降10.5%。

【固定资产投资】2016年，辽阳市固定资产投资（不含农户）197.8亿元，比上年下降56.5%。按投资渠道分，建设项目投资159.3亿元，房地产开发投资38.5亿元。按构成分，建筑安装工程投资128.1亿元，设备工器具购置投资59.3亿元，其他费用投资10.4亿元。按经济类型分，国有及国有控股企业投资30.0亿元，民间投资157.2亿元，港澳台及外商投资10.6亿元。按产业分，第一产业投资2.4亿元。第二产业投资95.6亿元。其中，工业95.6亿元。在工业投资中，采矿业14.8亿元，制造业71.8亿元，电力、燃气及水的生产和供应业9.0亿元。第三产业投资99.8亿元。其中，批发和零售业9.8亿元，交通运输、仓储和邮政业4.1亿元，住宿和餐饮业17.4亿元，房地产业51.6亿元，租赁和商务服务业0.4亿元，科学研究和技术服务业0.4亿元，水利、环境和公共设施管理业2.7亿元，居民服务、修理和其他服务业5.2亿元，教育0.6亿元，卫生和社会工作2.7亿元，文化、体育和娱乐业1.7亿元，公共管理、社会保障和社会组织1.4亿元。固定资产投资三次产业构成比例为1.2：48.3：50.5。

【科学技术】2016年，辽阳市一般公共财政科学技术支出0.6亿元，比上年下降33.6%。规模以上工业研究与试验发展（R&D）经费支出7.5亿元，研究与试验发展（R&D）人员2108人。公共技术服务平台26个，本年新增3个。企业技术中心107个，本年新增17个。省级工程技术研究中心25个。产业技术创新战略联盟2个。专利申请933件，增长48.3%，其中，发明专利申请322件，增长72.2%；授权专利506件，增长32.1%，其中，授权发明专利84件，增长3.7%。有效发明专利313件，增长28.3%。有5项成果荣获省科技进步奖。有40项成果荣获市科技进步奖，其中，一等奖21项、二等奖10项、三等奖9项。技术市场成交各类技术合同17项。技术合同成交额4.5亿元，增长32.1%。新产品开发121项，新增专精特新产品10个。

【国内贸易和对外经济】2016年，辽阳市社会消费品零售总额320.0亿元，比上年下降17.8%。分城乡看，城镇291.7亿元，乡村28.3亿元。分消费形态看，商品零售额271.1亿元，餐饮收入额48.9亿元。分行业看，批发业23.6亿元，零售业247.4亿元，住宿业1.0亿元，餐饮业48.0亿元。分规模看，限额以上66.7亿元，限额以下253.3亿元。

进出口总额10.7亿美元，比上年下降4.2%。其中，出口总额7.0亿美元，增长1.2%；进口总额3.7亿美元，下降12.9%。外商直接投资0.8亿美元，比上年下降77.0%。

【交通、邮电和旅游】2016年，辽阳市公路货运量1.3亿吨，比上年增长3.1%。货物周转量171.2亿吨公里，增长3.1%。公路客运量0.3亿人，下降3.0%。旅客周转量9.3亿人公里，下降3.0%。

邮政行业业务收入3.5亿元，比上年增长20.2%，其中快递业务收入0.9亿元，增长35.5%；电信业务收入12.7亿元，增长5.9%。邮电业务总量38.8亿元，比上年增长38.9%。在邮电业务总量中，邮政行业业务总量2.9亿元，增长18.3%。函件99.4万件，下降30.0%；快递547.1万件，增长54.7%；订销报纸2523.3万份，下降0.8%；订销杂志102.2万份，下降11.9%。在邮电业务总量中，电信业务总量35.9亿元，增长40.8%。

接待国内外旅游者2220.0万人次，比上年增长13.9%。其中，接待国内旅游者2216.0万人次，增长13.9%；接待入境旅游者4.0万人次，增长2.4%。接待入境旅游者中，外国人3.8万人次，增长2.4%；港澳台同胞0.2万人次，增长1.1%。旅游总收入179.5亿元，增长13.4%。其中，国内旅游收入178.0亿元，增长13.5%；旅游外汇收入2510.4万美元，增长2.3%。年末星级以上宾馆7家，其中五星级宾馆1家。旅行社45家。年末国家A级旅游景区12个，其中，2A级旅游景区1个，3A级旅游景区7个，4A级旅游景区4个。

【金融和保险】2016年年末，辽阳市金融机构本外币各项存款余额2229.7亿元，比年初增加565.9亿元。其中，人民币各项存款余额2197.3亿元，增加568.3亿元。人民币住户存款余额955.2亿元，增加75.6亿元。年末金融机构本外币各项贷款余额1181.3亿元，比年初增加147.9亿元。其中，人民币各项贷款余额1168.9亿元，增加141.9亿元。人民币住户贷款余额160.0亿元，增加16.2亿元。在金融机构本外币各项贷款中，年末短期贷款余额602.2亿元，比年初增加80.9亿元；中长期贷款余额495.8亿元，比年初增加78.0亿元。

保险保费收入43.2亿元，比上年增长31.2%。其中，财产保险10.7亿元，增长4.2%；人寿保险30.8亿元，增长44.8%；意外保险0.3亿元，增长16.9%；健康保险1.3亿元，增长24.7%。支付各类赔款及给付总额16.7亿元，增长5.6%。其中，财产保险赔款6.4亿元，增长6.9%；人寿保险赔付9.7亿元，增长4.5%；意外保险赔付0.1亿元，增长37.7%；健康保险赔付0.5亿元，增长8.9%。

11

2016年盘锦市经济发展概况

【经济总量】2016年，盘锦市全年实现地区生产总值（GDP）1007.1亿元，按可比价格计算，比上年下降4.2%。其中，第一产业增加值121.3亿元，增长1.7%；第二产业增加值458.4亿元，下降6.9%，第三产业增加值427.4亿元，下降2.5%。三次产业增加值占地区生产总值的比重为12.0：45.5：42.5。人均地区生产总值70110元。

【农业】2016年，盘锦市全年粮食作物播种面积124812公顷，其中水稻播种面积104557公顷，玉米播种面积14906公顷。全年经济作物播种面积18176公顷，其中油料作物播种面积104公顷，蔬菜及食用菌播种面积16453公顷。全年果园面积761.1公顷。

【工业和建筑业】2016年，盘锦市全年规模以上工业增加值比上年下降10.0%。全年规模以上工业企业主要产品产量中，天然原油974.1万吨，天然气4.6亿立方米，原油加工量2050.1万吨，汽油6.8万吨，柴油437.4万吨，润滑油36.0万吨，燃料油52.2万吨，石油沥青425.1万吨，合成氨14.3万吨，尿素11.4万吨，乙烯52.4万吨，塑料制品50.9万吨，水泥124万吨，化学药品原药208万吨，啤酒74309千升，服装112.4万件，机制纸及纸板5.5万吨，防水卷材3192万平方米。

全年具有建筑业资质等级的总承包和专业承包建筑企业共签订工程合同额201.5亿元，比上年下降6.9%。

【固定资产投资】2016年，盘锦市全年固定资产投资（不含农户）601.4亿元，比上年下降38.8%。其中，建设项目投资514.1亿元，房地产开发投资87.3亿元。全年第一产业投资13.1亿元，占固定资产投资的比重为2.2%；第二产业投资277.4亿元，占46.1%；第三产业投资310.9亿元，占51.7%。

【科学技术】2016年，盘锦市全市各类科学研究与技术开发机构38个，其中政府部门所属科研机构8个，大中型工业企业所属科研机构28个。全年专利申请1363件，其中发明专利申请400件；授权专利657件。全年获省级科技进步奖6项；市科技进步奖55项。高新技术企业42家，比上年增加7家。企业工程技术研发中心87个，比上年增加24个，其中，省级企业工程技术研发中心23个，比上年增加3个。签订技术合同330项，成交额10.1亿元。

【国内贸易和对外经济】2016年，盘锦市全年社会消费品零售总额372.7亿元，比上年增长7.4%。分经营地看，城镇消费品零售额327.6亿元，增长7.2%；乡村消费品零售额45.1亿元，增长8.6%。分消费类型看，商品零售额337.5亿元，增长7.3%；餐饮收入额35.2亿元，增长8.3%。

全年进出口总额21.5亿美元，比上年增长140.7%。其中，出口总额3.3亿美元，下降11.7%；进口总额18.2亿美元，增长250%。在出口总额中，分贸易方式看，一般贸易出口3.1亿美元，下降13.5%；加工贸易出口0.2亿美元，增长29.3%；分产品类别看，机电产品出口0.8亿美元，增长16.5%；高新技术产品出口0.06亿美元，下降8.9%。在进口总额中，分贸易方式看，一般贸易进口17.4亿美元，增长279.5%；加工贸易进口0.5亿美元，下降11.7%；分产品类别看，机电产品进口0.1亿美元，增长14.8%；高新技术产品进口0.08亿美元，增长56.6%。

【交通、邮电和旅游】2016年，盘锦市全年各种运输方式（不包括铁路）完成货运量12995万吨，比上年增长3.3%；货物周转量173.1亿吨公里，比上年增长3.2%。全年完成客运量2439万人，比上年下降3.7%；旅客周转量17.4亿人公里，比上年下降3.8%。全年港口货物吞吐量2994万吨。

全年邮政业务总量3.4亿元，比上年增长26.0%。全年电信业务总量36.4亿元，比上年增长48.2%。年末固定电话用户38.5万户，下降6.0%；移动电话用户167.5万户，下降4.5%。年末国际互联网络用户42.5万户，增长20.4%。

全年接待国内外旅游者2273.3万人次，比上年增长13.4%。其中，接待国内旅游者2262.1万人次，增长13.5%；接待入境旅游者11.2万人次，增长2.1%。全年旅游总收入194亿元，比上年增长15.5%。其中，国内旅游收入188.1亿元，增长16%；旅游外汇收入9957万美元，增长4.5%。

【金融和保险】2016年年末，盘锦市金融机构（含外资）本外币各项存款余额1670.7亿元，比年初增加204.1亿元。其中，人民币各项存款余额1659.2亿元，比年初增加199.6亿元。年末金融机构（含外资）本外币各项贷款余额842.8亿元，比年初增加6.2亿元。其中，人民币各项贷款余额821.1亿元，比年初增加10.4亿元。在金融机构（含外资）本外币各项贷款中，年末住户贷款余额173.3亿元，比年初增加9.0亿元。

全年保险公司保费收入44.4亿元，比上年增长9.3%。其中，寿险业务保费收入33.2亿元，财产险业务保费收入11.2亿元。全年支付各类赔款和给付总额15亿元。其中，寿险业务给付9.4亿元，财产险业务赔款5.6亿元。

12

2016年铁岭市经济发展概况

【经济总量】2016年，铁岭市全年实现地区生产总值(GDP)实现588.0亿元，按可比价格计算，比上年下降4.6%。其中：第一产业实现增加值139.7亿元，同比下降7.7%；第二产业实现增加值191.2亿元，同比下降1.0%；第三产业实现增加值257.2亿元，同比下降4.9%。三次产业增加值占生产总值（GDP）的比重分别为23.8%、32.5%和43.7%。人均GDP达到22178元。

【农业】2016年，铁岭市全市农林牧渔业总产值实现293.9亿元，可比价下降10.4%。农林牧渔业增加值实现140.6亿元，可比价下降7.7%。

【工业和建筑业】2016年，铁岭市全市规模以上工业增加值按可比价格计算，比上年上升0.2%。主要工业产品产量有升有降。全年原煤产量1633.6万吨，比上年上升0.09%；发电量210.8亿千瓦小时，比上年上升1.6%；饲料125.4万吨，比上年下降6.7%；钢材1.8万吨，比上年上升102.3%。

2016年建筑业增加值完成52.5亿元，按可比价计算，比上年下降4.1%。资质等级以上建筑企业完成施工产值83.0亿元，比上年下降35.3%。

【固定资产投资】2016年，铁岭市全年完成固定资产投资122.2亿元，比上年下降69.2%。其中：民间投资85.2亿元，比上年下降66.9%；建设项目投资64.1亿元，比上年下降76.7%；房地产开发投资58.1亿元，比上年下降52.3%。按经济类型划分，国有经济投资19.3亿元，比上年下降80.1%；非国有经济投资102.9亿元，比上年下降65.7%。

【国内贸易和对外经济】2016年，铁岭市全市批发零售业实现增加值78.9亿元，按可比价计算，比上年增长4.2%。批发零售业商品销售总额实现993.3亿元，比上年增长7.8%。其中：限额以上批发零售企业商品销售额108.6亿元，比上年下降15.4%；限额以下批发零售企业商品销售额884.7亿元，比上年增长11.6%。

全市进出口总额完成37993万美元，比上年下降48.1%，其中：进口完成24496万美元，比上年下降6.7%；出口完成13497万美元，比上年下降70.1%。

【交通、邮电和旅游】2016年，铁岭市全年公路货运量完成5872万吨，比上年增长0.3%，货物周转量完成941659万吨公里，比上年增长0.3%；公路客运量2767万人，比上年下降1.4%，旅客周转量102866万人公里，比上年下降1.0%。

全年完成邮政业务总量2.0亿元，比上年增长17.0%。在邮政业务中，全年完成函件159.9万件，比上年增长21.6%；特快专递630.9万件，比上年增长61.1%；全年电信业务总收入14.8亿元。年末固定电话用户28.5万户；移动电话用户达到203.2万户。年末宽带用户数达48.4万户，比上年增加10.2万户，增长26.5%。

全年共接待国内旅游者1799.8万人次，比上年增长13.1%；实现国内旅游收入131亿元，比上年增长13%。接待入境旅游者3.6万人次，比上年增长2.3%；实现旅游外汇收入2850万美元，比上年增长3.7%。

【金融和保险】2016年年末，铁岭市全市人民币各项存款余额1223.4亿元，比年初增加108.6亿元，增长9.7%，其中：单位存款余额229.7亿元，比年初增加10.6亿元，增长4.9%；个人存款余额969.5亿元，比年初增加93.6亿元，增长10.7%；全市人民币各项贷款余额841.2亿元，比年初增加31.8亿元，增长3.9%，其中：短期贷款余额424.1亿元，比年初增加27.4亿元，增长6.9%；中长期贷款余额386.2亿元，比年初增加15.6亿元，增长4.2%；票据融资余额30.8亿元，比年初减少10.9亿元，下降26.2%。

全年实现保费收入40.2亿元，比上年增长20.6%。其中：寿险收入30.6亿元，比上年增长25.1%；财产险收入9.6亿元，比上年增长8.2%。全年支付各类赔款和给付总额10.9亿元，比上年增长6.9%。其中：寿险给付和赔款5.9亿元，比上年增长28.3%；财产险赔款5.0亿元，比上年下降10.7%。

13

2016年朝阳市经济发展概况

【经济总量】2016年，朝阳市全年实现地区生产总值（GDP）708.9亿元，比上年下降6.7%。其中，第一产业增加值184.6亿元，下降13.2%；第二产业增加值160.4亿元，下降17.2%；第三产业增加值363.9亿元，增长3.1%。三次产业增加值比重为26.0：22.6：51.4。全年人均生产总值24025元，比上年下降6.3%，按年均汇率折算为3618美元。

【农业】2016年，朝阳市全年粮食作物播种面积379.6千公顷。其中，玉米播种面积298.7千公顷。全年经济作物播种面积85.0千公顷。其中，油料作物播种面积5.2千公顷，蔬菜及食用菌播种面积72.0千公顷。全年果园面积28.7千公顷。

【工业和建筑业】2016年，朝阳市全年规模以上工业企业主营业务收入389.4亿元，实现利润总额3亿元，利税总额18.9亿元。全年规模以上工业产销率为99.8%。

全年216户具有建筑业资质等级的总承包和专业承包建筑企业共签订工程合同额187.6亿元，完成建筑业总产值108.8亿元。实际施工的房屋建筑面积826.3万平方米。其中新开工面积446.3万平方米，房屋竣工面积333.7万平方米。

【固定资产投资】2016年，朝阳市全年固定资产投资（不含农户）243.9亿元，比上年下降51.2%。其中，建设项目投资197.7亿元，房地产开发投资46.2亿元。分产业看，全年第一产业投资17.5亿元，占固定资产投资的7.2%；第二产业投资96.6亿元，占39.6%；第三产业投资129.8亿元，占53.2%。

【科学技术】2016年，朝阳市全市高新技术企业28家。全年高新技术产品增加值21.2亿元。全年专利申请受理762件，其中发明专利申请261件，发明专利授权74件。有效发明专利278件。技术转移服务平台整理发布院校科技成果1000项，企业需求350余项，并引进了3家科技中介机构，为企业提供文献检索14145条，检索成果、专利、查新等信息1.2万余条，提供文献1269篇，数据量2.7G。

【国内贸易和对外经济】2016年，朝阳市全年社会消费品零售总额448.7亿元，比上年增长4.8%。从不同地域看：城镇消费品零售额405.3亿元，增长4.7%；乡村消费品零售额43.4亿元，增长5.9%。从消费形态看：批发零售业零售额406.3亿元，增长4.8%，其中限额以上零售额84.6亿元，下降6.6%；住宿餐饮业零售额42.4亿元，增长5.3%，其中限额以上零售额5.8亿元，下降17.6%。

全年进出口总额77284万美元，比上年下降22.6%。其中，出口总额62321万美元，下降22.3%；进口总额14963万美元，下降24.6%。进出口差额47358万美元（出口减进口）。在进口总额中，国有企业进口10467万美元，下降12.2%；三资企业进口567万美元，增长2.1%。在出口总额中，国有企业出口9805万美元，下降62.7%；三资企业出口3077万美元，下降27.4%。

【交通、邮电和旅游】2016年，朝阳市全年全市共完成公路客运量2171万人，比上年下降3.0%；公路旅客周转量104423万人公里，下降3.0%；完成货运量4891万吨，增长3.0%；货物周转量742780万吨公里，增长3.0%。航空客运量11.7万人次，比上年增长17.3%。全年公交运营线路196条。全市共有公交运营车辆777辆，全市运营线路总长度5276.8公里，年运营里程6562.2万公里。

全年邮电业务总量49.5亿元，比上年增长45.2%。其中，邮政行业业务总量3.8亿元，增长16.5%。全年函件80.5万件，比上年下降15.6%；快递549.6万件，增长50.7%；订销报纸2685.6万份，下降0.2%；订销杂志94.8万份，增长1.2%。电信业务总量45.7亿元，增长47.9%。年末固定电话用户54万户，下降11.9%；移动电话用户211.9万户，增长3.3%。在移动电话用户中，4G用户120万户。3G/4G网络全部覆盖到行政村和人口聚集自然村。年末固定互联网宽带接入用户54.0万户，比上年末增长18.9%。

年末全市共有国家A级旅游区41家，其中4A级旅游区5家。星级以上宾馆24家，其中四星级宾馆3家，三星级宾馆15家，二星级宾馆6家。旅行社33家。全年共接待旅游、访问、从事商务等项活动的外国人、华侨和港澳台同胞2.1万人次，比上年增长2.5%。全市旅游总收入146.7亿元，比上年增长12.5%，其中旅游外汇收入为1475.5万美元，增长2.5%。

【金融和保险】2016年年末，朝阳市全部金融机构本外币各项存款余额1573.8亿元，比年初增加196.3亿元。其中，人民币各项存款余额1567.9亿元，比年初增加193.5亿元。在各项存款中，金融机构本外币住户存款余额1173.7亿元，比年初增加138.6亿元。金融机构本外币各项贷款余额993.6亿元，比年初增加75.6亿元。其中，人民币各项贷款余额992.6亿元，比年初增加75.2亿元。在各项贷款中，本外币短期贷款余额338.1亿元，比年初下降9.1亿元；本外币中长期贷款余额571.9亿元，比年初增加61.6亿元。金融机构净利润同比下降48.8%。年末金融机构不良贷款余额比年初增加7.0亿元，不良贷款率提高0.2个百分点。

全年保险行业承保金额9630.5亿元，比上年增长4.6%。其中，财产险承保金额3722.2亿元，增长27.2%；寿险承保金额5908.3亿元，下降6.0%。全年原保险保费收入38.2亿元，比上年增长15.7%。其中，财产险原保险保费收入11.6亿元，增长7.5%；寿险原保险保费收入26.6亿元，增长19.6%。支付各类赔款和给付总额18.6亿元，比上年增长2.3%。其中，财产险赔付支出5.7亿元，下降30.8%；寿险赔付支出12.9亿元，增长29.9%。

14

2016年葫芦岛市经济发展概况

【经济总量】2016年，葫芦岛市全年实现地区生产总值（GDP）645.9亿元，按可比价格计算，比上年增长1.0%。其中，第一产业增加值109.3亿元，增长3.7%；第二产业增加值224.1亿元，下降2.9%；第三产业增加值312.6亿元，增长3.2%。地区生产总值三次产业构成为16.9：34.7：48.4。

【农业】2016年，葫芦岛市全年农林牧渔业总产值211.6亿元，比上年增长2.6%。粮食总产量90.0万吨，比上年增长13.0%，其中玉米72.5万吨，增长8.7%；水稻5.6万吨，增长87.2%。粮食作物种植面积18.5万公顷，下降4.5%。花生产量10.8万吨，增长151.3%。园林水果产量97.1万吨，增长3.6%，其中苹果54.2万吨，增长8.2%；梨35.3万吨，下降2.1%。

【工业和建筑业】2016年，葫芦岛市全年规模以上工业（以下工业数据均为此口径）增加值120.1亿元，比上年下降7.5%。规模以上工业总产值546.3亿元，下降21.5%。按轻重工业分：轻工业总产值57.1亿元，下降43.9%；重工业总产值489.2亿元，下降17.6%。按经济类型分:国有企业总产值1.6亿元，增长7.2%；集体企业总产值5.0亿元，下降15.9%；股份合作企业总产值0.6亿元，增长15.9%；股份制企业总产值509.4亿元，下降21.2%；外商及港澳台商投资企业总产值18.6亿元，下降26.0%；其他经济类型企业总产值11.2亿元，下降32.0%。国有控股企业总产值303.8亿元，下降12.6%。全年工业出口交货值19.1亿元，下降43.7%。

全年建筑业企业（资质等级以上）270个，比上年减少6个。建筑业增加值实现69.1亿元，增长3.9%。建筑业总产值完成89.4亿元，下降29.7%，其中：建筑工程产值76.9亿元，下降13.2%；安装工程产值7.5亿元，下降43.5%；其他产值5.0亿元，下降80.2%。全年房屋建筑施工面积完成523.6万平方米，下降9.8%；房屋建筑竣工面积219.4万平方米，下降13.4%。建筑业企业期末从业人员3.5万人。建筑业全员劳动生产率22.6万元/人，下降3.8%。

【固定资产投资】2016年，葫芦岛市全年固定资产投资178.0亿元，比上年下降6.5%。其中：建设项目投资98.2亿元，增长5.2%；房地产开发投资79.8亿元，下降17.8%。从产业看，第一产业投资2.3亿元，下降18.6%；第二产业投资46.0亿元，下降17.3%，其中工业投资45.4亿元，下降18.5%；第三产业投资129.7亿元，下降1.7%。固定资产投资产业构成由上年的1.5：29.3：69.2调整为1.3：25.8：72.9。

【科学技术】2016年，葫芦岛市全年专利申请1160件，比上年增长24.2%，其中发明专利申请225件；授权专利748件。有效发明专利421件。全年高新技术产品产值实现120.5亿元，比上年增长13.2%；高新技术产品实现增加值27.4亿元，增长19.6%（按可比价格计算）。

【国内贸易和对外经济】2016年，葫芦岛市全年批发和零售业增加值85.7亿元，按可比价格计算，比上年增长5.7%；住宿和餐饮业增加值16.4亿元，增长2.1%。

全年外商直接投资322万美元，比上年下降80.8%。进出口总额实现7.4亿美元，下降54.0%，其中：出口总额实现5.1亿美元，下降52.3%；进口总额实现2.3亿美元，下降57.2%。

【交通、邮电和旅游】2016年，葫芦岛市全年交通运输、仓储及邮政业增加值34.1亿元，按可比价格计算，比上年增长7.3%。

全市公路总里程达9372.1公里，其中：高速公路228.9公里，国道515.2公里，省道548.9公里，县道536.2公里，乡道2661.7公里，村道4881.1公里。公路密度90.0公里/百平方公里。有铺装路面总里程达6781.7

公里，桥梁总数达到81941.1延米/2772座，其中大桥29300.1延米/147座。1075个行政村全部实现村村通油路。全市拥有地方铁路、专用铁路和铁路专用线路20条，总长195公里。年末民用汽车拥有量29.1万辆，其中载客汽车22.4万辆；载货汽车5.7万辆。在民用汽车拥有量中，年末个人汽车拥有量24.1万辆。

全年邮政业务总量实现5.7亿元，比上年增长31.4%；电信业务总量实现42.9亿元，增长45.9%。全年完成快递1862.0万件，函件554.6万件，包裹5.5万件，定销报纸杂志累计3260万份，其中，报纸3158万份，杂志102万份。年末固定电话用户41.6万户；移动电话用户203.0万户，其中3G电话21.4万户，4G电话105.7万户；互联网宽带接入用户53.7万户。

全年旅游总收入实现167亿元，比上年增长16%。接待国内外旅游者2074万人次，增长14%。全市现有AAAA级旅游区6处，AAA级旅游区13处，AA级旅游区14处。旅行社72个，其中国际社1个，国际分社30个。星级宾馆26个，其中：五星级1个、四星级3个、三星级21个、二星级1个。

【金融和保险】2016年，葫芦岛市全年金融保险业增加值实现47.1亿元，比上年增长11.0%。年末全部金融机构存款余额1572.0亿元，比年初增加158.9亿元，其中：住户存款余额1056.5亿元，比年初增加81.7亿元；非金融企业存款余额254.5亿元，比年初增加51.1亿元。年末全部金融机构贷款余额931.6亿元，比年初增加75.9亿元，其中：短期贷款139.2亿元，比年初减少20.0亿元；中长期贷款469.6亿元，比年初增加64.0亿元。

全年保险费收入36.7亿元，比上年增长29.9%，其中：财产险保费收入12.7亿元，增长11.2%；人寿险保费收入24.0亿元，增长42.6%。处理赔（给）付各类保险金8.1亿元，增长5.3%，其中：财产险赔付额6.8亿元，下降0.4%；人寿险赔（给）付额1.3亿元，增长50.0%。承保件数161.3万件，增长95.2%，其中：财产险承保件数131.0万件，增长148.8%；人寿险承保件数30.3万件，增长0.9%。

吉林省

| 长春市 | 吉林市 | 四平市 | 辽源市 | 通化市 | 白山市 | 松原市 | 白城市 |

1

2016年长春市经济发展概况

【经济总量】2016年，长春市全年实现地区生产总值（GDP）5928.5亿元，按不变价格计算，比上年增长7.8%。其中，第一产业增加值323.5亿元，比上年增长3.7%；第二产业增加值2926.2亿元，增长7.0%；第三产业增加值2678.8亿元，增长9.4%。三次产业结构为5.4：49.4：45.2。对经济增长的贡献率分别为：2.9%、45.0%、52.1%。人均生产总值达到78667元(按户籍年平均人口数计算)，比上年增长7.9%，折合11843美元。

【农业】2016年，长春市全年完成农林牧渔业增加值332.3亿元，比上年增长3.7%。其中，种植业增加值181.3亿元，增长3%；林业增加值1.9亿元，增长18.8%；牧业增加值137.5亿元，增长4.2%；渔业增加值2.8亿元，增长4.8%；农林牧渔服务业增加值8.8亿元，增长3%。

【工业和建筑业】2016年，长春市全年完成规模以上工业增加值2332.2亿元，比上年增长8.3%。其中，轻工业实现增加值387.8亿元，增长4.6%；重工业实现增加值1944.4亿元，增长9.0%。分经济类型看，国有企业实现增加值1122.2亿元，增长7.0%；集体企业实现增加值1.5亿元，增长6.9%；股份制企业实现增加值885.6亿元，增长10.3%；外商及港澳台商投资企业实现增加值311.4亿元，增长6.3%；其他经济类型企业实现增加值11.5亿元，增长33.9%。规模以上工业企业万元增加值综合能源消耗降低率为5.3%。

全年建筑业完成增加值467.4亿元，比上年增长8.1%。资质以上建筑业完成总产值1184.3亿元，比上年增长6.2%。

【固定资产投资】2016年，长春市全年完成全社会固定资产投资总额4710.6亿元，比上年增长10%。其中：房地产开发投资596.6亿元，增长17.9%。新增固定资产3163.4亿元。固定资产交付使用率为67.9%，比上年下降10.2个百分点。房屋面积竣工率为20.7%，比上年下降0.2个百分点。

【科学技术】2016年，长春市全年专利申请量13327件，授权量7062件，分别比上年增长30.9%和18.1%。其中，发明专利申请量5801件，增长24.4%；发明专利授权量1982件，增长8.2%。全年通过鉴定、验收和认定的科技成果381项，其中：获得市级科技进步奖励50项。

【国内贸易和对外经济】2016年，长春市全年实现社会消费品零售总额2650.3亿元，比上年增长9.8%。分行业看，批发零售贸易业零售额2374.7亿元，增长9.1%。其中：限额以上批发零售贸易业零售额1057.8亿元，增长6.9%；限额以下批发零售贸易业零售额1316.9亿元，增长10.6%。住宿和餐饮业零售额275.6亿元，增长16.2%。其中：限额以上住宿餐饮业零售额27.6亿元，增长10.5%；限额以下住宿餐饮业零售额248亿元，增长16.9%。

全年实现进出口总额141.6亿美元，比上年增长1.4%。其中，进口122.4亿美元，增长1.7%；出口19.2亿美元，下降0.6%。在出口企业中，一般贸易企业出口13.3亿美元，下降3.5%；加工贸易企业出口5.8亿美元，增长5.1%。

【交通、邮电和旅游】2016年，长春市全年公路货物周转量290.2亿吨公里，增长3.2%；旅客周转量为44.2亿人公里，下降5.3%。民航完成货邮吞吐量8.7万吨，增长11.3%；完成旅客吞吐量949.3万人，增长11.0%。2016年末全市民用汽车保有量143.7万辆，增长13.1%。其中，私人汽车保有量128.1万辆，增长15.2%。

2016年完成邮电业务总量99.0亿元，增长44.3%。其中：邮政业务总量5.7亿元，下降1.8%；特快专递36.0万件，下降30.8%；集邮1418万件，下降12.5%；邮政储蓄平均余额3201.2亿元，增长26.8%。电信业务总量93.2亿元，增长48.1%。市话期末到达户数115.8万户，下降4.9%；农话期末到达户数23万户，下降6.5%；移动电话期末到达户数1489.2万户，增长38.7%。互联网接入用户699.4万户，增长35.8%。

全年来长旅游人数达到6700.4万人次，比上年增长17%。其中，接待入境游客45.2万人次，比上年增长5%；接待国内旅游者6655.2万人次，增长17.1%。全年旅游总收入1341.1亿元，增长25%。旅游外汇收入34398.2万美元，增长8%。

【金融和保险】2016年，长春市全市金融机构本外币各项存款余额11122.2亿元，比年初增长11.7%。住户存款余额4277.1亿元，增长11.6%。金融机构本外币各项贷款余额9966.1亿元，比年初增长10.6%。

全年保费收入224.8亿元，比上年增长39.1%。其中，财产险保费收入68.2亿元，增长12.6%；人身险保费收入156.6亿元，增长55%。全年赔付总金额68.5亿元，增长23.3%。其中，财产险赔付金额38.9亿元，增长15.5%；人身险赔付金额29.6亿元，增长35.1%。

2

2016年吉林市经济发展概况

【经济总量】2016年，吉林市全年实现地区生产总值（GDP）2531.3亿元，比上年增长6.9%。其中，第一产业完成增加值240.3亿元，增长4.3%；第二产业完成增加值1136亿元，增长6.4%；第三产业完成增加值1155亿元，增长8.2%。三次产业结构比由上年的10.5：45.4：44.1调整为9.5：44.9：45.6，第三产业比重提升1.5个百分点，形成“三二一”产业新格局，产业结构进一步优化。人均生产总值达到59652.4元，按现行汇率折算为8599.2美元。

【农业】2016年，吉林市农业生产保持良好发展态势，粮食生产喜获丰收，按省认定数粮食总产量为423.2万吨，比上年增长0.04%。其中，水稻总产量达到105万吨，增长1.9%；大豆总产量7.8万吨，增长14.7%；玉米总产量306.9万吨，下降0.5%。

【工业和建筑业】2016年，吉林市规模以上工业企业1082户，完成产值3256.7亿元，增长4.6%；完成增加值755.2亿元，可比增长6.2%。十大行业总体保持九升一降，其中：石化行业完成产值784.5亿元，增长4.3%；冶金行业完成产值290.8亿元，下降8.6%；医药健康行业完成产值184.3亿元，增长15.1%；电子行业完成产值36.1亿元，增长6.5%；农副食品加工行业完成产值675.6亿元，增长6.4%；轻纺行业完成产值286.1亿元，增长2.7%；机械加工与制造行业完成产值389.3亿元，增长5.1%；能源行业完成产值86.4亿元，增长5.2%；汽车及配件制造行业完成产值197.3亿元，增长16.2%；建材行业完成产值237.9亿元，增长6.1%。工业产品销售率达到98.5%，比上年提高0.6个百分点。

建筑业完成增加值157.7亿元，比上年增长10.5%。有资质建筑业企业完成总产值362.9亿元，增长

5.1%。企业房屋建筑施工面积1511.8万平方米，竣工面积773.7万平方米。

【固定资产投资】2016年，吉林市完成固定资产投资（含农户）2829.4亿元，增长9.6%。其中，房地产开发累计完成投资131.8亿元。

【科学技术】2016年，吉林市市本级财政投入资金3056万元，重点组织实施了人才、平台、产学研合作项目38项。围绕全市确定的“6411”产业，成立化工新材料助剂、特种纤维与复合材料、黄金矿业大数据等10家细分行业应用技术研究院。加快五大新材料产业聚集区发展，新材料实现产值274.7亿元。加强科技交流与合作，举办科技成果推介会4场，重点推介科技成果50多项，满足了企业技术需求，技术交易额达到1.08亿元。组织科技“小巨人”企业联盟活动9次，新培育认定科技“小巨人”企业79户，累计达到“小巨人”206户。新认定企业技术创新中心20户，累积达到110户，新认定科技创新团队50个，累积达到168个。为科技型中小企业协调融资15亿元，贴息362.85万元。组织推荐省科技奖77项，获奖46项。专利申请量2432件，授权量1372件。

【国内贸易和对外经济】2016年，吉林市实现社会消费品零售总额1446.5亿元，增长10.1%。分地域看，城镇实现消费品零售额1323.3亿元，增长9.8%；乡村实现消费品零售额123.2亿元，增长14.4%。分行业看，批发业实现零售额267.2亿元，增长8.0%；零售业实现零售额1024.6亿元，增长10.4%；住宿业实现零售额14.6亿元，增长14.2%；餐饮业实现零售额140.1亿元，增长12.4%。

外贸进出口总额实现7.8亿美元，比上年下降26.8%。其中出口4.5亿美元，下降27.2%；进口3.3亿美元，下降26.2%。对外承包工程营业额实现1.05亿美元，增长2.3%。有进出口业绩企业达到207家，进出口商品达到772种，与105个国家（地区）有经贸往来。

【交通、邮电和旅游】2016年，吉林市货物运输量6713万吨，增长1.6%；货物周转量160.9亿吨公里(不含铁路运输)，增长3.2%；全年旅客发送量5292万人次，下降2.8%；旅客发送周转量22.6亿人公里(不含铁路运输)，下降5.4%，其中公路22.5亿人公里，下降5.1%；水运1478.8万人公里，下降28.5%。

全年邮政业务总量6.3亿元，增长22.8%；邮政业务收入7.2亿元，增长20.2%。全年电信业务总量74.0亿元，增长41.0%；电信业务收入28.1亿元，增长6.8%。

全年接待旅游者4476.8万人次，同比增长17.5%，占全省的27%；实现旅游收入678.2亿元，同比增长25.1%，占全省的23%。

【金融和保险】2016年年末，吉林市金融机构本外币各项存款余额2695.9亿元，比年初增加202.8亿元。其中：本外币境内存款余额2693.8亿元，比年初增加202.6亿元；本外币境外存款余额2.1亿元，比年初增加0.1亿元。年末金融机构本外币贷款余额为2114.8亿元，比年初增加405.6亿元。人民币各项贷款余额为2108.亿元，比年初增加410亿元，其中：境内贷款余额2108.5亿元，境外贷款余额0.009亿元。

全市共有财、寿险公司28家，其中财产险公司12家，寿险公司16家。保费收入92.5亿元，其中：财产险保费收入16.28亿元，寿险保费收入76.17亿元；财险赔款金额7.99亿元，寿险给付金额21.84亿元。

3

2016年四平市经济发展概况

【经济总量】2016年，四平市全年实现地区生产总值（GDP）1205.0亿元，按可比价格计算，比上年增长3.1%。其中，第一产业实现增加值301.8亿元，增长3.5%；第二产业实现增加值479.8亿元，下降2.1%；

第三产业实现增加值423.4亿元，增长10.2%。人均生产总值达37026元。经济结构进一步优化，一、二、三产业占生产总值的比重为25.0：39.8：35.2。

【农业】2016年，四平市全年粮食播种面积86.4万公顷，比上年减少1.1万公顷，同比下降1.2%，全年粮食产量767.6万吨，比上年增加5.4万吨，同比增长0.7%。全年玉米播种面积78.9万公顷，比上年减少2.0万公顷，下降2.5%，玉米产量709.9万吨，比上年增加2.4万吨，增长0.3%；水稻播种面积4.95万公顷，比上年增加0.03万公顷，增长0.5%，水稻产量45.9万吨，比上年减少0.4万吨，下降0.9%；大豆播种面积0.9万公顷，比上年增加0.6万公顷，是上年的2.8倍。

【工业和建筑业】2016年，四平市全年实现规模以上工业增加值501.1亿元，工业总产值2001.3亿元。销售产值1985.6亿元，产销率99.2%。实现主营业务收入1574.9亿元，比上年下降6.3%。利润总额53.8亿元，比上年增长10.5%。实现利税35.6亿元，比上年增长9.4%。

全年实现建筑业增加值37.4亿元，比上年增长4.0%。全年资质等级以上的总承包建筑企业完成总产值84.1亿元，比上年下降0.4%。工程结算收入79.3亿元，比上年增长7.8%。建筑施工面积429.5万平方米，比上年下降22.0%，竣工面积289.6万平方米，比上年下降12.2%。

【固定资产投资】2016年，四平市全年完成全社会固定资产投资884.2亿元，比上年增长10.6%。

【科学技术】2016年，四平市共向上级科技部门推荐科技项目64项，25个项目（不含外县及吉林师大）被省科技厅批准立项，争取资金3006万元。欧维姆机械有限公司承担的吉林省重大科技攻关项目--“通用性多边形钢筋笼数控机”、益民堂制药承担的吉林省重大科技研发人才团队补助基金项目分别获200万元资金补助。

【国内贸易和对外经济】2016年，四平市全年实现社会消费品零售总额605.8亿元，比上年增长9.9%。剔除价格上涨因素，实际增长8.5%。其中，城镇实现零售额509.5亿元，比上年增长10.0%；乡村实现零售额96.3亿元，比上年增长8.8%。分行业看，批发零售贸易业实现零售额531.7亿元，比上年增长9.1%；住宿餐饮业实现零售额74.1亿元，比上年增长15.4%。限额以上消费品零售额实现263.8亿元，比上年增长7.1%，限额以下消费品零售额实现342.0亿元，比上年增长11.2%。

【交通、邮电和旅游】2016年，四平市全年完成交通运输、仓储、邮电业增加值55.0亿元，按可比价格计算，比上年增长8.4%。全年公路旅客发送量达3327万人，比上年下降6.4%。旅客周转量达184933万人/公里，比上年下降5.2%。公路货物发送量8010万吨，比上年增长5.4%。公路货物周转量2508697万吨/公里，比上年增长3.2%。年末，全市出租车达9479辆，比上年增长0.3%。市区出租车达2797辆，与上年持平。全市机动车保有量453140辆，比上年下降13.9%。其中：载客汽车达到270355辆，比上年增长9.7%，载货汽车达到64010辆，比上年增长2.5%。

全市拥有邮政局、所127个，同比增长17.6%。邮路总长度1658.5公里，与上年持平。全年完成邮电业务总量19.0亿元，比上年增长10.5%。其中，邮政业务总量2.54亿元，比上年增长17.1%；电信业务总量16.5亿元，比上年下降1.42%。在邮政业务中，全年完成函件业务量29万件，比上年下降59.2%；包裹业务量31.6万件，是上年的4.8倍；汇兑11万笔，比上年下降42.1%；特快专递6万件，比上年下降45.5%。年末全市固定电话用户数达32.2万户，比上年下降26.8%。年末移动电话用户达337.3万户，比上年下降1.1%。

全年接待旅游总人数344.1万人次，比上年增长30.2%。其中，接待入境旅游者5626人次，比上年增长16.3%。接待国内旅游者343.5万人次，比上年增长30.3%。旅游总收入49.4亿元人民币，比上年增长28.3%，其中旅游外汇收入160.8万美元，比上年增长18.0%，国内旅游收入49.3亿元人民币，比上年增长28.4%。截至2016年末，全市有旅行社26家，同比增长23.8%；星级酒店2家，同比增长50.0%。（注：旅游数据不含公主岭）

【金融和保险】 2016年，四平市全年实现金融业增加值31.3亿元，按可比价格计算，比上年增长6.1%。年末金融机构本外币存款余额1244.8亿元，比年初增加178.3亿元。住户存款892.6亿元，比年初增加102.1亿元。非金融企业存款180.0亿元，比年初增加64.9亿元。广义政府存款168.5亿元，比年初增加11.7亿元。非银行业金融机构存款3.7亿元，比年初减少0.4亿元。金融机构本外币各项贷款余额为1096.9亿元，比年初增加155.3亿元。住户贷款230.0亿元，比年初增加15.3亿元，其中短期贷款60.9亿元，比年初增加11.4亿元；中长期贷款169.1亿元，比年初增加3.9亿元。非金融企业及机关团体贷款866.8亿元，比年初增加140.0亿元，其中，短期贷款643.4亿元，比年初增加110.1亿元；中长期贷款199.9亿元，比年初增加36.8亿元。

全市有各类保险公司24家，其中，财产保险公司12家，人寿保险公司12家。全年实现保费收入489241万元，比上年增长57.3%。其中：财产险保费收入117898万元，比上年增长32.9%；人寿险保费收入371343万元，比上年增长66.9%。各类保险赔款和给付支出112027.5万元，比上年增长24.7%。其中：财产险赔款支出59232万元，比上年增长41%。人寿险赔款和给付支出52795.5万元，比上年增长14.9%。

4

2016年辽源市经济发展概况

【经济总量】 2016年，辽源市全年实现地区生产总值（GDP）766.85亿元，按可比价格计算，比上年增长6.7%。其中，第一产业增加值59.06亿元，增长3.8%；第二产业增加值439.26亿元，增长7.3%；第三产业增加值268.53亿元，增长6.5%。三次产业比重为7.7：57.3：35.0，分别比上年下降0.4、0.5和上升0.9个百分点。一、二、三产业对经济增长的贡献率分别为4.8、62.2和33.0%，拉动GDP增长0.3、4.2和2.2个百分点。全年人均地区生产总值为63744元，增长5.9%。

【农业】 2016年，辽源市全年实现农林牧渔业总产值107.17亿元，可比价增长4.5%（下同）。农林牧渔及服务业增加值实现59.56亿元，可比价增长3.8%。其中，农业增加值21.62亿元，增长8.4%；林业增加值1.2亿元，增长9.8%；牧业增加值35.86亿元，增长1.3%；渔业增加值0.38亿元，下降7.1%；农林牧渔服务业增加值0.51亿元，增长0.4%。

【工业和建筑业】 2016年，辽源市全市规模以上工业企业320户，实现工业总产值1563.04亿元，比上年增长7.5%，实现工业增加值470.64亿元，可比价增长8.5%，占全市GDP比重为61.4%，比上年提高2.0个百分点。其中，轻工业实现工业增加值179.11亿元，增长15.8%；重工业实现工业增加值291.53亿元，增长4.7%。民营工业实现增加值430.32亿元，增长9.0%。民营工业增加值占全市规模以上工业增加值比重为91.4%。六大高耗能行业共实现增加值133.74亿元，增长6.2%。

全年建筑业企业实现增加值31.24亿元，比上年增长3.3%。全市具有资质等级的总承包和专业承包建筑业企业实现总产值48.09亿元，下降5.5%。

【固定资产投资】 2016年，辽源市全年全社会固定资产投资666.24亿元，比上年增长9.6%。从产业投资结构看：第一产业投资45.61亿元，增长11.0%，占全社会固定资产投资总量6.8%；第二产业投资432.13亿元，增长11.7%，占全社会固定资产投资总量64.86%，其中工业投资403.80亿元，增长9.2%，占全社会固定资产投资总量60.6%；第三产业投资188.50亿元，增长4.9%，占全社会固定资产投资总量28.3%。

【科学技术】 2016年，辽源市全市共有42个项目列入2016年省级科技计划，争取无偿资金2447万元。争取省级专利资金补贴项目32项。全市获省科技进步一等奖1项、省科技进步三等奖1项。全年专利申请量为327件，其中发明73件，授权量143件，其中发明专利授权量为19件。全市拥有国家、省级科技企业孵化器（含众创空间）7个，院士工作站4个；省级产业技术创新战略联盟2个；省级高新技术特色产业基地（园区）3个；省级中试中心3个。新认定市级科技创新中心5户，市级农业科技示范园区5个，市级科普基地2个，市级众创空间2个。

【国内贸易和对外经济】2016年，辽源市全市实现社会消费品零售总额226.19亿元，增长9.4%。按城乡分，城镇实现社会消费品零售总额206.72亿元，增长9.6%；乡村实现社会消费品零售总额19.47亿元，增长7.8%。按规模分，限额以上单位实现社会消费品零售总额51.3亿元，下降2.2%；限额以下单位实现社会消费品零售总额174.89亿元，增长13.3%。限额以上社会消费品零售总额占全市的比重为22.7%，比上年下降2.5个百分点。

全市实现外贸进出口总额29868万美元，比上年增长8.9%。其中，实现出口总值16454万美元，增长8.6%；实现进口总值13414万美元，增长9.2%。

【交通、邮电和旅游】2016年，辽源市全市交通运输、仓储和邮政业实现增加值29.63亿元，可比价增长5.5%。全市公路总里程4915.20公里。其中:高速公路150.85公里，一级公路193.16公里，二级公路496.38公里，三级公路77.98公里，四级公路3996.83公里。2016年新建公路527.07公里。

全市实现电信业务总量18.80亿元，比上年增长50.4%。全市固定电话19.2万部，比上年下降29.7%；移动电话110.90万部，比上年下降5.1%。邮政业务总量10950万元，比上年增长11.8%；实现营业收入13737万元，比上年增长17.8%；全年发送信函185万件，比上年增长14.9%。

全市旅游人数达253.02万人，比上年增长17.1%，占全省的比重为1.5%。旅游收入39.81亿元，比上年增长25.8%，占全省的比重为1.4%。

【金融和保险】2016年年末，辽源市全市金融机构各项存款余额497.10亿元，比年初增加38.94亿元，比上年增长8.5%。其中，住户存款383.66亿元，比年初增加44.99亿元，比上年增长13.5%；各项贷款余额405.12亿元，比年初增加51.37亿元，比上年增长14.5%。境内贷款中，非金融企业及机关团体贷款312.76亿元，比年初增加48.66亿元，比上年增长18.4%。

截至2016年末，全市共有各类市级保险经营主体18家，其中财产保险公司9家，寿险公司9家。所辖县、区机构财险18家、寿险15家。实现保费收入19.49亿元，比上年增长22.9%。其中，财险保费收入3.54亿元，增长10.6%；寿险保费收入15.95亿元，增长26.0%。累计赔款和给付金额2.46亿元，比上年增长42.2%。其中，财险赔款1.87亿元，比上年增长40.6%；寿险给付0.59亿元，比上年增长47.5%。

5

2016年通化市经济发展概况

【经济总量】2016年，通化市全市实现地区生产总值（GDP）1060.5亿元，按可比价格计算，增长7.9%。其中，第一产业实现增加值84.5亿元，增长2.7%；第二产业实现增加值541.5亿元，增长7.2%；第三产业实现增加值434.6亿元，增长10.1%。人均GDP达到48100元，增长7.9%。

【农业】2016年，通化市全年农林牧渔业总产值达到160.8亿元，下降8.1%。全年粮食作物播种面积达到30.0万公顷，增长2.3%；粮食总产量188.7万吨，增长3.8%。其中，玉米产量121.1万吨；水稻产量63.3万吨。

【工业和建筑业】2016年，通化市全年实现增加值628.0亿元，按可比价格计算，比上年增长8.6%。年末全市规模以上工业企业达到598户。

全年资质等级以上建筑企业完成总产值180.5亿元，比上年增长1.7%；实现工程结算收入153.4亿元，比上年下降5.1%；实现利税总额9.7亿元，比上年下降16.6%；建筑施工面积695.0万平方米，增长3.9%；竣工面积448.0万平方米，增长8.9%。

【固定资产投资】2016年，通化市全年完成全社会固定资产投资1076.8亿元，比上年增长10.0%，其中城镇以上投资1065.7亿元，增长10.6%。投资亿元以上的施工项目333个，完成投资599.7亿元，增长32.0%。

【科学技术】2016年，通化市全年我市共申报省各类科技计划项目119项，已列入省各类科技计划项目51项，共获得资金支持4165万元。全年共推荐省级科学技术奖15项，有13个项目获奖，其中二等奖4项，三等奖9项。全年专利申请量485件，授权205件，其中：发明专利申请197件，授权54件。

【国内贸易和对外经济】2016年，通化市全市实现社会消费品零售总额532.4亿元，增长10.2%，增幅比上年上升0.3个百分点。

全市外贸进出口总额达到45216万美元，比上年下降28.3%。其中，实现进口总额27141万美元，下降28.6%；实现出口总额18075万美元，下降28.0%。

【交通、邮电和旅游】2016年，通化市全市交通运输、仓储和邮政业实现增加值62.0亿元，比上年增长6.3%。

全市交通运输完成货物运输量2592万吨，其中铁路运输完成货物发运量398万吨，公路运输完成货物发运量2194万吨。全市交通运输完成旅客运输量2799万人，其中铁路运输完成旅客运输量291万人，公路运输完成旅客运输量2508万人。

全市实现邮电业务总收入15.2亿元，比上年增长3.0%。其中，邮政业务实现收入2.9亿元，增长15.0%。在邮政业务中，全年函件收入527.8万元，下降7.9%，特快专递收入1837万元。电信业务实现收入12.3亿元，增长0.5%。年末全市固定电话用户达到48.3万户，移动电话用户达到192.4万户。全市每百人拥有固定电话20.5部，每百人拥有移动电话87.3部。全市互联网用户达到40.1万户。

全年接待国内外旅游者1033.9万人次，比上年增长17.1%。其中，接待入境旅游者24.1万人次，增长21.0%；接待国内旅游者1009.9万人次，增长17.0%。全年旅游收入154.3亿元，比上年增长25.6%。其中旅游外汇收入5275.3万美元，增长21.1%。

【金融和保险】2016年，通化市全市金融保险业实现增加值28.4元，比上年增长13.6%。年末全市金融机构本外币各项存款余额1287.1亿元，比年初增加236.8亿元。其中，非金融企业存款287.9亿元，比年初增加128.0亿元；住户存款813.2亿元，比年初增加85.7亿元；财政性存款16.3亿元，比年初增加1.2亿元。金融机构本外币各项贷款余额659.1亿元，比年初增加26.7亿元。其中，短期贷款余额352.6亿元，比年初减少2.7亿元；中长期贷款余额309.0亿元，比年初增加36.9亿元。

截止2016年末，全市已有开展保险业务的保险公司23家，全年保费收入32.3亿元，比上年增长18.3%。其中，寿险收入25.6亿元，增长23.7%；财产险收入6.8亿元，增长3.0%。全年支付各类保险赔款给付总额4.1亿元，其中：寿险给付0.8亿元，给付率3.1%；财产险赔款支出3.3亿元，赔付率47.9%。

6

2016年白山市经济发展概况

【经济总量】2016年，白山市全年实现地区生产总值（GDP）715.77亿元，比上年增长7.6%。其中，第一产业增加值58.69亿元，增长4.2%；第二产业增加值398.54亿元，增长5.2%；第三产业增加值258.55亿元，增长12.5%。第一产业增加值占生产总值的比重为8.2%，第二产业增加值比重为55.7%，第三产业增加值比重为36.1%。全年人均生产总值57964元，比上年增长8.2%。

【农业】2016年，白山市全年实现农林牧渔业增加值59.4亿元，按可比价格计算，比上年增长4.2%。其中，实现种植业增加值40.9亿元，增长5.2%；林业增加值6.8亿元，下降5.8%；牧业增加值9.5亿元，增长10.8%；渔业增加值1.5亿元，增长6.9%；农林牧渔服务业增加值0.7亿元，增长1.5%。

【工业和建筑业】2016年，白山市全市382户规模以上工业企业实现增加值411.1亿元，按可比价计算，比上年增长7.0%；实现主营业务收入1368.3亿元，增长4.3%。

全年资质等级以上的总承包和专业承包建筑企业完成总产值31.1亿元，比上年增长3.67%。当年资质内建筑企业房屋施工面积214.9万平方米，比上年增长1.1%。

【固定资产投资】2016年，白山市全年完成固定资产投资673.2亿元，比上年增长5.0%。其中，完成工业投资304.8亿元，下降12.4%。全年完成民间投资459.6亿元，占全部投资总额的69.4%，其中完成私营企业投资209.4亿元。

【科学技术】2016年，白山市全市国内专利申请量275件，授权量143件，分别增长6.2%和6.7%。其中，发明专利申请量116件，授权量22件；实用新型专利申请量126件，授权量89件；外观设计专利申请量33件，授权量32件。2016年全市列入国家、省级科技发展计划项目共计31项，获4119万元科技经费支持，其中获得国家重点研发计划1项；获省重大成果转化2项（喜丰节水和吉林加一）。技术交易额5711万元。新获批国家高新技术企业6家，全市国家高新技术企业达到12家。

【国内贸易和对外经济】2016年，白山市全年实现社会消费品零售总额292.7亿元，比上年增长10.0%。其中，全市实现城镇消费品零售额262.2亿元，增长10.8%，占社会消费品零售总额的89.6%；乡村实现零售额30.5亿元，增长3.6%。批发业实现销售额115.5亿元，增长5.6%；零售业实现销售额330.1亿元，增长13.9%；住宿业实现营业额11.3亿元，增长14.7%；餐饮业实现营业额87.1亿元，增长17.8%。

全市实现进出口贸易总额3.2亿美元，比上年增长6.0%。其中，出口1.85亿美元，下降14.8%；进口1.36亿美元，增长58.7%。

【交通、邮电和旅游】2016年，白山市全年交通运输、仓储和邮政业实现增加值27.15亿元，比上年增长2.4%。年末全市机动车保有量达到12.6万辆，汽车保有量10.9万辆，家用私人轿车保有量5.2万辆。全年完成公路货运量1061万吨，增长5.2%；完成公路客运量1754万人次，下降5.3%。完成货运周转量27.5亿吨公里，增长3.2%；客运周转量10.3亿人公里，下降5.1%。

全年完成邮政业务收入2.1亿元，增长11.1%。全年完成电信业务收入6.9亿元，增长13.1%。其中，全市局用交换机容量64万门；固定电话用户29.7万户，固定电话普及率24部/百人；移动电话用户130.5万户，移动电话普及率107部/百人；固定互联网宽带接入用户21.1万户，移动互联网宽带接入用户23.4万户。

全年共接待国内游客903.8万人次，实现旅游收入126.2亿元，分别比上年增长16.8%和25.4%。全年接待入境游客5.0万人次，实现旅游外汇收入2228万美元，分别增长4.2%和5.0%。

【金融和保险】2016年年末，白山市全市金融机构本外币存款余额879.9亿元，比年初增加256.7亿元，其中人民币存款余额为877.8亿元，增加256.0亿元；金融机构本外币贷款余额417.3亿元，减少11.0亿元，其中人民币贷款余额为417.0亿元，减少11.0亿元。金融机构人民币住户存款余额447.5亿元，增加31.5亿元。金融机构人民币住户消费贷款余额39.8亿元，增加1.3亿元。其中，中长期消费贷款余额35.9亿元，增加1.4亿元。

全市有各类保险公司18家，保险行业当年实现保费收入27.0亿元，比上年增长5.5%。其中，财产保险费收入4.1亿元，增长4.0%；人身保险费收入22.9亿元，增长5.6%。当年各类保险赔款给付总额3.3亿元，增长26.9%。其中，财产险赔款金额1.9亿元，增长16.1%；人身险给付金额1.4亿元，增长39.0%。

7

2016年松原市经济发展概况

【经济总量】2016年，松原市全年实现地区生产总值（GDP）1712.67亿元，按可比价格计算，比上年增长6.5%。其中，第一产业增加值268.77亿元，增长4.0%；第二产业增加值753.07亿元，增长6.0%；第三产业增加值690.83亿元，增长8.3%。全市人均GDP达到61558元，比上年增长6.6%。三次产业的结构比例为15.7：44.0：40.3，对经济增长的贡献率分别为10.7%、40.6%和48.7%。

【农业】2016年，松原市全年实现农林牧渔业增加值276.14亿元，比上年增长4.1%。其中，实现农业增加值165.60亿元；林业增加值3.23亿元；牧业增加值94.79亿元；渔业增加值5.34亿元；农林牧渔服务业增加值7.17亿元。

【工业和建筑业】2016年，松原市全年全市实现规模以上工业增加值647.35亿元，比上年增长6.2%。其中，中央省属工业实现增加值78.24亿元，下降14.5%，地方工业实现增加值569.12亿元，增长9.9%。

全年建筑业企业实现增加值100.18亿元，增长6.2%。全市具有资质等级的总承包和专业承包建筑业企业完成总产值241.64亿元，下降1.8%。

【固定资产投资】2016年，松原市全年全市全社会固定资产投资累计完成1432.95亿元，比上年增长9.6%。其中，固定资产投资（不含农户）1415.73亿元，增长10.1%。

在不含农户的固定资产投资中（下同），第一产业投资203.32亿元，增长98.3%；第二产业投资619.21亿元，下降17.4%；第三产业投资593.21亿元，增长36.6%。

【科学技术】2016年，松原市全年全市共申请专利382件，其中发明87件；授权专利225件，其中发明17件，实用新型157件，外观设计51件。

【国内贸易和对外经济】2016年，松原市全年社会消费品零售总额669.21亿元，比上年增长9.7%。按经营地统计，城镇消费品零售额547.17亿元，增长9.2%；乡村消费品零售额122.03亿元，增长12.1%，乡村消费品零售额增长幅度分别高于全市和城镇平均水平2.4和2.9个百分点。按消费形态统计，商品零售额563.26亿元，增长8.7%；餐饮收入额105.95亿元，增长15.1%。

全年全市累计实现外贸进出口总值18624万美元，比上年增长30.6%。其中，出口总值16545万美元，增长17.6%；进口总值2079万美元，增长946.0%。

【交通、邮电和旅游】2016年，松原市全年全市各种运输方式完成货物发送量6417.1万吨，旅客发送量3194.2万人。

年末全市公路总里程12914.64公里，其中，等级公路总里程10019.48公里，占公路总里程的77.6%；有等外公路2895.16公里，占公路总里程的22.4%。全市公路总里程中，有高速公路365.66公里，占公路总里程的2.8%。

全年全市完成邮电业务收入16.94亿元，增长7.5%。其中，完成邮政业务收入2.84亿元，增长21.9%；完成电信业务收入14.1亿元，增长5.1%。在邮政业务中，全年邮政函件业务累计完成15.89万件，同比下降27.2%；包裹业务累计完成1.18万件，同比下降35.9%；报纸业务累计完成2569.19万份，同比增长9.1%；杂志业务累计完成67.3万份，同比增长1.7%；汇兑业务累计完成10.31万笔，同比下降22.1%。

全年全市接待国内外游客634.93万人次，增长16.7%。其中，接待国内游客632.37万人次，增长16.8%；接待入境游客2.56万人次，增长3.2%。全年旅游总收入113.12亿元，增长25.4%。其中，国内旅游收入112.27亿元，增长25.6%；旅游外汇收入1309.37万美元，增长3.1%。

【金融和保险】2016年年末，松原市全市人民币存款余额1109.06亿元，比年初增加173.49亿元；人民币贷款余额931.58亿元，比年初增加122.57亿元。

全年全市保险保费收入42.32亿元，比上年增长28.1%。其中，寿险收入33.09亿元，增长35.3%，健康险收入0.48亿元，增长75.7%，意外伤害险收入0.35亿元，增长20.5%；财产险收入9.23亿元，增长7.6%。全年保险赔付额8.54亿元，增长14.4%。其中，寿险给付3.99亿元，增长28.0%；财产险赔款4.54亿元，增长4.6%。

8

2016年白城市经济发展概况

【经济总量】2016年，白城市全年实现地区生产总值（GDP）731.2亿元，按可比价格计算，比上年增长7%。其中，第一产业增加值109.7亿元，增长3.9%；第二产业增加值343.4亿元，增长7.7%；第三产业增加值278.1亿元，增长7.2%。按年平均人口计算，人均GDP达到37308元，比上年增长16.7%。三次产业结构由2015年的16.5∶45.6∶37.9调整为15.0∶46.9∶38.1。2016年，第一产业对经济增长的贡献率为8.4%，第二产业贡献率为51.7%，第三产业贡献率为39.1%。

【农业】2016年，白城市全市实现农林牧渔业总产值223.1亿元，比上年下降5.4%。其中：农业产值138.0亿元，同比下降10%；畜牧业产值64.4亿元，同比增长4%；渔业产值5.9亿元，同比增长3.5%；林业产值6.4亿元，同比下降7.2%。2016年，全市粮食总产量413.9万吨，同比下降1%，其中：玉米产量239.9万吨，同比下降8%；水稻产量121.5万吨。同比增长26%。粮食作物总播种面积88.3万公顷，其中：水稻播种面积15.8万公顷，玉米播种面积49.0万公顷。畜牧业经济继续保持平稳增长，部分产量略有下降，其中肉类总产量11.3万吨，同比下降1.7%；禽蛋产量6.5万吨，同比增长6.6%；牛奶产量16.8万吨，同比增长3.7%。

【工业和建筑业】2016年，白城市全市全部工业完成增加值325.58亿元，比上年增长7.7%。其中：规模以上工业完成增加值232.6亿元，比上年增长8.6%，实现利润总额18.7亿元，比上年增长11.2%。

全市有资质等级的建筑企业82户，比2015年增加3户，本年度建筑企业签订合同额为74.2亿元，同比增长9.6%，共完成总产值49.6亿元，比上年下降5.8%。其中，建筑工程产值38.6亿元，同比下降17.9%。建筑业企业房屋建筑施工面积191.4万平方米，比上年下降23.2%，本年度新开工面积135.1万平方米，同比下降30.1%。本年度竣工产值32亿元，同比下降29.8%。

【固定资产投资】2016年，白城市全社会固定资产投资完成729亿元（不含农户），同比增长10.5%。

第一产业投资完成112.6亿元；第二产业投资完成425亿元；第三产业投资完成191.4亿元。

【科学技术】2016年，白城市全年共储备各类项目100项。全市共向国家、省申报各级各类项目80项。其中工业25项、农业35项、社会发展20项。至2016年末，已立项23项。其中，省项目23项，争取项目资金621余万元。组织实施市本级科技发展计划项目32项，投入项目资金100万元。推荐并获得省科技进步奖7项，其中一等奖1项，二等奖0项，三等奖6项。新增省级高新技术企业1户。

【国内贸易和对外经济】2016年，白城市全年实现社会消费品零售额340.2亿元，比上年增长9.6%。按行业分:批发业完成38亿元，同比增长12.6%；零售业完成273.3亿元，同比增长8.7%；住宿业完成13.5亿元，同比增长14.9%；餐饮业完成41.9亿元，同比增长17.7%。按销售单位所在地划分:城镇消费品零售额289.5亿元，同比增长8.2%，其中城区消费品零售额245.1亿元，同比增长8.3%；乡村消费品零售额50.8亿元，同比增长18.5%。

全市外贸进出口总值13175.8万美元，同比增长6.9%。其中，进口4247.4万美元，同比增长35.1%；出口8928.44万美元，同比下降2.7%。

【交通、邮电和旅游】2016年，白城市全市公路通车总里程达到11140.847公里。按行政等级分:国道900.052公里；省道720.795公里；县道1256.156公里；乡道4170.821公里；专用公路12.386公里；村道4080.637公里。2016年全市公路专业养护里程10806.847公里。其中：干线公路养护里程1610.773公里；农村公路养护里程9520公里。全年完成公路货物运输1522万吨，同比增长5.26%，货运周转量254301万吨公里，同比增长3.18%。完成客运量1489万人，客运周转量97184万人公里，客运量及周转量分别低于上年5.82%和4.96%。

全年邮政业务总量2.29万元，同比增长17.12%；发送函件10.69万件，同比下降29.53%；特快专递24.06万件，同比增长34.3%。

2016年全市计划实施旅游重点项目30个，总投资78.12亿元，目前完成投资25013万元。全市目前共开发设计旅游线路32条，主要包括：区际旅游线路12条，市内旅游线路20条。全市接待国内外游客371.31万人次，实现旅游收入60.26亿元，同比分别增长16.25%、25.13%。全市共有星级宾馆10家，旅行社25家(含分社)，AAAA级景区4处，AAA级景区4处，AA级景区9处。

【金融和保险】2016年，白城市金融机构本外币各项存款余额737.19亿元，比年初增加86.33亿元，同比增长13.26%。其中，住户存款余额为421亿元，比年初增加36.27亿元；非金融企业存款余额为73.25亿元，比年初增加16.67亿元；广义政府存款余额为242.47亿元，比年初增加33.42亿元。金融机构本外币各项贷款余额706.43亿元，比年初增加100.37亿元，同比增长16.56%。金融机构境内住户本币贷款余额203.47亿元，其中短期贷款余额79.83亿元，比年初增加18.92亿元；中长期贷款余额123.64亿元，比年初增加17.14亿元。

全市保费收入24.8亿元，同比增长22.2%。其中：财产险保费收入4.2亿元，同比增长5%，人身险保费收入18.7亿元，同比增长24.7%，农业险保费收入1.9亿元，同比增长46.2%。全市赔款给付金额6.73亿元，同比增长53%。其中：人身险给付金额4.1亿元，同比增长78.3%，财产险赔款金额1.7亿元，同比增长13.3%，农业险给付金额0.93亿元，同比增长210%。

黑龙江省

|哈尔滨市|齐齐哈尔市|鸡西市|鹤岗市|双鸭山市|大庆市|伊春市|佳木斯市|
|七台河市|牡丹江市|黑河市|绥化市|

1

2016年哈尔滨市经济发展概况

【经济总量】2016年，哈尔滨市全年实现地区生产总值（GDP）6101.6亿元，比上年增长7.3%。其中，第一产业实现增加值691.2亿元，增长6.1%；第二产业实现增加值1896.7亿元，增长6.7%；第三产业实现增加值3513.8亿元，增长7.9%。三次产业结构由上年的11.7：32.4：55.9调整为11.3：31.1：57.6。人均地区生产总值63445元，增长8.7%。非公有制经济实现增加值3294.0亿元，增长8.3%，占全市地区生产总值比重为54.0%。

【农业】2016年，哈尔滨市全年完成农林牧渔业总产值1296.5亿元，比上年增长6.1%。其中，农业产值646.8亿元，增长6.4%；林业产值35.3亿元，增长5.0%；牧业产值549.4亿元，增长5.0%；渔业产值26.0亿元，增长10.2%；农林牧渔服务业产值39.0亿元，增长14.0%。

【工业和建筑业】2016年，哈尔滨市全年实现规模以上工业增加值1001.6亿元，增长5.0%。在规模以上工业中，采矿业增加值4.0亿元，增长11.3%；制造业增加值843.9亿元，增长4.5%；电力、热力、燃气及水的生产和供应业增加值153.7亿元，增长7.4%。

全年实现建筑业增加值612.6亿元，比上年增长9.8%。资质以上建筑业企业1028户。其中，一级资质及以上建筑企业162户，占全部建筑企业的15.8%；一级以下建筑企业866户，占84.2%。资质以上建筑企业中有工作量的建筑企业723户,占全部资质以上建筑企业的70.3%。

【固定资产投资】2016年，哈尔滨市全年完成固定资产投资5040.1亿元，比上年增长9.7%。其中，第一产业投资364.7亿元，增长43.0%；第二产业投资1797.7亿元，下降2.8%，其中工业投资1720.9亿元，下降0.5%；第三产业投资2877.6亿元，增长15.5%。

【科学技术】2016年，哈尔滨市全年受理专利申请25972件。授予专利权12247件。其中，发明3695件，实用新型7414件。全年共签订技术合同1606项，成交额89.2亿元，增长8.2%。80项科技成果被授予哈尔滨市科学技术奖。

【国内贸易和对外经济】2016年，哈尔滨市全年实现社会消费品零售总额3744.2亿元，比上年增长10.3%。按地域分，城镇零售额3363.8亿元，增长10.1%；乡村零售额380.4亿元，增长11.7%。按行业分，批发业零售额528.6亿元，增长11.1%；零售业零售额2712.7亿元，增长9.8%；住宿业零售额35.8亿元，增长11.5%；餐饮业零售额467.1亿元，增长12.3%。

全年实现进出口总值39.7亿美元（海关口径），比上年下降17.2%。其中，出口16.8亿美元，下降28.8%；进口22.9亿美元，下降6.1%。从商品类别看，农产品进出口14.7亿美元，下降10.3%；机电产品进出口18.0亿美元，下降17.8%；高新技术产品进出口5.2亿美元，增长20.2%。

【交通、邮电和旅游】2016年，哈尔滨市全年完成货物运输总量8243.6万吨，比上年增长1.2%。货物运输周转总量317.8亿吨公里，下降0.1%。

全年完成邮电业务总量289.6亿元，比上年增长63.2%。其中，邮政业务总量9.7亿元，增长7.5%；电信业务总量279.9亿元，增长68.0%。固定电话年末用户195.8万户，下降11.7%。移动电话用户1248.8万户，下降3.1%。固定互联网用户182.9万户，增长10.3%。其中，宽带接入户172.4万户，增长5.0%。全市快递服务企业快递业务量15528.2万件，增长65.2%。

全年共接待国内外游客7061.8万人次，比上年增长8.4%。其中，国内游客7040.1万人次，增长8.4%；入境游客21.8万人次，增长3.2%。实现旅游业务总收入1039.1亿元，增长14.4%。其中，国内旅游业务收入1031.2亿元，增长14.5%；国际旅游创汇12644.2万美元，增长10.7%。

【金融和保险】2016年年末，哈尔滨市金融机构人民币存款余额9804.0亿元，比上年增长1.2%。金融机构人民币贷款余额9048.7亿元，增长6.6%。

全年保险公司保费收入288.7亿元，比上年增长18.3%。其中,财产险收入58.1亿元，增长15.5%；人身险收入230.6亿元，增长19.0%。在人身险收入中人寿保险收入155.0亿元，下降8.7%；健康保险收入70.3亿元，增长255.1%；意外伤害险收入5.3亿元，增长28.0%。全年保险赔付支出71.8亿元，增长28.8%。其中，财产险支出28.2亿元，增长24.5%；人身险支出43.6亿元，增长31.8%。在人身险支出中人寿保险支出32.9亿元，增长28.7%；健康保险支出9.8亿元，增长42.2%；意外伤害险支出0.8亿元，增长45.3%。

2

2016年齐齐哈尔市经济发展概况

【经济总量】2016年，齐齐哈尔市全年实现地区生产总值（GDP）1325.3亿元，比上年增长6.1%。第一产业增加值303.8亿元，增长4.7%；第二产业增加值408.8亿元，增长5.8%；第三产业增加值612.7亿元，增长7.2%。三次产业结构为22.9：30.8：46.3。第一、二、三产业对经济增长的贡献率分别为18.4%、29.4%和52.2%。人均地区生产总值25690.0元，增长7.0%。第一、二、三产业分别拉动经济增长1.1个、1.8个和3.2个百分点。

【农业】2016年，齐齐哈尔市全市实现农林牧渔业总产值575.3亿元，比上年增长4.6%。其中，农业产值294.4亿元，增长2.3%；林业产值7.2亿元，增长5.9%；牧业产值260.5亿元，增长8.0%；渔业产值10.7亿元，增长3.8%；农林牧渔服务业产值2.4亿元，增长3.4%。

【工业和建筑业】2016年，齐齐哈尔市全年规模以上工业企业完成增加值271.1亿元，比上年增长4.7%。其中，轻工业完成增加值160.1亿元，增长9.7%；重工业完成增加值111.0亿元，下降1.8%。全年装备工业完成增加值45.6亿元，下降6.0%；食品工业完成增加值150.4亿元，增长10.7%，两大工业基地增加值占规模以上工业增加值的72.3%。

全年建筑业企业实现增加值26.3亿元，比上年增长4.0%。资质等级三级及以上的建筑业企业（指总承包及专业承包企业，不包括劳务分包企业）实现利润2.3亿元，比上年增长10.6%，完成房屋建筑施工面积244.4万平方米，下降6.5%，其中，实行投标承包的房屋建筑施工面积占75.7%。

【固定资产投资】2016年，齐齐哈尔市全市固定资产投资916.5亿元，比上年增长10.2%。在投资中，民间投资654.3亿元，增长6.2%；国有及国有控股投资257.3亿元，增长23.2%；外商及港澳台投资4.9亿元，下降24.0%。装备、食品两大主导产业完成投资200.0亿元，增长22.1%，占工业投资的63.0%。新增固定资产790.2亿元，下降2.5%。全市房地产开发投资完成76.5亿元，下降21.4%；商品房销售面积225.0万平方米，增长7.3%；商品房销售额100.8亿元，增长11.5%。

【科学技术】2016年，齐齐哈尔市全年实施重点科技计划项目179项；获省级以上科学技术奖16项；科技成果鉴定292项；全年认定技术合同4项；高新技术企业产值达139.4亿元。

【国内贸易和对外经济】2016年，齐齐哈尔市全年实现社会消费品零售总额749.1亿元，比上年增长9.5%。分行业看，批零贸易业实现零售额689.4亿元，增长9.3%；住宿、餐饮业实现零售额59.7亿元，增长11.6%。分城乡看，城镇消费品零售额661.8亿元，增长9.4%；农村消费品零售额87.3亿元，增长9.8%。

全市实际利用外资额50788.0万美元，比上年增长7.4%。新批外商投资企业2户，总投资额103095.4万美元，合同外资31813.0万美元。全年实现进出口总额25942.2万美元，下降53.8%。其中，进口9234.5万美元，下降24.7%；出口16707.7万美元，下降61.9%。

【交通、邮电和旅游】2016年，齐齐哈尔市全年完成货物发送量11314.9万吨。其中，铁路666.9万吨；公路10648.0万吨；航空103.9吨。客运量4999.9万人。其中，铁路1405.7万人；公路3578.0万人；航空16.2万人。

全市完成邮电业务总量77.0亿元，其中，电信业务总量70.9亿元，邮政业务总量6.1亿元。年末固定电话用户47.6万户，下降21.6%，移动电话用户354.2万户，下降11.8%。固定宽带接入用户75.5万户，增长30.4%。

全年接待国内游客2123.7万人次，实现国内旅游收入93.7亿元。全年接待入境过夜游客6995人次。

【金融和保险】2016年年末，齐齐哈尔市全市金融机构各项存款余额1714.2亿元，比年初增长7.8%。住户存款1226.8亿元，增长10.0%；其中，活期存款520.4亿元，增长13.5%，定期及其他存款706.4亿元，增长7.6%。金融机构各项贷款余额1560.8亿元，增长10.9%。住户贷款446.3亿元，增长0.1%；其中，短期贷款132.5亿元，下降15.3%；中长期贷款余额313.8亿元，增长8.4%。

3

2016年鸡西市经济发展概况

【经济总量】2016年，鸡西市全年实现地区生产总值（GDP）518.4亿元，按可比价计算，比上年增长6.5%。其中，第一产业增加值184.8亿元，增长6.8%；第二产业增加值125.8亿元，增长6.3%；第三产业增加值207.8亿元，增长6.2%。三次产业结构为35.6：24.3：40.1。第一、二、三产业对GDP增长的贡献率分别为38.3%、25.3%和36.4%。人均地区生产总值28647元，增长7.4%。

【农业】2016年，鸡西市全年实现农林牧渔业增加值(不含农垦系统，下同）112.1亿元，按可比价计算同比增长6.8%。其中，种植业增加值68.6亿元，增长5.8%；林业增加值9亿元，增长5.6%；牧业增加值28.6亿元，增长9.5%；渔业增加值4.8亿元，增长10.4%；农林牧渔服务业增加值1.1亿元，增长10%。

【工业和建筑业】2016年，鸡西市全年规模以上工业企业完成增加值54.8亿元，比上年增长6.3%。其中，国有及国有控股企业完成增加值26.5亿元，下降5.3%；集体企业完成增加值0.2亿元，下降16.2%；股份制企业完成增加值49.9亿元，增长8.6%。从企业规模看，大中型企业完成增加值32.7亿元，下降5.7%；小型企业完成增加值22.1亿元，增长30.2%。规模以上工业企业实现主营业务收入182.7亿元，增长0.1%；实现利税总额10.7亿元，增长644.3%，其中，利润0.8亿元，比上年减亏7亿元。全年规模以上地方工业企业完成增加值32.3亿元，增长15.5%；实现利税3.9亿元，增长18.5%。

全年建筑业企业实现增加值8.8亿元，按现价计算比上年增长4.6%。资质等级三级及以上的建筑业企业（指总承包及专业承包企业，不包括劳务分包企业）完成房屋建筑施工面积138.4万平方米，增长13.5%，其中实行投标承包的房屋建筑施工面积占全部的27.5%。

【固定资产投资】2016年，鸡西市全年实现固定资产投资（不含农户）238.3亿元，比上年增长7.0%。在全部固定资产投资中，第一产业投资11.4亿元，增长41.8%；第二产业投资105.2亿元，下降4.7%；第三产业投资121.7亿元，增长16.8%。民间固定资产投资128.9亿元，下降3.1%，占固定资产投资（不含农户）的比重为54.1%。全年固定资产投资在建项目579个,在建项目中计划总投资亿元及以上项目110个，共完成投资136.3亿元。

【科学技术】2016年年末，鸡西市全市有科学研究开发机构20个。全年共取得重大科技成果13项。受理专利申请456件，比上年增长41.61%；专利授权284件，增长43.43%。

【国内贸易和对外经济】2016年，鸡西市全年实现社会消费品零售总额242.9亿元，比上年增长9.3%。从地域看，城镇实现消费品零售额202.8亿元，增长9.4%；乡村实现消费品零售额40.1亿元，增长8.8%。从行业看，批发业实现零售额47.7亿元，增长6.7%；零售业实现零售额153.0亿元，增长9.4%；住宿业实现零售额3.5亿元，增长11.2%；餐饮业实现零售额38.5亿元，增长12.8%。

全年实现进出口总值1.9亿美元，比上年下降24.8%。其中，出口1.6亿美元，下降29.7%；进口0.3亿美元，增长10.7%。一般贸易实现进出口0.4亿美元，下降67.7%；对俄贸易1.6亿美元，下降25.6%。私营企业实现进出口总值1.5亿美元，下降29.4%，占全市进出口总值的81.3%。外商投资企业实现进出口总值0.2亿美元，下降17%。

【交通、邮电和旅游】2016年，鸡西市全年公路、铁路、航空完成货物运输量4892.2万吨，比上年增长0.6%。其中，公路运输量3721万吨，增长1.3%；铁路运输量1171.2万吨，下降1.6%；航空货物运输量313吨，下降19.3%。公路、铁路、航空完成客运量3707.3万人，下降9.5%。其中，铁路283.2万人，下降24.5%；公路3405万人，下降8.1%；航空19.1万人，下降0.9%。

全年完成邮电业务总量18.9亿元，比上年增长13.8%。其中，电信业务总量15.1亿元，增长15.8%；邮政业务总量3.1亿元，增长5.7%。局用交换机总容量445万门，下降1.0%。年末固定电话用户21万户，下降27.7%。移动电话用户173万户，增长0.8%。国际互联网络用户21.4万户，下降3.6%。

全年共接待国内、外游客903.4万人次，比上年增长10.6%；实现旅游业总收入55.6亿元，增长20.4%。

【金融和保险】2016年，鸡西市全市金融机构人民币存款余额1032.8亿元，比年初增加96.9亿元。其中，非金融企业存款113.1亿元，比年初增加9.8亿元；住户存款余额751.3亿元，比年初增加64.1亿元。全市金融机构人民币贷款余额694.2亿元，比年初增加111亿元。其中，非金融企业及机关团体贷款564.5亿元，比年初增加109.2亿元；住户贷款129.6亿元，比年初增加1.8亿元。

保费收入9.1亿元，比上年增长21.3%。其中，财产险收入2.3亿元，增长9.5%；寿险收入6.8亿元，增长25.9%。支付各类赔款5.4亿元，其中财产险赔付1.1亿元；人身险赔付4.3亿元。

4

2016年鹤岗市经济发展概况

【经济总量】2016年，鹤岗市全年实现地区生产总值（GDP）264.1亿元，按可比价格计算，比上年下降1.2%。第一产业增加值90.5亿元，增长0.2%。第二产业增加值79.6亿元，下降4.4%。第三产业增加值94亿元，增长0.2%，三次产业比重为34.3：30.1：35.6。

【农业】2016年，鹤岗市种植结构全市粮食播种面积302万亩，与上年持平，粮食产量20.6亿斤，下降1.1%。其中：水稻面积148.4万亩，下降2.3%，产量10.8亿斤，下降0.4%；玉米面积114.6万亩，下降8%，产量8.8亿斤，下降3.9%。大豆面积29万亩，增长48.9%，产量0.6亿斤，增长7.4%。

【工业和建筑业】2016年，鹤岗市工业生产93户规模以上工业企业实现工业总产值134.9亿元，比上年下降1.7%；实现增加值41.8亿元，比上年下降2.5%，占GDP比重为15.8%。

建筑业全市拥有建筑施工资质等级的独立核算企业53户，实现建筑业总产值18.1亿元，比上年增长48.1%。

【固定资产投资】2016年，鹤岗市全年实现固定资产投资（不含农户）96.1亿元，比上年增长6.7%。在全部固定资产投资中，第一产业投资5.0亿元，下降33.4%；第二产业投资35.9亿元，下降17.8%，其中工业项目投资34.0亿元，下降10.6%；第三产业投资55.2亿元，增长41.8%。全年施工项目205个，下降13.9%；新开工项目110个，下降4.3%。全年新增固定资产41.9亿元。

【国内贸易和对外经济】2016年，鹤岗市全年实现社会消费品零售总额125.5亿元，比上年增长8.1%。按地域分，城镇零售额116.3亿元，增长7.7%；乡村零售额9.2亿元，增长12.8%。按行业分，批发业零售额7.9亿元，增长2.0%；零售业零售额102.2亿元，增长7.9%；住宿业零售额0.2亿元，增长12.4%；餐饮业零售额15.2亿元，增长12.4%。

对外贸易完成外贸进出口7812.3万美元，比上年下降64.7%。其中出口5070.7万美元，下降76%；进口2741.6万美元，增长159.4%。

【交通、邮电和旅游】2016年，鹤岗市全年公路运输货物1193万吨；货运周转量为15.74亿吨/公里；运输旅客610万人次，客运周转量为2.8亿人/公里。铁路货物发送量682.3万吨，旅客发送量105万人。全市机动车保有量为8.2万辆，其中汽车7.3万辆。城市每万人拥有公共交通车辆473标台。

全年完成邮电业务总量7.6亿元，其中电信业务总量6.5亿元，邮政业务总量1.1亿元。年末固定电话用户4万户。移动电话用户108万户。互联网宽带接入用户13.8万户。

全年共接待国内外旅游者375万人次，比上年增长12.5%；实现旅游业总收入37亿元，比上年增长8.6%。其中接待国内旅游者370.4万人次，增长12.4%，实现国内旅游收入36.3亿元，增长8.5%；接待国外旅游者4.6万人次，增长36.5%，实现旅游总收入0.68亿元，增长6.1%。

【金融和保险】2016年年末，鹤岗市金融机构本外币存款余额595亿元，比年初增加29.1亿元。其中非金融企业存款余额49.3亿元，比年初增加0.1亿元；住户存款余额436.9亿元，比年初增加31.2亿元。金融机构本外币贷款余额486.6亿元，比年初增加33亿元。其中住户贷款余额69.8亿元，比年初减少3.6亿元；非金融企业及机关团体贷款余额416.7亿元，比年初增加36.6亿元。

全年保险行业保费收入22.5亿元，其中财产险收入5.1亿元；寿险收入17.4亿元。全年赔付金额3.9亿元，其中财产赔付金额3.2亿元；寿险赔付金额0.7亿元。

5

2016年双鸭山市经济发展概况

【经济总量】2016年，双鸭山市全年实现地区生产总值（GDP）437.4亿元，按可比价格计算比上年增长2.6%。其中，第一产业增加值158.5亿元，增长2.0%；第二产业增加值96.6亿元，下降3.4%；第三产业增加值182.3亿元，增长6.8%。三次产业结构为36.2∶22.1∶41.7，第一、二、三产业对GDP增长的贡献率分别为28.8%、-29.1%和100.3%。全市人均地区生产总值实现29959元，比上年增长4.2%。

【农业】2016年，双鸭山市全市粮食作物播种面积39.38万公顷，比上年下降0.16%；粮食总产量51.2亿斤。其中水稻、玉米、大豆产量分别为11.7、37、2.3亿斤，经济作物产量除瓜果类、水果、蔬菜增长外，其他作物都有不同程度减少。

【工业和建筑业】2016年，双鸭山市全年规模以上工业企业年主营业务收入2000万元及以上实现增加值43.5亿元，比上年下降5.7%。从轻重工业看，轻工业实现增加值10.3亿元，下降7.6%；重工业实现增加值33.2亿元，下降5.1%。从企业规模看，大中型工业企业实现增加值26.9亿元，下降4.6%；小微型工业企业实现增加值3.3亿元，下降8.4%。

全市资质以上的建筑企业完成建筑业总产值9.4亿元，比上年下降6.1%。房屋建筑竣工面积28.6万平方米，比上年下降24.8%。

【固定资产投资】2016年，双鸭山市全年完成固定资产投资(不含农户)完成129.9亿元，比上年增长6.6%。其中，第一产业完成投资7.0亿元，同比增长30.6%；第二产业完成投资26.3亿元，同比下降53%；第三产业完成投资96.6亿元，同比增长59.7%。全年施工项目253个，比上年增长11.9%；新开工项目178个，增长24.5%。

【科学技术】2016年，双鸭山市以提高自主创新能力为核心，以促进科技与经济社会发展紧密结合为重点，大力征集并积极组织我市企业申报国家、省级计划项目，取得新成效。国家级高新技术企业达到7户，2016年全市实现高新技术产值56.74亿元，编制下达并组织实施了2016年市级重点科技计划项目17项。全年共获得国家、省级专项资金72.5万元。

【国内贸易和对外经济】2016年，双鸭山市全年实现社会消费品零售总额128.8亿元，比上年增长8.0%。按地域分，城镇零售额117.4亿元，增长7.7%，其中城区65.8亿元，增长7.9%；乡村零售额11.4亿元，增长11.9%。按消费形态分，餐饮收入零售额17.8亿元，增长10.4%；商品销售零售额111.0亿元，增长7.7%。

全年实现进出口总值1.4亿美元，同比下降78.5%。其中：出口0.6亿美元，同比下降89.4%，进口0.8亿美元，同比增长30.2%。从贸易方式看，其中：一般贸易进出口0.5亿美元，下降90.7%；边境小额贸易进出口0.8亿美元，同比下降36.8%。

【交通、邮电和旅游】2016年，双鸭山市全年公路运输完成货物周转量135370万吨公里。全年公路完成旅客周转量43358万人公里。年末民用汽车拥有量12.14万辆，比上年增长7.1%，其中私人汽车10.416万辆，增长1.7%。民用轿车拥有量5.68万辆，增长5.7%，其中私人轿车4.70万辆，增长4.9%。

全年完成邮电主营业务收入9.13亿元，比上年下降9.6%。其中，电信主营业务收入7.15亿元，下降15.3%；邮政主营业务收入1.98亿元，增长0.14%。全市局用交换机总容量53.65万门。年末固定电话用户10.78万户，下降31.0%，其中，城市7.53万户，下降41.9%；农村3.25万户，下降29.2%；移动电话用户

125.94万户，下降20.6%，

全年共接待国内、外旅游者703万人次，比上年增长17.8%；实现旅游业总收入22.5亿元，增长31.9%。其中，接待国内旅游人数701.74万人次，增长17.78%，实现国内旅游收入21.87亿元，增长32.86%；接待国际旅游人数8198人次，增长3.1%，实现国际旅游外汇收入585万美元，增长4.8%。

【金融和保险】2016年年末，双鸭山市金融机构各项存款余额776.84亿元（人民币，下同），比年初增长6.3%。其中，单位存款余额176.08亿元，比年初下降1.7%；储蓄存款余额577.3亿元，比年初增长10.2%。金融机构各项贷款余额837.24亿元，比年初增长11.7%。其中，短期贷款余额608.27亿元，比年初增长10.4%；中长期贷款余额195.73亿元，比年初增长8.47%。

全年保费收入24.8亿元，比上年增长21.6%。其中，财产险收入6.4亿元，比上年增长10.5%；寿险保费收入18.4亿元，比上年增长26.0%；全年赔付额5.2亿元，比上年增长40.3%，其中财产险赔付金额4.2亿元，比上年增长41.3%；寿险赔付金额1.0亿，比上年增长36.3%。

6

2016年大庆市经济发展概况

【经济总量】2016年，大庆市全年实现地区生产总值（GDP）2610亿元，比上年增长1.7%（按可比价格计算，下同）。其中，第一产业实现增加值187.1亿元，比上年增长2.9%；第二产业实现增加值1523.9亿元，比上年下降0.1%；第三产业实现增加值899亿元，比上年增长5.5%。第一产业增加值占地区生产总值的比重为7.2%，第二产业增加值比重为58.4%，第三产业增加值比重为34.4%。

【农业】2016年，大庆市全市农作物总播种面积75.3万公顷，绿色有机无公害食品种植面积达44.7万公顷，占总播种面积的59.4%。全市粮食总产量444.7万吨，同比下降17.3%；油料产量4.3万吨，同比增长13.2%；蔬菜产量64.5万吨，同比增长10.7%。

【工业和建筑业】2016年，大庆市全市实现工业增加值1511.7亿元。规模以上工业企业为366户，实现增加值1087.5亿元，同比增长0.1%。规模以上工业重点行业中，石油和天然气开采业实现增加值642.1亿元，同比下降0.6%；石化行业实现增加值210.7亿元，同比增长3.3%；农副产品加工业实现增加值47.8亿元，同比增长11.5%；建材行业实现增加值9.2亿元，同比下降26.2%；装备制造业实现增加值41.8亿元，同比增长6.7%。

全市资质以上建筑企业达到262户，全年完成施工产值123.1亿元，同比下降8.9%。按总产值计算的全员劳动生产率达到23.7万元／人。

【固定资产投资】2016年，大庆市全年完成固定资产投资额565.3亿元，同比增长2%。其中，中直企业完成投资224亿元，同比下降25.2%；地方完成投资341.3亿元，同比增长34%。从产业投向看，第一产业投资63.2亿元，同比增长23.9%；第二产业投资329.4亿元，同比下降5.5%；第三产业投资172.7亿元，同比增长11.7%。

【国内贸易和对外经济】2016年，大庆市全年实现社会消费品零售总额1092.6亿元，同比增长5.3%。按地域分，城镇实现1012.3亿元，同比增长5.4%；乡村实现80.3亿元，同比增长4.3%。按行业分，批发和零售业实现1002.2亿元，住宿和餐饮业实现90.4亿元，同比分别增长5.2%和6.9%。

全年进出口贸易总值达到562234.4万美元，同比下降12.7%。其中，出口44743.1万美元，同比下降

24.1%；进口517491.3万美元，同比下降11.5%。

【交通、邮电和旅游】2016年，大庆市全年公路客运量1515万人，同比增长28.6%，公路客运周转量13.2亿人公里，同比增长31%；全年公路货运量8114万吨，同比增长110.5%，公路货运周转量152.1亿吨公里，同比增长132.6%。全年铁路发送旅客673.2万人次，同比增长14%；货运发送量1028.6万吨，同比下降3.6%。大庆萨尔图机场进出港旅客48.9万人次，同比下降8.1%；航空货邮吞吐量0.1万吨，同比下降21.9%；全年起降航班4563架次，同比下降4.7%。

全年完成邮电业务总量33亿元，同比下降2.1%。其中，邮政业务总量2.9亿元，同比增长5.4%；电信业务总量30.1亿元，同比下降2.7%。全市年末固定电话用户40.9万户，同比下降8.4%，其中城市固定电话用户36.1万户，同比下降9.5%。全市年末移动电话用户379万户，同比增长4.9%，其中4G移动电话用户179.6万户，同比增长90%。全市年末互联网宽带接入用户60.9万户，同比增长12%。

成功举办了大庆湿地旅游文化节、中国大庆雪地温泉节等旅游文化活动，全市实现旅游总收入115.5亿元，同比增长19.1%；累计接待游客1650万人次，同比增长2.9%。

【金融和保险】2016年年末，大庆市全市金融机构本外币存款余额2256.8亿元，比年初增加47.2亿元。年末全市金融机构本外币贷款余额957.5亿元，比年初增加23.7亿元。

7

2016年伊春市经济发展概况

【经济总量】2016年，伊春市全年实现地区生产总值（GDP）2512239万元，比上年增长1%。其中，第一产业增加值1066302万元，增长2.7%；第二产业增加值490049万元，下降6.9%；第三产业增加值955888万元，增长3.6%。第一、第二、第三产业增加值占全市生产总值的比重分别为42.4:19.5:38.1。全市人均生产总值21043元，比上年增长2.9%。

【农业】2016年，伊春市全年农作物总播种面积241046公顷，比上年增加1108公顷，增长0.5%。其中粮食播种面积229464公顷，比上年减少1897公顷。全年粮食产量73.9万吨，下降4.5%。其中水稻27.5万吨，下降5.2%；玉米24.1万吨，增长7.5%；大豆21.6万吨，下降11.8%；其他粮食作物0.7万吨，下降52.4%。

【工业和建筑业】2016年，伊春市规模以上工业增加值219297万元，下降6.1%。分经济类型看，国有及国有控股企业增长38%，股份制企业下降5.7%，外商及港澳台投资企业下降15.7%，私营企业下降35.7%。分门类看，采矿业下降25%，制造业下降17.3%，电力、热力、燃气及水生产和供应业增长74.8%。分企业规模看，大中型企业下降5.5%，小型企业下降6.7%。

全市具有资质等级的总承包及专业承包建筑企业64个，完成总产值139460万元，比上年增长1.3%。房屋建筑施工面积73万平方米，比上年下降0.6%。房屋建筑竣工面积66.2万平方米，比上年增长18.1%，竣工产值92785万元，比上年下降0.6%。

【固定资产投资】2016年，伊春市全年固定资产投资762998万元，比上年下降24.5%。从经济类型看，国有及国有控股投资436940万元，下降16.4%；民间投资326058万元，下降33.1%。从三次产业看，第一产业投资65678万元，下降28.4%；第二产业投资235295万元，下降51.2%，其中工业149960万元，下降53.4%；第三产业投资462025万元，增长5.9%。从隶属关系看，地方投资758884万元，下降22%，中央投资4114万元，下降88.7%。全年到位资金791343万元，比上年下降22.8%。

【科学技术】2016年，伊春市全市共有科研机构5个，组织实施科技计划项目38项，其中国家级科技项目1项，争取经费100万元，省级科技项目9项，争取经费391万元，市本级科技项目28项，科技经费191.3万元。全年共取得省级科技成果1项，省级科技进步奖4项，市级科技成果35项。全年申请专利239项，授权专利230项。

【国内贸易和对外经济】2016年，伊春市全年社会消费品零售总额1192145万元，比上年增长10.7%。按消费类型统计，商品零售额859679万元，比上年增长10.2%；餐饮收入额332466万元，比上年增长12.3%。按经营地统计，城镇消费品零售额1133720万元，比上年增长10.5%，其中城区消费品零售额960876万元，比上年增长16.7%；乡村消费品零售额58425万元，比上年增长15.2%。

全年全市实现进出口总额6004.5万美元，同比下降22.3%。其中，出口5317万美元，下降9.6%；进口687.5万美元，下降62.9%。从贸易方式看，一般贸易4576.3万美元，增长6.1%；边境小额贸易129.3万美元，下降49.2%；加工贸易1298.8万美元，下降58.9%。从企业性质看，国有企业156.6万美元，下降17%；外资企业1390.3万美元，下降26.6%；私营企业4440.3万美元，下降20.9%；个体工商户17.5万美元，下降50.1%。

【交通、邮电和旅游】2016年，伊春市全年公路运输货物周转量15.6亿吨公里，比上年增长2.4%；旅客运输周转量6.1亿人公里，比上年下降18.1%。全年公路货运量588万吨，比上年下降47.6%；公路客运量752万人，比上年下降12.8%。航空客运量12.2万人，比上年增长29.8%。

全年完成邮电业务总量96884.1万元，比上年增长1.6%。其中电信业务总量85797.4万元，增长0.9%；邮政业务总量11086.7万元，增长7.9%。全市年末局用交换机总容量373.9万门。光缆线路总长度16074.6公里。固定电话用户15.1万户，其中城市13.9万户，农村1.2万户。移动电话用户110.6万人，其中3G移动电话用户13.2万人，4G移动电话用户50.5万人。互联网用户75.7万户，其中手机上网57.3万户，固定互联网用户18.4万户（宽带接入户4.4万户，光纤接入上网13.4万户）。固定电话普及率为12.9部/百人，移动电话普及率上升至94.1部/百人。

全年共接待旅游人数1002.6万人次，比上年增长40.2%；旅游收入87.1亿元，增长41.9%。年末共有旅游建设项目18个，总投资6.5亿元。国家AA级以上景区24处，其中：AA级6处，AAA级9处，AAAA级8处，AAAAA级1处。省S级以上旅游滑雪场4个，全国休闲农业与乡村旅游示范点2个，省级乡村旅游示范点4个，省级旅游度假区2个。

【金融和保险】2016年年末，伊春市全市金融机构人民币各项存款余额622.9亿元，比年初增加26.8亿元，比上年增长4.5%。其中住户存款余额443.1亿元，比年初增加36.2亿元。金融机构人民币各项贷款余额166.4亿元，比年初增加19亿元，同比增长12.9%。其中住户贷款42.2亿元，比年初增加0.8亿元；非金融企业及机关团体贷款124.2亿元，比年初增加18.2亿元。

全年保费收入14.99亿元，增长20.2%。其中：财险保费收入2.6亿元，增长28.3%；寿险保费收入12.4亿元，增长18.7%。全年赔款及给付支出6.5亿元，增长40.1%。其中，财险赔付1.1亿元，增长20.7%；寿险赔付5.4亿元，增长44.8%。

8

2016年佳木斯市经济发展概况

【经济总量】2016年，佳木斯市全年实现地区生产总值（GDP）845亿元，按可比价格计算比上年增长6.4%，其中，第一产业增加值264亿元，比上年增长5.2%；第二产业增加值181.9亿元，比上年增长2.7%，第三产业增加值399.1亿元，比上年增长9.6%。三次产业比重为31.3：21.5：47.2。

【农业】2016年，佳木斯市全年实现农林牧渔业总产值431亿元，同比增长3.9%，其中种植业完成产值261亿元，增长3.4%，牧业实现产值145.2亿元，增长3.2%。全市农林牧渔业增加值实现215.5亿元，同比增长3.7%，其中种植业实现增加值141.2亿元，增长3.5%，牧业增加值实现61.4亿元，增长2.7%。

【工业和建筑业】2016年，佳木斯市全市规模以上工业企业（主营业务收入2000万元以上的全部工业企业）完成增加值69.6亿元，同比下降5.2%，其中，县域工业实现增加值44.2亿元，比上年增长0.2%。实现工业总产值535.7亿元，下降8.3%，其中，轻工业产值276.8亿元，下降10.2%，重工业产值258.9亿元，下降6.3%。全市规模以上工业实现利税总额25.8亿元，比上年同比增长0.5%；实现利润总额17.5亿元，比上年同比增长9.2%。

全年建筑企业实现增加值31.3亿元，比上年增长3.6%。全市资质等级三级及三级以上的建筑企业实现总产值106.3亿元，同比增长11.9%，实现竣工产值71.6亿元，下降4.1%，房屋建筑施工面积481万平方米，下降2.2%。全市实行投标承包面积226万平方米。

【固定资产投资】2016年，佳木斯市全年固定资产投资总额实现588.3亿元，比上年增长10.2%。其中工业投资完成226.9亿元，比上年增长30.2%，占全部投资的比重达38.6%；房地产开发投资52.6亿元，比上年下降17%。商品房销售面积83.8万平方米，比上年下降8.5%，其中住宅79.1万平方米，比上年下降5%；商品房销售额31.4亿元，比上年下降4.3%，其中住宅28.1亿元，比上年增长3%；商品房平均销售价格3748元/平方米，其中住宅3553元/平方米。

【科学技术】2016年年末，佳木斯市全市国有事业单位共有各类专业技术人员33888人，其中具有中级以上技术职称人员21176人。评选市级科技成果52项，其中6个项目获得省科技进步奖，其中二等奖4项，三等奖2项。取得登记注册科技成果40项。今年以来组织企业与省内高校开展科技成果转化、企业技术难题、校企合作对接活动12次，转化科技成果20项,签约额达900万元。初步统计，全市专利申请量666件，授权量439件，其中发明专利申请量140件，企业专利申请量160件。

【国内贸易和对外经济】2016年，佳木斯市全市实现社会消费品零售总额446.2亿元，增长11.2%。城、乡市场协调发展，同步增长。城镇市场实现社会消费品零售额392.7亿元，比上年增长11.3%，其中城区实现社会消费品零售额333.4亿元，比上年增长11.1%；乡村市场实现社会消费品零售额53.4亿元，比上年增长11.0%。批发业实现销售额151.2亿元，比上年增长14.7%，零售业实现销售额441.6亿元，比上年增长13.3%；住宿业实现营业额12.8亿元，比上年增长13.3%；餐饮业实现营业额60.8亿元，比上年增长13.6%。

全市对外贸易进出口总额实现6.7亿美元，比上年下降33.9%，其中，进口总额2.7亿美元，下降13.4%，出口总额4亿美元，下降43.1%。从贸易方式看，一般贸易进出口总额完成4.3亿美元，比上年下降41.2%，边境小额贸易完成1.9亿美元，下降17.7%，加工贸易进出口总额完成0.3亿美元，下降32.5%，其他贸易进出口总额完成1840万美元，同比增长208.9%。

【交通、邮电和旅游】2016年，佳木斯市全年各种运输方式完成的货物吞吐量5009.6万吨。其中，铁路149.5万吨，公路4486万吨，水运374万吨，航空1080吨。全年完成旅客吞吐量2767.5万人，其中，铁路470.8万人，公路2095万人，水运156.2万人，航空45.5万人。全市营运客车1088辆，营运货车45073辆。

全年完成邮电业务总量21.7亿元，比上年增长2%，其中，电信业务总量19.1亿元，增长1%；邮政业务总量2.6亿元。本地固定电话用户30.3万户；移动电话用户254.9万户；互联网用户数35.2万户。

全年共接待国内、外旅游者507.3万人，其中接待国内旅游人数502万人，接待国际旅游人数5.3万人；实现旅游业总收入21.4亿元，其中，实现国内旅游收入20.7亿元，增长10.6%；创造旅游外汇收入950.4万美元，同比增长1.5%。

【金融和保险】2016年年末，佳木斯市全市金融机构各项存款余额1271.8亿元，比年初增加104.7亿元，增长9%，其中住户储蓄存款922.2亿元，比年初增加82亿元，增长9.8%；非金融企业存款154亿元，比年初增加22.2亿元，增长16.8%。金融机构各项贷款余额1508.1亿元，比年初增加300.9亿元，增长24.9%。其中，住户贷款250.1亿元，比年初增加7.6亿元，增长3.1%，非金融企业及机关团体贷款1258亿元，比年初增加293.3亿元，增长30.4%。

全市33家保险机构共实现保费收入48.4亿元。其中财险公司保费收入11.5亿元，赔款9亿元；寿险公司保费收入36.9亿元，赔款0.6亿元。赔款及给付金额16.9亿元，其中赔款9.5亿元，给付保险金7.4亿元。

9

2016年七台河市经济发展概况

【经济总量】2016年，七台河市全年实现地区生产总值（GDP）实现216.64亿元，按可比价格计算，比上年增长0.6%。从产业构成看：第一产业增加值完成31.82亿元，比上年下降3.8%。第二产业增加值完成79.12亿元，比上年下降1.2%，其中，工业增加值76.4亿元，比上年下降1.3%。第三产业增加值完成105.69亿元，比上年增长3.5%。从经济结构看，三次产业结构为14.7：36.5：48.8。人均地区生产总值2.65万元，比上年增长5.6%。

【农业】2016年，七台河市总播面积271.94万亩，其中，粮食作物240.79万亩。2016年粮食总产量18.48亿斤，比2015年减产0.34亿斤，下降1.8%。

【工业和建筑业】2016年，七台河市全年规模以上工业实现增加值52.0亿元，比上年下降4.0%，其中，煤炭开采和洗选业增加值30.1亿元，同比下降0.7%，电力、热力生产和供应业增加值14.4亿元，同比下降7.6%，炼焦业增加值2.0亿元，同比下降39.8%。农副食品加工业增加值0.9亿元，同比增长30.0%，非金属矿物制品业0.6亿元，同比增长18.4%,专用设备制造业0.9亿元，同比增长20.0%。

全市建筑业增加值2.69亿元，按可比价格计算，比上年增长2.3%，占GDP的比重为1.3%。

【固定资产投资】2016年年末，七台河市全市施工项目89个，全年累计完成固定资产投资额80.1亿元，比上年下降18.7%，其中，工业投资额56.10亿元，比上年下降6.5%。

【科学技术】2016年年末，七台河市专利申请受理量192项，专利申请授权量149项。

【国内贸易和对外经济】2016年，七台河市全年社会消费品零售总额100.36亿元，比上年增长5.8%，其中，批发零售业81.78亿元，比上年增长4.1%；住宿餐饮业18.58亿元，比上年增长14.4%。

全年全市外贸进出口总额实现236.49万美元，比上年增长7.35%，其中，出口174.79万美元，进口61.7万美元，比上年分别增长0.24%和34.4%。

【金融和保险】2016年年末，七台河市全金融机构本外币各项存款余额410.61亿元，比年初增加37.65亿元，增长10.1%；金融机构本外币各项贷款余额268.84亿元，比年初增加37.36亿元，增长16.1%。

全年保费收入12.4亿元，其中，财产险保费收入2.2亿元，人身险保费收入10.2亿元。赔款支出2.07亿元，其中，财产险赔款支出1.27亿元，人身险赔款支出0.8亿元。

10

2016年牡丹江市经济发展概况

【经济总量】2016年，牡丹江市全年实现地区生产总值（GDP）1231.2亿元，同比增长6.6%（含绥芬河为1368.1亿元,同比增长6.2%）。其中第一产业完成增加值228.2亿元，同比增长5.5%；第二产业完成增加值472.7亿元，同比增长6%；第三产业完成增加值530.3亿元，同比增长7.6%。三次产业结构为18.5:38.4:43.1（含绥芬河为16.8：35.6：47.6）；人均地区生产总值46997元,同比增长7%（含绥芬河为49618元，同比增长6.6%）。

【农业】2016年，牡丹江市全市粮食作物种植面积50.7万公顷，同比下降7.4%，其中优良品种播种面积比重为96.7%；粮食总产量257万吨，同比下降8%，其中主要粮食作物水稻、玉米、大豆产量分别为27.5万吨、195.1万吨和27.1万吨；经济作物播种面积14.4万公顷，食用菌生产规模43.1亿袋,同比增长4.9%；全市拥有137个绿色食品认证产品，同比增加20个；绿色食品认证面积470万亩，同比增长3.3%。

【工业和建筑业】2016年年末，牡丹江市全市规模以上工业企业460户；实现增加值257.3亿元，同比增长6.5%（含绥芬河为262.3亿元,同比增长6.5%）；实现主营业务收入1017.7亿元，同比增长5.9%；实现利润总额59.2亿元，同比增长9.9%。

截至2016年末，全市有资质的建筑业企业160户，实现增加值54.3亿元，同比增长2.1%。其中总承包及专业承包企业151户，完成建筑业总产值194.5亿元，同比增长1.1%；完成房屋建筑施工面积460.7万平方米，实行投标承包的房屋建筑施工面积占全部施工面积的41.5%。

【固定资产投资】2016年，牡丹江市全市完成固定资产投资1132.1亿元，同比增长11%（含绥芬河1217.4亿元，同比增长9.7%）,其中产业项目投资704.7亿元，同比增长13.1%，占全部投资的62.2%。分经济类型看，国有及国有经济控股投资320.1亿元，同比增长14.4%；民间投资804.8亿元，同比增长9.6%。分产业看，第一产业完成投资105亿元，同比增长15.1%；第二产业完成投资527亿元，同比增长10.8%，其中工业完成投资494.4亿元，同比增长9.7%；第三产业完成投资500亿元，同比增长10.4%。从投资构成看，建筑安装工程完成投资782.4亿元，同比增长1%；设备工器具购置完成投资291.9亿元，同比增长37.4%。从投资规模看，计划投资亿元以上项目193个，完成投资193.5亿元，占全部固定资产投资的17.1%。

【科学技术】2016年，牡丹江市全年取得科技成果75项；签订技术合同6份，成交金额8292万元。

【国内贸易和对外经济】2016年，牡丹江市全市社会消费品零售总额实现560.1亿元，同比增长11.6%（含绥芬河587.4亿元，同比增长11.5%)。其中城镇消费品零售额实现470.7亿元，同比增长11.9%，占全市消费品零售总额的84%；乡村消费品零售额实现89.4亿元，同比增长10.3%。商品零售额实现476.4亿元，同比增长11.8%；餐饮业收入实现83.8亿元，同比增长10.7%。

全市（本部分含绥芬河）共实现进出口总额43.9亿美元，同比下降10.4%。其中出口总额13.2亿美元，同比下降25.9%；进口总额30.6亿美元，同比下降1.4%；对俄进出口实现24.9亿美元，同比下降4%；对日进出口实现0.8亿美元，同比下降12.7%；对韩进出口实现0.4亿美元，同比增长12.6%。从主要商品出口看，鲜、干水果及坚果1.1亿美元,同比增长22.9%；家具及其零件0.3亿美元,同比增长16.3%；出口机电产品2.1亿美元，同比下降2.5%；出口鞋类1.6亿美元，同比下降25.1%。从主要商品进口看，进口原油415.5万吨、同比增长1.3%，进口值13.6亿美元、同比下降10.4%；进口原木440.6万立方米、5.4亿美元，同比分别增长12.4%、4.7%；进口肥料79.3万吨、同比增长5.9%，进口值1.9亿美元、同比下降14.6%；进口锯材225.5万立方米、4.7亿美元，同比分别增长40.9%、38%。

【交通、邮电和旅游】2016年，牡丹江市全市（本部分含绥芬河）公路客运量2225万人，同比下降23.6%；旅客周转量12.5亿人公里，同比下降29.4%；公路运输货运量2808万吨，同比增长2.2%；货物周转量40.4亿吨公里，同比下降2.9%；民航起落5534架次，同比下降0.6%；旅客吞吐量69.4万人，同比增长6.7%。

全市共接待国内外旅游者1860.4万人，同比增长25.4%，其中接待国内旅游人数1786.6万人，同比增长26.4%；接待境外旅游人数73.8万人，同比增长5.5%。实现旅游业总收入121.8亿元，同比增长30.7%,其中国内旅游收入92.1亿元，同比增长32.3%；外汇收入4.8亿美元，同比增长17.9%。

【金融和保险】2016年，牡丹江市全市金融机构各项存款余额1414.6亿元，比年初增加110.6亿元；金融机构各项贷款余额667.3亿元，比年初减少13.8亿元；储蓄存款余额924.9亿元，比年初增加39.8亿元。

11

2016年黑河市经济发展概况

【经济总量】2016年，黑河市全年实现地区生产总值（GDP）470.8亿元，同比增长6.2%。其中，第一产业增加值222.9亿元，增长6.8%。第二产业增加值70.4亿元，增长4.4%；在第二产业中工业增加值55.9亿元，增长4.4%。第三产业增加值177.5亿元，增长6%。三次产业占GDP比重分别为47.4%、14.9%和37.7%。

【农业】2016年，黑河市全市农林牧渔业总产值272.2亿元，同比增长6.8%。农林牧渔业增加值150.2亿元，增长6.9%。其中，农业增加值113亿元，增长5.6%；畜牧业增加值19.6亿元，增长12.5%；林业增加值12.5亿元，增长10.4%；渔业增加值2.1亿元，增长9.5%。农作物播种面积129.9万公顷（1948.3万亩），比上年增长3.1%。完成造林面积29552公顷，其中，人工造林面积2019公顷，无林地和疏林地新封面积1333公顷。肉类总产量12.2万吨，增长5%。奶类产量22.5万吨，下降3.6%。禽蛋产量1.88万吨，增长4.5%。水产品总产量17500吨，增长7%。

【工业和建筑业】2016年，黑河市全市规模以上工业增加值34.6亿元，同比增长3.4%。其中，重工业27.5亿元，增长3.6%；轻工业7.1亿元，增长2.5%。国有及国有控股企业增加值6.9亿元，增长23.8%。中省直工业实现增加值2.3亿元，增长2.2%；地方工业实现增加值32.3亿元，增长3.4%。

全年实现建筑业总产值67.2亿元，同比增长6.3%。房屋建筑施工面积244万平方米，增长0.8%；房屋竣工面积228万平方米，增长1.3%。

【固定资产投资】2016年，黑河市全市固定资产投资275.3亿元，同比增长8.2%。其中，建设项目投资265.1亿元，增长14.5%；房地产开发投资10.2亿元，下降55.7%。投资项目较快增长。全年施工项目650个，增长15.7%。新开工项目521个，增长24.3%。产业项目144个，完成投资90.2亿元，下降9.2%。投资结构有所调整。第一产业投资60.2亿元，增长0.6%，占全部投资额的21.9%；第二产业投资73.4亿元，下降

18%，占全部投资额的26.6%；第三产业投资141.7亿元，增长34.8%，占全部投资额的51.5%。商品房销售额17.3亿元，商品房销售面积63.8万平方米，分别下降23.3%和10%。

【国内贸易和对外经济】2016年，黑河市全市社会消费品零售总额114.7亿元，同比增长10.4%。其中，城镇实现社会消费品零售额85.8亿元，增长10.4%；乡村实现社会消费品零售额28.9亿元，增长10.6%。从行业看，批发业零售额40亿元，增长9.3%；零售业零售额55.4亿元，增长15.8%。住宿业营业额14亿元，增长15.2%；餐饮业营业额24.4亿元，增长15.7%。从商品类别看，吃的商品零售额57.3亿元，占零售总额的50%；穿的商品零售额24.9亿元，占零售总额的21.7%；用的商品零售额26.9亿元，占零售总额的23.5%。

全市对外贸易进出口总值6.1亿美元，同比下降23.2%。其中，进口3.2亿美元，下降3.2%；出口2.9亿美元，下降37.6%。边境小额贸易3.9亿美元，增长28.6%；一般贸易0.5亿美元，下降81.3%；其他贸易1.7亿美元，下降21.8%。对俄贸易5.8亿美元，下降14.8%。

【交通、邮电和旅游】2016年，黑河市全市完成铁路货运量97.8万吨，同比下降1%，铁路货物周转量13751.5万吨公里，下降3.9%；公路货运量775万吨，下降27.2%，公路货物周转量136298万吨公里，增长6.7%；水路货运量14.9万吨，下降13.9%，水路货物周转量224.6万吨公里，增长31.7%；航空货运量63.6吨，下降83.9%。完成铁路客运量133.7万人，下降6.2%，铁路客运周转量29511.1万人公里，增长8.8%；公路客运量526万人，下降19.7%，公路客运周转量46680万人公里，增长2.6%；水路客运量23.8万人，下降4%，水路客运周转量190万人公里，下降4.2%；航空客运量14.1万人，增长12%。

全市共接待国内外游客815.4万人次，同比增长25.5%。旅游收入68.3亿元，增长29.3%。边境旅游出入境人数71.9万人次，增长1.9%。其中，出境人数36万人次，增长1.3%；入境人数35.9万人次，增长2.5%。边境旅游收入12.6亿元，增长2.1%。

【金融和保险】2016年，黑河市金融机构各项人民币存款余额712.8亿元，比年初增长5.6%，其中住户存款498.7亿元，比年初增长7.3%。金融机构各项人民币贷款余额563.2亿元，比年初增长12.5%，其中短期贷款409亿元，比年初增长15.5%。

12

2016年绥化市经济发展概况

【经济总量】2016年，绥化市全年实现地区生产总值1316.3亿元，比上年增长6.7%。其中，第一产业增加值512.8亿元，增长4.4%；第二产业增加值335.6亿元，增长6.8%；第三产业增加值468亿元，增长9.4%。

【农业】2016年，绥化市全市现有耕地2835.5万亩，其中旱田2299.1亩，水田536.4亩。2016年粮食作物播种面积为2839万亩,同比减少20万亩。全年粮食总产量245.3亿斤，同比下降8.9%；其中玉米产量179.4亿斤，水稻产量51亿斤，大豆产量10.5亿斤，小麦0.1亿斤，其他粮食作物产量4.2亿斤。

【工业和建筑业】2016年年末，绥化市全市规模以上工业企业376家，完成增加值199.3亿元，同比增长8.3%。市本级规模以上工业企业18家,实现增加值6.5亿元,同比下降2.4%。全年规模以上工业企业产销率达到97.9%，主营业务收入达到953.9亿元，同比增长4%；利税实现75.9亿元,同比下降13.1%。规上工业用电量24.8亿度，同比增长1.22%。

全市具有三级及以上资质等级的总承包和专业承包建筑业企业125家,比上年同期减少了2家。有工作量的企业个数是84家，与上年同期相同。施工房屋面积198万平方米，同比下降28.5%；房屋竣工面积192万平方米,同比下降28.3%。

【固定资产投资】2016年，绥化市全年完成固定资产投资770.6亿元，同比增长10.6%。按产业分，全年第一产业完成投资96.4亿元，同比下降38.7%；第二产业完成投资351.1亿元，同比增长36.9%；第三产业完成投资323.1亿元，同比增长14.1%。房地产开发投资完成37.6亿元，同比下降3%。

【国内贸易和对外经济】2016年，绥化市全年实现社会消费品零售总额569.3亿元，比上年增长11.3%。分城乡看，城市消费品零售额500.9亿元，增长11.3%；乡村消费品零售额68.5亿元，同比增长11.5%；分行业看，批发零售业实现零售额504.1亿元，同比增长11.3%；住宿餐饮业实现零售额65.3亿元，同比增长11.4%

全年进出口总额为1.8亿美元，比上年下降5.7%。其中，出口总额1.5亿美元，同比增加30.7%，进口总额0.3亿美元，同比下降0.7%。全年实际利用外商投资2.8亿美元，同比增长9.1%。

【金融和保险】2016年年末，绥化市全市金融机构各项存款余额1313.7亿元，比年初增加172.6亿元。其中，住户存款余额1003.3亿元，比年初增加128亿元。年末各项贷款余额887亿元，比年初增加118亿元。

江苏省

|南京市|无锡市|徐州市|常州市|苏州市|南通市|连云港市|淮安市|
|盐城市|扬州市|镇江市|泰州市| 宿迁市|

1

2016年南京市经济发展概况

【经济总量】2016年，南京市全年实现地区生产总值（GDP）10503.02亿元，按可比价格计算，比上年增长8.0%。其中，第一产业增加值252.51亿元，增长1.0%；第二产业增加值4117.20亿元，增长5.3%，其中工业增加值3581.72亿元，增长4.8%；第三产业增加值6133.31亿元，增长10.2%。按常住人口计算，全年人均生产总值为127264元，按年平均汇率折算为19160美元。产业结构进一步优化。三次产业增加值比例调整为2.4∶39.2∶58.4，服务业主体地位不断强化，服务业增加值占全市地区生产总值的比重达到58.4%，较上年提高1.1个百分点。工业转型升级步伐加快，全年实现高新技术产业产值5903亿元，占规模以上工业总产值比重为45.31%。

【农业】2016年，南京市全年实现农林牧渔业及农林牧渔服务业增加值264.98亿元，可比增长1.3%。全年粮食播种面积229.58万亩，比上年下降2.0%；受缩油扩粮影响，油料播种面积45.75万亩，下降29.4%；蔬菜播种面积119.85万亩，下降7.3%；花卉苗木种植面积1.32万亩，增长45.3%。

【工业和建筑业】2016年，南京市全年规模以上工业企业实现工业总产值13026.90亿元，比上年增长1.0%。在规模以上工业中，国有及国有控股企业增长0.8%，私营企业增长1.2%；股份制企业增长0.5%，外商及港澳台投资企业增长1.3%。

全年具有资质等级的总承包和专业承包建筑业企业完成建筑业总产值3094.65亿元，比上年增长2.2%，其中在外省完成建筑业总产值1111.36亿元，比上年下降2.9%。

【固定资产投资】2016年，南京市全年完成全社会固定资产投资5533.56亿元，比上年增长2.0%，增幅比上年提升1.6个百分点。其中，国有及国有经济控股投资2009.50亿元，增长4.9%；外商及港澳台投资603.61亿元，增长37.5%。固定资产投资中，第一产业投资40.78亿元，比上年增长10.4%；第二产业投资1784.22亿元，下降14.2%，其中工业投资1761.65亿元，下降14.4%；第三产业投资3708.57亿元，增长12.0%。三次产业投资比例为0.7∶32.2∶67.1。

【科学技术】2016年，南京市全年地区共有35项重大科技成果获得国家科学技术奖励，其中自然科学奖二等奖5项，技术发明奖二等奖（通用）8项，科技进步奖（通用项目）特等奖1项、一等奖2项、二等奖19项。全年签订各类输出技术合同22827项，合同成交总额215.73亿元，增长10%。全年受理专利申请65198件，其中发明专利31556件，分别增长16.2%和13.4%；专利授权28782件，其中发明专利8697件，分别增长2.4%和5.5%。全年PCT专利384件，比上年增长41.7%。

【国内贸易和对外经济】2016年，南京市全年实现社会消费品零售总额5088.20亿元，比上年增长10.9%，增速较上年提升0.7个百分点。其中，限额以上单位社会消费品零售额3271.21亿元，增长9.4%，增速比上年提升2.7个百分点。分行业看，批发和零售业实现零售额4638.46亿元，增长10.6%；住宿和餐饮业实现零售额449.74亿元，增长13.2%。

全年按人民币计价海关完成进出口总额3315.19亿元，比上年增长0.3%，增速较上年提升6.3个百分点。其中出口1952.15亿元，下降0.2%；进口1363.04亿元，增长1.0%。

【交通、邮电和旅游】2016年，南京市全年货物运输总量31460.84万吨，比上年增长5.5%。货物运输周转量2483.78亿吨公里，比上年下降15.5%。全年港口货物吞吐量22768万吨，比上年增长2.5%，其中，外贸货物吞吐量2369万吨，增长5.2%。港口货物吞吐量中，集装箱吞吐量308.39万标箱，比上年增长4.9%。

全年完成邮电业务总量（按2010年价格计算）306.42亿元，比上年增长14.3%。其中，邮政业务总量102.89亿元，增长0.3%；电信业务总量203.53亿元，增长23.0%。全年完成邮电业务收入（按现价计算）203.16亿元，比上年增长9.4%。其中，邮政业务收入78.79亿元，增长2.1%；电信业务收入124.37亿元，增长5.2%。全年完成国际国内快递业务量47229.59万件，比上年下降6.0%。年末拥有移动电话用户1107.20万户，其中4G移动电话用户707.15万户，增长51.9%；拥有固定电话用户250.28万户；拥有宽带用户339.14万户。

全年实现旅游总收入1909.26亿元，比上年增长13.1%。接待海内外旅游者11206万人次，增长9.5%。其中，接待国内旅游者11142万人次，增长9.5%；接待入境旅游者63.78万人次，增长8.5%。全年实现国际旅游创汇收入6.76亿美元，增长5.7%。年末共有等级旅游景区56家，其中4A级以上高等级景区22家；国家、省、市级旅游度假区17家。拥有星级宾馆饭店89家，其中五星级以上酒店21家。拥有各类旅行社576家，其中具有组织出境游资质的旅行社44家。

【金融和保险】2016年年末，南京市金融机构本外币各项存款余额28355.89亿元，比年初增加1884.20亿元，比上年末增长7.1%。其中住户存款6095.08亿元，比年初增加443.51亿元；非金融企业存款3133.49亿元，比年初增加857.84亿元。年末金融机构本外币各项贷款余额22268.94亿元，比年初增加3317.21亿元，比上年末增长17.5%。其中住户贷款6533.72亿元，比年初增加2452.18亿元；非金融企业及机关团体贷款10.78亿元，比年初增加7.88亿元。

全年实现保费收入485.80亿元，比上年增长32.0%。分类型看，财产险收入127.38亿元，增长11.4%；寿险收入252.43亿元，增长28.1%。全年累计赔付额162.75亿元，比上年增长32.5%。其中财产险赔付77.48亿元，增长9.8%；寿险赔付85.27亿元，增长63.1%。

2

2016年无锡市经济发展概况

【经济总量】2016年，无锡市全年实现地区生产总值（GDP）9210.02亿元，按可比价格计算，比上年增长7.5%。按常住人口计算人均生产总值达到14.13万元。产业结构加快调整。全市实现第一产业增加值135.19亿元，比上年下降2.4%；第二产业增加值4346.78亿元，比上年增长6.8%；第三产业增加值4728.05亿元，比上年增长8.6%；三次产业比例调整为1.5：47.2：51.3。

【农业】2016年，无锡市全年粮食总产量59.16万吨，比上年下降18.1%。预计油料总产量8073吨，比上年下降6.5%，其中油菜籽6484吨，比上年下降5.6%；茶叶总产量6507吨，比上年下降3.0%；水果总产量17.62万吨，比上年略降0.4%。全年水产品产量12.67万吨，比上年略增1.2%。

【工业和建筑业】2016年，无锡市全市规模以上工业企业实现增加值3075.49亿元，比上年增长5.8%。分经济类型看，国有企业总产值增长19.2%，集体企业总产值增长3.3%，股份制企业总产值增长3.2%，外商及港澳台商投资企业总产值增长4.6%，其他经济类型企业总产值下降10.5%。全市统计的284只主要工业产品中，产品产量比上年增长的有164只，占全市统计产品数的57.7%。在全市跟踪统计的22种重点产品中，有15种产品的产量实现增长。

全年建筑业完成增加值369.68亿元，比上年增长4.3%；实现建筑业总产值633.52亿元，比上年增长5.3%。施工房屋建筑面积3313.48万平方米。2个建设工程项目获得鲁班奖，8个建设工程项目获江苏省优质工程奖“扬子杯”（房屋建筑工程），114个建设工程项目获无锡市“太湖杯”优质工程奖。

【固定资产投资】2016年，无锡市全年固定资产投资完成4795.25亿元，比上年增长2.0%。分产业投向：第一产业投资9.05亿元，比上年下降11.4%，第二产业投资2048.65亿元，比上年增长7.0%，第三产业投资2737.55亿元，比上年下降1.4%。

【科学技术】2016年，无锡市全市发明专利申请量达32610件，比上年增长34.8%；发明专利授权量达5583件，比上年增长1.9%。全市获国家、省科技计划到位经费6.45亿元，比上年增长32.1%，其中获国家科技经费1.06亿元。

【国内贸易和对外经济】2016年，无锡市全年实现社会消费品零售总额3119.56亿元，比上年增长9.6%。其中，批发和零售业零售额2880.94亿元，比上年增长9.4%，住宿和餐饮业零售额238.62亿元，比上年增长11.2%。按经营地统计，城镇社会消费品零售总额2671.95亿元，比上年增长10.0%；乡村社会消费品零售总额447.61亿元，比上年增长7.1%。在限额以上批发和零售业零售额中，汽车类增长6.3%；粮油、食品类增长3.6%；石油及制品类增长1.1%；中西药品类增长11.6%；家具类增长6.6%；文化办公用品类增长2.2%。

按美元计，全年实现对外贸易进出口总额698.05亿美元，比上年增长2.0%。其中，进口总额268.95亿美元，比上年增长2.5%；出口总额429.10亿美元，比上年增长1.6%。一般贸易实现出口额232.67亿美元，总量占比达54.2%。按人民币计，全年实现对外贸易进出口总额4610亿元，比上年增长8.5%。其中，进口总额1777.73亿元，比上年增长9.1%；出口总额2832.26亿元，比上年增长8.1%。

【交通、邮电和旅游】2016年年末，无锡市全社会拥有车辆176.9万辆，比上年增长6.4%。其中汽车158.5万辆，比上年增长11.5%。私人汽车拥有量年末达到133.8万辆，比上年增长13.8%。

全年邮电业务总量201.4亿元，发送函件3697万件。全年规模以上快递服务企业业务量完成3.48亿件，比上年增长30.3%。率先建成国内高标准全光网城市，覆盖用户超过648.6万户，城域网出口带宽4.34T。建设4G基站累计达到22372个。年末移动电话用户864.62万户，其中4G手机用户达到547.76万户。固定互联网宽带接入用户275.47万户，移动互联网宽带接入用户699.74万户。

全年共接待国内游客8586.03万人次，比上年增长6.7%；接待旅游、参观、访问及从事各项活动的入境过夜旅游者43.92万人次，比上年增长12.2%。旅游总收入达1555.62亿元，比上年增长12.0%。全市拥有年接待游客10万人以上的景区50个，国家5A级景区3家，国家4A级景区27家，3A级景区14家，2A级景区16家。省星级乡村旅游区（点）86个。年末全市星级宾馆已达42家，其中五星级宾馆13家，四星级宾馆11家。全市拥有旅行社189家，其中出境游组团社20家。

【金融和保险】2016年年末，无锡市金融机构各项本外币存款余额达14612亿元，比上年增长10.9%；各项本外币贷款余额10517.75亿元，比上年增长10.4%。存款中，非金融企业存款余额6429.48亿元，比上年增长7.8%；住户存款余额4957.02亿元，比上年增长5.6%。贷款中，非金融企业及机关团体贷款8470.3亿元，比上年增长6.5%；住户贷款2043.62亿元，比上年增长30.9%。全年现金净投放313.85亿元。

全年实现保费收入316.68亿元，比上年增长17.3%。其中财产险收入86.01亿元，比上年增长6.0%；人寿险收入230.67亿元，比上年增长67.9%。保险赔款支出55.35亿元，比上年下降21.3%。保险给付支出24.94亿元，比上年增长19.7%。

3

2016年徐州市经济发展概况

【经济总量】2016年，徐州市全年实现地区生产总值（GDP）5808.52亿元，按可比价计算，较上年增长8.2%。其中，第一产业增加值542.89亿元，增长1.9%；第二产业增加值2513.85亿元，增长8.7%；第三产业增加值2751.78亿元，增长9.1%。人均GDP达66845元，较上年增长7.7%。全社会劳动生产率持续提高，全年平均每位从业人员创造的增加值达120160元，比上年增加9812元。

【农业】2016年，徐州市全市实现农林牧渔业总产值1046.76亿元，按可比价计算，比上年增长1.7%。全年粮食总产量469.16万吨，下降0.4%，粮食亩产423.9公斤，减少2.5公斤；其中夏粮产量203.28万吨，增长0.3%；秋粮产量265.88万吨，下降1.0%。棉花总产量2.07万吨，下降20.5%；油料产量13.45万吨，增长20.1%；园林水果产量110.07万吨，增长1.5%；蚕茧产量3674吨。全年成片造林面积3.73千公顷，下降8.0%。全年猪牛羊禽肉产量101.05万吨，增长8.4%；禽蛋产量46.90万吨，下降18.8%。水产品产量18.88万吨，增长0.5%。

【工业和建筑业】2016年，徐州市全年规模以上工业增加值比上年增长9.8%，其中轻工业增长9.0%，重工业增长10.3%。分经济类型看，国有工业增加值增长9.4%；股份制工业增长10.7%；外商及港澳台投资工业增长4.2%；国有控股工业下降6.5%，民营工业增长13.9%。重点培育的六大千亿元产业产值达12442.09亿元，增长15.1%，占规模以上工业总产值比重达到88.2%。其中，装备制造业、食品与农副食品加工业、煤盐化工业、冶金业和建材业分别增长17.7%、18.8%、14.5%、10.0%和20.2%；能源业下降7.6%。工业产品销售率达到98.1%。

年末全市资质以上建筑企业达455家，比上年增加25家；全年实现建筑业总产值1387.79亿元，比上年增长2.0%。全年房屋建筑施工面积11880.35万平方米，增长1.4%，其中新开工面积5371.02万平方米。全年建筑业竣工产值1164.20亿元，增长4.1%。

【固定资产投资】2016年，徐州市全年完成固定资产投资4797.33亿元，较上年增长12.5%，其中项目投资完成4248.20亿元，增长11.9%。在项目投资中，国有经济控股投资809.60亿元，增长6.0%；外商及港澳台商投资企业完成投资169.59亿元，增长30.2%；民间投资3335.78亿元，增长13.0%，占固定资产投资比重达78.5%，其中私营企业完成投资2701.66亿元，增长34.4%。基础设施投资844.43亿元，增长6.5%。全市亿元以上在建项目951个，比上年增加378个，完成投资额2322.60亿元，增长32.7%。其中亿元以上新开工项目658个，增加233个，完成投资1417.07亿元，增长13.7%。

【科学技术】2016年，徐州市全市通过鉴定的科技成果240项，当年新增60项；其中达到国际水平的72项，比上年增加37项。获国家专利奖6项，比上年增加3项；省级科学技术奖17项，增加8项；发明专利授权1330件。组织实施省重大科技成果转化专项资金项目6项，比上年增加3项。万人发明专利拥有量5.02件，比上年增加1.23件。

【国内贸易和对外经济】2016年，徐州市全年实现社会消费品零售总额2659.39亿元，比上年增长

12.8%。按经营单位所在地分，城镇消费品零售额2192.97亿元，增长12.3%；乡村消费品零售总额466.41亿元，增长15.1%。按消费形态分，批发业实现零售额428.30亿元，增长13.2%；零售业零售额2005.22亿元，增长12.1%；住宿业42.10亿元，增长8.8%；餐饮业183.77亿元，增长19.9%。在限额以上单位中，粮油食品类、饮料类、服装鞋帽针纺织品类和日用品类商品分别实现零售额273.7亿元、27.6亿元、172.1亿元和83.2亿元，分别增长24.5%、18.6%、16.5%和17.6%；五金电料类、家具类和建筑及装潢材料类商品分别实现零售额103.7亿元、43.9亿元和201.0亿元，分别增长18.9%、19.7%和21.1%；文化办公类、体育娱乐用品类分别实现零售额43.5亿元和6.8亿元，分别增长16.0%和13.6%；石油及制品类、汽车类分别实现零售额79.8亿元和407.3亿元，分别增长14.1%和14.7%。

全年实现进出口总额62.48亿美元，比上年增长15.4%；其中，出口总额52.54亿美元，增长19.7%。按人民币计价的进出口总额413.8亿元，增长23.0%；其中，服务贸易进出口总额4.82亿元，增长16.7%。出口结构有所优化，一般贸易出口额45.80亿美元，增长26.3%；加工贸易出口额6.69亿美元，下降11.6%。机电产品出口额20.47亿美元，增长6.9%，高新技术产品出口额2.29亿美元，增长22.3%。分出口市场看，对东南亚国家联盟出口11.65亿美元，增长42.6%；对欧盟出口7.0亿美元，增长47.0%；对美国出口8.5亿美元，增长68.0%；对拉丁美洲出口3.36亿美元，下降5.6%；对日本出口2.01亿美元，下降0.8%；对非洲出口4.15亿美元，下降6.3%。

【交通、邮电和旅游】2016年年末，徐州市全市公路总里程16277.36公里，其中高速公路458.57公里。完成公路货运量17586万吨，比上年增长4.0%。水运货运量5801万吨，增长2.6%。分别完成公路、水运货物周转量445.12亿吨公里和212.37亿吨公里，分别增长4.0%和9.2%。完成公路旅客运输量1.32亿人次，公路旅客周转量78.62亿人公里，分别下降1.0%和1.3%。完成港口吞吐量9122.14万吨，增长1.0%，公路水路国际标准集装箱吞吐量达11.40万标箱，增长1.6%。年末输油管道6548公里，管道货物运输量13828万吨，管道货物周转量642.24亿吨公里。观音机场航空旅客运输量148.71万人次，增长12.8%；航空货物运输量9088.1万吨，增长29.1%。年末铁路营业里程488.80公里，铁路正线延展长度949.09公里，全年完成铁路客运量4629.94万人，货运量3342.08万吨。年末民用汽车保有量101.61万辆，比上年末增长13.9%，本年净增18.53万辆；年末私人汽车保有量92.64万辆，增长21.4%，净增16.34万辆，其中，私人轿车保有量56.29万辆，增长21.7%，净增10.03万辆。

邮政行业业务总量39.30亿元，增长63.1%；邮政行业业务收入23.77亿元，增长37.2%。电信业务总量207.39亿元，增长64.1%；电信业务收入60.78亿元，增长7.0%。年末固定电话115.78万户，比上年末减少22.72万户；移动电话用户762.01万户，比上年末增加5.57万户。年末互联网宽带接入用户227.04万户，新增46.95万户。

全年接待境内外游客4518.89万人次，比上年增长12.7%；实现旅游总收入572.74亿元，增长16.4%。接待入境过夜旅游者3.41万人次，增长1.0%。其中，外国人2.53万人次，增长1.9%。旅游外汇收入3938.36万美元，增长2.0%。接待国内游客4515.48万人次，增长12.7%，实现国内旅游收入565.90亿元，增长16.4%。云龙湖、大龙湖景区分别获批国家5A级旅游景区、省级旅游度假区。

【金融和保险】2016年年末，徐州市全市金融机构人民币存款余额5495.31亿元，比年初增加748.30亿元，比上年末增长15.8%。其中，住户存款3090.21亿元，增长11.1%；非金融企业存款1408.89亿元，增长21.1%。年末金融机构贷款余额3620.21亿元，比年初增加550.07亿元，比上年末增长17.9%。其中，住户贷款1231.35亿元，增长25.8%；非金融企业及机关团体贷款2388.76亿元，增长14.2%。按贷款期限分，中长期贷款1862.88亿元，增长34.8%；短期贷款1370.76亿元，下降5.2%。

年末保险机构59家，各类分支机构148家。全年实现保费收入166.43亿元，比上年增长30.2%。其中，财产险收入50.09亿元，增长17.2%；寿险收入116.34亿元，增长36.7%；健康险和意外伤害险收入6.37亿元，增长30.3%。全年保险赔款和给付支出52.68亿元，比上年增长24.8%；其中赔付额28.06亿元，增长18.7%。在赔付额中，财产险赔付24.44亿元，增长18.4%；寿险赔付3.62亿元，增长20.0%；健康险和意外伤害险赔付3.20亿元，增长63.3%。保险深度、保险密度分别为2.9%和1911元/人。

4

2016年常州市经济发展概况

【经济总量】2016年，常州市全年实现地区生产总值（GDP）5773.9亿元，按可比价计算增长8.5%。其中，第一产业增加值152.7亿元，下降0.9%；第二产业增加值2682.3亿元，增长7.4%；第三产业增加值2938.9亿元，增长10.1%。全市按常住人口计算的人均生产总值达122721元，按平均汇率折算达18476美元。全市三次产业增加值比例调整为2.6：46.5：50.9，全年服务业增加值占GDP比重提高1.4个百分点。民营经济完成增加值3882.3亿元，按可比价计算增长8.6%，占地区生产总值的比重为67.2%。

【农业】2016年，常州市全市完成农林牧渔业现价总产值284亿元，增长4.5%。其中，农业产值152.4亿元，增长3.5%；林业产值2亿元，增长3.7%；牧业产值39.4亿元，增长1.7%；渔业产值73亿元，增长6.9%；农林牧渔服务业产值17.2亿元，增长10.1%。受不利天气影响，全年粮食播种面积199.2万亩，比上年下降7%；粮食总产量93.7万吨，下降13.5%，其中夏粮、秋粮总产分别为25万吨、68.8万吨，分别下降19.2%和11.2%。2016年，全市稻谷亩产617.4公斤，下降4.1%；小麦亩产307.1公斤，下降13.9%。

【工业和建筑业】2016年，常州市全市规模以上工业企业完成工业总产值12266.9亿元，比上年增长8.5%。按省统一口径计算，全市规模以上工业增加值增长8%。全市规模以上重工业完成产值9430.9亿元，轻工业完成产值2836亿元，同比分别增长9%、8.3%。七大工业行业产值同比均实现增长，电子、机械、化工、建材、纺织服装、冶金、生物医药行业分别完成工业总产值735.4亿元、4892.4亿元、2119.5亿元、361.7亿元、1032.5亿元、1975亿元、285亿元，同比分别增长12%、9.8%、9.4%、8.8%、7.1%、6.6%、1.5%。企业效益稳定增长，2016年全市规模以上工业企业实现主营业务收入12441.4亿元，比上年增长9.2%；实现利润730.7亿元，比上年增长14.5%。

建筑企业全年完成施工产值1273.4亿元，比上年下降1.2%；房屋施工面积9236.2万平方米，下降7.7%；房屋竣工面积3575.2万平方米，增长3.7%。建筑业按施工产值计算的全员劳动生产率为27.7万元/人，比上年下降2.8%。

【固定资产投资】2016年，常州市全市完成固定资产投资3605.1亿元，增长6.5%，其中工业投资1918.5亿元，增长9.2%，服务业投资1681.5亿元，增长2.7%。全市高新技术产业完成投资891.2亿元，增长8.8%。全年房地产开发投资446.7亿元，比上年下降12.1%；商品房施工面积3388.9万平方米，比上年下降14.2%，其中新开工面积514.3万平方米，下降19.4%；年末商品房待售面积535.3万平方米，比上年末减少97.5万平方米。

【科学技术】2016年，常州市全年完成专利申请43860件，其中发明专利15349件；专利授权17790件，其中发明专利授权2865件；万人发明专利拥有量24件。全年新增高新技术企业105家，累计1231家。全年新增产学研合作项目1066项。科技进步监测位居全省第4名。大力引进科技人才，年末全市拥有高技能人才26.7万人，每万劳动者中高技能人才949人。

【国内贸易和对外经济】2016年，常州市全市实现社会消费品零售总额2202.8亿元，增长10.7%。从消费形态看，批发业实现零售额278.3亿元，增长15.9%；零售业实现零售额1737.7亿元，增长9.6%；餐饮业实现零售额169.6亿元，增长13.2%；住宿业实现零售额17.2亿元，增长16%。从城乡消费市场看，城镇消费品零售额2060.1亿元，增长10.7%，农村消费品零售额142.7亿元，增长10.3%。

全市完成外贸进出口1820亿元，增长4.6%，其中出口1375亿元，增长4.2%。新兴市场、特别是"一带一路"市场有效拓展，全年对"一带一路"出口增长9.8%，增幅高于全市平均5.6个百分点。全年完成高新技术产品出口240亿元，增长5.1%。

【交通、邮电和旅游】2016年年末，常州市全市公路总里程9031公里，其中高速公路306公里。全年营业性客运量7204.5万人，比上年下降4.9%，货运量13396.1万吨，比上年增长3.4%。公路客运量5423万人，比上年下降7.4%，公路旅客周转量37.1亿人公里，下降7.7%；公路货运量1.1亿吨，增长4%，公路货物周转量122亿吨公里，增长4%。铁路客运量1434.3万人，增长4.8%；铁路货运量108.9万吨，增长2.9%。民用航空旅客吞吐量195.6万人次，增长8%，货物邮吞吐量1.57万吨，下降10.9%。港口货物吞吐量9385万吨，其中常州长江港货物吞吐量4031万吨，分别增长4.5%和11.4%。年末全市民用汽车拥有量109.8万辆，其中个人汽车93.9万辆。

全年邮政业务总量40.6亿元，比上年增长38.5%；全年邮政业务总收入33.9亿元，增长30.5%，其中快递业务收入24.5亿元，增长41.3%。邮政业全年发送特快专递1.6亿件，增长40.4%。全年通信业务收入54.7亿元，增长3.7%。年末全市固定电话用户123.4万户，移动电话用户526.2万户，其中4G用户达到388.9万户。年末互联网用户216.1万户，其中宽带网用户210.3万户。

全市实现旅游总收入833.6亿元，比上年增长14%；旅游接待总人数6004.2万人次，增长10.1%，接待国内游客5989.6万人次，国内旅游收入820亿元，分别增长10%和14.2%；接待入境过夜旅游者14.6万人次，旅游外汇收入1.3亿美元，分别增长14.9%和9%。年末全市共有省级以上旅游度假区4家，其中国家级旅游度假区1家；国家A级以上景区32家，其中5A级2家，4A级9家；全国工农业旅游示范点17家，江苏省四星级乡村旅游点28家，江苏省工业旅游点4家，江苏省自驾游基地7家；旅行社139家，1家旅行社进入全省旅行社20强；星级酒店46家，其中五星级7家，四星级19家。旅游公共服务能力不断提升，全年新建旅游厕所67座，改扩建旅游厕所31座。新建旅游停车场15个，总面积12.3万平方米，共计新增大车停车位283个，小车停车位2399个。新设、更新旅游道路交通指引标志282块。

【金融和保险】2016年年末，常州市全市金融机构人民币存款余额8540.8亿元，比年初增加1102.1亿元，增长14.8%，其中住户存款3366.8亿元，增长5.4%。全市金融机构人民币贷款余额6043.2亿元，比年初增加688.6亿元，增长12.9%，其中住户贷款余额1460.1亿元，非金融企业及机关团体贷款余额4582.3亿元，分别增长18.3%和11.2%。

年末全市保险公司共68家，其中产险公司28家，寿险公司40家。全年保费总收入224.9亿元，比上年增长43.6%，其中人寿险169.4亿元，增长61.5%，财产险55.5亿元，增长7.4%。全年保险赔（结）款支出67.4亿元，比上年增长22.3%，其中人寿险33.2亿元，增长53%，财产险34.2亿元，增长2.3%。

5

2016年苏州市经济发展概况

【经济总量】2016年，苏州市全年实现地区生产总值（GDP）1.54万亿元，按可比价计算比上年增长7.5%以上。人均地区生产总值（按常住人口计算）14.5万元，按年平均汇率折算达到2.2万美元。

【农业】2016年，苏州市全市实现农林牧渔业总产值424.67亿元，按可比价计算比上年下降0.3%。全年粮食总产量97.68万吨，比上年下降9.7%，其中夏粮产量28.91万吨，下降20.6%；秋粮产量68.77万吨，比上年下降4.2%。全年猪牛羊禽肉产量9.83万吨，比上年下降9.2%；禽蛋产量3.8万吨，比上年下降12.4%；水产品产量25.29万吨，比上年下降3.5%。

【工业和建筑业】2016年，苏州市全市实现工业总产值35767亿元，比上年增长0.1%，其中规模以上工业总产值30679亿元，增长1.1%。规模以上工业中，国有及国有控股工业产值785亿元，比上年增长1.8%；外商及港澳台资工业产值19653亿元，比上年增长1.3%；民营工业产值10400亿元，比上年增长0.6%。电子、电气、钢铁、通用设备、化工、汽车六大行业实现产值20542亿元，比上年增长1.7%，占规模以上工业总产值的比重达67.0%。

全市完成建筑业总产值1856亿元，比上年下降5.1%，其中建筑、安装工程产值1842亿元，下降5.1%。竣工产值1702亿元，比上年增长3.6%，竣工率为91.7%。全市资质以上建筑业企业房屋施工面积9682万平方米，比上年下降11%，其中新开工面积2730万平方米，下降1.8%。年末拥有总承包和专业承包资质建筑企业1395家，实现利税140亿元，比上年下降5.5%。建筑业全员劳动生产率32.28万元/人，比上年下降1.1%。建筑业企业在外省完成建筑业产值513亿元，比上年增长19.4%。

【固定资产投资】2016年，苏州市全年完成全社会固定资产投资5648.49亿元，比上年下降7.8%。分产业看，第一产业完成投资0.91亿元，比上年下降76.4%；第二产业完成投资1987.31亿元，比上年下降9.8%，其中工业投资1982.29亿元，下降9.9%；第三产业完成投资3660.27亿元，比上年下降6.5%，占全社会固定资产投资的比重达64.8%。民间投资比重提升。全年完成民间投资3237.93亿元，比上年下降1.4%，民间投资占全社会固定资产投资的比重达57.3%，比上年提高3.7个百分点。

【科学技术】2016年，苏州市全市财政性科技投入95.2亿元，占一般公共预算支出的5.9%。研究与试验发展经费支出占地区生产总值的比重达到2.7%。全市新增高新技术企业920家，累计4133家。高新技术产业产值14382亿元，占规模以上工业总产值的比重达46.9%，比上年提高1.0个百分点。全年新增省级以上民营科技企业1472家，累计达11825家。

【国内贸易和对外经济】2016年，苏州市全年实现社会消费品零售总额4937亿元，比上年增长10.7%。其中，批发和零售业零售额4345亿元，比上年增长10.8%；住宿和餐饮业零售额592亿元，比上年增长9.3%。按经营单位所在地分，城镇消费品市场实现零售额4313亿元，比上年增长10.7%；农村消费品市场实现零售额624亿元，比上年增长10.7%。消费升级类商品增势较好。限额以上批发和零售业中，通信器材类商品零售额比上年增长12.1%；家具类商品零售额比上年增长13.3%；汽车类零售额比上年增长10.6%。

全市实现进出口总额18081亿元，其中出口10817亿元，进口7264亿元。全市一般贸易进出口比上年增长8.8%，占进出口总额的比重达33.6%，比上年提高4.2个百分点。从出口市场看，全年对美国出口比上年增长4.8%，对东盟出口增长4.0%，对欧盟出口增长3.2%，对日本出口下降8.2%；对“一带一路”沿线国家出口占全市出口总额的比重达20.3%，比上年提高1.5个百分点。

【交通、邮电和旅游】2016年年末，苏州市全市公路总里程12680.78公里，其中高速公路598.12公里。全市完成公路、水路客运量3.26亿人次，旅客周转量124.74亿人公里，均比上年下降5.8%。公路、水路完成货运量1.34亿吨，货物周转量225.07亿吨公里，分别比上年增长3.1%和5.4%。全年铁路旅客发送量4059万人次，比上年增长8.4%。铁路货物发送量81.95万吨，货物到达量141.46万吨。苏州港港口货物吞吐量5.79亿吨，比上年增长7.3%，其中外贸货物吞吐量1.51亿吨，比上年增长7.5%。苏州港集装箱运量548万标箱，比上年增长7.4%。

全年邮政业务收入132.95亿元，比上年增长22.5%。全年发送快递8.18亿件，比上年增长45.2%；实现快递业务收入112.98亿元，比上年增长27.6%。电信业务收入194.11亿元，比上年增长4.8%。年末固定电话用户252万户；移动电话用户1690.6万户，其中4G用户1079.7万户。年末互联网宽带用户数达433.64万户，比上年末净增24.24万户。

全市实现旅游总收入2078亿元，比上年增长11.5%，其中旅游外汇收入21.56亿美元。全年接待入境过夜游客161.33万人次，接待国内游客11294.80万人次，分别比上年增长6.7%和6.5%。年末全市共有5A级景区6家（11个点）、4A级景区36家，五星级饭店29家。省级以上旅游度假区10家，其中国家级2家。苏州获评全国首批、全省唯一"国家全域旅游示范区"创建的地级市。游客满意度和旅游市场秩序指数保持全国前列。

【金融和保险】2016年年末，苏州市全市金融机构总数774家，金融从业人员7.5万人，金融总资产4.4万亿元。年末全市金融机构人民币存款余额25864.26亿元，比年初增加2205.16亿元，比年初增长9.3%。年末金融机构人民币贷款余额21924.44亿元，比年初增加2724.34亿元，比年初增长14.2%。

全年新增保险机构6家，年末保险机构81家，各类分支机构921家。全年保费收入524.57亿元，比上年增长42.4%；保险赔款和给付支出156.35亿元，比上年增长14.5%。保险深度、保险密度分别达到3.41%和4940元/人。

6

2016年南通市经济发展概况

【经济总量】2016年，南通市全年实现地区生产总值（GDP）6768.2亿元，按可比价格计算，比上年增长9.3%。其中：第一产业增加值366.1亿元，增长0.7%；第二产业增加值3170.3亿元，增长9.0%；第三产业增加值3231.8亿元，增长10.7%。人均GDP达到92702元，增长9.3%。按2016年平均汇率计算，人均GDP为13961美元。

【农业】2016年，南通市全市农林牧渔业总产值691.6亿元，按可比价计算，增长2.0%。其中，农业产值294.6亿元，与上年持平；牧业产值159.1亿元，增长2.6%；渔业产值164.0亿元，增长1.9%。全年粮食亩产417.8公斤，下降3.9% 。

【工业和建筑业】2016年，南通市全市规模以上工业增加值3330.4亿元，增长9.8%，其中，轻重工业分别增长6.8%和11.3%。分经济类型看，国有企业增长7.5%，股份制企业增长10.8%，外商及港澳台投资企业增长7.6%。"3+3"重点产业较快增长，重点产业产值同比增长10.5%，高于全市平均水平1.6个百分点，其中，电子信息业、高端纺织业、船舶海工产业三大重点支柱产业同比分别增长17.4%、8%和7.6%。新能源、智能装备和新材料三大重点新兴产业分别增长19.4%、15%和6.8%。工业产值中，装备制造业产值7447.1亿元，增长12.6%，占全市规模以上工业总产值的比重达49.8%，比上年提高1.2个百分点。

全市实现建筑业增加值539.4亿元，增长5.8%。全市建筑企业承建施工面积7.17亿平方米，增长4.9%。全市建筑队伍人数170万人，建筑队伍遍及39个国家和地区，年末出国人数0.77万人；年末全市拥有特级资质建筑企业15家，拥有一级建造师8780人。2016年新增鲁班奖3项，累计共获91项，居全国地级市之首。

【固定资产投资】2016年，南通市全市完成固定资产投资额4812亿元，比上年增长10.0%，其中，民间投资3621.5亿元，增长6.6%，占固定资产投资的比重达75.3%，回落1.9个百分点；工业投资2406.4亿元，增长8.2%，其中技改投资1664.7亿元，增长9.1%，占工业投资的比重达到69.2%，比上年提高0.6个百分点。全市服务业投资达到2396.1亿元，增长11.8%。完成基础设施投资717.4亿元，增长5.8%。

【科学技术】2016年年末，南通市全市拥有高新技术企业978家；新增省级高新技术产品876项；年末拥有省级企业重点实验室（含企业研究院）6家，省级工程技术中心352家，院士工作站43家；新建市级公共技术服务平台3家，市级工程技术研究中心69家，重点实验室5家。全年有14项科技成果获江苏省科技进步奖，其中，一等奖4项，二等奖3项，三等奖7项；获国家专利优秀奖10项。年末，全市共建成科技孵化器51家，其中国家级12家、省级26家。全年专利申请量45557件，比上年增长31.0%；专利授权量24337件，同比减少6.3%；其中，发明专利申请量9303 件，增长6.4%，发明专利授权量2725件，增长22.9%，万人发明专利拥有量18.32件，增长21.7%。全社会研发投入占GDP的比重达到2.61%，比上年提高0.06个百分点。

【国内贸易和对外经济】2016年，南通市全年社会消费品零售总额2632.9亿元，增长10.7%。其中，城市消费品零售额1942亿元，增长11.0%；农村消费品零售额690.9亿元，增长9.7%。分行业看，批发和零售业消费品零售额2406.8亿元，增长10.5%；住宿和餐饮业消费品零售额226.1亿元，增长11.9%。

全年进出口总值2035.3亿元，增长3.8%，其中，出口总值1516.7亿元，增长7.0%；进口总值518.6亿元，下降4.5%。年末与我市建立进出口贸易关系的国家和地区201个，比上年减少8个。全市有进出口业绩的企业5798家，增长7.2%。

【交通、邮电和旅游】2016年，南通市全年交通运输、仓储及邮政业增加值229.1亿元，比上年增长3.6%。兴东国际机场年末拥有国际航线4条、开通周航班量13班，国内航线23条，开通周航班量171班，完成旅客运输量153.8万人次，增长32.4%；全年民航货邮吞吐量4.27万吨，增长18.2%。年末铁路南通站始发列车28对；全年铁路客运量380.7万人次，增长36.0%；货运量104.8万吨，增长17.3%。全年公路货运量11737万吨，增长5.8%；公路客运量6761万人次，下降5.5%。

全年实现邮政业务收入37.4亿元，增长31.0%，电信业务收入65.4亿元，增长4.8%。年末全市固定电话用户179.7万户，比上年减少26.1万户，其中，城市电话用户100.2万户，减少35.4万户；住宅电话用户152.1万户，减少5.23万户。年末移动电话用户819万户，减少115.1万户。年末互联网用户891.8万户，新增31万户，其中固定宽带互联网用户247.6万户，新增41.5万户，无线宽带互联网用户644.3万户，减少10.5万户。

全年接待海内外旅游者总人数3810.13万人次，比上年增长11.9%。其中，国内旅游者3792.11万人次，增长12%，旅游住宿设施和居民家中接待过夜海外旅游者18.0万人次，增长4.1%。全年实现旅游总收入533.83亿元，比上年增长15.2%，其中，外汇收入1.25亿美元，增长7%。年末全市拥有旅游星级饭店80家，旅行社163家，A级旅游景区（点）48处，全国农业旅游示范点2个，全国工业旅游示范点11个。

【金融和保险】2016年，南通市全年金融机构新增本外币存款1486.6亿元，年末存款余额11330.6亿元，其中，储蓄存款余额5395.4亿元，比年初增长319.9亿元；非金融企业存款余额3808.8亿元，比年初增长707.3亿元。全年金融机构投放贷款814.9亿元，年末各项贷款余额6896.6亿元。

年末全市拥有保险机构76家，保险行业从业人员3.1万人。全年保费收入270.7亿元，比上年增长51.0%，其中，财产险收入59.7亿元，增长9.6%；人寿险收入170.7亿元，增长63.8%。全年已决赔款及给付111.3亿元，增长53.3%。

7

2016年连云港市经济发展概况

【经济总量】2016年，连云港市全年实现地区生产总值（GDP）2376.48亿元，增长7.8%。其中，第一产业增加值301.56亿元，增长1.6%；第二产业增加值1049.90亿元，增长7.8%；第三产业增加值1025.02亿元，增长9.8%。第二、第三产业增加值双双跨上千亿台阶。人均GDP首超50000元，达到52986元。

【农业】2016年，连云港市全年粮食播种面积752.3万亩，比上年减少1.6万亩；亩产479.6公斤，比上年减少0.7公斤；总产360.8万吨，比上年减少1.4万吨。其中，夏粮播种面积363.2万亩，比上年减少1万亩；亩产393.7公斤，比上年增加0.2公斤；总产143万吨，比上年减少0.3万吨。秋粮播种面积389.1万亩，比上年减少0.6万亩；亩产559.8公斤，比上年减少1.7公斤；总产217.8万吨，比上年减少1万吨。

【工业和建筑业】2016年，连云港市全市1694家规模以上工业企业实现总产值6225.87亿元，增长12.2%。其中，轻工业总产值1984.07亿元，增长17.3%，快于全市5.1个百分点；重工业总产值4241.80亿元，增长10.0%。

全年完成建筑业总产值648.73亿元，增长3.0%。其中，房屋建筑工程总产值600.74亿元，增长2.2%；安装工程总产值47.99亿元，增长17.4%。资质以上建筑业企业房屋施工面积5309.1万平方米，与上年基本持平；房屋竣工面积2306.1万平方米，增长10.6%。

【固定资产投资】2016年，连云港市全年完成固定资产投资2385.16亿元，增长14.8%。其中，工业投资1487.34亿元，增长17.5%；服务业投资850.35亿元，增长8.2%；房地产开发投资235.41亿元，增长14.6%。

【科学技术】2016年，连云港市全社会研发投入占GDP比重提高到1.78%，科技进步贡献率提高到53%。高新技术企业增至226家，实现工业总产值2432.08亿元，增长12.0%，对全市工业生产增长的贡献率为38.5%，拉动全市生产增长4.7个百分点。其中，“三新”产业实现总产值2214.68亿元，新材料制造业、新能源制造业、生物医药制造业分别为1397.50亿元、241.78亿元、575.40亿元。

【国内贸易和对外经济】2016年，连云港市全年实现社会消费品零售总额933.31亿元，增长12.4%。其中，批发业实现零售额83.92亿元，增长29.8%；零售业745.72亿元，增长8.3%；住宿业13.86亿元，增长42.8%；餐饮业89.80亿元，增长32.7%。限额以上单位中，粮油食品类实现零售额50.0亿元，增长44%；服装类21.23亿元，增长25.8%；金银珠宝类15.45亿元，增长17.6%；家用电器类19.41亿元，增长19.4%；中西药品类31.9亿元，增长14.9%；石油制品类90.0亿元，增长2.4%；汽车类70.0亿元，增长10.8%。

全年实际到账注册外资5.50亿美元，下降31.3%。进出口总额70.40亿美元，下降12.5%。其中出口总额36.84亿美元，下降9.3%。

【交通、邮电和旅游】2016年，连云港市全市地方公路客运量4654万人次，旅客周转量33.33亿人公里，分别下降1.0和1.3%；地方公路货运量8378万吨，货运周转量161.07亿吨公里，增长均为2.0%。地方水路货运量1837万吨，增长0.6%，货运周转量144.36亿吨公里，增长7.1%。民航新开通了昆明、石家庄及南宁等3条航线，年末航线达到23条，民航机场飞机起降9322架次，增长19.5%；民航机场旅客吞吐量85.1万人次，增长20.0%。

全年邮政通讯总收入42.27亿元，增长9.1%。其中，邮政速递业务收入11.18亿元，增长18.4%；通讯业务总收入31.09亿元，增长6.0%。年末，全市电话用户486.93万户，其中移动电话用户418.29万户。互联网用户404.33万户，增长12.9%，其中固定宽带接入用户119.07万户，增长7.6%。

全年实现旅游总收入395.40亿元，增长15.5%。接待国内游客3011万人次，增长12.2%；实现国内旅游收入391.58亿元，增长15.6%。接待入境过夜旅游者2.26万人次，增长11.2%；实现旅游外汇收入2281万美元，增长10.5%。月牙岛、孔望山、桃花涧、后云台山等景区扩建改造快速实施，花果山景区成功创建5A级景区。

【金融和保险】2016年年末，连云港市金融机构存款余额2555.48亿元，比年初增加391.56亿元，同比增长18.1%。其中，住户存款1179.91亿元，比年初增加123.94亿元，同比增长11.7%。金融机构贷款余额2093.9亿元，比年初增加266.22亿元，同比增长14.6%。

全年保险业务总收入69.78亿元，增长20.8%。其中，寿险保费收入41.58亿元，增长22.3%；财产险保费收入20.97亿元，增长17.0%；健康险保费收入5.87亿元，增长26.9%；意外险保费收入1.36亿元，增长12.8%。保险业务总支出23.20亿元，增长31.1%。

8

2016年淮安市经济发展概况

【经济总量】2016年，淮安市全年实现地区生产总值（GDP）3048亿元，按可比价格计算，比上年增长9.0%，增速苏北第2，高于全国2.3个百分点。其中，第一产业增加值324.61亿元，增长1.7%；第二产业增加值1268.15亿元，增长9.1%；第三产业增加值1455.24亿元，增长10.6%。三次产业比重由上年11.2：42.9：45.9调整升级为10.6：41.7：47.7，第三产业增加值占GDP比重达47.7%，比上年提升1.8个百分点，高出二产6.1个百分点。人均GDP 62446元人民币(按当年汇率折算9401美元)，增长8.6%。

【农业】2016年，淮安市全年粮食播种面积989.99万亩，比上年增加2.63万亩，其中夏粮面积463.08万亩，增加1.47万亩；秋粮面积526.91万亩，增加1.15万亩。但受极端气候因素影响，粮食总产量458.55万吨，比上年减少8.67万吨，下降1.9%。其中，夏粮总产量170.57万吨，比上年减少6.80万吨，下降3.8%；秋粮总产量287.98万吨，比上年减少1.87万吨，下降0.6%。

【工业和建筑业】2016年，淮安市全市规模以上工业增加值1626.18亿元，比上年增长9.8%，增速居全省第3，苏北第2。全年完成工业总产值7476.27亿元，比上年增长12.6%；实现利润总额400.79亿元，比上年增长8.5%。单位GDP能耗下降4.5%，超额完成省定目标任务。全市“4+2”工业优势特色产业在库企业1025户，比上年底增加64户。盐化新材料、食品、特钢及装备制造等产业保持快速增长，其中食品产业规模不断扩大，实现产值1015.9亿，比上年增长14.6%，成为“4+2”产业中继电子信息产业后第二个规模突破千亿的产业。两大新兴产业呈集群式发展，新能源汽车及零部件产业实现产值214.5亿元，生物技术及新医药产业实现产值145.8亿元，分别比上年增长9.0%和10.4%，成为工业结构调整的新引擎。

【固定资产投资】2016年，淮安市全市完成规模以上固定资产投资2535.19亿元，比上年增长15.1%，增速位居全省第4，高出全省平均水平7.6个百分点。其中，工业投资1518.49亿元，增长17.3%，增速位居全省第3。技改投资增势强劲，全年工业技改项目投资690.46亿元，比上年增长21.7%，占全市工业投资的比重达45.4%。民间投资增速加快，全市民间项目投资完成1781.94亿元，增长15.4%，增速比前三季度上升了0.9个百分点。220个市级重大项目完成投资1040亿元，比上年增长11.5%，德科玛半导体、时代芯存相变存储器等一批投资超百亿元重大项目顺利开工。

【国内贸易和对外经济】2016年，淮安市全市实现社会消费品零售总额首次突破千亿，达到1083.83亿元，比上年增长11.7%，高于全省平均水平0.8个百分点，增速位居全省第4。按经营单位所在地分，城镇实现消费品零售额964.50亿元，增长11.4%；农村实现消费品零售额119.33亿元，增长13.7%。从商品分类来看，粮油食品类商品零售额增长14.3%，烟酒类零售额增长17.4%，服装鞋帽针纺织品类零售额增长9.5%。限额以上企业实现汽车零售额127.89亿元，占限额以上社会消费品零售总额的比重达24.4%，比上年增长21.9%，汽车销售对消费市场贡献突出。

全年完成进出口总额35.04亿美元，比上年下降15.1%。其中，出口26.98亿美元，下降10.3%；进口8.06亿美元，下降28.1%。新批总投资3000万美元以上外资项目59个，超亿美元项目10个，居苏北第一。注册外资实际到账 11.6亿美元，比上年下降4.3%。

【金融和保险】2016年，淮安市全市金融机构人民币存款余额3066亿元，比上年增长31.7%；金融机构人民币贷款余额2304.22亿元，比上年增长23.6%，存贷款余额增速均居全省第1。从存款结构看，住户存款1360.51亿元，占全部存款的44.4%，增长14.9%；非金融企业存款1049.81亿元，占全部存款的34.2%，增长65.1%。从贷款类型来看，按贷款时限分，短期贷款772.43亿元，增长4.1%，中长期贷款1426.86亿元，增长44.2%；按行业类别分，基础设施贷款398.90亿元，比上年增长104.6%，涉农贷款和小微企业贷款932.97亿元，比上年增长30.6%。

9

2016年盐城市经济发展概况

【经济总量】2016年，盐城市全年实现地区生产总值（GDP）4576.1亿元，按可比价计算，比上年增长8.9%；其中第一产业实现增加值533.9亿元，比上年增长0.9%；第二产业实现增加值2050.0亿元，比上年增长9.2%；第三产业实现增加值1992.2亿元，比上年增长10.8%。产业结构持续优化。三次产业增加值比例调整为11.7：44.8：43.5，二、三产业比重比上年提高了0.6个百分点，人均地区生产总值达63277元（按2016年年平均汇率折算约9526美元），比上年增长8.8%。

【农业】2016年，盐城市全市实现农林牧渔业总产值1104.9亿元，可比价增长1.9%。粮食总产量十三年来首次出现下跌。全市粮食总产量达687.3万吨，比上年减少20.8万吨，下降2.9%；粮食播种面积1472.4万亩，比上年增加0.8万亩。粮食亩产466.8公斤，比上年减少14.4公斤。棉花播种面积14万亩，比上年减少27万亩，总产1.1万吨。全市油料作物播种面积120万亩，比上年减少17.7万亩，油料总产量24.3万吨。

【工业和建筑业】2016年，盐城市全市规模以上工业企业实现总产值9205.8亿元，比上年增长8.3%，实现增加值2173.9亿元，比上年增长9.7%。其中轻、重工业分别比上年增长6.9%和11.1%。民营工业持续向好。2016年，全市民营企业实现增加值1547.4亿元，比上年增长10.4%，占规模以上工业比重71.2%。全市规模以上工业企业实现利润总额458.4亿元，比上年下降3%。全市工业用电量201.4亿千瓦时，比上年下降2.4%。

全市完成建筑业总产值1422.7亿元，比上年增长5.9%，实现增加值280.8亿元，比上年增长5.1%。2016年，全市建筑企业房屋施工总面积12729.7万平方米，比上年增长16.8%；房屋建筑竣工面积4954.3万平方米，比上年增长15.2%，其中住宅竣工面积3411.2万平方米，比上年增长13%。

【固定资产投资】2016年，盐城市全市完成固定资产投资3882.8亿元，比上年增长15.2%，其中工业投资2292亿元，比上年增长14.4%。投资结构进一步优化，全市第一产业完成投资47.3亿元，比上年增长15.3%；第二产业完成投资2301.5亿元，比上年增长14.8%；第三产业完成投资1534亿元，比上年增长15.7%。民间投资2868.6亿元，比上年增长6.2%，低于投资增速9个百分点。

【科学技术】2016年，盐城市全市科技研发投入占地区生产总值的比重为1.9%，科技进步贡献率53.8%。全市拥有高新技术企业532家，新增148家。新认定省级以上研发机构37家，新获批国家、省级众创空间各7家。全年申请专利25926件，比上年增长25.1%，其中发明专利4826件，比上年增长47.2%；授权专利7533件，其中发明专利768件，比上年增长5.6%和94.4%；有效发明专利拥有量2520件，比上年增长50.8%。

【国内贸易和对外经济】2016年，盐城市全市社会消费品零售总额完成1630.9亿元，比上年增长11.1%。分城乡看，乡村消费增速领先城镇，全年城乡分别实现社会消费品零售总额1545.3亿元和85.6亿元，比上年增长11.0%和11.5%。分行业看，消费市场平稳增长。批发、零售、住宿、餐饮业分别实现零售额198.9亿元、1266.4亿元、17.0亿元和148.7亿元，比上年分别增长10.7%、11.0%、11.6%和11.8%。分规模看，限额以上零售额618.5亿元，比上年增长9.9%；限额以下零售额578.1亿元，比上年增长12.1%。

全市实现进出口总额79.5亿美元，比上年下降2.1%，其中出口47.4亿美元，比上年下降7.5%，进口32.1亿美元，比上年增长7.2%。新批利用外资项目150个，比上年增长2.7%，其中3000万美元以上项目48个，比上年增长26.3%。注册外资实际到账7.1亿美元，比上年下降11.1%。外资结构逐步优化。全市新批高新技术产业协议外资1.6亿美元、到账1.1亿美元，分别比上年增长26.5%和91%。

【交通、邮电和旅游】2016年，盐城市全市共有公路总里程19568公里，其中国道994公里、省道990公里；拥有等级公路19303公里，其中高速公路396公里、一级公路1393公里、二级公路2531公里、三级公路1517公里、四级公路13466公里，等外公路265公里。"5+1"高速铁路网建设加快推进，盐徐高铁、盐宁高铁、连盐快铁进展顺利，协调推进盐通高铁提速。2016年，全社会客运量8415万人，比上年增长0.6%，客运周转量82.0亿人公里，比上年下降0.3%；全社会货运量15551万吨，比上年下降2.7%，货运周转量412.9亿吨公里，比上年增长0.1%。全年保障航班1.24万架次，年旅客吞吐量120.9万人次，分别比上年增长40.3%、41.9%，货邮吞吐量5119.9吨，比上年增长70.3%。沿海港口货物吞吐量7964万吨，比上年增长5.1%，其中外贸2032.2万吨，比上年增长18.3%。

全市完成邮电业务总量70.7亿元，比上年增长12.9%。邮政业务收入15.2亿元，比上年增长22.6%，其中规模以上快递服务企业完成业务量8560.49万件，比上年增长65.7%，实现业务收入7.32亿元，比上年增长42.5%。电信业务收入48.0亿元，比上年增长2.0%。

全市共接待海内外游客2580万人次，比上年增长13.1%，实现旅游外汇收入6418.9万美元，比上年增长9.4%。景区建设进一步加快。盐城生态湿地旅游建设内容列入国务院公布的《国家"十三五"旅游发展规划》。东台市安丰镇荣获中国首批特色小镇。丹顶鹤湿地生态旅游区和黄海国家森林公园成功创建为国家4A级旅游景区。旅游市场日渐活跃。生态湿地游、民俗文化游和乡村旅游成为新的旅游热点。成功举办2016中国盐城丹顶鹤国际湿地生态旅游节暨第九届海盐文化节旅游活动。

【金融和保险】2016年，盐城市金融机构年末本外币存款余额5471.0亿元，比上年末增长23.9%，其中住户存款2693.1亿元，比上年末增长12.0%。金融机构年末本外币贷款余额3718.4亿元，比上年末增长20.8%，其中中长期贷款1785.9亿元，比上年末增长2.2%。

全市拥有保险市场主体71家，其中市级产险公司21家，寿险公司36家，保险专业中介一级法人机构14家。保险分支机构及营销网点701个，保险从业人员4.05万人。全市实现保费收入137.9亿元，比上年增长30.8%，其中财产险35.8亿元，比上年增长9.9%；人身险102.1亿元，比上年增长39.1%。全市各项赔偿和给付48.9亿元，比上年增长55.0%。

10

2016年扬州市经济发展概况

【经济总量】2016年，扬州市全年实现地区生产总值（GDP）4449.38亿元，可比价增长9.4%。其中，第一产业增加值251.49亿元，增长0.1%；第二产业增加值2197.63亿元，增长8.3%；第三产业增加值2000.26亿元，增长12.0%。三次产业结构由上年的6.0：50.1：43.9调整为5.6：49.4：45.0。人均地区生产总值99150元，增长9.2%。

【农业】2016年，扬州市全年粮食播种面积628.3万亩，总产300.3万吨，继“十二连增”后首次出现下降。生猪出栏128.5万头，下降3.2%。家禽出栏4315万只，增长3.1%。年末生猪存栏70.5万头，下降3.1%。家禽存栏1443万只，下降1.4%。肉类总产量18万吨，下降0.8%。实现农林牧渔业总产值478.8亿元，增长4%。

【工业和建筑业】2016年，扬州市全市2707家规模以上工业企业完成总产值10099.6亿元，增长7.5%，工业增加值增长9.2%。产值过亿元的工业企业1489家，比上年增加26家，占全部规上企业的55.0%。亿元企业完成产值9542亿元，占全市规模以上工业的94.5%。其中完成产值100亿元以上的企业9家，50-100亿元的10家，30-50亿元的23家，10-30亿元的132家，5-10亿元的255家，1-5亿元的1060家。

全市实现建筑业总产值3346.5亿元，增长5.7%；建筑业增加值272.30亿元，增长3.5%。房屋建筑施工面积26807.9万平方米，增长6%，其中新开工面积10853.6万平方米，增长8.5%；竣工产值2867.4亿元，增长4.2%；竣工面积10094.7万平方米，下降4.9%。

【固定资产投资】2016年，扬州市全市完成固定资产投资3288.68亿元，增长15.3%，其中，建设项目投资2878.51亿元，增长16.1%；房地产开发投资410.18亿元，增长8.5%。从产业来看，第一产业投资16.84亿元，增长4.3%；第二产业投资1714.93亿元，增长13.5%；第三产业投资1556.91亿元，增长17.1%。一、二、三产业投资占全部投资的比重为0.5：52.2：47.3。

【科学技术】2016年，扬州市全市新增国家高新技术企业102家，总数达706家，实现高新技术产业产值4520.1亿元，占规上工业总产值的比重44.7%。全市专利受理量27043件，增长8.98%；专利授权13253件，下降4.98%。20家科技型企业登陆新三板。

【国内贸易和对外经济】2016年，扬州市全市社会消费品零售总额1358.80亿元，增长9.9%，其中，批发业172亿元，增长3.3%；零售业1029.38亿元，增长10.7%；住宿业22.02亿元，增长15.2%；餐饮业135.40亿元，增长11.7%。城镇消费品零售额1260.86亿元，增长9.8%；乡村消费品零售额97.94亿元，增长9.9%。

全市进出口总额96.25亿美元，下降6.9%，其中，出口72.59亿美元，下降5.9%；进口23.66亿美元，下降9.9%。从贸易方式看，一般贸易出口51.18亿美元，下降3.4%；加工贸易出口16.9亿美元，下降20.4%。从贸易市场看，美国出口17.66亿美元，下降1.1%；欧盟出口15.78亿美元，下降3.7%；东盟出口6.40亿美元，增长4.9%；香港出口6.65亿美元，增长12.4%；拉丁美洲出口4.72亿美元，下降14.9%。

【交通、邮电和旅游】2016年，扬州市全市货运总量和货物周转量分别完成1.23亿吨和357.75亿吨公里，分别增长1.3%、5.3%。客运量和旅客周转量完成3852.2万人和32.23亿人公里，分别下降7.4%、7.7%。港口货物吞吐量12159.7万吨，增长10.3%；集装箱吞吐量51.4万标箱，下降17.1%。扬州泰州机场升级为国际机场，全年旅客吞吐量143.7万人次，增长65.2%，货邮吞吐量7714.9吨，增长25%。新开辟国际航线5条，累计开通航线34条，其中国内21条，国际/地区10条，平均客座率83.25%，总起降架次36010架次，其中运输架次13010架次。

全市邮政通讯业务收入61.2亿元，增长7.6%。其中，通讯业务收入42亿元，增长3.9%；邮政业务收入19.2亿元，增长16.7%。年末电话用户614.01万户，增长1.7%，其中移动电话用户506.88万户，增长3.7%。互联网宽带接入用户139.25万户，增长13.9%。

全市旅游总收入691.39亿元，增长15.1%。全年接待入境过夜游客5.86万人次，增长14.3%。旅游外汇收入6280万美元，增长12.4%。主要封闭式景区接待游客1042.54万人次，增长14.6%。全市拥有国家A级景区37家，其中5A级1家、4A级10家、3A级13家。省星级乡村旅游区（点）48家，其中四星级16家。共有星级饭店48家，其中五星级4家、四星级13家。星级饭店客房出租率67.55%。旅行社138家，其中出境游组团社7家。

【金融和保险】2016年年末，扬州市人民币存款余额5361.55亿元，比年初增加642.15亿元，增长13.6%，其中，住户存款余额2560.98亿元，比年初增加184.29亿元。人民币贷款余额3508.13亿元，比年初增加411.63亿元，增长13.3%。其中，中长期贷款余额1822.67亿元，比年初增加421.75亿元；个人消费贷款837.40亿元，比年初增加171.89亿元。

全市各类保险机构实现保费收入148.36亿元，增长20.5%。其中，财产险保费收入33.42亿元，增长6.8%；人身险保费收入114.94亿元，增长25.1%。保险赔款总支出23.31亿元，增长24.2%，其中财产险支出20.43亿元，增长28.7%；人身险支出2.88亿元，下降0.6%。

11

2016年镇江市经济发展概况

【经济总量】2016年，镇江市全年实现地区生产总值（GDP）3833.84亿元，按可比价计算比上年增长9.3%，其中第一产业增加值137.78亿元，增长0.1%；第二产业增加值1870.40亿元，增长8.6%；第三产业增加值1825.66亿元，增长10.7%。人均地区生产总值120603元，比上年增长9.1%，按年平均汇率折算18750美元。产业结构继续优化，三次产业增加值比例由上年的3.8:49.3:46.9调整为3.6:48.8:47.6，服务业增加值占GDP比重提高0.7个百分点。

【农业】2016年，镇江市全年粮食播种面积261.03万亩，比上年减少1.73万亩，下降0.7%。受播种面积减少和气候因素影响，全市粮食总产量118.74万吨，比上年减少6.41万吨，下降5.1%，其中夏粮总产量34.97万吨，减少2.59万吨，下降6.9%；秋粮总产量83.77万吨，减少3.82万吨，下降4.4%。全年油料总产量5.83万吨，比上年增长0.3%。蔬菜总产量95.83万吨，比上年增长1.2%。瓜果类产量10.69万吨，比上年增长26.2%。

【工业和建筑业】2016年年末，镇江市拥有规模以上工业企业2710家，实现工业总产值9066.19亿元，比上年增长7.2%，其中大中型企业总产值6180.02亿元，增长7.5%。分轻重工业看，轻工业总产值1575.66亿元，比上年增长8.1%；重工业总产值7490.53亿元，比上年增长7.0%。分经济类型看，国有企业总产值60.51亿元，比上年下降5.8%；集体企业总产值38.46亿元，比上年下降0.6%；股份制企业总产值5483.72亿元，比上年增长7.9%；三资企业总产值3038.03亿元，比上年增长6.5%。在规模以上工业企业中，民营企业总产值

5560.67亿元，比上年增长8.5%，其中私营企业总产值3735.24亿元，增长9.5%。

年末拥有资质以上建筑业企业369家。全年实现建筑业总产值530.67亿元，比上年下降2.4%，其中竣工产值387.26亿元，下降13.2%。建筑业全员劳动生产率为29.29万元/人，比上年增长10.8%。建筑业企业房屋建筑施工面积2406.84万平方米，比上年增长1.9%；竣工面积878.01万平方米，比上年下降5.3%，其中住宅竣工面积499.69万平方米，下降10.1%。

【固定资产投资】2016年，镇江市全年在建亿元以上项目606个，其中当年新开工项目259个。全年完成固定资产投资2873.43亿元，比上年增长15.1%，其中国有及国有经济控股投资634.62亿元，下降3.5%；港澳台及外商投资280.51亿元，增长25.9%；民间投资2034.98亿元，增长21.5%。分三次产业看，第一产业投资5.34亿元，增长92.0%；第二产业投资1515.95亿元，增长12.1%，其中：工业投资1475.13亿元，增长11.5%；第三产业投资1352.14亿元，增长17.9%。在全部固定资产投资中，工业技改投资739.18亿元，比上年增长31.5%，占比重50.1%，比上年提高9.1个百分点。

【科学技术】2016年年末，镇江市全市拥有省级以上工程技术研究中心178家，拥有省级重点实验室6家、产业研究院1家，拥有企业院士工作站21家。大中型工业企业和规模高新技术企业省级以上研发机构占比达43.3%。4家孵化器成功获批国家级孵化器，年末累计10个。新增入选国家级众创空间2家，入选省级众创空间11家。全市科技进步贡献率达61%，比上年提高0.5个百分点。全年新增专利授权量13836件，其中新增发明专利授权量2942件。万人发明专利拥有量23.2件，比上年增加2.6件。全年研究与试验发展（R&D）经费支出占GDP比重2.59%，比上年提高0.04个百分点。每万劳动力中研发人员数140人年，比上年提高5人年。

【国内贸易和对外经济】2016年，镇江市全年实现社会消费品零售总额1236.78亿元，比上年增长11.1%。按经营单位所在地分，城镇市场零售额1170.93亿元，比上年增长11.5%；乡村市场零售额65.85亿元，比上年增长10.6%。按消费形态分，批发业零售额194.99亿元，比上年增长7.9%；零售业零售额891.95亿元，比上年增长10.6%；餐饮业零售额135.87亿元，比上年增长17.3%；住宿业零售额13.97亿元，比上年增长31.3%。从零售业态看，全市限上单位中专卖店、专业店、百货店、大型超市零售额分别比上年增长7.1%、10.1%、8.3%、3.6%。

全年实现进出口总额103.16亿美元，比上年增长2.5%，其中出口总额69.51亿美元，增长1.1%；进口总额33.65亿美元，增长5.5%。从出口方式上看，一般贸易出口51.32亿美元，比上年增长1.7%；加工贸易出口17.55亿美元，比上年增长3.5%。分企业类型看，国有企业出口1.80亿美元，比上年增长1.3%；外商投资企业出口30.82亿美元，比上年下降2.6%；民营企业出口36.12亿美元，比上年增长4.8%。从主要出口产品看，机电产品出口31.11亿美元，比上年增长6.0%；纸及纸制品出口7.65亿美元，比上年增长3.2%。高新技术产品出口12.69亿美元，比上年增长61.2%。从出口市场看，对亚洲出口36.51亿美元，比上年增长9.5%，其中对东盟组织出口7.74亿美元，下降0.7%；对韩国出口3.5亿美元，增长48.2%；对日本出口4.31亿美元，下降4.7%；对印度出口3.53亿美元，增长7.1%。对欧洲出口10.79亿美元，比上年增长3.2%，其中对欧盟出口8.50亿美元，增长1.7%。对美国出口12.83亿美元，比上年下降10.5%。

【交通、邮电和旅游】2016年，镇江市全年公路客运量4439万人，比上年下降1.8%；铁路客运量1054.50万人，下降0.5%。公路旅客周转量253345万人公里，比上年下降3.1%。公路货运量7447万吨，比上年增长2.0%；水路货运量1430万吨，增长2.1%；铁路货运量224万吨，下降33.5%。公路货物周转量793232万吨公里，增长2.0%；水路货物周转量378387万吨公里，增长5.1%。全年完成港口货物吞吐量14887万吨，比上年增长0.7%，其中长江港口吞吐量13137万吨，增长1.0%；港口集装箱吞吐量37.30万标箱，下降8.4%。年末全市民用汽车拥有量43.68万辆，其中私人汽车41.73万辆，分别比上年增长17.3%和18.0%。

全年邮政电信业务总量109.87亿元，比上年增长52.9%，其中：邮政业务总量16.62亿元，增长28.3%；

电信业务总量93.25亿元，增长58.3%。邮政电信业务收入42.60亿元，比上年增长7.9%，其中：邮政业务收入12.41亿元，增长27.5%；电信业务收入30.19亿元，增长1.5%。年末固定电话用户75.79万户，比上年末减少11.44万户。移动电话用户305.89万户，比上年减少3.67万户。年末互联网宽带接入用户107.69万户，比上年增加15.88万户。

全市共接待国内旅游人数5348.34万人次，比上年增长11.4%。接待入境过夜旅游者5.49万人次，比上年增长3.7%。实现旅游业总收入714.35亿元，增长15%。实现国内旅游收入706.19亿元，增长15%。旅游外汇收入6479万美元，增长8.1%。年末拥有A级景区44个，其中5A级景区2家，4A级景区7家，3A级景区11家。拥有省级旅游度假区3家，省星级乡村旅游点101家，其中三星级及以上69家；拥有星级宾馆34家，其中五星级宾馆3家；拥有旅行社108家，其中星级旅行社31家。

【金融和保险】2016年年末，镇江市全市金融机构人民币存款余额4705.99亿元，比年初增加736.88亿元，其中：住户存款1879.10亿元，比年初增加137.62亿元；非金融企业存款1711.03亿元，比年初增加365.52亿元。年末金融机构人民币贷款余额3444.36亿元，比年初增加461.48亿元，其中：短期贷款1421.33亿元，比年初减少19.61亿元；中长期贷款1845.45亿元，比年初增加451.46亿元。

全年保费收入100.96亿元，比上年增长26.1%。其中，财产险收入25.35亿元，增长10.8%；寿险收入75.62亿元，增长32.3%；健康险和意外伤害险收入3.4亿元，增长26.5%。全年赔付额34.53亿元，比上年增长26%。其中，财产险赔付13.74亿元，增长2.8%；寿险赔付20.79亿元，增长48.1%；健康险和意外伤害险赔付1.85亿元，增长22.4%。

12

2016年泰州市经济发展概况

【经济总量】2016年，泰州市全年实现地区生产总值（GDP）4101.78亿元，增长9.5%，比上年回落0.7个百分点，但增速跃居全省首位。其中第一产业增加值240.00亿元，增长1.4%；第二产业增加值1933.89亿元，增长8.8%；第三产业增加值1927.89亿元，增长11.4%。三次产业结构为5.9：47.1：47.0。按常住人口计算，全年人均地区生产总值88330元，增长9.4%，人均地区生产总值按当年汇率折算为13298美元。

【农业】2016年，泰州市全年粮食总产量313.03万吨，比上年减少16.3万吨，下降5.0%。其中夏粮113.99万吨，下降7.5%；秋粮199.04万吨，下降3.5%。棉花产量1770吨，下降64.6%；油料产量12.20万吨，下降8.1%。粮食播种面积652.58万亩，比上年减少3.6万亩，下降0.5%。粮食单产479.7公斤/亩，比上年减少22. 3 公斤，下降4.4%。虽因灾减产，但粮食综合亩产仍位于全省第一。

【工业和建筑业】2016年，泰州市全年规模以上工业增加值增长10.0%，比上年回落1.0个百分点；规模以上工业总产值12575.81亿元，增长12.9%，比上年回落2.0个百分点。分轻重工业看，轻工业产值3444.08亿元，增长15.3%；重工业产值9131.73亿元，增长12.0%。分经济类型看，国有、集体、股份制、外商和港澳台投资企业分别完成产值91.13亿元、167.69亿元、9007.12亿元、2645.20亿元，分别增长2.9%、10.0%、13.2%、11.0%。分企业规模看，大中型、小微型企业分别完成产值6155.71亿元、6420.09亿元，分别增长7.7%、18.3%。分重点行业看，食品制造业产值886.56亿元，增长8.0%；纺织服装业产值682.74亿元，增长17.6%；石化产值1826.25亿元，增长12.2%；医药制造业产值863.36亿元，增长19.7%；建材产值207.37亿元，增长11.4%；冶金行业产值668.29亿元，增长3.2%；装备制造业产值6822.85亿元，增长12.9%。

全年建筑业完成总产值2924.44亿元，同比增长9.8%；实现增加值255.4亿元，增长3.4%。年末具有资质等级的总承包和专业承包建筑企业633家，其中具有特级、一级和二级资质企业262家，比上年增加21家。全年建筑业企业平均从业人员98.32万人，增长9.5%。

【固定资产投资】2016年，泰州市全年固定资产投资3164.12亿元，增长17.4%。分行业看，一产投资6.84亿元，增长10.5%；二产投资1962.54亿元，增长19.6%；三产投资1194.74亿元，增长14.0%。在二产投资中，工业投资1957.87亿元，增长19.8%，其中食品制造业投资131.83亿元，增长75.0%；纺织服装业投资77.36亿元，下降2.7%；石化投资186.87亿元，增长11.3%；医药制造业投资95.49亿元，增长33.7%；建材行业投资52.54亿元，增长6.5%；冶金行业投资64.45亿元，增长60.7%；装备制造业投资1109.68亿元，增长27.3%。在三产投资中，信息传输、软件和信息技术服务业投资22.82亿元，增长59.0%；租赁和商务服务业投资119.36亿元，增长52.4%；科学研究和技术服务业投资56.83亿元，增长30.8%；教育投资49.27亿元，增长97.8%；卫生和社会工作投资24.08亿元，增长23.8%；文化、体育和娱乐业投资63.41亿元，增长274.3%。从新开工项目看，全年新开工项目4121个，增长8.2%；完成投资2172.09亿元，增长11.4%。其中，亿元以上新开工项目543个，增长61.6%；完成投资785.74亿元，增长38.9%。

【科学技术】2016年，泰州市全市科技进步贡献率达60.5%，比上年度提高0.8个百分点。全社会R&D支出占GDP比重2.45%，比上年提高0.08个百分点。全市获国家科技奖3项，其中发明奖1项，科技进步奖2项。全市专利授权12489件，发明专利授权939件，增长47.9%，万人发明专利拥有量达到7.86件。高新技术产业化步伐加快。全年实现高新技术产业产值5393.86亿元，增长14.4%，快于规模以上工业1.5个百分点；高新技术产业产值占规模以上工业的比重为42.9%，比上年提高0.6个百分点。高新技术产业投资不断加快。全年高新技术产业完成投资688.54亿元，增长45.8%。

【国内贸易和对外经济】2016年，泰州市全年社会消费品零售总额1118.34亿元，增长11.7%，比上年提升0.8个百分点。从城乡市场看，城镇消费品零售额1035.78亿元，增长11.6%；乡村消费品零售额82.56亿元，增长12.8%。从消费形态看，批发和零售业964.94亿元，增长11.7%；住宿和餐饮业153.40亿元，增长11.1%。从限额以上单位看，全年限额以上社会消费品零售总额446.90亿元，增长14.3%，其中限额以上批发零售业零售额424.08亿元，增长14.6%；限额以上住宿餐饮业零售额22.82亿元，增长7.7%。

全年完成进出口总额103.81亿美元，增长1.5%，其中出口66.74亿美元，增长4.7%；进口37.07亿美元，下降3.8%。按贸易方式分，出口中，一般贸易出口40.07亿美元，与上年持平；加工贸易出口26.33亿美元，增长14.6%。进口中，一般贸易进口26.04亿美元，下降3.8%；加工贸易进口7.97亿美元，增长0.6%。按企业性质分，出口中，外商投资企业出口36.35亿美元，增长2.2%；民营企业出口28.62亿美元，增长10.0%。进口中，外商投资企业进口26.72亿美元，增长5.6%；民营企业进口9.62亿美元，下降23.7%。按商品类别分，出口中，机电产品出口35.32亿美元，增长10.6%；农产品出口3.28亿美元，增长32.4%。进口中，机电产品进口6.06亿美元，下降10.4%；农产品进口9.57亿美元，下降18.4%。按产销国别分，对亚洲出口24.82亿美元，下降0.4%；对非洲出口1.06亿美元，下降41.1%；对欧洲出口5.6亿美元，下降37.5%；对拉丁美洲出口5.57亿美元，下降37.5%；对北美洲出口13.91亿美元，增长6.3%；对大洋洲出口8.55亿美元，增长138.8%。

【交通、邮电和旅游】2016年，泰州市全年公路客运量8766万人，下降2.6%；公路客运周转量542963万人公里，下降0.7%；公路货运量2546万吨，增长2.3%；公路货运周转量716605万吨公里，增长4.1%；水路货运量15215万吨，增长0.6%；水路货运周转量7981620万吨公里，增长6.3%。港口货物吞吐量18823万吨，下降3.5%，其中泰州港区吞吐量16941万吨，增长0.8%，外贸吞吐量1524万吨，增长3.5%。

全年邮政业务总量18.25亿元，比上年增长23.8%。邮电业务收入51.46亿元，同比增长7.8%。年末移动电话用户405.17万户，比上年增长6.1%。互联网宽带接入用户117.50万户，比上年增长28.7%。

全年接待国内游客2282万人次，增长12.0%；接待入境过夜游客3.61万人次，增长13.1%。全年实现旅游总收入283亿元，增长15.5%；实现旅游外汇收入3631万美元，增长11.6%。

【金融和保险】2016年年末，泰州市全市金融机构人民币各项存款余额5275.62亿元，比年初增加833.92亿元，其中住户人民币存款余额2474.71亿元，比年初增加232.25亿元。金融机构人民币各项贷款余额3656.79亿元，比年初增加428.71亿元，其中住户人民币贷款余额1010.62亿元，比年初增加152.77亿元；人民币贷款中短期贷款1218.19亿元，中长期贷款1211.56亿元。

全年保险业务收入123.30亿元，增长24.4%，其中财产险收入32.87亿元，增长10.6%；人寿险收入90.43亿元，增长30.3%。全年赔款和给付51.38亿元，增长37.9%，其中财产险赔付19.97亿元，增长19.7%；人寿险赔付31.41亿元，增长52.7%证券。

13

2016年宿迁市经济发展概况

【经济总量】2016年，宿迁市全年实现地区生产总值（GDP）2351.12亿元，比上年增长9.1%，比全省增速快1.3个百分点。其中第一产业增加值275.23亿元，增长2.0%；第二产业增加值1140.37亿元，增长10.1%；第三产业增加值935.52亿元，增长10.2%。人均GDP达48309元，按平均汇率达7275美元。

【农业】2016年，宿迁市全市实现农林牧渔业总产值517.24亿元，可比价增长2.0%。其中农业298.51亿元，林业18.09亿元，牧业102.14亿元，渔业84.90亿元，农林牧渔服务业13.61亿元，占比分别为57.7%、3.5%、19.8%、16.4%和2.6%。

【工业和建筑业】2016年，宿迁市全市工业经济稳步发展，质量和效益明显提高。全部工业增加值比上年增长10.6%。规模以上工业企业实现产值4313.56亿元，比上年增长13.0%。经济效益稳步提升。全市规模以上工业企业实现主营业务收入4077.11亿元，比上年增长11.0%；实现利润总额403.28亿元，比上年增长11.6%。

截至2016年年末，全市共有列统总承包和专业承包建筑企业374家，比上年增长3.3%；全年完成建筑业总产值716.82亿元，比上年略降2.8%；全年房屋建筑施工面积6289万平方米，比上年下降9.2%；房屋建筑竣工面积2995万平方米，比上年下降14.8%。其中住宅竣工面积2153万平方米，下降24.2%；签订建筑合同额1157.31亿元，比上年增长19.1%。其中本年新签合同额878.40亿元，增长37.4%。

【固定资产投资】2016年，宿迁市全市固定资产投资完成2059.58亿元，比上年增长12.0%。一、二、三产业投资分别完成26.38亿元、1330.76亿元和702.44亿元，比上年分别增长1.2倍、8.3%和17.4%。三次产业投资分别占投资总量的1.3%、64.6%和34.1%。民间投资仍是主力，完成1599.60亿元，占全部投资的77.7%。

【科学技术】2016年，宿迁市全社会研究与发展（R& D）活动经费支出35.88亿元，占地区生产总值的1.54%，比上年提高0.08个百分点。全市新增国家高新技术企业28家，总数达212家。新认定省级科技型中小企业142家。新增省级企业研发机构51家，总数达262家。2016年末，全市专利申请量达到10522件，比上年增长10.7%；专利授权量4910件，比上年下降4.7%。其中企业专利申请量8387件，授权量3986件。

【国内贸易和对外经济】2016年，宿迁市全市实现社会消费品零售总额705.54亿元，比上年增长12.6%。按消费形态分，批发和零售业实现614.55亿元，增长12.3%；住宿和餐饮业实现90.99亿元，增长14.5%。按城乡市场分，城镇实现563.66亿元，增长13.2%；乡村实现141.88亿元，增长10.4%。

全年开发区实际使用外资4.18亿美元，比上年增长46.0%；本地企业实现进出口总额21.66亿美元，比上年下降3.3%。

【交通、邮电和旅游】2016年，宿迁市全市完成客运量5909万人，比上年下降1.0%；实现旅客运输周转量42.19亿人公里，比上年下降1.3%；全市完成货运量6023万吨，比上年增长0.7%。其中公路货运3785万吨，增长2.0%；水路货运2238万吨，下降1.4%。全市实现货物运输周转量202.79亿吨公里，比上年增长3.0%。其中公路货物周转量133.65亿吨公里，增长2.0%；水路货物周转量69.14亿吨公里，增长5.1%。完成港口货物运输吞吐量1582万吨，比上年增长7.8%。

全市邮政业实现业务收入11.49亿元，比上年下降68.9%；实现邮政业务总量24.63亿元，比上年下降28.3%。2016年，全市电信业实现业务收入30.73亿元，比上年增长7.0%。年末全市有各类电话用户478.17万户，比上年末增加9.87万户。其中移动电话用户432.70万户，增加21.32万户；固定电话用户45.47万户，比上年末减少11.45万户。2016年末，全市有国际互联网用户382.57万户，比上年末净增43.21万户。其中宽带用户113.55万户，净增21.94万户。

2016年年末，全市有等级旅游景区47个，比上年末增加16个，增长51.6%。其中，4A、3A和2A级景区分别有9个、20个和18个，分别比上年末增加1个、4个和11个，分别增长12.5%、25.0%和157.1%。等级旅游景区数量增长较快，旅游供给能力明显增强。2016年，全市实现旅游总收入216.26亿元，比上年增长23.2%。接待国内外游客1925.5万人次，比上年增长20.2%。其中4A级景区接待人数658.83万人次，增长18.1%。年末旅行社数量达到72家，比上年末增加5家。

【金融和保险】2016年，宿迁市全年金融业实现增加值108.36亿元，比上年增长15.6%，快于服务业增速5.4个百分点。南京银行、民生银行等4家银行成功引进，南京证券、海通证券等9家证券机构先后入驻，太平财险、华泰财险等11家保险公司开业运营，各类金融机构超过120家。全市金融机构人民币各项存款余额2207.43亿元，比年初增加387.62亿元，增长21.3%。其中住户存款余额1086.33亿元，比年初增加136.82亿元，增长14.4%。全市金融机构人民币各项贷款余额1960.37亿元，比年初增加263.32亿元，增长15.5%。全市市级专业保险机构32家。其中人寿保险14家，财产保险18家。全市共实现保费收入62.66亿元，较上年增长7.4%。其中财险保费收入24.21亿元，增长15.3%；人身险保费收入38.45亿元，增长3.0%。

浙江省

| 杭州市 | 宁波市 | 温州市 | 嘉兴市 | 湖州市 | 绍兴市 | 金华市 | 衢州市 |
| 舟山市 | 台州市 | 丽水市 |

1

2016年杭州市经济发展概况

【经济总量】2016年，杭州市全年实现地区生产总值（GDP）11050.49亿元，比上年增长9.5%。其中第一产业增加值304.84亿元，第二产业增加值3977.39亿元，第三产业增加值6768.26亿元，分别增长1.9%、4.7%和13.0%。常住人口人均生产总值121394元，增长7.7%。按国家公布的2016年平均汇率折算，为18282美元。三次产业结构由上年的2.9：38.9：58.2调整为2.8：36.0：61.2。

【农业】2016年，杭州市

全市实现农林牧渔业增加值309.66亿元，增长2.0%。其中，农业194.03亿元，林业41.25亿元，分别增长3.6%和0.4%；渔业27.82亿元，牧业41.75亿元，分别下降0.2%和1.9%；农林牧渔服务业4.82亿元，增长5.8%。全市粮食总产量63.60万吨，增长0.3%；蔬菜产量335.34万吨，增长5.2%；水果产量76.41万吨，肉类产量26.27万吨，水产品产量19.48万吨，分别下降3.2%、5.6%和7.2%。新建市级“菜篮子”基地35个，各级粮食生产功能区152个。

【工业和建筑业】2016年，杭州市全市实现工业增加值3578.67亿元，增长5.2%，其中规模以上工业增加值2983.91亿元，增长5.6%。规模以上工业中，战略性新兴产业、装备制造业、高新技术产业分别实现增加值812.07亿元、1249.59亿元和1372.92亿元，增长11.6%、14.6%和12.5%。新产品产值率由上年35.4%提高到37.7%。工业产品产销率为99.3%。

全市实现建筑业增加值400.11亿元，增长0.7%。具有总承包和专业承包资格的建筑企业1474家，完成施工产值4105.30亿元，增长0.2%；房屋建筑施工面积27220.71万平方米，下降3.2%；房屋建筑竣工面积9754.11万平方米，下降3.8%。

【固定资产投资】2016年，杭州市全市完成固定资产投资5842.42亿元，增长5.1%。非国有投资3561.16亿元，增长0.6%，占固定资产投资的61.0%，其中民间投资3006.78亿元，增长1.0%，占固定资产投资的51.5%。从产业投向看，第一产业39.36亿元，增长25.1%；第二产业886.90亿元，下降4.8%，其中工业883.95亿元，下降5.0%；第三产业4916.16亿元，增长7.0%。

【科学技术】2016年，杭州市全市发明专利申请量24951件，发明专利授权量8647件，增长40.4%和4.2%。新认定国家重点扶持高新技术企业515家，累计达3035家。年内新增11个中国驰名商标，累计157个。年末培育认定研发中心1765家，其中省级研发中心662家。技术市场共吸纳科技成果6597项，实现交易额84.22亿元。科技企业孵化器105家、其中国家级30家，孵化总面积289.00万平方米。纳入国家科技孵化器体系的众创空间达到35家。全市研究和试验发展（R&D）经费支出相当于地区生产总值的3.1%左右。

【国内贸易和对外经济】2016年，杭州市全市实现批发和零售业增加值860.74亿元，增长4.2%；住宿餐饮业增加值177.47亿元，增长4.6%。全市实现社会消费品零售总额5176.20亿元，增长10.5%，扣除价格因素，实际增长8.9%。其中商品零售额4637.58亿元，增长10.7%，餐饮收入538.62亿元，增长8.7%。城镇消费品零售额4904.61亿元，增长10.4%；乡村消费品零售额271.59亿元，增长10.9%。

全市实现货物进出口总额4485.97亿元，增长8.7%。其中，进口总额1172.17亿元，增长14.6%；出口总额3313.80亿元，增长6.7%。（不含省属企业，出口3019.05亿元，增长9.5%）。出口总额中，机电产品出口1357.20亿元，高新技术产品出口424.23亿元，分别增长8.3%和7.6%。按贸易方式分，一般贸易出口2922.94亿元，增长8.7%；进料加工贸易出口347.38亿元，下降8.1%。出口市场中，亚洲、欧洲市场分别增长8.0%和8.3%。

【交通、邮电和旅游】2016年，杭州市全市实现交通运输、仓储和邮政业增加值323.26亿元，增长6.0%。

全社会货物运输总量3.02亿吨，增长2.7%。旅客运输量2.05亿人次，下降11.1%。至年末，萧山国际机场已开通航线240条，其中国际航线38条，港澳台航线7条。内地航线进出港旅客2741.43万人次，增长11.0%；国际及地区航线进出港旅客418.06万人次，增长14.5%。境内公路总里程达到16306.07公里，其中高速公路632.04公里。

全市邮政企业和规模以上快递服务企业实现业务收入215.17亿元，增长34.8%。规模以上快递服务企业业务量18.05亿件，增长43.6%。实现电信业务收入186.10亿元，增长5.9%。年末固定电话用户265.70万户，下降9.5%；移动电话用户1734.41万户，宽带用户443.55万户，分别增长0.4%和15.9%。

全市实现旅游产业增加值808.89亿元，增长13.3%。全市实现旅游总收入2571.84亿元，增长16.9%，其中旅游外汇收入31.49亿美元，增长7.5%。接待入境旅游者363.23万人次，增长6.3%；接待国内游客1.37亿人次，增长13.8%。

【金融和保险】2016年年末，杭州市全市金融机构459家，当年新增50家。全市金融机构本外币存款余额33386.04亿元，增长11.8%；贷款余额26169.00亿元，增长12.2%，其中住户贷款7800.77亿元，增长33.1%，非金融企业及机关团体贷款18124.97亿元，增长5.1%。

全市保费收入518.40亿元，增长38.5%，其中，财产险保费收入172.49亿元，增长9.9%，人身险保费收入345.91亿元，增长59.1%。支付各类保险赔款158.88亿元，增长13.7%，其中财产险100.04亿元，增长6.7%，人身险58.85亿元，增长28.1%。

2

2016年宁波市经济发展概况

【经济总量】2016年，宁波市全年实现地区生产总值（GDP）8541.1亿元，比上年增长7.1%。其中，第一产业增加值304.6亿元，增长2.1%；第二产业增加值4239.6亿元，增长6.5%；第三产业增加值3996.9亿元，增长8.1%。三次产业之比为3.6∶49.6∶46.8。按常住人口计算，全市人均地区生产总值为108804元（按年平均汇率折合16380美元）。

【农业】2016年，宁波市全市实现农林牧渔业总产值480.3亿元，比上年增长2.0%。其中，完成农业产值228.0亿元，增长2.8%；林业产值14.3亿元，增长0.5%；牧业产值50.0亿元，下降6.2%；渔业产值179.9亿元，增长3.3%；农林牧渔服务业产值8.0亿元，增长9.6%。粮食作物播种面积196.2万亩，粮食总产量80.5万吨。全年肉类总产量13.2万吨，禽蛋产量4.5万吨，分别下降13.8%和30.7%；牛奶产量3.0万吨，增长3.4%。全年完成水产品总产量106.1万吨，增长2.7%。全年新增市级农业龙头企业10家，累计达251家，其中年产值（销售额）上亿元的达85家。

【工业和建筑业】2016年，宁波市全市实现工业增加值3766.6亿元，比上年增长7.0%。其中规模以上工业企业实现增加值2799.1亿元，增长7.3%。分行业看，在规模以上工业35个行业大类中，有10个行业增加值超过100亿元，其中汽车制造业实现增加值403.6亿元，增长29.9%；烟草制品业增长17.5%，石油加工业增长19.5%。分企业类型看，规模以上大、中、小型企业工业增加值分别增长12.4%、4.1%和5.0%。分经济类型看，有限责任公司、国有企业增加值分别增长15.7%和13.3%；私营企业增长7.1%；港澳台投资企业增长4.0%，外商投资企业增长5.2%。全年规模以上工业企业实现销售产值13886.2亿元，增长4.1%，其中出口交货值2816.9亿元，下降1.5%。全年规模以上工业企业实现利润总额993.8亿元，增长30.5%，实现利税总额1746.9亿元，增长18.0%。

全市完成建筑业总产值4231.1亿元，比上年增长4.3%。房屋建筑施工面积2.7亿平方米，下降5.6%。全年建筑业从业人员平均人数129.6万人，比上年增加17.1万人。

【固定资产投资】2016年，宁波市全市完成固定资产投资4961.4亿元，比上年增长10.1%。其中，民间投资2070.0亿元，下降4.4%。分产业看，第一产业投资45.1亿元，下降5.7%；第二产业投资1470.5亿元，下降2.1%；第三产业投资3445.8亿元，增长16.5%。三次产业投资额之比为0.9：29.6：69.5。分领域看，基础设施投资1631.5亿元，增长26.5%；工业投资1469.9亿元，下降2.0%，其中工业技改投资1124.8亿元，下降11.7%；房地产开发投资1270.3亿元，增长3.4%。全年商品房销售面积1336.9万平方米，增长32.7%，其中住宅销售面积1126.1万平方米，增长33.0%。

【科学技术】2016年，宁波市全市专利申请量68244件，其中发明专利19328件，比上年增长20.4%；专利授权量40792件，其中发明专利授权5669件，增长4.7%。全年有137项科技创新获得国家自然科学基金项目支持，1项获得国家重大专项支持，3项入选国家重点研发计划，共计获得国家级财政拨付经费5904万元。年末全市共有省级企业研究院47家、市级企业研究院104家，省级高新技术企业研究开发中心344家，市级以上企业工程（技术）中心1188家（其中国家认定企业技术中心17家）。累计培育创新型初创型企业9010家，科技部国际科技合作基地8家。年末全市共有众创空间53家，年内新增国家级科技企业孵化器1家。

【国内贸易和对外经济】2016年，宁波市全市批发和零售业完成商品销售总额1.97万亿元，比上年增长11.4%。全年完成社会消费品零售总额3667.6亿元，增长10.3%。分城乡看，城镇消费品市场实现零售额2992.2亿元，增长9.6%；农村消费品市场实现零售额675.4亿元，增长13.5%。在限额以上企业销售的商品类值中，食品类商品零售额增长2.5%，服装、鞋帽及纺织品类增长10.3%，家用电器类增长42.4%，汽车类增长1.8%。年末全市限额以上贸易企业达4068家，全年实现营业收入12017.8亿元，实现利润总额164.2亿元。

全市口岸进出口总额11666.4亿元，比上年下降2.6%，其中出口8793.2亿元，增长0.4%，进口2873.3亿元，下降10.7%。外贸自营进出口总额6262.1亿元，增长0.9%，其中出口4359.4亿元，下降1.4%；进口1902.7亿元，增长6.5%。全年新增对外贸易经营备案登记企业3763家，累计达33391家；全年有进出口实绩企业17035家。民营企业（包括私营企业和集体企业）出口额占全市出口总额的67.7%，出口额增长1.4%，拉动全市出口增长0.9个百分点。从产品结构看，机电产品出口额占全市出口总额的54.5%；高新技术产品出口额占全市出口总额的6.6%。从贸易伙伴看，直接与我市开展贸易往来的国家和地区达223个，其中欧盟、美国、东盟、拉丁美洲的贸易额占比分别为21.6%、18.2%、8.6%和7.4%。对一带一路沿线国家进出口1638.4亿元，增长5.9%，其中对中东欧16国进出口156亿元，增长12.6%。

【交通、邮电和旅游】2016年，宁波市全市完成交通基础设施投资242.3亿元，比上年增长29.8%，其中公路建设投资完成180.5亿元，增长43.5%。新增公路里程65公里，年末全市公路总里程达到11247.7公里，其中高速公路495.8公里。年末万吨级码头总数达106个。

全市实现旅游总收入1446.4亿元，比上年增长17.3%。接待国内游客9198.4万人次，增长16.1%；实现国内旅游收入1385.5亿元，增长17.0%。接待入境游客173.5万人次，增长10.1%。年末全市共有星级酒店140家，其中五星级22家；共有4A级以上风景区31处，其中5A级1处。全年新增市级农家乐特色村（点）16个，累计达176个。

【金融和保险】2016年年末，宁波市全市金融机构本外币存款余额16989.3亿元，比上年增长5.0%；金融机构本外币贷款余额16622.9亿元，增长5.5%。年末全市银行业金融机构达63家，其中政策性银行3家，大型银行5家，股份制商业银行11家，城市商业银行12家，邮储银行1家，外资银行5家，农村合作金融机构9家，新型农村金融机构13家，非银行金融机构4家。

年末共有市级及以上产险机构32家、寿险机构24家、专业中介机构61家。全年全市实现保费收入257.6亿元，比上年增长12.8%。其中，财产险保费收入127.2亿元，增长4.9%；人身险保费收入130.3亿元，增长21.9%。全年共为6.2万家次企业和3927.5万人次提供15.9万亿元的风险保障，赔付支出115.3亿元，增长8.2%。其中，财产险赔付支出79.0亿元，增长1.1%；人身险赔付支出36.4亿元，增长27.8%。

3

2016年温州市经济发展概况

【经济总量】2016年，温州市全市年实现地区生产总值（GDP）5045.4亿元，比上年增长8.4%。其中，第一产业增加值138.8亿元，增长4.1%；第二产业增加值2112.7亿元，增长6.3%；第三产业增加值2793.9亿元，增长10.4%。按常住人口计算，人均地区生产总值55165元（按年平均汇率折算8305美元），增长7.8%。国民经济三次产业结构为2.7：41.9：55.4，第三产业比重比上年提高2.0个百分点。

【农业】2016年，温州市全市粮食播种面积为186.4万亩，比上年增长1.1%；粮食总产量75.9万吨，与上年持平；粮食亩产408公斤，比上年下降1.1%。在经济作物中，蔬菜播种面积93.5万亩，增长5.8%；油菜籽12.9万亩，下降2.8%；中草药材10.8万亩，增长24.0%；花卉苗木4.3万亩，增长12.2%。水果、蔬菜、糖料、茶叶等作物产量均有增长。

【工业和建筑业】2016年，温州市全年全市实现工业增加值1760.5亿元，比上年增长7.1%。规模以上工业企业4865家，实现工业增加值1149.8亿元，增长7.9%，其中轻、重工业增加值分别为441.1和708.7亿元，分别增长7.2%和8.4%。规模以上工业销售产值5006.4亿元，增长8.0%，其中出口交货值722.6亿元，增长1.5%。新产品产值1344.8亿元，增长13.8%；新产品产值率为25.2%，比上年提高1.2个百分点。

全年建筑业增加值352.9亿元，比上年增长2.8%。具有总承包和专业承包资质的建筑企业714家，完成建筑业总产值1534.8亿元，增长10.0%；利润总额31.1亿元，增长14.5%；税金总额54.1亿元，增长15.7%。

【固定资产投资】2016年，温州市全年固定资产投资3905.7亿元，比上年增长13.0%。其中国有投资1533.3亿元，增长26.8%；民间投资2348.1亿元，增长5.3%。在固定资产投资中，第一产业投资110.6亿元，比上年增长1.7%；第二产业投资960.1亿元，增长6.1%；工业投资959.6亿元，增长8.2%，其中工业技改投资736.6亿元，增长9.6%，战略性新兴产业投资279亿元，增长11.3%，装备制造业投资509亿元，增长15.4%；

第三产业投资2835.1亿元，增长16.1%。

【科学技术】2016年年末，温州市全市拥有国家级科技创业服务中心3个（其中国家级大学科技园1家）、国家级众创空间6个，省级科技创业服务中心8个、省级众创空间8个；国家级火炬计划特色产业基地5个、省级高新技术特色产业基地12个；国家级企业技术中心6家，省级企业研究院55家（其中省级企业重点研究院14家）、省级高新技术企业研发中心261家、市级企业研发中心558家。全年新增高新技术企业276家，累计认定1107家，新培育省级科技型中小企业670家，累计3322家；市级以上科技企业孵化器19家。全年专利申请量、授权量分别为51213件和29931件，分别比上年增长39.3%和10.5%，其中发明专利授权量为2463件，增长36.7%。全年评出温州市科学技术奖78项，其中科学技术重大贡献奖2项、技术发明奖5项、科学技术进步奖71项。

【国内贸易和对外经济】2016年，温州市全年社会消费品零售总额3006.9亿元，比上年增长12.3%。其中，城镇消费品零售额2558.6亿元，增长12.3%；乡村消费品零售额448.2亿元，增长12.1%。按行业分，批发零售贸易业零售额2633.4亿元，增长12.0%；住宿餐饮业零售额373.5亿元，增长14.7%。全市网络零售额1225.1亿元，增长37.1%。

全年货物进出口总额1192.8亿元，比上年下降1.3%。其中进口132.4亿元，下降9.5%；出口1060.4亿元，下降0.1%。民营企业出口948.2亿元，增长2.6%，占全市货物出口总额的89.4%，比上年提高2.4个百分点。对“一带一路”沿线国家合计出口371.1亿元，增长1.1%。至年末，与我市建立出口和进口贸易关系的国家和地区共计211个，有进出口实绩的企业6431家。

【交通、邮电和旅游】2016年年末，温州市公路总里程14751公里，其中高速公路297公里，一级公路495公里，二、三级公路1865公里。客运班车通村率93.5%，年末实有公共汽（电）车营运车辆3423辆，年载客量4.11亿人次。

全年邮电业务总量493.6亿元，比上年增长56.9%，其中电信业务总量373.9亿元，增长57.6%。年末固定电话用户数156.7万户，移动电话用户数1115万户；固定互联网宽带接入用户321.2万户，移动互联网用户893.5万户。

全年接待海内外游客8944.9万人次，实现旅游总收入959.9亿元，分别比上年增长16.5%和19.4%。其中接待国内旅游人数8823.9万人次，增长16.5%，国内旅游收入919.8亿元，增长19.4%；接待入境游客121万人次，增长14.4%，国际旅游外汇收入6.0亿美元，增长9.9%。

【金融和保险】2016年年末，温州市金融机构本外币存款余额10625亿元，比上年末增长10.9%，其中人民币存款余额10213亿元，增长11.9%。年末住户人民币存款余额5136亿元，增长14.5%。年末金融机构本外币贷款余额8072亿元，增长5.7%，其中人民币贷款余额8011亿元，增长6.4%。

全年保险业保费收入203.6亿元，比上年增长22.3%。其中人身险保费收入127.4亿元，增长33.3%；财产险保费收入76.2亿元，增长7.5%。支付各类赔款及给付63.5亿元，比上年增长17.6%，其中人身险赔付19.6亿元，增长17.6%；财产险赔款43.9亿元，增长17.6%。

4

2016年嘉兴市经济发展概况

【经济总量】2016年，嘉兴市全年实现地区生产总值（GDP）3760.12亿元，比上年增长7.0%。其中，第一产业增加值143.85亿元，增长0.9%；第二产业增加值1911.57亿元，增长5.7%；第三产业增加值1704.70亿元，增长9.1%。三次产业结构调整为3.8:50.9:45.3。按常住人口计算，全年人均生产总值81751元（按年平均汇率折算为12308美元），增长6.4%。

【农业】2016年，嘉兴市全年粮食种植面积260.53万亩，比上年下降5.5%；油菜籽种植面积15.96万亩，比上年下降32.6%；蔬菜种植面积131.13万亩，与上年持平；果用瓜种植面积14.65万亩，比上年下降0.8%；花卉苗木种植面积25.43万亩，比上年增长6.8%。全年粮食总产量116.97万吨，下降4.7%；蔬菜总产量272.45万吨，增长1.4%。

【工业和建筑业】2016年，嘉兴市全市工业增加值1727.09亿元，比上年增长6.1%，占全市生产总值的45.9%。规模以上（主营业务收入2000万元以上）工业企业数5063家，实现增加值1543.70亿元，增长5.9%；其中重工业增加值874.43亿元，增长9.1%；轻工业增加值669.27亿元，增长1.8%。全市规模以上工业战略性新兴产业(省标)、高新技术产业和装备制造业增加值分别增长5.3%、9.9%和13.0%，占规模以上工业增加值比重分别为37.2%、45.0%和27.1%。

全社会建筑业增加值185.38亿元，比上年增长2.0%。全市资质内建筑业企业完成建筑业总产值904.92亿元，较上年下降0.3%。

【固定资产投资】2016年，嘉兴市全市固定资产投资额2790.16亿元，比上年增长11.0%。非国有控股固定资产投资额1955.62亿元，增长7.6%，占全部固定资产投资额比重为70.1%，其中民间投资1654.93亿元，占59.3%。在固定资产投资中，第一产业投资额38.19亿元，增长26.2%；第二产业投资额1225.73亿元，增长9.6%；第三产业投资额1526.24亿元，增长11.8%。基础设施投资额620.27亿元，增长17.7%。投资项目6871个，增长10.6%，其中新开工项目4592个，增长25.2%。

【科学技术】2016年，嘉兴市全市发明专利申请量和发明专利授权量分别为7975件和1654件，全年获得市级以上各类科技成果101项，技术市场发展平稳，全年经认定登记技术交易金额17.71亿元，交易合同数733项。全市年末国家级高新技术企业达669家，省级科技型中小企业2153家，比上年增加530家，新增省级企业研究院18家。全国首家专业科技保险公司落户我市，实现国家级科技企业孵化器县（市、区）全覆盖。全市规模以上工业新产品产值3127.34亿元，增长10.7%。科技创新投入力度加大，全市研究与试验发展经费支出占全市生产总值比重2.81%。

【国内贸易和对外经济】2016年，嘉兴市全市社会消费品零售总额1638.49亿元，比上年增长10.8%，扣除价格因素增长9.3%。从行业看，批发零售业零售额1466.92亿元，增长10.4%，住宿餐饮业零售额171.57亿元，增长14.3%。按经营地分，城镇消费品零售额1370.19亿元，增长10.6%；乡村消费品零售额268.30亿元，增长11.4%。全市电子商务网络零售额1113.12亿元，比上年增长33.2%。2016年末，全市拥有各类实体交易市场306个，全年成交额1836.32亿元，比上年增长10.4%。

全市进出口总值2067.97亿元，比上年增长7.2%，其中出口总值1549.88亿元，增长9.0%，进口总值518.09亿元，增长2.4%。机电、服装及纺织类产品等居出口主导地位，机电产品出口539.64亿元，增长12.2%，占全市出口比重34.8%；服装产品出口241.97亿元，增长0.8%；纺织品出口282.48亿元，增长6.5%，占比18.2%。高新技术产品出口96.92亿元，增长35.3%。全市具有出口实绩的民营企业5507家，比上年同期增加260家，累计出口840.8亿元，增长10.9%。

【交通、邮电和旅游】2016年，嘉兴市全市公路通车里程8177公里，增长0.4%，其中四级以上公路8101公里，增长0.7%。各种运输方式（不包括铁路，下同）货物周转量279.21亿吨公里，增长10.1%，其中公路119.59亿吨公里，增长11.0%；全年旅客周转量(营业性车辆)21.04亿人公里，增长0.5%。全年嘉兴港货物吞吐总量6816.57万吨，增长8.7%，其中，外贸货物吞吐量1166.39万吨，增长22.1%，集装箱134.22万标箱，增长9.3%。

全年邮电业务总量128.91亿元，增长17.6%。其中，邮政业务总量40.99亿元，增长29.1%；电信业务总量87.92亿元，增长12.8%。年末城乡固定电话用户110.46万户，比上年末下降11.1%。移动电话用户608.41万户，增长1.0%。固定互联网用户164.11万户，增长11.1%。全市快递业务量3.32亿件，比上年增长39.2%。

全市接待海内外游客7893.81万人次，旅游总收入850.86亿元，分别增长23.7%和25.5%。其中，接待外国、港澳台游客70.73万人次，下降2.6%，旅游外汇收入2.17亿美元，下降14.6%；接待国内游客7823.08万人次，增长24.0%，国内旅游收入836.47亿元，增长26.0%。

【金融和保险】2016年年末，嘉兴市全部金融机构本外币存款余额6848.41亿元，比上年末增长15.0%，其中人民币存款余额6630.22亿元，比上年末增长14.8%；金融机构本外币贷款余额5286.90亿元，比上年末增长7.5%，其中人民币贷款余额5185.23亿元，比上年末增长9.9%。住户存款余额3245.59亿元，增长10.1%。

全市保险业保费收入137.73亿元，比上年增长26.9%。其中，财产险保费收入82.51亿元，增长64.2%；人寿险保费收入55.22亿元，下降5.3%。全年赔付额35.38亿元，增长16%。其中，财产险赔付金额30.52亿元，增长9.7%；人寿险赔付金额(剔除期满给付)4.86亿元，增长82.0%。

5

2016年湖州市经济发展概况

【经济总量】2016年，湖州市全年实现地区生产总值（GDP）2243.1亿元，按可比价计算比上年增长7.5%。分产业看，第一产业增加值127.8亿元，增长2.4%；第二产业增加值1058.1亿元，增长6.1%，其中工业增加值955.7亿元，增长6.5%；第三产业增加值1057.2亿元，增长9.6%。三次产业结构比例为5.7:47.2:47.1。按户籍人口计算的人均GDP为84875元，增长7.2%，折合12778美元；按常住人口计算的人均GDP为75715元，增长6.6%，折合11399美元。

【农业】2016年，湖州市全年实现农林牧渔业总产值223.1亿元，比上年增长2.5%。其中，农业产值99.3亿元，增长0.8%；林业产值22.2亿元，下降2.0%；牧业产值36.5亿元，增长1.7%；渔业产值54.6亿元，增长8.3%。全年粮食播种面积134.5万亩；经济作物播种面积114.9万亩，其中蔬菜面积55.6万亩，花卉苗木面积33.7万亩。全年粮食产量63.0万吨；油菜籽产量1.8万吨；生猪出栏99.9万头，增长2.7%；肉类产量13.8万吨，增长6.7%；蚕茧产量0.7万吨，减少7.9%；家禽出栏3904.8万羽，增长7.0%；禽蛋产量4.7万吨，增长10.1%；水产品产量38.8万吨，增长7.6%。

【工业和建筑业】2016年，湖州市全年规模以上工业实现增加值828.3亿元，按可比价计算比上年增长6.2%，其中轻工业382.1亿元、重工业446.2亿元，分别增长8.3%和4.4%。33个大类行业中，有28个行业增加值实现增长，7个行业超过40亿元。其中，纺织业111.5亿元，增长5.4%；非金属矿物制品业71.3亿元，增长3.3%；电气机械和器材制造业70.4亿元，下降0.9%；电力、热力的生产和供应业68.1亿元，增长12.7%；通用设备制造业54.6亿元，增长4.6%；家具制造业49.0亿元，增长7.8%；化学原料和化学制品制造业40.5亿元，增长10.5%。从重点产业看，高新技术产业347.4亿元，增长5.6%，占比为41.9%；战略性新兴产业179.9亿元，增长7.2%，占比为21.7%；装备制造业206.4亿元，增长5.8%，占比为24.9%。

【固定资产投资】2016年，湖州市全年固定资产投资项目2460个，完成投资1592.2亿元，比上年增长

13.5%。其中，基础设施投资468.0亿元，增长44.3%；非国有投资1125.2亿元，增长4.5%。按产业划分，第一产业投资11.3亿元，增长35.6%；第二产业投资679.7亿元，增长10.9%，其中工业投资678.0亿元，增长10.7%；第三产业投资901.2亿元，增长15.3%。

【科学技术】2016年，湖州市全年专利申请量23271项，比上年增长6.6%；专利授权量13695项，其中发明专利2544项，比上年增加897项，增长54.5%。全年经认定登记的技术成交项目197项，比上年减少17.9%；技术成交金额18.0亿元，增长5.3倍。全市年末拥有省级高新技术研究开发中心258家，比上年增加35家；拥有国家级高新技术企业683家，增加233家。全年获市级以上政府奖的科技成果76项，其中国家级2项、省级23项。

【国内贸易和对外经济】2016年，湖州市全年实现社会消费品零售总额1068.9亿元，比上年增长11.8%。其中，批发零售业949.6亿元，增长10.9%；住宿餐饮业119.3亿元，增长18.9%。限额以上批发零售贸易企业全年实现零售额377.1亿元，增长13.6%。其中，石油及制品类73.3亿元，增长2.1%；服装类50.7亿元，增长24.7%；食品类28.1亿元，增长42.3%；汽车类130.8亿元，增长7.0%；家用电器和音像器材类12.6亿元，金银珠宝类9.2亿元，分别下降2.8%和2.6%。

全年实现外贸进出口总额679.9亿元，比上年增长6.9%。其中，出口600.2亿元，增长8.7%；进口79.7亿元，下降5.0%。按贸易方式分，一般贸易出口554.2亿元，增长10.6%；加工贸易出口40.1亿元，下降16.4%。按企业性质分，生产企业出口372.0亿元，增长19.6%；流通企业出口74.3亿元，下降3.1%；外资企业出口148.1亿元，下降8.3%。按主要产品分，机电产品出口220.8亿元，增长8.7%，纺织原料及纺织制品出口179.7亿元，增长2.7%。按主要市场分，北美洲出口增长较快，达到13.5%；欧洲、亚洲、非洲、大洋洲和拉丁美洲分别增长8.3%、6.5%、3.2%、3.1%和1.0%。

【交通、邮电和旅游】2016年，湖州市全市年末公路通车里程达到7724公里，其中高速公路289公里、一级公路488公里、二级公路622公里。全年完成客运量5006万人，比上年下降15.9%；客运周转量17.9亿人公里，下降11.3%。完成货运量14526万吨，增长7.1%，其中公路8618万吨，增长10.2%，水路5908万吨，增长2.8%；货运周转量152.8亿吨公里，增长4.1%，其中公路65.8亿吨公里，增长9.3%，水路87.0亿吨公里，增长0.5%。全年内河港口货物吞吐量8664万吨，增长7.6%，内河集装箱吞吐量20.6万标箱，增长11.5%。

全年实现电信业务收入32.6亿元，比上年增长4.2%；全市年末固定电话用户81.9万户，比上年减少7.3万户；移动电话用户456.2万户，增加5.9万户；年末国际互联网宽带用户118.5万户，增加14.2万户。

全年接待国内外旅游人数8845.8万人次，比上年增长25.1%。其中，国内旅游人数8752.2万人次，增长25.0%；入境旅游人数93.6万人次，增长33.2%。全年实现旅游总收入882.6亿元，增长26.0%。其中，国内旅游收入859.8亿元，增长26.1%；旅游外汇收入3.6亿美元，增长23.0%。全年旅游景区门票收入8.5亿元，增长21.0%。全市年末拥有星级宾馆42家，其中三星级以上宾馆37家。

【金融和保险】2016年，湖州市全市金融机构年末本外币存款余额3552.4亿元，比上年增长15.0%；本外币贷款余额2757.6亿元，增长8.8%；年末本外币贷款余额比年初增加222.6亿元；其中，住户存款1756.0元，增长12.9%。年末金融机构年末不良贷款余额为34.6亿元，比上年减少4.2亿元，不良贷款率为1.26%，比年初下降0.27个百分点。

全年保险公司保费收入78.6亿元，增长19.4%。其中，财产险32.7亿元，增长7.2%；人身险45.9亿元，增长30.0%。各项保险赔款和给付支出29.7亿元，增长16.5%。其中，财险赔款19.7亿元，增长26.4%；人身险赔款和给付支出10.0亿元，增长0.9%。

6

2016年绍兴市经济发展概况

【经济总量】2016年，绍兴市全年实现地区生产总值（GDP）4710.19亿元，比上年增长5.5%。其中，第一产业增加值209.86亿元，第二产业增加值2319.17亿元，第三产业增加值2181.16亿元，分别增长2.1%、4.5%和6.9%。GDP总量列全省第四位。人均GDP为94620元（按年平均汇率6.6423折算为14245美元），列全省第四位，增长5.1%。三次产业增加值结构由上年的4.5：50.4：45.1调整为4.5：49.2：46.3，第三产业增加值比重提高1.2个百分点。

【农业】2016年，绍兴市全年农林牧渔业总产值320.71亿元，按可比价计算，比上年增长2.3%。农林牧渔业增加值211.77亿元，比上年增长2.2%。其中农业增加值143.77亿元，增长2.3%；林业增加值21.07亿元，增长3.3%；牧业增加值22.68亿元，下降2.6%；渔业增加值22.34亿元，增长5.2%；农林牧渔服务业增加值1.91亿元，增长8.8%。

【工业和建筑业】2016年，绍兴市全年全部工业增加值2016.44亿元，比上年增长4.7%。规模以上工业增加值1678.63亿元，增长4.7%。规模以上工业销售产值9710.06亿元，增长2.8%，其中出口交货值1252.86亿元，下降2.7%。

全年建筑业增加值306.20亿元，比上年增长3.1%。建筑业总产值6935.54亿元，增长5.4%；利润总额143.18亿元，下降1.9%；税金总额193.26亿元，增长2.7%。

【固定资产投资】2016年，绍兴市全年固定资产投资2882.48亿元，比上年增长11.6%。其中，国有投资844.83亿元、非国有投资2037.66亿元，分别增长53.7%、0.2%，占固定资产投资比重分别为29.3%、70.7%。非国有投资中，民间投资1959.10亿元，下降0.1%，占固定资产投资比重由上年的76.0%下降至68.0%。固定资产投资中，第一产业投资30.05亿元，比上年增长39.5%；第二产业投资1300.84亿元，增长3.9%；第三产业投资1551.59元，增长18.5%。

【科学技术】2016年，绍兴市全年全市专利申请量70942件，列全省第二；同比增长57.4%，列全省第一。专利授权28370件，列全省第四；发明专利授权1754件，同比增长15.2%。技术交易总额8.45亿元，比上年增长43.6%。

【国内贸易和对外经济】2016年，绍兴市全年社会消费品零售总额1783.34亿元，比上年增长11.3%，其中限额以上消费品零售总额821.18亿元，增长11.8%。城镇市场消费品零售额1505.99亿元，增长11.0%；乡村市场消费品零售额277.35亿元，增长12.9%。按限额以上批发零售业商品类别分：汽车类零售额333.65亿元，增长8.0%；石油及制品类零售额99.74亿元，增长7.3%；服装、鞋帽、针纺织品类零售额72.81亿元，增长24.3%；粮油、食品类和饮料类、烟酒类零售额69.43亿元，增长13.3%；金银珠宝类零售额45.52亿元，增长29.5%；家用电器和音像器材类零售额39.33亿元，增长12.2%。

全年货物进出口总额1820.90亿元，比上年下降1.8%，其中出口总额1686.23亿元，增长0.2%，进口总额134.67亿元，下降21.4%。从出口国家地区看，全市有进出口国家和地区214个，比上年增加4个。其中出口超6500万元的国家和地区111个，比上年增加4个。在15个主要出口国家和地区中，出口前三位的为美国、印度、阿联酋，分别出口251亿元、74亿元、69亿元；增幅排前三位的分别为韩国、伊朗、泰国，分别增长16.5%、12.0%、11.7%。“一带一路”沿线国家进出口732.84亿元，比上年下降0.9%，其中出口697.05亿元，增长0.8%。从出口商品看，纺织品及服装出口仍为我市主要出口产品，全年出口1067.17亿元，虽同比下降3.7%，但仍占全市出口总额的63.3%。机电产品出口324.81亿元，占出口总额19.3%，比上年增长6.3%；化工及相关产品出口125.92亿元，占出口总额7.5%，比上年增长6.9%；高新技术产品出口41.54亿元，占出口总额2.5%，比上年下降15.0%；从企业类型看，有出口实绩企业8789家（包括三资企业），比上年增加79家。出口超6500万元企业544家。

【交通、邮电和旅游】2016年，绍兴市全年货物运输总量12447.47万吨，比上年增长1.4%，其中公路货物运输总量11134.00万吨，增长2.5%；水运货物运输总量1313.47万吨，下降6.5%。货物运输周转量1195386万吨公里，下降0.1%，其中公路货运周转量878421万吨公里，下降0.3%；水运货运周转量316965万吨公里，增长0.3%。旅客运输总量3080.66万人，比上年下降4.7%，其中公路旅客运输总量2957.00万人，下降5.0%；水运旅客运输总量123.66万人，增长2.6%。旅客运输周转量308493万人公里，下降7.9%，其中，公路旅客运输周转量307914万人公里，下降8.0%；水运旅客运输周转量579万人公里，增长15.2%。年末公路通车里程10067公里，增长1.1%。

全年邮电业务收入59.97亿元，比上年增长5.0%。年末电话用户数（含小灵通）127.48万户，下降11.5%；移动电话用户数（通话用户）559.34万户，增长4.1%。固定电话普及率28.68号线/百人，下降11.8%；移动电话普及率125.83部/百人，增长3.8%。互联网用户数（不含手机上网用户）180.92万户，增长10.0%。

年末全市有旅行社136家，比上年减少2家。全年旅游总收入890.95亿元，比上年增长16.9%。其中，国内旅游收入871.14亿元，增长16.8%；旅游外汇收入29825.16万美元，增长13.3%。接待游客8370.42万人次，增长15.0%。其中，接待国内游客8287.95万人次，增长15.1%；接待入境游客82.47万人次，增长12.2%。

【金融和保险】2016年年末，绍兴市金融机构本外币存款余额7435.32亿元，比上年末增长7.0%；贷款余额6153.24亿元，增长1.7%。

年末全市有保险市场主体57家。其中，产险27家，寿险30家。实现保费收入129.20亿元，比上年增长17.8%，总赔付金额41.90亿元，增长12.8%。其中，产险收入54.43亿元，增长5.6%，赔款金额31.69亿元，增长10.7%；寿险收入74.78亿元，增长28.6%，赔款金额10.21亿元，增长19.9%。

7

2016年金华市经济发展概况

【经济总量】2016年，金华市全年实现地区生产总值(GDP)3635.01亿元，按可比价计算，比上年增长7.5%。其中：第一产业增加值为148.06亿元，增长1.9%；第二产业增加值为1585.61亿元，增长4.9%；第三产业增加值为1901.34亿元，增长10.3%。全市人均生产总值达到75742元（按2016年年均汇率折算为11403美元），增长6.7%。第一、二、三产业增加值占地区生产总值的比重由上年的4.1：45.6：50.3变化为4.1：43.6：52.3，三产比重比上年提高2.0个百分点。

【农业】2016年，金华市全市农作物播种面积223.56千公顷，增长1.3%。其中粮食播种面积为99.36千公顷，总产量为60.44万吨，分别下降0.9%和1.9%；棉花播种面积3.53千公顷，下降21.3%，产量为0.57万吨，下降19.8%；油料播种面积为22.6千公顷，增长7.4%，产量为4.34万吨，增长6.5%；蔬菜播种面积为49.87千公顷，增长2.7%，产量为114.49万吨，增长3.3%；药材播种面积10.16千公顷，增长9.4%，产量为

3.34万吨，增长8.1%；果用瓜种植面积10.72千公顷，下降1.6%，产量为24.23万吨，下降3.9%；花卉苗木种植面积17.6千公顷，增长7.4%。

【工业和建筑业】2016年，金华市全市完成工业增加值1366.11亿元，比上年增长5.1%，工业增加值占GDP的比重为37.6%。全市实现规模以上工业总产值5054.57亿元，销售产值4766.37亿元，分别增长3.4%和3.6%。规模以上工业企业完成出口交货值1061.30亿元，下降0.5%，占销售产值的比重为22.3%。

全市建筑业总产值达3263.44亿元，增长3.2%；建筑施工面积39918.88万平方米，完成房屋竣工面积11623.80万平方米。省外市场发展良好，2016年建筑业企业在省外完成产值2074.02亿元，占全省省外完成产值的16.1%，占全市建筑业总产值的63.6%。

【固定资产投资】2016年，金华市全市完成固定资产投资2084.01亿元，比上年增长13.5%。其中，房地产开发投资408.85亿元，增长16.7%；投资项目（单位）投资1675.16亿元，增长12.7%。国有投资快速增长，全年实现国有投资736.06亿元，增长43.5%，占固定资产投资的35.3%。

【科学技术】2016年，金华市全市列入市级以上科技项目305项，其中省级238项，新到位上级科技资金3132万元。新立市级科技计划项目67项，其中工业类35项，农业类17项，社会发展类15项，公益类50项，农业科技成果转化项目3项。申请专利26488项，其中发明专利3919件；获专利授权16873件，其中发明专利1101件。新认定国家级高新技术企业144家，累计达到425家。新认定省科技型中小企业518家，累计达到1534家。新认定省级重点企业研究院11家，省级高新技术研发中心32家、市级152家，市级以上各类企业研发机构累计达到847家。全市共发放创新券3126万元，实际使用2455万元，位居全省第三位；发放使用率78.5%，位居全省第二位。

【国内贸易和对外经济】2016年，金华市全市社会消费品零售总额1977.87亿元，比上年增长11.2%。按经营地分，城镇消费品零售额1715.42亿元，增长11.0%；乡村消费品零售额262.45亿元，增长12.5%。按消费类型分，商品零售额1813.48亿元，增长11.3%；餐饮收入额164.39亿元，增长10.1%。

全市完成进出口总额3246.7亿元（含一达通，下同），同比增长5.6%，其中，出口总额3171.3亿元，同比增长6.1%；进口总额75.4亿元，同比下降12.3%。出口有效主体增加，全年新增备案企业2660家。全年有进出口实绩企业6873家，比上年净增292家。全市与221个国家和地区建立了贸易关系，其中出口超10亿元的国家和地区69个。

【交通、邮电和旅游】2016年，金华市全市交通建设有效投资完成220亿元，占年度计划200亿元的110%。其中：铁路投资10.33亿元；公路完成投资137.28亿元，水运完成投资11.62亿元，客货运物流场站完成投资60.77亿元，均创历史新高。全市境内公路总里程达到12574.44公里。年内公路旅客周转量45.2亿人公里，货物周转量67.2亿吨公里。

邮电业务收入93.28亿元，比上年增长7.9%。其中，邮政业务收入16.14亿元，比上年增长27.5%；电信业务收入77.14亿元，增长4.6%。年末城乡固定电话用户98.57万户，比上年末下降11.3%。其中住宅电话47.47万户，下降20.3%；公用电话12.68万户，下降11.8%。年末移动电话用户达946.13万户，增长2.7%；其中4G移动电话用户514.92万户，增长44.4%。电话普及率217.68部/百人，其中:移动电话普及率197.14部／百人，固定电话普及率20.54部／百人。互联网宽带接入用户达206.61万户，比上年末增长5.5%。全市快递服务企业快递累计完成业务量16.90亿件，同比增长74.0%，居全省首位；全市快递服务企业完成快递投递量5.74亿件，同比增长68.1%。

全市共接待游客8745.11万人次，同比增长23.4%，实现旅游收入957.52亿元，同比增长26.6%，其中接待国内旅游者8632.37万人次，同比增长23.5%，实现国内旅游收入914.48亿元，同比增长26.9%；接待入境旅游者112.74万人次，同比增长15.2%，实现旅游外汇收入64802.07万美元，同比增长11.7%。

【金融和保险】2016年年末，金华市全市金融机构本外币各项存款余额7618.92亿元，增长10.6%。其中住户存款余额3981.01亿元，增长12.6%；非金融机构企业存款1847.54亿元，下降4.4%；广义政府存款1275.53亿元，增长21.2%。金融机构本外币各项贷款余额6183.88亿元，增长0.9%。其中住户贷款2312.12亿元，增长8.0%；非金融企业及机关团体贷款3871亿元，下降2.9%。

全市保险机构全年保费收入192.96亿元，比上年增长21.1%。其中财产险保费收入73.91亿元，人身险保费收入119.04亿元，分别比上年增长5.7%和38.3%。全年支付各类赔偿及给付60.2亿元，比上年增长16.3%。其中财产险赔款39.63亿元，比上年增长10.5%；人身险赔款及给付20.39亿元，同比增长29.7%。

8

2016年衢州市经济发展概况

【经济总量】2016年，衢州市全年实现地区生产总值（GDP）1245.49亿元，按可比价格计算，比上年增长7.1%。其中：第一产业增加值88.18亿元，增长1.8%；第二产业增加值562.63亿元，增长5.2%；第三产业增加值594.68亿元，增长9.8%。在第三产业中：交通运输、仓储及邮政业增加值增长4.0%，批发和零售业增加值增长5.9%，住宿和餐饮业增加值增长6.0%，金融业增加值增长3.4%，房地产业增加值增长10.2%。三次产业增加值结构为7.1：45.2：47.7。全市人均生产总值按户籍人口计算为48475元，合7298美元，比上年增长6.7%；全市人均生产总值按常住人口计算为57997元，合8732美元，比上年增长6.1%。

【农业】2016年，衢州市全年实现农林牧渔业增加值89.63亿元，按可比价比上年增长2.0%。全年农作物播种面积211038公顷，其中：粮食播种面积106460公顷，油料播种面积40070公顷，蔬菜种植面积39953公顷，果用瓜种植面积6272公顷。

【工业和建筑业】2016年年末，衢州市全市共有规模以上工业企业单位990家，其中：主营业务收入亿元以上的企业284家；大中型企业86家。全年全部工业增加值471.82亿元，按可比价格计算比上年增长5.8%。规模以上工业企业全年完成产值1629.55亿元，增长4.2%，其中：重工业1116.25亿元，增长5.1%；轻工业513.31亿元，增长2.3%。实现工业销售产值1571.32亿元，增长4.3%，产销率96.43%，比上年提高0.11个百分点。全年完成工业出口交货值124.26亿元，下降0.7%。

全年建筑业实现增加值90.91亿元，按可比价格计算比上年增长2.2%。全市建筑业企业386家，其中：具有一级资质企业26家，二级资质企业86家。全年建筑业实现总产值426.83亿元，与上年持平，超亿元产值的企业95家。

【固定资产投资】2016年，衢州市全年完成固定资产投资981.74亿元，比上年增长11.3%。其中：第一产业投资39.10亿元，下降5.7%；第二产业投资365.96亿元，下降1.1%；第三产业投资576.67亿元，增长22.5%。

【科学技术】2016年，衢州市全市拥有国家级高新技术企业187家，市级高新技术企业257家。国有独立研究开发机构11个，企业技术开发机构326个。全年获得省级科技进步奖1项、市级科技进步奖40项。当年专利申请受理7908项，专利申请授权3943项，其中发明384项。

【国内贸易和对外经济】2016年，衢州市全年实现社会消费品零售总额609.31亿元，比上年增长11.7%。全市限额以上批发零售业实现零售额177.98亿元，增长14.6%。按消费形态分：餐饮收入6.18亿元，增长10.0%；商品零售171.80亿元，增长14.8%。按类值分：粮油、食品类增长19.4%，服装鞋帽、针、纺织品类增长31.6%，家用电器和音像制品类下降2.0%，汽车类增长18.0%，石油及制品类增长3.9%。

全年实现进出口总额281.89亿元，比上年增长3.2%。其中：出口201.95亿元，下降0.9%；进口79.94亿元，增长15.3%。

【交通、邮电和旅游】2016年，衢州市全年完成交通运输、仓储和邮政业增加值41.69亿元，按可比价格计算，比上年增长4.0%。

全年各种运输方式完成货物运输量10204.79万吨，比上年增长11.2%，其中：铁路225.33万吨，下降6.2%；公路9975万吨，增长11.6%；水运4.40万吨，增长120.1%；民航639.4吨，下降20.1%。全年各种运输方式完成旅客运输量5396.82万人，比上年增长7.4%，其中：铁路458.70万人，增长17.5%；公路4913万人，增长6.6%；水运4.30万人，增长1.1%；民航20.82万人，下降2.1%。

全年邮电业务收入（含快递）22.72亿元，比上年增长3.9%，其中邮政业务收入（含快递）5.95亿元，下降1.6%；通信业务收入16.77亿元，增长6.0%。全年邮政传送函件597.5万件，包件2.5万件，累计订销报刊4063万份，订销杂志194万份。年末全市共有快递企业65家，全年实现业务收入4.14亿元，下降8.2%；快递收件5586.50万件，增长17.8%，其中国际收件10.40万件，增长54.0%；快递派件4219.60万件，增长8.7%。年末城乡固定电话用户37.03万户，比上年减少6.02万户。年末移动电话用户294.13万户，增加6.87万户。电话普及率（含移动电话）121部/百人。互联网用户69.55万户（不含手机），互联网普及率达到75.4%。

全年旅游总收入361.46亿元，比上年增长25.6%，其中：接待国内旅游5336.23万人次，增长22.1%，国内旅游收入357.51亿元，增长25.7%；入境的旅游者13.20万人次，增长10.1%，国际旅游外汇收入5957.88万美元，增长8.1%。在入境的旅游者中：外国人4.67万人次，增长4.7%；香港、澳门和台湾同胞8.52万人次，增长13.2%。全市拥有星级宾馆饭店38家，客房总数4025间。至年末，全市共有国家5A级景区1个，4A级景区14个，3A级景区24个。

【金融和保险】2016年，衢州市全年完成金融业增加值82.52亿元，按可比价格计算，比上年增长3.4%。年末金融机构本外币存款余额1938.83亿元，比上年末增长11.5%，其中人民币存款余额1896.63亿元，增长10.1%。年末金融机构本外币贷款余额1656.04亿元，增长3.9%，其中人民币贷款余额1652.45亿元，增长4.3%。年末住户存款余额992.75亿元，增长11.2%。

年末共有保险机构35家，全年保费收入48.73亿元，比上年增长18.7%，其中：寿险保费收入29.59亿元，增长26.7%；财产险保费收入19.14亿元，增长6.6%。支付各类赔付额17.05亿元，增长33.2%，其中：寿险业务赔付额6.13亿元，增长107.1%；财产险赔付额10.92亿元，增长11.0%。

9

2016年舟山市经济发展概况

【经济总量】2016年，舟山市全年实现地区生产总值（GDP）1228.51亿元，按可比价计算，比上年增长11.3%。其中，第一产业增加值130.00亿元，增长7.9%；第二产业增加值489.34亿元，增长11.2%；第三产业增加值609.17亿元，增长12.1%。第一产业增加值占地区生产总值的比重为10.6%，第二产业增加值比重为39.8%，第三产业增加值比重为49.6%。按常住人口计算，人均地区生产总值106364元，约16013美元，增长10.7%。全员劳动生产率16.5万元/人。

【农业】2016年，舟山市全年农林牧渔业增加值130.49亿元，比上年增长8.0%。其中，渔业增加值120.19亿元，增长8.8%；农业增加值7.80亿元，增长4.9%；牧业增加值1.88亿元，下降16.9%；林业增加值0.13亿元，下降0.2%。

【工业和建筑业】2016年，舟山市全年全市工业总产值2465.44亿元，比上年增长14.5%。规模以上工业总产值1920.21亿元，增长15.4%；其中，临港工业总产值1655.75亿元，增长16.9%，占规上工业总产值的比重为86.2%。规上工业销售产值1881.45亿元，增长15.7%；工业产销率98.0%。规模以上工业增加值403.34亿元，按可比价计算，比上年增长14.2%。规上船舶修造业总产值997.76亿元，增长19.0%；规上石油化工业总产值337.51亿元，增长24.8%；规上水产品加工业总产值200.52亿元，增长9.2%。规模以上工业中，重工业总产值1586.00亿元，增长17.8%；轻工业总产值334.21亿元，增长5.4%；重轻工业比为82.6：17.4。全市规上工业大中型企业实现工业总产值1270.58亿元，增长15.9%，占规上工业的比重达66.2%；年产值超亿元企业184家，比上年末增加6家，全年实现工业总产值达1829.78亿元，增长17.4%，占规上工业总产值的95.3%。

全年全社会建筑业增加值116.80亿元，按可比价计算，比上年增长5.6%。年末全市具有资质等级的总承包和专业承包建筑业企业153家，比上年增加5家，实现总产值267.64亿元，增长18.1%；建筑（房屋）施工面积1392.35万平方米，下降5.5%，其中新开工面积400.08万平方米，增长17.4%。

【固定资产投资】2016年，舟山市全年全市固定资产投资1311.14亿元，比上年增长15.5%。其中，建筑安装工程投资988.37亿元，增长19.4%；基础设施投资627.72亿元，增长26.1%；民间投资553.87亿元，增长4.0%。从三次产业看，第一产业投资8.59亿元，比上年增长0.5%。第二产业投资362.23亿元，比上年增长13.8%。第三产业投资940.32亿元，比上年增长16.4%。其中，水利环境公共设施管理业投资303.56亿元，增长52.5%；文教卫体娱乐业46.70亿元，增长10.0%；高技术服务业投资25.48亿元，增长22.7%；生态保护和环境治理业投资9.28亿元，增长53.9%。

【科学技术】2016年，舟山市全年组织实施各级各类科技项目523项；其中，国家级20项，省级248项。申请专利3544件，授权专利1836件；其中，申请发明专利1529件，授权发明专利497件。年末全市有高新技术企业66家，省级创新型试点、示范企业13家，省级科技型企业464家，省级农业科技企业86家，省级高新技术研发中心44家，省级农业科技企业研发中心32家。

【国内贸易和对外经济】2016年，舟山市全年全市社会消费品零售总额457.40亿元，比上年增长11.2%。从限额以上批发零售业商品零售类别看，粮油、食品类实现零售额23.97亿元，增长32.6%；汽车类实现零售额27.69亿元，增长8.6%；中西药品类零售额10.02亿元，增长17.4%，其中中草药及中成药类零售额增长12.6%。全年批发零售业商品销售总额2462.10亿元，增长24.7%。其中，批发业销售额2014.90亿元，增长27.1%；零售业销售额447.20亿元，增长15.0%。住宿餐饮业营业额101.54亿元，增长17.8%。其中，住宿业营业额28.99亿元，增长16.0%；餐饮业营业额72.56亿元，增长18.5%。

全年全市外贸进出口总额（含保税仓库货物）696.11亿元，比上年下降4.2%。其中，进口总额282.33亿元，下降17.5%；出口总额413.78亿元，增长7.6%。全年水产品出口额58.56亿元，增长20.7%；造船出口额138.94亿元，下降3.2%；修船出口额30.89亿元，下降26.5%；油品出口额85.83亿元，下降11.4%。

【交通、邮电和旅游】2016年，舟山市全年全市交通运输、仓储和邮政业实现增加值126.55亿元，按可比价计算，比上年增长8.5%。全年水路货运量20932万吨，增长12.9%，水路货运周转量2677.74亿吨公里，增长13.0%；水路客运量2589万人，增长2.9%，水路客运周转量4.49亿人公里，增长2.2%。公路货运量7244万吨，增长11.2%，公路货运周转量130.54亿吨公里，增长9.4%；公路客运量2644万人，下降7.5%，公路客运周转量10.84亿人公里，下降2.5%。普陀山机场全年完成客运量80.09万人，增长24.2%；货邮运量

（不包括行李）319.1吨，下降0.2%。年末全社会民用车辆拥有量17.31万辆，比上年末下降1.8%，其中，小型客车拥有量12.21万辆，增长16.6%；摩托车拥有量3.01万辆，下降41.3%。

全年邮电业务收入15.77亿元，比上年增长6.2%。年末全市固定电话用户32.82万户，比上年末下降9.6%；移动电话用户162.10万户，下降3.3%；年末邮路长度1146公里，增长0.2%；宽带网用户45.85万户，增长14.7%。

年末全市有旅行社148家，比上年末增加3家。全市有星级宾馆34家，客房3525间，床位6047张，星级宾馆客房入住率为48.5%。全市有A级景区15个；其中，5A级景区1个，4A级景区3个。全年接待国内外游客共4610.61万人次，比上年增长18.9%；其中，接待国际游客33.92万人次，增长5.2%。从主要景区看，普陀山景区接待游客749.69万人次，增长12.9%；朱家尖景区接待游客647.96万人次，增长16.1%；桃花岛景区接待游客253.93万人次，增长10.7%。全年实现旅游总收入661.62亿元，增长19.8%。

【金融和保险】2016年年末，舟山市全市有各类金融机构64家。其中，银行业机构26家，保险业机构19家，证券业营业部9家，小额贷款公司10家。年末金融机构本外币存款余额1915.84亿元，比上年末增长7.0%，其中住户存款725.97亿元；金融机构本外币贷款余额1521.82亿元，比上年末增长1.5%。金融机构融资总量余额2692.90亿元，比年初新增8.62亿元。其中，市内银行融资总量余额1751.82亿元，比年初减少7.27亿元；市外金融机构融资余额941.08亿元，比年初新增15.89亿元。

全年保险公司保费收入29.27亿元，比上年增长19.4%。其中，财产险保费收入12.22亿元，增长5.7%；人身险保费收入17.05亿元，增长31.7%。保险公司赔款支出9.40亿元，增长8.7%；保险公司给付支出2.91亿元，增长23.4%。

10

2016年台州市经济发展概况

【经济总量】2016年，台州市全年实现地区生产总值（GDP）3842.81亿元，按可比价格计算，比上年增长7.7%，增幅比上年提高1.3个百分点。其中，第一产业增加值254.93亿元，增长4.3%；第二产业增加值1645.14亿元，增长7.6%；第三产业增加值1942.74亿元，增长8.1%；三次产业结构为6.6∶42.8∶50.6，第三产业增加值所占比重比上年提高1.2个百分点。全市人均生产总值为64172元，比上年增长7.4%，按年平均汇率折算达9661美元。

【农业】2016年，台州市全市实现农林牧渔业总产值451.03亿元，按可比价格计算，比上年增长4.4%。其中，农业产值147.48亿元，增长3.5%；林业产值6.45亿元，增长3.6%；牧业产值34.79亿元，增长4.5%；渔业产值258.10亿元，增长5.0%；农林牧渔服务业产值4.21亿元，增长7.4%。

【工业和建筑业】2016年，台州市全市实现工业增加值1414.03亿元，按可比价格计算，比上年增长8.6%。全市年主营业务收入2000万元及以上工业企业（以下简称规模以上工业企业）家数为3597家，实现工业增加值894.64亿元，比上年增长8.3%。

全市实现建筑业增加值233.59亿元，按可比价格计算，比上年增长2.1%。资质以上建筑企业完成房屋建筑施工面积17586.97万平方米，比上年下降0.8%；房屋竣工面积6399.18万平方米，下降9.0%。

【固定资产投资】2016年，台州市全市固定资产投资施工项目5015个，其中新开工项目3423个。全年固定资产投资总额2272.63亿元，比上年增长13.9%。其中第一产业完成投资19.96亿元，增长70.6%；第二产业完成投资877.93亿元，增长6.8%；第三产业完成投资1374.75亿元，增长18.2%。固定资产投资中，工业性投资876.02亿元，比上年增长7.3%；基础设施投资756.86亿元，增长24.8%；民间投资1415.36亿元，增长4.7%。

【科学技术】2016年，台州市全市实现规模以上高新技术产业增加值383.47亿元，比上年增长11.9%。全市共有省级企业研究院65家，省级高新技术研发中心304家，国家重点扶持的高新技术企业499家。众创平台建设成效明显，共建成众创空间21个。全年申请专利27921件，比上年增长20.6%；专利授权20075件，比上年增长1.8%，其中发明1534件，增长10.7%。全年共签订各类技术合同1580项，技术交易额36.03亿元。

【国内贸易和对外经济】2016年，台州市全市实现社会消费品零售总额2013.14亿元，比上年增长11.4%，扣除价格因素，实际增长10.5%。其中餐饮收入218.27亿元，比上年增长12.1%，商品零售额1794.87亿元，比上年增长11.3%；城镇零售额1633.47亿元，增长11.0%，乡村零售额379.67亿元，增长12.9%。限额以上批发零售企业中，服装、鞋帽、针纺织品类、粮油食品类、石油及制品类、汽车类、家用电器和音像器材类零售额分别比上年增长53.1%、14.9%、10.6%、10.4%和10.3%。

全年外贸进出口总额1310.81亿元，比上年下降0.2%。其中出口总额1169.38亿元，增长0.1%，进口总额141.44亿元，下降2.6%。全年外贸企业出口163.12亿元，下降7.7%；三资企业出口111.33亿元，下降13.5%；生产企业出口894.92亿元，增长3.7%。在出口总额中，一般贸易出口1081.11亿元，增长0.2%；加工贸易出口88.01亿元，下降0.3%。全年高新技术产品出口增长4.0%，机电产品出口增长1.0%。2016年我市有进出口实绩企业5234家，比上年增加124家，其中进出口5000万元以上企业有553家。出口国家和地区为213个。

【交通、邮电和旅游】2016年，台州市全年交通运输、仓储和邮政业增加值为155.28亿元，比上年增长6.4%。

全年完成货物周转量1623.15亿吨公里，比上年增长7.9%；旅客周转量为72.84亿人公里，比上年下降6.8%。全年台州港完成货物吞吐量6771万吨，比上年增长8.6%。其中外贸吞吐量803万吨，增长13.3%；完成集装箱吞吐量16.02万标箱，增长3.0%。民航完成旅客吞吐量69.14万人次，货邮吞吐量6720吨，分别比上年增长18.2%和12.3%。全年铁路发送旅客948万人次，比上年增长13.4%。

全市邮电业务收入76.45亿元，比上年增长5.2%。年末国际互联网宽带接入用户208.46万户，移动互联网用户606.36万户，分别比上年末增加29.95万户和0.69万户。年末移动电话用户为770.84万户，比上年末增加31.07万户，城乡固定电话用户为106.81万户，比上年末减少13.63万户。

全年共接待旅游总人数8930.73万人次，比上年增长20.1%，其中接待国内游客8911.49万人次，增长20.1%；实现旅游总收入942.65亿元，比上年增长25.8%，其中国内旅游收入938.35亿元，增长25.9%。全市共有5A级旅游区2个，4A级旅游区9个，3A级旅游区34个，2A级旅游区14个。共有星级饭店47家，客房7369间，床位12064张。旅行社145家，其中星级旅行社53家。

【金融和保险】2016年年末，台州市全市金融机构本外币存款余额7068.62亿元，比上年末增长12.1%，当年新增存款762.69亿元。年末本外币住户存款余额3728.59亿元，比上年末增长14.7%，当年新增476.65亿元。年末金融机构本外币贷款余额5826.03亿元，比上年末增长5.6%，当年新增贷款307.59亿元。年末金融机构本外币存贷比为82.4%，不良贷款率为1.32%。

全年保费总收入146.15亿元，比上年增长14.7%。其中财产险保费收入61.73亿元，人寿险保费收入84.41亿元，分别比上年增长6.6%和21.4%。全年各类赔款、给付支出53.38亿元，比上年增长16.1%。

11

2016年丽水市经济发展概况

【经济总量】2016年，丽水市全年实现地区生产总值（GDP）1200.22亿元，按可比价计算，比上年增长7.1%。其中，第一产业增加值95.63亿元，第二产业增加值536.29亿元，第三产业增加值568.30亿元，分别比上年增长2.9%、6.2%和8.7%。人均生产总值55772元（8397美元），比上年增长6.2%。三次产业增加值结构由上年的8.3：45.7：46.0调整为8.0：44.7：47.3，第三产业比重提高1.3个百分点。

【农业】2016年，丽水市全年农作物总播种面积159.15千公顷，比上年下降2.4%，其中粮食播种面积为84.53千公顷，下降4.8%；果用瓜种植面积3.05千公顷，下降4.6%；药材种植面积4.61千公顷，增长8.6%；油料种植面积9.73千公顷，下降1.2%；蔬菜种植面积47.23千公顷，下降0.1%；花卉苗木面积1.20千公顷，增长9.1%。

【工业和建筑业】2016年，丽水市全年规模以上工业增加值380.60亿元，比上年增长7.0%。规模以上工业销售产值1726.18亿元，增长6.7%，其中出口交货值137.26亿元，增长4.3%，出口交货值占销售产值的比重为8.0%，比上年回落0.2个百分点。规模以上工业企业产销率95.6%，比上年提高1.1个百分点。实现利润总额129.62亿元，增长3.3%。

全年建筑业增加值80.42亿元，比上年增长5.4%。资质以上建筑企业完成总产值317.36亿元，增长14.6%，实现利润总额12.53亿元，增长13.8%。

【固定资产投资】2016年，丽水市全年固定资产投资841.65亿元，比上年增长12.0%。国有投资395.94亿元，增长15.6%，占固定资产投资的47.0%，非国有投资445.70亿元，增长9.0%，占固定资产投资的53.0%，其中民间投资441.31亿元，增长9.2%，占固定资产投资的52.4%。

固定资产投资中，第一产业投资28.99亿元，比上年增长55.3%；第二产业投资210.35亿元，增长1.9%，其中工业投资208.02亿元，增长4.4%；第三产业投资602.31亿元，增长14.4%。全年投资项目2535个，比上年增加148个，其中，新开工项目1672个。

【科学技术】2016年，丽水市全年新增国家重点支持高新技术企业35家，高新技术企业认定新政策出台后，累计获批高新技术企业245家。全年省级新产品385个。全年规模以上工业科技活动经费支出18.44亿元。购置技术成果费用2092万元。全年通过市级以上验收、结题科技项目71项，科技成果登记221项，获得省级科学技术进步奖11项。知识产权保护工作得到加强，共获专利授权4945项，其中发明专利326项。

【国内贸易和对外经济】2016年，丽水市全年社会消费品零售总额571.64亿元，比上年增长11.0%。其中，城镇消费品零售额449.23亿元，乡村消费品零售额122.40亿元，分别增长12.1%和7.3%。分行业看，批发零售业零售额499.41亿元，增长10.4%；住宿餐饮业零售额72.23亿元，增长15.9%。全市实现网络零售186.33亿元，增长53.5%；居民网络消费123.16亿元，增长22.0%；网络零售顺差达到63.18亿元。

全年进出口总额225.46亿元，比上年增长7.1%。其中，出口208.73亿元，增长6.0%；进口16.73亿元，增长22.9%。

【交通、邮电和旅游】2016年，丽水市全年交通运输、仓储和邮政业增加值41.03亿元，比上年增长4.0%。全市公路货物周转量73.13亿吨公里，增长2.5%；公路旅客周转量14.93亿人公里，下降28.9%。铁路客运量477.41万人，增长377.3%；货运量148.46万吨，增长24.0%。

全年邮政行业业务收入完成8.81亿元，比上年增长18.4%，其中规模以上快递服务企业快递业务收入

6.08亿元，增长21.2%。邮政行业业务总量18.31亿件，增长35.2%，其中规模以上快递服务企业快递业务量7487.03万件，增长30.6%。电信业务收入18.43亿元，增长6.5%。年末固定电话用户达36.49万户，移动电话用户305.31万户；固定电话、移动电话普及率分别为16.9部/百人和141.0部/百人。全年新增互联网用户（含宽带用户）9.40万户，年末总量达66.26万户，比上年末增长16.5%。

全年实现旅游总收入535.83亿元，增长25.8%，其中国内旅游收入474.65亿元，增长26.4%；旅游外汇收入9.21亿美元，增长12.4%；至年末，累计创建19家4A级景区。

【金融和保险】2016年年末，丽水市金融机构本外币各项存款余额2151.05亿元，比上年末增长9.6%，其中人民币存款余额2037.87亿元，增长10.9%。金融机构本外币各项贷款余额1555.26亿元，比上年末增长3.4%，其中人民币贷款余额1543.45亿元，增长3.5%。年末本外币住户存款余额1268.22亿元，比上年末增长14.4%。

全年保险业实现保费收入49.68亿元，比上年增长29.1%。其中，财产险业务保费收入17.25亿元，增长6.9%；人身险业务保费收入32.43亿元，增长45.1%。支付各类赔款及给付16.04亿元，增长30.0%。其中，财产险业务赔款9.67亿元，增长18.5%；人身险业务赔款6.38亿元，增长52.4%。

安徽省

| 合肥市 | 芜湖市 | 蚌埠市 | 淮南市 | 马鞍山市 | 淮北市 | 铜陵市 | 安庆市 | 黄山市 |
| 滁州市 | 阜阳市 | 宿州市 | 六安市 | 亳州市 | 池州市 | 宣城市 |

1

2016年合肥市经济发展概况

【经济总量】2016年，合肥市全年实现地区生产总值（GDP）6274.3亿元，按可比价格计算，比上年增长9.8%。其中，第一产业增加值270.2亿元，增长2.2%；第二产业增加值3189.3亿元，增长8.9%；第三产业增加值2814.8亿元，增长11.6%，增速加快0.4个百分点。三次产业结构为4.3：50.8：44.9，其中三产占GDP比重比上年上升2.2个百分点。按常住人口计算，人均GDP为80136元（折合12064美元），比上年增加7034元。

【农业】2016年，合肥市全年农作物总播种面积为75.56万公顷，比上年增长0.2%。其中，粮食作物50.18万公顷，增长1.0%；棉花2.78万公顷，下降7.0%；蔬菜9.19万公顷，增长1.8%；瓜果2.65万公顷，增长2.5%；油料10.17万公顷，下降3.8%。

【工业和建筑业】2016年年末，合肥市全市规模以上工业企业[4]2466户，比上年净增74户，产值超亿元企业1189户，比上年增加66户，其中超百亿元企业14户，比上年增加2户。全年规模以上工业增加值2269.13亿元，比上年增长9.9%。其中，轻、重工业分别增长5.4%和12.6%；国有控股企业增长11.8%，集体企业增长3.5%，股份制企业增长9.8%，外商及港澳台商投资企业增长7.1%。

全年建筑业增加值629.13亿元，比上年增长4.7%。纳入统计范围的具有建筑业资质等级的总承包和专业承包建筑施工企业901户，比上年增加34户。房屋建筑施工面积19892.25万平方米，比上年下降11.3%。房屋竣工面积5446.75万平方米，下降15.1%。年末建筑业从业人员72.15万人，比上年下降3.6%。企业劳动生产率43.20万元/人，增长3.9%。

【固定资产投资】2016年，合肥市全年固定资产投资6501.17亿元，比上年增长11.1%。其中，民间投资4439.08亿元，增长7.9%；城市基础设施投资1124.76亿元，增长21.1%。分产业看，第一产业投资108.41亿元，下降21.2%；第二产业投资2240.65亿元，增长13.4%；第三产业投资4152.11亿元，增长11.1%。分行业看，工业投资2195.01亿元，增长13.7%；现代服务业投资3208.98亿元，增长9.3%。

【科学技术】2016年，合肥市全年有8项科技成果获国家科技奖，其中国家自然科学二等奖3项，科技进步一等奖1项、二等奖4项。全年受理专利申请50792件，其中发明专利25895件，比上年增长57.6%；授权专利18496件，其中发明专利4799件，增长40.6%。共签订各类技术合同10460项，成交金额120.45亿元，比上年增长14.8%。

【国内贸易和对外经济】2016年，合肥市全年社会消费品零售总额2445.70亿元，比上年增长12.0%。按经营地统计，城镇消费品零售额2363.06亿元，增长11.9%；乡村消费品零售额82.64亿元，增长13.7%。按消费形态统计，商品零售额2194.48亿元，增长11.6%；餐饮收入251.22亿元，增长15.6%。

全年进出口总额186.87亿美元，比上年下降8.1%。其中，出口126.35亿美元，下降7.8%；进口60.52亿美元，下降8.6%。机电产品出口额63.86亿美元，下降6.0%。高新技术产品出口额34.74亿美元，下降12.8%。

【交通、邮电和旅游】2016年，合肥市全年交通运输、仓储和邮政业增加值218.0亿元，比上年增长5.5%。旅客运输量1.42亿人，下降3.6%；货物运输量3.43亿吨，增长5.2%。全年港口货物吞吐量2811.36万吨，下降6.5%，其中外贸货物吞吐量19.67万吨，增长19.1%。合肥新桥机场旅客吞吐量739.2万人次，增长11.8%。

全年邮电业务总量239.76亿元，比上年增长46.6%。其中，电信业务总量178.41亿元，增长46.0%；邮政业务总量61.35亿元，增长48.3%。快递业务量3.03亿件，快递业务收入31.96亿元，比上年分别增长64.1%和45.7%。年末本地固定电话用户139.83万户，比上年减少15.66万户。其中，城市108.25万户，减少11.87万户；农村31.58万户，减少3.79万户。移动电话用户836.15万户，增加30.89万户。基础电信运营企业计算机互联网接入用户211.9万户，增加26.88万户。

全年入境旅游人数41.7万人次，比上年增长0.9%；旅游外汇收入3.48亿美元，增长5.3%。国内游客9236.6万人次，增长18.7%；国内旅游收入1156.3亿元，增长21.3%。年末全市有星级饭店57家，其中五星级11家、四星级19家；A级及以上旅游景点（区）55处。

【金融和保险】2016年，合肥市全年社会融资规模2956.52亿元，比上年增加1788.51亿元，增长153.1%。年末金融机构本外币各项存款余额13479.68亿元，比上年末增加2285.98亿元，增长20.4%。其中，住户存款3332.02亿元，增长9.4%；非金融企业存款5929.48亿元，增长22.6%；广义政府存款3601.2亿元，增长33.9%；非银行业金融机构存款605.49亿元，减少0.6%。年末金融机构本外币各项贷款余额12064.18亿元，比上年末增加1893.08亿元，增长18.6%。其中，住户贷款4014.45亿元，增长39.0%；非金融企业及机关团体贷款7864.20亿元，增长10.7%。

全年保险公司保费收入213.25亿元，比上年增长38.2%。其中，财产险保费收入79.62亿元，增长14.7%；人身险保费收入133.63亿元，增长57.5%。赔款和给付72.61亿元，比上年增长28.2%。其中，财产险赔款与给付44.75亿元，增长19.1%；人身险赔款与给付27.86亿元，增长46.2%。

2

2016年芜湖市经济发展概况

【经济总量】2016年，芜湖市全年实现地区生产总值（GDP）2699.44亿元，比上年增长9.7%。其中，第一产业增加值126.90亿元，增长2.5%；第二产业增加值1511.72亿元，增长9.4%；第三产业增加值1060.82亿元，增长11.0%。按常住人口计算，人均生产总值73715元，按年末汇率折算为11097美元。三次产业增加值比例由上年的4.9：57.2：37.9调整为4.7：56.0：39.3。

【农业】2016年，芜湖市全年粮食种植面积209098公顷，油料种植面积42534公顷，棉花种植面积27826公顷。粮食产量137.26万吨，比上年减产4.3%；油料产量12.0万吨，比上年减产8.7%；棉花产量3.44万吨，减产21.6%；蔬菜产量159.98万吨，增产4.2%。肉类产量16.65万吨，增长2.9%；水产品产量17.32万吨，增长1.5%。当年完成造林面积5163公顷。新增无公害农产品认证61个，绿色食品认证60个，有机食品认证6个。超级杂交稻推广面积78.7万亩。年末拥有省级及以上农业产业化龙头企业56家。

【工业和建筑业】2016年，芜湖市全年年主营业务收入2000万元以上工业企业（以下简称规模以上工业）实现增加值1478.59亿元，比上年增长9.7%。其中，国有及国有控股企业实现增加值301.52亿元，增长2.4%；股份制企业实现增加值1114.61亿元，增长12.1%；外商及港澳台商投资企业实现增加值264.55亿元，增长7.4%。轻工业增加值353.80亿元，增长1.5%；重工业增加值1124.79亿元，增长12.6%。工业产品销售率达到98.0%。

年末具有资质等级的总承包和专业承包建筑业企业272家。全年完成总产值454.62亿元，比上年增长8.2%。全年房屋建筑施工面积2328.02万平方米，比上年增加86.76万平方米；房屋建筑竣工面积1194.31万平方米，比上年增加52.65万平方米。

【固定资产投资】2016年，芜湖市全年省级及以上开发区完成固定资产投资1799.07亿元，其中基础设施投资71.22亿元；实际利用省外资金1487.69亿元，实际利用外商直接投资20.84亿美元；区内规模以上工业实现总产值5257.62亿元，比上年增长12.2%。

【科学技术】2016年年末，芜湖市全市拥有省级及以上工程（技术）研究中心96个，其中国家级6个，新增省级8个；省级及以上企业技术中心155个，其中国家级11个，新增省级16个。省级及以上重点（工程）实验室15个；省级及以上质检中心2个，其中国家级2个。院士工作站27个，新增6个。拥有高新技术企业532家，其中当年新认定114家；拥有省级高新技术产品1088个，其中当年新认定400个。省级以上创新型（试点）企业119家，国家创新型（试点）企业4家。国家知识产权示范企业3家、优势企业18家，省级知识产权示范培育企业8家、优势企业24家。各类科技企业孵化器24家，面积达52.4万平方米，其中国家级孵化器2家。芜湖高新技术创业服务中心蝉联全国百强科技企业孵化器，持股孵化试点工作顺利开展；芜湖高新技术开发区获批国家科技服务业区域试点。全年组织实施各类科技计划项目177项，其中国家项目5个；全年获各类科技奖51项，其中省级以上21项。专利申请量26680件，其中发明专利16789件；专利授权量10052件，其中发明专利2971件。万人有效发明专利拥有量21.09件。拥有中国驰名商标34件，当年新认定4件；省著名商标286件，当年新认定52件。拥有安徽省政府质量奖1家（2016年新获）；省级名牌产品（含服务名牌）243个，当年新增55个。

【国内贸易和对外经济】2016年，芜湖市全年实现社会消费品零售总额828.17亿元，比上年增长13.0%。分区域看，城镇零售额749.02亿元，增长13.0%；乡村零售额79.15亿元，增长13.1%。分行业看，批发和零售业零售额734.13亿元，增长13.1%；住宿和餐饮业零售额94.04亿元，增长12.3%。

全年实现进出口总额57.09亿美元，比上年下降13.5%。其中，进口总额16.42亿美元，增长29.2%；出口总额40.67亿美元，下降23.7%。从出口产品类别看，机电产品出口额30.53亿美元，占出口总额的75.1%。从产品出口地区看，对欧洲出口6.09亿美元，占出口总额的15.0%；对亚洲出口18.62亿美元，占出口总额的45.8%；对北美洲出口11.01亿美元，占出口总额的27.1%。

【交通、邮电和旅游】2016年，芜湖市全年交通运输、仓储和邮政业实现增加值101.50亿元，比上年增长6.0%。

全年公路客运量3808万人；公路货运量6762万吨。铁路旅客发送量867.26万人，增长60.2%；铁路货运发送量97.53万吨，下降29.5%。水路货运量1.81亿吨，增长3.6%。港口货物吞吐量1.31亿吨，增长9.1%，其中外贸货物吞吐量293.87万吨，增长23.7%；港口集装箱吞吐量60.21万标准箱，增长20.0%。年末，民用汽车拥有量44.63万辆，比上年增长18.4%，其中私人汽车拥有量37.49万辆，增长21.3%。民用船舶拥有量4317艘。公路里程11132公里，其中等级公路10751公里。在等级公路中，高速公路206公里，一级公路282公里，二级公路563公里。

全年邮电业务总量64.46亿元，比上年增长47.9%，其中，邮政业务总量19.32亿元，比上年增长

71.1%；电信业务总量45.14亿元，比上年增长29.3%。全年全市规模以上快递服务业完成业务量8541.06万件，增长83.4%。年末本地固定电话用户44.67万户，比上年减少10.72万户；移动电话310.30万户，减少13.87万户。年末计算机互联网用户达到86.13万户，新增13.80万户。

全年接待国内外各类游客4006.9万人次，其中接待国内游客3974.6万人次。实现旅游业总收入471.67亿元，其中旅游外汇收入19623万美元。年末共有旅行社73家；星级饭店29家，其中三星级及以上26家；A级及以上旅游景点（区）29处，其中4A级及以上9处，5A级景区1处。成功举办各类会展68个。

【金融和保险】2016年年末，芜湖市金融机构本外币存款余额2915.78亿元，比年初增加367.10亿元，其中，非金融企业存款1135.09亿元，比年初增加131.91亿元；住户存款1463.46亿元，比年初增加150.70亿元。金融机构本外币贷款余额2852.59亿元，比年初增加361.03亿元，其中，短期贷款699.34亿元，比年初减少59.22亿元；中长期贷款1544.05亿元，比年初增加231.65亿元。年末外汇存款余额32782万美元，比年初增加3851万美元；外汇贷款余额12434万美元，比年初减少1016万美元。全市完成直接融资444.69亿元。

全年，实现保费收入55.29亿元，比上年增长27.2%。其中，人身险34.22亿元，增长36.7%；财产险21.07亿元，增长8.7%。赔款及给付支出22.78亿元。其中，人身险9.04亿元，财产险13.74亿元。

3

2016年蚌埠市经济发展概况

【经济总量】2016年，蚌埠市全年实现地区生产总值（GDP）1385.82亿元，按可比价格计算，比上年增长9.4%。分产业看，第一产业增加值200.01亿元，增长3.7%；第二产业增加值609.12亿元，增长9.3%；第三产业增加值576.69亿元，增长11.5%。三次产业结构由上年的15：45.2：39.8调整为14.4：44：41.6。人均GDP41855元（折合6301美元），比上年增加3588元。

【农业】2016年，蚌埠市全年粮食作物种植面积48.3万公顷，其中，小麦面积24.29万公顷，稻谷面积11.17万公顷。油料种植面积5.94万公顷，棉花种植面积0.36万公顷，蔬菜种植面积7.04万公顷。

【工业和建筑业】2016年年末，蚌埠市全市规模以上工业企业[4]达1162户，比上年净增104户。全年规模以上工业增加值增长9.9%，其中轻、重工业分别增长3.1%和15.4%。

全年全社会建筑业增加值86.06亿元，比上年增长6.6%。具有资质等级建筑企业完成产值436.68亿元，增长5.3%。房屋建筑施工面积3246.53万平方米，增长10.4%；房屋竣工面积424.28万平方米，下降11.4%。

【固定资产投资】2016年，蚌埠市全年完成固定资产投资[5]1666.43亿元，比上年增长14.3%。分产业看，第一产业投资增长7.2%，第二产业投资增长15.7%，第三产业投资增长13.5%。分行业看，工业投资增长18%。三产中的教育业增长103.8%，金融业增长77.6%，批发和零售业增长6.3%。

【科学技术】2016年，蚌埠市全年新认定高新技术企业37家，高新技术企业总数达217家。新认定高新技术产品和重点新产品136项。高新技术产业产值同比增长27.8%，达1251.4亿元。全市有国家重点（工程）实验室4个，省级（重点）实验室、省级工程实验室15个。有省级以上工程（技术）研究中心60家，其中国家级2家。有国家级高新技术产业开发区1个。

全年发明专利申请量6430件，同比增长15%，发明专利授权量1034件，同比增长16%。共签订各类技术合同925项，技术市场合同交易额19.4亿元，比上年增长12.8%。万人发明专利拥有量达8.6件/万人，增长36%。全年共新建省级以上研发平台15家。

【国内贸易和对外经济】2016年，蚌埠市全年社会消费品零售总额643.99亿元，比上年增长12.9%。按经营单位所在地分，城镇消费品零售额562.73亿元，增长12.8%；乡村消费品零售额81.26亿元，增长13.1%。按消费形态分，商品零售额569.78亿元，增长12.9%；餐饮收入74.21亿元，增长12.4%。按单位规模分，限额以上企业（单位）零售额285.18亿元，增长16%；限额以下企业（单位）零售额358.81亿元，增长9%。

全年进出口总额17.6亿美元，比上年下降23.6%。其中，出口11.9亿美元，下降26.3%；进口5.7亿美元，下降17.3%。

【交通、邮电和旅游】2016年，蚌埠市全年交通运输、仓储和邮政业增加值49.93亿元，比上年增长6%。

全年公路客运量2978万人，比上年下降10.8%；公路货运量20802万吨，增长7%。

全年邮政营业收入2.56亿元，增长16%。电信业务总量（收入）21.13亿元，比上年下降13.6%。年末全市固定电话用户数34.1万户，比上年下降14.7%；移动电话用户数246.06万户，比上年增长3.9%。

全年实现旅游总收入197.35亿元，比上年增长21.4%，接待国内游客3139.03万人次，接待入境游客7.54万人次。全市星级饭店（宾馆）13个，旅行社46家。A级旅游景区28个，其中，4A级旅游景区4个，3A级旅游景区11个，2A级旅游景区13个。

【金融和保险】2016年年末，蚌埠市全市金融机构各项存款余额（人民币口径，下同）1855.14亿元，比年初增加238.6亿元，增长14.8%，其中住户存款余额为867.32亿元，增长8%。金融机构各项贷款余额1400.14亿元，比年初增加208.64亿元，增长17.5%。其中，短期贷款余额522.18亿元，增长12.2%；中长期贷款余额818.44亿元，增长39%。

全年实现保费收入48.03亿元，比上年增长17.1%。其中，财险保费收入18.16亿元，增长16.3%；寿险保费收入29.87亿元，增长17.6%。年末，全市保险公司已达38家。

4

2016年淮南市经济发展概况

【经济总量】2016年，淮南市全年实现地区生产总值（GDP)963.8亿元，按可比价格计算，比上年增长6.6%。其中，第一产业增加值118.4亿元，增长2.4%；第二产业增加值454.6亿元，增长7.0%；第三产业增加值390.8亿元，增长7.4%。按常住人口计算，人均GDP达27990元（折合4214美元）。三次产业结构由上年的12.4：48.1：39.5调整为12.3：47.2：40.5，其中工业增加值占GDP的比重为39.8%。全社会劳动生产率43143元/人。

【农业】2016年，淮南市全年粮食种植面积44.0万公顷，比上年增长1.7%；棉花种植面积1975公顷，下降21.6%；油料种植面积9693公顷，下降15.2%；蔬菜种植面积4.0万公顷，增长4.3%。

【工业和建筑业】2016年年末，淮南市全市规模以上工业企业621户。全年实现规模以上工业增加值347.8亿元，比上年增长7.2%，轻、重工业增加值比例由上年14.1：85.9变化为13.9：86.1。

年末资质内建筑企业119户，其中大型企业1户，中型企业17户，小型企业66户。房屋建筑施工面积404.7万平方米，比上年增加50.2万平方米；房屋竣工面积221.9万平方米，增加70.1万平方米。全年实现税收3.3亿元，增长1.1%；利润3.3亿元，下降0.9%。全年全社会建筑业增加值73.2亿元，比上年增长5.5%。

【固定资产投资】2016年，淮南市全年固定资产投资955.0亿元，比上年增长3.8%。其中：民间投资486.1亿元，增长5.3%。分产业看，第一产业投资72.0亿元，增长12.1%；第二产业投资301.1亿元，下降19.1%；第三产业投资581.9亿元，增长20.4%。分行业看，工业完成投资299.0亿元，下降19.4%。其中煤炭开采和洗选业完成投资25.0亿元，下降46.2%；电力、热力生产和供应业完成投资69.0亿元，增长19.6%；制造业完成投资200.6亿元，下降19.4%。

【科学技术】2016年年末，淮南市共有高新技术企业97家，全年高新技术企业实现总收入109.9亿元。科研机构78个。科技人员17900人。全年专利申请量5540件，比上年增长51.1%；专利授权量2268件，增长13.1%。全年共取得省部级以上鉴定的科技成果12项；其中：获得国家科技进步奖二等奖2项；获得省科技进步奖一等奖1项，二等奖2项，三等奖7项。

【国内贸易和对外经济】2016年，淮南市全年实现社会消费品零售总额512.5亿元，比上年增长11.6%。按经营地统计，城镇实现零售额424.2亿元，增长9.9%；乡村实现零售额88.3亿元，增长20.9%。按消费类型统计，商品零售额429.3亿元，增长11.3%；餐饮收入83.2亿元，增长13.0%。

全年外贸进出口总额27538万美元，比上年下降20.8%。其中出口23916万美元，下降20.5%；进口3621万美元，下降22.8%。

【交通、邮电和旅游】2016年，淮南市全年旅客运输量4472万人，比上年下降7.3%；货物运输量19025万吨，增长2.0%。公路客运周转量28.6亿人公里，下降10%；公路货运周转量50.4亿吨公里，增长4.8%；水路货运周转量226.3亿吨公里，增长22.9%；港口吞吐量2357.8万吨，增长1.6%。

全年完成邮电业务总量36亿元，比上年增长48.1%。其中，邮政业务总量4.7亿元，增长53.0%；电信业务总量31.3亿元，增长47.6%。当年获得《快递业务经营许可证》的企业1家。全年全市完成快递业务量1053.5万件，同比增长85%；快递业务收入1.4亿元，同比增长71.8%。年末电话交换机容量338.6万门；固定电话用户29.1万户；移动电话用户216.1万户，其中3G移动电话用户47.0万户，4G移动电话用户126.1万户。城市家庭每百户拥有固定电话38部，同比下降11.3%；拥有移动电话232部，同比增长2.9%；农村家庭每百户拥有固定电话33部，同比增长21.0%；拥有移动电话230部，同比增长36.7%。年末计算机互联网用户58.9万户，增长32.4%。

全年接待国内游客2114万人次，增长17.0%。接待入境旅游人数4.1万人次，增长10.8%。旅游总收入136.5亿元，增长18.4%。其中，国际旅游收入3660万美元，增长34.5%。全市星级饭店32家，客房2810间，分别比上年增长3.2%、2.1%。年末全市共有8个4A级旅游景区。

【金融和保险】2016年年末，淮南市全市金融机构人民币各项存款余额1171.8亿元，比年初增加148.6亿元，增长9.2%。其中，非金融企业存款425.3亿元，比年初增加44.9亿元，增长11.8%；住户存款余额993.4亿元，比年初增加64.7亿元，增长7.0%。金融机构人民币各项贷款余额为1172.9亿元，比年初增加110.7亿元，增长10.4%。其中，境内短期贷款402亿元，比年初增加86.2亿元，增长27.3%；境内中长期贷款692.2亿元，比年初增加20.5亿元，增长3.1%，中长期贷款中住户贷款201.4亿元，增长19.3%。

全年保险业原保费收入39.1亿元，比上年增长14.7%，其中财产险业务原保险保费收入12.7亿元，增长30.2%；人身险业务原保险保费收入26.4亿元，增长8.5%。赔款和给付支出18.7亿元，增长60.1%，其中财产险业务赔款支出6.7亿元，增长34.5%；人身险业务赔款和给付支出12.0亿元，增长79.5%。

5

2016年马鞍山经济发展概况

【经济总量】2016年，马鞍山全年实现地区生产总值（GDP）1493.76亿元，按可比价格计算，比上年增长9%；其中，第一产业增加值83.79亿元，增长3.2%；第二产业增加值827.49亿元，增长8.5%；第三产业增加值582.48亿元，增长10.7%。一、二、三产业比重由上年的5.8∶56.7∶37.5调整为5.6∶55.4∶39。

【农业】2016年，马鞍山全年完成规模以上工业增加值627.68亿元，按可比价格计算，比上年增长9%。区域工业齐头并进，三县完成规模以上工业增加值290.02亿元，增长15.9%；三区完成规模以上工业增加值112.52亿元，增长14.5%；开发区及新区完成规模以上工业增加值150.55亿元，增长16.9%。

【工业和建筑业】2016年，马鞍山全年完成农业增加值90.88亿元，按可比价格计算，比上年增长3.4%。粮食作物种植面积15.84万公顷，增长1%；粮食产量105.47万吨，下降4.2%；蔬菜产量71.74万吨，增长2.6%；水果产量3.48万吨，增长1.6%。

【固定资产投资】2016年，马鞍山全年完成固定资产投资2064.62亿元，比上年增长11%；其中，房地产开发投资218.93亿元，增长8.8%。全年第一产业完成投资45.81亿元，比上年下降0.2%。第二产业完成投资1087.55亿元，增长14%；其中，工业投资1084.19亿元，增长14.3%；工业投资占全市投资的比重达52.5%，比上年提升1.5个百分点。第三产业完成投资931.26亿元，增长8.3%。

【科学技术】2016年，马鞍山全年新认定第二批科技小巨人企业50家。专利申请量8702件，比上年增长9.3%。承担实施省级以上科技计划项目206项。全年高新技术产业产值850亿元，比上年增长9.5%。大力培育发展高新技术企业、高新技术产品，高新技术企业308家，高新技术产品1606个。民营科技企业403家。新建市级工程技术研究中心36家，培育认定12家市级农业科技园区。

【国内贸易和对外经济】2016年，马鞍山全年实现社会消费品零售总额470.63亿元，比上年增长12.4%。分区域看，城镇实现社会消费品零售总额430.52亿元，增长12.4%；农村实现社会消费品零售总额40.11亿元，增长12.7%。分行业看，批发零售业实现零售额409.07亿元，增长12.4%；住宿餐饮业实现零售额61.56亿元，增长12.9%。

全年实现进出口总额31.8亿美元，比上年增长13.9%；其中，进口总额16.7亿美元，增长27.3%；出口总额15.1亿美元，增长2%。中小企业完成进出口总额16.7亿美元，增长14.4%。

【交通、邮电和旅游】2016年，马鞍山年铁路客运量259.16万人，铁路货运量210.06万吨；公路客运量2729万人，公路货运量6180万吨；港口货物吞吐量10562万吨，比上年增长14.8%；集装箱吞吐量22.3万标箱，增长20.5%。马鞍山综合保税区获得国务院批复。马鞍山口岸郑蒲港区正式对国际船舶开放，成为全省唯一的一江两岸同时对外开放的国家一类水运口岸。206省道改建工程、226省道改建工程（二期）、367省道改建工程顺利推进，247省道改建工程项目批复。

全年邮电业务收入19.74亿元，比上年增长6.4%。年末固定电话用户29.06万户；其中，城市电话用户12.38万户，乡村电话用户16.68万户。年末移动电话用户187.85万户；其中，3G、4G用户121.35万户。年末宽带用户50.49万户。

先后参与华东旅游直通车推介会、“七彩乡云”推介会、宁马镇扬西南地区旅游推介会。开通上海、苏州、无锡旅游专列（直通车）。全年旅游业总收入209.57亿元，比上年增长19.5%；其中，国际旅游外汇收入1.2亿美元，增长40.2%。全年共接待海外旅游者13.85万人次，增长9.6%。年末星级饭店18家；其中，五星级2家，四星级6家，三星级8家。现有A级景区35处；其中，4A级景区5处。

【金融和保险】2016年年末，马鞍山全市金融机构本外币存款余额1871.97亿元，比年初增加262.25亿元；其中，单位存款861.18亿元，比年初增加163.99亿元。年末金融机构本外币贷款余额1350.5亿元，比年初增加166.3亿元；其中，短期贷款345.65亿元，比年初减少28.55亿元；中长期贷款804.43亿元，比年初增加160.41亿元。

全市各类保险机构26家。全年保费总收入31.7亿元，比上年增长9.9%；其中，财产险保费收入12.6亿元，增长0.7%；人身险保费收入19.1亿元，增长16%。

6

2016年淮北市经济发展概况

【经济总量】2016年，淮北市全年实现地区生产总值（GDP）799.0亿元，按可比价格计算，比上年增长5.0%。其中第一产业增加值61.6亿元，增长3.2%；第二产业增加值450.2亿元，增长3.3%；第三产业增加值287.3亿元，增长8.1%。三次产业结构比例为7.7∶56.3∶36.0，与上年相比，一产比重下降0.1个百分点，二产比重下降1.8个百分点，三产比重提高1.9个百分点。人均生产总值36427元，比上年增加1370元，按可比价格计算，增长3.8%；按年均汇率折算为5484美元。

【农业】2016年，淮北市全年实现农林牧渔业总产值（现价）108.3亿元，按可比价格计算，比上年增长3.6%。其中农业总产值56.2亿元，增长2.7%；林业总产值4.3亿元，增长13.5%；牧业总产值38.8亿元，增长3.7%；渔业总产值4.8亿元，增长4.0%；农林牧渔服务业总产值4.2亿元，增长7.1%。

【工业和建筑业】2016年，淮北市全年完成全部工业增加值411.2亿元，比上年增长3.3%，工业占GDP的比重为51.5%，对全市经济增长的贡献为35%，拉动全市GDP增长1.7个百分点。

年末全市资质内总承包和专业承包建筑业企业47家，从业人员21743人；全年完成建筑业总产值34.0亿元，下降23%；竣工产值24.9亿元，增长3.0%；建筑业劳动生产率15.6万元/人。全年房屋建筑施工面积214.9万平方米，竣工房屋面积55.1万平方米。

【固定资产投资】2016年，淮北市全年累计完成固定资产投资958.9亿元，增长3.6%。其中，项目投资866.8亿元，增长11.5%；房地产投资92.1亿元，下降37.7%。从三次产业看，第一产业投资21.8亿元，下降29.1%；第二产业投资540.1亿元，下降6.1%；第三产业投资397.0亿元，增长24.3%。从工业投资看，全市工业完成投资486.9亿元，下降13.7%。其中，采矿业投资9.9亿元，下降73.1%；制造业投资447.6亿元，下降5.3%；电力、燃气和水的生产供应业投资29.5亿元，下降46.2%。

【科学技术】2016年，淮北市积极培育和发展高新技术企业，新认定高新技术企业21家，全市规模以上高新技术企业达到76家，占规模以上工业企业的比重为9.4%；全年高新技术产业实现总产值477.9亿元，增长1.8%，增加值114.0亿元，增长5.3%。获批省级科技项目13项；获省科技进步二等奖2项、三等奖6项。全年共签订各类技术合同253项，增长175.0%，完成技术交易额1.7亿元。全年专利申请量与授权量分别为2604件和909件，其中发明专利申请量与授权量分别为1572件和365件，分别比上年增长2.4%和22.1%，拥有有效发明专利890件，每万人有效发明专利拥有量4.08件。

【国内贸易和对外经济】2016年，淮北市全年社会消费品零售总额315.9亿元，比上年增长11.5%。按经营地统计，城镇消费品零售额253.1亿元，增长11.3%；乡村消费品零售额62.7亿元，增长12.2%。按消费类型统计，商品零售额301.7亿元，增长11.3%；餐饮收入14.1亿元，增长15.9%。

全年进出口总额61320万美元，比上年增长6.3%，其中出口57038万美元，增长4.5%。从贸易结构看，一般贸易出口54385万美元，增长7.4%，加工贸易出口2646万美元，下降33.0%；从产品结构看，机电产品出口15601万美元，下降4.6%，高新技术产品出口13152万美元，增长15.3%，纺织服装出口9826万美元，下降19.3%。全市完成进口4283万美元，增长32.2%。全年新批外商投资企业2家，实际利用外商直接投资64780万美元，比上年增长8.0%。全年招商引资规模项目实际完成固定资产投资158.7亿元，引进并开工协议投资5亿元以上项目15个。

【交通、邮电和旅游】2016年，淮北市全年公路客运量1736万人，旅客周转量149220万人公里，公路货运量12469万吨，货运周转量1980834万吨公里。年末全市公路里程4182.1公里（包括村道）。其中高速公路95.0公里，国道155.0公里，省道123.5公里，县道532.7公里，乡道622.0公里，村道2653.1公里。年末全市民用汽车拥有量20.6万辆，比上年增长14.9%，其中私人汽车拥有量18.1万辆，增长16.1%。

全年邮政行业完成业务总量3.0亿元，较上年增长30.6%；实现业务收入2.0亿元，比上年增长27.1%。其中快递业务量达到788.0万件，比上年增长49.4%；快递业务收入0.8亿元，比上年增长50.2%。年末全市邮政营业网点56个，机要通信网点2个，村邮站16个，信箱（筒）58处。全市共有快递企业25家，其中邮政速递物流公司（EMS）1家，民营快递企业24家，快递网点145个，各类车辆479辆，从业人员668人。

全市有相山风景区、隋唐大运河博物馆、龙脊山风景区、南湖风景区、双堆集烈士陵园、临涣文昌宫淮海战役总前委旧址及东湖风景区等9处A级景区，其中4A级景区2处，3A级景区3处，2A级景区4处；拥有口子国际大酒店及相王府宾馆等星级宾馆4家，其中五星级1家，3星级2家，2星级1家；旅行社36家，省级旅游农家乐21家，旅游商品定点企业11家，旅游从业人员3261人。全年共接待海外游客21340人次，比上年增长15.1%；接待国内游客824.1万人次，增长15.2%。旅游外汇收入926.5万美元，增长15%；国内旅游收入44.3亿元，增长15.2%。

【金融和保险】2016年年末，淮北市全市金融机构人民币各项存款余额1321.8亿元，比年初增加286.0亿元，比上年增长27.6%；其中住户存款余额654.9亿元，比年初增加71.4亿元，增长12.2%；金融机构人民币各项贷款余额795.5亿元，比年初增加93.8亿元，增长13.4%。金融存贷比60.2%，比上年下降7.6个百分点。

全年保险公司保费收入27.6亿元，比上年增长24.5%。其中，人寿保险保费收入16.9亿元，财产保险保费收入10.7亿元。支付各类赔款及给付13.7亿元。其中人寿保险业务给付8.4亿元，综合赔付率49.8%；财产险业务赔款5.3亿元，赔付率49.2%。

7

2016年铜陵市经济发展概况

【经济总量】2016年，铜陵市全年实现地区生产总值（GDP）957.3亿元，按可比价计算，比上年增长9.1%。分产业看，第一产业增加值48.9亿元，增长3.1%；第二产业增加值569.6亿元，增长9.3%；第三产业增加值338.7亿元，增长9.5%。三次产业结构由上年的5.2：61.8：33调整为5.1：59.5：35.4，其中工业增加值占GDP比重为54%。按常住人口计算，全年人均生产总值59960元（折合9027美元），比上年增加2573元。全员劳动生产率80748元/人，比上年增加4167元。

【农业】2016年，铜陵市全年农、林、牧、渔业现价总产值82.55亿元，比上年增长3.1%。其中农业产值32.67亿元，增长2.0%；林业产值6.7亿元，增长10.8%；牧业产值18.66亿元，增长1.9%；渔业产值21.21亿元，增长2.7%；农林牧渔服务业产值3.30亿元，增长7.2%。

【工业和建筑业】2016年，铜陵市全年规模以上工业增加值516.2亿元，比上年增长9.6%。其中，国有企业增长24.3%；股份制企业增长8.6%；外商及港澳台商投资企业增长14.3%。全市35个行业中，有25个行业保持增长。其中主导行业中，有色金属冶炼和压延加工业增长12.5%；电气机械和器材制造业增长23.1%；非金属矿物制品业增长1.3%；化学原料和化学制品制造业下降2.4%；电力生产和供应业下降0.2%；黑色金属冶炼和压延加工业增长7.6%。

全年建筑业增加值55.3亿元，比上年增长6.1%。全年房屋施工面积893.3万平方米，增长3.0%；房屋竣工面积362.4万平方米，下降1.7%。

【固定资产投资】2016年，铜陵市全年固定资产投资1196.9亿元，比上年增长12.6%。其中，工业及信息化产业技术改造投资418.1亿元，增长8.7%；民间投资885.7亿元，增长8.9%。分产业看，第一产业投资31.2亿元，增长49.8%；第二产业投资612.6亿元，增长17.3%，其中，工业投资603.6亿元，增长18%；第三产业投资553.1亿元，增长6.4%。

【科学技术】2016年年末，铜陵市全市拥有国家高新技术企业149家，其中，当年新认定国家高新技术企业41家。高新技术产业总产值956.1亿元，高新技术产业增加值188.6亿元。全市拥有省级工程技术研究中心31个，省重点实验室2个，省级院士工作站4个，其中，当年新认定4个省级工程技术研究中心，1个省级院士工作站，全年获批国家级众创空间3个，国家级星创天地3个，省级众创4个，省级科技孵化器2个。全年获批省级以上科技计划项目115项，获得上级资助资金4705万元。全年有1项科技成果获国家科学技术进步奖二等奖，4项科技成果获安徽省科学技术进步奖三等奖。全年申请专利3480件，其中申请发明专利2273件、实用新型1094件、外观设计113件；授权专利1331件，其中授权发明专利537件、实用新型748件、外观设计46件。

【国内贸易和对外经济】2016年，铜陵市全年社会消费品零售总额305.7亿元，比上年增长12.3%。按经营地统计，城市零售额263.2亿元，增长12.2%；乡村零售额42.4亿元，增长12.7%。按消费类型统计，商品零售类零售额236.9亿元，增长12.4%；餐费收入68.8亿元，增长11.9%。

全年进出口总额46.4亿美元，比上年增长2.9%。其中，出口6.7亿美元，增长1.0%；进口39.8亿美元，增长3.2%。

【交通、邮电和旅游】2016年，铜陵市全年铁路运输旅客发送量253.6万人次，比上年增长167%，货物发送量57.5万吨，下降16.3%。公路货物周转量31.4亿吨公里，增长4.9%；公路旅客周转量14.8亿人公里，下降14.1%。港口货物吞吐量11003.57万吨，增长9.4%。

全年邮电业务收入10.95亿元，比上年下降1.7%。其中，邮政业务收入1.95亿元，增长8.0%；电信（含电信公司、移动公司、联通公司、铁通公司）业务收入9.0亿元，下降5.9%。年末城乡固定电话用户达19.52万户；移动电话用户108.26万户；国际互联网用户89.87万户。

全年旅游总收入127.2亿元，比上年增长19.3%。接待海外游客3.1万人次，增长10.1%；接待国内游客1680.5万人次，增长17.2%。成功创建国家4A级景区2家、安徽省五星级农家乐1个、安徽省研学旅行基地1个、中医药健康旅游基地1个、安徽省旅游小镇创建示范单位1个、安徽旅游商品特色街区1个。

【金融和保险】2016年年末，铜陵市金融机构各项存款余额（人民币，下同）1219.3亿元，比年初增加123.3亿元，比上年增长11.2%。其中，住户存款671.7亿元，比年初增加56.9亿元；非金融企业存款366.1亿元，比年初增加111.8亿元。年末金融机构人民币各项贷款余额944.7亿元，比年初增加96.9亿元，比上年增长11.4%。其中，住户贷款162.8亿元，比年初增加14.7亿元；非金融企业及机关团体贷款781.9亿元，比年初增加82.2亿元。

全年保险业保费收入18.1亿元，比上年增长27.5%。全年保险赔款与给付6.98亿元。

8

2016年安庆市经济发展概况

【经济总量】2016年，安庆市全年实现地区生产总值（GDP）1531.2亿元，按可比价格计算，比上年增长8.0%。其中，第一产业增加值192.0亿元，增长2.8%；第二产业增加值727.2亿元，增长8.4%；第三产业增加值612.0亿元，增长9.3%。第二、第三产业对地区生产总值增长的贡献率为50.9%和44.5%，分别比上年提高2.5个百分点和6.0个百分点。地区生产总值中三次产业比例为12.5：47.5：40，人均生产总值33294元。

【农业】2016年，安庆市全市各地认真贯彻中央和省委有关文件精神，进一步加大支农力度，努力克服多种因素所带来的不利影响，全年粮食种植面积36.8万公顷，其中稻谷面积28.1万公顷，小麦种植面积4.3万公顷。经济作物中，棉花种植面积5.2万公顷，油料种植面积11.3万公顷，蔬菜种植面积7.1万公顷。

【工业和建筑业】2016年年末，安庆市全市规模以上工业企业数1768户，比上年净增92户。全年规模以上工业实现增加值670.79亿元，增长8.7%。在规模以上工业中，国有及国有控股企业增加值68.26亿元，下降19.7%；集体企业2.51亿元，下降18.0%；股份制企业547.26亿元，增长12.4%；外商及港澳台投资企业37.21亿元，增长9.6%。重工业增加值372.69亿元，增长6.3%；轻工业增加值298.10亿元，增长9.2%。

全年全社会建筑业完成增加值87.5亿元，比上年增长7.0%。房屋建筑施工面积1828万平方米，比上年增加124万平方米；房屋竣工面积1024.5万平方米，比上年减少31万平方米。

【固定资产投资】2016年，安庆市全年全社会固定资产投资1521.9亿元，比上年增长9.8%。投资结构进一步优化。全年第一产业投资82.8亿元，比上年增长32.2%；第二产业投资830.5亿元，增长1.0%；第三产业投资608.6亿元，增长21.7%。在投资中，工业完成投资828.0亿元，增长1.6%；制造业投资754.3亿元，增长5.9%。

【科学技术】2016年，安庆市获国家级科技项目12项，省级科技项目33项，市级科技项目50项。全年认定高新技术企业62家，认定高新技术产品135项。全年受理专利申请量17022件，获得专利授权量3712件，已实施的专利授权量2668件。全年签订各类技术合同77项，技术合同成交金额8688万元。

【国内贸易和对外经济】2016年，安庆市全年社会消费品零售总额681.7亿元，增长12.0%。分城乡看，全年城镇消费品零售额455.4亿元，增长11.5%；乡村消费品零售额226.3亿元，增长13.1%。分行业看，批发零售业零售额621.7亿元，增长12.0%；餐饮业零售额51.0亿元，增长12.5%；住宿业零售额9.0亿元，增长11.8%。

全年进出口总额17.56亿美元，比上年下降16.34%。其中，出口14.46亿美元，下降21.36%；进口3.1亿美元，增长18.98%。在出口中，机电产品出口、高新技术产品占全部出口的比重由上年的23.72%下降到21.36%。

【交通、邮电和旅游】2016年年末，安庆市民用汽车37.9万辆，增长24.7%，其中，民用轿车36.9万辆，增长41.9%。

全年邮电业务总量34.5亿元，增长14.0%。其中，邮政业务总量10.5亿元，增长46.6%；电信业务总量

24.0亿元，增长3.9%。年末本地固定电话用户51.4万户；移动电话用户358.6万户；年末计算机互联网用户69.4万户。

全年接待海内外游客5145.72万人次，增长14.56%；接待国内游客5122.33万人次，增长17.35%。旅游总收入492.23亿元，增长20.46%。其中，旅游外汇收入19654.04万美元，增长37.57%；国内旅游收入479.18亿元，增长19.85%。

【金融和保险】2016年，安庆市全市金融机构存款年末余额为2650.4亿元，比上年末增加395.9亿元，增长17.6%。其中，住户存款余额1598.8亿元，增长11.6%。全市金融机构贷款年末余额为1484.2亿元，比上年末增加167.7亿元，增长12.7%。

全年全市保险系统保费收入67.99亿元，同比增长26.71%。其中，财产险业务保费收入17.38亿元，同比增长22.33%；人身险业务保费收入50.61亿元，同比增长29.3%。行业累计赔款和给付21.4亿元，同比增长23.41%。其中，财产险业务赔款支出9.54亿元，同比增长33.24%；人身意外险累计赔款11.86亿元，同比增长16.5%。

9

2016年黄山市经济发展概况

【经济总量】2016年，黄山市全年实现地区生产总值（GDP）576.8亿元，按可比价格计算，比上年增长7.8%。分产业看，第一产业增加值56.4亿元，增长2.0%；第二产业增加值225.2亿元，增长8.3%；第三产业增加值295.2亿元，增长8.5%。人均GDP41897元（折合6308美元），比上年增加3103元。

【农业】2016年，黄山市全年农林牧渔业总产值97.12亿元，比上年增长2.0%，其中，农业产值48.43亿元，下降2.4%；林业产值16.95亿元，增长15.1%；牧业产值26.68亿元，增长2.6%；渔业产值2.44亿元，下降0.8%；农林牧渔服务业产值2.62亿元，增长5.4%。

【工业和建筑业】2016年年末，黄山市全市规模以上工业企业553户，比上年末净增33户。全年规模以上工业增加值132.7亿元，比上年增长10.2%，其中，重工业78.1亿元，增长12.8%，轻工业54.6亿元，增长6.7%。分企业规模看，大中型企业26.6亿元，增长8.8%，小型企业106.1亿元，增长10.6%。

全年全社会建筑业增加值48.3亿元，比上年增长2.6%；资质内建筑企业完成总产值50亿元，下降1.5%。建筑业劳动生产率为16万元/人，增长9.6%。房屋建筑施工面积487.3万平方米，下降14%；房屋建筑竣工面积235.1万平方米，下降12.1%。

【固定资产投资】2016年，黄山市全年固定资产投资597.7亿元，比上年增长8.2%。其中：国有及国有控股投资306.1亿元，增长7.8%；外商投资8.5亿元，下降20.4%；民间投资286亿元，增长8.9%。分产业看：第一产业投资30.1亿元，增长22.3%；第二产业105.6亿元，增长25.0%；第三产业462亿元，增长4.2%。分行业看：工业投资105.6亿元，增长25%，其中：制造业88.7亿元，增长36.3%。

全年进出口总额65333万美元，比上年增长3.1%。其中，出口54921万美元，增长4.2%；进口10411万美元，下降2.1%。从贸易方式看，一般贸易进出口62284万美元，增长3.2%，加工贸易3021万美元，增长1.7%。从出口商品类别看，纺织服装出口5955万美元，下降5.0%；化工产品11759万美元，下降4.7%；农业品22565万美元，增长13.4%；机电产品6394万美元，下降3.7%。从重点商品出口看，茶叶17984万美元，增长14.1%；服装4398万美元，下降5.4%；新型塑料包装2584万美元，下降25.5%。

【科学技术】2016年，黄山市全市规模以上高新技术产业累计产值198亿元，比上年增长16%；实现增加值46.3亿元，增长14.4%。年末拥有高新技术企业91家，高新技术产业基地5家，各类科技企业孵化器3家，其中国家级、省级各1家。全年专利申请1516件，增长34.8%，其中发明专利452件，增长44.0%；授权专利890件，下降10.6%，其中发明专利144件，下降7.7%。企业专利申请982件，授权596件。

【国内贸易和对外经济】2016年，黄山市全年社会消费品零售总额313.1亿元，比上年增长11.4%。按经营地统计，城镇消费品零售额262.2亿元，增长11.2%；乡村消费品零售额51亿元，增长12.3%。按消费形态统计，商品零售251.1亿元，增长11.3%；餐饮收入62亿元，增长11.7%。按单位规模统计，限额以上单位零售额104.1亿元，增长6.4%；限额以下单位零售额209亿元，增长13.9%。网上销售发展迅速，全年限上单位实现网上零售额3.7亿元，增长27.5%。

全年进出口总额65333万美元，比上年增长3.1%。其中，出口54921万美元，增长4.2%；进口10411万美元，下降2.1%。从贸易方式看，一般贸易进出口62284万美元，增长3.2%，加工贸易3021万美元，增长1.7%。从出口商品类别看，纺织服装出口5955万美元，下降5.0%；化工产品11759万美元，下降4.7%；农业品22565万美元，增长13.4%；机电产品6394万美元，下降3.7%。从重点商品出口看，茶叶17984万美元，增长14.1%；服装4398万美元，下降5.4%；新型塑料包装2584万美元，下降25.5%。

【交通、邮电和旅游】2016年，黄山市全年各类运输方式完成货运总量4808.7万吨，比上年增长6.5%。其中，公路4775万吨，增长6.3%；水运16.0万吨，下降3.1%；铁路17.5万吨，增长111.8%；民航货邮吞吐量2067吨，下降1.7%。完成旅客运输总量4016.8万人，比上年下降7.1%。其中，公路3584万人，下降9.5%；水运109万人，增长18.5%；民航旅客吞吐量60.5万人，增长2.4%；铁路（含高铁）263.3万人，增长25.2%。年末，全市公路线路里程6937公里，其中：高速公路353公里。

全年邮电业务总量22.19亿元，比上年增长42.5%。其中，邮政业务总量4.49亿元，增长56.3%；电信业务总量17.69亿元，增长39.3%。年末，全市本地固定电话用户26.21万户，比上年末增加1.42万户；移动电话108.15万户，比上年末增加1.37万户，其中：4G移动电话用户62.42万户，新增28.14万户，3G移动电话用户25.64万户，减少11.31万户。年末计算机互联网用户达到27.69万户，新增3.34万户。

全年入境旅游人数215.2万人次，比上年增长10.3%，其中外国人134.8万人次，增长9.7%，港澳台80.4万人次，增长11.4%。国内游客4971.9万人次，增长11.2%。旅游总收入450.1亿元，增长12.3%，其中，旅游外汇收入6.7亿美元，增长11.3%；国内旅游收入405.5亿元，增长11.6%。年末全市有A级及以上旅游景点（区）46家51处，其中5A级景区3家8处；星级饭店48家，其中四星级及以上饭店27家；旅行社167家，比上年增加3家。

【金融和保险】2016年年末，黄山市全市金融机构人民币各项存款余额1025.8亿元，比上年增长12.0%，余额比年初增加109.6亿元，同比多增14.8亿元；其中：住户存款余额629.5亿元，增长9.6%，余额比年初增加55.2亿元，同比少增11.4亿元。金融机构人民币各项贷款余额609.1亿元，增长7.6%，余额比年初增加42.8亿元，同比多增2.7亿元。其中：短期贷款余额246.5亿元，增长9.9%；中长期贷款余额331.2亿元，增长8.2%，中长期贷款中个人贷款余额138.4亿元，增长14.2%。

全年保险业保费收入22.30亿元，比上年增长20.1%。其中，财产险业务保费收入8.27亿元，增长17.1%；人身险业务保费收入14.03亿元，增长21.9%。赔款和给付12.54亿元，增长64.4%。其中，财产险业务赔款支出3.88亿元，增长13.5%；人身险业务赔款和给付支出8.67亿元，增长105.5%。

10

2016年滁州市经济发展概况

【经济总量】2016年，滁州市全年实现地区生产总值（GDP）1422.8亿元，比上年增长9.2%，高于全省0.5个百分点，总量居全省第5位，增速居全省第4位。其中，第一产业增加值225.5亿元，增长3.1%；第二产业增加值707.2亿元，增长9.7%；第三产业增加值490.1亿元，增长11.5%。三次产业比为15.9：49.7：34.4。工业化率为43.4%。人均GDP达35301元（折合5315美元），比上年增加2667元。

【农业】2016年，滁州市全年农作物播种面积89.8万公顷，比上年增加7869公顷，增长0.9%。其中，粮食作物播种面积73.9万公顷，比上年增长1.1%；油料作物播种面积6.9万公顷，比上年减少1.4%；蔬菜播种面积4.8万公顷，比上年增长1.9%。

【工业和建筑业】2016年，滁州市全年全部工业实现增加值617.6亿元，比上年增长10.0%。其中，规模以上工业[4]比上年增长9.8%。在规模以上工业中，重工业、股份制企业、外商及港澳台商投资企业增长较快。

全年建筑业完成增加值89.7亿元，比上年增长7.0%。年末，资质以上建筑企业195户，全年共完成建筑业总产值284.7亿元，比上年增长15.3%；实现利润总额10.0亿元，比上年增长10.7%；完成房屋建筑施工面积1953.7万平方米，比上年增长15.7%，其中当年新开工面积1250.6万平方米，比上年增长13.8%；房屋竣工面积1059.3万平方米，比上年下降2.3%。

【固定资产投资】2016年，滁州市全年完成固定资产投资[5]1699.2亿元，比上年增长16.6%。其中，项目投资1363.1亿元，比上年增长21.4%；按产业分，第一产业投资57.8亿元，增长4.8%；第二产业投资848.9亿元，增长19.0%；第三产业投资792.5亿元，增长15.0%。分行业看，制造业投资768.0亿元，增长15.5%；批发零售业投资14.0亿元，下降9.4%；房地产业投资394.8亿元，下降1.3%；水利、环境和公共设施管理业投资213.4亿元，增长53.8%；居民服务、修理和其他服务业投资4.6亿元，增长252.9%；教育投资20.6亿元，增长54.0%。

【科学技术】2016年年末，滁州市全市共有民营科技企业547家，比上年末增加79家；省级工程技术研究中心26家；规上企业建立企业技术中心246家，其中，国家级2家，省级83家，技术中心比上年增加25家；国家高新技术企业230家，比上年增加55家。全年获省部级以上科技成果24项、科技进步奖3项；专利申请数12628件，比上年增加4057件，全年授权专利数3600件，比上年增加251件，其中发明专利1190件，增加418件；全年高新技术产业产值1424.9亿元，占规模以上工业总产值50.3%。

【国内贸易和对外经济】2016年，滁州市全年实现社会消费品零售总额515.2亿元，比上年增长12.7%，扣除价格因素实际增长10.8%。分实现区域看，城镇实现消费品零售额434.7亿元，乡村实现消费品零售额80.5亿元，分别比上年增长12.7%、12.8%。分行业看，批发零售贸易业实现零售额447.5亿元，增长12.5%；住宿和餐饮业实现零售额67.7亿元，增长14.5%。分构成看，商品零售额447.8亿元，增长12.5%；餐饮收入67.4亿元，增长14.6%。分经营规模看，限上单位零售额270.9亿元，增长14.0%；限下单位零售额244.3亿元，增长13.6%。

全年进出口总额233376万美元，比上年增长14.2%，其中出口总额168804万美元，增长17.1%，进口总额64572万美元，增长7.4%。从进出口经营主体看，内资生产企业完成173437万美元，增长23.6%，外商投资企业完成59939万美元，增长0.2%。出口国别及地区达179个。

【交通、邮电和旅游】2016年，滁州市全年交通运输、仓储和邮政业增加值51.6亿元，比上年增长5.9%。全年货物运输周转量554.0亿吨公里。其中，公路货物运输周转量489.1亿吨公里；水运货物运输周转量64.9亿吨公里。全年旅客周转量64.8亿人公里。

全年邮电业务总量[6]58.7亿元，比上年增长35.4%，其中，电信业务总量50.6亿元，增长33.2%；邮政业务总量8.1亿元，增长45.6%，其中，快递业务量3047.3万件，快递业务收入2.7亿元，分别比上年增长54.2%和41.1%。年末，全市拥有电话362.6万户，比上年末增加2.4%，其中固定电话用户数41.0万户，减少14.8%；移动电话用户数318.6万户，增长5.3%。年末国际互联网用户72万户，比上年增长21.4%。

全年接待旅游人数2009.1万人次，比上年增长18.4%，其中接待外国和港澳台游客11.0万人次。全年旅游总收入166.0亿元，比上年增长20.7%。其中，旅游外汇收入4145.2万美元。年末，全市共有星级旅游饭店15个，星级饭店客房数1632间（套）；A级以上旅游景区（点）27个；国家级重点风景名胜区1个，省级重点风景名胜区1个；国家全域旅游示范区2个；省级旅游度假区1个；省级研学旅行基地4个；省级中医药健康旅游基地1个。

【金融和保险】2016年年末，滁州市全市金融机构人民币各项存款余额1975.2亿元，比年初增加309.0亿元，增长18.5%。其中，境内单位存款余额811.6亿元，比年初增加178.0亿元；境内个人存款余额1099.5亿元，比年初增加127.9亿元。年末，金融机构各项贷款余额1428.0亿元，比年初增加225.7亿元，增长18.8%。从贷款期限看，短期贷款余额656.3亿元，比年初增加43.8亿元；中长期贷款余额703.9亿元，比年初增加157.0亿元。

年末，全市共有保险公司33家，其中寿险16家，财产险17家。共有从业人员12292人，其中财产险953人，人身险11339人。全年保费收入46.50亿元，比上年增长24.3%。其中，财产保险保费收入19.56亿元，增长23.3%；人身保险保费收入26.94亿元，增长25.0%。财产险中，机动车辆保费收入12.60亿元，增长6.6%；农业险保费收入2.27亿元，增长26.1%；健康险收入及意外伤害险保费收入1.59亿元，比上年下降29.3%。全年支付保险赔款（满期给付）14.26亿元，比上年增长5.2%。其中，财产险赔款10.56亿元，比上年增长24.5%；人身险赔款和满期给付3.70亿元，下降27.2%。支付赔案共136210件，其中财产险赔案122487件（包括农险赔案28000件），寿险13723件；2016年缴纳营业税、个人所得税等1.14亿元，增长6.54%，代扣代缴各项税款1.02亿元，增长20%。

11

2016年阜阳市经济发展概况

【经济总量】2016年，阜阳市全年实现地区生产总值（GDP）1401.9亿元，比上年增长9.0%。其中，第一产业增加值302.3亿元，增长3.1%；第二产业增加值557.7亿元，增长9.4%；第三产业增加值541.8亿元，增长12.0%。三次产业结构由上年的22.6∶40.7∶36.7调整为21.6∶39.8∶38.6，其中工业增加值占GDP的比重为34.1%。全年人均生产总值17642元，比上年增加1521元。

【农业】2016年，阜阳市全年粮食作物种植面积1004.0千公顷，比上年扩大3.7千公顷。油料种植面积36.7千公顷，减少2.4千公顷。棉花种植面积6.8千公顷，减少1.7千公顷。蔬菜种植面积165.4千公顷，扩大7.3千公顷。粮经面积比由上年的80.6：19.4调整为80.3：19.7。

【工业和建筑业】2016年年末，阜阳市全市规模以上工业企业[5]1623户，比上年净增74户。规模以上工业增加值增长10.0%，其中轻工业增长5.4%，重工业增长15.7%。分经济类型看，国有企业下降9.5%，集体企业下降8.7%，股份制企业增长11.7%，外商及港澳台投资企业增长5.5%。分门类看，采矿业增长4.2%，制造业增长10.4%，电力、热力、燃气及水生产和供应业增长10.5%。

全年全社会建筑业增加值79.2亿元，比上年增长7.4%。房屋建筑施工面积2153.1万平方米，增长10.8%；房屋竣工面积717.7万平方米，增长43.3%。

【固定资产投资】2016年，阜阳市全年固定资产投资1292.6亿元，比上年增长28.6%。其中，第一产业投资42.7亿元，增长1.4%；第二产业投资391.0亿元，增长14.5%；第三产业投资859.0亿元，增长38.2%。基础设施建设投资331.7亿元，增长88.3%，占全部投资的比重为25.7%。民间投资686.8亿元，增长2.4%，占全部投资的比重为53.1%。工业投资391.0亿元，增长14.8%，其中高新技术产业投资49.9亿元，增长55.8%，占工业投资的12.8%。

【科学技术】2016年，阜阳市年末县以上政府部门研究与开发机构科技人员428人。国有独立科研机构10家。全年财政科技投入5.0亿元，比上年增长27.9%。年末有高新技术企业119家，增长45.1%。全年高新技术产业产值461.3亿元，增长69.6%；战略性新兴产业产值309.8亿元，增长33.8%。全年专利申请量8510件，增长15.1%。其中，发明专利4838件，实用新型专利2867件，外观设计805件。全年专利授权量2801件，增长7.2%。其中，发明专利517件，实用新型专利1685件，外观设计专利599件。年末有省级创新型试点企业72家。

【国内贸易和对外经济】2016年，阜阳市全年社会消费品零售总额759.4亿元，比上年增长12.5%。按经营地统计，城镇消费品零售额553.5亿元，增长12.3%；乡村消费品零售额205.9亿元，增长13.2%。按消费类型统计，商品零售额626.8亿元，增长12.9%；餐饮收入132.6亿元，增长11.1%。

全年货物进出口总额11.2亿美元，比上年下降24.9%。其中，出口10.1亿美元，下降25.7%；进口1.2亿美元，下降17.6%。从出口贸易方式看，一般贸易出口8.9亿美元，下降25.8%；加工贸易出口1.2亿美元，下降24.6%。

【交通、邮电和旅游】2016年，阜阳市全年公路货物运输总量4.3亿吨，比上年增长7.0%；旅客运输总量0.8亿人次，下降9.8%。公路货物运输周转量1135.5亿吨公里，增长3.9%；旅客运输周转量54.4亿人公里，下降15.1%。港口货物吞吐量1195.3万吨，下降14.1%。阜阳机场航线10条，民航旅客吞吐量45.8万人次，增长2.6%。

全年邮电业务总量65.8亿元，比上年增长28.9%。其中，电信业务总量54.1亿元，增长27.7%；邮政业务总量11.6亿元，增长35.0%。快递服务企业业务量3046.4万件，增长62.0%；快递业务收入3.0亿元，增长47.4%。年末全市固定电话用户41.0万户，比上年减少5.8万户；移动电话用户491.7万户，增加50.4万户。年末全市计算机互联网宽带接入用户98.8万户，比上年增加30.9万户。

全年旅游总收入97.3亿元，比上年增长10.3%。其中，旅游外汇收入1053.7万美元，增长5.6%；国内旅游收入96.6亿元，增长10.3%。全年接待游客2008.2万人，增长9.2%。其中，入境游客1.4万人，增长3.7%。

【金融和保险】2016年年末，阜阳市全市金融机构人民币各项存款余额2999.0亿元，比年初增加546.3亿元，增长22.3%。其中，住户存款余额1902.3亿元，增长14.9%；非金融企业存款余额533.0亿元，增长37.2%。金融机构人民币各项贷款余额1569.8亿元，比年初增加382.9亿元，增长32.3%。其中，住户贷款余额767.0亿元，增长38.2%；非金融企业及机关团体贷款余额802.8亿元，增长27.1%。

全年保险业保费收入88.4亿元，比上年增长17.2%。其中，财产险32.1亿元，增长13.6%；寿险45.7亿元，增长13.4%；意外伤害险1.5亿元，增长36.4%；健康险9.0亿元，增长57.9%。

12

2016年宿州市经济发展概况

【**经济总量**】2016年，宿州市全年地区生产总值（GDP）1351.8亿元，按可比价格计算，增长9.1%。其中：第一产业增加值260.2亿元，增长2.6%；第二产业增加值512.8亿元，增长9.2%；第三产业增加值578.8亿元，增长12.3%。三次产业结构比为19.2：38.0：42.8。人均生产总值24270元（折合3654美元），比上年增加1855元。全员劳动生产率35871元/人，比上年增加2730元/人。

【**农业**】2016年，宿州市全年粮食作物种植面积83.39万公顷，比上年增长0.7%。其中，小麦种植面积35.81万公顷，增长0.8%；油料种植面积5.34万公顷，下降6.9%；棉花种植面积1.45万公顷，下降25.9%；蔬菜及食用菌种植面积8.36万公顷，增长1.5%。

【**工业和建筑业**】2016年，宿州市全年全部工业增加值438.78亿元，比上年增长9.5%。其中，规模以上工业增加值[4]405.60亿元，增长9.3%。全年战略性新兴产业产值135.22亿元，增长29.6%。农产品加工产值1027.83亿元，增长9.2%。

全年建筑业总产值257.40亿元，增长17.9%。房屋建筑施工面积1112.13万平方米，增长41.8%。

【**固定资产投资**】2016年，宿州市全年固定资产投资1269.98亿元，比上年增长12.1%。其中一、二、三产投资分别增长13.8%、6.8%和19.8%。全年工业投资700.75亿元，增长7.4%。民间投资983.95亿元，占全市固定资产投资的比重为77.5%，比上年下降4.6个百分点。全年固定资产投资到位资金1340.47亿元，增长14.0%，其中国内贷款增长61.6%。

【**科学技术**】2016年，宿州市全年高新技术企业77家，其中当年新增企业15家。全年专利申请量3324件，其中发明专利申请量1694件。市级以上科技计划项目35个。省科技成果登记12项。全市省级以上研发平台54个，其中省级工程技术研究中心13个，省级院士工作站6个，国家级创新平台1个。

【**国内贸易和对外经济**】2016年，宿州市全年社会消费品零售总额476.92亿元，比上年增长12.3%，其中，限额以上消费品零售额272.14亿元，增长13.9%。分城乡看，城镇零售额395.92亿元，增长12.8%；乡村零售额81.00亿元，增长10.2%。

全年进出口总额4.70亿美元，比上年下降36.7%。其中，进口总额0.82亿美元，下降14.7%；出口总额3.87亿美元，下降40.0%。

【**交通、邮电和旅游**】2016年，宿州市全年公路客运量4683万人，下降9.4%，旅客周转量271852万人公里，下降15.1%。公路货物运输量22115万吨，增长6.4%，货物周转量4684501万吨公里，增长4.1%。

全年邮电业务总量29.25亿元；年末移动电话用户416.38万户，移动电话普及率64.11部/百人；互联网用户达到346.82万户。

全年入境旅游人数3.99万人次，比上年增长11.0%；国际旅游外汇收入1993.8万美元，增长7.3%；国内旅游收入119.14亿元，增长21.2%；旅游总收入120.47亿元，增长21.2%；国内旅游人数1877.54万人次，增长18.3%。

【**金融和保险**】2016年年末，宿州市全市金融机构人民币存款1747.19亿元，增长17.4%。其中，居民住户存款1143.96亿元，增长12.3%。金融机构贷款余额979.35亿元，增长21.1%。金融机构存贷比56.1%，比上年提高1.8个百分点。

全年保险业保费收入69.96亿元，增长12.5%。其中，财产险保费收入19.54亿元，增长25.0%；人寿险保费收入50.42亿元，增长8.3%。赔款和给付支出22.03亿元，增长36.4%。其中，财产险赔款9.89亿元，增长31.5%，人寿险赔款和给付12.14亿元，增长40.0%。

13

2016年六安市经济发展概况

【经济总量】2016年，六安市全年实现地区生产总值（GDP）1108.1亿元，按可比价格计算，同比增长7.2%。分产业看，第一产业增加值203.2亿元，增长3.0%；第二产业增加值490.6亿元，增长6.7%；第三产业增加值414.3亿元，增长9.9%。第三产业比重由上年36.2%提高到37.4%。按常住人口计算，人均生产总值23298元，同比增加1774元。

【农业】2016年，六安市全市粮食种植面积515693公顷，同比增加7331公顷；油料种植面积69900公顷，同比减少1643公顷；棉花种植面积8647公顷，同比增加164公顷；蔬菜种植面积56387公顷，同比增加608公顷。全年粮食产量314.2万吨，下降4.2%；油料产量15.4万吨，增长0.2%；棉花产量14283吨，增长2.3%。

【工业和建筑业】2016年，六安市全市规模以上工业企业数958户。全年规模以上工业实现增加值381.2亿元，同比增长6.8%。其中：轻工业增加值176.9亿元，同比增长6.2%；重工业增加值204.3亿元，增长7.3%。分经济类型看：国有企业、股份制企业和其他经济类型企业增长较快，分别增长55.9%、9.4%和10.9%。分行业看：统计的34个行业大类中有31个行业增加值实现增长；在增加值达到20亿元的行业中，电气机械和器材制造业，纺织服装、服饰业以及农副食品加工业增长较快，增幅分别达到13.8%、12.9%和11.5%。规模以上工业全年实现主营业务收入1422.9亿元，增长4.5%，实现利税95.1亿元，增长10.0%。经济效益综合指数为270.6%，同比下降4.6个百分点。规模以上工业统计的产品产量中，铁矿石原矿量增长38.0%，精制茶增长13.8%，服装增长13.8%，水泥增长1.1%，钢材下降93.3%，家用电冰箱下降30.7%，白酒下降9.8%，发电量增长6.1%。

实现建筑业增加值82.4亿元，同比增长5.0%。建筑业企业实现总产值154.4亿元，同比增长6.1%；利润总额13.3亿元，同比增长29.6%。建筑企业当年房屋建筑施工面积1229.3万平方米，同比增长3.8%。房屋竣工面积69.1万平方米，同比下降9.6%。

【固定资产投资】2016年，六安市完成固定资产投资1075.0亿元，同比增长8.2%。分产业看，第一产业投资39.6亿元，下降35.3%；第二产业投资387.4亿元，下降4.7%；第三产业投资647.9亿元，增长23.3%。

【科学技术】2016年，六安市全市共有省级工程技术研究中心21家。获省级科技奖3项。全年申请专利8779件，同比增长82.1%，授权专利3210件，增长13.5%。全年选派科技特派员821名，创建专家大院108家。

【国内贸易和对外经济】2016年，六安市实现社会消费品零售总额541.5亿元，同比增长11.7%。按经营地统计，城镇消费品零售额293.7亿元，增长11.4%；乡村消费品零售额247.8亿元，增长12.1%。按消费类型分，批发零售业零售额475.8亿元，增长11.7%；住宿餐饮业零售额65.7亿元，增长11.7%。按规模分，限额以上商业实现零售额192.5亿元，增长11.1%；限额以下商业实现零售额349亿元，增长12.0%。

全市实现进出口总额52716万美元，同比下降12.2%。其中，出口49966万美元，下降2.8%；进口2750万美元，下降68.2%。

【交通、邮电和旅游】2016年，六安市交通运输、仓储及邮政业平稳增长，实现增加值40.3亿元，同比增长4.4%。完成公路货运量20752万吨，增长7.1%，货运周转量390.1亿吨公里，下降4.1%；客运量6207万人次，下降8.3%，客运周转量49.2亿人公里，下降13.7%。水上货运量12190万吨，同比增长2.5%，水上货运周转量750.2亿吨公里，增长2.1%；水上客运量26万人次，增长18.2%，水上客运周转量305万人公里，增长37.4%。

全年邮政电信部门完成邮电业务总量27.4亿元；其中：邮政部门完成邮政业务量3.6亿元，电信部门完成业务量23.8亿元。快递服务企业业务量完成2476.6万件，同比增长83.7%；业务收入完成2.3亿元，同比增长58.4%。

全市接待海外游客11.6万人次，同比增长9.3%；接待国内游客3579.5万人次，增长22.3%。旅游总收入255.5亿元，同比增长26.0%。其中，旅游外汇收入7921.5万美元，增长5.1%；国内旅游收入249.9亿元，增长26.4%。年末全市共有5A级旅游景区2家，4A级旅游景区21家。

【金融和保险】2016年年末，六安市全市金融机构人民币各项存款余额2074.0亿元，同比增长19.6%；余额比年初增加336.3亿元，增加额同比增长51.2%。其中，住户存款余额1170.7亿元，增长12.3%。金融机构人民币各项贷款余额1192.8亿元，同比增长20.5%；余额比年初增加202.5亿元，增加额同比增长85.8%。其中，短期贷款433.8亿元，增长4.1%；中长期贷款695.8亿元，增长35.4%。

年末共有保险公司分支机构38家，其中产险公司17家，寿险公司20家，中介1家。全年保险业保费总收入63.6亿元，同比增长17%。其中，财产险保费收入21.6亿元，增长14.7%；人身险保费收入42.1亿元，增长9.3%。

14

2016年亳州市经济发展概况

【经济总量】2016年，亳州市全年实现地区生产总值（GDP）1046.1亿元，按可比价格计算，比上年增长8.9%。分产业看，第一产业增加值206.3亿元，增长3.1%；第二产业增加值404.9亿元，增长9.2%；第三产业增加值434.9亿元，增长11.5%。三次产业结构由上年的20.7：39.3：40.0调整为19.7：38.7：41.6，其中工业增加值占GDP比重为32.1%。人均GDP20611元，比上年增加1840元。

【农业】2016年，亳州市全年粮食作物种植面积890.3千公顷，比上年扩大4.7千公顷，其中优质专用小麦面积412千公顷，扩大3.8千公顷。油料种植面积9.8千公顷，减少0.6千公顷。棉花种植面积6千公顷，减少7.5千公顷。蔬菜种植面积102.9千公顷，扩大0.8千公顷。中药材种植面积56.5千公顷，扩大0.4千公顷。

【工业和建筑业】2016年年末，亳州市全市规模以上工业企业达931户，比上年净增138户。全年规模以上工业企业[3]实现增加值272亿元，比上年增长10%，其中轻、重工业分别增长8.6%和12.9%。股份制企业和外商及港澳台商投资企业生产增长较快，增幅分别比规模工业高了0.1个和0.3个百分点。

全年全社会建筑业增加值69亿元，比上年增长6.5%。资质内建筑企业利税总额3.4亿元，增长16.7%。房屋建筑施工面积386.9万平方米，比上年增加88.8万平方米；房屋竣工面积238.2万平方米，比上年增加24.3万平方米。

【固定资产投资】2016年，亳州市全年固定资产投资[4]874.9亿元，比上年增长14%。其中，工业及信息化产业技术改造投资114.9亿元，增长10.6%；民间投资563.5亿元，增长15.0%。分产业看，第一产业投资增长130.9%，第二产业投资增长4.6%，第三产业投资增长17.8%。分行业看，工业投资增长4.6%，其中制造业投资增长0.5%。

【科学技术】 2016年年末，亳州市全市有各类专业技术人员5.1万人，比上年增长3%。有省级以上工程(技术)研究中心20家，全市高新技术产业增加值89.4亿元，比上年增长15.8%。全年受理专利申请3438件，授权专利1447件。全年主要科技成果有：安徽瑞思威尔科技有限公司“酒曲害虫非化学防治技术开发及应用”、安徽济人药业有限公司“疏风解毒胶囊质量标准提升研究与应用”、安徽协和成药业饮片有限公司“出口中药饮片现代炮制工艺及质量标准合作研究”等。

【国内贸易和对外经济】 2016年，亳州市全年社会消费品零售总额492.1亿元，比上年增长12.8%。按经营地统计，城镇消费品零售额368.8亿元，增长12.7%；乡村消费品零售额123.3亿元，增长13.0%。按消费形态统计，商品零售额436.8亿元，增长12.6%；餐饮收入55.3亿元，增长14.1%。按企业规模分，限额以上企业零售额184.5亿元，增长17%；限额以下企业零售额307.6亿元，增长10.8%。

全年进出口总额5.2亿美元，比上年增长3.7%。其中，出口4.6亿美元，增长2.6%；进口0.6亿美元，增长13.6%。从出口经营主体看，生产型企业出口增长1.8%，贸易型企业出口增长7.3%。从出口商品看，中药材、机电产品出口分别增长9.8%和53.6%。

【交通、邮电和旅游】 2016年，亳州市全年交通运输、仓储和邮政业增加值46.6亿元，比上年增长5.8%。

全年公路旅客运输量5257万人，下降6.8%，公路和水运货物运输量30565万吨，增长9.7%；公路旅客运输周转量41.8亿人公里，下降13.6%，公路和水运货物运输周转量872.4亿吨公里，增长6.5%。全年港口货物吞吐量1327.3万吨，下降5%。

全年邮电业务总量52.3亿元，比上年增长53.4%。其中，电信业务总量45.9亿元，增长59.9%；邮政业务总量6.4亿元，增长37.4%。年末本地固定电话交换机总容量19.2万门，比上年减少7.8万门。本地固定电话用户24.7万户；移动电话用户276.1万户。年末基础电信运营企业计算机互联网宽带接入用户53.6万户，增加12.5万户。

全年入境旅游人数4.2万人次，比上年增长12.3%；国内游客1775.8万人次，增长18.0%。旅游总收入131.9亿元，增长20.2%。其中，旅游外汇收入2284.8万美元，增长13.3%；国内旅游收入130.4亿元，增长20.2%。年末全市共有4A级旅游景点(区)6处，星级酒店18家，旅行社35家。

【金融和保险】 2016年年末，亳州市全市金融机构各项存款余额（人民币口径，下同）1589.9亿元，比上年末增加329.8亿元，增长26.2%。其中，单位存款余额572.9亿元，增长50.1%；住户存款余额1006.4亿元，增长16.2%。金融机构各项贷款余额1036.5亿元，比上年末增加253.5亿元，增长32.4%。其中，短期贷款550.7亿元，增长33.2%；中长期贷款479.6亿元，增长34.3%，中长期贷款中个人消费贷款210.1亿元，增长28.9%。

全年保险业保费总收入55.1亿元，增长3.5%。其中，财产险业务保费收入22.9亿元，增长20.7%；人身险业务保费收入32.2亿元，下降6.3%。赔款和给付22.8亿元，增长22.4%。其中，财产险业务赔款和给付支出11.2亿元，增长49.7%；人身险业务赔款和给付支出11.5亿元，增长4%。

15

2016年池州市经济发展概况

【经济总量】2016年，池州市全年实现地区生产总值（GDP）589亿元，按可比价格计算，比上年增长8.1%。分产业看，第一产业增加值71.2亿元，增长2.7%；第二产业增加值265.8亿元，增长8.4%，其中全部工业增加值212.2亿元，增长9.7%；第三产业增加值252亿元，增长9.6%。三次产业结构由上年的13.0∶46.1∶40.9调整为12.1∶45.1∶42.8，其中工业增加值占GDP比重为36%。全员劳动生产率51360元/人，比上年增加3775元/人。人均GDP为40919元（折合6160美元），比上年增加2905元。

【农业】2016年，池州市全年粮食作物种植面积119.4千公顷，比上年扩大0.8千公顷。油料种植面积33.8千公顷，减少4.5千公顷。棉花种植面积19.9千公顷，减少3.7千公顷。蔬菜种植面积15.4千公顷，扩大0.04千公顷。

【工业和建筑业】2016年年末，池州市全市规模以上工业企业604户，比上年净增64户。全年规模以上工业增加值183.4亿元，比上年增长9.8%，其中国有企业增长27.9%，股份制企业增长9.7%，外商及港澳台商投资企业增长5.0%。分门类看，采矿业下降5.5%，制造业增长11.2%，电力、热力、燃气及水生产和供应业增长10.2%。

全年全社会建筑业增加值54亿元，按可比价格计算，比上年增长3.7%。年末资质内建筑企业126个，比上年末增加7个。全年资质内建筑企业主营业务收入84.7亿元，比上年下降5.7%；主营业务成本66.7亿元，下降13.7%；实现利润4.5亿元，增长7.1%。

【固定资产投资】2016年，池州市全年固定资产投资652.6亿元，比上年增长8.7%。其中，工业及信息化产业技术改造投资228.2亿元，增长0.7%；基础设施投资136亿元，增长20.0%；民间投资451.2亿元，增长7.1%。分产业看，第一产业投资增长22.1%，第二产业增长2%，第三产业增长17.4%。分行业看，工业投资增长2%，其中制造业增长0.7%；交通运输、仓储和邮政业增长19.7%；水利、环境和公共设施管理业增长16.1%。

【科学技术】2016年，池州市全年高新技术产业产值334.4亿元，比上年增长15.3%；高新技术产业增加值76.9亿元，增长15.7%。年末全市高新技术企业达60家，其中当年认定26家。新组建、认定和备案省级工程技术研究中心、企业技术中心15家。安徽力成机械装备有限公司“冷成型系列搓齿机关键技术研究及产业化”和池州市秋浦特种水产开发有限公司“秋浦杂交斑鳜育种与应用”2个项目获2016年度安徽省科技进步二等奖；池州市天方富硒生物科技有限公司的袁林喜科技团队列入全省高层次科技人才创新创业团队。全年申请专利4099件，比上年增长30.4%，其中发明专利1887件；授权专利1306件，其中发明专利授权205件。技术市场成交项目39个，成交额0.57亿元，比上年增长53.5%。

【国内贸易和对外经济】2016年，池州市全年社会消费品零售总额222.1亿元，比上年增长12.2%。按经营地统计，城镇消费品零售额173.2亿元，增长12.3%；乡村消费品零售额48.9亿元，增长11.8%。按消费类型统计，商品零售额191.1亿元，增长12.2%；餐饮收入31.0亿元，增长11.7%。全市限额以上批发零售业实现网上商品零售额1.4亿元，增长98.5%。

全年进出口总额6.19亿美元，比上年增长20.1%。其中，出口1.84亿美元，下降11.4%；进口4.35亿美元，增长41.4%。从主要商品看，铜精矿进口2.78亿美元，增长154.5%；铅精矿进口0.77亿美元，下降30.0%；化工产品进出口0.36亿美元，增长30.3%；农副产品进出口1.13亿美元，下降19.3%；机电产品进出口0.43亿美元，下降2.6%。

【交通、邮电和旅游】2016年年末，池州市全市机动车辆拥有量22.6万辆，比上年下降3.6%。其中，汽车12.7万辆，增长20.1%；摩托车9.8万辆，下降23.3%。轿车拥有量7.5万辆，增长23.5%，其中私人轿车7.1万辆，增长25.5%。

全年邮电业务收入9.9亿元，比上年增长3.1%。其中，电信业务收入9.1亿元，增长3.0%；邮政业务收入0.8亿元，增长4.5%。全年快递业务总量2126万件，比上年增长42.0%；快递业务收入0.7亿元，增长58.0%。

全年共接待国内外游客5171万人次，比上年增长11.5%，其中入境游客95万人次，增长8.9%。旅游总收入545.3亿元，增长13.9%，其中外汇收入4.91亿美元，增长9.2%。年末全市共有A级及以上旅游景点（区）36个，其中5A景区1个，4A景区16个，3A景区12个。九华山风景区共接待国内外游客990万人次，增长1.9%；旅游总收入114亿元，增长5.5%。

【金融和保险】2016年年末，池州市全市金融机构人民币各项存款余额875.5亿元，比上年增长17%，比年初增加127.2亿元。其中，非金融企业存款余额183亿元，增长14.1%；住户存款余额545.2亿元，增长10.9%。金融机构人民币各项贷款余额505.4亿元，增长5.6%，比年初增加26.9亿元。其中，短期贷款166.2亿元；中长期贷款313.1亿元，中长期贷款中住户贷款148.8亿元。

全年保险业保费收入26.1亿元，比上年增长7.6%。其中，财产险业务保费收入10.4亿元，增长62.8%；人身险业务保费收入15.7亿元，下降12.2%。赔款和给付支出7亿元，比上年增长31.1%。其中，财产险业务赔款和给付支出5亿元，增长54.6%；人身险业务赔款和给付支出2亿元，下降5.3%。

16

2016年宣城市经济发展概况

【经济总量】2016年，宣城市初步核算，全年实现地区生产总值(GDP)1057.8亿元，按可比价格计算(下同)，比上年增长8.7%。分产业看，第一产业实现增加值127.7亿元，增长2.6%；第二产业增加值502.2亿元，增长8.4%；第三产业增加值427.9亿元，增长11.1%。按照年均常住人口计算，人均生产总值40739元(折合6133美元)，比上年增加3129元。三次产业结构由上年的12.5：48.7：38.8变化为12.1：47.5：40.4，第三产业比重比上年提高1.6个百分点。

【农业】2016年，宣城市全市粮食种植面积234.5千公顷，小麦种植面积50.2千公顷，油料种植面积44千公顷，棉花种植面积4.5千公顷，蔬菜种植面积37.5千公顷。全年粮食总产量122.6万吨，同比下降3.2%。油料产量10.3万吨，下降10.4%。棉花产量0.51万吨，下降34.5%。烟叶产量1.47万吨，下降10%。茶叶产量3.38万吨，下降0.3%。

【工业和建筑业】2016年年末，宣城市全市规模以上工业企业达1471户。全年规模以上工业实现增加值430.7亿元，比上年增长9.4%。其中轻、重工业分别增长1.3%和12.1%，轻重工业增加值比例由上年的24.8：75.2变化为22.9：77.1。

年末全市资质内建筑企业138家，全年建筑企业利税总额7.2亿元，房屋建筑施工面积1030.2万平万米，比上年增长4.9%；竣工面积415.3万平万米，比上年下降1.2%。

【固定资产投资】2016年，宣城市全年固定资产投资完成1414.3亿元，同比增长10.2%。工业及售息化产业技术改造投资367.9亿元，比上年增长49.8%。民间投资996.4亿元，增长10.5%。从三次产业看，全市第一产业投资增长16.2%，第二产业投资增长10.7%，第三产业投资增长9.3%。分行业看，工业投资增长10.8%，其中制造业增长11.7%，制造业中装备制造业增长8.4%。六大高耗能行业投资增长13.6%。三产中的水利、环境和公共设施管理业投资下降0.2%，交通运输业、仓储和邮政业投资增长35.1%。

【科学技术】2016年，宣城市全年共实现高新技术产业总值756.3亿元，增长268%，完成专利申请受理量5261件、专利授权量2293件，年末全币有效发明专利1334件。通过高新技术企业认证78家，获省科学技术奖1项，125项国家和省科技计划项目获批。荣获全国科技进步先进市称号，2家企业获得国家科技进步二等奖。

【国内贸易和对外经济】2016年年末，宣城市全市限额以上单位共457家。全年实现社会消费品零售总额为475.8亿元，比上年增长12.6%。分销售地区看，城镇消费品市场实现消费品零售额293.3亿元，比上年增长12.5%，乡村消费品市场实现消费品零售额135亿元，增长11.6%。销售额按行业分，实现批发业销售额376.6亿元，增长13%；实现零售业销售额弱587.8亿元，增长15.2%；实现住宿业营业额14.9亿元，增长12.9%；实现餐饮业营业额93.9亿元，增长17%。限额以上企业(单位)经营状况良好，全年实现商品零售额218.4亿元，增长12.1%，其中，汽车类增长16.4%，石油及制品类增长9.8%，家用电器和音像器材类增长6.7%，中西药品类增长22.1%，日用品类增长3.4%，服装、鞋帽类增长3.9%，粮油、食品类增长15.9%。

全年实现进出口总额15.1亿美元，比上年下降18.6%，其中，出口13.8亿美元，下降21.3%：进口1.3亿美元，增长29.8%。从出口经营主体看，生产型、贸易型企业出口分别增长3.2%和下降57.3%。从出口商品看，机电产品出口下降25%，汽车零部件出口下降3.2%，望料及橡胶件出口下降4.7%，纺织品出口下降34.3%，广义农产品出口下降24.4%。卫浴产品出口增长3.3%。

【交通、邮电和旅游】2016年，宣城市全年完成公路货物周转量120.4亿吨公里，公路客运周转量15.7亿人公里。全年内河港口货物吞吐量219.7万吨，增长3.8%。

全年完成邮电业务总量46.6亿元。年末固定电话30.1万户，移动电话用户203.2万户，其中3G、4G移动电话用户分别为29.9万户和116万户，年末基础电售运营企业计算机互联网宽带接入用户51.2万户，增加8.6万户。

全年接待旅游入境者15.5万人次，增长18.3%，其中接待外国人9.6万人次，增长17.9%：接待国内旅游者2558.2万人次，增长19.3%，实现旅游业总收入205.4亿元，增长21.7%，其中国际旅游外汇收入6287.1万美元，增长24.6%。全市拥有国家5A级景区1家、4A级景区21家，全年新增A级景区3家，全市A级景区数达到63家。

【金融和保险】2016年年末，宣城市全市金融机构人民币各项存款余额为1468.2亿元，增长21.9%，余额比年初增加263.5亿元。其中，住户存款余额为815.6亿元，比年初增加99.7亿元。人民币各项贷款余额为1041.3亿元，同比增长15.7%，余额比年初增加141亿元。短期贷款余额为348.2亿元，中长期贷款余额为647.7亿元。

全年保险业保费收入39.4亿元。其中，财产险业务保费收入15.9亿元；人身险业务保费收入23.5亿元，人身险中意外伤害险收入0.7亿元，健康险收入2.7亿元。赔款和给付支出13.5亿元，其中财产险支出8.1亿元，人身险5.4亿元。

s

福建省

｜福州市｜厦门市｜莆田市｜三明市｜泉州市｜漳州市｜
｜南平市｜龙岩市｜宁德市｜

1

2016年福州市经济发展概况

【经济总量】2016年，福州市全年实现地区生产总值（GDP）6197.77亿元，比上年增长8.5%。其中，第一产业增加值492.65亿元，增长4.1%；第二产业增加值2598.31亿元，增长7.0%；第三产业增加值3106.81亿元，增长10.7%。第一产业增加值占地区生产总值的比重为8.0%，第二产业增加值比重为41.9%，第三产业增加值比重为50.1%。人均地区生产总值82253元，比上年增长7.5%。

【农业】2016年，福州市全年农林牧渔业完成总产值866.25亿元，比上年增长4.1%。粮食种植面积149.56万亩，比上年减少3.86万亩，其中稻谷面积78.00万亩，比上年减少5.43万亩；油料种植面积35.20万亩，增加0.02万亩；蔬菜种植面积192.82万亩，增加4.55万亩。

【工业和建筑业】2016年，福州市全年全部工业增加值1982.80亿元，比上年增长6.9%。规模以上工业增加值增长7.7%。在规模以上工业中，分经济类型看，国有控股企业增长3.5%，大中型企业增长8.2%；国有企业增长24.1%，集体企业下降3.8%，股份制企业增长7.5%，外商及港澳台商投资企业增长7.2%；私营企业增长10.0%。分轻重看，轻工业增长10.7%，重工业增长4.8%。分门类看，采矿业下降7.3%，制造业增长9.7%，电力、热力、燃气及水生产和供应业增长1.3%。工业产品销售率96.7%，比上年下降0.2个百分点。

全年全社会建筑业实现增加值621.46亿元，比上年增长7.3%。全市具有资质等级的总承包和专业承包建筑业企业完成建筑业总产值3074.13亿元，增长12.6%。

【固定资产投资】2016年，福州市全年固定资产投资5184.36亿元，比上年增长6.8%。从含跨区项目情况看，第一产业投资回落3.5%；第二产业投资增长7.3%，其中，工业投资增长13.0%；第三产业投资回落3.0%。基础设施投资1641.91亿元，增长12.0%，占固定资产投资的比重为31.7%。民间投资2677.82亿元，增长1.5%，占固定资产投资的比重为51.7%。高新产业投资382.82亿元，增长62.7%，占固定资产投资的比重为7.4%。

【科学技术】2016年年末，福州市国家级创新型企业3家，国家创新型试点企业4家，省级创新型（试点）企业186家；新认定高新技术企业142家，总数586家。新认定省级企业技术中心3家，新认定市级企业技术中心14家。全市专利申请受理23455件，专利授权10740件，分别比上年增长51.9%和4.6%。全年共登记技术合同1354项，成交额12.72亿元。

【国内贸易和对外经济】2016年，福州市全年社会消费品零售总额3763.14亿元，比上年增长11.6%。按消费形态统计，商品零售额3368.49亿元，增长11.6%；餐饮收入额394.65亿元，增长11.5%。

全年进出口总额2082.2亿元，比上年增长1.8%。其中，出口1406.8亿元，增长8.9%；进口675.4亿元，下降10.2%。进出口顺差731.4亿元.

【交通、邮电和旅游】2016年，福州市全年交通运输、仓储和邮政业实现增加值254.92亿元，比上年增长6.1%。公路通车里程（不含平潭）预计11414公里，比上年增长2.7%。其中高速公路总里程588公里，与上年持平；高速铁路总里程344.94公里，与上年持平。

全年完成邮政业务总量62.05亿元，增长46.4%；电信业务总量308.04亿元，增长48.5%。邮政业务收入40.36亿元，增长28.0%；电信业务收入106.04亿元，下降3.2%。邮政业全年完成邮政函件业务3014.8万件，快递业务量26427.15万件。年末全市电话用户总数1049.75万户，其中：固定电话用户181.37万户；移动电话用户868.38万户，其中3G/4G电话用户636.36万户，净增20.05万户，全市年末互联网宽带接入用户（不含手机上网用户）245.14万户，增加38.44万户。

年末全市金融机构本外币各项存款余额12432.31亿元，比上年末增长10.3%，其中，非金融企业存款4755.38亿元，比上年末增长10.3%，住户存款4248.09亿元，比上年末增长11.8%；金融机构本外币各项贷款余额12538.24亿元，增长12.8%，其中，短期贷款3325.14亿元，增长1.9%，中长期贷款8537.68亿元，比增14.7%。金融机构人民币存款余额12076.50亿元，比上年末增长11.0%，金融机构人民币贷款余额12124.69亿元，比上年末增长14.0%。

【金融和保险】2016年年末，福州市全市金融机构本外币各项存款余额12432.31亿元，比上年末增长10.3%，其中，非金融企业存款4755.38亿元，比上年末增长10.3%，住户存款4248.09亿元，比上年末增长11.8%；金融机构本外币各项贷款余额12538.24亿元，增长12.8%，其中，短期贷款3325.14亿元，增长1.9%，中长期贷款8537.68亿元，比增14.7%。金融机构人民币存款余额12076.50亿元，比上年末增长11.0%，金融机构人民币贷款余额12124.69亿元，比上年末增长14.0%。

全年内外资保险公司保费收入268.86亿元，比上年增长29.9%，其中：财产险保费收入69.92亿元；人身险保费收入198.94亿元。支付各类赔款及给付86.99亿元，比上年增长16.7%，其中：财产险赔款42.59亿元；人身险赔款44.40亿元。年末各类保险营业网点416个，外资保险机构在福州设立分公司13个，代表处2个。

2

2016年厦门市经济发展概况

【经济总量】2016年，厦门市全年实现地区生产总值（GDP）3784.25亿元，按可比价格计算，比上年增长7.9%。其中，第一产业增加值23.45亿元，下降5.5%；第二产业增加值1558.62亿元，增长5.7%；第三产业增加值2202.18亿元，增长9.8%。三次产业结构为0.6∶41.2∶58.2。按常住人口计算的人均地区生产总值97282元，增长6.3%，折合14646美元。全市万元地区生产总值耗电607.68千瓦时，比上年减少1.94千瓦时；万元地区生产总值耗水9.92吨，减少0.56吨。

【农业】2016年，厦门市全年农林牧渔业总产值43.70亿元，比上年下降4.9%。其中，农业产值20.95亿元，下降7.1%；林业产值0.19亿元，增长20.1%；牧业产值12.16亿元，增长9.6%；渔业产值6.19亿元，下降22.8%；农林牧渔服务业产值4.21亿元，增长2.6%。

【工业和建筑业】2016年，厦门市全年实现规模以上工业增加值1264.79亿元，增长5.4%，占全市地区生产总值的33.4%。至年末，全市规模以上工业企业1699家，实现工业总产值5254.71亿元。其中产值超亿元的企业587家，实现产值4761.78亿元，占全市规模以上工业总产值的90.6%。

建筑业增加值254.81亿元，比上年增长6.7%。全市具有资质等级的建筑业企业共完成建筑业总产值1456.14亿元，增长31.6%，其中建筑工程产值1378.14亿元，增长33.3%；安装工程产值62.98亿元，增长13.3%；当年建筑企业新签合同价款1655.60亿元，增长54.5%。

【固定资产投资】2016年，厦门市固定资产投资（不含农户）2159.81亿元，比上年增长14.4%。分产业看，第一产业投资增长16.4%，第二产业投资增长12.2%，第三产业投资增长14.9%，三次产业投资比例为0.1∶18.6∶81.3。

【科学技术】2016年，厦门市全市高新技术企业1225家，其中国家火炬计划重点高新技术企业31家。创新型（试点）企业531家，其中国家级14家。建设科技企业孵化器13个、国家、省市级重点实验室81个、工程技术研究中心114个、企业技术中心135个、企业博士后工作站25个。国内专利授权量12109件，其中发明专利授权量2028件。PCT国际专利申请量229件。肝炎治疗国家Ⅰ类新药“派格宾”获批上市。3项科技成果获国家科技奖。全国首家国家级科技领军人才创新创业基地落户厦门。新建130个市级众创空间和12个市级小微企业创业示范基地，一品威客创客空间、两岸青年创业创新创客基地、云创智谷等4家单位被国家认定为“海峡两岸青年创业基地”。

【国内贸易和对外经济】2016年，厦门市社会消费品零售总额1283.46亿元，比上年增长9.8%。其中商品零售1143.20亿元，增长10.4%；餐饮收入140.26亿元，增长5.2%。

全年实现外贸进出口总值5091.55亿元，比上年下降1.5%，其中出口3094.22亿元，下降6.7%；进口1997.33亿元，增长8.0%；贸易顺差1096.89亿元，下降25.3%。

【交通、邮电和旅游】2016年，厦门市交通运输、仓储和邮政业增加值282.58亿元，比上年增长8.8%。旅客运输量0.96亿人次，增长6.2%；旅客周转量394.88亿人公里，增长9.8%；货物运输量2.78亿吨，增长8.0%；货物周转量1636.44亿吨公里，增长11.4%。至年末，厦门港现有生产性泊位164个（含漳州），其中万吨级以上泊位75个；全年港口货物吞吐量2.09亿吨，下降0.5%；港口集装箱吞吐量961.37万标箱，增长4.7%。

全年邮电业务总量256.07亿元，比上年增长44.3%，其中邮政业务总量46.17亿元，增长31.3%；电信业务总量209.90亿元，增长47.5%。至年末，全市固定电话用户129.53万户，减少1.69万户；移动电话用户571.27万户，减少12.39万户，其中3G移动电话用户61.70万户，4G移动电话用户392.29万户；固定互联网宽带接入用户168.81万户，增加24.36万户；移动互联网用户480.42万户，增加20.59万户。

全年接待国内外游客6770.16万人次，比上年增长12.2%，旅游总收入968.26亿元，增长16.3%。其中接待入境游客357.81万人次，增长12.8%，入境过夜游客228.50万人次，增长12.8%，旅游创汇27.69亿美元，增长38.7%。接待国内游客6412.35万人次，增长12.1%，过夜国内游客2869.80万人次，增长10.0%，国内旅游收入788.33亿元，增长11.3%。至年末，全市共有旅游住宿单位2503家，其中星级酒店73家，五星级酒店18家。

【金融和保险】2016年年末，厦门市全市各类银行业金融机构主体44家，其中法人银行业金融机构9家，比上年末增加1家。至年末，中外资金融机构本外币各项存款余额9788.27亿元，比上年末增长10.3%；中资金融机构人民币各项存款余额9056.61亿元，增长10.5%，其中住户存款余额2172.00亿元，增长5.9%，非金融企业存款余额3575.85亿元，增长9.3%。

全市保险公司37家，其中财产保险公司20家、人身保险公司17家；保险专业中介机构42家。全年实现保费收入162.60亿元，增长11.1%，其中财产险实现保费收入63.18亿元，增长3.0%，人身险实现保费收入99.42亿元，增长17.0%。赔付支出74.72亿元，增长41.7%，其中财产险赔付支出51.12亿元，增长42.8%，人身险赔付支出23.61亿元，增长39.3%。

3

2016年莆田市经济发展概况

【**经济总量**】2016年，莆田市全年实现地区生产总值（GDP）1823.43亿元，比上年增长8.9%。其中，第一产业增加值126.67亿元，增长1.0%；第二产业增加值1022.45亿元，增长7.8%；第三产业增加值674.31亿元，增长12.4%。第一产业增加值占地区生产总值的比重为6.9%，第二产业增加值比重为56.1%，第三产业增加值比重为37.0%。人均地区生产总值63313元，比上年增长8.2%。

【**农业**】2016年，莆田市全年农林牧渔业完成总产值230.54亿元，比上年增长1.3%。粮食种植面积69.21万亩，比上年减少1.78万亩，其中稻谷面积37.78万亩，减少1.80万亩；油料种植面积24.86万亩，增加0.23万亩；蔬菜种植面积58.14万亩，减少1.10万亩。

【**工业和建筑业**】2016年，莆田市全年全部工业增加值843.21亿元，比上年增长7.8%。规模以上工业增加值增长8.2%。在规模以上工业中，分经济类型看，国有及国有控股企业下降15.5%；国有企业增长2.2%，集体企业下降6.5%，股份制企业增长25.8%，外商及港澳台商投资企业增长0.6%；私营企业增长28.1%。分轻重看，轻工业增长7.6%，重工业增长9.8%。分门类看，采矿业增长21.3%，制造业增长9.7%，电力、热力、燃气及水生产和供应业下降12.0%。工业产品销售率98.86%，比上年增加0.20个百分点。

全年全社会建筑业实现增加值192.66亿元，比上年增长7.6%。全市具有资质等级的总承包和专业承包建筑业企业完成建筑业总产值530.04亿元，增长9.4%。

【**固定资产投资**】2016年，莆田市全年固定资产投资1938.08亿元，比上年增长11.8%。

从含跨区项目情况看，第一产业投资增长44.7%；第二产业投资增长24.6%，其中，工业投资增长26.0%；第三产业投资增长6.2%。基础设施投资834.72亿元，增长30.7%，占固定资产投资的比重为43.1%。民间投资1106.52亿元，增长11.3%，占固定资产投资的比重为57.1%。高技术产业投资90.70亿元，增长895.5%，占固定资产投资的比重为4.7%。从到位资金情况看，全年到位资金2095.55亿元，比上年增长9.5%。其中，国家预算资金增长71.2%，国内贷款增长16.4%，利用外资下降77.7%，自筹资金增长5.4%，其他资金下降13.5%。

【**科学技术**】2016年，莆田市全年研究与试验发展（R&D）经费支出预计19.58亿元，比上年增长15.9%，占全市生产总值的1.18%。全市已布局建设3个省级产业技术重大研发平台、3个产业技术公共服务平台。新增2个省级（企业）工程技术研究中心、2个科技企业孵化器备案、6个众创空间。目前，全市拥有国家级、省级创新型（试点）企业49家；高新技术企业48家；重点实验室7个、（企业）工程技术研究中心31个、科技企业孵化器备案8家（其中省级一家）。新认定省级企业技术中心1家，市级企业技术中心8家。全市专利申请受理3451件，比上年增长0.06%；专利授权2179件，比上年下降6.52%。其中，发明专利申请419件，比上年下降16.53%，发明专利授权220件，同比增长73.2%。截至2016年底，全市共拥有有效发明专利529件，比上年增长63.3%；每万人口发明专利拥有量1.843件，比上年增加0.706件。

【**国内贸易和对外经济**】2016年，莆田市全年社会消费品零售总额623.13亿元，比上年增长11.5%。按消费形态统计，商品零售额569.58亿元，增长11.9%；餐饮收入额53.55亿元，增长7.8%。

全年进出口总额298.96亿元，比上年增长0.7%。其中，出口199.15亿元，增长1.5%；进口99.81亿元，下降1.0%。进出口顺差99.34亿元。

【交通、邮电和旅游】2016年，莆田市全年交通运输、仓储和邮政业实现增加值67.61亿元，比上年增长3.8%。公路通车里程6388.27公里，比上年增长2.7%。其中高速公路通车里程262.60公里，与上年持平。

全年完成邮电业务总量51.92亿元，比上年增长16.6%。其中，邮政业务总量2.41亿元，增长17.0%；电信业务总量49.52亿元，增长16.5%。邮政业全年完成邮政函件业务470.16万件，包裹业务3.5万件，快递业务量126.31万件。年末全市电话用户总数329.80万户，其中：固定电话用户57.90万户；移动电话用户271.90万户，其中4G电话用户163.86万户，净增62.62万户。全市互联网用户224.01万户，增加23.94万户。

全年接待入境游客31.14万人次，比上年增长15.4%。其中，接待外国人6.00万人次，增长21.9%；台湾同胞15.58万人次，增长12.9%；港澳同胞6.56万人次，增长16.9%。在入境旅游者中，过夜游客31.14万人次，增长15.4%。国际旅游外汇收入2.71亿美元，增长14.6%。全年接待国内旅游人数2315.67万人次，增长18.8%；国内旅游收入186.01亿元，增长28.6%。旅游总收入203.97亿元，增长28.1%。

【金融和保险】2016年年末，莆田市全市金融机构本外币各项存款余额1712.39亿元，比上年末增长6.5%；金融机构本外币各项贷款余额1654.16亿元，增长12.8%。

全年内外资保险公司保费收入45.15亿元，比上年增长10.6%，其中：财产险保费收入15.35亿元；寿险保费收入（含健康险和意外伤害险保费收入）29.80亿元。支付各类赔款及给付22.43亿元，增长24.3%。

4

2016年三明市经济发展概况

【经济总量】2016年，三明市全年实现地区生产总值（GDP）1860.82亿元，比上年增长7.8%。其中，第一产业增加值275.59亿元，增长4.3%；第二产业增加值932.20亿元，增长7.3%；第三产业增加值653.03亿元，增长10.0%。人均地区生产总值73261元，比上年增长6.9%。第一产业增加值占地区生产总值的比重为14.8%，第二产业增加值比重为50.1%，第三产业增加值比重为35.1%。

【农业】2016年，三明市全年农林牧渔业完成总产值455.34亿元，比上年增长4.4%。粮食种植面积331.97万亩，比上年增加0.23万亩，其中稻谷面积216.27万亩，减少1.93万亩；烟叶种植面积46.46万亩，减少0.06万亩；油料种植面积20.48万亩，增加0.76万亩；蔬菜种植面积166.95万亩，增加3.15万亩。

【工业和建筑业】2016年，三明市全年规模以上工业增加值845.78亿元，比上年增长7.5%。全市规模以上非公企业实现增加值743.75亿元，增长8.3%，高于全市平均水平0.8个百分点；其中私营企业实现增加值653.79亿元，增长8.8%，高于全市平均水平1.3个百分点。

全年全社会建筑业实现增加值180.38亿元，比上年增长6.4%。全市具有资质等级的总承包和专业承包建筑业企业完成建筑业总产值556.34亿元，增长0.2%；房屋施工面积4642.62万平方米，下降1.1%；房屋建筑竣工面积1811.11万平方米，下降12.8%。

【固定资产投资】2016年，三明市全年固定资产投资（不含农户）2141.72亿元，增长12.0%，其中房地产投资104.37亿元，下降19.9%。在固定资产投资（不含农户）中，第一产业投资增长43.1%；第二产业投资下降0.8%，其中，工业投资下降0.6%；第三产业投资增长25.0%。从到位资金情况看，全年到位资金2058.75亿元，比上年增长13.5%。其中，国家预算资金增长121.8%，国内贷款下降14.5%，利用外资增长1194.7%，自筹资金增长14.5%，其他资金下降5.2%。

【科学技术】2016年，三明市全年研究与试验发展（R&D）经费支出15.21亿元，比上年下降2.0%，占全市生产总值的0.89%。全市列入省级及以上科技计划项目有50个。其中中央引导地方科技发展专项资金项目1个、省科技重大专项2个、省区域发展项目6个、中科院STS专项1个。新认定34家国家高新技术企业，共有65家。新增省级知识产权优势企业8家，共有国家级知识产权优势企业4家，省级知识产权优势企业37家。新增省级创新型试点企业9家，共有国家创新型试点企业2家、省级创新型企业48家、省级创新型试点企业28家、省级科技型企业335家。新增省级（企业）工程技术研究中心3家，共有重点实验室6个、省级（企业）工程技术研究中心39家；新增省级企业技术中心1家、市级企业技术中心5家，共有省级企业技术中心21家、市级企业技术中心68家。全市共建成市级及以上众创空间28家，其中1家经国家级备案、7家经省级认定；建成市级及以上科技孵化器15家，其中7家经省级认定、6家经省级备案；申报省级星创天地11家，其中4家经科技部备案。获2016年度省科学技术进步奖2项。全市专利申请总量4190件，同比增长41.9%，其中发明专利申请482件，增长56.5%；专利授权总量2962件，增长11.7%，其中发明专利授权137件，增长65.1%。全年共登记技术合同114项，技术合同成交金额8797.53万元。

【国内贸易和对外经济】2016年，三明市全年社会消费品零售总额480.63亿元，比上年增长9.6%。其中：限上企业零售额226.97亿元，增长9.3%；限下企业和个体户零售额253.66亿元，增长9.8%。

全年进出口总额141.82亿元人民币，比上年增长8.8%；以美元计价为21.68亿美元。其中，出口131.02亿元人民币，增长12.0%，以美元计价为20.03亿美元；进口10.80亿元人民币，下降19.2%，以美元计价为1.65亿美元。进出口顺差120.22亿元人民币，比上年增加15.88亿元人民币。

【交通、邮电和旅游】2016年，三明市全年交通运输、仓储和邮政业实现增加值109.07亿元，比上年增长4.4%。公路通车里程14915公里，增长2.0%；其中高速公路652公里，高速公路通车里程居全省前列。三明沙县机场自2016年3月7日通航以来，先后开通了上海—三明、北京—武汉—三明、深圳—三明、广州—三明—唐山四条往返航班航线。

全年完成邮政业业务总量5.87亿元，比上年增长33.0%；邮政业务收入5.85亿元，增长19.0%；邮政业完成邮政函件业务242.22万件，下降37.0%；包裹业务2.41万件，下降44.5%；快递业务量1727.78万件，增长57.2%。全市电信业务总量56.96亿元，增长42.3%；电信业业务收入20.35亿元，增长5.7%。年末全市电话用户总数286.69万户，增加0.98万户，其中：固定电话用户48.71万户，减少1万户；移动电话用户237.98万户，增加1.98万户，其中，4G电话用户132.49万户，净增55.87万户。全市互联网用户238.02万户，增加36.18万户，其中：固定宽带用户62.15万户，增加14.80万户；移动互联网用户157.87万户，增加21.39万户。移动电话基站1.57万个，增长12.0%。

全年接待游客2293.13万人次，实现旅游总收入190.84亿元，分别比上年增长17.5%和27.2%。其中，接待国内游客2286.62万人次，增长17.5%，国内旅游收入187.05亿元，增长27.2%；入境游客6.51万人次，增长23.5%，国际旅游外汇收入0.57亿美元，增长18.1%。

【金融和保险】2016年年末，三明市全市金融机构本外币各项存款余额1500.45亿元，比上年末增长11.7%；金融机构本外币各项贷款余额1264.91亿元，增长4.7%。

全年内外资保险公司保费收入52.77亿元，比上年增长15.9%；支付各类赔款及给付14.87亿元，增长31.9%。

5

2016年泉州市经济发展概况

【**经济总量**】2016年，泉州市全年实现地区生产总值（GDP）6646.63亿元，按可比价格计算，比上年增长8.0%，经济总量连续18年保持全省第一。其中，第一产业增加值198.41亿元，增长2.3%；第二产业增加值3903.85亿元，增长7.4%；第三产业增加值2544.37亿元，增长9.5%。第一、二、三产业对GDP增长的贡献率分别为0.8%、55.2%和44%，分别拉动GDP增长0.1、4.4和3.5个百分点。三次产业比例为3.0：58.7：38.3。按常住人口计算，人均地区生产总值77784元，比上年增长7.1%。

【**农业**】2016年，泉州市全年农林牧渔业完成总产值357.26亿元，比上年增长2.5%。粮食种植面积205.64万亩，比上年减少5.9万亩，下降2.8%；其中稻谷面积108.94万亩，减少4.86万亩；烟叶种植面积0.25万亩，增加403亩；油料种植面积32.16万亩，增加94亩；蔬菜种植面积131.18万亩，增加1.17万亩。粮食总产量69.13万吨，比上年减少3.68万吨，下降5.1%，其中稻谷41.13万吨，减少3.42万吨，下降7.7%。

【**工业和建筑业**】2016年，泉州市全年全部工业实现增加值3480.31亿元，增长7.4%，工业对经济增长的贡献率达49.6%。其中规模以上工业增加值3052.59亿元，增长7.7%。全年规模以上工业实现销售产值11859.78亿元，增长7.7%，其中出口交货值1961.81亿元，增长8.1%。拥有超亿元企业2308家，比上年增加141家，其中超10亿元企业189家，比上年增加28家。

全社会建筑业实现增加值425.88亿元，比上年增长6.9%。全市资质等级以上的建筑企业有581个，完成建筑业总产值1409.70亿元，增长9.6%。全市建筑房屋施工面积9585.36万平方米，实行投标承包面积6592.32万平方米，招投标率达68.8%。房屋竣工面积3363.82万平方米，增长10.3%；全市建筑业总产值达到亿元及以上的企业156家，其中5亿元及以上的企业56家。

【**固定资产投资**】2016年，泉州市全年固定资产投资3748.01亿元，比上年增长10.0%。其中，项目投资3041.86亿元，增长11.6%；房地产开发投资706.14亿元，增长3.6%。固定资产投资按三次产业分，第一产业投资62.74亿元，增长60.5%；第二产业投资1366.46亿元，增长18.0%；第三产业投资2318.80亿元，增长5.0%。工业投资1355.22亿元，增长18.0%，占固定资产投资的比重为36.2%。基础设施投资1090.27亿元，增长18.8%，占固定资产投资的比重为29.1%。高技术产业投资146.45亿元，增长104.9%，占固定资产投资的比重为3.9%。

【**科学技术**】2016年，泉州市全年新认定省级高新技术企业124家，总数达311家。年末，全市拥有国家火炬计划重点高新技术企业2家、福建省创新型企业228家；国家级、省级、市级行业技术开发中心分别达10个、65个和164个；国家级、省级、市级工程技术研究中心分别达1个、80个和189个。全年共实施国家、省、市各级各类科技计划项目456项，其中，省级118项，市级338项。有1项科技成果获国家科学技术奖，82项成果获市科学技术奖。全年专利申请54010件，授权26851件，累计专利授权量达116326件；其中，新增发明专利授权量1509件，累计发明专利授权量达4410件，年末每万人口发明专利拥有量达4.58件。全年共签订各类技术合同78项，合同金额46.27亿元。

【**国内贸易和对外经济**】2016年，泉州市全年社会消费品零售总额2724.65亿元，比上年增长10.8%。按构成分，限额以上消费品零售额1098.06亿元，增长12.8%；限额以下消费品零售额1626.60亿元，增长9.5%。

全年进出口总额达1541亿元，比上年下降8%；以美元计价为240.39亿美元，下降11.3%。其中，出口

1072.7亿元，下降5%，以美元计价为162.46亿美元，下降11.2%；进口468.3亿元，下降14.3%，以美元计价为77.94亿美元，下降11.5%。进出口顺差604.4亿元，以美元计价为84.52亿美元，比上年减少10.3亿美元。

【交通、邮电和旅游】2016年，泉州市全年交通运输、仓储和邮政业实现增加值465.87亿元，增长4.6%。全年共新建、改建公路649公里，其中新建公路0.69公里。全市公路通车总里程达17526公里，比上年增加649公里。其中，二级及二级以上高级公路里程2728公里，高速公路里程574公里。公路密度达161.3公里/百平方公里。全市铁路总里程243.88公里，其中高铁里程45.21公里。

全年完成邮电业务总量388.86亿元，增长47.0%。其中，邮政业务总量116.34亿元，增长46.0%；电信业务总量272.52亿元，增长47.4%。全市城乡固定电话用户193万户，移动电话用户913万户，其中4G电话用户597万户。互联网用户987万户，其中固定宽带用户243万户，移动互联网用户744万户。

全年共接待国内外游客5858.93万人次，比上年增长14.3%。其中，国内游客5626.78万人次，增长14.8%；境外游客232.15万人次，增长4.6%。全年实现旅游总收入717.15亿元，增长16.1%。其中，旅游国内收入621.64亿元，增长16.7%；旅游创汇14.15亿美元，增长6.4%。

【金融和保险】2016年年末，泉州市全市金融机构本外币各项存款余额6790.41亿元，比上年末增长2.7%，其中人民币各项存款余额6639.82亿元，比上年末增长4.5%。人民币存款中，住户存款余额3296.83亿元，比上年末增长6.2%；企业存款2007.32亿元，比上年末增长0.7%。全市金融机构本外币各项贷款余额5865.47亿元，比上年末增长8.0%，其中人民币各项贷款余额5788.42亿元，比上年末增长9.5%。人民币贷款中，个人消费贷款余额1105.07亿元，当年新增185.64亿元，其中住房贷款余额869.45亿元，当年新增165.8亿元。全年全市新设银行机构3家。

全市保险业实现各项保费收入179.43亿元，比上年增长14.7%。其中，财产保险保费收入58.85亿元，增长9.0%；人身保险保费收入120.57亿元，增长17.1%。赔款及给付支出57.62亿元，增长34.4%。其中，财产保险赔款及给付支出31.66亿元，增长23.6%；人身保险赔款及给付支出25.95亿元，增长50.4%。

6

2016年漳州市经济发展概况

【经济总量】2016年，漳州市全年实现地区生产总值（GDP）3125.34亿元，比上年增长9.3%。其中，第一产业增加值415.59亿元，增长4.2%；第二产业增加值1461.17亿元，增长7.8%；第三产业增加值1248.58亿元，增长13.1%。人均地区生产总值62196元，比上年增长8.4%。第一产业增加值占地区生产总值的比重为13.3%，第二产业增加值比重为46.8%，第三产业增加值比重为39.9%。

【农业】2016年，漳州市全年农林牧渔业完成总产值766.10亿元，比上年增长4.3%。粮食种植面积164.66万亩，比上年减少5.03万亩，其中稻谷面积105.70万亩，减少5.05万亩；油料种植面积19.78万亩，增加0.05万亩；蔬菜种植面积176.28万亩，增加5.40万亩。全年粮食产量67.15万吨，比上年减少2.00万吨，下降2.9%。其中，稻谷产量43.07万吨，减少2.63万吨，下降5.8%。

【工业和建筑业】2016年，漳州市全年全部工业增加值1220.17亿元，比上年增长8.0%，其中，规模以上工业增加值增长8.1%。在规模以上工业中，分经济类型看，国有企业下降0.3%，集体企业下降2.2%，股份制企业增长13.5%，外商及港澳台商投资企业下降1.2%；私营企业增长14.6%。分轻重看，轻工业增长12.0%，重工业增长3.7%。分门类看，采矿业增长12.4%，制造业增长8.8%，电力、热力、燃气及水生产和供应业下降6.8%。工业产品销售率97.6%，下降0.9个百分点。

全年建筑业实现增加值241.00亿元，比上年增长7.3%。全市具有资质等级的总承包和专业承包建筑业企业完成建筑业总产值471.48亿元，增长9.5%。

【固定资产投资】2016年，漳州市全年固定资产投资2827.93亿元，比上年增长12.4%。其中，项目投资2365.08亿元，增长17.5%；房地产开发投资462.85亿元，下降7.9%。分产业看，第一产业投资比上年增长58.4%；第二产业投资增长7.0%，其中，工业投资增长8.5%；第三产业投资增长13.0%。

【科学技术】2016年年末，漳州市全市拥有13个省级企业重点实验室，43个省级企业工程技术研究中心，13个科技企业孵化器。全市有国家级、省级创新型（试点）企业分别2家、50家；高新技术企业136家。全市专利申请受理7999件，专利授权4282件，分别比上年增长71.0%和25.1%。其中，发明专利申请1445件，增长78.6%，发明专利授权263件，增长5.2%。截至2016年底，全市共拥有有效发明专利997件，比上年增长30.0%；每万人口发明专利拥有量1.994件，比上年增加0.448件。

【国内贸易和对外经济】2016年，漳州市全年社会消费品零售总额875.59亿元，比上年增长12.7%。其中：限额以上消费品零售额388.71亿元，增长17.9%；限额以下消费品零售额486.89亿元，增长8.9%。

全年进出口总额580.3亿元，以美元计价为88.1亿美元，比上年增长0.2%。其中，出口478.8亿元，以美元计价为72.7亿美元，增长3.3%；进口101.5亿元，以美元计价为15.4亿美元，下降12.4%。进出口顺差377.3亿元，以美元计价为57.3亿美元，比上年增加1.3亿美元。

【交通、邮电和旅游】2016年，漳州市全年交通运输、仓储和邮政业实现增加值175.97亿元，比上年增长3.6%。公路通车里程1.22万公里，比上年增加210公里，增长1.8%，其中高速公路通车里程595公里。铁路营业里程[[1]]664公里，其中高速铁路营业里程217公里。

全年完成邮电业务总量99.19亿元，比上年增长42.1%。其中，邮政业务总量15.66亿元，增长4.7%；电信业务总量83.53亿元，增长52.3%。邮政业全年完成邮政函件业务1370.85万件，包裹业务4.38万件，快递业务量6155.77万件。年末全市电话用户总数556.12万户，其中，固定电话用户90.75万户，移动电话用户465.37万户。全市互联网用户462.20万户，增加70.57万户，其中，固定宽带用户117.78万户，增加32.17万户。移动电话基站2.42万个，增长19.5%。

全市拥有国家A级旅游景区15家，其中，5A级景区1家，4A级景区13家，3A级景区1家。全年接待国内旅游人数2605.08万人次，比上年增长18.9%；接待入境游客55.47万人次，增长30.7%。其中，接待外国人13.56万人次，增长18.0%；台湾同胞26.24万人次，增长42.2%；港澳同胞15.67万人次，增长25.4%。全年旅游总收入297.63亿元，增长24.2%。其中，国内旅游收入276.74亿元，增长25.9%；国际旅游外汇收入3.15亿美元，下降2.2%。

【金融和保险】2016年年末，漳州市全市金融机构本外币各项存款余额2558.26亿元，比上年末增长9.0%；金融机构本外币各项贷款余额2167.30亿元，增长13.7%。

全年内外资保险公司保费收入68.74亿元，比上年增长9.60%，其中寿险保费收入43.98亿元；健康险和意外伤害险保费收入7.70亿元；财产险保费收入24.76亿元。支付各类赔款及给付23.38亿元，其中寿险业务给付9.64亿元；健康险和意外伤害险赔款及给付0.75亿元；财产险赔款14.18亿元。

7

2016年南平市经济发展概况

【经济总量】2016年，南平市全年实现地区生产总值（GDP）1457.74亿元，按可比价格计算，比上年增长6.8%。其中，第一产业实现增加值322.26亿元，增长4.3%；第二产业实现增加值614.24亿元，增长6.7%（其中工业实现增加值455.66亿元，增长7.0%）；第三产业实现增加值521.24亿元，增长8.3%。人均地区生产总值5.50万元，比上年增长5.9%。

【农业】2016年，南平市全年农林牧渔业总产值555.03亿元，比上年增长4.5%。其中，农业产值253.17亿元，增长3.0%；林业产值85.64亿元，增长2.3%；牧业产值168.49亿元，增长8.4%；渔业产值29.95亿元，增长4.1%。

【工业和建筑业】2016年，南平市全年全社会工业增加值512.63亿元，比上年增长7.1%，其中规模以上工业增加值476.19亿元，增长7.2%。在规模以上工业中，分经济类型看，国有及国有控股企业增长1.6%；国有企业下降1.9%，集体企业增长0.6%，股份制企业增长7.2%，外商及港澳台商投资企业增长8.2%；私营企业增长7.2%。分轻重看，轻工业增长7.4%，重工业增长6.9%。工业产品销售率96.4%，比上年提高0.4个百分点。

全社会建筑业实现增加值158.59亿元，比上年增长5.6%。全市资质等级以上的总承包和专业承包建筑业企业完成建筑业总产值132.12亿元，下降6.3%；房屋建筑施工面积669.48万平方米，下降6.4%；房屋建筑竣工面积180.23万平方米，减少22.0%。

【固定资产投资】2016年，南平市全市完成固定资产投资1694.40亿元，比上年下降4.5%。项目投资完成1536.60亿元，下降5.3%。其中，第一产业投资额为138.14亿元，下降0.2%；第二产业投资额为644.05亿元，下降16.5%（其中工业投资完成639.64亿元，下降10.3%）；第三产业投资额为754.42亿元，增长5.9%。

【科学技术】2016年，南平市全市全年规模以上工业企业研究与试验发展（R&D）经费支出预计16.52亿元，比上年增长10.7%，占全市GDP比重为1.1%。全市14家企业通过高新技术企业认定，其中新认定企业11家。至2016年，全市共认定省级科技企业孵化器1家，省级科技企业孵化器备案7家。认定武夷学院青年大学生众创空间、橙客空间等15家南平市众创空间，在此基础上推荐12家众创空间申报2016年福建省众创空间，有9家获省科技厅认定。专利申请量和授权量均稳步提升，2016年全市专利申请3653件，同比增长30.6%；专利授权2161件，同比增长16.0%；累计拥有发明专利163件，每万人口发明专利拥有量为2.10件，比上年末增加0.52件。全市20家企业被认定为2016年市知识产权优势企业；8家企业被认定为2016年省知识产权优势企业；2家企业被认定为国家知识产权优势企业，4家国家知识产权优势企业通过复核。

【国内贸易和对外经济】2016年，南平市全年社会消费品零售总额556.68亿元，比上年同期增长10.5%。从行业看，批发业实现零售额25.96亿元，增长13.4%；零售业实现零售额468.12亿元，增长12.0%；住宿业实现零售额5.62亿元，增长9.4%；餐饮业实现零售额56.98亿元，下降1.6%。从企业规模看，限额以上企业实现零售额190.69亿元，增长12.3%；限下企业实现零售额为365.99亿元，增长9.6%。

全市外贸进出口12.76亿美元，比上年同期增加3.1%。其中，出口总额为12.14亿美元，增加7.8%；进口总额为0.62亿美元，下降42.9%。

【交通、邮电和旅游】2016年，南平市全市交通运输、仓储和邮政业实现增加值49.34亿元，比上年增长7.5%。全年旅客发送量2069.54万人，比上年下降34.6%；旅客周转量（不含铁路、民航）130476.73万人公里，下降18.6%。货物运输量3411.07万吨，下降14.6%；货运周转量（不含铁路、民航）1126887万吨公里，增长3.4%。

全年邮电业务总量67.11亿元，比上年增长41.3%。其中邮政业务总量8.28亿元，增长27.4%；电信业务总量58.83亿元，增长43.5%。年末全市固定电话用户总数达到46.4万户，减少4.8万户；移动电话用户数249.6万户，减少10.5万户。互联网用户数249.9万户，增加31.1万户。

全年共接待旅游总人数3441.72万人次，比上年增长17.7%，其中接待境外旅游人数25.71万人次，增加2.8%；实现旅游总收入463.57亿元，增长24.7%，其中旅游创汇10.71亿元，增长28.7%。

【金融和保险】2016年，南平市全市金融机构本外币各项存款余额1577.90亿元，比上年增长11.4%；各项贷款余额1172.09亿元，增长7.0%。人民币各项存款余额1568.67亿元，增长11.2%；各项贷款余额1168.76亿元，增长7.1%。人民币金融存贷比为134.2%，比上年提高4.9个百分点。

8

2016年龙岩市经济发展概况

【经济总量】2016年，龙岩市全年实现地区生产总值（GDP）1895.67亿元，按可比价格计算，比上年增长8.1%。其中，第一产业增加值223.56亿元，增长3.7%；第二产业增加值966.99亿元，增长7.4%；第三产业增加值705.12亿元，增长10.5%；人均地区生产总值72354元，比上年增长7.3%。三次产业结构由2015年的11.5∶52.7∶35.8调整为2016年的11.8∶51.0∶37.2。

【农业】2016年，龙岩市全年农林牧渔业完成总产值378.03亿元，比上年增长3.8%。其中，农业产值163.92亿元，增长3.6%；林业产值46.62亿元，增长5.0%；牧业产值144.49亿元，增长3.1%；渔业产值14.67亿元，增长6.7%；农林牧渔服务业产值8.33亿元，增长5.5%。

【工业和建筑业】2016年，龙岩市全部工业增加值766.27亿元，比上年增长7.5%，其中，规模以上工业增加值579.62亿元，增长7.4%（见表3）。工业产品销售率97.81%，比上年下降0.1百分点。

全社会建筑业实现增加值200.72亿元，比上年增长6.8%（可比价）。全市资质等级以上的总承包和专业承包建筑企业完成建筑业总产值734.5亿元，增长10.8%；房屋建筑施工面积1925.3万平方米，增长10.4%；房屋建筑竣工面积228.64万平方米，下降2.9%。

【固定资产投资】2016年，龙岩市500万元以上固定资产投资2188.04亿元，增长15.2%。其中，第一产业投资增长73.4%，第二产业投资增长4.5%，其中工业投资增长5.4%，第三产业投资增长20.5%。。

【科学技术】2016年，龙岩市全市启动实施市本级科技计划项目118个，下达科技项目经费2900万元；新启动实施省级以上项目40个，争取科技项目经费2387万元。新增省级（企业）工程技术研究中心1家、累计26家。全市高新技术企业通过认定35家、累计90家，增长26.7%，省级创新型企业新增3家、累计35家（国家级1家）。年度牵头完成科技成果获省科技奖7项。全市专利申请受理9569件（含发明专利申请2219件），专利授权4138件（含发明专利授权241件），分别比上年增长104.77%和50.75%，增幅均居全省第一，全市拥有有效发明专利811件，每万人发明专利拥有量3.084件。获第十八届中国专利奖优秀奖1项，获省专利奖3项（一等奖1项，三等奖2项）、全市评审专利奖25项。

【国内贸易和对外经济】2016年，龙岩市全年社会消费品零售总额729亿元，比上年增长14.0%，扣除价格因素，实际增长12.3%。按构成分组，限额以上企业商品零售额426.53亿元，增长18.1%；限额以下企业商品零售额302.47亿元，增长8.7%。按商品形态分组，餐饮收入71.85亿元，增长15.2%；商品零售额657.16亿元，增长13.9%。

全年进出口总额248.5亿元，比上年增长8.0%。其中，进口92亿元，增长30%；出口156.5亿元，下降1.8%。

【交通、邮电和旅游】2016年，龙岩市全市交通运输、仓储和邮政业实现增加值111.02亿元，比上年增长4.1%。全市公路货物运输周转量11.57亿吨公里，增长7.0%；公路旅客运输周转量12.08亿人公里，增速与上年持平。

全年邮政业务总量7.38亿元，比上年增长40.9%。年末全市固定及移动电话用户总数达317.43万户，增加14.16万户。其中：固定电话用户达57.1万户，增加6.7万户；移动电话用户达260.33万户，增加7.44万户。互联网用户达183.3万户，增加119.1万户。

全年旅游总收入253.42亿元，比上年增长29.1%，其中，国内旅游收入247.69亿元，增长28.6%；旅游外汇收入0.86亿美元，增长43.9%。全年接待旅游总人数3059.12万人次，比上年增长20.8%。其中，国内旅游人数3045.22万人次，增长20.7%；接待入境游客13.9万人次，增长40.9%。

【金融和保险】2016年年末，龙岩市全市金融机构本外币各项存款余额1763.93亿元，比上年末增长11.6%；金融机构本外币各项贷款余额1454.14亿元，增长5.6%。

全市保险企业各项保费收入50.74亿元，比上年增长16.8%，其中，财产险保费收入18.35亿元，增长4.8%；人寿险保费收入32.4亿元，增长24.9%。全年财产险赔款支出9.58亿元，增长3.2%；人寿险赔款支出5.56亿元，增长33.6%。

9

2016年宁德市经济发展概况

【经济总量】2016年，宁德市全年实现地区生产总值（GDP）1623.22亿元，比上年增长7.5%。其中，第一产业增加值285.94亿元，增长3.9%；第二产业增加值808.27亿元，增长7.5%；第三产业增加值529.01亿元，增长9.3%。人均地区生产总值56362元，比上年增长6.7%。

【农业】2016年，宁德市全年农林牧渔业完成总产值503.44亿元，比上年增长4.0%。粮食种植面积190.01万亩，比上年减少4.93万亩，其中稻谷面积112.35万亩，减少5.99万亩；油料种植面积4.75万亩，增加0.23万亩；蔬菜种植面积123.62万亩，增加0.91万亩。

【工业和建筑业】2016年，宁德市全年全部工业增加值664.72亿元，比上年增长7.9%。规模以上工业增加值增长8.2%，增幅与莆田市并列位居全省首位。在规模以上工业中：分经济类型看，国有及国有控股企业增长8.0%，集体企业增长14.6%，股份制企业增长6.3%，外商及港澳台投资企业增长37.8%，私营企业增长4.4%；分轻重看，轻工业增长18.6%，重工业增长3.5%；分门类看，采矿业下降12.8%，制造业增长8.0%，电力、热力、燃气及水生产和供应业增长10.9%。全市规模以上工业企业达1344家，其中产值超亿元企业519家，比上年减少21家。

全年全社会建筑业实现增加值145.04亿元，比上年增长5.9%。全市具有资质等级的总承包和专业承包建筑企业完成建筑业竣工产值106.80亿元，下降28.5%；房屋建筑施工面积1384.87万平方米，下降10.6%；房屋建筑竣工面积266.79万平方米，下降44.1%。

【固定资产投资】2016年，宁德市全市完成固定资产投资1225.15亿元，下降2.6%。其中，项目投资完成1046.11亿元，增长2.5%。在固定资产投资中，第一产业投资32.93亿元，比上年下降8.3%；第二产业投资351.20亿元，下降14.9%，其中工业投资351.75亿元，下降14.4%；第三产业投资841.02亿元，增长3.8%。民间固定资产投资561.00亿元，下降24.1%，占固定资产投资的比重为45.8%。

【科学技术】2016年，宁德市全市拥有科技型企业281家，省级创新型企业52家、创新型试点企业25家；知识产权优势企业118家，其中省级知识产权优势企业37家，国家级知识产权优势企业18家。全市专利申请量3308件，比上年增长46.1%；专利授权1647件，比上年下降9.6%。全年新认定中国驰名商标5件，驰名商标总数达44件，居全省设区市第四位，实现各县（市、区）全覆盖；新增福建省著名商标37件，总数达249件；新认定宁德市知名商标55件，总数达548件。新核准地理标志证明商标8件，全市地理标志证明商标总数达到60件，继续居全国设区市前列。全市注册商标总数达到23222件。全年共免费检定计量器具0.72万台件。

【国内贸易和对外经济】2016年，宁德市全年社会消费品零售总额512.35亿元，比上年增长10.1%。按消费形态统计，商品零售额463.47亿元，增长10.6%；餐饮收入额48.88亿元，增长5.6%。

全年进出口总额40.46亿美元，比上年下降4.7%。其中，出口34.18亿美元，下降12.1%；进口6.28亿美元，增长105.2%。进出口差额（出口减进口）27.90亿美元，比上年减少8.06亿美元。

【交通、邮电和旅游】2016年，宁德市全年交通运输、仓储和邮政业实现增加值78.02亿元，比上年增长4.9%。公路通车里程11569.48公里，其中等级公路10655.80公里，高速公路451.11公里。

全年完成邮电业务总量80.80亿元，比上年增长41.9%。其中，邮政业务总量8.94亿元，增长30.6%；电信业务总量71.86亿元，增长43.4%。邮政业全年完成邮政函件业务293.87万件，包裹业务4.4万件，快递业务量3440.96万件。年末全市电话用户总数334.41万户，本年累计增加2.29万户，其中：固定电话用户49.09万户，减少0.57万户；移动电话用户285.32万户，增加2.86万户。

全年接待游客总人数2209.21万人次，比上年增长20.2%，旅游总收入195.23亿元，增长29.9%。其中，接待国内旅游人数2205.92万人次，增长20.2%；接待入境旅游人数3.29万人次，增长31.5%。

【金融和保险】2016年年末，宁德市全市金融机构本外币各项存款余额1364.33亿元，比上年末增长11.9%；金融机构本外币各项贷款余额1493.69亿元，增长6.6%。

各类保险公司保费收入40.87亿元，比上年增长18.5%。其中寿险保费收入30.10亿元，比上年增长22.6%；财产险保费收入10.77亿元，比上年增长8.1%。支付各类赔款及给付17.40亿元，其中寿险业务给付11.52亿元；财产险赔款5.89亿元。

江西省

｜南昌市｜景德镇市｜萍乡市｜九江市｜新余市｜鹰潭市｜赣州市｜吉安市｜
｜宜春市｜抚州市｜上饶市｜

1

2016年南昌市经济发展概况

【经济总量】2016年，南昌市全年实现地区生产总值（GDP）4354.99亿元，按可比价格计算，比上年增长9.0%。其中南昌县超600亿元，完成666.71亿元；青山湖区超500亿元，完成539.03亿元；超400亿元县区3个，为高新区、西湖区、东湖区，分别完成496.66亿元、465.06亿元、471.69亿元。全市三次产业结构调整为4.2∶53.0∶42.8。人均生产总值81598元，按年均汇率折算为12285美元，按可比价格计算，增长7.6%。在全市地区生产总值中，非公有制经济实现增加值2397.66亿元，按可比价格计算，增长10.2%。

【农业】2016年，南昌市全年完成农林牧渔及服务业现价总产值319.06亿元，比上年增长4.0%。其中，农业产值126.22亿元，增长5.0%；林业产值4.05亿元，增长7.7%；牧业产值108.27亿元，2.7%；渔业产值73.62亿元，增长3.4%；农林牧渔服务业产值6.9亿元，增长8.6%。

【工业和建筑业】2016年，南昌市全年完成规模以上工业增加值1611.50亿元，同比增长9.2%。分经济类型看，国有企业增加值141.37亿元，增长17.6%；集体企业增加值0.71亿元，增长9.9%；股份制企业增加值789.12亿元，增长9.2%；股份合作企业增加值3.92亿元，增长1.7%；私营企业增加值289.93亿元，增长6.7%；外商投资企业增加值295.70亿元，增长8.0%。全市规模以上工业34个工业大类中计算机、通信和其他电子设备制造业，汽车制造业，通用设备制造业，农副食品加工业等16个行业增速高于全市平均水平。

全年建筑业总产值2832.28亿元，同比增长9.0%。全市共有资质以上建筑业企业527家，全年完成施工产值2586.88亿元，同比增长8.3%；施工面积1525.93万平方米，同比增长2.6%；竣工面积6003.29万平方米，同比增长5.4%。

【固定资产投资】2016年，南昌市全市500万元以上固定资产投资完成4540.26倔元，比上年增长13.5%，其中，工业投资1625.86亿元，增长4.7%；房地产开发投资674.60亿元，增长39.0%。全年全市投资施工项目8165个，其中新开工项目6923个。

【科学技术】2016年，南昌市全市新认定高新技术企业184家，累计拥有高新技术企业436家。累计拥有国家级工程技术研究中心5家、重点实验室4家；累计拥有省级工程技术研究中心93家、重点实验室87家；获得国家技术发明奖1项，国家科技进步奖5项；省级技术成果90项。2016年，全市专利申请量16184件，专利授权量8592件，分别比上年增长68.55%和36.88%。全年登记技术全同1079项，技术合同成交金额39.13亿元，比上年增长29%。全市新增省级产业技术创新联盟1家，省级产业技术创新联盟18家。

【国内贸易和对外经济】2016年，南昌市全市实现社会消费品零售总额（法人口径）1868.00亿元，比上年11.8%。按城乡分，城镇实现零售额1745.90亿元，增长11.6%；农村实现零售额122.11亿元，增长13.8%，城乡消费市场同步发展。分行业看，批发和零售业实现零售额1737.66亿元，增长11.8%；住宿和餐饮业实现零售客130.35亿元，增长11.8%。

全市地区内企业（含中央、省属公司）实现进出口总值94.07亿美元，比上年下降17.28%。其中，出口值57.84亿美元，下降31.97%；进口值36.24亿美元，增长26.23%。分贸易方式看，一般贸易出口43.47亿美元，同比下降32.93%；加工贸易出口13.75亿美元，同比下降8.58%。分重点商品看，高新技术产品出口13.9亿美元，下降15.28%，占全市比重24.03%；机电产品出口28.78亿美元，下降29.11%

【交通、邮电和旅游】2016年，南昌市全年铁路、分路完成旅客运输量6127万人，比上年增长2.8%；完成货物运输量12372万吨，增长6.3%。昌北机场旅客吞吐量786.4万人次，比上年增长5.0%；货邮吞吐量5.1万吨，与上年持平。

全年完成邮电业务总量99.33亿元，比上年增长10.0%。其中，邮政业务总量31.4亿元，增长50.5%；电信业务总量67.93亿元，下降2.2%。快递业务收入19.44亿元，发送快递17150万件，其中国内同城快递2926件、国内异地快递14059万件、国际及港澳台快递164万件。订销报刊累计数9203万份。年末全市固定电话用户102万户，下降4.7%；移动电放用户625万户，增长2.6%；互联网宽带接入用户数143万户，增长11.7%。年末移动电话交换机容量达1191万户，减少246万户。

全年旅游总人次8310.1万人，同比增长50%。旅游综合收入816.8亿元，同比增长51.8%。截至2016年末，全市拥有星级宾馆（饭店）51家；拥有旅行社218家，其中出境组团社41家。

【金融和保险】2016年，南昌市全市金融机构本外币各项存款余额为9627.56亿元，比年初12.8%。其中，非金融企业存款3810.11亿元，增长8.9%；住户存款2770.05亿元，增长10.0%。金融机构本外币各项贷款余额为8707.23亿元，比年初增长15.2%。其中，短期贷款2515.70亿元，下降3.5%；中长期贷款5823.03亿元，增长25.2%。全市金融机构人民币各项存款余额为9503.00亿元，比年初增长13.9%；金融机构人民币各项贷款余额为8604.57亿元，比年初增长16.7%。

全市共有保险公司43家。全年实现保费收入152.71亿元，比上年增长22.3%。其中，财产保险45.73亿元，增长9.1%；人寿保险90.60亿元，增长26.7%。全年赔款及给付49.47亿元，增长13.0%。其中，财产保险23.53亿元，增长21.2%；人寿保险19.35亿元，下降3.1%。

2

2016年景德镇市经济发展概况

【经济总量】2016年，景德镇市全年实现地区生产总值（GDP）840.15亿元，比上年增长8.6%。其中，第一产业增加值61.94亿元，增长4.2%；第二产业增加值466.51亿元，增长7.9%；第三产业增加值311.70亿元，增长10.5%。第一产业增加值占地区生产总值的比重为7.4%，第二产业增加值占比为55.5%，第三产业增加值占比为37.1%。非公有制经济增加值469.22亿元，比上年增长8.6%，占地区生产总值比重55.8%。

【农业】2016年，景德镇市全年粮食种植面积97022公顷，比上年增加1649公顷。棉花种植面积1087公顷，减少9公顷。油料种植面积25018公顷，减少38公顷。糖料种植面积1049公顷，减少3公顷。

【工业和建筑业】2016年，景德镇市全年全部工业增加值408.48亿元，比上年增长8.0%。规模以上工业增加值276.38（不含军工涉密企业）亿元，增长8.5%。在规模以上工业中，分经济类型看，国有企业下降8.9%，集体企业增长0.8%，股份制企业增长8.0%，外商及港澳台商投资企业增长4.4%，其他经济类型企业增长9.2%。

全年全社会建筑业增加值58.03亿元，比上年增长7.2%。

【固定资产投资】2016年，景德镇市全年完成固定资产投资783.64亿元，比上年增长13.4%。其中，民间投资603.23亿元，增长5.0%，占固定资产投资的比重为77.0%。在固定资产投资中，第一产业投资8.64亿元，比上年增长68.1%；第二产业投资529.00亿元，增长8.5%；第三产业投资246.00亿元，增长24.1%。

【国内贸易和对外经济】2016年，景德镇市全年社会消费品零售总额300.61亿元，比上年增长11.5%。按经营地统计，城镇消费品零售额264.17亿元，增长12.0%；乡村消费品零售额36.44亿元，增长10.7%。

全年货物进出口总额6.66亿美元，比上年下降17.0%。其中，出口6.45亿美元，下降16.7%；进口0.21亿美元，下降24.1%。进出口差额（出口减进口）6.24亿美元。生产型出口总额5.3亿美元，下降7.9%。

【交通、邮电和旅游】2016年，景德镇市全年货物运输总量3120.18万吨，比上年增长6.0%。客运总量1859.33万人次，比上年下降0.1%。

全年接待国内外游客人数3981.37万人次，比上年增长27.9%；其中，境外旅游人数43.76万人次，增长3.1%。旅游总收入359.26亿元，增长37.5%；其中，旅游创汇1.94亿美元，增长18.1%。

【金融和保险】2016年年末，景德镇市全市金融机构本外币各项存款余额949.00亿元，比年初增加133.90亿元；其中人民币各项存款余额940.47亿元，增加129.54亿元。金融机构本外币各项贷款余额574.33亿元，增加74.55亿元；其中人民币各项贷款余额574.32亿元，增加75.24亿元。

3

2016年萍乡市经济发展概况

【经济总量】2016年，萍乡市全年实现地区生产总值（GDP）998.28亿元，比上年增长9.1%。其中，第一产业增加值68.66亿元，增长3.8%；第二产业增加值549.04亿元，增长7.9%；第三产业增加值380.58亿元，增长11.9%。三次产业对经济增长的贡献率分别为2.9%、49.2%、47.9%。人均生产总值52330元，增长8.4%。三次产业结构调整为6.9：55.0：38.1，第三产业占比较上年提高1.7个百分点。非公有制经济实现增加值633.25亿元，增长9.2%，占GDP的比重为63.4%。

【农业】2016年，萍乡市全年肉类总产量14.31万吨，比上年下降3.2%。其中，猪肉产量11.71万吨，下降4.7%；牛肉产量0.20万吨，增长6.3%；羊肉产量0.42万吨，增长10.2%。禽蛋产量1.0万吨，增长5.4%。年末生猪存栏71.92万头，下降3.9%；生猪出栏143.36万头，下降4.1%。水产品产量4.25万吨，增长3.1%。

【工业和建筑业】2016年，萍乡市全年全部工业完成增加值492.79亿元，比上年增长8.1%，占生产总值比重为49.4%。其中，规模以上工业增加值436.27亿元，增长8.5%。

全年资质等级以上建筑业企业实现总产值103.71亿元，比上年增长9.2%；全社会建筑业增加值56.25亿元，增长6.5%。

【固定资产投资】2016年，萍乡市全年固定资产投资1162.86亿元，比上年增长13.3%。分产业看，第一产业投资25.20亿元，下降37.7%；第二产业投资825.83亿元，增长23.9%；第三产业投资311.83亿元，下降2.5%。分投资主体看，国有经济投资130.12亿元，增长1.2%；非国有投资1032.74亿元，增长15.0%，其中民间投资1007.33亿元，增长13.7%。

【科学技术】2016年年末，萍乡市拥有省工程（技术）研究中心15家。全年通过省级科技主管部门鉴定的科技成果17项，新产品46项，成果6项。全年受理专利申请2278件，增长61.3%；授权专利1480件，增长92%。全年技术市场合同成交金额42187万元。高新技术产业增加值190.22亿元，增长2.3%，占规上工业增加值43.6%。

【国内贸易和对外经济】2016年，萍乡市全年社会消费品零售总额338.08亿元，比上年增长11.0%。分城乡看，城镇消费品零售额279.38亿元，增长10.8%；乡村消费品零售额58.69亿元，增长11.7%。分行业看，批发业零售额48.08亿元,增长5.1%；零售业零售额244.33亿元,增长11.8%；住宿业零售额3.10亿元，增长9.6%；餐饮业零售额42.57亿元，增长13.6%。

全年进出口总额92.92亿元，比上年增长18.3%。其中，出口91.82亿元，增长18.0%。全年新批外商投资企业47家，实际使用外商直接投资3.37亿美元，增长9.5%。利用省外项目资金实际进资429.03亿元，增长12.1%。

【交通、邮电和旅游】2016年，萍乡市全年铁路旅客发送量326.3万人，比上年增长5.7%；货物发送量1132.1万吨，比上年增长7.2%。全年公路社会客运量6322万人，比上年下降0.6%，社会客运周转量110722万人公里，比上年下降0.9%，社会货运量3266万吨，比上年增长6.4%，社会货运周转量552678万吨公里，比上年增长4.1%。

全年邮电业务总量36.04亿元，比上年增长54.0%。其中，邮政业务量3.14亿元，增长48.9%；电信业务量32.9亿元，增长54.5%。年末固定电话用户23万户。年末移动电话用户总数为148万户。年末互联网用户数36万户，增长12.5%。

全年接待国内旅游人数3415.79万人次，比上年增长24.5%；国内旅游收入262.11亿元，增长34.2%。接待入境旅游人数8.22万人次，增长2.2%；旅游外汇收入1.73亿元，增长1.1%。

【金融和保险】2016年年末，萍乡市金融机构人民币存款余额941.58亿元，比上年末增长19.1%。其中，住户存款余额513.50亿元，增长12.0%；非金融企业存款278.35亿元，增长49.4%。金融机构贷款余额617.93亿元，增长14.6%。其中，短期贷款251.08亿元，下降1.8%；中长期贷款332.44亿元，增长32.5%。

全年保险公司保费收入22.62亿元,比上年增长17.5%。其中财险保费收入7.54亿元，增长14.2%；寿险保费收入15.08亿元，增长19.2%。全年共支付赔款9.56亿元。

4

2016年九江市经济发展概况

【经济总量】2016年，九江市全年实现地区生产总值（GDP）2096.13亿元，比上年增长9.4%。其中第一产业增加值152.67亿元，增长4.1%；第二产业增加值1088.9亿元，增长8.6%；第三产业增加值854.56亿元，增长11.5%。经济结构进一步优化，三次产业结构调整为7.3：51.9：40.8，第三产业占比较上年提高1.5个百分点；三次产业对经济增长的贡献率分别为3.3%、48.7%和48%。全市人均生产总值43338元，增长8.9%。

【农业】2016年，九江市全年粮食作物播种面积28.65万公顷，增长3.1%；粮食产量172.59万吨，增长4.1%。油料作物播种面积12.93万公顷，下降2.4%；油料产量21.71万吨，下降4.6%。棉花播种面积2.99万公顷，下降51.2%；棉花产量4.47万吨，下降48.9%。

【工业和建筑业】2016年，九江市全年规模以上工业实现增加值1115.73亿元，同比增长9.3%。五大主导产业实现增加值821.08亿元，同比增长9.9%，占全市规模以上工业增加值的比重为73.6%；五大战略性新兴产业实现增加值425.68亿元，同比增长9.1%，占全市规模以上工业增加值的比重为38.2%。

全年实现全社会建筑业增加值169.92亿元，增长6.5%。全年资质内建筑业企业完成总产值398.83亿元，增长12.9%。房屋建筑施工面积1276.07万平方米，比上年减少225.71万平方米；房屋竣工面积800.32万平方米，比上年减少55.3万平方米。

【固定资产投资】2016年，九江市全年固定资产投资2428.58亿元，比上年增长14.6%。分产业看，第一产业投资28.16亿元，增长104.6%；第二产业投资1863.21亿元，增长20.7%；第三产业投资537.21亿元，下降3.8%。非国有投资2141.74亿元，增长14.7%。全市亿元以上重大项目完成投资2202.86亿元，增长24.1%；其中亿元以上新开工项目完成投资855.59亿元，增长12.3%。

【科学技术】2016年，九江市全市县以上独立研究开发机构13个。全市共组织实施市级以上各类科技计划项目281项，其中省级185项，市级96项，市本级科技三项经费投入2100万元,增长7.4%。全年受理专利申请5036件，授权专利3033件。全市高新技术产业增加值299.98亿元。

【国内贸易和对外经济】2016年，九江市全年实现社会消费品零售总额656.78亿元，比上年增长13.0%，其中限额以上消费品零售额303.96亿元，增长16.8%。分城乡看，城镇实现社会消费品零售总额507.69亿元，增长12.8%；乡村实现社会消费品零售总额149.09亿元，增长13.5%。分行业看，住宿餐饮业实现零售额95.89亿元，增长13.9%；批发零售业实现零售额560.89亿元，增长12.8%。

2016年全年进出口总额347.82亿元，比上年下降6.1%。其中出口284.31亿元，下降6.7%。

【交通、邮电和旅游】2016年，九江市全年旅客运输量9898万人，比上年下降0.2%，其中，公路旅客运输量8820万人，下降0.6%；铁路旅客运输量1034万人，增长3.9%。货物运输量13355万吨，比上年增长8.3%，其中，公路货物运输量10768万吨，增长6.4%；铁路货物运输量1147万吨，增长48.2%。

全年完成邮电业务收入32.07亿元，增长6.6%。年末电话数70.13万户，下降2.8%；其中市内电话34.24万户，下降10.2%；农村电话18.28万户，下降38.1%。年末移动电话用户374.53万户，增长0.2%。互联网用户达95.08万户，增长21.9%。

全年接待旅游总人数12100.48万人次，增长15.2%。其中境外游客38.2万人次，增长4.8%；国内游客12062.28万人次，增长15.3%。全年旅游总收入为1129.85亿元，增长22.5%；其中外汇收入1.53亿美元，增长4.8%。

【金融和保险】2016年年末，九江市全市金融机构人民币存款余额2593.81亿元，比年初增加420.47亿元，其中住户存款余额1324.39亿元，比年初增加131.21亿元；非金融企业存款余额767.25亿元，比年初增加224.4亿元；广义政府存款495.42亿元，比年初增加67.21亿元。金融机构各项贷款余额1754.58亿元，比年初增加302.69亿元，其中住户贷款余额为745.34亿元，比年初增加117.68亿元；非金融企业及机关团体贷款余额为1009.22亿元，比年初增加185.03亿元。

全年保险公司保费收入55.38亿元，增长14.0%。其中财产保险保费收入17.62亿元，增长14.6%；人寿保险保费收入37.76亿元，增长13.7%。赔款支出16.49亿元，增长17.9%。其中财产保险赔款支出8.82亿元，增长23.9%；人寿保险赔款支出7.67亿元，增长11.6%。

5

2016年新余市经济发展概况

【经济总量】2016年，新余市全年实现地区生产总值（GDP）1028.17亿元，比上年增长8.6%。其中，第一产业增加值58.95亿元，增长4.1%；第二产业增加值564.70亿元，增长8.3%；第三产业增加值404.52亿元，增长9.6%。人均生产总值87731元，增长7.8%。三次产业对经济增长的贡献率分别为2.9%、53.9%和43.2%。三次产业结构调整为5.7：54.9：39.4。非公有制经济增加值597.61亿元，增长9.1%，占GDP的比重达58.1%。

【农业】2016年，新余市全年粮食种植面积99210公顷，比上年下降0.6%。其中，谷物种植面积92472公顷，下降0.6%。豆类种植面积3980公顷，下降2.6%。薯类种植面积2758公顷，增长1.8%。油料种植面积11093公顷，下降1.3%。蔬菜种植面积11420公顷，下降2.3%。棉花种植面积2216公顷，下降12.0%。甘蔗种植面积44公顷，下降2.2%。

【工业和建筑业】2016年，新余市全年全部工业增加值493.16亿元，比上年增长8.7%，占地区生产总值比重为48.0%，比上年下降0.6个百分点。

全年全社会建筑业增加值71.54亿元，增长5.2%，占地区生产总值比重为7.0%。全市具有资质以上建筑业企业实现总产值137.88亿元。年末具有一级总承包资质的建筑企业15家，比上年增加5家。

【固定资产投资】2016年，新余市全年500万元以上项目完成固定资产投资（不含农户）921.32亿元，增长12.0%。分产业看，第一产业投资38.91亿元，下降43.4%；第二产业投资540.73亿元，增长28.9%；第三产业投资341.68亿元，增长2.2%。分投资主体看，国有经济投资196.04亿元，下降22.9%；非国有经济投资725.27亿元，增长27.6%，其中民间投资682.18亿元，增长23.7%。

【科学技术】2016年，新余市年末拥有国家工程技术研究中心1个，省工程技术研究中心10个，高新技术企业69家。全年获省部级以上科技成果10项，通过省级科技主管部门鉴定的科技成果7项。全年受理专利申请2074件，增长6.5%；授权专利1377件，增长5.4%。高新技术产业增加值104.23亿元，占地区生产总值的比重达10.1%。

【国内贸易和对外经济】2016年，全年社会消费品零售总额239.95亿元，增长11.7%。按城乡分，城镇消费品零售额211.24亿元，增长11.6%；乡村消费品零售额28.71亿元，增长12.1%。按消费类型分，餐饮收入56.61亿元，增长11.5%；商品零售183.34亿元，增长11.8%。

全年外贸进出口总额123.63亿元，增长10%。其中，出口84.34亿元，增长7.7%；进口39.29亿元，增长15.1%。

【交通、邮电和旅游】2016年，新余市全年铁路、公路、水运旅客运输量1600.91万人，增长1.4%；货物运输量17063.13万吨，增长6.5%。

全年完成邮电业务总量29.65亿元，增长56.8%。其中邮政业务量2.15亿元，电信业务量27.5亿元。年末全市固定电话用户12.86万户，移动电话用户109.02万户。互联网用户数达29.11万户，增长23.6%。全市快递服务企业业务量597.19万件，增长40.5%；快递业务收入6436.55万元，增长15.9%。

全年接待国内旅游人数1576.8万人次，增长21.3%；国内旅游收入139.21亿元，增长20.8%。接待入境旅游人数30012人次，增长6.1%；旅游外汇收入880.25万美元，增长4.6%。中国洞都成功创建国家4A级旅游景区，凯光亚热带植物园、昌坊旅游度假村列为省级乡村旅游点。

【金融和保险】2016年年末，新余市全市金融机构本外币各项存款余额968.86亿元，比上年末增长6.9%；其中人民币各项存款余额959.21亿元，增长6.3%。年末金融机构本外币各项贷款余额714.68亿元，增长6.9%；其中人民币各项贷款余额714.37亿元，增长7.5%。年末城乡居民人民币储蓄存款余额447.54亿元，增长11.1%。

年末拥有保险公司24家，其中寿险公司12家，财产险公司12家。全年保费收入21.05亿元，增长26.7%。其中，寿险保费收入14.65亿元，增长35.7%；财产险保费收入6.40亿元，增长9.9%。支付各类赔款及给付7.57亿元，增长1.7%。其中，寿险给付4.33亿元，增长0.8%；财产险赔款3.24亿元，增长2.8%。

6

2016年鹰潭市经济发展概况

【经济总量】2016年，鹰潭市全年实现地区生产总值（GDP）695.35亿元，按可比价格计算，比上年增长8.8%。其中：第一产业增加值52.8亿元，增长4.2%；第二产业增加值404.55亿元，增长8.0%；第三产业增加值237.99亿元，增长11.3%。三次产业对经济增长的贡献率分别为3.7%、54%和42.3%。人均生产总值达到60136元，增长8.2%。产业结构进一步优化。三次产业结构由上年的7.7：59.4：32.9调整为7.6：58.2：34.2，第三产业占比提高了1.3个百分点。

【农业】2016年，鹰潭市全年实现农林牧渔业总产值84.73亿元，按可比价计算，增长4.2%。粮食产量实现"十三连丰"，全年粮食播种面积12.18万公顷，粮食产量73.72万吨，比上年增加0.72万吨，增长1.0%；其中，稻谷70.69万吨，增长1.0%。油料作物产量2.87万吨，增长4.8%；蔬菜及食用菌产量27.63万吨，增长3.1%。

【工业和建筑业】2016年，鹰潭市全年规模以上工业增加值330.87亿元，增长8.4%。分企业类型看，国有企业91.85亿元，下降2.8%；股份制企业141.66亿元，增长10.1%；私营企业90.12亿元，增长19.2%；外商及港澳台投资企业7.24亿元，增长11.1%。分轻重工业看，轻工业59.9亿元，增长3.7%；重工业271亿元，增长9.5%。分产业看，铜产业230.4亿元，增长9.3%；非铜产业100.50亿元，增长6.3%。分行业看，在统计的28个行业大类中，有17个行业的增加值实现了增长。在六大重点行业中，有色金属冶炼及压延加工业223.57亿元，增长9.9%；电气机械及器材制造业28.55亿元，增长17.9%；电力热力的生产和供应业14.33亿元，下降12.6%；烟草制品业11.37亿元，下降13.3%；仪器仪表制造业9.85亿元，增长7.8%；化学原料和化学制品制造业6.79亿元，增长4.7%。

全年具有建筑资质等级的建筑业企业40家，实现建筑业增加值34.86亿元，增长8.3%。全年房屋建筑施工面积205.9万平方米，下降3.7%；房屋建筑竣工面积134.64万平方米，增长11.0%。

【固定资产投资】2016年，鹰潭市全年固定资产投资（不含农户）604.16亿元，增长13.7%。分投资主体看，国有经济投资182.78亿元，增长5.8%，非国有投资421.38亿元，增长17.5%，其中民间投资418.32亿元，增长16.8%。分产业看，第一产业投资19.34亿元，下降10.5%；第二产业投资351.82亿元，增长22.2%；第三产业投资233.01亿元，增长4.9%。分行业看，农林牧渔业投资下降4.8%，制造业增长26.6%，电力、热力、燃气及水的生产和供应业下降19.4%，交通运输、仓储和邮政业增长208.6%，信息传输、软件和信息技术服务业增长43.8%，租赁和商务服务业增长257.1%。

【科学技术】2016年，鹰潭市全年争取国家级各类科技项目立项2项，省级各类科技项目立项50项。

全年荣获全省科技进步三等奖2项，市级科技主管部门鉴定的科技成果21项，评审出市级科技成果奖21项。全年专利申请量2945件，增长85.7%，专利授权量1963件，增长64.8%。年末现有国家级工程技术研究中心2个，省级工程技术研究中心12个，新增2个，市级工程技术研究中心34个，新增8个。年末现有国家级科技创新平台7个，新增2个，省级科技创新平台33个，新增9个。年末现有省高新技术产业化基地2个，省技术创新联盟2个。年末高新技术产业中共有规模以上企业58户，实现高新技术产业增加值104亿元，占全市GDP比重为15%，比上年提高5.4个百分点。全年科技进步对GDP贡献率达到56%，较上年提高1.0个百分点。

【国内贸易和对外经济】2016年，鹰潭市全年社会消费品零售总额194.66亿元，增长12.8%。其中限额以上消费品零售额65.75亿元，增长16.7%。按经营地统计，城镇消费品零售额173.99亿元，增长12.8%；乡村消费品零售额20.67亿元，增长13.1%。按消费类型统计，限上贸易单位实现商品零售额61.98亿元，增长17.4%；餐饮收入额3.77亿元，增长7.4%。全年限上单位通过网络实现零售额162.4亿元，增长204.3%。

全年进出口总额233.55亿元，增长5.5%。其中，进口180.13亿元，增长10.9%；出口53.42亿元，下降9.4%。

【交通、邮电和旅游】2016年，鹰潭市全年旅客运输量2524.7万人，下降0.6%，其中铁路旅客发送量511.83万人，下降0.8%；公路客运量1957万人，下降0.6%；水路客运量55.89万人，与同期持平。全年货物运输量4625.1万吨，增长4.3%，其中铁路货物发送量341.05万吨，下降9.7%；公路货运量3793万吨，增长6.4%；水路货运量491万吨，与同期持平。

全年邮政业务总量3.32亿元，增长42.8%。邮政业完成邮政函件业务26.01万件，包裹业务114.92万件，快递业务量1199.51万件，增长62.6%；快递业务收入1.06亿元，增长47.0%。年末电话交换机总容量153万门，固定电话用户数12.3万户，移动电话用户88.9万户，其中3G/4G用户数54.65万户。年末固定宽带入户数14万户，增长7.8%；移动宽带入户数26.95万户，增长36.1%。

全年接待国内旅游者3200万人次，增长27.8%，其中入境旅游者37.63万人次，增长21.5%；实现旅游总收入268.1亿元，增长34.1%，其中旅游创汇6735.96万美元，增长21.5%。

【金融和保险】2016年年末，鹰潭市金融机构人民币存款余额681.25亿元，比年初增加91.89亿元。其中，住户存款余额363.12亿元，比年初增加36.02亿元；非金融企业存款余额205.69亿元，比年初增加47.65亿元。年末金融机构人民币贷款余额531.74亿元，比年初增加80.03亿元。其中，住户贷款余额174.8亿元，比年初增加16.59亿元；非金融企业及机关团体贷款余额356.94亿元，比年初增加63.44亿元。

年末实有保险公司17家，其中财险公司8家，寿险公司9家。全年保险公司实现保费收入14.73亿元,增长7.4%。其中财产险保费收入4.8亿元，增长10.1%；寿险保费收入9.93亿元，增长6.3%。全年各类保险赔款给付4.81亿元，下降14.3%，其中财产险赔付2.3亿元，下降2.1%；寿险赔付2.51亿元，下降23.0%。

7

2016年赣州市经济发展概况

【经济总量】2016年，赣州市全年实现地区生产总值（GDP）2194.34亿元，比上年增长9.5%。其中，第一产业增加值320.12亿元，增长4.2%；第二产业增加值936.87亿元，增长8.9%；第三产业增加值937.35亿元，增长12.1%。三次产业结构由2015年的15.0：44.1：40.9调整至2016年的14.6：42.7：42.7。非公有制经济实现增加值1298.86亿元，增长9.6%，占GDP比重为59.2%。

【农业】2016年，赣州市全年粮食种植面积769.98万亩，比上年增加0.16万亩；烤烟面积17.68万亩，增加1.52万亩；蔬菜及食用菌类180.84万亩，增加8.88万亩；花生面积50.07万亩，减少0.1万亩。茶园面积20.26万亩，增加1.11万亩；果园面积247.81万亩，减少11.5万亩。其中，脐橙面积154.85万亩，减少1.91万亩。

【工业和建筑业】2016年，赣州市全年规模以上工业增加值847.9亿元，增长9.2%。在规模以上工业企业中，轻工业增加值346.37亿元，增长11.0%；重工业增加值501.53亿元，增长8.3%。分企业类型看，国有企业增加值57.41亿元，增长4.2%；集体企业增加值1.85亿元，增长17.3%；股份制企业增加值248.74亿元，增长8.7%；私营企业增加值343.05亿元，增长12.2%；外商投资及港澳台企业增加值195.96亿元，增长7.9%。

全市具有资质等级的总承包和专业承包建筑企业完成产值305.31亿元，比上年增长14.1%。全市建筑业企业上缴税收20.46亿元。

【固定资产投资】2016年，赣州市全年固定资产投资2205.51亿元，增长16.6%，其中工业投资808.59亿元，增长38.4%。分产业投资看，第一产业投资39.02亿元，比上年下降17.5%；第二产业投资808.57亿元，增长38.8%；第三产业投资1357.92亿元，增长7.6%。分企业类型看，国有企业投资630.69亿元，下降10.5%；有限责任公司投资849.59亿元，增长69.8%；股份有限公司投资44.35亿元，增长54.6%；私营企业投资577.69亿元，增长12.0%；港澳台企业投资49.42亿元，增长171.5%；外商投资25.57亿元,下降57.0%；个体经营投资3.34亿元，下降62.1%。

【科学技术】2016年，赣州市全年通过鉴定的科技成果15项，其中达到国内先进水平的8项。获省级科技成果奖7项，地区科技成果奖37项。受理专利申请13016项，批准授权专利5216项。

【国内贸易和对外经济】2016年，赣州市全年社会消费品零售总额790.24亿元，增长11.5%。按经营地统计，城市消费品零售额658.33亿元，增长11.5%；乡村消费品零售额131.91亿元，增长11.6%。

全年货物进出口总额411239万美元，比上年下降0.9%。其中，货物出口339080万美元，增长0.1%；货物进口72159万美元，下降5.4%。主要出口国家（地区）是：APEC成员国249952万美元，增长1.8%；美国93312万美元，增长11.0%；香港地区66831万美元，下降9.1%；东盟40256万美元，下降2.4%；欧盟（28国）36700万美元，下降2.8%；日本16341万美元，下降8.0%；马来西亚13152万美元，下降17.2%；韩国13617万美元，增长23.7%；德国8742万美元，下降9.3%；英国7764万美元，下降1.6%。主要出口产品有：机电产品出口12.5亿美元，增长1.8%；家具产品出口4.1亿美元，增长12.1%；高新技术产品出口3.0亿美元，下降9.9%；服装及衣着附件出口2.9亿美元，下降6.2%；集成电路出口2.2亿美元，下降14.9%；鞋类出口1.4亿美元，下降23.1%。

【交通、邮电和旅游】2016年，赣州市全年交通运输、仓储及邮政业增加值102.15亿元，比上年增长3.7%。全市公路通车里程30641.38公里。其中，高速公路（赣州境内）通车里程1441公里。

全年邮政业务总量14.28万元，增长43.4%；电信业务收入46.64亿元，增长7%。年末全市固定及移动电话用户总数达702.33万户，其中固定电话用户87.37万户，移动电话用户614.95万户。电话普及率81.8部/百人。互联网上网用户162.32万户，增加13.66万户。

全年入境旅游人数31.66万人次，比上年增长23.6%；旅游外汇收入1.03亿美元，增长29.5%。国内旅游人数6709.86万人次，增长40.5%。旅游总收入588.88亿元，增长50.9%。

【金融和保险】2016年年末，赣州市金融机构人民币各项存款余额4141.84亿元，比年初增加785.93亿元。其中，单位存款835.35亿元，增加131.79亿元；储蓄存款2342.27亿元，增加328.12亿元。各项贷款余额

2842.18亿元，比年初增加544.63亿元。其中，短期贷款1048.96亿元，增加54.49亿元；中长期贷款1677.95亿元，增加477.96亿元。存贷比68.6%，提高0.1个百分点。

全年实现保费收入96.76亿元。其中，财产险保费收入31.58亿元，人寿险保费收入65.18亿元。

8

2016年吉安市经济发展概况

【经济总量】2016年，吉安市全年实现地区生产总值（GDP）1461.37亿元，增长9.2%。分产业看，第一产业增加值233.21亿元，增长4.3%；第二产业增加值708.96亿元，增长9.1%；第三产业增加值519.20亿元，增长11.6%。三次产业结构为16.0：48.5：35.5。人均生产总值达到29772元，增长8.8%。非公有制经济增加值858.13亿元，增长9.5%，占GDP的比重达58.7%。

【农业】2016年，吉安市全年全市实现农林牧渔业总产值391.29亿元，增长4.4%。年末全市共有214个乡镇，乡村总户数103.23万户，乡村总人口404.68万人。乡村劳动力资源总数235.32万人，乡村从业人员203.93万人，外出(离乡)的从业人员108.33万人，其中出省从业的76.35万人。

【工业和建筑业】2016年年末，吉安市全市共有1163家规模以上工业企业，实现增加值760.8亿元，增长9.4%，实现总产值3317.66亿元，增长10.3%。在规模工业总产值中，按行业分，国有经济增长20.1%，集体经济增长16.4%，股份制经济增长11.2%，其他经济下降10.3%；按轻重工业分，轻工业增长10.0%，重工业增长9.8%。

全年全市全社会建筑业实现增加值110.82亿元，增长8.6%。

【固定资产投资】2016年，吉安市全年全市完成固定资产投资1710.16亿元，增长15%。全年全市施工项目1038个，新增固定资产900.16亿元。在固定资产投资中，国有投资451.25亿元，增长12.9%；非国有投资1258.91亿元，增长15.8%。第一产业完成投资55.18亿元，增长5.2%；第二产业完成投资1041.72亿元，增长18.3%；第三产业完成投资613.26亿元，增长10.7%。

【科学技术】2016年，吉安市全年全市申请专利4327件，增长27.9%；授权专利3524件，增长90.3%。

【国内贸易和对外经济】2016年，吉安市全年全市完成社会消费品零售总额448.66亿元，增长12.6%，其中限额以上社会消费品零售总额140.93亿元，增长16.0%。分城乡看，完成城镇消费品零售额357.93亿元，增长12.3%，其中城区295.41亿元，增长13.3%；完成乡村消费品零售额90.73亿元，增长13.9%。

全年全市进出口总额504599万美元，增长4%，其中出口425310万美元，增长1.4%。

【交通、邮电和旅游】2016年，吉安市全年全市交通运输、仓储和邮政业实现增加值59.34亿元。

2016年全年全市公路实现货物运输量10309万吨，增长6.4%，货运周转量4059987万吨公里，增长4.1%；发送旅客4744万人，下降0.5%，客运周转量322770万人公里，下降0.9%。铁路(吉安站)全年实际发送旅客429.3万人，增长10%，到达旅客430.2万人，增长4%；货物发送8.4万吨；货物到达334万吨，下降14%。

全年全市实现邮电主营业务收入28.79亿元，增长12.1%。年末全市固定电话用户数为41.24万部，移动电话用户数为355.01万户。

全年全市累计接待游客6436.17万人次，增长28.3%，实现旅游总收入568.12亿元，增长38.6%。其中：境外游客22.21万人次，增长4.9%，旅游外汇收入7446.8万美元，增长5.1%；国内游客6413.96万人次，增长

28.3%；国内旅游总收入563.06亿元，增长38.9%。

【金融和保险】2016年，吉安市全年全市实现金融业增加值58.58亿元，增长18.8%。年末全市金融机构人民币存款余额2292.16亿元，比年初增加353.53亿元；金融机构人民币贷款余额1273.20亿元，比年初增加217.84亿元。

9

2016年宜春市经济发展概况

【经济总量】2016年，宜春市全年实现地区生产总值（GDP）1770.4亿元，增长9.0%。三次产业结构比调整为14.0：50.9：35.1，服务业增加值占GDP的比重较上年提升了1.4个百分点。人均GDP达到32059元，按年均汇率（1美元=6.6423元人民币）折算为4826美元。非公经济活力持续增强。经初步核算，全市非公有制经济实现增加值1037.8亿元，增长9.6%，占GDP的比重为58.6%。

【农业】2016年，宜春市全年完成农业总产值440.63亿元，增长4.14%;粮食种植面积955.98万亩、同比微降，实现粮食总产量428.97万吨、下降0.08%;棉花种植面积13.14万亩、增长4.31%，棉花总产量1.24万吨、增长5.20%;油料作物总产22.19万吨，增长0.55%；年末生猪存栏346.87万头、下降5.55%，生猪出栏610.44万头、下降5.67%；年末牛存栏73.02万头、下降1.93%，牛出栏32.04万头、增长6.45%；年末羊存栏11.8万头、增长2.32%，羊出栏23.12万头、增长5.97%；家禽出笼4726.47万羽，增长4.38%；肉类总产量62万吨，下降2.65%；水产品产量37.74万吨，增长2.83%。

【工业和建筑业】2016年，宜春市全年规模以上工业增加值增长9.2%，其中轻重工业增加值都增长9.2%。全市建材、机电、食品、电力能源、医药、化工和纺织服装鞋革七大支柱行业工业增加值增长8.7%，占规模以上工业增加值比重达到75.8%；装备制造业增加值增长9.8%，占规模以上工业增加值的比重为18.2%;六大高耗能行业增加值增长8.7%，占规模以上工业增加值的比重为32.7%。

全年全社会建筑业增加值增长8.5%。全市具有建筑业资质等级的总承包和专业承包建筑业企业总产值增长15%；竣工产值增长13.9%，竣工率达71.2%。

【固定资产投资】2016年，宜春市全年500万元以上固定资产投资完成1821.4亿元，增长14.7%。其中第一、二、三产业分别完成投资62.7亿元、1064.9亿元和693.8亿元，依次增长6.4%、5.2%和34.3%。分投资主体看，国有投资297.4亿元，增长27.6%；非国有投资1524.0亿元，增长12.5%，其中，民间投资1448.2亿元，增长9.5%。六大高耗能行业投资293.2亿元，增长0.3%；基础设施投资216.82亿元，增长28.8%，农林牧渔业、水利、环境保护等短板领域投资快速增长。在资金来源中，自筹资金下降10.2%，占本年资金来源的比重达75.7%。

【科学技术】2016年，宜春市全市国有企事业单位拥有各类专业技术人员68179人，其中35268人具有中级以上职称。全年新增省级科技创新平台6个，总数达到36个；争取省级以上科技项目147项，争取科技经费达1.01亿元；通过鉴定的科技成果和重点新产品37项，通过登记的省级科技成果136项；受理技术合同登记29项，合同成交金额4.31亿元；专利申请4944件、授权3033件。

【国内贸易和对外经济】2016年，宜春市全年实现社会消费品零售总额596.2亿元，增长11.8%。其中，城镇零售额473.2亿元，增长11.6%，乡村零售额123亿元，增长12.5%。按行业构成分，批发、零售、住宿和餐饮业零售额分别为129.6亿元、398.8亿元、3.1亿元和64.7亿元，分别增长11.6%、12.3%、11.6%和

9.1%，零售业占社会消费零售总额的比重达66.9%。全年限额以上批发零售业零售额205.6亿元，增长14%。其中，汽车类零售额59.3亿元，增长20.6%；网上商品零售额2.6亿元，增长27.3%。旅游服务业日趋活跃。成功举办第10届月亮文化旅游节，明月山入选全国十大最美赏月地，全年接待游客5298.67万人次，实现旅游综合收入431.38亿元，分别增长37%和43.4%。

全市外贸进出口总额173亿元，增长8%，其中外贸出口总额155.1亿元，增长4.7%，增速高于全省平均水平8.8个百分点；外贸进口总额17.9亿元，增长48.7%。宜春海关开关运营前期工作稳步推进，江西（宜春）-福州（江阴港）快速班列顺利开通。成功举办了湘赣边区域开放合作联席会。

【交通、邮电和旅游】2016年，宜春市全年全市公路汽车客运量4163万人，下降0.6%，旅客周转量26.57亿人公里，下降0.9%。公路、水路货运量21257.6万吨，增长5.7%，货物周转量586.03亿吨公里，增长3.9%。民航事业发展迅速。全年明月山机场起降飞机5078架次，旅客吞吐量47万人次，货邮吞吐量275.4吨，航线平均客座率88.1%。

全年完成邮电业务总量27.57亿元，其中邮政业务总量3.67亿元，比上年增长26.6%；电信业务总量23.9亿元，增长10.2%。固定电话用户51.78万户，其中住宅电话49.02万户;移动电话用户353.4万户，下降6.1%;计算机互联网宽带接入用户70.59万户,增长13.8%。

【金融和保险】2016年，宜春市全市金融机构各项存款余额2430.56亿元，比上年末增长13.55%；各项贷款余额1566.17亿元，比上年末增长18.78%。

全市现有29家保险公司，其中财产保险13家、人寿保险16家，从业人员2.6万人。县市区机构136家，其中财产保险67家、人寿保险69家。乡镇机构36家（含城区服务部），其中财产保险17家、人寿保险19家。全年实现保费收入78.09亿元，增长33.41%；支付各类赔款及给付16.42亿元，增长38.45%。

10

2016年抚州市经济发展概况

【经济总量】2016年，抚州市全年实现地区生产总值（GDP）1210.91亿元，比上年增长8.8%。其中，第一产业增加值197亿元，增长4.0%；第二产业增加值591.34亿元，增长8.9%；第三产业增加值422.57亿元，增长11.2%。三次产业比由上年的16.5：49.7：33.8调整为16.3：48.8：34.9。人均生产总值30259元，比上年增长9.0%。规模以上工业增加值完成394亿元，增长9.5%；外贸出口总额118.85亿元，增长16.2%；城镇化率46.65%，提高1.68个百分点。

【农业】2016年，抚州市全市粮食生产实现“十三连丰”，粮食总产量达296.64万吨，比上年增长1.2%。其中，早稻总产量110.16万吨，增长0.1%。甘蔗产量20.19万吨，下降3.6%；油料产量6.01万吨，增长1.9%；蔬菜产量144.55万吨，下降0.2%；水果产量155.65万吨，下降14.6%；茶叶产量0.26万吨，下降0.4%；棉花产量0.31万吨，增长1.9%。肉类总产量34.84万吨，增长1.0%，其中猪肉产量22.59万吨，下降3.1%；禽肉产量11.50万吨，增长9.5%。全年水产品产量19.65万吨，增长1.4%。全年粮食作物播种面积625.13万亩，增长2.4%。甘蔗种植面积5.82万亩，下降1.8%；油料种植面积40.83万亩，增长1.4%；蔬菜种植面积96.56万亩，下降1.7%；棉花种植面积2.84万亩，下降2.0%。

【工业和建筑业】2016年，抚州市全市全部工业增加值484.41亿元，增长9.2%，占GDP的比重为40.0%。其中规模以上工业增加值394亿元，增长9.5%。国有企业1.09亿元，增长10.0%；股份制企业193.76

亿元，增长5.5%；外商及港澳台投资企业31.28亿元，增长48.8%；国有控股企业21.76亿元，增长93.5%。

全市在库建筑业企业115家，其中，一级资质以上建筑企业26家。全年全市建筑业企业实现增加值106.93亿元，增长8.1%。全市具有资质等级的总承包和专业承包建筑业企业完成总产值349.75亿元，增长19.1%；建筑业劳动生产率254218元/人（按建筑业总产值计算），增长12.5%。

【固定资产投资】2016年，抚州市全年完成固定资产投资1251.30亿元，增长13.8%。其中，第一产业投资77.36亿元，增长77.6%；第二产业投资630.62亿元，增长0.7%；第三产业投资543.32亿元，增长26.4%。

【科学技术】2016年，抚州市地方财政科技支出5.57亿元，比上年增长10.4%。争取国家科技计划项目14项，省级各类科技计划项目45项，共获得项目资助资金2561万元。全年全市申请专利2450件，获得授权专利1746件，分别比上年增长60.6%和94.2%,人均有效发明专利拥有量为0.71。完成技术合同登记额3.98亿元，取得科技成果登记38项，20项优秀科技成果项目获2015年度市科学技术奖。江西自立环保科技有限公司参与完成的“复杂锡合金真空蒸馏新技术及产业化应用”项目获得国家科技进步奖二等奖，江西博雅生物制药有限公司的“静注人免疫球蛋白(pH4)工艺优化”获得省技术发明三等奖。新增国家级企业技术中心1家、省级工程技术研究中心3家、省级企业技术中心6个、国家级科技企业孵化器1家，省级“众创空间”6家。抚州高新技术产业园区科技企业孵化器创业服务中心获批国家级科技企业孵化器。

【国内贸易和对外经济】2016年，抚州市全市社会消费品零售总额480.27亿元，增长11.6%。分城乡看：城镇消费品市场实现零售额387.50亿元，增长11.5%；乡村消费品市场实现零售额92.77亿元，增长12.0%。分行业看，批发和零售业是社会消费品零售市场的主导力量，实现零售额422.42亿元，增长11.1%，占全市社会消费品零售总额的88.0%；住宿和餐饮业零售额50.16亿元，增长15.3%。

全市进出口总值121.53亿元，增长17.2%。其中，出口总值118.85亿元，增长16.2%。实际利用外商直接投资3.24亿美元，增长10.6%。全市新引进并已开工2000万元以上工业项目361个，增长15.7%；亿元以上工业项目206个，增长9.0%。2000万元以上工业项目实际进资458.74亿元，增长12.6%；亿元以上工业项目实际进资320.68亿元，增长23.6%。

【交通、邮电和旅游】2016年，抚州市全年交通运输、仓储和邮政业实现增加值72.92亿元，比上年增长6.5%。资光、船广、东昌高速建成通车，东外环高速开工建设，广昌至吉安高速项目已完成征地拆迁工作，完成省政府要求年内开工目标；东外环高速（金抚高速与东昌高速连接线）项目正进行征地拆迁工作，抚州东互通连接线延伸段跨抚河王安石特大桥钢便桥施工计划已开工，昌抚城际铁路正在加快前期工作，鹰梅铁路纳入国家中长期铁路网调整规划，吉抚武铁路"十三五"内将动工建设，抚州机场建设已进入实质性启动阶段。

全市邮政企业和规模以上快递服务企业业务收入（不包括邮政储蓄银行直接营业收入）累计4.89亿元，同比增长28.0%；业务总量5.87亿元，同比增长37.7%。其中，全市快递服务企业业务量累计完成1531.26万件，同比增长52.1%，快递业务收入1.62亿元，同比增长49.4%。

全市共接待游客2960万人次，实现旅游收入260亿元，分别增长40%和41%。举办抚州市首届旅游商品博览会及“抚州市首届旅游形象大使暨最美讲解员（导游）电视大赛”。以纪念汤显祖逝世400周年活动为契机，推出了2条旅游精品线路。资溪县和南丰县被列入首批国家全域旅游示范区创建单位。乐安流坑、南丰桔文化产业集聚区被评为国家4A级旅游景区。流坑古樟林入选上海大世界吉尼斯之最，成为“中国第一古樟林”，广昌姚西景区获吉尼斯世界纪录认证，成为“世界最大莲池”。东乡花果山农业休闲区被评为省4A级乡村旅游示范点。在江西旅游产业年度博览会上，我市总奖牌并列全省第二。

【金融和保险】2016年年末，抚州市全市银行业金融机构本外币各项存款余额1645.64亿元，年末余额较年初增加209.5亿，比上年多增40.41亿元，增长14.6%。全市银行业金融机构本外币各项贷款余额为1131.81亿元，年末余额较年初增加191.86亿元，比上年多增8.11亿元，增长20.4%。

全市保险机构主体共有22家，其中财险公司10家，寿险公司12家。全市实现保费收入40.04亿元，同比增长15.3%；保险密度为1002.8元/人，保险深度为4.9%。其中，财产险公司实现保费收入11.38亿元，同比增长13.3%；人身险公司实现保费收入28.66亿元，同比增长16.2%。全市保险理赔额达到14.33亿元。

11

2016年上饶市经济发展概况

【经济总量】2016年，上饶市全年实现地区生产总值（GDP）1811.1亿元，比上年增长9.0%。其中，第一产业增加值235.4亿元，增长3.9%；第二产业增加值864.0亿元，增长8.7%；第三产业增加值711.7亿元，增长11.1%。三次产业对经济增长的贡献率分别为5.8%、47.4%和46.8%。人均生产总值26897元，增长8.5%，按年均汇率折算为4049美元。经济结构进一步优化。三次产业结构调整为13.0：47.7：39.3，第三产业占比较上年提高1.5个百分点。

【农业】2016年，上饶市全年粮食总产量351.3万吨，比上年下降0.43%。其中，早稻129.9万吨，下降1.3%；中稻及一季晚稻50.1万吨，增长3.58%；二季晚稻158.1万吨，下降0.64%。全年粮食种植面积59.8万公顷，下降0.13%；油料种植面积11.5万公顷，减少0.04%；棉花种植面积395.3万公顷，下降0.58%；蔬菜种植面积6.2万公顷，增长9.09%。

【工业和建筑业】2016年，上饶市全年规模以上工业增加值751.2亿元，增长9.3%。分轻重工业看，轻工业增加值203.6亿元，增长10.7%；重工业增加值547.6亿元，增长8.8%。分经济类型看，规模以上工业国有企业增加值1.1亿元，增长17.0%；集体企业增加值0.2亿元，增长20.4%；股份合作企业增加值1.0亿元，增长13.4%；股份制企业增加值249.3亿元，增长6.6%；私营企业增加值360.9亿元，增长7.9%；外商及港澳台投资企业增加值134.9亿元，增长17.1%。

全年建筑业总产值605亿元，比上年增长24.6%；建筑业增加值153.5亿元，可比增长8.3%。房屋建筑施工面积1105.3万平方米，增长3.0%，其中新开工面积253万平方米，增长-16.7%；房屋建筑竣工面积167.3万平方米，增长5.7%。

【固定资产投资】2016年，上饶市全年全社会固定资产投资完成1801.4亿元，比上年增长13.3%。其中，固定资产投资（不含农户）1790.3亿元，增长14.7%。分产业看，在固定资产投资（不含农户）中，第一产业投资43.4亿元，增长5.4%；第二产业投资1004.3亿元，增长8.3%，其中工业投资1002.1亿元，增长12.7%；第三产业投资742.6亿元，增长25.5%。分投资主体看，在固定资产投资中，国有投资386.5亿元，增长49.2%；非国有投资1403.8亿元，增长7.9%，其中民间投资1317.4亿元，增长6.1%。

【科学技术】2016年年末，上饶市共有国家工程（技术）研究中心8个，省工程（技术）研究中心37个；省级重点实验室1个。通过省级科技主管部门鉴定的科技成果7项，获得省科学技术奖的科技成果1项。全年受理专利申请3856件，授权专利1874件；签订技术合同63项，技术市场合同成交金额3.5亿元。年末共有产品质量检测机构1个。法定计量技术机构12个，全年强制检定计量器具6.2万台（件），开展产品质量监督抽查314批次。全年获得3C证书的企业29家，获得3C证书95张，自愿性工业产品认证证书90张。

【国内贸易和对外经济】2016年，上饶市全年社会消费品零售总额721.1亿元，比上年增长12.6%。分城乡看，城镇消费品零售额576.2亿元，增长12.5%；乡村消费品零售额144.9亿元，增长12.8%。按行业分，批发业零售额257.4亿元，增长8.4%；零售业零售额408.2亿元，增长16.1%；住宿业零售额22.4亿元，增长7.0%；餐饮业零售额33.1亿元，增长9.1%。

全年进出口总额43.1亿美元，比上年下降0.4%，其中，出口38.4亿美元，增长0.6%；进口4.7亿美元，下降7.6%。分贸易方式看，一般贸易出口38.0亿美元，增长6.4%；加工贸易出口0.4亿美元，下降84.4%。分重点商品看，机电产品出口18.3亿美元，下降3.1%；高新技术产品出口10.1亿美元，下降22.0%；服装及衣着附件出口5.3亿美元，下降13.4%。

【交通、邮电和旅游】2016年，上饶市全年货物运输量22858.3万吨，比上年增长6.1%。其中，铁路货运量377.9万吨，下降4.1%；公路货运量21666万吨，增长6.5%；水运货运量814.4万吨，增长2.5%。公路货物周转量289.6亿吨公里，增长4.1%；水运货物周转量18.7亿吨公里，增长2.6%。

全年邮政业务总量6.95亿元，增长32.8%；年末固定电话用户67.0万户；移动电话用户489.7万户，本年新增12.3万户。年末3G移动电话用户40.6万户，下降21.17%；4G移动电话用户231.8万户，增长64.3%。年末互联网宽带接入用户87.6万户，增长10.9%。

全年接待旅游人数12200万人次，比上年增长30.6%，同比减慢2.5个百分点；实现旅游综合收入1126亿元，增长42.5%，同比加快4.2个百分点。其中：入境旅游者人数83.2万人次，增长33.1%；旅游外汇收入3.5亿美元，增长35.2%。

【金融和保险】2016年年末，上饶市金融机构人民币各项存款余额2716.2亿元，比年初增长20.3%。其中，非金融企业存款余额652.1亿元，增长27.8%；个人存款余额1657.7亿元，增长15.2%。年末金融机构人民币各项贷款余额1742.1亿元，比年初增长18.2%。其中，短期贷款余额724.3亿元，增长9.1%；中长期贷款余额950.4亿元，增长25.5%。年末金融机构人民币消费贷款余额393.2亿元，增长19.8%。

全年保险公司保费收入60.0亿元，比上年增长24.5%。其中，财产险公司保费收入19.7亿元，增长15.5%；人寿险公司保费收入40.3亿元，增长30.1%。支付各类赔款16亿元，增长14.3%。其中，财产险公司赔款9.9亿元，增长13.7%；人寿险公司赔款6.1亿元，增长15.3%。

山东省

｜济南市｜青岛市｜淄博市｜枣庄市｜东营市｜烟台市｜潍坊市｜济宁市｜泰安市｜威海市｜
｜日照市｜莱芜市｜临沂市｜德州市｜聊城市｜滨州市｜菏泽市｜

1

2016年济南市经济发展概况

【经济总量】2016年，济南市全年实现地区生产总值（GDP）6536.1亿元，比上年增长7.8%。分产业看，第一产业增加值317.3亿元，增长4.1%；第二产业增加值2368.9亿元，增长6.9%；第三产业增加值3849.9亿元，增长8.7%。三次产业比例由上年的5.0：37.8：57.2调整为4.9：36.2：58.9。人均生产总值90999元，增长6.5%，按年均汇率折算为13700美元。

【农业】2016年，济南市农业增加值215.1亿元，比上年增长4.2%；林业增加值11.2亿元，增长13.9%；畜牧业增加值86.5亿元，增长2.8%；渔业增加值4.5亿元，增长3.7%。全年粮食种植面积636万亩，棉花15万亩，油料18万亩，蔬菜142万亩。粮食产量257.3万吨，棉花1.3万吨，油料4.2万吨，蔬菜634.2万吨。

【工业和建筑业】2016年，济南市全年全部工业增加值增长6.9%。规模以上工业增加值增长7.3%，按经济类型看，公有制经济增加值增长6.7%，非公有制经济增加值增长7.7%；按轻重工业看，轻工业增加值增长1.0%，重工业增加值增长9.2%。

全年建筑业增加值493.6亿元，增长6.9%，占GDP比重为7.6%。具有资质等级的建筑业企业460家，比上年增加19家。完成建筑业总产值1864.8亿元，增长12.1%。其中，国有及国有控股企业产值1147.2亿元，增长17.7%。签订合同额4550.5亿元，增长17.4%。其中，本年新签合同额2458.2亿元，增长28.1%。

【固定资产投资】2016年年末，济南市全市固定资产投资项目4319个，比上年增长17.9%。其中，亿元及以上投资项目1162个，增加260个。全年固定资产投资3974.3亿元，增长13.7%。分产业看，第一产业投资101.2亿元，增长11.3%；第二产业投资1302.0亿元，增长6.9%；第三产业投资2571.1亿元，增长17.4%。分项目规模看，五十亿元以上项目28个，增加9个，全年完成投资438亿元，增长136.9%，占全市投资的11.0%；十亿元以上至五十亿元项目264个，增加66个，全年完成投资1128.6亿元，增长31.6%，占全市投资的28.4%；亿元以上至十亿元投资项目870个，增加185个，全年完成投资1067亿元，增长4.3%，占全市投资的26.8%。全市民间投资2439.2亿元，增长7.5%。

【科学技术】2016年，济南市万人有效发明专利拥有量达到20.7件，比上年增长26.0%。技术合同实现交易额44.8亿元，增长44.5%。规模以上工业企业研发人员数量43785人，增长13.1%。规模以上工业企业办研发机构553个，增长7.2%。济南大学独立研发项目“水泥基压电复合监测材料与器件成套制备技术及在混凝土工程应用”荣获国家技术发明二等奖。山东大学产学研项目“高性能光伏发电系统关键控制技术与产业化应用”荣获国家科技进步二等奖。全市获省科技进步一等奖1项、二等奖2项，省技术发明二等奖1项。全年专利申请量31789件，增长9.8%。其中，发明专利申请量14649件。专利授权量15453件。其中，发明专利授权量4502件，增长15.1%。

【国内贸易和对外经济】2016年，济南市全年社会消费品零售总额3764.8亿元，比上年增长10.4%。其中，商品零售3176.1亿元，增长10.4%；餐饮收入588.7亿元，增长10.3%。分城乡看，城镇社会消费品零售额3418.9亿元，增长10.5%；乡村社会消费品零售额345.9亿元，增长9.8%。全年限额以上法人企业[6]实现零售额1440.8亿元，增长6.6%。

全年货物进出口总额639.7亿元，比上年增长13.0%。其中，出口408.0亿元，增长9.6%；进口231.7亿元，增长19.5%。出口市场中，对欧洲国家和地区出口增长28.4%，对东南亚、韩国、日本出口分别增长11.8%、80.2%和1.3%，对美国、欧盟出口分别增长39.7%和9.6%。主要出口商品中，机电产品出口42.4亿美元，增长6.4%；农产品出口0.9亿美元，增长18.9%；高新技术产品出口7.3亿美元，增长14.3%。

【交通、邮电和旅游】2016年年末，济南市公路通车里程12730.2公里，比上年下降2.9%。其中，境内高速公路462.2公里，增长10.3%。年末拥有民用机动车182.4万辆。其中，民用汽车174.2万辆，增长13.1%。年末公交线路295条，增加18条；线路总长度5891.4公里，增加501.8公里；公交营运车辆5846辆，增加309辆；全年旅客运输量7.7亿人次，下降0.8%。全年济南机场累计保障起降架次10万架次，增长16.2%；完成旅客吞吐量1161.7万人次，增长22%；累计完成货邮吞吐量10万吨，增长15.8%。

全市邮政企业和快递服务企业业务收入（不包括邮政储蓄银行直接营业收入）累计完成41.4亿元，增长37.8%；业务总量完成54.3亿元，增长41.3%。全市快递服务企业业务收入完成32.2亿元，增长38.4%，业务量完成26745.8万件，增长42.4%。全年电信业务总量156亿元，增长27.7%。年末移动电话用户1087.7万户，下降0.23%，其中，4G电话用户数442.1万户，增长44.2%。宽带网用户261.9万户，增长22.6%。

全年接待国内外游客6618.5万人次，增长8.6%。其中，接待国内游客6583.3万人次，增长8.6%；接待入境游客35.2万人次，增长5.6%。实现旅游消费总额846.9亿元，增长13.7%。其中，国内游客消费额762.9亿元，增长13.8%；入境游客消费额19609.1万美元，增长6.5%。共有A级旅游景区44家。其中，5A级景区1家，4A级景区12家。省级旅游强乡镇30个，省级旅游特色村82个，省级以上旅游度假区1家。

【金融和保险】2016年年末，济南市金融机构本外币各项存款余额15537.4亿元，增长9.6%。金融机构本外币各项贷款余额13096.1亿元，增长15.3%。

保费收入347.5亿元，增长56%。其中，财产险公司保费收入71亿元，增长20.6%；人身险公司保费收入276.5亿元，增长68.7%。各项赔款与给付78.7亿元，增长19.8%。

2

2016年青岛市经济发展概况

【经济总量】2016年，青岛市全年实现地区生产总值（GDP）10011.29亿元，按可比价格计算，增长7.9%。其中，第一产业增加值371.01亿元，增长2.9%；第二产业增加值4160.67亿元，增长6.7%；第三产业增加值5479.61亿元，增长9.2%。三次产业比例为3.7：41.6：54.7。人均GDP达到109407元。

【农业】2016年，青岛市农业增加值205.5亿元，增长2.6%；林业增加值1.5亿元，增长2.3%；牧业增加值82.0亿元，增长5.5%；渔业增加值82.0亿元，增长1.8%。

【工业和建筑业】2016年，青岛市全年全市规模以上工业增加值增长7.5%。分行业看，农副食品加工业增长6%，化学原料和化学制品制造业增长7.8%，非金属矿物制品业增长10.8%，黑色金属冶炼和压延加工业增长1.6%，金属制品业增长11.1%，通用设备制造业增长6.5%，专用设备制造业增长4.9%，橡胶和塑料制品业增长8.5%，铁路、船舶、航空航天和其他运输设备制造业增长7.7%，电气机械和器材制造业增长3.8%，电力、热力生产和供应业增长7.3%。装备制造业增加值增长7.7%，占规模以上工业增加值的比重为45.8%。

全年建筑业实现增加值515.55亿元，增长6.9%。实现利税总额98.2亿元，增长7.3%。

【**固定资产投资**】2016年，青岛市全市固定资产投资7454.7亿元，增长13.7%。其中，第一产业投资112亿元，下降2.6%，第二产业投资3582.9亿元，增长10.1%，第三产业投资3759.8亿元，增长18%。

【**科学技术**】2016年，青岛市全年全市共取得重要科技成果606项。获得国家级科技奖励9项，其中，技术发明奖2项，科技进步奖6项，国际合作奖1项；获得省级科技奖励42项，其中，最高奖1项，自然科学奖5项，技术发明奖8项，科技进步奖27项，国际合作奖1项。

【**国内贸易和对外经济**】2016年，青岛市全年实现社会消费品零售额4104.9亿元，增长10.5%。分地域看，城镇市场实现零售额3440.5亿元，增长10.7%；乡村市场实现零售额664.5亿元，增长9.9%。分行业看，批发和零售业实现零售额3584.0亿元，增长10.4%；住宿和餐饮业实现零售额520.9亿元，增长11.4%。全年限额以上法人企业实现消费品零售额1374.6亿元，增长13.1%。限额以上法人企业汽车类零售额371.0亿元，增长14.4%；石油及制品类零售额162.7亿元，增长5.7%；粮油、食品、饮料、烟酒类零售额191.4亿元，增长24.5%；日用品类零售额46.1亿元，下降1.6%；化妆品类零售额24.5亿元，增长5.4%。

全市实现外贸货物进出口总额4350.7亿元，下降0.2%。其中，出口额2821.9亿元，增长0.2%，进口额1528.8亿元，下降0.8%。

【**交通、邮电和旅游**】2016年，青岛市全市港口吞吐量5.1亿吨，增长3.4%；外贸吞吐量3.4亿吨，增长4.5%；集装箱吞吐量1805万标准箱，增长3.5%。

全年完成邮电业务总量324.4亿元，增长48.8%。其中，邮政业务总量58.6亿元，增长40.9%；电信业务总量265.9亿元，增长50.7%。快递业务量2.5亿件，增长55.5%。固定宽带互联网用户达294.4万户，增长18.1%。全市移动电话发展到1445.6万户，其中3G和4G用户总数1007.7万户，增长48.2%。

全年全市接待游客总人数8081.1万人次，增长8.4%；实现旅游消费总额1438.7亿元，增长13.3%。其中，接待入境游客141.1万人次，增长5.4%；实现外汇收入9.8亿美元，增长6.8%。接待国内游客7940.1万人次，增长8.4%；国内游客消费1283.6亿元，增长13.3%。年末拥有A级旅游景区120处，其中，5A级旅游景区1处，4A级旅游景区23处，3A级旅游景区77处；拥有星级酒店112个，其中，五星级酒店9个，四星级酒店27个，三星级酒店69个；拥有旅行社484个，其中，经营出境旅游业务旅行社46个，经营入境和国内旅游业务旅行社438个。

【**金融和保险**】2016年年末，青岛市金融机构本外币存款余额14673.8亿元，比年初增加1518.1亿元；人民币存款余额14007.1亿元，比年初增加1474.1亿元，其中，住户存款5326.3亿元，比年初增加302.7亿元。本外币贷款余额12955.3亿元，比年初增加1378.5亿元；人民币贷款余额11891.7亿元，比年初增加1119.8亿元。

全年全市承保金额16.8万亿元，增长102.4%，实现保费收入335.9亿元，增长37.6%。其中：财产险保费收入106亿元，增长13.7%；人身险保费收入229.9亿元，增长52.4%。赔款支出金额113.7亿元，增长29.1%；其中财产险赔付金额55.2亿元，人身险赔付金额58.5亿元。

3

2016年淄博市经济发展概况

【经济总量】2016年，淄博市全年实现地区生产总值（GDP）4412亿元，按可比价格计算，比上年增长7.7%。产业结构持续优化。三次产业比例由上年的3.5:54.0：42.5调整为3.4:52.5:44.1。全年实现第一产业增加值150.7亿元，增长4.4%；第二产业增加值2315.5亿元，增长7.1%；第三产业增加值1945.8亿元，增长8.7%。人均生产总值94588元，比上年增长6.9%，按年均汇率折算为14240美元/人。

【农业】2016年，淄博市全年实现农林牧渔业总产值274.1亿元，比上年增长4.7%。其中，农业总产值185.1亿元，增长4.6%；林业总产值13.1亿元，增长7.5%；牧业总产值61.9亿元，增长4.1%；渔业总产值5.5亿元，增长2.9%。农牧业生产基本稳定。全年粮食总产达166.4万吨。其中，夏粮72万吨，比上年减产3.8%；秋粮94.4万吨，减产3.8%。全年肉类、禽蛋、奶类产量分别为15.5万吨、6.2万吨和9.3万吨。水果、蔬菜产量分别为99.1万吨、188.2万吨。

【工业和建筑业】2016年年末，淄博市全市规模以上工业企业2936家。全年规模以上工业增加值比上年增长7.4%，高于全省水平0.6个百分点。分轻重工业看，轻工业增长7.7%，重工业增长7.4%；分行业看，39个行业大类中有31个行业实现增长，行业增长面达79.5%。在调度的209种工业产品中，产量增长的有126种，占60.3%。其中，化学纤维增长55.8%，化学药品原料药增长16.6%。企业效益整体较好。全年规模以上工业实现主营业务收入11901.3亿元，比上年增长7.2%；实现利税1320.8亿元，增长8.6%，其中利润803.7亿元，增长12.5%。工业新动能培育步伐加快。全年高新技术产业产值占规模以上工业总产值比重达33.1%，较年初提高1.3个百分点；装备工业增加值占规上工业比重达21.7%，同比提高2个百分点。

全市资质内建筑企业完成建筑业总产值898.6亿元，增速由一季度的0.3%回升至全年7.3%。其中，建筑工程产值742.3亿元，增长7.6%；安装工程产值132.4亿元，增长6%。省外发展空间扩大，建筑企业在外省完成产值96.2亿元，增长8.6%。全年建筑业企业签订合同额1231.3亿元，增长2.2%。建筑业企业房屋建筑施工面积6843.6万平方米，增长0.8%。

【固定资产投资】2016年，淄博市全年完成固定资产投资3099.8亿元，增速由年初的10.5%逐步回升至全年13.4%。分产业看，第一产业投资44.7亿元，增长14.7%；第二产业投资1836.9亿元，增长15.4%；第三产业投资1218.2亿元，增长10.6%。重点领域投资力度加大。全市基础设施建设投资438.7亿元，增长49.4%；装备工业投资514.4亿元，增长19.8%；现代服务业投资916.6亿元，增长10.7%。房地产去库存效果显现。全年商品房销售面积增长22.1%，商品房销售额增长25.5%。

【科学技术】2016年，淄博市全年取得重要科技成果275项，比上年增加13项。其中，农业领域21项，工业领域249项，医疗卫生领域5项。达到国际、国内领先及先进水平的科技成果数分别为41项和234项。获得省以上科学技术奖5项，其中，国家科学技术奖1项。全年签订技术合同461项，技术合同成交金额32.2亿元，比上年增长52.9%。国内发明专利申请量4511件，增长14.8%。发明专利授权量1043件，下降10.3%。有效发明专利密度达9.4件/万人，增加1.6件/万人。PCT国际专利申请89件，增长56.1%。

【国内贸易和对外经济】2016年，淄博市全年实现社会消费品零售总额2155亿元，比上年增长10.5%。其中，限额以上法人企业实现零售额793.1亿元，增长7.4%。限上法人城镇市场实现零售额745.3亿元，增长7.2%；限上法人乡村市场实现零售额47.8亿元，增长10.2%。

全年实现进出口总额524.2亿元，比上年增长10.5%。其中，出口额达347.4亿元，下降3.5%。九大类主要出口产品中，医药产品增长16.9%，石化产品增长6.4%，冶金矿产产品增长25.4%。传统出口市场中，仅对欧盟出口持平，对美国、韩国、日本出口分别下降7.1%、0.8%、2.7%。主要新兴市场中，对南亚出口增长10.3%。进口增长较快。全市进口额176.8亿元，增长54.7%。原油、铝矿砂等大宗商品进口大幅增长，成为拉动全市外贸增长的主动力。另外，有机化学品、塑料原料、棉花等商品进口分别增长23.3%、23.7%、28.4%。

【交通、邮电和旅游】2016年年末，淄博市全市公路通车里程11260.2公里，比上年增长0.4%。其中，高速公路通车里程206公里。所有行政村实现了通沥青（水泥）路。全年公路客运量达581万人，公路货运量达1.7亿吨。公路客运周转量16.7亿人公里，货运周转量达368.7亿吨公里，分别比上年增长2.9%和3.3%。全市现有公共汽车线路250条，比上年增加8条。其中市区公共汽车线路39条，增加5条。营运公交车3471辆，增加928辆；出租车6493辆，与上年持平。机动车保有量达107.7万辆，增长8%；其中，个人拥有汽车80.2万辆，增长13%。

全年邮政行业业务收入达9.3亿元，比上年增长13.3%。其中，快递业务收入5.7亿元，增长16%。函件总数达332.6万件，比上年下降60%；快递4586.7万件，增长33.6%；订销报纸、杂志累计份数分别达6568.3万份、390.5万份。

年末，国家A级旅游区（点）总量达51处，比上年增加2处。其中，AAAA级旅游区（点）达13处，AAA级旅游区（点）23处，AA级旅游区（点）15处。初步统计，全年接待国内游客4911.3万人次，入境游客20.6万人次，实现入境旅游收入1亿美元。

【金融和保险】2016年年末，淄博市全市金融机构人民币各项存款余额4154.5亿元，比年初增加383.2亿元。其中，住户存款余额2478.8亿元，比年初增加219亿元。人民币各项贷款余额2855亿元，比年初增加226亿元。其中，非金融企业及机关团体贷款余额2097.9亿元，比年初增加106.6亿元。全年全社会融资规模达304.8亿元，同比多增34.6亿元。齐鲁股权交易中心迅猛发展。新增挂牌企业1200家，为前5年挂牌总数2倍，挂牌企业总数达1811家；托管企业达1976家。中心企业全年直接融资149亿元。

年末，全市拥有商业保险分支机构63家，比上年增加7家。其中，财产保险机构29家，人寿保险机构34家。实现保费收入132.1亿元，增长33.2%。其中，产险保费收入34.2亿元，增长5.7%；寿险保费收入97.9亿元，增长46.6%。支付各项赔款与保险金21.1亿元，增长15.6%。其中，产险赔付15.1亿元，增长8.5%；寿险赔付6亿元，增长38.2%。保险深度为3%，比上年提高0.6个百分点。

4

2016年枣庄市经济发展概况

【经济总量】2016年，枣庄市全年实现地区生产总值（GDP）2142.63亿元，按可比价格计算，比上年增长7.2%。其中，第一产业增加值162.06亿元，增长4.2%；第二产业增加值1097.91亿元，增长6.0%；第三产业增加值882.66亿元，增长9.2%。三次产业结构由上年的7.6:52.7：39.7调整为7.6：51.2：41.2。

【农业】2016年，枣庄市全市农业增加值122.94亿元，增长4.1%；林业增加值1.63亿元，下降2.2%；牧业增加值32.33亿元，增长4.9%；渔业增加值5.17亿元，增长3.9%。

【工业和建筑业】2016年，枣庄市规模以上工业企业1406家。规模以上工业增加值增长6.2%。其中，轻工业增长7.1%；重工业增长5.8%，轻工业快于重工业1.3个百分点。

建筑业增加值115.12亿元，增长4.1%。年末三级及以上资质建筑企业218家，比上年减少10家。签订合同额377.62亿元，下降4.6%。完成产值270.44亿元，下降3.2%。建筑业总产值超过亿元的企业有64家，产值过5亿元的企业9家，产值过10亿元的5家，占全部企业个数的比例分别为29.4%、4.1%和2.3%。

【固定资产投资】2016年，枣庄市固定资产投资达到1788.51亿元，增长10.0%。分产业看，第一产业投资29.43亿元，增长15.6%；第二产业投资961.01亿元，增长11.1%，其中工业投资887.42亿元，增长11.6%；第三产业投资798.06亿元，增长8.5%。

【科学技术】2016年，枣庄市获得省科技进步奖三等奖1项；评出市科技进步奖120项，其中一等奖6项，二等奖57项，三等奖57项。新认定高新技术企业34家，总数达到99家；认定市级科技型中小企业64家，总数达到206家；鲁南技术市场技术贸易登记610项，技术交易额8.51亿元，技术交易额增长16.7%。争取实施各类科技计划项目138个、资金5500余万元。实施市各类科技计划项目、科技创新券113个，投入资金2000余万元，带动企业研发投入5亿元。

【国内贸易和对外经济】2016年，枣庄市社会消费品零售总额892.3亿元，增长10.8%，其中，限额以上单位实现零售额375.2亿元，增长9.4%。分区域看，城镇零售额685.8亿元，增长9.9%；乡村零售额206.5亿元，增长14.0%。分行业，批发零售业788.6亿元，增长10.6%；住宿餐饮业103.7亿元，增长12.6%。

全年进出口总额89.85亿元，下降9.4%。其中，出口81.21亿元，下降7.0%；进口8.64亿元，下降27.5%。商品出口至168个国家和地区，对北美洲、欧洲分别出口13.25亿元、13.64亿元，分别增长11.3%、8.2%。对俄罗斯、中近东等新兴市场出口逐步复苏，分别出口2.2亿元、12.86亿元，增长54.4%、0.7%。有238家企业与“一带一路”沿线国家建立了贸易往来，较上年增长6.7%，共计出口28.9亿元。

【交通、邮电和旅游】2016年，枣庄市邮政行业业务收入5.09亿元，增长32.7%。电信业务总量4.52亿元，下降8.4%。移动电话业务总量58.09亿元，增长10.6%。固定电话用户26.31万户，下降24.2%。移动电话用户349.27万户，增长3.8%。

【金融和保险】2016年年末，枣庄市金融机构本外币存款余额1672.73亿元，增加235.92亿元。其中，住户存款余额1104.46亿元，增加121.97亿元。年末各项本外币贷款余额1100.32亿元，增加19.20亿元。

实现保费收入68.05亿元，增长14.3%。其中，财产险收入14.13亿元，增长11.5%；人身险收入53.93亿元，增长15.1%。赔款与给付20.24亿元，增长35.7%。其中，财产险7.35亿元，增长27.6%；人身险12.89亿元，增长40.8%。

5

2016年东营市经济发展概况

【经济总量】2016年，东营市全年实现地区生产总值（GDP）3479.60亿元，按可比价格计算，比上年增长7.0%。其中，第一产业增加值121.89亿元，增长4.0%；第二产业增加值2163.10亿元，增长6.0%；第三产业增加值1194.61亿元，增长9.2%。三次产业结构3.5：62.2：34.3，第三产业增加值占比较2015年提高2.4个百分点。人均生产总值164024元，按年均汇率折算为24693美元。

【农业】2016年，东营市实现农林牧渔及服务业总产值260.29亿元，按可比价格计算，比上年增长3.9%。分行业看，农业总产值103.55亿元，增长3.9%；林业总产值2.31亿元，增长4.1%；牧业总产值67.51亿元，增长0.3%；渔业总产值62.89亿元，增长7.8%；农林牧渔服务业总产值24.04亿元，增长5.7%。

【工业和建筑业】2016年，东营市全市规模以上工业企业946家，年主营业务收入过10亿元的企业203家，过100亿元的企业32家。规模以上工业实现总产值13380.35亿元，比上年增长8.7%，其中地方工业总产值12916.90亿元，增长8.9%。全市规模以上工业增加值增长6.2%，其中地方工业增加值增长7.7%。在规模以上工业中，轻工业增长5.4%，重工业增长6.4%。33个工业行业大类中18个行业实现增长，增长面54.5%。其中，石油加工业工业增加值增长35.1%，有色金属冶炼和压延加工业增长10.4%，橡胶和塑料制品业增长6.9%，化学原料和化学制品制造业增长5.3%。重点产品产量中，原油加工量增长25.0%，汽油、柴油、液化石油气分别增长25.1%、26.7%和88.0%，子午线轮胎外胎增长13.5%，十种有色金属增长7.3%。

具有资质等级的总承包和专业承包建筑业企业229家。其中，一级建筑企业15家。建筑业总产值262.61亿元，比上年下降4.8%。其中，国有及国有控股企业建筑业总产值68.39亿元，下降0.8%；非国有企业建筑业总产值194.22亿元，比上年下降6.1%。

【固定资产投资】2016年，东营市完成固定资产投资2472.55亿元，比上年下降19.8%。其中，地方完成投资2354.99亿元，下降15.6%。分产业看，第一产业完成投资75.18亿元，下降6.6%；第二产业完成投资1292.93亿元，下降31.2%；第三产业完成投资1104.43亿元，下降1.8%。三次产业投资占固定资产投资总量的比重为3.0∶52.3∶44.7。

【科学技术】2016年，东营市省级重大科技成果奖6个，其中应用技术成果6个。发明专利申请量1226件，下降7.0%；发明专利授权量360件，增长16.5%。年末有效发明专利1299件，增长29.4%，每万人口有效发明专利拥有量6.19件。登记技术合同846项，成交金额15.46亿元，增长12.0%。鉴定登记科技成果103项。

【国内贸易和对外经济】2016年，东营市实现社会消费品零售总额789.72亿元，比上年增长8.5%。其中，限额以上市场零售额366.79亿元，下降1.5%。消费品市场从消费区域看，城镇消费品零售额686.86亿元，增长7.6%；乡村消费品零售额102.86亿元，增长14.7%。从消费形态看，批发业实现零售额128.49亿元，增长5.6%；零售业585.44亿元，增长8.3%；住宿业7.35亿元，增长8.7%；餐饮业68.43亿元，增长15.5%。

进口持续较快增长，出口降幅进一步收窄。进出口总额995.88亿元人民币，比上年增长24.7%。其中，出口301.68亿元，下降2.0%；进口694.20亿元，增长41.5%。按贸易方式划分，加工贸易出口162.84亿元，下降8.7%；一般贸易出口136.52亿元，增长11.4%；其他贸易出口1.51亿元，下降78.0%。从出口市场情况看，对亚洲出口138.73亿元，下降2.1%；对欧洲出口52.79亿元，增长1.7%；对北美洲出口42.75亿元，下降0.3%；对非洲出口31.51亿元，下降4.9%；对拉丁美洲出口27.39亿元，下降5.5%；对大洋洲出口7.70亿元，下降15.9%。从重点出口产品看，橡胶轮胎出口156.95亿元，下降3.6%；石油装备出口32.65亿元，下降22.1%；化工产品出口32.06亿元，增长11.9%；运输工具及其零部件出口18.04亿元，增长3.1%；电解铜出口14.67亿元，下降15.4%；纺织品出口9.83亿元，增长6.0%。从重点进口商品看，原油进口315.71亿元，增长733.9%；铜及其制品进口207.51亿元，下降21.4%；矿砂进口68.98亿元，增长216.4%；原料油进口39.43亿元，下降53.7%；天然橡胶进口16.92亿元，下降28.2%；合成橡胶进口9.61亿元，增长64.2%；废纸进口8.12亿元，下降12.3%。

【交通、邮电和旅游】2016年，东营市完成公路旅客运量599万人次，比上年下降14.4%；公路货物运输量5144万吨，比上年增长3.8%。水路旅客运输量46.89万人次，比上年增长81.2%；水路货物运输量243.4万吨，增长6.0%。胜利机场完成旅客吞吐量37.78万人次，增长18.3%；货邮吞吐量297.59吨，下降27.5%。完成港口货物吞吐量4312万吨，增长28.1%。

完成邮政业务总量1.92亿元，比上年增长29.8%。国内函件274.56万件，下降72.8%；国内包件85.26万件，增长162.5%。电信业务总量49.07亿元，增长12.5%，电信业务收入21.58亿元，增长9.9%。完成电信基础设施建设投资5.56亿元。拥有光缆8.36万皮长公里，通信管道管程0.67万公里，移动基站14864个，其中4G基站5867个。网络覆盖能力不断增强，城市20mbps及以上宽带接入端口达到85.33万个，农村宽带接入端口51.63万个，固定宽带用户数达到53.44万户，其中固定宽带家庭用户数49.71万户。固定电话交换机容量达到51.11万门，固定电话用户数28.89万户。移动电话交换机容量495万门，移动电话用户数达到257.28万户。

年内新增3A级景区3家，全市A级旅游景区发展到35家。旅行社86家，其中出境组团社12家。星级饭店28家，其中五星级2家、四星级4家。全市1条旅游休闲购物街区，3家旅游商品研发基地，8家金牌购物商店，中华齐笔、黄河口大闸蟹、刘氏布偶系列等6种旅游商品入选“到山东不可不买的100种旅游商品”。实现旅游消费总额142.62亿元，比上年增长14.3%。接待入境游客5.98万人次，增长4.0%，入境游客消费0.53亿美元，增长1.7%；接待国内游客1503.14万人次，增长9.05%，国内游客消费125.63亿元，增长14.4%；居民出游前后消费13.45亿元，同比增长14.3%。

【金融和保险】2016年年末，东营市金融机构本外币各项存款余额3989.66亿元，比年初增加303.18亿元。新增存款中，住户存款比年初增加149.02亿元，非金融企业存款比年初增加150.30亿元。本外币各项贷款余额3507.50亿元，比年初增加476.26亿元。新增贷款中，制造业新增贷款213.68亿元，批发零售业28.14亿元，交通运输、邮政仓储业15.50亿元，建筑业20.20亿元，水利环境和公共设施管理业22.76亿元，租赁和商务服务业21.18亿元，电力、热力、燃气及水生产和供应业9.20亿元，成为新增贷款的主要投放领域。

全年保费收入89.69亿元，比上年增长13.8%。其中，财产险保费收入27.34亿元，增长4.0%；人寿险保费收入62.35亿元，增长18.8%。全年赔付额16.10亿元，增长11.9%。其中，财产险赔付额14.14亿元，增长11.9%；人寿险赔付额1.96亿元，增长12.2%。

6

2016年烟台市经济发展概况

【经济总量】2016年，烟台市全年实现地区生产总值（GDP）6925.66亿元，比上年增长8.1%。其中，第一产业增加值467.51亿元，增长4.0%；第二产业增加值3461.66亿元，增长8.2%；第三产业增加值2996.49亿元，增长8.6%。第一产业增加值占地区生产总值的比重为6.7%，第二产业增加值比重为50.0%，第三产业增加值比重为43.3%，比上年提高1.7个百分点。

【农业】2016年，烟台市全年农林牧渔业增加值487.92亿元，比上年增长4.6%。其中，农业增加值243.22亿元，增长1.8%；林业增加值10.87亿元，增长8.4%；牧业增加值81.33亿元，增长5.1%；渔业增加值132.09亿元，增长7.8%；农林牧渔服务业增加值20.41亿元，增长21.9%。

【工业和建筑业】2016年，烟台市全年全部工业增加值3113.93亿元，比上年增长8.3%。规模以上工业增加值增长9.0%。在规模以上工业中，分经济类型看，国有企业增长21.3%，集体企业增长12.8%，股份制企业增长9.5%，外商及港澳台商投资企业增长7.8%；私营企业增长9.9%。分门类看，采矿业下降2.4%，制造业增长9.3%，电力、热力、燃气及水生产和供应业增长9.1%。

全年全社会建筑业增加值348.19亿元，比上年增长6.8%。全市具有资质等级的总承包和专业承包建筑业企业完成建筑业总产值705.99亿元，增长8.7%。竣工产值439.67亿元，增长8.2%。房屋施工面积3746.88万平方米，增长2.3%；房屋竣工面积1792.85万平方米，增长9.1%。

【固定资产投资】2016年，烟台市全年固定资产投资5297.22亿元，比上年增长13.5%。其中，国有经济投资706.38亿元，增长7.5%；集体经济投资133.74亿元，下降79.3%；股份制经济投资1109.07亿元，下降2.6%；个体私营投资1976.78亿元，增长36.6%；外商投资422.59亿元，增长178.4%。在固定资产投资中，第一产业投资55.77亿元，比上年下降0.7%；第二产业投资2347.78亿元，增长29.2%，其中工业投资2273.36亿元，增长28.3%；第三产业投资2893.68亿元，增长3.6%。基础设施投资741.78亿元，增长3.3%，占固定资产投资的比重为14.0%。民间投资4109.43亿元，增长9.7%，占固定资产投资的比重为77.6%。高新技术产业投资619.47亿元，增长19.5%，占固定资产投资的比重为11.7%。

【科学技术】2016年，烟台市全年全市发明专利申请量和授权量分别为5777件和1268件，分别比上年增长42.6%和11.1%。通过专利合作条约途径提出的国际专利申请量（PCT专利）40件。截至年底，全市拥有有效发明专利4762件，比上年增长22.5%，每万人有效发明专利拥有量6.8件，比上年提高1.24件。

【国内贸易和对外经济】2016年，烟台市全年社会消费品零售总额2976.07亿元，比上年增长11.1%，扣除价格因素，实际增长9.9%。按经营地统计，城镇消费品零售额2360.46亿元，增长10.7%；乡村消费品零售额615.61亿元，增长12.7%。按消费类型统计，商品零售额2722.39亿元，增长10.8%；餐饮收入额253.68亿元，增长13.8%。

全年货物进出口总额2904.29亿元，比上年下降5.4%。其中，进口1260.69亿元，下降4.8%；出口1643.60亿元，下降5.8%。

【交通、邮电和旅游】2016年年末，烟台市全市公路总里程19000.7公里，其中高速公路517.7公里。年末全市港口拥有生产用码头泊位234个，拥有万吨级及以上泊位95个，其中20万吨级以上4个、10万吨级以上21个、5万吨级以上46个。

全年邮政业务总量23.1亿元，增长78.8%；电信业务总量147.9亿元，增长48.8%。年末固定电话用户66.76万户，下降10.6%；移动电话用户817.92万户，下降2.5%，其中3G和4G移动电话用户401.46万户，增长8.8%。年末计算机互联网用户达181.16万户，比上年增长12.5%，其中宽带用户达181.11万户，增长12.4%。

全年接待游客6509.64万人次，比上年增长8.5%。其中，国内游客6448.32万人次，增长8.5%；入境游客61.32万人次，增长6.6%。全年实现旅游消费总额839.0亿元，比上年增长13.7%。其中，国内游客消费756.34亿元，增长13.7%；入境游客消费5.53亿美元，增长6.6%；居民出游前后消费45.55亿元，增长13.1%。

【金融和保险】2016年年末，烟台市金融机构（含外资）本外币存款余额7580.07亿元，比年初增加550.24亿元，比上年末增长7.8%。其中，非金融企业存款余额2504.14亿元，比年初增加389.86亿元；住户存款余额4026.79亿元，比年初增加319.53亿元。年末金融机构（含外资）本币存款余额7161.22亿元，比年初增加489.03亿元，增长7.3%。年末金融机构（含外资）本外币贷款余额4736.75亿元，比年初增加266.30亿元，比上年末增长6.0%。年末金融机构本币贷款余额4530.19亿元，比年初增加307.31亿元，增长7.3%。住户本币贷款余额1007.68亿元，比年初增加66.76亿元；非金融企业及机关团体本币贷款余额3512.99亿元，比年初增加231.63亿元，其中，短期贷款余额2018.78亿元，比年初增加17.11亿元；中长期贷款余额1204.23亿元，比年初增加123.41亿元。

年末全市拥有保险法人机构1家，地市级保险分支机构72家。全年保费收入206.48亿元，比上年增长24.3%。其中，人身险保费收入147.85亿元，增长31.6%；财产险保费收入58.63亿元，增长9.0%。全年支付各类赔款及给付72.10亿元，比上年增长28.0%。其中，人身险赔付38.55亿元，增长35.4%；财产险赔付33.55亿元，增长20.5%。

7

2016年潍坊市经济发展概况

【经济总量】2016年，潍坊市全年实现地区生产总值（GDP）5522.7亿元，按可比价格计算，增长8%。一、二、三、四季度GDP累计分别增长7.6%、7.6%、7.8%、8%，呈现平稳上升发展态势。其中，第一产业增加值475.3亿元，增长4.1%；第二产业增加值2559.8亿元，增长7.6%；第三产业增加值2487.6亿元，增长9.2%，三次产业占比为8.6：46.4：45。一、二、三产业对经济增长的贡献率分别为4.6%、45.9%和49.5%，分别拉动GDP增长0.37、3.67和3.96个百分点。按常住人口计算，人均GDP达到59275元（按年末汇率折算为8545美元），增长7.4%。

【农业】2016年，潍坊市农林牧渔业完成总产值985.9亿元，按可比价格计算增长4.6%。全市粮食播种面积1041.5万亩，减少4%，全年粮食总产量431.8万吨，减少5.3%；棉花产量2万吨，减少16.9%；油料产量21.3万吨，增长6.2%；烤烟产量2.8万吨，增长13.7%；蔬菜产量1256万吨，增长1.6%；水果产量80.7万吨，减少0.1%。

【工业和建筑业】2016年，潍坊市全市规模以上工业企业达到3858家，工业增加值增长8.3%。按经济类型分，国有企业增加值增长14%，集体企业增加值增长8.7%，股份制企业增加值增长8.3%，外商及港澳台商投资企业增加值增长3.3%。按轻重工业分，重工业增加值增长9.7%，轻工业增加值增长6.1%。2016年，全市统计范围内的221种主要产品中，有135种主要产品生产量同比增加或持平。发动机、初级形态塑料、熟肉制品等产品增幅20%以上，其中，汽车用发动机、大气污染防治设备、工业机器人等增速超过30%。

全市494家资质以上总承包和专业承包建筑业企业完成建筑业总产值806亿元，增长5%。全员劳动生产率为34.8万元/人，增长7.1%。其中，建筑工程完成产值686.8亿元，增长5.5%；安装工程完成产值104.2亿元，增长2.1%；其他产值15亿元，增长2.7%。签订合同额1070.6亿元，增长2%，其中本年新签订合同额670亿元，增长1.3%。

【固定资产投资】2016年，潍坊市全市完成固定资产投资5112.5亿元，增长13.2%。6570个投资施工项目中总投资过1000万元的项目6473个，占总数的98.5%。其中，第一产业完成投资172.6亿元，增长31.1%；第二产业完成投资2905.3亿元，增长18.9%；第三产业完成投资2034.6亿元，增长4.8%。民间投资4308.9亿元，增长6.3%，占固定资产投资的84.3%；基础设施建设投资652.6亿元，增长18.4%。工业投入力度加大。工业完成投资2865.2亿元，增长19.2%，全市3553个工业在建项目中有2441个项目建成投产。计划投资5000万以上工业项目1483个，其中过亿元项目869个，完成投资1295.2亿元，占固定资产投资的25.3%。

【科学技术】2016年，潍坊市全市实现高新技术产业产值4413.5亿元，占规模以上工业的33.13%，比年初提高1.28个百分点。6项成果获得省级科技进步奖，157项成果获得市级科技奖励。盛瑞传动“前置前驱8挡自动变速器”获得国家科技进步一等奖，实现了我市企业以第一项目完成人获得国家一等奖零的突破。高新区获批建设山东半岛国家自主创新示范区，综合实力在全国147个高新区中居第23位。

【国内贸易和对外经济】2016年，潍坊市全市社会消费品零售总额2514.9亿元，增长10.4%。按城乡属性分，城镇零售额实现1742.4亿元，增长9.4%；乡村零售额实现772.5亿元，增长12.7%。按消费形态分，商品零售2271.3亿元，增长10.1%；餐饮收入243.6亿元，增长12.7%。全市物流总额2万亿元，增长13.6%。

全市进出口总额1249亿元，增长6.3%。其中，出口822亿元，增长1.8%，进口426.9亿元，增长16.2%。

骨干企业拉动作用强劲。全市40家重点出口企业出口337.1亿元，增长16.2%，占全市出口总额的41%，40家重点进口企业进口349.3亿元，增长38.7%，占全市进口总额的81.8%。对“一带一路”沿线国家贸易增长较快，完成进出口430亿元，增长10%，占进出口总额的34.6%。

【交通、邮电和旅游】2016年，潍坊市全年完成交通建设投资156.8亿元，其中，公路建设完成投资80.6亿元，港口建设完成投资35亿元，铁路建设完成投资17.7亿元，民航建设完成投资1.5亿元，城市公交完成投资1.3亿元。全市公路通车里程26881.6公里，公路密度166.6公里/百平方公里，二级及以上公路里程4441公里。全市营业性机动车辆98100辆，其中线路客车（含旅游、包车）2611辆，载货汽车90596辆，出租车4893辆。潍坊港“一主两副”港区分布格局基本形成，生产性泊位33个，其中万吨级以上泊位14个，港口总通过能力2599.4万吨。

邮政业务总量25.3亿元，增长56.2%。其中，快递业务10442.9万件，增长70%。全市电信企业实现电信业务总量86.7亿元，增长11.5%。年末电话用户总数1067.8万户，下降1%，普及率达119.5部/百人。其中，固定电话用户96.6万户，固定电话普及率21.6部/百人；移动电话用户971.2万户（包括3G用户78.5万户，4G用户445.5万户），移动电话普及率108.7部/百人。互联网用户达到718.1万户（包括无线上网用户531.1万户），互联网普及率达到80.3%；通信光缆总长度160.1万芯长千米；互联网出口带宽2120G。

全市接待游客6115.1万人次，增长8.6%；实现旅游消费总额677.2亿元，增长13.7%。全市A级旅游景区97家，其中5A级景区1家，4A级景区23家；星级饭店50家，其中五星级饭店3家，四星级饭店17家；旅行社157家，其中出境组团社12家。

【金融和保险】2016年年末，潍坊市金融机构本外币各项存款余额为7094.8亿元，比年初增加877.2亿元，增长14.1%，其中住户存款为4025.1亿元，比年初增加418.4亿元，增长11.6%。金融机构本外币各项贷款余额为4906亿元，比年初增加145.5亿元，增长3.1%。新增金融机构5家。金融机构经营效益下滑，实现利润总额63亿元，下降14.6%。

驻潍保险机构70家，比上年增加5家。其中，财产险机构34家，人身险机构36家。全年保费收入186亿元，增长16%；赔给付58.5亿元，增长20.3%。其中财产险保费收入达到58.5亿元，增长11.1%，赔付30.1亿元，增长13.6%；人身险保费收入达到127.8亿元，增长18.4%，赔给付28.5亿元，增长28.3%。全市保险业承担社会风险2.6万亿元，增长23.4%。

8

2016年济宁市经济发展概况

【经济总量】2016年，济宁市全年实现地区生产总值（GDP）4301.82亿元，按可比价格计算，比上年增长8.0%（下同）。分三次产业看，第一产业增加值480.45亿元，增长4.0%；第二产业增加值1949.67亿元，增长6.2%；第三产业增加值1871.70亿元，增长11.0%。分行业看，工业增加值1711.61亿元，增长6.2%；批发和零售业478.84亿元，增长5.7%；交通运输、仓储和邮政业190.12亿元，增长8.8%；住宿餐饮业82.85亿元，增长7.1%；金融业183.60亿元，增长13.2%；房地产业113.55亿元，增长7.6%；其他服务业806.91亿元，增长15.6%。三次产业对GDP增长贡献率分别为5.8%、37.0%和57.2%。全市人均地区生产总值51662元（按年平均汇率折算为7778美元），比上年增加3133元，按可比价格计算，增长7.2%。结构调整不断加快，全市三次产业结构由上年的11.3：47.3：41.4调整为11.2：45.3：43.5。

【农业】2016年，济宁市全市实现农林牧渔业增加值495.48亿元、增长4.3%。其中农业327.51亿元、增长4.3%，林业7.13亿元、增长5.9%，牧业119.95亿元、增长4.1%，渔业25.87亿元、增长3.7%，农林牧渔服务业15.03亿元、增长11.4%。农、林、牧、渔及农林牧渔服务业增加值比例为66.1：1.5：24.2：5.2：3.0。

【工业和建筑业】2016年，济宁市规模以上工业企业发展到2624家，其中营业收入过百亿元企业6家。规模以上工业增加值同比增长6.30%。全市36个工业行业大类中，有29个行业实现增长，增长面为80.56%。按门类分，制造业增长6.31%，实现增加值占规模工业的70.84%；采掘业增长10.56%，占比为21.55%；电力、燃气及水的生产和供应业下降7.86%，占比为7.61%。按经济类型分，国有企业下降9.40%，集体企业下降20.50%，股份合作制企业下降1.50%，股份制企业增长6.40%，外商及港澳台商投资企业增长7.90%，其他经济类型企业增长55.50%。按轻重工业分，轻工业增长9.40%，重工业增长4.70%，轻重工业增加值之比为36.27：63.73。

全市列统总承包和专业承包的建筑业企业453家、增加18家，完成总产值714.5亿元、增长5.0%，实现增加值238.9亿元、增长6.4%。

【固定资产投资】2016年，济宁市全市固定资产投资（不含农户）完成3279.0亿元、增长13.4%。其中，第一产业71.1亿元、增长8.7%，第二产业1731.1亿元、增长13.6%，第三产业1476.8亿元、增长13.5%。三次产业投资结构由上年的2.3:52.7:45.0调整为2.2：52.8：45.0。从行业投资看，高新技术产业投资完成444.2亿元、增长27.0%，占全部投资的13.5%，较上年提升1.4个百分点。工业投资完成1690.5亿元、增长17.2%，占全部投资的51.6%，其中制造业1565.6亿元、增长16.7%，占工业投资的92.6%。服务业中的科研技术服务业完成54.8亿元、增长42.9%，水利、环境和公共设施管理业166.1亿元、增长37.3%，教育68.4亿元、增长77.6%。民间投资完成2742.9亿元、增长12.2%，占全部投资的83.7%。基础设施投资完成375.7亿元、增长37.0%，占全部投资的11.5%。

【科学技术】2016年，济宁市获国家科技进步二等奖1项，省科学技术奖6项，国家技术市场科技金桥奖2项，省科技金桥奖10项，2人获“山东省技术转移十佳个人”。高新技术企业新认定84家，总数达到287家。全年完成技术合同登记1302项，合同金额15亿元，技术交易额13.89亿元，增长均在20%以上。全年申请专利11392件、增长30.96%，申请发明专利2331件、增长16.26%，有效发明专利达到1724件、增长23.32%，万人有效发明专利达到2.09件、增长22.94%。新增2家国家级科技企业孵化器，全市共拥有国家级科技企业孵化器5家、省级9家、市级14家，众创空间实现国家级备案14家，省级备案35家。新认定市级工程技术研究中心73家，共计拥有国家工程技术研究中心1家，省级工程技术研究中心70家、市级416家。第二批国家“万人计划”2人入选，2名人才入选“国家科技创新创业人才”，济宁高新区入选“国家创新人才培养示范基地”，6人入选2016年度泰山产业领军人才，7位创业导师被评为国家火炬创业导师。大型科学仪器共享平台全年新增仪器217台套，“创新券”网上预约3600余单。任城、鱼台、泗水和梁山4家市级农业科技园区晋级为省级农业科技园区，全市国家级农业科技园区达到2家、省级9家、市级85家。全市共有3个国家质检中心。检验检测机构资质认定获证企业数165家，证书数227张。全市有质量管理体系认证证书1344张、环境管理体系认证证书561张、职业健康安全认证证书441张、食品农产品管理体系认证证书97张，强制性认证证书1109张。

【国内贸易和对外经济】2016年，济宁市全市限额以上批发零售住宿餐饮企业1935家，比上年净增101家，亿元以上商品交易市场29处。全年实现社会消费品零售总额2071.89亿元、增长8.4%。按城乡市场统计，城镇实现1574.01亿元、增长7.7%，乡村497.88亿元、增长10.8%。按消费形态统计，批发和零售业实现1841.68亿元、增长8.0%，住宿和餐饮业230.21亿元、增长12.2%。在限额以上企业商品零售额中，粮油、食品类零售额比上年增长6.6%，饮料类增长17.1%，服装鞋帽针纺织品类增长5.7%，金银珠宝类增长4.4%，日用品类增长17.8%，体育娱乐用品类增长10.9%，家用电器和音像器材类增长7.2%，文化办公用品类增长6.7%，家具类增长17.8%，建筑及装潢材料类增长14.4%，汽车类增长12.2%，石油及制品类增长0.8%，煤炭及制品类下降12.9%。

全市完成进出口总额359.8亿元、增长6.5%，其中出口224.2亿元、增长5%，进口135.6亿元、增长9.1%。按企业性质分，国有企业出口21.2亿元、下降5.4%，外商企业54.76亿元、下降21.8%，民营企业148.28亿元、增长22.4%。按贸易方式分，一般贸易出口166.67亿元、增长7.3%，加工贸易57.45亿元、下降0.9%。按目的地分，出口亚洲104.52亿元、增长10.4%，欧洲40.61亿元、增长0.4%，北美洲32.50亿元、下降7.4%，非洲16.59亿元、下降7.8%，南美洲22.55亿元、增长13.9%。按商品类别分，农产品出口72.43亿元、增长45.7%，纺织服装24.02亿元、下降7.8%，机电产品49.07亿元、下降9.1%，高新技术产品2.08亿元、下降25.5%。

【交通、邮电和旅游】2016年，济宁市全市交通基础设施工程投资66.7亿元、增长5.2%。全年公路建设投资62.7亿元，新建改建公路328.69公里，户户通村庄道路硬化1380.97公里，涉及村庄564个。公路通车总里程19373.3公里，其中高速公路327.7公里，一级公路635.4公里。公路旅客营运车辆1081辆、36294客位；公路货物营运车辆10.68万辆、134.27万载重吨。水路通航里程1100公里，拥有各类船舶1.1万艘，水上运力规模达768万载重吨。济宁曲阜机场全年保障航班5790架次、增长16.88%，新开通3条航线，开行航线数14条，全年旅客吞吐量62.39万人次，增长27.96%。私人汽车保有量94.70万辆、新注册登记14.46万辆，私人轿车保有量62.41万辆、新注册登记9.61万辆。

邮政业务量完成14.05亿元、增长48.9%，业务收入11.89亿元、增长24.12%。规模以上快递服务企业业务量完成4494.95万件、增长77.0%，业务收入完成4.4亿元、增长42.8%，占全行业比重37.0%。

全市实现旅游消费总额600.15亿元、增长13.60%。接待入境游客34.58万人次、增长7.30%，入境游客消费1.52亿美元、增长4.32%；接待国内游客6098.51万人次、增长8.54%，国内游客消费563.51亿元、增长13.66%；居民出游前后消费26.40亿元、增长13.06%。建立涵盖100个项目的全市重点旅游项目库，纳入省级重点旅游建设项目库60个，累计完成投资328亿元。曲阜尼山圣境、邹城邹鲁一号露营地等项目加快推进，旅游基础配套设施逐步完善，新增3A级以上景区14家。

【金融和保险】2016年，济宁市全市境内金融机构本外币存款余额4610.73亿元、较年初增加513.24亿元，其中住户存款2803.91亿元、增加342.55亿元。贷款余额2879.26亿元、较年初增加155.46亿元，其中，非金融企业短期贷款1129.44亿元、减少39.95亿元，中长期贷款810.07亿元、增加93.05亿元。

全市保险金额34850亿元、增长5.3%，其中人身险2817亿元，财产险32033亿元。各类保费收入161.79亿元、增长27.4%。其中财产险47.18亿元、增长13.8%，人身险114.61亿元、增长34.0%。全年支付赔款和给付保险金61.37亿元、增长30.5%，其中财产险25.80亿元、增长18.2%，人身险35.57亿元、增长41.2%。

9

2016年泰安市经济发展概况

【经济总量】2016年，泰安市全年实现生产总值（GDP）3316.8亿元，按可比价格计算（下同），比上年增长7.2%，全年增速保持稳定。第一产业增加值280.9亿元，增长3.5%；第二产业增加值1485.5亿元，增长6.3%；第三产业增加值1550.4亿元，增长8.7%。三次产业结构由上年的8.5：46.3：45.2调整为

8.5∶44.8∶46.7，实现了由“二三一”向“三二一”的重大转变。人均生产总值59027元，增长6.6%。

【农业】2016年，泰安市全市农林牧渔及农林牧渔服务业完成总产值517.2亿元，增长4.1%。其中，农业总产值275.7亿元，增长4.2%；林业总产值7.5亿元，增长2.0%；牧业总产值190.9亿元，增长2.3%；渔业总产值14.7亿元，增长1.3%。

【工业和建筑业】2016年，泰安市全市实现工业增加值1261.8亿元，比上年增长6.9%，其中，规模以上工业增加值增长6.9%。规模以上国有工业增长25.2%；集体工业增长10.1%；股份制工业增长6.1%；外商及港澳台商投资工业增长1.9%。轻、重工业分别增长4.2%和7.7%。

建筑业实现增加值242.1亿元，比上年增长3.4%。320家资质以上建筑企业完成总产值648.2亿元，其中30家一级资质企业完成340.9亿元。

【固定资产投资】2016年，泰安市固定资产投资完成2899.6亿元，比上年增长10.7%。从投资项目建设性质看，新建项目增长较快，完成投资1486.5亿元，增长49.2%。投资结构变化大。第一产业投资52.9亿元，下降20.4%，第二产业投资1402.9亿元，增长23.3%，其中，工业投资1377.4亿元，增长25.0%，第三产业投资1443.9亿元，增长2.1%。三次产业投资结构由上年的2.5：43.5：54.0调整为1.8：48.4：49.8。高新技术产业投资414.0亿元，增长14.3%，高于全部投资3.6个百分点，投资额占工业投资的30.1%。第三产业投资中，民生领域投资323.5亿元，增长8.0%，其中，教育、卫生、文化分别增长7.1%、6.5%、30.2%。

【科学技术】2016年，泰安市研究与试验发展投入76.3亿元，比上年增长13.9%，占生产总值比重超过全省平均水平0.14个百分点。全年发明专利申请2000件，增长2.4%，发明专利授权407件，增长24.5%，专利合作条约国际专利申请4件。截至年末，每万人有效发明专利拥有量达到2.4件，比上年增长26.2%。年内获得省科技进步一等奖1项，二等奖2项；13家科技型企业和1个创新团队入选第五届中国创新创业大赛山东赛区决赛，荣获一等奖2项、二等奖2项、三等奖3项，获奖数占全省授奖总数的1/6；3家企业荣获全国行业决赛优秀奖；所获各类奖项和荣誉刷新了我市纪录。2人入选国家“万人计划”，实现零的突破；1人入选国家创新人才推进计划、3人入选科技类“泰山产业领军人才”。全市新增省级知识产权优势培育试点企业11家，总数达到46家，其中20家企业通过国家标准《企业知识产权管理规范》认证，14家企业晋升为山东省知识产权示范企业，数量居全省第6位。

【国内贸易和对外经济】2016年，泰安市实现社会消费品零售总额1462.8亿元，比上年增长9.9%。其中，城镇消费品零售额1293.1亿元，增长9.8%，乡村消费品零售额169.7亿元，增长10.0%，乡村零售额增幅连续四年超过城镇。批发业、零售业、住宿业、餐饮业分别实现零售额397.5亿元、895.4亿元、31.9亿元、138.0亿元，分别增长1.1%、12.8%、26.1%、15.9%。实现电子商务交易额727.0亿元，增长25.0%，其中，电子商务网络零售额193.0亿元，增长43.0%。

实现外贸进出口总额134.6亿元，比上年下降5.1%，其中出口108.8亿元，与上年持平；进口25.8亿元，下降21.9%。

【交通、邮电和旅游】2016年，泰安市完成交通投资19.3亿元，全市公路通车里程达到15343.6公里，比上年增长1.1%，公路密度每百平方公里197.7公里。实施普通国省道改建和大中修项目10个，完成投资10.6亿元，104国道界首至满庄段改建工程建成通车，进一步拉大泰城发展框架。新建改建农村公路346.8公里，完成投资2.6亿元。全年公路水路客运量、客运周转量分别为2965万人和19.2亿人公里，货运量、货运周转量分别为6796万吨和148.8亿吨公里。泰城新购置新能源和清洁能源环保型公交车215辆，新开通和调整优化公交线路47条，公交网络覆盖率、出行分担率达到80.8%、21.2%。推进城乡客运公交化改造，建成公交枢纽站3个、首末站停车场8个、港湾（站亭、牌）165个、充电站33个，泰城两区所有乡镇通公交。泰安通过交通运输部交通一卡通密钥申请。

全年邮电业务总量41.1亿元。其中邮政业务总量10.6亿元，比上年增长54.9%，电信业务总量30.5亿元，下降1.9%。邮政函件204.2万件；汇兑7.9万笔；快递3902.2万件，增长111.0%。年末固定电话户数70.0万户，下降12.1%；移动电话592.2万户，下降1.5%；上网用户239.4万户，增长1.4%。

共接待境内外游客6278.2万人次，实现旅游消费总额661.64亿元，分别比上年增长8.4%和13.6%。其中，国内游客6239.7万人次，实现消费629.6亿元，分别增长8.5%和13.7%。泰山景区接待游客573万人次，实现门票收入4.3亿元；方特、天颐湖、宝泰隆度假区、太阳部落、天乐城、温泉城等景区接待游客584.1万人次，实现门票收入6.5亿元。成功创建省级旅游强乡镇4家，旅游特色村15家、农业旅游示范点12家、精品采摘园15家、开心农场9家。

【金融和保险】2016年，泰安市金融机构人民币各项存款余额3056.2亿元，比年初（下同）增长13.0%，其中住户存款余额1946.5亿元，增长12.4%。各项贷款余额1936.7亿元，增长7.6%。其中，文化、体育和娱乐业增长70.7%，公共管理、社会保障和社会组织增长53.8%，建筑业增长48.8%，交通运输、仓储和邮政业增长32.0%，住宿和餐饮业增长31.0%；个人贷款及透支增长16.6%。

保险公司达到53家，比上年增加6家，实现保费收入93.7亿元，增长22.1%。其中，财险保费收入20.6亿元，增长13.6%；人身险保费收入73.1亿元，增长24.8%。保险赔付32.2亿元，增长36.7%，财险、人身险分别赔付9.4亿元和22.9亿元，增长12.7%和49.9%。

10

2016年威海市经济发展概况

【经济总量】2016年，威海市全年实现地区生产总值（GDP）3212.20亿元，按可比价格计算，比上年增长8.0%，其中，第一产业增加值229.34亿元，增长4.1%；第二产业增加值1463.35亿元，增长6.9%；第三产业增加值1519.51亿元，增长9.7%。三次产业结构由7.2：47.4：45.4调整为7.1：45.6：47.3，实现由“二三一”到“三二一”的转变。

【农业】2016年，威海市全年实现农林牧渔及服务业增加值237.42亿元，增长4.2%。其中，农业增加值58.89亿元，增长3.0%；林业增加值0.53亿元，增长5.3%；畜牧业增加值35.32亿元，增长1.5%；渔业增加值134.60亿元，增长5.3%；农林牧渔服务业增加值8.08亿元，增长6.6%。

【工业和建筑业】2016年年末，威海市规模以上工业企业1778家。全年规模以上工业增加值增长7.3%，其中，股份制企业增加值增长8.6%，外商及港澳台商投资企业增加值增长4.4%；轻工业增加值增长12.6%，重工业增加值增长4.8%，轻工业生产快于重工业7.8个百分点。在37个行业大类中，有26个行业实现增长，增幅较高的行业是：医药制造业增长18.2%，燃气生产和供应业增长14.6%。大中型工业企业增加值增长4.8%。

全年建筑业增加值170.96亿元，增长5.7%。

【固定资产投资】2016年，威海市全年固定资产投资2879.35亿元，增长13.2%。第一产业投资48.63亿元，增长14.7%；第二产业投资1801.76亿元，增长32.7%，其中，工业投资1656.80亿元，增长29.7%；第三产业投资1028.97亿元，下降10.1%。一、二、三产业投资结构为1.7：62.6：35.7。

【科学技术】2016年，威海市全年获得科技类省级奖励7项。全年促成技术合同869项，成交金额27.37亿元。全年专利申请量14587件，增长56.2%，其中，发明专利申请量5028件，占总申请量的34.5%。全年专利授权量4609件，增长21.5%，其中，发明专利授权量598件，占总授权量的13.0%。

【国内贸易和对外经济】2016年，威海市全年社会消费品零售总额1456.73亿元，增长11.1%。从城乡领域看，城镇消费品零售额1198.38亿元，增长11.1%；乡村消费品零售额258.35亿元，增长10.7%。从行业分类看，批发和零售业零售额1297.87亿元，增长10.7%；住宿和餐饮业零售额158.86亿元，增长14.4%。从经济成份看，非公有经济零售额1158.58亿元，增长11.8%；公有经济零售额298.15亿元，增长8.4%。从商品类别看，与人们日常生活密切相关的商品以及消费升级类商品全面增长，其中，粮油、食品类增长13.5%，中西药品类增长20.6%，家用电器和音像器材类增长18.7%，通讯器材类增长23.6%。

全年对外贸易进出口总额1190.53亿元，增长13.0%，其中，出口786.10亿元，与上年持平；进口404.43亿元，增长51.1%。从企业性质看，内资企业进出口728.00亿元，增长29.8%，占全市的61.1%；外商投资企业进出口462.53亿元，下降6.1%，占全市的38.9%。从贸易方式看，一般贸易进出口707.18亿元，增长26.2%，占全市的59.4%；加工贸易进出口457.63亿元，下降1.7%，占全市的38.4%；其他贸易进出口25.73亿元，下降7.9%，占全市的2.2%。

【交通、邮电和旅游】2016年年末，威海市公路通车里程7037.38公里（含农村公路、国省道）。全年铁路（不含城际铁路，下同）、公路、海运共完成客运量3362.44万人次，增长3.2%；货运量8795.41万吨，增长9.2%。全年铁路、公路、海运共完成客运周转量35.06亿人公里，增长2.6%，其中，铁路2.96亿人公里，增长3.6%；公路28.12亿人公里，增长3.6%；海运3.98亿人公里，下降4.8%。全年铁路、公路、海运完成货运周转量381.54亿吨公里，增长6.4%，其中，铁路0.58亿吨公里，增长2.2%；公路151.20亿吨公里，增长3.3%；海运229.76亿吨公里，增长8.5%。全年港口货物吞吐量7553.50万吨，增长3.1%；集装箱吞吐量106.39万标箱，增长0.3%；港口发送旅客171.17万人，下降9.0%。全年新增机动车7.70万辆，保有量达77.97万辆，其中，新增小型汽车6.59万辆，保有量达59.89万辆。

全年邮电业务总量59.35亿元，其中，邮政业务总量11.60亿元，电信业务总量47.75亿元。年末固定电话交换机总容量83万门，用户总数45.07万户；移动电话交换机总容量708万门，用户总数350.43万户，其中，4G及以上移动电话用户157.20万户。年末城市出口带宽800G，宽带用户总数101.21万户。

全年接待旅游总人数3909.98万人次，增长9.0%；实现旅游消费总额519.35亿元，增长14.1%。接待入境游客48.52万人次，增长5.1%，入境游客消费2.72亿美元，增长8.3%；接待国内游客3861.46万人次，增长9.0%，国内游客消费481.00亿元，增长14.0%；居民出游前后消费20.08亿元，增长13.9%。

【金融和保险】2016年年末，威海市金融机构本外币存款余额3112.83亿元，比年初增加322.41亿元，同比多增148.36亿元，其中，住户存款余额为1691.64亿元，比年初增加156.27亿元，同比多增135.57亿元；非金融企业存款余额为852.65亿元，比年初增加174.38亿元，同比多增110.10亿元。年末金融机构本外币贷款余额1902.40亿元，比年初增加60.15亿元，同比少增46.81亿元，其中，个人住房贷款余额为393.78亿元，比年初增加37.16亿元，同比多增14.98亿元；非金融企业及机关团体中长期贷款余额为507.11亿元，比年初增加89.59亿元，同比多增36.72亿元。

全年保险机构保费收入87.06亿元，增长23.2%，其中，财产险保费收入23.39亿元，增长5.0%；人身险保费收入63.67亿元，增长31.6%。各项赔款和给付35.61亿元，增长24.1%，其中，财产险赔款和给付13.74亿元，增长0.6%；人身险赔款和给付21.87亿元，增长45.4%。

11

2016年日照市经济发展概况

【经济总量】2016年，日照市全年实现地区生产总值（GDP）1802.49亿元，按可比价格计算，比上年增长8.1%，增速分别高于全国、全省1.4个和0.5个百分点，比上年提高0.6个百分点，列17市第二位。分季度看，第一季度增长7.7%，上半年增长7.6%，前三季度增长7.9%。分产业看，第一产业增加值146.97亿元，增长4.3%；第二产业增加值851.94亿元，增长8.0%；第三产业增加值803.58亿元，增长8.9%。人均地区生产总值62358元，增长7.5%。

【农业】2016年，日照市全年实现农林牧渔业总产值269.57亿元，按可比价格计算，比上年增长4.9%；实现增加值154.96亿元，增长4.9%。其中，农业增加值75.01亿元，增长4.2%；林业增加值2.73亿元，增长17.4%；牧业增加值36.75亿元，增长3.9%；渔业增加值32.49亿元，增长4.1%；农林牧渔服务业增加值7.99亿元，增长16.0%。

【工业和建筑业】2016年年末，日照市全市规模以上工业企业646家，实现增加值604.7亿元，增长8.6%，增速列全省第四位。全市33个工业行业大类中，有25个行业实现增长，增长面为75.8%。分三大门类看，采矿业增加值下降6.2%，制造业增长8.9%，电力、热力、燃气及水的生产和供应业增长7.8%。

全市资质以上建筑企业完成总产值293.12亿元，增长14.2%；实现建筑业增加值107.05亿元，增长6.1%，两项指标增速均列全省第一位。

【固定资产投资】2016年，日照市全市完成固定资产投资1597.78亿元，增长13.5%，分别高于全国、全省5.4和3个百分点，列全省第三位。从投资构成看，完成建筑工程投资833.99亿元，增长17.2%；安装工程投资221.82亿元，增长8.7%；设备工器具购置投资355.22亿元，增长6.1%；其他费用投资186.75亿元，增长18.9%。三次产业投资之比为2.4:44.9:52.7。

【科学技术】2016年，日照市全年专利申请量3558件，增长27.8%，授权量1557件；发明专利申请量1481件，列全省第十位，增长47.7%，增幅列全省第二位，发明专利授权量207件，增长24%；有效发明专利拥有量537件，增长28.5%；发明专利申请量占申请总量的41.62%；万人有效发明专利拥有量1.87件，电子申请率92.38%。

【国内贸易和对外经济】2016年，日照市全市社会消费品零售总额660.09亿元，增长9.3%。其中，限额以上单位零售额257.77亿元，增长3.6%。分城乡看，城镇零售额532.77亿元，增长9.1%；乡村零售额127.32亿元，增长10.4%。分消费形态看，商品零售608.32亿元，增长9.1%；餐饮收入51.77亿元，增长12.0%。

全年完成进出口总值820.3亿元，下降12.7%，降幅比上年收窄43.6个百分点。其中，出口完成279亿元，增长8.8%，增速高于全省7.6个百分点，比上年提高22.4个百分点。进口541.3亿元，下降20.8%，降幅比上年收窄42.3个百分点。

【交通、邮电和旅游】2016年，日照市全年完成沿海港口货物吞吐量3.83亿吨，增长6.1%。其中，外贸完成2.57亿吨，增长13.2%；集装箱吞吐量302.61万标箱，增长7.6%。有六种货物过千万吨，其中金属矿石15172万吨，增长11.8%；石油及制品6100万吨，增长17.9%；煤炭3250万吨，增长3.4%；木材1963万吨，增长22.8%；矿建材料1398万吨，下降56.3%；粮食1165万吨，下降6.8%。

全年完成电信业务总量23.33亿元，增长21.8%。邮政行业业务总量6.13亿元，增长51.4%；实现业务收入3.73亿元，增长26.7%。其中，快寄业务量2392.9万件，增长74.1%；业务收入1.92亿元，增长45.5%。年末本地固定电话用户23.24万户，下降8.4%；移动电话用户291.62万户（非沉默用户），增长13.8%，其中4G用户121.88万户，增长75.1%。

全年共接待境内外游客4081.82万人次，比上年增长8.75%。其中国内游客4053.55万人次，增长8.78%；入境游客28.27万人次，增长4.63%。全年实现旅游消费总额313.87亿元，增长13.75%，其中国内旅游收入299.62亿元，增长13.81%。

【金融和保险】2016年年末，日照市金融机构本外币各项存款余额合计2080.62亿元，比年初增加209.28亿元、增长11.2%。其中，住户存款1114.31亿元，比年初增加143.23亿元。年末金融机构本外币各项贷款余额合计2274.15亿元，比年初增加114.85亿元、增长5.3%。

全市保险公司40家，专业中介机构4家。实现保费收入53.10亿元，增长22.1%。其中财产险保费收入20.03亿元，增长7.5%；寿险保费收入33.06亿元，增长33.1%。全市保险服务能力进一步提升，支付各项赔款与给付20.53亿元，增长23.2%。其中，财产险赔付11.12亿元，增长21.5%；寿险赔款及各项给付9.41亿元，增长25.3%。

12

2016年莱芜市经济发展概况

【经济总量】2016年，莱芜市全年实现地区生产总值（GDP）702.76亿元，按可比价格计算，比上年增长7.2%。其中，第一产业增加值55.12亿元，增长4.1%；第二产业增加值352.36亿元，增长8.5%；第三产业增加值295.28亿元，增长6.2%。人均GDP达到51533元，比上年增长6.0%。三次产业结构由上年的7.9：51.7：40.4调整为7.8：50.2：42.0，服务业增加值占GDP的比重比上年提高1.6个百分点。

【农业】2016年，莱芜市全年完成农林牧渔业增加值55.73亿元，比上年增长4.1%。其中，农业增加值41.8亿元，增长4.4%；林业增加值1.8亿元，增长7.1%；牧业增加值10.62亿元，增长4.2%；渔业增加值0.88亿元，增长1.9%；农林牧渔服务业增加值0.61亿元，增长2.7%。

【工业和建筑业】2016年年末，莱芜市规模以上工业企业发展到585家。全年实现增加值286.81亿元，增长9.51%。其中，轻工业实现增加值39.82亿元，增长6.26%；重工业实现增加值246.99亿元，增长10.13%。钢铁与非钢产业结构由上年的40.2：59.8调整为39：61，非钢产业占比提高1.2个百分点。

全年建筑业实现增加值39.89亿元，增长5.3%；实现税收5.68亿元，下降9.8%。房屋建筑施工面积430.08万平方米，房屋竣工面积246.88万平方米，其中：住宅房屋竣工面积163.65万平方米。

【固定资产投资】2016年，莱芜市全年完成固定资产投资635.67亿元，增长2.7%。从隶属关系看，省及省以上单位完成投资28.07亿元，下降43.8%；地方单位完成投资607.60亿元，增长6.8%。从资金来源看，民间投资完成475.57亿元，下降2.6%，占全部投资的比重为74.8%。投资结构进一步优化。第一产业完成投资15.27亿元，比上年增长29%；第二产业完成投资365.83亿元，下降5.0%；第三产业完成投资254.57亿元，增长14.7%。三次产业投资比重由上年1.9：62.2：35.9调整为2.4：57.6：40.0，服务业投资占比提高4.1个百分点。高新技术产业完成投资102.99亿元，增长19.8%，占全部投资的比重16.2%，比上年提高2.3个百分点。

【科学技术】2016年，莱芜市新争取省重点科技计划项目32项，获扶持资金3280万元。获省以上科技进步奖1项，获省科技金桥奖9项，获中国技术市场金桥奖3项。全年发明专利申请量545件，增长21.7%；授权量297件，增长33.2%。年末全市有效发明专利拥有量900件，比上年增长39.3%。拥有省级企业科技创新平台58个，其中工程技术研究中心23个，院士工作站17个，重点实验室2个，产业技术联盟4个，国际技术合作平台3个。全年共签订技术合同53项，技术合同成交额5.49亿元。年末全市共4家企业跨入省级知识产权示范企业行列。

【国内贸易和对外经济】2016年，莱芜市全年实现社会消费品零售总额347.80亿元，增长8.4%。按消费类型统计，餐饮收入31.4亿元，增长20.6%；商品零售316.4亿元，增长7.3%。按经营单位所在地统计，城镇消费品零售额281.45亿元，增长6%；乡村消费品零售额66.35亿元，增长19.8%。

全年进出口总额完成112.57亿元，同比增长1.9%。其中，进口47.78亿元，下降14.8%；出口64.80亿元，增长19.1%。从主要出口商品来看，农产品出口37.73亿元，增长30.2%；钢材出口3.05亿元，增长26.7%；纺织服装出口4.68亿元，下降5.1%；机电产品出口额9.46亿元，下降1.7%。

【交通、邮电和旅游】2016年年末，莱芜市全市公路通车里程4404.51公里，增长1.84%。其中，高速公路124.62公里，一级公路198.41公里，二级公路368.19公里。公路密度达到196.1公里/百平方公里。年末公交营运车辆达到1438辆，新增339辆；营运线路123条，新增18条；线路总长达2565公里，增长9.4%；营运出租汽车1600辆。全年公交运客总量5700万人次。

全年完成邮电业务收入8.50亿元，比上年增长3.49%。其中，电信业务收入6.47亿元，增长1.93%；邮政业务收入2.03亿元，增长8.8%。快递业务收入0.71亿元，增长14.94%；快递业务总量577.3万件，增长48.54%。年末固定电话用户15.80万户，下降13.23%。其中，城市电话用户7.28万户，农村电话用户8.52万户。移动电话用户131.47万户，增长0.74%。固定互联网宽带接入用户27.76万户，增长12.62%。手机上网人数达到70.89万人，比上年增长15.18%。

全年共接待国内外游客1035.7万人次，比上年增长7.8%；实现旅游消费总额59.95亿元，比上年增长12.7%。拥有国家AAA级以上景区9处；国家AA级景区1处；全国、省级工农业旅游示范点15处；省级旅游度假区1处。特色旅游业发展势头强劲，拥有山东省旅游强乡镇6个，山东省特色旅游村14个，乡村旅游专业合作社9家，省级精品采摘园21家，省级开心农场2家，好客人家星级农家乐147家。

【金融和保险】2016年，莱芜市全年金融业实现增加值35.68亿元，比上年增长7.9%。年末，全市金融机构人民币各项存款余额907.67亿元，比年初增加78.32亿元。其中，住户存款538.66亿元，增加49.21亿元；非金融企业存款185.93亿元，比年初增加27.26亿元。人民币各项贷款余额661.25亿元，比年初增加41.65亿元。其中，短期贷款426.83亿元，比年初增加8.51亿元；中长期贷款155.43亿元，增加8.92亿元。

全市共有保险机构27家，全年实现保费收入25.92亿元，增长32.28%。其中，财产险保费收入5.73亿元，增长4.27%；人身险保费收入20.19亿元，增长43.19%。共支付各项赔款与给付8.23亿元，增长45.37%。其中，财产险支付赔款与给付2.96亿元，增长4.72%；人身险支付赔款与给付5.27亿元，增长86.01%。

13

2016年临沂市经济发展概况

【经济总量】2016年，临沂市全年实现地区生产总值（GDP）4026.75亿元，增长7.6%。其中，第一产业增加值358.95亿元，增长4%；第二产业增加值1736.25亿元，增长6.6%；第三产业增加值1931.55亿元，增长9.2%。三次产业增加值占比为8.9∶43.1∶48，第三产业所占比重同比提高2个百分点。

【农业】2016年，临沂市全市粮食总产量412.4万吨，同比下降3.6%；亩产420.5公斤，同比下降1.5%。全市农、林、牧、渔业分别实现增加值265.7亿元、15.8亿元、66亿元和11.5亿元，分别增长3.8%、7.7%、4.3%和5.7%。

【工业和建筑业】2016年，临沂市全市规模以上工业企业发展至4047家，规模以上工业增加值增长7.5%。37个工业行业大类中有18个产值同比实现增长，增长面为48.6%。列入统计的195种工业产品中有114种产量同比增长，增长面为58.5%。主导产业支撑作用突出，八大传统优势产业完成产值8620.7亿元、增长6.9%。其中，机械产业产值1387.6亿元、增长13.3%，木业产值1214.6亿元、增长7.3%，食品产业产值2205.8亿元、增长5.4%，冶金产值1208.2亿元、增长14.9%，化工产值1032.2亿元、增长8.6%，医药、纺织、建材行业产值分别下降0.5%、2%和4.3%。新兴及高端产业较快增长，新兴产业、装备制造业、高技术制造业分别实现产值1970.9亿元、1867.9亿元和612.8亿元，增长10.6%、11.2%和3.7%。企业群体不断壮大，产值过亿元企业2317家，完成产值10132亿元、增长13.1%；327家年初以来新纳入企业实现产值475.4亿元、增长172%。全年累计工业用电289.9亿千瓦时、增长8.9%。

全市有资质等级的总承包和专业承包建筑企业403家，完成建筑业总产值748.2亿元、增长6.1%。全年房屋建筑施工面积7606.5万平方米、建筑竣工面积2595.9万平方米。

【固定资产投资】2016年，临沂市全市4615个在建项目完成投资3603.3亿元，增长11.9%。分产业看，第一产业完成投资56.5亿元，增长74.4%；第二产业完成投资2054.9亿元，增长19.5%；第三产业完成投资1491.9亿元，增长1.7%。全市完成工业投资2025.9亿元、增长18.3%，占全部投资的56.2%，同比提高3个百分点；工业技改投资1144.6亿元、增长10.1%，占工业投资的56.5%；高新技术产业投资595.3亿元、下降6.5%。全市民间投资3049.7亿元、增长2.8%。全市在建亿元以上项目1126个、同比增加1个，其中新开工亿元以上项目669个、同比增加43个，完成投资1272.2亿元、增长12.2%。

【科学技术】2016年，临沂市全市共建设国家级工程技术研究中心2家、省级37家，国家级企业重点实验室3家、省级10家，国家技术创新战略联盟1家、省级3家、市级8家，国家科技创新产业基地7家，国家农业科技园区2家、省级8家，国家级科技企业孵化器3家、省级8家、国家级众创空间9家，省级11家，孵化面积120万平方米；国家国际技术转移中心1家、国家国际科技合作基地3家、省国际科技合作研究中心16家。2016年，新获国家技术发明二等奖1项，国家科技进步二等奖2项，中国专利优秀奖3项，山东省科技进步奖8项，其中省科技进步一等奖2项。全年共申请发明专利2133件、下降24.9%，授权637件、增长20.9%；创建国家专利运营试点企业1家，国家知识产权优势企业1家，山东省知识产权示范企业5家。

【国内贸易和对外经济】2016年，临沂市全市社会消费品零售额2488亿元、增长11.3%。从行业看，批发业完成零售额267.9亿元、增长11.3%，零售业完成零售额2052亿元、增长11.4%；住宿业完成零售额15.2亿元、增长10.3%，餐饮业完成零售额152.9亿元、增长10.4%。从区域看，城镇实现社会消费品零售额1880亿元、增长11.3%，乡村实现社会消费品零售额608亿元、增长11.2%。从类别看，限额以上企业27大类商品类值中有25类商品保持增长、增长面达81.5%，其中，服装类、文化办公用品类、书刊杂志类、汽车类和中西药类商品零售额分别增长6.7%、12.2%、18.1%、9.7%和39%。

全市实现进出口总额580.2亿元、增长6.5%；其中出口401.9亿元、增长6.6%，进口178.3亿元、增长6.5%，全市利用境外资金5.1亿美元、增长27.6%，其中直接利用外资2.3亿美元、增长60%。全市实现电子商务交易额1606亿元、增长46%。

【金融和保险】2016年，临沂市全市金融机构人民币存款余额5305.2亿元、比年初增加571亿元，其中，住户存款3312.7亿元、比年初增加364.7元。金融机构人民币贷款余额3938.4亿元、比年初增加575.8亿元，其中，住户贷款1585.8亿元、比年初增加258.1亿元；非金融企业及机关团体贷款2352.5亿元、比年初增加317.6亿元。

14

2016年德州市经济发展概况

【经济总量】2016年，德州市全年实现地区生产总值（GDP）2932.99亿元，按可比价格计算，比上年增长7.2%。其中，第一产业增加值增长3.7%，第二产业增加值增长6.2%，第三产业增加值增长9.2%。产业结构进一步优化。三次产业比例由上年的10.3：49.4：40.3调整为10.1：47.8：42.1。人均GDP达到50856元，增长6.4%。

【农业】2016年，德州市全市农林牧渔服实现总产值665.53亿元，增长4.2%。其中，农业产值373.03亿元，增长4.7%；林业产值15.20亿元，增长6.0%；牧业产值224.07亿元，增长2.8%；渔业产值20.34亿元，下降1.5%。农林牧渔服务业总产值32.88亿元，增长11.1%。

【工业和建筑业】2016年，德州市全市规模以上工业企业达到3022家，比上年增加92家，年主营业务收入过10亿元的法人企业145家，增加27家，过100亿元的法人企业2家，与上年持平。

资质内建筑企业203家，完成总产值307.68亿元，增长14.0%。完成建筑工程产值258.05亿元，增长16.7%；完成安装工程产值46.47亿元，增长12.2%；全年签订合同额424.66亿元，增长25.6%，其中，本年新签合同额306.71亿元，增长31.9%；全年房屋建筑施工面积1931.95万平方米，比上年增长7.8%，在全市房屋建筑施工面积中，实行投标承包的房屋建筑面积为1230.24万平方米，占房屋建筑施工总面积的63.7%。

【固定资产投资】2016年年末，德州市全市固定资产投资项目2924个，比上年增长20.5%，其中亿元及以上投资项目688个。固定资产投资额完成2537.78亿元，增长13.4%。其中，第一产业投资28.60亿元，增长133.2%；第二产业投资1511.40亿元，增长21.7%，其中工业投资1440.83亿元，增长21.1%；第三产业投资997.78亿元，增长1.4%。三次产业投资比例由上年的0.7：45.3：54.0调整为1.1：59.6：39.3。基础设施投资260.27亿元，增长21.6%；工业投资中技术改造投资791.95亿元，增长15.3%；高新技术完成投资576.14亿元，增长31.7%。

【科学技术】2016年年末，德州市拥有工程技术研究中心225家（其中国家级4家，省级39家，市级182家），重点实验室90家（其中省级7家，市级83家），技术创新联盟20家（其中国家级1家，省级9家，市级10家），科技企业孵化器11家（国家级3家，省级3家，市级5家）。获得国家级科技奖励1项，省级科技奖励1项。全年专利申请量5093件，增长23.6%，其中，发明专利申请量1050件，增长27.0%。专利授权量3073件，增长3.3%，其中，发明专利授权量329件，增长2.8%。拥有有效发明专利1206件，增长31.2%；每万人口有效发明专利拥有量2.11件，增长30.2%。新认定山东省高新技术企业60家。与大院大所签订共建企业科技创新平台等合作协议691项，转化大院大所科技成果344项，引进、培养、对接合作“两院”院士、国家“千人计划”专家等高层次人才241名。

【国内贸易和对外经济】2016年，德州市实现社会消费品零售额1394.97亿元，增长10.9%。其中城镇社会消费品零售额1277.60亿元，增长10.4%；乡村社会消费品零售额117.37亿元，增长13.5%。批发业社会消费品零售额93.27亿元，增长5.1%；零售业社会消费品零售额1143.07亿元，增长11.4%；住宿业社会消费品零售额15.28亿元，增长2.3%；餐饮业社会消费品零售额143.35亿元，增长12.7%。

全市实现进出口总额211.2亿元，同比增长7.3%。其中，出口150.02亿元，增长9.4%；进口61.20亿元，增长2.4%。主要传统市场中，除对日本和美国出口分别下降4.2%、1.8%外，其余均为正增长，其中对香港、韩国、欧盟出口分别增长94.1%、10.7%、7.1%；新兴市场中，对东盟、非洲、澳大利亚出口分别增长25.8%、11.4%、2.0%；对南美洲、中近东、俄罗斯出口分别下降12.3%、9.3%、3.7%。

【交通、邮电和旅游】2016年，德州市全市实有公路通车里程4020.63公里（不包括村级道路），公路密度为38.81公里／百平方公里。全部行政村实现了村村通公路。农村公路开工1299.39公里，完成投资8.35亿元。全市公路客运量1893万人，增长2.3%，客运周转量156178万人/公里，下降2.2%；货运量13418万吨，货运周转量2464919万吨/公里，分别增长9.7%和3.3%。年末市区公交线路42条，增加4条，线路总长度790余公里，增加60公里；公交营运车辆491辆。

邮政业务总量5.92亿元，增长23.0%；电信业务总量63.85亿元，增长47.1%；移动电话年末用户477.57万户，增长9.3%；固定电话年末用户34.21万户，下降3.0%。

国内游客消费152.33亿元，增长14.0%；接待国内游客2509.48万人次，增长8.9%。

【金融和保险】2016年，德州市金融机构年末人民币存款余额2845.11亿元，比年初增加374.80亿元。其中，住户存款余额1935.67亿元，比年初增加208.17亿元；非金融企业存款余额528.93亿元，比年初增加136.14亿元。年末人民币贷款余额1651.57亿元，比年初增加105.57亿元。住户贷款余额570.95亿元，比年初增加82.83亿元；非金融企业及机关团体贷款余额1080.61亿元，比年初增加22.73亿元。

全市拥有保险公司49家，实现保费收入92.36亿元，增长20.1%。其中，财险收入26.18亿元，增长9.4%；人身险收入66.18亿元，增长24.9%。全年赔付额34.51亿元，赔付率37.4%。其中，财险赔付13.55亿元，赔付率51.8%；人身险赔付20.96亿元，赔（给）付率31.7%。

15

2016年聊城市经济发展概况

【经济总量】2016年，聊城市全年实现地区生产总值（GDP）2859.18亿元，按可比价格计算，比上年增长7.3%。其中，第一产业增加值338.11亿元，增长4.4%；第二产业增加值1414.66亿元，增长6.2%；第三产业增加值1106.41亿元，增长9.6%。产业结构更加优化。三次产业比例由上年的11.9∶51.0∶37.1调整为11.8∶49.5∶38.7，第三产业比重比上年提高1.6个百分点。

【农业】2016年，聊城市农林牧渔业总产值636.22亿元。农林牧渔业增加值346.26亿元，比上年增长4.5%。其中农、林、牧、渔及农林牧渔服务业增加值分别增长5.1%、3.6%、1.4%、9.2%、9.0%。全年粮食播种面积1105.73万亩，单产448.48公斤/亩，总产量495.90万吨，分别比上年下降0.8%、1.0%、1.8%。瓜菜播种面积283.98万亩，下降0.3%；总产量1079.70万吨，下降0.1%。

【工业和建筑业】2016年，聊城市全市规模以上工业企业2814家，比上年减少53家。实现工业增加值比上年增长6.7%。其中轻工业增长6.6%，重工业增长6.7%。轻重工业之比由上年的30.0：70.0调整为28.7:71.3，轻工业比重下降1.3个百分点。全市工业企业用电量247.6亿千瓦时，占全社会用电量的比重为80.9%。

全市建筑业总产值223.70亿元，比上年增长7.9%；竣工产值154.89亿元，增长8.4%。全市建筑业企业签订合同额396.51亿元，增长4.6%；按建筑业总产值计算的劳动生产率为26.55万元/人，增长2.0%。

【固定资产投资】2016年，聊城市固定资产投资2357.57亿元，比上年增长12.2%，增幅高于全省1.7个百分点。

【科学技术】2016年，聊城市全年申请国内发明专利1424件，比上年增长6.7%；发明专利授权380件，增长27.1%。8家企业列入2016年山东省知识产权优势企业培育行列，2项专利技术列入山东省首批15项关键核心技术知识产权，通过《企业知识产权管理规范》管理体系认证企业11家。创新孵化平台建设积极推进。新增省级以上科技平台14家。新增4家省级农业科技园区，实现了全市县（市、区）省级农业科技园区全覆盖。获批3家国家级众创空间，4家省级众创空间，2家省级科技企业孵化器，1家国家级农业众创空间“星创天地”。

【国内贸易和对外经济】2016年，聊城市社会消费品零售总额1173.13亿元，比上年增长10.7%。其中，批发零售业零售额1020.56亿元，增长10.7%；住宿餐饮业零售额152.56亿元，增长10.2%。

进出口总值370.44亿元，比上年增长18.1%。其中出口总值192.83亿元，增长22.7%；进口总值177.61亿元，增长13.5%。合同利用外资12.78亿元，增长113.6%；实际利用外资4.42亿元，增长26.8%。

【交通、邮电和旅游】2016年年末，聊城市全市公路通车总里程18251公里，其中高速公路291公里，一级公路477公里，二级公路1094公里。德上高速聊城至夏津段建成通车，青兰高速、莘南高速加快建设。全市完成公路货运量1.71亿吨，比上年增长9.5%；货运周转量435.49亿吨公里，增长3.3%。公路客运量1809万人，增长4.7%；客运周转量14.26亿人公里，增长2.0%。

邮政业务总量5.95亿元，比上年增长39.0%。电信业务收入25.55亿元，增长4.4%。年末电话交换机容量746万门，增长8.7%。固定电话用户32万户，其中市话21.8万户，农话10.8万户。移动电话用户435.86万户，增长1.2%。宽带网用户67.3万户，增长0.4%。

旅游消费总额162.61亿元，比上年增长14.0%。接待入境游客5.81万人次，增长4.7%；入境游客消费0.27亿美元，增长7.4%。接待国内游客2044.59万人次，增长9.8%；国内游客消费148.42亿元，增长14.0%。居民出游前后消费12.38亿元，增长13.8%。

【金融和保险】2016年年末，聊城市金融机构人民币各项存款余额3015.42亿元，比上年增长17.2%，比年初增加443.49亿元。其中住户存款余额1931.69亿元，非金融企业存款余额726.70亿元。各项贷款余额2099.55亿元，增长13.8%，比年初增加253.89亿元。其中非金融企业及机关团体贷款1507.65亿元，增长12.7%，比年初增加169.79亿元。

实现保费收入84.86亿元，比上年增长13.7%。其中财产险保费收入30.76亿元，增长17.0%；人身险保费收入54.09亿元，增长11.9%。支付各项赔款与保险金33.9亿元，增长49.5%。其中财产险赔付16.12亿元，增长13.5%；人身险赔付公司赔款和满期给付17.78亿元，增长109.8%。赔付率39.9%。

16

2016年滨州市经济发展概况

【经济总量】2016年，滨州市全年实现地区生产总值（GDP）2470.10亿元，按可比价格计算，增长7.2%。其中，第一产业增加值232.21亿元，增长4.3%；第二产业增加值1142.77亿元，增长6.2%；第三产业增加值1095.12亿元，增长8.9%。三次产业结构由上年的9.3：48.8：41.9调整为9.4：46.3：44.3，服务业占比提升2.4个百分点。人均生产总值达到63745元（按年均汇率折算为9597美元），增长6.5%。

【农业】2016年，滨州市全年实现农业（种植业）增加值150.8亿元，林业增加值5.0亿元，牧业增加值47.1亿元，渔业增加值29.3亿元，农林牧渔服务业增加值15.1亿元，分别增长4.5%、6.4%、2.8%、6.3%和15.5%。

【工业和建筑业】2016年，滨州市规模以上工业企业（年主营业务收入2000万元及以上的工业法人企业）1314家，新增111家。其中，年主营业务收入过10亿元的企业87家，过100亿元的企业10家。

资质以上建筑企业230家，实现建筑业总产值212.37亿元，增长6.2%。房屋建筑施工面积1213.24万平方米，增长2.5%；房屋竣工面积538.03万平方米，下降4.6%。

【固定资产投资】2016年，滨州市全年固定资产投资完成2156.57亿元，增长8.5%。分产业看，第一产业完成42.73亿元，下降24.2%；第二产业完成1378.92亿元，增长2.5%，其中工业技术改造投资793.64亿元，增长13.1%，占工业投资比重为62.2%；第三产业完成734.92亿元，增长24.9%。高新技术产业投资401.85亿元，下降26.1%。民间投资1711.71亿元，增长5.4%，民间投资占全部投资比重为79.4%。

【科学技术】2016年，滨州市全年取得科技成果134项，获得省科技进步奖4项，其中一等奖2项、二等奖2项；奖励市科学技术最高奖2名，市自然科学奖19项、市科技进步奖131项，其中，一等奖15项、二等奖45项、三等奖90项。全年专利申请总量4997件，授权总量2761件，其中发明专利申请量1206件，发明专利授权量379件；有效发明专利1329件，万人拥有有效发明专利量3.46件，增长22.7%。网上技术合同登记31项，成交金额5.73亿元。

【国内贸易和对外经济】2016年，滨州市全年社会消费品零售总额889.70亿元，增长9.4%。其中，城镇消费品零售总额607.91亿元，增长9.3%，农村消费品零售总额281.80亿元，增长9.4%。限额以上单位实现零售额249.50亿元，增长4.0%，限额以下单位实现零售额640.20亿元，增长11.6%。

全年实现进出口总额577.1亿元，增长14.8%。其中，出口额249.4亿元，增长10.9%；进口额327.7亿元，增长13%。主要进出口产品增长明显，结构进一步优化。三大主要出口板块纺织品、钢材制品、化学制品增长明显，分别增长12.7%、22.6%和18%。原油进口和成品油复出口实现零的突破。推动企业积极融入“一带一路”战略，全年累计出口111.6亿元，增长16.4%，占全市出口额的44.7%；其中，对东盟、南亚等市场分别增长11.1%、20.3%。大宗产品进口保持较快增长势头，铝矿石、机械设备、纸浆、动植物油等四大类产品进口分别增长6%、48.8%、26.8%和25.6%。全市进出口额5亿元以上的企业达到23家，其中10亿元以上企业12家。

【交通、邮电和旅游】2016年年末，滨州市公路通车总里程16418.69公里，其中高速公路280.96公里，二级以上公路2336.63公里。营运性客货车辆4.96万辆，其中客运车辆0.067万辆，载货汽车4.90辆。公路客运量1136万人、公路客运周转量106547万人公里，分别下降20.56%、13.65%。公路货运量12184万吨，公路货运周转量3334405万吨公里，分别增长1.96%、4.85%。铁路旅客发送量14.92万人，增长219.49%；铁路货运到、发总量940万吨，增长37.2%。铁路建设投资22.2亿元，增长188.69%，在建铁路168.52公里。港口货物吞吐量2130万吨，增长28.9%。水路货运量240.03万吨，增长18.4%；货物周转量33241万吨公里，增长12.8%。公交车2276辆，公交线路212条，通达里程6803.6公里。新增公交线路6条，调整、延伸公交线路8条。已通公交主要村居4978个，覆盖率达94.4%。新改建农村公路557.4公里，改造危桥120座，完成2298公里农村公路安全隐患治理工作。

邮政业务收入5.84亿元，增长30.1%，其中快递业务收入2.57亿元，增长78.2%。电信业务收入16.08亿元，增长1.5%。年末固定电话用户28.74万户，下降19.8%。移动电话用户423.38万户，增长14.8%，其中4G用户173.09万户。互联网宽带接入用户达81.6万户，增长45.87%。

全年旅游消费总额132.55亿元，增长14.1%。其中，国内旅游接待人数1510.13万人次，增长8.7%，国内旅游消费总额120.18亿元，增长14.0%；入境旅游接待人数4.92万人次，增长4.8%，国际旅游外汇收入0.15亿美元，增长8.4%；居民出游前后消费总额11.37亿元，增长14.2%。

【金融和保险】2016年年末，滨州市金融机构本外币存款余额2697.92亿元，较年初增加319.64亿元，比年初增长13.4%。其中住户存款余额1287.40亿元，比年初增加162.96亿元；非金融企业存款余额1100.83亿元，比年初增加143.31亿元。本外币贷款余额2394.29亿元，较年初增加298.81亿元，比年初增长14.3%。其中住户贷款余额426.67亿元，比年初增加45.99亿元；非金融企业及机关团体贷款余额1966.13亿元，比年初增加251.44亿元。

年末共有45家保险公司在我市设立机构，其中财险25家和寿险20家，行业从业人员3.5万余人。全年实现保费收入85.92亿元，增长31.8%，其中，财产险保费收入27.15亿元，增长12.6%，人身险保费收入58.77亿元，增长43.1%。意外险和健康险保费收入分别为1.94亿元和6.79亿元；机动车险保费收入22.15亿元，增长10.0%，其中交强险保费收入6.26亿元，增长4.9%。全年支付赔款与给付28.67亿元，其中财产险支付赔款15.52亿元；人身险支付赔款与给付13.16亿元。

17

2016年菏泽市经济发展概况

【经济总量】2016年，菏泽市全年实现地区生产总值（GDP）2560.24亿元，按可比价格计算，比上年增长8.5%。第一产业增加值280.62亿元，增长3.1%；第二产业增加值1312.55亿元，增长8.7%；第三产业增加值967.07亿元，增长9.8%。三次产业结构由上年的11.2：52.8：36.0调整为10.9：51.3：37.8，第一产业增加值占地区生产总值的比重下降0.3个百分点，第二产业增加值占地区生产总值的比重下降1.5个百分点，第三产业增加值占地区生产总值的比重提高1.8个百分点，经济结构进一步优化。

【农业】2016年，菏泽市全市全面落实强农惠农政策，进一步加大“三农”工作力度，农业和农村经济持续平稳发展。粮食生产喜获“十三连增”。全市粮食作物播种面积1746.66万亩，比上年增加49.50万亩，增长2.9%；粮食平均亩产878斤，比上年增加4斤，增长0.5%；粮食总产达到766.51万吨，比上年增加25.44万吨，增长3.4%，总产创历史最好水平。

【工业和建筑业】2016年，菏泽市全市工业完成增加值1149.29亿元，比上年增长9.0%，比地区生产总值增速高0.5个百分点。年末全市规模以上工业企业达3261家，规模以上工业增加值增长9.95%；全年各月份累计增速均稳定在10%左右，保持了稳定增长势头。分行业看，我市纳入统计的34个行业中，有29个行业增加值实现增长，增长面达85.3%。其中石油加工业、化学原料及化学制品制造业、医药制造业和农副食品加工业分别增长22.0%、12.7%、10.7%和6.5%。全市工业用电量121.34亿千瓦时，增长2.9%。

【固定资产投资】2016年，菏泽市全市完成规模以上固定资产投资1218.21亿元，比上年增长13.5%。其中，第一产业投资7.35亿元，下降13.9%；第二产业投资662.88亿元，增长18.7%，其中工业投资656.99亿元，增长17.9%；第三产业投资547.98亿元，增长8.2%。基础设施投资120.73亿元，增长9.5%。民间固定资产投资完成1093.3亿元，增长13.3%，占全部投资的89.7%，民间投资成为我市投资的主要力量。

【科学技术】2016年，菏泽市全市共组织科技计划61项，取得重要科技成果172项，其中1项获省奖励。随着高新技术成果的推广应用，科技进步为地方经济发展带来的巨大推动力日益显现。

【国内贸易和对外经济】2016年，菏泽市全市实现社会消费品零售总额1503亿元，比上年增长11.2%。

按经营单位所在地分，城镇消费品零售额1242.8亿元，增长11.1%；乡村消费品零售额260.2亿元，增长11.4%。按消费形态分，商品零售额1372.7亿元，增长11.1%；餐饮收入130.3亿元，增长12.3%。随着我市商贸物流基地建设的推进，全市商品交易市场类别不断增多，个数不断增加，成交额不断扩大。年末全市共有亿元商品交易市场58家，全年市场成交额196.1亿元，商品交易市场逐步走上规模化和专业化的良性发展轨道，充分发挥了集聚效应，有力推动了全市商品流通的发展。

全市完成进出口总额351.08亿元，比上年增长30.0%。其中，出口总额164.15亿元，增长20.2%；进口总额186.93亿元，增长39.9%。全年新签利用外资项目11个，合同外资金额200.69亿元，增长3763.9%；实际利用外资17.14亿元，增长18.1%。

【交通、邮电和旅游】2016年年末，菏泽市我市境内公路通车里程（含农村公路）已达23481.2公里，其中:国道900.7公里，省道743.7公里，农村公路21836.8公里，全年新改建农村公路1169.1公里。年末高速公路通车里程达309.4公里。

年末全市完成邮政业务总量7.74亿元，比上年增长25%；完成电信业务总量60.41亿元，增长20%。全市拥有固定交换机容量1098万门，固定电话17万户，移动电话707万户，固定互联网宽带接入用户133万户。网络服务不断拓展，通讯能力进一步增强。

全市接待游客1741.7万人次，比上年增长10%，实现旅游消费总额135.45亿元，增长14.3%。其中接待入境游客1.51万人次，增长10.8%，入境游客消费额362.64万美元，增长16.5%。

【金融和保险】2016年年末，菏泽市全市金融机构本外币存款余额3024.71亿元，比年初增加474.24亿元，同比增长18.6%；其中住户存款2216.64亿元，比年初增加304.38亿元。年末金融机构本外币贷款余额1805.06亿元，比年初增加169.64亿元，同比增长10.4%；其中住户贷款668.63亿元，比年初增加60.78亿元；非金融企业及机关团体贷款1135.48亿元，比年初增加107.91亿元。

截至年末共有43家保险公司在我市开展业务。全市保险业保费收入99.42亿元，比上年增长10.5%。其中财产险保费收入22.81亿元，增长20.3%；人身险保费收入76.60亿元，增长7.9%。全市保险业赔款支出27.82亿元，增长54.6%。其中财产险赔款支出11.46亿元，增长19.4%；人身险赔款支出16.36亿元，增长94.7%。保险业务的不断拓展，为社会生产和人民生活提供了有效保障。

河南省

| 郑州市 | 开封市 | 洛阳市 | 平顶山市 | 安阳市 | 鹤壁市 | 新乡市 | 焦作市 | 濮阳市 |
| 许昌市 | 漯河市 | 三门峡市 | 南阳市 | 商丘市 | 信阳市 | 周口市 | 驻马店市 |

1

2016年郑州市经济发展概况

【经济总量】2016年，郑州市全年实现地区生产总值（GDP）7994.2亿元，比上年增长8.4%；人均生产总值82872元，比上年增长6.4%。其中第一产业增加值156.4亿元，增长3.0%；第二产业增加值3780.7亿元，增长5.9%；其中全部工业增加值3315.1亿元，增长5.7%；建筑业增加值467.3亿元，增长7.6%；第三产业增加值4057.1亿元，增长11.1%。交通运输、仓储和邮政业增加值427.2亿元，增长3.2%；批发和零售业增加值587.5亿元，增长7.1%；住宿和餐饮业增加值274.8亿元，增长7.2%；金融业增加值817.0亿元，增长15.8%；房地产业增加值509.2亿元，增长17.1%；营利性服务业增加值646.2亿元，增长14.7%；非营利性服务业增加值790.8亿元，增长9%。非公有制经济完成增加值4760.7亿元，增长7.3%，占生产总值的比重为59.6%。年末全市城镇化率达到71%，比上年提高1.3个百分点。

【农业】2016年，郑州市全年粮食总产量161万吨，比上年下降4.3%；其中夏粮产量81.8万吨，下降4.4%；秋粮产量79.2万吨，下降4.2%。全年棉花产量2224吨，下降11.6%；油料产量14.7万吨，下降4.3%；蔬菜总产量259.7万吨，下降5.1%；水果总产量27.3万吨，下降1%。肉类总产量25.2万吨，下降1.9%；禽蛋20.1万吨，下降12.7%；水产品产量15.1万吨，增长1.1%；牛奶产量32.1万吨，下降25.2%。

【工业和建筑业】2016年，郑州市全年规模以上工业企业完成增加值3215.4亿元，增长6%；其中高技术产业完成增加值449.8亿元，增长13.6%。分经济类型看，国有企业完成增加值419.4亿元，比上年增长8.4%；集体企业完成增加值25.1亿元，增长11.4%；股份制企业完成增加值2140.7亿元，增长5.8%；其他类型完成增加值126.2亿元，增长5%。分轻重工业看，轻工业完成增加值755.6亿元，增长2.8%；重工业完成增加值2459.8亿元，增长6.8%。七大主导产业完成增加值2294.9亿元，比上年增长7.8%；总量占规模以上工业增加值的71.4%

全市建筑业完成总产值2891.1亿元，比上年增长6.5%；完成增加值438.3亿元，比上年增长7.8%。建筑施工企业施工房屋面积25323.5万平方米，增长9.1%；竣工房屋面积4829.4万平方米，增长11.8%。

【固定资产投资】2016年，郑州市全年固定资产投资完成6998.6亿元，比上年增长11.3%。在固定资产投资中，国有及国有控股单位完成投资2294.1亿元，增长34.1%；民间投资完成4479.3亿元，下降0.7%。分产业看，第一产业完成投资82.4亿元，下降2.3%；第二产业完成投资1486亿元，增长0.9%；工业投资完成1485.3亿元，增长0.9%；第三产业完成投资5430.2亿元，增长14.8%。基础设施投资完成1254.2亿元，下降3.3%；产业集聚区完成固定资产投资2426.1亿元，增长10.2%。

【科学技术】2016年，郑州市全市共组织实施科技项目909项，比上年下降9.7%；其中省级以上项目188项，下降43.9%；市级项目721项，增长7.3%。拥有国家工程技术研究中心6个，省级工程技术研究中心

201个，比上年增加13个。拥有省级重点实验室26个；国家级创新型试点企业4家，省级创新型试点企业134家，比上年增加25个；拥有国家级企业技术中心18个，省级企业技术中心343个，比上年增加22个。获得国家科技进步奖8项，省级科技进步奖30项。全年专利申请量达到37411件，增长41.7%；授权量17884件，增长10.9%。全年共签订技术合同6768份，增长47.2%；技术合同成交金额达150.2亿元，增长15.4%。

【国内贸易和对外经济】2016年，郑州市全年完成社会消费品零售总额3665.8亿元，比上年增长11.3%。分城乡看，城镇消费品零售额3079亿元，增长11.2%；乡村消费品零售额310.1亿元，增长11.8%。分行业看，批发业零售额404.6亿元，增长15.1%；零售业零售额2462.6亿元，增长10.3%；住宿业零售额21.3亿元，增长1.5%；餐饮业零售额500.5亿元，增长13.6%。

全年全市直接进出口总额550.3亿美元，比上年下降3.5%；其中进口233.3亿美元，下降9.5%；出口317亿美元，增长1.5%。在出口总额中，一般贸易出口38.9亿美元，下降1.7%；加工贸易出口275.8亿美元，增长1.9%；机电产品出口293.2亿美元，增长2.2%；高新技术产品出口276.4亿美元，增长2.5%。

【交通、邮电和旅游】2016年，郑州市全年交通运输业各种运输方式完成货运周转量686.4亿吨公里，比上年增长5.8%。其中铁路176.8亿吨公里，增长2.5%；公路494.8亿吨公里，增长6.6%；航空14.7亿吨公里，增长24.2%。完成货运量22038万吨，增长3.8%；其中铁路2750万吨，增长0.9%；公路19269万吨，增长4.2%；航空19万吨，增长15.7%。

全年完成邮电业务总量427.1亿元，比上年增长61.5%。其中邮政业务总量86.9亿元，增长36.4%；电信业务总量340.2亿元，增长69.5%；快递业务总量42375万件，增长46.5%。移动电话用户年末达到1373.4万户，增长2.1%，本年新增移动电话用户121.1万户，下降64.2%；年末互联网用户358.2万户，比上年增长49.3%。

全年实现旅游总收入1053.9亿元，比上年增长13.7%；来郑旅游人数8933.6万人次，比上年增长13.1%；其中国际旅游人数48.1万人次，增长3.6%；国内旅游人数8885.5万人次，增长13.2%。年末全市共有旅行社290家，星级酒店38个，A级旅游景区41个，4A级以上景区14个。

【金融和保险】2016年年末，郑州市全市金融机构各项存款余额19000.7亿元，比上年末增加2064.5亿元，增长12.2%；其中住户存款余额6297.6亿元，增加602.1亿元，增长10.6%。金融机构各项贷款余额15422.4亿元，增加2762.9亿元，增长21.8%。

全年全市保险公司保费收入463.4亿元，比上年增长36.9%。其中财产险收入136.6亿元，增长18.5%；人身险收入326.7亿元，增长46.4%。

2

2016年开封市经济发展概况

【经济总量】2016年，开封市全年实现地区生产总值（GDP）1747.96亿元，比上年增长8.5%。其中：第一产业增加值287.29亿元，增长4.3%；第二产业增加值703.09亿元，增长8.0%；第三产业增加值757.58亿元，增长10.8%。三次产业结构为16.4：40.2：43.4。

【农业】2016年，开封市全年全市粮食播种面积399.81千公顷，比上年下降0.72%。其中，小麦播种面积241.34千公顷，下降1.07%；玉米播种面积122.38千公顷，增长1.67%；棉花播种面积12.39千公顷，下降1.07%；油料种植面积91.38千公顷，增长1.48%；蔬菜种植面积143.65千公顷，增长3.08%。

【**工业和建筑业**】2016年，开封市全年全市规模以上工业增加值625.04亿元，比上年增长9.0%，其中，轻工业增加值增长8.8%，重工业增加值增长9.4%。

全年全市共有资质内建筑业企业257家，比上年增加5家，完成建筑业总产值227.35亿元，增长12.6%，资质内建筑业企业房屋施工面积1837.39万平方米，增长-11.3%。

【**固定资产投资**】2016年，开封市全市固定资产投资（不含农户）1526.63亿元，比上年增长15.3%。其中，国有及国有控股投资162.10亿元，增长1.2%；民间投资1343.19亿元，增长15.9%。分三次产业看，第一产业投资68.42亿元，增长72.2%，第二产业投资853.17亿元，增长20.6%，第三产业投资605.04亿元，增长4.8%。

【**科学技术**】2016年年末，开封市拥有科学研究与技术开发机构8个。省级以上企业技术中心20家，其中国家级2家；国家级工程技术研究中心1家；省级工程技术研究中心23个；省级重点实验室8个；省级创新型（试点）企业12家；省级科技进步奖6项；申请专利1744件，授权专利1157件，分别增长25.8%和15%；有效发明专利492件。签订技术合同13份，技术合同成交金额3.14亿元。实施各级各类科技计划项目267项，其中，国家级科技计划项目3项。评出市科技进步奖40项，获6项省科技进步奖励。全市经省认定的高新技术企业已达38家。

【**国内贸易和对外经济**】2016年，开封市全年社会消费品零售总额840.99亿元，比上年增长12.6%。分城乡看，城镇609.4亿元，增长13.8%；乡村137.6亿元，增长7.1%。分行业看，批发业107.1亿元，增长8.6%；零售业547.4亿元，增长13.5%；住宿业5.29亿元，增长16.2%；餐饮业87.1亿元，增长11.1%。

全年全市进出口总值41483万美元，比上年增长-2.9%。其中：出口总值38192万美元，增长7.2%；进口总值7108万美元，增长-46.3%。

【**交通、邮电和旅游**】2016年年末，开封市高速公路通车里程437.72公里。全年公路货物运输量比上年增长12.9%；货物周转量增长6.8%。公路旅客运输量增长-12.6%；旅客周转量增长4.8%。

全年邮电业务总量83.22亿元，比上年增长31.34%。其中，邮政业务6.66亿元，增长45.73%；电信业务76.56亿元，增长58.57%。电信业务中，中国移动业务总量52.86亿元，比上年增长65.9%，中国联通业务总量18.19亿元，比上年增长40.4%，中国电信业务总量5.51亿元，比上年增长60.0%。

全年共接待国内外游客5107.18万人次，比上年增长15.9%。旅游总收入398.60亿元，增长38.6%。

【**金融和保险**】2016年年末，开封市全市金融机构人民币各项存款余额1641.09亿元，比上年末增长13.0%。其中住户存款余额1146.38亿元，增长15.1%。金融机构人民币各项贷款余额1188.54亿元，增长16.8%。

3

2016年洛阳市经济发展概况

【**经济总量**】2016年，洛阳市全年实现地区生产总值（GDP）3782.9亿元，按可比价计算，比上年增长8.6%。其中，第一产业增加值234.0亿元，增长4.4%；第二产业增加值1805.5亿元，增长7.6%，其中工业增加值1553.7亿元，增长8.2%；第三产业增加值1743.4亿元，增长10.4%。三次产业结构为6.2∶47.7∶46.1。人均生产总值达55860元。

【**农业**】2016年，洛阳市全年粮食播种面积781.9万亩，比上年增长0.2%。其中，夏粮面积375.2万亩，增长0.2%；秋粮面积406.7万亩，增长0.1%。小麦种植面积375.2万亩，增长0.2%；玉米种植面积289.6万亩，下降1.2%。蔬菜种植面积100.7万亩，下降2.3%。油料种植面积65.6万亩，下降0.5%。棉花种植面积6.1万亩，增长2.7%。

【工业和建筑业】2016年，洛阳市全年规模以上工业增加值③1418.7亿元，比上年增长8.9%。在规模以上工业增加值中，分经济类型看，国有企业增加值下降10.9%，集体企业增长18.7%，股份制企业增长9.8%，外商及港澳台商投资企业增长5.5%；分门类看，采矿业下降10.4%，制造业增长11.4%，电力、热力、燃气及水生产和供应业下降0.5%。

【固定资产投资】2016年，洛阳市全年固定资产投资（不含农户）4082.7亿元，增长15.4%。在固定资产投资中，第一产业投资238.8亿元，增长19.5%；第二产业投资1836.8亿元，增长10.9%；第三产业投资2007.1亿元，增长19.4%。民间投资3380.0亿元，增长11.8%，占固定资产投资比重为82.8%。

【国内贸易和对外经济】2016年，洛阳市全年社会消费品零售总额1807.4亿元，比上年增长12.6%。分城乡看，城镇零售额1575.7亿元，增长12.5%；乡村零售额231.7亿元，增长13.1%。分行业看，批发和零售业零售额1513.8亿元，增长12.2%；住宿和餐饮业零售额293.6亿元，增长15.0%。

全年进出口总额115.83亿元，比上年下降4.6%。其中，出口总额101.27亿元，下降0.1%；进口总额14.56亿元，下降27.5%。

【交通、邮电和旅游】2016年，洛阳市全年公路运输货物周转量614.48亿吨公里，比上年增长7.0%；货物运输量2.20亿吨，增长13.0%。旅客周转量56.77亿人公里，增长0.1%；旅客运输量1.15亿人次，增长9.8%。民航货物吞吐量1486.33吨，下降1.6%；民航旅客吞吐量92.1万人次，增长27.6%。

全年邮电业务总量144.7亿元，比上年增长56.1%。其中，电信业务总量139.4亿元，增长57.5%；邮政业务总量5.3亿元，增长26.3%。年末本地固定电话用户84.7万户，下降13.8%。年末移动电话用户661.5万户，增长8.6%。年末互联网用户478.7万户，增长11.7%。

全年接待国内外游客11420万人次，比上年增长9.5%，其中接待入境游客115万人次，增长14.5%。旅游总收入905亿元，增长15.6%，其中创汇收入3.48亿美元，增长12.6%。年末共有A级旅游景区41处，其中4A级以上景区23处。年末共有星级酒店60家，国际国内旅行社86家。

【金融和保险】2016年年末，洛阳市金融机构人民币各项存款余额4982.4亿元，比年初增加799.4亿元。其中住户存款余额2364.6亿元，比年初增加300.5亿元。金融机构人民币各项贷款余额3011.9亿元，比年初增加376.2亿元。其中住户贷款余额852.0亿元，比年初增加130.6亿元。

全年保险公司保费收入111.1亿元，全年赔付40.8亿元。

4

2016年平顶山市经济发展概况

【经济总量】2016年，平顶山市全年实现地区生产总值（GDP）1425.88亿元，按可比价格计算(下同)，比上年增长7.2%，其中，第一产业完成增加值138.26亿元，增长4.2%；第二产业完成增加值724.55亿元，增长6.7%，其中工业完成增加值656.98亿元，增长6.8%；第三产业完成增加值563.07亿元，增长8.6%。人均生产总值达到35200元，同比增长6.7%。非公经济增加值占GDP比重53.5%，较上年提高1.4个百分点。一、二、三产业的结构由上年的9.8：51.8：38.4变化为9.7：50.8：39.5。第一产业比重下降了0.1个百分点，第二产业比重下降0个百分点，第三产业比重上升1.1个百分点。

【农业】2016年，平顶山市全年完成农林牧渔业总产值254.6亿元，比上年增长4.3%。其中农业产值128.0亿元，林业产值10.1亿元，牧业产值103.5亿元，渔业产值7亿元，农林牧渔服务业总产值6亿元，比上年分别增长3.5%、6.0%、4.9%、6.0%、7.3%。

【工业和建筑业】2016年，平顶山市全年规模以上工业企业完成工业总产值2380.4亿元，比上年增长6.8%；实现工业增加值556.4亿元，比上年增长7.3%。分所有制类型看，国有及国有控股工业企业完成增加值196.3亿元，增长7.0%；集体工业企业增加值2.7亿元，增长1.0%。分轻重工业看，轻工业完成增加值118.4亿元，增长7.2%；重工业完成增加值438.0亿元，增长7.3%。

全年建筑业完成增加值67.8亿元，比上年增长5.2%。资质等级三级及三级以上独立核算建筑施工企业房屋施工建筑面积850.8万平方米，比上年下降16.5%；竣工面积314.5万平方米，同比下降18.3%。

【固定资产投资】2016年，平顶山全年完成全社会固定资产投资1429.0亿元，比上年增长6.6%，其中固定资产投资完成1403.5亿元，增长6.3%。分三次产业看，第一产业完成投资162.4亿元，增长18.4%；第二产业完成投资640.6亿元，下降0.9%；第三产业完成投资600.5亿元，增长11.8%。其中房地产业完成投资138.2亿元，工业投资完成640.6亿元。全市9个产业集聚区完成固定资产投资563亿元，同比下降4.2%，低于全市投资增速10.5个百分点

【科学技术】2016年年末，平顶山市全市拥有各类专业技术人员16.8万人。科技创新能力有新的增强，全年共申请专利2720项。获市级以上科技进步奖56项，其中省级14项，国家级1项。

【国内贸易和对外经济】2016年，平顶山市市全年实现社会消费品零售总额638.7亿元，比上年增长11.7%。分城乡看，城镇实现消费品零售额559.2亿元，比上年增长11.0%；乡村实现消费品零售额79.6亿元，比上年增长16.7%。分行业看，批发零售业实现消费品零售额524.3亿元，比上年增长11.3%；住宿餐饮业实现消费品零售额114.5亿元，比上年增长13.6%。全年批发零售业和住宿餐饮业实现增加值165.8亿元，增长6.7%。

全年完成进出口总值45690万美元，比上年下降33.9%，其中出口总值37951万美元，下降36.5%，进口总值7739万美元，下降-16.9。实际直接利用外资31873万美元，比上年增长5.2%。实际到位省外资金442.3亿元，比上年增长7.2%。年末实有“三资”企业395家，比上年增加4家。

【交通、邮电和旅游】2016年，平顶山市全年完成公路货物周转量199.6亿吨公里，比上年增长6.7%，公路客运周转量34.3亿人公里，比上年增长0.2%。

全年完成邮电业务总量86.4亿元，比上年增长45.6%。固定电话和移动电话用户334.0万部，下降1.7%，计算机互联网络用户42.8万户，增长8.8%。

全市共接待国内游客3731万人次，比上年增长8.3%；入境游客2.9万人次，比上年增长3.0%。国内旅游收入189.1亿元，比上年增长11.7%；旅游创汇863万美元，比上年增长4.2%。

【金融和保险】2016年年末，平顶山市全市金融机构存款余额2277.6亿元，同比增长13.3%，其中储蓄存款余额1440.6亿元，同比增长14.4%。年末金融机构贷款余额1589.4亿元，同比增长13.1%，其中住户贷款余额332.1亿元，增长17.1%，非金融企业及机关团体贷款余额1257.3亿元，增长12.1%。

5

2016年安阳市经济发展概况

【经济总量】2016年，安阳市全年实现地区生产总值（GDP）1805.7亿元，增长8%；其中，一产增加值147.1亿元，增长3.1%；二产增加值897.1亿元，增长6.7%；三产增加值761.5亿元，增长10.5%。三次产业结构为8.1：49.7：42.2。财政一般公共预算收入107.3亿元、支出240.9亿元，分别增长8.7%和7.6%。

【农业】2016年，安阳市全年粮食种植面积584.7万亩，比上年增长1.9%。其中，夏粮种植面积302.9万亩，秋粮种植面积281.8万亩。粮食总产量达到219.5万吨，比上年下降3.5%；亩产375.4公斤，比上年下降5.3%。

【工业和建筑业】2016年，安阳市规模以上工业企业增加值765.7亿元，增长7.3%。其中，轻工业增加值204.5亿元，增长10.7%；重工业增加值561.2亿元，增长6.1%。高新技术增加值增速17.4%。规模以上工业企业898家，营业收入亿元以上企业424家，其中100亿元以上企业4家，50亿元以上企业10家，10亿元以上企业62家。

全年实现建筑业增加值124.2亿元，比上年增长6.2%。

【固定资产投资】2016年，安阳市完成固定资产投资1901亿元，增长13%。产业集聚区固定资产投资809.1亿元，增长19.1%。固定资产投资中，第一产业投资87.2亿元，比上年增长35.3%；第二产业投资942.6亿元，增长13%；第三产业投资871.2亿元，增长11.2%。采矿业投资21亿元，下降41.5%；制造业投资772.4亿元，增长2.4%；电力、燃气及水的生产和供应业投资153.7亿元，增长161.5%；批发和零售业投资41.2亿元，下降11.9%；住宿和餐饮业8.7亿元下降64.6%；交通运输、仓储和邮政业投资115.1亿元，增长7.2%；信息传输、软件和信息技术服务业投资3.3亿元，下降16.7%；金融业投资0.9亿元，下降81.5%；水利、环境和公共设施管理业投资121.4亿元，增长5.4%；文化、体育和娱乐业投资29.2亿元，增长49%；科学研究和技术服务业投资20.4亿元，增长295.7%；教育投资32.2亿元，增长49.7%；卫生和社会工作业投资13.3亿元，增长252.5%。

【国内贸易和对外经济】2016年，安阳市社会消费品零售总额完成662.6亿元，增长11.9%。其中批发业实现零售额为102亿元，增长11.4%；零售业实现零售额为473.8亿元，增长11.7%；住宿业实现零售额5.2亿元，增长11.2%；餐饮业实现零售额为81.7亿元，增长13.7%。

【交通、邮电和旅游】2016年，安阳市交通运输、仓储及邮政业实现增加值72亿元，比上年增长6.7%。公路货运周转量263.7亿吨公里，比上年增长6.8%。公路客运周转量20.4亿人公里，比上年下降0.2%。

全年接待国内外游客4025万人次，增长17.4%。红旗渠.太行大峡谷晋升5A级景区。

6

2016年鹤壁市经济发展概况

【经济总量】2016年，鹤壁市全年实现地区生产总值（GDP）769.41亿元，比上年增长7.9%。其中，第一产业增加值61.99亿元，增长4.0%；第二产业增加值503.33亿元，增长8.6%；第三产业增加值204.09亿元，增长7.4%。三次产业结构为8.1：65.4：26.5，二、三产业比重比上年提高0.5个百分点。

【农业】2016年，鹤壁市全年全市粮食作物种植面积256.41万亩，比上年下降0.7%。其中，小麦种植面积131.67万亩，下降1.1%；优质专用小麦种植面积130.71万亩；玉米种植面积118.81万亩，下降1.2%；棉花种植面积1.31万亩，增长9.2%；油料种植面积16.07万亩，下降4.1%；蔬菜种植面积16.32万亩，增长4.7%。

【工业和建筑业】2016年，鹤壁市全市规模以上工业增加值完成449.32亿元，增长8.8%。其中，轻工业158.65亿元，增长7.4%，重工业290.67亿元，增长9.6%，轻、重工业比例为35.3：64.7。产品销售率97.3%。

全市具有资质等级的建筑企业103家，实现总产值67.67亿元，增长10.8%。建筑业增加值42.80亿元，比上年增长8.6%。施工房屋面积577.20万平方米，增长11.0%；竣工房屋面积227.90万平方米，增长3.0%。

【固定资产投资】2016年，鹤壁市全年全市固定资产投资（不含农户）809.06亿元，比上年增长16.8%。全年施工项目602个，下降2.0%，其中：新开工项目347个，下降7.5%。全年施工项目计划总投资1721.19亿元，增长24.4%，其中新开工项目计划总投资800.00亿元，增长50.5%。亿元及以上项目投资额631.05亿元，增长40.0%。

【国内贸易和对外经济】2016年，鹤壁市全年全市批发和零售业增加值33.01亿元，比上年增长6.1%；住宿和餐饮业增加值17.69亿元，增长6.6%。全年全市社会消费品零售总额205.89亿元，比上年增长12.1%，扣除价格因素，实际增长9.8%。分城乡看，城镇社会消费品零售额194.70亿元，增长12.0%，其中，城区社会消费品零售额138.40亿元，增长11.8%；乡村社会消费品零售额11.20亿元，增长14.1%。分行业看，批发和零售贸易业零售额171.30亿元，增长12.1%；住宿和餐饮业零售额34.60亿元，增长12.0%

全年全市进出口总额23190万美元，比上年下降31.5%。其中，出口总额16363万美元，下降40.6%；进口总额6827万美元，增长8.5%。在出口总额中，一般贸易11711万美元，下降55.3%；加工贸易4466万美元，增长422.3%。在出口产品中，机电产品出口11604万美元，下降35.9%；高新技术产品出口1767万美元，增长46.4%。

【交通、邮电和旅游】2016年，鹤壁市全年全市交通运输、仓储及邮政业实现增加值36.33亿元，比上年增长3.3%。全年全市年末高速公路通车里程75公里；铁路通车里程99公里，年末民用车辆拥有量30.60万辆，下降1.75%。

全年全市完成邮电业务总量26.32亿元，比上年增长53.9%。其中，邮政业务总量0.80亿元，增长20.7%；电信业务总量25.52亿元，增长55.2%。年末局用电话交换机总容量1.61万门，下降6.6%；年末本地固定电话用户15.57万户，下降6.3%，其中，城市8.51万户，增长6.7%；乡村7.16万户，下降17.0%。年末移动电话用户136.92万户，下降0.5%，其中本年新增29.59万户，下降27.9%。电话普及率为93.1部/百人，下降1.7%。年末计算机互联网络用户19.58万户，下降24.9%，其中本年新增3.93万户。

截至2016年底，全市获得经营许可证的A级旅游景区（点）9家，其中4A级4家；拥有组团、国内旅行社13家；星级酒店10家。全年来鹤旅游人数1856.4万人次，比上年增长16.0%，其中接待外国及港澳台旅游者8320人次，增长3.0%；接待国内旅游者1855.6万人次，增长16.0%。实现旅游总收入81.60亿元，增长21.5%；旅游外汇收入189万美元，增长20.0%。

【金融和保险】2016年，鹤壁市全市金融业增加值17.28亿元，比上年增长8.8%。年末金融机构人民币各项存款余额594.42亿元，比上年增加59.85亿元。其中，住户存款388.18亿元；非金融企业存款119.57亿元。金融机构人民币各项贷款余额536.83亿元，比上年增加46.21亿元。其中，住户贷款126.01亿元；非金融企业及机关团体贷款410.82亿元。

全年全市保险公司保费收入18.49亿元，比上年增长19.2%。其中，财产险保费收入5.00亿元，增长17.6%；人寿保费收入11.57亿元，增长18.0%；意外伤害险0.30亿元，增长4.7%；健康险1.61亿元，增长38.7%。

7

2016年新乡市经济发展概况

【经济总量】2016年，新乡市全年实现地区生产总值（GDP）2140.73亿元，同比增长8.3%。其中，第一产业增加值222.89亿元，同比增长4.2%；第二产业增加值1049.85亿元，同比增长7.9%；第三产业增加值867.98亿元，同比增长10.0%。三次产业结构10.4：49.0：40.5。

【农业】2016年，新乡市全年全市粮食种植面积（不含长垣）555.9千公顷，比去年同期增加12.7千公顷，其中，小麦种植面积302.6千公顷，增加12.6千公顷；棉花种植面积0.2千公顷，减少0.2千公顷；油料种植面积62.9千公顷，减少4千公顷；蔬菜种植面积4.9千公顷，减少11.2千公顷。

【工业和建筑业】2016年，新乡市全年全市实现工业增加值902.10亿元，同比增长8.1%；规模以上工业增加值增长8.5%，其中，轻工业增长9.7%，重工业增长7.7%，轻、重工业比例为1:1.5。产品销售率98.6%。

全市全年建筑业增加值150.36亿元，同比增长6.5%。全市共有资质内建筑业企业308家，比上年增加30家，完成建筑业总产值313亿元，增长11.2%，资质内建筑业企业房屋施工面积1854.30万平方米，同比下降3.1%。

【固定资产投资】2016年，新乡市全年全市完成固定资产投资2006.86亿元，同比增长4.1%。其中，第一产业投资99.36亿元，增长72.9%；第二产业投资986.14亿元，下降11.5%；第三产业投资921.36亿元，增长21.9%。分类型看(不含长垣)，国有及国有控股投资275.76亿元，同比增长76.7%；民间投资1424.93亿元，下降3.8%；港澳台投资23.54亿元，增长165.6%；外商投资5.17亿元，增长40.3%。全年25个产业集聚区（含专业园区）累计完成投资(不含长垣)1080.86亿元，总量占全市固定资产投资的63%。

【科学技术】2016年，新乡市全年全市共取得国家科学技术奖励1项，省级科学技术进步奖26项；申请专利7526件，其中发明专利1437项；省级以上科技发展计划项目、重大科技项目共35项，市级重大科技创新专项7项，科技创新发展专项114项。全市共有企业研发中心592家，省创新团队7项，市创新团队5项。

【国内贸易和对外经济】2016年，新乡市全年全市实现社会消费品零售总额862.40亿元，同比增长10.9%。分城乡看，城镇消费品零售额767.90亿元，增长10.9%；乡村消费品零售额94.49亿元，增长11.2%。分行业看，全年批发业实现零售额95.43亿元，增长12.1%；零售业实现零售额673.95亿元，增长10.1%；住宿业实现零售额4.32亿元，增长7.1%；餐饮业实现零售额88.70亿元，增长16.1%。

全年（不含长垣）进出口总额9.85亿美元，同比下降6.0%。其中，出口总额6.70亿美元，同比下降8.2%；进口总额3.15亿美元，同比下降0.8%。全年新批准外商投资企业6个。全年全市外商投资企业完成进出口额3.22亿美元，同比下降22.4%，其中，出口1.78亿美元，同比下降24.2%；进口1.44亿美元，同比下降19.9%。全年全市机电产品企业出口额1.9亿美元，高新技术企业出口额0.35亿美元。

【交通、邮电和旅游】2016年，新乡市全年全市交通运输、仓储和邮政业增加值80.94亿元，同比增长

4.6%。年末公路通车里程13480公里，比2015年底增加337公里。其中高速公路232公里，农村公路11681公里。全年各种运输方式（不含长垣）货物周转量301.53亿吨公里，旅客周转量16.71亿人公里。

全年邮电业务总量118.52亿元，同比增长54.8%，其中，邮政业务5.83亿元，增长27.8%；电信业务112.69亿元，增长56.3%。年末固定电话用户57.58万户，移动电话用户621.6万户，计算机互联网用户129.2万户。

全年全市共接待国内游客3343.7万人次，同比增长12.5%，国内旅游收入231.9亿元，同比增长14.8%。接待入境游客总数达17.5万人次，入境旅游者（过夜）4.2万人次，其中香港同胞1382人次，澳门同胞1087人次，台湾同胞1496人次。全年实现旅游外汇收入1352万美元。年末共有A级旅游景区21个，其中，4A级以上景区9处。全年全市共有星级酒店11家，旅行社49家。

【金融和保险】2016年年末，新乡市全市金融机构人民币存款余额2325.45亿元，同比增长10.1%，比年初新增213.11亿元，比年初增长10.1%。其中，活期存款783.22亿元，比年初增加66.17亿元。全市金融机构人民币贷款余额1339.54亿元，同比增长5.0%，比年初新增63.39亿元，比年初增长5.0%。其中，短期贷款566.18亿元，比年初减少36.86亿元；中长期贷款748.55亿元，比年初新增101.10亿元。

全年全市共有保险公司44家，其中寿险23家，财险21家，累计实现保费收入86.55亿元，同比增长24.4%。其中，财险公司实现保费收入16.34亿元，同比增长17.7%；寿险公司实现保费收入70.21亿元，同比增长26.0%。全年保险业累计赔（给）付金额30.02亿元，同比增长34.3%。其中，财险公司累计赔付金额8.87亿元，同比增长46.9%；寿险公司累计赔（给）付金额21.15亿元，同比增长29.6%。

8

2016年焦作市经济发展概况

【经济总量】2016年，焦作市全年实现地区生产总值（GDP）2082.62亿元，比上年增长8.3%。其中：第一产业增加值133.95亿元，增长4.2%；第二产业增加值1227.57亿元，增长7.7%；第三产业增加值721.10亿元，增长10.1%。人均生产总值达到58829元。三次产业结构由上年的7.1：59.8：33.1变化为6.5：58.9：34.6，第三产业比重比上年提高1.5个百分点。

【农业】2016年，焦作市全年粮食种植面积420.36万亩，比上年增加2.67万亩，其中，小麦种植面积218.98万亩，增加3.81万亩，优质专用小麦种植面积占小麦种植面积的比重达到82.1%。棉花种植面积0.76万亩，减少1.76万亩。油料种植面积33.29万亩，增加7.61万亩。蔬菜种植面积52.57万亩，减少5.01万亩。

【工业和建筑业】2016年，焦作市规模以上工业增加值1212.00亿元，增长7.9%；产品销售率98.8%。

全年全市建筑业总产值110.60亿元。资质以上建筑业企业263个，从事建筑业活动的从业人员平均人数为3.78万人；签订的合同额221.86亿元，其中本年新签订合同额124.82亿元；房屋施工面积530.07万平方米，房屋竣工面积188.70万平方米。

【固定资产投资】2016年，焦作市全年固定资产投资（不含农户）2198.01亿元，增长16.9%。固定资产投资中，国有及国有控股投资217.68亿元，比上年增长70.1%；民间投资1950.16亿元，增长12.1%；港澳台投资36.65亿元；外商投资1.24亿元。按产业统计，第一产业投资45.59亿元，增长10.1%；第二产业投资1490.03亿元，增长13.6%，其中工业投资1489.59亿元，增长13.8%；第三产业投资662.38亿元，增长25.6%。

【科学技术】2016年年末，焦作市共有国家级企业技术中心6家，省级企业技术中心82家。全年共取得国家及省级科技进步奖19项。申请专利3751件，比上年增长22.5%；授权专利2253件，增长11.9%。签订技术合同123项，成交金额0.30亿元。共有43项省级科技项目获准立项。共有34个项目获得上级科技经费3087万元。

【国内贸易和对外经济】2016年，焦作市全年批发和零售业增加值155.51亿元，比上年增长6.9%；住宿和餐饮业增加值54.15亿元，增长6.7%。全年社会消费品零售总额698.92亿元，比上年增长11.9%。按经营地统计，城镇消费品零售额567.33亿元，增长12.2%；乡村消费品零售额131.59亿元，增长10.5%。按行业统计，批发业零售额97.49亿元，增长11.2%；零售业494.09亿元，增长12.0%；住宿业10.71亿元，增长11.2%；餐饮业96.63亿元，增长11.9%。

全年进出口总额19.50亿美元，比上年增长-4.7%。其中，出口总额14.24亿美元，增长-3.7%；进口总额5.26亿美元，增长-7.4%。在优化出口产品结构方面，高新技术和机电产品出口呈现持续增长趋势。全年高新技术和机电产品出口2.36亿美元，比上年增长3.1%，占全市出口总额的16.6%。

【交通、邮电和旅游】2016年，焦作市全年交通运输、仓储和邮政业增加值115.43亿元，比上年增长5.4%。年末高速公路通车里程241公里。全年公路货物周转量240.81亿吨公里，同比增长6.5%；公路旅客周转量14.97亿人公里，同比下降5.7%。

全年邮政行业业务收入完成6.53亿元，同比增长32.1%；业务总量完成9.04亿元，同比增长69.4%。其中，快递企业业务收入完成2.99亿元，同比增长60.1%；业务量完成3306.78万件，同比增长110.3%。

全年共接待国内外游客4205.53万人次，比上年增长12.4%，其中，接待境外游客35.92万人次，增长3.0%；接待国内游客4169.61万人次，增长12.5%。旅游综合收入342.62亿元，增长13.6%。全市共有A级及以上旅游景区14处，其中A级旅游景区1处，AA级旅游景区3处，AAA级旅游景区3处，AAAA级旅游景区4处，AAAAA级旅游景区3处。拥有星级酒店29家，具有独立法人的旅行社108家。

【金融和保险】2016年年末，焦作市全市金融机构各项人民币存款余额1629.62亿元，比上年末增长12.9%。其中，住户存款余额1031.98亿元，增长10.4%。各项人民币贷款余额1087.24亿元，增长15.1%。其中，住户贷款余额275.80亿元，增长11.7%；非金融企业及机关团体贷款余额811.44亿元，增长16.3%。

全年保险公司保费收入67.15亿元。其中，财产险保费收入14.82亿元，人身险保费收入52.33亿元。全年赔款支出21.51亿元。其中，财产险赔款支出6.99亿元，人身险赔款支出14.52亿元。

9

2016年濮阳市经济发展概况

【经济总量】2016年，濮阳市全年实现地区生产总值（GDP）1443.75亿元，同比增长8.7%。其中：第一产业增加值161.88亿元，增长4.4%；第二产业增加值807.19亿元，增长8.5%；第三产业增加值474.68亿元，增长10.5%。三次产业结构比为11.2：55.9：32.9。

【农业】2016年，濮阳市全年全市粮食播种面积388.88千公顷，比上年下降1.6%。其中：小麦播种面积214.10千公顷，下降2.9%；玉米播种面积124.67千公顷，增长7.3%；棉花播种面积2.93千公顷，下降4.6%；油料种植面积32.21千公顷，下降4.0%；蔬菜种植面积66.18千公顷，增长2.0%。

【工业和建筑业】2016年，濮阳市全年全市全部工业增加值798.29亿元，比上年增长8.8%。规模以上工业增加值增长9.1%。其中，轻工业增长10.7%、重工业增长7.5%，轻、重工业比例为48∶52。产品销售率98.6%。

全年全市共有资质内建筑业企业219家，比上年增加12家，完成建筑业总产值251.82亿元，增长10.3%，资质内建筑业企业房屋施工面积947.68万平方米，下降8.3%。

【固定资产投资】2016年，濮阳市全年全市固定资产投资（不含农户）1523.28亿元，比上年增长16.7%。其中：国有及国有控股投资431.61亿元，增长55.8%；民间投资1074.18亿元，增长4.5%。分产业看，第一产业投资65.42亿元，增长43.0%；第二产业投资799.19亿元，增长10.3%；第三产业投资658.67亿元，增长23.2%。

【科学技术】2016年，濮阳市全年重点企业研究与试验发展人员2296人，经费支出51047万元，比上年增长8.1%。市级以上企业技术中心79个，其中省级以上41个；市级以上工程实验室（工程研究中心）待批，其中省级以上5个。省级以上工程技术研究中心28家；市级工程技术研究中心88个；市级重点实验室37个；国家级创新型（试点）企业1家；省级创新型（试点）企业21家；市级创新型（试点）企业33家。启动实施市重大科技专项10个。获得省级以上科技奖励7项，市级科技进步奖40项。申请专利1732件，授权专利1027件，分别增长14.6%和-8.8%；有效发明专利509件，增长20.6%。签订技术合同22份，技术合同成交金额375.80万元，增长87.9%。

【国内贸易和对外经济】2016年，濮阳市全年全市社会消费品零售总额529.96亿元，比上年增长12.6%。分城乡看，城镇378.86亿元，增长11.7%；乡村151.10亿元，增长14.9%。分行业看，批发和零售业438.78亿元，增长12.8%；住宿和餐饮业91.18亿元，增长11.7%。

全年全市进出口总值8.14亿美元，比上年增长3.5%。其中：出口总值7.45亿美元，增长5.7%；进口总值0.69亿美元，下降15.4%。机电产品出口0.77亿美元，下降25.8%；高新技术产品出口0.19亿美元，下降21.2%。

【交通、邮电和旅游】2016年年末，濮阳市境内铁路总里程109公里，高速公路通车里程197公里。全年营业性公路运输方式（除铁路）货物运输量比上年增长6.5%；货物周转量增长6.6%。旅客运输量增长9.8%；旅客周转量增长3.6%。

全年邮电业务总量70.96亿元，比上年增长53.4%。其中，邮政行业业务总量（含快递）5.05亿元，增长33%；电信业务总量65.91亿元，增长55.2%。快递业务总量1248.24万件，同比增长60.5%。本地固定电话用户48.6万户，移动电话用户330.1万户。年末互联网用户78.3万户。

全年共接待海内外游客1002.2万人次，比上年增长73.3%。其中，入境游客1.95万人次，增长4.2%。旅游总收入16.14亿元，增长82.0%。年末，AAA级以上景区8处，星级酒店10个，旅行社40家。

【金融和保险】2016年年末，濮阳市全市金融机构人民币各项存款余额1338.17亿元，比年初增加172.86亿元。其中，住户存款余额959.60亿元，比年初增加117.86亿元。人民币各项贷款余额635.79亿元，比年初增加92.44亿元。其中，住户贷款余额302.86亿元，比年初增加58.69亿元。

全年保险公司保费收入64.41亿元，同比增长21.6%。其中，财产险10.43亿元，人身险53.98亿元。全年赔款支出与给付20.7亿元，同比增长29.2%。其中，财产险4.74亿元、人身险15.96亿元。

10

2016年许昌市经济发展概况

【经济总量】2016年，许昌市全年实现地区生产总值（GDP）2353.1亿元，比上年增长8.8%。其中，第一产业增加值163.0亿元，增长3.6%；第二产业增加值1374.9亿元，增长8.4%；第三产业增加值815.3亿元，增长10.7%。

【农业】2016年，许昌市全年全市粮食种植面积663.04万亩，比上年减少1.75万亩；棉花种植面积1.62万亩，减少3.58万亩；烟叶种植面积15.88万亩，减少2.0万亩；油料种植面积30.12万亩，减少11.23万亩；蔬菜种植面积66.53万亩，减少9.3万亩；花卉种植面积56.09万亩，减少6.5万亩；中药材种植面积20.28万亩，减少5.1万亩。

【工业和建筑业】2016年，许昌市全年全市工业增加值比上年增长8.3%，其中，规模以上工业（年主营业务收入2000万元及以上）增长8.9%。规模以上工业中，轻工业增长4.9%，重工业增长11.1%，轻工业占比33.7%，重工业占比66.3%。分经济类型看，国有控股企业下降3.1%，非公有制企业增长11.0%。分经济规模看，大中型企业增长8.8%。

全年全市建筑业增加值105.2亿元，比上年增长9.5%。全市总承包和专业承包建筑业企业146家，劳务分包建筑业企业9家。

【固定资产投资】2016年，许昌市全年全市固定资产投资（不含农户）2263.8亿元，比上年增长17.2%。在固定资产投资（不含农户）中，第一产业投资94.1亿元，下降16.3%；第二产业投资1434.9亿元，增长33.0%；第三产业投资734.8亿元，下降0.7%。基础设施投资243.8亿元，增长4.4%，占固定资产投资（不含农户）的比重为10.8%。民间投资2078.1亿元，增长14.0%，占固定资产投资（不含农户）的比重为91.8%。

【科学技术】2016年年末，许昌市全市国家级工程技术研究中心1家，省级工程技术研究中心71家，市级工程技术研究中心163家；国家级高新技术企业80家，国家级创新型（试点）企业3家，省级创新型（试点）企业46家。1项科技成果获得国家科技进步奖二等奖；13项科技成果获得省级科技进步奖，其中二等奖5项，三等奖8项。

全年全市专利申请量、授权量分别达到10055件和4407件，发明专利申请量3625件，同比增长88.3%，发明专利授权量265件，同比增长55.9%。

【国内贸易和对外经济】2016年，许昌市全年全市社会消费品零售总额794.3亿元，比上年增长12.3%。按销售地区分，城镇637.2亿元，增长12.2%；乡村157.1亿元，增长12.6%。按行业分，批发零售业652.2亿元，增长11.7%；住宿餐饮业142.1亿元，增长15.3%。

全年全市进出口122.96亿元人民币，同比增长4%。其中，出口113.94亿元，同比增长8%；进口9.02亿元，同比下降28.9%。

【交通、邮电和旅游】2016年年末，许昌市全市拥有公路13135.5公里，其中：高速公路5条，278.58公里，国、省干线公路23条，1177.79公里。全年全市货运量8116万吨，增速与上年持平；货物周转量1852160万吨公里，增长4.1%。客运量3956万人，增长3.1%；客运周转量153541万人公里，增长4.6%。

全年全市邮政行业业务收入（未包含邮政储蓄银行直接营业收入）累计完成6.16亿元，同比增长31.72%。业务总量累计完成7.41亿元，同比增长48.61%。其中，全市快递服务业出口业务量累计完成

2348.18万件，同比增长78.03%，全市快递业务投递量累计完成4231.42万件，同比增长59.29%。全市快递业务收入累计完成2.62亿元，同比增长69.21%。电信业务总量69.5亿元，增长51.4%。

全年全市A级旅游景区20家，其中AAAA级旅游景区6家，AAA级旅游景区7家。星级饭店20家，其中五星级饭店1家，四星级饭店6家，三星级饭店9家。旅行社及分支机构134家。其中，法人社47家。全年共接待旅游人数1517万人次，同比增长25%，旅游总收入74亿元，同比增长24%。

【金融和保险】2016年年末，许昌市全市金融机构人民币各项存款余额1997.4亿元，比年初增加264.3亿元，增长15.3%，其中，住户存款余额1274.5亿元，比年初增加156.6亿元，增长14.0%；金融机构人民币各项贷款余额1464.2亿元，比年初增加107.2亿元，增长7.9%。住户贷款451.8亿元，比年初增加53.6亿元，增长13.5%，其中，经营性贷款199.7亿元，比年初减少9.0亿元，增长-4.3%。非金融企业及机关团体贷款1012.4亿元，比年初增加53.6亿元，增长5.6%，中长期贷款333.0亿元，比年初增加72.7亿元，增长27.9%。

年末保险机构累计实现财产险保费收入13.57亿元，人寿险保费收入47.64亿元，意外伤害险保费收入1.16亿元，健康险保费收入4.26亿元。

11

2016年漯河市经济发展概况

【经济总量】2016年，漯河市全年实现地区生产总值（GDP）1077.9亿元，比上年增长8.0%。其中，第一产业增加值113.9亿元，增长3.8%；第二产业增加值669.0亿元，增长8.2%；第三产业增加值295.0亿元，增长9.5%；三次产业结构为10.5：62.1：27.4。人均生产总值40986元，增长7.3%。

【农业】2016年，漯河市全年全市粮食种植面积403.8万亩，比上年减少1.7万亩，其中：小麦种植面积212.6万亩，减少1.7万亩；玉米种植面积151.9千公顷，减少14.5万亩。棉花种植面积6.6万亩，减少3.8万亩。油料种植面积18.3万亩，减少2万亩。蔬菜种植面积90.0万亩，减少0.1万亩。

【工业和建筑业】2016年，漯河市全年全市全部工业增加值626.6亿元，比上年增长8.4%。规模以上工业增加值增长9.0%。在规模以上工业中，分经济类型看，国有企业增加值下降16.2%，集体企业增长2.3%，股份制企业增长10.6%，外商及港澳台商投资企业增长1.1%；分门类看，制造业增长9.0%，电力、热力、燃气及水的生产和供应业增长12%；产品销售率98.3%。

全年建筑业增加值42.4亿元，比上年增长4%。资质内总承包和专业承包建筑业企业91家；建筑业总产值54.6亿元，增长9.3%；房屋施工面积516.7万平方米，增长8.6%。

【固定资产投资】2016年，漯河市全年全市固定资产投资（不含农户，下同）1060.4亿元，比上年增长16.7%。

在固定资产投资中，第一产业投资8.9亿元，比上年下降23.5%；第二产业投资719.8亿元，增长16.5%；第三产业投资331.8亿元，增长18.9%。基础设施投资148亿元，增长58.2%，占固定资产投资的14%。工业投资719.8亿元，增长16.5%，占固定资产投资的67.9%。民间投资935.7亿元，增长7.4%，占固定资产投资的88.2%。

【科学技术】2016年年末，漯河市全市拥有省级工程技术研究中心30家。全年共取得省级科技进步奖6项，取得市级科技进步奖50项。全年申请专利1471件，同比增长26.7%。授权专利879件。产品质量监督检验机构3个，其中市以上质量监督检验机构1个。通过质量体系认证的企业134家，与上年持平。全市共有中国名牌产品4个；河南省名牌产品44个。全市共有法定计量技术机构3个。

【国内贸易和对外经济】2016年，漯河市全年全市社会消费品零售总额491.6亿元，比上年增长12.4%。分城乡看，城镇392.4亿元，增长12.4%；乡村99.1亿元，增长12.3%。分行业看，批发业61.8亿元，增长9.7%；零售业355.8亿元，增长12.9%；住宿业3.1亿元，增长10.5%；餐饮业70.8亿元，增长12.4%。

全年全市进出口总值44.3亿元，比上年同期下降3.5%。其中，出口总值35.8亿元，增长15.3%；进口总值8.5亿元，下降42.8%。

【交通、邮电和旅游】2016年，漯河市全年货运量5947万吨，比上年增长7.2%；货运周转量142.3亿吨公里，增长5.6%。客运量2337万人，增长11.5%；客运周转量13.3亿人公里，下降6.9%。

全年邮政行业业务总量（含快递）44760.5万元，增长37.9%；电信业务总量440279.0万元，增长49.4%。快递业务总量2221.9万件，增长77.7%。年末本地固定电话用户16.3万户，移动电话用户200.4万户。年末互联网用户43.3万户。

全年共接待国内外游客528.3万人次，同比增长11.7%；实现旅游综合收入36.7亿元，同比增长13.9%。全市现有国家4A级旅游景区5处，3A级旅游景区2处，2A级旅游景区1处。旅游星级酒店10家，国内旅行社33家，国际旅行社分社7家。

【金融和保险】2016年年末，漯河市全市金融机构人民币各项存款余额1032.0亿元，比上年末增长22.0%，其中境内住户存款余额660.4亿元，增长13.9%。人民币各项贷款余额641.2亿元，增长27.2%，其中境内住户贷款余额211.4亿元，增长24.0%。

全年保险公司保费收入39.56亿元。其中，财产险71171.5万元，寿险272414.5万元，意外伤害险4952.4万元，健康险34748.6万元。

12

2016年三门峡市经济发展概况

【经济总量】2016年，三门峡市全年实现地区生产总值（GDP）1348.55亿元，按可比价格计算，比2015年增长7.7%。其中：第一产业增加值123.50亿元，增长4.7%；第二产业增加值773.64亿元，增长7.3%；第三产业增加值451.41亿元，增长9.1%。三次产业结构由2015年的9.5：58.2：32.3变化为9.1：57.4：33.5。全市人均生产总值为59901元，比2015年增长7.5%。

【农业】2016年，三门峡市全年粮食总产量66.79万吨，比2015年下降6.7%，其中夏粮33.15万吨，下降10.4%，秋粮33.64万吨，下降2.7%；烤烟产量4.36万吨，增长4.7%，棉花产量0.14万吨，增长27.5%，油料产量3.52万吨，下降2.6%；肉类总产量11.31万吨，增长4.6%，禽蛋产量5.52万吨，下降2.7%，牛奶产量4.54万吨，下降6.4%。

【工业和建筑业】2016年，三门峡市全年全部工业增加值700.87亿元，比2015年增长7.1%，增速比2015年提高5.1个百分点。其中，规模以上工业增加值616.00亿元，增长7.3%，增速比2015年上升5.5个百分点。规模以上工业中，轻工业增加值增长11.8%，重工业增加值增长6.9%，轻、重工业比例为7.9：92.1。全年规模以上工业产品销售率为98.2%。

全年全市建筑业完成增加值73.42亿元，比2015年增长10.0%。

【固定资产投资】2016年，三门峡市全年全市固定资产投资（不含农户，下同）完成1773.12亿元，比2015年增长15.2%，其中国有及国有控股单位完成508.06亿元，增长29.6%；民间投资1227.50亿元，增长7.8%。分三次产业看，第一产业投资116.49亿元，下降22.3%；第二产业投资990.19亿元，增长28.4%；第三产业投资666.44亿元，增长7.8%。

【科学技术】2016年，三门峡市全年有20项科技成果获得市级科技进步奖，其中一等奖3项，二等奖8项，三等奖9项；15项科技成果通过市级鉴定，其中达到国际先进水平1项，国内领先水平2项，国内先进水平6项，省内领先水平4项，省内先进水平2项；共申请专利752件，获得授权439件。年末全市质量技术监督系统共有产品质量检验机构9个。全年监督检验工业产品15种264批次，完成计量合格确认1家，完成锅炉定检140台，电梯定检2301台，压力容器定检1203台，强制检定计量器具总体受检率达95%以上。

【国内贸易和对外经济】2016年，三门峡市全年全市社会消费品零售总额完成441.13亿元，比2015年增长11.2%。分销售地区看，城镇消费品零售额367.97亿元，增长10.8%；乡村消费品零售额73.16亿元，增长12.9%。分行业看，批发业零售额19.53亿元，增长7.0%；零售业零售额365.10亿元，增长11.0%；住宿业零售额4.32亿元，增长9.8%；餐饮业零售额52.18亿元，增长14.4%。

全年全市对外贸易进出口总额10.92亿美元，比2015年增长155.8%。其中：出口总额2.63亿美元，增长49.5%；进口总额8.30亿美元，增长230.1%。

【交通、邮电和旅游】2016年，三门峡市全年全市交通运输、仓储和邮政业增加值102.59亿元，比2015年增长4.6%。全年全社会公路货运量5014万吨，比2015年增长10.0%；公路旅客运输量2335万人，增长0.1%；公路货运周转量151.38亿吨公里，增长6.8%；公路旅客周转量11.68亿人公里，增长0.9%。

全年全市邮电业务总量47.98亿元，比2015年增长60.1%。其中：邮政业务总量3.4亿元，增长54.9%；电信业务总量44.6亿元，增长60.6%。年末固定电话用户12.4万户，比2015年减少8.7万户；移动电话用户202.9万户，普及率为88.4部/百人，比2015年增加9.2部/百人。

2016年末，全市共有国际旅行社和国内旅行社55家；旅游景区（点）27处，其中A级旅游景区（点）19处，4A级及以上景区12处；旅游星级饭店17家。全年全市共接待海内外游客3028.3万人次，其中：接待入境游客102765人次，接待国内游客3018.02万人次。全年旅游总收入258.2亿元。

【金融和保险】2016年年末，三门峡市全市金融机构各项存款余额1143.23亿元，比年初增加105.63亿元，其中住户存款余额738.40亿元，比年初增加83.09亿元；各项贷款余额701.12亿元，比年初增加29.36亿元，其中，短期贷款余额388.72亿元，比年初增加10.77亿元，中长期贷款余额283.51亿元，比年初增加23.96亿元。

13

2016年南阳市经济发展概况

【经济总量】2016年，南阳市全年实现地区生产总值（GDP）2737.50亿元，比上年增长8.5%。其中，第一产业增加值413亿元，增长4.4%；第二产业增加值1227.46亿元，增长8.5%；第三产业增加值1097.04亿元，增长10.2%。三次产业结构15.1：44.8：40.1。

【农业】2016年，南阳市全年全市粮食作物种植面积987.34千公顷，比上年下降0.8%，其中：小麦种植面积539.35千公顷，下降0.5%；夏粮种植面积542.4千公顷，下降0.5%；秋粮种植面积444.9千公顷，下降4.5%。棉花种植面积13.2千公顷，下降8.6%；油料种植面积259.12千公顷，增长7.0%；蔬菜种植面积196.80

千公顷，增长2.5%。

【工业和建筑业】2016年，南阳市全年全市全部工业增加值1053.09亿元，比上年增长8.1%。规模以上工业增加值931.69亿元，比上年增长8.8%，其中，轻工业增长9.3%，重工业增长8.4%，轻、重工业比例为41.4∶58.6。产品销售率为97.3%。

全市共有资质内建筑业企业349家，比上年增长4.8%，完成建筑业总产值325亿元，比上年增长13%；资质内建筑业企业房屋施工面积1625.46万平方米，同比下降2.7%；竣工面积759.93万平方米，同比增长0.01%。

【固定资产投资】2016年，南阳市全年全市固定资产投资（不含农户）3069.21亿元，增长16.7%。在固定资产投资（不含农户）中，国有及国有控股投资382.34亿元，比上年增长56.3%；民间投资2662.48亿元，增长12.6%；港澳台投资17.26亿元，增长81.5%；外商投资16.74亿元，下降10.3%。从三次产业看，第一产业投资增长52.6%，占固定资产投资比重为9.7%；第二产业投资增长9.1%，占固定资产投资比重为57.5%；第三产业投资增长23%，占固定资产投资比重为32.8%。

【科学技术】2016年，南阳市全年全市科学研究开发机构175个，从事研究与试验发展（R&D）人员2.03万人，研究与试验发展（R&D）人员经费支出30.05亿元。

【国内贸易和对外经济】2016年，南阳市全年批发和零售业增加值166.27亿元，比上年增长6.8%；住宿和餐饮业增加值97.56亿元，增长6.9%。全年社会消费品零售总额1598.68亿元，比上年增长11.9%；其中限额以上社会消费品零售总额达444.16亿元，增长13.9%。分城乡看，城镇消费品零售额1246.56亿元，增长12.0%；乡村消费品零售额352.12亿元，增长11.2%。分行业看，批发业215.04亿元，增长8.1%；零售业1140.67亿元，增长12.1%；住宿业15.91，增长13.3；餐饮业227.07亿元，增长14.3%。

全年进出口总额16.23亿美元，比上年下降15.1%。其中：进口总额2.54亿美元，下降44.1%；出口总额13.69亿美元，下降6.0%，其中农产品出口额7.99亿美元，增长7.1%。

【交通、邮电和旅游】2016年，南阳市全年交通运输、仓储和邮政业增加值130.87亿元，比上年增长4.9%。年末高速公路通车里程713公里。全年客运量比上年下降0.2%；货运量比上年增长0.3%；旅客周转量比上年增长3.9%，货物周转量比上年增长6.9%；机场旅客吞吐量增长6.8%，机场货邮吞吐量下降14.3%。年末全市民用机动车保有量77.5万辆。

全年邮电业务总量143亿元，增长49.6%，其中：邮政业务总量14.9亿元，增长34.8%；电信业务128.2亿元，增长51.5%。年末局用电话交换机总容量1312.5万门，同比增长3.8%；本地固定电话用户34.4万户，同比下降45.5%；移动电话用户812.3万户，同比增长4.6%。电话普及率为93.1部/百人，其中，城市116.1部/百人，乡村55.4部/百人。年末互联网用户133.3万户，增长31.2%。

全年共接待来宛旅游人数4573.2万人次，比上年增长11.1%。其中，国际游客2.03万人次，增长10.3%；国内游客4571.19万人次，增长11.1%。旅游总收入243.20亿元，增长13.2%。年末共有A级旅游景区40处，其中，4A级以上景区19处。星级酒店83个，国际国内旅行社76家。

【金融和保险】2016年，南阳市全年全市金融业增加值104.72亿元，比上年增长9.9%。年末全市金融机构人民币各项存款余额3454.41亿元，比上年增长12.4%；其中，住户存款余额2344.83亿元，比上年增长14.2%。年末金融机构人民币各项贷款余额1885.33亿元，比上年增长9.4%；其中，住户贷款825.16亿元，比上年增长10.1%；短期贷款1099.55亿元，比上年增长4.0%；中长期贷款733.33亿元，比上年增长21.2%。

全年保险公司保费收入125.68亿元，比上年增长19.4%，其中：财产险保费收入24.51亿元，增长13.9%；人身险保费收入101.17亿元，增长20.8%。全年赔款及给付额为46.89亿元，增长31%。其中：财产险赔付13.22亿元，增长17.7%；人身险赔付33.67亿元，同比增长37%。

14

2016年商丘市经济发展概况

【经济总量】2016年，商丘市全年实现地区生产总值（GDP）1974.02亿元，比上年增长8.6%。其中，第一产业增加值386.26亿元，增长4.4%；第二产业增加值814.64亿元，增长8.6%；第三产业增加值773.12亿元，增长11.0%；三次产业结构为19.6∶41.2∶39.2。人均生产总值27124元，比上年增长8.4%。

【农业】2016年，商丘市全年粮食种植面积1219.9万亩，比上年下降0.3%。其中，小麦种植面积712.6万亩，下降0.3%。油料种植面积111.4万亩，下降10.2%。棉花种植面积22万亩，下降16.5%。

【工业和建筑业】2016年，商丘市全年规模以上工业增加值比上年增长9.2%。其中，轻工业增长8.7%，重工业增长9.9%，轻、重工业比例为1.4∶1。在规模以上工业中，国有企业增加值下降1.3%，股份制企业增长9.4%，外商及港澳台商投资企业增长16.0%。

全年全市资质内建筑业企业完成建筑业总产值98.60亿元，比上年增长9.4%。

【固定资产投资】2016年，商丘市全年全市固定资产投资（不含农户，下同）1636.29亿元，比上年增长16.0%。在固定资产投资中，国有控股投资361.64亿元，比上年增长158.6%；民间投资1258.33亿元，下降0.9%。分产业看，第一产业投资5.77亿元，增长15.4%；第二产业投资841.42亿元，下降3.3%；第三产业投资789.10亿元，增长47.6%。

【科学技术】2016年年末，商丘市全市拥有县级以上科学研究与技术开发机构7个。国家级科技企业孵化器4家，省级科技企业孵化器3家。省级工程技术研究中心45个，省级企业技术中心36个。全年共取得省级科技进步奖4项；申请专利1805件，授权专利858件；签订技术合同8份，成交金额2073万元。

【国内贸易和对外经济】2016年，商丘市全年社会消费品零售总额754.00亿元，比上年增长12.9%。分城乡看，城镇消费品零售额546.60亿元，增长12.9%；乡村消费品零售额207.40亿元，增长13.2%。分行业看，批发业62.96亿元，增长16.4%；零售业579.72亿元，增长12.3%；住宿业4.68亿元，增长11.8%；餐饮业106.63亿元，增长14.7%。

全年进出口总额24622万美元，比上年下降18.1%。其中，出口总额22798万美元，下降14.4%；进口总额1824万美元，下降47.0%。

【交通、邮电和旅游】2016年年末，商丘市干线公路通车里程1180公里，农村公路通车里程19316公里，高速公路通车里程395公里。全年公路运输完成货物周转量391.38亿吨公里，比上年增长6.6%；旅客周转量完成58.91亿人公里，增长3.2%；货运量13494万吨，增长7.1%；客运量8231万人次，下降0.4%。

全年邮电业务总量129.77亿元，比上年增长55.5%。其中，邮政业务总量（含快递）15.91亿元，增长66.5%；电信业务总量113.85亿元，增长54.1%。快递业务收入4.04亿元，增长78.9%。年末固定电话用户38.59万户，移动电话用户591.45万户。互联网宽带接入用户120.27万户，无线上网用户351.91万户。

全年共接待国内外游客1198.7万人次，比上年增长11.3%。旅游总收入25.02亿元，增长13.3%。

【金融和保险】2016年年末，商丘市金融机构人民币各项存款余额2287.21亿元，比上年末增长15.6%。其中，住户存款余额1682.65亿元，增长15.3%。人民币各项贷款余额1288.55亿元，增长13.3%。其中，住户贷款余额432.61亿元，增长17.7%。

全年保险公司保费收入71.52亿元。其中，财产险保费收入18.45亿元，人寿险保费收入46.22亿元。全年赔款及给付28.29亿元。

15

2016年信阳市经济发展概况

【经济总量】2016年，信阳市全年实现地区生产总值（GDP）2034.25亿元，按可比价格计算，比上年增长8.3%。其中，第一产业增加值446.05亿元，增长4.3%；第二产业增加值805.26亿元，增长8.4%；第三产业增加值782.93亿元，增长10.9%。三次产业结构为21.9∶39.6∶38.5，对GDP增长的贡献率依次为12.4%、40.5%、47.1%。全年人均生产总值31570元，比上年增长7.7%。

【农业】2016年，信阳市全年农林牧渔业总产值816.29亿元，比上年增长4.4%。其中，农业总产值492.09亿元，增长4.0%；林业总产值30.06亿元，增长3.2%；畜牧业总产值209.55亿元，增长4.5%；渔业总产值40.21亿元，增长4.6%；农林牧渔服务业总产值44.37亿元，增长15.0%。

【工业和建筑业】2016年，信阳市全年工业增加值664.61亿元，比上年增长8.1%。其中，规模以上工业企业增加值610.2亿元，增长8.8%。

全年全社会建筑业增加值150.51亿元，比上年增长10.0%。具有资质等级的总承包和专业承包的建筑企业利润总额33.47亿元，增长29.6%，其中国有及国有控股企业利润5.42亿元，增长7.7%。

【固定资产投资】2016年，信阳市全年全市固定资产投资完成2217.70亿元，比上年增长9.6%。其中，第一产业投资143.81亿元，增长71.0%；第二产业投资775.57亿元，下降3.3%；第三产业投资1298.33亿元，增长14.1%。民间投资1682.86亿元，下降5.1%。工业投资775.57亿元，下降3.3%。高成长性制造业投资483.84亿元，下降4.6%。传统支柱产业投资214.12亿元，增速持平。高载能行业投资141.4亿元，增长4.8%。基础设施投资额376.88亿元，增长44.3%。新增固定资产投资1272.19，下降20.9%。固定资产交付使用率68.4%。产业集聚区投资1124.47亿元，增长0.3%，投资额占全市的50.7%，对全市固定资产投资增长的贡献率为1.7%。

【科学技术】2016年年末，信阳市拥有省级产业技术创业战略联盟4家，院士工作站7家，科学研究开发机构19个；省级工程研究中心35家，市级139家；省级重点实验室5个，市级重点实验室30个；国家级企业技术中心1个，省级12个，市级17个；省级创新型试点企业5家，高新技术企业26家；获省级科技进步奖8项；申请专利1827件，授权专利1109件。

【国内贸易和对外经济】2016年，信阳市全年批发和零售业增加值94.05亿元，比上年增长7.0%；住宿和餐饮业增加值63.60亿元，增长6.5%。全年社会消费品零售总额981.47亿元，比上年增长11.5%。分城乡看，城镇消费品零售额800.47亿元，增长11.9%；乡村消费品零售额181.01亿元，增长9.7%。分行业看，批发和零售业零售额705.65亿元，增长11.6%；住宿和餐饮业零售额275.82亿元，增长11.3%。

全年货物进出口总额48105万美元，比上年下降25.2%。其中，出口总额24337万美元，下降37.6%；进口总额23769万美元，下降6.2%。出口总额中，一般贸易下降38.9%，加工贸易下降19.5%；机电产品9031万美元，下降34.1%；高新技术产品4210万美元，下降10.9%。

【交通、邮电和旅游】2016年，信阳市全年交通运输、仓储及邮政业增加值59.16亿元，比上年增长4.7%。年末公路通车里程22032公里，其中高速公路475公里。民用汽车保有量39.8万辆，其中私人汽车36.2万辆。轿车18.3万辆，其中私人轿车17.2万辆。

全年邮电业务总量60.15亿元，按可比口径计算，比上年增长26.3%。其中，邮政业务总量9.72亿元，增长40.5%，其中快递业务总量2256.57万件，增长76.7%；电信业务总量50.43亿元，增长23.9%。年末本地固定电话用户38.08万户，下降11.8%；移动电话用户441.47万户，增长1.3%。年末互联网用户302.70万户，增长13.8%。

全年来信旅游2658.5万人次，比上年增长14.3%。其中，国际游客1.52万人次，增长9.8%；国内游客2657万人次，增长14.3%。旅游总收入163.52亿元，增长21.1%，其中，外汇收入392万美元，增长10.1%。年末共有A级旅游景区24处，其中4A级以上景区7处。星级酒店（三星级以上）27家，国际和国内旅行社33家。

【金融和保险】2016年，信阳市全年金融业增加值73.89亿元，比上年增长12.2%。年末金融机构各项人民币存款余额2692.33亿元，比上年末

全年保险公司保费收入74.11亿元。其中，财产险保费收入14.57亿元，人身险保费收入59.54亿元。全年赔付30.62亿元。

16

2016年周口市经济发展概况

【经济总量】2016年，周口市全年实现地区生产总值（GDP）2260.02亿元，同比增长8.5%。其中：第一产业增加值457.63亿元，同比增长4.3%；第二产业增加值1038.00亿元，同比增长9.2%；第三产业增加值764.40亿元，同比增长10.2%。三次产业结构由上年的21.7：45.9：32.4调整为20.3：45.9：33.8。二、三产业占GDP的比重达79.7%，较上年提高1.4个百分点。

【农业】2016年，周口市全年全市粮食播种面积1867.99万亩，总产量805.79万吨。其中：夏粮播种面积1020.04万亩，总产量507.15万吨。秋粮播种面积847.95万亩，总产量298.64万吨。全年全市猪肉产量48.73万吨，牛肉产量6.08万吨，羊肉产量4.03万吨，禽肉产量14.73万吨。

【工业和建筑业】2016年，周口市全年全市规模以上工业实现增加值1000.49亿元，同比增长9.8%。在规模以上工业中，重工业实现增加值324.67亿元，同比增长11.6%；轻工业实现增加值675.82亿元，同比增长8.9%。从六大主导产业看，全市食品、纺织服装、医药化工、装备制造、电器电缆和新型建材等六大支柱产业实现工业增加值828.49亿元，占全市规模以上工业增加值的82.8%，同比增长12.3%，高于全市规模以上工业增加值增速2.5个百分点，对全市工业的贡献率达102.6%，拉动全市工业增长10.1个百分点。其中：食品产业增长14.5%、纺织服装产业增长6.3%、医药化工产业增长16.4%、装备制造产业增长12.2%、电器电缆产业增长18.8%、新型建材产业增长6.3%。

全年全社会建筑业增加值113.06亿元，同比增长9.2%。具有资质等级的总承包和专业承包建筑业企业198家。

【固定资产投资】2016年，周口市全年全市完成固定资产投资（不含农户）1862.15亿元，同比增长15.9%。在固定资产投资中，第一产业完成投资176.35亿元，同比增长227.1%；第二产业完成投资1016.32亿元，同比增长6.4%；第三产业完成投资669.48亿元，同比增长11.9%。

【科学技术】2016年，周口市全年全市共取得省级科技进步奖二等奖1项，三等奖2项，市级一等奖15项，二等奖65项。全年申请专利1667件，授权专利843件。其中发明专利申请311件，同比增长29%，发明专利授权88件，同比增长100%。

【国内贸易和对外经济】2016年，周口市全年全市社会消费品零售总额1094.09亿元，同比增长

12.2%。分城乡看，城镇889.74亿元，同比增长12.3%；农村204.35亿元，同比增长10.7%。分行业看，批发业142.67亿元，同比增长8.2%；零售业727.51亿元，同比增长12.6%；住宿业11.99亿元，同比增长11.4%；餐饮业211.92亿元，同比增长13.8%。

全年全市完成外贸进出口总值78510万美元，同比增长13.1%。其中：出口59953万美元，同比增长12.8%，进口18557万美元，同比增长14.1%。

【交通、邮电和旅游】2016年年末，周口市全社会货运量18055万吨，同比增长5.2%，货物周转量6416980万吨/公里，同比增长5.3%，客运量5959万人，同比下降7.3%，旅客周转量527998万人/公里，同比增长2.1%。其中铁路货运量2614万吨，同比增长6%，货物周转量389000万吨/公里，同比下降7%，客运量132万人，同比增长10%，客运周转量10720万人/公里，同比增长11%；公路货运量13015万吨，同比增长7.4%；货物周转量4833296万吨/公里，同比增长5.7%；客运量5778万人，同比下降8.1%；旅客周转量507166万人/公里，同比增长2%。水运货运量2426万吨，同比增长2%；货物周转量1194684万吨/公里，同比增长7%；客运量46.18万人，同比持平；旅客周转量231.15万人/公里，同比持平。

全年全市完成邮政业务总量6.71亿元；移动业务总量80.1亿元，联通业务总量32.75亿元。

全年全市共接待游客2183.7万人次。其中：接待国内游客2180万人次；接待入境游客3.7万人次。旅游综合收入102.44亿元。其中：国内旅游收入101.64亿元；旅游创汇收入1177万美元。旅行社47家。全市共有A级景区22家。其中：4A级景区1家；3A级景区6家。星级饭店16家。

【金融和保险】2016年年末，周口市全市金融机构各项存款余额2396.73亿元，比年初增加286.81亿元，增长13.6%。其中，住户存款余额1952.17亿元，比年初增加220.37亿元，增长12.7%。金融机构人民币各项贷款余额976.40亿元，比年初增加58.43亿元，增长6.4%。

17

2016年驻马店市经济发展概况

【经济总量】2016年，驻马店市全年实现地区生产总值（GDP）1794.49亿元，比上年增长8.5%。其中，第一产业增加值365.06亿元，增长4.3%；第二产业增加值715.16亿元，增长8.7%；第三产业增加值714.27亿元，增长10.7%。三次产业结构比由上年的21.7：40.3：38.0调整为20.3：39.9：39.8。其中，第一产业比重下降1.4个百分点，第二产业比重下降0.4个百分点，第三产业比重提高1.8个百分点。人均生产总值29273元。

【农业】2016年，驻马店市全年粮食作物种植面积1105.68千公顷，比上年增长2.2%，其中，小麦种植面积628.40千公顷，增长4.0%。油料种植面积291.63千公顷，增长1.8%。棉花种植面积1.0千公顷，下降66.7%。蔬菜种植面积104.84千公顷，增长0.62%。

【工业和建筑业】2016年，驻马店市全年规模以上工业增加值比上年增长9.3%。分轻重工业看，轻工业增加值增长8.2%，重工业增长10.5%；分所有制看，国有企业增加值同比增长6.4%，集体企业下降4.2%，股份合作企业增长13.8%，股份制企业增长10.0%，外商和港澳台商投资企业增长8.6%；非公有制工业增加值增长10.7%，高技术产业增加值增长15.6%，产业集聚区工业增加值增长13.7%。

全年建筑业实现增加值96.47亿元，比上年增长9.9%。建筑业实现总产值454.38亿元，增长12.8%。

【固定资产投资】2016年，驻马店市全年固定资产投资（不含农户）1550.46亿元，增长16.7%。其中，国有控股投资281.43亿元，增长137.5%；民间投资1258.92亿元，增长4.6%。分产业看，第一产业投资96.58亿元，增长151.7%（注：一产取消了“农林牧渔服务业”，列三产统计）；第二产业投资713.38亿元，增长4.2%；第三产业投资740.50亿元，增长22.3%。全市产业集聚区完成固定资产投资930.89亿元，增长5.7%。

【科学技术】2016年年末，驻马店市全市共有科学研究开发机构12个，省工程技术研究中心37个，省级创新型试点企业13家，获得省级科技进步奖1项，专利申请1877件，授权专利1061件，发明专利拥有量242件。技术合同成交额860万元，地震台站8个，地震遥测台网1个。

【国内贸易和对外经济】2016年，驻马店市全年社会消费品零售总额实现786.37亿元，比上年增长12.5%。按城乡分，城镇消费品零售额574.1亿元，增长12.1%；农村消费品零售额212.3亿元，增长13.4%。按行业分，批发和零售业零售额675.7亿元，增长12.3%；住宿餐饮业零售额110.8亿元，增长13.6%。

全年进出口总额4.58亿美元。其中，进口额0.47亿美元；出口额4.11亿美元，比上年增长4.2%。实际利用外商直接投资3.87亿美元，引进省外资金241.60亿元。

【交通、邮电和旅游】2016年，驻马店市全年交通运输、仓储和邮政业增加值完成61.78亿元，比上年增长6.4%。年末高速公路通车里程437公里。全年公路货物周转量211.50亿吨公里，比上年增长6.5%；水运货物周转量354.54亿吨公里，

年末全市电信业务总量100.38亿元，比上年增长59.4%，邮政业务总量10.20亿元，增长28.5%。

全年共接待国内外游客2792.6万人次，比上年增长14.5%。其中国内游客2788.42万人次，增长14.5%。旅游总收入156.41亿元，增长17.8%。全市共有A级旅游景区24处，其中4A级以上旅游景区6处。全市共有星级酒店32个，国际国内旅行社24家。

【金融和保险】2016年年末，驻马店市全部金融机构人民币存款余额2526.29亿元，增长13.0%。其中个人存款1851.07亿元，增长15.0%。全部金融机构人民币贷款余额1227.64亿元，增长10.1%。其中，短期贷款余额539.13亿元，增长4.9%；中长期贷款余额674.62亿元，增长14.7%。

湖北省

|武汉市|黄石市|十堰市|宜昌市|襄阳市|荆州市|荆门市|鄂州市|
|孝感市|黄冈市|咸宁市|随州市|

1

2016年武汉市经济发展概况

【经济总量】2016年，武汉市全年实现地区生产总值（GDP）11912.61亿元，比上年增长7.8%。其中，第一产业增加值390.62亿元，增长3.4%；第二产业增加值5227.05亿元，增长5.7%；第三产业增加值6294.94亿元，增长9.9%。第一产业增加值占地区生产总值的比重为3.3%，第二产业增加值比重为43.9%，第三产业增加值比重为52.8%，比上年提高1.8个百分点。三次产业对GDP增长贡献率分别为1.4%、33.7%和64.9%。按常住人口计算，全年人均地区生产总值111469元，比上年增长6.2%。

【农业】2016年，武汉市全年完成农业总产值669.65亿元，比上年增长3.6%。其中，种植业392.27亿元，增长6.6%；林业8.14亿元，下降17.0%；牧业139.30亿元，下降4.8%；渔业101.80亿元，增长2.7%；农林牧渔服务业28.14亿元，增长16.9%。

【工业和建筑业】2016年，武汉市全年全部工业增加值4238.78亿元，比上年增长4.9%。规模以上工业增加值增长5.0%。其中，国有企业增长1.4%；集体企业下降6.1%，股份制企业增长3.6%，外商及港澳台商投资企业增长9.6%；私有企业增长16.2%。

年末具有资质等级的总承包和专业承包建筑业企业1300户。全年建筑业增加值997.59亿元，比上年增长9.8%。建筑业总产值6980.37亿元，增长16.0%。

【固定资产投资】2016年，武汉市全年全社会固定资产投资7093.17亿元，比上年下降2.6%。全年固定资产投资(不含农户)7039.79亿元，比上年下降2.8%，其中，第一产业投资44.83亿元，增长31.4%；第二产业2263.36亿元，下降13.1%；第三产业4731.60亿元，增长2.8%。城市基础设施投资1763.59亿元，增长14.6%，占固定资产投资（不含农户）的比重为25.1%。民间投资3839.49亿元，下降10.3%，占固定资产投资（不含农户）的比重为54.5%。建筑业、卫生和社会工作、金融业等领域投资快速增长。

【科学技术】2016年，武汉市全市拥有国家重点实验室20个，国家工程实验室3个，国家级工程技术研究中心27个，国家级科技企业孵化器30家，国家863计划成果产业化基地10个，两院院士68人。全年登记重大科技成果139项，获国家奖27项。全年受理专利申请44826件，授予专利权22967件，其中，授予发明专利6514件。每万人发明专利拥有量23.05件。全年技术市场合同成交额504.21亿元，比上年增长7.0%。

【国内贸易和对外经济】2016年，武汉市全年社会消费品零售总额5610.59亿元，比上年增长10.0%。其中，限额以上企业零售额3694.09亿元，增长6.2%。按行业分，批发零售业零售额5077.23亿元，增长9.7%；住宿餐饮业零售额533.36亿元，增长12.2%。

全年全市实现外贸进出口总额1570.10亿元，比上年下降10.2%。其中，进口664.30亿元，下降17.5%；出口905.80亿元，下降4.1%。在出口总额中，一般贸易出口462.70亿元，增长5.0%；加工贸易出口356.20亿元，下降14.9%。高新技术产品出口548.20亿元，增长26.5%。出口国别和地区数203个。

【交通、邮电和旅游】2016年，武汉市全年交通客货运输换算周转量4001.2亿吨公里，比上年增长4.1%。全社会货运量49981.8万吨，增长3.7%；货物周转量3082.4亿吨公里，增长4.4%。

全年完成邮政业务总量112.4亿元，比上年增长45.4%。其中，邮政函件包裹业务量14.83亿元，增长38.3%；快递业务量54761件，增长44.9%；快递业务收入60.07亿元，增长39.1%。全年完成电信业务总量393.0亿元，比上年增长40.3%。固定电话用户195万户，移动电话用户1475.4万户，移动电话普及率139.5部/百人。固定互联网宽带接入用户408.6万户。光纤到户覆盖数437.5万户。城域网出口宽带3280G，增长36.7%。

年末旅游景区37个，旅游星级以上宾馆78家。全年接待国内旅游者23096万人次，比上年增长12.5%，国内旅游收入2398亿元，增长13.4%。接待海外旅游者225万人次，增长11.4%，国际旅游收入15.1亿美元，增长13.0%。

【金融和保险】2016年年末，武汉市武汉地区金融机构本外币存款余额22196.21亿元，比上年增长14.5%。其中，住户存款6606.01亿元，增长9.0%。金融机构本外币贷款余额20754.87亿元，增长21.1%。境内贷款中，短期贷款3695.30亿元，下降5.7%；中长期贷款14328.89亿元，增长26.3%。消费贷款4488.43亿元，增长58.3%，其中，个人住房贷款3999.64亿元，增长65.2%；个人购车贷款222.00亿元，增长30.3%。

2

2016年黄石市经济发展概况

【经济总量】2016年，黄石市全年实现地区生产总值（GDP）1305.55亿元，按可比价格计算，比上年增长7.2%。其中，第一产业增加值114.07亿元，增长3.9%；第二产业增加值721.47亿元，增长7.5%；第三产业增加值470.01亿元，增长7.6%。三次产业比重为8.74：55.26：36.00，第一产业增加值占GDP比重比上年下降0.1个百分点，第二产业增加值占GDP比重下降0.1个百分点，第三产业增加值占GDP比重上升0.2个百分点。人均GDP53033元，增长6.0%。人均地方公共财政预算收入4290元，增长4.7%。

【农业】2016年，黄石市全市农林牧渔业增加值116.63亿元，按可比价计算，比上年增长4.0%。其中，种植业增加值48.39亿元，增长4.9%；林业增加值4.23亿元，增长44.3%；牧业增加值25.48亿元，下降9.9%；渔业增加值36.02亿元，增长10.4%；农林牧渔服务业增加值2.51亿元，增长39.3%。

【工业和建筑业】2016年，黄石市全市规模以上工业总产值2104.42亿元，增长7.7%。其中，采矿业下降0.8%，制造业增长9.5%，电力、热力燃气及水的生产和供应业下降6.2%。国有及国有控股企业增长13.3%，国有企业下降8.2%，集体企业下降1.9%，外商及港澳台投资企业增长5%，股份制企业增长8.7%；大中型工业企业增长8.4%。从主要行业看，金属制品业产值104.90亿元，增长68.5%，农产品加工业产值282.71亿元，增长11.3%，非金属矿物制品业产值200.39亿元，增长7.5%，有色金属冶炼及压延加工业完成工业产值469.29亿元，增长10.8，黑色金属冶炼及压延加工业产值382.06亿元，增长3.1%。规模以上工业增加值501.11亿元，增长8.2%。

资质以上建筑企业完成产值329.57亿元，增长6.3%；房屋建筑施工面积2082.07万平方米，增长2.6%；房屋建筑竣工面积1201.83万平方米，增长10.7%。全社会建筑业增加值83.48亿元，增长5.1%。

【固定资产投资】2016年，黄石市全市固定资产投资完成1350.83亿元（不含农户），增长10.2%。

投资需求对经济增长贡献率56.3%，拉动GDP增长4.0个百分点。在固定资产投资中，国有及国有控股投资436.29亿元，增长43.8%；外商港澳台投资21.63亿元，增长225.7%；民间投资903.31亿元，下降1.5%。其中个体私营投资1.65亿元，下降72.8%。民间投资占固定资产投资的比重为66.9%，下降7.9个百分点。

【科学技术】2016年，黄石市全市高新技术产业企业169家，净增34家。实现高新技术产业增加值156.57亿元，增长8.7%，占GDP的12.0%。预计研究与试验发展（R&D）经费支出20.6亿元，占GDP的1.58%。安排54项市级科技计划项目。申请专利总量3566件，其中，发明专利申请量1575件。授权专利总量1311件，其中，发明专利授权量116件。

【国内贸易和对外经济】2016年，黄石市全市社会消费品零售总额649.59亿元，增长11.5%。消费需求对经济增长贡献率39.9%，拉动GDP增长2.9个百分点。分行业看，批发业、零售业、住宿业、餐饮业分别完成179.41亿元、384.1亿元、5.52亿元、80.56亿元，分别增长12.7%、11.3%、14.4%和10.2%。限额以上批发和零售企业实现商品零售额241.73亿元，增长14.3%。其中批发业64.72亿元，增长18.8%；零售业166.32亿元，增长17.8%。

进出口总额24.29亿美元，下降19.3%。其中出口13.91亿美元，下降17.3%；进口10.38亿美元，下降21.7%。出口需求对经济增长的贡献率为3.8%，拉动GDP增长0.3个百分点。实际外商直接投资1.88亿美元，增长51.2%。批准外资项目4个。

【交通、邮电和旅游】2016年，黄石市完成客运总量3660.4万人次，增长2.6%。其中，公路旅客运输量3391万人次，增长2.0%；铁路发送人数达269.4万人次，增长10.7%；完成货运总量7242.26万吨，下降2.0%。其中，公路货物运输量5848.86万吨，增长4.4%；铁路货物运输量263.4万吨，下降27.7%；完成水运货物运输量1130万吨，下降20.8%；完成港口货物吞吐量3804万吨，增长4.4%。其中，外贸货物吞吐量397万吨，增长31.7%；港口集装箱吞吐量30028标准箱，增长4.2%。

邮电业务总量27.57亿元，增长15.6%。其中，邮政业务总量5.69亿元，增长36.7%；电信业务总量21.88亿元，增长11.2%。

国内旅游人数1880.6万人次，增长18.7%；国内旅游收入117.5亿元，增长17.6%。

【金融和保险】2016年，黄石市年末金融机构人民币各项存款余额1527.04亿元，增长13.8%；其中，住户存款余额811.60亿元，增长10.9%。金融机构人民币各项贷款余额1003.05亿元，增长8.2%。

保费收入37.24亿元，增长17.4%；其中，财险收入9.90亿元，增长10.9%；寿险收入27.34亿元，增长20.0%；保险赔付支出11.95亿元，增长28.4%。

3

2016年十堰市经济发展概况

【经济总量】2016年，十堰市全年实现地区生产总值（GDP）1429.15亿元，按可比价格计算，增长8.9%。其中，第一产业增加值173.4亿元，增长4.0%；第二产业增加值681.6亿元，增长9.6%；第三产业增加值574.2亿元，增长9.6%。三次产业结构比为12.1：47.7：40.2。人均GDP为41923元，增长8.1%。在第三产业增加值中，交通运输、仓储业增长6.7%，批发和零售业增长4.7%，金融业增长7.1%，营利性服务业增长18.9%，非营利性服务业增长8.2%。

【农业】2016年，十堰市全市实现农林牧渔业增加值173.24亿元，按可比价格计算，增长4.1%。全市粮食作物播种达到417.2万亩，比上年增加3.1万亩；粮食总产量达到105.6万吨，下降10.2%。其中，夏粮34.3万吨，增长0.9%；秋粮71.4万吨，下降14.7%。油料作物面积124.8万亩，比上年增加0.8万亩；蔬菜面积116万亩，比上年增加2万亩。油料产量13.64万吨，增长0.7%；蔬菜产量161.24万吨，增长1.4%；水果产量39.35万吨，增长3.1%。

【工业和建筑业】2016年年末，十堰市全市规模以上工业企业数量达到955家，规模以上工业增加值增长11.4%。按轻重工业分，重工业增长10.4%，轻工业增长17.3%。规模以上工业总产值增长12.0%；按企业登记注册类型分，国有企业下降7.6%，集体企业增长5.2%，股份制企业增长10.3%，外商及港澳台商投资企业增长19.2%，其他类型企业增长22.4%；按行业分，汽车工业增长16.8%，医药制造业增长7.7%，纺织行业增长9.1%，农副食品加工业增长16.4%，食品制造业增长20.2%，饮料制造业增长18.2%，化学制品业下降14.8%，有色金属冶炼业下降2.2%，黑色金属冶炼业增长3.6%，电力生产及供应业下降6.2%。

全市有资质的建筑企业达237家，比上年减少43家，完成施工产值388.9亿元，增长3.5%；实现增加值64.78亿元，增长4.5%。建筑单位房屋建筑施工面积1473.2万平方米，增长11.6%。其中新开工房屋建筑施工面积774.7万平方米，增长21.5%。

【固定资产投资】2016年，十堰市全市完成500万元以上固定资产投资1323.8亿元，增长18.0%；亿元以上施工项目有454个，完成投资898.5亿元，增长6.0%。按隶属关系分，中央投资39亿元，增长71.4%；地方投资1284.8亿元，增长16.9%。按产业划分，第一产业完成投资48.5亿元，增长53.5%；第二产业完成投资337.7亿元，增长18.8%；第三产业完成投资937.6亿元，增长16.3%。按建设性质分，新建投资993.5亿元，增长17.0%；扩建投资77.8亿元，增长510.0%；改建和技术改造投资118.7亿元，下降20.6%。

【科学技术】2016年，十堰市全市安排市级科技项目79项，科技投入1500万元；省级以上科研项目77项，科技投入1516.6万元。专利申请3273件，增加500项；专利授权1436件，增加19项。全年共登记科技成果124项，获省级科学技术奖励17项，其中省科技进步一等奖2项，省科技进步二等奖1项，省科技进步三等奖11项，中小企业创新奖3项。

【国内贸易和对外经济】2016年，十堰市全市实现社会消费品零售总额725.0亿元，增长13.4%。按城乡分，城镇实现零售额580.0亿元，增长13.3%；乡村实现零售额145.0亿元，增长13.6%。按行业分，限额以上批发业实现销售额259.0亿元，增长12.3%；零售业实现销售额336.4亿元，增长11.0%；住宿业实现营业额5.9亿元，增长10.2%；餐饮业实现营业额16.1亿元，增长16.9%。

全市实现外贸进出口总额34.37亿元，下降11.2%。其中，进口0.87亿元，下降32.0%；出口33.50亿元，下降10.5%。新批外资企业4个，实际利用外资27752万美元，增长16.6%。

【交通、邮电和旅游】2016年，十堰市全市年末公路通车里程达到27981.7公里，其中等级以上公路里程27981.2公里，占公路通车总里程的99.9%。年末全市营运客车数量2039台，增长21%；营运货车数量21668台，下降5.7%。全年完成旅客运输量3353万人次，增长3.0%；旅客周转量30.11亿人公里，增长3.6%；完成货物运输量5977万吨，增长7.4%；货运周转量120.85亿吨公里，增长5.6%。

全市邮政业务总量3.96亿元，增长22.1%。在邮政业务中，函件业务量29.29万件，下降72.8%；订销报刊累计数3308.61万份；快递706.96万件，增长51.9%。

全市实现旅游总收入361.2亿元，增长20.5%。其中，国际旅游外汇收入6179万美元，增长4.6%。全年接待国内外旅游人数4702.8万人次，增长17.3%。其中接待入境旅游者18.8万人次，增长3.1%。全市拥有旅游星级宾馆饭店83家、A级旅游景区58家、各类旅行社60家。

【金融和保险】2016年年末，十堰市全市金融机构各项存款余额2034.8亿元，比年初增加193.3亿元，增长10.5%；各项贷款余额为1137.1亿元，比年初增加104.4亿元，增长10.1%。

年末，全市拥有地市级保险机构33家，共完成保费收入52.5亿元，增长27.9%，赔付19.4亿元，增长36.7%。其中，寿险公司14家，全年完成保费收入38.6亿元，增长39.2%，给付金额11.6亿元，增长59.1%；财产险公司19家，保费收入13.9亿元，增长4.6%，赔款金额7.9亿元，增长13.3%。

4

2016年宜昌市经济发展概况

【经济总量】2016年，宜昌市全年实现地区生产总值（GDP）3709.36亿元，比上年增长8.8%。分产业看，第一产业增加值398.89亿元，增长3.9%；第二产业增加值2122.74亿元，增长8.8%；第三产业增加值1187.73亿元，增长10.4%。三次产业结构由上年的10.9：58.7：30.4变化为10.8：57.2：32.0，第三产业占比较上年提高1.6个百分点。按常住人口计算，人均地区生产总值89978元，增长9.2%，较上年增加7618元。

【农业】2016年，宜昌市全市实现农林牧渔业总产值687.02亿元，比上年增长4.0%。全年粮食产量152.93万吨，比上年减产10.5%。棉花产量1.07万吨，比上年减产33.9%。油料产量23.99万吨，比上年减产0.8%。茶叶产量7.11万吨，比上年增产9.2%。园林水果产量330.57万吨，比上年增产7.3%；其中柑橘产量323.15万吨，比上年增产7.5%。蔬菜产量448.57万吨，比上年增产3.8%。肉类总产量58.51万吨，比上年减产3.4%。水产品产量20.26万吨，比上年减产2.3%。生猪出栏584.3万头，比上年减产4.0%；肉牛出栏8.77万头，比上年增产2.5%；肉羊出栏155.54万头，比上年减产6.6%。

【工业和建筑业】2016年，宜昌市全市规模以上工业增加值增长10.2%，高于全省增幅2.2个百分点。分经济类型看，国有企业同比增长20.3%，集体企业同比下降2.0%，股份制企业同比增长10.7%，外商及港澳台商企业同比增长4.4%，其他经济类型企业同比增长4.4%。分轻重工业看，全市轻工业增加值增长10.4%，轻工业对全市规模工业增长贡献率达45.4%，拉动规模工业增加值增长5.3个百分点；全市重工业增加值增长10.0%，重工业对全市规模工业增长贡献率达54.6%，拉动规模工业增加值增长6.4个百分点。

全市建筑业增加值197.27亿元，较上年增加17.61亿元，采用可比价计算，增长9.8%。

【固定资产投资】2016年，宜昌市全年完成固定资产投资（不含农户投资）3191.15亿元，比上年增长18.8%，高于全省增幅5.7个百分点。其中，5000万以上项目投资2789.41亿元，比上年增长23.9%。分产业看，第一产业完成投资86.60亿元，比上年下降18.1%；第二产业完成投资1545.91亿元，比上年增长30.5%；第三产业完成投资1558.63亿元，比上年增长11.7%。

【科学技术】2016年，宜昌市全市实现高新技术产业增加值666.24亿元，增长17.0%；高新技术产业增加值占GDP的比重为18.0%，比上年提高0.4个百分点。国家级高新技术企业330家，比上年新增57家。国家、省、市级工程技术中心149家，较上年增加11家；国家、省、市级重点实验室52家，较上年增加2家。重点科技成果登记290项。全市专利受理量为9874件；专利授权量为3667件，其中发明专利522件。

【国内贸易和对外经济】2016年，宜昌市全年社会消费品零售总额1240.33亿元，比上年增长13.8%，高于全省增幅2个百分点。分行业看，批发业和零售业零售额1028.68亿元，增长13.9%；住宿和餐饮业零售额211.65亿元，增长13.6%。

全年实现外贸进出口总额26.74亿美元，比上年下降13.4%。其中，进口额3.42亿美元，下降13.4%；出口额23.31亿美元，下降13.4%。四大出口基地产品共出口18.23亿美元，下降7.6%，占全市出口额的78.2%。其中：机电及装备制造业基地出口3.53亿美元，下降29.7%；化工产品基地出口11.29亿美元，增长6.1%；医药基地出口1.83亿美元，增长18.0%；农产品基地出口1.59亿美元，下降37.2%。

【交通、邮电和旅游】2016年，宜昌市全年交通运输、仓储和邮政业完成增加值231.76亿元，比上年增长9.0%。全年公路、水运完成货物周转量521.26亿吨公里，增长7.9%；旅客周转量56.71亿人公里，增长1.5%。全市现代物流总产值达到1200.47亿元，增长19.7%。

全年完成邮电业务收入33.59亿元，增长7.6%。其中，邮政业务收入3.64亿元，增长23.6%，电信业务收入29.95亿元，增长6.0%。年末全市共有固定电话用户55.40万户。移动电话用户年末达到373.36万户，新增11.83万户；其中3G移动电话用户162.07万户。互联网宽带接入用户88.09万户，新增12.67万户。

全年接待国内外旅游人数5655.53万人次，比上年增长19.5%。国内旅游人数5612.24万人次，增长19.6%；入境旅游人数43.29万人次，增长10.1%，其中外国人33.06万人次，增长10.8%；香港、澳门和台湾同胞10.23万人次，增长8.0%。全市旅游总收入602.05亿元，增长33.7%。国际旅游外汇收入1.48亿美元，增长18.8%；国内旅游收入592.33亿元，增长33.9%。

【金融和保险】2016年年末，宜昌市金融机构本外币存款余额3130.03亿元，比年初增加307.54亿元，其中住户存款余额1704.40亿元，比年初增加193.80亿元。金融机构本外币贷款余额2353.41亿元，比年初增加220.22亿元，其中住户贷款余额461.21亿元，比年初增加21.93亿元。

全年保险公司保费收入82.88亿元，比上年增长26.6%，其中财产险保费收入增长11.4%，健康险和意外伤害险保费收入增长42.7%，寿险保费收入增长32.9%。全年支付各类赔付33.14亿元，比上年增长32.9%，其中财产险赔付增长23.0%，健康险和意外伤害险赔付增长43.4%，寿险赔付增长39.6%。

5

2016年襄阳市经济发展概况

【经济总量】2016年，襄阳市全年实现地区生产总值（GDP）3694.5亿元（现价），按可比价格计算，增长8.5%。分产业看，第一产业增加值430.9亿元，增长3.8%；第二产业增加值2046.8亿元，增长9.0%；第三产业增加值1216.8亿元，增长9.4%。三次产业结构比为11.7：55.4：32.9。

【农业】2016年，襄阳市全市粮食种植面积760.3千公顷，比上年减少5.5千公顷；全年粮食产量500.1万吨（100.0亿斤），下降1.0%；棉花产量1.8万吨，下降29.6%；油料产量26.1万吨，增长8.4%；蔬菜产量348.0万吨，增长3.7%；茶叶、水果产量分别达到1.4万吨和143.3万吨，分别增长2.9%和4.7%。

【工业和建筑业】2016年，襄阳市全市规模以上工业增加值增长10.1%（可比价）。其中，轻工业增加值增长8.7%，重工业增加值增长10.9%。

全市建筑业完成产值826.0亿元，增长12.5%。

【固定资产投资】2016年，襄阳市全市完成固定资产投资（不含农户）3188.6亿元，增长18.7%。全市在建施工项目1816个，其中，新开工项目1277个。在固定资产投资中，第一产业完成投资137.3亿元，增长49.3%；第二产业完成投资1602.0亿元，增长20.3%，其中，工业投资1599.5亿元，增长20.5%；第三产业完成投资1449.3亿元，增长14.8%。

【科学技术】2016年，襄阳市全市新认定高新技术企业86家，全年共有47个项目被列入国家或省级科技计划项目，全市共申请专利8829件，实用新型专利3304件，外观设计专利497件，发明专利5028件。

【国内贸易和对外经济】2016年，襄阳市全市实现社会消费品零售总额1325.3亿元，增长13.7%。分城乡看，城镇消费品市场实现零售额1135.4亿元，增长13.6%；乡村消费品市场实现零售额189.9亿元，增长14.6%。

全市外贸进出口总额193631万美元，下降19.7%。其中，出口166609万美元，下降22.8%；进口27022万美元，增长6.5%。全市新批外资企业5家，下降58.3%；实际外商直接投资85980万美元，增长18.1%。

【交通、邮电和旅游】2016年，襄阳市全市公路里程29265.3公里，其中，等级公路通车里程27802.3公里。全年完成县乡公路改建12公里，通村公路912公里，基本实现村村通。设置乡镇五级站73个、简易站及招呼站1799个。新发展农村客运班线18条，村村通客车率达到100%。交通运输安全服务保障能力进一步提高。全市公路货物周转量524.8亿吨公里，增长5.3%；公路旅客周转量53.0亿人公里，增长1.5%。

全市邮政业务总量4.6亿元，年末全市移动电话用户461.3万户、固定电话用户60.3万户，年末互联网宽带接入用户数93.4万户。

全年旅游总人数3995.4万人次，增长12.5%。其中，入境旅游人数5.3万人次，增长0.5%；国内旅游人数3990.2万人次，增长12.6%。旅游总收入297.2亿元，增长13.4%，其中，入境旅游收入3715.6万美元，增长0.6%；国内旅游收入294.7亿元，增长13.5%。

【金融和保险】2016年，襄阳市金融机构本外币存款余额3073.1亿元，比年初增加368.0亿元，金融机构本外币贷款余额1809.3亿元，比年初增加134.1亿元。其中，住户存款余额1967.7亿元，比年初增加224.8亿元；住户贷款余额464.6亿元，比年初增加33.6亿元。

全市保费收入81.1亿元，增长24.8%，其中，财产险保费收入24.5亿元，增长24.4%；人身险保费收入56.6亿元，增长24.8%。全年各项赔款和给付支出27.4亿元，增长33.7%。其中，人身险给付15.2亿元，增长52.1%；财产险赔款12.2亿元，增长15.7%。

6

2016年荆州市经济发展概况

【经济总量】2016年，荆州市全年实现地区生产总值（GDP）1726.75亿元，按可比价格计算，比上年增长7.3%。其中：第一产业增加值382.72亿元，增长3.8%；第二产业增加值736.39亿元，增长6.3%；第三产业增加值607.64亿元，增长10.9%。三次产业结构由上年的22.2：43.7：34.1调整为22.2：42.6：35.2。相比去年，第二产业比重下降1.1个百分点，第三产业比重上升1.1个百分点。第三产业中交通运输仓储和邮政、批发和零售、住宿和餐饮、金融、房地产和营利性服务业分别增长4.4%、10.7%、8.2%、17.8%、6.8%和16.4%。

【农业】2016年，荆州市全市实现农林牧渔业总产值692.78亿元，比上年增长4.0%；实现农林牧渔业增加值400.19亿元，按可比价格计算，比上年增长4.0%。粮食种植面积608.21千公顷，比上年减少10.24千公顷；棉花种植面积53.33千公顷，减少11.41千公顷；油料种植面积233.47千公顷，减少22.58千公顷；蔬菜种植面积95.58千公顷，增加3.36千公顷；粮食总产量371.51万吨，比上年减产39.23万吨，下降9.6%；棉花总产量6.83万吨，减产0.88万吨，下降11.4%；油料产量54.67万吨，减产5.26万吨，下降8.8%；蔬菜产量289.16万吨，增产6.92万吨，增长2.5%。

【工业和建筑业】2016年，荆州市全市规模以上工业企业达到1238家，比上年净增99家。规模以上工业企业增加值比上年增长6.8%。按轻重工业分：轻工业增加值增长9.9%，重工业增加值增长3.2%。按所有制分：国有经济增加值下降4.2%，集体经济增加值下降7.3%，股份制经济（含私营经济）增加值增长6.4%，外商及港澳台投资经济增加值增长17.3%。高新技术产业规模不断扩大，完成增加值162.75亿元，比上年增长11.3%。全市工业用电量59.48亿千瓦时，比上年增长3.5%。

全年资质以内建筑企业208家，完成施工产值233.34亿元，实现建筑业增加值70.35亿元，增长0.8%。房屋建筑施工面积1492.43万平方米，建筑单位新开工房屋建筑施工面积819.84万平方米，招投标承包面积890.98万平方米。

【固定资产投资】2016年，荆州市全市完成固定资产投资(不含农户)2001.67亿元，增长18.0%，其中房地产开发投资完成151.53亿元，增长33.7%，商品房销售面积243.40万平方米，增长32.8%。按经济类型划分，国有及国有控股投资606.95亿元，增长53.3%；民间投资1373.08亿元，增长6.3%。按产业划分，全市一、二、三次产业投资分别完成57.19亿元、917.51亿元和1026.98亿元，分别增长42.6%、20.9%和14.5%。全市在建项目2281个，下降15.8%，其中新开工项目1817个，下降12.2%。

【科学技术】2016年，荆州市全市规模以上高新技术企业达到179家，比上年增加38家。全年争取各级科技计划项目29项，争取经费727万元。实施科技成果转化项目77项，超额完成全年55项任务的40%；登记技术合同交易额达到19亿元，比上年增长72.7%。专利申请量达3406项，其中发明申请1135项，企业申请1261件。专利授权量1912项，其中发明授权189项，企业申请741件。

【国内贸易和对外经济】2016年，荆州市全年社会消费品零售总额1056.13亿元，比上年增长11.6%，其中限额以上单位实现零售额414.34亿元，增长14.0%。分城乡看：城镇实现零售额394.97亿元，增长13.9%；乡村实现零售额19.37亿元，增长17.5%。分行业看：批发业销售增速9.3%，零售业增速14.4%，住宿业增速12.3%，餐饮业增速15.0%。

全市进出口总值11.26亿美元，下降6.8%，降幅较上年收窄20.1个百分点；出口值9.83亿美元，下降7.3%，降幅较上年收窄10.9个百分点。

【交通、邮电和旅游】2016年，荆州市全年完成货运量1.55亿吨，货物周转量566.48亿吨公里，分别比上年增长13.8%和22.8%。完成客运量6387万人，旅客周转量34.08亿人公里，分别下降1.0%和7.8%。（以上均不含铁路数据）

全市接待游客达3200万人次，实现旅游综合收入200.1亿元，比上年增长21%。

【金融和保险】2016年年末，荆州市金融机构人民币存款余额2543.58亿元，比年初增加309.51亿元。其中住户存款余额1761.60亿元，比年初增加223.53亿元；非金融企业存款余额315.22亿元，比年初增加57.78亿元。金融机构人民币贷款余额1185.66亿元，比年初增加115.03亿元。从期限结构看：短期贷款440.56亿元，比年初减少34.67亿元；中长期贷款686.73亿元，比年初增加119.70亿元。

全市实现保费收入106.59亿元，比上年增长24.1%。其中：财产险公司实现保费收入21.31亿元，增长14.0%；人身险公司保费收入85.28亿元，增长27.0%。各项赔付和给付支出27.06亿元，比上年增长68.9%。其中：财产险公司赔款支出10.35亿元，增长20.0%；人身险公司赔付支出16.71亿元，增长126.0%。

7

2016年荆门市经济发展概况

【经济总量】2016年，荆门市全年实现地区生产总值（GDP）1521亿元，比上年增长8.5%。其中，第

一、二、三产业分别增长3.9%、8.8%、10.1%。三次产业结构为14.0：51.9：34.1，第一、二产业比重分别比上年下降0.5个、0.6个百分点，第三产业上升1.1个百分点。

【农业】2016年，荆门市全年实现农林牧渔业总产值378.30亿元，比上年增长4.1%。全年粮食种植面积375.86千公顷；棉花种植面积11.99千公顷；油料种植面积128.71千公顷；蔬菜种植面积49.16千公顷。主要农产品产量为：粮食250.73万吨、棉花1.13万吨、油料38.85万吨、蔬菜215.71万吨。

【工业和建筑业】2016年，荆门市全年全部工业增加值734.91亿元，比上年增长9.0%。规模以上工业增加值增长9.7%。规模以上工业中，轻工业增长12.5%，重工业增长7.6%。全市36个工业大类行业中，有31个行业增加值增长。新增规模以上工业企业115家，达到1196家。

全年建筑业总产值144.62亿元，比上年增长11.6%。

【固定资产投资】2016年，荆门市全年完成固定资产投资1531.46亿元，增长18.9%。第一产业完成投资130.39亿元，增长18.4%；第二产业完成投资771.09亿元，增长28.6%；第三产业完成投资629.98亿元，增长9.0%。

【科学技术】2016年年末，荆门市全市共有科研机构7所，科研机构从业人员1045人。全市立项实施科技计划项目122项，其中国家级1项、省级25项。专利申请量2867项，专利授权量1156项。全市技术合同执行426项，成交金额17.7亿元。全年科技成果转化71项。

【国内贸易和对外经济】2016年，荆门市全年社会消费品零售总额达到614.23亿元，比上年增长13.4%。其中，城镇消费品零售额484.79亿元，增长13.3%；乡村消费品零售额129.44亿元，增长13.8%。分行业看，批发业零售额69.82亿元，增长11.9%；零售业零售额456.92亿元，增长13.8%；住宿业零售额22.40亿元，增长9.6%；餐饮业零售额65.09亿元，增长13.7%。

全年进口总额19983万美元，比上年下降31.9%；出口总额86187万美元，下降2.2%。在出口中，国有企业出口15654万美元，下降13.6%；三资企业出口13266万美元，下降16.8%；其他企业出口57267万美元，增长5.9%。

【交通、邮电和旅游】2016年，荆门市全年交通运输、仓储和邮政业实现增加值36.32亿元，比上年增长2.3%。全年公路、水路完成货物运输量3029万吨，增长1.1%；货物周转量1030881万吨公里，增长1.2%；旅客运输量2927万人，增长1.6%；旅客周转量176649万人公里，增长1.7%。年末公路里程14278.59公里，增长2.6%，其中，等级公路里程13746.98公里，增长2.9%；通村公路7943.04公里，增长4.0%。

全年邮政行业业务总量5.26亿元，比上年增长35.2%；电信业务收入20.02亿元，增长9.2%。年末本地固定电话用户29.86万户，下降8.5%，其中，城市用户21.65万户，下降6.6%；农村用户8.21万户，下降13.4%。年末移动电话用户217.59万户，增长2.1%。互联网宽带接入用户45.56万户，增长16.3%。

全年国内游客2436.12万人次，比上年增长12.9%。入境游客17785人次，下降0.8%。全年旅游总收入146.78亿元，比上年增长12.8%。其中，国内旅游收入146.26亿元，增长12.9%。全市共有星级饭店30家。

【金融和保险】2016年年末，荆门市全市金融机构各项存款余额1660.23亿元，比年初增加229.67亿元。其中，住户存款1097.94亿元，比年初增加137.68亿元；非金融企业存款266.11亿元，比年初增加70.01亿元；广义政府存款295.75亿元，比年初增加23.97亿元。年末金融机构各项贷款余额872.16亿元，比年初增加78.26亿元。其中，短期贷款343.49亿元，比年初减少4.12亿元；中长期贷款515.41亿元，比年初增加84.19亿元。

全年保险业原保费收入45.21亿元，比上年增长21.0%，其中，财产险公司实现原保费收入12.15亿元，增长11.8%；人寿险公司原保费收入33.06亿元，增长24.8%。保险赔款及给付19.39亿元，增长52.9%，其中，财产险公司赔款支出7.08亿元，增长32.8%；人寿险公司赔付支出12.31亿元，增长67.6%。

8

2016年鄂州市经济发展概况

【经济总量】2016年，鄂州市全年实现地区生产总值（GDP）797.82亿元，增长8.0%。其中：第一产业完成增加值97.21亿元，增长3.9%；第二产业完成增加值434.58亿元，增长7.5%；第三产业完成增加值266.03亿元，增长10.6%。按常住人口计算，全市人均生产总值达到74983元，比上年净增6062元，增长8.8%。三次产业结构由2015年的11.6：57.9：30.5调整为12.2：54.5：33.3。在第三产业中交通运输仓储和邮政业、批发和零售业、住宿和餐饮业、金融业、房地产业、营利性服务业及非营利性服务业增加值分别增长7.6%、7.0%、6.4%、16.3%、8.7%、14.5%和12.9%。

【农业】2016年，鄂州市全年全市农林牧渔业增加值97.48亿元，按可比价格计算，比上年增长3.9%。粮食种植面积58.69千公顷，比上年减少6.16千公顷；棉花种植面积5.49千公顷，比上年减少0.3千公顷；油料种植面积30.84千公顷，比上年增加0.8千公顷。粮食总产量31.12万吨，比上年减少5.62万吨，下降15.3%；棉花总产量0.41万吨，比上年增加0.02万吨，增长5.1%；油料产量6.06万吨，比上年减少0.16万吨，下降2.6%。全年全市生猪出栏114.2万头，下降4.0%；水产品产量达到45.85万吨，下降4.0%。

【工业和建筑业】2016年，鄂州市全市全部工业增加值391.48亿元，增长7.3%。年末全市规模以上工业企业达到517家，比上年减少8家。规上工业增加值增长8.6%。其中：国有企业增长244.8%；集体企业下降7.5%；股份合作企业增长6.9%；港澳台投资企业增长13.0%；外商投资企业增长13.1%；其他经济类型企业增长22.9%。轻工业增长8.7%；重工业增长8.6%。

全年全市资质以内建筑企业完成施工产值145.7亿元，增长14.2%。

【固定资产投资】2016年，鄂州市全年全市完成全社会固定资产投资873.71亿元，增长17.0%。其中，完成固定资产投资（不含农户）853.26亿元，增长17.0%。按产业划分，第一产业完成投资13.49亿元，增长0.8%；第二产业完成投资256.40亿元，增长20.1%；第三产业完成投资583.36亿元，增长15.6%。

【科学技术】2016年，鄂州市全市新增高新技术认定企业25家，新增高新产品登记备案企业14家，新增备案产品30项。新增省级知识产权示范企业13家，累计达到25家。新增授权发明专利57件，全年全市每万人发明专利拥有量达到1.92件。

【国内贸易和对外经济】2016年，鄂州市全年全市实现社会消费品零售总额298.45亿元，增长13.9%，其中，限额以上企业（单位）实现消费品零售额142.48亿元，增长28.4%。分城乡看，城镇实现零售额269.86亿元，增长14.0%；乡村实现零售额28.59亿元，增长13.0%。

全年全市实现外贸进出口总额32.1亿元，下降5.1%，其中：进口16.6亿元，下降14.7%；出口15.5亿元，增长8.0%。全年实际利用外资27087万美元，增长10.8%。

【交通、邮电和旅游】2016年，鄂州市全年全市完成货物周转量67.29亿吨公里，增长5.7%；旅客周转量12.67亿人公里，下降3.0%。公路营运里程3587公里，增长3.6%；高速公路里程122.24公里，与上年持平。

全市完成邮电业务总量2.27亿元，增长71.77%。长途光缆线路总长度达到780.26公里；固定电话用户15.78万户；移动电话用户达到94.71万户；计算机宽带互联网用户23.56万户。

全年全市接待国内外游客576.78万人次，其中，接待国内旅游人数576.72万人次，增长8.6%；入境旅游人数0.06万人次，下降57.8%。实现旅游总收入52.67亿元，增长9.6%；旅游创汇收入34.55万美元。

【金融和保险】2016年年末，鄂州市全市金融机构本外币各项存款余额581.54亿元，比年初增加71.76亿元。其中：住户存款335.03亿元，增加36.18亿元。金融机构各项贷款余额391.47亿元，比年初增加54.38亿元。其中：住户贷款120.21亿元，增加11.17亿元；非金融企业及机关团体贷款271.26亿元，增加43.21亿元。

全年实现保费收入15.5亿元，增长20.5%。其中，财产险公司实现保费收入3.1亿元，增长6.5%；人身险公司保费收入12.4亿元，增长24.1%。支付各类赔款及给付3.49亿元，增长19.5%，其中，财产险公司赔款支出1.86亿元，增长19.6%；人身险公司赔付支出1.63亿元，增长19.5%。

9

2016年孝感市经济发展概况

【经济总量】2016年，孝感市全年实现地区生产总值（GDP）1576.69亿元，按可比价格计算，比上年增长7.9%。其中：第一产业增加值281.52亿元，增长4.0%；第二产业增加值756.40亿元，增长8.1%；第三产业增加值538.77亿元，增长9.5%。三次产业结构由上年的17.8：48.4：33.8调整为17.8：48.0：34.2。在第三产业中，批发和零售业、交通运输仓储和邮政业、住宿和餐饮业、金融业、房地产业、营利性服务业及非营利性服务业增加值分别增长7.5%、5.5%、9.7%、12.8%、7.3%、20.6%、6.8%。

【农业】2016年，孝感市全年全市实现农林牧渔业增加值286.69亿元[4]，按可比价格计算，比上年增长4.1%。全年粮食种植面积为542.63万亩，比上年下降2.0%；棉花种植面积25.56万亩，下降13.6%；油料种植面积165.14万亩，下降2.2%；蔬菜及食用菌种植面积161.64万亩，增长5.1%。

【工业和建筑业】2016年，孝感市全市全部工业增加值668.13亿元，增长9.1%。全市1281家规模以上工业企业实现增加值增长9.1%。其中，分门类看，采矿业下降5.9%，制造业增长9.7%，电力、热力、燃气及水生产和供应业增长5.0%；分轻重工业看，轻工业增长9.4%，重工业增长8.7%；分经济类型看，国有企业增长13.4%，股份合作企业增长18.4%，股份制企业增长9.0%，外商及港澳台投资企业增长8.5%，其他企业增长12.8%。

年末全市具有资质等级的建筑企业172家。其中，总承包和专业承包建筑业企业146家，实现总产值425.31亿元，比上年下降2.5%。

【固定资产投资】2016年，孝感市全年全市固定资产投资（不含农户）1899.43亿元，比上年增长17.3%。其中，第一产业完成投资83.80亿元，增长81.8%；第二产业完成投资876.86亿元，增长14.5%；第三产业完成投资938.77亿元，增长16.4%。三次产业投资结构由上年的2.9：46.4：50.7调整为4.4：46.2：49.4。全年全市房地产开发投资160.02亿元，下降6.7%。

【科学技术】2016年，孝感市全年全市高新技术产业实现增加值198.80亿元，增长13.9%。新培育科技型企业122家，新认定国家高新技术企业83家（含期满重新认定的企业），高新技术企业总数达到192家。组织开展全市科技奖励工作，评选表彰奖励项目58项，发放奖金202万元。全市转化科技成果92项，争取国家、省科技计划项目11个。全年完成专利申请4299件，其中发明专利申请1732件；获国家专利授权1770件，其中发明专利授权243件。

【国内贸易和对外经济】2016年，孝感市全年全市实现社会消费品零售总额883.66亿元，比上年增长10.9%。从经营单位所在地看，城镇实现零售额669.02亿元，增长11.0%；乡村实现零售额214.64亿元，增长

10.4%。

全年全市外贸进出口总额11.23亿美元，同比下降5.1%。其中，外贸出口9.27亿美元，下降4.3%；进口1.96亿美元，下降8.5%。全市新批外商投资企业14家，增资项目6个，新增合同外资1.77亿美元。实际利用外资3.73亿美元，增长8.0%。

【交通、邮电和旅游】截至2016年底，孝感市全市公路总里程16561公里（含高速）。其中：高速公路279公里，一级公路263公里，二级公路1315公里，三级公路1272公里，四级公路13432公里。全年新（改）建等级公路606公里。

全市通信业营业收入29.94亿元，比上年增长12.0%。其中，邮政业5.87亿元，增长18.1%；电信业24.07亿元，增长10.6%。

全市国内旅游人数2116.07万人次，旅游综合收入132.02亿元。其中，国内旅游人数2114.9万人次，增长15.0%；国内旅游收入131.55亿元，增长14.8%。入境旅游人数1.17万人次，增长8.3%；国际旅游外汇收入682.12万美元，增长3.3%。

【金融和保险】2016年年末，孝感市全市金融机构各项存款余额2072.73亿元，比年初增加216.13亿元。其中，住户存款1389.53亿元，比年初增加151.10亿元。金融机构各项贷款1023.22亿元，比年初增加107.94亿元。

全市保险行业实现保费收入54.15亿元，比上年增长24.3%。其中，产险保费收入11.30亿元，增长14.1%；寿险保费收入42.85亿元，增长27.3%；赔款及综合给付金额17.97亿元，同比增长99.0%；赔付率及综合给付率33.2%，增长12.5个百分点。

10

2016年黄冈市经济发展概况

【经济总量】2016年，黄冈市全年实现地区生产总值（GDP）1726.17亿元(现价)，按可比价格计算，比上年增长7.6%。其中：第一产业增加值395.30亿元，增长3.8%；第二产业增加值654.05亿元，增长6.4%；第三产业增加值676.82亿元，增长11.2%。三次产业结构由2015年的23.89：38.91：37.20调整为22.90：37.89：39.21，第三产业占地区生产总值比重首次超过第二产业。第三产业中交通运输仓储和邮政、批发和零售、住宿和餐饮、金融、房地产及营利性服务业分别增长0.9%、4.5%、6.6%、15.5%、4.0%和30.8%。人均地区生产总值达到27308元。

【农业】2016年年末，黄冈市耕地面积548.61万亩，农林牧渔业现价总产值623.55亿元，比上年增长4.9%。粮食种植面积799.22万亩，减少2.1%；棉花种植面积46.56万亩，增长12.87%；油料种植面积361.83万亩，减少5.47%；蔬菜面积185.97万亩，增长0.91%。粮食总产量290.82万吨，比上年减产12.4%；棉花产量2.99万吨，减产20.48%；油料产量54.45万吨，减产2.25%；蔬菜产量293.24万吨，减少2.47%。水果28.84万吨，增长2.60%。

【工业和建筑业】2016年，黄冈市规模以上工业企业1497家，当年新增183家，净增63家。工业增加值可比价增速8.3%；实现工业总产值2008.5亿元，比上年增长7.2%。其中：国有控股企业总产值85.5亿元，下降6.4%；国有企业总产值10.4亿元，增长3.0%；集体企业总产值2.3亿元，增长9.5%；股份合作企业总产值5.9亿元，下降11.9%；股份制企业总产值1793.2亿元，增长7.7%；外商及港澳台投资企业总产值124.3亿元，增长4.7%；其他经济类型企业总产值72.5亿元，增长1.7%；轻工业总产值855.4亿元，增长3.8%；重工业总产值1153.1亿元，增长9.9%。

建筑业单位数224家，比上年减少4家，总产值874.9亿元，增加77.73亿元，比上年增长1.4%。实现增加值144.38亿元，增长2.1%。建筑单位房屋建筑施工面积6596.6万平方米，增长17.3%。其中：招投标承包面积4660.38万平方米，增长6.8%。

【固定资产投资】2016年，黄冈市固定资产投资2041.65亿元，比上年增长13.4%，按经济类型划分，国有经济投资486.86亿元，增长7.1%；集体经济投资54.42亿元；私营经济投资890.95亿元，增长20.5%；其他经济投资106.93亿元，下降34.9%。

【科学技术】2016年，黄冈市全市科技成果转化88项，企业登记科技成果102项。申请专利3749件，授权专利1404件。获省级科学技术奖励项目4项，其中科技型中小企业创新奖1项；科技进步奖二等奖1项，三等奖1项；科技成果推广奖二等奖1项，完成技术合同交易额22.9亿元。

【国内贸易和对外经济】2016年，黄冈市社会消费品零售总额973.94亿元，比上年增长10.6%。分城乡看，城镇实现社会消费品零售总额806.40亿元，增长10.8%；农村实现社会消费品零售总额167.54亿元，增长10.1%。

外贸进出口总额70634万美元，增长8.6%。其中，出口60155万美元，增长4.4%；进口10479万美元，增长41.5%。新批外资企业7家。合同外资金额24906万美元，下降9.4%。实际利用外资12930万美元，增长24.8%。

【交通、邮电和旅游】2016年，黄冈市交通运输、仓储和邮政业增加值32.43亿元，比上年增长0.9%。公路总里程2.95万公里，其中高速公路700公里，桥梁4430座。行政村通畅率100%，行政村通客车率100%。货运量11467万吨，货物周转量364.8亿吨公里，客运量10165万人，旅客周转量49亿人公里。

邮电业务总量35.24亿元，其中邮政7.08亿元，电信28.16亿元。全市邮政营业网点152处，快递网点664处，信筒(箱)215个，函件48.43万件，快递1668.6万件(出口量)，报刊期发数39.72万份，报刊发行累计6795.5万份。邮政邮路总长度3929公里，农村投递路线总长度31648.1公里。

接待游客2465万人次，实现旅游收入151.2亿元，比上年增长24.3%。创建旅游强县4个、旅游名镇3个、旅游名村14个，AAAA级景区达到16家，AAA级景区发展到29家，A级景区总数达到53家，星级宾馆(饭店)41家，其中四星级7家、三星级23家。

【金融和保险】2016年年末，黄冈市银行业金融机构本外币各项存款2681.42亿元，各项贷款1160.66亿元。人民币各项存款余额2674.33亿元，增长15.2%，当年新增353.37亿元，比上年多增26.57亿元。人民币各项贷款余额1160.66亿元，增长17.1%；当年新增贷款169.52亿元，比上年少增10.46亿元。全市银行业金融机构实现账面盈利31.29亿元，比上年多盈利1.14亿元，增长3.8%。

全市商业保险机构实现保费收入73.34亿元，比上年增长21.1%；各项赔付和给付支出27.93亿元，增长0.66%。

11

2016年咸宁市经济发展概况

【经济总量】2016年，咸宁市全年实现地区生产总值（GDP）1107.93亿元，按可比价计算，比上年增长7.6%。其中：第一产业增加值184.34亿元，增长4.0%；第二产业增加值527.81亿元，增长6.4%；第三产业增加值395.78亿元，增长11.1%。三次产业结构比为16.6：47.7：35.7，第三产业增加值比重比同期提高了1.6个百分点。全年人均地区生产总值44027元，增长6.8%。

【农业】2016年，咸宁市全年农作物播种面积634.74万亩，比上年下降1.1%。其中：粮食作物面积317.61万亩，下降2.0%；经济作物面积317.13万亩，下降0.1%。茶叶、楠竹、油茶“三大百亿产业”稳定增长。其中：竹林面积159.52万亩，增长6.0%；油茶籽面积65.71万亩，增长12.7%；茶叶种植面积43.14万亩，增长7.5%。

【工业和建筑业】2016年，咸宁市全年全部工业增加值473.17亿元，按可比价计算，比上年增长6.7%。其中，规模以上工业增加值增长7.0%。在规模以上工业中，分经济类型看：国有企业增长5.0%，集体企业下降15.6%，股份合作企业下降1.4%，股份制企业增长7.5%，外商及港澳台投资企业下降2.0%；其他经济类型企业增长4.0%；分行业看：采矿业下降13.7%，制造业增长8.7%，电力、燃气及水的生产和供应业下降3.9%。

全年建筑业增加值55.11亿元，按可比价计算，比上年增长3.6%。资质以内建筑业企业115家，比上年增加10家；建筑业总产值138.39亿元，增长3.9%；房屋竣工面积566.98万平方米，下降2.4%。

【固定资产投资】2016年，咸宁市全年全社会固定资产投资1463.49亿元，比上年增长17.5%。其中，固定资产投资1438.29亿元，增长17.6%。在固定资产投资中，第一产业完成103.49亿元，增长17.6%；第二产业完成657.57亿元，增长9.5%；第三产业完成677.23亿元，增长26.2%。全年民间投资935.13亿元，增长4.3%，占固定资产投资的比重为65.0%；工业投资643.16亿元，增长7.3%，占固定资产投资的比重为44.7%。

【科学技术】2016年，咸宁市全年申报登记省、部级以上科技成果56项。按成果类型分：基础理论研究4项，应用开发研究52项；按成果水平分：国际先进10项，国内领先34项，国内先进12项。全年专利申请量2465项，比上年增加709项。其中发明专利804项，比上年增加378项；专利授权量1116项，比上年增加152项。其中发明专利授权57项，比上年增加7项。申请PCT专利3件，为历年之最。

【国内贸易和对外经济】2016年，咸宁市全年社会消费品零售额442.54亿元，比上年增长10.3%。分地区看：城市消费品零售额298.10亿元，增长10.3%；农村消费品零售额144.44亿元，增长10.4%。分行业看：批发业零售额49.42亿元，增长8.9%；零售业零售额309.52亿元，增长9.7%；住宿业零售额30.08亿元，增长15.7%；餐饮业零售额53.51亿元，增长12.8%。

全年进出口总值42940万美元，比上年下降11.3%。其中：进口总值13766万美元，增长121.9%；出口总值29174万美元，下降30.9%。

【交通、邮电和旅游】2016年，咸宁市全年货运量8932万吨，比上年增长7.4%；货物周转量105.29亿吨公里，增长8.0%；客运量6033万人，增长2.1%；客运周转量34.20亿人公里，增长2.4%。

全年邮电业务总量20.61亿元，其中：邮政业务总量（含快递服务企业）5亿元，电信业务总量15.61亿元。快递业务收入（含快递服务企业）1.41亿元，比上年增长70.1%；发送快递1453万件，增长46.6%。固定电话年末用户39.90万户，下降3.4%。移动电话年末用户228.35万户，下降8%。互联网宽带接入用户54.95万户，增长26.7%。

全年旅游收入242.70亿元，比上年增长17.8%。其中：旅游外汇收入932万美元，增长18.3%；门票收入6.82亿元，增长18.5%。全年接待旅游人数4750万人次，增长16.1%。

【金融和保险】2016年年末，咸宁市全市金融机构各项存款余额1203.58亿元，比年初增加168.14亿元。其中：住户存款684.54亿元，比年初增加91.62亿元；非金融企业存款288.20亿元，比年初增加56.18亿元。年末全市金融机构各项贷款余额720.83亿元，比年初增加91.86亿元。其中：住户贷款279.13亿元，比年初增加32.46亿元；非金融企业及机关团体贷款441.69亿元，比年初增加59.40亿元。

全年实现保费收入33.33亿元，比上年增长15.4%。其中：财产保险实现保费收入8.75亿元，增长15.9%；人寿保险实现保费收入24.58亿元，增长15.2%。各项赔款和给付金额10.32亿元，增长34.9%。其中：财产保险4.77亿元，增长14.7%；人寿保险5.55亿元，增长59.0%。保险密度达到1300元/人，保险深度达到3.0%。

12

2016年随州市经济发展概况

【经济总量】2016年，随州市全年实现地区生产总值（GDP）852.18亿元，按可比价格计算，比上年增长8.0%。其中：第一产业完成增加值140.54亿元，增长4.0%；第二产业完成增加值398.44亿元，增长7.7%。其中工业增加值351.49亿元，增长8.6%；建筑业增加值46.95亿元，增长1.9%；第三产业完成增加值313.20亿元，增长10.3%。三次产业结构由2015年的16.9∶47.9∶35.2调整为16.5∶46.8∶36.7，服务业占GDP比重比上年提高1.5个百分点。

【农业】2016年，随州市全年实现农林牧渔业总产值257.67亿元，按可比价格计算，比上年增长4.1%。耕地总资源为192.55千公顷，同比增加0.1%。粮食种植面积245.81千公顷，同比减少0.3%。棉花种植面积10.52千公顷，比上年增加0.9%。油料种植面积31.78千公顷，比上年增长1.8%。粮食总产量157.4万吨，棉花总产量0.85万吨，油料产量7.23万吨。

【工业和建筑业】2016年，随州市全市规模以上工业增加值按可比价格计算比上年增长9.1%。其中：国有企业增长19.0%，集体企业增长4.1%，股份制企业增长8.4%，外商及港澳台投资企业增长23.8%，其他经济类型企业下降0.3%；轻工业下降0.8%，重工业增长17.9%。全市改装汽车产量91748辆，增长1.6%。高技术制造业增加值21.2亿元，增长12.9%，占规模以上工业增加值的比重6.1%。全市规模以上工业完成销售产值1396.33亿元，增长9.8%。工业产品销售率为99.6%。实现利润79.6亿元，增长8.9%。

全市74个资质以内建筑企业完成施工产值90.17亿元，比上年增长1.2%；建筑单位房屋建筑施工面积846.83万平方米，其中招投标承包面积640.07万平方米，招投标面75.6%。新开工房屋建筑施工面积384.06万平方米，下降38.0%。

【固定资产投资】2016年，随州市全年完成500万元以上项目完成投资974.27亿元，增长17.7%，民间投资721.87亿元，增长6.9%。按登记注册类型划分，内资企业投资954.13亿元，增长15.8%；港澳台投资16.8亿元，增长805.5%；外商投资1.8亿元，增长1794.7%；个体经营投资1.54亿元，下降22.2%。按产业划分，第一产业投资69.77亿元，增长67.9%，第二产业投资523.43亿元，增长8.6%，第三产业投资381.07亿元，增长25.3%。

【科学技术】2016年，随州市全年争取省级以上科技项目10项，申请专利1602件，实现高新技术增加值（四上单位）94.69亿元，比上年增长20.3%。

【国内贸易和对外经济】2016年，随州市全年实现社会消费品零售总额446.10亿元，比上年增长11.6%。从行业分类看，批发业实现销售额251.59亿元，增长11.6%；零售业实现销售额464.25亿元，增长13.6%；住宿业实现营业额6.69亿元，增长12.3%；餐饮业实现营业额59.24亿元，增长12.9%。

全年实现外贸进出口总额140068万美元，比上年下降0.3%。其中：出口106992万美元，下降9.1%；进口33076万美元，增长45.1%。在出口中：国有企业出口387万美元，下降20.9%；外资企业出口40128万美元，下降7.3%；民营企业出口66477万美元，下降10.2%。全年实际利用外资12858万美元，增长12.8%。

【交通、邮电和旅游】2016年，随州市全年完成货物周转量125.63亿吨公里，同比上升5.3%；旅客周转量17.3亿人公里，同比上升0.4%.

邮电通信业完成邮电业务总量13.75亿元。光缆线路总长度33604公里。其中，长途光缆线路总长度1057公里。本地电话总数174.47万户。固定电话用户21.13万户。其中：城市电话用户7.27万户，乡村电话用户11.77万户，公用电话总数1.72万户。

全年接待国内旅游人数2022.3万人次，比上年增长15%；国内旅游收入124.51亿元，增长14%。接待海外游客2.9万人次，增长2%。国际旅游外汇收入2812万元，增长3%。

【金融和保险】2016年年末，随州市全市金融机构各项存款余额1102.38亿元，比年初增加133.29亿元。其中：住户存款余额771.76亿元，增加96.41亿元。金融机构各项贷款余额527.40亿元，比年初增加70.53亿元。其中：住户贷款余额186.45亿元，增加12.04亿元；非金融企业及机关团体贷款340.93亿元，增加58.49亿元。

湖南省

| 长沙市 | 株洲市 | 湘潭市 | 衡阳市 | 邵阳市 | 岳阳市 | 常德市 | 张家界市 |
| 益阳市 | 郴州市 | 永州市 | 怀化市 | 娄底市 |

1

2016年长沙市经济发展概况

【经济总量】2016年，长沙市全年实现地区生产总值（GDP）9323.70亿元，比上年增长9.4%。分产业看，第一产业实现增加值370.95亿元，增长3.0%；第二产业实现增加值4513.23亿元，增长7.3%；第三产业实现增加值4439.52亿元，增长12.4%。第一、二、三产业分别拉动GDP增长0.1、3.7、5.6个百分点，三次产业对GDP增长的贡献率分别为1.3%、39.5%、59.2%。按常住人口计算，人均GDP达123681元，比上年增长7.0%。三次产业结构为4.0∶48.4∶47.6。第三产业比重比上年提高2.5个百分点；工业增加值占GDP的比重为40.0%，比上年下降2.3个百分点。全市非公有制经济实现增加值6034.94亿元，占GDP的比重为64.7%。

【农业】2016年，长沙市全市实现农林牧渔业增加值378.43亿元，比上年增长3.2%，其中农业增加值235.03亿元，增长5.3%；林业增加值17.89亿元，增长6.4%；牧业增加值104.60亿元，下降2.7%；渔业增加值13.43亿元，增长3.3%；农林牧渔服务业增加值7.48亿元，增长12.3%。

【工业和建筑业】2016年，长沙市全市全部工业增加值3727.18亿元，比上年增长7.5%，其中规模以上工业实现增加值3253.03亿元，增长7.9%。

全市建筑业增加值790.95亿元，比上年增长6.5%。全年具有建筑业资质等级的独立核算企业完成建筑业总产值3786.45亿元，比上年增长8.9%；房屋竣工面积7370.01万平方米，增长12.7%。

【固定资产投资】2016年，长沙市全市固定资产投资6693.32亿元，比上年增长13.9%。全市计划总投资超过5000万元的在建项目（不含房地产开发）1312个，完成投资2773.64亿元，占固定资产投资总额的41.4%。

【科学技术】2016年年末，长沙市全市有科学研究开发机构95个，全年共取得省部级以上科技成果384项。专利申请29758件，比上年增长35.3%，授权专利14961件，增长2.2%；签订技术合同2757项，成交金额22.79亿元。高新技术产业增加值2868亿元，增长16.2%。

【国内贸易和对外经济】2016年，长沙市全市社会消费品零售总额4117.40亿元，比上年增长11.6%，剔除物价因素实际增长10.6%。按经营地统计，城镇零售额3787.31亿元，增长11.3%；乡村零售额330.09亿元，增长14.6%。按消费形态统计，商品零售额3741.44亿元，增长11.7%；餐饮收入额375.96亿元，增长10.4%。

全市进出口总额（海关口径）726.71亿元人民币（折合109.35亿美元），比上年下降9.8%，其中出口总额485.74亿元，下降9.6%；进口总额240.96亿元，下降10.1%。在出口总额中，机电产品262.66亿元，占54.1%；高新技术产品110.01亿元，占22.6%。在进口总额中，机电产品156.86亿元，占65.1%；高新技术产品58.63亿元，占24.3%。

【交通、邮电和旅游】2016年，长沙市全市全社会运输周转量480.48亿吨公里，比上年增长6.7%，其中旅客周转量增长9.5%；货物周转量增长6.8%。

全市邮电业务总量（2010年不变价）378.12亿元，比上年增长51.2%，其中电信业务总量320.12亿元，增长54.1%，邮政业务总量58.0亿元，增长37.2%；邮电业务收入143.46亿元，增长15.7%，其中电信业务收入106.59亿元，增长9.7%，邮政业务收入36.87亿元，增长37.0%。年末本地固定电话用户170.69万户，下降6.1%，固定电话普及率为22.33户/百人，比上年减少1.44户/百人，移动电话用户1047.73万户，移动电话普及率为137.04户/百人。年末互联网宽带用户达226.90万户。

全市接待国内外旅游者12450.00万人次，比上年增长6.2%；旅游总收入1534.83亿元，增长13.6%。接待国内旅游者12328.50万人次，增长6.3%；国内旅游收入1482.01亿元，增长13.8%。接待入境旅游者121.50万人次，增长1.0%；入境旅游收入7.96亿美元，增长0.4%。

【金融和保险】2016年年末，长沙市全市金融机构各项存款余额(本外币合计，下同)15488.77亿元，比年初增加1423.11亿元，其中住户存款余额4872.73亿元，比年初增加520.09亿元；年末金融机构各项贷款余额13866.96亿元，比年初增加1543.09亿元，其中短期贷款余额2677.38亿元，比年初增加0.18亿元，中长期贷款10472.19亿元，比年初增加1343.07亿元。

全市保险公司原保险保费收入255.87亿元，比上年增长28.4%，其中财产保险公司原保险保费收入98.06亿元，增长13.3%；人身保险公司原保险保费收入157.80亿元，增长40.1%。赔付支出82.64亿元，增长25.9%。

2

2016年株洲市经济发展概况

【经济总量】2016年，株洲市全年实现地区生产总值（GDP）2512.5亿元，比上年增长7.9%，高于全国平均水平1.2个百分点，与全省平均水平持平。其中，第一产业增加值197.2亿元，增长3.5%；第二产业增加值1363.5亿元，增长6.7%，其中，工业增加值1197.4亿元，增长6.7%；第三产业增加值951.8亿元，增长10.7%。按年末常住人口计算，人均地区生产总值62681元，增长7.1%。

【农业】2016年，株洲市全市农林牧渔业增加值197.2亿元，比上年增长3.5%。其中，农业99.7亿元，增长3.3%；林业18.8亿元，增长4.1%；畜牧业70亿元，增长3.4%；渔业8.7亿元，增长3.4%。

【工业和建筑业】2016年，株洲市全市工业增加值1197.4亿元，比上年增长6.7%。其中，规模工业增加值1084.9亿元，比上年增长7.1%，分别高于全国、全省1.1和0.2个百分点。在规模工业中，非公有制企业增加值720.2亿元，增长6.5%。分行业看，非金属矿物制品业218.6亿元，增长11.4%；轨道交通装备业、汽车及零部件业、航空装备业等三大动力产业增加值197.5亿元，增长4.9%；化学原料及化学制品制造业155.1亿元，增长1%；计算机、通信和其他电子设备制造业89.8亿元，增长12.4%。战略性新兴产业增加值399.2亿元，增长6.9%；高加工度工业增加值518.2亿元，增长9.5%；高新技术产业增加值623.6亿元，增长17.3%；园区规模工业增加值779.8亿元，增长9%。

全市建筑业增加值167.7亿元，比上年增长6.4%。具有建筑业资质等级的总承包和专业承包建筑业企业实现产值620.2亿元，增长12.1%。房屋建筑施工面积3738.5万平方米，增长12.4%；房屋建筑竣工面积1747.4万平方米，增长12.5%。

【固定资产投资】2016年，株洲市全市固定资产投资（不含农户）2345.8亿元，比上年增长13.5%，高于全国5.4个百分点、低于全省0.3个百分点。分经济类型看，国有投资941.8亿元，增长50.1%；非国有投资1404亿元，下降2.5%，其中，民间投资1246.4亿元，下降6.8%。分产业类型看，第一产业投资72亿元，增长27.7%；第二产业投资932.8亿元，下降8%，其中，工业投资923.1亿元，下降8.5%；第三产业投资1341亿元，增长34.5%。分投资方向看，基础设施投资752.1亿元，增长40.9%；民生投资199亿元，增长82.6%；生态投资47.8亿元，增长18.3%；高技术产业投资100.6亿元，增长44.5%；战略性新兴产业投资527.6亿元，增长13.5%。全年施工项目3779个，增长10.7%，其中，本年度新开工项目3346个，增长11.6%。全市亿元以上项目443个，比上年增加286个；新开工亿元以上项目262个，比上年增加188个。

【科学技术】2016年，株洲市全市高新技术产业增加值623.6亿元，增长17.3%，占全部工业增加值比重为52.1%。承担国家安排科技攻关计划项目11项，国家各类科技计划项目25项。拥有省级工程(技术)研究中心26个，国家级企业重点实验室4个，省级企业重点实验室10个。专利申请7595件，其中，发明专利2739件；授权专利3726件，其中，发明专利836件。

【交通、邮电和旅游】2016年，株洲市全市交通运输、仓储和邮政业增加值84.5亿元，比上年增长5.2%。全市客货运输换算周转量188.8亿吨公里，增长6.2%。货物周转量185.5亿吨公里，增长6.7%，其中，公路周转量164.7亿吨公里，增长7.8%，水运周转量20.8亿吨公里，下降1.4%。旅客周转量33.2亿人公里，下降15.4%。年末民用汽车保有39.7万辆，增长15.1%。

全市邮政电信业务总量85.3亿元，比上年增长43.8%，其中，电信业务总量72.8亿元，增长45.6%；邮政业务总量12.5亿元，增长54.9%。年末互联网宽带用户数达58万户，增长7.5%，互联网普及率为69.4%，比上年提升4.9个百分点。

全市旅游总收入393.4亿元，比上年增长53.6%。其中，国内旅游收入392.3亿元，增长54.2%；国际旅游外汇收入0.2亿美元，下降39.2%。国内旅游人数4551.5万人次，增长21.7%；境外入境旅游人数5.9万人次，下降40.2%。

【金融和保险】2016年年末，株洲市全市金融机构本外币存款余额2827.9亿元，比上年增长17.2%。其中，个人存款余额1529.6亿元，增长13.5%；单位存款余额893.8亿元，下降6.7%。金融机构本外币贷款余额1335.4亿元，增长8.2%。余额存贷比为47.2%。

全市各项保费收入66.5亿元，比上年增长34.2%，其中，财产保险收入17.8亿元，增长9%；寿险收入42.9亿元，增长48%。各项赔款和给付额20亿元，增长39.3%，其中，财产保险赔付额9.8亿元，增长18.4%；寿险赔付9.2亿元，增长78.6%。

3

2016年湘潭市经济发展概况

【经济总量】2016年，湘潭市全年实现地区生产总值（GDP）1845.7亿元，比上年增长8.2%。其中，第一产业增加值150.9亿元，增长2.9%；第二产业增加值976.1亿元，增长6.6%；第三产业增加值718.7亿元，增长11.6%。按常住人口计算，人均地区生产总值65200元，增长7.7%。

【农业】2016年，湘潭市农业实现增加值78.9亿元，比上年增长4.8%；林业增加值8.6亿元，增长2.0%；牧业增加值54.6亿元，增长0.4%；渔业增加值8.8亿元，增长8.9%。

【工业和建筑业】2016年，湘潭市全市全部工业增加值889.4亿元，增长6.7%。其中，规模以上工业增加值843.9亿元，增长6.9%。在规模以上工业中，非公有制企业增加值增长8.3%。高加工度工业增加值增长9.9%，占规模以上工业增加值的比重为62.6%，比上年提高3.7个百分点。六大高耗能行业增加值增长1.6%，占规模以上工业增加值的比重为19.8%，比上年回落2.2个百分点。省级及以上产业园区（含集中区）工业增加值增长9.6%，占规模以上工业增加值的比重为77.8%，比上年提高5.9个百分点。

【固定资产投资】2016年，湘潭市全市固定资产投资（不含农户）1938.2亿元，比上年增长14.5%。其中，民间投资1163.5亿元，增长0.2%，占全部投资的比重为60.0%。分经济类型看，国有投资524.4亿元，增长9.1%；非国有投资1413.9亿元，增长16.6%。分投资方向看，民生投资137.2亿元，增长34.6%；生态投资55.8亿元，增长69.1%；基础设施投资535.2亿元，增长28.2%；高技术产业投资149.2亿元，增长72.9%；技改投资843.7亿元，增长1.9%。

【科学技术】2016年年末，湘潭市全市共有国家级重点实验室6家，省级重点实验室29家；省级工程技术研究中心19家，国家级、省级创新型企业16家。建成机电技术、先进矿山装备制造、专利信息服务、工业设计服务等公共技术服务平台13家。研发出海底60米多用途钻机（海牛）、核主泵用轴承、神舟系列飞船和天宫一号载人航天器用特种线缆，国内首台（套）智能矿山港口输送成套设备、SF35100型300吨交流传动自卸车。全年专利申请量4107件，增长8.8%；授权量2388件，增长15.0%。其中，发明专利申请量1775件，增长17.5%；发明专利授权量484件，增长5.7%。全年共取得省级以上科技成果120项，共签订技术合同167项，技术合同成交金额25.2亿元。高新技术产业增加值609.9亿元，增长17.0%。

【国内贸易和对外经济】2016年，湘潭市全市社会消费品零售总额582.4亿元，比上年增长11.9%。分经营地看，城镇492.2亿元，增长11.1%；乡村90.1亿元，增长16.3%。分行业看，批发业和零售业485.9亿，增长11.8%，住宿和餐饮业96.5亿元，增长12.4%。

全市进出口总额143.5亿元，比上年增长4.8%。其中，出口额89.7亿元，增长28.1%；进口额53.9亿元，下降19.6%。分贸易方式看，一般贸易出口86.9亿元，增长61.5%；加工贸易出口1.9亿元，增长1.3倍。分重点商品看，机电商品出口33.0亿元，增长19.8%，占出口总额的比重为36.8%；钢材出口14.7亿元，下降29.6%，占出口总额的比重为16.4%。分产销国别（地区）看，对美国出口20.0亿元，增长5.4倍；欧盟12.8亿元，增长8.2倍；东盟12.6亿元，下降13.9%。

【交通、邮电和旅游】2016年，湘潭市全市客货运输换算周转量84.6亿吨公里，比上年增长7.3%。货物周转量83.6亿吨公里，增长7.7%。其中，公路货物周转量59.4亿吨公里，增长6.2%；水路货物周转量24.3亿吨公里，增长11.7%。旅客周转量9.4亿人公里，下降21.6%。

全年邮电业务总量61.3亿元，比上年增长59.3%。其中，邮政业务总量2.4亿元，增长24.5%；电信业务总量58.9亿元，增长61.2%。年末全市固定电话用户总数达到21.8万户，下降10.9%。移动电话用户245.1万户，下降7.4%。年末互联网宽带用户53.0万户，增长27.4%。

全年接待国内游客4758.5万人次，比上年增长25.9%；接待入境游客10.8万人次，增长42.4%。实现旅游总收入320.3亿元，增长30.2%。其中，国内旅游收入318.4亿元，增长30.2%；国际旅游外汇收入2770.5万美元，增长31.0%。

【金融和保险】2016年年末，湘潭市全市金融机构本外币各项存款余额2027.5亿元，比年初新增249.7亿元。其中，住户存款余额1180.9亿元，比年初新增132.9亿元；非金融企业存款余额618.9亿元，比年初新增87.7亿元。本外币各项贷款余额1386.2亿元，比年初新增117.3亿元。其中，住户贷款余额346.7亿元，比年初新增12.7亿元；非金融企业及机关团体贷款余额1039.4亿元，比年初新增104.6亿元。

全年保险公司原保费收入50.0亿元，比上年增长13.1%。其中，寿险保费收入36.8亿元，增长22.1%；

财产险保费收入13.2亿元，增长8.0%。各项赔款及给付支出16.0亿元，增长23.3%。

4

2016年衡阳市经济发展概况

【经济总量】2016年，衡阳市全年实现地区生产总值（GDP）2853.02亿元，按可比价计算，增长7.9%。其中，第一产业实现增加值430.61亿元，增长3.5%；第二产业实现增加值1184.78亿元，增长6.4%；第三产业实现增加值1237.62亿元，增长11.1%。按常住人口计算，人均地区生产总值39020元，增长8.0%。

【农业】2016年，衡阳市全市农林牧渔业总产值709.89亿元，增长3.6%。其中，农业产值330.36亿元，增长3.4%；林业产值35.44亿元，增长7.7%；牧业产值276.16亿元，增长2.6%；渔业产值49.23亿元，增长4.8%；农林牧渔服务业产值18.70亿元，增长9.5%。农作物总播种面积1008.99千公顷，增长0.8%；粮食作物播种面积572.41千公顷，增长0.4%；油料种植面积221.01千公顷，增长0.6%；蔬菜种植面积114.66千公顷，增长4.2%。粮食总产量330.72万吨，下降1.5%；出栏肉猪933.06万头，减少2.4%；当年出售和自宰的肉用牛14.47万头，增长1.4%；当年出售和自宰用羊66.36万头，增长3.2%；出笼家禽10938.54万羽，增长1.4%；水产品产量29.59万吨，增长2.1%。

【工业和建筑业】2016年，衡阳市全市规模工业增加值增长6.9%。在规模工业中，轻工业增长8.2%；重工业增长6.3%。规模工业的六大重点行业中，有色金属冶炼及压延业增长6.1%；电气机械及器材制造业增长4.5%；化学原料及化学制品制造业增长6.2%；黑色金属冶炼及压延业下降4.4%；煤炭开采和洗选业下降11.3%；非金属矿物制品业增长1.9%。年末，全市规模工业企业达到948家。

全市建筑业总产值482.46亿元，增长9.9%；全市建筑业增加值165.23亿元，增长7.0%。房屋建筑施工面积2832.49万平方米，下降1.4%；房屋建筑竣工面积1346.04万平方米，下降11.3%。

【固定资产投资】2016年，衡阳市全市固定资产投资（不含农户）2282.18亿元，增长13.8%。其中，城镇和非农户固定资产投资2131.34亿元，增长14.3%；国有投资860.80亿元，增长37.1%。年内新开工项目个数3404个，增长6.9%。全市工业固定资产投资813.25亿元，增长1.6%。其中，工业技术改造投资413.05亿元，下降21.9%，工业投资占固定资产投资的比重为35.6%；制造业投资681.07亿元，下降3.5%；电力、燃气及水的生产供应业投资75.63亿元，增长66.2%；全市基础设施投资585.24亿元，增长33.4%。其中，交通运输、水利设施、民生、卫生和社会工作投资分别增长34.6%、34.0%、72.7%、42.7%。全市2016年施工项目共有4170个，本年投产项目3112个。亿元以上项目468个，完成投资751.50亿元，占全部投资的比重为32.9%。民间投资1324.13亿元，下降2.4%。

【科学技术】2016年，衡阳市全年完成高新技术产业增加值380.73亿元，增长17.0%。专利申请量4645件。新增省级工程技术研究中心1家，省级重点实验室2家，衡阳中关村金种子创业谷投入试运营。特变电工组建湖南高端输变电装备创新战略联盟，湖南高速铁路职业技术学院组建湖南盐卤化工产学研战略联盟。

【国内贸易和对外经济】2016年，衡阳市全市社会消费品零售总额1127.98亿元，增长11.8%。在限额以上批发零售企业零售额中，家用电器和音像器材类增长18.6%，家具类增长19.5%，文化办公类增长20.3%，通信器材类增长7.8%，汽车类增长18.1%。

全市进出口总额177.17亿元，回落9.2%。其中，出口107.05亿元，回落14.7%；进口70.12亿元，增长

0.7%。对外贸易中，加工贸易进出口总额17.62亿美元，下降22.2%，其中出口额10.51亿美元，下降15.4%，进口额7.10亿美元，下降30.5%。

【交通、邮电和旅游】2016年，衡阳市全市民用车辆有量达到74.67万辆，其中民用汽车为41.03万辆，增长20.2%，民用私人轿车已达到18.99万辆，增长25.6%。公水路客货运换算周转量346.41亿吨公里，增长2.7%，货物周转量340.31亿吨公里，增长2.8%。其中公路货物周转量达303.47亿吨公里，增长3.0%；水运货物周转量36.85亿吨公里，增长1.3%；客运周转量60.94亿人公里，下降5.5%。全市公路线路年末里程2.09万公里，增长0.3%，其中高速公路668公里，增长16.9%。

全市邮电业务总量（按不变价计算）105.55亿元，增长55.7%，其中邮政业务、电信业务总量分别为9.93亿元和95.62亿元，分别增长41.5%、57.3%。年末固定电话用户75.75万户，增长2.9%。移动电话用户477.42万户，增长14.4%。年末互联网宽带用户数92.65万户，增长27.0%，固定电话普及率为10.44户/百人，每百人增加0.41户，移动电话普及率为65.80户/百人，每百人增加8.94户。

全市实现国内旅游总收入388.66亿元，增长26.4%；接待国内外游客5818.01万人次，增长15.2%。其中，国内游客5812.35万人次，增长15.2%；国外游客5.66万人次，增长20.6%。年末全市共有等级旅游区（点）22个。

【金融和保险】2016年年末，衡阳市全市金融机构本外币各项存款余额3283.44亿元，增长17.8%。其中，住户存款2135.88亿元，增长11.2%，非金融企业存款674.86亿元，增长36.2%，广义政府存款463.73亿元，增长28.4%，非银行金融机构存款7.25亿元，下降2.0%。金融机构本外币各项贷款余额1674.28亿元，增长15.8%。其中，短期贷款为412.74亿元，增长0.3%；中长期贷款881.96亿元，增长25.0%。中小企业贷款487.26亿元，增长10.9%。年末银行主要金融机构不良贷款余额48.01亿元，下降10.5%，不良贷款比率3.38%，同比减少1.1个百分点。

全市保险保费收入达73.21亿元，增长26.1%。其中，财产险保险保费收入23.08亿元，增长16.5%；人身险收入54.18亿元，增长17.7%。全年各项赔款支出28.38亿元，增长30.9%。其中，财产险赔款支出12.04亿元，增长14.6%；人身险赔款支出16.33亿元，增长43.3%。

5

2016年邵阳市经济发展概况

【经济总量】2016年，邵阳市全年实现地区生产总值（GDP）1520.86亿元，比上年增长7.9%。其中第一产业完成增加值326.81亿元，增长3.5%，第二产业完成增加值535.35亿元，增长6.2%，第三产业完成增加值658.70亿元，增长11.5%。按常住人口计算，全市人均GDP20858元，比上年增长7.1%。三次产业结构由上年的21.6：36.6：41.8调整为21.5：35.2：43.3，三产业比重提升了1.5个百分点。非公有制经济实现增加值1025.70亿元，比上年增长8.1%，占GDP的比重为67.4%。

【农业】2016年，邵阳市全市完成农林牧渔业总产值464.85亿元，比上年增长3.6%（可比价）。完成农业产值262.54亿元，增长3.5%，粮食产量达到321.66万吨，比上年下降1.5%，油料总产量17.54万吨，增长1.0%，烟叶产量1.10万吨，下降3.1%，水果总产量91.57万吨，增长11.5%。完成畜牧业产值162.67亿元，增长3.2%，年内出栏生猪940.77万头，下降2.4%，牛出栏38.20万头，增长3.0%，羊出栏56.51万头，增长1.5%。肉类总产量80.22万吨，下降1.6%，禽蛋产量1.90万吨，增长2.0%，牛奶产量4.57万吨，下降7.0%。

完成林业产值19.08亿元，增长7.1%。完成渔业产值13.78亿元，增长3.0%，水产品总产量10.75万吨，增长0.4%。

【工业和建筑业】2016年，邵阳市全部工业总产值增长7.0%（现价），其中规模工业（年销售收入过2000万元）产值增长7.2%。规模工业增加值增长6.5%，其中国有企业增加值增长6.9%，股份制企业增长7.5%，外商及港澳台企业增长8.8%；大中型企业增长3.9%；轻工业增长7.1%，重工业增长6.0%；非公有制规模以上工业增加值增长7.1%；省级重点园区规模工业增加值增长8.0%。

全年建筑业实现增加值87.34亿元，按可比价格计算比上年增长7.1%，占第二产业比重为14.5%。具有资质等级的建筑企业签订合同金额583.16亿元，增长5.5%，完成总产值325.55亿元，增长12.9%，期末从业人员10.03万人，比上年增加969人，其中工程技术人员16877人，比上年增加85人。房屋建筑施工面积3101.03万平方米，增长1.4%，竣工面积1390.29万平方米，增长19.9%。

【固定资产投资】2016年，邵阳市全市完成固定资产投资（500万元以上项目）1627.64亿元，比上年增长14.2%，其中房地产投资145.72亿元，增长7.4%。在全部投资中，国有投资350.79亿元，增长44.1%，非国有投资1276.85亿元，增长8.0%，非国有投资占全部投资比重78.45%，比上年下降4.22个百分点。第一产业完成投资额188.25亿元，增长27.1%，第二产业投资602.91亿元，下降5.2%，第三产业投资836.48亿元，增长30.5%。

【科学技术】2016年年末，邵阳市拥有高新技术产品生产企业401家，比上年增加66家，其中省科技厅认定的高新企业59家。全部高新企业实现产值1098亿元，比上年增长30.7%。全年专利申请量2786件，比上年增加452件，增长19.4%，其中发明专利413件，增长22.2%，专利授权量1522件，增长0.3%。签订技术合同610项，技术合同成交金额2.5亿元，增长135.8%。财政对科学技术投入2.17亿元，增长17.6%。

【国内贸易和对外经济】2016年，邵阳市全市完成社会消费品零售总额834.82亿元，比上年增长12.0%，其中限额以上零售额365.35亿元，增长26.2%。在限额以上零售额中，城镇实现零售额352.99亿元，增长25.4%，城区149.76亿元，增长17.2%，乡村实现零售额12.36亿元，增长54.8%。

全年实现进出口总额13.05亿美元，比上年增长13.9%，其中一般贸易9.85亿美元，增长24.4%，加工贸易3.2亿美元，下降6.1%。出口12.08亿美元，增长16.1%，进口0.97亿美元，下降7.6%。在出口产品中，机电产品出口21766万美元，增长17.3%，高新技术产品出口1835万美元，下降39.3%，服装及衣着附件出口13489万美元，增长112.3%，农产品出口9069万美元，下降8.3%。主要出口国家和地区有：美国23206万美元，下降0.9%，占出口额的19.21%；香港地区17769万美元，增长25.5%，占14.71%；东南亚联盟国家14564万美元，下降2.2%，占12.06%；其他有欧盟占9.38%、印度占3.59%等。

【交通、邮电和旅游】2016年，邵阳市全市拥有民用车辆75.49万辆，比上年下降2.0%，其中汽车41.33万辆，增长16.7%，轿车17.68万辆，增长19.9%。公路水路完成货运量2.29亿吨，比上年下降3.3%，货物周转量460.43亿吨公里，增长1.9%；客运量1.28亿人，下降4.3%，旅客周转量53.35亿人公里，下降11.9%。

全年完成邮电业务总量85.35亿元，比上年增长48.0%。其中，邮政业务量5.80亿元，增长25.2%，电信业务量79.55亿元，增长50.0%。年末局用交换机总容量831.57万门，比上年增长2.7%。年末固定电话用户达到50.62万户，比上年减少5.64万户，移动电话用户453.51万户，增加39.19万户，电话普及率达到每百人69.42部，比上年有所提高。

全年实现旅游总收入248.9亿元，比上年增长24.5%。接待国内旅游者3248.57万人次，增长20.4%，实现国内旅游收入248.51亿元，增长24.5%；接待外国及港澳台旅游者2.04万人次，下降12.4%，其中外国人0.61万人次，增长46.2%，旅游外汇收入620.95万美元，下降7.3%。

【金融和保险】2016年年末，邵阳市全市金融机构本外币各项存款余额2447.12亿元，比年初增加388.67亿元，比上年多增71.46亿元，同比增长18.9%。其中，非金融企业存款389.10亿元，同比增长41.0%，住户存款余额1656.64亿元，同比增长14.7%，广义政府存款396.11亿元，同比增长19.8%。年末全市金融机构本外币各项贷款余额1053.00亿元，比年初增加161.54亿元，比上年多增22.08亿元，同比增长18.1%。其中住户贷款470.40亿元，增长12.0%，非金融企业及机关团体贷款582.59亿元，增长23.6%。人民币消费贷款184.56亿元，增长21.9%，个人住房贷款120.32亿元，增长27.5%，房地产开发贷款43.86亿元，增长2.2%，中小企业贷款390.11亿元，增长25.9%。

年末全市共有28家保险公司，比上年增加1家，其中财险11家，寿险17家。全市保费收入合计58.44亿元，比上年增长16.7%，其中财产险保费收入17.20亿元，增长16.3%，人身险保费收入41.24亿元，增长16.9%。保险密度798.18元/人，比上年上升178.8元/人，保险深度3.85%，比上年上升0.15个百分点。全年完成各项保险赔付金额达24.60亿元，增长30.4%，其中财产险赔付8.86亿元，增长12.6%，人身险赔付额15.73亿元，增长43.2%。

6

2016年岳阳市经济发展概况

【经济总量】2016年，岳阳市全年实现地区生产总值（GDP）3100.87亿元，比上年增长7.8%。其中，第一产业增加值345.84亿元，增长3.1%；第二产业增加值1469.1亿元，增长6.7%；第三产业增加值1285.94亿元，增长10.5%。第一产业增加值占国内生产总值的比重为11.1%，第二产业增加值比重为47.4%，第三产业增加值比重为41.5%。

【农业】2016年，岳阳市全年粮食种植面积562.5千公顷，比上年增长0.1%。棉花种植面积36.4千公顷，下降1.0%。油料种植面积128.8千公顷，下降0.5%。蔬菜种植面积103.5千公顷，增长3.7%。

【工业和建筑业】2016年，岳阳市全年全部工业增加值1321.68亿元，比上年增长6.8%。规模以上工业增加值增长7.1%。在规模以上工业中，分经济类型看，国有企业增长10.0%；集体企业下降26.1%，股份制企业增长7.7%，外商及港澳台商投资企业增长11.8%。

全年全社会建筑业增加值149.56亿元，比上年增长5.8%。

【固定资产投资】2016年，岳阳市全年固定资产投资2317.4亿元，比上年增长14.5%。其中，第一产业投资106.7亿元，增长17.3%；第二产业投资926.2亿元，增长0.4%；第三产业投资1284.5亿元，增长27.2%。民间固定资产投资1286.2亿元，增长15.1%，占固定资产投资的比重为55.5%。

【科学技术】截至2016年底，岳阳市累计建设国家工程技术研究中心1个，省级工程技术研究中心14个，市级工程技术研究中心63个。获得国家科技进步奖励1项，获得国家技术发明奖励1项。科技成果登记数53项。全年专利申请2801件，授权专利权1620件。全年共签订技术合同94项，技术合同成交金额2210万元。

【国内贸易和对外经济】2016年，岳阳市全年社会消费品零售总额1142.88亿元，比上年增长12.0%。按经营地统计，城镇消费品零售额994.66亿元，增长11.9%；乡村消费品零售额148.22亿元，增长12.6%。

全年货物进出口总额14.87亿美元，比上年增长31.1%。其中，出口11.36亿美元，增长31.7%；进口3.51亿美元，增长29.2%。顺差（出口减进口）7.85亿美元。

【交通、邮电和旅游】2016年，岳阳市全年货物运输总量3.1亿吨，比上年增长9.2%。

全年完成邮电业务总量（2010年不变价）57.92亿元，比上年增长20.6%。其中，邮政业务总量8.23亿元，增长59.3%；电信业务总量49.69亿元，增长16.2%。

全年国内旅游收入498.62亿元，增长50.3%。国际旅游外汇收入1.46亿美元，增长43.9%。

【金融和保险】2016年年末，岳阳市全部金融机构本外币各项存款余额2178.35亿元，比上年增长25.7%，其中住户存款1264.47亿元，增长15.8%，非金融企业存款484.6亿元，增长58.9%，广义政府存款425.78亿元，增长27.6%，全部金融机构本外币各项贷款余额1024.01亿元，增长14.5%，其中短期贷款332亿元，下降8.0%，中长期贷款676.35亿元，增长29.5%。

全年保险公司原保险保费收入57.15亿元，比上年增长23.3%。其中，寿险业务原保险保费收入30.98亿元，增长23.6%，财产险业务原保险保费收入18.25亿元，增长10.5%。原保险赔付支出24.41亿元，增长33.4%。其中，寿险业务给付13.19亿元，增长51.5%，财产险业务赔款11.22亿元，增长17.0%。

7

2016年常德市经济发展概况

【经济总量】2016年，常德市全年实现地区生产总值（GDP）2955.5亿元，比上年增长8.0%；其中，第一产业增加值383.2亿元，增长3.4%，对经济增长的贡献率为5.6%；第二产业增加值1264.5亿元，增长6.4%，对经济增长的贡献率为36.7%；第三产业增加值1307.8亿元，增长11.1%，对经济增长的贡献率为57.7%。人均地区生产总值达到50572元，增长7.8%。三次产业结构由上年的13.1：45.7：41.2调整为13：42.8：44.2。

【农业】2016年，常德市全年完成农林牧渔业总产值636.5亿元，比上年增长3.5%。农林牧渔业增加值396.3亿元，比上年增长3.5%。其中农、林、牧、渔及农林牧渔服务业增加值分别增长3.1%、4.1%、3.1%、5.1%、7.2%。

【工业和建筑业】2016年，常德市全市完成工业增加值1135.5亿元，比上年增长6.3%。规模以上工业增加值增长6.6%。非公有制规模以上工业增加值增长6.4%。规模以上工业新产品产值105.6亿元，增长1.2%。省级以上园区规模以上工业增加值增长6.6%，占规模以上工业比重为87%。

全市完成建筑业增加值129.8亿元，增长6.9%。

【固定资产投资】2016年，常德市全市完成固定资产投资2011.8亿元（含跨区4.9亿元），比上年增长14.6%。按经济类型分，国有投资645.4亿元，增长16.4%；非国有投资1361.6亿元，增长13.8%。按产业分，第一产业投资53.9亿元，下降3.9%；第二产业投资886.7亿元，增长1.8%；第三产业投资1066.3亿元，增长29.5%。按投资方向分，工业投资854.1亿元，增长4.6%；民生投资164.3亿元，增长40%；生态投资140.4亿元，增长66.8%；基础设施投资523.6亿元，增长15.4%；高新技术产业投资110.5亿元，增长33.2%；战略性新兴产业投资433.6亿元，增长16.9%；工业技改投资442.9亿元，增长2.7%。

【科学技术】2016年，常德市全年高新技术产品总产值达1037.4亿元，比上年增长7.3%，高新技术产品增加值259.9亿元，增长12.5%。年末全市有省级院士专家工作站8家，高新技术企业113家，省科普基地12个。登记各类科技成果22项，获得湖南省技术发明奖励项目1项，获得湖南省科技进步奖励项目6项，获得常德市科技进步奖励项目28项。全年专利申请2795件，增长23.3%，授权专利1324件，下降16.4%。

【国内贸易和对外经济】2016年，常德市全市社会消费品零售总额1058亿元，增长11.9%。分地域看，城镇社会消费品零售额887.1亿元，增长12%；乡村社会消费品零售额170.9亿元，增长14.6%。

全年完成进出口总值7.3亿美元，下降5.5%，其中出口5.1亿美元，下降10.9%；进口2.2亿美元，增长9.8%。分贸易方式看，一般贸易出口3.8亿美元，下降17%，加工贸易出口1.09亿美元，下降4.4%。

【交通、邮电和旅游】2016年，常德市全市完成交通运输、仓储和邮政业增加值126.1亿元，比上年增长4.4%。客货运输换算周转量1.36亿吨公里，比上年增长6.6%。货物周转量235.89亿吨公里，比上年增长7.1%。客运量0.99亿人，比上年下降6.1%，客运周转量76.59亿人公里，下降3.6%。

全年完成邮政业务总量3.4亿元，电信业务总量86.9亿元，年末固定电话用户数49.3万户。年末移动电话用户441.3万户。

全年接待海内外游客4048.9万人次，比上年增长11.2%。接待国内旅游者4030.5万人次，增长11.2%；接待境外入境旅客18.4万人次，增长11.8%。全年实现旅游总收入318.7亿元，增长15.4%。国内旅游收入314亿元，增长15.4%；国际旅游外汇收入0.69亿美元，增长15%。全市星级宾馆35家，旅行社60家。

【金融和保险】2016年，常德市全市金融机构本外币年末各项存款余额为2714亿元，增长20.8%，其中非金融企业存款存款余额为628亿元，增长38.3%；住户存款1633亿元，增长13.2%。金融机构本外币年末各项贷款余额为1283亿元，增长18.7%，其中短期贷款为330亿元，增长2.9%；中长期贷款为941亿元，增长25.6%。

全市保险机构总数为40家，其中财险公司17家，寿险公司22家，代理公司1家。保费收入共75.3亿元，比上年增长22.3%，其中财险保费收入23.0亿元，增长15.8%；寿险保费收入52.4亿元，增长25.4%。赔款支出45.2亿元，其中财险赔付12.4亿元，增长20.8%，寿险给付32.7亿元（含退保金），增长29.9%。

8

2016年张家界市经济发展概况

【经济总量】2016年，张家界市全年实现地区生产总值（GDP）497.6亿元，比上年增长8.1%。其中，第一产业增加值56.3亿元，增长3.6%；第二产业增加值106.8亿元，增长5.6%；第三产业增加值334.5亿元，增长9.8%。按常住人口计算，全市人均地区生产总值32598元（现价），同比增长7.7%。

【农业】2016年，张家界市全市粮食种植面积139.22千公顷，比上年增长0.1%。棉花种植面积0.93千公顷，增长1.1%。油料种植面积45.98千公顷，增长1.9%。蔬菜种植面积35.71千公顷，增长6.4%。烟叶种植面积6.85千公顷，下降3.5%。

【工业和建筑业】2016年，张家界市全市全部工业实现增加值87.8亿元，比上年增长6.3%。规模以上工业增加值增长6.7%，实现园区工业增加值17.2亿元，增长8.9%。

全市建筑业增加值19.1亿元，比上年增长2.7%。全市房屋建筑施工面积245.2万平方米，下降19%；其中新开工面积134.3万平方米，增长5.4%。房屋建筑竣工面积136.9万平方米，下降15.8%。

【固定资产投资】2016年，张家界市全市固定资产投资总量305.7亿元，比上年增长14.7%。其中项目投资265.8亿元，比上年增长13.1%，占固定资产投资总量86.9%。

【科学技术】2016年，张家界市全市拥有省级工程技术研究中心2个，全年登记科技成果11项，签订技术合同9项，技术合同成交金额0.58亿元。专利申请量570件，其中发明专利192件。授权专利273件，其中发明专利32件，大专院校授权73件，工矿企业授权60件。全市实现高新技术产业增加值9.5亿元，增长

17.8%。

【国内贸易和对外经济】2016年，张家界市全市社会消费品零售总额198.1亿元，比上年增长11.7%。其中，限额以上单位消费品零售额58.2亿元，增长14.7%。按经营地分，城镇零售额151.9亿元，增长10.4%；乡村零售额46.2亿元，增长21.4%。按行业分，批发和零售业实现166.8亿元，增长12.1%；住宿和餐饮业实现31.3亿元，增长9.8%。按地区分，永定区96.2亿元，增长11.8%；武陵源区13.8亿元，增长11.7%；慈利县55.9亿元，增长11.6%；桑植县32.2亿元，增长11.5%。

全市外贸进出口总额7998万美元，比上年增长21.2%。其中，出口7744万美元，增长47.3%。分区县看，永定区实现外贸进出口总额4323万美元，慈利县实现1262万美元，桑植县实现2413万美元。

【交通、邮电和旅游】2016年年末，张家界市全市公路通车里程8812公里，其中高速公路118公里。铁路营运里程117公里，铁路电气化率100%。

全市电信业务总量27.3亿元，比上年增长55.1%，邮政业务总量1.7亿元，增长44.5%。年末固定电话用户10.65万户，增长17.5%，其中本年新增15900户；年末移动电话用户111.1万户，增长12.8%，其中本年新增12.6万户；年末互联网宽带用户29.9万户，增长26.7%。

全年景点接待旅游人数6143万人次，比上年增长21%。接待过夜游客2857万人天，增长28%；其中境外游客447万人天，增长33.9%。实现旅游总收入443.1亿元，增长30%。其中，门票收入33亿元，增长20.4%；外汇收入77580万美元，增长35.6%。

【金融和保险】2016年年末，张家界市全市金融机构本外币各项存款余额683.1亿元，同比增长26.4%。其中，住户存款395.3亿元，增长12.5%；非金融企业存款140.5亿元，增长79.2%。年末金融机构本外币各项贷款余额417.8亿元，增长12.6%。其中，住户贷款169亿元，增长12.9%；中长期贷款余额123.8亿元，增长10.1%；非金融企业及机关团体贷款248.4亿元，增长12.4%。全市银行业金融机构加大不良贷款处置力度，不良贷款余额和不良贷款率呈现“双降”态势。全市金融机构盈利9.4亿元，比上年增长3.3%。年末金融机构不良贷款余额8.47亿元，比年初减少1.25亿元；不良贷款比率2.03%，比上年下降0.59个百分点。

全市保险机构保费收入17.68亿元，比上年增长39.7%。其中，财产险收入6.14亿元，增长23.7%；人身险收入11.54亿元，增长50.1%。保险业务支出5.6亿元，增长55.6%。其中，财产险支出2.95亿元，增长31.6%；人身险支出2.65亿元，增长95.2%。

9

2016年益阳市经济发展概况

【经济总量】2016年，益阳市全年实现地区生产总值（GDP）1484.18亿元，比上年增长7.8%。其中第一产业增加值为276.70亿元，增长3.6%；第二产业增加值600.56亿元，增长6.3%；第三产业增加值606.92亿元，增长11.3%。第一、二、三次产业对经济增长的贡献率分别为8.7%、34%和57.3%。按常住人口计算，人均GDP33568元，折合5054美元，增长7.3%。全市三次产业结构由上年的18.6：42.1：39.3调整为18.6：40.5：40.9，第三产业比重提高1.6个百分点。

【农业】2016年，益阳市全市农林牧渔业总产值为451.77亿元，比上年增长3.7%，增速比全省平均水平高0.2个百分点，连续5年增速领跑全省。

【工业和建筑业】2016年，益阳市全市全部工业增加值540.5亿元，比上年增长6.3%，全市1024家规模以上工业企业增加值增长6.7%。规模工业中轻工业增加值增长9.1%，重工业增加值增长4.7%；六大高耗能行业增加值增长6.9%，占规模以上工业的16.6%，较上年回落0.3个百分点；非公有制工业增加值增长7.0%，比全市平均水平高0.3个百分点；九大主要行业增加值增长6.5%；市级以上园区规模以上工业企业610家，增加值增长7.9%。

全市具有资质等级的总承包和专业承包建筑企业96家，全年实现产值222.19亿元，比上年增长10.4%。建筑业增加值61.64亿元，比上年增长7.1%；房屋建筑施工面积1253万平方米，比上年下降12.6%，建筑业从业人数7.45万人，比上年增长12.7%，建筑企业全员劳动生产率29.8万元/人，比上年增长8.6%。

【固定资产投资】2016年，益阳市全年完成固定资产投资1315.68元，比上年增长14.1%。投资结构调整明显。从三次产业来看，一、二、三产业分别完成投资16.09亿元、718.38亿元和581.22亿元，三次产业投资比重由上年2.0:56.9:41.1调整为1.2:54.6:44.2。

【科学技术】2016年，益阳市全市共争取省级以上项目56项，获得项目资金2905万元；全市拥有高新技术企业及高新技术产品企业348家，实现高新技术产业增加值273.76亿元，比上年增长17.1%；新增国家级众创空间1家、省级工程技术研究中心和重点实验室3家；每万人有效发明专利拥有量为1.51件；获国家科技进步奖1项，省科技进步奖1项，省科技发明奖1项；全年完成科技成果登记20项，技术合同登记83个，技术合同交易额2.82亿元。全年研究与试验发展（R&D）经费支出12.9亿元，占GDP比重为0.87%。

【国内贸易和对外经济】2016年，益阳市全市社会消费品零售总额641.47亿元，增长11.8%。分地域看，城镇消费品零售额515.04亿元，乡村零售额126.43亿元，分别增长11.6%和12.4%。分行业看，批发业零售额75.58亿元，增长11.2%；零售业零售额406.51亿元，增长11.6%；住宿业零售额32.12亿元，增长12.1%；餐饮业零售额127.26亿元，增长12.5%。全市限额以上批发零售业企业零售额252.97亿元，增长7.8%，占社会消费品零售总额的39.4%。

全市外贸进出口总额63903万美元，同比增长5.6%。其中出口54163万美元，增长4.8%；进口9740万美元，增长10.6%。一般贸易进出口额57961万美元，增长24.5%，占我市同期进出口总额90.7%；加工贸易进出口额5889万美元，下降30.5%。

【交通、邮电和旅游】2016年年末，益阳市公路到达里程16001公里，比上年末增加90公里。二广高速益阳段通车，高速公路通车里程186公里，增加78公里。年末民用车辆拥有量65.92万辆，比上年末减少0.1万辆。其中：汽车31.17万辆，增加4.64万辆，增长17.5%；私人汽车29.13万辆，增加4.58万辆，增长18.7%。

全市邮政行业完成业务收入5.95亿元，比上年增长34.8%；其中快递业务收入2.13亿元，增长73.9%。从业务量看，快递2427.15万件，增长61.6%；函件133.64万件，下降47.3%；包裹1.45万件，下降68.8%。年末全市固定电话用户30.43万户，移动电话用户303.2万户，移动电话普及率上升至68.4部/百人。互联网宽带接入用户51.7万户，互联网手机用户248.2万户。

全年旅游总收入147.1亿元，接待国内外旅游者2498万人次。安化白沙溪成功创建国家3A级景区。

【金融和保险】2016年年末，益阳市全市金融机构本外币存款余额1660.31亿元，比年初增加296.58亿元。金融机构本外币贷款余额727.77亿元，比年初增加110.87亿元。存贷比为43.8%，比上年下降1.4个百分点。贷款分类看，中长期贷款余额378.81亿元，比年初增加78.58亿元。工业贷款余额133.63亿元，增新5.8亿元；涉农贷款余额421.71亿元，新增75.01亿元。住户存款余额1107.54亿元，比年初增加136.69亿元。证券业全年股票交易额1650.53亿元，比上年下降50.8%。

年末全市共有保险公司34家，其中寿险20家，产险14家。全年保费收入48.50亿元，增长21.7%。其中：寿险33.67亿元，比上年增长23.8%；产险14.83亿元，增长17.4%。

10

2016年郴州市经济发展概况

【经济总量】2016年，郴州市全年实现地区生产总值（GDP）2190.8亿元，按可比价计算（下同），比上年增长8.2%。其中，第一产业增加值216.1亿元，增长3.4%；第二产业增加值1159.6亿元，增长6.5%；第三产业增加值815.1亿元，增长12.2%。按常住人口计算，全市人均生产总值46408元，比上年增长8.1%，比全省平均水平多477元，比全国平均水平少7572元。

【农业】2016年，郴州市全市粮食播种面积352.0千公顷，比上年下降0.3%；粮食产量187.1万吨，下降1.5%。油菜种植面积62.1千公顷，增长1.4%；产量8.6万吨，增长0.1%。蔬菜种植面积107.8千公顷，增长3.4%；产量309.7万吨，增长8.4%。烤烟种植面积28.0千公顷，增长7.3%；产量7.1万吨，增长8.0%。出栏生猪572.8万头，下降1.9%；出栏牛16.5万头，增长2.9%；出栏羊48.7万头，增长2.1%；出笼家禽3239.7万羽，增长2.3%；水产品产量12.0万吨，增长4.8%。

【工业和建筑业】2016年，郴州市全市全部工业增加值1069.2亿元，增长6.4%。规模以上工业增加值增长6.7%，其中非公有制规模工业增加值增长10.8%。

全市建筑业增加值91.3亿元，比上年增长7.1%。房屋建筑施工面积2577.6万平方米，增长2.9%；房屋建筑竣工面积295.0万平方米，增长7.7%。

【固定资产投资】2016年，郴州市全市固定资产投资2327.4亿元，比上年增长14.2%。按产业分，一、二、三产业分别完成163.9亿元、910.3亿元、1253.2亿元，分别比上年增长12.7%、13.4%、15.0%。按投资方向分，基础设施投资648.4亿元，增长7.6%；民生投资191.0亿元，增长21.0%；生态环境投资180.1亿元，增长12.4%；工业技改投资435.7亿元，增长2.1%；高新技术产业投资168.0亿元，增长6.5%；战略性新兴产业投资492.0亿元，增长14.0%。按项目规模分，全市亿元以上项目共有672个，完成投资1090.1亿元，增长90.6%，占全部项目投资的比重为46.8%。

【科学技术】2016年，郴州市全市高新技术产业增加值539.1亿元，按现价计算，比上年增长16.0%。全市取得各类科技成果26项，其中发明专利申请2201件，增长20.0%，授权专利1065件。

【国内贸易和对外经济】2016年，郴州市全市社会消费品零售总额905.1亿元，比上年增长11.8%。按销售地域分，城镇和乡村消费品零售总额分别为633.1亿元和272.0亿元，分别增长11.7%和12.0%。按销售环节分，批发业和零售业零售额分别为122.1亿元和656.1亿元，分别增长11.6%和11.3%；按消费类型分，住宿业和餐饮业零售额分别为26.5亿元和100.4亿元，分别增长14.1%和14.5%。

全市外贸进出口总额27.1亿美元，比上年下降3.3%。其中，出口16.4亿美元，增长11.8%；进口10.7亿美元，下降19.9%。按贸易方式分，一般贸易进出口9.5亿美元，增长23.5%，其中出口7.2亿美元，增长136.3%；加工贸易进出口17.3亿美元，下降6.6%，其中出口9.1亿美元，下降14.6%。按商品类别分，未锻造银出口5.7亿美元，下降9.2%；机电产品出口5.7亿美元，增长58.1%；高新技术产品出口2.4亿美元，增长59.9%。

【交通、邮电和旅游】2016年，郴州市全市交通运输、仓储和邮政业增加值74.4亿元，比上年增长1.4%。公路水运客货运周转量404.2亿吨公里，增长2.9%。其中，公路货物周转量401.3亿吨公里，增长

3.0%。公路水运旅客周转量26.5亿人公里，增长6.7%。其中，公路旅客周转量25.9亿人公里，增长3.9%。年末全市汽车保有量34.6万辆，增长14.3%；其中私人汽车保有量31.6万辆，增长16%；私人轿车保有量15.5万辆，增长20.4%。

全市邮电业务总量79.2亿元，比上年增长49.6%。其中，邮政业务总量8.0亿元，增长45.0%；电信业务总量71.2亿元，增长50.2%。

年末全市共有国家等级旅游区（点）32家，其中4A级及以上旅游区（点）13家。全年接待国内旅游者4329.7万人次，增长13.1%；接待入境旅游者30.9万人次，增长4.6%。实现国内旅游收入315.6亿元，增长15.5%；旅游外汇收入1.3亿美元，增长3.1%。

【金融和保险】2016年，郴州市全市金融业增加值35.2亿元，比上年增长13.0%。年末全市金融机构本外币各项存款余额2405.0亿元，比年初增长24.0%。其中，单位存款余额1033.8亿元，增长59.1%；个人存款余额1371.2亿元，增长11.6%。

年末全市各类保险保费收入50.1亿元，比上年增长17.6%。其中，寿险保费收入35.0亿元，增长18.7%；财产险保费收入15.2亿元，增长15.3%。各项赔款和给付支出21.1亿元，增长37.6%。其中，寿险给付13.7亿元，增长51.0%；财产险赔款7.4亿元，增长18.1%。

11

2016年永州市经济发展概况

【经济总量】2016年，永州市全年实现地区生产总值（GDP）1565.81亿元，比上年增长8.0%，其中，第一产业增加值326.73亿元、增长3.4%；第二产业增加值545.44亿元、增长6.2%；第三产业增加值693.64亿元、增长11.9%。第一、二、三次产业对全市经济增长的贡献率分别为9.3%、28.3%、62.4%，分别拉动全市GDP增长0.75、2.26、4.99个百分点。按常住人口计算，全市人均地区生产总值28744元，同比增长7.2%。全市三次产业结构比重由上年的21.8：36.5：41.7调整为20.9：34.8：44.3，第三产业比重提高2.6个百分点。非公有制经济增加值918.58亿元、增长11.2%，占地区生产总值的比重为58.7%，比上年提高1.3个百分点。

【农业】2016年，永州市全市完成农林牧渔业总产值591.78亿元，比上年增长3.5%；实现增加值331.61亿元，同比增长3.5%。其中，农业实现增加值168.62亿元、增长0.3%，林业增加值36.39亿元、增长8%，牧业增加值99.33亿元、增长5.6%，渔业增加值22.39亿元、增长5.9%。全年粮食种植面积555.67千公顷、下降0.8%，产量316.71万吨、下降1.6%；蔬菜种植面积198.93千公顷、增长1.4%，产量632.12万吨、增长4.6%；油料种植面积91.22千公顷、增长0.2%，产量16.66万吨、增长1%；烤烟种植面积19.6千公顷、下降4.5%，产量4.31万吨、增长5%。全年出栏生猪838万头、下降1.9%，出栏牛30万头、增长3.1%，出栏羊73万头、增长3%。猪、牛、羊肉产量67.79万吨、增长3.8%，禽蛋产量6.35万吨、增长3.9%，水产品产量20.71万吨、增长5%。

【工业和建筑业】2016年，永州市全市规模以上工业实现增加值323.77亿元，比上年增长6.6%。按轻重工业分，轻工业153.47亿元、增长0.6%，重工业170.3亿元、增长12.9%。按经济类型分，国有企业完成增加值39.32亿元、下降39%，集体企业完成增加值1.13亿元、下降20.8%，股份制企业完成增加值247.63亿元、增长15.3%，外商及港澳台商投资企业完成增加值28.53亿元、增长23.2%，股份合作企业、其他经济类型企业分别增长-24.8%、17.4%。六大高耗能行业完成增加值76.79亿元、增长1.7%，占规模以上工业的比重为23.7%，比上年下降3.9个百分点。园区规模工业完成增加值283.96亿元、增长6.9%，占规模以上工业的比重为87.7%，比上年提高6.2个百分点。非公有制工业经济完成增加值258.08亿元、增长15.1%，占规模以上工业的比重为79.7%，比上年提高4.7个百分点。全市规模以上工业企业879家，新增143家，年产值过亿元企业401家，过10亿元企业7家。全市规模工业企业主营业务收入1144.59亿元、增长13%；实现利润41.46亿元、增长17.9%，其中亏损企业亏损额2.46亿元、下降55.6%，亏损面3.4%、比上年下降2.2个百分点；工业产品销售率99.8%，比上年提高0.9个百分点；出口交货值34.9亿元、增长49.4%。

全年建筑业实现增加值87.51亿元，按可比价格计算比上年增长7%。全市具有资质等级的总承包和专业承包建筑业企业99家，实现利润总额4.89亿元，比上年增长8.8%，资质内房屋建筑施工面积1903.03万平方米、增长3.5%，竣工面积1339.38万平方米、增长8.1%。全员劳动生产率26.47万元/人，比上年增长2.4%。

【固定资产投资】2016年，永州市全市共完成固定资产投资1653.09亿元，同比增长14%。按经济类型分，国有投资705.02亿元、增长14.8%；非国有投资948.07亿元、增长13.4%，其中民间投资873.31亿元、增长9%，占全部投资的比重为52.8%。全市施工项目为3204个、增长6.1%，其中本年新开工项目2531个、增长3.6%，投产项目个数为2231个、增长0.3%。亿元项目个数351个，增加157个，实际完成投资559.04亿元、增长118.1%。

【科学技术】2016年，永州市全年21家企业获得国家高新技术企业审批认定，创近年来历史新高，累计达48家。省级工程研究中心2个，科技成果登记数14项，获得省级科技进步奖1项，获得省级技术发明奖1项。签订技术合同22项，成交金额0.4亿元。全年专利申请量3162件、增长32.5%，其中发明专利申请量1188件、增长67.3%；专利授权量1126件、增长4.7%，其中发明专利授权量103件、下降7.2%。工矿企业、大专院校和科研单位专利申请量分别为493件、111件和5件，工矿企业、大专院校专利授权量分别为292件和33件。

【国内贸易和对外经济】2016年，永州市全年全市完成社会消费品零售总额589.91亿元、增长11.8%。按销售单位所在地分，城镇消费品零售额470.6亿元、增长11%，乡村消费品零售额119.31亿元、增长14.9%。按行业分，批发和零售业零售额517.36亿元、增长11.4%，住宿和餐饮业零售额72.55亿元、增长14%。按企业规模分，限额以上企业零售额213.46亿元、增长4.4%，限额以下零售额376.45亿元、增长16.4%。全市限额以上批零法人企业商品零售额176.55亿元、增长15.1%，其中家具类、通信器材类、化妆品类、汽车类增长较快，分别实现零售额1.52亿元、0.1亿元、0.68亿元、50.78亿元，分别增长146.9%、75.2%、46.1%、18.5%。全市电子商务蓬勃发展，2016年永州成为全国首个辖区内所有县区整体推进阿里巴巴和京东电商的地级市，全市电子商务交易总额142亿元，同比增长85.6%，网络零售额达36亿元，同比增长105.7%。

全市新增有进出口实绩的企业32家、总数达到126家，进出口超1000万美元的企业达到24家。全年实现进出口总额10.22亿美元、增长16.6%，首次突破十亿美元大关，创历史新高。出口总额8.9亿美元、增长18.6%，其中农产品出口1.14亿美元、增长8.5%，机电产品出口2.62亿美元、增长19.2%。进口总额1.32亿美元、增长4.6%，其中一般贸易0.28亿美元、增长158.3%，加工贸易0.47亿美元、下降4.1%。出口比重较大的国家和地区有：美国2.12亿美元、增长0.3%，占出口额的23.8%；东盟1.64亿美元、增长145.8%，占出口额的18.4%；欧盟1.15亿美元、增长5.2%，占出口额的12.9%。

【交通、邮电和旅游】2016年，永州市全年货运量6275万吨、同比增长4.5%，货物周转量160.22亿吨公里、增长8.4%；客运量9176万人、增长0.1%，旅客周转量54.54亿人公里、下降1%。年末全市民用汽车保有量30.36万辆、增长18.1%，其中私人汽车27.88万辆、增长19.9%，本年新注册汽车5.85万辆、增长21.6%。年末公路通车里程2.3万公里，其中高速公路491.77公里。新增二级公路53公里，改造农村公路1107.55公里。全市开通昆明—永州—深圳、昆明—永州—上海、永州—海口3条航线。

全年邮电业务总量65.11亿元、增长51.4%，其中邮政业务总量4.88亿元、增长23.7%，电信业务总量60.23亿元、增长54.2%。年末全市电话用户总数368.02万户，其中移动电话用户338.05万户、增长16.9%。移动电话每百人61.9部。年末固定互联网宽带接入用户58.67万户。互联网上网人数312.06万人，其中手机上网人数266.43万人。中心城区公共场所实现无线网络全覆盖。快递业务投递量3466.35万件，同比增长75%。

全市共接待游客4239.86万人次，实现旅游综合收入228.27亿元，同比分别增长17.9%和19.8%，其中接待入境游客7.64万人次，同比增长1.7%，旅游创汇867.74万美元，同比增长2%。九嶷山创5A工作进入景观质量评定阶段；舜皇山创4A和江华香草源、井头湾、祁阳八尺旅游区创3A成功；零陵古城、江华水口移民风情小镇成功入选2016年全国优选旅游项目库；阳明山和桐子坳景区的智慧旅游平台建设完工；宁远下灌村等一批精品乡村旅游示范村入选"湖南美丽乡村"12强。

【金融和保险】2016年，永州市全市金融机构各项本外币存款余额1914.84亿元、增长21.7%，比年初增加341.74亿元，其中个人储蓄存款1277.11亿元、增长13.8%，比年初增加155.08亿元。金融机构各项本外币贷款余额966.09亿元、增长21.7%，比年初增加172.47亿元，其中中长期贷款793.11亿元、增长27.4%，比年初增加170.62亿元，短期贷款168.13亿元、下降0.81%，比年初减少1.57亿元。

全市保险公司25家（其中，产险12家，寿险13家），县区级支公司93家（其中，产险45家，寿险48家）。全市保险业保费收入46.78亿元、增长15.5%，其中财产险保费收入15.42亿元、增长19.1%，寿险保费收入31.36亿元、增长13.8%。全市各项保险赔款和给付支出16.51亿元、增长37.1%，其中财产险赔款7.89亿元、增长16.5%，寿险给付8.62亿元、增长63.6%。

12

2016年怀化市经济发展概况

【经济总量】2016年，怀化市全年实现地区生产总值（GDP）1396.15亿元、增长8.1%，其中，非公有制经济增加值802.80亿元、增长8.4%，占GDP的57.5%。第一产业实现增加值200.49亿元、增长3.4%，第二产业实现增加值545.94亿元、增长6.3%，第三产业实现增加值649.73亿元、增长11.3%。三次产业对GDP增长贡献率分别为6.1%、32.5%和61.4%。三次产业结构调整为14.4∶39.1∶46.5，与去年比，第一产业回落0.1个百分点，第二产业回落2.7个百分点，第三产业提高2.8个百分点。人均GDP达28430元，增长7.5%。

【农业】2016年，怀化市全年完成农林牧渔业增加值201.06亿元、增长3.4%，其中，农业增加值122.67亿元、增长4.0%，林业增加值23.30亿元、增长5.8%，牧业增加值47.01亿元、增长0.2%，渔业增加值7.52亿元、增长4.2%。

【工业和建筑业】2016年，怀化市全部工业增加值增长6.1%，规模以上工业增加值增长6.5%，其中，非公有制经济工业增加值增长6.9%。按经济类型分，国有企业增加值增长11.1%，股份制企业增加值增长6.9%，外商及港澳台投资企业增加值下降2.4%；按轻重工业分，重工业增加值增长6.6%，轻工业增加值增长6.4%。怀化工业园转型为省级高新技术产业园区，创建国家高新区通过专家现场考察。全市园区（省级以上产业园区）规模以上工业增加值增长8.7%，占全市规模以上工业的43.3%，提高8.9个百分点。

全年具有建筑业资质等级的独立核算企业完成建筑业增加值65.69亿元、增长7.1%，同比增长0.7个百分点。

【固定资产投资】2016年，怀化市全年施工项目2397个，其中本年新开工1812个。全市实现全社会固定资产投资1081.88亿元（不含跨区投资）、增长14.3%，比全省高0.5个百分点。投资亿元以上项目285个，完成投资567.88亿元。按产业分，第一、二、三产业分别完成投资76.44亿元、337.56亿元和667.88亿元，分别增长11.8%、05%和23.3%。

【科学技术】2016年，怀化市承担国家各类科技计划项目5项。全年申请各项专利1443件、增长44.4%，其中，发明专利412件、增长73.1%。授权专利625件、下降18.5%，其中，发明专利31件、下降11.4%，工矿企业授权209件。每万人口发明专利拥有量0.5件。签订技术合同367项、增长68.4%，成交金额2.44亿元、增长26.4%。R&D经费（全社会研究与试验发展经费）支出占GDP比重0.69%。

【国内贸易和对外经济】2016年，怀化市全年实现社会消费品零售总额561.90亿元，增长11.8%，其中，限额以上法人单位消费品零售额146.12亿元，增长12.2%。按经营地分，城镇消费品零售额481.01亿元、增长12.0%，乡村消费品零售额80.90亿元、增长10.4%。按消费类型统计，批发业、零售业、住宿业、餐饮业分别实现零售总额36.85亿元、452.75亿元、17.35亿元和54.95亿元，分别增长13.5%、11.5%、12.7%和12.5%。

全市全年实现进出口总额（海关口径）6381.00万美元、增长43.7%，其中，出口总额5485.00万美元、增长56.1%，进口总额896.00万美元、下降3.2%。实际利用外资4095.00万美元，下降64.1%。实际引进境内市外资金400.93亿元。

【交通、邮电和旅游】2016年年末，怀化市民用汽车保有量27.33万辆、增长20.03%，其中，轿车13.35万辆。本年新注册汽车4.92万辆，增长21.9%。客货运周转量933328.76万吨公里，增长3.3%；货运周转量879887.49万吨公里、增长3.7%，客运周转量466576.05万人公里、下降3.8%。

全年完成邮电业务总量（2010年不变价）75.88亿元、增长52.8%，其中，电信业务总量71.25亿元、增长54.2%，邮政业务总量4.63亿元、增长34.6%。

全年建成国家4A级景区2个、3A级景区8个。全市国家等级旅游景区（点）增加至40个，其中，4A级景区（点）7个，3A级景区30个，2A级景区3个。全市拥有星级饭店40家，其中四星级1家，三星级30家，二星级9家。全年实现旅游总收入297.44亿元、增长31.2%。全年共接待国内旅游人数4237.96万人次、增长27.8%，国内旅游收入295.71亿元、增长31.2%，境外入境旅游人数9.22万人次、增长14.5%。

【金融和保险】2016年年末，怀化市全市金融机构各项存款余额(本外币合计，下同)1756.59亿元、增长（比年初，下同）18.8%。其中，个人存款余额1165.72亿元、增长12.9%。年末金融机构各项贷款余额915.87亿元、增长10.0%，其中，短期贷款160.31亿元、下降2.3%，中长期贷款743.52亿元、增长13.1%，个人消费信贷贷款220.90亿元、增长26.5%。分行业看，农林牧渔业贷款余额12.01亿元、增长4.8%；制造业贷款余额39.82亿元、下降5.3%；电力燃气及水的生产和供应业贷款余额86.34亿元、下降2.2%；批发与零售业贷款余额37.00亿元、下降15.0%；房地产业贷款余额23.43亿元、增长16.4%。

保险机构原保险保费收入45.08亿元、增长15.4%，其中，财产险原保险保费收入14.36亿元、增长13.3%，寿险保费收入30.72亿元、增长16.4%。各项赔付支出12.19亿元、增长24.3%。

13

2016年娄底市经济发展概况

【经济总量】2016年，娄底市全年实现地区生产总值（GDP）1400.14亿元，同比增长7.6%。其中：第一产业增加值206.07亿元，同比增长3.6%；第二产业增加值676.34亿元，同比增长6.3%；第三产业增加值517.73亿元，同比增长11.3%。按常住人口计算，全市人均GDP36058元，增长7.1%。

【农业】2016年，娄底市全市农林牧渔业总产值328.36亿元，同比增长3.6%。其中，农业产值135.84亿元，增长7.8%；林业产值6.06亿元，增长8.8%；牧业产值169.29亿元，下降0.2%；渔业产值15.31亿元，增长8.9%，农林牧渔服务业产值1.86亿元，增长9.8%。

【工业和建筑业】2016年，娄底市全市实现全部工业增加值600.93亿元，同比增长6.2%。规模以上工业增加值增长6.7%，其中非公有制规模以上工业增加值增长8.5%。在规模以上工业中，按经济类型分，国有企业下降1.7%；集体企业下降1.9%，股份制企业增长8.0%，外商及港澳台投资企业增长12.6%。按企业规模分，大中型企业增长4.9%，小微型企业增长8.5%。按行业分，农副食品加工业增长13.0%，医药制造业增长8.5%，非金属矿物制品业增长5.7%，石油加工、炼焦和核燃料加工业下降3.8%，黑色金属及压延加工业增长6.4%，有色金属及压延加工业下降11.3%，通用设备制造业增长10.1%，专用设备制造业增长10.2%。

全市建筑业增加值75.80亿元，增长7.3%；全市具有建筑资质等级的总承包和专业承包建筑业企业125家，完成建筑业总产值253.18亿元，增长16.8%。房屋建筑施工面积1171.26万平方米，下降7.8%，房屋建筑竣工面积605.03万平方米，下降3.5%。

【固定资产投资】2016年，娄底市全市施工项目2711个，同比增长7.7%，新开工项目2036个，增长11.9%，投产项目1939个，增长18.5%。全市完成固定资产投资1199.92亿元，增长14.4%。分类型看，国有投资455.97亿元，增长20.5%，非国有投资743.95亿元，增长11.0%，其中，民间投资722.13亿元，增长9.2%，占全部投资比重60.2%。分产业看：第一产业投资67.69亿元，下降4.0%；第二产业494.80亿元，增长17.6%；第三产业637.43亿元，增长14.4%，第三产业投资占全市投资的比重为53.1%，超过第二产业占比11.9个百分点。

【科学技术】2016年，娄底市全市完成高新技术产业总产值713.4亿元，同比增长12.5%；高新技术产业增加值163.6亿元，增长7.5%。全市申请专利1576件，其中发明专利申请290件；全市专利授权1093件，同比增长9.1%，其中发明专利授权91件，同比增长75.0%。

【国内贸易和对外经济】2016年，娄底市全市完成社会消费品零售总额485.27亿元，增长11.9%。按经营地分，城镇消费品零售额430.97亿元，增长11.7%，乡村消费品零售额54.3亿元，增长13.4%。按消费类型分，商品零售额444.22亿元，增长12.3%，餐饮收入额41.05亿元，增长6.8%。按限额类别分，限额以上企业零售额230.85亿元，增长15.1%；限额以下零售额254.43亿元，增长9.1%。限额以上企业商品零售额中，粮油、食品类20.13亿元，增长29.9%；服装鞋帽类10.47亿元，增长23.5%；化妆品类1.63亿元，增长21.2%；金银珠宝类1.92亿元，增长22.1%；日用品类6.77亿元，增长14.7%；家用电器和音像器材类22.14亿元，增长16.2%；五金电料类6.5亿元，增长22.7%；石油及制品类26.5亿元，下降3.6%；汽车类56.16亿元，增长18.9%。

全市实现进出口总额8.93亿美元，同比下降8.2%，其中，出口额2.30亿美元，下降2.1%，进口额6.63

亿美元，下降10.2%。在出口货物中，从贸易方式看，一般贸易出口19054万美元，加工贸易出口3949万美元；从重点商品看，机电产品出口3414万美元，高新技术产品347万美元，农产品1032万美元。全市规模工业企业出口交货值15.48亿元，增长24.0%。

【交通、邮电和旅游】2016年，娄底市全市公路货运量8953万吨，同比增长6.0%；货物周转量90.45亿吨公里，增长8.5%；公路客运量6016万人，减少21.8%；旅客周转量17.51亿人公里，下降20.9%。年末全市公路(不含高速公路)线路里程14665公里，高速公路里程279公里。全市民用汽车保有量27.96万辆，增长13.2%，其中私人汽车保有量26.04万辆，增长14.1%。

全市完成电信业务总量56.38亿元，增长50.7%，邮政业务总量3.93亿元，增长31.9%。年末全市固定电话用户27.55万户，下降9.0%；移动电话用户280.97万户，增长3.8%；互联网宽带用户54.82万户，增长20.7%。

全年旅游者总人数2856.7万人次，增长23.3%，其中国内旅游者2854.5万人次，增长23.5%。实现旅游总收入201.12亿元，增长22.8%，其中国内旅游收入200.75亿元，增长23.3%。

【金融和保险】2016年年末，娄底市全市金融机构各项存款余额1508.42亿元，比年初增加223.67亿元，其中住户存款余额1042.39亿元，比年初增加147.38亿元，非金融企业存款余额222.4亿元，比年初增加37.55亿元；年末金融机构各项贷款余额839.65亿元，比年初增加49.0亿元，其中住户贷款277.8亿元，比年初增加26.73亿元，非金融企业及机关团体贷款561.85亿元，比年初增加22.27亿元。

28家保险公司实现原保险保费收入40.92亿元，增长24.4%，其中财产险收入11.77亿元，增长14.2%，寿险收入26.08亿元，增长24.8%，健康险收入2.53亿元，增长106.9%，意外伤害险收入0.54亿元，增长11.7%；各项赔款与给付支出15.87亿元，增长25.2%，其中财产险赔付6.16亿元，增长9.2%，寿险赔付9.01亿元，增长36.3%，健康险赔付0.55亿元，增长64.5%，意外伤害险赔付0.15亿元，增长59.2%。

广东省

| 广州市 | 韶关市 | 深圳市 | 珠海市 | 汕头市 | 佛山市 | 江门市 | 湛江市 | 茂名市 |
| 肇庆市 | 惠州市 | 东莞市 | 中山市 | 潮州市 |

1

2016年广州市经济发展概况

【经济总量】2016年，广州市全年实现地区生产总值（GDP）19610.94亿元，按可比价格计算，比上年（下同）增长8.2%。其中，第一产业增加值240.04亿元，下降0.2%；第二产业增加值5925.87亿元，增长6.0%；第三产业增加值13445.03亿元，增长9.4%。第一、二、三次产业增加值的比例为1.22∶30.22∶68.56。第二、三产业对经济增长的贡献率分别为23.0%和77.0%。

【农业】2016年，广州市全年粮食作物播种面积88.87千公顷，比上年减少1.0%；甘蔗种植面积6.91千公顷，增长3.2%；油料种植面积7.11千公顷，减少1.7%；蔬菜种植面积145.58千公顷，增长0.2%。

【工业和建筑业】2016年，广州市全年工业增加值5369.40亿元，比上年增长6.2%。全年规模以上工业增加值4877.85亿元，增长6.5%；其中，国有及国有控股企业增长7.5%，民营企业增长8.2%，外商及港澳台投资企业增长4.6%，股份制企业增长9.5%，集体企业增长6.2%，股份合作制企业增长5.2%。分轻重工业看，轻工业增长1.0%，重工业增长9.5%。

【固定资产投资】2016年，广州市全年完成固定资产投资5703.59亿元，比上年增长8.0%。分投资主体看，国有经济投资1310.97亿元，增长0.7%；民间投资2519.77亿元，增长5.3%；港澳台、外商经济投资1114.15亿元，增长18.3%。

【科学技术】2016年，广州市全年受理专利申请99070件，增长56.3%；其中发明专利31850件，增长58.6%，占申请量的32.1%。专利授权48313件，增长21.3%；其中发明专利授权7668件，增长15.7%。

【国内贸易和对外经济】2016年，全年社会消费品零售总额8706.49亿元，比上年增长9.0%。分地域看，城镇消费品零售额8472.80亿元，增长9.2%；乡村消费品零售额233.69亿元，增长3.6%。分行业看，批发零售贸易业零售额7625.58亿元，增长9.2%；住宿餐饮业零售额1080.91亿元，增长7.7%。批发零售业商品销售总额55972.75亿元，增长10.0%。

全年商品进出口总值8566.92亿元，比上年增长3.1%（1297.06亿美元，比上年下降3.1%）。其中，商品出口总值5187.05亿元，增长3.0%；商品进口总值3379.87亿元，增长3.3%。进出口差额（出口减进口）1807.18亿元，比上年增加44.3亿元。全市旅游购物出口1269.5亿元，增长18.1%；纳入统计的跨境电子商务进出口146.8亿元，增长1.2倍。

【交通、邮电和旅游】2016年，广州市全年交通运输、仓储和邮政业实现增加值1377.42亿元，比上年增长12.6%。

全年完成邮电业务收入647.42亿元，增长19.7%。其中，邮政业务收入305.52亿元，增长37.5%；电信业务收入341.90亿元，增长7.3%。

全年城市接待过夜旅游人数5940.56万人次，比上年增长5.0%。其中，入境旅游者861.87万人次，增长7.3%；境内旅游者5078.69万人次，增长4.6%。在入境旅游人数中，外国人329.68万人次，增长7.0%；香港、澳门和台湾同胞532.19万人次，增长7.4%。旅游业总收入3217.05亿元，增长12.0%。旅游外汇收入62.72亿美元，增长10.1%。

【金融和保险】2016年年末，广州市全部金融机构本外币各项存款余额47530.20亿元，比年初增加4686.52亿元，其中人民币各项存款余额45937.34亿元，增加4362.85亿元。全部金融机构本外币各项贷款余额29669.82亿元，增加2373.66亿元，其中人民币各项贷款余额28885.54亿元，增加2748.60亿元。

年末全市拥有保险法人机构3家，市场主体97家。全年保费收入1166.2亿元，增长64.2%。其中，财产险保费收入214亿元，增长2.4%；寿险业务保费收入572亿元，增长52.0%；健康险和意外伤害险业务保费收入380.2亿元，增长2.0倍。支付各类保险赔款及给付245.8亿元，增长8.8%。其中，财产险业务赔款支出111.9亿元，增长5.0%；寿险业务赔付支出108.6亿元，增长8.8%；健康险和意外伤害险赔付支出25.3亿元，增长29.3%。

2

2016年韶关市经济发展概况

【经济总量】2016年，韶关市全年实现地区生产总值（GDP）1218.4亿元，比上一年增长6.3%。其中：第一产业增加值167.6亿元，增长4.1%；第二产业增加值442.1亿元，增长3.5%；第三产业增加值608.7亿元，增长9%。三次产业结构为13.7：36.3：50。按常住人口计算，人均生产总值41388元，增长5.4%，按平均汇率折算为6231美元。分区域看：韶关市区生产总值572.5亿元、增长4.2%，占全市生产总值45.2%，人均生产总值5.54万元；县域生产总值694亿元、增长8.1%，占全市54.8%，人均生产总值3.63万元。现代产业中，先进制造业增加值103亿元、增长11.6%，现代服务业增加值247.7亿元、增长10.9%。第三产业中，批发和零售业增加值增长9.6%，住宿和餐饮业增加值增长7.1%，金融业增加值增长5.2%。民营经济增加值635.6亿元，增长6.8%，占全市生产总值的52.2%。

【农业】2016年，韶关市全年农林牧渔业总产值269.7亿元，增长4.1%。其中：农业增长4.1%，林业增长4.9%，畜牧业增长3.6%，渔业增长4.3%。

【工业和建筑业】2016年，韶关市全部工业增加值383.5亿元，增长7.5%。年末规模以上工业企业630个、比上年底减少3个，规模以上工业增加值331.7亿元、增长5%。在规模以上工业中，国有及国有控股工业增加值145.0亿元，增长2.1%；股份制工业261.0亿元，增长3.3%；民营工业139.7亿元，增长5.9%；外商及港澳台工业50.2亿元，增长10.2%。轻工业增加值128.1亿元，增长3.6%；重工业增加值203.7亿元，增长5.5%。年末产业转移园规模以上工业企业295个，规模以上工业增加值124.0亿元，增长9.2%。

全年建筑业增加值59.6亿元，下降16.7%。年末资质等级建筑企业86个，资质建筑业省内完成产值142.4亿元、增长0.7%，实现利润6.4亿元、增长16.6%，利税总额13.3亿元、下降14.7%。房屋施工面积1071万平方米、增长0.3%，房屋竣工面积476.5万平方米、下降1.5%。

【固定资产投资】2016年，韶关市全年完成固定资产投资702.1亿元，增长0.1%。分投资主体看：国有及国有控股经济投资296.4亿元，增长21.1%；外商及港澳台经济投资48.2亿元，增长18.5%；民营经济投资357.5亿元，下降14.1%。分产业看：第一产业完成投资34.7亿元，下降29.8%；第二产业中的工业完成投资

250.3亿元，增长4.7%；第三产业完成投资417.1亿元、增长0.8%，其中房地产开发完成投资146.8亿元、增长11.3%。

【科学技术】2016年，韶关市新增国家高新技术企业27家、省级工程技术研发中心6家。年末拥有省级工程技术研究开发中心24家，省市工程中心累计达到63家，其中省级重点研发中心2家。国家级高新技术企业65家，省级民营科技企业81家，省级火炬计划特色产业基地3个。全年取得科技成果56项，其中5项获省科技进步奖。全年专利申请3428项，专利授权2087项；发明专利申请719项，发明专利授权117项。

【国内贸易和对外经济】2016年，韶关市全社会消费品零售额638.2亿元，增长9.9%。年末限额以上批发零售企业417个，比上年增加57个；限额以上住宿和餐饮企业177个，比上年增加1个。批发零售业销售额985.6亿元，增长15.0%；住宿和餐饮业营业额72.8亿元，增长9.8%。

全年进出口总额156亿元，增长4.9%。其中：进口66亿元，增长10.8%；出口90亿元，增长1%。按贸易方式分：一般贸易出口42亿元，下降7.5%；加工贸易出口39亿元，下降2.7%。按经营主体分：国有企业出口下降9.4%，“三资企业”出口增长2.3%，私营企业出口增长30.2%。按出口商品分：玩具出口增长12.4%，机电产品出口下降12.6%，服装出口增长1%，高新技术产品出口下降8.9%。按出口市场分：对香港出口下降11.1%，对欧盟出口增长22.7%，对美国出口增长16.2%，对日本出口增长28.4%。实际利用外资0.51亿美元，增长5.3%。全年新批外商直接投资项目14个，下降33.3%。

【交通、邮电和旅游】2016年，韶关市全年交通运输、仓储和邮政业增加值89.1亿元，增长6.8%。

公路货运周转量236.8亿吨公里，客运周转量26.6亿人公里，水路货运周转量103.5亿吨公里。年末公路通车里程16409公里，公路密度89.2公里/百平方公里。按路面类型分，高级、次高级路面公路11866公里。按技术等级分，等级公路16372公里，其中高速公路491公里、一级公路222公里、二级公路817公里。年末实有公共汽车营运车辆795辆，其中浈江和武江585辆。公共汽车客运总量6980万人次。内河航道维护通航里程386公里，其中等级航道256公里，泊位23个。港口货物吞吐量45.3万吨。年末民用汽车拥有量24.89万辆、比上年增长39.4%，其中私人汽车23.22万辆、增长48.6%。民用轿车拥有量14.52万辆、增长24.5%，其中私人轿车14.19万辆、增长29.5%。

全年完成邮电通信业务总量（按2015年不变价计，下同）73.6亿元，增长62.8%。其中：邮政业务(含快递)总量4.7亿元，增长19.5%；通信业务总量68.8亿元，增长67%。固定电话42.2万户，移动电话用户274.7万户。全市家庭宽带用户数60.52万户，手机上网用户数192.17万户，移动基站总数1.19万个，WLAN无线局域网1621个，AP热点6281个。

全年接待旅游者人数3591万人次、增长13.3%，其中入境过夜旅游者4.43万人次，下降18.6%。旅游总收入325亿元，增长20.3%。新增国家3A、4A级景区各1个。

【金融和保险】2016年年末，韶关市金融机构本外币各项存款余额1669.7亿元、增长8.9%，其中住户本外币存款余额1008.9亿元、增长9.1%。年末金融机构本外币各项贷款余额772.5亿元、增长5.6%。住户贷款余额342.3亿元，增长19.1%。其中：住户中长期消费贷款243.1亿元，增长28.6%；住户短期消费贷款15.2亿元，增长19.5%。

全年保费总收入41.9亿元，增长13.9%。其中：人寿险保费收入29.6亿元，增长14.9%；财产险保费收入12.2亿元，增长11.6%。财产险赔付支出6.2亿元，增长16.5%。

3

2016年深圳市经济发展概况

【经济总量】2016年，深圳市全年实现地区生产总值（GDP）19492.60亿元，比上年增长9.0%。其中，第一产业增加值6.29亿元，下降3.7%；第二产业增加值7700.43亿元，增长7.0%；第三产业增加值11785.88亿元，增长10.4%。第一产业增加值占全市生产总值的比重不到0.1%；第二和第三产业增加值占全市生产总值的比重分别为39.5%和60.5%。人均生产总值167411元，增长3.7%，按2016年平均汇率折算为25176美元。

【农业】2016年，深圳市全年农作物播种面积74165亩，比上年增长2.5%，其中，蔬菜播种面积72342亩，增长10.9%。水果播种面积32287亩，下降9.0%。全年蔬菜产量8.24万吨，增长30.8%；水果产量1.23万吨，增长206.5%。主要畜产品产量见表4。

【工业和建筑业】2016年，深圳市全年规模以上工业增加值7199.47亿元，比上年增长7.0%。其中，国有企业增加值22.04亿元，增长9.6%；股份制企业增加值4225.09亿元，增长11.4%；外商及港澳台投资企业增加值2919.00亿元，增长1.4%。分轻重工业看，轻工业增加值1306.55亿元，增长1.7%；重工业增加值5892.92亿元，增长8.2%。

全年建筑业增加值525.32亿元，比上年增长9.0%。

【固定资产投资】2016年，深圳市全年完成固定资产投资额4078.16亿元，比上年增长23.6%。其中，房地产开发项目投资1756.52亿元，增长32.0%；非房地产开发项目投资2321.64亿元，增长18.0%。

【科学技术】2016年年末，深圳市全市各类专业技术人员144.14万人，比上年增长6.5%，其中具有中级技术职称及以上的专业技术人员43.54万人，增长4.9%。年末国内专利申请量145294件，增长37.7%。国内专利授权量75043件，增长4.1%。

【国内贸易和对外经济】2016年，深圳市全年社会消费品零售总额5512.76亿元，比上年增长8.1%。其中，批发和零售业零售额4879.32亿元，增长8.2%；住宿和餐饮业零售额633.44亿元，增长7.6%。在社会消费品零售总额中，限额以上社会消费品零售额3712.77亿元，增长6.0%，占社会消费品零售总额67.3%。

全年外贸进出口总额26307.01亿元，比上年下降4.4%。其中出口总额15680.40亿元，下降4.5%，分别占全国和广东省出口总额的比重为11.3%和39.7%；进口总额10626.61亿元，下降4.2%。出口总额连续二十四年居内地城市首位。

【交通、邮电和旅游】2016年，深圳市全社会货运量31164.49万吨，比上年增长0.6%。全社会货物周转量2246.86亿吨公里，下降0.9%。

全年邮电业务总量（2010年价格）1715.02亿元，比上年增长64.1%。其中，邮政、快递业务量663.01亿元，增长54.4%；电信业务量1052.01亿元，增长70.9%。全年订销报纸0.87亿份；收寄函件2.12亿份；特快专递8709万件（邮政口径）。年末全市有邮政、电信局（所）745所。全市固定电话交换机总容量700万门；年末固定电话用户644.18万户。年末移动电话用户2505.26万户。国际互联网用户（含家庭视讯）632.15万户。

全年旅游住宿设施接待过夜游客5695.74万人次，比上年增长6.0%。其中国际游客1171.18万人次，下降3.9%；国内游客4524.56万人次，增长8.9%。在过夜国际游客中，外国游客168.32万人次，增长2.2%；港澳同胞963.20万人次，下降4.8%；台湾同胞39.66万人次，下降6.3%。全年旅游外汇收入47.71亿美元，下降

THE APPENDIX 附录一

中国城市博览

高水平建设“特富美安”慢城大花园
——浙江省常山县

浙江省常山县位于浙江省西部，钱塘江源头，总面积1099平方公里，辖6镇5乡3街道，180个行政村，人口34.2万，境内生态环境优越，森林覆盖率达72.8%，出境水常年保持II类水标准，常年空气质量保持在二级以上，为国家重点生态功能区、国家级生态示范区和浙江省重要的生态屏障，享有“中国常山胡柚之乡”“中国食用菌之乡”“中国油茶之乡”“中国观赏石之乡”等美誉。常山县委县政府历来高度重视生态建设和环境保护工作，2010年在浙江省率先提出“绿色发展、生态富民、科学跨越”战略思路，2012年县第十二次党代会提出“再造常山，绿色崛起”，到2017年县第十三次党代会确立了“四四二”战略体系，其中四大战略定位的第一条就是“绿色发展”，县委十三届二次全会进一步提出“高水平建设‘特富美安’慢城大花园”，全力推进“绿水青山”转化为“金山银山”，走出了一条具有常山特色的绿色发展、生态富民之路。

生态是常山的立县之本、发展之基，是常山打造慢城大花园的优势所在。守护好山水林田湖是职责和使命，严守生态红线不动摇，把蓝天白云、绿水青山作为“大花园”的底色来打造。围绕“国际慢城+主题村庄+思韵田园”空间框架，在发展的过程中打牢绿色生态基础，打造农旅融合的田园综合体，构筑山水林田湖生命共同体，为天空添蓝、为大地添绿、为河流保清。

黔南州工业发展基本概况

龙里县2011年纳税大户贵州神奇制药有限公司龙里分厂

龙里邓氏食品有限公司

贵州天虹志远电线电缆有限公司

华润雪花啤酒有限公司（龙里）

2012年以来，在州委坚强领导下，在州人大的指导和帮助下，全州工业战线坚持主基调，大力实施工业强州战略，坚持以产业园区为平台，以招引资为抓手，以产业发展为支撑，以项目建设为载体，创新思路、克难攻坚，积极作为、奋力争先，工业经济“脱胎换骨”发展迈向新的阶段。

一、基本情况

2017年全州规模以上工业增加值达到402.4亿元，为2012年的156.1亿元的2.6倍；2017年全州规模工业增长11.6%，排名全省第三，增速连续五年位列全省第一方阵。规模工业企业户数由2012年底的454户（口径为500万元以上）增长到现在的854户（口径为2000万元以上），净增400户。8个主要行业中，有7个产值超过100亿元，2个产值突破200亿元，其中建材最高263亿元。2017年，“一圈”2市2县完成规模工业增加值184.45亿元，占全州的比重为45.8%；“北翼”4县完成规模工业增加值177.04亿元，占全州的比重为44.0%。“南翼”4县完成规模工业增加值40.87亿元，占全州的比重为10.2%。2017年轻工业、非公有制工业的比重，由2012年的18.6%、56.4%提高到25.6%、77.6%。新兴产业和高技术产业（制造业）由小做大，2016年分别完成增加值40.9亿元和22.2亿元，占比为11.4%和6.2%，较2015年分别提高0.3和0.9个百分点。2017年新兴产业完成增加值48.2亿元。民营经济增加值完成694亿元，占全州GDP的比重为59.8%，同比增长19.2%。

二、开展的主要工作

2012年以来，我们全面贯彻落实党的“十八大”精神，坚持“工业强州”主战略不动摇，坚持“两条底线”，统筹抓好稳增长、调结构、促改革，防风险各项工作，力主走出一条符合黔南实际，具有自身特点的新型工业化发展道路。主要做了以下工作。

实施工业经济运行分析日调度、周分析、月通报制度，及时发展工业经济运行中存在的困难和问题，通过各种服务平台解决这些问题，稳住工业经济的基本面。严格落实黔南州工业经济发展目标责任书，按照以旬保月、以月保季、以季保年的总要求，对标对表，确保规模工业增加值总量超额完成计划目标。加大工业支撑指标调度，2017年以来，我州工业用电量、工业增值税、新增入规企业数量、数据质量及匹配性情况，在全省总体处于较好水平，对我州工业经济连续处于全省第一方阵，起到了刚性支撑作用。

出台《黔南州大数据战略三年行动计划》等“1+3”文件，把支持加快新兴产业发展做为工业供给侧结构性改革的重要内容，两年来新兴产业增速高于全州平均增速4.7个百分点。2017年46户高技术产业（制造业），增加值完成33.0亿元。推进产业整合升级，独山麻尾园区铁合金企业总数由原来的18家整合为5家，总装机容量51万KVA，产能超过100万吨/年。

对119个亿元项目进行精准调度，金田新材料科技、恒力源天然生物科技等一批重点项目相继建成投产，卡布国际生物科技等一批重点项目加快建设；建立“千企改造”项目库，144个项目进入目录，38个项目列入省级重点， 16个项目获得省级专项资金 1360万元支持,累计75个项目获得州级专项资金2200万元支持。

完成《黔南州工业供给侧结构性改革促进企业提质增效实施方案》,全面落实“三去一降一补”，培育壮大新的发展动能，改造提升传统动能；完成《黔南州深入推进〈中国制造2025〉实施方案》，指导智能制造业快速发展。深化园区改革发展，理顺园区管委会在“区镇合一”职能。加快推进电力市场化、财政资金使用等专项改革，累计组织208户重点用电企业参与电力市场化交易。建立州级“贵园信贷通”融资平台。在电力交易、企业融资方面累计为企业降低成本2亿元以上。瓮安县增量配电改革工作顺利推进，由兴瓮集团（40%）、中国能源工程集团有限公司（30%）、花竹山集团（30%）等三家企业共同组建的配售电公司，于2017年11月正式注册成立，目前公司正在办理售电资质等相关手续，预计2018年一季度可开展购电售电业务。

机器飞梭，水家姑娘已熟练掌握现代化生产工艺技能

贵州龙马磷业

把生态优势转化为经济优势
——陇县发展生态旅游的实践

尊敬的各位领导、各位朋友，女士们、先生们：

大家上午好!在这孕育希望，开启新元的美好季节，乘着十九大的浩荡之风，各位有识之士、精英翘楚相聚在美丽的北京，共襄中国生态年会之盛举，共同谱写美丽中国新篇章。作为以生态立县的陕西陇县，参加这一高端盛会，我们深感光荣和自豪!

陇县史称陇州，因地处陇山东阪而得名，是陕西的西大门，隶属宝鸡市，是陕、甘、宁三省通衢，国务院规划的三级城市。版图面积2277平方公里，辖10镇158个行政村，人口27.3万。近年来，我们全面贯彻新发展理念，确立了生态立县的基本方略，领导绿水青山和金山银山，县委、县政府出台了《关于实施生态立县战略的决定》和实施“生态八大工程”的意见，聚焦脱贫攻坚大业，主攻生态乳都、关山旅游、新型能源和生态城市四大增长点，着力构建生态工业、生态农业、生态旅游融合发展新格局，推动陇县充分发展、绿色发展、高质量发展，经济社会呈现出动力增强、结构优化、绿蛾、民生改善的良好态势。先后摘取国家卫生县城、国家园林县城、国家生态示范县、国家义务教育发展均衡县、国家文化先进县、中国美丽乡村建设示范县、中国民间文化艺术之乡、中国核桃之乡等20多项“国字号”殊荣。

丝路雄关，悠悠古今。陇县历史悠久、文化灿烂，秦襄公在此建都，汉初设置陇关，是大秦帝国兴国之地、十朝疆域、西北门户，素有“秦都汉关”之称；这里是古丝绸之路西出长安的

注：陇县人民政府县长赵甲宏在2017（第五届）中国生态年会发言稿。

第一雄关，悠悠古道依然留存着张骞出使西域、文成公主进藏、唐玄奘西行的历史印记；这里自古是举足轻重的军事要塞，汉击匈奴，唐伏突厥，宋破金兵，第一野战军解放大西北，历来为兵家必争之地，演绎了一幅幅金戈铁马、保家卫国的壮丽史诗!今天，这里的交通枢纽地位日益突显，银昆高速(银川至昆明)、国道344、宝中铁路(宝鸡至中卫)贯穿全境，正在加快推进关中城际铁路、宝中铁路复线、通用航空机场等重大枢纽工程，着力打造“一带一路”上的重要节点城市和区域开放高地，吸引了香港华润、飞鹤乳业、中粮集团、金风科技、港中旅等一大批知名企业来陇投资兴业。今日之陇州，正成为新丝路经济带上冉冉升起的一颗璀璨明珠!

每个人心中都有一片草原。陇县既得古独厚，又得天独厚，关山草原古为秦人先祖秦非子牧马之地，是我国西北内陆极具欧陆风情的高山草甸，久负“汉唐马苑、皇家牧场”之美誉。如果说秦岭是中国南北的自然分水岭，关山草原就是农耕文化与游牧文化的分界线。走进关山，蓝天白云、芳草如茵、天然纯净；聆听关山，叮当马铃在草尖上跳动，如歌岁月在马蹄下延伸；品味关山户回归自然、远离喧嚣、触摸宁静、放飞梦想，令人心旷神怡。在这里，清新的空气滋润着心扉，绿色的海洋涤荡着心灵，被命名为国家生态旅游度假区。由张艺谋导演、巩俐主演的电影《秋菊打官司》，由濮存昕、刘佩琦主演的电视剧《失乐园》在这里拍摄。当下，关山草原正在加快创建国家5A级景区，大美关山正迈向国内一线精品景区，“东方爱蒙塔尔、中国立体草原”品牌享誉四海。

地裂出幽谷，天造飞奇峰。陇县龙门洞是全国五大悬空道观之一。古语赞曰：“华山之险、泰山之雄、峨嵋之秀、五台之幽、麦积之奇，尽集于龙门”。龙门洞自古就是道教洞天福地，全真七子之一丘处机在此创立道教龙门派，因“千里赴诏，一言止杀”的历史壮举，铸就济世安民之奇功，被成吉思汗策封为国师，龙门洞由此名传千秋，被尊为“龙门祖庭”。全国政协常委、中国道教协会原会长任法融从龙门洞走向全国。2014年陇县成功举办了“两岸四地”中国道文化论坛，钱文忠、傅佩荣等知名学者齐聚陇县、龙门论道，在中国道文化史上留下了浓墨重彩的一笔。目前，正在建设总投资10亿元的龙门洞道文化产业园，一个集宗教朝觐、道养隐修、文化传习、山水居养于一体的生态养生胜地即将惊艳呈现!陇州社火传承两千多年，是我国保留最完整的原生态民间文化遗产，被誉为黄土地上的狂欢节，2013年成功举办了中国首届社火艺术节，陇县被授予“中国社火文化之乡”，陇州社火从此走向全国、走向世界!

好山好水出好羊。陇县气候温润、草肥水美，有70多万亩优质草原，是陕西西部重要的生态屏障和水源涵养地。近年来，我们坚持走生态路、打特色牌，大力发展生态产业，以风电光伏等新能源和绿色食品加工为重点的生态工业蒸蒸日上，以奶山羊、富硒、核桃、有机苹果等为支撑的生态农业蓬勃发展，以大美关山、神奇龙门为龙头的生态旅游享誉全国，陇县正迈上生态优先、绿色崛起的新时代。陇县是国内最佳的奶山羊养殖适生区，凭借地处黄金奶带、皇家牧场的独特优势，陇县被业界公认为生态羊乳名城。我们把奶山羊作为强县富民和脱贫攻坚的第一大支柱产业，绿色全产业链打造100万只奶山羊，50万亩优质饲草，20万吨羊乳粉加工能力为支撑的百亿生态乳都。飞鹤乳业全力打造国内一流的羊乳加工基地，绿能牧业建成全球领先的4万只现代化奶羊养殖场。和氏乳业建成亚洲智能化程度最高的婴幼儿羊奶粉生产线、中国等级最高的羊乳检测中心。2016年，陇县成功举办了世界奶山羊产业大会，飞鹤关山、和氏乳业被授予“世界羊奶加工样板工厂”，绿能牧业荣膺“世界奶山羊集约化养殖示范场”称号。今年，陇县将举办世界奶山羊高峰论坛，建设羊乳研究院和西农大博士后工作站，参与制定羊乳行业地方标准和国家标准，推动陇县生态羊乳始终站在行业最高端。不久的将来，“世界羊乳看中国，中国羊乳看陇县”，必定会成为现实!

有朋自远方来，不亦乐乎!诚挚邀请各位领导、各界朋友来到生态陇州，欣赏大美关山的如画美景，领略神奇龙门的独特魅力，品味生态羊乳的甜美醇香，携手共铸中国特色社会主义新时代的新辉煌!

谢谢大家!

纳溪区『生态+全域旅游』

尊敬的各位领导、各位专家以及媒体界的朋友们：

大家好！正直全国上下深入“学习贯彻十九大精社之际，第五届中国生态年会”今天隆重拉开帷幕，作为一个西部城市很荣幸，今天能有这样一个机会和各位一起分享我们纳溪的“生态+全域旅游”的发展心得，现我做如下简要汇报：

纳溪，山水灵秀！纳溪位于四川南缘、长江与永宁河交汇之处，是长江经济带、成渝城市群、川南城市休闲旅游圈和中国白酒金三角核心腹地，是泸州主城三区之一，是中国著名的酒城，也是全国唯一的一个同时拥有两个国家级名酒的城市。纳溪称云溪，因三国时期“纳贡出此溪”而得名。全区幅员面积1150平方公里，辖12个镇、3个街道，总人口50万。纳溪地处四川盆地与云贵高原过渡地带，丹霞地貌特征明显，境内群山叠嶂、溪流纵横，拥有100万亩林地和130余条大小溪河，濒临28.8公里长江黄金水道，森林覆盖率高达57%。

纳溪，赏心悦目！这里虽然不似苏杭温文尔雅，也不如五岳雄奇伟壮，但它却拥有巴山的秀、蜀水的灵，更是承载着国家工业发展的印记和历史。近年来，纳溪区紧紧围绕争创“国家全域旅游示范区”目标，按照“凡生态必纳溪”思路，坚持“生态+”全域旅游发展，做大做强“最美经济”，实现了纳溪旅游从无到有，从弱到强，从名不见经传到品牌聚集！

2012年，纳溪区在全省范围内率先提出并实施“全域旅游”发展战略，通过美化靓化、提炼内涵、赋予灵魂，让每一个不起眼的资源变成“金凤凰”，创造美的奇迹。默默无闻的天仙硐变成了拥有夜郎文化的国家AAAA级景区，藉藉无名的纳溪茶变成了享誉全国的中国特色茶，“隐姓埋名”的陶家大院变成了全国唯一的护国战争纪念馆，“点水成

注：四川省纳溪区区委副书记、区长谭荣兵在2017（第五届）中国生态年会发言稿。

金”的云溪温泉变成了“西部最美锶温泉”，“待字闺中”的大旺竹海变成了“中国森林养生基地”。这其中，最值得一提的，便是“花田酒地”景区，在建设前，她仅仅一条小溪沟、一片旧厂房、两个小酒厂。2012年伊始，我区与泸州老窖集团合作，融合当地老工业基地、泸州酒文化等元素，创新打造“中国酒镇·酒庄”。昔日小溪变成了风景如画的清溪酒谷，引进漂流、草原迷宫、七彩玻璃栈道等多种业态，并于2015年成功创建为国家AAAA级景区。昔日小酒厂“化蝶”为中国白酒庄园的NO.1——龙洄酒庄。现我区正在积极引进深圳华侨城集团等行业龙头，建设“中国酒镇。酒庄一凤凰湖“国家AAAAA级旅游景区，打造集“中国白酒金三角核心酒庄集群、白酒酿造艺术源库、酒文化展示体验”于一体的世界级主题旅游目的地。

目前，纳溪已创建国家级景区12个，其中，创建了天仙硐、花田酒地、云溪温泉、凤凰湖4个国家AAAA级旅游景区。先后被评为全国休闲农业及乡村旅游示范区、中国民间文化艺术之乡、中国特早茶之乡、中国特色竹乡、全国生态文明先进区、中国最佳生态旅游示范区、四川省旅游强区，纳溪旅游在川滇黔渝四省(市)结合部的区域旅游中心地位得到彰显。

纳溪，精彩纷呈!全域、全时、全民旅游，是我们致力奋斗的目标。2017年，我们提出了主题为“好享纳溪日四季有约”的整体营销理念，推出茶香竹韵“恰情季(1–3月)：美酒音乐。欢乐季(4–6月)：漂流嬉水。激情季(7–9月)：富锶温泉养生季(10–12月)等四季活动，以中国国际酒业博览会“中国美酒音乐欢乐季”为总揽，通过联合景区、媒体等多方力量，共同做大做强纳溪旅游品牌。去年“美酒音乐。欢乐季”活动，我区联合中国音乐文学学会、四川省曲艺研究院、四川音乐学院等单位，在花田酒地、欢乐派等景区举办了系列活动，吸引了游客近20万人次。万紫千红春常在，好山好水好纳溪。“绿色产业基地、秀美人文纳溪”的新画卷徐徐展开，我诚挚邀请在座的各位领导、各位企业家与媒介朋友们常去纳溪走走看看，一起品茗茶、看美景，分享纳溪更加美好的明天!

“纳里很美，溪望您来！”

谢谢大家!

生态立县 全力提升文明程度
——新疆木垒哈萨克自治县

木垒县地处古尔班通古特沙漠边缘，中蒙边境。面积22171平方公里，人口7.8万。以农牧业为主导产业。近年来，木垒县严格按照环境保护“党政同责、一岗双责、齐抓共管、全民参与”的原则，采取有效措施不断加大生态环境保护和建设力度，生态环境质量进一步提高，城乡人居环境不断改善。

“环保优先、生态立县”是木垒县行事的基本原则。把生态文明建设放在更加突出的位置，严格执行建设项目环评和“三同时”制度，坚持落实环保第一审批权，完善建设项目环境影响评价文件审批（审查）制度。建立产业准入负面清单，严禁高耗能行业过快增长，杜绝不符合产业政策和准入门槛的项目在木垒落户。积极推行清洁生产，改变能源结构，优化产业结构，提高资源综合利用率，大力发展低碳经济与循环经济，实施“电化木垒”工程，围绕优化能源结构和布局，努力增加天然气使用和清洁电力，大力发展非化石能源，进一步优化煤炭使用方式，围绕煤炭利用效率提高与排放减少，努力提高煤炭分级分质阶梯利用水平，全面推行洁净煤技术。2013年—2017年大力发展风光电产业，已核准风光电装机容量218万千瓦，落地风光电配套装备制造项目5个。投资53.85亿元已建成风光电及在建配套装备制造项目17个。

木垒县生态环境基础较好，将“蓝天白云”作为社会发展、人文和谐的重要衡量指标。为使这一指标持续向好，木垒还采取了大力开展美丽乡村建设、严厉打击环境违法行为、开展环境保护宣传教育等措施。

THE APPENDIX 附录二

书画艺术博览

兰晓龙艺术简历

兰晓龙，军旅画家，1975年生于开封， 1992年入伍，1999年毕业于解放军艺术学院美术系，师从刘大为、王天胜、任惠中、袁武等先生。2012年毕业于中央美术学院中国画学院工笔人物画专业研究生班，导师唐勇力先生。擅画人物，花鸟兼及山水。作品多次全国、全军大型美展并获奖，发表于《美术》、《解放军报》、《中国政协报》、《军营文化天地》、《解放军书法美术》等各类刊物。作品多被国家单位、艺术机构收藏。 现为中国美术家协会会员、中国工笔画学会理事、中央国家机关美术家协会理事、北京美术家协会会员。

1999国画《参天松色》入选“纪念张大千诞辰百年书画精品展”

1999国画《腾》入选“庆祝建国50周年全军美术作品展”

1999国画《花鸟四条屏》荣获“迎接澳门回归全国诗人、书画作品展”佳作奖

1999国画《腾》荣获远太杯“战士与祖国”军旅书画大展二等奖

2001国画《风入松》入选文化部第一届“爱我中华”国画油画大展

2005国画《高风亮节》荣获全军第一届“全军廉政文化优秀作品展”二等奖

2007年 9月 国画《冬雪》入选“北京美术家协会第六届新人新作展”

2007年10月国画《双清图》入选全军第二届“全军廉政文化优秀作品展”

2009年10月国画《出击》入选“庆祝新中国成立60周年全军美展”

2010年08月国画《出击》入选“北京第九届新人新作展”

2012年05月国画《春韵》入选 “八荒通神—哈尔滨中国画作品双年展”

2012年07月国画《如歌的青春》荣获“庆祝建军85周年全国美展暨第十二届全军美展”优秀奖（最高奖）

2013年05月国画《如歌的青春》参加“第四届全国中国画展”，评为“五年来全国性美展优秀中国画作品”

2013年10月国画《青春足迹》入选中国第十届艺术节-全国优秀美术作品展

2014年6月国画《青春足迹》荣获全国第二届现代工笔画大展优秀奖

2014年 8 月国画《钓鱼岛的春天》入选全军“中国梦强军梦”军事题材美术作品展

2014年10月国画《如歌的青春》入选第十二届全国美术作品展

唐湘子艺术简历

唐湘子（又名唐永平，元愚，南岳居士），出生于湖南茶陵。曾服役于空军，毕业于首都师范大学、解放军艺术学院美术系中国画专业。现为北京香山画院院长，中国美术杂志副主编，中国美术家协会会员，中国书法家协会会员，中国书画收藏家协会学术委员，中国楹联书法艺委会委员，中国书画院艺委会秘书长，国家一级美术师，湖南省陶瓷艺术大师。唐湘子长期从事书画艺术研究与创作，自二十世纪八十以来，有大量的书画作品参加国内外大型展览并获奖。擅巨幅山水画，兼工花鸟及人物画；其作品既典雅秀美又雄浑大气。书法以行草见长，作品取法高古、碑帖兼并、拙中见巧，既有深厚的传统力，又有鲜活的时代气息。常有书画作品被中央政府大楼、国家机关、艺术博物馆、人民大会堂，　以及党和国家领导人收藏，书法作品被国家文化部作为国礼选赠前国际奥委会主席萨马兰奇。自2006年以来，连续多年被国家权威艺术市场杂志公布为最有收藏潜力的书画艺术家。

丁学洲艺术简历

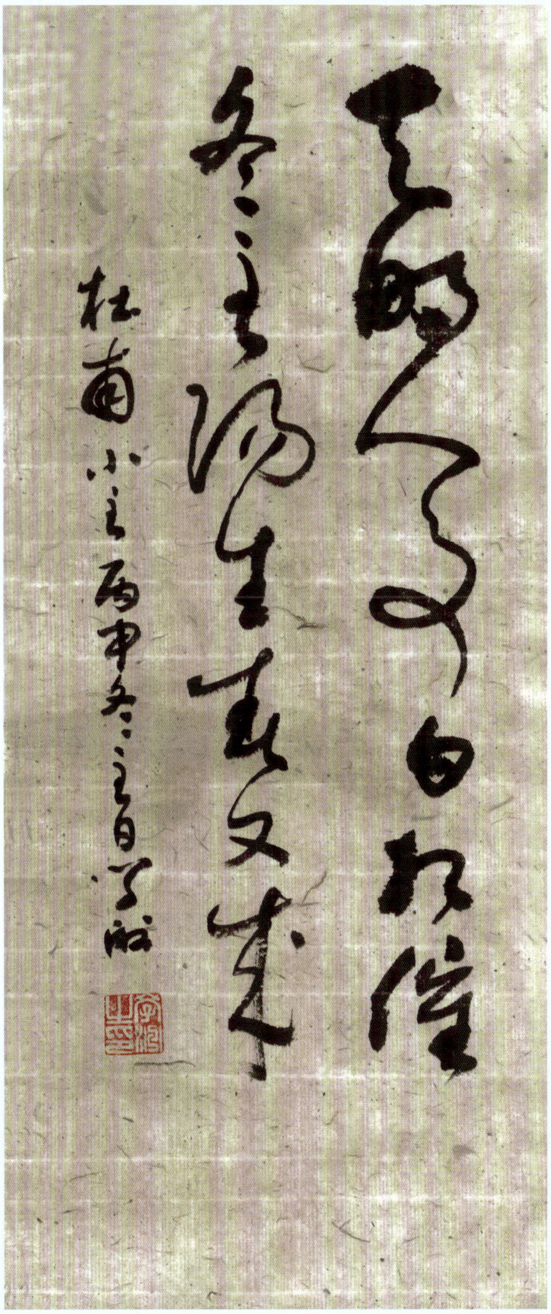

丁学洲，出生于陇中书画之乡。研究生毕业于上海复旦大学，曾任国防大学联合勤务学院教授，现任国家开放大学书法学院副院长、中国人口学会国防人口专业委员会主任、中国教育电视台水墨丹青书画院会员、中国社会艺术协会榜书委员会会员。自幼酷爱书法，青少年时期遍临欧、颜、柳等各体，打下了较好的楷书基础。走上工作岗位后转习行草，先后学习二王及孙过庭书谱等碑帖，2014年考入中国人民大学艺术学院书法高级研修班，研修于郑晓华（现任中国书法家协会秘书长）工作室，以怀素《圣母帖》《自叙帖》为主攻方向，书法水平有长足进步。作品多次入选军队和全国性展览并获奖，其中2016年获得国家卫计委、中国人口宣教中心、中国人口文化促进会等联合举办的首届“健康中国”全国书画展一等奖和中央军委训管部纪念长征胜利书画展一等奖；2017年获得《书法报》等权威机构举办的第十届中国重阳书画展金奖等。

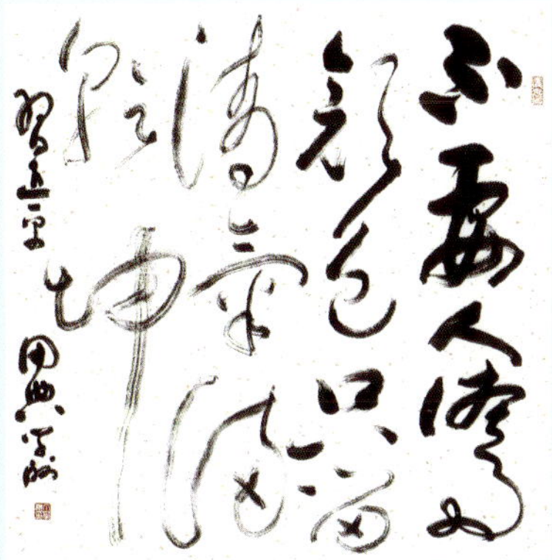

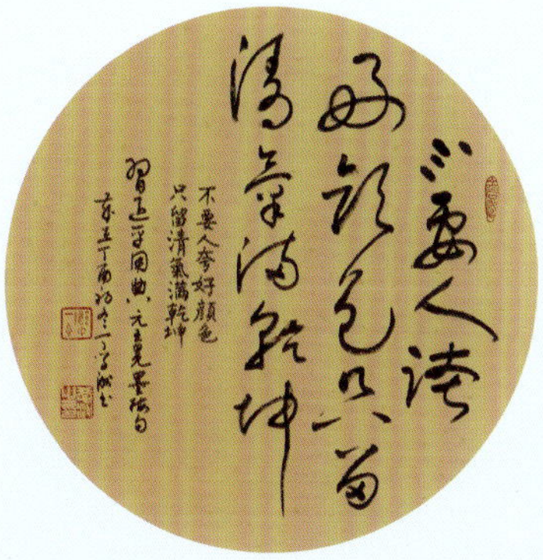

杨秀泽艺术简历

杨秀泽，1981年生，贵州省榕江县人，侗族，现居北京。早年拜湖北美术教育家季士林先生为师学习国画。2008年考入中国国家画院，师从著名花鸟画家詹庚西先生。2011年研读于中国工笔画学会工笔画高级研修班，师从著名花鸟画家李魁正先生。2015年研读于文化部文化艺术人才中心翰墨艺术书法高级研修班，师从著名书法家张荣庆先生。

现为中国美术家协会会员、中国工笔画学会会员、中国少数民族美术促进会会员、贵州省黔东南州美术家协会副主席、贵州省美术家协会会员、中国当代艺术家研究会理事、国家民族画院特聘画家。

作品获奖：

2014年作品《晨妆》荣获翰墨齐鲁—全国首届花鸟画作品展优秀奖（中国美协）

2014年作品《瑞雪》荣获全国第三届少数民族美术作品展优秀奖（中国美协）

2015年作品《故园晨韵》荣获第三届吉祥草原丹青鹿城全国中国画作品展优秀奖（中国美协）

2015年作品《晓雾晨风》荣获“古蜀文脉·墨韵天府”—全国中国画作品展优秀奖（中国美协）

作品入选：

2010年作品《高原情》入选《民族百花奖》中国各民族美术作品展（中国美协）

2013年作品《晨曲》入选纪念恽南田诞辰380周年暨全国花鸟画作品展（中国美协）

2013年作品《晓妆》入选首届"八大山人"全国花鸟画大展（中国美协）

2014年作品《盛世太平》入选全国第四届中国画线描艺术展（中国美协）

2014年作品《盛世太平》入选精致立场—全国第二届现代工笔画大展（中国美协）

2014年作品《万山红遍》入选中国国家画院导师工作室教学十周年系列成果精粹展（中国国家画院）

2015年作品《国香瑞色》入选“高洁品性--兰蕙人生”全国中国画作品展（中国美协）

2015年作品《故园秋声》入选2015年全国中国画作品展（中国美协）

2015年作品《清风太平》入选“南田风韵”第二届恽南田全国花鸟画作品展（中国美协）

2015年作品《暖阳》入选纪念潘·兹诞辰100周年全国中国画作品展（中国美协）

2015年作品《黔乡晨韵》入选第七届贵州省青年美术作品展(贵州省文联)

4.0%。宾馆、酒店、度假村开房率67.6%，比上年降低0.6个百分点。

【金融和保险】2016年年末，深圳市全部金融机构本外币各项存款余额64407.81亿元，比上年增长11.5%；金融机构本外币各项贷款余额40526.90亿元，增长24.9%。

全年保险机构原保险保费收入834.45亿元，比上年增长28.9%。其中，财产险237.40亿元，增长10.7%；人身险597.05亿元，增长37.9%。各项赔付支出218.55亿元，增长23.7%。其中，财产险业务支出119.62亿元，增长14.4%；人身险业务支出98.93亿元，增长37.0%。

4

2016年珠海市经济发展概况

【经济总量】2016年，珠海市全年实现地区生产总值（GDP）2226.37亿元，同比增长8.5%。其中，第一产业增加值48.21亿元，增长1.4%，对GDP增长的贡献率为0.4%；第二产业增加值1059.77亿元，增长5.8%，对GDP增长的贡献率为33.6%；第三产业增加值1118.39亿元，增长11.7%，对GDP增长的贡献率为66.0%。三次产业的比例为2.2：47.6：50.2。在服务业中，现代服务业增加值661.66亿元，增长12.6%，占GDP的29.7%。在第三产业中，批发和零售业增长8.3%，住宿和餐饮业增长4.2%，金融业增长12.4%，房地产业增长16.4%。民营经济增加值776.72亿元，增长12.3%，占GDP的34.9%。2016年，珠海市人均GDP达13.45万元，按平均汇率折算为2.02万美元。

【农业】2016年，珠海市全年完成农林牧渔业总产值91.32亿元，增长1.2%。其中农业产值13.13亿元，下降5.2%；林业产值0.35亿元，增长5.6%；牧业产值11.72亿元，下降9.2%；渔业产值57.49亿元，增长6.4%；农林牧渔服务业产值8.63亿元，增长3.8%。

【工业和建筑业】2016年，珠海市全市工业增加值比上年增长5.8%。规模以上工业增加值增长5.9%。其中，国有及国有控股企业增长2.2%，民营企业增长18.8%；港澳台及外商投资企业增长2.7%，股份制企业增长8.4%，集体企业增长30.9%。在规模以上工业增加值中，轻工业增长2.1%，重工业增长8.2%，规模以上轻重工业保持上年的37.7：62.3。分企业规模看，大中型企业增长3.6%。分地区看，香洲区、金湾区和斗门区规模以上工业增加值分别增长5.8%、8.7%和0.7%。

年末全市拥有资质等级以上独立核算总承包和专业承包建筑业企业408家，比上年增长4.6%；实现建筑业增加值126.58亿元，按可比价格计算比上年增长5.5%。

【固定资产投资】2016年，珠海市全年完成固定资产投资1389.75亿元，比上年增长6.5%。其中，房地产开发投资641.03亿元，增长22.3%。分投资主体看，国有经济投资342.96亿元，下降25.5%；非国有经济投资1046.79亿元，增长23.9%；其中民营经济投资638.80亿元，增长32.7%；港澳台、外商经济投资228.84亿元，增长23.3%。分产业看，第二产业投资287.47亿元，增长11.4%，其中工业投资287.47亿元，增长11.4%，工业投资中的制造业投资241.28亿元，增长10.2%；第三产业投资1099.25亿元，增长5.2%。全年在建项目264个，增长9.1%；新开工项目58个，下降32.6%。

【科学技术】2016年，珠海市全年有14个项目获广东省科学技术奖，全年申请专利18059件，增长59.3%。其中，发明专利7642件，增长72.9%。专利授权量9287件，增长36.8%，其中发明专利授权量1796件，增长44.8%。年末发明专利拥有量5470件，增长49.2%。《专利合作条约》（PCT）国际专利申请量239件，增长59.3%。全年经各级科技行政部门登记技术合同512项；技术合同成交额14.73亿元。截止年底，全市经认定的高新技术企业787家，新增390家。全市共有省级新型研发机构12家，省级以上孵化器11家。拥有国家级工程研究中心4家，省级132家，市级74家；已建立国家级企业技术研究中心3个、省级50个、市级重点企业技术中心240个。拥有广东省战略新兴产业基地5家。

【国内贸易和对外经济】2016年，珠海市全年社会消费品零售总额1016.13亿元，比上年增长11.0%。其中，批发业零售额225.70亿元，增长12.3%；零售业零售额675.76亿元，增长10.6%；住宿餐饮业零售额114.67亿元，增长10.9%。

全年完成外贸进出口总额2753.05亿元，下降7.0%。其中，出口1802.26亿元，增长0.5%；进口950.80亿元，下降18.6%。进出口差额（出口减进口）851.46亿元，比上年增加225.51亿元。

【交通、邮电和旅游】2016年，珠海市全年交通运输、仓储和邮政业实现增加值46.40亿元，比上年增长0.5%。

全年完成邮电业务总量139.7亿元（2010年不变价），增长53.1%，其中，邮政业务总量15.74亿元，增长6.0%；通信业务总量123.98亿元，增长62.3%。年末固定电话用户达到64.5万户；年末移动电话用户347.7万户；年末（固定）互联网宽带接入用户83.92万户，增长5.6%。

全年接待入境旅游人数492.06万人次，增长4.4%。其中，外国人63.7万人次，增长6.2%；香港、澳门和台湾同胞428.36万人次，增长4.2%。在入境旅游人数中，过夜游客317.23万人次，增长2.5%。国际旅游外汇收入10.45亿美元，增长8.5%。接待国内游客3409.24万人次，增长9.2%，其中过夜游客1909.18万人次，增长11.7%。国内旅游收入247.71亿元，增长14.0%。酒店平均开房率59.04%，比上年高1.53个百分点。全年各主要旅游景点共接待游客2111.09万人次，增长5.4%。旅行社组团国内游107.86万人次，增长13.9%；出境游49.44万人次，增长20.6%。实现旅游总收入317.08亿元，增长14.6%。

【金融和保险】2016年年末，珠海市全市中外资银行业金融机构本外币各项存款余额6124.26亿元，比年初增长13.8%。其中，住户存款余额1457.49亿元，增长10.2%；非金融企业存款余额3359.92亿元，增长30.2%；广义政府存款余额909.27亿元，增长6.8%；非银行业金融机构存款余额144.23亿元，下降58.0%。年末中外资银行业金融机构本外币各项贷款余额4098.08亿元，比年初增长38.0%。其中，住户贷款余额1808.91亿元，增长75.3%；非金融企业及机关团体贷款余额2070.21亿元，增长10.7%。银行业金融机构本年利润（税后）88.60亿元，增长26.8%。

全市共有各类保险营业机构（含网点）134个，比上年增加11个。全年实现保费收入85.20亿元，同比增加8.4%。其中，寿险公司保费收入59.02亿元，增长10.6%；财产保险公司保费收入26.18亿元，增长3.8%；健康险和意外伤害险业务保费收入0.96亿元，增长10.4%。保险深度（保费收入占GDP比重）3.83%。全年共赔（给）付金额30.05亿元，增长20.2%。其中，寿险公司赔（给）付支出17.86亿元，增长54.6%，财产保险公司赔款支出12.19亿元，增长9.4%；健康险和意外伤害险赔付支出0.45亿元，增长40.6%。

5

2016年汕头市经济发展概况

【经济总量】2016年，汕头市全年实现地区生产总值（GDP）2080.54亿元，比上年增长8.7%。其中，第一产业增加值107.57亿元，增长3.4%；第二产业增加值1051.59亿元，增长9.0%；第三产业增加值921.38

亿元，增长9.0%。三次产业结构由上年的5.2：51.5：43.3调整为5.2：50.5：44.3。在第三产业增加值中，批发和零售业增长7.1%，住宿和餐饮业增长3.6%，金融业增长4.6%,房地产业增长14.5%。现代服务业加快发展，实现增加值403.59亿元，增长11.3%。民营经济增加值1480.88亿元，增长10.4%。全市人均GDP37382元，增长8.2%。

【农业】2016年，汕头市全年农林牧渔业增加值109.41亿元，比上年增长3.5%；农林牧渔业总产值197.56亿元，增长3.5%。其中，农业产值100.54亿元，增长2.9%；林业产值0.75亿元，增长6.6%；牧业产值33.79亿元，增长4.8%；渔业产值58.01亿元，增长3.8%；农林牧渔服务业产值4.47亿元，增长7.6%。

【工业和建筑业】2016年，汕头市全年完成工业增加值958.70亿元，比上年增长8.9%，占地区生产总值的比重由上年的47.0%下降为46.1%。先进制造业和高技术制造业增加值分别为110.06亿元和44.03亿元，增长11.6%与18.4%。完成工业总产值4321.17亿元，增长9.6%。其中，规模以上工业总产值3325.16亿元，增长10.5%。规模以上工业产值占全部工业总产值77.0%。在规模以上工业总产值中，国有及国有控股企业下降3.4%、集体企业增长40.2%、股份制企业增长14.1%、外商及港澳台商投资企业下降1.6%；大中型企业完成产值1771.25亿元，增长7.7%；轻、重工业中重工业产值占规模以上工业总产值27.2%。规模以上工业实现销售产值3204.59亿元，增长10.1%；完成出口交货值403.30亿元，增长0.3%；工业产品销售率96.4%。

全市资质等级以上建筑企业完成建筑业总产值453.47亿元，比上年增长12.0%。房屋建筑施工面积4388.16万平方米，增长4.0%；房屋竣工面积1462.46万平方米，增长36.9%。

【固定资产投资】2016年，汕头市全年完成固定资产投资1579.53亿元，比上年增长24.0%。从投资经济类型看，国有投资163.48亿元，增长6.1%；民间投资1333.28亿元，增长26.8%。从三次产业投资看，第一产业投资10.12亿元，增长20.1%；第二产业投资849.30亿元，增长28.4%，其中工业投资847.45亿元，增长28.4%；第三产业投资720.11亿元，增长19.1%，其中交通运输、仓储和邮政业投资46.81亿元，增长21.7%，现代服务业投资597.14亿元，增长19.0%。在固定资产投资资金来源总计中，国内贷款43.12亿元，增长4.0%；利用外资0.48亿元，下降14.5%；自筹资金1369.48亿元，增长17.2%，其中企事业单位自有资金1029.53亿元，增长16.2%。全年施工项目（不含房地产）3652个，增长34.5%，其中新开工项目3363个，增长35.8%。新增固定资产1303.78亿元，增长26.8%。

【科学技术】2016年，汕头市全市县及县以上国有独立研究与开发机构、科研情报和文献机构14个，获科技成果38项，比上年下降17.4%，达到或超过国内先进水平36项，下降18.2%，获省科技进步奖5项，与上年持平；签订各类技术合同57项，增长111.1%，技术交易额7456.9万元，增长262.7%。专利申请量与授权量分别为12777件和7924件，分别增长30.0%与3.6%。至年末，省认定高新企业数324家，全部达到国家级高新企业标准，增长116.0%。

【国内贸易和对外经济】2016年，汕头市全年社会消费品零售总额1515.19亿元，比上年增长12.3%。其中，城镇消费品零售额1105.26亿元，增长12.9%；农村消费品零售额409.94亿元，增长10.7%。分行业看，批发和零售业零售额1428.57亿元，增长12.5%；住宿和餐饮业零售额86.62亿元，增长8.7%。在限额以上批发和零售业商品销售中，通过互联网实现的商品销售额24.68亿元，增长11.6%。

全市进出口总额85.27亿美元，比上年下降8.2%。其中，进口总额21.01亿美元，下降16.9%；出口总额64.26亿美元，下降4.9%。进出口差额（出口减进口）43.24亿美元，比上年增加0.98亿美元。

【交通、邮电和旅游】2016年，汕头市全年交通运输、仓储和邮政业实现增加值52.36亿元，比上年增长11.3%。货物运输总量5990.18万吨，增长4.0%。货物运输周转量135.59亿吨公里，下降16.5%。

全年完成邮电业务总量221.53亿元（按2010年不变价格计算，下同），增长64.7%。其中，邮政业务总量（含快递）46.27亿元，增长79.7%；电信业务总量175.27亿元，增长61.2%。全年完成邮电业务总收入

52.42亿元，增长0.6%。其中，邮政业务收入3.44亿元，增长14.6%；电信业务收入48.98亿元，下降0.2%。

全市拥有旅行社90家，星级宾馆（酒店）31家，其中三星级及以上26家。全市接待过夜游客1628.97万人次，比上年增长12.5%。其中国际游客24.40万人次，增长15.3%；国内游客1604.57万人次，增长12.5%。各A级旅游景区接待游客901.46万人次，增长5.0%。旅行社组织出境游5.00万人次、国内游42.03万人次，分别增长12.1%和6.5%。实现旅游总收入353.75亿元，增长36.0%，其中旅游外汇收入11601万美元，增长30.0%。

【金融和保险】2016年年末，汕头市全市金融机构（含外资）本外币存款余额3125.20亿元，比上年增长9.4%。其中，住户存款余额2093.10亿元，增长9.1%；非金融企业存款余额567.65亿元，增长12.8%。年末金融机构（含外资）本外币贷款余额1303.90亿元，增长8.7%。其中，住户贷款436.15亿元，增长21.8%；非金融企业及机关团体贷款865.88亿元，增长4.1%；银行结汇收入50.69亿美元，下降2.4%。

全市有保险公司43家，比上年增加2家；全年保费收入88.66亿元，比上年增长20.3%。其中财产险保费收入21.42亿元，增长6.9%；人寿险保费收入67.24亿元，增长25.3%。赔付支出金额32.51亿元，增长20.2%。其中财产险赔付支出金额9.70亿元，增长1.1%；人身险赔付支出金额22.80亿元，增长30.7%。

6

2016年佛山市经济发展概况

【经济总量】2016年，佛山市全年实现地区生产总值（GDP）8630.00亿元，比上年增长8.3%。其中第一产业增加值144.60亿元，增长3.0%；第二产业增加值5110.09亿元，增长7.5%；第三产业增加值3375.32亿元，增长9.7%。在第三产业中，交通运输、仓储和邮政业增长5.3%，批发和零售业增长7.4%，住宿和餐饮业增长3.5%，金融业增长5.6%，房地产业增长18.9%，其他服务业增长8.6%。三次产业结构为1.7：59.2：39.1。在现代产业中，先进制造业增加值1809.65亿元，增长11.0%；高技术制造业增加值376.91亿元，增长10.0%；现代服务业增加值1974.56亿元，增长12.2%。民营经济增加值5480.67亿元，占全市生产总值的比重为63.5%

【农业】2016年，佛山市全年粮食作物播种面积30.96万亩，与上午基本持平；蔬菜种植面积72.32万亩，下降1.7%；经济作物播种面积18.14万亩，下降12.4%

【工业和建筑业】2016年，佛山市全年全部工业完成增加值5028.84亿元，比上年增长7.6%。规模以上工业（以下口径相同）增加值4718.72亿元，增长7.7%。其中，国有及国有控股企业增长4.3%，民营企业增长8.1%，外商及港澳台投资企业增长9.1%，股份制企业增长7.2%集体企业增长9.1%，股份合作企业增长4.5%。分轻重工业看，轻工业增长5.4%，重工业增长9.4%。分企业规模看，大型企业增长8.0%，中型企业增长7.9%，小微型企业增长7.4%。

全年资质等级以上建筑业企业完成建筑业总产值500.09亿元，比上年增长1.9%。

【固定资产投资】2016年，佛山市全年固定资产投资完成3512.04亿元，比上年增长15.7%，其中，民间投资完成2527.75亿元，增长17.3%。分三次产业看，第一产业投资16.85亿元，增长48.4%。第二产业投资1466.57亿元，增长20.4%。其中，工业投资1463.59亿元，增长20.1%；工业技术改造投资553.60亿元，增长43.4%；装备制造业投资611.55亿元，增长28.7%。第三产业投资2028.63亿元，增长12.3%。

【科学技术】2016年年末，佛山市共有各级工程中1764家，其中省级工程中心395家，市级工程中心

627家。高新技术企业1388家。新增省级工程中心106家。全年获省级科学技术奖励12项，市级科学技术奖励93项。全年发明专利申请量18273件，授权量3348件。新增中国驰名商标4件。全年获得广东省名牌产品177个，其中复评78个，新增99个，有效期内广东名牌产品500个。

【国内贸易和对外经济】2016年，佛山市全年社会消费品零售总额3017.76亿元，比上年增长11.6%。分地域看，城市消费品零售额2393.69亿元，增长11.6%；农村消费品零售额624.07亿元，增长11.4%。分行业看，批发和零售业进零售2707.41亿元，增长11.9%；住宿和餐饮零售额310.35亿元，增长8.6%。

全年进出口总额4130.8亿元，比上年增长1.1%。其中出口3105.4亿元，增长3.6%；进口1025.5亿元下降5.8%。实现外贸顺差2079.9亿元。

【交通、邮电和旅游】2016年，佛山市全年公路和水路运输方式完成客运量5307万人，比上年增长2.0%。其中公路运输5246万人，增长2.1%；水路运输61万人，下降6.8%。完成旅客周转量63.49亿人公里，增长15.1%。其中公路运输62.72亿人公里，增长15.5%；水路运输0.78亿人公里，下降7.0%。

全年完成邮电业务总量450.29亿元，比上年增长59.2%。其中邮政业务总量65.80亿元，增长40.1%；电信业务总量384.48亿元，增长63.0%。年末本地电话用户231.43万户，减少21.84万户；移动电话用户1177.11万户，减少95.33万户；（固定）互联网用户244.43万户，增加0.58万户。

全年接待旅游者人数4570万人次，比上年增长8.09%。在旅游人数中，接待过夜旅游者1351万人次，增长7.81%，其中外国人25.52万人次，增长4.32%；香港、澳门和台湾同胞114.24万人次，增长1.08%。全年旅游总收入624.73亿元增长14.36%。

【金融和保险】2016年年末，佛山市全市中外资银行业金融机构本外币各项存款余额13281.61亿元，比年初增长11.91%。其中住户存款6736.22亿元，比年初增长8.09%；非金融企业存款4227.52亿元，比年初增长15.68%。本外币各项贷款余额8717.81亿元，比年初增长9.65%；其中中长期贷款余额3031.97亿元，比年初增长44.54%。

全年保费收入346.73亿元，其中财产险保费收入93.69亿元，人身险保费收入253.04亿元。各项理赔和给付支出90.19亿元，其中财产险46.61亿元，人身险43.58亿元。

7

2016年江门市经济发展概况

【经济总量】2016年，江门市全年实现地区生产总值（GDP）2418.78亿元，比上年增长7.4%。分产业看，第一产业增加值189.13亿元，增长3.0%；第二产业增加值1147.45亿元，增长6.8%；第三产业增加值1082.2亿元，增长8.8%。在第三产业增加值中，交通运输、仓储和邮政业增长5.2%，批发和零售业增长2.6%，住宿和餐饮业增长4.0%，金融业增长5.4%，房地产业增长11.3%。三次产业结构为7.8：47.4：44.8。人均地区生产总值53374元，增长7.0%。

【农业】2016年，江门市全年粮食作物播种面积287.24万亩，比上年增长0.3%；糖蔗种植面积2.74万亩，下降9.4%；油料种植面积17.40万亩，下降6.9%；蔬菜种植面积94.40万亩，增长2.4%。

【工业和建筑业】2016年，江门市全年规模以上工业增加值增长7.0%，分注册类型看，国有及国有控股企业下降6.7%，民营企业增长11.8%，外商及港澳台投资企业增长5.9%，股份制企业增长9.3%，集体企业下降72.8%；分轻重工业看，轻工业增长8.8%，重工业增长5.2%；分企业规模看，大型企业下降2.9%，中型企业增长9.2%，小型企业增长14.9%。

全年建筑业增加值65.86亿元，增长5.9%。资质等级以上建筑企业169个。

【固定资产投资】2016年，江门市全年固定资产投资1517.77亿元，比上年增长16.0%。分经济类型看，国有经济投资312.64亿元，下降11.2%；港澳台及外商经济投资241.89亿元，增长24.7%；民间经济投资897.05亿元，增长19.6%。分产业看，第一产业投资8.87亿元，下降21.2%；第二产业投资694.25亿元，增长18.1%，其中制造业投资增长25.0%；第三产业投资814.65亿元，增长15.1%。

【科学技术】2016年，江门市全年地方财政科学技术支出9.47亿元，比上年增长20.1%。全市累计国家级高新技术企业357家；省级科技计划项目48项。专利申请量13365件，其中发明专利3244件；专利授权量6762件，其中发明专利544件。全市拥有各类专业技术人数18.72万人，增长4.2%，其中中级职称以上7.44万人，增长4.6%。

【国内贸易和对外经济】2016年，江门市全年社会消费品零售总额1159.06亿元，比上年增长12.1%。分地域看，城镇消费品零售额879.82亿元，增长11.9%；农村消费品零售额279.24亿元，增长12.5%。分行业看，批发和零售业零售额1045.08亿元，增长12.5%；住宿和餐饮业零售额113.98亿元，增长8.5%。

全年海关进出口总额1261.8亿元，比上年增长4.1%。其中，进口总额268.2亿元，下降3.1%；出口总额993.6亿元，增长6.2%。分贸易方式看，一般贸易出口659.9亿元，增长12.6%；加工贸易出口312.6亿元，下降9.3%。分企业性质看，民营企业出口497.4亿元，增长20.4%；外商投资企业出口491.5亿元，下降5%。

【交通、邮电和旅游】2016年年末，江门市公路通车里程10085公里，其中高速公路437公里，一级公路741公里。年末机动车拥有量250.57万辆，比上年末下降9.4%，其中，民用汽车保有量61.05万辆，增长17.0%，民用汽车中的私人轿车35.56万辆，增长19.6%；摩托车保有量189.20万辆，下降15.6%，摩托车中私人摩托车188.63万辆，下降15.5%。年末拥有机动船538艘，下降7.7%。

全年邮电业务总量166.02亿元（2010年不变价，下同），比上年增长62.7%，其中，邮政业务总量16.08亿元，增长27.8%；通信业务总量149.94亿元，增长67.6%。年末固定电话用户129.82万户，移动电话用户565.32万户。

全年旅游总收入409.90亿元，比上年增长20.7%。旅游住宿设施接待游客2000.56万人次，增长15.1%，其中，国际游客222.70万人次，增长14.2%；国内游客1777.86万人次，增长15.2%。旅行社组织境内游58.04万人次，增长5.3%；组织出境游14.71万人次，增长17.2%。全年旅游宾馆客房出租率62.3%。

【金融和保险】2016年年末，江门市金融机构本外币存款余额4030.37亿元，比上年末增长7.0%，其中，境内存款余额3870.42亿元，增长7.1%；境外存款余额159.95亿元，增长3.5%。金融机构本外币贷款余额2469.83亿元，增长11.4%，其中，境内贷款余额2449.33亿元，增长11.2%；境外贷款余额20.5亿元，增长29.7%。

年末各类保险公司53家。全年保费收入102.91亿元，比上年增长9.7%，其中，寿险业务保费收入72.65亿元，增长11.3%；财产险业务保费收入30.25亿元，增长6.2%。共支付各项赔款38.71亿元，增长5.7%，其中，寿险业务给付24.63亿元，增长8.3%；财产险业务赔款14.08亿元，增长1.4%。

8

2016年湛江市经济发展概况

【经济总量】2016年，湛江市全年实现地区生产总值（GDP）2584.78亿元，按可比价计算比上年增长7.9%。其中，第一产业增加值507.28亿元，增长4.0%，对GDP增长贡献率为9.6%；第二产业增加值984.74亿元，增长10.6%，对GDP增长贡献率为51.1%；第三产业增加值1092.77亿元，增长7.3%，对GDP增长贡献率为39.3%。三次产业结构为19.6∶38.1∶42.3。在第三产业中，交通运输、仓储和邮政业增长8.4%，批发和零售业增长3.1%，住宿和餐饮业增长4.8%，金融业下降0.1%，房地产业增长8.3%，营利性服务业增长20.2%，非营利性服务业增长7.6%。在现代产业中,高技术制造业增加值下降7.6%；先进制造业增加值增长16.7%；现代服务业增加值增长9.3%。民营经济增加值1646.96亿元，比上年增长8.5%。全市人均GDP为35617元，比上年增长7.4%。

【农业】2016年，湛江市全年完成农林牧渔业总产值807.96亿元，比上年增长4.0%。全年粮食种植面积432.23万亩，增加1.31万亩；糖蔗种植面积184.06万亩，减少4.45万亩；花生种植面积29.63万亩，增加1.31万亩；蔬菜种植面积236.89万亩，增加7.44万亩。

【工业和建筑业】2016年，湛江市全年全部工业完成增加值862.21亿元，比上年增长10.7%。规模以上工业企业实现增加值766.52亿元，增长11.5%；其中：国有及国有控股企业实现增加值215.72亿元，增长20.8%；股份制企业实现增加值462.51亿元，增长14.1%；外商及港澳台企业实现增加值262.53亿元，增长7.8%；按轻、重工业分，轻工业增加值359.47亿元，增长11.1%；重工业增加值407.05亿元，增长11.7%。

全年建筑业增加值127.49亿元，比上年增长9.7%；全市资质等级以上建筑企业125家，实现总产值533.15亿元，比上年增长15.9%；实现利润总额10.7亿元，增长19.4%。房屋建筑施工面积3723.52万平方米，增长10.8%。

【固定资产投资】2016年，湛江市全年固定资产投资1531.60亿元，比上年增长16.6%，其中：基础设施投资完成451.88亿元，增长27.5%；基础产业投资完成704.35亿元，增长7.5%。在固定资产投资中,第一产业投资103.68亿元，增长110.1%；第二产业投资565.02亿元，下降0.2%；第三产业投资862.90亿元，增长23.6%。

【科学技术】2016年年末，湛江市全市县及县以上国有独立研究与开发机构、科技情报和文献机构共25个；全年投入市级科技三项经费0.7亿元，比上年下降52.3%。全年组织实施国家、省、市科技计划项目347项；全年获市级科学技术奖72项。全年申请专利量6726件，比上年增长107%。其中，发明专利672件，增长35.8%；专利授权量2564件，增长3.1%；全年共签订技术合同154项，技术合同成交金额4757万元；全市共有省级以上高新技术企业79家，实现高新技术产品产值531亿元，增长10.0%。

【国内贸易和对外经济】2016年，湛江市全年批发和零售业实现增加值212.34亿元，比上年增长3.1%；住宿和餐饮业实现增加值39.92亿元，比上年增长4.8%。

全年外贸进出口总额304.44亿元，比上年下降4.6%。其中：进口总额109.65亿元，下降24.2%；出口总额194.79亿元，增长11.8%。

【交通、邮电和旅游】2016年，湛江市全年交通运输仓储邮电通信业实现增加值129.04亿元，增长8.4%。全年货运总量19954万吨，增长4.9%。其中，铁路运输2600万吨，下降3.4%；公路运输12351万吨，增长11.1%；水上运输3672万吨，增长2.9%。

全年完成邮电通信业务总量比上年增长67.8%；其中通信业务总量增长67.4%，邮政业务总量增长73.3%。年末本地交换设备容量218.9万门，增加25.6万门，增长13.2%。年末本地电话用户63.34万户，其中城市电话用户40.09万户，乡村电话用户23.25万户。年末移动电话用户692.13万户，增加45.43万户。年末全市电话用户总数755.47万户，增加42.37万户。

全年接待旅游总人数3782.85万人次，比上年增长13.7%；旅游总收入349.52亿元，比上年增长28.7%。国内旅游人数3745.8万人次，增长13.7%；国内旅游总收入344.26亿元，增长28.9%。全年接待境外游客人数37.1万人次，增长11.7%。其中，外国人18.15万人次，增长18.2%；香港、澳门和台湾同胞18.9万人次，增长6.1%。在国际入境旅游者中，入境过夜人数30.1万人次，增长13%。全年出境人数1.2万人次，比上年增长4.4%。国际旅游外汇收入8512.22万美元，增长16.5%。

【金融和保险】2016年，湛江市全市全年金融业实现增加值77.17亿元，比上年下降0.1%。年末全市金融机构本外币各项存款余额2847.29亿元，比年初增长6.1%，其中，金融机构人民币存款余额2834.50亿元，增长6.0%。

年末全市有各类保险公司42家，全年保费收入73.89亿元，比上年下降5.7%。其中，财产险保费收入18.62亿元，增长15.8%，占全年保费收入的25.2%；人寿险保费收入55.27亿元，下降11.2%，占全年保费收入的74.8%。全年各类保险赔付和给付支出27.11亿元，增长26.8%。其中，财产险赔款10.21亿元，增长3.5%；寿险给付和赔付16.91亿元，增长46.8%。

9

2016年茂名市经济发展概况

【经济总量】2016年，茂名市全年实现地区生产总值（GDP）2636.74亿元，比上年增长7.1%。其中，第一产业增加值433.49亿元，增长4.2%，对GDP增长的贡献率为9.3%；第二产业增加值1060.16亿元，增长7.6%,对GDP增长的贡献率为43.5%；第三产业增加值1143.09亿元，增长7.7%,对GDP增长的贡献率为47.2%。三次产业结构为16.4：40.2：43.4。人均地区生产总值43211元,增长6.4%。

【农业】2016年，茂名市全年粮食作物播种面积374.38万亩，增长0.5%；糖蔗种植面积6.99万亩，增长2.5%；油料种植面积70.29万亩，增长1.2%；蔬菜种植面积164.27万亩，增长3.8%。水果种植面积356.99万亩，增长0.3%，其中,荔枝面积139.11万亩，减少0.6%；龙眼面积78.32万亩，增长0.5%。

【工业和建筑业】2016年，茂名市全年工业增加值增长7.1%，其中规模以上工业完成总产值2492.73亿元，实现增加值765.51亿元，增长7.4%，按隶属关系分，中央省属企业增长0.1%，地方企业增长12.5%；按企业类型分，大型企业增长1.0%，中型企业下降5.9%，小型企业增长15.8%；按行业分，其中石油加工业增长0.1%，化学工业增长5.7%，农副食品加工业增长13.7%，非金属矿物制品业增长29.1%。全年工业经济效益综合指数563.49%；全员劳动生产率48.60万元/人年，产品销售率98.3%。主营业务收入增长6.8%；利润总额增长22.7%。

全年资质等级以上建筑企业完成施工产值569.34亿元，增长18.4%；竣工产值390.61亿元，增长31.9%。

【固定资产投资】2016年，茂名市全年固定资产投资1262.76亿元，增长13.2%。分产业看，第一产业投资37.71亿元，增长20.8%；第二产业投资729.39亿元，增长8.3%；第三产业投资495.66亿元，增长

20.8%，其中房地产开发投资109.84亿元，增长7.0%。全年商品房施工面积1596.97万平方米，增长17.7%；竣工面积104.64万平方米，增长46.5%；销售面积321.26万平方米，增长18.8%。

【科学技术】2016年，茂名市全年组织申报国家、省级各类科技项目250项；全市专利申请量5240件，增长48.1%，其中发明专利申请1132件，增长74.2%。全市有专利高新技术企业70家，其中年产值在亿元以上的有18家。

【国内贸易和对外经济】2016年，茂名市全年社会消费品零售总额1339.88亿元，增长10.3%。分地域看，城镇消费品零售额907.95亿元，增长9.6%；乡村消费品零售额431.93亿元，增长11.9%。分行业看，批发零售贸易业零售额1224.03亿元,增长10.2%；住宿和餐饮业零售额115.85亿元,增长11.9%。

全年进出口总额104.17亿元，增长2.2%。其中，出口总额74.85亿元，增长9.0%；进口总额29.32亿元，下降11.9%。

【交通、邮电和旅游】2016年，茂名市全年完成公路客运量5909万人，增长6.5%；旅客周转量54.94亿人公里，增长8.5%；货运量9053万吨，增长9.5%；货物周转量150.93亿吨公里，增长13.5%。完成水路客运量68万人，增长7.0%；水路旅客周转量1154万人公里，增长21.1%；水路货运量600万吨，增长10.7%；水路货物周转量63.87亿吨公里，增长11.9%。港口货物吞吐量2552万吨，下降4.3%。

全年完成邮电业务总量145.38亿元，增长67.7%。其中邮政业务总量8.32亿元，增长33.3%，电信业务总量137.06亿元，增长70.3%。年末固定电话用户58.73万户，下降8.4%，移动电话年末户数354.9万户（有效用户），下降1.9%。

全年城市住宿设施接待过夜游客843.36万人次，增长18.5%。其中国际游客3.85万人次，增长5.2%；国内游客839.50万人次，增长18.6%。旅行社组织国内游20.04万人次，出境游1.35万人次。全年旅游业总收入242.31亿元，增长31.0%。其中旅游外汇收入1442万美元，下降17.1%。星级酒店开房率68.4%。

【金融和保险】2016年年末，茂名市全市银行业金融机构本外币各项存款余额2216.93亿元，增长12.3%。其中，住户存款余额1532.81亿元，增长8.4%，非金融企业存款231.68亿元，增长42.6%。各项贷款余额1005.87亿元，增长17.2%。其中，住户贷款余额497.34亿元，增长15.0%，非金融企业及机关团体贷款508.19亿元，增长19.4%。

全市实现保费收入55.68亿元，下降0.6%。其中，寿险业务保费收入35.46亿元，下降9.9%；财产险业务保费收入20.21亿元，下降0.1%；健康险和意外伤害险业务保费收入8.72亿元，增长93.8%。全年共支付各项赔付和给付19.11亿元，增长12.5%。其中，寿险业务赔付9.99亿元，增长14.8%；财产险业务赔款支出9.12亿元，增长10.1%；健康险和意外伤害险赔付支出2.38亿元，增长15%。

10

2016年肇庆市经济发展概况

【经济总量】2016年，肇庆市全年实现地区生产总值（GDP）2084.02亿元，增长5.0%。其中，第一产业增加值321.89亿元，增长4.0%，对GDP增长的贡献率为11.5%；第二产业增加值1002.03亿元，增长3.7%，对GDP增长的贡献率为36.7%；第三产业增加值760.10亿元，增长7.4%，对GDP增长的贡献率为51.8%。三次产业的结构为15.4：48.1：36.5。在现代产业中，高新技术产业完成增加值66.64亿元，占全部规上工业增加值的比重为7.0%，同比增长5.8%；先进制造业完成增加值313.77亿元,占全部规上工业增加值的比重为

32.9%，同比增长8.2%；装备制造业完成增加值222.31亿元，占全部规上工业增加值的比重为23.3%，同比增长9.8%；现代服务业增加值343.75亿元，占第三产业的比重为45.2%，增长7.0%。按常住人口计算，2016年人均地区生产总值51178元，增长4.4%。

【农业】2016年，肇庆市全年实现农林牧渔业总产值487.16亿元，同比增长3.8%。分行业看，农业、畜牧业、林业、渔业和农林渔服务业产值分别增长3.1%、2.3%、7.7%、4.7%和9.4%。

【工业和建筑业】2016年，肇庆市全市实现规模以上工业增加值952.73亿元，同比增长3.7%。从轻重工业看，轻工业下降6.5%，重工业增长4.0%。从注册经济类型看，民营工业下降0.4%，国有控股企业增长1.3%，外商及港澳台商投资企业增长4.1%。从企业规模看，大型企业增长5.8%，中型企业下降1.3%，小型企业增长0.8%。三大主导行业中，有色金属冶炼和压延加工业下降11.3%，非金属矿物制品业增长0.6%，金属制品制造业增长8.1%。

全年资质等级以上建筑企业84个，下降3.4%；实现增加值59.66亿元，下降2.5%；实现利润总额3.26亿元，下降25.2%；利税总额9.0亿元，增长2.3%。

【固定资产投资】2016年，肇庆市全年完成固定资产投资1373.74亿元，同比增长3.3%。从三次产业看，第一产业投资83.12亿元，下降0.3%；第二产业投资720.00亿元，增长2.0%，其中工业投资717.22亿元，增长2.5%；第三产业投资570.62亿元，增长5.5%。从投资主体看，国有经济投资277.30亿元，增长49.1%；民间投资961.97亿元，下降8.6%；港澳台、外商经济投资134.48亿元，增长123.4%。从区域看，东南板块投资1019.44亿元，增长3.1%；西北板块投资354.30亿元，增长3.7%。

【科学技术】2016年年末，肇庆市全市共有县及县级以上国有研究与开发机构、科技情报和文献机构16个。全市高新技术企业188家，高新技术产品产值预计约1385亿元，比上年增长6%。拥有国家级创新平台8家。已建立省级工程研究中心75家。认定的省级技术创新专业镇22个，市级35个。

【国内贸易和对外经济】2016年，肇庆市全年社会消费品零售总额731.98亿元，同比增长12.9%。从区域看，城镇消费520.73亿元，增长13.8%；农村消费211.25亿元，增长10.7%。从行业看，批发零售业仍是消费品市场发展的主导力量，实现消费656.35亿元，增长13.2%，占总消费比重达到89.7%，拉动增长11.8个百分点。全市限额以上批发零售业通过公共网络实现网上商品零售额97.62亿元，增长73.9%，拉动全市社会消费品零售总额增长6.4个百分点。

全年进出口总额69.87亿美元，同比下降14.9%，增幅比上年回落19.7个百分点。其中，出口47.27亿美元，下降0.8%，增幅比上年回落4.3个百分点；进口22.59亿美元，下降34.4%，增幅比上年回落41.1个百分点。

【交通、邮电和旅游】2016年，肇庆市全年货物运输总量6627万吨，同比增长6.9%；其中，公路5069万吨，增长6.2%；水路1558万吨，增长9.2%。货物运输周转量71.06亿吨公里，增长5.3%；其中，公路45.52亿吨公里，增长4.9%；水路25.54亿吨公里，增长6.0%。全市旅客运输总量3039万人，增长4.6%；旅客运输周转量13.79亿人公里，增长1.6%。港口完成货物吞吐量3236.90万吨，增长10.7%。港口集装箱吞吐量71.31万标准箱，增长2.2%。

全年完成邮电业务总量115.21亿元，同比增长65.0%。其中，邮政业务总量8.51亿元，增长44.6%；通信业务总量106.69亿元，增长66.9%。

全年入境旅游人数50.75万人次，同比增长2.4%。其中，外国人6.55万人次，增长1.6%；香港、澳门和台湾同胞44.20万人次，增长2.5%。在城市接待旅游者中，过夜旅游者1235.90万人次，增长10.0%。全市旅游总收入286.07亿元，增长18.4%。

【金融和保险】2016年年末，肇庆市金融机构本外币存款余额2041.58亿元，比上年末增长14.4%，其中住户存款余额1272.68亿元，增长9.6%。年末，金融机构本外币贷款余额1293.43亿元，比上年末增长0.9%，其中短期贷款余额293.24亿元，下降3.6%；中长期贷款余额983.51亿元，增长2.4%。

2016年，实现保费收入59.58亿元，同比增长15.3%。其中，寿险业务保费收入42.84亿元，财产险业务保费收入16.74亿元，分别增长20.0%和4.8%。全年共支付各项赔款和给付9.22亿元。其中，寿险业务赔付支出1.65亿元；财产险赔付支出7.57亿元。

11

2016年惠州市经济发展概况

【经济总量】2016年，惠州市全年实现地区生产总值（GDP）3412.17亿元，增长8.2%。其中，第一产业增加值172.92亿元，增长4.2%；第二产业增加值1836.45亿元，增长8.1%；第三产业增加值1402.80亿元，增长8.8%。三次产业结构调整为5.1：53.8：41.1。民营经济增加值1489.35亿元，增长10.6%。2016年，惠州人均GDP为71605元，按平均汇率折算为10780美元。

【农业】2016年，惠州市全年粮食作物播种面积176.42万亩，增长0.9%；粮食总产量59.99万吨，增长0.4%；蔬菜总产量298.31万吨，增长7.5%；水果总产量77.37万吨，增长6.1%。

【工业和建筑业】2016年，惠州市全年规模以上工业企业1908家，实现增加值1762.18亿元，增长8.7%。分行业看，电子行业完成增加值678.75亿元，增长7.6%；石化行业完成增加值222.84亿元，增长4.4%；汽车行业完成增加值118.19亿元，增长20.5%。分企业类型看，外商及港澳台投资企业增加值1004.12亿元，增长6.4%；国有企业增加值176.55亿元，与上年持平。民营企业增加值553.20亿元，增长18.8%。规模以上工业企业实现销售产值7580.89亿元，增长5.7%，其中内销产值4945.17亿元，增长11.8%；出口交货值2635.73亿元，下降4.2%。内外销比例为65.2：34.8。先进制造业、高技术制造业增加值占规模以上工业增加值的比重分别为59.3%、42.4%。

【固定资产投资】2016年，惠州市全年固定资产投资2039.71亿元，增长9.4%。分行业看，第一产业投资18.19亿元，下降25.3%；第二产业投资813.55亿元，增长13.5%；第三产业投资1207.97亿元，增长7.6%。分投资主体看，国有经济投资417.91亿元，下降6.4%；民间投资1376.89亿元，增长16.9%；港澳台、外商经济投资186.11亿元，增长24.2%。

【科学技术】2016年年末，惠州市全市共有高新技术企业466家，增长82.7%。科技企业孵化器22家，其中国家级5家，孵化面积70.2万平方米。省级新型研发机构7家、在建16家。省部产学研创新联盟9个、院士工作站3个。众创空间20家，累计引进374个孵化团队。全市专利申请26123件，增长22.0%；专利授权9891件，其中发明专利授权1242件，分别增长1.0%、43.1%。

【国内贸易和对外经济】2016年，惠州市全年社会消费品零售总额1227.88亿元，增长12.3%。分地域看，城镇消费品零售额993.62亿元，增长12.3%；乡村消费品零售额234.26亿元，增长12.2%。分行业看，批发业零售额153.65亿元，增长13.2%；零售业零售额963.84亿元，增长12.2%；住宿业零售额21.72亿元，增长12.6%；餐饮业零售额88.67亿元，增长10.8%。

全年外贸进出口总额3044.78亿元，下降9.8%。其中，出口1972.52亿元，下降8.7%；进口1072.26亿元，下降11.8%。进出口差额（出口减进口）900.26亿元。

【交通、邮电和旅游】2016年年末，惠州市全市境内公路通车里程总长13541公里。其中等级公路

13522公里，高速公路650公里。通车里程公路密度为119公里/百平方公里；等级公路密度为119公里/百平方公里。全年沿海港口完成货物吞吐量5413.9万吨，其中港口集装箱吞吐量16.2万标箱。

全年邮政电信业务收入64.04亿元，增长5.2%。其中，邮政业务收入3.05亿元，增长4.9%；电信业务收入60.99亿元，增长5.2%。年末固定电话用户101.90万户，移动电话697.23万户，其中4G移动电话用户415.47万户。年末共有互联网宽带接入用户149.32万户。

全市共接待国内外游客4713.47万人次，增长15.6%。接待住宿游客2032.92万人次，增长8.9%，其中国内游客1805.40万人次，增长9.8%。全年实现旅游总收入364.13亿元，增长10.3%，其中旅游外汇收入9.26亿美元，增长5.8%。

【金融和保险】2016年年末，惠州市全市金融机构本外币存款余额4974.48亿元，增长29.7%。其中人民币各项存款余额4544.73亿元，增长25.8%。全市金融机构本外币贷款余额3460.97亿元，增长28.1%。其中人民币贷款余额3155.13亿元，增长28.0%。

全市共有各类保险公司52家（含分支机构），全年实现保费收入116.00亿元，增长16.8%。其中，寿险保费收入63.88亿元，增长14.5%；健康险和意外伤害险保费收入15.66亿元，增长34.9%；财产险保费收入36.46亿元，增长14.3%。支付各类保险赔款32.15亿元，增长1.3%。

12

2016年东莞市经济发展概况

【经济总量】2016年，东莞市全年实现地区生产总值（GDP）6827.67亿元，比上年增长8.1%。分产业看，第一产业增加值22.80亿元，下降0.3%；第二产业增加值3172.50亿元，增长7.2%；第三产业增加值3632.37亿元，增长8.9%。三次产业比例为0.3∶46.5∶53.2。人均地区生产总值82682元，增长8.6%。

【农业】2016年，东莞市全市农林牧渔业总产值38.44亿元，比上年增长3.1%。其中农业产值27.01亿元，增长12.4%，占农林牧渔业总产值的70.3%；林业产值0.39亿元，增长3.6%，占1.0%；牧业产值3.50亿元，下降15.2%，占16.9%；渔业产值6.51亿元，下降15.5%，占16.9%。全年农作物总播种面积37.65万亩，其中水果种植面积19.89万亩。全年粮食产量1.26万吨；水产品总产量5.66万吨；蔬菜产量40.43万吨，增长0.7%；生猪出栏11.49万头，下降15.8%；家禽出栏398.27万只，下降1.7%。

【工业和建筑业】2016年，东莞市全年全市规模以上工业实现增加值2878.23亿元，比上年增长7.0%。在规模以上工业中，重工业增加值1750.98亿元，增长13.5%，占60.8%；轻工业增加值1127.25亿元，下降1.5%，占39.2%。

全年全市建筑业实现增加值91.21亿元，比上年增长1.9%。总承包和专业承包建筑企业完成总产值245.18亿元，增长15.5%；施工面积914.05万平方米，下降14.8%；竣工面积349.06万平方米，下降23.0%。总承包和专业承包建筑企业按施工产值计算的全员劳动生产率为34.07万元/人，增长16.4%。

【固定资产投资】2016年，东莞市全年固定资产投资1557.46亿元，比上年增长7.7%。按投资主体分，国有经济投资120.66亿元，下降32.3%；民营经济投资1061.05亿元，增长12.0%；外商及港澳台商投资293.14亿元，增长9.4%。从产业投向看，投资集中在第二、三产业。第二产业投资566.06亿元,其中制造业投资503.74亿元；第三产业投资990.23亿元。

【科学技术】2016年，东莞市全年新增国家高新技术企业1042家，总数达2028家，位居省内地级市首位。全市专利申请量和授权量分别为56653件和28559件，其中，发明专利申请量为17024件，同比增长52.46%，占专利申请总量的30.05%，数量排全省第四位；发明专利授权量为3682件，同比增长31.74%，数量排全省第三位；PCT国际专利申请量为876件，同比增长60.71%，排全省第三位。科技资源加快集聚，全市新增创新型研发机构1家，总数达32家，科技企业孵化载体达到59家，其中国家级11家；成功举办2016中国（东莞）国际科技合作周；全市目前引进省创新科研团队立项总数达到26个，居全省第三；新引进11个市级创新科研团队，总数达到27个；国家自主创新示范区、国家可持续发展实验区建设工作稳步推进。科技金融结合得到加强，大力推进科技信贷、科技保险等工作，推动12家签约银行为我市655家企业发放贷款1017笔，贷款金额达44.62亿元，推动39家企业购买科技保险，保额34亿元，保费399.49万元，申请保费补贴共114.56万元，专利质押融资累计贷款1.22亿元。

【国内贸易和对外经济】2016年，东莞市全年全市批发和零售业实现增加值824.01亿元，增长7.7%；住宿和餐饮业实现增加值158.61亿元，增长0.4%。全年社会消费品零售总额2470.78亿元，比上年增长13.1%。分行业看，批发零售贸易业零售额2308.97亿元，增长13.6%；住宿餐饮业零售额161.81亿元，增长6.7%。

全年全市进出口总额11415.99亿元，增长9.8%。其中进口4859.15亿元，增长22.4%；出口6556.85亿元，增长2.0%。

【交通、邮电和旅游】2016年，东莞市全年全市交通运输、仓储和邮政业实现增加值209.60亿元，增长1.1%。

全年全市公路通车里程5266.25公里，公路密度213.64公里/百平方公里，继续位居全省前列。年末全市机动车保有量（民用）225.11万辆，增长19.7%。其中汽车保有量224.62万辆，增长21.8%。

全年完成邮电业务（含快递）收入295.13亿元，比上年增长18.5%。邮政发送信函9201万件，邮政快递包裹975万件，邮政汇款金额66亿元。年末全市固定电话用户280.54万户；移动电话用户1575.08万户，减少181.67万户。年末互联网用户185.27万户，比上年减少16.47万户；宽带接入用户181.01万户，减少154339户。

年末全市有星级酒店38家，其中五星级酒店16家。全市有旅行社112家，全年接待国际及港澳台游客399.54万人次，增长7.0%。其中接待外国游客110.62万人次，增长5.3%；接待港澳台游客288.92万人次，增长7.7%。国际旅游外汇收入15.31亿美元，下降2.9%。全年接待国内游客3392.43万人次，增长20.1%。旅游总收入445.40亿元，增长12.7%。全年东莞组团外出旅游148.04万人次，增长3.6%。其中，国内旅游131.31万人次，增长5.4%；出境旅游16.72万人次，下降8.3%。

【金融和保险】2016年，东莞市全年全市金融业实现增加值441.64亿元，增长8.2%。

年末全市有各类金融机构129家，其中银行类机构38家（含1家代表处），保险类机构56家，证券期货类机构35家。年末全市金融机构各项本外币存款余额11545.10亿元，同比增长15.8%。其中住户存款余额4943.56亿元，增长6.8%。各项本外币贷款余额6545.66亿元，增长9.4%。在个人消费贷款余额中，个人住房按揭贷款余额2347.74亿元，增长48.2%；个人汽车消费贷款余额3.64亿元，下降19.6%。

全年全市各类保险保费收入472.69亿元，同比增长54.8%。其中财产险保费收入107.61亿元，增长8.6%；人寿险保费收入365.08亿元，增长77.0%。

13

2016年中山市经济发展概况

【经济总量】2016年，中山市全年实现地区生产总值（GDP）3202.78亿元，按可比价格计算，比上年(下同)增长7.8%。其中，第一产业增加值70.12亿元，下降0.4%；第二产业增加值1675.39亿元，增长6.4%，对GDP增长的贡献率为44.9%；第三产业增加值1457.26亿元，增长9.8%，对GDP增长的贡献率为43.6%。三次产业结构调整为2.2∶52.3∶45.5。全市人均GDP达99471元（折14975美元），增长7.1%。

【农业】2016年，中山市全年农业总产值119.13亿元,下降0.4%。全年粮食作物播种22.37万亩，与去年基本持平；经济作物种植8.87万亩，与去年基本持平；蔬菜种植33.35万亩，下降3.0%；水果种植9.6万亩，增长2.1%。粮食总产量15.82万吨，下降3.8%；蔬菜产量50.51万吨，下降3.5%；水果产量18.74万吨，增长2.9%。

【工业和建筑业】2016年，中山市全年实现工业增加值1606.48亿元，增长6.5%。2967家规模以上工业企业完成增加值1385.88亿元，增长6.7%。分经济类型看，国有及国有控股企业增加值98.61亿元，增长10.0%；民营企业613.96亿元，增长10.0%；外商及港澳台商投资企业730.34亿元，增长3.7%；股份制企业631.56亿元，增长10.7%。分轻重工业看，轻工业增加值749.15亿元，增长3.8%；重工业636.73亿元，增长10.2%。

全市建筑业实现增加值69.18亿元，增长4.7%。全市资质等级以上建筑企业施工产值166.61亿元，上升8.4%；房屋建筑施工面积515.04万平方米，上升9.4%；房屋建筑竣工面积234.14万平方米，下降10.2%。建筑企业按施工产值计算的全员劳动生产率41.50万元/人.年，增长24.5%。

【固定资产投资】2016年，中山市全年固定资产投资1149.01亿元，增长8.9%。其中房地产开发投资543.59亿元，增长13.0%。分投资主体看，国有投资124.40亿元，下降2.9%；集体投资37.01亿元，下降36.3%；外商及港澳台投资177.04亿元，增长1.1%；私营个体经济投资306.08亿元，增长23.7%。民间投资完成786.72亿元，增长7.8%，占全年固定资产投资的68.5%。

【科学技术】2016年，中山市全市专利申请量35248件，增长26.46%；专利授权量22127件，下降0.34%，其中发明专利申请量7597件，增长56.09%，发明专利授权量1207件，增长21.67%，PCT专利申请量153件，增长51.5%。全市有31家企业通过企业知识产权管理规范贯标认定。高新技术企业达到882家，数量实现翻番，增长107%，国家和省创新型企业（试点）达到36家。

【国内贸易和对外经济】2016年，中山市全年社会消费品零售总额1205.84亿元，增长11%。按经营地统计，城镇消费品零售额1100.02亿元，乡村消费品零售额105.82亿元，分别增长10.6%和15.3%。分行业看，批发和零售业零售额1095.07亿元，增长11.4%；住宿和餐饮业零售额110.77亿元，增长7.1%。

全年进出口总值2237.80亿元，比上年增长1.3%。其中，出口1763.50亿元，增长1.4%；进口474.30亿元，增长0.6%。进出口差额（出口减进口）1289.20亿元，比上年增加21.63亿元。

【交通、邮电和旅游】2016年，中山市全年交通运输、仓储和邮政业增加值78.23亿元，增长3.0%。全市机动车拥有量113.64万辆，增长9.9%。其中，汽车拥有量83.16万辆，增长17.1%。其中个人汽车76.37辆，增长18.3%。

全年邮政电信业务总量256.02亿元（2010年不变价），增长63.4%。年末全市移动电话用户649.1万户，下降3.9%；本地电话用户96.6万户，下降1.9%。全市互联网宽带接入用户157.4万户，增长15.7%。

全年接待过夜海内外游客1117.81万人次，增长13.27%。其中，外国游客和港澳台游客62.17万人次，国内游客1055.64万人次。旅游景点接待游客1342.17万人次，增长1.92%；旅行社接待总人数220.3万人次，下降3.11%。组团国内游124.93万人次，增长2.93%；出境游26.66万人次，下降14.5%。全年旅游总收入247.0亿元，增长8.6%，其中旅游外汇收入2.72亿美元，下降8.87%。年末全市共有星级酒店22家，星级酒店客房数2500间，客房开房率49.10%。

【金融和保险】2016年年末，中山市全市金融机构本外币各项存款余额5031.00亿元，比年初增长14.9%。在人民币存款中，非金融企业存款1293.95亿元，比年初增长24.1%；住户存款2309.44亿元，比年初增长9.5%。全市金融机构本外币各项贷款余额3367.09亿元，比年初增长16.3%。在人民币贷款中，住户贷款1716.30亿元，比年初增长29.5%；非金融企业及机关团体贷款1492.26亿元，比年初增长3.7%。个人消费贷款余额1434.71亿元，比年初增长41.0%。

年末全市各类保险公司55家。商业保险全年保费收入156.12亿元，增长37.1%。其中，财产险保费收入40.80亿元，增长4.1%；寿险保费收入115.32亿元，增长54.5%。商业保险各类赔付（给付）40.83亿元，增长12.5%。其中，财产险赔付（给付）19.54亿元，寿险赔付（给付）21.29亿元，分别增长10.8%和14.2%。

14

2016年潮州市经济发展概况

【经济总量】2016年，潮州市全年实现地区生产总值（GDP）976.83亿元，增长7.1%，增速比前三季度的6.8%提高0.3个百分点，比上半年的6.6%提高0.5个百分点，呈现稳中有进的发展态势。全市人均生产总值36956元，比上年增长8.6%，按平均汇率折算为5564美元。三次产业增加值分别为71.05亿元、510.77亿元和395亿元，同比分别增长4.2%、6.1%和9%。工业是支撑全市经济发展的主动力，全市实现工业增加值478.49亿元，增长6%，对GDP增长的贡献率达42.1%。分县区看，潮安区GDP增长7.4%，枫溪区GDP增长7.3%，湘桥区GDP增长7.2%，饶平县GDP增长6.8%。

【农业】2016年，潮州市全市农业增加值73.41亿元，比上年增长4.4%；农业总产值123.73亿元，比上年增长4.7%。农作物总播种面积97.09万亩，比上年增长0.8%。粮食播种面积66.88万亩，比上年增长0.7%。

【工业和建筑业】2016年，潮州市全年规模以上工业增加值379.3亿元，增长6.6%。分经济类型看，股份合作企业增加值增长19.9%，集体企业增加值增长12.7%，股份制企业增加值增长7.5%，外商及港澳台投资企业增加值增长3.2%。分轻重工业看，规模以上轻工业增加值增长5.9%，重工业增加值增长9.1%，轻重工业增加值比例为58.9：41.1。规模以上工业销售产值1379.5亿元，增长6.2%，其中，内销产值1162.5亿元，增长7.7%；出口交货值217亿元，下降1.1%。工业产品销售率97.6%。

全市资质以上等级建筑企业59家，实现建筑业总产值44亿元，比上年增长0.4%。房屋建筑施工面积576.5万平方米，比上年下降3.5%。房屋建筑竣工面积197.8万平方米，比上年增长2.7%。

【固定资产投资】2016年，潮州市全市固定资产投资454.6亿元，比上年增长16%。其中，民间投资332.7亿元，增长19.7%，占全市投资比重73.2%。三次产业投资中，第一产业投资17.7亿元，比上年增长129.6%；第二产业投资185.1亿元，比上年增长14.6%，其中，工业投资184.4亿元，增长14.2%；第三产业投资251.8亿元，增长13.1%，其中房地产开发投资61.7亿元，增长21.5%。商品房竣工面积47万平方米，下降40.9%；商品房销售面积100.9万平方米，增长23.2%。

【科学技术】2016年，潮州市全市专利受理量为5626项，比上年增长63%；专利授权量3796项，比上年增长14.9%，其中，发明95项，比上年下降3.1%。全市4项专利获评中国专利奖，其中1项发明专利获评中国专利金奖。全年申报科技项目95项，其中省级27项，市级68项。全年新认定省级高新技术企业20家，比上年增长33.3%，存量达到历史最高的53家。全市现有工程技术研究中心83家，其中省级工程技术研究中心39家。全市市级专业镇29个，其中省级专业镇20个。

【国内贸易和对外经济】2016年，潮州市全市社会消费品零售总额495.61亿元，增长11.6%。分地域看，城镇市场实现零售额396.5亿元，增长11.6%，对消费增长的贡献率达80%；乡村市场零售额99.1亿元，增长11.6%。分行业看，批发零售业零售额454亿元，增长11.7%，拉动消费增长10.7个百分点；住宿餐饮业零售额41.6亿元，增长11%。

全年进出口总额30.3亿美元，比上年下降3.5%。进口总额4亿美元，比上年增长6.2%；出口总额26.3亿美元，比上年下降4.8%。

【交通、邮电和旅游】2016年，潮州市全市交通运输、仓储和邮政业实现增加值27.16亿元，增长15.6%。货物运输总量5065万吨，增长13.2%；货物运输周转量280.13亿吨公里，增长30%。旅客运输总量为2207万人，增长11.3%；旅客运输周转量为26.67亿人公里，增长11.7%。全市年末机动车拥有量56.55万辆，比上年下降10.6%。民用汽车拥有量达到24.88万辆，比上年增长15.9%。其中，私人汽车23.33万辆，增长17.1%。民用轿车拥有量达到14.79万辆，增长18.4%，其中私人轿车14.41万辆，增长19.5%。摩托车31.63万辆，下降24.2%。

全市邮电通信业务总量77.73亿元，增长68.5%。其中，邮政业务总量（含快递）11.99亿元，增长91.1%；电信业务总量65.74亿元，增长64.9%。电话总用户47.16万户，比上年下降8.3%，其中城市电话21.34万户，乡村电话25.82万户。移动电话总用户239.57万户，比上年下降1.4%。全市互联网固定用户36.43万户，比上年增长3.4%。

全市旅游收入181.3亿元，比上年增长28%；接待海内外游客人数1178.7万人次，增长28%；其中，接待海外游客61.3万人次，下降0.8%，接待国内游客1117.3万人次，增长30.1%；全年客房出租率为47.9%。

【金融和保险】2016年年末，潮州市全市金融机构本外币存款余额1203.6亿元，比上年末增长11.8%；其中住户存款余额814.5亿元，比上年末增长8.8%；金融机构本外币贷款余额368.6亿元，比上年末下降0.1%，其中，中长期贷款186.2亿元，比上年末下降1.5%。存贷比为30.6%，比上年下降3.7个百分点。

全市保险业实现保费收入27.51亿元，增长5.9%。其中，寿险业务保费收入15.48亿元，财产险业务保费收入8.92亿元，分别增长4.4%和9.3%；健康险业务保费收入2.7亿元，意外伤害险业务保费收入0.41亿元，分别增长36.8%和26.2%。全年共支付各项赔款和给付13.84亿元，增长16%。其中，寿险业务赔付支出8.26亿元，增长25.1%；财产险业务赔款支出4.24亿元，下降0.6%；健康险赔付支出1.23亿元，增长26%；意外伤害险赔付支出0.11亿元，增长23.6%。

广西壮族自治区

| 南宁市 | 柳州市 | 桂林市 | 梧州市 | 北海市 | 防城港市 | 钦州市 | 玉林市 |
| 百色市 | 贺州市 | 河池市 | 来宾市 | 崇左市 |

1

2016年南宁市经济发展概况

【经济总量】2016年，南宁市全年地区生产总值3703.39亿元，按可比价格计算，比上年增长7%。按常住人口计算，全市人均地区生产总值52724元，同比增长5.9%，按平均汇率折算为7938美元。三次产业中，第一产业增加值400.67亿元，增长3.9%；第二产业增加值1427.16亿元，增长5.8%；第三产业增加值1875.57亿元，增长8.5%。

【农业】2016年，南宁市全年全市实现农林牧渔业总产值689.03亿元，比上年增长3.98%。其中，农业产值382.81亿元，增长5.19%；林业产值30.17亿元，增长12.01%；畜牧业产值212.69亿元，下降0.41%；渔业产值28.25亿元，增长6.54%；农林牧渔服务业产值35.11亿元，增长7.47%。占农林牧渔业的比重分别为：农业55.55%，比上年上升0.03个百分点；林业4.38%，下降0.1个百分点；畜牧业30.87%，上升0.56个百分点；渔业4.1%，下降0.06个百分点；农林牧渔服务业5.1%，下降0.43个百分点。

【工业和建筑业】2016年，南宁市全年全部工业总产值3628.07亿元，比上年增长8.68%。规模以上工业总产值3537.05亿元，增长8.83%；其中国有企业增长3.34%，集体企业增长16.34%，股份制企业增长9.07%，外商及港澳台投资企业增长10.9%。全年全部工业增加值1063.14亿元，比上年增长5.6%。

年末，全市具有资质等级的建筑企业435个，比上年下降3.76%。全年实现建筑业增加值364.02亿元，比上年增长6.4%。全市建筑施工企业（资质企业）完成施工产值1185.42亿元，比上年增长14.85%。

【固定资产投资】2016年，南宁市全年完成固定资产投资3824.73亿元，比上年增长13.6%。其中，项目投资2970.73亿元，增长9.63%；房地产开发投资854亿元，增长29.95%。分投资主体看，国有经济投资1222.99亿元，增长9.14%，占固定资产投资比重的31.98%；集体经济投资73亿元，下降27.01%，比重为1.91%；私营个体投资1913.68亿元，增长11.31%，比重为50.03%；外商投资40.58亿元，下降36.12%，比重为1.06%；其他经济投资473.11亿元，增长53.21%，比重为12.37%。

【国内贸易和对外经济】2016年，南宁市全年全市社会消费品零售总额1980.36亿元，比上年增长10.84%。其中限额以上企业零售额952亿元，增长9.96%。按销售单位所在地统计，城镇消费品零售额1829.56亿元，增长11%；乡村消费品零售额150.8亿元，增长8.89%。按消费形态统计，商品零售额1793.83亿元，增长10.55%；餐饮收入186.54亿元，增长13.74%。

全年外贸进出口总值416.23亿元，比上年增长14.2%。其中，出口总值211.13亿元，增长4.27%；进口总值205.1亿元，增长26.61%。

【交通、邮电和旅游】2016年，南宁市全年货物运输总量32429.47万吨，比上年增长7.22%。旅客运输总量8897.55万人，增长2.75%。其中，铁路货物运输量265.51万吨，下降20.37%；铁路旅客运输量2575.75

万人，增长20.44%；公路货物运输量28672万吨，增长7.59%；公路旅客运输量5719万人，下降4.25%；水路货物运输量3486.5万吨，增长7.02%；民航旅客发送量602.8万人，增长10.08%；航空货邮发送量5.46万吨，增长8.76%。

全年邮电业务总量241.54亿元，比上年增长53.2%，其中电信业务总量236.03亿元，增长53.93%；邮政业务总量5.51亿元，增长27.19%。

全年共接待国内游客9499.62万人次，比上年增长16.43%；接待入境过夜游客55.54万人次，增长8.73%。其中，外国游客42.26万人次，增长6.63%；香港游客4.49万人次，增长19.48%；澳门游客2.98万人次，增长26.98%；台湾同胞5.82万人次，增长8.73%。国内旅游消费903.24亿元，增长23.74%。国际外汇消费2.32亿美元，增长13.34%。年末全市实有星级宾馆48家。拥有4A级旅游景区21个，5A级旅游景区1个。拥有旅行社118家，其中出境旅行社35家。

【金融和保险】2016年年末，南宁市全市共有金融机构32家，营业网点1218个。年末全市金融机构人民币各项存款余额8901.72亿元，比上年增长7.8%。其中，住户存款余额2924.55亿元，增长8.3%。金融机构人民币贷款余额9423.79亿元，增长14.52%。

年末全市共有各类保险公司38家，其中，财险公司22家，寿险公司16家。全年保费收入146.98亿元，比上年增长19.57%。其中，财产险保费收入61.89亿元，增长13.85%；寿险保费收入85.09亿元，增长24.13%。全年各项保险赔款及给付51.98亿元，其中财产险业务赔款及给付29.44亿元；寿险、健康险和意外伤害险赔款及给付22.54亿元。

2

2016年柳州市经济发展概况

【经济总量】2016年，柳州市全年实现地区生产总值（GDP）2476.94亿元，按可比价格计算，比上年增长7.3%。其中，第一产业增加值180.15亿元，增长3.5%；第二产业增加值1361.80亿元，增长5.7%，其中工业增加值1232.52亿元，增长5.9%；第三产业增加值934.99亿元，增长10.4%。第一产业增加值占地区生产总值的比重为7.3%，第二产业增加值比重为55.0%，第三产业增加值比重为37.7%。

【农业】2016年，柳州市农林牧渔业总产值310.29亿元，按上年现行价格计算，比上年增长3.6%。其中，农业产值180.46亿元，增长3.3%；林业产值24.3亿元，增长15.2%；牧业产值85.68亿元，增长0.8%；渔业产值9.45亿元，增长5.4%；农林牧渔服务业产值10.39亿元，增长6.2%。

【工业和建筑业】2016年，柳州市全部工业总产值4787.19亿元，比上年增长5.1%，其中，规模以上工业总产值4685.11亿元，增长5.1%。全部工业增加值1232.52亿元，增长5.9%，其中，规模以上工业增加值1193.72亿元，增长6.0%。规模以上工业销售产值4532.25亿元，增长4.7%。

【固定资产投资】2016年，柳州市固定资产投资2338.61亿元，比上年增长14.0%。其中：项目投资1993.83亿元，增长14.0%；房地产开发投资344.79亿元，增长14.3%。

固定资产投资中，第一产业投资96.97亿元，比上年增长20.0%；第二产业投资909.49亿元，增长1.9%，其中工业投资894.45亿元，增长2.0%；第三产业投资1332.15亿元，增长23.7%。

【科学技术】2016年，柳州市全年共获广西科学技术奖17项，其中：技术发明奖6项（一等奖1项、二等奖3项、三等奖2项）；科学技术进步奖11项（二等奖3项、三等奖8项）。登记市级科技成果358项，推荐登记自治区级科技成果218项；吸纳技术成果187项，技术交易额6.27亿元。

【国内贸易和对外经济】2016年，柳州市社会消费品零售总额1045.13亿元，比上年增长10.7%。按销售单位所在地分，城镇消费品零售额970.68亿元，增长10.7%；乡村消费品零售额74.45亿元，增长10.2%。按消费形态分，餐饮收入零售额93.83亿元，增长10.3%，商品零售零售额951.3亿元，增长10.7%。

全年货物进出口总额135.37亿元，比上年下降2.4%。其中，出口45.91亿元，下降5.0%；进口89.47亿元，下降1.0%。

【交通、邮电和旅游】2016年，柳州市交通运输、仓储及邮政业增加值73.27亿元，比上年增长3.3%。

公路货物运输12705万吨，增长7.6%；水路货物运输728.38万吨，与上年基本持平；民用航空货物运输2077.1吨，增长19.7%。公路旅客运输量2280万人，下降4.3%；水路旅客运输量19.89万人，下降9.8%；民航旅客运输量65.45万人，增长23.2%。

邮电业务总量100.17亿元，比上年增长54.3%。其中，邮政业务总量5.01亿元，增长41.7%；电信业务总量95.17亿元，增长55.0%。

全年接待入境游客18.88万人次，比上年增长4.2%。国际旅游(外汇)收入7961.79万美元，增长9.8%。全市共有星级饭店48家。

【金融和保险】2016年，柳州市全年金融业增加值183.36亿元，比上年增长13.8%。

年末金融机构本外币存款余额3321.35亿元，比上年增长17.7%；年末金融机构本外币贷款余额2279.66亿元，比上年增长11.1%。

年末全市参加城镇职工基本养老保险人数为108.46万人，比上年末增加17.76万人；城乡居民基本养老保险104万人，增加0.58万人；失业保险36.6万人，增加2.81万人；城镇基本医疗保险153.84万人，增加2.8万人；工伤保险51.13万人，增加0.51万人；生育保险39.98万人，增加0.89万人。领取失业保险金人数1.35万人。

3

2016年桂林市经济发展概况

【经济总量】2016年，桂林市全年实现地区生产总值（GDP）2075.89亿元，按可比价格计算，比上年增长7.0%。其中，第一产业增加值356.18亿元，增长4.5%；第二产业增加值939.48亿元，增长6.5%；第三产业增加值780.23亿元，增长8.8%。三次产业增加值占地区生产总值的比重分别为17.1%、45.3%和37.6%，对经济增长的贡献率分别为11.3%、43.0%和45.7%，人均地区生产总值41639元，增长6.0%。

【农业】2016年，桂林市全市农林牧渔业总产值577.40亿元，按可比价格计算比上年增长4.6%。其中，农业产值358.86亿元，增长6.3%；林业产值33.83亿元，增长5.2%；牧业产值154.12亿元，下降0.1%；渔业产值13.56亿元，增长5.1%。

【工业和建筑业】2016年，桂林市全部工业总产值2649.23亿元，比上年增长6.6%，其中规模以上工业总产值2521.04亿元，增长6.7%。全部工业增加值772.81亿元，按可比价计算增长6.2%，工业增加值占GDP的比重为37.2%，其中规模以上工业增加值增长6.3%。在规模以上工业增加值中，从经济类型看，国有企业增长6.7%，集体企业增长22.6%，股份制企业增长6.4%，外商及港澳台商投资企业增长5.9%。从轻重工业看，重工业增长7.0%，轻工业增长5.4%。从行业看，在31个工业行业大类中有25个行业增长，占行业面的

80.6%。

全年全社会建筑业增加值166.67亿元，按可比价格计算，增长8.0%。资质以上建筑业企业实现总产值308.15亿元，增长11.0%。

【固定资产投资】2016年，桂林市全年固定资产投资2131.62亿元，比上年增长16.0%。其中，工业投资747.20亿元，增长0.4%；房地产开发投资280.72亿元，增长46.9%。分区域看，五城区固定资产投资484.59亿元，增长19.1%；十二县（含临桂）固定资产投资1647.03亿元，增长15.1%。

在固定资产投资中，第一产业投资66.15亿元，增长43.6%；第二产业投资750.68亿元，增长0.1%；第三产业投资1314.79亿元，增长26.2%。本年新增固定资产1451.79亿元，增长13.9%。

【科学技术】2016年年末，桂林市全市县级以上科学技术研究机构21个。各类专业技术人员19.45万人，全年组织实施科技项目870项，其中国家级209项，自治区级438项，市级233项。全年完成科技成果219项，获科技进步奖53项。

【国内贸易和对外经济】2016年，桂林市全年社会消费品零售总额836.46亿元，比上年增长11.2%。其中，城镇消费品零售总额701.52亿元，增长11.7%；乡村消费品零售总额134.94亿元，增长9.1%。

全年外贸进出口总额59.02亿元，比上年增长3.9%。其中，出口51.92亿元，增长4.3%；进口7.10亿元，增长0.7%。

【交通、邮电和旅游】2016年，桂林市全年交通运输、仓储及邮政业增加值68.49亿元，比上年增长3.7%。年末公路总里程13042公里，增长3.8%。其中高速公路里程450公里。

全年邮电业务总量104.31亿元，比上年增长53.8%。其中，邮政业务总量5.25亿元，增长23.8%；电信业务总量99.06亿元，增长55.8%。年末固定电话用户44.40万部，移动电话463.80万部，互联网宽带接入用户95.09万户。

全年接待国内外游客5385.87万人次，增长20.5%。其中，国内游客5152.55万人次，增长21.1%；入境过夜游客233.32万人次，增长7.8%。实现旅游总消费637.31亿元，增长23.2%。其中，国内旅游总消费558.81亿元，增长23.2%；国际旅游消费78.50亿元，增长23.0%，入境过夜游客人均逗留2.24天。

【金融和保险】2016年年末，桂林市金融机构本外币存款余额2979.80亿元，增长14.3%。本外币贷款余额1862.14亿元，增长17.8%。

全年保险业承保额合计10509.67亿元，比上年增长27.2%。其中，财产险业务承保额6962.61亿元，增长11.9%；寿险业务承保额3547.05亿元，增长74.1%。保费收入55.85亿元，比上年增长24.2%。其中，财产险业务保费收入18.76亿元，增长14.6%；寿险业务保费收入37.09亿元，增长29.6%。已决赔款18.77亿元，增长22.3%。其中，财产险业务赔款8.58亿元，增长12.7%；寿险业务赔款10.19亿元，增长31.8%。

4

2016年梧州市经济发展概况

【经济总量】2016年，梧州市全年实现地区生产总值（GDP）1175.6亿元，按可比价格计算，比上年增长7.6%（下同）。其中，第一产业增加值131.3亿元，增长3.3%；第二产业增加值681.5亿元，增长8.7%；第三产业增加值362.8亿元，增长7.2%。第一产业增加值占地区生产总值的比重为11.2%，第二产业增加值比重为58.0%，第三产业增加值比重为30.8%。三次产业对经济增长的贡献率分别为4.9%、65.8%和29.3%。

按常住人口计算，人均地区生产总值39072元，比上年增长6.8%。

【农业】2016年，梧州市全年实现农林牧渔业总产值225.9亿元，比上年增长3.8%。其中，农业总产值115.1亿元，增长3.9%；林业总产值33.8亿元，增长8.2%；畜牧业总产值56.7亿元，下降0.8%；渔业总产值10.5亿元，增长4.7%；农林牧渔服务业总产值9.8亿元，增长13.6%。农业、林业、畜牧业、渔业、农林牧渔服务业所占比重分别为51.0%、15.0%、25.1%、4.6%和4.3%。

【工业和建筑业】2016年，梧州市全年实现全部工业总产值2359.7亿元，比上年增长7.7%。实现规模以上工业总产值2310亿元，增长7.8%。在规模以上工业中，轻工业实现总产值363.3亿元，增长3.3%；重工业实现总产值1946.7亿元，增长8.7%。

全年全市具有资质等级的建筑业企业[4]41家。实现建筑业总产值31.7亿元，按现价计算，比上年增长10.2%。房地产企业房屋建筑施工面积869.4万平方米，增长3.3%；竣工面积27.7万平方米，下降46.4%。

【固定资产投资】2016年，梧州市全年完成固定资产投资（不含农户投资）1168.5亿元，同比增长11.8%。其中，房地产开发投资完成64.4亿元，下降6.7%。

分三次产业投资看，第一产业投资完成33.2亿元，增长1.5%；第二产业投资完成567.4亿元，增长14.2%；第三产业投资完成567.9亿元，增长10.1%。分经济类型看，公有制投资350.9亿元，增长7.1%；非公有制经济投资817.6亿元，增长13.9%。

【科学技术】2016年，梧州市全年全市共组织实施省级科技项目19项，安排市级科技项目3项，市级科技项目总投资35万元，获得自治区级科技进步奖5项，获得市级科技进步奖28项。专利申请受理2155件，其中，发明1525件；获得授权专利641件，其中，发明205件。全年共签订各类技术合同27项，技术合同成交总额460万元。

【国内贸易和对外经济】2016年，梧州市全年社会消费品零售总额395.9亿元，比上年增长8.5%（如图六）。其中，批发业实现销售额150.4亿元，增长5.7%；零售业实现销售额409.8亿元，增长14.7%；住宿业实现营业额4.5亿元，增长16.0%；餐饮业实现营业额37.8亿元，增长16.4%。全年批发和零售业实现增加值74.1亿元，增长6.2%；住宿和餐饮业实现增加值19.3亿元，增长7.2%。

全年外贸进出口总额405613万元（海关数），比上年下降28.5%。其中，进口总额145742万元，下降48.2%；出口总额259871万元，下降9.0%。在出口总额中，国有企业出口17956万元，下降61.7%；外商投资企业出口129649万元，增长1.3%；民营企业出口112386万元，增长1.4%。

【交通、邮电和旅游】2016年，梧州市全年交通运输、仓储和邮政业实现增加值36.2亿元，比上年增长3.8%。公路水路客货运输周转量117.4亿吨公里，增长7.4%；公路客运周转量14.8亿人公里，下降5.1%，公路货运周转量54.6亿吨公里，增长5.9%；水路货运周转量61.3亿吨公里，增长9.1%；港口货物吞吐量3384.9万吨，增长5.7%。全年开通国内航线4条，民航运输起降1644架次，航空客运量27517人；航空客运吞吐量70639人，航空货邮吞吐量20吨。公路通车里程6270公里，其中，高速公路275.9公里。

全年完成邮电业务总量49.5亿元，比上年增长53.3%。其中，邮政业务总量2.9亿元，增长24.2%；电信业务总量46.6亿元，增长55.6%。

年末全市拥有星级饭店34家；旅行社24家；A级旅游景区（点）12个；星级农家乐36家。累计接待入境游客20.3万人次，同比增长3.3%；国内旅游人数1727.7万人次，增长13.1%。累计入境收入7540.4万美元，增长7.1%；国内旅游收入192.7亿元，增长25.3%；全年旅游总收入197.7亿元，增长25.0%。

【金融和保险】2016年年末，梧州市全市拥有18家银行业金融机构。金融机构人民币各项存款余额1044.9亿元，同比增长13.8%。其中，住户存款余额658.1亿元，增长10.6%。金融机构人民币各项贷款余额721.9亿元，增长8.5%。其中，短期贷款余额195.4亿元，中长期贷款余额449.7亿元。

年末全市拥有各类保险公司24个。其中，财险公司12个，寿险公司12个。全年保险公司原保险保费收入22.7亿元，比上年增长13.2%。其中，财产险公司原保险保费收入7.1亿元，增长3.8%；寿险公司原保险保费收入15.6亿元，增长18.0%。保险赔付支出7.1亿元，增长33.3%。

5

2016年北海市经济发展概况

【经济总量】2016年，北海市全年实现地区生产总值（下简称GDP）1007.28亿元，按可比价计算，较上年增长8.6%。其中，第一产业实现增加值175.09亿元，增长4.1%；第二产业实现增加值516.14亿元，增长9.7%；第三产业实现增加值316.05亿元，增长9.7%。三次产业的结构比例为：17.4：51.2：31.4，对经济增长的贡献率分别为8.5%、55.9%、35.5%，按常住人口164.37万人计算，人均地区生产总值61619元。

【农业】2016年，北海市全年农林牧渔业完成总产值279.6亿元，同比增长4.3%；实现增加值177.0亿元，增长4.3%。农业完成总产值55.5亿元，同比增长4.2%；林业完成总产值4.1亿元，增长1.5%；牧业完成总产值36.3亿元，下降0.8%；渔业完成总产值178.9亿元，增长5.2%。

【工业和建筑业】2016年，北海市全年全部工业完成产值2222.39亿元，增长16.1%；实现增加值464.42亿元，增长10.1%；其中规模以上工业完成产值2180.74亿元，增长16.4%，实现增加值448.59亿元，增长10.3%。

全年全社会建筑业增加值51.72亿元，同比增长6.8%。全市具有资质等级的总承包和专业承包建筑业企业总产值78.49亿元，增长11.9%。

【固定资产投资】2016年，北海市全年完成固定资产投资1011.10亿元，同比增长9.9%。分产业看，第一产业投资54.97亿元，同比下降14.4%；第二产业投资504.35亿元，增长5.2%，其中工业投资498.53亿元，增长5.6%；第三产业投资275.48亿元，下降26.8%。

【国内贸易和对外经济】2016年，北海市全年完成社会消费品零售总额225.34亿元，同比增长11.0%。批发业实现销售额181.89亿元，增长18.3%；零售业实现销售额242.71亿元，增长14.7%。住宿业实现营业额8.46亿元，增长15.7%；餐饮业实现营业额24.67亿元，增长15.9%。

全年外贸进出口总额29.99亿美元，同比下降20.9%。其中，出口16.15亿美元，下降14.6%；进口13.84亿美元，下降27.1%。进出口差额（出口减进口）2.31亿美元。(商务局口径)

【交通、邮电和旅游】2016年，北海市全年港口完成货物吞吐量2749.67万吨，同比增长11.4%。全年公路货运量5581万吨，增长7.6%；水路货运量737.55万吨，增长5.8%。公路客运量2042万人次，下降7.1%；水路客运量272.99万人次，增长14.6%。公路客货运周转量92.82亿吨公里，增长5.8%；水路客货运周转量97.25亿吨公里，增长5.0%。

全年完成邮电业务总量43.00亿元，同比增长50.5%。其中，邮政业务总量2.27亿元，增长54.7%；电信业务总量40.7亿元，增长50.3%。

全年入境旅游人数13.55万人次，增长12.1%；国际旅游（外汇）收入5571.08万美元，增长9.5%；国内旅游总收入284.34亿元，增长29.4%；星级饭店30个，下降3.2%。

【金融和保险】2016年年末，北海市金融机构人民币各项存款余额815.63亿元，比上年末增加67.14亿元，增长9.0%。2016年末金融机构人民币各项贷款余额535.15亿元，比上年末增加51.02亿元，增长10.5%。

6

2016年防城港市经济发展概况

【经济总量】2016年，防城港市全年实现地区生产总值（GDP）676.12亿元，增长9.1%（按可比价格计算，同比，下同）。按常住人口计算，人均生产总值73197元。从产业看，第一产业实现增加值80.88亿元，增长4.0%；第二产业实现增加值386.26亿元，增长11.6%；第三产业实现增加值208.98亿元，增长6.6%。从对经济增长拉动作用看，三次产业对经济增长的贡献率分别为5.3%、72.2%、22.4%，分别拉动经济增长0.5个百分点、6.6个百分点、2.0个百分点，其中，工业对经济增长的贡献率为66.4%，拉动经济增长6.0个百分点。

【农业】2016年，防城港市全年农作物总播种面积125.35千公顷，比上年增加2.21千公顷。其中，粮食种植面积50.01千公顷，减少0.08千公顷；油料种植面积3.37千公顷，增加0.13千公顷；甘蔗种植面积44.47千公顷，增加0.16千公顷；蔬菜种植面积23.19千公顷，增加0.90千公顷。年末果园面积11.33千公顷，增加0.2千公顷。全年粮食总产量20.28万吨，增长0.5%；甘蔗产量295.23万吨，增加2.06万吨，增长0.7%；油料产量0.68万吨，增长4.4%；水果产量8.22万吨，增长6.6%；蔬菜产量29.50万吨，增长4.3%。

【工业和建筑业】2016年，防城港市全年工业总产值1522.47亿元，增长14.2%；实现工业增加值340.88亿元，增长12.2%。其中，规模以上工业产值1501.24亿元，增长14.3%；规模以上工业增加值332.81亿元，增长12.4%。

全年建筑业增加值45.38亿元，增长7.2%。具有资质等级的总承包和专业承包建筑业企业72家，全年完成建筑业总产值111.10亿元，增长32.0%；房屋建筑施工面积465.44万平方米，增长18.1%；房屋建筑竣工面积331.90万平方米，增长15.1%。

【固定资产投资】2016年，防城港市全年固定资产投资（不含农户）完成600.14亿元，增长14.1%，相较于广西高1.3个百分点、全国高6.0个百分点。

在固定资产投资中，基础设施投资263.08亿元，增长35.9%，占固定资产投资的比重为43.8%。民间固定资产投资252.47亿元，增长6.2%，占固定资产投资的比重为42.1%。高技术产业投资10.34亿元，增长86.0%，占固定资产投资的比重为1.7%。分产业看，第一产业完成投资26.25亿元，增长12.7%；第二产业完成投资261.49亿元，增长11.8%，其中工业投资261.20亿元，增长11.8%；第三产业完成投资312.40亿元，增长16.1%。三次产业投资比重由上年同期的4.4：44.5：51.1调整为4.4：43.6：52.0，第一产业比重保持不变，第二产业比重下降0.9个百分点，第三产业比重上升0.9个百分点。

【科学技术】2016年年末，防城港市拥有科研活动机构16个，从事科技活动人员1323人。全年共组织实施科技项目53项，项目总投资8.79亿元，科技经费投入9.80亿元。引进推广农业新品种32个，研制开发工业新产品24个，推广应用工业农业新技术、新成果42项。专利申请受理量1823件，授权专利123件，其中发明专利50件。年末高新技术企业16家，同比增加4家；全年高新技术产业产值307.32亿元，同比增长39.4%。

【国内贸易和对外经济】2016年，防城港市全年实现社会消费品零售总额111.89亿元，增长10.8%，扣除价格因素，实际增长8.9%。按经营地统计，城镇消费品零售额100.62亿元，增长10.8%；乡村消费品零售额11.27亿元，增长10.6%。

据海关统计，全年货物进出口总额578.91亿元，增长8.5%，其中，进口总额467.12亿元，增长19.7%；

出口总额111.79亿元，下降22.2%。外贸进出口规模居全区第2位，其中进口占全区进口总量的28.4%，居全区第2位。全年边境小额贸易（边民互市贸易除外）85.27亿元，下降30.7%，其中，进口1.14亿元，下降74.4%；出口84.13亿元，下降29.0%。

【交通、邮电和旅游】2016年，防城港市全年交通运输、仓储及邮政业实现增加值52.87亿元，增长3.1%。全年公路和水路客货运周转量294.65亿吨公里，增长2.4%。其中，货物运输总量5087万吨，增长7.0%；旅客运输总量881.82万人，下降4.2%。

全年完成邮电业务总量（当年价）23.32亿元，增长46.7%。其中，邮政业务总量2.05亿元，增长60.6%；电信业务总量21.28亿元，增长45.5%。年末固定电话用户12.31万户，其中，城市电话用户9.74万户，农村电话用户2.56万户。年末移动电话用户81.99万户，其中，3G移动电话用户18.42万户，4G移动电话用户47.98万户。年末固定及移动电话用户总数达到94.30万户。年末国际互联网用户13.96万户。

全年共接待国内外游客1585.65万人次，增长16.4%。其中，国内游客1568.79万人次，增长16.6%；海外游客16.86万人次，增长4.7%。全年旅游总收入达129.23亿元，增长28.4%。其中，国内旅游总收入125.37亿元，增长28.7%；国际旅游外汇收入5809万美元，增长9.9%。

【金融和保险】2016年年末，防城港市金融机构本外币各项存款余额567.87亿元，同比增长8.5%，其中人民币各项存款余额562.31亿元，同比增长10.6%；金融机构本外币各项贷款余额517.65亿元，同比增长17.6%，其中人民币各项贷款余额511.47亿元，同比增长20.3%。全年新增金融机构本外币贷款77.36亿元，同比增长136.8%。

全年保险公司原保险保费收入9.24亿元，增长21.4%。其中，财产险业务原保险保费收入3.78亿元，增长11.4%；人身险业务原保险保费收入5.46亿元，增长29.4%。全年支付各类赔款及给付2.86亿元，增长8.1%。其中，财产险业务赔款及给付1.55亿元，下降7.1%；人身险业务赔款及给付1.32亿元，增长34.3%。

7

2016年钦州市经济发展概况

【经济总量】2016年，钦州市全年实现地区生产总值（GDP）1102.05亿元，增长9%。其中，第一产业增加值221.12亿元，增长4%；第二产业增加值481.89亿元，增长11.4%；第三产业增加值399.04亿元，增长9.4%。三次产业对经济增长的贡献率分别为9.6%、51%和39.4%，其中工业对经济增长的贡献率为32.1%。三次产业增加值的结构由2015年的21.7∶40.4∶37.9调整为20.1∶43.7∶36.2，第一产业比重下降1.6个百分点，第二产业比重提高3.3个百分点，第三产业比重下降1.7个百分点。

【农业】2016年，钦州市全市实现农林牧渔业总产值358.5亿元，比上年增长3.6%。其中，农业产值165.5亿元，增长5.4%；林业产值23亿元，增长0.6%；畜牧业产值89.4亿元，增长2.1%；渔业产值73.6亿元，增长2%；农业服务业产值7.1亿元，增长9.6%。

【工业和建筑业】2016年，钦州市全年全部工业总产值1544.41亿元，比上年增长11.5%。其中，规模以上工业总产值1524.14亿元，增长11.7%；全年全部工业增加值增长10.2%。工业对经济增长的贡献率为32.1%，拉动经济增长2.9个百分点。其中，规模以上工业增加值增长10.4%。

全市建筑施工企业62个，完成产值476.16亿元，增长29.79%。实现建筑业增加值现价118.67亿元，比上年增长14.9%。

【固定资产投资】2016年，钦州市全年完成固定资产投资950.9亿元，增长17.4%。其中，国有经济控股投资271.7亿元，增长6.5%；项目投资872.3亿元，增长17%；更新改造完成投资296.7亿元，增长43.1%；房地产开发完成投资78.57亿元，增长22.2%。

【科学技术】2016年，钦州市全年R&D内部经费支出12.39亿元，比上年下降48%。全市拥有9个科研所，从业人员为236人，其中专业技术人员172人。全市全年专利申请量2060件，增长79.29%。专利授权量383项，其中发明专利125项。市级以上科学研究与开发项目174项。

【国内贸易和对外经济】2016年，钦州市全年全市实现社会消费品零售总额373.63亿元，比上年增长12%。分地域看，城镇消费品零售总额320.43亿元，增长12.4%；乡村消费品零售额53.2亿元，增长10.1%。分行业看，批发业零售额49.12亿元，增长35.7%；零售业零售额304.88亿元，增长8.9%；住宿业零售额1.16亿元，增长14.4%；餐饮业零售额18.36亿元，增长14.1%。

全年货物进出口总额44.28亿美元，下降-23.5%。其中，货物出口16.15亿美元，下降34.8%；货物进口28.13亿美元，下降15.2%。进出口逆差（出口减进口）11.98亿美元。

【交通、邮电和旅游】2016年，钦州市全年交通运输、仓储及邮政业实现增加值61.67亿元，比上年增长3.4%。

年末全市境内公路里程6954.77公里，108.43百平方公里，每百平方公里公路密度64.14。其中高速公路里程228.76公里；一级公路里程124.81公里；二级公路里程828.06公里；三级公路里程435.07公里；四级公路里程5067.77公里，等外公路270.31公里。

全年邮政业务总量2.98亿元，增长21.4%。

全年接待旅游总人数1807.40万人次，同比增长66.98%，旅游总消费173.64亿元，同比增长69.71%。其中，接待国内旅游人数1801.21万人次，同比增长67.23%，国内旅游消费172.02亿元，同比增长70.11%；接待入境旅游人数6.19万人次，同比增长15.57%，国际旅游外汇收入2442.90万美元，同比增长25.84%。

【金融和保险】2016年，钦州市全年金融业实现增加值38.84亿元，比上年增长5.4%。年末金融机构本外币各项存款余额912.54亿元，比年初增长10.9%，其中人民币各项存款余额906.42亿元，比年初增长10.8%。年末金融机构本外币各项贷款余额600.57亿元，比年初增长8.1%，其中人民币各项贷款余额594.98亿元，比年初增长8.7%。

8

2016年玉林市经济发展概况

【经济总量】2016年，玉林市全年实现地区生产总值（GDP）1553.91亿元，比上年增长8.0%。其中，第一产业增加值278.07亿元，增长2.1%；第二产业增加值665.11亿元，增长9.6%；第三产业增加值610.73亿元，增长9.0%。三次产业结构调整为17.9：42.8：39.3，三次产业对经济增长的贡献率分别为4.7%、52.7%和42.7%，其中工业贡献率为36.2%。按常住人口计算，人均地区生产总值27111元。

【农业】2016年，玉林市全年全市农林牧渔业总产值483.60亿元，比上年增长2.72%；其中，农业产值比上年增长3.79%，林业产值比上年增长5.96%，畜牧业产值比上年下降0.57%，渔业产值比上年增长6.20%，农林牧渔服务业产值比上年增长12.61%。蔬菜种植面积11.01万公顷，比上年增长2.99%；油料面积1.77万公顷，比上年增长5.29%。生猪出栏589.01万头，比上年下降4%；家禽出栏22328.30万羽，比上年增长1.82%。

【工业和建筑业】2016年，玉林市全年全部工业增加值521.11亿元。全市规模以上工业总产值1675.97亿元，比上年增长5.3%；规模以上增加值470.06亿元，比上年增长8.8%。

全年全市建筑业增加值144.00亿元，比上年增长15.2%。全市具有资质等级的总承包和专业承包建筑业企业实现利润总额7.38亿元，比上年增长15.1%。

【固定资产投资】2016年，玉林市全年固定资产投资1467.10亿元，比上年增长10.1%；其中，第一产业投资110.15亿元，比上年增长29.8%，第二产业投资775.60亿元，比上年下降7.8%，第三产业投资581.36亿元，比上年增长43.2%；在第二产业投资中，工业投资767.88亿元，比上年下降8.3%。其中更新改造投资547.86亿元，比上年下降6.7%，房地产开发投资136.16亿元，比上年增长41.9%。

【科学技术】2016年，玉林市全年获市（地区）级以上科学研究与开发项目132项，市（地区）级以上科技成果奖励项目27项。专利申请3577件。申请专利授权量1381项，其中发明348项。

【国内贸易和对外经济】2016年，玉林市全年社会消费品零售总额660.43亿元，比上年增长10.01%。其中，城镇市场零售额593.71亿元，比上年增长10.18%；乡村市场零售额66.72亿元，比上年增长8.54%。批发业和零售业零售额590.27亿元，比上年增长9.3%；住宿业和餐饮业零售额69.45亿元，比上年增长16.18%。从限额以上批发和零售业商品零售额来看，粮油、食品类、家用电器和音像器材类和中西药品类零售额分别为12.42亿元、12.14亿元和9.59亿元，比上年增长分别为13.56%、5.12%和19.63%；服装、鞋帽、针纺织品类和石油及制品类零售额分别为6.09亿元、33.0亿元，分别比上年增长7.82%、下降5.48%；汽车类零售额35.60亿元，比上年增长30.08%。

全年外贸进出口总额267161万元，比上年下降4.1%。其中，出口221829万元，比上年增长8.8%；进口45332万元，比上年下降39.3%。

【交通、邮电和旅游】2016年，玉林市全年公路水路客货周转量502.37亿吨公里。其中公路客货周转量498.63亿吨公里。年末全市民用汽车保有量40.1万辆，其中私人汽车保有量36.97万辆。年末实有营运客车2434辆，公共汽车营运车504辆，出租汽车1119辆。

全年邮电业务总量89.21亿元，比上年增长54.3%。其中，邮政业务总量6.74亿元，增长55.6%；电信业务总量82.46亿元，增长54.2%。

年末，全市共有星级饭店21个。全年累计接待游客2800.08万人次，比上年增长37.42%，其中，接待入境旅游者12.23万人次，比上年增长16.00%，外国人2.62万人次，比上年增长34.14%；接待国内游客2787.85万人次，比上年增长37.53%。全年旅游总收入281.54亿元，比上年增长41.25%。其中，入境旅游收入3.80亿元，增长22.27%；国内旅游收入277.74亿元，增长41.39%。国际旅游外汇收入5730.21万美元，同比增长22.27%。国内旅游人数2787.85万人次，同比增长37.53%。

9

2016年百色市经济发展概况

【经济总量】2016年，百色市全年实现地区生产总值（GDP）1114.31亿元，比上年增长8.8%。其中，第一产业增加值182.25亿元，增长3.9%；第二产业增加值594.74亿元，增长9.6%；第三产业增加值337.32亿元，增长10.4%。三次产业增加值占地区生产总值的比重分别为16.4%、53.4%和30.3%，对经济增长的贡献率分别为7.6%、56.5%和35.8%。按常住人口计算，人均地区生产总值30881元，增长8.0%。

【农业】2016年，百色市全年粮食种植面积270.37千公顷，减少2.97千公顷，下降1.1%。油料种植面积12.21千公顷，增加0.65千公顷；甘蔗种植面积50.04千公顷，减少9.76千公顷；蔬菜种植面积101.37千公顷，增加4.75千公顷；木薯种植面积2.93千公顷，减少0.44千公顷；果园面积140.16千公顷，增加24.10千公顷；桑园面积18.94千公顷，增加2.12千公顷。

【工业和建筑业】2016年，百色市全年实现工业增加值508.74亿元，增长9.4%。规模以上工业增加值增长9.7%。在规模以上工业中，分所有制看，国有企业增长14.4%，股份制企业增长9.9%，外商及港澳台商投资企业增长1.8%，其他经济类型企业增长41.7%。分轻重工业看，轻工业下降5.3%，重工业增长11.7%。分门类看，采矿业增长7.1%，制造业增长9.5%，电力热力燃气及水生产和供应业增长13.3%。

全年资质以上建筑业增加值86.0亿元，增长11.1%；全市具有资质等级的建筑业企业实现总产值52.73亿元，增长25.4%。

【固定资产投资】2016年，百色市全市固定资产投资（不含农户）1061.4亿元，增长3.9%。其中，第一产业投资75.35亿元，增长54.6%；第二产业227.79亿元，下降17.8%；第三产业758.26亿元，增长8.9%。民间投资351.41亿元，下降20.1%，占全部投资的比重为33.1%。农林牧渔业，电力、热力、燃气及水生产和供应业，租赁和商务服务业，房地产业、教育等领域投资快速增长。

【科学技术】2016年，百色市全年专利申请受理2323项，增长31.9%，其中发明1309项，实用新型641项，外观设计373项。专利申请授权832项，其中发明75项，实用新型359项，外观设计398项。

【国内贸易和对外经济】2016年，百色市全年社会消费品零售总额246.84亿元，增长11.6%。按经营地统计，城镇消费品零售额216.23亿元，增长11.6%；乡村消费品零售额30.61亿元，增长11.9%。

全年外贸进出口总额（人民币）138.08亿元，增长36.4%。其中出口98.52亿元，增长41.2%；进口39.56亿元，增长8.3%。

【交通、邮电和旅游】2016年，百色市全年交通运输、仓储和邮政业增加值42.91亿元，增长3.4%。

年末公路里程达1.68万公里，其中等级公路里程1.60公里。全年实现公路水路客货运周转量116.73亿吨公里，增长6.34%，其中公路为107.013亿吨公里，增长5.93%。

全年邮电业务总量61.52亿元，增长58.8%。其中，邮政业务总量2.48亿元，增长34.6%；电信业务总量59.03亿元，增长60%。

全年接待国内游客2716.69万人次，增长17%；实现国内旅游总收入259.59亿元，增长29.8%。

【金融和保险】2016年，百色市全年金融业增加值41亿元，增长13.0%。年末金融机构各项存款余额1111.76亿元，增长17.3%，其中个人存款659.96亿元，增长13.1%。年末金融机构各项贷款余额815.08亿元，增长14.5%，其中中长期贷款余额294亿元，增长24.7%。

全年保险业累计实现保费收入18.86亿元，增长23.1%，其中，财产险业务保费收入8.05亿元，增长18.6%；人身险业务保费收入10.81亿元，增长26.6%。

10

2016年贺州市经济发展概况

【经济总量】2016年，贺州市全年实现地区生产总值（GDP）518.22亿元，按可比价格计算，比上年增长8.1%。分产业看，第一产业增加值111.77亿元，增长4.1%；第二产业增加值211.55亿元，增长10.0%；第三产业增加值194.89亿元，增长8.3%。第一、二、三产业增加值占地区生产总值的比重分别为21.57%、40.82%和37.61%，对经济增长的贡献率分别为11.19%、49.94%和38.87%。按常住人口计算，人均地区生产总值25499元。

【农业】2016年，贺州市全市农林牧渔业总产值181.28亿元，按可比价格计算比上年增长4.2%。其中，农业产值101.47亿元，增长5.8%；林业产值18.06亿元，增长7.0%；牧业产值48.25亿元，下降0.7%；渔业产值7.95亿元，增长4.0%；农林牧渔服务业产值5.55亿元，增长5.7%。

【工业和建筑业】2016年，贺州市全年全部工业增加值144.67亿元，比上年增长10.3%。规模以上工业增加值增长11.6%。在规模以上工业中，轻工业下降5.5%，重工业增长15.8%。国有企业增长28.9%，股份制企业增长14.0%，外商及港澳台商投资企业与去年持平，其他经济类型企业增长8.5%。

全年全社会建筑业增加值(现价)66.88亿元，比上年增长8.5%。全市具有资质等级的总承包和专业承包建筑业企业实现利润0.85亿元，比上年增长70.2%；上缴税金1.44亿元，增长83.0%。

【固定资产投资】2016年，贺州市全年固定资产投资650.83亿元，比上年增长4.0%。在固定资产投资（不含农户）中，项目投资619.36亿元，比上年增长2.3%；房地产开发投资31.47亿元，增长54.8%；分产业看，第一产业投资70.09亿元，比上年增长37.4%；第二产业投资286.27亿元，下降11.7%，其中工业投资275.70亿元，下降14.6%；第三产业投资294.47亿元，增长17.5%。

【科学技术】2016年，贺州市全年自治区安排科学研究与技术开发计划项目27项，资助经费3145万元，市级安排项目43项，资助资金147.5万元。全年专利申请量1526件，比上年增长32.2%，其中发明专利申请量1091件，增长59.5%。全年授权专利337件，其中授权发明专利72件。

【国内贸易和对外经济】2016年，贺州市全年社会消费品零售总额160.98亿元，比上年增长9.6%，其中，限额以上企业（单位）消费品零售额28.24亿元，增长1.1%。按经营单位所在地分，城镇消费品零售额125.40亿元，比上年增长9.2%；乡村消费品零售额35.58亿元，增长11.0%。按消费形态分，餐饮收入7.40亿元，比上年增长14.6%；商品零售153.58亿元，增长9.3%。在商品零售中，限额以上企业（单位）商品零售额26.76亿元，增长0.4%。其中，粮油、食品类增长25.2%；烟酒类下降39.9%；家用电器和音像器材类下降8.4%；汽车类增长25.0%；日用品类增长15.9%；石油及制品类增长17.5%。

全年货物进出口总额5.17亿元（海关口径，人民币，下同），比上年下降19.3%。其中，货物出口3.83亿元，比上年下降15.3%；货物进口1.34亿元，下降28.8%。进出口差额（出口减进口）2.49亿元。从出口企业性质看，国有企业出口0.67亿元，比上年下降4.5%；外商投资企业出口0.99亿元，下降10.6%；民营企业出口2.17亿元，下降20.0%。全年实际利用外资（商务部口径）0.93亿元，增长68.6%。

【交通、邮电和旅游】2016年，贺州市全年交通运输、仓储和邮政业增加值20.47亿元，比上年增长3.9%。

年末全市民用汽车保有量13.26万辆(不包含摩托车），其中轿车6.15万辆。年末私人汽车保有量12.13万辆。全年公路旅客周转量127381万人公里，下降5.1%；货运周转量832420万吨公里，增长5.7%。

全年完成邮电业务总量32.16亿元，比上年增长59.0%。其中，邮政业务总量1.46亿元，增长47.2%；电信业务总量30.70亿元，增长59.6%。年末固定电话用户达到8.74万户，移动电话用户133.23万户，互联网用户24.54万户，互联网普及率58.5%，比上年末提高15.4个百分点。

全年入境过夜游客37.65万人次，比上年增长7.1%；国际旅游（外汇）消费1.35亿美元，增长13.1%。接待国内旅客1775.52万人次，增长16.3%，国内旅游消费208.38亿元，增长28.3%。旅游总消费217.37亿元，增长28.0%。

【金融和保险】2016年年末，贺州市金融机构本外币各项存款余额615.68亿元，比年初增加79.91亿元，其中人民币各项存款余额615.07亿元，增加79.75亿元。年末金融机构本外币各项贷款余额370.36亿元，比年初增加60.23亿元，其中人民币各项贷款余额370.36亿元，增加60.23亿元。

2016年全年保险公司原保险保费收入12.61亿元，比上年增长21.0%。其中，财产险业务原保险保费收入5.04亿元，增长19.4%；寿险业务原保险保费收入7.56亿元，增长22.1%。支付各类赔款及给付5.35亿元，增长70.38%。其中，财产险业务赔款2.23亿元，增长34.7%；寿险业务给付3.12亿元，增长110.8%。

11

2016年河池市经济发展概况

【经济总量】2016年，河池市全年实现地区生产总值（GDP）657.18亿元，比上年同期增长4.9%（按2015年不变价格计算）。其中第一产业增加值150.83亿元，增长3.2%；第二产业增加值199.82亿元，增长1.2%；第三产业增加值306.53亿元，增长8.5%。第一、二、三产业增加值占地区生产总值的比重分别为23.0%、30.4%和46.6%，对经济增长的贡献率分别为14.9%、7.7%和77.4%。按常住人口计算，人均地区生产总值18842元，同比增长4.2%。

【农业】2016年，河池市全年农林牧渔业实现总产值257.36亿元，比上年增长3.6%。其中农业产值109.92亿元，增长2.7%；林业产值25.92亿元，增长10.3%；牧业产值107.65亿元，增长2.3%；渔业产值8.08亿元，增长4.9%；农林牧渔服务业产值5.80亿元，增长11.1%。农林牧渔业增加值133.99亿元，增长3.3%。

【工业和建筑业】2016年，河池市全年全部工业实现总产值372.66亿元，比上年下降8.1%，增加值147.09亿元，增长1.4%。

全年全社会建筑业实现增加值52.73亿元，比上年增长0.6%。全市具有资质等级的总承包和专业承包建筑业企业实现总产值42.95亿元，下降18.6%；利润总额1.88亿元，增长37.0%；上缴营业税1.52亿元，上缴增值税1.31亿元。

【固定资产投资】2016年，河池市全年固定资产投资（不含农户）404.02亿元，增长2.1%。其中，项目投资348.05亿元，下降2.7%。分产业看，第一产业投资16.97亿元，比上年增长15.6%；第二产业投资88.18亿元，下降25.9%，其中工业投资85.88亿元，下降27.7%；第三产业投资298.87亿元，增长14.1%。

【科学技术】2016年年末，河池市全市城镇单位共有各类专业技术人员5.31万人，比上年减少0.67万人。全市有各类科研所10个，科研所从业人员234人，比上年减少7人，其中从事科技活动人员212人。全年共组织实施新计划项目83项，比上年减少30项，其中自治区下达项目38项。全年专利申请2256项，增加1125项，其中发明专利1633件，增加891项；全年授权专利550件，增加198项，其中发明专利88件，增加12项；年末拥有发明专利250件，比上年增加100项。

【国内贸易和对外经济】2016年，河池市全年社会消费品零售总额267.96亿元，比上年增长10.1%。按经营地统计，城镇消费品零售额213.83亿元，增长10.5%；乡村消费品零售额54.14亿元，增长8.4%。

全年货物进出口总额2.76亿美元，比上年下降29.6%。其中，货物出口0.37亿美元，增长15.3%；货物进口2.39亿美元，下降33.7%。进出口差额（出口减进口）-2.02亿美元。

【交通、邮电和旅游】2016年，河池市全年全市交通运输、仓储和邮政业增加值45.01亿元，比上年增长3.7%。

年末全市境内公路总里程13164公里，比上年增加250公里。其中等级公路总里程12607公里，比上年增加390公里；等级外公路556公里。在等级公路中，高速公路323公里；一级公路67公里；二级公路1287公里；三级公路1010公里；四级公路9921公里。

全年完成邮电业务总量57.05亿元，比上年增长54.7%。其中，邮政业务总量2.31亿元，增长21.1%；电信业务总量54.74亿元，增长56.6%。邮政业全年完成邮政函件业务总量70.03万件，包裹业务1.87万件，快件业务377.27万件，比上年增长42.1%。

全年国内游客2154.20万人次，比上年增长17.0%。国内旅游总收入230.51亿元，增长28.3%。入境游客10.68万人次，增长6.1%，其中外国人3.43万人次，下降2.4%。国际旅游外汇收入4618万美元，增长11.1%。全市星级饭店50家，旅行社39家，星级农家乐187家，A级旅游景区（点）34个，星级乡村旅游区36个。

【金融和保险】2016年年末，河池市全市金融机构本外币存款余额1002.42亿元，比上年末增长13.0%，其中人民币存款余额1001.37亿元，增长13.4%。住户本外币存款余额625.38亿元，增长13.3%，其中人民币存款余额624.90亿元，增长13.3%。年末全部金融机构本外币贷款余额575.75亿元，增长12.8%，其中人民币贷款余额575.04亿元，增长13.8%。

全年全市保险业保费收入17.09亿元，比上年增长28.1%。其中，人身保险业务保费收入9.71亿元，增长43.4%；财产保险保费收入7.38亿元，增长12.3%。全年支付各类保险业务赔款及给付6.23亿元，增长38.7%。其中，人身险业务赔款及给付3.01亿元，增长88.9%；财产保险赔款及给付3.22亿元，增长11.0%。

12

2016年来宾市经济发展概况

【经济总量】2016年，来宾市全年实现地区生产总值（GDP）589.11亿元，比上年增长3.9%。其中，第一产业增加值147.51亿元，增长3.0%；第二产业增加值219.95亿元，增长1.5%，其中，工业增加值160.92亿元，增长2.0%；第三产业增加值221.66亿元，增长7.1%。第一、二、三产业增加值占地区生产总值的比重分别为25.1%、37.3%和37.6%，第一、三产业分别比上年提高0.6、1.2个百分点，第二产业回落1.8个百分点，第三产业首次超过第二产业。其中，工业增加值比重27.3%，降低1.1个百分点。三次产业对经济增长的贡献率分别为18.8%、15.3%和65.9%。按常住人口计算，人均地区生产总值26885元，比上年增长3.0%。

【农业】2016年，来宾市全市农林牧渔业总产值244.64亿元，比上年增长3.0%。其中，种植业产值141.56亿元，增长2.3%；林业产值18.31亿元，增长15.6%；牧业产值71.48亿元，增长1.2%；渔业产值7.11亿元，增长5.2%，农林牧渔服务业产值6.18亿元，增长3.2%。实现农林牧渔业增加值151.60亿元，增长3.0%。

【工业和建筑业】2016年年末，来宾市全市规模以上工业企业219户，比上年净增7户。全部工业总产值559.01亿元，比上年增长3.5%，其中，规模以上工业总产值526.81亿元，增长3.6%。工业增加值160.92亿元，增长2.0%。规模以上工业增加值增长1.8%，其中，轻工业增长2.9%，重工业增长1.3%。

全年全市建筑业增加值59.03亿元，比上年增长0.2%。

【固定资产投资】2016年，来宾市全年固定资产投资370.91亿元，比上年下降17.4%。其中，企业技术改造投资165.79亿元，下降9.6%。分产业看，第一产业投资28.83亿元，增长47.2%；第二产业投资149.37亿元，下降14.8%；第三产业投资192.71亿元，下降24.2%，其中，基础设施投资122.07亿元，下降8.5%。

【科学技术】2016年，来宾市全市全年受理专利申请1097件，比上年增长61.0%，获国家授权专利252

件，下降11.0%。全市科技系统内科研推广机构7家，在职职工人数81人，其中27人从事科技活动。

【国内贸易和对外经济】2016年，来宾市全年社会消费品零售总额159.11亿元，比上年增长9.7%，按经营地统计，城镇消费品零售额120.78亿元，增长9.9%；乡村消费品零售额38.33亿元，增长8.8%。按消费形态统计，餐饮收入15.9亿元，增长0.8%，商品零售143.19亿元，增长10.7%。

全年外贸进出口总额8925万美元，比上年增长32.8%。其中，出口总额6145万美元，增长53.5%；进口总额2781万美元，增长1.2%。全年批准项目合同外资额(商务部门口径，下同)1147万美元，下降71.6%；外商直接投资额2382万美元，下降19.7%。外商直接投资合同项目1个，减少3个。

【交通、邮电和旅游】2016年，来宾市全年交通运输、仓储和邮政业增加值29.54亿元，比上年增长5.7%。全年公路水路客货运周转量448995万吨公里，增长9.2%，其中，公路客货运输周转量197684万吨公里，增长5.4%；水路货物运输周转量251312万吨公里，增长12.4%。全年公路旅客周转量80898万人公里，下降5.0%；货物周转量189594万吨公里，增长5.9%。全市港口货物吞吐能力618万吨，全年港口货物吞吐量1061.5万吨，下降8.9%。

全年完成邮电业务总量34.20亿元，比上年增长51.3%。其中，邮政业务总量1.25亿元，增长29.1%；电信业务总量32.95亿元，增长52.3%。

全年累计接待游客1808.83万人次，比上年增长17.4%。其中，入境旅游人数2.16万人次，增长7.2%；国内游客1806.31万人次，增长17.4%。实现旅游总收入133.83亿元，增长31.2%。其中，入境旅游收入1001.9万美元，增长11.0%；国内旅游收入133.12亿元，增长30.4%。年末全市共有A级及以上旅游景点21处，比上年多1处。星级饭店17家，比上年减少3家。

【金融和保险】2016年年末，来宾市金融机构本外币各项存款余额607.11亿元，比年初增加78.73亿元，其中，人民币各项存款余额606.68亿元，增长14.9%。住户存款34.71亿元，比年初增加39.01亿元。年末金融机构本外币各项贷款余额405.70亿元，比年初增加46.91亿元，其中，人民币各项贷款余额405.46亿元，增长13.1%。住户贷款164.10亿元，比年初增加22.64亿元。

全年保险公司保险保费收入10.60亿元，比上年增长28.2%。其中，财产险业务保险保费收入3.91亿元，增长18.7%；人身险业务保险保费收入6.69亿元，增长34.4%。支付各类赔款及给付3.20亿元，增长41.3%。其中，财产险业务赔款1.44亿元，增长9.0%；人身险业务给付1.75亿元，增长86.5%。

13

2016年崇左市经济发展概况

【经济总量】2016年，崇左市全年实现地区生产总值（GDP）766.20亿元，比上年增长8.2%。其中，第一产业增加值167.69亿元，增长3.4%；第二产业增加值310.69亿元，增长7.9%；第三产业增加值287.82亿元，增长11.5%。第一、二、三产业增加值占地区生产总值的比重分别为21.9%、40.5%和37.6%，对经济增长的贡献率分别为9.4%、38.7%和51.9%。按常住人口计算，人均地区生产总值37161元。

【农业】2016年，崇左市全年农作物总播种面积51.66万公顷，粮食种植面积12.35万公顷，油料种植面积1.23万公顷，甘蔗种植面积28.07万公顷，蔬菜种植面积（含菜用瓜）4.92万公顷，木薯种植面积1.46万公顷，果园面积3.80万公顷，茶园面积0.14万公顷，桑园面积0.03万公顷。

【工业和建筑业】2016年，崇左市全年全部工业增加值257.13亿元，比上年增长7.0%。规模以上工业增加值增长7.1%。在规模以上工业中，国有企业增长5.9%，集体企业增长4.1%，股份制企业增长7.4%，外商及港澳台商投资企业增长7.0%，其他经济类型企业增长4.5%。轻工业增长5.1%，重工业增长9.3%。

全年全社会建筑业增加值53.56亿元，比上年增长12.1%。

【固定资产投资】2016年，崇左市全年固定资产投资(不含农户)831.41亿元，比上年增长20.2%。在固定资产投资（不含农户）中，第一产业投资73.56亿元，比上年增长8.9%；第二产业投资226.86亿元，增长4.9%，其中工业投资213.01亿元，下降1.2%；第三产业投资530.98亿元，增长30.2%。项目投资766.97亿元，增长18.6%，更新改造投资260.46亿元，增长22.3%。从投资构成来看，建筑工程558.91亿元，同比增长42.6%；安装工程51.14亿元，同比增长78.2%；设备工器具购置160.83亿元，同比下降28.8%。

【科学技术】2016年，崇左市全年发明专利授权量114件，全市有效发明专利179件。

【国内贸易和对外经济】2016年，崇左市全年社会消费品零售总额131.34亿元，比上年增长10.0%。按经营地统计，城镇消费品零售额92.97亿元，增长10.3%；乡村消费品零售额38.37亿元，增长9.4%。

全年外贸进出口总额185.74亿美元，比上年下降7.7%。其中，出口额为108.63亿美元，比上年下降23.7%；进口额为77.11亿美元，增长30.7%。进出口差额（出口减进口）31.52亿美元。实际利用外资1784万美元，下降75.8%。

【交通、邮电和旅游】2016年，崇左市全年交通运输、仓储和邮政业增加值38.86亿元，比上年增长4.4%。

年末公路总里程达7278.17公里，其中高速公路316.93公里，比上年新增112.58公里。

全年完成邮电业务总量38.09亿元，比上年增长55.4%。其中，邮政业务总量2.43亿元，增长57.1%，电信业务总量35.67亿元，增长55.3%。年末固定电话用户达到9.9万户，移动电话用户147.4万户，互联网宽带接入用户21.6万户。

全年入境旅游游客38.29万人次，比上年增长4.3%。其中，台湾同胞5.7万人次，澳门同胞2.8万人次，香港同胞4.1万人次，外国人25.7万人次。国际旅游（外汇）收入1.39亿美元，增长8.5%。接待国内旅客1991.76万人次，增长27.6%，国内旅游收入173.58亿元，增长39.3%。

【金融和保险】2016年年末，崇左市金融机构本外币各项存款余额700.13亿元，同比增长15.3%，比年初增加92.91亿元，其中，人民币各项存款余额699.48亿元，同比增长15.3%。年末金融机构本外币各项贷款余额390.24亿元，比年初增加17.11亿元，同比增长4.6%，其中，人民币各项贷款余额390.23亿元，比年初增加17.17亿元。

海南省

｜海口市｜三亚市｜儋州市｜

1

2016年海口市经济发展概况

【经济总量】2016年，海口市全年实现地区生产总值（GDP）1257.67亿元，按可比价格计算，比上年增长7.7%。其中，第一产业完成增加值67.68亿元，增长3.3%；第二产业完成增加值233.56亿元，增长5.8%；第三产业完成增加值956.42亿元，增长8.5%。人均地区生产总值56284元，比上年增长6.6%。

【农业】2016年，海口市全年农林牧渔业总产值108.66亿元，比上年增长2.6%。其中，农业产值52.84亿元，增长4.3%；林业产值5.38亿元，增长6.9%；牧业产值33.06亿元，下降2.6%；渔业产值11.20亿元，增长6.3%；农林牧渔服务业产值6.19亿元，增长8.3%。

【工业和建筑业】2016年，海口市全市规模以上工业完成总产值499.13亿元，比上年增长1.1%。实现规模以上工业增加值124.17亿元，增长2.2%。规模以上工业中，重工业完成产值216.17亿元，比上年下降4.8%；轻工业完成产值282.97亿元，增长6.3%，重工业与轻工业之比为43.3：56.7。

全年资质以上建筑企业完成建筑业总产值218.67亿元，增长21.6%。其中建筑工程产值182.07亿元，增长20.5%；安装工程产值25.88亿元，增长36.5%。当年建筑企业新签合同价款249.13亿元，建筑企业期末从业人员5.02万人，全员劳动生产率为39.22万元/人。

【固定资产投资】2016年，海口市全市全社会固定资产投资1271.73亿元，比上年增长25.7%。按产业划分，第一产业投资9.54亿元，比上年下降50.7%；第二产业投资42.14亿元，增长60.0%，其中工业投资38.27亿元，增长63.4%；第三产业投资1220.05亿元，增长26.3%。三次产业投资结构比例为0.8:3.3:95.9。分区看，秀英区完成固定资产投资371.03亿元，增长21.1%；龙华区完成固定资产投资291.04亿元，增长18.2%；琼山区完成固定资产投资122.59亿元，增长54.7%；美兰区完成固定资产投资347.10亿元，增长17.8%。全年投资项目941个，比上年增长28.9%，其中新开工项目334个，增长38.6%。

【科学技术】2016年，海口市整合科技创新资源，将扶持重点向十二大重点产业的创新型科技项目和科技创新平台倾斜，共投入科技扶持资金约3062.8万元，带动企业投入研发费用2.98亿元。截至目前，全市高新技术企业总量达到149家，占全省75%，其中高新技术医药企业36家，占全市规模以上高新技术工业企业比重为62%。全市专利申请量为2279件，同比增长13.1%，占全省的70%；专利授权量为1272件，同比增长5.2%，占全省的72%；PCT国际专利申请9件，占全省69%。全市PCT国际专利申请总量达到32件；有效发明专利1863件，占全省的78%；每万人有效发明专利拥有量达8.4件。搭建科技支撑平台，提升企业创新能力。2016年新增市级重点实验室3家，市级企业技术研发中心3家，市级创新型企业4家。截至目前，全市拥有市级及以上重点实验室56家、市级及以上技术研发中心58家、市级及以上创新型（试点）企业53家，科技创新体系不断完善。

【国内贸易和对外经济】2016年，海口市全市全社会消费品零售总额653.89亿元，比上年增长9.8%。

其中，商品零售566.81亿元，增长9.5%，占零售总额的86.7%；餐饮收入87.09亿元，增长11.8%，占零售总额的13.3%。按经营地分，城镇消费品零售额593.85亿元，增长9.3%；乡村消费品零售额60.05亿元，增长15.0%。在限额以上贸易企业商品零售额中，体育、娱乐用品类休闲商品实现零售额1.55亿元，比上年增长14.0%；金银珠宝类、服装类、粮油食品类分别实现零售额4.60亿元、20.03亿元和13.93亿元，分别下降1.3%、增长8.6%和2.7%；汽车类实现零售额124.60亿元，增长17.6%；石油及制品类实现零售额101.09亿元，增长0.4%；家用电器和音像器材类、通讯器材类、文化办公用品类分别实现零售额16.56亿元、1.97亿元和2.57亿元，分别下降12.0%、8.0%和10.0%。

全市外贸进出口总额258.18亿元，比上年下降4.6%。其中，出口52.23亿元，下降12.7%；进口205.95亿元，下降2.3%。美国是我市对外贸易的第一大市场，实现贸易往来101.54亿元，下降14.2%，占进出口总值39.3%；欧盟、香港、日本、东盟等其他主要贸易伙伴进出口额分别为94.36亿元、5.45亿元、14.9亿元和13.91亿元。一般贸易进出口111.44亿元，下降27.3%，占全市进出口总值的比重为43.2%；租赁贸易109.25亿元，增长50.9%，占全市进出口比重为42.3%；加工贸易17.24亿元，下降30.0%，占全市进出口比重为6.7%。

【交通、邮电和旅游】2016年，海口市全市完成旅客运输量0.90亿人次，货物运输量1.05亿吨，分别比上年增长17.5%和1.7%；旅客运输周转量641.92亿人公里，货物运输周转量670亿吨公里，分别增长25.8%和下降5.6%；港口货物吞吐量8866.82万吨，增长8.0%。海口美兰国际机场旅客吞吐量1880.4万人次，比上年增长16.3%，再创历史新高。

全市完成邮电业务总量144.5亿元，比上年增长65.4%。其中，电信业务总量138.7亿元，增长67%；邮政业务总量5.8亿元，增长33.7%。年末固定电话用户65.55万户，同比下降8.9%；移动电话用户148.08万户。互联网宽带用户总数60.75万户，同比下降1.2%。全年短信业务总量3.9亿条。

全市共接待国内外过夜游客1329.19万人次，比上年增长8.5%。其中，接待入境游客13.65万人次，同比增长11.9%。人均逗留天数1.43天/人，同上年持平。实现旅游总收入191.84亿元，增长13.6%。其中，旅游外汇收入4503.55万美元，同比增长10.3%。全市A级旅游景区共10家，其中4A景区有4家。星级酒店39家，其中五星级酒店6家。

【金融和保险】2016年年末，海口市全市金融机构各项存款余额(本外币合计，下同)4989.30亿元，比年初增加919.59亿元，其中住户存款余额4972.90亿元，比年初增加917.37亿元；年末金融机构各项贷款余额5268.49亿元，比年初增加671.59亿元，其中短期贷款余额914.67亿元，比年初增加84.09亿元，中长期贷款605.42亿元，比年初增加159.53亿元。

全市保险公司实现原保险保费收入79.51亿元，比上年增长10.7%。其中，财产险原保险保费收入30.76亿元，增长8.9%；人身险原保险保费收入48.75亿元，增长11.8%。全年赔款与给付支出合计37.78亿元，比上年增长31.7%，其中，财产险赔款支出21.62亿元，增长1.5%；人身险赔付支出16.16亿元，增长118.7%。

2

2016年三亚市经济发展概况

【经济总量】2016年，三亚市全年实现地区生产总值（GDP）475.56亿元，按可比价格计算，比上年增长7.8%。其中，第一产业增加值65.99亿元，增长3.9%；第二产业增加值94.45亿元，增长6.0%；第三产业增加值315.11亿元，增长9.2%。三次产业结构为13.9：19.9：66.2，第三产业拉动经济增长6.0个百分点，对经济增长的贡献为77.5%。

【农业】2016年，三亚市全年农林牧渔业总产值102.16亿元，按可比价计算，比上年增长4.7%。其中，农业产值64.98亿元，增长4.9%；林业产值2.93亿元，增长7.8%；牧业产值9.91亿元，增长2.0%；渔业产值20.09亿元，增长4.2%；农林牧渔服务业产值4.24亿元，增长9.2%。

【工业和建筑业】2016年，三亚市全年工业总产值为71.71亿元，比上年增长13.3%。其中，轻工业产值13.74亿元，增长15.8%；重工业产值57.97亿元，增长12.8%。从经济类型看，国有企业产值3.00亿元，增长7.4%；股份制企业产值52.25亿元，增长15.1%；外商及港澳台企业产值5.74亿元，增长19.2%；其他企业产值10.72亿元，增长4.3%。从各行业工业总产值看，以水泥生产为主的非金属矿物制品业增长10.3%；电力热力生产和供应业增长5.3%。

全市建安工程投资497.55亿元，比上年增长0.5%。建筑业增加值76.69亿元，增长5.2%。

【固定资产投资】2016年，三亚市全市固定资产投资783.09亿元，比上年增长10.9%。其中，房地产开发投资410.04亿元，下降12.1%；其他投资373.04亿元，增长55.7%。从构成看，建筑工程投资440.28亿元，下降2.7%；安装工程投资57.28亿元，增长35.1%；设备工器具购置投资7.10亿元，增长32.3%；其他费用投资278.43亿元，增长35.5%。从投资结构看，第一产业投资5.23亿元，下降11.8%；第二产业投资16.90亿元，增长2.9%；第三产业投资760.96亿元，增长11.3%。

【国内贸易和对外经济】2016年，三亚市全市社会消费品零售总额达198.08亿元，比上年增长9.0%。全年批发和零售业商品销售额318.94亿元，增长7.4%。其中，批发业商品销售额134.05亿元，增长3.5%；零售业商品销售额184.89亿元，增长10.4%。从限额以上批发和零售业商品分类销售情况来看，烟酒类、服装鞋帽纺织品类、化妆品类、金银珠宝类分别增长5.9%、11.8%、14.3%、6.5%，日用品类下降0.6%；石油及制品类下降6.6%。全市住宿和餐饮业实现营业额129.71亿元，增长8.2%。其中，住宿业营业额100.19亿元，增长7.7%；餐饮业营业额29.52亿元，增长10.0%。从星级酒店营业额看，五星级酒店营业额39.06亿元，增长1.8%；四星级酒店6.09亿元，增长1.0%；三星级酒店0.79亿元，下降12.1%；其他酒店27.95亿元，增长15.9%。

【交通、邮电和旅游】2016年，三亚市全市客运量2333万人，比上年增长3.2%；货运量1753万吨，增长6.7%。凤凰机场旅客吞吐量1737万人次，增长7.3%。其中进港869万人次，增长6.9%。凤凰机场飞行112771班次，增长5.5%。

全市邮政业务总量7837万元，增长13.9%。其中，函件31万件，下降3.1%；杂志累计数41万件，增长5.1%；快件与专递15.91万件，增长1.1倍。邮政业务收入8779万元，增长8.7%。年末邮政局（所）数33处，邮路总长度（单程）606公里，增长11.0%。

全市接待过夜游客1651.58万人次，比上年增长10.4%。其中，国内游客1606.69万人次，增长10.1%；入境游客44.89万人次，增长25.3%。全年旅游总收入322.40亿元，增长23.4%，其中国内旅游收入305.48亿元，增长21.8%；旅游外汇收入25476万美元，增长50.2%。旅游饭店平均开房率为66.02%，比上年提高1.52个百分点。全市列入统计的旅游宾馆(酒店)250家，其中，五星级酒店14家，四星级酒店17家，三星级酒店9家。拥有客房56312间，比上年增加6403间；拥有床位92918张，比上年增加10372张。全市共有A级及以上景区16处，其中，5A景区3处，4A景区5处。

【金融和保险】2016年，三亚市年末全市金融机构本外币存款余额1493.83亿元，比年初增长23.5%。其中，境内存款1482.38亿元，比年初增长22.8%；住户存款491.09亿元，比年初增长19.6%。全市金融机构本外币贷款余额1079.23亿元，比年初增长23.9%，其中境内贷款1078.84亿元，比年初增长23.9%；境外贷款

0.38亿元，比年初增长12.0%。全市银行业金融机构总资产2110.03亿元，比上年增长23.7%；利润总额27.79亿元，增长3.2倍；不良贷款率4.39%，下降1.0个百分点。

保险业原保险保费收入17.22亿元。其中财险6.85亿元；寿险8.87亿元；意外险0.40亿元；健康险1.10亿元。

3

2016年儋州市经济发展概况

【经济总量】2016年，儋州市全年实现地区生产总值（GDP）258.78亿元，比上年增长7.7%。其中，第一产业增加值117.99亿元，比上年增长5.0%；第二产业增加值31.40亿元，比上年增长7.8%；第三产业增加值109.39亿元，比上年增长10.6%。三次产业增加值占地区生产总值的比重分别为45.6：12.1：42.3。

【农业】2016年，儋州市全年全市农林牧渔及其服务业完成增加值119.69亿元，比上年增长5.1%。分行业看，种植业完成增加值36.34亿元，比上年增长6.6%。粮食作物播种面积47.36万亩，比上年下降15.3%；粮食作物产量16.96万吨，比上年下降9.7%。蔬菜播种面积24.44万亩，比上年下降23.3%；蔬菜产量39.47万吨，比上年下降28.5%。瓜果类播种面积1.68万亩，比上年增长26.8%；瓜果类产量3.05万吨，比上年增长46.5%。水果收获面积7.82万亩，比上年下降19.1%；水果产量12.59万吨，比上年下降17.4%。林业完成增加值9.55亿元，比上年增长7.9%。干胶产量6.77万吨，比上年增长14.6%。畜牧业完成增加值18.22亿元，比上年增长4.8%。全市生猪出栏74.15万头，比上年减少8.6%；牛出栏2.25万头，比上年增长3.3%；羊出栏11.03万头，比上年增长9.7%；禽类出栏1756.31万只，比上年增长1.4%；肉类总产量9.63万吨，比上年减少5.5%；禽蛋产量0.49万吨，比上年增长30.0%。渔业完成增加值53.83亿元，比上年增长3.6%。水产品产量41.93万吨，比上年增长0.4%。农林牧渔服务业完成增加值1.69亿元，比上年增长12.8%。

【工业和建筑业】2016年，儋州市全年全市工业完成增加值11.74亿元，按可比价格计算，比上年增长4.3%。其中，规模以上工业增加值9.91亿元，比上年增长4.3%；规模以下工业增加值1.83亿元，比上年增长4.5%。

全年全市建筑业完成增加值19.69亿元，比上年增长10.0%。本市具有资质等级的建筑企业单位4个，从业人员534人，比上年下降7.5%。本市资质内建筑企业全年房屋建筑施工面积10.86万平方米，比上年下降35.0%，占全市房屋施工面积的2.5%；房屋建筑竣工面积4.74万平方米，比上年下降50.4%，占全市房屋建筑竣工面积的5.0%。本市资质内建筑企业实现利润总额622万元，比上年下降21.5%。

【固定资产投资】2016年，儋州市全年全市固定资产投资（不含农户）163.58亿元，比上年增长25.5%。其中，房地产开发完成投资77.98亿元，比上年增长190.8%，占全市固定资产投资的47.7%。按产业分，第一产业完成投资2.54亿元，比上年下降63.6%；第二产业完成投资5.07亿元，比上年下降19.3%；第三产业完成投资155.97亿元，比上年增长33.2%。

【科学技术】2016年，儋州市组织实施国家农业科技成果转化资金项目1项，国家自然科学基金项目22项，海南省产学研一体化专项2项，科学普及专项1项，海南省应用技术研发与示范推广专项7项，海南自然科学基金37项，海南省重点实验室和工程技术研究中心建设专项4项，海南省科技合作专项6项，海南省农业科技服务体系建设专项1项。技术合同登记6项，技术交易额达83.3万元。全年共申请专利202项，获得专利授权112项。新建农业科技110服务点10个，科技示范基地10个，农业科技110服务网络进一步向农村延伸。

【国内贸易和对外经济】2016年，儋州市全年实现社会消费品零售总额76.37亿元，比上年增长9.9%。按经营地分，城镇消费品零售额68.36亿元，比上年增长9.8%；农村消费品零售额8.01亿元，比上年增长11.4%。按消费形态分，商品零售额64.88亿元，比上年增长9.8%；餐饮收入11.49亿元，比上年增长10.5%。

【交通、邮电和旅游】2016年，儋州市全年全市交通运输邮政仓储业实现增加值5.41亿元，比上年增长28.7%。全市货物周转量1.78亿吨公里，比上年下降6.7%；旅客周转量6.86亿人公里，比上年增长0.04%。

全年邮电业务总量2.07亿元，比上年增长9.6%。其中，电信业务总量1.51亿元，比上年增长9.8%；邮政业务总量0.57亿元，比上年增长9.0%。年末全市固定电话用户6.78万户，比上年下降5.6%。其中，城市电话用户4.28万户、农村电话用户2.49万户。年末移动电话用户15.66万户，比上年增长13.6%。年末互联网用户18.87万户，比上年增长18.8%。

全年全市接待过夜游客181.28万人次，比上年增长14.6%；旅游总收入12.63亿元，比上年增长14.1%。3A级景区3家；挂牌星级酒店2家，其中三星1家，二星1家。

【金融和保险】2016年，儋州市全年金融业完成增加值6.12亿元，比上年增长2.2%。年末全市金融机构各项存款余额280.6亿元，比上年末增长18.1%。年末金融机构各项贷款余额151.8亿元，比上年末增长4.6%。项目贷款、涉农贷款和小微企业贷款占全市各项贷款的比重为31.5%、34.4%和16.1%。地方法人金融机构资产总额111.8亿元，比上年增长39.1%；实现利润总额4.6亿元，比上年增长11.4%；不良贷款比年初减少1.1亿元，不良率比年初下降2.2个百分点。

全年实现保费收入4.64亿元，比上年下降16.3%。其中，财产险业务收入1.42亿元，比上年增长7.7%；人身险业务收入3.22亿元，比上年下降23.8%。在人身险业务收入中，寿险收入2.88亿元，比上年下降27.9%；健康险和人身意外伤害险收入0.34亿元，比上年增长46.7%。

四川省

| 成都市 | 自贡市 | 攀枝花市 | 泸州市 | 德阳市 | 绵阳市 | 内江市 | 乐山市 | 南充市 |
| 眉山市 | 宜宾市 | 广安市 | 达州市 | 雅安市 | 资阳市 |

1

2016年成都市经济发展概况

【经济总量】2016年，成都市全年实现地区生产总值（GDP）12170.2亿元，按可比价格计算，比上年增长7.7%。其中，第一产业实现增加值474.9亿元，增长4.0%；第二产业实现增加值5232.0亿元，增长6.7%；第三产业实现增加值6463.3亿元，增长9.0%。按常住人口计算，人均地区生产总值76960元，增长6.2%。一、二、三产业比例关系为3.9：43.0：53.1。

【农业】2016年，成都市全年实现农业总产值841.3亿元，按可比价格计算，比上年增长3.9%。其中，种植业443.1亿元，增长5.8%；牧业332.4亿元，增长0.6%。

【工业和建筑业】2016年，成都市全年全部工业增加值4508.6亿元，按可比价格计算，比上年增长6.9%。规模以上工业增加值增长7.4%。规模以上工业中，轻工业增加值增长1.7%，重工业增加值增长10.5%。规模以上工业企业产品产销率96.3%。

全年建筑业实现增加值782.2亿元，按可比价格计算，比上年增长5.5%。施工总承包和专业承包建筑企业完成总产值4418.9亿元，竣工产值1681.7亿元，施工面积23327.4万平方米，竣工面积6242.7万平方米。

【固定资产投资】2016年，成都市全年固定资产投资完成8370.5亿元，比上年增长14.3%。其中，民间投资完成4643.0亿元，增长13.8%。分产业看，第一产业完成投资179.4亿元，增长172.7%；第二产业完成投资2250.1亿元，增长39.1%，其中工业投资2246.2亿元，增长41.0%；第三产业完成投资5941.0亿元，增长5.3%。分行业看，制造业完成投资2061.7亿元，增长44.5%；交通运输仓储邮政通信业完成投资696.4亿元，增长10.1%；水利环境公共设施管理业完成投资993.1亿元，增长8.4%。全年新增固定资产3612.6亿元。

【科学技术】2016年，成都市全年组织实施科技计划项目3483项，年内新上科技项目2540项，其中国家级568项，省级734项。科技项目投入资金12.6亿元，完成科技攻关521项，完成火炬计划324项，新认定高新技术企业344家。共申请专利98251件，其中发明39500件，实用新型37414件。专利授权41309件，其中发明7202件，实用新型19226件。

【国内贸易和对外经济】2016年，成都市全年实现社会消费品零售总额5647.4亿元，比上年增长10.4%。按消费形态分，商品零售额4949.3亿元，增长10.1%；餐饮收入698.1亿元，增长12.4%。按经营地分，城镇实现零售额5420.5亿元，增长10.3%；乡村实现零售额226.9亿元，增长11.7%。

全年实现进出口总额410.1亿美元，比上年增长4.0%。其中，出口总额219.3亿美元，下降8.2%；进口总额190.8亿美元，增长22.9%。一般贸易出口额58.7亿美元，下降22.0%；机电产品出口额175.1亿美元，下降1.4%；高新技术产品出口额145.4亿美元，增长6.4%。对欧盟出口额38.6亿美元，下降1.7%；对美国出口额73.2亿美元，增长13.0%；对日本出口额11.6亿美元，下降1.0%；对中国香港出口额23.1亿美元，下降

12.1%。

【交通、邮电和旅游】2016年年末，成都市全市公路总里程26037公里，其中高速公路925公里。全年新改建公路（不含高速公路）2053公里。年末全市机动车拥有量466.7万辆，比上年末增长8.9%；其中私人拥有汽车371.2万辆，增长12.2%。

全年邮电业务总量709.3亿元，比上年增长49.0%。其中，邮政业务总量111.3亿元，增长13.7%；电信业务总量598.1亿元，增长48.0%。固定电话用户543.7万户，移动电话用户2406.7万户；固定互联网用户599.4万户，移动互联网用户1841.4万户。

全年接待国内游客2.0亿人次，比上年增长4.7%；国内旅游收入2425.6亿元，增长22.1%。组织出境旅游人数181.6万人次，下降6.6%；接待入境旅游人数272.3万人次，增长17.8%；旅游外汇收入12.4亿美元，增长15.8%。年末全市三星级以上饭店97家，旅行社466家。

【金融和保险】2016年年末，成都市全部金融机构人民币存款余额31434亿元，比上年末增长6.7%。全部金融机构人民币贷款余额25009亿元，增长13.8%。个人消费贷款余额5379亿元，增长22.0%，其中个人住房贷款余额4653亿元，增长24.6%。

全年保费收入864.3亿元，增长50.4%。其中，财产保险公司保费收入226.3亿元，增长8.6%；人身保险公司保费收入637.9亿元，增长74.2%。各类保险赔偿与给付支出249.8亿元，增长7.7%。其中，财产保险公司赔偿与给付支出143.8亿元，下降3.2%；人身保险公司赔偿与给付支出106.1亿元，增长26.8%。

2

2016年自贡市经济发展概况

【经济总量】2016年，自贡市全年实现地区生产总值（GDP）1234.56亿元，按可比价格计算，比上年增长7.7%。其中，第一产业增加值136.13亿元，增长4.0%；第二产业增加值710.37亿元，增长8.1%；第三产业增加值388.06亿元，增长8.3%。三次产业对经济增长的贡献率分别为5.7%、61.1%和33.2%。人均地区生产总值44481元，按可比价格计算增长7.0%。三次产业结构由上年的11.2：58.1：30.7调整为11.0：57.6：31.4。

【农业】2016年，自贡市全年粮食种植面积21.71万公顷，比上年增加496公顷；油料种植面积3万公顷，增加1351公顷；蔬菜种植面积5.69万公顷，增加333公顷。

【工业和建筑业】2016年，自贡市全年实现全部工业增加值646.12亿元，比上年增长8.1%，对经济增长的贡献率达到55.7%。全年规模以上工业企业（年主营业务收入2000万元以上）增加值增长8.5%；实现出口交货值24.03亿元，下降20.5%；工业产品销售率为98.4%；实现主营业务收入1764.57亿元，增长6.3%；盈亏相抵后实现利润总额62.23亿元，下降3.4%。

全年实现建筑业增加值67.36亿元，比上年增长8.0%。全市建筑业企业户数为289户，其中，纳入联网直报统计的建筑业企业116户，完成总产值242.31亿元，增长19.7%；房屋建筑施工面积2030.34万平方米，增长12.3%。

【固定资产投资】2016年，自贡市全年全社会固定资产投资完成709.84亿元，比上年增长11.1%。其中，民间投资439.68亿元，增长12.2%。分产业看，第一产业完成投资77.68亿元，增长15.2%；第二产业完成投资159.89亿元，增长9.0%，其中工业投资158.09亿元，增长10.4%；第三产业完成投资472.27亿元，增长11.2%。

【科学技术】2016年，自贡市全年实施市以上重点科技项目238项，其中，省重点科技项目88项。全年实施科技攻关项目206个。全市高新技术产业企业62户，高新技术产业产值达到805.1亿元。全年共申请专利1904项，比上年增长9.92%；授权专利1152项，比上年增长1.57%。全年技术交易合同300项，登记合同金额4.21亿元。

【国内贸易和对外经济】2016年，自贡市全年实现社会消费品零售总额555.81亿元，比上年增长10.8%。按经营地分，城镇消费品零售额429.02亿元，增长10.7%；乡村消费品零售额126.79亿元，增长11.0%。按行业分，批发业零售额53.14亿元，增长8.2%；零售业零售额429.69亿元，增长10.9%；住宿业零售额2.54亿元，增长9.9%；餐饮业零售额70.44亿元，增长12.0%。

全年进出口总额39335万美元，下降19.7%。其中，出口额22478万美元，下降15.5%，进口额16857万美元，下降24.8%。

【交通和邮电】2016年年末，自贡市全市公路通车里程6537公里，其中，高速公路235公里，一级公路111公里，二级公路176公里，三级公路314公里，四级公路4547公里，等外级公路1154公里。全年完成公路客运量4851万人，旅客运输周转量159667万人公里；完成公路货运量5049万吨，货物运输周转量560355万吨公里。水路客运量101万人，水路旅客运输周转量630万人公里；水路货运量221万吨，水路货物运输周转量3932万吨公里。

全年完成邮电业务总量45.68亿元，比上年增长45.2%。其中，邮政业务总量4.48亿元，增长42.6%；电信业务总量41.2亿元，增长45.8%。全年光缆线路长度52832皮长公里，增长30.9%。年末固定电话用户47.32万户，年末移动电话达到247万户。

【金融和保险】2016年年末，自贡市金融机构人民币存款余额1524.05亿元，比上年末增长15.5%，其中，住户存款923.57亿元，增长12.7%。年末金融机构人民币贷款余额708.35亿元，增长15.3%，其中，中长期贷款397.01亿元，增长22.3%；短期贷款282.22亿元，增长7.7%。

全年保费收入34.38亿元，比上年增长31.1%，其中，财产险收入9.3亿元，增长12.3%；人身险收入25.08亿元，增长39.8%。全年处理各种赔案支付额15.17亿元，增长26.5%，其中，财产险赔付金额4.54亿元，增长6.6%；人身险赔付金额10.63亿元，增长37.3%。

3

2016年攀枝花市经济发展概况

【经济总量】2016年，攀枝花市全年实现地区生产总值（GDP）1014.68亿元，按可比价计算，增长8.0%。其中：第一产业增加值34.25亿元，增长4.4%，对经济增长的贡献率为1.9%，拉动经济增长0.1个百分点；第二产业增加值715.35亿元，增长8.1%，对经济增长的贡献率为72.7%，拉动经济增长5.9个百分点；第三产业增加值265.08亿元，增长8%，对经济增长的贡献率为25.4%，拉动经济增长2个百分点。人均地区生产总值82221元，增长7.8%。三次产业结构由上年的3.4∶71.4∶25.2调整为3.4∶70.5∶26.1。全市民营经济实现增加值502.12亿元，增长8.5%，占GDP的比重为49.5%，民营经济对全市经济的贡献率51.7%。

【农业】2016年，攀枝花市全年农林牧渔业总产值60.96亿元，增长4.7%。其中：农业产值36.16亿元，增长5.8%；林业产值0.94亿元，增长4.3%；牧业产值18.61亿元，增长2.7%；渔业产值4.44亿元，增长

3.5%；农林牧渔服务业产值0.82亿元，增长6.7%。

【工业和建筑业】2016年，攀枝花市全年全部工业增加值685.40亿元，增长8.2%，对经济增长的贡献率为70.5%。年末规上工业企业335户，全年规上工业增加值增长9.0%。

全年全社会建筑业增加值36.32亿元，比上年增长6.4%。年末资质等级以上总承包和专业承包建筑企业73个，实现总产值198.62亿元，增长13.9%。

【固定资产投资】2016年，攀枝花市全年完成全社会固定资产投资696.31亿元，增长8%，其中，民间投资261.14亿元，下降9.3%。从三次产业看，第一产业投资28.57亿元，增长31.1%；第二产业投资235.63亿元，增长4.9%；第三产业投资432.11亿元，增长8.6%。从结构看，基础设施投资223.73亿元，增长19.8%；产业投资228.70亿元，增长1.6%；民生及社会事业投资170.02亿元，增长9.3%；房地产开发投资55.03亿元，下降6.6%。

【科学技术】2016年，攀枝花市全年各项专利申请数2339项。高新技术产业实现产值422.71亿元；安排科技项目1611项，其中，安排高新技术项目512个，当年新上高新技术项目222个；各类科技项目获市级以上科技成果奖82项，其中省部级奖20项；科技新增经济效益18.56亿元。

【国内贸易和对外经济】2016年，攀枝花市全年社会消费品零售总额316.90亿元，增长10.7%。按经营地分，城镇消费品零售额290.56亿元，增长10.7%；乡村消费品零售额26.35亿元，增长11.1%。按消费形态分，商品零售275.96亿元，增长10.4%；餐饮收入40.95亿元，增长12.7%。

全年实现进出口总额21010万美元，下降18.1%。其中，出口总额13806万美元，下降37.0%；进口总额7204万美元，增长92.4%。

【交通、邮电和旅游】2016年，攀枝花市全市等级公路3288.16公里，高速公路195公里。全年完成公路旅客运输量2267万人次，客运周转量65082万人公里，货物运输量9179万吨，货物周转量533839万吨公里。全市机动车保有量23.71万辆，其中，汽车15.15万辆，私人汽车13.28万辆；摩托车8.50万辆；营运车辆1.65万辆，出租汽车1597辆。

全年邮电主营业务收入12.14亿元，其中，电信业务主营收入9.75亿元，邮政业务主营收入2.39亿元。年末拥有邮电局（所）68处；全年报刊发行量2624.71万份；函件48.72万份；快递业务量1030.99万件。年末固定电话用户31.61万户；年末移动电话用户数118.86万户，其中，3G移动电话用户数22.59万户；国际互联网用户数37万户。

全年旅游总收入242.6亿元，增长20%。接待旅游总人数2062.28万人次，增长24.3%。全市共有名胜风景区和文物保护区20个，星级饭店、宾馆18个。

【金融和保险】2016年年末，攀枝花市金融机构人民币各项存款余额938.59亿元，比年初增加81.77亿元，增长9.5%。其中，住户存款余额522.97亿元，比年初增加60.53亿元，增长13.1%。金融机构人民币各项贷款余额738.63亿元，比年初增加41.48亿元，增长6.0%。

年末共有保险公司18家，全年实现保费收入22.80亿元，其中，财产保险保费收入7.84亿元，人寿保险保费收入14.97亿元。保险赔款支出10.45亿元，其中，财产保险赔款支出3.57亿元，人寿保险赔款支出6.88亿元。

4

2016年泸州市经济发展概况

【经济总量】2016年，泸州市全年实现地区生产总值（GDP）1481.91亿元，按可比价格计算，比上年增长9.5%。其中，第一产业增加值178.07亿元，增长3.9%；第二产业增加值875.77亿元，增长10.4%；第三产业增加值428.08亿元，增长10.0%。三次产业对经济增长的贡献率分别为5.1%、65.4%和29.5%。人均地区生产总值34497元，增长8.8%。三次产业结构由上年12.4：59.6：28.0调整为12.0：59.1：28.9。

【农业】2016年，泸州市全市农林牧渔及服务业总产值298.62亿元，比上年增长3.7%。其中，农业产值154.89亿元，增长4.1%；林业产值12.0亿元，增长7.1%；畜牧业产值116.28亿元，增长2.5%；渔业产值10.89亿元，增长4.8%；农林牧渔服务业产值4.56亿元，增长9.3%。全市农林牧渔及服务业增加值180.86亿元，增长4.0%。

【工业和建筑业】2016年，泸州市全年全部工业增加值809.29亿元，比上年增长10.3%，对经济增长的贡献率为59.6%。年末规模以上工业企业629户，全年规模以上工业增加值增长11.7%。在规模工业中，从经济类型看，国有控股企业增加值增长9.8%，集体企业增加值下降2.8%，股份制企业增加值增长11.9%，外商及港澳台商投资企业增加值增长2.6%；私营企业增加值增长13.1%。从重点产业看，医药制造业增加值增长17.3%；四大传统支柱产业增加值增长11.2%，其中酒类制造业增加值增长12.7%，能源行业增加值下降4.4%，化工行业增加值增长6.0%，机械行业增加值增长13.7%。从企业规模看，大中型企业增加值增长10.9%。

年末具有资质等级的总承包和专业承包建筑企业196户，有工作量企业195户，从事建筑业活动人员31.27万人。全年建筑业总产值759.75亿元，比上年增长31.6%。其中，国有控股企业9户（有工作量企业8户），全年建筑总产值91.70亿元，增长24.3%。

【固定资产投资】2016年，泸州市全年全社会固定资产投资1730.38亿元，比上年增长18.2%，其中计划投资500万元及以上的建设项目和房地产投资1705.38亿元，增长18.5%。

【科学技术】2016年，泸州市全市创新科技成果36项，其中省级科技成果10项，市级科技成果20项，区县科技成果6项。获四川省科技进步奖9项。全年专利技术申请受理2820件，专利申请授权1096件，其中发明专利950件。

【国内贸易和对外经济】2016年，泸州市全年社会消费品零售总额637.15亿元，比上年增长13.8%。按经营地统计，城镇消费品零售额453.54亿元，增长13.9%；乡村消费品零售额183.62亿元，增长13.8%。按消费形态统计，商品零售额543.60亿元，增长14.1%；餐饮收入93.55亿元，增长12.4%。

全年外贸进出口总额31329万美元，与上年基本持平。其中，进口3455万美元，增长18.3%；出口27874万美元，下降1.9%。按人民币计算，全年外贸进出口总额209070万元，比上年增长6.9%。其中，进口23023万元，增长27.0%；出口186047万元，增长4.9%。

【交通、邮电和旅游】2016年年末，泸州市全市公路运输客运车辆2881辆（不含市内公交和出租车）、等级客运站42个，客运线路1030条。其中，农村客运车辆1581辆，农村客运班线558条，行政村客运班车通达率92%。全年完成旅客运输7573.48万人次，旅客运输周转量51.09亿人公里。年末公路货物营运车辆20223辆，全年完成货物运输7025.23万吨，货物运输周转量127.58亿吨公里，比上年增长7.4%。

全市邮政局（所）251个，快递企业37家、营业网点488个。全年邮政业务收入6.21亿元，比上年增长

30.8%，其中快递业务收入1.85亿元，增长19.8%。全市电信业务收入26.71亿元，增长7.2%。年末固定电话用户58.18万户，增长10.8%。年末移动电话用户381.55万户，增长11.2%。固定互联网用户88.25万户（未包括广电网络），比上年增长34.5%，其中家庭宽带用户72.35万户，比上年增长33.3%。移动互联网用户279.68万户，增长9.1%。

全年共接待国内外游客3916.76万人次，增长20.2%，实现旅游总收入331.3亿元，增长30.9%。新增旅行社1家，旅行社分社3家，旅行社服务网点25个。年末拥有旅行社27家，旅行社分社23家，旅行社服务网点79家，其中有出境资质的旅行社3家。拥有星级旅游饭店21家，其中五星级1家，四星级6家，三星级5家。拥有国家A级旅游景区28个，其中国家4A级旅游景区9个，国家3A级旅游景区9个，国家2A级旅游景区10个。新创建3个国家4A级旅游景区、1个省级旅游度假区、10个省级乡村旅游示范品牌，天仙硐旅游区、凤凰湖旅游区、云溪温泉林海旅游区3个项目纳入2016年全国优选旅游项目库。全市旅游商品企业共75家，市级优秀旅游商品49种。

【金融和保险】2016年年末，泸州市金融机构本外币各项存款余额2182.71亿元，比年初增加347.98亿元，其中住户存款1316.36亿元，比年初增加174.53亿元。年末金融机构本外币各项贷款余额1281.90亿元，比年初增加188.94亿元。其中，住户贷款527.64亿元，比年初增加70.29亿元；非金融企业及机关团体贷款754.26亿元，比年初增加118.65亿元。

年末在泸保险业务机构39家（含代理公司）。按业务性质分，财产险业务机构17家，寿险业务机构22家。全年保费总收入53.17亿元，增长27.5%。其中，财产险机构保费收入18.59亿元，增长9.6%；人寿险机构保费收入34.58亿元，增长39.8%。全年处理各项赔款和给付金额24.38亿元，增长22.3%。其中，财产险机构已决赔付金额9.54亿元，增长11.2%；人寿险机构赔付金额14.84亿元，增长30.7%。

5

2016年德阳市经济发展概况

【经济总量】2016年，德阳市全年实现地区生产总值（GDP）1752.5亿元，按可比价计算，比上年增长8.4%。经济总量突破1700亿元大关，人均GDP49835元。其中，第一产业增加值219.5亿元，增长3.6%；第二产业增加值976.4亿元，增长9.2%；第三产业增加值556.5亿元，增长9.0%。三次产业结构为12.5：55.7：31.8。

【农业】2016年，德阳市全年农作物播种面积45.9万公顷，比上年减少754公顷，下降0.2%。其中：粮食作物播种面积30.2万公顷，增加118公顷，与上年基本持平；油料作物播种面积7.2万公顷，同比减少1257公顷，下降1.7%；蔬菜及食用菌播种面积6.1万公顷，增加161公顷，增长0.3%。

【工业和建筑业】2016年，德阳市全年全部工业增加值929.5亿元，比上年增长9.3%。年末规模以上工业企业达到1335户，规模以上工业增加值比上年增长9.7%。分轻重工业看，轻工业增加值增长7.0%；重工业增加值增长11.2%。从主要行业看，机械行业增长11.1%，食品行业增长2.0%，化工行业增长6.1%，建材行业增长12.4%，医药行业增长15.2%，纺织服装行业增长12.9%。

年末全市资质等级建筑企业206户，全年建筑业总产值（含省外）294.4亿元，比上年增长15.2%，建筑业增加值55.3亿元，比上年增长8.8%。

【固定资产投资】2016年，德阳市全年完成全社会固定资产投资1125.1亿元，比上年增长14.7%。其中：民间投资690.8亿元，增长0.5%。投资结构全市第一产业投资22.8亿元，比上年增长24.2%；第二产业投资461.6亿元，增长3.4%，其中工业投资460.1亿元，增长3.8%；第三产业投资640.6亿元，增长24.0%。三次产业投资比为：2.0:41.0:57.0。

【科学技术】2016年，德阳市全年争取国家级、省级项目109项，其中，国家科技计划项目6项，省级科技计划项目79项，省专利实施项目24项。高技术企业155户。全年共申请专利5964件，其中发明专利申请2238件；专利授权2691件，其中授予发明专利权352件。

【国内贸易和对外经济】2016年，德阳市全年实现社会消费品零售总额698.8亿元，比上年增长13.5%。分地域看，城镇消费品零售额457.8亿元，增长13.4%；乡村消费品零售额241.0亿元，增长13.6%。分消费形态看，商品零售实现零售额601.6亿元，增长13.4%；餐饮收入实现零售额97.2亿元，增长13.9%。

全年进出口总额17.6亿美元，比上年下降42.3%，其中出口额13.4亿美元，下降42.8%。机电产品出口4.5亿美元，下降50.4%，占出口总额的33.6%。全年进口总额4.2亿美元，下降40.6%。全年实际到位外资1.2亿美元，下降40.0%。

【交通、邮电和旅游】2016年年末，德阳市公路总里程8163.3公里，其中：等级公路7352.0公里，占公路里程总数的90.1%；高等级公路532.2公里，高速公路205.5公里。境内铁路运营里程233.5公里，火车站16个。全年公路货运量9695.7万吨，公路货运周转量56.0亿吨公里。公路客运量5831.4万人次，公路客运周转量25.2亿人公里。铁路客运量505.1万人次，铁路货运量869.2万吨。年末民用汽车拥有量达到41.5万辆。

全年电信业务总量实现67.1亿元，年末固定电话用户62.9万户，移动电话用户402.2万户，年末光缆总长度达10.8万公里。家庭固定宽带用户数86.3万户，手机上网用户数245.5万户。

全年接待国内旅游人数2601.0万人次，比上年增长10.0%，接待入境旅游人数7753人次，增长6.0%；实现旅游总收入190.1亿元，增长22.0%。境内景区景点30个；住宿接待设施客房床位数3.5万张。

【金融和保险】2016年年末，德阳市金融机构本外币存款余额2327.7亿元，比年初增长11.7%。其中，住户存款余额1432.7亿元，比年初增长10.5%。年末金融机构本外币贷款余额1198.7亿元，比年初增长9.4%。其中，短期贷款余额459.3亿元，比年初下降11.5%；中长期贷款余额598.9亿元，比年初增长18.8%。

全年共实现保费收入68.1亿元，比上年增长17.1%。其中寿险保费收入46.3亿元，增长19.0%；财险保费收入21.7亿元，增长13.4%。全年支付各项赔款合计27.7亿元，增长35.1%。其中寿险赔付18.0亿元，增长64.2%，财险赔付9.7亿元，增长1.8%。

6

2016年绵阳市经济发展概况

【经济总量】2016年，绵阳市全年实现地区生产总值（GDP）1830.42亿元，按可比价格计算，比上年增长8.3%，其中：第一产业增加值280.29亿元，增长3.9%；第二产业增加值896.04亿元，增长8.9%；第三产业增加值654.09亿元，增长9.5%。人均地区生产总值38202元，增长7.5%。三次产业结构由上年的15.3：50.5：34.2调整为15.3：49.0：35.7。民营经济全年实现增加值1115.75亿元，增长8.6%，占全市经济总量的比重为61.0%，比上年提高0.9个百分点。

【农业】2016年，绵阳市全年实现农林牧渔业增加值286.10亿元，增长4.0%。其中：农业增加值161.52亿元，增长4.1%；林业增加值10.18亿元，增长3.0%；牧业增加值98.05亿元，增长3.7%；渔业增加值10.54

亿元，增长3.4%；农林牧渔服务业增加值5.80亿元，增长9.4%。

【工业和建筑业】2016年，绵阳市全年全部工业实现增加值763.09亿元，增长9.3%。其中：规模以上工业企业增加值增长9.9%，分轻重工业看，轻工业增长7.0%、重工业增长11.2%，分经济类型看，国有及国有控股企业增长7.4%、集体企业增长21.9%、股份制企业增长10.3%、外商及港澳台商投资企业增长3.9%、私营企业增长12.5%。

全市资质以上总承包和专业承包建筑企业355个，其中：有工作量的346个，完成建筑业总产值427.05亿元，增长12.4%。其中：建筑工程产值379.89亿元，增长13.3%；安装工程产值35.53亿元，增长5.9%；其他产值11.63亿元，增长4.3%。分控股类型看：国有及国有控股企业完成77.16亿元，增长15.8%；其他企业完成349.89亿元，增长11.7%。

【固定资产投资】2016年，绵阳市全年全社会固定资产投资完成1269.97亿元，增长10.0%。其中：建筑工程完成投资830.41亿元，增长4.6%；安装工程完成投资124.21亿元，增长17.5%；设备工器具购置完成投资202.27亿元，增长23.5%；其他费用完成投资113.08亿元，增长24.7%。分产业看：第一产业完成投资58.32亿元，增长6.1%；第二产业完成投资392.12亿元，增长9.9%；第三产业完成投资819.53亿元，增长10.4%。

【科学技术】2016年，绵阳市全年申报国家级科技项目落实无偿资金5597万元，申报省级科技项目落实无偿资金8991万元。全市已通过高新技术企业认定204家，有国家级工程技术研究中心5家，省级工程技术研究中心16家。全年共申请专利10168件，首次突破万件大关，专利授权4890件，其中：发明专利申请量3914件，授权927件。年底拥有科技企业孵化器50个，其中：国家级6个，省级11个。全年新增科技型中小企业2406个，累计认定9282个。被确定为国家知识产权示范城市，国家军民两用技术交易中心正式揭牌运营。

【国内贸易和对外经济】2016年，绵阳市全年社会消费品零售总额988.48亿元，增长12.4%。其中：批发业实现零售额181.69亿元，增长14.3%；零售业实现零售额644.78亿元，增长11.4%；住宿业实现零售额18.98亿元，增长15.5%；餐饮业实现零售额143.03亿元，增长14.6%。按经营地分：城镇市场实现零售额660.36亿元，增长12.6%；乡村市场实现零售额328.12亿元，增长12.1%。

全年外贸进出口总额17.68亿美元，下降32.7%。其中：进口总额7.34亿美元，增长3.9%；出口总额10.35亿美元，下降46.1%。

【交通、邮电和旅游】2016年年末，绵阳市全市公路通车里程19919公里，铁路营业里程167公里，民航营运航线32条。全年公路客运周转量29.54亿人公里，下降12.9%；公路货运周转量71.07亿吨公里，增长7.0%；水运客运周转量182.79万人公里，增长40.1%；铁路旅客发送量725.68万人，增长11.2%；铁路货运发送量81.77万吨，下降10.0%；民用航空客运量217.29万人次，增长40.4%，仅用两年时间实现了从100万到200万的跨越；民用航空货邮行运量16920吨，增长33.9%。

全年完成邮电业务总量94.22亿元，比上年增长44.6%。其中，邮政业务总量4.28亿元，增长17.4%；电信业务总量89.95亿元，增长46.2%。年末全市共有邮政局（所）447处；固定电话机用户86.42万户；移动电话用户521.24万户。互联网宽带用户127.46万户，增长27.7%。

全年实现旅游总收入421.95亿元，增长22.8%，其中：国内旅游收入421.84亿元，增长22.8%；旅游外汇收入171.57万美元，下降10.7%。接待游客总人数4206.11万人次，增长24.2%，其中：国内旅游人数4205.60万人次，增长24.2%；入境旅游人数5083人次，下降29.7%。

【金融和保险】2016年年末，绵阳市金融机构人民币各项存款余额3181.69亿元，比上年末增长10.4%，比年初增加298.79亿元，其中：住户存款1838.25亿元，比年初增加197.39亿元。人民币各项贷款余额1667.43亿元，比上年末增长8.8%，比年初增加134.58亿元，其中：住户贷款536.50亿元，比年初增加20.44亿元。

年末全市共有保险公司50家，其中：产险公司21家，寿险公司29家。全年各类保险保费收入92.87亿元，增长36.1%，其中：财产险26.71亿元，增长11.2%；人身险66.16亿元，增长49.7%。各类保险赔款及期满给付支出38.11亿元，增长55.2%。

7

2016年内江市经济发展概况

【经济总量】2016年，内江市全年实现地区生产总值（GDP）1297.67亿元，按可比价格计算，比上年增长7.8%。其中，第一产业增加值204.52亿元，增长4.0%；第二产业增加值765.52亿元，增长8.6%；第三产业增加值327.63亿元，增长8.3%。人均地区生产总值34667元，增长7.6%。三次产业结构由上年的15.9：59.9：24.2调整为15.8：59.0：25.2。

【农业】2016年，内江市全年粮食作物播种面积30.86万公顷，比上年增加0.2%；油料作物播种面积5.32万公顷，增长1.4%；蔬菜播种面积7.33万公顷，增长3.7%。

【工业和建筑业】2016年，内江市全年全部工业增加值707.90亿元，比上年增长8.6%。年末规模以上工业企业户数402户，规模以上工业增加值增长9.4%。五大支柱产业增加值增长9.7%，其中，冶金建材产业增长8.9%，食品饮料产业增长10.3%，机械制造产业增长13.7%，医药化工产业增长11.0%，电力能源产业下降5.5%。

全年全社会建筑业增加值59.57亿元，比上年增长9.3%。年末有资质等级的总承包和专业承包建筑企业98户，完成建筑业总产值250.78亿元，比上年增长23.5%。房屋建筑施工面积1507.43万平方米，增长9.8%；房屋建筑竣工面积837.86万平方米，增长5.7%。

【固定资产投资】2016年，内江市全年完成全社会固定资产投资905.52亿元，比上年增长12.7%。分产业看，第一产业投资47.45亿元，增长83.7%；第二产业投资260.04亿元，增长12.5%，其中工业投资248.79亿元，增长11.9%；第三产业投资598.03亿元，增长9.3%，第三产业占全社会固定资产投资的比重为66.0%。全年新开工项目（不含房地产）1035个。

【科学技术】2016年，内江市全市完成市级以上科技计划项目72项，取得市级以上科技成果43项。全年专利申请1921件，专利授权648件。

【国内贸易和对外经济】2016年，内江市全年实现社会消费品零售总额460.54亿元，比上年增长12.7%。按经营地分，城镇消费品零售额281.24亿元，增长12.6%；乡村消费品零售额179.30亿元，增长12.8%。按消费形态分，批发零售业零售额367.21亿元，增长11.9%；住宿餐饮业零售额93.33亿元，增长16.2%。按经营单位规模来分，限额以上批发零售和住宿餐饮业实现零售额155.01亿元，增长16.2%；限额以下批发零售和住宿餐饮业实现零售额305.53亿元，增长12.5%。

全年实现外贸进出口总额1.32亿美元，比上年下降6.3%，其中，出口额1.02亿美元，下降13.6%；进口额0.31亿美元，增长30.5%。全市获权企业311户，其中：新批获权企业20户。全年实际利用外资4050万美元。

【交通、邮电和旅游】2016年，内江市全年公路客运量1.26亿人次，旅客周转量43.75亿人公里，货运量0.31亿吨，货物周转量35.52亿吨公里。年末全市公路管养里程达9922.09公里（不含高速公路里程），其中等级公路6468.56公里。新（改）建通乡、通村公路共计1002.9公里。

全年实现邮电业务收入20.67亿元，比上年增长10.5%。其中，邮政业务收入3.62亿元，增长25.2%；电信业务收入17.05亿元，增长7.8%。年末固定电话用户60.08万户，增长18.4%；移动电话用户281.07万户，增长5.3%；每百人拥有移动电话66.9部，比上年增加3.4部。

全年接待游客3542.36万人次，比上年增长31.8%；实现旅游总收入216.06亿元，增长26.7%。

【金融和保险】2016年年末，内江市金融机构本外币各项存款余额1370.29元，比上年增长13.8%，其中住户存款余额1047.70亿元，增长11.8%。金融机构本外币各项贷款余额732.17亿元，增长6.3%。

年末共有保险公司31家，其中产险公司13家、寿险公司18家。全年各种保险机构保费收入40.35亿元，比上年增长11.9%。其中，财产险保费收入10.29亿元，增长6.7%；寿险保费收入30.06亿元，增长13.9%。全年各项赔款及给付支出19.19亿元，增长37.3%。

8

2016年乐山市经济发展概况

【经济总量】2016年，乐山市全年实现地区生产总值（GDP）1406.58亿元，比上年增长8.2%。其中，第一产业增加值153.27亿元，增长3.8%；第二产业增加值809.42亿元，增长8.6%；第三产业增加值443.89亿元，增长9.1%。第一产业增加值占GDP的比重为10.9%，比上年下降0.1个百分点；第二产业增加值比重为57.5%，下降1.4个百分点；第三产业增加值比重为31.6%，上升1.5个百分点。三次产业分别拉动GDP增长0.4、5.0和2.8个百分点，对经济增长的贡献率分别为5.1%、61.5%和33.4%。人均地区生产总值43110元，比上年增加3137元，增长8.0%。

【农业】2016年，乐山市全年农作物播种面积35.84万公顷，比上年增加917公顷。粮食种植面积23.17万公顷，比上年增加143公顷；油料种植面积4.50万公顷，比上年增加69公顷；糖料种植面积706公顷，比上年减少85公顷；蔬菜种植面积4.92万公顷，比上年增加1373公顷。

【工业和建筑业】2016年，乐山市全年实现全部工业增加值759.37亿元，比上年增长8.7%，占全市GDP的54.0%，拉动经济增长4.8个百分点，对经济增长的贡献率为58.5%。年末纳入月度统计的规模以上工业企业617户，全年规模以上工业企业增加值增长9.8%。其中，集体企业增长20.9%，股份合作企业增长1.5%，股份制企业增长10.4%，外商及港澳台投资企业增长7.6%。在规模以上工业增加值中，轻工业增加值增长7.8%，重工业增加值增长10.4%。规模以上工业产销率96.9%，比上年上升1.5个百分点。

全年全社会建筑业实现增加值59.20亿元，比上年增长7.3%。有资质等级建筑企业161户。房屋建筑施工面积1128万平方米。

【固定资产投资】2016年，乐山市全年完成全社会固定资产投资1109.79亿元，比上年增长12.3%。其中，民间投资684.39亿元，增长3.7%。占全社会固定资产投资的61.7%。

【科学技术】2016年，乐山市省、市级工程技术研究中心40家。净增高新技术企业5家，总数74家；市级科技型企业311家。新备案市级科技企业孵化器2家，市级以上孵化器3家。组织实施市级科技项目立项135项；申报获得省级科技项目立项52项。新申请专利1869件，其中发明526件。专利授权1052件，其中发明150件。表彰2016年度乐山市科技进步奖48项，其中特等奖1项、一等奖6项、二等奖15项、三等奖26项；

企业牵头或参与的4项科技成果获2015年度省政府科技进步奖。

【国内贸易和对外经济】2016年，乐山市全年实现社会消费品零售总额624.26亿元，比上年增长13.1%。按经营地统计，城镇消费品零售额457.82亿元，增长13.1%；乡村消费品零售额166.44亿元，增长13.1%。按消费类型统计，商品零售额512.43亿元，增长13.1%；餐饮收入额111.83亿元，增长13.0%。

全年进出口总额8.87亿美元，比上年增长0.5%。其中，出口总额6.83亿美元，下降0.8%；进口总额2.04亿美元，增长5.1%。

【交通、邮电和旅游】2016年，乐山市全年交通运输、仓储和邮政业增加值35.78亿元，比上年增长3.3%。

年末全市公路总里程11871.26公里。其中，等级公路11146.71公里。全年新增公路里程144.93公里，其中新建里程43.87公里、改建变更里程101.06公里。年末全市通航总里程976公里，其中等级航道293公里。

全年完成邮电业务总量（2010年不变单价）70.91亿元，比上年增长46.1%。其中：邮政业务总量7.76亿元，增长41.9%，电信业务总量63.15亿元，增长46.6%。

全年接待国内外旅游者4380.15万人次，比上年增长11.7%。其中，接待国内旅游者4359.69万人次，增长11.7%；入境旅游者20.75万人次，增长19.3%。实现旅游综合收入625.68亿元，增长25.3%。其中，国内旅游收入622.58亿元，增长25.4%；旅游外汇收入4851.95万美元，增长11.2%。峨眉山景区接待游客322.4万人次，实现门票收入44634万元，分别增长3.8%和1.0%。乐山大佛景区接待游客363.15万人次，实现门票收入25218万元，分别增长0.3%和0.7%。全市旅游星级饭店28家。新评国家4A级旅游景区1家，国家3A级旅游景区1家，国家2A级旅游景区3家，全市国家A级旅游景区达27个。新增省级农家乐（乡村酒店）60家。年末全市旅行社71家。

【金融和保险】2016年年末，乐山市全市金融机构本外币各项存款余额为1864.82亿元，比年初增加137.21亿元，增长7.9%；各项贷款余额为1311.18亿元，比年初增加72.88亿元，增长5.9%。

年末全市有保险公司44家。其中，人寿保险公司23家，财产保险公司21家。全市实现保费收入57.67亿元，比上年增长25.3%，其中，财产险保费收入17.45亿元，增长5.7%；人寿险保费收入40.22亿元，增长36.2%。政策性农业保险保费收入1.28亿元。全年处理各类赔案87.06万件，支付各类赔款及给付21.10亿元。

9

2016年南充市经济发展概况

【经济总量】2016年，南充市全年实现地区生产总值（GDP）1651.40亿元，比上年增长7.8%，增速比上年提升0.2个百分点，比全国平均水平高1.1个百分点，比全省平均水平高0.1个百分点。分产业看，第一产业增加值354.98亿元，增长3.7%；第二产业增加值797.13亿元，增长8.5%；第三产业增加值499.29亿元，增长9.6%。人均地区生产总值25871元，增长7.2%。三次产业结构由上年的22.1∶48.9∶29.0调整为21.5∶48.3∶30.2。

【农业】2016年，南充市全年粮食作物播种面积57.39万公顷，比上年增长0.3%。油料作物播种面积15.23万公顷，增长1.2%。蔬菜及食用菌播种面积15.01万公顷，增长3.3%。

【工业和建筑业】2016年，南充市全年实现全部工业增加值640.67亿元，比上年增长9.3%，对经济增长的贡献率为46.9%。年末规模以上工业企业656户，全年规模以上工业增加值比上年增长9.9%。

全年全社会建筑业增加值162.55亿元，比上年增长5.4%。年末资质以上总承包和专业承包建筑企业共216个，全年实现主营业务收入381.41亿元，利润总额17.25亿元，税金总额16.59亿元。房屋建筑施工面积3110.31万平方米，增长2.8%，其中新开工面积1951.13万平方米，增长1.8%；房屋建筑竣工面积2030.84万平方米，下降0.2%，其中住宅竣工面积1764.80万平方米，增长0.7%。

【固定资产投资】2016年，南充市全年完成全社会固定资产投资1561.31亿元，比上年增长12.4%。分产业看，第一产业投资42.29亿元，增长34.6%；第二产业投资185.34亿元，下降12.2%，其中工业投资183.24亿元，下降12.3%；第三产业投资1333.67亿元，增长16.3%，其中交通运输投资218.40亿元，增长16.1%。

【科学技术】2016年，南充市全年高新技术产业实现总产值336.1亿元，比上年增长11.3%。全年实施重点科技计划项目43项，其中承担国、省科技计划项目39项。获省科技进步奖4项。全年申请专利2135件，其中发明专利339件；授权专利1003件，其中发明专利53件；实施专利55项，新增产值14亿元。年末有认定高新技术企业25家，实现销售收入18.25亿元，实现利税0.61亿元。全年登记技术合同28份，合同金额4090万元。

【国内贸易和对外经济】2016年，南充市全年实现社会消费品零售总额785.62亿元，比上年增长12.4%。其中，限额以上企业（单位）实现消费品零售额329.97亿元，增长14.7%。

全年进出口总额1.61亿美元，比上年增长45.6%。其中，出口额1.56亿美元，增长57.7%；进口额516万美元，下降56.1%。全年以加工贸易方式进出口932万美元，比上年下降31.1%；以一般贸易方式进出口1.52亿美元，增长56.3%。

【交通、邮电和旅游】2016年年末，南充市全市公路总里程22555公里，高速公路通车里程514公里，铁路营业里程268公里，民航营运航线12条。全年公路客运周转量40.84亿人公里，同比下降18.8%；公路货运周转量92.88亿吨公里，增长7.3%；水路客运周转量5200万人公里，下降9.7%；水路货运周转量3.58亿吨公里，下降0.1%；铁路客运量792万人次，增长26.1%；民用航空客运量59.8万人次，增长9.1%。

全年邮电业务总量82.66亿元，其中邮政业务总量8.83亿元，电信业务总量73.83亿元。年末固定电话用户84.97万户；移动电话用户507.16万户，其中4G用户269.56万户；固定互联网用户100.53万户。

全年接待旅游人数4259万人次，比上年增长14.3%，其中接待入境旅游人数2.52万人次。全年旅游总收入375.62亿元人民币，比上年增长16.8%，其中入境旅游外汇收入871.73万美元。

【金融和保险】2016年，南充市年末金融机构人民币各项存款余额3047.30亿元，比上年末增长19.0%，其中住户存款2009.68亿元，增长16.6%。人民币各项贷款余额1479.68亿元，增长14.4%，其中住户贷款701.22亿元，增长8.7%。

全年保费收入69.82亿元，比上年增长29.4%。其中，财产险业务保费收入22.40亿元，增长4.5%；寿险业务保费收入47.42亿元，增长45.8%。全年支付各项赔款和给付26.15亿元，增长17.6%。其中，财产险赔款支出12.47亿元，增长0.1%；寿险赔付支出13.68亿元，增长39.9%。

10

2016年眉山市经济发展概况

【经济总量】2016年，眉山市全年实现地区生产总值（GDP）1117.23亿元，增长8.4%。其中，第一产业增加值169.45亿元，增长4.0%；第二产业增加值620.45亿元，增长9.2%；第三产业增加值327.33亿元，增长9.3%。三次产业对GDP增长的贡献率分别为7.3%、61.2%、31.5%，分别拉动GDP增长0.6、5.1、2.7个百分点。三次产业结构由上年的15.5：56.1：28.4优化为15.2：55.5：29.3。人均地区生产总值37227元，增长8.2%。

【农业】2016年，眉山市全年农作物总播种面积43.76万公顷，比上年增长0.6%。其中，粮食作物播种面积29.80万公顷，增长0.3%；油料作物播种面积5.72万公顷，增长0.3%；药材播种面积2584公顷，增长0.9%；蔬菜播种面积5.99万公顷，增长3.0%。

【工业和建筑业】2016年，眉山市全年全部工业增加值531.81亿元，增长9.1%。全年规模以上工业企业总数610户，比上年减少12户。全年规模以上工业增加值增长10.0%。

全年全社会建筑业增加值94.56亿元，增长9.3%。年末具有资质等级的建筑企业101户。

【固定资产投资】2016年，眉山市全年全社会固定资产投资1163.55亿元，增长12.7%。其中，第一产业投资51.24亿元，增长110.6%；第二产业投资413.57亿元，增长5.1%，第三产业投资698.75亿元，增长13.7%。全年500万元及以上项目投资940.27亿元，增长15.8%。其中，基本建设投资646.07亿元，增长21.2%；更新改造投资294.19亿元，增长5.4%。

【科学技术】2016年，眉山市全年组织实施市级以上科技计划项目128项，向上争取到位无偿科技项目资金3698万元。全年申请专利1452件，获得授权专利794件。全年新增国家级高新技术企业9户。全年举办科技培训11次，培训人员1139人次。

【国内贸易和对外经济】2016年，眉山市全年社会消费品零售总额438.07亿元，增长12.7%。其中限额以上企业（单位）消费品零售额157.14亿元，增长13.1%。按经营地分，城镇市场消费品零售额275.47亿元，增长12.2%；乡村市场消费品零售额162.60亿元，增长13.6%。按消费形态分，商品零售额378.94亿元，增长12.4%；餐饮收入额59.13亿元，增长14.2%。

全年进出口总额20806万美元。其中，进口额1951万美元，出口额18855万美元。

【交通、邮电和旅游】2016年，眉山市全年公路货物运输总量6129.42万吨，公路旅客运输总量4652.81万人。全年公路货物运输周转量495809.48万吨公里，公路旅客周转量142477.41万人公里。

全年邮政业务总量5.85亿元，增长65.7%；电信业务总量44.68亿元，增长27.7%。年末固定电话用户45.26万户，增长14.6%；移动电话用户286.90万户，增长17.5%；互联网宽带用户76.45万户，增长108.5%。

全年接待旅游人数3746.00万人次，增长24.0%。全年旅游总收入295.01亿元，增长28.1%。

【金融和保险】2016年年末，眉山市金融机构本外币存款余额1676.64亿元，比年初增长16.8%。其中，人民币存款余额1670.36亿元，增长16.6%。年末金融机构本外币贷款余额747.48亿元，比年初增长9.3%。其中，人民币贷款余额747.19亿元，增长9.3%。

年末有保险公司29家，其中财险公司15家，寿险公司14家。全年保费总收入47.76亿元，增长16.9%。其中，产险保费收入14.63亿元，增长9.8%；寿险保费收入33.13亿元，增长20.3%。全年产寿险累计赔款与给付19.83亿元，增长49.3%，其中产险赔款6.95亿元，寿险赔款与给付12.88亿元。

11

2016年宜宾市经济发展概况

【经济总量】2016年，宜宾市全年实现地区生产总值（GDP）1653.05亿元，按可比价计算，比上年增长8.3%。其中，第一产业增加值231.99亿元，增长3.6%；第二产业增加值952.47亿元，增长9%；第三产业增加值468.59亿元，增长9.1%。三次产业对经济增长的贡献率分别为6.2%、63.4%和30.4%。三次产业结构由上年的14.2：58.3：27.5调整为14.1：57.6：28.3。全年人均地区生产总值36735元，比上年增加2675元，增长7.8%。

【农业】2016年，宜宾市全年农林牧渔业总产值399.01亿元，比上年增长3.5%。

全年农业产值178.62亿元，比上年增长4.1%。粮食种植面积587.64万亩，减少0.39万亩。全年粮食总产量221.86万吨，增产1.2%。其中，夏粮产量21.92万吨，减产0.1%；秋粮产量199.94万吨，增产1.3%。全年谷物产量181.77万吨，减产0.4%。经济作物中，油料产量11.31万吨，增长6.1%；蔬菜产量259.62万吨，增长4.2%；茶叶产量5.52万吨，增长7.7%；园林水果产量55.25万吨，增长3.4%。

【工业和建筑业】2016年，宜宾市全年全部工业增加值869.64亿元，比上年增长9.2%，对经济增长的贡献率为59.2%。年末规模以上工业企业665户。全年规模以上工业增加值增长9.7%。

全年建筑业增加值90.83亿元，比上年增长7.2%。全市具有资质等级独立核算的建筑业企业211个，其中施工总承包和专业承包企业181个。施工总承包和专业承包企业全年完成建筑业总产值261.3亿元，增长19.7%。全年房屋建筑施工面积1524.87万平方米，增长7.3%；房屋建筑竣工面积868.55万平方米，增长7.9%，其中住宅竣工面积542.91万平方米，下降2.2%。

【固定资产投资】2016年，宜宾市全年全社会固定资产投资1464.52亿元，比上年增长13%。其中，国有经济控股单位完成投资812.47亿元，增长19.9%，占全社会固定资产投资总额的55.5%。从产业投向看，第一产业投资69.89亿元，增长24%；第二产业投资400.14亿元，增长3.5%；第三产业投资994.5亿元，增长16.6%。从投资行业看，增长较快的行业有信息传输、软件和信息技术服务业增长38.1%，房地产业增长33.1%，电力、热力、燃气及水的生产和供应业增长29%，文化、体育和娱乐业25.7%，农、林、牧、渔业增长25.4%。

【科学技术】2016年，宜宾市全年新认定高新技术企业6家，市级农业科技园区1家。获省科技进步奖二等奖3项，三等奖4项；颁发市级科技进步奖50项，其中特等奖1项，一等奖11项、二等奖17项、三等奖21项；授予2014-2015年宜宾市科技创新奖先进集体15个，先进个人20名。全年专利申请量2554件，授权量1564件；累计专利申请量11734件，专利授权量8386件。全年完成技术合同交易登记27项，成交金额5739.97万元。完成市级科技成果登记30项。

【国内贸易和对外经济】2016年，宜宾市全年社会消费品零售总额763.4亿元，比上年增长12.9%。按经营地分，城镇消费品零售额584.27亿元，增长12.9%；乡村消费品零售额179.13亿元，增长13.1%。按消费形态分，商品零售额657.13亿元，增长12.7%；餐饮收入106.27亿元，增长14.4%。在限额以上企业（单位）商品零售中，通过互联网实现的商品零售额3.27亿元，增长45.5%。

全年货物进出口总额9.31亿美元，比上年下降2.2%。其中，出口5.52亿美元，下降13.2%；进口3.79亿美元，增长20%。进出口差额（出口减进口）1.73亿美元，比上年减少1.47亿美元。全年实际利用外资4135万美元，下降24.8%。

【交通、邮电和旅游】2016年，宜宾市全年货物运输总量7165万吨，比上年增长12.3%；旅客运输总量6300万人次，下降7.7%。全年公路、水路货物运输周转量995683万吨公里，增长6.8%；旅客运输周转量271023万人公里，下降9.8%。全年规模以上港口完成货物吞吐量1870万吨，增长4.6%；集装箱吞吐量30.1万标准箱，增长50.5%。

全年完成邮电业务总量80.51亿元，比上年增长40.3%。其中，邮政业务总量4.71亿元，增长36.2%；电信业务总量75.8亿元，增长40.5%。邮政业全年完成邮政函件业务83.5万件，包裹业务1.12万件，快递业务量1216.59万件；快递业务收入1.79亿元。年末电信业移动电话交换机容量为610万户。年末全市电话用户总数469.03万户，其中固定电话用户59.16万户，移动电话用户409.87万户。固定电话普及率上升至13.12部/百人，移动电话普及率上升至90.88部/百人。固定互联网宽带接入用户54.23万户，比上年增加9.01万户；移动宽带用户67.86万户，增加12.89万户。互联网手机上网人数354.05万人，增加33.54万人。

全年旅游总收入420.78亿元，比上年增长26.6%。其中，国内旅游收入420.75亿元，增长26.7%，国际旅游（外汇）收入30.26万美元，下降75.6%。全年接待国内游客4277.74万人次，增长22.4%，入境游客984人次，下降78.1%。成功举办第二届中国（四川）国际旅游投资大会首届川南（宜宾）分会。签约旅游项目16个，总金额127.96亿元。五粮液景区成功创建国家4A级景区，龙华八仙山立佛景区成功创建国家3A级景区，大雁岭、花千谷、?山3家景区成功创建国家2A级景区。举办桃花节、梨花节、荷花节、春笋节等乡村旅游节庆活动50余个，全市实现乡村旅游收入125.27亿元，增长28.3%。依托宜宾特色文化旅游商品，珙县“智溢”牌高级纯蚕丝被、意匠居竹制品系列产品2个商品获中国旅游商品大赛银奖，屏山炒青、酒乡老坛芽菜、天府龙芽3个旅游商品获铜奖。

【金融和保险】2016年年末，宜宾市全部金融机构本外币各项存款余额2331.05亿元，比年初增加416.84亿元，其中人民币各项存款余额2322.47亿元，增加411.22亿元。金融机构本外币各项贷款余额1224.89亿元，增加168.98亿元，其中人民币各项贷款余额1223.82亿元，增加169.33亿元。

年末全市有保险公司29家。按业务性质分，产险公司15家、寿险公司12家、养老公司1家、健康险公司1家。全年保险公司原保险保费收入40.79亿元，比上年增长18.4%，其中寿险业务原保险保费收入24.25亿元，健康险和意外伤害险业务原保险保费收入3.71亿元，财产险业务原保险保费收入16.22亿元。支付各类赔款及给付16.32亿元，其中寿险业务给付7.04亿元，财产险业务赔款9.29亿元。

12

2016年广安市经济发展概况

【经济总量】2016年，广安市全年实现地区生产总值（GDP）1078.6亿元，同比增长7.9%。其中，一二三产业分别实现增加值170.2亿元、557.0亿元和351.4亿元，分别增长2.9%、8.6%和9.1%，对经济增长的贡献率分别为6.0%、56.8%、37.2%，拉动GDP分别增长0.5、4.5、2.9个百分点。人均GDP为33130元，增长7.3%。三次产业结构由上年的16.2：51.8：32.0调整为15.8：51.6：32.6，其中第三产业比上年提高0.6个百分点。

【农业】2016年，广安市全年完成农业总产值294.8亿元，同比增长2.5%。全市粮食播种面积为34.3万公顷，粮食总产量191.6万吨，比上年增加2.2万吨，增长1.1%。其中，水稻产量103.9万吨，增长1.3%；玉米产量30.4万吨，增长1.6%；小麦产量14.3万吨，下降2.4%。油料种植面积6.5万公顷，产量为13.9万吨，增长2.0%。蔬菜（含菜用瓜）种植面积为6.9万公顷，产量252.2万吨，增长2.1%。全年肉类总产量33.8万吨，下降3.8%；禽蛋产量7.0万吨，增长1.3%；牛奶产量2839吨，下降0.2%；蚕茧产量2703吨，下降14.5%。全年生猪出栏393.3万头，下降5.1%；牛出栏5.0万头，增长3.2%；羊出栏37.8万只，增长2.2%；家禽出栏3021.7万只，增长2.2%；兔出栏535.0万只，增长2.0%。水产品产量为6.4万吨。

【工业和建筑业】2016年，广安市全部工业增加值为435.9亿元，增长8.0%，对经济贡献率为41.3%，拉动经济增长3.3个百分点。全年新增规模以上工业企业56户，年末规模以上工业企业总户数为507户。实现工业总产值1673.7亿元，增长13.6%，其中，轻工业677.6亿元，增长13.5%，重工业996.0亿元，增长13.6%；煤炭、电力、建材、装备制造和农产品加工五大支柱产业完成总产值1105.6亿元，增长14.0%。规模以上工业增加值增长8.4%。从主要工业产品产量看，蚕丝7141.2吨，增长13.9%；水泥1139.8万吨，增长9.7%；小麦粉26.4万吨，增长6.5%；矿山专用设备12.1万台，增长6.1%；瓷质砖5099.8万平方米，增长5.0%；发电量62.8亿千瓦时，大米43.5万吨，食用植物油12.1万吨，鲜、冷藏肉10.1万吨，饮料酒5.1万千升，液化天然气11.3万吨。

全年建筑业增加值为121.9亿元，增长10.9%，对经济的贡献率为15.6%，拉动GDP增长1.2个百分点。四级以上资质等级建筑企业纳入统计共116户（不包括劳务分包企业），完成建筑业总产值443.0亿元，增长19.8%。房屋建筑施工面积1505.4万平方米，房屋建筑竣工面积843.3万平方米。

【固定资产投资】2016年，广安市全年完成全社会固定资产投资1298.9亿元，增长14.7%。其中，项目投资完成1013.2亿元，增长9.8%。其中，一二三产业投资分别为53.8亿元、280.5亿元和964.6亿元，分别增长23.1%、3.0%和18.2%。

【科学技术】2016年，广安市全市共争取各类科技计划项目73项，到位项目资金3770万元；取得科技成果40项，获省级科技进步奖励5项；专利申请量1907件，其中发明专利申请量1028件，专利授权量506件；年末有认定高新技术企业42家；全年共登记技术合同7项，成交金额1767万元。

【国内贸易和对外经济】2016年，广安市全社会消费品零售总额为468.8亿元，增长13.4%，分行业看，批发业、零售业、住宿业和餐饮业零售额分别为56.5亿元、343.1亿元、8.1亿元和61.1亿元，分别增长13.4%、13.5%、13.0%和12.8%。其中，城镇、乡村零售额分别为347.8亿元、121.0亿元，分别增长13.2%、13.8%。限上商贸单位实现零售额217.8亿元，增长18.0%。

外贸进出口总额达5.1亿美元；招商引资项目固定资完成产投资额545.7亿元。

【交通、邮电和旅游】2016年，广安市全市公路通车总里程为12008.916公里，等级公路10955.369公里。其中，一级公路151.659公里，二级公路449.410公里，三级公路404.14公里，四级公路9950.16公里，等外级公路1053.547公里。全市客运量7139.47万人次，旅客周转量143642.94万人公里，货运量3948.97万吨，货物周转量292425.55万吨公里，其中，公路客运量6975.06万人次，旅客周转量142309.22万人公里，公路货运量3306.75万吨，货物周转量255405.98万吨公里；水路客运量164.41万人次，旅客周转量1333.72万人公里，货运量642.22万吨，货物周转量37019.57万吨公里。

全年邮电业务总量为14.7亿元，增长44%。其中，邮政业务总量3.4亿元；电信业务总量11.3亿元。年末固定电话用户36.8万户，增长14.6%；移动电话用户261.8万户，增长8.2%；宽带用户56.4万户，增长36.2%。

全年实现旅游收入302.0亿元，增长23%；全市47个在建重点旅游项目共完成投资82.4亿元，增长27.4%。

【金融和保险】2016年年末，广安市全市金融机构各项存款余额1663.6亿元，比年初增加238.3亿元，增长16.7%；住户存款1199.4亿元，比年初增加137.1亿元，增长12.9%。金融机构贷款余额639.1亿元，比年初增加51.6亿元，增长9.8%。

全市现有驻市保险机构25家，其中，产险公司11家，寿险公司14家。全年共收保费35.5亿元。其中，产险收入保费9.5亿元，寿险收入保费26.0亿元；全年各项赔款给付19.9亿元。

13

2016年达州市经济发展概况

【经济总量】2016年，达州市全年实现地区生产总值（GDP）1447.08亿元，按可比价格计算，同比增长7.5%。其中，第一产业增加值310.02亿元，增长4.1%；第二产业增加值606.2亿元，增长7.6%；第三产业增加值530.87亿元，增长9.3%。三次产业结构比为21.4：41.9：36.7。全市人均地区生产总值25921元，增长6.8%。

【农业】2016年，达州市全年粮食种植面积55.76万公顷，比上年增长0.5%。其中，水稻17.59万公顷，增长0.4%；玉米10.28万公顷，增长0.9%；薯类15.99万公顷，增长1.2%；油料种植面积13.04万公顷，增长0.9%；蔬菜种植面积9.33万公顷，增长0.9%。

【工业和建筑业】2016年，达州市全部工业增加值510.47亿元，比上年增长6.8%，其中规模以上工业增加值增长7.6%（见表2）。在规模以上工业中，分轻重工业看，轻工业增长9.2%，重工业增长7.2%。分经济类型看，国有企业增长5.2%，集体企业增长11.6%，股份制企业增长9.1%，外商及港澳台商投资企业增长1.7倍。

全社会建筑业实现增加值102.69亿元，比上年增长11.7%。全市有资质等级的建筑企业实现总产值344.38亿元，增长19.7%。

【固定资产投资】2016年，达州市全社会固定资产投资突破1500亿元，达到1500.12亿元，增长12.6%（见表4），增速比全省平均水平快0.5个百分点。其中，国有投资完成913.71亿元，增长15.5%，民间投资完成586.41亿元，增长8.5%。分产业看，第一产业投资87.93亿元，增长32.4%；第二产业投资415.34亿元，增长5.6%；第三产业投资996.85亿元，增长14.3%。

【科学技术】2016年年末，达州市全市拥有国家高新技术企业32家。拥有国家级创新型企业1家，国家级众创空间1家，省级科技企业孵化器1家，省级创新型企业51家，省级技术创新联盟、工程技术中心、重点实验室各1家，市（厅）级重点实验室8家，市级产业技术研究院2家。组建特色农业产业科技特派员团队、科技扶贫团38个。全市获省级以上科技进步奖9项，授予市级科技进步奖25项，登记技术交易合同金额609万元。全年共申请专利1497件，专利授权799件，其中企业申请专利611件，同比增长18.6%，企业申请发明专利153件，占企业申请总量的25%。

【国内贸易和对外经济】2016年，达州市全年社会消费品零售总额完成761.72亿元，同比增长13.3%，增速比全省平均水平高1.6个百分点。

全年进出口总额15955万美元。其中，进口额245万美元；出口额15710万美元；净出口（出口减进口）15465万美元。外商直接投资合同项目2个，外商实际直接投资5087万美元。

【交通、邮电和旅游】2016年年末，达州市全市境内公路总里程19571公里，其中高速公路417公里，完成公路货运周转量122.91亿吨公里，完成公路客运周转量28.81亿人公里。

全年邮政电信业务收入30.29亿元，比上年增长11.2%；年末固定电话用户63.99万户，年末移动电话用户358.26万户，其中：3G移动电话用户52.39万户，4G用户164.3万户。固定互联网宽带接入用户69.62万户，网络电视用户57.86万户。

全年新增国家级4A景区4个，全市共接待游客1913.02万人次，增长21%。其中，洋烈水乡接待游客124.7万人次，莲花湖接待游客111.2万人次，神剑园接待游客106.2万人次。实现旅游收入140.53亿元，增长25%。

【金融和保险】2016年年末，达州市金融机构各项存款余额2624.98亿元，比年初增加538.56亿元，同比增长25.8%。其中，住户存款1739.52亿元，比年初增加233.62亿元；非金融企业存款444.98亿元，比年初增加125.13亿元；广义政府存款300.73亿元，比年初增加61.23亿元。各项贷款余额1077.62亿元，比年初增加148.3亿元，同比增长16%。其中，住户贷款531.55亿元，比年初增加39.75亿元；非金融企业及机关团体贷款546.04亿元，比年初增加108.53亿元。

全市实现保费收入70.15亿元，同比增长19.69%。保费深度4.88%，比上年提高0.57个百分点，保费密度1026.11元，同比增加176.72元。其中：人身险保费收入54.72亿元，增长21.39%；财产险保费收入15.43亿元，增长12.98%。赔款及给付合计25.89亿元，其中人身险赔款及给付合计18.36亿元，财产险（已决）赔款7.53亿元。

14

2016年雅安市经济发展概况

【经济总量】2016年，雅安市全年实现地区生产总值（GDP）545.33亿元，按可比价格计算，比上年增长8.1%。其中，第一产业增加值76.58亿元，增长3.7%；第二产业增加值291.26亿元，增长9.1%；第三产业增加值177.49亿元，增长8.3%。三次产业对经济增长的贡献率分别为6.5%、62.9%和30.6%。人均地区生产总值35335元，增长8.2%。三次产业结构为14.0∶53.4∶32.6。

【农业】2016年，雅安市全年粮食作物播种面积110687公顷，比上年增加192公顷，增长0.2%；油料作物播种面积18775公顷，下降1.3%；中草药材播种面积9270公顷，增长9.1%；蔬菜播种面积33344公顷，下降0.6%。

【工业和建筑业】2016年，雅安市全年全部工业增加值245.87亿元，增长8.6%，对经济增长的贡献率为50.8%。新增规模以上工业企业26户，年末规模以上工业企业户数达330户。全年规模以上工业增加值增长9.6%。

全年全社会建筑业增加值47.50亿元，增长11.6%。房屋建筑施工面积269.22万平方米，增长27.1%；房屋建筑竣工面积169.13万平方米，增长43.3%，其中住宅房屋竣工面积106.12万平方米，增长48.2%。

【固定资产投资】2016年，雅安市全年完成全社会固定资产投资550.83亿元，同比增长3.7%。其中，民间投资219.44亿元，同比增长39.3%。分产业看，第一产业完成投资21.92亿元，增长7.3%；第二产业完成投资183.64亿元，增长9.1%，其中工业投资180.94亿元，增长9.2%，技改投资65.22亿元，增长7.8%；第三产业完成投资345.27亿元，增长0.8%。

【科学技术】2016年年末，雅安市农业科技专家大院18个，建立科技示范户832户。全年成功申报国家级高新技术企业6家。全年专利申请量达1400件，增长24%，其中发明专利申请量452件，增长47.7%，获授权660件，增长11.7%。

【国内贸易和对外经济】2016年，雅安市全年实现社会消费品零售总额223.18亿元，比上年增长11.5%。按经营地分，城镇消费品零售额163.02亿元，增长11.7%；乡村消费品零售额60.16亿元，增长11.0%。按消费形态分，餐饮收入29.97亿元，增长12.4%，其中：限额以上企业（单位）餐饮收入1.87亿元，上涨3.5%；商品零售193.21亿元，增长11.4%，其中：限额以上企业（单位）商品零售62.14亿元，增长11.2%。

全年共执行招商项目287个，引进到位资金总额357亿元，增长8.5%。其中，引进省外国内到位资金294.73亿元。全年新批外商投资企业3家，完成合同外资6533万美元，增长444.4%；全市外商投资企业达到19家；实际到位外资543万美元，下降72.9%；全年进出口总额4645万美元，比上年下降41.3%。其中，出口额3670万美元，下降47.9%；进口额975万美元，增长12.8%。

【交通、邮电和旅游】2016年，雅安市全年交通建设固定资产投资完成57.77亿元，其中：高速公路项目完成投资34亿元；国省干线公路完成投资16.5亿元；农村公路建设完成投资5.46亿元，建设里程610公里，其中：县乡道公路建设167公里，通村公路建设443公里；危桥、安保、大中修等专项工程完成投资1.81亿元。

全年邮电业务收入达到11.21亿元，增长6.6%。年末，固定电话用户达24.71万户，增长2.6%；移动电话用户数达159.18万户，增长10.2%。

全年实现旅游综合收入207.9亿元，同比增长36.5%。

【金融和保险】2016年年末，雅安市银行业金融机构人民币各项存款余额1042.06亿元，比年初增加33.11亿元，比年初增长3.3%。其中，非金融企业及机关团体存款余额466.8亿元，比年初增加7.08亿元，比年初增长1.54%。各项贷款余额527.85亿元，比年初增加17.75亿元，比年初增长3.5%。其中，中长期贷款余额408.24亿元，比年初增加9.1亿元，比年初增长2.3%。

15

2016年资阳市经济发展概况

【经济总量】2016年，资阳市全年实现地区生产总值（GDP）943.4亿元，比上年增长7.8%。其中，第一产业增加值155.3亿元，增长3.9%；第二产业增加值511.5亿元，增长8.7%；第三产业增加值276.6亿元，增长8.5%。三次产业结构由上年的16.6∶54.8∶28.6调整优化为16.5∶54.2∶29.3。三次产业对gdp增长贡献率分别为8.3%、60.8%、30.9%，分别拉动gdp增长0.6、4.7、2.5个百分点。人均地区生产总值37308元，增长7.0%。

【农业】2016年，资阳市全市粮食作物种植面积34.9万公顷，比上年下降0.9%；油料作物种植面积7.7万公顷，增长0.5%。粮食总产量162.7万吨，增长0.7%；油料总产量19.8万吨，增长3.2%。蔬菜及食用菌总产量147.8万吨，增长2.8%。水果总产量70.6万吨，增长7.0%，其中园林水果总产量56.6万吨，增长8.7%。水产品总产量6.3万吨，增长4.5%。

【工业和建筑业】2016年，资阳市全市全部工业实现增加值453.8亿元，比上年增长8.8%，对经济增长的贡献率为54.5%。425户规模以上工业企业实现总产值1294.2亿元，实现增加值增长9.2%。308户主导产业规模以上工业企业完成产值1094.4亿元，占全部规模以上工业的比重达84.6%，实现增加值增长9.7%，对规模以上工业增加值的贡献率为85.5%，拉动规模以上工业增加值增长7.9个百分点。

全年建筑业实现增加值58.5亿元，比上年增长8.0%。资质以上建筑企业51个，全年房屋建筑施工面积694.2万平方米，下降7.5%。

【固定资产投资】2016年，资阳市全社会完成固定资产投资765.3亿元，比上年增长5.1%。分产业看，第一产业投资54.2亿元，增长12.3%；第二产业投资174.9亿元，下降1.3%；第三产业投资536.2亿元，增长6.7%。

【科学技术】2016年，资阳市全年共组织实施市级以上重点科技项目25项，其中省级9项。年末高新技术企业23户，高新技术产业总产值267.5亿元。加强知识产权保护，全年完成专利申请量916件，其中发明专利申请量231件。

【国内贸易和对外经济】2016年，资阳市全市实现社会消费品零售总额326.0亿元，比上年增长10.5%。按消费形态分，餐饮收入69.2亿元，增长12.5%；商品零售256.8亿元，增长9.9%。按经营地分，城镇实现零售额244.2亿元，增长10.4%；乡村市场零售额81.8亿元，增长10.5%。从消费商品看，书报杂志类增长108.4%，体育、娱乐用品类增长23.1%，通信器材类增长19.6%，文化办公用品类增长14.5%。

全年实现进出口总额13164万美元，比上年下降30.9%。其中，出口额为7203万美元，下降52.3%；进口额为5961万美元，增长51.4%。

【交通、邮电和旅游】2016年，资阳市全年公路运输完成客运周转量22.6亿人公里，比上年下降19.7%；货物周转量39.8亿吨公里，增长7.9%。水路运输完成客运周转量141.2万人公里、水路货物周转量1017.0万吨公里，分别比上年下降32.4%、51.7%。

全年邮政企业和快递企业累计完成业务收入3.9亿元，电信业务收入11.2亿元。年末固定电话用户数（不包括分机）25.5万户，其中住宅电话20.9万户；移动电话用户数190.4万户，其中3g及以上移动电话用户数123.6万户；互联网宽带接入用户数34.3万户。

全年接待国内旅游人数1897.0万人次，接待入境旅游人数2.2万人次。实现旅游总收入140.6亿元，国内旅游收入140.2亿元，外汇收入674.4万美元。

【金融和保险】2016年年末，资阳市金融机构各项本外币存款余额1123.0亿元，比年初增加164.7亿元，增长17.2%；辖内金融机构各项本外币贷款余额522.7亿元，比年初增加17.6亿元，增长3.5%。其中，中长期贷款余额376.0亿元，比年初增加47.2亿元，增长14.3%。

26家保险机构全年实现保费收入43.0亿元，比上年增长33.8%。其中，财险15.7亿元，寿险27.3亿元。支付各项赔款和给付12.5亿元，增长31.0%。其中，财险5.1亿元，寿险7.4亿元。辖区4家证券营业部拥有证券交易客户数5.2万户，全年交易量608.4亿元，下降41.7%。

贵州省

｜贵阳市｜六盘水市｜遵义市｜安顺市｜毕节市｜铜仁市｜

1

2016年贵阳市经济发展概况

【经济总量】2016年，贵阳市全年实现地区生产总值（GDP）3157.70亿元，比上年增长11.7%。分产业看，第一产业增加值137.14亿元，比上年增长5.9%；第二产业增加值1218.79亿元，比上年增长12.1%；第三产业增加值1801.77亿元，比上年增长11.9%。人均生产总值67771元，比上年增长10.1%。

【农业】2016年，贵阳市全年粮食播种面积10.69万公顷，比上年下降4.0%；油菜籽播种面积3.81万公顷，比上年下降1.7%；烤烟播种面积0.57公顷，比上年下降35.8%；蔬菜及食用菌播种面积12.24万公顷，比上年增长2.7%。

【工业和建筑业】2016年，贵阳市全年规模以上工业增加值780.82亿元，比上年增长9.9%。重点产业（行业）规模以上工业增加值646.95亿元，比上年增长7.2%，占规模以上工业增加值的82.9%。其中，铝及铝加工、磷煤化工、特色食品业增加值、医药制造业分别比上年增长17.6%、21.2%、22.4%和12.7%。工业园区规模以上工业企业实现增加值678.20亿元，比上年增长9.3%，占规模以上工业增加值的86.9%。

全市建筑业实现增加值447.46亿元，比上年增长16.0%。具有资质等级的总承包和专业承包建筑企业316户，资质以上建筑企业房屋建筑施工面积9304.67万平方米，比上年增长5.8%；房屋建筑竣工面积1579万平方米，比上年增长26.7%。

【固定资产投资】2016年，贵阳市全年固定资产投资（4）3380.73亿元，比上年增长20.5%。分产业看，第一产业投资149.12亿元，比上年增长56.4%；第二产业投资666.31亿元，比上年增长13.0%；第三产业投资2565.30亿元，比上年增长21.0%。

【科学技术】2016年，贵阳市全年专利申请受理量为9956件，比上年增长43.0%。专利授权量4754件，比上年下降40.6%，其中发明专利1236件，比上年增长31.5%；实用新型专利2983件，比上年下降16.5%；外观设计专利535件，比上年下降84.7%。新获批院士工作站2个，博士后科研流动工作站2个，重点（工程）实验室3个，省级企业技术中心5个。新建贵阳交通大数据孵化器等创新创业孵化器12个，新增6家国家级众创空间，8家省级众创空间。成功获得全国第二批“小微企业创业创新基地城市示范”资格。

【国内贸易和对外经济】2016年，贵阳市全年实现社会消费品零售总额1195.34亿元，比上年增长12.7%。其中，限额以上单位通过互联网实现的零售额为47.72亿元，比上年增长134.0%。

全年外贸进出口总额39.27亿美元，比上年下降56.9%。其中出口32.88亿美元，比上年下降58.4%；进口6.40亿美元，比上年下降47.7%。

【交通、邮电和旅游】2016年，贵阳市全年各种运输方式完成旅客发送量66171.44万人次，比上年下降1.2%；完成货物运输量38685.02万吨，比上年增长20.2%。

全市邮电业务总量200.27亿元，比上年增长51.4%，其中邮政业务总量14.12亿元，比上年增长30.4%。

电信业务总量186.15亿元，比上年增长53.3%。邮政业务收入15.70亿元，比上年增长49.0%。快递业务量5929.04万件，比上年增长46.7%；移动电话实行实名制清理，年末用户655.89万户，比上年下降23.4%。其中，3G用户数60.89万户，4G用户数385.68万户；宽带上网用户123.65万户，比上年增长6.5%。

全市全年旅游总人数11091.79万人次，比上年增长31.0%，其中接待国内游客11073.42万人次，接待外国（海外）游客17.52万人天。旅游总收入1389.51亿元，比上年增长33.5%，其中旅游外汇收入达7902.86万美元。

【金融和保险】2016年年末，贵阳市全市金融机构本外币各项存款余额9978.84亿元，比年初增加1120.86亿元，其中，住户存款余额2505.41亿元，比年初增加241.43亿元；金融机构本外币各项贷款余额9256.41亿元，比年初增加1311.86亿元。全市年末金融机构人民币各项存款余额9928.30亿元，比年初增加1156.09亿元，其中，住户存款余额2486.070亿元，比年初增加234.40亿元；非金融企业存款余额4662.62亿元，比年初增加819.80亿元。金融机构人民币各项贷款余额9153.20亿元，比年初增加1277.63亿元，其中，短期贷款余额301.53亿元，比年初下降1.65亿元；中长期贷款余额1453.16亿元，比年初增加228.48亿元。

全年保险保费收入114.35亿元，比上年增长19.6%。保险赔付支出45.39亿元，比上年增长14.3%。

2

2016年六盘水市经济发展概况

【经济总量】2016年，六盘水市全年实现地区生产总值（GDP）1313.70亿元，比上年增长12%。其中，第一产业增加值为125.49亿元，增长6.3%；第二产业增加值为660亿元，增长10.9%，其中工业增加值563.42亿元，增长9.8%；第三产业增加值为528.21亿元，增长14.7%，其中，交通运输、仓储和邮政业增长12.6%，金融业增长20%，营利性服务业增长44.4%。全市人均地区生产总值45325元。

【农业】2016年，六盘水市全年农林牧渔业增加值131.40亿元，比上年增长6.3%。其中，种植业增加值82.25元，增长7.4%；林业增加值9.14亿元，增长7.2%；畜牧业增加值33.65亿元，增长3.4%；渔业增加值0.46亿元，增长7.0%；农林牧渔服务业增加值5.91亿元，增长6.3%。

【工业和建筑业】2016年，六盘水市全市431家规模以上工业企业实现增加值516.86亿元，比上年增长10%。

辖区内有资质的总承包和专业承包建筑业企业145户，比上年增长1.4%；全年建筑企业实现增加值96.58亿元，比上年增长17.4%。资质内建筑企业房屋施工面积244.47万平方米，同比下降22.8%；房屋竣工面积112.23万平方米，增长14.5%，其中，住宅竣工面积79.23万平方米，增长34.1%。

【固定资产投资】2016年，六盘水市全年固定资产投资完成1357.77亿元，比上年增长22.0%。分产业看，第一产业投资126.09亿元，同比下降2.0%；第二产业投资347.66亿元，比上年增长5.1%；第三产业投资884.03亿元，比上年增长35.4%。

【国内贸易和对外经济】2016年，六盘水市全年实现社会消费品零售总额331.79亿元，比上年增长13.3%。按经营地统计，城镇消费品零售总额增长13.4%，乡村消费品零售总额增长13.1%。按消费行业统计，批发业零售额增长10.4%，零售业零售额增长13.7%；住宿业零售额额增长21.1%，餐饮业零售额增长11.8%。

全年进出口总额2.69亿美元，比上年下降29.9%。其中，进口总额1.82亿美元，下降21.5%；出口总额

0.87亿美元，下降42.7%。

【交通、邮电和旅游】2016年，六盘水市全年交通运输、仓储和邮电业完成增加值100.84亿元，比上年增长12.6%。年末，公路通车里程达14065公里，比上年末增长2.97%。

全年完成邮电业务总量60.77亿元，比上年增长68.24%。其中，电信业务总量58.47亿元，比上年增长70.7%；邮政业务总量2.3亿元，比上年增长22.85%。互联网用户、移动电话用户继续较快增长，年末移动电话用户和互联网用户分别为279.33万户和30.63万户，分别比上年增长8.7%和22.8%。

全年接待旅游总人数1901.41万人次，比上年增长52.1%。其中，接待国内旅游人数1901.1万人次，比上年增长52%；接待入境旅游人数3082人次，增长14.3%。全年实现旅游总收入124.65亿元，比上年增长68.9%。

【金融和保险】2016年年末，六盘水市全市金融机构人民币各项存款余额1207.75亿元，比年初增加230.95亿元，同比增长23.6%。金融机构人民币各项贷款余额935.56亿元，比年初增加155.82亿元，同比增长20.0%。

全年全市原保险保费收入202453万元，比上年增长13.8%。其中，财产险收入90202万元，较上年增长9.5%。人身险112251万元，比上年增长17.5%。全市原保险赔付支出85787万元，比上年增长22.2%。

3

2016年遵义市经济发展概况

【经济总量】2016年，遵义市全年实现地区生产总值（GDP）2403.94亿元，比上年增长12.4%。其中，第一产业增加值370.48亿元，增长5.7%；第二产业增加值1063.00亿元，增长12.8%；第三产业增加值970.46亿元，增长14.5%。三次产业结构比为15.4：44.2：40.4。人均地区生产总值达到38709元，比上年增加3586元。

【农业】2016年，遵义市全年粮食种植面积765.75千公顷，比上年减少9.65千公顷。粮食总产量304.42万吨，比上年增长0.6%。其中，夏粮产量65.53万吨，下降3.8%；秋粮产量238.89万吨，增长2.0%。

【工业和建筑业】2016年，遵义市全年全部工业增加值867.86亿元，比上年增长11.7%。

全年全市具有资质等级建筑业企业实现总产值261.30亿元，增长17.5%。

【固定资产投资】2016年，遵义市全年500万元及以上固定资产投资2068.88亿元，比上年增长22.1%。分产业看，第一产业投资82.13亿元，增长39.6%，增长39.6%；第二产业投资388.01亿元，下降3.8%；第三产业投资1598.74亿元增长29.8%。

【科学技术】2016年，遵义市全市获得省级以上科技项目220项、资金9264万元，其中，国家级项目73项、资金2852万元，省级项目147项、资金6412万元。全市共有高新技术企业93个，国家级企业技术中心5个，省级企业技术中心39个；国家级重点试验室1个，省级重点试验室8个，省级工程技术中心8个，科技孵化器13个。专利申请4740件，其中发明专利申请量2184件；授权专利1881件，其中发明专利授权量333件。

【国内贸易和对外经济】2016年，遵义市全年社会消费品零售总额723.44亿元，比上年增长13.0%。分城乡市场来看，城镇市场实现消费品零售总额630.58亿元，增长15.0%；乡村市场实现消费品零售总额92.85亿元，增长1.5%。分行业来看，批发、零售、住宿和餐饮业分别增长11.9%、13.2%、8.9%、15.0%。

全市进出口总额完成12.02亿美元，比上年下降19.1%。其中，出口9.68亿美元，增长10.6%；进口2.34

亿美元，下降61.6%。招商引资新建项目916个，实际到位资金（内资）2473.13亿元，增长18.0%。

【交通、邮电和旅游】2016年，遵义市全市新增公路通车里程2030公里，公路通车总里程达到31454公里。

全年接待游客8430.7万人次，实现旅游综合收入792.73亿元，分别增长35.5%和44.9%。

【金融和保险】2016年年末，遵义市全市金融机构存款余额4305.82亿元，比上年末增长30.2%，增速同比提高1.4个百分点；贷款余额2264.92亿元，比上年末增长17.6%，增速同比回落8.4个百分点。

全年保险业务收入67.25亿元，比上年增长7.3%。其中，财产保险收入31.99亿元，增长11.1%；人身保险收入35.26亿元，增长4.1%。保险赔款支出18.74亿元。其中，财产保险赔款15.97亿元，人身保险赔款2.77亿元。

4

2016年安顺市经济发展概况

【经济总量】2016年，安顺市全年实现地区生产总值（GDP）01.35亿元，比上年增长12.4%。分产业看，第一产业增加值124.07亿元，增长6.3%；第二产业增加值227.12亿元，增长12.5%；第三产业增加值350.16亿元，增长14.5%。三次产业结构比由上年的18.1：33.2：48.7调整为17.7：32.4：49.9。全市人均地区生产总值30216元，增长11.9%。

【农业】2016年，安顺市全年农林牧渔业总产值208.01亿元，比上年增长5.1%。其中，农业产值122.62亿元，增长5.9%；林业产值10.96亿元，增长6.6%；牧业产值58.75亿元，增长2.8%；渔业产值7.88亿元，增长10.0%；农林牧渔服务业产值7.79亿元，增长2.1%。

【工业和建筑业】2016年，安顺市全年规模以上工业（统计口径为年主营业务收入2000万元及以上工业企业）增加值174.63亿元，增长11.5%。按登记注册类型分，公有制工业增加值53.73亿元，增长4.3%；非公有制工业增加值120.91亿元，增长16.4%。按轻重工业分，轻工业增加值41.60元，增长12.9%；重工业增加值133.04亿元，增长12.1%。

年末共有资质等级建筑业企业52户，全年建筑业总产值30.16亿元，比上年增长33.9%。

【固定资产投资】2016年，安顺市全年固定资产投资（统计口径为计划总投资500万元及以上固定资产项目投资和房地产开发项目投资）652.95亿元，比上年增长21.9%。其中第一产业投资31.19亿元，增长29.3%；第二产业投资124.08亿元，下降4.6%；第三产业投资497.68亿元，增长30.5%。

【科学技术】2016年，安顺市全年争取国家、省级引导资金共计24092.32万元，技术合同交易总金额达到8866.32万元。安顺蚂蚁众创空间获得国家科技部批准第三批国家级众创空间和国家发改委“双创”示范平台。全市共申请专利1383件，其中发明专利750件。每万人口发明专利拥有量达到1.96件，实现质押贷款2.24亿元。

【国内贸易和对外经济】2016年，安顺市全年社会消费品零售总额176.31亿元，比上年增长13.1%。按经营地统计，城镇消费品零售额128.94亿元，增长13.2%；乡村消费品零售额47.37亿元，增长13.0%。

全年进出口总额17262万美元，比上年增长27.6%，其中：进口979万美元，增长14.4%；出口16283万美元，增长28.4%。

【交通、邮电和旅游】2016年，安顺市全年公路、水运完成货物周转量373275万吨公里，比上年下降

25.2%；完成旅客周转量437849万人公里，增长6.2%。

全年邮电业务收入16.11亿元，比上年增长10.8%。年末固定电话用户14.78万部，下降11.4%；移动电话用户214.73万户，增长21.8%。年末互联网用户26.50万户，增长17.7%。

全年旅游总人数5408.28万人次，比上年增长38.6%，其中国内游客5394.93万人次，增长38.7%；旅游总收入545.96亿元，增长44.3%，其中国内旅游收入543.96亿元，增长44.3%。

【金融和保险】2016年年末，安顺市全市金融机构人民币各项存款余额1090.85亿元，比年初增加238.05亿元，比上年末增长27.9%；金融机构人民币各项贷款余额687.98亿元，比年初增加77.71亿元，比上年末增长12.7%。

全年原保险保费收入14.39亿元，比上年增长36.2%，其中：财产险收入7.27亿元，增长14.3%，人身险收入7.12亿元，增长69.4%。赔付支出5.76亿元，增长34.4%，其中：财产险支出3.28亿元，增长16.3%，人身险支出2.48亿元，增长69.3%。

5

2016年毕节市经济发展概况

【经济总量】2016年，毕节市全年实现地区生产总值（GDP）1625.8亿元，比上年增长12.1%。其中，第一产业增加值344.4亿元，比上年增长6.0%；第二产业增加值617.3亿元，比上年增长12.0%；第三产业增加值664.1亿元，比上年增长15.2%；三次产业结构比为21.2∶38.0∶40.8。全年人均地区生产总值为24544元，同比增长11.2%。

【农业】2016年，毕节市农林牧渔业总体稳步向前发展，全年实现总产值564.30亿元，比上年增长6.0%。

【工业和建筑业】2016年，毕节市全年实现工业增加值488.6亿元，比上年增长11.1%。规模以上工业增加值401.3亿元，比上年增长11.6%。按经济类型分，国有企业实现增加值68.2亿元，比上年下降3.8%；股份合作企业实现增加值1.2亿元，下降3.8%；股份制企业实现增加值26.4亿元，增长21%；外商及港澳台投资企业2.6亿元，增长23.4%；其他经济类型企业65亿元，下降12.7%。

全年全社会建筑业增加值128.7亿元，比上年增长16%。全市82个资质以上建筑业企业共实现建筑业总产值35.3亿元，同比增长37.8%。

【固定资产投资】2016年，毕节市全年完成固定资产投资1601.8亿元，增长19.1%。分产业看，第一产业投资完成196.1亿元，第二产业完成投资338亿元，第三产业完成投资1067.7亿元。

【科学技术】2016年年末，毕节市全市建成国家农业科技示范园区1个、省级农业科技示范园6个；国家级高新技术产业化基地1个、高新技术企业7家。建成国家级研发机构1个、产学研创新平台8个、省级科技企业孵化器1个；省级众创空间2个、市级众创空间3个；省级工程技术研究中心1个、省级工程研究中心（工程实验室）1个，市级工程技术研究中心和重点实验室各1个。科技型企业备案119家。

全市专利申请651件，比上年增长4.83%。授权专利410件，比上年增长22.39%。有效发明专利突破150件。

【国内贸易和对外经济】2016年，毕节市全市社会消费品零售总额340.1亿元，比上年增长12.6%。按经营单位所在地分，占比达77%的城镇消费品零售额为261.9亿元，同比增长13.0%；占比为23%的乡村消费品零售额为78.2亿元，增长11.6%。按行业分，批发业13.8亿元，增长28.9%；零售业270亿元，增长10.2%；住宿业8亿元，增长17.5%；餐饮业48.4亿元，增长22.7%。按消费形态分，实现餐饮收入28.6亿元，增长14.9%，商品零售311.5亿元，增长12.4%。

【**交通、邮电和旅游**】2016年年末，毕节市全市公路通车里程31688公里，其中高速公路通车里程720公里。毕节飞雄机场完成旅客运输量73.3万人次，同比增长30.19%；安全保障航班首次突破1万架次，达到10455架次，同比增长23.1%；新增了武汉、长沙、南京和兰州4个通航城市，加密了广州航线，共与7家航空公司合作开通了16条航线，通达19个城市；旅客运输量在西南地区40个支线机场中排名第11位，贵州省内支线机场排名第2位。

全市实现通信业务收入31.7亿元，同比增长14.4%。年末移动电话用户432.5万户，固定电话用户21.8万户、互联网用户331.9万户。实现邮政业务总量3.29亿元，比上年增长27.3%；邮政业务收入3.5亿元，比上年增长23.8%；快递业务量64.2万件，比上年增长79.7%；快递业务收入1.2亿元，比上年增长49.4%。

全年旅游总人数5494.26万人次，同比增长34.2%。其中，外省游客2457.64万人次，同比增长43.1%；入境游客7.7万人次，同比增长16.8%。实现旅游总收入444.46亿元，同比增长42%。

6

2016年铜仁市经济发展概况

【**经济总量**】2016年，铜仁市全年实现地区生产总值（GDP）856.97亿元，首次突破800亿大关，按可比价格计算，比上年增长11.9%，其中：第一产业实现增加值202.70亿元，增长5.8%；第二产业实现增加值243.41亿元，增长13.1%；第三产业实现增加值410.83亿元，增长14.2%。人均地区生产总值27366元（以常住人口计算），净增2654元，按可比价计算，比上年增长11.4%，按人民币汇率（2016年末）折合3945美元。

【**农业**】2016年，铜仁市全年实现农林牧渔业总产值350.1亿元，按可比价计算，比上年增长5.8%，其中：农业产值206.34亿元，增长6.1%；林业产值12.49亿元，增长9.1%；牧业产值98亿元，增长4.1%；渔业产值14.71亿元，增长10.6%；农林牧渔服务业产值18.55亿元，增长5.5%。

【**工业和建筑业**】2016年，铜仁市全年新增2000万元以上规模企业74户，实现工业增加值197.10亿元，按可比价计算，比上年增长11.7%。按轻重工业分，轻工业实现增加值67.85亿元，增长18.6%；重工业实现增加值129.25亿元，增长11.5%。按经济类型分，国有企业实现增加值32.49亿元，增长7.1%；集体企业实现增加值4.08亿元，增长9.0%；股份制企业实现增加值148.45亿元，增长18.4%；其他经济类型企业实现增加值10.59亿元，增长24.8%。

全年实现建筑业增加值69.3亿元，按可比价格计算，比上年增长16.9%。全市资质以上建筑企业实现建筑业总产值51.4亿元，比上年增长32.1%；竣工产值31.9亿元，增长1.92%；房屋施工面积499.5万平方米，增长17.0%；房屋竣工面积213.1万平方米，增长9.4%。

【**固定资产投资**】2016年，铜仁市全年共实施500万元及以上项目共计2946个，比上年增长4.9%，其中：本年新开工项目2344个，增长3.0%。全社会固定资产投资完成1650亿元，比上年增长30.8%，其中：500万元以上口径完成固定资产投资873.9亿元，增长21.8%。

【**国内贸易和对外经济**】2016年，铜仁市全年实现社会消费品零售总额187.09亿元，比上年增长

12.9%。从销售单位所在地看：城镇实现消费品零售额152.48亿元，增长14.0%；乡村实现消费品零售额34.61亿元，增长8.7%。

全年直接进出口总额24865.84万美元，比上年增长59.3%，其中：出口额24729.71万美元，增长59.0%；进口额136.13万美元，增长138.5%。

【交通、邮电和旅游】2016年，铜仁市全年交通运输、仓储和邮政业实现增加值45.07亿元，按可比价计算，比上年增长14.8%。全市公路通车里程24807公里，其中高速公路里程596公里，实现县县通高速。全年机动车保有量476120辆，增长18.6%，其中:汽车保有量184921辆，增长18.0%；摩托车保有量291109辆，增长19.0%。全年实现公路营运性旅客运输量9864万人，营运性旅客周转量929499万人公里，营运性货物运输量4562万吨，营运性货物周转量843059万吨公里；全年实现水路旅客运输量734万人，旅客周转量2156万人公里，货物运输量7.47万吨，货物周转量287万吨公里。铜仁凤凰机场开通20条航线，实现航班飞行9267架次，运输旅客577645人次，运输货邮54.6吨。

全年实现邮电业务收入21.92亿元，比上年增长11.5%，其中：电信业务收入19.30亿元，增长11.0%；邮政业务收入2.62亿元，增长15.6%。年末电话用户数272.41万户，同比增长15.4%。固定互联网宽带接入用户35.95万户，同比增长27.5%。电话普及率为86.74部/百人（常住人口计算）。

全年共接待旅游人数4455.13万人次，比上年增长43.7%；实现旅游总收入347.30亿元，增长44.6%。

【金融和保险】2016年，铜仁市全年各金融机构存款余额达1280.15亿元，比上年增长30.6%，其中个人存款余额590.85亿元，增长13.4%；金融机构贷款余额817.65亿元，增长14.1%。

全年实现保费收入23.58亿元，比上年增长38.3%，其中：财产保险保费收入10.45亿元，增长19.4%；人寿保险保费收入13.13亿元，增长58.2%。赔款支出7.12亿元，比上年增长33.1%，其中：财产保险赔款5.14亿元，增长28.8%，人寿保险赔款1.98亿元，增长45.6%。

云南省

| 昆明市 | 曲靖市 | 玉溪市 | 保山市 | 昭通市 | 丽江市 | 普洱市 | 临沧市 |

1

2016年昆明市经济发展概况

【经济总量】2016年，昆明市全年实现地区生产总值（GDP）4300.43亿元，按可比价格计算，比上年增长8.5%。其中，第一产业增加值200.51亿元，增长6.0%；第二产业增加值1660.46亿元，增长7.6%；第三产业增加值2439.46亿元，增长9.3%。三次产业结构为4.7：38.6：56.7。

【农业】2016年，昆明市全年农林牧渔业及农林牧渔服务业总产值349.69亿元，比上年增长6.0%。其中，农业产值189.88亿元，增长5.8%；林业产值13.66亿元，增长29.4%；牧业产值125.08亿元，增长4.5%；渔业产值8.54亿元，增长7.9%；农林牧渔服务业产值12.53亿元，增长3.8%。

【工业和建筑业】2016年，昆明市全年全部工业增加值1039.41亿元，比上年增长4.5%。其中，规模以上工业增加值增长4.5%。

全年建筑业增加值621.65亿元，比上年增长13.5%。

【固定资产投资】2016年，昆明市全年固定资产投资（不含农户）3920.07亿元，比上年增长12.1%。在固定资产投资（不含农户）中，第一产业投资53.63亿元，增长50.7%；第二产业投资630.11亿元，下降2.5%；第三产业投资3236.33亿元，增长14.9%。

【科学技术】2016年，昆明市全年实施科技计划项目206项（市本级），其中，重大科技计划项目12项。全年受理专利申请14290件，获专利授权7268件，有效发明专利拥有量6356件。

【国内贸易和对外经济】2016年，昆明市全年社会消费品零售总额2310.09亿元，比上年增长12.1%。其中，限额以上企业（单位）消费品零售额1233.63亿元，增长11.8%。按经营地统计，城镇消费品零售额2201.42亿元，增长11.8%；乡村消费品零售额108.66亿元，增长18.0%。按消费类型统计，商品零售1976.70亿元，增长11.9%；餐饮收入333.39亿元，增长13.0%。

全年海关进出口总额66.81亿美元，比上年下降45.8%。其中，出口41.33亿美元，下降56.2%；进口25.48亿美元，下降11.7%。

【交通、邮电和旅游】2016年，昆明市全年公路货物运输量26565万吨，比上年增长0.1%；公路旅客运输量7376万人次，下降8.1%；公路货物周转量160.37亿吨公里，增长2.1%；公路旅客周转量73.69亿人公里，下降10.7%。

全年邮政业累计完成业务收入25.64亿元，比上年增长27.6%。其中，快递业务收入18.48亿元，增长36.1%。全市完成邮政函件业务2414.73万件，包裹业务14.86万件，快递业务量11775.41万件。

全年接待国内外游客10113.61万人次，比上年增长46.3%。其中，国内游客9990.14万人次，增长47.0%，海外游客123.47万人次，增长7.8%；全年旅游总收入1073.53亿元，比上年增长48.4%。其中，国内旅游收入1043.79亿元，增长49.9%；旅游外汇收入4.82亿美元，增长9.5%。

【金融和保险】2016年年末，昆明市金融机构（不含外资）人民币存款余额12655.68亿元，比年初增长6.8%。其中，住户存款余额4124.21亿元，比年初增长7.6%；非金融企业存款余额5209.16亿元，比年初增长10.3%。

全年保险公司原保险保费收入213.48亿元，比上年增长24.5%。其中，财产险原保险保费收入88.90亿元，增长11.0%；人身险原保险保费收入124.58亿元，增长36.2%。

2

2016年曲靖市经济发展概况

【经济总量】2016年，曲靖市全市实现生产总值1775.11亿元，按可比价计算比上年增长9.2%，人均GDP达到29266元，同比增长8.5%。其中：第一产业实现增加值335.56亿元，增长5.6%，拉动GDP增长1.09个百分点，对经济增长的贡献率为11.9%；第二产业实现增加值681.91亿元，增长9.7%，拉动GDP增长3.85个百分点，对经济增长贡献率为41.9%；第三产业实现增加值757.63亿元，增长10.3%，拉动GDP增长4.25个百分点，对经济增长的贡献率为46.2%。三次产业结构为18.9：38.4：42.7。非公经济增加值实现869.01亿元，占生产总值的比重达49%，比上年提高1个百分点。

【农业】2016年，曲靖市全市实现农林牧渔业增加值341.96亿元，按可比价计算比上年增长5.7%。全年粮食播种面积1020.90万亩，粮食总产量达34.06亿公斤，增长1.8%。油料2.18亿公斤，增长9.4%；烤烟1.78亿公斤，减产6.1%；肉类总产量178.69万吨，增长2.63%；蔬菜及食用菌种植面积239.31万亩，产量27.32亿公斤，增长6.4%；中药材产量1.02亿公斤，增长10%。

【工业和建筑业】2016年，曲靖市全年全部工业增加值实现525.52亿元，按可比价计算比上年增长7.8%，拉动GDP增长2.45个百分点，对经济增长贡献率为26.6%。规模以上工业企业实现增加值495.04亿元，增长7.9%；其中：轻工业实现增加值195.75亿元，增长0.2%；重工业实现增加值299.29亿元，增长13.2%。主要支柱产业中，煤炭开采和洗选业实现工业增加值80.02亿元，增长38.8%；烟草制品业159.75亿元，下降5.2%；电力热力的生产和供应业96.28亿元，增长1.6%；炼焦业10.82亿元，增长12%；黑色金属冶炼及压延加工业8.99亿元，下降32.6%；有色金属冶炼及压延加工业37.21亿元，增长19.9%；化学原料及化学制品制造业18.68亿元，增长2%；食品加工及酒类制造业20.33亿元，增长23.4%；非金属矿物制品业23.2亿元，增长16.2%；汽车制造业2.16亿元，增长8.7%。

【固定资产投资】2016年，曲靖市全市完成500万元以上固定资产投资1794亿元，同比增长30.1%，增速比上年提高11.7个百分点，其中：第一产业完成投资87.49亿元，同比增长38.8%；第二产业完成投资451.08亿元，同比增长19.7%；第三产业完成投资1255.43亿元，同比增长33.7%。

【国内贸易和对外经济】2016年，曲靖市全年实现社会消费品零售总额564.97亿元，增长12.5%。从城乡市场看，城镇实现消费品零售额430.01亿元，增长13.2%；农村实现消费品零售额134.96亿元，增长10.2%。从消费形态看，商品零售额500.64亿元，增长12.2%；餐饮收入64.33亿元，增长14.8%。

全年进出口总额达6.30亿美元，增长12.6%；其中出口总额为6.27亿美元，进口总额为0.03亿美元。

【交通、邮电和旅游】2016年年末，曲靖市全市公路通车里程达30273公里，其中高速公路554公里。年末全市机动车总量达98.96万辆，其中私人拥有机动车94.99万辆。年末全市拥有汽车56.70万辆，其中私人拥有汽车52.79万辆。全年公路运输总周转量164.22亿吨公里，增长18.5%。

年末全市移动电话用户462.48万户，比上年增长7%。固定电话用户达24.96万户，下降16.77%。互联网用户达76.62万户，增长42%；全年邮政业务总量2.47亿元，增长34.1%；电信业务总量100.80亿元，增长46.0%。

全年共接待海外游客2.72万人次，增长12.0%；旅游外汇收入1685.83万美元，增长62.0%；国内游客1727.58万人次，增长49.0%；全部旅游总收入达153.04亿元，增长45.0%。

【金融和保险】2016年年末，曲靖市金融机构人民币各项存款余额2008.21亿元，比年初增加176.27亿元，同比增长9.6%；其中：单位存款余额900.19亿元，比年初增加72.11亿元，同比增长8.7%；储蓄存款余额1046.82亿元，比年初增加94.01亿元，同比增长9.9%。金融机构人民币各项贷款余额1299.48亿元，比年初增加36.92亿元，同比增长2.9%；其中：短期贷款515.68亿元，比年初减少49.36亿元，同比下降8.7%；中长期贷款691.11亿元，比年初增加55.78亿元，同比增长8.8%。

全市31家保险公司实现保费收入50.4亿元，比上年增长21.83%。其中：财产保费收入22.04亿元，增长16.1%；人寿保险费收入28.35亿元，同比增长26.7%。全年支付（给付）赔款17.59亿元，下降1.0%，赔付率34.9%。

3

2016年玉溪市经济发展概况

【经济总量】2016年，玉溪市全年实现地区生产总值（GDP）1311.9亿元，按可比价计算增长7.6%。分产业看，第一产业增加值135.0亿元，增长6.1%；第二产业增加值685.3亿元，增长4.4%；第三产业增加值491.5亿元，增长12.9%。三次产业结构由上年的10.2：55.0：34.8调整为10.3：52.2：37.5。一、二、三产业分别拉动GDP增长0.6、2.5、4.5个百分点，对经济增长的贡献率分别为8.2%、32.1%和59.7%。全市人均GDP达到55389元，按可比价计算增长7.0%。非公经济实现增加值462.6亿元，增长9.8%，占全市生产总值比重为35.3%，比上年提高1.3个百分点，拉动全市经济增长3.3个百分点，对全市经济增长贡献率达44.1%。

【农业】2016年，玉溪市全市实现农林牧渔业增加值136.7亿元，按可比价计算增长6.2%。其中：农业（种植业）增加值89.0亿元，增长5.8%；林业增加值3.8亿元，增长4.0%；牧业增加值40.2亿元，增长7.1%；渔业增加值2.0亿元，增长4.6%；农林牧渔服务业增加值1.7亿元，增长11.0%。

【工业和建筑业】2016年，玉溪市全市完成全部工业增加值632.0亿元，按可比价计算增长3.0%，拉动GDP增长1.56个百分点，对经济增长的贡献率为20.5%。2016年规模以上工业企业415家，主营业务收入1210.6亿元、增长4.0%，实现增加值597.3亿元、增长2.6%。分轻重工业看：轻工业实现增加值443.8亿元，下降1.4%，其中：烟草制品业完成391.0亿元，下降4.8%；重工业实现增加值153.5亿元，增长15.5%，其中：黑色金属矿采选业完成25.4亿元，增长12.5%；黑色金属冶炼及压延加工业完成24.7亿元，增长8.2%；有色金属矿采选业完成9.1亿元，增长7.2%；有色金属冶炼及压延加工业完成20.6亿元，增长12.2%。

全市建筑业完成增加值53.8亿元，按可比价计算增长25.4%。全市具有资质的建筑施工企业168家，资质建筑企业期末人数44151人，其中工程技术人员11929人，比重为27.0%；一级建造师209人，比重为0.5%。2016年商品房施工面积810.3万平方米，下降6.1%；商品房竣工面积93.3万平方米，下降48.2%。

【固定资产投资】2016年，玉溪市全市完成固定资产投资（不含农户）893.7亿元，增长33.9%。其中第一产业完成投资37.3亿元，增长34.5%；第二产业完成投资169.4亿元，下降6.5%；第三产业完成投资

686.9亿元，增长49.8%。

【科学技术】2016年，玉溪市实施国家和省各类科技计划项目91项。获省奖励的科技成果项目11项，获市奖励的科技成果项目50项，其中一等奖5项、二等奖15项、三等奖30项。争取各项科技经费共计6166.5万元。市级科技项目投入4571万元。申报专利1517件，批准（授权）专利918件。

【国内贸易和对外经济】2016年，玉溪市全市实现社会消费品零售总额326.8亿元，增长12.2%。从销售地区看：城镇实现消费品零售额279.9亿元，增长13.6%；乡村实现46.9亿元，增长12.4%。按消费形态分：餐饮收入实现59.0亿元，增长15.0%；商品零售实现267.8亿元，增长11.5%。

全市完成外贸自营进出口总额201900万美元，增长6.5%。其中出口199158万美元，增长7.5%；进口2742万美元，下降37.5%。分企业情况看：136户私有民营企业完成出口198887万美元，增长7.5%；14户外商投资企业完成出口3013万美元，减少35.5%。2016年自营出口商品中，金额达30万美元以上的商品有51种，累计出口额195659万美元，占全市出口总额的98.2%。

【交通、邮电和旅游】2016年，玉溪市全市交通运输、仓储及邮政业实现增加值21.0亿元，增长4.1%。公路建设成效明显，客货运输平稳发展。2016年底全市公路通车总里程达到17230.1公里，其中高速公路259.0公里、一级公路107.5公里。高级、次高级路面占全市公路总里程的37.5%。全市公路运输客运量完成1912万人，下降3.6%；旅客运输周转量120106万人公里，下降2.5%。完成货运量10054万吨公里，增长4.4%；完成公路运输货物周转量1578768万吨公里，增长8.4%。

邮电业务总量31.7亿元，增长11.0%。全市固定电话用户达11.3万户，移动电话用户224.6万户。互联网宽带网用户38.8万户，增长9.3%。

全市接待游客2711.2万人次，增长17.4%；旅游总收入162.9亿元，增长28.8%。年底全市拥有星级饭店34家；国际国内旅行社35家；国家级A级以上景区19个；全国工业旅游示范点1个；云南省级特色旅游小镇3个。

【金融和保险】2016年，玉溪市金融业实现增加值75.9亿元，增长22.1%。年末金融机构人民币各项存款余额1515.7亿元，比上年增加193.3亿元，增长14.6%，其中住户存款余额752.3亿元，增长10.1%。全市金融机构人民币各项贷款余额903.5亿元，增加57.3亿元，增长6.8%。存贷比59.6%，比上年下降4.4个百分点。

全市共有保险机构28家，其中产险公司15家、寿险公司11家、代理公司2家。全市实现保费收入36.2亿元，增长17.4%，为全市提供了7117.0亿元的风险保障，在全省各州市排名第四位。其中财产险保费收入14.9亿元，增长11.6%；人寿险保费收入21.3亿元，增长22.0%。全市赔款支出11.7亿元，赔付率32.4%，其中财产险支付赔款7.1亿元，赔付率47.6%；人寿险给付赔款4.6亿元，给付率21.8%。

4

2016年保山市经济发展概况

【经济总量】2016年，保山市全年实现地区生产总值(GDP)613.4亿元，比上年增长11.1%。其中：第一产业增加值151.3亿元，增长6%；第二产业增加值214亿元，增长14.7%；第三产业增加值248亿元，增长11.2%。三次产业结构由上年的25.7：34.8：39.5调整为24.7：34.9：40.4。

【农业】2016年，保山市全年农业总产值249.6亿元，比上年增长6%；农业增加值153.9亿元，增长

6.1%。粮食总产量143.9万吨，增产0.7万吨，增0.5%；烟叶产量7.5万吨，下降3.1%；烤烟产量6.2万吨，下降4.6%；甘蔗产量129.4万吨，下降9.6%；茶叶产量4.8万吨，增长4.9%。年末生猪存栏393.2万头，比上年末增长3.8%；牛存栏87.2万头，增长6.2%；羊存栏73.8万只，增长8.3%；全年肉类总产量达45.9万吨，增长0.5%。

【工业和建筑业】2016年，保山市全年全部工业增加值144.9亿元，比上年增长11.5%；其中：规模以上工业增加值124.7亿元，增长12.2%。规模以上工业实现利税42.6亿元，增长8.5%；利润总额26.5亿元，增长8.4%。

【固定资产投资】2016年，保山市全年固定资产投资完成667.3亿元，比上年增长33%，其中：民间投资132.2亿元，下降5.6%。分产业看：第一产业投资28亿元，下降11.9%；第二产业投资133.6亿元，增长6.5%；第三产业投资505.7亿元，增长46.7%。全年施工项目1693个，增长30.1%，其中：本年新开工项目1316个，增长38.5%。

【科学技术】2016年，保山市全市科研机构7个，比上年增加2个。全年列入国家科技计划项目3个，安排科研经费支出460万元；列入省级科技计划项目117个，安排科研经费3718.3万元；列入地区科技计划项目126项，安排经费386万元。全年专利申请受理量495项，专利申请授权量323项，其中发明23件。

【国内贸易和对外经济】2016年，保山市全年社会消费品零售总额200.2亿元，比上年增长12.2%。

全年外贸进出口总额26604万美元，比上年增长10.1%；其中：出口总额14886万美元，下降3.1%；进口总额11718万美元，增长33.2%。

【交通、邮电和旅游】2016年，保山市全年全社会货运量3888万吨，比上年增长9.9%，货物周转量682823万吨公里，增长10.9%；客运量2103万人次，下降1.4%；旅客周转量144185万人公里，下降2.8%。全市公路总里程13510.14公里，其中：地管公路11980.4公里，省管公路（含高速路）1292.69公里。全市汽车（含低速汽车）拥有量194686辆，新注册33061辆，其中：载货载客汽车193245辆，新注册32970辆。

全年邮政通信业务总量18.7亿元，比上年增长6.4%。年末全市固定电话用户109795户，减少9697户，其中市话88004户，农话21791户。移动电话（含小灵通）2060994部，增加174474部，增长9.3%。

全年共接待国内外游客1833.8万人次，比上年增长43.3%；实现旅游业总收入173亿元，增长53.4%。其中：旅游外汇收入6480万美元，增长14.3%；国内旅游收入169亿元，增长54.6%。

【金融和保险】2016年年末，保山市金融机构人民币各项存款余额986.09亿元，比上年增长27.2%。其中：非金融机构存款218.98亿元，增长55.7%；住户存款余额518.14亿元，增长20.1%。金融机构人民币各项贷款余额599.09亿元，增长8.8%。其中：短期贷款157.96亿元，下降2.6%；中长期贷款435.74亿元，增长12.8%。

全年保险公司保费收入19.1亿元，比上年增长21.9%。其中：财险保费收入8.2亿元，增长13.1%；寿险保费收入10.9亿元，增长29.5%；全部保险赔(给)付支出8.3亿元，增长27.9%。

5

2016年昭通市经济发展概况

【经济总量】2016年，昭通市全年实现地区生产总值（GDP）达768.23亿元，按可比价格计算，比上年增长8.6%。其中，第一产业增加值149.44亿元，增长5.8%；第二产业增加值324.76亿元，增长8.3%；

其中：工业增加值207.68亿元，增长3.9%，建筑业增加值117.16亿元，增长17.3%；第三产增加值294.04亿元，增长10.4%。按常住人口计算，人均GDP为14090元，增长7.7%。三次产业的比重为19.45：42.27：38.27。对经济增长的贡献率为13.4%、42.3%、44.3%，分别拉动经济增长1.2、3.6、3.8个百分点。

【农业】2016年，昭通市全年实现农林牧渔服务业总产值235.9亿元，按可比价计算，比上年增长5.8%。其中，农业产值110.51亿元，增长6.4%；林业产值7.57亿元，增长1.4%；畜牧业产值109.32亿元，增长5.2%，在农林牧渔服务业中的比重达46.3%；渔业产值4.94亿元，增长13.4%；服务业产值3.56亿元，增长6.4%。

【工业和建筑业】2016年，昭通市全年实现全部工业增加值207.68亿元，比上年增长3.9%。年末规模以上工业企业户数190户。全年规模以上工业增加值195.43亿元，比上年增长3.9%。规模以上工业中，轻工业增加值下降1.1%，重工业增加值增长6.5%，轻重工业的比重为33.6：66.4。

80个资质建筑企业完成建筑业总产值61.13亿元，增长22%。房屋建筑施工面积268.9万平方米，下降2.6%；签订合同额67.82亿元，增长20.5%。

【固定资产投资】2016年，昭通市全年完成规模固定资产投资739.3亿元，增长20.6%。其中，第一产业投资6.59亿元，下降36.8%；第二产业投资106.96亿元，下降30.2%；第三产业投资625.75亿元，增长43.4%。溪洛度电站投资2.77亿元，下降80.5%；向家坝电站投资5.35亿元，下降54.9%；昭麻公路投资5亿元，下降90.1%。

【国内贸易和对外经济】2016年，昭通市全年完成社会消费品零售总额237.63亿元，增长12.1%。其中，限额以上社会消费品零售总额109.7亿元，增长15.7%；限额以下社会消费品零售总额127.93亿元，增长8.6%。批发业销售额204.31亿元，增长11.4%；零售业销售额268.73亿元，增长16.6%；住宿业营业额8.43亿元，增长18.6%；餐饮业营业额42.37亿元，增长18.6%。

全年进出口总额633万美元。其中，出口额553万美元，进口额80万美元。

【交通、邮电和旅游】2016年，昭通市全年实现旅游总收入147.06亿元，比上年增长29.8%。接待国内外旅游者2489.25万人次，增长20.5%，其中，接待入境旅游者人1351次，同比增长19.8%。

【金融和保险】2016年年末，昭通市全市金融机构人民币存款余额1398.36亿元，比年初增长15.7%。其中：住户存款647.39亿元，增长15.8%；非金融企业存款210.04亿元，增长23.2%。金融机构人民币贷款余额达645.82亿元，增长4.7%。其中：住户贷款277.77亿元，增长11.4%；非金融企业及机关团体贷款368.05亿元，增长0.2%。

全年保险保费收入16.73亿元，比上年增长12.7%。支付各项赔款和给付8.7亿元，比上年增长25.7%。财险赔付率达61.1%，寿险赔付率达38.9%。

6

2016年丽江市经济发展概况

【经济总量】2016年，丽江市全年实现地区生产总值(GDP)3101799万元，按可比价格计算，比上年增长7.0%，增速高于全国0.3个百分点。从三次产业看：第一产业增加值488309万元，增长5.8%，比上年下降0.3个百分点；第二产业增加值1212267万元，增长7.8%，比上年下降3.5个百分点；第三产业增加值1416092万元，增长6.6%，比上年下降0.9个百分点。经济增长主要由第二、三产业支撑。第一、二、三产业对经济增长的贡献率分别为12.8%、44.6%和42.6%，分别拉动经济增长0.9、3.1和3个百分点。全市人均地区生产总值24186元，比上年增长6.6%。

【农业】2016年，丽江市全年完成农业总产值869299万元，比上年增长5.9%，增速比上年回落0.1个百分点。完成农业增加值488309万元，比上年增长5.8%。全年农作物总播种面积18.91万公顷，比上年下降0.6%。粮食播种面积13.49公顷，比上年增长0.9%。粮食产量再创历史新高，总产量达到52.4万吨，比上年增加1.25万吨，增长2.4%。全年肉类总产量15.5万吨，比上年增长9.1%。其中：猪肉产量12.16万吨，增长10.8%。禽蛋产量5682吨，增长4.7%。牛奶产量8740吨，下降10.8%。年末大牲畜存栏63.6万头，比上年增长1.4%；生猪出栏142.4万头，比上年增长0.5%。

【工业和建筑业】2016年，丽江市全年完成全部工业增加值664426万元，比上年增长6.1%，其中：规模以上工业增加值577253万元，比上年增长6.0%，增速比上年回落2.9个百分点。分重点行业：煤炭开采和洗选业完成增加值7.23亿元，增长22.2%。电力生产业完成增加值35.94亿元，下降1.1%。农副食品加工业完成增加值4.23亿元，增长8.8%。非金属矿物制品业完成增加值3.98亿元，增长25.5%。年末规模以上工业企业共有81户，全年实现主营业务收入119.26亿元，比上年下降4.44%，实现利税13.34亿元，比上年下降52.52%，其中：利润总额1.62亿元，比上年下降90.7%。

年末全市联网直报资质建筑企业共有58家，全年完成建筑业增加值549048万元，比上年增长10.0%，对全市经济增长的贡献率为24.73%，拉动经济增长1.7个百分点。

【固定资产投资】2016年，丽江市全年规模以上固定资产投资（含房地产开发投资，不含农户投资）完成3456296万元，比上年增长7.4%，增速比上年回落6.3个百分点。其中：500万元以上固定资产投资完成3108780万元，增长13.92%。分产业看：第一产业完成投资76737万元，下降2.78%；第二产业完成投资573577万元，下降41.51%，其中：工业完成投资573577万元，下降41.47%；第三产业完成投资2458466万元，增长47.27%。全年施工项目932个，增长1.3%，其中：本年新开工项目780个，增长10.17%。全年建设项目到位资金2256491万元，增长12.56%，其中：国家预算内资金686860万元，增长62.39%；国内贷款资金518893万元，增长82.19%；自筹资金1048329万元，下降18.57%。

【科学技术】2016年，丽江市全年实施国家和省各类科技计划项目33项，申请专利491件，有5项科技成果获省级以上科技进步奖。全市万人专利授权数为2.93件。

【国内贸易和对外经济】2016年，丽江市全年实现社会消费品零售总额1048532.1万元，比上年增长12.0%，增速比上年提高1个百分点。按城乡分：城镇完成消费品零售额814443.7万元，增长11.7%。其中：城区完成442601.1万元，增长12.3%；乡村完成消费品零售额234088.4万元，增长13.2%。按消费形态分：餐费收入完成221680.6万元，增长15.7%；商品零售完成826851.5万元，增长11.1%。

全年进出口贸易完成6952万美元，比上年增长60.6%，其中：出口6823万美元，增长57.7%，进口129万美元，增长128倍。全年共批准利用外资项目5个，外商投资项目到位资金550万元，比上年增长62.0%。

【交通、邮电和旅游】2016年，丽江市全年公路运输总周转量377864.4万元，比上年增长10.53%。公路旅客周转量149014万人公里，下降0.31%；公路货物周转量362963万吨公里，增长11.02%。全年丽江机场保障航班53170架次，增长15.8%。旅客吞吐量678.4万人次，增长20.6%。货邮吞吐量9299.1吨，增长12.2%。成为西南地区第五大机场，云南省第二大机场。泸沽湖机场旅客吞吐量4万人次。

全年完成邮电业务总量97209.29万元，比上年增长4.98%。其中：邮政业务总量14247.5万元，增长34.76%，电信业务总量82961.79万元，增长1.15%。订销报刊累计数1754.02万份，增长2.74%。函件92.25万件，下降26.92%。快递业务总量405.37万件，增长57.56%。全年电话交换机总容量达到15.56万门，年末固定电话用户13.24万户。年末移动电话用户95.62万户，增长3.6%。年末互联网宽带接入用户8.23万户，下降

10.6%。

年末全市共有星级宾馆196家，其中：五星级宾馆3家，四星级宾馆14家，三星级宾馆43家；旅行社153家；A级旅游景点20家，其中：5A级景点2家，4A级景点7家；红色旅游基地6个，旅游配套设施服务水平和接待能力进一步得到提升。旅游业平稳发展。全年旅游业接待国内外游客人数3519.91万人次，比上年增长15.18%，实现旅游总收入608.76亿元，比上年增长25.91%。其中：接待海外游客115.81万人次，增长1.11%；实现旅游外汇收入4.84亿美元，增长1.18%。接待国内游客3404.1万人次，增长15.73%；实现国内旅游收入578.89亿元，增长27.52%。

【金融和保险】2016年年末，丽江市全市金融机构人民币各项存款余额为6036715万元，比年初增加503508万元，增长9.1%；各项贷款余额为4305716万元，比年初增加162646万元，增长3.93%。

全年保险业保费收入116930.82万元，比上年增长16.92%，赔付金额41370.49万元，比上年增长9.18%，赔付率35.38%，比上年下降2.51个百分点。

7

2016年普洱市经济发展概况

【经济总量】2016年，普洱市全年实现地区生产总值（GDP）568.04亿元，比上年增长10.2%，高于全省1.5个百分点。其中，第一产业增加值152.26亿元，增长6.0%；第二产业增加值195.90亿元，增长12.0%；第三产业增加值219.89亿元，增长11.5%。三次产业结构由上年的27.8：34.8：37.4调整为26.8：34.5：38.7。全市人均生产总值21756元，比上年增长9.7%。非公经济增加值实现241.27亿元，占全市生产总值的比重达42.5%，比上年下降1.2个百分点。

【农业】2016年，普洱市全年完成农林牧渔业总产值260.31亿元，比上年增长6.0%。其中，农业产值127.27亿元，增长6.5%；林业产值49.31亿元，增长5.3%；牧业产值62.15亿元，增长5.5%；渔业产值15.58亿元，增长6.3%；农林牧渔服务业产值6.01亿元，增长6.0%。

【工业和建筑业】2016年，普洱市全年全部工业增加值108.37亿元，比上年增长11.6%。规模以上工业增加值增长12.1%。在规模以上工业中，分经济类型看，国有及国有控股企业增长9.8%，股份制企业增长10.2%，私营企业下降6.2%。分门类看，采矿业增加值增长23.8%；制造业增加值增长16.1%；电力、热力、燃气及水生产和供应业增加值增长7.4%。

全年建筑业实现增加值87.58亿元，增长13.2%。属地具有资质等级的总承包和专业承包建筑业企业完成总产值109.87亿元，比上年增长18.2%。

【固定资产投资】2016年，普洱市全年固定资产投资（不含农户）502.10亿元，增长11.6%。分三次产业看，第一产业投资38.02亿元，增长4.9%；第二产业投资55.61亿元，下降34.8%；第三产业投资完成408.47亿元，增长24.5%。民间固定资产投资135.3亿元，下降32.4%，占全市固定资产投资的比重为26.9%。基础设施投资完成179.4亿元，增长34.3%，占全市固定资产投资的比重达到35.7%。

【科学技术】2016年，普洱市全年共组织实施科技项目135个，投入经费4336万元，下降2.95%；专利申请484项，获准专利授权255项，分别比上年增加134项和15项。年末全市有独立科研与技术开发机构6个，从业人员241人，其中专业技术人员209人；开展课题研究57项，发表科技论文74篇，经费投入4620万元。

【国内贸易和对外经济】2016年，普洱市全年社会消费品零售总额163.04亿元，比上年增长12.0%。按经营地统计，城镇消费品零售额136.02亿元，增长12.1%；乡村消费品零售额27.02亿元，增长11.3%。按消费形态统计，商品零售额135.94亿元，增长12.1%；餐饮收入额27.10亿元，增长11.3%。

全年外贸进出口总额112181万美元，比上年增长36.2%。其中：进口92543万美元，增长91.1%；出口19638万美元，下降42.1%。进出口总额中，一般贸易进出口完成44425万美元，下降2.2%，其中：进口37266万美元，增长62.4%；出口7159万美元，下降68.1%。边境贸易成交额56834万美元，增长102.8%，其中：进口53142万美元，增长112.6%；出口3629万美元，增长22.0%。

【交通、邮电和旅游】2016年，普洱市全年交通运输、仓储和邮政业增加值为9.23亿元，比上年增长6.2%。

全年货物运输总量4061万吨，比上年增长4.2%；货物运输周转量587793万吨公里，增长2.9%。旅客运输总量3357万人次，比上年下降4.2%；旅客运输周转量330878万人公里，增长2.8%。全市民用汽车拥有量达到21.69万辆，比上年末增长16.2%。年末公路通车里程为20235.9公里。其中，高速公路通车里程200.0公里，一级公路4.5公里，二级公路965.7公里。

全年邮电业务总量17.59亿元，比上年增长8.9%。其中，邮政业务总量0.79亿元，增长31.0%；电信业务总量4.29亿元，增长2.9%。年末固定电话用户17.00万户。其中，城市电话用户12.33万户，农村电话用户3.25万户。新增移动电话用户49.61万户，年末达到262.52万户。年末全市固定及移动电话用户总数达到279.52万户，比上年末增加47.08万户。固定电话普及率6.51部/百人，比上年末减少1.0部/百人；移动电话普及率100.54部/百人，比上年末增加18.64部/百人。固定互联网宽带接入用户24.53万户，比上年增加4.32万户。

全年接待海外入境旅客(包括口岸入境一日游)22.13万人次，比上年增长29.58%；实现旅游外汇收入0.39亿美元，增长32.7%。全年国内游客2065.6万人次，增长35.6%；国内旅游收入165.93亿元，增长57.0%；全年实现旅游业总收入168.36亿元，增长56.6%。

【金融和保险】2016年，普洱市全年金融业实现增加值25.84亿元，比上年增长9.9%。年末金融机构人民币存款余额达879.12亿元，同比增长15.6%，其中住户存款余额442.78亿元，增长16.7%；年末金融机构人民币各项贷款余额达601.84亿元，增长9.8%，其中，住户短期消费贷款余额125.61亿元，增长3.5%；住户中长期消费贷款余额148.09亿元，增长23.8%。

全市保费收入19.90亿元，比上年增长23.0%。其中，产险公司保费收入8.48亿元，增长12.4%，寿险公司保费收入11.42亿元，增长32.3%。全年赔款和给付支出合计6.54亿元，增长17.8%。其中，产险公司4.07亿元，增长17.1%；寿险公司2.47亿元，增长18.9%。

8

2016年临沧市经济发展概况

【经济总量】2016年，临沧市全年实现地区生产总值（GDP）552.35亿元，比上年增长10.2%。其中，第一产业增加值154.67亿元，增长5.9%；第二产业增加值187.3亿元，增长13.3%；第三产业增加值210.37亿元，增长10.6%。人均GDP21967元，增长9.6%。

【农业】2016年，临沧市全年实现农林牧渔业总产值251.01亿元，按可比价格计算，比上年增长

6.0%。其中，农业产值153.15亿元，增长6.1%；林业产值14.65亿元，增长7.1%；牧业产值72.46亿元，增长5.2%；渔业产值6.03亿元，增长7.8%；农林牧渔业服务业产值4.73亿元，增长9.5%。

【工业和建筑业】2016年，临沧市全年完成全部工业增加值114.1亿元，比上年增长11.2%。其中，规模以上工业增加值91.96亿元，增长12.3%。规模以上工业中，国有企业下降11.1%；股份制企业增长12.2%，外商及港澳台商投资企业增长22.7%；其他经济类型企业增长79.1%。轻工业增长5.7%，重工业增长17.6%。

全市有工作量的本地建筑施工企业62个，实现建筑业增加值73.32亿元，比上年增长16.9%。

【固定资产投资】2016年，临沧市全年完成规模以上固定资产投资917.04亿元，比上年增长25.8%。其中，第一产业投资66.15亿元，增长18.8%；第二产业投资80.4亿元，下降45.6%；第三产业投资770.5亿元，增长46.6%。房地产开发投资完成74.62亿元，比上年下降32.2%；房屋施工面积724.79万平方米，比上年下降10.2%，商品房销售面积79.25万平方米，下降2.3%。

【科学技术】2016年，临沧市获得省级以上科技立项支持43项，申请专利303件，获得授权109件，其中：发明专利86件；年末有高新技术企业4户；有省级创新型试点企业达13户。

【国内贸易和对外经济】2016年，临沧市全年完成社会消费品零售总额173.65亿元，比上年增长12.4%。按经营地分，城镇消费品零售额127.22亿元，增长16.3%，乡村消费品零售额46.43亿元，增长2.8%。按消费类型分，餐饮收入18.59亿元，增长3.2%，商品零售155.06亿元，增长13.6%。

全年完成进出口总额45.85亿元，比上年增长17.1%。其中，进口总额37.61亿元，增长39.6%，出口总额8.24亿元，下降32.6%。

【交通、邮电和旅游】2016年年末，临沧市通公路里程16432.31公里，比上年增加39.31公里。年末机动车保有量71.33万辆（不含拖拉机），比上年增长0.9%，其中，汽车保有量15.21万辆，增长17.5%。完成公路客运量995万人，比上年增长2.4%，旅客周转量96266万人公里，增长5.3%；货运量3255万吨，比上年增长7.6%，货物周转量为229317万吨公里，增长9.1%。完成航空客运量35.35万人次，比上年增长9.1%，客座率91.5%，提高7.0个百分点。

全年完成邮电业务收入14.81亿元，比上年增长13.7%，有固定电话12.20万部，比上年下降28.8%；移动电话用户199.14万户，比上年增长11.4%，移动电话普及率79.02部/百人；固定宽带用户34.51万户，比上年增长43.4%，移动互联网用户129.51万户，比上年增长14.5%。

全年接待国内外旅游人数1291.96万人次，比上年增长58.1%。其中：接待海外旅游人数41.36万人次，增长15.1%，实现旅游业总收入112.07亿元，比上年增长70.8%。其中：外汇收入7556万美元，增长22.4%。

【金融和保险】2016年年末，临沧市金融机构各项人民币存款余额576.69亿元，比上年增加66.13亿元。其中：单位存款257.95亿元，比上年增加23.27亿元，居民储蓄存款余额305.60亿元，比上年增加42.51亿元。年末金融机构各项人民币贷款余额443.35亿元，比上年增加11.25亿元。其中：短期贷款170.35亿元，比上年减少12.41亿元；中长期贷款269.50亿元，比上年增加21.97亿元。

全年各类保险公司原保险保费收入12.14亿元，比上年增长10.4%。其中：寿险、健康险公司原保费收入5.87亿元，增长16.2%；财产保险公司原保费收入6.26亿元，增长5.4%。

陕西省

｜西安市｜铜川市｜宝鸡市｜咸阳市｜渭南市｜延安市｜汉中市｜
｜榆林市｜安康市｜商洛市｜

1

2016年西安市经济发展概况

【经济总量】2016年，西安市全年实现地区生产总值（GDP）6257.18亿元，比上年增长8.5%。其中，第一产业增加值232.01亿元，增长3.8%；第二产业增加值2197.81亿元，增长8.6%；第三产业增加值3827.36亿元，增长8.8%。第一产业增加值占地区生产总值的比重为3.7%，第二产业增加值比重为35.1%，第三产业增加值比重为61.2%。全年人均生产总值71357元，比上年增长6.5%。

【农业】2016年，西安市全年粮食播种面积527.74万亩，比上年下降1.8%；油料播种面积6.18万亩，下降9.5%；蔬菜播种面积103.01万亩，下降0.5%；棉花播种面积0.27万亩，下降19.0%。全年粮食产量175.33万吨，比上年下降3.1%，其中，夏粮89.90万吨，下降3.5%；秋粮85.43万吨，下降2.6%。

【工业和建筑业】2016年，西安市全年全部工业增加值1396.69亿元，比上年增长9.5%。规模以上工业增加值1178.39亿元，增长9.9%。在规模以上工业中，轻工业增加值255.70亿元，增长0.4%；重工业增加值922.69亿元，增长13.0%。

全年全社会建筑业增加值818.82亿元，比上年增长6.5%。全市具有资质等级的总承包和专业承包建筑业企业实现建筑业总产值2897.55亿元，增长9.3%，其中，国有及国有控股企业2288.23亿元，增长11.9%；签订合同额7666.69亿元，增长15.1%。

【固定资产投资】2016年，西安市全年全社会固定资产投资5191.36亿元，比上年增长2.0%。其中，固定资产投资（不含农户）5097.00亿元，增长3.4%。

在固定资产投资（不含农户）中，第一产业投资89.70亿元，比上年下降10.1%；第二产业投资963.80亿元，下降12.3%，其中，工业投资949.27亿元，下降12.0%；第三产业投资4043.50亿元，增长8.3%。民间固定资产投资2427.36亿元，下降6.1%，占固定资产投资（不含农户）的比重为47.6%。

【科学技术】2016年，西安市全年实施市级科技计划项目116项。高新技术企业数1506家，重点扶持高新技术企业29家。全年技术市场交易额711.77亿元。申请专利量46103件，专利授权量38279件。

【国内贸易和对外经济】2016年，西安市全年社会消费品零售总额3730.70亿元，比上年增长9.6%，扣除价格因素，实际增长9.5%。其中，限额以上企业（单位）消费品零售额2469.51亿元，增长4.5%。按经营地统计，城镇消费品零售额3598.73亿元，增长9.3%；乡村消费品零售额131.97亿元，增长17.3%。按消费形态统计，商品零售额3440.92亿元，增长9.4%；餐饮收入289.78亿元，增长11.9%。

全年进出口总值1828.46亿元，比上年增长3.8%。其中，出口946.75亿元，增长15.5%；进口881.70亿元，下降6.4%。

【交通、邮电和旅游】2016年，西安市全年货物运输总量2.39亿吨，比上年增长5.1%；货物运输周转量552.13亿吨公里，增长5.1%。旅客运输总量2.37亿人次，增长2.5%；旅客运输周转量290.92亿人公里，增长7.9%。

全年邮政业务总收入43.99亿元，比上年增长43.3%。电信业务总收入142.41亿元，增长9.1%。年末全市固定电话用户284.33万户。移动电话用户1919.39万户。固定互联网宽带接入用户335.83万户。

全年接待国内外游客15012.56万人次，比上年增长10.4%；旅游业总收入1213.81亿元，增长13.1%。

【金融和保险】2016年年末，西安市全市金融机构本外币存款余额19488.38亿元，比上年末增长8.0%；其中人民币存款余额19073.96亿元，增长7.2%，其中，住户存款余额7035.81亿元，增长7.1%。金融机构本外币贷款余额15542.39亿元，增长11.3%；其中人民币贷款余额15282.65亿元，增长11.4%。

年末全市共有保险公司55家，其中，财产险25家，人寿险30家。保险专业中介机构72家。全年保费收入352.35亿元，比上年增长30.7%，其中，财产险保费收入99.51亿元，增长10.9%；人身险保费收入252.84亿元，增长40.6%。全年支付各类赔款给付119.45亿元，比上年增长30.7%，其中，财产险业务、人身险业务分别为45.74和73.71亿元，分别比上年增长3.2%和56.8%。

2

2016年铜川市经济发展概况

【经济总量】2016年，铜川市全年实现地区生产总值（GDP）311.61亿元，剔除价格因素，比上年增长7%。其中，第一产业增加值23.91亿元，增长4.3%；第二产业161.73亿元，增长6.3%；第三产业125.97亿元，增长8.5%。按常住人口计算，人均生产总值36803元。

【农业】2016年，铜川市全年实现农林牧渔业增加值24.87亿元，增长4.3%。全年粮食总产24.17万吨，增长0.7%，实现“十三连丰”。其中夏粮7.13万吨，下降2.9%；秋粮17.04万吨，增长1.7%。水果总产75.57万吨，增长3.5%。蔬菜种植面积10.24万亩，产量18.28万吨。全年生猪出栏11.95万头，出栏家禽157.95万只。

【工业和建筑业】2016年，铜川市全年实现工业增加值136.33亿元，比上年增长5.9%。其中，规模以上工业增加值133.93亿元，增长6.0%。在规模以上工业中，轻工业增加值17.58亿元，重工业增加值116.35亿元，轻工业比重较上年提高3.3个百分点；非能源行业增加值61.45亿元，增长29.9%，增速高出能源行业38.7个百分点。规模以上工业产销率97%，较上年下降0.4个百分点。

全年建筑业实现增加值25.4亿元，比上年增长8.4%。全市资质等级以上建筑业企业36家，比上年新增4家；房屋建筑施工面积422.65万平方米，比上年增长18.3%。

【固定资产投资】2016年，铜川市全年全社会固定资产投资完成423.23亿元，比上年增长10.2%。其中，固定资产投资（不含跨地市投资和农户投资）409.86亿元，增长17.9%。民间投资168.38亿元，增长7.2%。全市施工项目1016个，增长35.3%；完成投资367.12亿元，增长15%。其中亿元以上项目103个，增长53.7%；完成投资141.23亿元，增长21.3%。

【科学技术】2016年，铜川市全市共有民营科技企业98家，比上年增加2家。全年推广转化科技成果16项，受理专利申请525项，专利申请授权248项；其中发明专利5项。获全省科学技术进步奖1项，获杨凌农高会后稷奖25项。扎实推进省级创业型城市创建，建成5类15个创业孵化基地。

【国内贸易和对外经济】2016年，铜川市全年实现社会消费品零售总额124.97亿元，比上年增长

13.6%；其中，限额以上企业（单位）实现消费品零售额74.98亿元，增长15.9%。

全年外贸进出口总额21444万元，同比增长44.7%；其中，出口21444万元，增长46.1%。

【交通、邮电和旅游】2016年，铜川市全年公路客货周转量89.03亿吨公里，比上年增长5.3%。年末境内公路总里程4261.11公里，其中高速公路243.99公里，国道93.53公里，省道68.7公里，县道578.17公里，乡道882.84公里，村道2335.81公里，专用公路58.08公里。全市民用车辆拥有量10.48万辆，其中汽车8.02万辆。

年末移动电话用户85.34万户，比上年增长6.2%，其中，4G移动电话用户51.86万户；年末固定电话用户12.1万户。年末数字电视在线用户18.67万户，增长23.9%。年末互联网宽带用户14.84万户，增长4.7%。邮政函件业务60.57万件，增长159.1%；包裹业务0.44万件，下降61.7%；快递业务230.89万件，增长72.1%。

全年共接待国内外游客1395.11万人次，旅游综合收入76.44亿元，分别比上年增长15%和16.5%。

【金融和保险】2016年，铜川市全市共有银行业金融机构13家，营业网点229家，从业人员2302人。年末金融机构各项存款余额463.99亿元，较上年增长2.7%，其中住户存款323.62亿元，增长8.6%。年末各项贷款余额173.49亿元，增长19%，其中短期贷款47.04亿元，增长5.6%；中长期贷款89.5亿元，增长18.1%。西安银行和新华、恒通村镇银行落户铜川，宜君县被中国人民银行确定为全国唯一的县级农村普惠金融综合示范区。

全市共有各类保险业机构24家，分支机构71家，从业人员4551人。全年实现保费收入12.47亿元，比上年增长30.5%；其中，财产险保费收入3.53亿元，增长17.0%；人寿险保费收入8.94亿元，增长36.8%。保险业累计赔付1.86亿元，增长11.8%；其中，财产险赔付1.68亿元，人寿险赔付0.19亿元。

3

2016年宝鸡市经济发展概况

【经济总量】2016年，宝鸡市全年实现地区生产总值（GDP）1932.14亿元，比上年增长9.3%。其中，第一产业增加值171.46亿元，增长3.7%；第二产业增加值1227.06亿元，增长10.1%；第三产业增加值533.62亿元，增长9.1%。三次产业结构比为8.9：63.5：27.6，第三产业增加值占地区生产总值的比重较上年提高1.2个百分点。按常住人口计算，全市人均生产总值51262元，折合7390美元（汇率为1美元兑6.9370元人民币）。非公有制经济增加值974.52亿元，占全市经济总量的比重为50.4%。

【农业】2016年，宝鸡市全年农林牧渔及农林牧渔服务业总产值301.55亿元，比上年增长3.9%。其中，农业总产值169.23亿元，增长4.5%；牧业总产值106.67亿元，增长1.3%；林业总产值11.16亿元，增长12.0%；渔业总产值1.19亿元，增长5.1%。

【工业和建筑业】2016年，宝鸡市全年全部工业增加值952.37亿元，比上年增长9.1%，其中规模以上工业增加值914.05亿元，增长9.4%。

全年建筑业增加值274.69亿元，比上年增长13.8%（按现价计算）。年末全市具有资质等级的总承包、专业承包和劳务分包建筑企业159户，年平均从业人员10.72万人，增长17.2%。全年共签订合同额737.88亿元，增长18.3%。全年完成建筑业总产值637.03亿元，增长21.7%。

【固定资产投资】2016年，宝鸡市全年全社会固定资产投资3199.84亿元，比上年增长24.1%。其中，固定资产投资（不含农户及跨地区项目投资）3116.18亿元，增长23.6%。在固定资产投资中，民间投资1871.54亿元，增长12.8%。固定资产投资按产业分，第一产业投资271.72亿元，比上年增长12.2%；第二产业投资996.90亿元，增长10.6%；第三产业投资1847.56亿元，增长34.2%。

【科学技术】2016年年末，宝鸡市全市市级以上各类研发机构145个，省级创新型试点县区7个，省级高新技术开发区2个，高新技术企业156户，国家级农业科技园区1个。全年组织争取中省科技计划项目87项，争取资金1.18亿元；认定登记技术合同116项，合同总额22.59亿元；专利申请4304件，专利授权1975件；培育众创空间孵化基地24家，其中市级14家、省级3家；新增国家级科技企业孵化器1个，高新技术企业24户。

【国内贸易和对外经济】2016年，宝鸡市全年社会消费品零售总额702.16亿元，比上年增长14.6%。按销售单位所在地分，城镇消费品零售额635.10亿元，增长15.0%；乡村消费品零售额67.06亿元，增长10.8%。按消费形态分，商品零售额625.11亿元，增长14.8%；餐饮收入77.05亿元，增长13.0%。

全年外贸进出口总额63.53亿元，比上年增长18.6%。其中，出口45.58亿元，增长11.6%；进口17.95亿元，增长41.2%。

【交通、邮电和旅游】2016年年末，宝鸡市全市境内公路总里程16328公里，公路密度90.1公里/百平方公里（含村公路）。

全年公路旅客运输量9505万人次，旅客运输周转量19.89亿人公里；货物运输量11819万吨，货物运输周转量102.51亿吨公里。年末拥有营运载货车辆20986辆，营运客车2113辆，出租汽车3581辆。全市共有29个出租车公司，14个公共汽车公司，共有公共汽车1457辆。

全年邮电业务总收入29.4亿元，比上年增长8.1%。其中，邮政业务收入5.22亿元，增长28.3%；电信收入24.18亿元，增长4.5%。年末全市固定及移动电话用户总数422.78万户，其中，固定电话54.0万户，移动电话368.78万户。电话普及率112.17部/百人。互联网用户60.66万户。

全年共接待国内外游客6328万人次，比上年增长19.2%，其中入境游客33.8万人次，增长2.0%。实现旅游总收入439.80亿元，增长21.0%。

【金融和保险】2016年年末，宝鸡市全市金融机构本外币各项存款余额2373.80亿元，比年初增加270.94亿元，增长12.9%。其中住户存款余额1457.68亿元，比年初增加145.17亿元，增长11.1%。

年末全市共有保险公司40家，营业网点208个。其中，财产险公司19家，人身险公司21家。全年实现保费总收入69.25亿元，比上年增长21.2%。其中，财产险保费收入12.53亿元，增长0.5%；寿险保费收入55.91亿元，增长25.1%；农业险保费收入0.81亿元，增长12.7%。全年各类赔款与给付支出17.18亿元，增长16.6%。其中，财产险赔款支出6.55亿元，下降0.8%；人身险赔款与给付支出10.63亿元，增长30.8%。保险深度（保费收入/GDP）3.58%，保险密度（保费收入/年均常住人口）1837.28元/人。

4

2016年咸阳市经济发展概况

【经济总量】2016年，咸阳市全年实现地区生产总值（GDP）2396.07亿元，按可比价格计算，比上年增长7.7%。其中，第一产业增加值345.32亿元，增长3.8%，占生产总值的比重为14.4%；第二产业增加值1396.24亿元，增长8.3%，占58.3%；第三产业增加值654.52亿元，增长8.4%，占27.3%。按常住人口计算，人均生产总值48119元，按年平均汇率约合7244美元。全市县域经济平均规模139.27亿元，比上年增加12.57亿元；县域经济占生产总值比重达到63.9%。全市非公有制经济增加值1269.27亿元，占生产总值的53.0%，比上年提高0.9个百分点。

【农业】2016年，咸阳市全市粮食种植面积38.66万公顷，比上年下降0.5%。其中，夏粮22.12万公顷，下降0.3%；秋粮15.52万公顷，下降0.7%。棉花种植166.67公顷，下降9.0%。油料种植2.44万公顷，增长0.8%。蔬菜种植9.87万公顷，增长1.2%。

【工业和建筑业】2016年，咸阳市全年全部工业增加值1173.23亿元，比上年增长7.8%。其中，规模以上工业增加值（不含军工）1116.81亿元，增长8.0%。

全年全社会建筑业增加值223.01亿元，比上年增长10.0%。全市具有资质等级的总承包和专业承包建筑企业123户，比上年增加12户；全年共完成建筑业总产值656.12亿元，比上年增长11.5%。其中，国有及国有控股企业379.42亿元，增长13.4%。资质以上建筑企业共签订合同额1269.92亿元，增长11.4%。全市建筑企业房屋建筑施工面积3338.87万平方米，增长2.3%。其中，新开工面积1397.58万平方米，增长13.6%。

【固定资产投资】2016年，咸阳市全年全社会固定资产投资完成3643.74亿元，比上年增长19.1%。其中，固定资产投资（不含农户）3584.67亿元，增长21.0%。在固定资产投资（不含农户）中，第一产业投资166.43亿元，增长5.2%；第二产业投资1062.75亿元，增长9.5%；第三产业投资2355.49亿元，增长28.4%。

【科学技术】2016年，咸阳市全年共征集省市科技项目800余项，其中76项被省级科技计划立项，192项被市级科技计划立项。全市21项科技成果获2016年度省级科技奖励，69项科技成果获市级科技奖励。全年专利申请受理量4379件，专利申请授权量2305件。全年技术合同交易金额26.66亿元。完善《国家创新型试点城市实施方案》，编制了《创新型试点城市发展总体规划》。启动全市53家企业、4所高校、5所科研院所开展知识产权“贯标”工作。

【国内贸易和对外经济】2016年，咸阳市全年社会消费品零售总额688.55亿元，比上年增长14.5%。其中，限额以上企业（单位）消费品零售额464.72亿元，增长17.5%。按经营单位所在地分，城镇消费品零售额527.93亿元，增长16.6%；乡村消费品零售额160.61亿元，增长8.0%。按消费形态分，餐饮收入123.75亿元，增长11.8%；商品零售564.8亿元，增长15.0%。

全年外贸进出口总值（海关口径）30.08亿元，比上年增长5.0%。其中，出口16.11亿元，增长5.8%；进口13.97亿元，增长4.1%。

【交通、邮电和旅游】2016年，咸阳市全年交通运输、仓储和邮政业增加值75.4亿元，比上年增长4.2%。

全年公路客运量8435万人次，客运周转量219306万人公里；公路货运量12014万吨，货运周转量3062443万吨公里。市辖区年末实有公共汽车营运车辆578辆，实有出租汽车1719辆。境内公路里程15721公里，其中高速公路里程531公里。

全年邮电业务总量33.95亿元，其中，邮政业务总量4.12亿元，电信业务总量29.83亿元。年末全市电话用户达538.95万户，其中固定电话用户43.64万户，移动电话用户495.31万户，移动电话中的3G（4G）用户260.31万户。国际互联网用户达到89.31万户。

全年共接待国内外游客5342万人次，比上年增长11.3%；旅游总收入319.6亿元，增长17.7%。

【金融和保险】2016年年末，咸阳市全市金融机构（不含外资）本外币各项存款余额2516.38亿元，比上年增长11.5%；比年初新增259.86亿元，同比少增31.24亿元。各项贷款余额1141.78亿元，比上年增长10.9%；比年初新增112.01亿元，同比少增15.36亿元。金融存贷比为45.4%，比上年末回落0.2个百分点。

全市保险主体机构44家，其中产险公司21家，寿险公司23家。全年保险保费收入83.27亿元，同比增长42.5%。其中，产险保费收入16.6亿元，增长13.3%；寿险保费收入66.66亿元，增长52.3%。全年保险业机构支付各类赔（给）付款25.21亿元，赔（给）付率30.3%。其中，产险赔付7.85亿元，赔付率47.3%；寿险赔（给）付17.36亿元，赔（给）付率26.0%。

5

2016年渭南市经济发展概况

【经济总量】2016年，渭南市全年实现地区生产总值（GDP）1488.62亿元，可比价增长7.5%。其中，第一产业增加值224.81亿元，增长4.1%；第二产业增加值690.18亿元，增长7.5%；第三产业增加值573.63亿元，增长8.7%。人均生产总值27743元，比上年增长7.3%。

【农业】2016年，渭南市全年粮食播种面积762.21万亩，比上年下降0.5%。其中，夏粮435.07万亩，下降0.4%；秋粮327.14万亩，下降0.7%。粮食总产量211.53万吨，下降2.6%。其中，夏粮111.02万吨，下降3.3%；秋粮100.51万吨，下降1.9%。

【工业和建筑业】2016年，渭南市实现工业增加值565.8亿元，比上年增长6.3%，其中规模以上工业企业完成增加值550.43亿元，增长6.4%。

全年建筑业实现增加值124.38亿元，同比增长13%。资质以上建筑业完成总产值276.87亿元，同比增长7.2%。资质以上建筑企业共签订合同额541.9亿元，同比增长8%。房屋建筑施工面积1224.51万平方米，同比下降24%。

【固定资产投资】2016年，渭南市全社会固定资产投资完成2289.51亿元，比上年增长10.6%。其中，固定资产投资（不含农户）2233.56亿元，增长12.9%。在固定资产投资（不含农户）中，第一产业投资262.18亿元，比上年增长24.2%；第二产业投资456.37亿元，下降5.1%；第三产业投资1515亿元，增长17.8%。

【科学技术】2016年，渭南市全年受理专利申请量3131件(含韩城），其中发明专利383件，实用新型专利789件，外观设计专利1959件；专利授权量1449（含韩城）件，其中授权发明161件，实用新型402件，外观设计886件。

【国内贸易和对外经济】2016年，渭南市全年社会消费品零售总额574.01亿元，比上年增长14.1%。其中，限额以上企业（单位）消费品零售额369.75亿元，增长20.8%。

全年实现进出口总额12.14亿元，较上年增长15%，其中出口10.66亿元，增长23%，进口1.48亿元，下降21.8%。

【交通、邮电和旅游】2016年，渭南市全年货运量16249万吨，比上年增长5.2%；货物周转量3047182万吨公里，增长5.4%。客运量9319万人，下降0.2%；旅客周转量286749万人公里，下降0.2%。

全年完成邮政业务收入4.12亿元，增长16.75%；电信业务总量27.64亿元，下降3.32%。年末固定电话用户73.47万户，年末移动电话用户484.7万户，年末固定及移动电话用户总数558.17万户，互联网宽带用户数92.21万户。

全年共接待游客4800万人次，较上年增长13.8%，实现旅游综合收入366.3亿元，增长13.1%。

【金融和保险】2016年年末，渭南市全市金融机构各项存款余额2061.59亿元，较年初增长12.2%，其中住户存款余额1463.47亿元，增长14.4%。金融机构贷款余额1035.35亿元，增长12.5%，其中短期贷款290.22亿元，下降17.6%，中长期贷款575.31亿元，增长17.5%。

全市保险业保费收入67.18亿元，比上年增加4.43亿元，其中，财产险保费收入15亿元，人身险保费收入52.18亿元。产寿险赔款总支出共计20亿元，其中财产险赔款7.33亿元，人身险赔款12.67亿元。

6

2016年延安市经济发展概况

【经济总量】2016年，延安市全年实现地区生产总值（GDP）1082.91亿元，按可比价计算（下同）增长1.3%。其中第一产业增加值117.62亿元，增长4.8%，占生产总值的比重为10.9%；第二产业增加值574.20亿元，下降2.1%，占53.0%；第三产业增加值391.09亿元，增长7.0%，占36.1%。人均生产总值为48300元。非公有制经济增加值282.99亿元，占生产总值比重为26.1%，较上年提高2.7个百分点。

【农业】2016年，延安市全市农林牧渔及服务业完成产值209.77亿元，按可比价计算（下同）增长4.7%，其中：农业产值164.39亿元，增长5.8%；林业产值7.06亿元，下降0.2%；牧业产值32.30亿元，增长0.3%；渔业产值0.61亿元，增长5.6%；服务业产值5.41亿元，增长3.3%。

【工业和建筑业】2016年，延安市全市工业增加值539.38亿元，按可比价计算（下同）下降3.1%，其中：规模以上工业增加值529.80亿元，下降3.2%。在规模以上工业中，石油工业增加值335.10亿元，下降6.7%；非油工业增加值194.70亿元，增长5.5%。

全市154个资质以内建筑企业完成产值116.79亿元，其中：国有及国有控股企业完成产值44.23亿元。建筑业增加值46.72亿元，按可比价计算增长8.4%。全年共签订合同额199.57亿元，房屋建筑施工面积686.18万平方米。

【固定资产投资】2016年，延安市全社会完成固定资产投资1359.33亿元，下降15.4%。其中：地方统计的固定资产投资1203.94亿元，下降13.5%。第一产业54.02亿元，增长40.7%；第二产业300.62亿元，下降48.2%；第三产业849.30亿元，增长9.7%。民间投资130.39亿元，增长22.9%。

【科学技术】2016年，延安市全市各类科技计划项目165项，其中省级项目38项，市级项目127项。登记市级科技成果85项，技术合同成交总金额16602万元。全年专利申请受理量1542项，其中：发明专利105项；专利授权量929项，其中：发明专利35项。发放知识产权相关资料3万份。

【国内贸易和对外经济】2016年，延安市全市实现社会消费品零售总额256.45亿元，增长6.4%。其中：限额以上单位零售额125.39亿元，增长0.4%。

全年进出口总额14569万元。其中进口额2949万元，出口额11620万元。全年共实施招商引资项目495个，总投资2676.68亿元，到位资金705.60亿元，增长13.8%。其中：新签合同项目280个，总投资952.06亿元，引进资金951.07亿元，到位资金405.11亿元。协议项目104个，总投资1184.84亿元。

【交通、邮电和旅游】2016年，延安市全市客运企业19户，开通客运线路618条，投放客车1554辆，完成客运量3158万人次，旅客周转量213037万人公里；完成货运量4087万吨，增长5.2%，货物周转量221885万吨公里，增长5.4%。新修县乡和通村油路51公里，干线公路优良里程为1290公里，优良路率为90.0%。县乡实现年均优良里程2055公里，其中：县级里程1122公里，优良率为64.8%；乡级里程933公里，优良率为57.6%。

全市邮政企业和快递服务企业业务收入（不包括邮政储蓄银行直接营业收入）2.71亿元，同比增长31.4%；累计完成业务总量2.47亿元，同比增长39.4%；电信业务总量61.44亿元，增长42.0%。

全年接待国内外旅游人数4025.2万人次，增长15.0%，其中：海外旅游人数3.46万人次；实现旅游综合收入228.0亿元，增长18.4%，其中：外汇收入375万美元。

【金融和保险】2016年年末，延安市金融机构各项本外币存款余额1452.46亿元，比年初增加91.51亿元，增长6.7%。各项本外币贷款余额927.50亿元，比年初增加96.66亿元，增长11.6%，其中：短期贷款204.46亿元，比年初减少86.21亿元，下降29.7%；中长期贷款664.03亿元，比年初增加151.45亿元，增长29.6%。

全市拥有各类保险机构30个，其中：财险机构16个，人身险机构14个。全年完成保费收入29.43亿元，增长27.5%，其中：财险业务收入9.73亿元，下降0.4%；人身险业务收入19.71亿元，增长48.7%。全年赔款及给付9.03亿元，增长3.4%，其中：财险业务赔款支出5.54亿元，下降0.6%，机车险赔款支出4.90亿元。人身险业务赔款支出3.48亿元，增长10.7%。

7

2016年汉中市经济发展概况

【经济总量】2016年，汉中市全年实现地区生产总值（GDP）1156.49亿元，按可比价格计算，增长9.0%；其中，第一产业增加值205.74亿元，增长4.5%；第二产业增加值495.03亿元，增长10.7%；第三产业增加值455.72亿元，增长9.1%。人均生产总值33597元。非公有制经济增加值占生产总值比重为51.5%；战略性新兴产业增加值增长12.5%。

【农业】2016年，汉中市农林牧渔业完成总产值364.26亿元，增长4.3%；实现增加值212.65亿元，增长4.4%。其中，农业产值216.22亿元，增长6.2%；林业产值14.58亿元，增长7.1%；牧业产值115.48亿元，增长0.6%；渔业产值5.44亿元，增长9.1%；农林牧渔服务业产值12.53亿元；“猪、药、茶、菜、渔”产业产值224.71亿元，占农林牧渔业总产值比重为61.7%。

【工业和建筑业】2016年，汉中市规模以上工业完成产值1145.07亿元，比上年增长7.5%。其中，轻工业完成产值375.70亿元，增长10.4%；重工业完成产值769.37亿元，增长6.1%。

资质以上建筑施工企业完成总产值178.17亿元，比上年增长22.7%。其中，建筑工程产值完成170.78亿元，增长22.6%；竣工产值98.81亿元，增长6.3%。签订合同金额309.01亿元，增长20.7%。建筑业劳动生产率达到29.25万元/人。

【固定资产投资】2016年，汉中市全社会固定资产投资完成1209.89亿元，比上年增长24.5%。其中，固定资产投资完成1061.25亿元，增长20.9%。亿元以上重大施工项目178个，较上年增加65个，亿元以上项目完成投资353.36亿元，增长93.9%。

【科学技术】2016年，汉中市共取得科技成果56项，达到国际先进水平1项，国内领先和国内先进水平48项。专利申请量2553件，比上年增长80.0%，其中，发明专利500件，实用新型专利1173件，外观设计专利880件。专利授权1110件，比上年增长14.1%，其中，发明专利96件，实用新型专利667件，外观设计专利347件。

【国内贸易和对外经济】2016年，汉中市实现社会消费品零售总额364.17亿元，比上年增长14.2%。

按经营单位所在地分，城镇消费品零售额297.28亿元，增长13.9%；乡村消费品零售额66.89亿元，增长15.3%；按消费形态分，商品零售额320.97亿元，增长13.8%，餐饮收入43.20亿元，增长16.5%。

自营外贸进出口总额为70246万元，比上年增长26.8%。其中，出口47960万元，增长10.6%；进口22285万元，增长85.3%。

【交通和邮电】2016年，汉中市年末民用车辆拥有量57.03万辆。其中，载客汽车19.84万辆，载货汽车2.22万辆。公路客运量2303万人，公路货运量3835万吨。

邮电业务总量73.93亿元，比上年增长57.3%。其中，电信业务总量67.50亿元，增长61.7%；邮政业务总量6.43亿元，增长24.0%。年末固定电话装机用户47.16万户，下降5.4%；移动电话用户346.68万户，增长22.3%；年末宽带接入用户49.34万户，增长41.4%。

【金融和保险】2016年年末，汉中市金融机构各项人民币存款余额1752.53亿元，比年初净增加160.61亿元，其中，城乡居民储蓄存款1216.00亿元，比年初净增加136.83亿元。金融机构各项人民币贷款余额680.21亿元，比年初净增加49.67亿元。其中，短期贷款余额46.24亿元，比年初净增加8.87亿元；中长期贷款余额205.56亿元，比年初净增加19.96亿元。

保险业保费收入46.98亿元。其中，财产险保费收入9.76亿元，人寿险保费收入37.22亿元。各类保险赔款给付支出12.28亿元。其中，财产险赔款支出4.33亿元，人寿险赔付支出7.95亿元。

8

2016年榆林市经济发展概况

【经济总量】2016年，榆林市全年生产总值2773.05亿元，比上年增长6.5%。其中，第一产业增加值162.44亿元，增长4.8%；第二产业增加值1680.70亿元，增长4.1%；第三产业增加值929.91亿元，增长11.1%。一、二、三产业增加值占生产总值的比重分别为5.9%、60.6%和33.5%。按常住人口计算，人均生产总值81764元，约合11787美元。

【农业】2016年，榆林市农林牧渔业总产值282.31亿元，比上年增长4.8%。其中，种植业产值152.56亿元，增长7.0%；畜牧业产值108.27亿元，增长0.7%；林业产值9.54亿元，增长17.8%；渔业产值1.71亿元，增长9.1%；农林牧渔服务业产值10.24亿元，增长7.0%。

【工业和建筑业】2016年，榆林市全市713户规模以上工业企业完成总产值3328.78亿元，比上年增长5.9%。其中，重工业总产值3243.06亿元，增长5.8%，占规模以上工业总产值的97.4%；轻工业总产值85.72亿元，增长8.8%，占2.6%。规模以上工业增加值增长3.8%，规模以下工业增加值增长3.4%。

全年建筑业总产值181.00亿元，比上年增长21.6%，增加值64.45亿元，增长9.4%。

【固定资产投资】2016年，榆林市全年全社会固定资产投资完成1467.45亿元，比上年增长6.0%。其中，固定资产投资1257.98亿元，增长11.0%；项目投资1217.44亿元，增长12.0%；房地产投资40.55亿元，下降13.7%；民间投资389.19亿元，下降9.4%。

【科学技术】2016年，榆林市全市组织评议登记科技成果13项，其中科技成果综合水平达到国内领先3项，获“陕西省年度科学技术奖”6项（其中二等奖2项，三等奖4项）。申请专利2086件，申请发明专利474件，授权专利885件，技术交易合同登记额1.02亿元。

【国内贸易和对外经济】2016年，榆林市全年社会消费品零售总额420.05亿元，比上年增长6.0%。其中限额以上消费品零售额194.91亿元，增长5.2%。按经营单位所在地分，城镇消费品零售额288.20亿元，比上年增长5.5%；乡村消费品零售额131.85亿元，增长6.9%。按消费形态分，商品零售377.87亿元，比上年增长5.5%；餐饮收入42.18亿元，增长10.1%。在商品零售中，限额以上企业（单位）商品零售额183.67亿元，比上年增长6.7%。按用途分，吃类商品零售18.79亿元，增长36.5%；穿类9.70亿元，下降0.2%；用类155.10亿元，增长4.4%。

全市进出口总值96953万元，比上年增长386.9%。其中，出口40988万元，增长124.0%；进口55964万元，增长3371.7%。出口产品中，农副产品出口总值12915万元，占进出口总值的13.3%。化工产品出口总值26348万元，占进出口总值的27.2%。

【交通、邮电和旅游】2016年年末，榆林市全市公路总里程31004公里，比上年末增加320公里。在总里程中，高速公路1005公里，国道1098公里，省道254公里，农村公路28647公里。在农村公路中，其中，县道2462公里，乡道3468公里。

全年邮电业务收入36.88亿元，比上年增长0.02%。其中，邮政业务收入3.82亿元，增长29.4%；电信业务收入33.06亿元，下降2.6%。邮政业全年完成邮政函件业务51.37万件，订销报刊累计4379.08万份，订销杂志累计186.52万份，邮路长度达到5417公里，农村投递线路6328公里。全市固定及移动电话用户总数达到443.22万部，其中固定电话47.37万部，移动电话395.86万部。

全市旅行社达到45家、旅行社分社35家、网点38家。星级饭店共有27家，其中五星级1家、四星级3家、三星级17家、二星级6家。全市共有AAAA以上景区3个，AAA以上景区15个。全年共接待国内外游客2480万人次，比上年增长24.6%，旅游收入142亿元，增长33.0%。

【金融和保险】2016年年末，榆林市全市金融机构本外币各项存款余额3030.04亿元，比年初增加236.17亿元，比上年增长8.4%；本外币各项贷款余额1979.55亿元，比年初减少53.42亿元，比上年下降2.6%。其中，人民币各项存款余额3026.38亿元，比年初增加232.51亿元，比上年增长8.3%；人民币各项贷款余额1979.33亿元，比年初减少53.56亿元，比上年下降2.6%。

全年有各类保险公司35家，全年保费收入46.94亿元，比上年增长21.8%。其中，财产险收入17.57亿元，增长5.4%；寿险收入29.37亿元，增长47.2%。各类保险公司累计赔付支出13.81亿元，增长5.3%，其中，财产赔付支出10.09亿元，增长0.6%；寿险赔付支出3.72亿元，增长39.1%。保险深度1.69%，保险密度1387.94元/人。

9

2016年安康市经济发展概况

【经济总量】2016年，安康市全年实现地区生产总值（GDP）851.85亿元，增长11.3%。其中：第一产业增加值100.12亿元，增长4.1%；第二产业增加值467.11亿元，增长14.2%；第三产业增加值284.62亿元，增长9.3%。一、二、三产业增加值占GDP的比重为11.8：54.8：33.4。人均生产总值32109元，比上年增长11.0%。

【农业】2016年，安康市全年粮食播种面积26.87万公顷，下降0.3%。其中，夏粮11.75万公顷，下降0.3%；秋粮15.12万公顷，下降0.3%。油料种植面积7.43万公顷，增长0.8%。蔬菜种植面积7.59万公顷，增长1.8%。

【工业和建筑业】2016年，安康市全年全部工业增加值365.31亿元，比上年增长15.8%。其中，规模以上工业增加值360.52亿元，增长16.0%。

全年全社会建筑业增加值101.80亿元，比上年增长8.9%。全市122家资质以上总承包和专业承包建筑企业完成总产值119.69亿元，增长17.8%，其中，国有及国有控股企业完成17.68亿元，增长1.1倍。全年签订合同额248.70亿元，增长46.3%。完成房屋建筑施工面积1131.09万平方米，增长18%。

【固定资产投资】2016年，安康市全年全社会固定资产投资926.37亿元，比上年增长24.2%。其中，固定资产投资867.70亿元，增长29.9%。固定资产投资中，第一产业投资93.95亿元，比上年增长39.5%；第二产业投资179.56亿元，增长24.4%，其中，工业投资179.55亿元，增长24.4%；第三产业投资594.19亿元，增长30.3%。

【科学技术】2016年，安康市全年地方登记的科技成果共41项，其中：农、林、牧、渔业24项，建筑业0项，科学研究、综合技术服务和地质勘探业5项，卫生、体育和社会福利业12项。全年签订各类技术合同26项，合同成交总额0.52亿元。其中，技术开发合同3项，成交金额1194.8万元；技术转让合同4项，成交金额1167.6万元；技术服务合同19项，成交金额2837.6万元。全年受理专利申请量912件，其中发明专利108件，实用新型专利328件，外观设计专利426件；专利授权量593件，其中授权发明专利22件，实用新型专利205件，外观设计专利366件。

【国内贸易和对外经济】2016年，安康市全年社会消费品零售总额249.81亿元，比上年增长14.0%。其中：限额以上企业（单位）实现零售额155.86亿元，增长20.0%。

全年外贸进出口总额20325万元，比上年下滑31.1%，其中：出口18525万元，进口1800万元。全年新批外商投资项目1个，合同外资20020万人民币，无实际利用外资。

【交通、邮电和旅游】2016年，安康市全年货运量3814万吨（不含铁路，下同），比上年增长4.3%。货物周转量15.62亿吨公里，增长5.6%。客运量3678万人，下降0.3%。旅客周转量21.93亿人公里，下降0.1%。

全年完成邮电业务总量30.24亿元，比上年增长31.9%。其中，邮政业务总量2.49亿元，增长15.2%；电信业务总量27.75亿元，增长33.6%。

全年接待境内外游客3279万人次，比上年增长15%；旅游总收入171.25亿元，增长18.18%。其中接待入境旅游者29500人次，增长12.6%；旅游外汇收入657万美元，增长11.5%；接待国内游客3276.05万人次，增长15%；国内旅游收入170.79亿元，增长18.7%。秦岭悠然山高山湿地景区正式开园，天书峡景区成功创建为国家4A级旅游景区，全市国家4A级旅游景区达到9个。

【金融和保险】2016年年末，安康市全市金融机构人民币各项存款余额1172.40亿元，比年初增加139.69亿元，比上年增长13.5%；各项贷款余额627.01亿元，比年初增加79.81亿元，比上年增长14.6%。

年末全市28家保险机构实现保费收入24.03亿元，比上年增长4.2%。其中，寿险保费收入17.93亿元，增长2.4%，产险保费收入6.10亿元，增长9.8%。产险赔付3.03亿元；寿险公司给付3.52亿元（含满期给付），赔款支出0.79亿元，退保金支出2.64亿元。

10

2016年商洛市经济发展概况

【经济总量】2016年，商洛市全年实现地区生产总值（GDP）699.3亿元，比上年增长10%。其中，第一产业增加值96.65亿元，增长3.7%，占生产总值的比重为13.8%；第二产业增加值371.79亿元，增长12.9%，占53.2%；第三产业增加值230.86亿元，增长8.4%，占33%。按常住人口计算，全市人均生产总值29574元，比上年增长12%。非公有制经济实现增加值379.27亿元，占全市生产总值比重为54.24%。

【农业】2016年，商洛市全年实现农林牧渔服务业总产值178.07亿元，增长4%。实现增加值101亿元，增长4%。粮食总产量为61.88万吨，增长0.7%。其中，夏粮产量26.26万吨，增长0.6%；秋粮产量35.62万吨，增长0.8%。

【工业和建筑业】2016年，商洛市全年规模以上工业实现增加值247.47亿元，增长15.1%，实现总产值943.98亿元，增长19.6%。其中轻工业实现产值247.85亿元，增长35.8%；重工业实现产值696.13亿元，增长14.7%。

全部建筑业增加值117.13亿元，比上年增长8.5%。资质等级以上建筑企业产值142.56亿元，增长12.54%，其中国有及国有控股企业完成45.63亿元，增长16.35%。房屋建筑施工面积649.13万平方米，其中实行投标承包面积430.85万平方米。

【固定资产投资】2016年，商洛市全年160个市级重点项目完成投资453.6亿元。全社会固定资产投资935.55亿元，增长21.9%。其中，跨区固定资产投资14.73亿元，下降29%；农村固定资产投资15.62亿元，增长0.1%；固定资产投资905.2亿元，增长23.8%。

在固定资产投资中，第一产业投资48.64亿元，下降20.5%；第二产业投资242.25亿元，增长9.3%；第三产业投资614.31亿元，增长37%。民间投资240.95亿元，下降27%。

【科学技术】2016年，商洛市全年科技研发投入达52887.63万元，完成专利申请3018件，专利授权1033件，培育科技成果39项，其中28项获奖。累计签订技术交易合同27项，实现技术交易额9852.8万元。

【国内贸易和对外经济】2016年，商洛市全年实现全社会消费品零售总额174.93亿元，增长13.1%。按经营单位所在地分，城镇消费品零售额131.28亿元，增长11.8%；乡村消费品零售额43.65亿元，增长17.1%。按消费形态分，餐饮收入18.52亿元，增长13.5%；商品零售156.41亿元，增长13.1%。

外贸进出口总额14.42亿元，下降23%。其中，进口总额4.57亿元，增长32.8%；出口总额9.85亿元，下降35.5%，实现贸易顺差5.28亿元。招商引资到位资金515.02亿元，增长19.5%。

【交通、邮电和旅游】2016年，商洛市全年客运量3250万人次，下降0.28%；客运周转量191962万人公里，下降0.2%。货运量3231万吨，增长5%；货运周转量465160万吨公里，增长5.5%。

邮电业务总量11.78亿元。2016年末，全市固定及移动电话用户总数208万部，电话普及率88部/百人。

全年共接待游客3734.77万人次，增长11.1%。实现旅游综合收入199.81亿元，增长14.3%。

【金融和保险】2016年，商洛市全市金融机构各项存款余额872.46亿元，增长8.9%。其中：住户存款588.9亿元，增长12.2%。全市金融机构各项贷款余额391.54亿元，增长15.9%。其中，短期贷款112.39亿元，增长11%；中长期贷款245.1亿元，增长15.4%。

甘肃省

| 兰州市 | 嘉峪关市 | 金昌市 | 白银市 | 武威市 | 张掖市 | 平凉市 |
| 酒泉市 | 定西市 | 陇南市 |

1

2016年兰州市经济发展概况

【经济总量】2016年，兰州市全年实现地区生产总值（GDP）2264.23亿元，比上年增长8.3%。其中，第一产业增加值60.36亿元，增长6.0%；第二产业增加值790.09亿元，增长4.3%；第三产业增加值1413.78亿元，增长10.9%。三次产业结构比为2.67：34.89：62.44，与上年的2.68：37.34：59.98相比，第一产业所占比重回落0.01个百分点，第二产业所占比重回落2.45个百分点，第三产业所占比重提高2.46个百分点。按常住人口计算，人均生产总值61207元，比上年增长7.7%。

【农业】2016年，兰州市全年粮食总产量45.07万吨，比上年下降1.8%。其中，夏粮产量16.15万吨，下降5.29%；秋粮产量28.92万吨，增长0.24%。

【工业和建筑业】2016年，兰州市全年完成工业增加值526.83亿元，比上年增长2.8%。规模以上工业企业完成工业增加值502亿元，比上年增长2.6%。规模以上市属工业完成增加值154.7亿元，比上年增长20.6%。规模以上工业企业产品销售率92.9%。

全年建筑业完成增加值267.12亿元，比上年增长7.3%。全市具有建筑业资质等级的总承包和专业承包建筑业企业完成总产值1003.20亿元，增长9.3%。

【固定资产投资】2016年，兰州市全年完成固定资产投资1990.95亿元，比上年增长10.38%。其中，项目投资1599.80亿元，增长9.22%。按三次产业分，第一产业投资36.68亿元，下降7.34%；第二产业投资446.19亿元，增长17.6%，其中工业投资405.64亿元，增长11.26%；第三产业投资1508.08亿元，增长8.91%。

【科学技术】2016年，兰州市全年全市登记科技成果864项，比上年增加326项。其中，基础理论成果346项，应用技术成果495项，软科学成果23项。全年获得奖励198项，比上年增长33项。专利申请受理7488件，比上年增长31.3%；授权专利3505件，增长20.28%；授予发明专利权867件，增长2.24%。全年共签订技术合同4178项，增长6.66%；技术合同成交金额46.72亿元，增长16.13%。

【国内贸易和对外经济】2016年，兰州市全年完成社会消费品零售总额1263.35亿元，比上年增长9.7%。按销售单位所在地统计，城镇完成社会消费品零售总额1065.39亿元，增长9.6%，其中城区完成社会消费品零售总额892.4亿元，增长13.1%；乡村完成社会消费品零售总额197.96亿元，增长10%。

【交通、邮电和旅游】2016年，兰州市全年公路运输完成货运周转量148.45亿吨公里，旅客周转量38.48亿人公里。

按2010年价格计算，全年完成邮电业务总量143.49亿元，比上年增长55.31%。其中：电信业务总量135亿元；邮政业务总量8.49亿元。年末固定电话用户74.81万户。其中：城市68.06万户；农村6.75万户。本年减少固定电话用户9.036万户。年末移动电话用户335.53万户，本年新增97万户。其中，4G移动电话用户319.19万户。年末固定互联网宽带接入用户数达116.71万户，互联网宽带接入端口345.5万个。

全年接待国内旅游人数5337.57万人次，比上年增长29.63%；入境旅游人数4.4万人次，比上年增长23.26%。国内旅游收入447.07亿元，比上年增长33.83%。

【金融和保险】2016年年末，兰州市全市金融机构本外币各项存款余额8707.76亿元，同比增长9.59%。金融机构人民币各项存款余额8623.11亿元，同比增长10.51%。年末全市金融机构本外币各项贷款余额8663亿元，同比增长19.85%。金融机构人民币各项贷款余额8401.56亿元，同比增长21.90%。

全年保费收入98.4亿元，同比增长13.9%。其中，财产险收入34.7亿元，同比增长11.9%；寿险收入48.9亿元，同比增长23.5%；意外险保费收入3.3亿元，同比增长32%。健康险保费收入11.47亿元，同比下降12.9%。

2

2016年嘉峪关市经济发展概况

【经济总量】2016年，嘉峪关市全年实现地区生产总值（GDP）153.41亿元，比上年增长7.3%。其中，第一产业增加值4.44亿元，增长5.6%；第二产业增加值60.32亿元，增长3.1%；第三产业增加值88.65亿元，增长13.4%。其中批发和零售业增加值12.4亿元，下降13.3%，住宿和餐饮业增加值2.91亿元，增长6.8%，金融保险业增加值9.78亿元，增长18.9%，房地产业增加值5.81亿元，增长2.7%。人均地区生产总值为62641.8元。

【农业】2016年，嘉峪关市全年粮食总产量12758.71吨，比上年增长1.26%。其中，夏粮产量2588.65吨，增长7.86%。

【工业和建筑业】2016年，嘉峪关市全年完成工业增加值50.14亿元，比上年增长2.7%。规模以上工业企业完成工业增加值48.74亿元，比上年增长2.6%。其中，市属规模以上工业企业完成工业增加值24.09亿元，增长2.7%。规模以上工业企业产品产销率99.2%，比上年上升0.2个百分点。

全市建筑业实现增加值10.18亿元，比上年增长7.3%。

【固定资产投资】2016年，嘉峪关市全年完成固定资产投资160.43亿元，比上年增长11.28%。其中，第一产业投资6.05亿元，比上年增长4.25倍；第二产业投资63.09亿元，下降14.4%，其中工业投资62.87亿元，下降14.21%；第三产业投资91.29亿元，增长31.71%。

【科学技术】2016年，嘉峪关市全年登记省级以上科技成果15项；应用技术成果15项；甘肃省科学技术进步奖5项；甘肃省专利奖3项；嘉峪关市技术发明奖4项；嘉峪关市科学技术进步奖16项；专利申请量333件，增长9.9%；专利授权量219件，下降19.8%；签订技术合同6项；技术合同成交金额4.73亿元，比上年增长10%。

【国内贸易和对外经济】2016年，嘉峪关市全年实现社会消费品零售总额60亿元，比上年增长9.2%。其中，限额以上单位商品零售实现25.33亿元，增长2.1%；石油及制品类5.08亿元，增长1.2%；汽车类9.6亿元，增长5%；医药类0.56亿元，增长28.3%；烟酒类2.23亿元，下降0.5%。批发业商品销售额93.13亿元，下降33.1%；零售业商品销售额58.74亿元，增长11.1%；住宿业营业额1.85亿元，增长14.7%；餐饮业11.68亿元，增长15.9%。

全年外贸进出口总值为17.65亿元，比上年增长50.68%。其中，出口总值为4.83亿元，增长56.95%；进口总值为12.82亿元，增长48.44%。

【交通、邮电和旅游】2016年，嘉峪关市全市公路运输业实现客运量7993万人次，比上年增长14.99%；旅客周转量116061万人公里，增长10.03%。货运量8710万吨，增长12.18%；货物周转量163393万吨公里，增长10.87%。年末实现铁路客运量195.22万人次，比上年下降7.1%（其中高铁客运量47.21万人次，同比增长5.5%）；货运量635.89万吨，比上年下降13.9%。民用航空完成旅客吞吐量39.94万人次，增长12.55%，货邮吞吐量1703.5吨，增长1.82%。年末私人汽车保有量51307辆，比上年增长19.13%；本年新注册汽车9142辆，比上年增长12.73%；本年新注册轿车8374辆，比上年增长15.65%。

全年邮政行业业务总量4222.78万元，增长18.15%；邮政行业业务收入5814.23万元，增长15.28%；快递业务量（收寄）95.7万件，增长62.78%，快递业务量（投递）609.49万件，增长50.01%。全年电信业务总量10.03亿元，增长32.95%；年末固定电话用户10.53万户。其中：城市10.03万户，农村0.24万户。年末移动电话用户43.72万户，3G、4G移动电话用户18.69万户。年末互联网宽带接入用户达到10万户。

全市实现旅游收入45.3亿元，增长25.9%。旅游人数702万人次，增长23.2%。游客平均停留天数为1.5天，与上年持平；客房出租率为46%，与上年持平。

【金融和保险】2016年年末，嘉峪关市全市金融机构本外币各项存款余额316.71亿元，比年初下降1.63%；住户存款148.94亿元，比年初增长1.57%；其中，活期存款51.95亿元，比年初增长10.94%，定期及其他存款96.98亿元，比年初下降2.82%。金融机构本外币各项贷款余额477.69亿元，比年初增长12.28%；住户贷款54.85亿元，比年初增长10.28%，其中短期贷款18.12亿元，比年初增长17.28%，中长期贷款36.73亿元，比年初增长7.12%。

全年保费收入6.89亿元，增长1.27%。其中，财产险保费收入2.78亿元，与上年持平；人身险保费收入4.11亿元，增长43%。全市财险赔付支出1.41亿元，增长50%。

3

2016年金昌市经济发展概况

【经济总量】2016年，金昌市全年实现地区生产总值（GDP）207.82亿元，按可比价计算，比上年增长6.4%。其中：第一产业增加值20.72亿元，增长5.3%；第二产业增加值104.14亿元，增长5.8%；第三产业增加值82.96亿元，增长7.8%。一、二、三产业结构比为10：50.1：39.9。人均GDP达到44202元（折合6657美元），比上年增长6.4%。

【农业】2016年年末，金昌市全市耕地面积106.44万亩，较上年增加0.14万亩。农作物播种面积达到119.13万亩，较上年增加1.28万亩，同比增长1.09%，其中：粮食作物播种面积78.81万亩，较上年增加0.11万亩，增长0.14%。小麦播种面积36.86万亩，较上年减少1.05万亩；大麦播种面积11.53万亩，减少4.11万亩；玉米播种面积23.27万亩，增加2.56万亩；薯类播种面积6.22万亩，增加2.19万亩；油料播种面积9.88万亩，增加0.86万亩；药材播种面积1.85万亩，减少0.21万亩；蔬菜播种面积20.19万亩，增加0.86万亩；其他作物播种面积6.3万亩，增加0.74万亩。

【工业和建筑业】2016年，金昌市全年全市实现工业增加值72.55亿元，同比增长5.3%，其中：规模以上工业企业实现增加值70.01亿元，增长5.2%。规模以上工业中地方企业实现增加值16.35亿元，下降

2.8%。

全年建筑业完成总产值103.04亿元，同比增长0.8%；实现建筑业增加值31.99亿元，增长7.5%。全部建筑企业签订合同金额133.15亿元，增长9.1%。本年房屋建筑施工面积463.96万平方米，比上年减少17.33万平方米，下降3.6%，其中：新开工面积267.1万平方米，比上年减少14.16万平方米，下降5%。房屋竣工面积201.23万平方米，较上年减少10.13万平方米，下降4.8%。

【固定资产投资】2016年，金昌市全年全市完成固定资产投资229.11亿元，比上年下降7.83%。共实施投资项目588项，其中：续建项目175项，新开工项目413项；本年投产项目432项。

【科学技术】2016年，金昌市安排市拨科技三项费260万元，科技奖励基金100万元，安排科技计划项目56项。共组织申报国家（省）科技计划项目48项。组织推荐国家科技支撑计划项目1项、新产品计划1项、火炬计划1项，推荐申报省级项目45项，其中：重大专项项目8项、科技支撑计划项目13项、民生科技计划6项、创新基金7项、工程技术中心4项、创新平台及条件建设7项。全年共申请专利640件，每万人口发明专利拥有量4.76件。

【国内贸易和对外经济】2016年，金昌市全年实现社会消费品零售总额82.92亿元，比上年增长9.1%，其中：城市消费品零售额70.83亿元，增长9.31%；乡村消费品零售额12.09亿元，增长7.89%。从销售情况看：批发业实现销售额75.35亿元，增长11.38%；零售业销售额82.74亿元，增长11.17%；住宿业实现营业额2.18亿元，增长12.76%；餐饮业营业额22.86亿元，增长16%。

全年全市累计实现进出口贸易总额768424万元，同比增长13.43%，占全省进出口总额的16.96%。其中：出口额34903万元，下降8.77%；进口额733521万元，增长14.76%。

【交通、邮电和旅游】2016年，金昌市全年全市交通基础设施建设完成投资6.58亿元。全市公路通车总里程2907.94公里。全年新建"千村美丽"和自然村道路13条，共110.38公里。全年公路运输累计完成客运量482万人、客运周转量37559.23万人公里，同比增长4.3%、5.6%；货运量1288万吨、货物周转量224581.43万吨公里，同比增长7.6%、9.3%。公路运输总周转量增长9.24%。2016年末，全市注册机动车总量102507辆，其中：汽车65043辆，本年新增注册10481辆。

邮政行业业务总量累计完成4085.51万元，同比增长29.16%；快递业务量完成89.63万件，同比增长110.27%。全年订阅报纸528.04万份，同比减少4.98%；杂志36.09万份，减少10.49%。全年全市电信行业业务总量9.78亿元，比上年增长33.23%。年末全市固定电话用户6.4万户；移动电话用户48.38万户，其中：2G用户9.6万户、3G用户7.52万户、4G用户31.26万户。截至2016年末，全市宽带互联网用户11.6万户。

全年全市共接待旅游人数336.3万人次，比上年增长20.6%。实现旅游接待收入17.8亿元，增长23.06%。

【金融和保险】2016年年末，金昌市全市金融机构本外币各项存款余额329.59亿元，比年初增加3.87亿元，同比增长1.19%；金融机构本外币各项贷款余额356.29亿元，比年初减少40.78亿元，同比下降10.27%。

全年全市保险业实现保费收入11.87亿元，同比增长18.72%，其中：财产保险保费收入3.47亿元，增长17.75%；寿险保费收入8.4亿元，增长19.13%。财产保险赔款金额总计1.54亿元，财产保险平均赔付率达到44.39%；寿险累计给付金额2.09亿元，同比增长88.26%。

4

2016年白银市经济发展概况

【经济总量】2016年，白银市全年实现地区生产总值（GDP）442.21亿元，同比增长7.4%。其中：第一产业增加值61.98亿元，增长5.2%；第二产业增加值178.11亿元，增长5.9%；第三产业增加值202.12亿元，增长9.7%。三次产业结构比例由上年的13.59：44.73：41.68调整为14.01：40.28：45.71。其中：第一产业提高0.42个百分点，第二产业下降4.45个百分点，第三产业提高4.03个百分点。按常住人口计算，人均生产总值25813元，增长7.14%。

【农业】2016年，白银市全年完成农作物播种面积463.73万亩，比上年增加1.33万亩。其中：粮食播种面积363.6万亩，比上年减少3.64万亩。小麦播种面积62.07万亩，下降8.27%；玉米播种面积150.86万亩，增长0.03%；薯类播种面积101.67万亩，增长0.89%；蔬菜种植面积29.22万亩，增长1.71%；油料种植面积27.67万亩，增长10.52%。粮食总产量达到79.57万吨，下降6.86%。其中：夏粮15.36万吨，下降10.74%；秋粮64.21万吨，下降5.89%。粮食亩产达到218.85公斤，较上年减少13.8公斤。蔬菜产量154.1万吨，增长6.57%。油料产量2.74万吨、增长19.83%；瓜类产量19.03万吨、增长37.16%；水果产量19.96万吨、增长2.6%；红黑瓜子产量1.12万吨，下降7.74%。

【工业和建筑业】2016年，白银市全年实现工业增加值125.18亿元，同比增长5.5%，其中：规模以上工业企业完成增加值112.77亿元，增长5.3%。在规模以上工业中，中央企业完成增加值22.88亿元，下降10.6%；省属企业完成增加值73.81亿元，增长13.7%；县区属企业完成增加值16.07亿元，下降2%。

全年完成建筑业增加值53.26亿元，同比增长7.2%。全市在库资质等级建筑业企业61家，完成建筑业总产值55.47亿元，下降9.92%。

【固定资产投资】2016年，白银市全年完成固定资产投资528.38亿元，同比增长11.36%。其中：中央、省属单位完成39.61亿元，下降1.86%；地方投资完成488.77亿元，增长12.59%。按产业分：第一产业完成投资60.92亿元，增长20.57%；第二产业完成投资194.78亿元，下降12.73%，其中工业投资完成184.51亿元，下降8.54%；第三产业完成投资272.68亿元，增长35.83%。

【科学技术】2016年，白银市全市全年专利申请受理1147件，同比增长37.2%；专利授权662件，增长48.1%。发明专利申请受理257件，增长2.8%；发明专利授权66件。截至年底，全市有效发明专利278件；万人口发明专利拥有量1.63件。

【国内贸易和对外经济】2016年，白银市全年完成社会消费品零售总额193.64亿元，同比增长9%。其中：城镇零售额162.66亿元，增长8.06%；乡村零售额30.97亿元，增长14.24%。批发业实现零售额23.27亿元，增长31.33%；零售业实现零售额143.39亿元，增长5.78%；住宿实现零售额0.39亿元，增长16.47%；餐饮业实现零售额26.59亿元，增长10.6%。

【交通、邮电和旅游】2016年，白银市全年交通运输、仓储及邮政业实现增加值18.7亿元，同比增长1.2%。全年完成公路客运量1817.63万人，客运周转量12.15亿人公里；公路货运量7583.39万吨，货运周转量132.43亿吨公里。

按2010年不变价格计算，全年完成邮电业务总量26.23亿元，增长53.55%。其中，电信业务总量25.15亿元，增长54.21%；邮政业务总量1.08亿元，增长39.74%。邮政业完成邮政函件业务25.46万件，包裹业务2.74万件，快递业务量242.05万件，增长104.85%。快递业务收入0.51亿元，增长63.96%。年末本地固定电话用户达到22.15万户，其中：城市用户达17.08万户，农话用户达到5.07万户。年末移动电话用户达到159.85万户，其中，3G移动用户23.19万户，4G移动用户83.83万户。电话普及率达到106部/百人。互联网宽带接入用户22.93万户。

全年接待旅游人数879.5万人次，同比增长22%；实现旅游综合收入50.2亿元，增长23%，旅游业新增直接就业人数3293人，增长19%。

【金融和保险】2016年年末，白银市全市金融机构本外币存款余额683.24亿元，同比增长8.1%。其中，住户存款余额425.06亿元，增长12.4%。金融机构本外币贷款余额582.4亿元，增长13.77%。其中：短期贷款余额244.31亿元，下降6.29%；中长期贷款328.61亿元，增长32.62%。

全市共有保险公司22家。其中：财产保险公司11家，人身保险公司11家。全年实现保费收入23.34亿元，同比增长28%。其中：财产险保费收入6.44亿元，增长12%；人身险保费收入16.9亿元，增长35%。全年处理财产险综合赔付率达到47%，赔付支出4.71亿元。

5

2016年武威市经济发展概况

【经济总量】2016年，武威市全年实现地区生产总值（GDP）461.73亿元，按可比价计算，比上年增长8.5%。其中，第一产业增加值108.27亿元、增长6.3%；第二产业增加值170.74亿元、增长9%；第三产业增加值182.72亿元、增长9.3%。

【农业】2016年，武威市全年完成农作物播种面积380.18万亩，比上年增加2.4万亩。其中，粮食作物播种面积196.92万亩、下降4.41%，经济作物播种面积183.26万亩、增长6.69%，粮经比由上年的54.5：45.5调整为51.79：48.21。粮食作物中，夏粮播种面积37.93万亩、下降31.66%，秋粮播种面积158.99万亩、增长5.64%，夏秋比由上年的26.9：73.1调整为19.26：80.74。

【工业和建筑业】2016年，武威市全年完成工业增加值112.31亿元，按可比价计算，比上年增长9.9%。其中，规模以上工业增加值88.52亿元、增长10.1%。

年完成建筑业增加值60.74亿元，按可比价计算，增长7.4%。

【固定资产投资】2016年，武威市全年实施500万元及以上在建项目1293项，比上年增加164项，其中亿元以上项目199项，减少33项。完成全社会固定资产投资935.4亿元、增长13.02%。

【科学技术】2016年，武威市全年组织实施科技项目76项，其中省级25项，市级51项；组织鉴定各类科技成果32项，获得省部级奖励4项；获得授权专利546件，其中发明专利38件、实用新型专利297件、外观设计专利211件。

【国内贸易和对外经济】2016年，武威市全年实现社会消费品零售总额178.15亿元，比上年增长9.6%。其中，城镇实现零售额120.77亿元、增长10%；乡村实现零售额57.38亿元、增长8.6%。

全年实现外贸进出口总额21326万元，比上年下降66.43%。其中，进口209万元、下降62.12%；出口21117万元、下降64.93%。

【交通、邮电和旅游】2016年年末，武威市全市新增公路里程782.6公里，公路总里程13099.6公里，其中：等级公路达10468.2公里，高速公路达521.7公里。全年完成公路运输周转量142.68亿吨公里，比上年增长16.2%。其中，客运量4779万人、下降2.31%，客运周转量33.62亿人公里、下降2.08%；货运量5179.5万吨、增长10.67%，货运周转量139.32亿吨公里、增长16.72%。

全年完成邮电业务总量15.96亿元，比上年增长18.49%。其中，邮政业务总量0.95亿元、增长20.37%；电信业务总量15.01亿元、增长17.58%。年末固定电话用户14.53万户，比上年减少0.92万户；年末移动电话用户139.35万户，新增5.11万户；年末互联网宽带接入用户达到27.3万户，新增7.79万户。

全年接待国内外游客970万人次，比上年增长22.91%，实现旅游总收入50亿元、增长24.5%。

【金融和保险】2016年，武威市全年金融机构本外币存款余额827.39亿元，比上年增长1.38%；本外币贷款余额768.75亿元，增长10.42%。

全市保险系统实现保费收入21.31亿元，比上年增长21.16%。其中，财产险公司保费收入5.92亿元、增长19.1%；人身险公司保费收入15.4亿元、增长21.93%。累计赔付支出及满期年金给付5.62亿元、增长33%。其中，财产险公司支付赔款2.65亿元、增长1.27%；人身险公司死伤医疗给付0.59亿元、增长48.38%；人身险公司满期年金给付2.37亿元、增长97%。

6

2016年张掖市经济发展概况

【经济总量】2016年，张掖市全年实现地区生产总值（GDP）399.94亿元，比上年增长8%。其中，第一产业增加值102.42亿元，增长5.5%；第二产业增加值110.13亿元，增长7.9%；第三产业增加值187.39亿元，增长9.3%。三次产业结构调整为25.6：27.5：46.9。按常住人口计算，人均生产总值32729元，比上年增长7.5%。

【农业】2016年，张掖市全年粮食种植面积285.95万亩，比上年增加3.59万亩。玉米制种面积109.68万亩，增加10.62万亩；蔬菜面积41.64万亩，减少1.59万亩；油料面积37.86万亩，减少0.26万亩；中药材面积23.55万亩，增加1.05万亩。

【工业和建筑业】2016年，张掖市全年全部工业增加值70.62亿元，比上年增长8.4%。规模以上工业增加值59.57亿元，增长8.4%。在规模以上工业增加值中，国有企业增加值6.66亿元，增长12.7%；集体企业增加值0.03亿元，下降45.4%；股份制企业增加值51.15亿元，增长7.7%；外商及港澳台商投资企业增加值1.3亿元，增长3.4%。采矿业增加值13.07亿元，增长11.3%；制造业增加值34.05亿元，增长5.1%；电力、热力、燃气及水生产和供应业增加值12.44亿元，增长14.5%。

全年建筑业实现增加值41.15亿元，比上年增长7.1%。

【固定资产投资】2016年，张掖市全年固定资产投资349.72亿元，比上年增长11.8%。其中，项目投资297.9亿元，增长14.9%。按三次产业分，第一产业投资47.02亿元，增长39.7%；第二产业投资114.23亿元，下降11.3%，其中，工业投资99.98亿元，下降10.5%；第三产业投资188.47亿元，增长25.4%。基础设施投资102.25亿元，增长28.9%，占固定资产投资的比重为29.2%。

【科学技术】2016年年末，张掖市共有科研机构5个，各类专业技术人员2.19万人。其中，工程技术人员0.17万人，农业技术人员0.14万人，教学技术人员1.43万人。全年科学技术支出8512万元，比上年增长60.54%。全年共取得市省级以上科技成果60项，获得奖励项目65项，高技术产业化示范工程项目4项。受理专利申请2255件，授权专利679件，授予发明专利权159件。全年共签订技术合同89项，技术合同成交金额16.07亿元，比上年增长21.74%。

【国内贸易和对外经济】2016年，张掖市全年社会消费品零售总额160.9亿元，比上年增长9%。按经营地分，城镇消费品零售额121.1亿元，增长8.9%；乡村消费品零售额39.8亿元，增长9.4%。按消费形态分，商品零售额133.5亿元，增长8.3%；餐饮收入额27.4亿元，增长12.5%。在限额以上企业商品零售额中，肉禽蛋类增长17.2%，烟酒类增长4.3%，服装类增长11.4%，日用品类增长5.4%，文化办公用品类增长26.6%，体育娱乐用品类同比增长8.2%，汽车类下降11.9%，石油及制品类下降3.6%。

全年自营进出口总额15296万元，同比下降3.9%。其中出口总额15130万元，同比下降4.1%；进口总额166万元，增长12%。

【交通、邮电和旅游】2016年，张掖市全年交通运输、仓储和邮政业增加值22.49亿元，比上年增长0.8%。全年公路客运量1819万人，公路旅客周转量74167万人公里，公路货运量3027万吨，公路货物周转量164799万吨公里。年末道路客运班线334条，班线客车704辆，出租客车1974辆，公交客车297辆，旅游客车177辆，货车27399辆。年末机动车保有量26.8万辆，其中，汽车16.02万辆，农用车0.13万辆，摩托车10.59万辆。

全年完成邮电业务收入81874万元，比上年增长10.3%。其中，邮政业务收入7147万元，增长15%；电信业务收入74727万元，增长9.9%。年末固定电话用户23.28万户，固定电话普及率19部/百人；移动电话用户114.84万户，移动电话普及率94部/百人。年末互联网宽带接入用户27.08万户，比上年增长29.1%。

全年共接待境内外游客2030.46万人次，比上年增长35%。旅游综合收入114.16亿元，增长31%。

【金融和保险】2016年，张掖市年末全市金融机构各项贷款余额555.78亿元，比上年末增加70.25亿元，增长14.5%。各项存款余额574.56亿元，比上年末增加10.62亿元，增长1.9%。其中，储蓄存款余额365.89亿元，比上年末增加33.55亿元，增长10.1%。

全年保费收入26.27亿元，比上年增长28.4%。其中，财产险收入6.51亿元，增长8.73%；寿险收入19.76亿元，增长36.54%。

7

2016年平凉市经济发展概况

【经济总量】2016年，平凉市全年实现地区生产总值（GDP）367.3亿元，增长7.0%。其中，第一产业增加值103亿元，增长5.8%；第二产业增加值91.06亿元，增长5.6%；第三产业增加值173.24亿元，增长8.5%。

【农业】2016年，平凉市全年粮食总产量110.91万吨，减产2.03%。其中，夏粮产量39.93万吨，增产3.37%；小麦产量39.62万吨，增产3.04%；秋粮产量70.98万吨，减产4.83%；玉米产量46.4万吨，减产7.68%。全年谷物产量89.71万吨，减产3.1%。

【工业和建筑业】2016年，平凉市全年全部工业增加值48.64亿元，增长4.4%。规模以上工业增加值42.75亿元，增长4%。规模以上工业企业产品销售率98.7%，比上年提高3.8个百分点。

全年全社会建筑业增加值42.42亿元，增长7.3%。

【固定资产投资】2016年，平凉市全年固定资产投资完成670.75亿元，增长11.24%。实施500万元以上各类建设项目2358项，完成投资614.99亿元，增长14.66%；5000万元以上投资项目159项，完成投资161.01亿元，下降52.35%；亿元以上投资项目86项，完成投资118.42亿元，增长138.01%；10亿元以上投资项目8

个，完成投资17.61亿元，增长49.76%。全市新开工项目2014个，同比增加650个，5000万元及以上新开工项目101个。

【科学技术】2016年，平凉市全年争取国家和省上科技项目17项，资金484万元。国家项目1项，落实资金132万元；省列项目16项，落实资金352万元；安排实施市列科技项目8项，经费75万元。本年度共评出科技进步奖50项，一等奖9项，二等奖34项，三等奖7项。

【国内贸易和对外经济】2016年，平凉市全年社会消费品零售总额194.16亿元，增长9.4%。从销售所在地分，城镇消费品零售额133.14亿元，增长9.1%；乡村社会消费品零售额61.02亿元，增长10%。从商品形态看，餐饮业实现收入额27.31亿元，增长11.6%；商品零售业实现收入额166.85亿元，增长9.0%。从销售营业情况看，批发业实现销售额86.04亿元，增长9.4%；零售业销售额225.35亿元，增长15.2%；住宿业营业额8.25亿元，增长13.7%；餐饮业营业额40.52亿元，增长16.0%。

全年进出口总额2.25亿元，下降5.8%。其中，出口总值20536万元，下降14%；进口总值1990万元，增长100%。

【交通、邮电和旅游】2016年，平凉市全年交通运输、仓储和邮政业实现增加值10.88亿元，增长2.4%。全年完成公路客运量3761.44万人次，增长2.74%；客运周转量20.58亿人公里，增长5%；货运量3945.99万吨，增长

全年邮电业务总量32.26亿元，增长49.1%。电信业务总量31.48亿元，增长49.9%；邮政业务总量7733万元，增长22%。年末局用电话交换机总容量达到11.34万门；移动电话交换机容量326.8万户。年末固定电话用户22.58万户，城市14.8万户，农村6.92万户。年末移动电话用户183.81万户，4G移动电话用户101.45万户。固定电话普及率10.74部/百人，移动电话普及率77.98部/百人。年末固定互联网宽带接入用户26.21万户，移动宽带用户18.34万户。互联网宽带接入端口38.15万个。互联网上网人数142万人，手机上网人数114.94万人。

全年接待国内外游客1600.06万人次，增长20.1%。国内游客1599.87万人次，增长20.1%；境外游客1938人，增长176%。旅游综合收入86.79亿元，增长23.1%。国内旅游综合收入86.77亿元，增长23.1%；境外收入206万元，增长161.4%。

【金融和保险】2016年年末，平凉市金融机构本外币各项存款余额736.06亿元，增长4.82%。人民币各项存款余额735.48亿元，增长4.81%。单位存款199.83亿元，下降6.36%；城乡居民储蓄存款509.28亿元，增长10.23%。年末金融机构本外币各项贷款余额533.16亿元，增长13.35%。人民币各项贷款533.03亿元，增长13.35%。短期贷款157.12亿元，下降5.3%；中长期贷款375.77亿元，增长23.69%。

全年保费收入14.79亿元，增长13.95%。财险收入6.10亿元，增长11.96%；寿险收入8.70亿元，增长15.39%；健康险和意外伤害险收入4271万元，增长12.35%。全年赔付额5.48亿元，增长10.69%；财产险赔款3.41亿元，增长11.23%；寿险赔款2.08亿元，增长12.56%。健康险和意外伤害险赔款1125万元，增长12.21%。

8

2016年酒泉市经济发展概况

【经济总量】2016年，酒泉市全市实现地区生产总值577.9亿元，比上年增长6.5%。其中，第一产业增

加值87.2亿元，增长6.2%；第二产业增加值202.9亿元，增长5.4%；第三产业增加值287.9亿元，增长7.4%。三次产业结构由上年的14.4：37.1：48.5调整为15.1：35.1：49.8。全年人均地区生产总值为51721元，比上年增长6.2%，按2016年平均汇率折算为7787美元。

【农业】2016年，酒泉市全年农作物播种面积264.8万亩，比上年增加2.24万亩。粮食种植面积58万亩，比上年减少5.9万亩。其中，小麦种植面积20万亩，减少1.6万亩；玉米种植面积36.9万亩，减少3.5万亩。棉花种植面积12.2万亩，减少7.3万亩。油料种植面积11.1万亩，增加2.4万亩。甜菜种植面积0.7万亩，减少0.03万亩。药材种植面积38.1万亩，增加10.8万亩。蔬菜种植面积63.4万亩，增加3.1万亩。

【工业和建筑业】2016年，酒泉市全市全部工业增加值130.9亿元，比上年增长4.4%，其中规模以上工业增加值107.9亿元，增长3.6%。在规模以上工业中，分经济类型看，国有企业增加值9亿元，增长9.5%；集体企业增加值0.5亿元，增长77.5%；股份制企业增加值86.6亿元，与上年持平；外商及港澳台商投资企业增加值3亿元，下降4.3%；其他经济类型企业增加值5.6亿元，增长18.5%。分门类看，采矿业增加值27.7亿元，增长13.8%；制造业增加值57.9亿元，下降3.8%；电力、热力、燃气及水的生产和供应业增加值22.3亿元，增长2%。

全市建筑业增加值72.4亿元，比上年增长7.5%。具有资质等级的总承包和专业承包建筑业企业实现利润5.7亿元，增长10.7%，其中国有控股企业实现利润0.11亿元，增长0.4%。

【固定资产投资】2016年，酒泉市全市年内开工建设项目2594个，完成固定资产投资1215.7亿元，比上年增长10.1%，扣除价格因素实际增长11.1%。从投资构成看，5000万元及以上项目383个，完成投资619.7亿元，下降15.9%，占投资总额的51%；5000万元以下项目2108个，完成投资562.9亿元，增长72.7%，占投资总额的46%。分产业看，第一产业投资154.6亿元，比上年增长32%；第二产业投资474.4亿元，比上年下降13.7%；第三产业投资586.7亿元，比上年增长34.1%。

【科学技术】2016年年末，酒泉市全市共有各类专业技术人员28018人，其中具有中级及中级以上职称人员8093人。全市研究与实验发展（R&D）经费支出6亿元，比上年增长17.2%，占GDP的比重为1.04%。财政投入科技经费7443万元，比上年下降21.6%。全年引进新技术成果230项，申请专利1529项，授权专利420项，其中发明专利40项。全年签订技术合同66项，技术合同成交额22.3亿元，比上年增长14.9%。

【国内贸易和对外经济】2016年，酒泉市全市社会消费品零售总额193.3亿元，比上年增长9.5%，扣除价格因素，实际增长8.5%。按经营地统计，城镇消费品零售额150亿元，增长9.3%；乡村消费品零售额43.3亿元，增长10.4%。按消费类型统计，商品零售额169.1亿元，增长9.4%；餐饮收入额24.3亿元，增长10%。

全市外贸进出口企业130个，比上年增长3.2%。全年货物进出口总额48115万元，比上年增长4.2%，其中出口45702万元，增长2.7%；进口2413万元，增长44.3%。

【交通、邮电和旅游】2016年，酒泉市全市交通运输、仓储和邮政业完成增加值48.4亿元，比上年增长9.7%。

年末全市公路总里程17463公里，比上年增加682公里。高速公路里程636公里，比上年增加134公里；等级公路里程16040公里，比上年增加548公里。全市公共交通车303辆，比上年增长5.9%。年末民用汽车保有量165108辆，比上年增长16%，其中本年新注册22735辆，增长19.7%。年末私人汽车保有量147408辆，增长17.4%，其中本年新注册21880辆，增长24.5%。年末私人轿车保有量60531辆，增长16.9%，其中本年新注册8739辆，增长23.6%。全年公路运输货运量3476万吨，比上年增长8.5%，货物周转量151.3亿吨公里，比上年增长17.5%；公路客运量8540万人，比上年增长5.5%，旅客周转量72.6亿人公里，比上年增长18.5%。

全年邮电业务总收入11.2亿元，比上年增长10%。其中邮政业务总收入1.3亿元，增长14%；电信业务总收入9.9亿元，增长9.6%。邮政业全年完成快递业务量278.5万件，增长46.5%；快递业务收入6063万元，增长15.3%。年末电话交换机总容量186.7万门，电话用户总数145.4万户，其中移动电话用户125.9万户。固定互联网宽带家庭接入用户24.7万户，普及率为74.4%。

全年接待国内外游客2144.4万人次，比上年增长23.9%，其中海外游客2.8万人次，增长26.8%。旅游收入190.7亿元，比上年增长25.5%。旅游创汇收入809.9万美元，比上年增长19.8%。

【金融和保险】2016年年末，酒泉市全市金融机构本外币各项存款余额925.7亿元，比上年下降1.3%，其中人民币各项存款余额922.1亿元，下降1.4%。金融机构本外币各项贷款余额725.7亿元，增长10%，其中人民币各项贷款余额725.7亿元，增长10%。

全年保险公司保费收入31亿元，比上年增长33.2%。其中寿险公司保费收入24.9亿元，增长39.1%；财险公司保费收入6.1亿元，增长13.9%。年内支付赔款及给付6.1亿元，比上年增长0.8%。其中寿险公司赔款支出3.1亿元，财险公司赔款支出3亿元。

9

2016年定西市经济发展概况

【经济总量】2016年，定西市全年实现地区生产总值（GDP）331.08亿元，比上年增长7%。其中，第一产业增加值78.75亿元，增长5%；第二产业增加值75.44亿元，增长8.3%；第三产业增加值176.89亿元，增长7.4%。三次产业结构为23.8：22.8：53.4。与上年相比，第一产业所占比重下降1.4个百分点，第二、三产业所占比重分别上升1个和0.4个百分点，一、二、三产业对经济增长的贡献率分别为18%、26.1%、55.9%。

【农业】2016年，定西市全市共播种各类农作物863.56万亩，其中，粮食作物630.84万亩（马铃薯295.16万亩），中药材139.96万亩，蔬菜61.5万亩。全市粮食总产量达143.21万吨，下降11.7%，其中夏粮17.87万吨，秋粮125.34万吨，分别比上年下降4%和12.7%。

【工业和建筑业】2016年，定西市全市实现工业增加值43.41亿元，比上年增长9.4%，其中，规模以上工业企业实现增加值29.42亿元，增长9.5%，拉动全部工业增长7.2个百分点；规模以下工业实现增加值13.99亿元，增长9.1%，拉动全部工业增长2.2个百分点。工业增加值占生产总值的比重为13.1%，比上年提高1.2个百分点。

全市实现建筑业增加值32.03亿元，比上年增长7.1%。具有资质等级的总承包和专业承包建筑业企业实现利润总额4.49亿元，增长2.75%；主营业务税金及附加2.02亿元，下降26.55%。

【固定资产投资】2016年，定西市全市完成固定资产投资621.2亿元，比上年增长11.86%，其中，项目投资587.16亿元，增长12%；房地产开发投资34.04亿元，增长9.4%。全年实施500万元以上项目1904个，其中实施亿元以上项目104个，完成投资229.7亿元，增长51%，占全市500万元及以上项目投资的比重为39.1%。

【科学技术】2016年，定西市全年科学技术支出3369万元。评定市级科技进步一等奖5项、二等奖40项、三等奖3项；荣获省科技进步三等奖1项。取得各类科技成果54项；认定登记技术服务合同43份，交易额2.58亿元，比上年增长21%。受理专利申请642件，比上年增长47.2%；授予发明专利权59件，增长10%。每万人口发明专利拥有量达到0.536件。

【国内贸易和对外经济】2016年，定西市全市实现社会消费品零售总额117.66亿元，比上年增长

9.6%。按销售单位所在地统计，城镇实现社会消费品零售总额100.87亿元，增长9.7%，其中城区（县城）实现社会消费品零售总额72.10亿元，增长9.1%；乡村实现社会消费品零售总额16.79亿元，增长8.7%。

全市实现进出口总值19770万元，比上年下降30.63%，其中，完成出口14282万元，下降22.45%；完成进口5488万元，下降45.61%。

【交通、邮电和旅游】2016年，定西市全市交通运输、仓储和邮政业实现增加值8.35亿元，比上年下降0.5%。

全市公路客运量2856.31万人，比上年增长5.19%。公路货运量4812.6万吨，增长15.09%。公路客运周转量118419.49万人公里，增长5.18%；公路货运周转量866496.14万吨公里，增长15.08%。全市客运线路638条，公交线路34条，公交车辆418辆，年末共有出租车辆2404辆。

全市邮政行业实现业务总量11904万元，比上年增长40.29%；实现业务收入12958万元，增长22.68%。其中，快递服务企业实现业务总量275.81万件，比上年增长140.94%，业务收入5084万元，增长78.71%。

全市接待境内外游客537.6万人次，比上年增长21.2%。实现旅游综合收入23.3亿元，增长23.3%。旅游综合收入占第三产业的比重为13.17%，占GDP的比重为7.04%。

【金融和保险】2016年年末，定西市全市金融机构本外币贷款余额666.2亿元，比上年末增长19.7%；本外币存款余额765.41亿元，增长9.72%。金融机构本外币存贷比为87%，比上年末提高7.2个百分点。

全市保费收入17.8亿元，比上年增长20.07%，其中，财产险保费收入7.81亿元，增长18.67%；人身险保费收入9.99亿元，增长21.19%。全年支付各类赔款及给付4.55亿元，比上年增长7.31%，其中，财产险赔付4.25亿元，增长6.25%；人身险满期及赔付0.3亿元，增长30.43%。

10

2016年陇南市经济发展概况

【经济总量】2016年，陇南市全年实现地区生产总值（GDP）339.89亿元，同比增长8.4%。分产业看，第一产业实现增加值73.86亿元，同比增长5.5%；第二产业实现增加值73.32亿元，同比增长7.7%；第三产业实现增加值192.72亿元，同比增长9.9%。第一、二、三产业对生产总值的贡献率分别为14.59%、21.18%和64.23%，第三产业成为拉动经济增长的主要动力。第一、二、三产业增加值占生产总值的比重分别为21.73∶21.57∶56.70，与上年相比，第一产业所占比重下降0.58个百分点，第二产业所占比重下降1.57个百分点，第三产业比重上升2.15个百分点。

【农业】2016年，陇南市全年粮食种植面积为470.15万亩，比上年增长0.05%；油料种植面积34.80万亩，比上年增长0.38%；蔬菜种植面积58.40万亩，比上年增长2.51%。全年粮食总产量106.35万吨，比上年下降7.38%，其中：夏粮40.86万吨，比上年增长0.96%；秋粮65.49万吨，比上年下降11.92%。

【工业和建筑业】2016年，陇南市全年实现工业增加值44.01亿元，比上年增长7.9%。规模以上工业实现增加值38.62亿元，比上年增长7.8%。其中：国有企业完成增加值6.82亿元，同比增长2.3%；集体企业完成增加值38.3万元，同比下降79.8%；股份合作企业完成增加值4548.8万元，同比增长10.2%；股份制企业完成增加值31.33亿元，同比增长5.8%。按轻重工业分，轻工业完成增加值10.32亿元，同比增长22.4%；重工业完成增加值28.30亿元，同比下降1.4%。规模以上工业企业产销率83.7%。

【固定资产投资】2016年，陇南市全年完成固定资产投资654.02亿元，同比增长10.74%。其中：国有投资475.7亿元，同比增长22.13%，占固定资产投资的比重为72.74%；非国有投资完成178.3亿元，同比下降11.33%，占固定资产投资的比重为27.26%。按产业分：第一产业完成投资42.6亿元，同比增长4.98倍；第二产业完成投资366.8亿元，同比增长9.17%；第三产业完成投资244.6亿元，同比下降1.15%。

【国内贸易和对外经济】2016年，陇南市全年实现社会消费品零售总额99.50亿元，同比增长9.6%。分销售地看，城镇实现零售额71.64亿元，同比增长10.1%；乡村实现零售额27.86亿元，同比增长8.2%。分行业看，批发业实现零售额9.61亿元，同比增长9.3%；零售业实现零售额74.37亿元，同比增长9.2%；住宿业实现零售额3.53亿元，同比增长13.7%；餐饮业实现零售额12.00亿元，同比增长10.9%。

全年进出口总额为17285万元，同比增长72.9%。其中：直接出口总额17053万元，同比增长87.1%；进口总额232万元，同比下降73.7%。

【交通、邮电和旅游】2016年，陇南市境内公路1975条，其中普通国道5条、国家高速3条，省道42条、县道14条、乡道46条、专道12条、村道1853条。通车总里程17136.66公里，其中：高速公路400.65公里、二级公路779.80公里、三级公路957.18公里、四级公路14402.27公里、等外公路596.77公里。全年共完成客运量为3254.39万人次，同比增长5.19%；完成旅客周转量为206516.8万人公里，同比增长5.59%；全市完成公路货运量为2076.58万吨，同比增长18.28%；完成货运周转量405920.3万吨公里，同比增长18.7%。

全年完成邮电业务总量387913.44万元，其中：电信业务总量88229.65万元、移动业务总量256814.72万元、联通业务总量27962.91万元、邮政业务总量14906.16万元。

全年旅游总人数达1261.58万人次，比上年增长28.08%。旅游综合收入62.45亿元，同比增长27.97%。

【金融和保险】2016年，陇南市全年金融机构本外币各项存款余额782.91亿元，比上年增长8.25%，其中外汇存款383万美元，折合人民币0.27亿元。金融机构人民币各项存款余额782.64亿元，同比增长8.26%，其中：非金融企业存款余额166.09亿元，比上年增长17.41%；住户存款余额499.47亿元，比上年增长12.83%。年末全市金融机构人民币各项贷款余额558.41亿元，比上年增长16.66%。

全年保险费收入10.74亿元，同比增长7.35%。其中：财产保险收入4.29亿元，同比增长18.40%，人寿保险收入6.46亿元，同比增长1.09%。全年赔款2.45亿元，同比增长12.75%，其中：财产保险1.64亿元，同比增长21.27%，人寿保险0.81亿元，同比下降1.26%。

青海省

|西宁市|海东市|

1

2016年西宁市经济发展概况

【经济总量】2016年，西宁市全年实现地区生产总值（GDP）1248.16亿元，增长9.8%。其中，第一产业实现增加值39.15亿元，增长5.2%，对GDP贡献率为1.8%，拉动GDP增长0.17个百分点；第二产业增加值595.64亿元，增长10.6%，对GDP贡献率为52.1%，拉动GDP增长5.11个百分点，其中，工业增加值增长9.3%，对GDP贡献率为37.3%，拉动GDP增长3.65个百分点；第三产业增加值613.37亿元，增长9.3%，对GDP贡献率为46.1%，拉动GDP增长4.52个百分点。三次产业结构比由2015年的3.3：48.0：48.7调整为3.2：47.7：49.1，第三产业比重较2015年提高0.4个百分点。

【农业】2016年，西宁市全年农作物播种面积183.77万亩，其中，粮食播种面积83.90万亩，增长0.1%；油料播种面积48.55万亩，下降5.6%；蔬菜播种面积32.60万亩，增长0.4%；中草药材播种面积2.48万亩，增长35.9%；其他农作物播种面积16.18万亩，增长11.6%；油料、蚕豆、马铃薯、蔬菜特色农作物播种面积达到118.22万亩，占总播种面积的64.3%。

【工业和建筑业】2016年，西宁市全年工业增加值增长9.3%，其中，规模以上工业增加值增长9.3%。

【固定资产投资】2016年，西宁市全市完成固定资产投资1399.30亿元，增长10.0%。其中，市属固定资产投资1180.20亿元，增长14.4%。分产业看，第一产业完成投资27.34亿元，下降27.7%；第二产业完成投资473.72亿元，下降19.6%，其中，工业投资405.99亿元，下降18.9%；第三产业完成投资898.24亿元，增长39.3%。民间投资576.86亿元，下降13.5%。

【国内贸易和对外经济】2016年，西宁市全年完成社会消费品零售总额513.07亿元，增长11.1%。按经营地分，城镇实现零售额469.55亿元，增长10.9%；乡村实现零售额43.52亿元，增长13.2%。按行业分，批发业实现零售额117.86亿元，增长6.3%；零售业实现零售额370.17亿元，增长12.9%；住宿业实现零售额7.80亿元，增长6.0%；餐饮业实现零售额17.24亿元，增长8.5%。

全年实现进出口总值85.08亿元，下降25.4%，其中，进口总值9.48亿元，下降39.3%；出口总值75.60亿元，下降23.2%。

【交通、邮电和旅游】2016年，西宁市全年货运总量6953万吨，增长6.9%，其中，铁路308万吨，下降9.1%；公路6642万吨，增长7.8%；民航2.50万吨，增长8.8%。货物周转量257.58亿吨公里，增长6.2%，其中，铁路140.67亿吨公里，增长7.1%；公路116.77亿吨公里，增长5.1%；民航0.13亿吨公里，增长8.7%。全年客运总量3165万人次，增长10.3%，其中，铁路705万人次，增长5.1%；公路1950万人次，增长10.4%；民航511万人次，增长17.8%。客运周转量116.47亿人公里，增长7.0%，其中，铁路54.27亿人公里，增长4.1%；公路27.05亿人公里，增长7.4%，民航35.15亿人公里，增长11.5%。

全年完成邮电业务总量64.47亿元，增长40.1%，其中，邮政2.96亿元，增长31.4%；电信61.51亿元，增长40.5%。年末市话用户61.76万户，下降7.8%，其中，住宅电话38.48万户，下降13.5%。移动电话用户283.75万户，增长2.4%。互联网用户46.70万户，增长10.7%。

全年接待国内外游客1852.53万人次，增长15.31%，旅游总收入195.81亿元，增长25.2%。接待国内游客1849.03万人次，增长15.3%，国内旅游收入194.46亿元，增长25.4%。国际旅游外汇收入2158.59万美元，增长33.3%。

【金融和保险】2016年年末，西宁市全市金融机构人民币各项存款余额3756.01亿元，比年初增加207.53亿元，同比增长5.9%，其中，住户存款余额1267.18亿元，同比增长9.2%；非金融企业存款余额1335.90亿元，同比增长2.1%；广义政府存款余额1113.49亿元，同比增长7.9%。人民币各项贷款余额4633.43亿元，同比增长13.1%，其中，住户贷款余额352.70亿元，同比增长14.8%；非金融企业及机关团体贷款余额4279.27亿元，同比增长13.0%。

全年保费收入46.99亿元，增长25.1%，其中:财产险公司保费收入19.67亿元，增长13.8%；人寿险公司保费收入27.32亿元，增长34.8%。全年赔款支出17.83亿元，增长38.4%，其中:财产险公司赔款支出9.51亿元，增长17.1%；人寿险公司赔款支出8.33亿元，增长74.4%。

2

2016年海东市经济发展概况

【经济总量】2016年，海东市全年实现地区生产总值（GDP）422.8亿元，按可比价格计算，比上年增长10%。分产业看，第一产业增加值54.97亿元，增长5.5%；第二产业增加值211.98亿元，增长11.6%；第三产业增加值155.85亿元，增长9.5%。第一产业增加值占全省地区生产总值的比重为13%，第二产业增加值比重为50.1%，第三产业增加值比重为36.9%。人均地区生产总值28998.5元，比上年增长9.27%。

【农业】2016年，海东市全年农作物总播种面积308.16万亩，比上年增加0.72万亩。粮食作物播种面积183.87万亩，比上年增加0.01万亩。其中，小麦45.04万亩，增加2.14万亩；马铃薯73.48万亩，增加3.23万亩；玉米43.96万亩，增加0.17万亩；豆类15.96万亩，增加1.23万亩。油料80.16万亩，减少2.16万亩；药材1.14万亩，增加0.59万亩。蔬菜播种面积33.27万亩，比上年增加0.94万亩。全年粮食产量137.3万吨。

【工业和建筑业】2016年，海东市全部工业实现增加值142.48亿元，比上年增长9.43%，工业产销率92.91%，比上年提升1.11个百分点。其中，规模以上工业实现增加值105.7亿元，增长8.7%，产销率92.34%，比上年提升1.74个百分点；规模以下工业实现增加值36.78亿元，增长11.56%。规模以上工业企业亏损企业33家，比上年同期减少7家。规模以上工业主营业务收入255.8亿元，比上年增长12%，比上年同期提升6.7个百分点；人均主营业务收入121.8万元，比上年同期增加1.6万元。园区工业增加值比上年增长10.8%。年底全市在库规模以上工业企业111家，比上年增加11家。

全年全市完成建筑业增加值69.5亿元，比上年增长18%。注册地在市内的具有资质等级的总承包和专业承包建筑企业45家，比上年减少1家。

【固定资产投资】2016年，海东市全市共完成总投资635.43亿元，比上年增长17.53%。其中：一产完成投资38.87亿元，增长1.81%；二产完成投资140.34亿元，下降26.21%；三产完成投资456.22亿元，增长46.08%。工业投资126.75亿元，下降12.47%，一般性工业投资103.97亿元，下降10%，循环经济、新兴产业投资占一般性工业投资的70%。按报送渠道划分：项目投资574.5亿元，增长15.53%。房地产投资60.9亿元，增长40.42%。按投资构成划分：建筑、安装工程完成投资555.15亿元，增长18.3%；设备、工具、器具购置60.14亿元，增长62.85%；其他费用20.14亿元，下降41.57%。民间投资216.4亿元，增长27.24%，占总投资的34.05%。

【科学技术】2016年，海东市全市全年引进新技术40项，新品种68项，示范推广各类实用技术100多项。申请各类专利70件；专利授权37件，其中：发明专利4项，实用专利32项，外观设计专利1项。申报各类科技成果35项，认定5项。

【国内贸易和对外经济】2016年，海东市全年全市完成社会消费品零售总额89.2亿元，比上年增长11.5%。按消费区域划分，城镇实现消费品零售总额57.6亿元，增长11.57%；乡村实现消费品零售总额31.6亿元，增长11.23%。批发业销售额67.4亿元，增长4.6%；按消费形态分，餐饮收入14.56亿元，增长14.25%；商品零售74.66亿元，增长10.92%。

【交通、邮电和旅游】2016年年末，海东市全市公路通车里程9229.4公里，比上年增长3.84%。按行政等级分：国道203公里，比上年下降6.67%；省道900.05公里，比上年增长5.5%；县道2063.4公里，比上年增长2.9%；乡道2541.42公里；村道3246.54公里，比上年增长6.98%；专用公路275公里，比上年增长16.4%。按技术等级分：高速公路146公里；一级公路98.36公里；二级公路438.57公里；三级公路889.49公里，比上年增长7.01%；四级公路5169.816公里，比上年增长4.44%；等外公路2487.165公里，比上年增长1.21%。公路网面积密度为69.92公里/百平方公里，公路网人口密度为63.46公里/万人。

全年全市完成邮政业务总量5195.12万元，比上年增长26.53%，完成邮政业务收入6395.95万元，比上年增长29.46%。全市邮政企业完成业务总量4457.03万元，比上年增长20.09%；完成业务总收入5090.61万元，比上年增长17.05%。

全年共接待国内外游客962.51万人次，比上年增长15%，其中接待海外游客18953人次，增长7%；实现旅游总收入35.65亿元，增长25%，旅游外汇收入225.83万美元，比上年增长5%。

【金融和保险】2016年年末，海东市全市金融机构各项存款余额591.49亿元，比年初增加69.4亿元，增长13.3%，住户存款余额284.4亿元，比年初增加30.89亿元，增长12.2%。金融机构各项贷款余额289.65亿元，比年初增加35.86亿元，增长14.1%，其中住户贷款55.26亿元，比年初增加9.73亿元，增长21.4%。

全年保险行业保费收入80976.44万元，比上年增长31.67%，其中：寿险保费收入40622.36万元，增长56.2%；财产险保费收入40354.08万元，增长13.69%。全年保险赔付额20659.82万元，比上年增长22.2%，其中：寿险赔付额604.04万元，是上年的6.55倍，财产险赔付额20055.78万元，比上年增长19.29%。

宁夏回族自治区

| 银川市 | 石嘴山市 | 吴忠市 | 固原市 | 中卫市 |

1

2016年银川市经济发展概况

【经济总量】2016年，银川市全年实现地区生产总值（GDP）1617.28亿元，按可比价格计算，同比增长8.1%。分产业看，第一产业实现增加值58.61亿元，同比增长4.3%；第二产业实现增加值825.46亿元，同比增长6.6%；第三产业实现增加值733.21亿元，同比增长10.3%。按常住人口计算，人均地区生产总值74269元，比上年增长6.6%。三次产业结构为3.6∶51.0∶45.4，对经济增长的贡献率分别为2.1%、42.5%、55.4%。

【农业】2016年，银川市全年完成农林牧渔业总产值116.74亿元，按可比价格计算，比上年增长4.4%[2]。其中农业产值74.55亿元，增长4.4%；林业产值1.25亿元，下降8.5%；畜牧业产值26.51亿元，增长3.3%；渔业产值7.37亿元，增长10.0%；农林牧渔服务业产值7.06亿元，增长4.8%。

【工业和建筑业】2016年，银川市全年全部工业增加值603.74亿元，比上年增长8.0%。规模以上工业实现增加值533.06亿元，增长8.5%，在规模以上工业增加值中，大中型企业增加值427.97亿元，增长9.8%。按轻重工业分，轻工业增加值122.68亿元，增长13.7%；重工业增加值410.38亿元，增长7.1%。按经济类型分，国有及国有控股企业增加值257.99亿元，增长1.5%；股份制企业增加值425.65亿元，增长7.8%；外商及港澳台商投资企业增加值77.10亿元，增长11.0%。

全年全市具有资质等级建筑业企业362个，实现建筑业总产值352.55亿元，下降5.2%；其中国有及国有控股企业实现产值130.16亿元，下降1.9%；建筑装修装饰业实现产值5.69亿元，下降24.0%。房屋建筑施工面积1846.85万平方米，下降18.4%；房屋建筑竣工面积661.38万平方米，下降16.0%。具有资质等级的建筑企业实现利润总额9.70亿元，下降0.1%；实现税金总额14.29亿元，增长13.3%。

【固定资产投资】2016年，银川市全年完成全社会固定资产投资1723.31亿元，比上年增长11.8%。其中，基本建设投资1150.81亿元，增长24.8%；更新改造投资38.14亿元，下降79.4%。按投资主体分，国有经济投资859.59亿元，增长8.6%；非国有经济投资863.72亿元，增长15.3%。按投资结构分，第一产业投资28.47亿元，比上年下降7.2%；第二产业投资717.81亿元，增长18.0%，其中工业投资717.46亿元，增长18.9%，建筑业投资0.35亿元，下降93.2%；第三产业投资977.02亿元，增长8.4%。施工项目计划总投资6399.10亿元，增长2.3%。

【科学技术】2016年，银川市全年投入科技三项费用3000万元，比上年增长12.8%；实施各类科技计划项目125项。全年申请专利3509件，增长6.1%。

【国内贸易和对外经济】2016年，银川市全年实现社会消费品零售总额514.19亿元，比上年增长7.7%。分城乡看，城镇消费品零售额500.56亿元，增长7.5%；乡村消费品零售额13.63亿元，增长14.7%。分行业看，批发零售业零售额458.77亿元，增长8.2%；住宿餐饮业零售额55.42亿元，增长3.5%。分经济类型看，国有经济实现零售额4.54亿元，下降2.4%；集体经济实现零售额0.54亿元，下降8.5%；股份制经济实现零售额176.59亿元，增长4.3%；私营经济实现零售额169.03亿元，增长6.2%；个体经济实现零售额150.25亿元，增长13.8%；其他各种经济实现零售额13.23亿元，增长10.5%。

全年实现进出口总额24.90亿美元，比上年下降18.0%。其中，出口总额19.87亿美元，下降20.6%；进口总额5.03亿美元，下降5.7%。

【交通、邮电和旅游】2016年，银川市全年铁路客运量416.16万人次，增长1.8%，铁路客运周转量27.19亿人公里，增长1.8%，铁路货运量403.59万吨，增长4.7%，铁路货运周转量21.37亿吨公里，增长5.0%。公路客运量3447万人次，下降4.3%，公路客运周转量31.15亿人公里，下降2.2%，公路货运量0.88亿吨，下降17.6%，公路货运周转量113.30亿吨公里，下降17.3%。民航客运量298万人次，增长16.4%，民航客运周转量41.85亿人公里，增长17.0%，民航货运量1.49万吨，增长14.6%，民航货运周转量2350万吨公里，增长17.6%。

全年完成邮电业营业收入总量34.82亿元。其中，邮政业营业收入2.05亿元，电信业营业收入32.77亿元。快递业务营业收入4.62亿元，增长13.0%。全年订销报刊2754万份，下降17.8%；完成邮政函件业务642万件，增长8.1%。年末本地固定电话用户38.95万户，增长20.3%；移动电话用户390.70万户，增长8.5%；计算机互联网用户63.16万户，增长28.1%。

全年接待国内游客869.52万人次，增长17.3%；接待海外游客3.59万人次，增长32.5%。国内旅游收入104.00亿元，增长11.3%；国际旅游外汇收入2849万美元，增长88.1%。全市共有旅行社98家，其中国际社24家，国内社74家。全市共有旅游星级酒店42家，四星级16家，三星级25家，二星级1家。

【金融和保险】2016年年末，银川市全市金融机构人民币各项存款余额3343.40亿元，比上年末增长9.7%，其中，住户存款1391.35亿元，增长6.6%。人民币各项贷款余额4076.57亿元，比上年末增长11.6%，其中，中长期贷款2755.90亿元，增长14.7%，短期贷款1033.99亿元，增长0.5%。

全年实现保费收入133.90亿元，增长29.6%。其中，财产险保费收入46.09亿元，增长12.4%；人身险保费收入87.81亿元，增长41.0%。全年支付各项赔款及给付额42.84亿元，增长25.2%。其中，财产险赔款24.82亿元，人身险赔款及给付18.02亿元，分别增长18.9%和35.0%。

2

2016年石嘴山市经济发展概况

【经济总量】2016年，石嘴山市全年实现地区生产总值（GDP）513.37亿元，增长6.6%。其中：第一产业实现增加值26.07亿元，增长4.1%；第二产业实现增加值323.38亿元，增长5.8%；第三产业实现增加值163.91亿元，增长8.9%。三次产业构成由上年的5.4：63.9：30.7，调整为5.131.9。按常住人口计算，全市人均地区生产总值达到64854元。

【农业】2016年，石嘴山市全年实现农林牧渔业总产值51.16亿元，增长4.0%。其中：农业（种植业）实现产值34.60亿元，增长3.7%；林业实现产值0.47亿元，下降6.3%；牧业实现产值9.54亿元，增长8.0%；渔业实现产值4.71亿元，下降0.5%；农林牧渔服务业实现产值1.84亿元，增长4.3%。

【工业和建筑业】2016年，石嘴山市全市实现工业增加值271.87亿元，增长5.9%，其中规模以上工业企业增加值增长5.9%。在规模以上工业增加值中，轻工业增长30.2%，重工业增长5.3%。

全市具有资质等级的建筑业企业38家，实现建筑业增加值51.70亿元，增长4.9%。

【固定资产投资】2016年，石嘴山市全市完成固定资产投资510.06亿元，增长2.2%。其中：第一产业投资40.23亿元，增长20.9%；第二产业投资246.66亿元，增长0.1%；第三产业投资223.17亿元，增长1.8%。

【国内贸易和对外经济】2016年，石嘴山市全市实现社会消费品零售总额102.32亿元，增长6.5%。按经营地统计，城镇消费品零售额94.26亿元，增长6.4%；乡村消费品零售额8.06亿元，增长7.8%。按行业统计，批发业实现零售额18.73亿元，增长5.7%；零售业实现零售额60.55亿元，增长4.4%；住宿业实现零售额0.56亿元，增长8.6%；餐饮业实现零售额22.47亿元，增长13.3%。

全市实现进出口总额3.26亿美元，下降9.0%。其中，出口额2.28亿美元，下降15.8%；进口0.98亿美元，增长14.0%。

【交通、邮电和旅游】2016年，石嘴山市全市公路货运量4903万吨，增长13.5%；货运周转量59.41亿吨公里，增长16.4%。全年公路客运量1136万人，下降7.5%；客运周转量4.12亿人公里，下降7.3%。

全年完成邮电业务总量6.59亿元，下降2.7%，其中：邮政业务总量0.51亿元，增长26.8%；电信业务总量6.08亿元，下降4.6%。年末固定电话用户6.02万户，下降41.5%。移动电话用户85.81万户，下降2.8%。年末互联网宽带接入用户16.14万户，增长30.1%。

全年接待国内游客总人数285.91万人次，增长9.2%；实现旅游收入19.48亿元，增长22.5%；人均消费681.3元/次，增长12.1%。

【金融和保险】2016年年末，石嘴山市全市金融机构人民币存款余额544.43亿元，增长9.8%。其中：住户存款348.75亿元，增长3.2%；非金融企业存款87.92亿元，增长32.1%；广义政府存款98.36亿元，增长8.4%；非银行业存款9.36亿元，增长2208.6%。年末全市金融机构人民币贷款余额422.83亿元，下降0.4%。其中：短期贷款217.52亿元，增长2.1%；中长期贷款152.34亿元，增长0.2%；票据融资49.16亿元，下降11.1%。

全年实现保费收入6.08亿元，增长16.4%。其中，财产险保费收入3.16亿元，增长2.5%；人身险保费收入2.92亿元，增长36.0%。全年支付各项赔款及给付额2.43亿元，增长25.5%，其中，财产险赔款及给付额1.58亿元，增长4.3%；人身险赔款及给付0.85亿元，增长101.8%。

3

2016年吴忠市经济发展概况

【经济总量】2016年，吴忠市全年实现地区生产总值（GDP）442.4亿元，按可比价格计算，比上年增长9%。分产业看，第一产业实现增加值55.4亿元，增长5%；第二产业实现增加值250.5亿元，增长10.2%；第三产业实现增加值136.5亿元，增长8.6%。按常住人口计算，人均地区生产总值32035元，按可比口径增长7.6%。三次产业结构为12.5：56.6：30.9，对经济增长的贡献率分别为7.4%、63.4%、29.2%。

【农业】2016年，吴忠市全年完成农林牧渔业总产值113.1亿元，按可比价格计算，比上年增长4.8%。其中农业产值60.9亿元，增长4.8%；林业产值1.6亿元，下降39.5%；畜牧业产值43.9亿元，增长7.8%；渔业产值1.9亿元，增长5.2%；农林牧渔服务业产值4.9亿元，增长2.5%。全市农林牧渔业增加值58.5亿元，比上年增长4.9%。

【工业和建筑业】2016年，吴忠市全市规模以上工业实现增加值174.4亿元，比上年增长9.4%，全市规模以上工业大中型企业完成增加值98.3亿元，增长4.8%。按轻重工业分，轻工业完成增加值52.8亿元，增长13.5%；重工业完成增加值121.6亿元，增长7.8%。按经济类型分，国有企业完成增加值31.3亿元，增长4.5%；股份制企业完成增加值139.8亿元，增长10.7%；外商及港澳台商投资企业完成增加值2.8亿元，下降2%。

全年建筑业完成增加值67.8亿元，比上年增长8.7%，占第二产业的27.1%，占全市地区生产总值的15.3%。全市具有资质等级的总承包和专业承包建筑企业78个。

【固定资产投资】2016年，吴忠市全年完成全社会固定资产投资783.5亿元，比上年增长14.2%。按投资主体分，国有经济投资256亿元，增长9.6%；民间经济投资527.5亿元，增长25.9%。全市地方投资完成686.7亿元，增长9.7%。按投资产业结构分，第一产业投资53.2亿元，增长10.3%；第二产业投资415亿元，下降1.5%，其中工业投资414.8亿元，下降0.2%；第三产业投资218.5亿元，增长40%。

【国内贸易和对外经济】2016年，吴忠市全年实现社会消费品零售总额102.8亿元，比上年增长7.8%。

对外经济全年实现进出口总额46627万元，比上年下降12.3%。其中，出口总额37313万元，下降5.8%；进口总额9314万元，下降31.3%。

【交通、邮电和旅游】2016年，吴忠市全年公路客运量1112万人次，比上年下降0.09%，公路客运周转量62723万人公里，增长0.09%，公路货运量9956.89万吨，增长0.18%，公路货运周转量1245061.51万吨公里，增长0.01%。年末全市各种民用汽车保有量22.6万辆，私人汽车保有量20.7万辆；公共汽车运营车辆901辆，公交标准运营车辆895标台。

全年完成邮电业营业收入总量22.1亿元。其中，邮政业营业收入0.71亿元，电信业营业收入21.39亿元。快递业务营业收入0.43亿元，增长95.55%。全年订销报刊1194.18万份，下降30.09%；完成邮政函件业务105.44万件，增长26.09%。年末本地固定电话用户9.8万户，增长13.27%；移动电话用户114.05万户，增长1.3%；计算机互联网用户17.41万户，增长46.3%。

全年接待国内游客419.1万人次（含农家乐），比上年增长29.4%；接待海外游客0.15万人次，增长9.3%。国内旅游收入20.2亿元（含农家乐），增长28.2%；国际旅游外汇收入113.7万美元，增长52.2%。全市共有旅行社（分社）38家，国内社38家。全市共有旅游星级酒店16家，四星级4家，三星级10家，二星级2家。

【金融和保险】2016年年末，吴忠市全市金融机构人民币各项存款余额624.7亿元，比上年增长17.3%，其中，住户存款362.8亿元，增长15.4%。人民币各项贷款余额500.4亿元，比上年增长8.6%，其中，中长期贷款213.3亿元，增长6.7%，短期贷款267.8亿元，增长5.3%。

全年实现保费收入20.94亿元，比上年增长28.5%。其中，财产险保费收入8.06亿元，增长21.9%；人身险保费收入12.87亿元，增长33%。全年支付各项赔款及给付额6.73亿元，比上年增长26.6%。其中，财产险赔款4.48亿元，人身险赔款及给付2.25亿元，分别增长38.2%和8.5%。

4

2016年固原市经济发展概况

【经济总量】2016年，固原市全年实现地区生产总值（GDP）239.88亿元，比上年增长8.2%。其中，第一产业49.19亿元，增长4.4%；第二产业61.13亿元，增长7.7%；第三产业129.56亿元，增长9.9%。经济结构由上年的20.8：27.2：52转变为20.5：25.5：54，第一产业比重下降0.3个百分点，第二产业比重下降1.7个百分点，第三产业比重提高2个百分点。

【农业】2016年，固原市全年实现农林牧渔业总产值110.9亿元，剔除物价因素，实际比上年增长4.8%，其中：农业产值68.73亿元，林业产值6.58亿元，牧业产值29.38亿元，渔业产值0.13亿元，农林牧渔服务业产值6.08亿元。实现农林牧渔业及农林牧渔服务业增加值53.08亿元，增长4.5%。

【工业和建筑业】2016年，固原市全市完成工业增加值30.22亿元，剔除物价因素，实际比上年增长6.2%。其中：规模以上工业增加值17亿元，增长4%；规模以下工业增加值13.22亿元，增长9.2%。规模以上工业中，轻工业完成增加值3.6亿元，减少13.2%；重工业完成增加值13.4亿元，增长10.4%。按经济类型分，国有工业完成增加值3.85亿元，减少10.5%；股份制工业完成增加值13.1亿元，增长1.6%。

全市具有资质等级的建筑企业43个，实现建筑业总产值29.56亿元，比上年减少7.2%。房屋建筑施工面积129.96万平方米，减少2.9%，房屋建筑竣工面积61.77万平方米，减少18.2%。

【固定资产投资】2016年，固原市全市完成全社会固定资产投资394.51亿元，比上年增长14.1%。其中：完成厅局及农户投资97.51亿元，增长1.9%，占完成总投资的24.7%；完成地方项目投资210.2亿元，增长15.6%，占完成总投资的53.3%；完成房地产投资86.8亿元，增长27.1%，占完成总投资的22%。地方项目投资中，第一产业完成投资25亿元，增长40.4%，占地方项目投资的11.9%；第二产业完成投资65.6亿元，减少2%，占地方项目投资的31.2%，其中工业完成投资65.6亿元，增长2.6%；第三产业完成投资119.6亿元，增长23.3%，占地方项目投资的56.9%。

【科学技术】2016年，固原市全市共承担国家科技项目6项797万元，承担自治区科技项目150项2124.12万元。农业科技进步贡献率达到55%。全市有效发明专利数25件，万人拥有发明专利数0.17件。共选派科技特派员664名，引进新品种183个，新技术100多项，参与创业行动的农户2.6万户。企业科技创新后补助项目6项，补助资金305万元。

【国内贸易和对外经济】2016年，固原市全年实现社会消费品零售总额64.98亿元，比上年增长8.4%。从城乡销售看：城镇零售额52.47亿元，增长8%；乡村零售额12.51亿元，增长9.8%。从经济类型看：国有经济实现零售额0.28亿元，增长2.9%；集体经济零售额0.24亿元，增长39.1%；私营经济零售额8.91亿元，增长8.8%；个体经济零售额41.66亿元，增长9.6%；股份制经济零售额11.22亿元，增长2.9%。分行业看，批发业零售额14.11亿元，增长0.9%；零售业零售额26.81亿元，增长7.6%；住宿业零售额2.53亿元，增长18.8%；餐饮业零售额21.53亿元，增长13.7%。

【交通、邮电和旅游】2016年，固原市全市境内等级公路里程达到8629公里。按技术等级分：高速公路265公里，一级公路90公里，二级公路508公里，三级公路1557公里，四级公路6209公里。按行政等级分：国道445公里(其中国家高速公路157公里)，省道517公里(其中地方高速公路108公里)，县道524公里，乡道2041公里，村道4917公里，专用公路185公里。年末民用车辆拥有量达到23.8万辆，其中：载客汽车14万辆，载货汽车3.13万辆，其他汽车1.15万辆，摩托车4.7万辆，拖拉机4.72万辆，挂车0.37万辆。全市营运车辆2.65万辆，非营运车辆16.42万辆。全年完成公路货运量6211.71万吨，比上年增长8.4%，货物周转量114.36亿吨公里，增长28.5%；完成公路客运量1141万人，减少11.3%，客运周转量15.2亿人公里，减少9.5%。全年铁路发送旅客24万人次，减少16%；发送货物量145.8万吨，增长29.1%。全市公共交通运营车辆404辆，出租汽车3300辆，旅游客运30辆。

全年完成邮电业务总收入7.75亿元，比上年增长10.9%，拥有固定电话5.06万部，移动电话103.27万部，宽带用户达10.98万户，全市电话普及率89部/百人。

全市共有旅游景点16个，拥有4A级旅游景点5个，拥有3A级旅游景点2个，2A级1个。全市有21个注册旅行社，注册导游24人。全年共接待国内游客410万人次，接待海外游客5277人次；接待国内游客总收入24.7亿元，国内游客人均花费602.4元，实现旅游外汇收入433.42万美元。农家乐接待游客178.28万人次，农家乐总收入8268.29万元，农家乐人均花费46.38元。

【金融和保险】2016年，固原市全市金融机构各项存款余额455.29亿元，比上年增长31.5%，其中：住户存款余额216.05亿元，增长19.4%；各项贷款余额264.77亿元，增长28.4%，存贷比58.2%，比上年下降1.4个百分点。

全市各类保险保费收入8.24亿元，比上年增长29%；保险赔款支出3.49亿元，增长31.7%，保险赔付率为42.4%。

5

2016年中卫市经济发展概况

【经济总量】2016年，中卫市全年实现地区生产总值（GDP）339.01亿元，比上年增长6.8%。其中，第一产业增加值52.47亿元，增长4.4%；第二产业增加值149.14亿元，增长4.9%；第三产业增加值137.39亿元，增长10.0%。三次产业结构由上年的16.7：44.5：38.8调整为15.5：44.0：40.5，第一、第二产业增加值比重分别下降1.2和0.5个百分点，第三产业增加值比重上升1.7个百分点。全市人均生产总值29538元，比上年增长5.9%。

【农业】2016年，中卫市全年全市完成农林牧渔业总产值101.99亿元，比上年增长4.2%。其中农业产值73.57亿元，增长4.0%；林业产值1.42亿元，下降4.6%；牧业产值21.38亿元，增长5.6%；渔业产值2.52亿元，增长5.4%；农林牧渔服务业产值3.10亿元，增长3.3%。

【工业和建筑业】2016年，中卫市全年全市全部工业增加值105.32亿元，比上年增长4.5%，对经济增长的贡献率为20.9%。规模以上工业增加值96.77亿元，增长4.5%。

【固定资产投资】2016年，中卫市全年全市全社会固定资产投资362.24亿元，比上年增长3%。其中，县属固定资产投资278.10亿元，下降9.6%；区属和农村农户投资84.14亿元，增长91.2%。

【科学技术】2016年，中卫市全年共争取上级科技项目179个，其中自治区级科技项目119个，争取项目资金1591万元。安排市（县）级科技创新项目60项。年内全市专利申请量583件，专利授权量184件。

【国内贸易和对外经济】2016年，中卫市全年全市社会消费品零售总额65.85亿元，比上年增长8.7%。按城乡市场分，城镇消费品零售额55.61亿元，增长8.7%；乡村消费品零售额10.24亿元，增长8.4%。按行业分，批发零售业56.72亿元，增长10.2%；住宿餐饮业9.13亿元，增长0.2%。

全年实现进出口总额24.07万元（海关口径），比上年增长49.4%。其中出口总额14.10万元，增长83.4%；进口总额9.97万元，增长18.4%。

【交通、邮电和旅游】2016年年末，中卫市全市公路通车里程达到7657公里，比上年末增加463公里，其中高速公路通车里程达407公里。年末全市民用汽车保有量达到11.14万辆，比上年末增长10.6%，其中私人汽车保有量10.06万辆，增长12.7%。全市轿车保有量5.02万辆，增长21.8%，其中私人轿车4.85万辆，增长28.8%。

全年完成邮电业务总量21.94亿元，比上年增长109.9%。其中，邮政业务总量0.38亿元，增长26.2%；电信业务总量21.56亿元，增长112.4%。邮政业全年完成邮政函件业务5.7万件，包裹业务29.16万件，快递业务量248.57万件；快递业务收入0.32亿元。年末电话用户106.94万户，增长5.3%。其中，固定电话用户11.46万户，增长0.2%；移动电话用户95.48万户，增长6.0%。计算机互联网用户11.97万户，比上年增加2.18万户，增长22.2%。

【金融和保险】2016年年末，中卫市全市金融机构人民币各项存款余额473.72亿元，比上年末增长14.7%。其中，住户存款余额231.07亿元，增长5.4%。人民币各项贷款余额403.34亿元，比上年末增长8.4%，其中，住户贷款181.79亿元，增长12.6%；非金融企业及机关团体贷款221.55亿元，增长5.2%。

全年实现保费收入9.87亿元，比上年增长14.5%。其中，财产险保费收入4.42亿元，增长7.3%；人身险保费收入5.45亿元，增长21.1%。全年各项赔付支出3.3亿元，增长20.8%。其中，财产险赔付支出2.52亿元，增长28.7%，人身险赔付支出0.78亿元，增长0.8%。

新疆维吾尔自治区

｜乌鲁木齐市｜克拉玛依市｜吐鲁番市｜

1

2016年乌鲁木齐市经济发展概况

【经济总量】2016年，乌鲁木齐市全年实现地区生产总值（GDP）2458.98亿元，按可比价计算，比上年增长7.6%。其中，第一产业增加值28.37亿元，增长3.0%；第二产业增加值704.94亿元，增长1.7%；第三产业增加值1725.67亿元，增长10.4%。二、三产业分别拉动经济增长0.6和7.0个百分点；三次产业结构为1.1∶28.7∶70.2。按常住人口计算，全年人均地区生产总值69565元，增长3.6%。

【农业】2016年，乌鲁木齐市全年完成农林牧渔业总产值62.73亿元，按可比价计算，比上年增长1.8%，其中，农业产值31.08亿元，下降1.6%；林业产值2.64亿元，增长3.2%；畜牧业产值25.44亿元，增长5.6%；渔业产值1亿元，增长2.5%；农林牧渔服务业产值2.57亿元，增长2.9%。

【工业和建筑业】2016年，乌鲁木齐市全年实现全部工业增加值535.20亿元，按可比价计算，与上年同期基本持平。其中，规模以上工业实现增加值508.44亿元，下降2%。在规模以上工业中，按轻重工业划分，轻工业增加值71.95亿元，下降6.3%；重工业436.49亿元，下降1.3%。按隶属关系划分，中央企业工业增加值345.72亿元，下降2.6%；地方企业162.72亿元，增长0.3%。按企业规模划分，大型企业工业增加值398.23亿元，下降0.2%；中型企业66.15亿元，下降10.9%；小型企业41.70亿元，下降3.6%；微型企业2.36亿元，下降19.4%。按石油非石油工业划分，石油工业增加值157.17亿元，下降3.0%；非石油工业351.27亿元，下降1.4%。

全年实现建筑业增加值169.74亿元，比上年增长10.1%。建筑企业完成总产值636.01亿元，增长7.2%。建筑房屋施工面积3776.24万平方米，增长2.5%；竣工面积1146.63万平方米，增长15.7%。建筑企业按施工产值计算的全员劳动生产率人均24.37万元，增长3.4%。

【固定资产投资】2016年，乌鲁木齐市全年完成固定资产投资（不含农户，下同）1607.78亿元，与上年同期持平。其中，第一产业投资20.27亿元，增长2.5倍；第二产业投资356.89亿元，下降16.4%，其中，工业投资310.70亿元，下降24.5%；第三产业投资1230.62亿元，增长4.8%。

【科学技术】2016年，乌鲁木齐市全年争取自治区各类科技计划项目支持830项，支持资金1.3亿元。年末拥有各类科研机构78个，各类重点实验室72个，其中，国家级重点实验室1个，自治区级重点实验室47个，市级重点实验室24个。批准成立的工程技术研究中心70个，其中国家级3个，自治区级22个，市级45个。组织实施127项重点产业关键技术研究和成果转化项目，新增高新技术企业45家、创新型（试点）企业44家，新建工程技术研究中心（重点实验室）6家。

【国内贸易和对外经济】2016年，乌鲁木齐市全年实现社会消费品零售总额1236.69亿元，比上年增长7.5%。按行业划分，批发和零售业零售额1100.37亿元，增长7.0%；住宿和餐饮业零售额136.32亿元，增长10.7%。按经营地划分，城镇消费品零售额1231.50亿元，增长7.4%；乡村消费品零售额5.19亿元，增长

10.4%。按消费形态划分，餐饮收入135.17亿元，增长8.9%；商品零售1101.52亿元，增长7.3%。

全年实现外贸进出口总额49.03亿美元，比上年下降16.1%，其中，出口42.06亿美元，下降12.6%；进口6.96亿美元，下降32.6%。

【交通、邮电和旅游】2016年年末，乌鲁木齐市全市公路总里程2942公里，比上年增加96公里。其中，高速公路270公里，增加78公里。

全年货运周转量296.67亿吨公里，比上年增长2.2%。其中，铁路68.54亿吨公里，下降2.9%；公路225.42亿吨公里，增长3.9%；民航2.71亿吨公里，下降0.7%。

全年实现邮电业务总收入66.67亿元，比上年增长4.4%，其中，邮政业务收入4.84亿元，下降0.6%；电信业务收入61.83亿元，增长4.8%。

全年接待国内外游客（含一日游）2533.54万人次，较上年增长15.0%，其中国外游客31.79万人次，增长1.6%。全年实现旅游总收入340亿元，增长14.1%，其中国际旅游收入12.01亿元，增长2.2%。

【金融和保险】2016年年末，乌鲁木齐市金融机构（含外资）人民币各项存款余额7406.60亿元，比上年增长6.0%。其中，企业存款2638.21亿元，下降0.1%；住户存款2295.69亿元，增长6.4%；政府存款2376.31亿元，增长12.6%。

年末全市拥有保险机构210个，全年保险公司各项保费收入150.33亿元，比上年增长23.4%，其中，财产险39.70亿元，增长11.2%；人身险110.63亿元，增长28.4%。全年支付各类保险赔款及给付46.59亿元，比上年增长16.4%，其中，财产险19.84亿元，增长8.7%；人身险26.75亿元，增长22.9%。

2

2016年克拉玛依市经济发展概况

【经济总量】2016年，克拉玛依市全年实现地区生产总值（GDP）648.9亿元（现价，下同），较上年增长2.3%（按可比价计算，下同）。分三次产业看，第一产业增加值5.3亿元，增长0.2%；第二产业增加值459.6亿元，增长5.0%；第三产业增加值183.9亿元，下降3.2%。三次产业结构比例为：0.82：70.83：28.35。

【农业】2016年，克拉玛依市农林牧渔业增加值5.7亿元（现价，下同），按可比价计算，比上年增长0.3%。其中，种植业增加值2.3亿元，下降1.1%；林业增加值1.3亿元，增长3.3%；畜牧业增加值1.7亿元，增长4.1%；渔业增加值0.06亿元，增长46.7%。

【工业和建筑业】2016年，克拉玛依市全市规模以上工业企业实现工业增加值491.3亿元（现价，下同），按可比价格计算，较上年增长2.3%。工业产品销售率为100.1%。其中，中央石油石化企业实现工业增加值459.6亿元，增长2.6%，工业产品销售率为100.1%；地方工业企业实现工业增加值31.6亿元，下降0.8%，工业产品销售率为100.0%

全社会建筑业增加值24.7亿元，按可比价格计算，比上年增长1.3%。全市有资质建筑业企业完成产值63.9亿元，下降22.9%。竣工产值71.6亿元，下降16.9%。

【固定资产投资】2016年，克拉玛依市全社会固定资产完成投资196.1亿元，比上年下降35.8%。其中，中央项目投资126.3亿元，下降31.6%；地方项目投资69.8亿元，下降42.3%。按三次产业划分，第一产业投资0.1亿元，下降73.0%；第二产业投资142.9亿元，下降32.2%，第三产业投资53.1亿元，下降43.7%。

【科学技术】2016年，克拉玛依市8家企业申报高新技术企业，6家高新技术企业复审，目前，全市共有高新技术企业38家。有20项科技成果荣获自治区科技进步奖，120项科技成果获市级科技进步奖。全年申请专利722件，其中，发明专利165件；授权专利413件，其中，发明专利60件。

【国内贸易和对外经济】2016年，克拉玛依市社会消费品零售总额62.9亿元，比上年增长7.0%，扣除价格因素，实际增长5.4%。按行业统计，批发和零售业零售额55.3亿元，增长6.7%；住宿和餐饮业零售额7.6亿元，增长8.7%。按经营地统计，城镇消费品零售额62.6亿元，比上年增长6.9%；乡村消费品零售额0.3亿元，增长11.7%。按消费类型统计，商品零售额55.3亿元，增长6.7%；餐饮收入额7.6亿元，增长8.7%。

全年一般货物进出口额13178.7万美元，比上年增长38.4%，其中，出口6330万美元，增长7.0%；进口6848.7万美元，增长89.8%。

【交通、邮电和旅游】2016年年末，克拉玛依市全市民用汽车保有量达到12.7万辆（包括三轮车和低速货车），比上年增长6.3%，其中，私人汽车保有量9.8万辆，增长9.6%。全市共有城市公交汽车524辆，城市公交线路43条。全年铁路旅客量87.34万人次，较上年增长26.9%；民航旅客量26.28万人次，增长94.2%；公路旅客量93万人次，下降10.6%。

邮政行业业务总量8597.82万元，比上年增长24.06%；邮政行业业务收入11952.07万元，增长15.75%。电信业务收入55265.8万元。固定电话用户11.7万户，其中，城市电话用户10.3万户，农村电话用户1.4万户。互联网用户35.5万户。

全年旅游业总收入34.61亿元，增长20.9%。全年接待游客406.84万人次，增长17.63%。入境旅游人数12263人次，其中，外国人10609人次；香港、澳门和台湾同胞1654人次。

【金融和保险】2016年年末，克拉玛依市金融机构各项人民币贷款余额594.5亿元，比年初增加84.8亿元，增长16.6%。其中，住户贷款27.1亿元，增长8.2%；非金融企业及机关团体贷款557.4亿元，增长15.0%。

年末辖区内保险业务机构15家。按业务性质分，财产险业务机构9家，寿险业务机构6家。全年保险公司各项保费收入17.1亿元，比上年增长19.1%。其中，财产险收入9.2亿元，比上年增长16.2%，赔款金额2.8亿元，增长7.8%；寿险收入11.1亿元，比上年增长21.5%。

3

2016年吐鲁番市经济发展概况

【经济总量】2016年，吐鲁番市全年实现地区生产总值（GDP）225.1亿元，比上年增长5.5%。其中地方属生产总值完成189.6亿元，比上年增长8.6%。分产业看：第一产业增加值50.0亿元，增长6.8%；第二产业增加值100.4亿元，增长7.4%；第三产业增加值74.7亿元，增长2.8%。第一、第二、第三次产业增加值比重由上年的22.0：37.6：40.4调整为22.2：44.6：33.2。按户籍人口计算，人均生产总值35891元，比上年增长7.21%。按当年平均汇率折合5174美元。

【农业】2016年，吐鲁番市全年农作物播种（含复播和套种）面积83.6万亩，比上年下降9.2%。其中：粮食种植面积6.8万亩，增长50.4%；棉花种植面积16.1万亩，下降53.8%；蔬菜种植面积8.3万亩，下降12.6%；瓜类种植面积29.3万亩，增长31.3%；孜然种植面积6.6万亩，下降9.8%。林果种植面积76.4万亩，增长10.3%，其中葡萄种植面积54.3万亩，增长10.6%。

【工业和建筑业】2016年，吐鲁番市全年工业增加值77.4亿元，比上年增长2.8%，其中：地方属工业增加值46.5亿元，增长13.9%。

全年法人建筑业企业完成总产值28.2亿元，比上年下降1.0%。房屋建筑施工面积105.0万平方米，增长31.4%。

【固定资产投资】2016年，吐鲁番市全年全社会固定资产投资完成369.3亿元，比上年增长6.2%，其中：地方属固定资产投资完成335.3亿元，增长12.33%。分产业看：第一产业完成投资14.9亿元，比上年增长2.3倍；第二产业完成投资203.8亿元，下降23.1%，其中：工业投资203.8亿元，下降23.1%；第三产业完成投资150.6亿元，增长92.5%。

【科学技术】2016年，吐鲁番市全年组织申报自治区各类科技项目68项，已立项项目39项。组织推荐自治区“十三五”重大科技专项7项；组织申报自治区葡萄产业项目15项；全年受理专利申请473件，国家已授予发明专利权22件。

【国内贸易和对外经济】2016年，吐鲁番市全年社会消费品零售总额45.9亿元，比上年增长5.0%，扣除价格因素，实际增长2.9%。按经营地统计：城镇消费品零售额33.5亿元，增长1.4%；乡村消费品零售额12.4亿元，增长16.3%。按行业统计：批发业零售额14.4亿元，下降7.7%；零售业零售额25.6亿元，增长11.3%；住宿业零售额0.4亿元，增长22.8%；餐饮业零售额5.5亿元，增长15.5%。

年末全市外贸进出口总额2146.2万美元，比上年下降48.9%。其中：出口总额1908.5万美元，下降0.5%；进口总额237.7万美元，下降89.6%。

【交通、邮电和旅游】2016年，吐鲁番市全年道路交通运输完成公路货物运输量1433万吨，比上年增长0.9%；公路货物运输周转量22.9亿吨公里，增长3.9%；完成公路旅客运输量1174万人，下降10.2%；完成公路旅客运输周转量6.9亿人公里，下降11.6%。

全年完成邮电业务收入5.7亿元，比上年增长2.7%。其中：电信通讯业务收入4.8亿元，增长1.2%。固定电话年末用户18.2万户，增长7.3%。其中：城市电话用户10.3万户，增长10.4%；农村电话用户6.7万户，增长3.8%。移动电话年末用户72.2万户，增长30.7%。年末全市固定及移动电话用户总数达到85.5万户。固定电话普及率为28.8部/百人，移动电话普及率为114.1部/百人。年末全市互联网用户12.8万户，增长47.7%。

全年接待国内外游客630.0万人次，比上年增长22.9%。其中：海外游客7.3万人次，增长71.3%。国内游客622.8万人次，增长22.5%。全年实现旅游收入58亿元，增长13.7%。

【金融和保险】2016年年末，吐鲁番市全市金融机构本外币各项存款余额256.4亿元，比年初增加24.1亿元，增长10.4%。其中：住户存款139.8亿元，比年初增加13.6亿元，增长10.8%。

全年保险业实现各项保费收入8.7亿元，比上年增长9.5%。其中：财产险保费收入3.0亿元，比上年下降2.9%；寿险保费收入5.7亿元，增长17.4%。在寿险保费收入中，健康险和意外伤害险保费收入1.2亿元，增长27.5%。全年支付各类保险赔款及给付3.2亿元，增长16.8%，其中：财产险赔款1.7亿元，增长20.0%；寿险给付及赔款1.4亿元，增长13.2倍。

第四篇
中国城市经济特色专题研究

中部崛起的现状、问题与对策

肖金成

大家下午好，很高兴和大家交流。区域发展是我们研究的主题，西部大开发、东北振兴、中部崛起、东部率先转型发展等等，都是我们研究的内容。我今天报告的题目是“中部崛起的现状、问题和对策”。关于中部崛起，国务院发过两个文件，一个是2006年国务院颁布《关于促进中部地区崛起的若干意见》，另一个是2012年《关于大力实施促进中部地区崛起战略的若干意见》。这两个文件内容比较多，要是念一遍今天下午就差不多了。所以我今天下午主要讲讲我掌握的一些情况和我自已的一些观点。

一、中部地区划分和中部崛起战略

咱们先看图1。中部也好、西部也好、东部也好，源于我们对区域的划分，划分有多种方法，这是早期三大地带的划分，蓝线以东的地方属于东部地区，东部地区最早划分的时候是包括了广西的，为什么要包括广西？因为广西是沿海地区。东部地带又称为东部沿海地区，所有沿海的省份都划在东部，所以东部是12省市、自治区。中部包括了九省。内蒙古属于中部，黑龙江、吉林两省也属于中部地区。所以最初的划分不是按照在东边就是东部，基本上按照经济发展水平，黑龙江按地理位置在最东边，但是未划到东部，而是被划到中部地区。为什么当时把黑龙江和吉林划在中部？是因为按照经济发展水平，黑龙江、吉林属于中等发展水平，所以就被划在中部了。

三大地带划分，是区域经济学家、我的博士生导师陈栋生教授最早提出来的。按照地理决定论，广西是沿海地区，有优势，所以就应该属于发达地区。但是实际并非如此，广西并没有发展起来。但当时划分的时候，确实有这种认识。

我和我的导师讨论过三大地带的划分，他说，最初的划分把陕西省和四川省划在中部，并不在西部。后来，国家计委在编制“七五”计划的时候，虽采纳了三大地带划分的思路。但并没有按照学者的划分方案，而是按照西南五省区和西北四省区来划分，是按照原西南局和西北局原有的行政区划进行划分的，没有把四川和陕西划在中部，按照发展水平来讲四川和陕西是应该划为中部的，这个划分后来被沿用下来，后来，重庆成为直辖市后，西部就变成十省市自治区。“七五”计划以来所谓的三大地带，就是如此划分的。但是西部大开发战略提出之后，广西提出，虽然我属于沿海地区，但我同时也是欠发达地区，言之有理，所以广西就给划到了西部。广西划到西部之后，内蒙古说广西是自治区，我也是自治区，发展水平几乎相同，所以内蒙古也被划到了西部，这样的话三大地带划分就起了变化，西部地区就变成了十二省市自治区，东部地区少了一个广西，中部地区少了一个内蒙古，后来实施东北振兴战略，范围包括辽宁、吉林、黑龙江。实际上东北地区还包括内蒙古的东五盟，中部地区去掉内蒙、吉林、黑龙江，中部地区就剩下六省，所以从三大地带到四大板块，中部地区成为四大板块之一。

大家看看这个中部地区的版图，确实是在中国的中心地带。但是这个版图是一个什么状态？有一次在山西召开中部论坛，参加的都是中部六省的各级领导。当时地级司的范司长邀请我在论坛上发言，我说你

作者简介：国家发展和改革委员会宏观经济研究院研究员、博士生导师。1955年9月出生，毕业于辽宁财经大学基建经济系，获中国社会科学院研究生院博士学位。曾任国家发展和改革委员会经济研究所、国家发展和改革委员会国土开发与地区经济研究所室主任、所长助理、副所长。现任国家发展和改革委员会国土开发与地区经济研究所所长。

（本文原载（《战略与管理》（京），2015年第6期）。

是不是要我在论坛上讲真话，他说是让你讲真话。我在论坛上就讲了中部地区不是一个合作区，它是一个战略区或者是政策区。为什么不是合作区？我的理由是中部六省产业结构是趋同的，不是互补的。我们知道结构趋同，就容易产生竞争，有时竞争会很激烈，合作是很困难的。我提出来中部地区应该采取分散突围的战略。为什么要分散突围？

我们说看看这个山西，山西和京津冀有互补性，因为山西主要以能源产业为主，能源产业是山西的支柱产业。山西的煤和电主要输往京津冀和山东。所以合作的方向是向东，而不是向南。所以你要让山西、河南、湖北、湖南合作实际上意义不大。

我们再看看安徽。安徽主要应和长三角加强联系和合作。安徽和长三角是紧密联系的，是互补的。

我们再看看江西，江西有两个方向，一个方向是海峡西岸，就是福建，后来修通了一条向莆铁路，就是南昌附近的向塘到福建的莆田建了一条铁路。有一个鹰潭到厦门的铁路，北京到福州的铁路，也通过江西。所以江西应该是三个方向展开合作，赣东北应该和长三角合作，赣东南应该是和福建合作，赣南应与珠三角开展合作。湖南主要的合作方向是广东珠三角方向。

湖北有两个方向，一个是沿着长江向上海，第二个是沿着长江向重庆。当然还有南北方向，所以湖北是有四个方向，应该说在中部来讲它的位置是和周边加强合作，但东西太远，而南北又是同质的，谁也靠不住，只能靠自己。我在会上开了一个玩笑，我说中部六省合在一起像个什么动物，像不像一个乌龟，我说合起来像一个龟啊，大家知道龟的行动是很慢的，你要是想合起来齐步走是不会加快发展的。他们在论坛正前方搞了一个大展板，是中部六省的地图，我说你们朝上看，到底看出一个什么来。我说中部崛起就是要分散突围，要加强和周边的合作，减少内部的竞争。这就是我当时在中部论坛上给他们讲的这个观点，因为大家坐在一起是要谈合作，怎么样合作？我说合作争取政策。

中部崛起有两大政策，一是振兴老工业基地比照东北振兴的政策。因为东北振兴就是老工业基地振兴嘛，主要是资源型城市转型，资源型城市的转型有很多的政策，中部地区的资源型城市要比照东北的政策。二是中部地区的贫困县比照西部的政策。所以中部崛起没有自己的政策，就是两个比照。一个是比照东北振兴，享受资源型城市转型的政策，第二个是比照西部地区，西部贫困地区可享受脱贫的政策。应该说这两大政策都是非常优惠的，因为东北也好，西部也好，也无非这些政策。但是我感觉要正确认识中部的问题，中部的问题和西部的问题，和东北的问题都是不同的。

二、制约中部地区发展的主要因素（根本问题）

制约中部地区的主要因素是什么？这是我研究中部崛起战略一开始就在思考的问题。中部地区的学者最早提出了“中部塌陷”现象。为什么出现“中部塌陷”，国家实施东部率先发展和西部大开发战略。当时东北还没有被划分出来。东部地区发展比较快，西部大开发之后，西部也发展得比较快。如果把各省经济发展速度画一条曲线，不管是中部六省还是中部九省都是比较慢的。所以将此现象称作中部塌陷。中部地区的学者开始做文章，做什么文章？说中部兴则中国兴。中部塌陷就意味着中国塌陷。所以我们为了中国不塌陷，就不能让中部塌陷。一定要实施中部崛起战略，因为中部崛起中国才能崛起。但实实在在的说，中部地区在中国来讲发展条件是不错的。资源禀赋是比较合理的。比如说这里有长江中下游平原、华北平原的一部分，农业的发展条件非常好，水资源比较丰富雨量比较充沛。另外中部六省像安徽、江西、湖南、河南的能源资源也非常丰富。湖南的有色金属资源也非常丰富，在资源禀赋上优于珠三角和长三角。珠三角资源能源很短缺，可以说基本上没有什么能源资源，长三角也是如此。江苏就是徐州有点煤，浙江基本上没有煤。所以从资源来讲，中部地区还是不错的。

为什么这么好的条件，经济发展还比较缓慢？我总结了五点：

1. 城市发育不良

中部地区各省除了省会城市，其他的城市，城市规模都比较小，比如湖北省除了武汉之外，城市规模都很小。武汉我们谓之一市独大。后边有一张图（图1），是2012年的数据，因为新的数据还没有，尤其是城市的数据。武汉的GDP是八千亿，而黄石只有1040亿，鄂州560亿，孝感1105亿，黄冈1192亿。当然有两个城市规模相对大一点，就是襄阳和宜昌，他们的GDP超过三千亿，但也不到武汉的一半。

图3

各市建成区面积也是如此（图2），武汉是520平方公里，周围的城市没有一个超过一百平方公里。按照一个平方公里一万人计算，武汉是520万人的话，其他城市都不到一百万。宜昌和襄阳的城市人口不到两百万。湖北如此，江西也是如此。我们看看江西的人口。南昌的人口337万，其他的城市像赣州、上饶、景德镇、鹰潭、九江、新余、宜春、萍乡、吉安的城市人口都在一百万左右，超过一百万的只有赣州和上饶。其他省会城市如合肥人口三百万左右，太原市人口三百万左右，郑州市的人口四百多万，说是城市人口，也包括了周边乡镇的人口。城区的人口可能还要少。我认为，中部地区城市发育不良，是一个主要的问题。是什么原因导致城市发育不良？实际上是工业化的问题，是工业化水平低。因为城市的规模取决于二、三产业创造的就业岗位，二、三产业发展不好，创造的就业岗位少，人口不可能大幅度增长。

2. 农村人口多，城镇化水平低

看一下2014年数据，山西城镇化水平，是53.79%，比全国低0.98个百分点；河南是45.2%，比全国低9.57个百分点；湖北55.67%，比全国高了0.9个点；湖南49.28%，比全国低了5.49个百分点；安徽49.2%，比全国低5.57个百分点；江西50.2%，比全国低了4.57个百分点。

中部六省只有湖北是高于全国平均水平，基本上和全国平均线54.77%一样，其他的都低于全国的平均水平。按照中部的地区来讲应该说和全国平均水平持平是比较合理的。但是多数低于全国平均水平，尤其是河南低了9.57个百分点。

我们说城镇化水平可以代表工业化水平，是现代化水平的标志。也就是说整个中部地区，半数以上的人口还滞留在农村，城镇化水平低是中部地区一个重大的制约因素。

3. 县乡自我发展能力弱

现在大力发展县域经济，实际上从“十一五”开始就提出大力发展县域经济，壮大县域经济，把县域

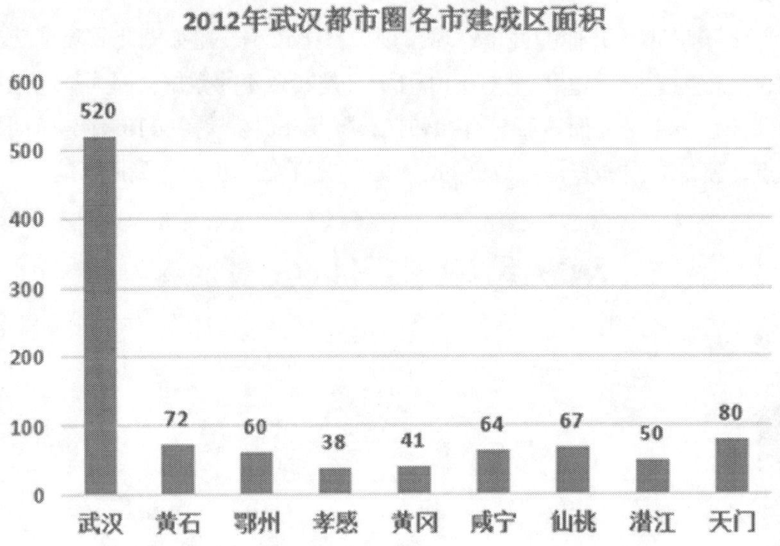

图4

经济发展作为重大战略，但在中部地区效果不是很明显。

为什么不明显？我们分析过。主要原因是中部地区多数是农业县，大家知道农业给财政的贡献几乎等于零。有些地方不但不能给财政做贡献，还要给农民补贴，所以说县财政很多支出都靠转移支付，这种靠转移支付的财政很难有完善的基础设施，没有大量资金投入基础设施，导致基础设施不完善，你想招商引资或者是发展产业，非常困难。

中部地区属于粮食主产区，有保障粮食安全的任务。所以两个文件对中部地区的定位是粮食生产基地，最主要的任务是要巩固粮食生产基地的地位，两个文件里面都明确中部地区第一大任务是巩固粮食生产基地的地位，毫不松懈地抓好粮食生产。既然很多县都是农业县，你要让农业县的经济发展到什么程度，是非常困难的。

当然，也不能希望其放弃粮食生产，大力发展二、三产业，因为发展二、三产业的条件是不具备的。

4. 城镇体系不合理

城市是划分层次的，一个区域不仅应有大城市，也应有中小城市，还要有小城镇，这就是城镇体系，一般呈金字塔状，越往下数量越多，中等城市有一定数量但不会太多。中部地区的城镇体系的特征是大城市较大，中等城市发育不良，小城镇多而小。省会城市规模还可以；地级市规模比较小，产业不是很雄厚；县城第二产业不是很发达。小城镇多数是商贸型小城镇，少量是资源型小城镇，有个别是旅游型的小城镇。城镇不像江浙，也不像珠三角，珠三角的城镇如虎门规模很大。浙江的镇的规模都有七、八万人。中部县城都不大，别指望小城镇变得很大。

5. 资源优势尚未转化为经济优势

中部地区资源比较丰富，资源禀赋比较合理，尤其是山西。山西是资源大省，我们在2002年曾经给山西做过资源型城市转型研究。我为此写过一个研究报告，题目是资源性城市转型之策。其中，提到一个现象，就是在资源市场比较好的时期，比如说煤炭价格比较高，煤炭需求比较大，挖出来就赚钱，就顾不上转型，也不用转型。等煤炭市场不好了，煤炭价格下降，企业不赚钱，就没有条件转型。每个企业都亏损，财政收入下降，这个时候想转型，怎么转？没法转。所以始终是转不过来。资源型城市转型不是现在提出来的，很早就提出来了，但转型的效果很差。

直到现在，山西省仍然是受到资源产业比重过高的拖累。资源优势没有转化为经济优势。有一个理论叫作资源诅咒。就是说凡是资源丰富的地方，多数是欠发达的地区。因为资源比较丰富，这里的人不用干别的，把资源从地下挖出来，就能够生活得很好，或者说不用费很大工夫就能够比较富裕，所以没有动力搞别的产业，也没有动力去进行创新。后来我们发现在全国来看凡是资源丰富的地方，都是相对欠发达的地区。资源最不丰富的，或者是最贫乏的要数温州，不仅缺乏矿产资源，土地资源也很缺乏，人均三分地，连口粮都不够，所以温州人最早走出去，国家限制不让走出去的时候，也没有限制住，走遍全国，开放以后走向全世界。像浙江、广东资源都比较贫乏，但是他们的经济比较发达，这和中部地区形成一个鲜明的对比。

为什么中部地区城镇化水平低，我也经过了比较深入地思考，为什么这些人不愿意到城里去？就是农业生产条件太好。靠土地能够生存，靠土地不仅能够吃饱饭，也能有一定的收入，他不太愿意抛家舍业。所以解放初期说很多人乡土观念很重，当官都不想当，何况让他进城。那个时候最理想的一句话就是“三十亩地一头牛，老婆孩子热炕头”愿意回到农村，不愿意去城里。

出去打工最多的是四川和贵州，这两个省耕地资源很少，在农村不仅很难富起来，而且很难生存下去，所以就走出来了，到城里去，到珠三角去，到长三角去，到北京去。恰恰中部地区走出去的人相对比较少，当然也有一部分，像河南、安徽，走出去比较多。

中部地区总的来说境遇不错，耕地资源过得去，所以没有动力离开农村。所以城市相对来讲服务业也不是很发达，搞区域经济研究要透过现象看本质，要从根上去挖掘，这些原因导致了最后这种结果。

三、中部崛起的有效途径

中部崛起到底如何实现？国务院发的两个文件，我发现还是一个传统的路径。比如说巩固粮食生产基地的地位，提高能源原材料基地的发展水平，壮大现代装备制造及高技术产业基地的实力，加快发展服务业，强化综合交通运输枢纽的地位。支持重点地区的发展，发挥城市群的辐射带动作用，大力促进县域经济发展，扶持欠发达地区加快发展，支持老工业基地调整改造和资源型城市的转型，当然还有大力发展社会事业，切实保障和改善民生。这些都是一些没有没有错也没有太多用处的表述。我提的观点有一定的不同。我说一定抓住中部地区的最本质的东西。

第一条途径：积极培育区域性中心城市

中部地区，中部六省无一例外，省会城市规模都比较大，有的三百万人以上，有的五百万人以上，但是，地级市的主城区规模都比较小。我们说一个区域的发展，要靠城市来带动。那么一个省是不是要靠省会城市来带动？我的观点是一个城市是不可能带动一个省的。根据我的研究，一个大城市，即使规模很大，辐射半径也辐射不到全省。上海市是中国最大的城市，应该说辐射带动能力很强，辐射半径也不会超过两百公里。比如说上海就难以辐射到镇江，向南辐射的范围就是嘉兴、绍兴、宁波，再往南的城市基本上和上海就没有什么关系了。发展得好不好都和上海没有关系。

中部地区的省会城市，武汉最大，辐射半径不过一百五十公里左右。所以说一个省靠省会城市来辐射带动，是不太可能的。每一个省的边缘地区，基本上都是欠发达地区。所以我们说一个省仅发展省会城市是不够的，要发展区域性中心城市。中心城市的区域半径，比如说一个地级市一般的情况下半径五十到一百公里。那么，如果它的城市规模发展到一百万人到三百万人，辐射半径是五十到一百公里，基本上和它的区域范围比较吻合。现在的问题是这些城市均比较小。

地级市的中心城区一般都通铁路，通高速公路，基础设施条件也非常好，容易集聚产业。我们说产业的集聚是有条件的。一个条件当然是交通，交通比较发达，这是产业聚集的第一条件。第二是有产业配套能力。第三要有人才，没有人才或人才不愿意去，大学生都不愿意去，企业尤其是现代化大企业是不会去的，这个城市是很难有发展前途的。如果一个企业没有高素质的人才，这个企业是很难发展成为国际化现代化大企业，。最后是财政实力，比如说我们搞一个开发区，需要有完善的基础设施，一平方公里起码投入一个亿，十平方公里要投入十个亿甚至更多。一年要搞几个平方公里的工业园区，起码拿出五到十亿元来搞基础设施建设。作为县级财政很困难，但是地级市是可以做到的。所以我建议就是要培育区域性中心城市，让区域性中心城市聚集大量的产业，创造就业岗位，吸引人口。

第二条途径：通过城市群带动经济区的发展

中部地区城市虽然说规模比较小，但是城市比较密集。就是说城市之间的距离不太远，相互距离一般五十公里左右，最多不超过一百公里。因为交通发达，所以城市和城市间的联系比较紧密，联系紧密会出现竞争。所以我们发现中部地区的城市和城市之间的竞争比较激烈，造成结构趋同。

那么解决的办法是要按照城市群来进行规划。对城市群进行规划，也就是说城市要有分工，要有明确的功能，分工才能互补，互补才能合作。比如说省会城市，像武汉、长沙、郑州这些城市主要发展服务业和高科技产业，一般的制造业，最好放在周边城市，否则的话周边城市很难发展，这就要通过城市群规划。一般情况下省会城市和周边城市会形成一个城市群。城市群中各个城市如果化分力为合力，就可以带动周边地区去发展。

第三条途径：促进民营经济健康发展

我们说要大众创业，万众创新，主要靠民营经济，中部地区民营经济相对于东部沿海地区差距比较大。很多产业像农产品加工业和服务业，实际上主要靠民营经济来发展的。通过发展民营经济，才能够创造更多的就业岗位。

第四条途径：支持农业基础设施建设

我们提出来工业反哺农业，城市带动农村。首先要解决工业如何反哺农业？口号喊出来了，但是没有管道。这边有水，那边很旱，我们说应该支持旱区，但是水管没有，水管没有的话水就流不过去，现在就属于这个情况。工业反哺农业的管道没有。其次是城市如何带动农村？我们的城市道路都是由交通局来修的。农村的道路靠农民集资，是吧？农村道路交通局不管，交通局只管城市和主干道。既然工业反哺农业就是要对农业基础设施进行投资，农田的水利设施、交通设施、农业科技是要政府支持。

我去日本参观农协，日本的农协很起作用。农协把农村道路修好。中国到农田里是走田埂，日本是走水泥路，汽车可以进入农田，路是农协修的，农产品销售和加工，农民不管，只管从地里弄出来，送到农协去，农协负责装箱和后加工，经过挑选后再进入到超市，这个环节都是农协来干的。加工环节农协基本上不收钱。商品出售后把钱原封不动地给农民，整个一个保姆式服务。日本的农业成本相当高，之所以能生存下来，农协发挥了很大作用。我就问他们，农协的亏损谁来承担？没有人回答。无论是日本的政府还是农协的人，都不给你正面回答。事实上，政府拿了很多钱，农协背后是政府，就是说农协的亏损包括加工的成本基本上是政府来承担。如果从农民手里到超市这个环节的成本完全由农协来承担的话，我觉得农民一分钱不拿的话也不会赚钱。

我说中国的农业，是农民工在反哺，而不是工业反哺农业。农民从事农业很难富裕起来，只能到城里打工，又不愿意丢掉农村这块地，不愿意丢掉农村的房子，所以不舍得消费，赚了钱以后，把钱汇回家盖房子，买化肥。比如说割麦子，原来用镰刀割，现在有钱了，雇收割机来割。如果农民不到城里务工，你看他能雇收割机吗？他雇收割机的钱从哪里来？卖了麦子，如果说用收麦子的钱来付收割机的费用的话，口粮就不够了。

既然中部地区承担保障国家粮食安全的任务，农业基础设施建设资金，中央政府应予支持。这就是工业反哺农业。

再说城市带动农村，就是说农村的富余劳动力，应由城市接纳。不能把富余劳动力滞留在农村。虽说是农业问题，应通过提高工业化和城镇化水平来解决。

第五条途径：大力发展装备制造业

中部地区能源、原材料产业占比比较高。要创造更多的就业岗位，实际上是要发展装备制造业。因为中部地区的人口很多，劳动力资源丰富，。像河南，户籍人口超过一亿，常住人口九千多万，大量的人口到沿海地区打工。如果说要在当地就业的话，必须创造更多的就业岗位。，装备制造业既是技术密集型的，又是资本密集型的，还是劳动力密集型的。能源原材料产业实际上是资本密集型的，像钢铁产业、化工产业不需要多少人，但是需要高投入。装备制造业还是技术密集型的，没有技术生产不出来好的产品。

第六条途径：提高城镇化和农业现代化水平

中部地区的城镇化水平起码要和全国的平均水平持平。中部地区要达到中等发展水平嘛。赶不上沿海地区，赶不上江浙地区，起码要比西部地区高，西部地区的城镇化水平低于平均水平是正常的，但是中部地区不应该低。我们发现中部地区除了湖北省均低于全国平均水平，河南比全国平均水平低九个点，这个九个点是不少啊，人均GDP差距就更大了。

提高城镇化水平大家会很担忧。青壮年劳动力到了城里了，都成为农民工了，不再从事农业生产，农业怎么办？农业的出路还是要实现农业现代化。农业现代化受到制度的制约，因为现在我国有两亿多农户，人均不到三亩地，户均不到十亩地。一户耕种十亩地，无论是他的收入，还是现代化水平都难以提高，让其实现农业现代化我认为没有希望。连提供优质的农产品都做不到。因为一个农户要施肥，要打药，要寻找市场把产品卖出去，所以每个农民都要有企业家的素质，像一个企业老板一样。然而很多农民是不具备这个素质的。让他一边在农田耕作，一边在市场销售自己的农产品，对于农民实在难为他。我觉得我们在座的一个人给你十亩地，要搞得很好，让自己富裕起来，我觉得也是很难的。所以说关键是土地经营规模化，然后品牌化，然后才能够实现现代化。

但是现在我们的农村滞留了那么多人口，这些人口怎么办？比如一个农户耕种五百亩地，实现了规模化，就可以富起来，但会导致将近200人失去土地，这200人吃什么？喝什么？所以现在的情况下解决“三农”问题很难。我们最担忧的是城市资本下乡，圈占土地，实现了规模化经营，然后号称我这块地实现了现代化，但是造成农村人口几百个人没有工作，没有收入，这些人怎么办？如果说这些人到了城里，都在城里找到了工作，并有了完善的社会保障完全没有问题。如果说现在就让城市资本大量圈占土地，就会使大量的农民失去土地，这会带来很多的社会问题。所以说在这个过程中，为什么叫两化？即城镇化和农业现代化，就表明这是一个过程。这个化可以快，也可以慢。但是一定是朝着这个方向去走。我们的政府，我们的政策，我们所有的措施，都要朝着这个方向而不要开倒车。不要往后拉，城镇化是要促进的，不能促退。而且城镇化和农业现代化是要同步的，不能不同步。城镇化水平的提高，依赖于农业现代化。农业现代化，尤其是土地的集中，一定是要依托城镇化。大量的农村人口转移到城市，而且不再回来，才能真正把土地规模化问题根本解决。

这就是我对中部崛起路径问题的思考。

下面我举两个案例。

一个案例是长江中游城市群，这个名字的命名权属于我，当时我们搞城市群研究的时候，都叫武汉城市群，我认为不合适，为什么？城市群是不能以城市来命名的，因为城市群不是一个城市，是多个城市共同组成的。以武汉为中心，以辐射半径画圆，也就是武汉辐射的范围可以命名为武汉都市圈，可是武汉人很谦虚现在也不敢叫作都市圈，称作武汉城市圈。都市圈是单向辐射，城市群是多向辐射。我认为不能叫武汉城市群，应叫作长江中游城市群，因为这些城市均位于长江中游地区。他们听从了我的建议，改称长江中游城市群（图3）。

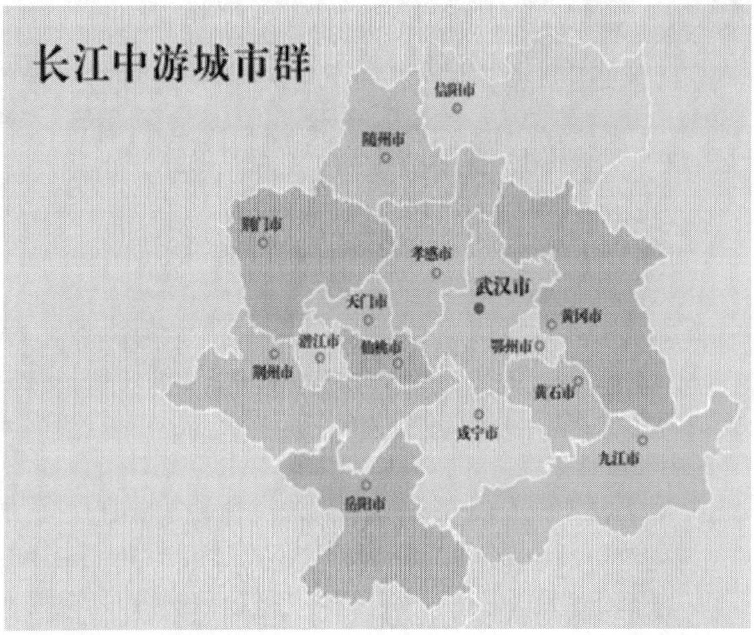

图3

长江中游城市群范围是多大，从上图来看，南到岳阳，东到九江，北到信阳，西到荆州这样一个范围。我所有两个同志分别对长江中游城市群进行了研究。两个都是湖北人，我说你们最了解，你们来研究一下长江中游城市群。一个是区域研究室主任，她觉得范围太大。我说研究城市群要从发展的眼光，外延是不断向外扩展的，既然搞规划，视野要放得更远一点。她就按照我的意思划定了这个范围。为什么包括河南的信阳。我记得我有一次去信阳开一个咨询会，信阳一个同志给我提出了如下问题：听说您参与编制了中原城市群的规划，为什么没有把信阳规划进去？我用很简短的话回答了他。我说要进步去郑州，要发展到武汉。信阳难以接受郑州的辐射，虽然信阳隶属于河南，但武汉对信阳具有辐射力。我说信阳要加强与武汉的联系。所以我认为信阳属于长江中游城市群。

第二个是我所规划室的副主任黄博士，他有博士学位，所以有点认死理，他把信阳拿出去了，把九江也拿出去了，岳阳也有一点勉强。不管怎么说，两个人都认为范围太大了。但是很令人诧异的是我们发改委搞长江中游城市群规划的时候，把江西的一大部分划进了长江中游城市群，把湖南的一大部分也划进了城市群，所以长江中游城市群的范围很大。

对此我有自己的观点，因为城市群的形成是一个过程。比如说再过30年，长株潭是不是和长江中游融为一体，我认为是会的，因为不需要五十年，二十年就够了。比如说江西的环鄱阳湖，南昌、萍乡、宜春都会进入城市群里，会融合，但是不可能短时间就能形成，我个人认为环长株潭，我们将其称作湘东城市群，仍然是一个相对独立的正在形成过程中的城市群。环鄱阳湖城市群也在形成过程中。未来随着南昌市和周边城市规模的扩大，环鄱阳湖城市群才能形成。环长株潭城市群和环鄱阳湖城市群形成之日才是三大城市群融合之时。当然，大家都愿意范围大一点，因为都觉得国家会给优惠政策，中央要支持，所以，拼命往里挤。我认为城市群是一个笼子，大家都认为笼子里有肉吃，没肉吃喝汤也行，总比站在笼子外面强。等到进去之后，发现既没有肉吃，笼子门还给关上了。

在没有城市群规划之前，城市的功能是没有限制的，发展也是没有限制的。区域性中心城市是为周边区域服务的，完善城市功能没有任何问题。进入城市群，城市之间要分工，比如说核心城市，像武汉、长沙、南昌主要发展现代服务业，其他产业的发展应受到限制，不能什么都发展，什么都发展的话，别的城市就没有机会了，没有出路了，所以要受到限制，产业应向周边城市转移。周边城市和核心城市应错位发展。现在有一个倾向，无论是大城市，还是中等城市，还是小城市，都要规划一个CBD，叫做中央商务区，建起一栋栋高楼，但是谁来呢，哪个银行来，哪一个企业总部来，不知道。现在出现了很多空城，叫不叫鬼城不说，起码是空城。

一个城市群里面的核心城市肯定要聚集很多高端服务业。CBD是一个大都市的商务中心区，聚集了很多银行，聚集了很多企业总部。那么它周边的城市，规划建设CBD就没有多大必要，规划了CBD也不会有太多的公司总部入驻。所以我们说周边的城市要发展制造业，周边的小城镇要发展零部件产业，产业分工就形成了。通过错位发展、相互合作，城市群就成了有机的整体。城市群的意义就在于是一个有机的整体，因为相互分工，相互耦合，由单个城市的竞争力变为整体的竞争力。城市群不是一群城市，不是论堆的，堆得越大越好。城市群里面有一到几个都市圈，比如说长江中游城市群有一个武汉都市圈，武汉和周边的城市，孝感、黄石、黄冈、鄂州、咸宁、天门、仙桃、潜江、都在武汉都市圈里面。湖北人很谦虚，他们不叫都市圈，叫城市圈，下图是湖北人绘制的，我是从网上下载的（图4）。

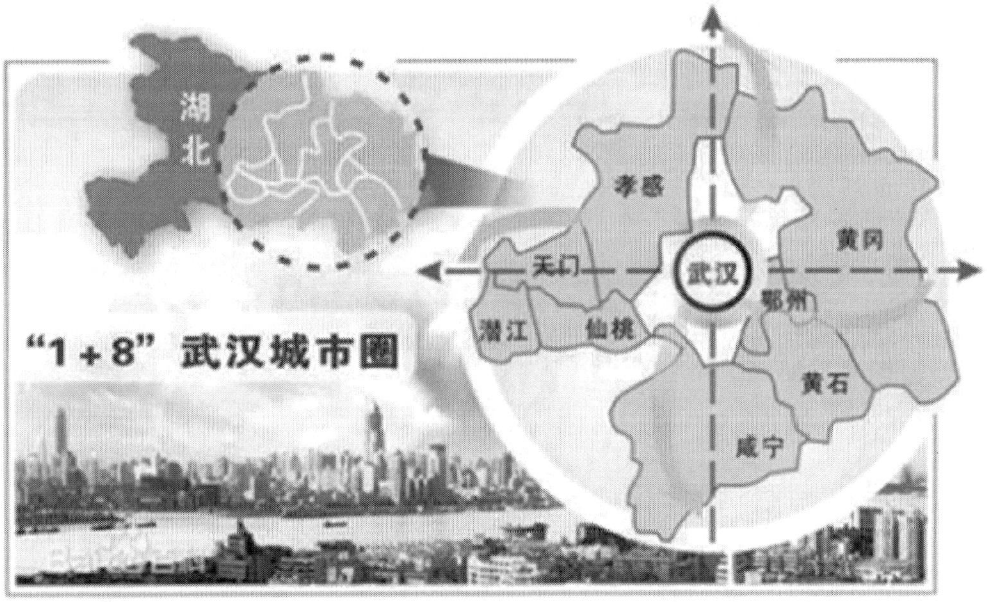

图4

我们再看看中原城市群。中原城市群是以郑州为中心共九个地级城市。分别是郑州、开封、新乡、焦作、洛阳、许昌、平顶山、漯河、济源，图8是中原城市群在河南的位置，红色的都是城市。我再谈一下都市圈与城市群以及和中原经济区的关系。城市群一定要有一个都市圈，当时有人说郑州还不是一个大都市，当时郑州才260万人。不是大都市当然就没有都市圈，没有都市圈就难以形成城市群。但城市群是逐步形成的，大都市和都市圈也是逐步形成的。因为300万人的话就可以称为大都市了，其他国家三百万人就是一个很大的城市了，咱们国家大城市比较多，三百万人不算什么。郑州和开封离得很近，所以我们提出郑汴一体化，把郑州和开封当做一个城市开封成为郑州的一个功能区，实现一体化发展，郑州都市圈又被称为郑汴都市圈。除了都市圈之外，我把九个城市称为紧密圈。紧密圈之外还有一个辐射圈，中原城市群向东北可辐射到山东的菏泽和聊城，向西北可辐射到山西西的晋城和长治，向北可辐射到邯郸和邢台，还可以辐射到安徽。城市群向周边辐射就形成了经济区。后来河南提出了中原经济区的概念，这个经济区不是

图5

图6

把城市群变成经济区，而是城市群向周边辐射形成了经济区。这里来看中原经济区、中原城市群、郑汴都市圈是有区别的，不是一回事。

提出这些概念的日的是让城市带动农村，让城市群来带动经济区。

我今天就讲这么多，大家有什么问题再交流。

图片与文章原载（《战略与管理》（京），2015年第6期）。

论可持续城市

赵弘　何芬

摘要：我国城市普遍爆发“城市病”，建设可持续城市是应对城市蔓延、治理“城市病”的重要战略。本文在对国内外可持续城市相关研究成果进行评述基础上，提出可持续城市的全新内涵,从空间结构、交通结构、生态环境、经济支撑、文化传承五个维度构建可持续城市的主体框架，提出建设可持续城市的五大核心要件，即构建“分散紧凑型”多中心格局，建设以轨道交通为主导的公共交通体系，建设大尺度绿色生态空间，夯实支撑城市发展的实体经济基础，注重城市文脉延续以留存城市特色与魅力。

2014年，全球城市人口达到39亿，占总人口的54%，管理好城市成为各国面临的共同挑战。过去10年（2005-2014年）间，我国经历了全球规模最大、速度最快的城镇化过程，城镇化率从42.99%提升到54.77%，平均每年新增城镇人口超过2000万人，人口密度增长了1.78倍，城市建设用地面积扩大了68.65%，建成区面积扩张了53.05%。人口膨胀与城市发展过快，以及相伴而生的交通拥堵、房价高企、环境污染、生态退化等严重的“城市病”问题，从一线城市向二线、三线城市蔓延。时隔多年再次召开的中央城市工作会议明确提出，要顺应城市发展规律，创新城市规划建设理念，着力解决城市病突出问题,提高城市发展的持续性、宜居性，走出一条中国特色城市发展道路。因而，研究可持续城市，在我国当前和今后相当长一个时期，具有重要的理论和现实价值。

一、可持续城市的内涵

可持续发展理论兴起于20世纪80年代，对我国治理“城市病”、转变城市发展方式具有重要的理论借鉴价值，也为我们在未来城市化进程中贯彻中央城市工作会议精神，实现城市可持续发展提供了有益启示。

（一）可持续城市的基础与源起

从城市发展理论演进看，霍华德提出的“田园城市”、赖特提出的“广亩城”、沙里宁提出的有机疏散理论、勒•柯布西耶提出的“明日城市”、“光辉城市”等，都是针对城市化过程中出现的城市问题而提出的解决方案或理想目标，一定程度上可以看作可持续城市理论的源起与基础。

田园城市、广亩城、有机疏散理论体现了“城市分散主义”思想，认为城市在地域空间上应保持低密度（李松志、董观志，2006），用分散而又有联系的有机体来取代城市集中布局。田园城市理论同时强调要限制城市自发膨胀，在城市达到一定规模后，新增长部分由邻近的新城镇来容纳（叶玉瑶等，2008）。这些理论也是卫星城、新城运动的重要理论源头。明日城市、光辉城市则代表了“城市集中主义”思想，认为解决城市问题的途径是提高而不是降低城市密度，主张在城市里建设高层建筑、现代交通网和大片绿地，创造现代化生活环境（韩林飞，2013）。

在城市的发展史上，“分散”与“集中”这两种不同发展理念贯穿于城市发展的全过程，又统一在不

作者简介：赵弘，男，北京市社会科学院副院长，研究员，博士，北京市人民政府专家顾问团顾问，享受国务院特殊津贴专家，中国区域经济学会常务理事；何芬，女，北京方迪经济发展研究院区域经济研究部部长，助理研究员。
（本文原载：《区域经济评论》2016年03期）。

同尺度的城市空间结构的演化进程中。这两者的交锋与融合，衍生了“分散化集中”理论，它强调对高密度的城市核心区与其他功能中心区之间进行生态分隔，以公共交通为连接纽带，形成“多中心”的城市空间结构。

从田园城市到光辉城市，都可以归结为城市可持续发展的空间策略，其核心是空间，虽然涉及生态环境建设，但不是重点。1971年联合国教科文组织开展了“人和生物圈计划”，提出从生态学角度来研究城市，生态城市的概念由此问世。生态城市主要关注现代城市发展中人与环境的关系。城市生态学家理查德•瑞吉斯特在《生态城市:重建与自然平衡的城市（修订版）》一书中提出，要以立足长远的生态学原则为指导，以可持续性、文化上充满活力、健康的地球生物圈为出发点，重建城市和城镇（王如松、于占杰译，2010）。

（二）可持续城市的内涵

随着全球城市化的推进、气候变化和能源危机的加深，人们不再满足于侧重某一视角，比如空间或生态，来研究城市的可持续发展，因而提出内涵更加丰富全面的概念——“可持续城市”，并对其进行了深入研究。

1996年召开的联合国第二届人类住区会议首次正式提出“可持续城市”（Sustainable Cities）的概念。该概念对可持续城市的定义如下：在这个城市里，社会、经济和物质都以可持续的方式发展，根据其需求有可持续的自然资源供给（仅在可持续产出的水平上使用资源），对于可能威胁到发展的环境危害有可持续的安全保障（仅考虑到可接受的风险）（高莉洁等，2010）。2000年在柏林召开的“城市未来（21世纪城市）国际会议”提出，可持续城市要从生态、文化、政治、机制、社会和经济等方面致力于改善城市生活质量（杨东峰等，2010）。有学者认为，城市的资源使用和环境影响都具有外部性，其可持续发展也不能局限于自身，而必须在区域层面上来理解，即通过城市的合理建设为更广阔区域的可持续发展作出贡献（Blassingame Lurton，1998）。

在可持续发展的目标引领下，世界各国的城市在空间形态、城市管理等方面逐渐趋同，唯有城市文化能赋予其独特风貌与城市性格，为城市在竞争中创新发展、脱颖而出提供土壤和资源（姜赟，2015）。早在1999年，欧洲委员会发布《欧洲空间发展战略》，将“自然资源和文化遗产的保护和管理”作为城市与区域可持续发展的一项基本原则和重大目标（欧洲委员会，2005）。

基于可持续城市的理念，国内外形成了“紧凑城市”、“新城市主义”、“精明增长”三种重要思潮。

“紧凑城市”概念于1990年由欧洲社区委员会在《城市环境绿皮书》中正式提出，主张城市不能一味地扩大规模，应是一种具有明确边界、高密度、功能混合的城市模式（Katie Williams，2000）。

“新城市主义”吸纳了紧凑城市理念，倡导从区域、邻里、街区三个层面来控制中心城市无序蔓延，重建丰富多样、适于步行、紧凑的、混合使用的社区，形成区域多中心开敞式的城市空间（李万峰，2014）。

“精明增长”是针对城市无序蔓延提出的可持续发展策略，主张通过政府的引导性政策、限制性法规（王丹、王士君，2007），用足存量空间，鼓励嵌入式开发和城市更新，减少盲目扩张，以最低的基础实施成本去创造最高的土地开发收益（梁鹤年，2005），来实现可持续增长。

根据对国内外可持续城市相关理论的研究，我们对可持续城市进行全新的概念阐释。我们认为，所谓“可持续城市”，是指在一定经济社会条件下，支撑城市发展的各系统与城市功能之间相互协调，实现城市运行高效、经济繁荣、生态优良、生活宜居、社会公平和文化和谐，能够为居民提供可持续福利且不给后代遗留负担的城市。

二、从五个维度解析可持续城市

虽然可持续城市的内容非常丰富，建设可持续城市更是一项极为复杂的巨系统。但我们认为，可持续城市的关键要素可以归结为五个方面，或者说可以将可持续城市结构化为五个维度：即空间布局可持续、交通结构可持续、生态环境可持续、经济支撑可持续和文化传承可持续。城市发展要向着这五个维度的可持续靠近，并以此为基础创建包容性、多样性的可持续社会，形成一个更高效、更清洁、更适宜居住的城市区域。可持续城市五个维度的示意如下：

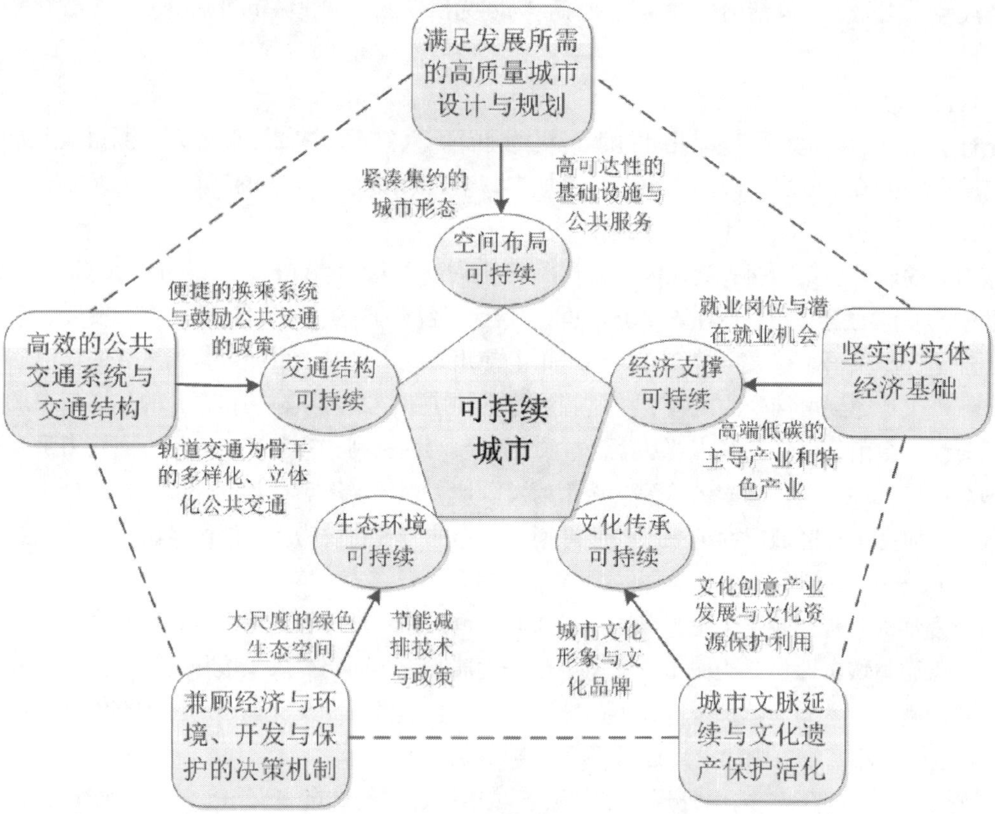

图1　五个维度的可持续城市示意图

（一）空间布局可持续

城市是一个空间集聚体。新经济地理学“中心-外围”理论认为，即便初始条件完全相同的两个对称区域，只要存在规模报酬递增和运输成本，经济就会在自我演进中产生集聚（姜梅华，2014），两个区域会分别发展成核心和周边区域。这揭示出了经济地理集聚和城市形成的作用机制。城市汇集了人口、资源、信息、机遇等正面因素，产生规模经济效应，形成发展的向心力。而当城市规模超过一定限度，会转向它的反面，即出现规模不经济或拥挤效应，使城市运行效率损失，污染、交通拥挤和犯罪等负面因素的影响凸显，形成城市发展的离心力（高莉洁等，2010）。

在规模效应和拥挤效应的相互作用、向心力与离心力的相互制衡下，城市的规模、空间结构、福利水平等发生着动态变化（肖文、王平，2011）。那么，什么样的空间结构、空间布局是可持续的？相关研究证明，当城市规模扩大到一定程度，为了降低拥挤效应，克服规模不经济，部分经济活动与人口将分散到外围地区并再度集中，从而形成多中心格局（孙斌栋、魏旭红等，2015），“多中心”城市结构比“单中心”具有更强的承载能力，更能达到空间均衡与更可持续（Fujita M等，1982）。因而，“分散紧凑型”多中心城市空间结构，更符合迈向可持续城市的空间需求。

“分散紧凑型”城市理论最重要的实践之一是“主城-卫星城”模式。在主城，推动集约发展与有机更新，防止无序蔓延。在主城之外，合理距离内分阶段规划建设一批新一代卫星城或者城市副中心、新城，与主城共同承载城市功能，保持大城市的聚集效应和规模效益。比如伦敦早在1946年就通过了《新城法》，掀起了“新城运动”，经过30年时间分三个阶段建设了33个新城、卫星城，容纳了23%的城市居民，对缓解伦敦市区压力、分散城市功能起到了积极作用。

目前，我国很多城市仍然未能摆脱“单中心”发展模式，城市空间“摊大饼”式蔓延，产业、居住、公共服务等分布不合理或不匹配，使城市饱受“城市病”困扰。建设可持续城市，要按照“分散紧凑型”理论，坚持大分散、小集中的原则，构建“主城-卫星城”的多中心布局。国外经验表明，主城与卫星城之间的距离一般在30-70公里范围，既给主城留下大尺度绿色生态空间，又便于卫星城与主城建立便捷的交通联系。卫星城与主城之间的交通，主要通过大站式、大容量、高速化的市郊铁路来实现。卫星城的建设应遵循先建设市郊铁路，再建设公共服务、商业设施及产业载体，最后建设住宅的建设顺序，以充分发挥公共交通、公共服务对于城市分散化布局的引导作用。

（二）交通结构可持续

可持续城市需要建立高效、多样化的公共交通体系，以及实施公共交通引导城市发展的TOD模式。这已成为该领域研究者的共识。但是，城市的主要交通走廊应该建立在轨道上还是建立在公路干线上，在实践中还存在着分歧。

交通模式会影响城市发展模式。《新城市主义词典》比较了欧洲与美国不同的城市发展模式，前者是“轨道上的城市”，中心城与周边的居民点通过轨道交通连接，站点之间距离较远，其“间断性”特征带来了城市“节点式”网络空间结构；后者则是“轮子上的城市”，汽车交通的“不间断性”特征导致城市沿交通干线不断蔓延（杨猛，2010）。

与汽车交通相比，轨道交通在运力、土地利用、能耗、排放等方面都有明显优势。相关研究显示，地铁每小时单向运输能力为30000-70000人，轻轨为5000-40000人，而公共汽车为2000-5000人，轨道交通输送能力是公共汽车的2.5-14倍（徐刚，2004）；轨道交通综合占地为道路交通的1/3，平均能耗为道路交通的15%-40%（李晨阳、欧国立，2007）。

城市轨道交通亦应是多样性的。中心城与周边区域的交通联系，15公里半径以内应以密集的地铁、轻轨为主，15-30公里应以快线铁路为主，30-70公里范围的通勤应以大容量、一站式、低票价的市郊铁路或客运专线为主。比如东京，以环绕区部、串联新宿等副都心的山手线为界，以内是291.3公里地铁线路，以外是2031公里市郊铁路，呈放射状向近郊和邻近城市延伸，形成了四通八达的城市轨道交通网。东京的交通出行总量中，公共交通占87%，小汽车仅占11%；在公共交通结构中，轨道交通占“绝对优势”，对公共交通的分担率达到90%左右。伦敦的轨道交通出行占公共交通的比重为75%，纽约也在60%-70%左右。

由此可见，为了避免城市蔓延、解决交通拥堵问题与促进交通节能，可持续城市应该成为“轨道上的城市”。建设可持续城市要根据城市的空间结构，建设由地铁、轻轨、市郊铁路等构成的轨道交通体系，最终形成以轨道交通为主导、其他交通工具为补充，并能实现无缝高效衔接的公共交通体系。

（三）生态环境可持续

可持续城市首先必须是一个生态城市，要有良好的自然生态系统和城市绿化，产生较低、可负担的环境污染，还要有完善的资源循环利用体系，以消减城市化过程中生态系统绝对面积减少、生态足迹增加对环境的不利影响。有学者研究了瑞典斯德哥尔摩哈马碧生态城的建设经验。在哈马碧生态城综合规划中，对城市建设的土地使用、交通、建筑、能耗、给排水、垃圾处理等各方面都制定出严格而具体的环境指标，使整体环境负荷与20世纪90年代建设的小区相比减少一半（王玉庆，2011）。

生态可持续与前述空间布局可持续、交通结构可持续相辅相成，且以空间布局、交通结构两个可持续为基础。在推进我国城市化进程中，应科学划定城市建设边界，通过城市合理的空间格局与交通布局，使主城与卫星城之间、卫星城与卫星城之间留下大尺度的绿色生态空间，使城市群落“镶嵌”于田野、森林、绿地之中，既为城市创造优美舒适的生态环境，也为城市产生的各类废弃物留下足够的生态消解空间。特别是城市的新建区域（卫星城），尤其需要注重引进先进的城市基础设施建设技术，防止城市发生洪涝灾害和其他城市灾害，提高城市的宜居性。

（四）经济支撑可持续

充满活力、可持续发展的经济体系，是可持续城市的基础与支撑。建设可持续城市，其实质也是推动城市转型升级的过程。在这个过程中，必然伴随城市经济的转型与产业的更新升级。例如，伦敦经过长期的探索，最终成功地实现了从“工业之城”向“金融之都”、“创意之都”的蜕变，成为迈向可持续发展的城市典范（田莉等，2013）。

我国城市发展普遍面临着经济支撑持续性不强的严峻挑战。过去10年来，我国快速城镇化主要依靠投资驱动，其中主要是房地产投资。大面积的土地出让导致地方政府对土地财政的过度依赖，已经对城市可持续发展形成掣肘。土地出让金短期可以为城市提供大量财政收入，但土地是稀缺资源，储备量越来越少，进而影响到地方财政的可持续性，也影响到城市居民的代际公平。土地财政引起的高地价对城市工业和服务业等实体经济的伤害（李宝礼、胡雪萍，2015）、对房地产泡沫积累的助推作用（吕炜、刘晨晖，2012）已为相关研究所证实。

无疑，可持续城市不能是土地财政支撑的城市，而必须将其建立在扎扎实实的实体经济基础之上，即通过产业发展为城市居民提供充足的就业岗位与潜在的就业机会，为地方政府提供稳定可持续的财政收入，以满足城市建设与发展的需要。

再进一步说，城市内部、城市之间也要形成差异定位与分工合作。中心城以发展行政办公、金融服务、高端商业等成本不敏感的功能与产业为主，卫星城则承担特色功能与发展特色产业，如科技城、大学城、医疗城、港口城等以及各类特色产业新城，借此保持城市整体功能的强大，增强卫星城的就业能力，并与中心城之间有机联系，实现联动发展。

（五）文化传承可持续

文化是一个城市的灵魂。一个城市的历史遗存、建筑风格、文化内涵等，形成了该城市区别于其他城市的特质。如英国最具学术气质的城市牛津、德国的“世界会展之都”汉诺威、日本的大学城筑波等，均以自己的独特文化特质著称于世。

相比之下，我国不少城市建设“千城一面”，文化特色遗失、文化根脉受损等问题比较突出。在世界文化遗产名录中，各国的历史文明名城约占1/3；而中国入选的48处世界文化遗产中，仅有山西平遥、云南丽江两个城市，所占比例非常小。造成这一现象的主要原因，就是许多城市的历史文化风貌遭受破坏、历史文脉没有得到保护与传承。建设可持续城市，必须尊重城市历史，保护城市文化，留住城市记忆，保持城市文脉。也只有这样，城市才能够体现各自的特质，城市的可持续发展才有厚实的底蕴和不竭的动力。

三、可持续城市建设的实证:来自斯德哥尔摩的经验

瑞典首都斯德哥尔摩可谓是可持续城市建设的典型代表。斯德哥尔摩在空间、交通、生态、经济、文

化等方面都已经迈入可持续发展的轨道，为我们提供了一些很好的经验。

在推动空间可持续方面，斯德哥尔摩实施TOD土地开发模式和“大分散、小集中”的郊区发展战略，形成了星形、多中心的城市空间格局。斯德哥尔摩分两批建设了6座具有独立功能的卫星城。每座卫星城规模都不大，容纳居住人口5万左右，吸引就业人口2万左右。每个卫星城由多个围绕公共交通站点设置的步行可达区块（TOD单元）组成，每个TOD单元都是一个空间紧凑并涵盖商业、办公、住宅等复合功能的社区，规模控制在1万人左右（吴晓，2008）。目前斯德哥尔摩市区有人口74万，其中50%居住在主城区，另50%居住在卫星城。

在推动交通可持续方面，斯德哥尔摩建设了北欧规模最大的城市轨道交通系统。斯德哥尔摩城市轨道系统包括地铁、轻轨和市郊铁路各3条，每条线路又有多条分支延伸到市郊社区，总长度超过400公里，有240多个站点（侯德劭，2014）。斯德哥尔摩的卫星城全部建在轨道交通沿线，卫星城中高密度的住宅区分布在轨道站点附近，低密度的住宅区则通过步行道、自行车道与轨道站点相连。完善的城市轨道交通系统使斯德哥尔摩人形成了明显的公共交通出行偏好，60%以上的人选择以公共交通通勤，高峰期这一比例达到78%。

在推动生态可持续方面，斯德哥尔摩的6个卫星城与主城之间、各卫星城之间均以开放式的生态廊道分隔，保留了大片绿地和景观廊道。通过实施“斯德哥尔摩公园计划”，市区90%以上的居民住宅距离城市公共绿地在300米之内。该市严格执行循环再生政策，建立了功能完备的现代化废弃物收集和回收利用系统，以及世界最大的绿色制冷系统。基于斯德哥尔摩在生态可持续领域取得的杰出成效，2010年，斯德哥尔摩被评为首个“欧洲绿色之都”。

在推动经济可持续方面，斯德哥尔摩建立了比较合理的城市产业体系，拥有雄厚的经济实力。斯德哥尔摩是瑞典的经济与金融中心，拥有瑞典主要银行总部与45%的大企业总部。在斯德哥尔摩，85%的就业岗位由服务业提供，几乎没有重工业。城市北部的西斯塔卫星城是北欧最大的信息科技中心，被称为“欧洲的硅谷”，吸引了瑞典本土通讯巨头爱立信及微软、IBM、惠普、华为、中兴等世界领先企业在此积聚。

在推动文化传承方面，斯德哥尔摩非常重视历史文化名城的保护。斯德哥尔摩是瑞典的文化中心和历史文化名城，老城区已有700多年历史，中世纪建筑保存完好，街区古香古色，古城风貌凸显。斯德哥尔摩还拥有建于17世纪初的皇家图书馆、诺贝尔颁奖典礼举办地斯德哥尔摩音乐厅、皇家科学院、国际和平研究所等享誉世界的文化名片，全市有100多座博物馆，是北欧第二大旅游城市。

四、启示与结论

古希腊哲学家亚里士多德曾言“人们居住在城市，是为了生活得更好”，然而在全球范围普遍发生的“城市病”让这个论断蒙上了阴影。如何应对“城市病”的困扰？如何让“城市的生活”更美好？答案是：确立可持续城市理念，建设可持续城市。

分散紧凑的空间布局是可持续城市建设的前提条件。按照“分散紧凑型”多中心格局，合理规划城市空间，防止主城无限“摊大饼”式蔓延，在外围合适距离建设功能相对完善的新一代卫星城，承接主城功能疏解，实现城市功能的分散化合理配置。卫星城可以不止一个，但要分批、分阶段建设，规模不宜过大也不能太小，视需要承载的功能和人口而定。

以轨道交通为主导的公共交通体系是可持续城市建设的基本保障。可持续城市应该是建立在“轨道上的城市”，主城要形成高密度、广覆盖的地铁网络，以提升轨道交通的出行分担率和城市交通效率。卫星城应建立在轨道交通沿线，以大容量、大站式的市郊铁路与主城相连，提升其可达性与吸引力。

上述空间布局分散化和城市交通以轨道交通为主导两个要件极为重要。一方面，城市功能和空间布局分散化必须要由轨道交通作为支撑，另一方面，科学合理的轨道交通结构是城市既分散化又实现有机联系的基本前提。两者如同一枚硬币的两个面，互为依托、互为支撑。

大尺度的绿色生态空间是可持续城市建设的根本要求。在主城与卫星城之间、各卫星城之间预留大尺度的绿色生态空间，既可以实现城市区域间的空间隔离，又可以改善城市生态环境，提升城市生态建设水平，打造生态优美的宜居城市。

充满活力的实体经济是可持续城市建设的基础支撑。可持续城市要重视实体经济发展，构建符合城市资源特点的现代产业体系，推动经济结构优化升级，为城市居民提供充足的就业岗位，为城市基础设施、公共服务设施和生态建设提供稳定的财力支撑，增强城市可持续发展的能力。

特色的历史文脉是可持续城市建设的重要动力。可持续城市建设要注重保护与弘扬优秀的城市文化，延续城市历史文脉，保护好珍贵的文化遗产，打造独具魅力的城市形象，提升城市文化竞争力，激发城市发展活力，形成城市可持续发展的内在动力。

参考文献：

[1]李松志,董观志. 城市可持续发展理论及其对规划实践的指导[J]. 城市问题, 2006, (7).

[2]叶玉瑶,张虹鸥,周春山,许学强. “生态导向”的城市空间结构研究综述[J].城市规划,2008, 32(5).

[3]韩林飞. 柯布西耶“光辉城市”和金兹堡“绿城”思想比较研究——兼论现代城市空间发展模式与自然环境的融合[J].北京规划建设,2013, (5).

[4]王如松,于占杰译. [美]理查德•瑞吉斯特著.生态城市：重建与自然平衡的城市（修订版）[M].北京：社会科学文献出版社, 2010年第2版.

[5]高莉洁,崔胜辉,郭青海,石龙宇. 关于可持续城市研究的认识[J]. 地理科学进展, 2010, 29(10).

[6]杨东峰,毛其智,龙瀛.迈向可持续的城市：国际经验解读——从概念到范式[J].城市规划学刊, 2010,(1).

[7]Blassingame Lurton. Sustainable cities: Oxymoron, Utopia or Inevitability? [J]. The Social Science Journal Volume, 1998, 35(1).

[8]姜赟. 让城市成为文化的容器[N].人民日报,2015-11-19(05版）.

[9]欧洲委员会. 欧洲空间发展战略:寻求欧盟地域范围内平衡的和可持续的发展[R]. 2005年.

[10]Katie Williams. Elizabeth Burton and Mike Jenks. Achieving Sustainable Urban Form [C]. London and New York：E&FN Spon, 2000.

[11]李万峰. 从新城运动到新都市主义：卫星城理论的变革与实践[N]. 中国经济时报, 2014-07-07（06版）.

[12]王丹,王士君. 美国“新城市主义”与“精明增长”发展观解读[J].国际城市规划,2007,22(2).

[13]梁鹤年. 精明增长[J].城市规划, 2005, 29(10).

[14]姜梅华.经济集聚与城镇体系建构[N].光明日报,2014-07-16（15版）.

[15]肖文,王平.外部规模经济、拥挤效应与城市发展：一个新经济地理学城市模型[J]. 浙江大学学报（人文社会科学版, 2011, 41(2).

[16]孙斌栋, 魏旭红.多中心结构：我国特大城市的未来形态[J] .人民论坛•学术前沿,2015, (17).

[17] Fujita M, Ogawa H..Multiple equilibria and structural transition of nonmonocentric urban configurations[J].Regional Science and Urban Economics, 1982(2):161-196.

[18]杨猛.“轮子上的城市”还是“轨道上的城市”?[J]. 西部人居环境学刊, 2010, (5).

[19]徐刚. 城市单轨交通PC轨道梁结构设计计算理论和应用[D].北京：北京交通大学, 2004年.

[20]李晨阳,欧国立. 关于利用城市轨道交通运力发展物流运输的探讨[J]. 物流技术, 2007, 26(11).

[21]王玉庆. 当前生态城市建设中的几个突出问题[J]. 求是, 2011, (4).

[22]田莉,桑劲,邓文静. 转型视角下的伦敦城市发展与城市规划[J].国际城市规划, 2013, (6).

[23]李宝礼,胡雪萍. 经济增长、财政压力与地方政府土地城镇化偏好——基于Turnbull模型的理论分析与实证研究[J]. 贵州财经大学学报, 2015, (3).

[24]吕炜, 刘晨晖.财政支出、土地财政与房地产投机泡沫——基于省际面板数据的测算与实证[J].财贸经济, 2012, (12).

[25]吴晓.斯德哥尔摩战后新城的规划建设及其启示[J]. 华中建筑, 2008, 26(9).

[26]侯德劭.斯德哥尔摩"公交都市"发展模式对奉贤区交通发展的启示[J].交通与运输, 2014, (3).

Research on Sustainable Cities

ZHAO Hong, HE Fen

Abstract: Urban disease has been increasingly troubled many cities in China. The construction of sustainable cities has become an important strategy to deal with urban sprawl and urban disease. The paper reviews the relating studies and puts forward the new connotation of sustainable cities. The development of sustainable cities consists of five dimensions, including sustainable space form, sustainable traffic structure, sustainable ecological environment, sustainable economic supporting and sustainable cultural heritage. It is suggested that the cities towards sustainable development should make efforts from five essential aspects including building a "decentralized and compact" multi-center urban structure, constructing a comprehensive passenger transportation system with the rail transit as main artery, strengthening the construction of ecological city in order to provide sustainable environment, developing the real economy to provide support for the creation of sustainable cities, and strengthening cultural heritage to retain the characteristics and charm of cities.

Key Words: sustainable cities; decentralized and compact; rail transit; real economy

《中国住房发展报告》节选——楼市2016：从惊心动魄到转危为安 由恐慌疯狂恢复理性

倪鹏飞 沈立 丁如曦

●住房库存总量仍然偏高，且空间错配问题依然突出。一、二线城市库存少、投资增加率低，销售火爆，住房在当前及未来仍然短缺；三、四线及以下城市库存大，销售增长缓慢，且房地产投资、新开工依然强劲，去库存效果不明显。当前及未来库存压力主要体现在非重点城市当中。

●本轮楼市过热主要集中于一线城市与部分二线城市等热点城市，无论是热点城市房价的上涨幅度还是风险的积累程度，均已超过2009-2010时期，值得各界高度警惕。但是，全国楼市总体风险仍然处在可控的范围。

●本次调控在治本性政策与制度方面存在一定的不足：第一，炒房经济激励机制没有改变；第二，政府内部调控机制有待健全；第三，土地政策不够给力；第四，金融清查没有开展；第五，相应的财税调控政策没有出台；第六，限购政策作用有限。

●展望2017年，总体上，楼市将延续新一轮短期调整，但有不确定性。时间上，调整将持续一年左右。预计全国销售价格增幅将逐步回落，个别时间段也有可能出现价格回落。

2016年中国楼市经历了由惊心动魄、跌宕起伏到转危为安的过程。2015年年中以来，在相对宽松的政策背景下，中国房地产市场逐步进入上升的周期，尤其是2016年初之后，房地产市场出现井喷式爆发，由一线向周边及二线城市波浪式扩散回暖，虽在4月份之后呈现回落调整的迹象，但是自7月尤其是8月份以来形势迅猛逆转，房地产市场出现过热，面临着区域进一步扩散和热点地区疯狂和失控的风险。随着一线城市从严调控的推进，以及9、10月份热点二线城市房地产调控的集中收紧，楼市初现降温迹象。2016年楼市经历了整体上升、局部过热和调整出现的过程。具体表现：

热点城市房价增幅　从大幅增长到环比回落

2016年，热点城市房价增幅经历了从大幅增长到环比回落的过程。2016年2-9月，全国商品住宅平均销售价格分别为7394、7400、7449、7418、7322、7337、7362、7373元/每平方米，同比分别增长14.39%、18.25%、16.28%、14.26%、12.30%、11.50%、11.51%、12.66%，涨幅皆超过了2014全年(1.28%)和2015全年(9.11%)水平，其中3月份增幅为最高值，几乎为2015年全年同比增速的两倍。尤其是热点城市房价更是暴涨惊人，可以用"疯狂攀高、迅猛飙升"来形容，4月份，一线城市新建商品住宅销售价格同比涨幅更是达到33.9%，创造了历史新高，尽管4月至9月份间涨幅略有收窄，但仍然保持同比增速在29%以上的高位运行。

进入10月份以后，受政府调控措施的影响，房价增幅环比下落。10月、11月连续两月，百城住宅均价环比上涨幅度均较上月回落，特别是热点城市房价环比下降明显。

投资投机需求　由迅速爆发蔓延到沉寂离场

本轮楼市局部热潮总体与一、二线以及部分三线城市异地购房比例高、投资投机需求爆发密切相关。

作者单位：中国社科院财经战略研究院《中国住房发展报告》课题组。

住房需求是驱动楼市发展的最主要动力，包括消费性需求(自住性、改善型)、投资性需求、投机性需求的释放或短期叠加会对住房市场产生重要影响。一般而言，与居民收入、人口结构有关的消费性住房需求，以及基于资产保值的合理投资性需求通常会保持相对平稳增长和释放，而以套利、炒作为主的投资投机性住房需求具有短期内迅速涌入楼市的特点，催高楼市虚火。从住房销量呈现的需求变动来看，本轮楼市局部疯涨中住房投机成分占比较高，投机需求火旺。2016以来，全国商品住房销售面积呈现了一波井喷式的波动增长过程，1-4月份的同比增长率一度达到38.3%，创造了2015年初以来的峰值。1-9月份，全国商品房销售面积9.31亿平方米，同比增长27.14%，比2015年全年高出了20.27个百分点。但进入10月份后，受楼市调控措施的影响，投资投机需求瞬间沉寂离场，热点城市住房成交量呈现环比下行态势，部分城市降幅较大。

开发投资增幅　由快升到缓落再略有反弹

全国房地产开发投资同比增速扭转持续俯冲式下滑后，于2016年初有了明显的回升。2016年1-9月份，全国房地产开发投资7.46万亿元，同比名义增长5.76%，比2015年全年提高4.77个百分点。其中，住宅投资4.99万亿元，增长5.11%，比2015年全年提高4.73个百分点，总体呈现快速上升到缓慢回落再略有反弹的过程。进入10月份以后，政府加强了楼市调控，但房地产开发投资继续保持平稳增长态势。

全国住宅开发投资在总体回暖调整过程中，不同类型城市间存在一定的差异。2015年10月至2016年9月间，40个重点城市的房地产住宅开发投资同比增速保持温和上行，累计值同比增幅最高为6.2%，最低为2.1%，而非重点城市的同比增速在-1.43%和7.43%的区间调整运行，重点城市住宅开发投资累计量的全国占比保持在50%以上。

住房供求空间错配　持续加剧

尽管从总量上看住房销量大幅增长，名义库存不断下降，去库存取得了一些成效。但是，住房库存总量仍然偏高，且空间错配问题依然突出，表现为一、二线城市库存少、投资增加率低，销售火爆，住房在当前及未来仍然短缺；三、四线及以下城市库存大，销售增长缓慢，且房地产投资、新开工依然强劲，去库存效果不明显。

从库存来看，热点城市库存减少，三四线楼市库存压力仍大。据中国指数研究院统计，截止到2016年8月底，北上广深四个一线城市的商品住宅待售面积均不足1000万平方米，且均呈现下降趋势。从去化周期来看，一线城市整体库存去化周期缩短，其中北京、上海、广州库存去化周期均不足10个月。2016年以来，以楼市四小龙——南京、苏州、合肥、厦门为首的二线重点城市库存显著下降，甚至出现告急。与此不同的是，一些二线城市及三四线城市仍面临较大的去库存压力。从期房库存来看，2016年，以三四线及以下城市为主的全国非重点城市在期房待售面积、期房过剩库存都要远超过全国40个重点城市。当前及未来库存压力主要体现在非重点城市当中。

从潜在供给来看，联系到非重点城市的住宅开发投资增速快于重点城市，使得住房在重点城市与非重点城市的空间错配进一步加剧。从反映开发企业投资的先行指标以及作为未来潜在供给的住宅新开工面积来看，非重点城市的新开工累计值占全国的比重较大，过去一年间始终维持在60%以上，当经过一定的施工周期转化为未来的住房有效供给后，空间错配必将进一步加剧。

热点城市楼市　由恐慌疯狂恢复理性和冷静

在经济下行压力仍然较大的宏观背景下，面对起初的楼市局部过热形势，政府没有及时发声，使得市场预期中央会为了保增长而放任房价上涨，从而引起市场恐慌，“抢房潮”大有继续蔓延之势。2016年年初以来随着热点城市房地产库存量的不断减少，部分城市从去库存转为抑制购房，在这种情况下，库存的告急、政策的收紧，使热点城市楼市完全陷入市场恐慌，最终导致房价爆发式上涨。恐慌性“抢房潮”不断涌现，在预期改变和恐慌心理驱动下，一些城市某些地段的楼盘呈现出“去年低价无人问，今年价高争先抢”的怪象。进入10月份后，热点城市政府相继出台了一系列的楼市调控政策，快速有效地稳定了房地产市场，热点城市楼市由恐慌疯狂恢复理性和冷静。

通过中国住房市场风险监测体系测度发现，全国35个大中城市普遍存在估值过高的风险。横向来看，热点城市的整体风险状况较为突出，而二线非限购城市的风险状况相对乐观。纵向来看，当前住房市场风险整体高于2010年，估值过高的住房市场将极有可能出现房价增速放缓甚至是房价下跌的情形。本轮楼市过热主要集中于一线城市与部分二线城市等热点城市，无论是热点城市房价的上涨幅度还是风险的积累程度，均已超过2009-2010时期，值得各界高度警惕。但是，全国楼市总体风险仍然处在可控的范围。第一，主要指标没有超越风险控制线；第二，本轮过热是局部不是全局性的；第三，本轮高涨与繁荣不是长期拐点；第四，有诸多政策工具可以备用。

2016年1-9月份楼市局部过热及其一系列问题的产生，是在固有的制度漏洞之下购房者、开发商、金融机构、中介等市场主体以及政府部门基于利益追求和心理预期开展合作博弈的结果。第一，经济下行、人民币贬值、资产荒、实体经济不景气与城市分化是引发楼市局部过热的重要环境条件。第二，驱动全社会支持或从事房地产投资投机的利益机制是导致楼市局部过热的深层根源。第三，市场主体合作博弈是楼市局部过热的整体原因。第四，巨量资金导入是楼市局部过热的主要源头。第五，“地王”频出是引起楼市过热与恐慌的直接原因。第六，地方政府消极调控是房价暴涨和市场恐慌的重要原因。

针对局部火热的楼市，2016年10月热点城市政府相继发起了一场密集而短促的楼市“阻击战”，各地将限购作为调控政策主轴，选择重启限购的政策模式。通过细化限购标准、提升二套房首付比例、扩大土地供给、进行预期管理、打击严重扰乱房地产市场秩序的行为等多种有力手段，快速有效地稳定了楼市，使热点城市楼市普遍降温。此次楼市调控主要表现以下几大原则：第一，中央监控，地方调控；第二，局部调控，整体不动；第三，抑制投机，保护消费；第四，一城一策，分区调控；第五，统一行动，集体出击；第六，边调边看，逐步完善。但是，本次调控在治本性政策与制度方面存在一定的不足：第一，炒房经济激励机制没有改变；第二，政府内部调控机制有待健全；第三，土地政策不够给力；第四，金融清查没有开展；第五，相应的财税调控政策没有出台；第六，限购政策作用有限。总之，本轮调控的政策原则具有精准性与协同性，政策措施具有短期性与行政性。

展望2017年，总体上，楼市将延续新一轮短期调整，但有不确定性。时间上，调整将持续一年左右。预计全国销售价格增幅将逐步回落，个别时间段也有可能出现价格回落。2016年全年的销售额及增幅都将创历史新高。2016年以后的几个月将延续库存减少的势头，2017年去库存压力将再次有所加大。投资在2016年有望保持在5%以上，在2017年年初经过波动后，全年可能会稍低于2016年的水平。空间上，市场调整也将呈现差异化的趋势。一、二线热点城市未来调整幅度可能将相对稍大。由于采取的政策有差别，市场反应程度和调整幅度将有所差异。但由于供求缺口大，预计2017年的投资将会增加。而三、四线及以下城市前期回升有限，未来回调幅度也将不大，预计投资增幅回落幅度可能会超过销售增长回落幅度。与此同时，需要警惕调整没有到位过热仍在继续、调整过速过猛、调整出现逆转等未来的市场不确定性。

粤港澳大湾区未来九大发展趋势探析

宋丁

自李克强总理在今年全国人大政府工作报告中正式提出今年将推进粤港澳大湾区规划的国家战略部署以来，有关粤港澳大湾区的未来发展走向就受到国内外的极大关注，与时下被全国高度关注的雄安新区共同成为国家未来发展的重大战略。我在此提出粤港澳大湾区未来九大发展趋势的初步分析，供大家参考。

一、中央将投放特别政策推动生成全球顶级湾区经济带

中国经济正处在一个极为敏感的时刻，一方面，国内经济连续数年下滑，面临全面转型升级，另一方面，全球化正在遭遇强大的、来自发达经济体的贸易保护主义的深度负面影响中。中国急需孵化全新的、能够引领、带动中国新经济快速健康发展、并能够在全球化发展中代表中国在国际上起到重大引领作用的、新型的核心区域经济发动机，粤港澳大湾区正是这样的地带。

粤港澳大湾区不同于传统表述的珠江三角洲，从国际角度看，三角洲更多的是一种大江大河入海口的地形地貌表达词汇，而湾区更符合国际经济区的概念和内涵，例如纽约湾区、旧金山湾区、东京湾区、悉尼湾区等等。而国际大型湾区往往是国际经济和金融的枢纽地。中国最具代表性的湾区就是粤港澳大湾区。

我认为国家此次明确且率先提出启动粤港澳大湾区总体规划，是有着深刻的国家战略考量的，规划本身就构成特别性的国家政策。香港作为现成的国际化金融中心、贸易中心，其在大湾区内甚至国内的价值和作用远没有发挥到位，急需通过大湾区融合释放香港的巨大潜力，但香港毕竟是一个相对独立的经济体，国家利用大湾区融合能够最大限度释放香港深层能量，但选择香港直接担纲大湾区融合的单一主角显然不现实。毗邻的深圳以及大湾区其他城市已经具备了与港澳实施大融合的条件，此时实施大湾区规划是水到渠成。大湾区大融合将对中国经济产生巨大的引领作用。

二、港澳回归二十年后将通过大湾区融合探求全新共生共荣模式

香港已经回归祖国二十年，澳门也有十八年了。随着内地经济的迅猛发展，港澳回归前的优势已经明显减弱，而产业结构等方面的弱势反而凸显出来。这个过程太快，香港有点不适应，所以近年来出现一些政治动荡，影响了香港的稳定。事实上，香港必须正视一个现实，继续按照一线封闭式的独享模式发展已经不可能了，过去二十年香港得益于与内地的转口贸易、产业转移、大规模投资等，未来则需要大幅度开放经济，特别是发挥香港的深层优势，例如国际市场、法律体制、管理运作、金融产能等等，而改变的最佳路径首先是与大湾区内的深圳以及其他城市实施全方位的、无人为障碍的大融合，在大融合中探求香港全新的共生共荣模式，这一点已经刻不容缓。只有做好这一步，香港才能解决目前的发展困境，才能更大力度向全国渗透香港深层优势。

我们欣喜地看到，香港的确在坚韧挺进。在深圳前海，港资进入的速度在加快，投资规模也不断加大。搁置了多年的河套地区的合作也正式启动。希望在未来大湾区的发展中，香港有更多的惊喜给到大家。

作者简介：中国城市经济专家委员会副主任，国家高端智库·中国综合开发研究院旅游地产研究中心主任、研究员。

三、大湾区将凸显环珠江口岸带的地位和价值

大家已经注意到，国家层面第一次认定以“湾区”概念而不是以往的“三角洲”概念来编制规划。显然，这不是文字游戏，从全球经济格局看，湾区往往是经济成长的优良空间，特别是一些大型海湾区，成长为世界经济的支点。中国的一些重要湾区，例如环珠江入海口湾区、环长江入海口湾区、环渤海湾区，目前的湾区经济和湾区融合程度都与国际大型湾区有不小的差距，的确需要进行湾区经济的大融合。

显然，粤港澳大湾区此次的规划将凸显环珠江口岸带的地位和价值，这个口岸带是有一定纵深度约束的，指以大湾区海岸线为基，向陆域推进大约50—100公里范围而形成的环湾地区，包括香港、深圳、东莞、广州、佛山、中山、珠海及澳门。未来这个环湾片区必然大幅增强其经济融合度、开放度和集约度，成为大湾区的基石空间。而环湾片区以外的100公里范围将成为大湾区的外围片区。

需要指出的是，广州南北狭长，北部已到粤北片区，在大湾区空间概念中，并不适合全境划入大湾区的环湾片区。正如上海把发展重心倾向浦东、天津把重心倾向滨海新区一样，显然广州在大湾区发展中，应该进一步提升南沙地位，作为广州在大湾区的重心所在。

四、深港共同构建大湾区中央国际都会区

深圳和香港毗邻，随着深圳经济的一路高歌，两地经济的落差在日益减弱，深圳不但在发展速度方面大幅领先香港，甚至在产业结构、高科技等领域已经远超香港。2016年，深圳GDP1.93万亿，同比增长9%，而同期香港GDP为2.34万亿，同比增长1.5%。如无意外，今明两年深圳经济总量就将超越香港。此时，两地已经无须比较快慢、高低，而是要通盘考量，如何抓住国家钦定的大湾区战略，真正放下包袱，放松心情，合力打造大湾区中央国际都会区。这已经不是深港两地的独立选择，而是国家的战略定位。大湾区很大，数万平方公里，一定要有中央都会区引领，从大湾区的空间特征、产业聚合、城际关系、国际价值看，显然中央都会区是深港两地共同组成的联合空间。这就需要两地认真总结以往二十年的深港关系，按照大湾区整体发展的迫切需要，高效推进两地的融合发展，为大湾区的健康快速发展奠定核心基础。

五、大前海将以东方曼哈顿定位成为大湾区核心地带

如果说，深港联合构成粤港澳大湾区的中央都会区，那么深圳的大前海片区就是以东方曼哈顿定位的大湾区核心地带。纵观世界上任何一个国际大湾区，都有这样一个核心地带，它以国际金融中心为基础，包含了所有可以代表国家实施国际辐射和影响的高端产业链。大前海是当今国家全球化战略的核心试验区，担负着中国人民币国际化、国家金融改革实验的历史重任，尽管在目前，它暂时和香港中环的国际地位以及金融势能还难以相比，但未来必然后来居上，在大湾区内部无可替代，目前已入驻国际国内企业12万多家，总计投资规模超过5万亿。从某种意义上说，大前海已经不单纯为深圳所有，而是大湾区的大前海，它将与大湾区内的香港中环、深圳福田中心区、广州天河CBD等区域金融高地形成良性互动，共享大湾区国际化成长的红利。

六、大湾区将形成以东岸中轴为主轴线的三轴架构

我们注意到，粤港澳大湾区尽管有湾区概念，但是，从现实发展情况看，显然大湾区东岸的发展远远高于西岸，事实上已经形成大东岸纵向的城市轴线，从南到北依次为香港、深圳、东莞、广州。这条主轴线集中了大湾区最重要的城市、金融、物流、科技、信息、文化等经济发展要素，其经济总量占据了大湾区经济总量的80%以上，是西岸的六、七倍。显然，东岸纵向四市将形成大湾区的中轴及主轴。同时，未来大湾区将以中轴为基础，向东、西两面延伸，形成中、西、东三大轴线发展空间架构。西轴城市群由

南向北包括：澳门、珠海、江门、中山、佛山、肇庆。东轴城市群目前相对薄弱，深圳东进战略事实上在强化大湾区东轴的总体部署，我认为可以把邻近的河源和汕尾包含进来，形成自南向北由汕尾、环大亚湾区、惠州、河源组成的东轴城市群。中轴压阵，三轴互动，大湾区将呈现整体良性发展的格局。这个构想可能与当下流行的“港澳+珠三角九市”的大湾区定位不太一样，也不一定容易让未来的大湾区规划接受，但我认为这种发展是一种客观趋势，主轴必然强力辐射东轴区域，东面不能太弱，必然有东轴形成。当然，为了避免大湾区由此变得面积过大，可以考虑像当年珠三角规划纲要那样把肇庆部分边远地区划出珠三角范围，这次的大湾区定位也可以把汕尾东部、河源北部、肇庆北部、江门西部地区划出大湾区，以保障大湾区区域内部经济融合的紧密性及合理性。

七、深圳将以产业创新驱动引领大湾区成为中国新经济发动机

在整个粤港澳大湾区内，近年来深圳的发展最引人注目。作为国家设定的改革开放经济特区，深圳一直在改革和发展上走在全国的前列，目前，深圳不仅在经济总量上即将超越广州和香港，更重要的是，深圳的产业结构实现了全面升级，明显领先于香港以及国内其他重要城市，包括北京、上海和广州。深圳营造了国内最优良的市场环境，坚持走城市创新发展的道路，培育出了华为、中兴、腾讯、比亚迪、大疆科技、华大基因、招商银行、平安保险等一大批在国际上具有影响力的企业，这就是深圳多年来一直占据中国城市竞争力榜首的内在原因。加上国家启动的大前海金融试验区及其他重大的国家改革试验任务，这就足以表明，未来的大湾区融合，深圳无可避免地将成为以产业创新驱动的、引领大湾区发展的核心城市以及中国新经济发动机，将联合香港、广州两大中心城市，为大湾区成长为全球最重要的经济轴心区做出重大贡献。

八、大湾区未来因人口、资金持续多年净流入将成为中国最活跃经济区

近年来，中国的京津冀、长三角、珠三角等三大经济带仍然在享受人口和资金动态集中的红利，京津冀现在出了个雄安新区，必然引发人口和资金的进一步集中；长三角相对平稳，但上海近年来曾经出现人口负增长。集中速度最快的还是珠三角，特别是其中发展最快的深圳，2015年常住人口净增60万，2016年53万，而资金方面，深圳在2016年初的本外币存款总额一举突破6万亿大关，成为全国仅次于北京、上海的第三大金融中心。大湾区各市中，港澳两地由于严控导致人口增长较慢，但其他城市的人口和资金量都不同程度保持较快增长。按照目前的人口、资金动向，未来若干年内，大湾区必将持续保持人口和资金的净流入状态，推动产业转型升级，从而成为中国最活跃的经济区以及最强有力的经济引领区。

九、大湾区将对泛珠区、南海以及一带一路战略产生重大影响

从粤港澳大湾区向外延伸，大湾区的成长不但将深刻带动和影响广东的粤东、粤北和粤西地区的发展，还会深刻影响更广域范围内的发展，这些广域地区包括泛珠江三角洲地区、南海地区以及一带一路战略涵盖的亚非欧地区。

以往多年中，以珠江为脉，以珠江三角洲为龙头，形成了港澳加上南方九省区的“9+2”泛珠江三角洲地区，各地联手互动，推动经济和民生的发展。现在，粤港澳大湾区进一步强化和改进了珠江三角洲的城市格局和经济脉络，必将对泛珠区未来的发展产生更多实质性的渗透和影响。各省区显然会抓住国家启动粤港澳大湾区大融合的重大机会，有效推动本地区的发展。

粤港澳大湾区濒临中国南海，而南海地区对于中国未来的国际化发展和全球化战略承担着极为重要的国家使命。处理好南海目前存在的国际争端，保持南海的和平稳定和经济发展，粤港澳大湾区具有不可替代的领头羊作用。相信大湾区规划将对此有深刻阐述，大湾区也将全力以赴做好与南海发展全面对接的充

分准备。

历史上，大湾区一带就是中国海上丝绸之路的重要港湾，在国家推出的一代一路战略引导下，大湾区的大融合必将把一带一路战略全面体现进去。未来的大湾区将成为中国与东南亚、南亚、北非、欧洲各国深化贸易、基础设施投资、公共服务合作以及文化交流的前沿阵地。

雄安新区的意义、价值与规划思路

孙久文

中央决定设立雄安新区，这是一个具有重大现实意义和深远历史意义的战略决策。本文拟从雄安新区设立的全国意义、历史价值和对京津冀协同发展的作用谈几点看法，并就雄安新区的城市规划提若干建议。

一、现实与历史意义

雄安新区是以习近平同志为核心的党中央为深入推进京津冀协同发展做出的一项重大战略决策，是继深圳经济特区和上海浦东新区之后又一具有全国意义的新区。深入理解设立雄安新区的重大现实意义和深远历史意义，需要从雄安新区对全国发展的作用层面和京津冀区域发展的层面来考察。

众所周知，近年来我国设立了各类新区达到19个。为什么说雄安新区是继深圳经济特区和上海浦东新区之后又一具有全国意义的新区?

首先，深圳经济特区的建立，在改革开放初期为全国的改革开放和现代化建设积累了宝贵经验，为探索中国特色社会主义道路做出了重要贡献。深圳经济特区的设立是探索改革道路，提供发展经验，是内地省份走向国际经济舞台的“桥头堡”。所以，深圳经济特区做的是“筚路蓝缕”的开拓伟业。

其次，上海浦东新区的建立，为中国经济改革和对外开放从区域性试验转入全面展开和深化的阶段.探索了新的发展道路。即以开发开放为契机，探索中国特色市场经济的发展规律，带动中国制造业的腾飞与聚集，塑造了一个代表中国参与国际竞争的超级基地。所以，上海浦东新区完成的是“开路先锋”的开放大业。

现在，雄安新区的建立，是在中国实现“两个百年目标”的关键时期，承担起引领中国发展的新的历史使命。其重大的现实与历史意义在于:一是中国改革已经进入深水区，迫切需要探索新的、适合广大地区复制的改革开放的经验;二是中国城市化进程处在迅速推进阶段，迫切需要探索人口密集区域城市化的新途径，包括特大城市的人口疏解与农村人口城市化的最佳结合路径;三是中国的产业发展已经进入了结构转型时期，发展高端高新技术产业是国家的立国之本，探索发展高端高新技术产业的区域与城市模式，是当务之急;四是中国的资源环境问题已经十分突出，对我国经济社会的负面影响日益加重，在华北雾霾严重的区域开辟一条新路，建设一座生态环境优美的智慧城市，将为我国众多的人口密集地区树立典范。所以，雄安新区将奠定中国全面发展“千年大计”的发展基业。

二、战略定位

根据中央对雄安新区的战略定位，“规划建设河北雄安新区，是尊重城市建设规律、解决‘大城市病’问题的关键一招，是创新区域发展路径、打造新的经济增长极的点睛之笔”。

雄安新区的定位，首先是疏解北京非首都功能集中承载地。京津冀协同发展三年来，疏解北京非首都功能一直是核心任务之一。然而，疏解北京非首都功能碰到的困难，是解决人口与功能从哪里来到哪里去

作者简介：经济学博士，教授，区域经济学专业博士生导师。中国人民大学经济学院区域与城市经济研究所所长。兼任北京市人民政府顾问，全国经济地理研究会会长，中国区域科学协会理事长，北京市科学技术奖评审委员，北京市行政区划研究会常务理事，北京市西武区区政府顾问。共出版专著和教材多部，在国内外期刊杂志上发表论文多篇。

的问题，三年的实践告诉我们，建设集中承载区是一条必由之路。雄安新区的设立，体现出中央对疏解非首都功能这个京津冀协同发展战略的核心任务的新思维，也是考虑到现有资源环境约束对北京功能疏解的制约，寻找解决北京“大城市病”的现实途径。北京城市发展的难题是在最近几十年城市发展中逐步形成的，不是搬迁几个农贸市场、几个“动批”就能够解决的。

我们从国际城市百年发展的经验与教训中看到:建设集中承载区，是城市发展的一般规律，也是区域创新的成功经验。自从20世纪末英国学者霍华德提出“田园城市”的概念之后，卫星城的建设就成为一条城市发展的普遍规律，迄今已经发展到第四代卫星城。但对于城市问题严重、卫星城不能完全解决问题的特大城市，建设大型的“反磁力中心城市”就成为首选，如法国巴黎在戴高乐年代的做法。我们可以把雄安新区看作是北京的一个巨大的反磁力中心，与北京形成向心力与离心力的博弈，经过一段较长时间的发展，实现北京与河北的协同与优化。

雄安新区在城市发展上的创新之处，还在于她与北京中心城区、通州城市副中心在功能上的分工和错位发展。雄安新区将充分发挥京津冀各自比较优势，形成京津冀目标同向、措施一体、优势互补、互利共赢的协同发展新格局。北京城市功能的特点，是行政功能和公共服务功能叠加性聚集。对行政功能以及部分对集聚发展要求较高的产业环节，采用集中疏解的方式，可以有效发挥规模效益，起到市场起不到的作用。

三、规划建议

建设雄安新区是一项千年大计历史性工程。八百年前，元世祖忽必烈定都北京，一百多年后，明成祖朱棣迁都北京，奠定了北京城的千年基业。一座城市延续千年是很正常的，关键是城市建设的初期就要打好基础，奠定城市的千年灵魂。完成习近平总书记为新区提出的七个方面的重点任务——绿色智慧新城，优美生态城市，高端产业新区，优质服务样板，绿色交通体系，体制机制改革示范，对外开放平台——将会奠定雄安新区千年大计的深厚地基。

目前，雄安新区即将进入规划建设阶段。对于雄安新区的建设，笔者想提出三点具体的建议:

第一，政府规划先行。雄安新区应当建成具有全国意义的智慧城市。以建设高新技术研发与产业化中心、国家级高等教育发展中心为支撑，从建设伊始就给予雄安新区自由贸易区的政策，使之与石家庄、保定等城市一起，成为京津冀城市体系中的重要一极。

以中央提出的新区定位为指导，加强顶层设计，以科学的规划来落实科学的定位，以改革的精神促进规划的有序实施。具体讲，就是建设以疏解北京非首都功能为主要任务的反磁力中心城市体系。反磁力中心城市体系(日本称为广域城市体系，法国称为平衡发展城市体系，苏联称为组群式居民点分布体系)指现代大城市因物质文化条件优越而产生人口向心力时，为分散大城市人口，克服这种力的吸引所采取的一系列措施。现代化大城市同时存在向心力和离心力。工业集中、交通运输方便、服务设施齐全是向心力产生的根源;城市的若干工业远离原料产地并缺乏扩展空间，城区环境污染、交通混乱、居住条件恶劣，又形成人口的离心力。在设计以削弱大城市磁力作用为目的的反磁力吸引点时，如能充分利用大城市的离心力，并使之成为自己的向心力，发挥其优势，因地制宜开发资源、发展产业、合理安排服务设施，就可形成既经济合理、又独具特色的新增长极。

第二，城市产业发展要有新思路。雄安新区应当建成具有可持续发展能力的生态城市。一张白纸好画最新最美的图画。雄安新区从可持续发展的理念出发，发展绿色产业和绿色建筑，提高城市环境质量，实现生态环境安全，率先建成全国表率的优美生态新城。

从新区发展的七大任务出发，制定城市建设政策、产业引进和聚集政策、经济发展政策和社会治理政策。将大城市内部的人口吸引出来，需要建设吸引力更大的新城。根据社会经济发展需要和城镇建设条件，明确新城的区位、职能、性质、分工协作和发展方向，通过优化布局，优化环境，从而克服大城市的人口向心力。

雄安新区城市规划和产业发展的设想:一是多中心的城市空间规划。目前，北京等大城市病的主要原因是城市的单中心的空间结构。雄安新区的城市规划需要从根本上改变这种单中心的规划思路，从建设组团式多中心的组合型城市出发，规划3~5个组团，每个组团30~50万人口，以快速交通工具联结各个组团。二是创新驱动的产业发展区。京津冀地区的产业发展，主要问题是京津与河北的产业发展技术水平落差过大。雄安新区的产业发展应当以缩小河北与京津的产业发展差距为主要目标，通过集聚科研院所和发展高端高新产业，打造一批高水平的创新创业载体，吸引高新技术企业集聚，建设集技术研发和转移交易、成果孵化转化、产城融合的创新引领区和综合改革试验区。其中，作为中关村科技创新的产业化基地，应当是雄安新区的产业发展规划的出发点。三是传承历史的现代新城。文化是雄安新区建设规划的基本内核。从历史上看，雄县、容城、安新三县都具有上千年建制历史，一直是京畿要地。作为国家级新区，“雄安新区”的城市建设要采燕赵文化之长，扬首都气势之壮，弘扬历史开创未来。

第三，城市治理要上新台阶。雄安新区的创新除了技术创新，还要制度创新、思维创新，包括经济、政治、文化、社会、生态各领域进行创新，要涉及生产、消费、分配各环节。绿色、智慧、高端是“雄安新区”城市发展的主要思路。“雄安新区”作为“国家大计”，在长期建设发展过程中除了按照国际一流标准外，更应遵循中国的城市发展规律———“先城后市，城市结合”，在政府规划之下，充分发挥市场在城市建设和管理上配置资源的作用。应该考虑到中国北方特殊的水资源约束问题，防止城市运营过程中再次遭遇水资源约束和人口膨胀的困扰。依据新区特殊的地理环境和区域条件，研究制定产业准入、污染排放、用水用地、拆迁补偿等方面的具体标准。

总之，“雄安新区”的“新”在于管理体制上的革故鼎新、发展模式上的推陈出新以及资源环境上的焕然一新，“特”在于功能规划的专门性、行政地位上独特性以及发展潜力的无限性。我们正处在一个伟大的时代，中华民族的复兴需要伟大的地标。

加快发展空港经济的目标城市选择分析

马剑

摘要：新常态背景下，以“速度经济”和“高附加值经济”为特征的空港经济能够释放更多的新红利、新动能。我国已经先后有10座城市获批国家临空经济示范区，进入经济发展的快车道，同时与我国经济转型和寻求经济新动能的要求相比仍然存在一定差距。基于此，本文通过建立我国发展空港经济目标城市选择的六大原则，并依据此六大原则从西北、东北、西南和中部选择11个城市，作为进一步加快发展空港经济和释放空港经济新红利的对象，并提出相关政策建议。

关键字：空港经济 机场 空中丝路 新动能

一、引言

随着经济全球化的不断深入，机场及以机场为核心的空港经济在改革开放中发挥了排头兵的作用，成为经济稳定增长的助推器。当前我国经济正处于换挡调速、提质增效的关键时期，探讨如何通过推动航空运输与经济社会深度融合，大力发展空港经济来寻求潜在的新动能、释放经济增长的新红利，推动经济结构升级就成为应有之义。

结合我国空港经济发展实践来看，我国空港经济尽管取得了突飞猛进的发展，但与我国经济转型和国家的战略需要相比，仍存在数量少、区域分布不均衡、与国家战略需求不相适应等问题。自2013年3月7日，国务院批复郑州航空港经济综合实验区发展规划，标志着我国首个航空港经济发展先行区正式起航。此后，北京、青岛、重庆、上海、广州、成都、贵阳、长沙和杭州临空经济区①也先后获国家发改委批准，标志着我国空港经济加快发展进入一个新的历史阶段。从图1可以看出：既有空港经济区主要集中于中东部发达地区，而面积广袤的东北、西北则没有一个。

十九大报告明确指出“区域发展协调性增强，‘一带一路’建设、京津冀协同发展、长江经济带发展成效显著”，肯定了我国区域经济协调发展取得的成就，但与十九大提出的“发展不平衡不充分的一些突出问题尚未解决　　”等不足和挑战相比，特别是中西部和东北地区人民日益增长的美好生活需要和不平衡不充分的发展之间的矛盾显得更加迫切和重要。对于地广人稀的西部和东北地区而言，与高铁经济相比，大力发展空港经济的优势则更加明显，因而在中部、西部、东北地区就成为航空经济示范工程推广的重点区域。在上述区域内应选择哪些发展目标城市？选择应坚持哪些原则？选择的理由是什么？本文拟对上述问题进行作答。

二、目标城市选择的原则

我国地域辽阔、民族多样性强。目标城市机场的选择不应是自下而上“一窝蜂”的政策游说，而是应当坚持自上而下的统筹考虑。

（一）区域经济协调发展原则

作者简介：河南商丘人，高级经济师，中国城市经济专家委员会副秘书长，城市临空经济研究中心主任，研究方向：临空经济。

① 这里不再对空港经济与临空经济做概念上的区分。

协调发展是“十三五”规划《建议》提出的五大发展理念之一，推动区域协调发展是协调发展的重要内涵。由于自然、地理和社会历史等多重因素影响，我国区域经济发展水平存在较大差异。从全国发展态势看，2008年以来，东、中、西三大地带的相对差距总体上在缩小，但就某些地区看，由于一些地区经济转型滞后，与先进地区的差距在缩小后，还可能重现扩大态势。对依托机场的空港经济而言，航空运输能够直接加快中西部地区的经济发展，促进区域经济协调。因而，区域经济协调是我们选择发展空港经济目标城市的一个重要原则。

（二）落实国家战略需要原则

在坚定不移贯彻落实西部大开发、振兴东北老工业基地和中部崛起等国家传统战略的基础上，党中央国务院又在“十三五”时期提出积极构建新的增长带和增长极，着力推动“一带一路”建设、京津冀协同发展、长江经济带发展三大战略的实施，培育区域发展新格局。落实上述国家战略仍然离不开航空运输和空港经济的发展，因此落实国家战略成为我们选择发展空港经济目标城市的第二个重要原则。

（三）力争新动能多点开花原则

当前我国经济进入新常态，经济转型压力巨大。具体到空港经济而言，尽管我国空港经济已取得长足进步，但与我国经济社会发展和经济结构转型的需要相比，新动能新红利仍显不足。目前国家已批复10个城市设立国家临空经济示范区，大部分都处在东部，这与我国中西部经济现实和社会发展需要相比，航空经济这一“速度经济”的优势远远没有体现出来。基于航空枢纽或区域枢纽的干线航空和支线航空网络仍有很大的发展空间，这必将带动空港经济的快速发展，释放更多新动能新红利。

（四）经济效益和社会效益兼顾原则

中国特色社会主义市场经济道路，基于效率的经济效益是必要的和优先的。从局部来看，经济效益是确保空港经济健康发展的一个重要原则。但从整体来看，国家的整体稳定和安全高于一切。要为空港经济发展提供一个安全稳定的发展环境，客观上要求进行顶层设计，兼顾社会效益，尤其是在地广人稀的西部地区。要遵循航空经济发展规律，兼顾经济和社会效益，扩大航空基础设施网络，构建与公路、水路、铁路等有机衔接的综合交通运输体系，增加有效供给，提升运输服务保障能力，进一步突出对中西部社会经济发展的带动作用。

（五）与其他交通运输方式平衡原则

从某种意义上讲，航空与公路、水路、铁路等运输方式是一种竞合关系，它们一起共同构成我国立体的交通运输网络，现代经济发展的“血管”。要充分发挥立体交通运输网络效用最大化，就必须坚持与其他交通运输方式平衡原则。以铁路，尤其是高铁为例，铁路与航空运输就存在显著地竞合关系。一般认为，在800公里范围内，高铁有优势；超过800公里，民航就更有优势。在经济欠发达、人口数量偏少的西北西南地区，各主要城市之间的距离普遍较远且地形复杂，建设和运营高铁的成本明显很高，更适合航空运输和空港经济发展。

（六）分期分批、分阶段推进原则

发展空港经济要充分考虑不同区位、不同级别、不同经济发展水平的城市实际情况并采取相应的有效措施。在发展空港经济的资源配置上做出通盘考虑和长期打算，注意各自定位准确，要分期分批有重点、分阶段加以实施。机场新建或改扩建的标准要因地制宜，坚持从实际出发，确保适度需要和长远发展。

三、发展空港经济的目标城市机场选择及可行性分析

在既有航空经济试点城市的基础上，依据上述发展空港经济的六大原则，结合我国区域经济和相关机场空港经济发展基础，以及十九大提出的“一些改革部署和重大政策措施需要进一步落实”的任务要求，

本课题分别从西北、东北和西南选出11个空港经济的示范工程推广对象②。

（一）西北地区的目标城市机场选择

西北地域辽阔，人员稀少，地形环境比较复杂。普遍处在高原或高高原，特别适合支线航空发展，具有投资少、工期短、见效快、通达性好的特点。西北经济优势非常突出，大型煤炭电力、化工、有色金属、天然气基地分布在西北。西北是全国未来经济发展的“黄金地段”，陆路“丝绸之路经济带”的核心区域。“十三五”规划的实施，西北大开发继续推进，经济发展能量不断显现。目前西北空港经济发展迎来了前所未有的发展机遇。就现阶段而言，我们认为，西北地区以下城市具备发展空港经济的基础和必要性。

1. 乌鲁木齐机场

新疆是我国面积第一大省，乌鲁木齐是新疆省会、“一带一路”战略核心通道和关键支点。乌鲁木齐的发展事关国家安全和民族团结，因而大力发展空港经济的经济社会效益巨大。

乌鲁木齐机场发展基础好、空间大、动力更强。2016年末，乌鲁木齐机场旅客吞吐量、货邮吞吐量及起降架次分别为2020万人次、15.8万吨、16.2万架次，分列全国第17、17和19位。2006-2016年间，旅客吞吐量和货邮吞吐量两大指标实现年均20%以上的增长率，具备打造中国版“迪拜机场”的潜质。

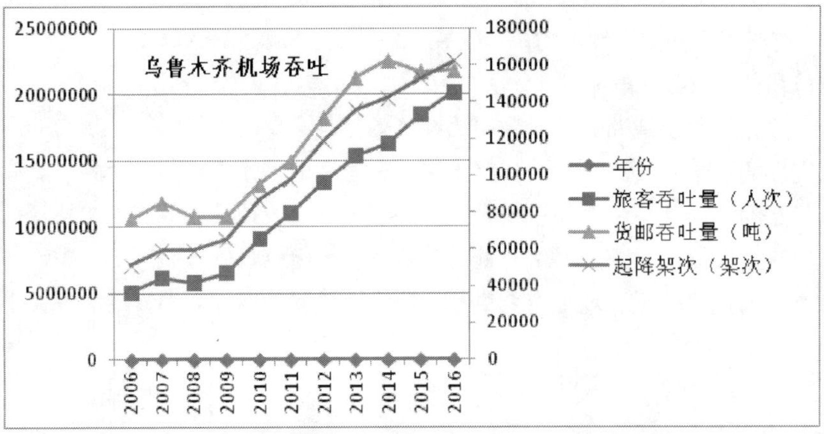

图2 2006-2016年乌鲁木齐机场运营状况

2. 喀什机场

喀什是南疆的经济、政治文化中心，辖内有5个国际一级口岸，辐射整个中亚和南亚。作为一带一路战略关键工程的中巴经济走廊的起点，战略地位举足轻重。

喀什具备发展空港经济的扎实基础。2016年，喀什机场旅客吞吐量和货邮吞吐量分别达到182万人次和6550吨，位列全国第51和61位。且2006-2016年间旅客吞吐量和货邮吞吐量两大指标均呈现快速上涨态势，排名稳步上升。势头良好，具备爆发式增长的潜力，也是南疆经济发展的核心稳定器。

3. 西安机场

西安是我国西北政治经济文化中心、陕西省省会、老牌的国内航空枢纽、陆路丝路起点、传统十大中心城市之一。西安还是我国的航空工业重镇，政治经济军事地位十分重要。

② 从空港经济发展的条件来看，尽管东部地区部分机场发展空港经济的基础很好，但考虑到区域经济的均衡性，以及与大机场的物理距离，本课题组不建议再在东部地区新增示范工程的推广。

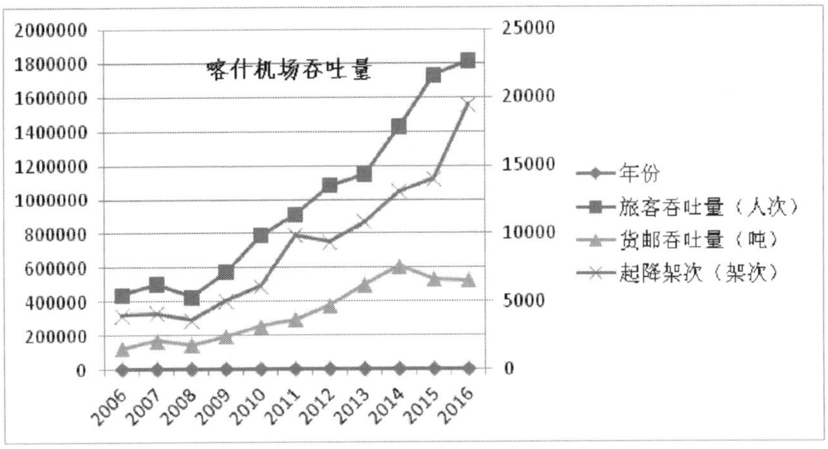

图3 2006–2016年喀什机场运营状况

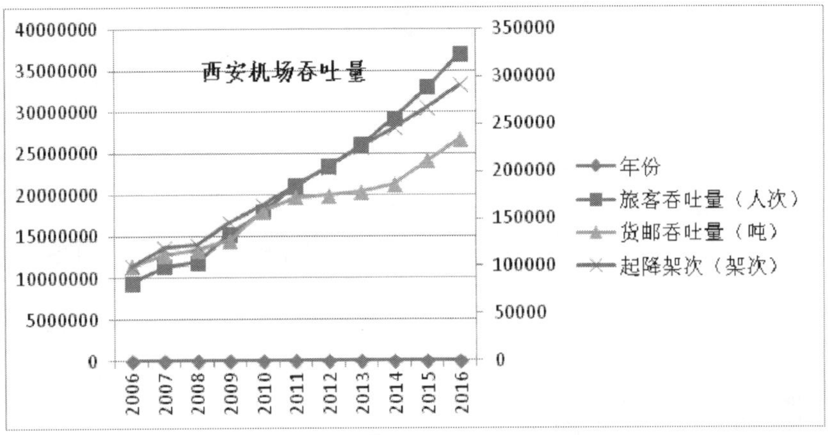

图4 2006–2016年西安机场运营状况

西安发展空港经济优势毋庸置疑。2016年，西安机场旅客吞吐量和货邮吞吐量分别达到3300万人次和23.4万吨，位列全国第8和14位；且2006-2016年间旅客吞吐量和货邮吞吐量两大指标均呈现快速上涨态势，排名稳步上升。发展势头良好，具备爆发式增长的潜力，也是南疆经济发展的核心稳定器。

4.兰州机场

兰州是甘肃省省会，河西走廊中心城市、丝绸之路核心节点城市，地理位置十分重要。

兰州机场发展基础良好。2016年末，兰州机场旅客吞吐量和货邮吞吐量分别达到1890万人次和5.9万吨，位列全国第28和32位。且2006-2016年间，兰州机场旅客吞吐量和货邮吞吐量两大指标整体呈现快速上涨态势，排名基本稳定。周边离其他重要城市距离较远，是连接新疆、青海、宁夏、内蒙古、陕西、四川、西藏等地的重要中转站，具备发展空港经济的基础。

（二）东北地区的目标城市机场选择

东北地域也比较辽阔，作为老工业基地，经济发展基础较好。但是在转型升级结构调整的过程中掉队了。东北振兴战略亟待加强就现阶段而言，我们认为，东北地区以下城市具备发展和加强空港经济的基础和必要性。

1. 哈尔滨机场

哈尔滨是黑龙江省省会、副省级市，是东北北部交通、政治、经济、文化、金融中心。哈尔滨地处东

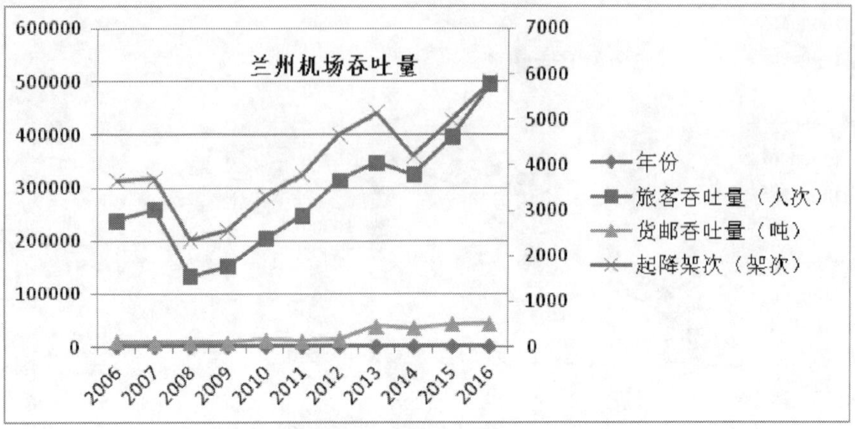

图5　2006-2016年兰州机场运营状况

北亚中心地带，是第一条欧亚大陆桥和空中走廊的重要枢纽，也是国家战略定位的“沿边开发开放中心城市”“东北亚区域中心城市”及“对俄合作中心城市”。区位优势明显，政治、经济、军事地位十分重要。

哈尔滨机场发展空港经济优势十分明显，也是振兴东北经济的重要举措。2016年，哈尔滨机场旅客吞吐量和货邮吞吐量分别达到1627万人次和12.5万吨，分列全国第21、22位。且2006-2016年间旅客吞吐量和货邮吞吐量两大指标均呈现年均10%以上的上涨态势，排名稳中有升。具备发展空港经济的良好基础和空间。

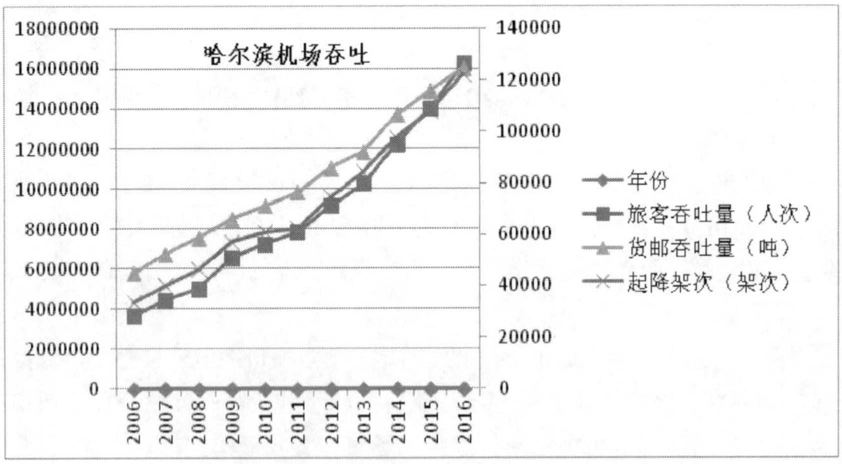

图6　2006-2016年哈尔滨机场运营状况

2. 长春机场

长春是吉林省省会、副省级市、东北亚经济圈中心城市，是国务院定位的中国东北地区中心城市之一、我国重要的工业基地、国家历史文化名城和全国综合交通枢纽。

长春机场发展空港经济的基础雄厚，也是振兴东北经济的主战场之一。2016年，长春机场旅客吞吐量和货邮吞吐量分别达到949万人次和8.7万吨，均列全国第30位。且2006-2016年间旅客吞吐量呈现年均15%以上的上涨态势，排名稳中有升。具备发展空港经济的良好基础和空间。

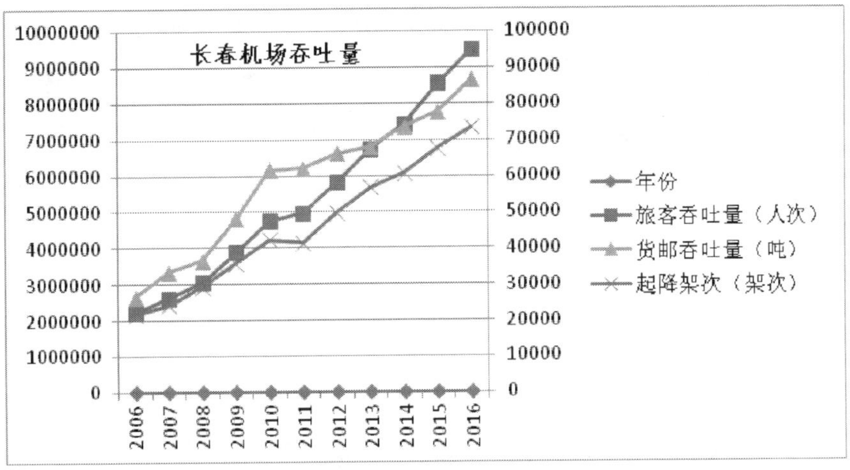

图7 2006-2016年长春机场运营状况

3. 沈阳机场

沈阳是辽宁省省会、国务院批复确定的东北地区重要的中心城市、先进装备制造业基地和国家历史文化名城。沈阳地处东北亚经济圈和环渤海经济圈的中心，是长三角、珠三角、京津冀地区通往关东地区的综合枢纽城市，也是中国最重要的以装备制造业为主的重工业基地，有着“共和国长子”和“东方鲁尔”的美誉。

沈阳机场发展空港经济的基础雄厚，也是振兴东北经济的主战场之一。2016年，沈阳机场旅客吞吐量和货邮吞吐量分别达到1497万人次和15.6万吨，分列全国第24和18位。且2006-2016年间旅客吞吐量呈现年均10%以上的上涨态势，排名基本稳定，空港经济发展基础良好。

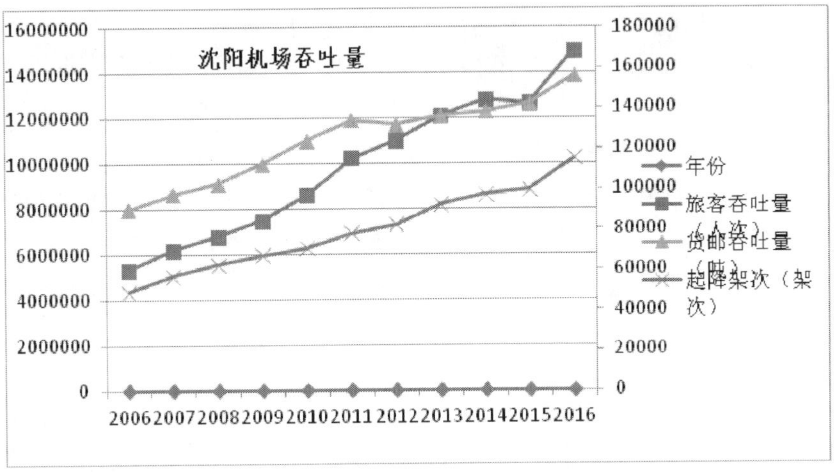

图8 2006-2016年沈阳机场运营状况

4. 大连机场

大连是辽宁省副省级市、计划单列市，国东部沿海重要的经济、贸易、港口、工业、旅游城市，也是我国东北对外开放的窗口和最大的港口城市，地理和经济地位十分重要。

大连机场发展空港经济的基础雄厚，也是振兴东北经济的主战场之一。2016年，大连机场旅客吞吐量和货邮吞吐量分别达到1526万人次和14.9万吨，分列全国第22和19位。受东北经济整体下滑的影响，2006-2016年间旅客吞吐量和货邮吞吐量两大指标在全国排名均呈现6-7位的下滑，但由于起点高、基础雄厚，并不影响其空港经济发展的前景。

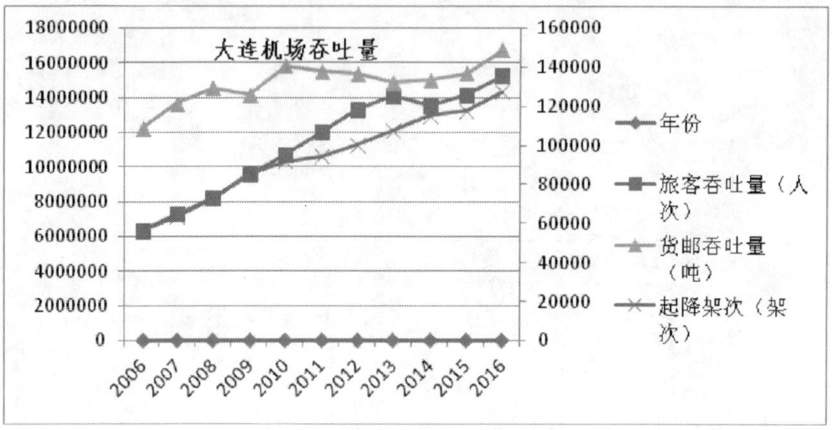

图9　2006–2016年大连机场运营状况

（三）西南地区的目标城市机场选择

与西北地区相比，拥有丰富地理地貌和自然植被的西南地区的后发优势明显。近几年的经济增速已经证明了这一点。为进一步加快西南地区经济发展，落实长江经济带、西部大开发、一带一路等国家战略，就现阶段而言，我们认为，西南地区以下城市具备发展和加强空港经济的基础和必要性。

1. 昆明机场

昆明是云南省省会，我国面向东南亚、南亚开放的门户城市，国家历史文化名城，我国重要的旅游、商贸城市，西部地区重要的中心城市之一。东亚大陆与中南半岛、南亚次大陆各国进行经济贸易往来及政治联系的陆路枢纽。

昆明机场发展空港经济的基础雄厚，也是西部大开发的主战场之一。2016年，昆明机场旅客吞吐量和货邮吞吐量分别达到4120万人次和38.3万吨，分列全国第5和9位。2006-2016年间旅客吞吐量稳中有升，一直排在前7名，客流主要以游客为主。货邮吞吐量稳中有升，尽管全国排名有所下滑，但整体仍处于第一梯队，所运货物以鲜花为主。作为传统枢纽机场，空港经济发展势头较猛。随着产业结构逐步升级，昆明空港经济发展前景广阔。

2. 南宁机场

南宁是广西壮族自治区首府，中国面向东盟十国核心城市和边境区域中心城市，环北部湾城市群特大城市，西南出海综合交通枢纽城市，中国东盟博览会暨中国东盟商务与投资峰会的永久举办地，国家“一带一路”海上丝绸之路有机衔接的重要门户城市。

南宁机场发展空港经济的基础雄厚，也是西部大开发的主战场之一。2016年，南宁机场旅客吞吐量和货邮吞吐量分别达到1156万人次和10.5万吨，分列全国第27和25位。2006-2016年间旅客吞吐量和货邮吞吐量基本稳定。随着产业转移和结构升级，南宁空港经济发展前景可期。

（四）中部地区的目标城市机场选择

由于中部处于承东启西，经济发展水平居中，且中部六省已经有了郑州这一国家级航空港经济综合实验区。就现阶段而言，我们认为，中部地区目前先选择武汉一城足以。

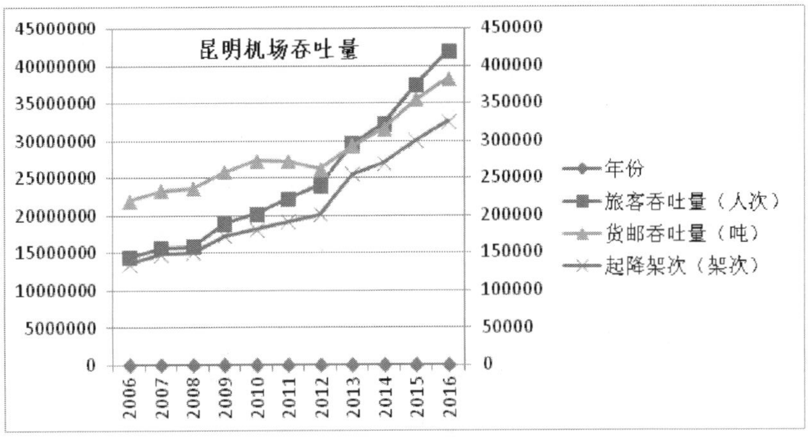

图10　2006-2016年昆明机场运营状况

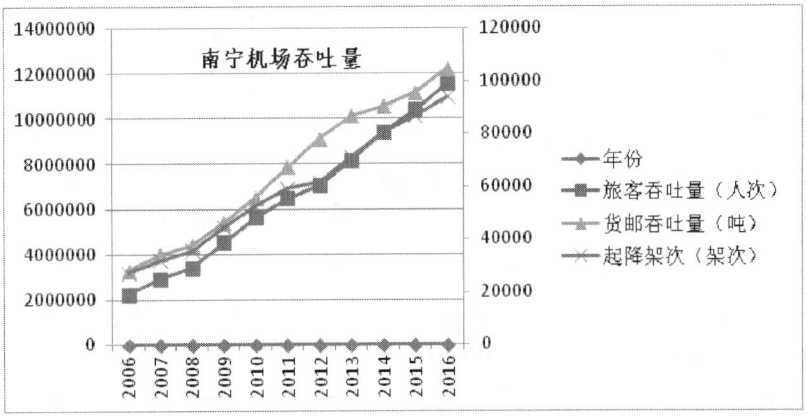

图11　2006-2016年南宁机场运营状况

武汉是湖北省省会、中部六省唯一的副省级市和特大城市、中国中部地区的中心城市，全国重要的工业基地、科教基地和综合交通枢纽。

武汉经济雄厚，也是长江经济带的核心城市之一。武汉机场2016年，武汉机场旅客吞吐量和货邮吞吐量分别达到2077万人次和17.5万吨，分列全国第14和16位。2006-2016年间，武汉机场旅客吞吐量以每年14%的速度增长，货邮吞吐量增速也接近10%。在中部崛起、长江经济带战略的利好带动下、武汉空港经济发展前景广阔。

四、加快推动上述城市空港经济发展的政策建议

大力推动上述城市空港经济发展的总体思路：以十九大报告精神和习近平总书记在2017年 5 月份举办的首届“一带一路”国际合作高峰论坛发表的主旨演讲精神为指引，以打造“空中丝路”为目标，坚持全面深化改革，坚持新发展理念，统筹航空交通设施建设、促进产业互补，推动空间对接、合理分工、深度融合，形成全面对外开放新格局，为我国经济转型和区域经济发展提供新动能、释放新红利。

（一）创新空港经济发展的体制机制，开创深度融合新局面

空港经济与经济社会深度融合需要建立一套与国际接轨，特别是与“一带一路”沿线国家接轨的新制度体系。

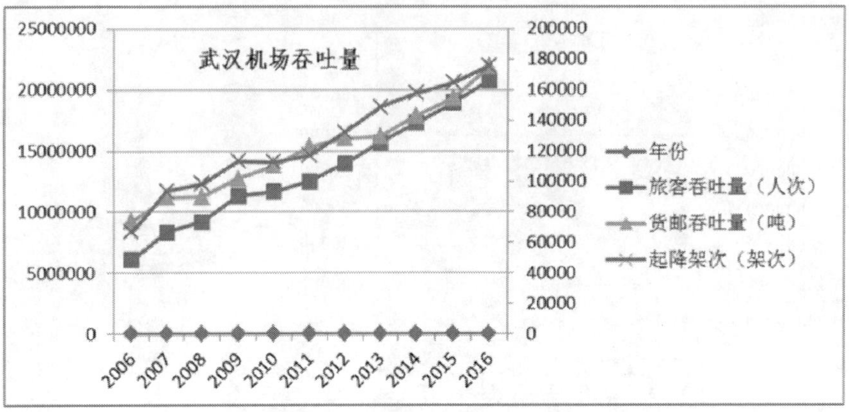

图12　2006–2016年武汉机场运营状况

一是要不断推进体制机制创新、合作创新和理念创新。加快形成以创新为主要引领和支撑的空港经济发展体系和模式，培育带动区域发展的创新高地。借鉴国内外成功经验，在社会管理、海关监管、口岸建设、财政金融、用地管理、人才引进等方面改革创新、先行先试，为空港经济建设提供强力支撑。

二是要建立政府和市场的作用有机结合的管理体制。一方面，成立政府机构规划引导推动空港经济的发展；另一方面，在政府指导下成立空港经济投资开发实体以及投资引导基金，充分对接市场的主导作用，加快园区基础设施建设，进一步提高开发经营效益，共同推动空港经济的发展。

三是要建立健全推进空港经济发展工作联动机制。整合各方资源，形成发展合力，把临空经济区发展纳入城市发展总体规划和土地利用总体规划，实行统一规划、统一政策、统一协调、统筹重大项目建设。

四是要推动综保区向自贸区转型升级。加快研究空港型自由贸易园区的发展条件、路径，积极采取有效措施，在政策、资金、用地、配套设施和通关环境等方面加大对发展空港经济的扶持力度。要定期对重大规划、政策、项目等进行衔接，加大对议定事项的落实力度，确保各项政策措施落地生效。

（二）大力发展航空交通基础设施，强力推进“空中丝路”建设

“空中丝路”是党中央布置给我们的时代新命题，我们必须站在国家战略的高度，做好谋篇布局，不辱时代使命。作为空港经济的血脉和“空中丝路”的核心支撑，高规格的航空交通设施网络必不可少。

一是要架起我国与“一带一路”沿线 65 个国家的节点城市的“空中丝路”。充分发挥空港经济在“陆上、海上、天上、网上”四位一体的联通中的核心作用，着力于构建以民航运输为基础，以民用机场建设、北斗导航网络构建、航空运营管理提升为保障，以民用飞机制造、航空物流、跨境电商、商务会展、航空金融等航空密切关联产业为核心，以沿线城市机场地区为产业转移的优先承载区，建立起我国与“一带一路”沿线国家之间的航空运输互通及相关产业联通的经济合作创新模式。

二是要以机场航空运输为核心，构建多式联运的立体化综合交通运输网络。在科学研判、前瞻性规划设计、注重节约土地和注重生态保护的前提下，有步骤建设功能相对完备的机场设施，提升客货流的进出能力和承载能力，同时加快推进航空口岸便利化建设。根据空港经济发展的要求，梳理机场周边各层次基础设施系统的关系，加快交通、市政以及生活配套等设施的规划建设，支撑空港经济的高端发展。其中，交通系统应先行规划建设，尽快打通与机场联系的关键道路，完善相应配套设施，实现城市道路、公路、轨道交通、铁路等各种交通方式的无缝驳接，从而建立立体化的综合交通体系。

三是要构建国内机场和“一带一路”沿线机场参与的“空中丝路”协调机制。根据通航两点城市之间各自的资源禀赋和综合条件，有选择地开展点对点贸易往来，实现彼此协同发展、共享发展收益。加强国

内各主要航空枢纽机场之间的协同和产业布局的错位竞争，以打造“空中丝绸之路”为抓手，统一构建面向世界的“空中丝路”，推动更高层次的开放型经济再上新台阶。建议在中央“一带一路”领导小组统一协调下，以习总书记认可的郑州—卢森堡“空中丝路”等建设专项规划为蓝本，各地探索出台符合自身特点等“空中丝路”行动方案。

（三）以发展特色产业为切入口和突破口，构建现代空港经济产业体系

一是要把打造特色空港经济作为切入点和突破口。坚持高端定位和特色化发展思路，充分利用两个市场、两种资源，集聚各类要素，大力培育发展具有临空指向特点的特色空港经济，最终走出一条差异化竞争的空港经济与经济社会深度融合发展的道路来。

二是要加快构建现代高端空港经济产业体系。在特色临空产业培育和发展的基础上，形成特色优势产业的生产供应链和消费供应链，带动高端制造业、现代服务业集聚发展，构建以航空物流为基础、航空关联产业为支撑的空港经济产业体系，发挥产业集群综合效应，最大限度释放经济新动能。

三是要合理确定空港经济区的空间布局和功能定位。各地不应贪大求全，一哄而上，超越自身发展约束条件去盲目发展空港经济，而是要认真学习借鉴国内外空港经济发达地区的成功经验，结合实际去选择自身的发展路径、切入点和突破口。条件成熟地区要研究制定本地区空港经济发展具体方案，分阶段设定规划目标、主要内容和实施路径，科学组织实施，杜绝盲目投资和重复建设，积极稳妥、扎实有序地推进本地区空港经济发展。

中国"一带一路"合作发展专题

江涛　云良

习近平总书记在2013年提出共建丝绸之路经济带和21世纪海上丝绸之路的重要合作倡议。4年多来，"一带一路"建设取得顺利进展，中国与沿线各国合作发展成果丰硕，受到国际社会的广泛欢迎和高度评价。2017年中国在北京主办"一带一路"国际合作高峰论坛，是一次极大推进共享互利合作成果的国际盛会，也是加强国际合作，对接彼此发展战略的重要合作平台。与此同时，国内城市与沿线各国城市之间的合作发展也进入了新的阶段，在一带一路建设和中国周边外交的布局中，地方政府和城市的地位与影响力日益上升。此外，在相关法律法规的颁布和实施方面，在五通合作发展和方面也都取得了一系列重要成果，沿线区域政情总体良好。为了更高质量的推动一带一路发展建设，需要对目前的合作成果进行梳理和汇总，吸取成功经验，提炼先进模式。

一、合作发展成果

（一）五通合作成果概况

2017年5月14日至15日，在北京主办"一带一路"国际合作高峰论坛。各国政府、地方、企业等达成一系列合作共识、重要举措及务实成果，梳理其中具有代表性的一些合作性成果进行，形成高峰论坛成果清单。主要分为政策沟通、设施联通、贸易畅通、资金融通、民心相通五大类成果。

1. 政策沟通频繁，战略对接紧密

中国政府与有关国家政府签署政府间"一带一路"合作谅解备忘录，包括蒙古国、巴基斯坦、尼泊尔、克罗地亚、黑山、波黑、阿尔巴尼亚、东帝汶、新加坡、缅甸、马来西亚；与匈牙利政府签署关于共同编制中匈合作规划纲要的谅解备忘录，与老挝、柬埔寨政府签署共建"一带一路"政府间双边合作规划；与有关国际组织签署"一带一路"合作文件，包括联合国欧洲经济委员会、世界经济论坛、国际道路运输联盟、国际贸易中心、国际电信联盟、国际民航组织、联合国文明联盟、国际发展法律组织、世界气象组织、国际海事组织。

中国国家发展和改革委员会与希腊经济发展部签署《中希重点领域2017－2019年合作计划》；与捷克工业和贸易部签署关于共同协调推进"一带一路"倡议框架下合作规划及项目实施的谅解备忘录。

2. 设施联通推进，项目合作深化

中国政府与乌兹别克斯坦、土耳其、白俄罗斯政府签署国际运输及战略对接协定；与泰国政府签署政府间和平利用核能协定；与马来西亚政府签署水资源领域谅解备忘录。

中国国家发展和改革委员会与巴基斯坦规划发展和改革部签署关于中巴经济走廊项下开展巴基斯坦1号铁路干线升级改造和新建哈维连陆港项目合作的谅解备忘录；中国国家铁路局与巴基斯坦伊斯兰共和国铁道部签署关于实施巴基斯坦1号铁路干线升级改造和哈维连陆港项目建设的框架协议；中国商务部与柬埔寨公共工程与运输部签署关于加强基础设施领域合作的谅解备忘录；国家能源局与瑞士环境、交通、能源和电信部瑞士联邦能源办公室签署能源合作路线图，与巴基斯坦水电部签署关于巴沙项目及巴基斯坦北部水

作者简介：江涛，一带一路城市合作中心主任；云良，一带一路城市合作中心副研究员。

电规划研究路线图的谅解备忘录和关于中巴经济走廊能源项目清单调整的协议。

中国国家开发银行与印度尼西亚－中国高铁有限公司签署雅万高铁项目融资协议，与斯里兰卡、巴基斯坦、老挝、埃及等国有关机构签署港口、电力、工业园区等领域基础设施融资合作协议；中国进出口银行与塞尔维亚财政部签署匈塞铁路贝尔格莱德至旧帕佐瓦段贷款协议，与柬埔寨经济财政部、埃塞俄比亚财政部、哈萨克斯坦国家公路公司签署公路项目贷款协议，与越南财政部签署轻轨项目贷款协议，与塞尔维亚电信公司签署电信项目贷款协议，与蒙古国财政部签署桥梁项目贷款协议，与缅甸仰光机场公司签署机场扩改建项目贷款协议，与肯尼亚财政部签署内陆集装箱港堆场项目贷款协议。

3. 贸易畅通有序，产业投资加大

中国政府与30个国家政府签署经贸合作协议。中国商务部与60多个国家相关部门及国际组织共同发布推进“一带一路”贸易畅通合作倡议；与摩尔多瓦经济部签署关于结束中国－摩尔多瓦自贸协定联合可研的谅解备忘录，与蒙古国对外关系部签署关于启动中国－蒙古国自由贸易协定联合可行性研究谅解备忘录。与尼泊尔工业部签署关于建设中尼跨境经济合作区的谅解备忘录，与缅甸商务部签署关于建设中缅边境经济合作区的谅解备忘录。

中国海关总署与哈萨克斯坦、荷兰、波兰等国海关部门签署海关合作文件，深化沿线海关“信息互换、监管互认、执法互助”合作。

中国国家开发银行与哈萨克斯坦、阿塞拜疆、印尼、马来西亚等国有关机构签署化工、冶金、石化等领域产能合作融资合作协议。

4. 资金融通便捷，金融合作增强

丝路基金新增资金1000亿元人民币，鼓励金融机构开展人民币海外基金业务，规模初步预计约3000亿元人民币，为“一带一路”提供资金支持。

中国国家发展和改革委员会将设立中俄地区合作发展投资基金，总规模1000亿元人民币，首期100亿元人民币，推动中国东北地区与俄罗斯远东开发合作。

中国财政部与亚洲开发银行、亚洲基础设施投资银行、欧洲复兴开发银行、欧洲投资银行、新开发银行、世界银行集团6家多边开发机构签署关于加强在“一带一路”倡议下相关领域合作的谅解备忘录。

中国国家开发银行设立“一带一路”基础设施专项贷款（1000亿元等值人民币）、“一带一路”产能合作专项贷款（1000亿元等值人民币）、“一带一路”金融合作专项贷款（500亿元等值人民币）。

中国进出口银行与马来西亚进出口银行、泰国进出口银行等“亚洲进出口银行论坛”成员机构签署授信额度框架协议，开展转贷款、贸易融资等领域务实合作；中国人民银行与国际货币基金组织合作建立基金组织－中国能力建设中心，为“一带一路”沿线国家提供培训；中国工商银行与巴基斯坦、乌兹别克斯坦、奥地利等国家主要银行共同发起“一带一路”银行合作行动计划，建立“一带一路”银行常态化合作交流机制。

5. 增强民生投入，深化民心相通

中国政府将向沿线发展中国家提供20亿元人民币紧急粮食援助。向南南合作援助基金增资10亿美元，用于发起中国－联合国2030年可持续发展议程合作倡议，支持在沿线国家实施100个“幸福家园”、100个“爱心助困”、100个“康复助医”等项目。向有关国际组织提供10亿美元，共同推动落实一批惠及沿线国家的国际合作项目，包括向沿线国家提供100个食品、帐篷、活动板房等难民援助项目，设立难民奖学金，为500名青少年难民提供受教育机会，资助100名难民运动员参加国际和区域赛事活动；与世界粮食计划署、联合国国际移民组织、联合国儿童基金会、联合国难民署、世界卫生组织、红十字国际委员会、联合国开发计划署、联合国工业发展组织、世界贸易组织、国际民航组织、联合国人口基金会、联合国贸易和发展会议、国际贸易中心、联合国教科文组织等国际组织签署援助协议；中国教育部与俄罗斯、哈萨克斯坦、波黑、爱沙尼亚、老挝等国教育部门签署教育领域合作文件，与塞浦路斯签署相互承认高等教育学历和学位协议，与沿线国家建立音乐教育联盟。

中国国家旅游局与乌兹别克斯坦国家旅游发展委员会签署旅游合作协议，与智利经济、发展与旅游部签署旅游合作备忘录，与柬埔寨旅游部签署旅游合作备忘录实施方案。

（二）沿线国家城市间合作情况

随着一带一路建设步伐加快，我国的城市外交发展进入新阶段，尤其是在外交重点领域——沿线城市外交方面。2015年3月28日，商务部、发改委、外交部联合发布了《推动共建丝绸之路经济带和21世纪海上丝绸之路的愿景与行动》，指出要“开展城市交流合作，欢迎沿线国家重要城市之间互结友好城市，以人文交流为重点，突出务实合作，形成更多鲜活的合作范例”。可见，在一带一路建设和中国周边外交的布局中，地方政府和城市正在发挥越来越不可或缺的作用。

我国有9个陆地边境省，共与14个邻国接壤，长期的历史关联、频繁的经贸和人员往来使这些边境省区及其所辖城市与周边国家利益相连，在进行周边外交方面具有不可比拟的优势。沿边对外开放中国周边外交的重要组成部分，也是落实国务院《兴边富民行动“十三五”规划》的重要支撑。这些边境地区的城市无论是自然生态条件、经济社会发展水平都千差万别，各具特色，比如，中朝边境城市丹东、北国重镇黑河市、东北的西大门满洲里市、中蒙交通要塞二连浩特市、中国与中亚能源要塞霍尔果斯市、丝路明珠喀什市、祖国南大门凭祥市。对这些城市而言，对外事务和对内事务经常紧密结合在一起，是每天都要面对的日常事务。

目前，国内地方政府和沿线国家地方城市在城市层面的合作频繁开花，项目纷纷落地，取得了一系列扎实的进展。例如，面向东南亚的澜沧江—湄公河国际次区域合作（又称大湄公河次区域合作，简称GMS）始于1992年，在亚洲开发银行倡议下建立，中国政府全力支持云南、广西等省区的地方政府和城市参与；面向东北亚的图们江国际次区域合作旨在通过在中、朝、俄三国交界处建设新的欧亚大通道，通过各项优惠政策，吸引投资和发展贸易，我国的吉林省是主要参与者；面向中亚的《阿尔泰区域合作倡议》机制和“中亚区域经济合作”（CAREC）机制，我国的新疆是重要参与主体。

由于地理区位、资源禀赋和地区影响力等方面的差别，城市在周边外交中发挥的作用也呈现差异，按照其在周边外交中的角色，可以将城市划分为三类。

一是中心城市的龙头角色。区域内有较强经济实力和较大城市规模，且在综合功能上对周边地区有较强辐射力的城市，就是中心城市。它们往往是政府机构密集的省会城市、公司总部和金融机构聚集的经济中心，这些中心城市在区域治理中往往扮演着龙头角色，对周边地区起到带动作用，是支撑区域发展的增长极。例如，根据《关中平原城市群发展规划》，西安正通过构建航空客货运枢纽，深度融入“一带一路”建设。西咸新区空港新城全年航空货运量达26万吨，航空运输网络覆盖14个“一带一路”沿线国家的26个城市。“空中丝路”正成为西安开展国际交往最普遍、最快捷的首选通道。成都作为中西部龙头城市稳步推进走出去，双流机场旅客吞吐量4980万人次、增长8.2%，其中出入境流量539万人次、增长8.7%，位列中西部城市第一；货邮吞吐量64.3万吨、增长5.1%。新开通成都至纽约、奥克兰等5条国际定期直飞客运航线。成都企业在“一带一路”沿线国家在建和筹建项目共计166个，涉及金额超过100亿美元。进出口贸易总额3941.8亿元、增长45.4%。成都新增拉普拉塔、马普托2个国际友城和曼谷、瓦伦西亚等12个友好合作关系城市。今后，培育在一带一路中具有重要战略位置的节点城市，形成以区域性中心城市为依托的城市群应是一个发展方向。

二是口岸城市的枢纽角色。在边境地区的人员、资本、物资、信息流动中，各种港口、车站、机场等口岸是交往的闸口，在实现国内和国际两个市场对接上扮演着枢纽角色，伴随沿边开放的进程，很多口岸都发展成为大小不一的城市，比如黑河、佳木斯、满洲里、二连浩特、霍尔果斯、喀什。例如，为推进广西融入“一带一路”建设，中国铁路南宁局集团公司积极组织开行跨境班列。2017年9月，中新互联互通南向通道海铁联运常态化运行班列首发，如今已实现每周3列常态化开行。新疆首发至那不勒斯中欧班列开通后，经由霍尔果斯口岸出境，在哈萨克斯坦库日克港搭乘铁路滚装船，经里海到达阿塞拜疆阿利亚特港，通过铁路运输方式，发往格鲁吉亚波季港卸车后，再次搭乘货轮，经黑海、地中海，到达意大利那不勒斯，全程历经10500公里，耗时25天，较以往完全依靠海运的运输方式节省一半时间。这些口岸城市由于居于国门第一线，且行使关税自主权、进出境交通工具的检查权、出入境货物和人员的检查检验权等管理权，对于发挥毗邻国家资源要素的优势互补、促进各国经济共同增长和区域合作具有重要的作用。

三是轴线城市的支点角色。除了中心城市和口岸城市之外，受自然环境、地理区位和通信交通等基础设施条件的影响，国与国之间的互动往往呈现为轴线发展的形态，在沿铁路、公路、航线、输油管道等基础设施轴线，社会经济资源也呈现为沿线发展的走廊。这类沿线崛起的一座座轴线城市，扮演着跨区流动的支点角色，对于推动国际贸易、旅游发展、国际物流、环境保护和人文交流等合作和实现区域一体化具有重要的意义。比如，重庆到哈萨克斯坦开通直航航班72小时免签，阿拉木图市正在和重庆相关部门探索中欧班列更便捷的通关方式。中欧班列（合肥—汉堡）自2015年6月开通以来，来自合肥市的太阳能光伏、液晶面板、笔记本电脑、机械、轻纺产品等安徽省主导产业和战略性新兴产业的产成品等源源不断地运往欧洲各地。再例如，中巴经济走廊上的喀什—白沙瓦—瓜达尔港之间的合作、中蒙俄次区域的后贝加尔斯克—满洲里—齐齐哈尔—哈尔滨经济轴线上的合作等，在轴线发展带中扮演着十分重要的角色。

（三）“一带一路”法律实践情况

“一带一路”倡议体现了中国继续敞开对外开放大门的决心，是中国在发展新阶段对外开放的升级和深化。作为一项覆盖范围广泛的经济合作倡议，“一带一路”建设必然要考察各参与国发展目标和利益诉求的差异、发展水平和法律制度的不同。比如，参与国的对外直接投资就可能由于相关国家经济、政治、文化、社会等方面的复杂因素而面临风险。因此，推进“一带一路”建设，一方面要加强贸易投资、资源能源、金融、物流等领域的合作，另一方面也要借助法律手段积极构建多层次、多渠道的风险防范机制。由于“一带一路”沿线涉及各国及地区的法律环境、社会制度、宗教信仰、文化背景都不相同，且沿线国家和地区大多属于发展中国家，一些地方的政治、安全形势依然严峻。另外，考虑到许多沿线国家并非世界贸易组织成员，不受世界贸易组织关于国际贸易仲裁制度的约束，争端解决及仲裁裁决执行的风险也不容忽视。因此，防范“一带一路”战略实施中的政治、经济、法律风险，是“一带一路”法治化的重要内容。

应当看到，与“一带一路”建设相关的法律问题相当复杂。“一带一路”参与国法律制度各不相同，法律文化传统各异，法治发展水平参差不齐。这些国家的法律规则不同，不仅表现在基础设施建设、贸易与投资管理、能源开发、区域合作、劳动用工、环境保护、税收金融等领域，而且表现在公司、合同、侵权、知识产权等私法方面。如果不清楚其中的规律和要求，就有可能给参与合作的相关国家或企业带来预料不到的法律风险。

有效应对这些风险和挑战，一个重要环节就是立足各国现实情况，将相关政策问题法律化。利用法律的正式性、稳定性、可预测性等特质克服政治和商业决策中的不确定性，从而使“一带一路”合作与交往走上法治化轨道，在相对稳定的法律框架下实现共同发展和互利共赢。这个法律框架应遵循相互礼让的国际法原则，尊重当事人选择可适用法律的自由，发生法律冲突时选择相应规则来解决。

目前，“一带一路”参与国相互交往的法律制度正在不断完善，同时面临不少挑战。比如，一些国家还不是世界贸易组织成员，其有关法律、政策不受世界贸易组织关于国际贸易仲裁制度的约束。同时，“一带一路”参与国还存在所谓“法律制度过剩”问题，即一些国家不仅存在大量双边协调合作机制，还建立了一些国际组织。这些国际合作机制和国际组织在相关国际交往中发挥着重要作用，同时也在“一带一路”参与国中形成了机制叠加的网络。这个网络在制度上需要相互整合，在规范上需要进一步梳理。目前，应设法推动现有机制相互包容。特别是在不同机制之间搭建沟通和衔接平台，防止不同机制彼此冲突。由于机制互容涉及复杂利益因素，需要谨慎对待，采取循序渐进的方式促进各种机制相互适应。在此基础上，推动建立区域经济合作架构和新的合作机制，为“一带一路”参与国的深度合作创造条件。对于“一带一路”沿线国家的法律问题，在以下方面开展了如下实践：

一是在贸易领域，以贸易便利化为核心，梳理中国与相关国家或地区现有双边、多边贸易协定，增加新内容、新举措，完善双边、多边贸易协定，使之更贴合“一带一路”的建设。对于此前未曾签订双边、多边贸易协定的国家和地区，我国可借鉴国际贸易法最新发展成果，待时机成熟时推动建立与相关国家和地区的双边、多边贸易协定，使得贸易有法可依，规则先行。同时，加大重视货物通关、商品检验检疫、质量标准、电子商务规则等涉及商品和服务流通相关的法律问题。

二是在金融领域，以建立亚洲基础设施投资银行（亚投行）为核心，与申请各方就亚投行建立的宗旨和目的、份额、投票权分配、决策机制、投资导向及标准、成员方资格等展开谈判，充分借鉴国际货币基金组织、世界银行、亚洲开发银行等现有国际金融机构的管理经验和成功做法，在总结、汲取其教训和不足的基础上，将国际投资法、国际金融法的最新发展成果纳入亚投行章程和运营规则之中。

三是在国际投资领域，开展大规模基础设施国际投资是实现“一带一路”战略的核心内容，这势必涉及外资准入、外汇管理、股权融资、跨境承包等诸多法律领域，同时相应的环境保护、劳工标准、人权保护、知识产权等条款也都需要根据当地实际情况加以调整、制定，可及时通过补充、完善现有双边、多边投资协定或签订新的投资协定确立区域性国际投资法律规则。

四是在政治风险防范以及争端解决机制领域，除了在签订投资条约和协定时事先选择国际法框架内的现有风险防范和争端解决机制外，应当在实施“一带一路”战略过程中，与相关国家或地区磋商建立共同的投资风险防范体系；建立相关国家合作对话机制。展开国家间领导人或者多国领导人会议交流沟通，是另一种效益更大的国际防御政治风险的举措。

（四）合作发展推动新型国际关系

构建人类命运共同体是“一带一路”建设的伟大愿景，是中国外交的重大创新成果，受到国际社会高度评价和热烈响应，产生了广泛而深远的国际影响。2017年2月10日，联合国社会发展委员会第55届会议协商一致通过“非洲发展新伙伴关系的社会层面”决议。这是联合国决议首次写入“构建人类命运共同体”理念。同年11月1日，“构建人类命运共同体”理念再次载入两份联合国决议，这也是这一理念首次纳入联合国安全决议。联合国副秘书长、裁军事务高级代表中满泉说，中国近些年在裁军、维和等方面的贡献有目共睹，“构建人类命运共同体”理念与联合国的共同安全的和平理念高度契合，给充满不确定的世界指明了方向，提供了中国方案，符合各国共同利益。

无论是金砖合作机制、亚投行，还是中国与中东欧国家“16+1合作”机制，都是在助推人类命运共同体的构建，构建人类命运共同体的步伐正稳步向前。任何国家只要从中抓住了机遇，为自身发展作出了有利决定，就不仅会使本国人民受益，也会受到合作伙伴的欢迎。

例如，在中欧“一带一路”合作中，中东欧国家率先看到了世界发展的趋势和自己的机会。中欧班列成功开通后，中国与中东欧国家在“16+1合作”框架和“一带一路”倡议下展开了诸多卓有成效的合作。中国在2016年11月承诺向中东欧国家投资100亿欧元，中国－中东欧银行联合体于2017年11月底宣布成立，中国国家开发银行提供20亿等值欧元开发性金融合作贷款。中国－中东欧投资合作基金二期已完成设立，募集资金10亿美元，主要投向中东欧国家，用于贸易、基础设施建设、产能、科技、金融、农林、环保、人文交流、卫生和地方等多领域合作。中东欧国家和中国将在两年内开通多条直航航线，双方还将关注共同开拓第三方市场。与此同时，中国与西欧国家的“一带一路”合作也取得了迅猛发展。中欧班列和中国最大的集装箱船——中远海两万集装箱船已经到达“一带一路”在欧洲大陆的最西端——荷兰的鹿特丹港以及比利时的安特卫普港和泽布鲁赫港。海航自去年在布鲁塞尔开通了上海至布鲁塞尔直航后，还将于近日开通深圳至布鲁塞尔的直航航班。加上北京至布鲁塞尔航线，仅海航一家中国航空公司就开通了三条连接中国与布鲁塞尔的直航航线。

与中国蓬勃发展相对照的是，很多“一带一路”沿线国家正陷入动荡与冲突的泥潭，国家的安全都无从说起，遑论发展。从伊拉克到阿富汗，从利比亚到叙利亚，造成动荡不安的原因是旧的安全理念通常带着狭隘的对抗思维和强权政治心态，互相猜疑和敌视。西方从对抗、遏制、均衡等角度出发，为了所谓的安全，反而增加了不安全的因素，往往最终导致冲突与战争。中国倡导共同、综合、合作、可持续的新型安全观，这彰显了中国的政治智慧，将把全球治理引领到新的高度，是构建人类命运共同体的重要方面。当今世界更需要这一新安全观来打破零和、片面、对抗的旧安全观。“共同”让各国利益交融、安危与共，每一个国家都享有平等参与安全事务的权利，也都有维护地区和国际安全的责任，共同营造和谐稳定的国际和地区安全环境。“综合”以统筹兼顾的方法破解安全难题，通盘考虑历史与现实、当前与长远、国内与国际、传统与非传统等多方面因素，政治、经济、科技、社会、文化、安全等领域多管齐下、综合施策，协调推进全球安全治理，不断破解人类面临的安全困境。以“合作”谋和平、促安全，坚持以和平方式解决争端，通过坦诚深入的对话沟通增进战略互信，相互减少猜疑，互谅互让，避免冲突对抗，争取双赢、多赢、共赢。此外，还要以可持续的发展促进“可持续”的安全。

二、面临的挑战与建议

（一）城市合作方面

2017年5月，国务院发布了《兴边富民行动“十三五”规划》（国办发〔2017〕50号），明确指出要推动边境地区深度融入一带一路建设，依托上海合作组织、中国—东盟自由贸易区、澜沧江—湄公河合作、中亚区域经济合作、大图们倡议、中巴经济走廊、孟中印缅经济走廊、中蒙俄经济走廊等合作平台，促进边境地区及周边国家和地区的经贸、文化、科技交流与合作。由于沿线各国和边境事务的复杂性，在发挥城市合作发展推动“一带一路”建设时要把握以下几个原则。

一要坚决反对民族分裂。边疆地区历来担负着守土固边的重要职责，而境内外的分裂势力也在边疆地区利用各种方式、手段进行渗透，对我国的安全形成了很大的压力。发挥城市的周边外交角色要旗帜鲜明地反对民族分裂，维护祖国统一。

二要坚持互利共赢原则。发挥城市的周边外交角色应将对内区域协调发展和对外参与区域合作有机结合，坚持正确义利观，坚持贸易、投资、生态、人文交流合作并举，共商、共建、共享，提供区域性国际公共产品，奉行互利共赢的开放战略。

三要坚持改革创新原则。沿边开放往往在政策扶持、协调机制、合作方式等方面先行先试，具备制度创新的内在特征，应通过不断的改革创新，拓展合作领域，提升合作层次，探索沿边开放的新思路，提升开放合作的层次和水平。制度设计要因地制宜。

（二）法律实践

沿线国家政情复杂，应对难度较大的法律实践，建议在以下方向采取措施：

一是建立完善平台机制，解决法治冲突问题。沿线国家涉及世界三大法系和中国特色社会主义法治法系，法系的不同将导致出现法律争端时国家的处理方式不同，法律的适用性被削减（抑制）。如何尽量避免、减少法治冲突，准确适用相关法律，是“一带一路”建设要解决的重要问题。

二是强化仲裁尤其是商事仲裁建设。仲裁作为解决商贸纠纷的一种方式，其作用将进一步凸显。与法院诉讼相比，仲裁具有裁决易于执行、高效快捷、程序保密等诸多优势，因此，商事仲裁将会成为“一带一路”的优选争议解决方式。

三是进一步发展司法协助制度和法律合作机制。司法协助的进一步发展完善将成为各国普遍的要求。“一带一路”争议解决机制能否真正有效运作，最终取决于相关裁决能否在所涉国家和地区得以有效承认和执行。这就需要推动相关国家和地区之间建立起完善的司法协助制度，一方面完善与“一带一路”相适应的法律法规；另一方面推动相关国家和地区建立互惠，扩大司法交流与合作的范围和深度。

四是进一步加快相关国内立法。“一带一路”战略的推进，离不开法治环境的改善和法律机制的保障。各国大多采用建立自贸区、保税区等形式推进“五通”。在全面依法治国的今天，制定完善自贸区、保税区等的专门法律也是当务之急。

五是进一步拓展法律服务领域。法律服务领域需要进一步拓展，需要提高标准和创新形式。比如，需要做大做强律师队伍尤其是涉外业务律师队伍，律师事务所境外设点或与境外律师机构建立合作机制。

回望过去四年来的发展历程，取得了令人瞩目的发展成果。与此同时，深刻变动的国际形势要求“一带一路”建设已到了提质增速、深耕细作的关键时期，必须乘势而上、集中力量、深入推进。要巩固合作发展的成果，加强以城市合作为创新形式的合作模式推广，强化海外法治观念和法律运用能力，明晰沿线各国政情舆情，致力于推动构建人类命运共同体。要遵循共商共建共享原则，加强创新能力开放合作，形成陆海内外联动、东西双向互济的开放格局，加强与国际区域和沿线国家发展战略的对接，努力实现政策沟通、设施联通、贸易畅通、资金融通、民心相通，打造国际合作新平台，增添共同发展新动力。

关于“树立和践行绿水青山就是金山银山的理念”的十个观点

黎祖交

“必须树立和践行绿水青山就是金山银山的理念”是党的十九大报告关于生态文明建设的论述中一个十分重要的命题。对此，包括一些政府官员、专家学者在内的许多权威人士都做出了自己的解读。今天，我也想借此机会谈谈自己、在学习过程中形成的关于这个命题的十个观点，供大家参考。

第一个观点：“绿水青山就是金山银山”是生态文明建设的核心理念，需要对其进行多学科综合解读。

我们说“绿水青山就是金山银山”是生态文明建设的核心理念，是因为习近平总书记当初在哈萨克斯坦纳扎尔巴耶夫大学演讲时就是把它作为生态文明建设的核心理念提出的，其原话就是：“建设生态文明是关系人民福祉、关系民族未来的大计。我们既要绿水青山，也要金山银山。宁要绿水青山，不要金山银山，而且绿水青山就是金山银山。”

此外，2016年联合国环境规划署发布《绿水青山就是金山银山：中国生态文明建设理念与行动》报告，也表明绿水青山就是金山银山作为生态文明建设的核心理念已经得到国际社会的广泛认可。

我们说需要对其进行多学科综合解读，是因为它作为生态文明建设的核心理念，内涵丰富、寓意深刻，不仅继承和发展了马克思主义的自然观，还蕴含了绿色发展观、绿色幸福观、绿色财富观等诸多绿色新观念，其涉及的学科范围也不仅是经济学一个学科，还包括生态学、哲学、伦理学、政治学、社会学等多个学科。我们只有进行多学科综合解读，才能全面准确地领会它的科学含义。现在有些政府官员，包括一些专家学者，仅仅从经济学的角度去解读这一核心理念，是远远不够的。

第二个观点：“绿水青山”指的是地球上结构和功能良好的生态系统；“金山银山”指的是财富、福祉，是能够满足人们美好生活需要的各种有价值的产品的统称和代称。

众所周知，地球上的生态系统主要包括：森林生态系统、湿地生态系统、海洋生态系统、草原生态系统、荒漠生态系统、湖泊生态系统、河流生态系统、农田生态系统、城市生态系统，等。(其中森林生态系统、湿地生态系统、海洋生态系统被联合国称为地球上最重要的三大生态系统；农田生态系统、城市生态系统是最重要的人工生态系统)

所谓“绿水青山"，指的就是这些生态系统的结构和功能处于良好状态，或者说这些生态系统的质量和稳定性处于良好状态。

所谓“金山银山”，指的就是财富、福祉，就是能够满足人们美好生活需要的各种有价值的产品的统称和代称。从财富的角度讲，“金山银山”包括自然财富、经济财富、社会财富；从价值的角度讲，“金山银山”包括生态价值、经济价值、社会价值；从产品的角度讲，“金山银山”包括生态产品、物质产品、文化产品。

这是我们全面理解、准确把握“绿水青山就是金山银山”科学含义的语义学前提。

作者简介：黎祖交，国家林业局经济发展研究中心。

第三个观点：树立和践行绿水青山就是金山银山的理念，旨在追求人与自然和谐，也就是"既要绿水青山，又要金山银山"。

生态文明的核心是人与自然和谐相处。既然"绿水青山就是金山银山"是生态文明建设的核心理念，也就决定了"树立和践行'绿水青山就是金山银山'理念"的目的就是追求人与自然和谐，这是不言而喻的。而"追求人与自然和谐"，"通俗地讲，就是既要绿水青山，又要金山银山。"一一这是习近平总书记在《之江新语》中明确指出的，也可以说是习近平总书记提出这一命题的本意和初心。

众所周知，生态文明建设所要解决的一个根本问题是如何正确处理经济发展与生态环境保护的关系。但是长期以来，社会各界，包括企业界、学术理论界和政府部门在内，在这个根本问题上一直存在着三种不同的观点：一是纯经济主义的观点，认为经济发展高于一切，生态环境保护是可有可无的事情，即使经济发展破坏了生态环境也没有关系，可以先破坏后治理；二是极端生态主义的观点，认为生态环境保护高于一切，经济发展与否无关紧要，甚至认为自然界的一切自然物都不能改变，人类只能像其他动物那样，被动地适应自然、屈从自然，最好是完全"回归自然"；三是人与自然和谐的观点，认为发展经济与保护生态环境是可以辩证统一的，主张在发展经济的同时保护好生态环境，在保护生态环境的同时发展好经济。习近平总书记站在新时代中国特色社会主义伟大事业和人类经济社会可持续发展的全局与战略的高度，提出的"既要绿水青山，又要金山银山"的论断，既是对长期以来存在于社会各界中这三种不同观点的争论做出的唯一正确的结论，也是对如何正确处理经济发展和生态环境保护的关系这一根本问题提供的唯一正确的答案。

第四个观点："绿水青山就是金山银山"包括两层意思，即：绿水青山本身就是金山银山；绿水青山在一定条件下可以转化为金山银山。换句话说，良好的生态系统本身就是财富；良好的生态系统在一定条件下可以转化为财富。

现在有一种比较流行的说法，认为绿水青山本身并不是金山银山，只有通过人为转化才能变成金山银山。这种观点是站不住脚的，至少是不全面的。因为它不符合自有人类以来自然生态系统一直在为人类的生存繁衍和经济社会发展源源不断地提供各种服务的历史事实，也不符合生态学原理和马克思主义的自然生产力理论。

第五个观点："绿水青山本身就是金山银山"是符合生态学的生态系统服务理论和马克思主义自然生产力理论的科学命题。

首先，根据生态学的生态系统服务理论，"绿水青山"作为良好的自然生态系统，它本身就对人类具有良好的服务功能，就是有价值的，就是财富。

对于生态系统的服务功能，联合国《千年生态评估》报告将其划分为供给、调节、文化、支持四大类23种。其中，供给功能指的是食物、淡水、燃料、纤维、基因资源、生化药剂等，调节功能指的是气候调节、水文调节、疾病控制、水净化、授粉等，文化功能指的是精神和宗教价值、审美、教育、激励、娱乐与生态旅游等，支持功能指的是土壤形成、养分循环、初级生产、制造氧气、提供栖息地等。

此外，著名生态学家康斯坦赞还曾将地球生态系统的服务功能分成以下17类：1、大气调节；2、气候调节；3、干扰调节；4、水调节；5、水储存；6、控制侵蚀和保持沉积物；7、土壤形成；8、养分循环；9、废物处理；10、传粉；11、生物防治；12、避难所；13、食物生产；14、生产和生活原材料的提供；15、基因资源的提供；16、休闲娱乐；17、文化塑造功能。总的说，就是人类赖以生存繁衍的生命支持系统的方方面面都包括在里面，这本身就有价值，就是财富。

其次，根据马克思主义的自然生产力理论，在人类社会发展的任何一个水平上，社会物质生产过程不仅包括人的生产活动，而且包括自然界本身的生产力；外界自然条件为人类提供了"生活资料的自然富源”和“劳动资料的自然富源”两类自然富源，“种种商品体，是自然物质和劳动这两种要素的结合”；“劳动并不是它所产生的使用价值即物质财富的唯一源泉，只有“劳动加上自然界才是一切财富的源泉”。

既如此，我们还有什么理由不承认“绿水青山本身就是金山银山”呢?

第六个观点：“绿水青山”作为自然资源及其具有的自然价值是一切财富的源泉，相较于金钱和人造资产，是更具有基础性和本源性的财富。

这是因为——正如十八大报告所言——“良好生态环境是人和社会持续发展的基础”。

习近平总书记也指出：“生态环境是我们生存发展的根本”，“留得青山在，才能有柴烧”，“绿水青山可带来金山银山，但金山银山却买不到绿水青山”。

马克思则在19世纪中叶就指出：“没有自然界，　　工人就什么也不能创造。”“自然界一方面在这样的意义上给劳动提供生活资料，即没有劳动加工的对象，劳动就不能存在，另一方面，自然界也在更狭隘的意义上提供生活资料，即提供工人本身的肉体生存所需的资料。”

这就告诉我们，“绿水青山”作为自然资源及其具有的自然价值，是一切财富的源头，相较于金钱和人造资产，更具有基础性和本源性的属性。离开了“绿水青山”，即离开了自然资源及其具有的自然价值，人类社会的一切“财富”都将成为无源之水和无本之木。

第七个观点：树立和践行绿水青山就是金山银山的理念，重点是要守护好“绿水青山”，也就是要保护和改善生态环境，甚至在特定情况下“宁要绿水青山，不要金山银山”。

这是由上述第六个观点必然得出的一个结论。用一个哲学的术语来说，就是在“绿水青山”与“金山银山”这对矛盾中，“绿水青山”是矛盾的主要方面，也就是决定矛盾性质的方面。保住了绿水青山，也就从根本上保住了“金山银山”，用马克思的话来说，也就保住了人类生产生活的“自然富源”，保住了人类社会生产力中不可或缺的“自然生产力”。正是在这个意义上，习近平总书记在多种场合都反复强调“保护生态环境就是保护生产力，改善生态环境就是发展生产力。”

这又从一个侧面告诉我们，树立和践行绿水青山就是金山银山的理念，要和学习领会习近平总书记关于保护和改善生态环境的系列重要论断联系起来，而不要将其割裂开来。事实上，习近平总书记关于“保护生态环境就是保护生产力，改善生态环境就是改善生产力”的论断，正是从财富生成的源头和原动力上为“绿水青山就是金山银山”的命题提供了科学的依据。

第八个观点：把“绿水青山”转化为“金山银山”，是有前提条件的。

这里所说的“前提条件”，包括客观和主观两个方面：

所谓客观条件，指的是当地的自然条件。这里也有两层意思：首先，是当地的自然条件确实称得上“绿水青山”，也就是要具备有可能转化为经济优势的生态优势。在那些不具备自然生态优势，也就是不具备“转化”条件的地方，不要盲目“搞转化”。其次，是对于确实存在“生态优势”的地方，在将生态优势转化为经济优势的过程中不能超出当地自然生态系统的承载力，否则，将不但得不到金山银山，还会断送绿水青山。我们过去在这方面的教训实在是太深刻了!我们每一个人都不应该忘记。

所谓主观条件，指的是当地干部群众的思想条件。就是广大干部群众尤其是各级领导干部要破除自然生态系统没有价值、不是财富的传统观念，树立自然资本和自然价值理念；破除生态产品不是产品、“绿水青山不能当饭吃"的传统观念，树立“良好的生态环境是最公平的公共产品，是最普惠的民生福祉”理念；破除将生态环境保护同经济发展割裂开来、对立起来的形而上学观念，树立“保护生态环境就是保护生产力、改善生态环境就是发展生产力”理念。否则，即使守着再好的绿水青山，也只能捧着金饭碗讨饭吃。

第九个观点：要把“绿水青山”转化为“金山银山”，必须多措并举，通过多种途径综合发挥生态系统的多种功能。

如上所述，生态系统为人类提供了多种多样的服务功能。其中既包括经济功能，也包括生态功能和文化功能；既包括直接功能，也包括间接功能；既包括现实功能，也包括潜在功能；既包括可量化功能，也包括不可量化功能。我们所说的把“绿水青山”转化为“金山银山”，就是要在不超出生态系统承载力的前提下，通过多种途径，综合发挥好生态系统为我们提供的这些多种服务功能。

以森林生态系统为例。就是要在重点实施“天然林保护”“退耕还林”等生态工程的同时，尽力进行好木材和其他林产品生产，发展好林下经济，开展好生态旅游和森林康养等。其结果就会是：既发挥了森林生态功能，满足了社会对生态产品的需求，又生产了足够的物质产品，增加了森林的经济效益，而且在实施生态工程中还可以按照国家政策从政府获取相应数额的生态补偿。这样一来，良好的森林生态系统就真正实现了生态效益和经济效益、社会效益的多赢，“绿水青山"就真正变成了“金山银山”！

当然，其他生态系统的情况会和森林生态系统有所不同，但总的说来，其秉持的原则是相同的，其实践的路径也是相似的。其中的关键是要从实际出发，确立一个与当地生态系统状况相适应的发展思路，找准保护生态环境、发挥生态优势和推动经济发展的结合点与切入点，因地制宜选择好适于当地发展的生态产业(或生态工业，或生态农业，或生态林业，或生态旅游业或生态渔业或生态服务业等)，让绿水青山在提供好生态产品、发挥好生态效益的同时，提供好物质产品、发挥好经济效益，实现生态美与百姓富的有机统一。

第十个观点：树立和践行绿水青山就是金山银山的理念，关键是要科学合理可持续地经营管理好所有生态系统。

前面已经说到，“绿水青山就是金山银山"中的“绿水青山”指的是良好的生态系统，也就是其结构和功能处于良好状态，或者说其质量和稳定性处于良好状态。否则，“绿水青山就是金山银山”这个命题就不能成立。而要做到这一点，就必须科学合理可持续地经营管理好所有生态系统。其中，既包括对原有生态系统的保护，也包括按照生态规律对遭受破坏的生态系统的修复和重建，还包括在不超出生态系统承载力的范围内对生态系统的经营管理，有时还要如中国工程院原副院长沈国舫院士所言，“对一些生态系统在规模、布局和组成、结构上做一些调整”，但是决不允许从根本上干扰和破坏这些生态系统，而要保持它们可恢复和可更新的弹性。只有这样，这些生态系统的结构和功能才能持续处于良好状态，其质量和稳定性才能得到持续提升，其为人类提供的多种功能和可能产生的综合效益才能得到持续发挥。这是生态系统科学合理可持续经营的实质内容，是人与自然和谐共生的要义，也是“树立和践行绿水青山就是金山银山的理念”的题中应有之义。

第五篇

中国城市经济专家视点

探索城乡一体化发展新路子

蒋正华

在刚刚闭幕的中央经济工作会议上，中共中央总书记习近平发表了重要的讲话，总结2015年经济工作，分析当前国内国际经济形势，部署2016年经济工作，重点是落实“十三五”规划建议要求，推进结构性改革，推动经济持续健康发展。中央经济工作会议认为，今年经济社会发展特别是结构性改革的任务，十分繁重。战略上要坚持稳中求进，把握好节奏和力度；战术上要抓住关键点，主要是抓好去产能、去库存、去杠杆、降成本、补短板五大任务。中央经济会议刚刚闭幕又召开了中央城市工作会议，这是党中央1978年3月召开了全国性的城市工作会议以来，时隔37年之后，召开的非常重要的城市工作会议。

会议指出，我国城市发展已经进入新的发展时期。改革开放以来，我国经历了世界历史上规模最大、速度最快的城镇化进程，城市发展波澜壮阔，取得了举世瞩目的成就。城市发展带动了整个经济社会发展，城市建设成为现代化建设的重要引擎。

本次论坛的主题，就是全面贯彻落实党的十八届五中全会和中央经济工作会议以及中央城市工作会议的精神。认识新常态，适应新常态，引领新常态，创造新动力，推进城乡发展一体化和新型城镇化建设。

根据世界各国城镇化的经验，城镇化一般要经过四个不同的发展阶段，也就是人口向城镇集中、郊区城镇化、逆城镇化、再城镇化。我国目前新型城镇化布局，正在形成。总体来看，一方面人口还在向城镇集中，另一方面郊区城镇化正在加速推进。逆城镇化也在显现。我国“十三五”农村改革发展进入新时期，就是全面建成农村小康社会的决胜期、巩固农业农村好形势的关键期、农业发展方式的转型期、提升农业竞争力的爬坡期、全面深化农村改革的攻坚期、推进城乡一体化的深化期。

刚刚过去的2015年，我国新型城镇化综合试点，农村土地制度改革试点等工作，都已经全面展开。新型城镇化建设，取得了长足的进步。特别在去年4月30日，中共中央政治局第22次集体学习时，习近平总书记发表了重要讲话，进一步为我国城乡一体化和新型城镇化建设指明了方向。这就是通过健全体制机制,形成以工促农、以城带乡、工农互惠、城乡一体的新型工农城乡关系。

目标是逐步实现城乡居民基本权益平等化、城乡公共服务均等化、城乡居民收入均衡化、城乡要素配置合理化以及城乡产业发展融合化。

去年4月30日，习近平总书记发表加快推进城乡一体化的重要讲话之后。中国城镇化促进会立即组织了中央有关部门的领导、专家和企业家召开了专题的研讨会，根据习近平总书记提出的推进城乡一体化，也就是实现城乡居民基本权益平等化、城乡公共服务均等化、城乡居民收入均衡化、城乡要素配置合理化以及城乡产业发展的融合化，进行了深入研讨，并且形成了专题报告。

2016年，我会将继续紧密团结各方面的研究力量、聚焦城乡一体化创新实践，探索一条政府引导、市场主导、社会普及的城乡一体化体制机制融合的新路子。

我们建议，要重新聚焦农村改革发展，探索解决困扰我国城乡一体化发展问题的有效途径，让农村改革再次释放出巨大的潜能，为我国经济持续健康发展提供强大的动力。

作者简介：原全国人大常委会副委员长、中国城镇化促进会会长。（本文系作者于2016年1月23日召开的以“新常态、新动力”为主题的第一届“中国新型城镇化论坛”致辞）

要搞市场经济，就必须发展资本市场

周道炯

尊敬的各位嘉宾、女士们、先生们，大家上午好!作为金融战线退伍多年的老兵，我非常高兴来参加由21世纪经济报道主办、前海股权交易中心协办的“2016亚洲产业与资本峰会”。

不久前中央经济工作会议，对过去5年的成果和经验作了总结，在综合判断国际国内形势的基础上，对明年经济工作作了展望和部署。今天亚洲产业与资本峰会主题叫“时代视野•公司变革”定得很好，紧扣了时代的旋律，反映了当前大家关心的热点。我在此预祝大会取得圆满成功。

我非常喜欢深圳这座城市，改革开放以前，我就过来了，这座城市充满了活力。今天到场的有各个方面的人才和领军人物，有资本市场从业者、研究者，企业家。资本领域和实业界的朋友们，希望大家借这个峰会能够各抒己见、多交流碰撞、取得更好成果。

在即将过去的2016年，国际市场 “黑天鹅”事件接踵而至，全球经济的不确定性进一步加剧，这也影响到了全球的资本市场，中国的资本市场也受到了一定的影响。

我们知道，资本市场最主要的任务就是要带动实体经济的发展，企业的稳健发展离不开资本的助力。近年来，有人说我们的经济不行了，主要有两种，一种唱衰我们，一种就是说我们全方位都是世界第一了。当然主要是因为过去的实体经济出了问题，产能过剩了，现在采取各项措施、逐步改变这个情况。

2016年，中国经济发展进入了新常态，经济形势总体缓中趋稳、稳中向好，实现了“十三五”良好开局。但是我们也认识到，经济运行仍存在不少矛盾和问题，产能过剩和需求结构升级矛盾突出，金融风险有所积聚等。

正如大家所看到的，中国的经济结构正在发生一些深层次改革，而这些改革释放的红利无疑为资本市场的进一步发展打下了坚实的基础。

中国市场经济经过20多年的改革、创新、发展，中国资本市场，新中国成立以后，我们当时实行计划经济，资本市场取消。经济是从改革开放，从上海交易所成立到现在也有20多年时间，这个时间是非常短的。当时的发展是很快的。中国资本市场经过20年的改革发展，取得了飞跃式的发展，但我们也要清醒地认识到，我们还是一个新兴市场，还有不少问题需要在发展中规范、解决，我总的概括可以说是两句话：中国资本市场前途光明的，道路是曲折的，对不对请大家批评，这是我个人看法。

为什么说前途光明?我们要搞市场经济，就必须要发展资本市场，这能够起到“核心”和“血液”作用，不管怎么反反复复，前途是光明。道路为什么是曲折?因为我们是一个新兴市场，我们很多东西不规范，还存在这样那样的问题，所以这个问题我们需要看到。资本市场让我讲，我还是讲当年上海交易所成立五周年大会，朱镕基副总理在座谈会上讲话，我是证监会主席。他送我们四句话，后来我们证监会归纳八字方针：即“法制、监管、规范、自律”这是非常实用的。

“法制、监管、规范、自律”从资本市场本身来讲，这八个字是非常实用。现在回头看，落实得还是不够，应该要进一步落实。

刚启动不久的深港通，就是资本市场对外开放的一个重要里程碑。沪港通已经开通两年了。沪港通、

作者简介：前证监会主席、中国城市经济学会（第四届）会长。（本文系作者在“2016亚洲产业与资本峰会”上的致辞）

深港通也好，我觉得对三地市场资金的双向流动，和加快推进人民币国际化的进程都将起到举足轻重的影响。我两年前就提出，可以对沪港通模式进行复制推广，考虑再打开更多类似的通道，比如沪美通、沪欧通等等。

多年来，作为国内主流财经媒体，21世纪经济报道一直提供客观深入、讲求事实的报道，这个财经媒体非常有名的，各方面他们都做得很好。在这里，作为21的老朋友，提前庆贺21世纪经济报道16周年，祝愿21世纪经济报道更上一层楼，越来越好!

同时，我对南方财经全媒体集团的成立表示热烈的祝贺。我一直非常关注南方报业的发展和转型。正如义军书记介绍的，南方财经是国内第一家全媒体集团，以“资讯+数据+交易”为框架促进转型融合发展，定位很精准，打造具有国际影响力的新型主流媒体集团，在这里向各位表示祝贺!

最后，预祝产业与资本峰会取得圆满成功!谢谢大家!

全球视角，现在与未来
——中国城市交通

汪光焘

给大家共享中国这三十几年来，特别是近二十年来交通发展的情况。中国的交通日程我简单归纳了一下，更主要的我想告诉大家，中国城市人口和面积的扩张，中国城镇化的快速发展，导致交通需求的增长更加快。这是我们交通里面一个基本评价，而这种基本评价是由于我们发展过程中带来的改革开放以后面临的问题，但是中国政府自始至终坚持公交发展带领城市发展。

同时中国政府层面，就国家工业从1985年以来，历次提出公交发展的战略。所以公交在中国发展地位上已经很高。在发展过程有若干阶段，不同公交方式也有不同的发展里程。我们知道在改革开放以后，我们的地面公交和经济社会发展城镇化水平是一致的，但我们地面公交没有生意的时候，出租汽车发展很快。到了新世纪地铁作为我们公交发展主要的路线。

公交结构也在变化。出租汽车从解决通勤逐步过渡到为特殊人群的需求和一般人群的特殊需求转变。我想讲的第三个中国交通特点是自行时代向机动化转变过程。

当汽车工业不发达的时候，自行车出行率达到62%。所以人家会说我们是自行车的王国。现在我们大概占12.%多，我们看到这个转变的问题带来我们在经济发展中交通工具的变革的影响，由此我们自行车执行比例下降，但是现在机动车的比例在大量增加，相当于汽车拥有量的一倍。

第四个问题就是城市群、都市圈的形成，改变我们交通所需要的一般性理念。更主要是当年经济快速发展，城市群为主体的城市发展，对交通形成新的影响。

那么社会关注什么问题，我举了4条，第一个交通拥堵问题。交通拥堵问题已经从大城市的交通拥堵，过渡到中小城市的交通拥堵。我们认为要从交通制度上研究根本解决办法。第二个刚才报告也讲到交通污染问题已经引起我们高度重视。北京的分析交通污染占整个污染的31%，所以我们想的一个关键观点就是交通工作者更多是研究交通组织对污染排放的问题，而汽车制造方面等影响，让制造部门去解决。第三个停车问题在中国相当突出，是有发展原因的。旧小区和新校区的差别，老公共建筑的不足和新公共建筑的不到位，根据这些问题，我们认为已经是制度和理论该怎么样完善和发展的问题。同时我们已经注意到发展中的一个机动化之后，自行车出行量的减少和怎么保持绿色出行之间的矛盾，这就是我展示的北京机动化改造期间被相对自行车行人环节具有工程性的毛病的一个点。

这四个问题我认为要综合判断我们的进展和问题。我归纳起来就是一个城镇化发展很快。中国的城镇化已经56.1%，而且（部际）城镇化39.9%，也就是说我们还有2亿人的流动在中国城市里面带来交通问题，而且每年稳定14百万，所以中国出现了世界从所未有的状况。交通的本身出现的出行次数的增加、出行距离的变化、出行结构的变化，以及出行带来整个交通结构的变化是我们应面临、应研究解决的技术。

第二个就是机动化发展过快。从机动化的制造业和机动化家庭拥有量来说，都在2000年之后发生的事

作者简介：原国家建设部（现住建部）部长、国际欧亚科学院中国科学中心副主席。（本文系作者在“第十四届世界交通大会”上的发言）

情。也就是说中国的交通问题，2000年之后凸显。机动化的过程小汽车进入家庭是近几十年的事情，这就给我们提示解决问题要瞻前顾后，更好研究我们将来怎么办，这就是我们反思当年政治想象不够。

第三个住房问题解决很快，住房改善是有房地产。经济发展很快，依赖园区房地产发展与城市之间的关系，存在距离和由此带来的问题，而这些问题客观上是造成我们当前要研究和改变的交通问题。

北京市的房地产布局图，多集中在中心区周围。那么我概括刚才的过程，今后的发展，应该由理念的转变推动，从认识上改革、开放推进城镇化。第二个我们以建新区为主导的发展方式，城市扩张的增长是否有点过快。第三个有以公共交通为领导的新区规划理念在实施，是否要做评估有效和改进的方法。第四个我们研究城市交通治理，仍然停留在工程学的概念，停留在原人、车、路、环境的思路上，缺乏城市整体运行的规模、规划的研究。

对应的措施是什么？我想也就是必须注重城市整体提升，满足人的需求。刚才联合国报告里面也讲，人的需求满足形势、方式都要有所改变。同时强调必须实现管理要求的转变，应对城镇化发展资源能源艺术思考问题。

下面我想介绍一下中国对这些问题已经实施的案例，同时也介绍一下附加概念。首先讲我们确实面临着前所未有的挑战，但是中央和地方都十分努力，积极探索创新发展。这些方法是我们长期坚持，也是有成效在运作。下面介绍6方面的案例，第一方面案例是以广州为代表的BRT系统（快速公交系统）。这个系统是在老的广州城改造中间来实施的，实施效果得到联合国应对气候变化的有关部门表彰。而这个BRT的利用，就是当前不盲目的以轨道交通推进公交发展模式，是根据当地社会经济发展阶段系统研究，城市功能提高，对已有实施整合改造综合利用。这就使我们城市有机更新将更加完美。而且这种方式比地铁解决最后一公里的问题更具有可倡导性。其中BRT的问题，我只是在比较中主要介绍广州。我们国家20多个城市，包括北京、广州、兰州、合肥等，中小城市像常州、宜信，甚至于小城市义乌都在研究BRT的发展，实施公交优先模式的问题。

第二个想讲尽管自行车执行力在下降，但是对自行车的应用发展公共自行车仍然是我们的方向。以杭州为例，杭州的公共自行车发展，也得到国际组织的认可和赞赏。这个新的问题解决因地制宜，因势利导，以满足人的需求为导向的城市交通服务理念。充分体现了“公共交通优先发展”内涵所强调的差异化发展途径：是我国大城市、特大城市的大运量公共交通工具的重要补充；是中小城市改善城市出行品质的重要举措和典范。

第三个我们知道高铁发展很快，机场发展很快，特别高铁发展对城市交通的影响是一个特殊问题。而我这里介绍深圳高铁是解决对外交通发展，和城市交通衔接很好的案例。具体讲是实施了把最新兴的高铁站放在市中心，由（步行系统）增加一个新的小汽车的停车场，利用现有公交体制实施，用步行组织整个交通的运行。我觉得具有一种带动性，是城市国家高铁发展空间，城市交通衔接一个好的模式。

我们还开发了大运量交通工具，这就是政策投入运行的磁悬浮。我自豪地说世界上日本8公里，韩国到现在还在试点，我们已经投入运行18公里，而它具有低噪音、少污染、半径小等优势，特别是对城市带有已有交通问题解决是一个很好的方向，而且我们预计将会比地面的轻轨更具有竞争力。这是运行的情况。

在刚才联合国报告里面也讲到，任何交通措施必须进行评估有效性，中国各地对评估有效性和行政措施或者调动措施评估有效性全面开展。这里我举一个例子。第一个北京建立了尾号限行以后，对公交指数下降了10%。

尽管限行措施受到很多反映，但我们认为限行措施是缓解了我们当前交通的矛盾，为今后的交通治理提供了机遇和时间。我们认为这个措施短暂，或者还有比较长的坚持阶段，对当前来说不是停留最终目标，而是应当改善交通机遇和时间来解决的。

下面也十分关心新的科技发展对交通的影响。在北京、上海、深圳、重庆等，通过对土地人口交通以及污染排放一体化的信息，来研究我们城市交通中间大家关心的问题。而这里归纳起来有两大方面。一方面对出行者进行改革，第二个我们要支持决策者有一个科学的依据和量化的政策。具体讲像北京的交通指数，它引导了整个交通分布的空间。我们的交通问题，地方政府应该尽责任的，分门别类跟地方政府一个量化信息指数，改进工作。比如说深圳通过停车方案比选，和最后停车频度来解决，包括对供应车效益解决交通措施有效性。重庆也是除了实施发布，领导出行以外，更主要是跟踪交通运行规律分析现在事件影响范围、影响程度和影响时间。这样可以更有效对交通管理、交通调度带来便利。

我讲6方面的案例，给大家介绍中国政府对城市发展和城市交通的政策，既有限行的问题，也有战略的问题，而且应用现代科技手段，正在尽力解决。我特别要强调的中国政府对解决城市交通问题，长期有政策性指导。这个就是中国发展交通的，城市发展交通的前提，立足于城市发展趋势来解决，这就是我们已经进入了以城市行为为主要行为，大中小城市协作发展阶段。同时我们强调城市的发展，因为城镇化还在高速增长期间，我们预计2020年到60%，预计可能在2030年以后达到70%，跟世界几乎一样。我们对城市发展的格局，希望是有序建设、适度开发、高效运行，而且要努力让百姓安居乐业，这就包括我们交通风创和环境保护问题。

这就是中央政府策略，给我们带来解决交通问题很重要的启示和前提。与此同时我们公共交通理论研究，刚才已经展示，我们自始至终发展公共交通。到90年代大力发展公共交通。到21世纪初，其中公共交通，在交通资源里要优先。我们现在进行了研究，认为公共交通优先发展，是国家城市发展的战略。而公共交通优先发展，不仅在于交通的本身，也要引导出行者优先选择，要引导城市集约利用土地、节约能源、保护和改善人民居住环境。也就是说不是一个规划理念，而是在硬性中体现公共交通实施在城市发展中的核心地位，也在城镇化发展中具有地位。

第三个我们前面开展的交通需求政治性管理相关理论的研究，这个由于信息渠道给现在信息化带来发展变化，我们就研究信息化时代，通过信息化时代推进城市交通需求管理新的机遇。同时我们认为信息化管理不限于管理措施，要包括既有政策的评价，也要研究怎么调整城市交通整个网络之间的内部关系和相对匹配的措施和政策。

我想这三方面研究的问题将从国家层面上推动解决城市交通关键问题。下面我给大家交流一下，研究城市交通，不能停留在人车路环境，不能停留在功能措施，也不能停留在规划的要求上。我们认为，研究城市交通有很重大课题要研究。一个总体理念上要研究共同存在的问题，也就是交通拥堵、机动车污染、交通安全问题，是世界达成共性的问题。我相信这个问题还会延续下去，还有很多要求研究改进的问题。第二个TOD理念，从20世纪90年代很受关注，但是TOD理念实效评估还缺少。第三个根本是制度体系框架，缺乏有别于交通运输的，城市交通理论支撑。所以我现在强调或者强烈呼吁，我们要研究城市交通理论支撑，摆脱以交通工具为目标，是应当区别城市交通运输的体制和机制的研究。

所以创新城市交通理论研究，是国际标准公路共同本质，也就是说增加今天讲的，我们要有理论支撑，推动我们的发展。具体讲，我建议要加强理论城市交通学的问题。我这里已经展示了世界城镇化的过程，我相信到2030年，世界还有大量的人口进城，而这种进城还会给以后交通问题带来新的研究课题。

发达国家有发达国家的课题，发展中国家将面临发达国家走过的路子和自身要解决的问题，所以我觉得要改变基于工程角度和交通规划角度来研究，积极面对现实从长远提议，要用战略的思考来解决现实问题，要有一个好的理论框架。我相信在信息化、大数据、云计算等科学手段快速发展，工程技术的不断进步的背景下同时提出交通学，是具有国际社会、经济社会发展趋势需要。

研究什么呢？我刚才讲不是研究人、车路，是研究满足人的需求，人到城市来是为了生活，更好的生活，同时研究城市运行高效、安全计划、也就是城市可持续延续。我认为研究城市视角，重点是关注城市居民合理需求和城市整体运行效率的提升，强调是多学科的思维系统的方法，既包括工程技术，又要注重法律制度，包括经济和宅税制度。同时我认为研究范围是有一个界限的，这个界限就是理论运行是一个范畴，对外衔接是一个范畴，而这两个范畴随着城市规模扩大，这个问题将越来越显得重要。这个边界更主要的问题是为什么要研究国内体系，因为中国和国际来说，法律制度、价格制度、标准体系、信息化要求、和公共资金来源，以及价值制度都是不一样的。而这种不一样，就是我们综合思维方式系统研究相关的关系。我认为研究的核心是一个交通网络构建运行互动，这个互动包括我列举了6个以机动方式网络和自行车系统的衔接，形成内陆子系统的协同，也包括不同系统的相对性。

只有这样，才能把城市交通搞好，把城市效应提到最高地位。同时我觉得当前信息化时代，要提出三方面的重点研究。第一个就是开放共享协同的城市网络构建运行的服务体系、信息共享体系。第二个要研究信息化超大城市、特大城市以及中心都市圈交通网络共性协同优化方法。第三个也要研究移动互联网技术运营和信息化大数据、云计算实现城市交通需求管理应用研究。国家总体理论，要有三方面的信息化数据支持，是我们城市交通真正实现服务于人的需求。这个需求可以是出行需求，也可以不出行，满足你的需求。更主要是立足于城市总体运行效益，而不是某一个工程工具的效益来解决城市交通问题。只有这样，才能把城市交通为城市发展、为经济社会发展，为世界绿色低碳发展做出应有的贡献。

最后我想有三句话作为我们的结束语，第一城市交通问题是世界大城市共有的问题。第二研究城市交通问题，必须创新理论，建立专向理论。第三核心是有多学科思维，系统方法，注重人的需求，提高城市总体运行效应。我想这些建议也是对今天在这里召开的十四届世界交通大会的建议，我希望由此得到相应的支持，我的发言完了，谢谢大家。

供给侧结构性改革的要义

魏礼群

推进供给侧结构性改革，要义在于加快经济转型升级。去年底召开的中央经济工作会议明确提出："推进供给侧结构性改革，是适应和引领经济发展新常态的重大创新，是适应国际金融危机发生后综合国力竞争新形势的主动选择，是适应我国经济发展新常态的必然要求"，要"推动我国社会生产力水平整体改善"。这是审时度势的深刻论述和推进经济转型升级的重大决策部署。

改革开放以来，我国经济规模不断扩大，经济形态不断演化，在取得巨大成就的同时，经济社会发展也遇到一系列新情况、新问题，需要准确把握经济转型升级的时代特征，特别是把握好以下五大趋势。第一，我国进入工业化中后期与全球新一轮产业革命形成历史性交汇，凸显了制造业升级、发展战略性新兴产业和现代服务业的重要性。同时，城镇化对公共产品和服务供给提出新的要求，走向服务业主导成为产业结构变革的大趋势。第二，以人为核心的新型城镇化加快发展，二元户籍制度向居住证制度转型成为城乡结构变革的大趋势。第三，随着中高收入群体的扩大，人民生活水平普遍提高，需求结构发生深刻变化，由物质型消费为主向服务型消费为主转型成为消费结构变革的大趋势。第四，随着全球服务贸易快速增长，深入实施自由贸易区战略成为全方位开放的大趋势。第五，破解经济社会发展难题，培育发展新动力，优化要素配置，提高全要素生产率，提升供给体系质量和效率成为供给侧结构性改革的大趋势。

推进供给侧结构性改革，加快经济转型升级，是重大的现实任务。其着力点是：解放和发展社会生产力，坚持用改革的办法充分发挥市场在资源配置中的决定性作用和更好发挥政府作用，推进结构调整特别是供给侧的结构调整，优化现代产业体系。要通过一系列深化改革和去产能、去库存、去杠杆、降成本、补短板的政策举措，推动科技创新和制度创新，着力解决我国经济发展供给侧存在的问题，重点是促进部分过剩产能有效化解，促进产业结构优化升级，降低企业成本，提高供给结构对需求变化的适应性和灵活性，扩大有效供给，满足有效需求。

推进供给侧结构性改革，加快经济转型升级，特别要注重以创新、协调、绿色、开放、共享的新发展理念为引领，突出抓好以下几方面问题。第一，当前我国公共产品和服务领域供给短缺和质量不高的矛盾尤为突出，需要把增加公共产品和服务供给作为供给侧结构性改革的重点。破除公共产品和服务领域的政策体制束缚，充分释放公共产品特别是现代服务业全面快速增长的巨大潜力，推动公共产品和服务业优质高效发展。第二，加快金融体制改革。既要着眼于优化资金、资本要素配置，支持实体经济加快创新发展，又要守住不发生系统性区域性风险的底线，维护金融安全。第三，降低税费成本，推行结构性减税政策。这需要加快财税体制改革，切实降低企业的制度成本。第四，经济转型升级需要创新型和实用型人才，因此，加快推进教育结构调整与改革对实现由数量型人口红利向质量型人口红利转变意义重大。第五，以绿色、低碳、可持续发展开辟供给侧结构性改革新境界。这是全社会的热切期盼。必须把加快生态环境治理、推进生态文明建设摆在供给侧结构性改革的突出位置。第六，进一步激活市场、放活企业。这需要持续推进简政放权改革，使政府既切实减少对市场和企业活动的直接干预，又能有效引导经济发展方

作者简介：中国行政体制改革研究会会长。曾任中共中央委员会委员，国务院研究室主任、党组书记，国家行政学院党委书记、常务副院长，十一届全国政协文史和学习委员会副主任。（本文来源：《人民日报》2016年04月14日 07 版）

向、实施科学监管。

“十三五”头两年的经济转型升级带有闯关的特点，更需要突出供给侧结构性改革中的政府作为。在国内外环境深刻复杂变化的特定背景下，经济转型升级面临供给侧去产能、去库存、去杠杆、降成本、补短板等多方面的艰巨任务，既需要化解多年来累积下来的矛盾和问题，又需要加快培育新的发展动能，尽快形成可持续健康发展的新动力。从这个意义上说，推进供给侧结构性改革必须爬坡过坎、勇于闯关，尤其要正确认识和处理政府和市场的关系，形成推进供给侧结构性改革和支撑经济转型升级的各项政策与制度安排。我们要按照“五位一体”总体布局和“四个全面”战略布局，以更大的决心和勇气突破利益固化的藩篱，啃下供给侧结构性改革这一“硬骨头”。

创新可以改变全世界

高尚全

新中国成立以来，中国制造业有很大的发展，我们现在是制造业大国，制造业在世界制造业比重当中，已经达到了18.5%，美国是17%，所以超过了美国。但是我们制造业大国不等于制造业强国，制造业技术水平、产品开发等等还远远跟发达国家有很大的差距，所以现在我们面临着很大的挑战。为什么是很大的挑战呢？特朗普上台以后，第一，他要采取贸易保护主义。第二，减税，所得税从35减到15%。第三，总部在美国的在世界上的公司，你利润回到美国去，税率是8.5%，这几条措施以后，人家都在考虑了，怎么回流到美国。日本人很敏感，孙正义昨天网上讲了，他要投资500亿美元。我们知道阿里巴巴在美国上市，孙正义占了32%，所以马云的钱都给孙正义挣去了。现在阿里巴巴的钱从32%要减到28%，把这个钱腾出来去投资美国，因为有吸引力啊。这样一弄以后，世界制造业不光是美国的制造业要回流了，其他国家的投资也会到美国投资了。这个趋势值得我们注意。

我以前讲过了三产可以改变中国，第一叫创业，第二叫创新，第三叫创牌。创业是基础，创新是关键，创牌是目标。我们为什么提出创新驱动？为什么创新发展？经济在下行的时候是靠我们的创新，创新可以促进我们经济的发展，创新可以改变我们国家，创新在世界范围内可以改变世界。

我看了《乔布斯传》，我也看了《马斯克的冒险人生》，看了以后有启发。乔布斯是一个创新性的人物，他有一个企业现在变成世界创新领军的企业，他改变了世界。乔布斯人家认为他是个疯子，恰恰因为他是疯子，所以他有创新的机制，创新的动力。马斯克，17岁从南非到了加拿大，18岁到了美国，到了硅谷，后来一面学习，一面创新，他搞互联网，互联网赚了钱，第一个互联网企业卖掉了3亿，第二个互联网企业又卖掉15亿美元，有了15亿美元，他用不完，吃不完，但是他还是要创新，他干什么呢？说人类在地球上已经满了，要移民到火星上去，那怎么上火星呢？我搞火箭，火箭对他来说是没有经验的，他从世界范围招聘人才，而且招聘人才的时候，马斯克亲自面试，到底他要的人才是一流的人才，而且这个人才是会动手的，不光会动嘴的。我看了《马克思传》以后，他给人家出题目，说人站在地球上，向南走一英国，向西走一英里，再向南走一英里，请问你在哪里？有的说我在北极了，有的说我在南极了，还跟面试者一块探讨。

乔布斯的电脑和手机改变了世界，那么马斯克的火箭，而且他搞的火箭是能够回收的，他搞的火箭材料很齐，所以降低了成本，提高了速度。一个是火箭，一个是特斯拉，还有一个新能源。什么叫创新呢？创新是你做前人没有做过的事就是创新，你说前人没有说过的话，这个叫创新。

乔布斯在斯坦福大学没有毕业就出去创业了，后来他成功了，请他到斯坦福大学去演讲，演讲完以后，年轻的学生给他提两个问题：第一个问题，我怎么会像你？第二个问题，我怎么会变成你？乔布斯说，异类思维，只有异类思维才能够创新。

创新如果根据书本上，文件上去创新，那不是真正的创新。1984年出台的第一份关于社会主义改革开放的文件，邓小平同志说，这是马克思主义跟中国实践相结合的文件，解释了什么是社会主义，怎么样建设社会主义。

作者简介：原国家体改委副主任、著名经济学家。（本文系作者在“第二届中国制造千人会”上的发言）

老祖宗说要消灭商品生产，结果我们提出社会主义商品经济，这就是一个大创新，大的理论的创新。他说，这个创新过去是不敢说的。小平同志有这样的思想，1984年就判断出来，老祖宗没有说过的话，现在我们可以说。老祖宗怎么说我们怎么做就没有创新了。

因为马克思时代还没有电灯了，马克思如果现在看到互联网，看到手机，看到电脑，他一定有好多创新。过去说老祖宗没有说过的话我们不能干，我们在改革过程中发现，股份制到底姓资，还是姓社，有人说姓资，有人说老祖宗没有说过这个话，我当时是体改委副主任，有人说那就去查吧，老祖宗说过的话，他说假如没有股份制的话，美国到现在都没有铁路了，因为铁路是单个资本完成不了这样的工程，通过股份制集资起来才搞了铁路。还好老祖宗说过，那老祖宗没有说过的是不是就不能搞了？小平同志说，老祖宗没有说过的话，我们说了，这就是创新。

我又想到习近平同志在哲学社会科学大会上讲了，说我们要创新，就是要奇思妙想，无中生有他前提讲了，我们要实现伟大目标，要聚集一切可以聚集的力量，调动一切可以调动的积极因素，如果不创新能实现吗？

另外我讲一个华为创新的案例，华为我去过三次，第一次是1997年，当时有人给中央写信，说华为姓资不姓社，为什么呢？说国家没有花钱，他脑子简单，国家花钱就是社会主义，私人花钱就是资本主义。第二，他说搞了职工持股，因此没有坚持社会主义方向。那么我参加了十五大报告的起草，我觉得恰恰是我们改革要提倡的，众人拾柴火焰高嘛，大家来集资，社会把资金调动起来才有力量。说人家姓资不姓社，所以我去调研了。当时深圳书记詈夷为（音），他原来是第二汽车厂的厂长，我跟他很熟的，我说，碰到这个问题，我说不赞成的，结果提倡的东西结果姓资了，他说，好我陪你去调研。调研结果，确实是国家没有投入，华为是任正非两万多块钱起家的，他又搞了职工持股，所以把职工的积极性和企业积极性捆绑在一起了。虽然没有国家投入，但是企业发展很快，职工也富起来了，经济发展了，给国家提供了大量的税收，也解决了大量的就业，这有什么不好呢，真是要提倡的东西。

第二次在海口开了两个会，后来任正非知道了，他派两个人接我到深圳，约我参加大梅沙论坛，开完会以后把我接到华为去住了。今年又参加了大梅沙论坛，他又把我接去了，今年除了任正非讲了，还请华为的科学家，还有华为大学系统给我介绍了，所以从他们介绍当中，我也受益了，华为怎么起来的，怎么创新的。华为的创新靠什么？第一，他有一个理念，他的理念叫做以奋斗者为本，以客户为中心，这样把职工积极性充分调动起来，把客户积极性调动起来，客户原来是甲乙方讨价还价的，他们现在强调是利益共同体。华为的职工搞的好不好，你为客户做了什么事，我想这是他成功的理念。

第二，任正非以身作则，他是两万多块钱起家，现在他在股份里面占多少呢？只占到1.4%，98.6%都是职工持股的，他没有占大股东。尽管他不当董事长，但他还是威信极高，大家都是听他的。

第三，去年他们投入了596个亿人民币，利润多少呢？是458亿，税收多少呢？462亿，所以他的投入占销售收入的15%，所以他有后劲。

第四，他有17万人，其中3万多名老外，1万多名博士生，最近派出2000个在华为工作15年到20年的技术人员/工程师到外面创新。我说，你不培养年轻人？他说，如果年轻人再去培养就晚了，我培养15-20年的，他们马上就接地气，马上就能创新。而且外国科学家在哪里，华为的研究所就到哪里。采取共享，而且尊重科学家，科学家创新的贡献，这样科学家很愿意为华为服务。

世界上有人的地方都有华为的设备，世界上他服务30亿人，人家认为华为是搞手机的，其实华为20%搞手机，80%是大管道的数据，搞基站，哪里有人，基站就在哪里，这样通讯就畅通了。

华为跟英国搞了一个研究所，诺贝尔获得者的研究所他们进行合作，石墨烯现在炒得很厉害，但是华为没有声音，他干了先说，现在成功了，华为的电池寿命长，效率高，耐热性强。三星的手机爆炸了，

iPhone的手机也不行，结果华为慢慢领先了。他是靠这样的投入，靠技术和人才才能够成为世界上领先的企业。

我想，创新还要有先进的文化，就是鼓励创新。我们一个河南的科学家到美国留学，在细胞研究上他是领先的，结果放弃了美国国籍到了清华大学搞研究，现在当了清华大学副校长。他有一个发明结果以色列很重视他，他去领奖，领奖的时候，以色列驻美国的大使说，你们是怎么创新的？他也讲了一下，他讲了一个故事，以色列总理上小学的时候，他的母亲问他，你提出的问题有没有问倒你老师？第二，你提出的问题，到底有没有什么影响？所以以色列总理从小就培养这种创新的理念。他说，我是中国的文化，我的小孩回来就问了，你在学校里是不是听话？因为文化上的差异，也影响了我们的创新。我们小孩子就是培养，小孩听不听话，听话的孩子就是好孩子。那么这样子的创新动力从哪里来？老师怎么说你就怎么做吧。所以这个文化和先进的文化也有关系。

创新的原动力在什么地方呢？创新的原动力在人的自由和全面发展。我们科学发展观讲全面发展，我到广东，那个时候汪洋书记当广东书记，他让我去做演讲，讲完了以后广东社科院一个领导提出来，他说，我们的科学发展，人的全面发展，全面为什么没有人的自由？我说，没有写上去人的自由，不等于是不要自由。如果人没有自由，创新从何而来？其实马克思很重要的一个思想，每个人的自由是一切人自由的重要条件。马克思提倡自由人的联合体，这是最大的动力。法律不禁止的都可以干，这样才有创新的动力，创新的范围。技术创新是关键，理论创新是先导，制度创新是保障。

浅议城市规划与永久基本农田划定

陈为邦

近两年来，连续召开了中央城镇化工作会议和中央城市工作会议，国家发布了有关城镇化方面的文件，包括《国家新型城镇化规划（2014-2020年）》和最近出台的国务院《关于深入推进新型城镇化建设的若干意见》以及《中共中央国务院关于进一步加强城市规划建设管理工作的若干意见》等。在新形势下，我国城市发展的战略思想方针政策正在形成一个比较完整的体系。认真学习领会贯彻中央的有关精神，是我们大家共同的任务。

这次中央城市工作会议深刻指出："必须认识、尊重、顺应城市发展规律，端正城市发展指导思想，切实做好城市工作。"这是中央关于我国城镇化指导思想的本质和精髓。城市可生而不可造。城镇化、城市发展本身，就是一个自然历史过程，有其客观规律，包括自然规律、经济规律、社会发展规律、空间发展规律等等。这个道理大家应该都是认同的，但是在具体问题面前，能不能坚持，则需要研究。

李克强总理在今年政府工作报告里，在部署2016年重点工作时明确要求："加强城市规划建设管理。增强城市规划的科学性、权威性、公开性，促进'多规合一'"。要求"全面完成永久基本农田划定并实施特殊保护"。我们必须为完成国家确定的任务而努力。永久基本农田划定工作关系国家农业发展大局，城市规划必须坚决支持。但是，据悉，有关方面认为，永久基本农田除了在城市以外的大面积基本农田基础上划定之外，还要求在大城市周围地区多多安排，并且认为，这样做不仅保护了基本农田，还有利于城市的生态环境改善、防止城市发展出现"摊大饼'现象云云。据悉，有关方面正在这样推行。如果真正这样普遍实行下去，在城市发展的科学性方面，我们将在全世界搞出一个违反常识的大笑话来。

不可否认，在大城市周边划定一些永久基本农田，客观上确实有助于生态改善，在某些大城市也确实有利于防止城市发展"摊大饼"，然而，如果不区别情况，将这种要求普遍化、绝对化、任务化、指标化，那就麻烦了！而在中国，在某些垂直管理体制下，这是非常可能和现实的事情。一个时期以来，一些地方和城市已经有所反映，已经开始出现一些麻烦。

中央强调认识、尊重、顺应城市发展规律。那么，城市发展的基本规律是什么？历史和实践表明，"集中"是城市发展的基本规律。因为城市的基本特征是人口和非农产业的集中，是基础设施、公共设施和各项建设的集中。这种集中，形成了城市的规模效益，形成了城市的根本优势和强大生命力，并导致城镇化的发生的发展。这种集中，在空间发展方面就体现为按照城市规划，集中紧凑科学合理布局，在全世界（包括我国）这个认识问题早就解决了。

但是现在，居然出了新问题。因为，如果城市发展的空间结构以永久基本农田布局为前提，如果没有城市全局的统筹安排，单由有关部门将永久基本农田在城市周围东一块西一块永久划定下来，并实施特殊保护，那么，城市空间的发展就得绕开这些农田往外"下跳棋"，其结果，是城市空间布局分散破碎，基础设施公共设施建设必然形成巨大浪费，整个城市的建设和运行将长期处于不合理状态，城市的损失将是长期而全面的，因为它从根本上违反了城市发展集中布局的基本规律。

作者简介：教授级高级规划师 、原中国城市规划学会副理事长 、原国家建设部总规划师、中国城市规划学会顾问。（本文系作者在"中国城市规划学会60周年院士专家座谈会"上的发言）

所以，影响城市空间总体布局这样的关系城市发展全局的事情，不能由一个方面说了算，更不能被一个方面绝对化。永久基本农田应该科学划定，切实保障质量，并且实施特殊保护，但不应当由一家划定，而应当在城市政府统一领导下，有关方面参与，共同研究，共同划定，毫无疑义，城市规划部门应当参与并发挥其综合职能。只有这样的工作体制，划定工作才能符合农田保护、城市发展与生态建设的共同规律。南方有一个县，在“多规合一”改革试点过程中，充分尊重主管部门的意见，周密考虑基本农田的需要，并发挥了城市规划的综合职能，通过调整，把城市开发边界中过去零碎划定的基本农田整合起来，统一放到城市开发边界外围，实现了基本农田的成片布局，切实保证了质量，而城市周边的宝贵建设空间也得到合理安排，生态环境得到改善。这样的经验难道不是很好吗！基本农田可以做到，永久基本农田也应当可以做到。

“多规”关系问题的背后是多部门机制体制法制的关系。如果只是注重规划技术层面的“合一”，那只是表面的浅层次的，解决不了根本问题。深入研究，并且慎重处理机制体制法制关系才是根本。这已经涉及国家行政管理体制改革，已经涉及国家现代化治理体系的建立，是非常深刻的改革。

最近《中共中央国务院关于进一步加强城市规划建设管理的若干意见》明确要求“加强城市总体规划和土地利用总体规划的衔接，推进两图合一。在有条件的城市探索城市规划和国土资源管理部门合一”。启动城市周围地区永久基本农田由城市的国土资源和城市规划等有关部门共同划定的机制，应当成为促进两规衔接的重要工作。希望得到城市领导的理解和支持。

这里，需要再强调的是，城市规划不是城市建设专业规划，而是综合规划，是在空间发展方面协调城市经济社会发展和生态资源保护关系的综合性规划。城市规划不仅安排建设活动，更重视保护工作，坚持生态环境保护、资源保护（包括土地和水资源等）、历史文化保护等等，从来就是城市规划的基本原则（见《中华人民共和国城乡规划法》第四条）。承认、尊重并充分发挥城市规划的这种综合职能，应当是处理多规（包括两规）关系的基本准则。

总之，保护基本农田和永久基本农田，规划建设管理好城市，是我们大家共同的任务，我们应当紧密团结起来，共同努力完成好这些任务。

建设以深圳为核心的世界超级城市群

倪鹏飞

非常感谢会议邀请我来做一个演讲。上个星期我也参加了咱们东进战略的一个论坛，所以主办方希望我这一次讲的和上一次讲的别重复、不太一样，这对我是一个挑战。我想了一下，还是可以做到的。上一次我主要是从功能的这个视角来对东进战略做了一些建议，这一次我想从空间视角、维度来做一个思考和建议。

我这个题目就是《深圳：实施"顶天立地"东进战略》。深圳实施东进战略，我认为是一个非常正确的选择，就像刚才王主任所说的，它是符合发展规律的一个选择。但是我注意到现在咱们在讲的时候特别强调了三个层面，深圳--深莞惠、粤东。但是我想一个战略的实施是不是可以站得更高一点，刚才王主任也在讲，下得更沉一些。

所以我提出来是"顶天立地"，所谓站得更高一些，就是要支撑国家和民族的使命；所谓"立地"，就是要接地气，你这个战略的实施一定要惠及黎民百姓，特别是当地的黎民百姓。因为在最近看到好多规划都很宏大，但是涉及的百姓这一层面还是有值得改进的地方。

所谓要"顶天立地"，要着眼于全球，借力全球、服务全球，来引领全球的发展，我们深圳应该有这个雄心的抱负；再一个就是要服务国家，带动国家的发展。

基于这样的建议，我提出了一下五点，这既有目标又有具体的怎么做。

第一，我们要通过实施东进战略，吸引全球高端要素，让深圳成为改变世界的都会。

现在全球有一个非常重要的趋势，就是智能科技。大家好多都在谈论，其实过去我们一再说，我是做全球城市研究的，过去我们说，特别是九十年代以来，由于全球化和信息化，说金融服务业它是控制和组织全球城市网络的一个核心，所以我们在评价全球城市的时候，就用金融业和生产性服务业来评价。因为现在我发现一个重大的变化，就是科技，金融当然还存在、还在影响，科技公司它是真正在控制着全球、影响着全球、决定着全球，但现在看来谷歌，看看Facebook，包括苹果，好多高科技公司，他们是深深的影响和控制着全球，这是一个重大的变化。上次我和刘太格先生我们一起参加上海城市规划的论证，我就提出来这样的一个问题，我们要关注这个重大的变化，要致力于向这个方面的发展，而深圳有这个方面的优势。

同时，全球面临着重大的机遇和挑战。全球重大的机遇，就是全球的格局在进行调整，各种高端的要素在迅速地流动，今天在你这个地方，明天可能就会到另外的地方，发展中国家，尤其中国受到了双重的挤压。在这种情况下，深圳作为率先转型成功的城市，它就应该以更大的视野、更大的胸怀，通过打造一个新的更高端的区域，来吸引全球的要素和资源，这个当然深圳的东部，还包括深圳东部的东部。只有把深圳的东部和深圳东部的东部一起来打造，才能够对全球高端要素形成吸引力。现在好多的跨国公司之所以到上海去，他是看中上海两翼的发展，而不仅仅看中上海。

所以实施东进战略第一个方法，就是通过打造高端的深圳东部，来吸引高端要素，让深圳变成改变世界的一个创新都会。

作者简介：中国社会科学院城市与竞争力研究中心主任、中国社会科学院财经战略研究院院长助理、城市与房地产研究室主任。（本文系作者在第二届"深圳东进战略专家研讨会"上的发言）

方法就是，把握全球的趋势、借鉴全球的经验，特别要坚持和塑造全球的标准，因为高端要素它是有高的要求的，吸引高端的人才，你毕竟是一个伟大的城市，最近微信上不是在传着嘛，吸引有抱负的人才，你必须是变成一个伟大的城市你才有可能。那变成伟大的城市，你必须要有全球的高的标准。所以这是第一个建议，吸引高端要素，让深圳变成影响世界的城市。

第二，实施东进战略，孵化科技金融的龙头企业，让深圳成为中国城市转型的火车头。

现在中国最核心、最关键的问题其实就是转型和升级的问题，但是我们现在转型处在爬坡的一个阶段，进行了这么多年，步履维艰，缺乏经验、缺乏动力、缺乏条件。但是我们发现深圳转型取得了初步的成功，这给我一个很大的启发，同时这几年我一直在关注着转型升级，也在调研转型升级。

我在苏州调研的时候，当时我注意到深圳转型升级了，我说有一个成功了，然后再有几个成功，那中国就成功了。我就把目标瞄准了苏州，我到苏州去调研的时候，苏州当时给我介绍了一些比较典型的好的企业，一家高科技企业，非常有名。我去调研，和他聊了以后，他说我们几个老板是从深圳的华为跳出来，然后在深圳又干了一个企业，然后我们又在苏州做了一个分公司，现在做得非常好。

然后我又再调研风险投资公司，我调研了苏州的好几个风险投资公司，但是最后他的或者是控股者，或者是参股者都是深圳的公司。那风险投资，或者说苏州的风险投资公司，金融创业创投公司都是深圳的，可想而知全国的情况呢。所以我是在想，深圳它的转型成功不只是意味着他自己的成功，他有可能会带动整个中国的许多的城市成功。也就是如果我们在深圳发展更多的这样的科技企业，这样的金融企业，作为龙头、作为源泉，然后再把它的分公司遍布到全国各地，这样就可以很好的服务全国的科技的创新和转型升级。

所以我们东进战略的第二个策略，就是要在东部和东部的东部孵化出科技金融、科技制造的这些企业来，然后使深圳东部的地区成为中国经济的火车头，带动中国经济向前发展。这是第二个战略，它的办法就是孵化科技金融、扩散内地市场。

第三，实施东进战略，深耕区域合作，建设以深圳为核心的世界超级城市群。

现在新一轮的规划已经开始了，上海已经做出来了，北京马上要启动，咱们这边也开始要做了。那么至少在城市群的规划中，我注意到长三角的规划是说以上海为核心，京津冀的规划已经说了是以北京为核心，那么珠三角的这个更大的城市群究竟是以谁来为核心。

我这儿给大家看一看，就是我看到珠三角的发展趋势是珠三角的规模在扩展，这也是我们东进符合发展规律，这是城市发展到一定阶段的产物，先聚集、后扩大，第二是一体化在深化。那么，现在深圳和周边区域，尤其和东部地区，存在着分工互利的条件。最重要的是深圳已经率先发展，不仅成为这个区域的无可争议的动力源，甚至是全国、全世界的动力源，这个都是无可争议的。那么深圳在这个地方有这个能力，同时也有这个责任。

再一个是问题，我简单地点一下。现在香港的问题带来的不确定性，大珠三角的分割和分化，还有整个珠三角城市群就目前来看，它和长三角，甚至和京津冀在规模上、在总量上，甚至在能级上还有一定的差距。我们说的中国将来至少要有三个世界级的超级城市群，要实现这个目标，那么也需要进一步的提升。

基于这样，我就觉得可以通过深化区域合作，以建设深圳为核心的珠三角世界城市群为目标。怎么做？我就强调两点：第一，深圳要主动合作。现在区域合作，大家都知道这个会多赢、会双赢，但是就存在着谁赢得多、谁赢得少，谁先赢、谁后赢的问题，因为对这个问题大家认识不一致，所以都认识好，但是很难谈成。一般来说，中心城市、定位高的城市它应该是处在关键的位置上，如果他没积极性，那小城市就在那就没法干的。所以我是想，深圳能不能主动承担起这个领导，或者是引导区域领导者、引领者。

你看长三角至少他好一点，大家都承认上海的地位，它这个合作机制现在有30个城市了，至少在合作机制，这个表面上看应该是比较成熟了。但是珠三角尽管是一个省，这种合作还很难以形成。这个我认为与我们主要城市，或者是首位城市他的主动性和积极性，以及他的大齐和奉献精神有很大的关系。这一点我就不展开说了，其实讲得很关键，就是说深圳有责任、有能力，也可以做一些奉献来推进区域的合作，这当然对深圳有利、对周边有利、对国家的比较也会更有利。

第四，实施东进战略，重整特区山河，建设强大深圳全球都会区。

深圳有很多好的条件，刚才我们讲了，转型升级初步成功，竞争力也是全国领先，但是也面临着很多的问题，面积、人口，至少从统计上来看，和另外两个长三角的上海、京津冀的北京还有很大差异。我最近在做研究，现在整体上如果算功能的话，广州还在前面，从综合功能来看。但是你这两个城市都和北京、上海从总量和层级上都差了很大的距离，因此我们要提升，作为南方的中心，这个城市群要提升核心城市的功能。

怎么提升？过去许多城市是从大到强，但我们看我们深圳是可以反过来，是从强到大。其实你向东部扩展也有是一个“大”的问题，过去你只是在整个关内，龙岗这些都在关外，这个可以扩大；第二个扩大就是它的行政区域的限制，把整个粤东地区，深莞惠都纳入进来。

其实过去民间都在呼吁，深圳市不是可以作为一个直辖市来建设？至少我们现在要有为，你有这样的规模，你有这样的体量，你又有这样先进的功能，那么就有可能实现这样的一个目标。

所以怎么做呢？就是我刚才说的：

1. 全面整合。整合关内关外，就把整个深圳关内关外打通，东部、西部、中部打通，做一个重新的枢纽；2. 全面转型。在原来转型初步成功的基础上再进一步升级；3. 做强做大。在做强的基础上做大。

第五，实施东进战略，重心全面东移，把东部建成理想城市的新标杆。

那把东部的东部要建成，我这说的“东部的东部”，就是指的惠州，应该建成一个新的次中心。如果我们这个东进战略只考虑到深圳的东部，那还不够，如果是指定位深圳的东部定位高，而没有把东部的东部定位起来，那也是难以实现的，所以我说至少在深圳东部我们要建立一个理想城市的新标杆。什么意思呢？这个战略就是要实现重心的东移，这个可能和大家想象的不一样。

我知道过去天津滨海新区建设的时候他们有一个重要的战略，叫“3-5-8-10”战略，就是用十年的时间使天津滨海新区经济规模、财政收入占到整个天津的40%，那时候我还上博士的时候，我就提出质疑，我说为什么是40%，为什么不是60%呢？其实这一个现实就反映出政府决策者他自己的想法，他的重心在哪里。那结合到这里，我认为深圳这次东进战略应该是一个重心的转移。

行了，我讲到这里就完了，谢谢！大家都明白了。

中国城乡一体化趋势与科技创新

魏后凯

当前，中国已经进入依靠创新驱动全面转型的发展阶段，未来，依靠科技创新促进城乡发展全面转型是一项重要的任务。中国城乡发展进入了一个全面转型的阶段，是与我们发展阶段有关的。从工业化阶段来看，中国整体进入工业化后期阶段，未来我们的重点任务是全面提高工业化的质量。从城镇化阶段来看，现在我们已经跃过城市化率50%的拐点，进入城镇化中级快速推进的阶段，未来推进城镇化的重点也是全面提高城镇化的质量。中国经济进入发展转型，我归纳为四个方面特点：增速减缓、结构优化、动力多元、质量提升。创新是一个根本动力。

今天论坛的主题是非对称赶超战略，中国要实现赶超战略面临着缩小两个差距。一方面，要缩小与先进发达国家间的差距，依靠科技创新来实现我们经济社会的赶超，缩小国际差距。另一方面，我们也要缩小国内差距，主要是地区和城乡之间的差距，要依靠科技创新来促进城乡区域的协调发展。非对称赶超实际上不单纯是包括领域上的非对称，也包括空间上的非对称。我认为，非对称赶超可能有如下这三个层面：第一，中国作为一个整体，我们要赶超先进发达国家，主要支撑点是靠沿海地区、发达地区；第二，中西部落后地区依靠创新驱动赶超东部发达地区；第三，农村地区要依靠创新驱动赶超城市地区，实现协调发展。

中高速增长成为我国新阶段的新常态

现阶段，我国宏观经济最为突出的状态是经济增长速度的换挡。中高速增长成为我国新阶段的新常态。这种中高速增长就全国而言，并不是说所有地区都是中高速。从地区层面来看，未来有一些地区可能是中高速，有些可能是中速或者中低速。中西部在未来或者未来较长时间仍然是高速增长甚至是超高速增长。只有通过多元化增长格局才能够支撑未来中国经济的较长时期继续稳健中高速增长。当然，在新常态下，中国城乡一体化可能会出现四个方面的规律：第一，城镇化增长速度减缓，市民化意愿下降；第二，城乡差距将进入继续稳定缩小的时期；第三，我们的要素将从农村向城市单向流动，转向城乡双向互动；第四，我们的政策将从城市的偏下向农村偏下转变。

根据我们的研究，城镇化增速现在已经减缓。未来中国城镇化推进速度下降，全面提升质量将是未来中国城镇化新常态。中国城镇化减速的原因很多，主要有四个方面的原因：第一，发展阶段已经变了，进入减速阶段；第二，发展理念变了，过去中国城镇化依靠低成本来支撑；第三，新常态下增速减缓，增速减缓工资上涨，对城镇就业的需求将会下降；第四，我们要补齐农民市民化的短板。

刚才讲农业转移人口市民化意愿已经出现了下降，现在中央鼓励农民进城，我们加快推进户籍制度改革，中小城市放开了户籍制度，绝大部分省区都取消了农业户口和非农业户口的区分。但是现在农民不愿意进城，农民市民化的意愿在下降。这种市民化的意愿下降的原因主要是由于中央明确赋予农民更多的财产权利，农村公共服务水平在不断地提高，农民在农村增加财产收入，对未来农村发展的预期在增加，农民就业的选择在增多，他可以住在大城市，也可以住在小城镇，也可以住在农村。从城乡收入差距看，

作者简介：中国社会科学院农村发展研究所所长、中国社会科学院西部发展研究中心主任。（本文系作者在“第十届科技创新与城市管理论坛”上的发言）

2009年以后城乡收入差距在不断地缩小，这种缩小是短期的波动还是长期稳定的趋势？我们认为这次城乡收入差距缩小是长期稳定的趋势，到目前为止中国城乡收入差距已经越过城乡收入差距倒U型转变的拐点。

科技创新到底采取什么样的战略

最后，科技创新到底采取什么样的战略。研究分析发现，在市场作用下，创新集聚、创新非均衡发展、创新非对称发展，可能会扩大城乡区域差距，创新都集中在沿海发达地区，创新集中在城市群地区，所以在中国赶超背景下，在大的格局下需要实行以创新促协调这么一个战略，我们把五大理念、创新发展、协调发展联动，充分发挥科技创新的作用，依靠科技创新驱动促进城乡区域协调发展。我们要施行以创新促协调的总体战略思路，从五个方面展开：第一，构建若干战略创新带，包括四横四纵；第二，以城市群为载体构建三级创新极，包括珠三角、长三角、京津冀；第三，依托城镇体系构建创新等级体系，大中小城市创新未来应该有分工，顶级城市如北京、上海更多发挥基础性作用，中小城市和小城镇更多在应用研究发挥它的作用；第四，统筹城乡科技创新，完善农业科技创新推广服务体系。我们现在农业科技推广面临很大的问题，未来农业的发展和农业的提高、农民的增收，很大程度要依靠科技创新来支撑；第五，统筹区域科技创新，促进区域协调发展。

扬子江城市群生态发展探讨

顾文选　焦彬

前言

2016年时任江苏省委书记李强在江苏省推动长江经济带建设工作座谈会上指出：“谋划把长江沿江城市作为一个大的板块，打造扬子江城市群，促进沿江地区发展能级的整体提升，使之成为未来江苏几个城市协同发展最主要的增长极。”

“扬子江城市群”本是以上海为中心的长江三角洲城市群的组成部分，同世界有名的大城市群一样具有跨地区甚至跨国家的空间地域特征。为实施统一规划、有效资源配置、一体化治理和协调发展，关注同一行政区域内的亚城市群的科学发展,更具有重要的现实意义。

1. 扬子江城市群发展现状

扬子江是长江从南京以下至入海口的下游河段的旧称，流经江苏省南京、镇江、常州、无锡、苏州、扬州、泰州、南通八市以及上海市。其中江苏省八市总面积约5万平方公里，2016年人口4900多万，国内生产总值过6万亿元，人均GDP12.7万元，是我国经济发展基础好、城镇化水平高、综合竞争力强的地区之一。

注：本文根据在2017年7月在江苏扬子江城市群发展论坛上的发言做了进一步修改。

表1　江苏省沿江八市主要经济数据及人口、城镇化率

片区	城市	GDP（万亿元）	人均GDP（万元）	第三产业比重（%）	进出口总额（亿元）	常住人口（万人）	城镇化率（%）
长江南	南京	1.05	12.7	58.4	3315	827	82
	镇江	0.38	12.1	47.6	684	318	69
	常州	0.58	12.3	50.9	1820	470	71
	无锡	0.92	14.1	51.3	4635	652	76
	苏州	1.54	14.5	51.4	18081	1062	75
长江北	南通	0.68	9.3	47.7	2035	730	64
	扬州	0.44	9.9	45.0	637	449	64
	泰州	0.41	8.8	47.0	684	464	63

数据来源：8市2016年社会经济统计公报。

扬子江城市群的经济总量比改革开放之初增长了100多倍，2016年扬子江城市群国内生产总值为上海（2.75万亿）的两倍多，为长江三角洲南翼浙江城市群8市（3.9万亿）的1.5倍，已接近珠江三角洲城市群9市（6.9万亿）的总量，发展态势强劲。扬子江城市群经济总量规模巨大，但也存在传统产业结构比重较大、江南江北发展梯度大等问题。根据上表数据，江南五市人均GDP已经超过或者接近2万美元，城镇化率超过或接近70%，第三产业逐渐成为三次产业的主导，无论人口经济规模和聚集度都具备了国际大都市区

作者简介：顾文选，中国城市科学研究会原秘书长、研究员；焦彬，中外建工程设计与顾问有限公司规划所所长。

和城市群的一些主要特征；江北三市人均GDP正逐渐接近1.5万美元，城镇化率超过60%，人口经济规模和聚集度正进入城市群勃发期。

2. 扬子江城市群的发展目标与历史使命

20世纪80年代国务院批复的长江流域发展规划《长江沿江地区城镇发展和布局规划要点》中，曾明确提出以南京为依托的长江下游地区是长江经济带的“龙头”。产业发展以新兴产业为主，对传统工业加强技术改造，以机械（包括电子、汽车）、纺织、轻化工等工业为主导；同时发展外贸加工工业，在新的技术基础上建立滨海和滨江钢铁、冶金、石油化工基地。

进入21世纪，国家更加重视长江流域的整体发展，相继颁布了《长江三角洲城市群规划》和《长江经济带发展规划纲要》，对长江流域经济、城市发展提出更高的要求和引领全国的重要使命。《长江三角洲城市群规划》提出长三角城市群将发展成为面向全球，辐射亚太，引领全国的世界级城市群；成为最具经济活力和资源配置中心；具有全球影响力的科技创新高地；全球重要的现代服务业和先进制造业中心；美丽中国生态宜居示范区。《长江经济带发展规划纲要》指出长江经济带是国家的经济脊梁，国家经济稳定增长的重要支撑；要求长江经济带大力保护长江生态环境、加快构建综合立体交通走廊、创新驱动产业升级、实施新型城镇化、创新区域协调发展体制机制等。

扬子江城市群位于长三角经济区和长江经济带两大国家战略的交汇区，未来发展应体现国家战略的要求。因此，扬子江城市群发展肩负以下使命：江苏省政治经济社会文化环境五位一体发展的核心区，长江经济带发展的龙头地带，推动国家发展全局和引领国际竞争能级提升的重要引擎。

为完成以上使命，扬子江城市群似应加强以下几个方面的工作：协助长三角中心上海，协同长三角浙、皖相关城镇群，共同打造具有国际竞争力的产业体系和现代服务业体系，形成全球最具竞争力的世界级城市群之一；发挥各城市生态资源优势，联合保护山水格局及环境，建设生态型城市群；发挥经济带经济区的龙头作用，融入国家“一带一路”战略，带动长江地带中上游协同发展，使我国的经济“脊梁”更坚实更稳定；发挥扬子江城市群产业和城镇化协同发展的优势，推动苏北皖北等相邻地区一体发展，成为国家现代化建设示范区。

3. 扬子江城市群生态发展路径探讨

叠加交会于本区域的两大国家级规划，长江经济带规划和长三角城市群规划，都将生态环境保护放在突出位置，提出要走生态优先、绿色发展之路。这意味着城市群内各市镇无论产业选择、江河湖泊治理、交通基础设施和城乡建设等方面工作，都应秉持生态环境优先的原则，体现低碳绿色发展方式。沿江河湖泊等水系建设绿色生态廊道,形成城镇群全域青山绿水环境正成为时代的呼唤。

3.1 以保护水资源为核心提升城市群全域生态品质焕发“水乡城市群”特色

扬子江城市群域内有江阔水深、绵延420多公里的长江干流，还有全国五大淡水湖之一的太湖，已列入世界文化遗产的大运河，加上其他众多的中小河流湖泊，构成我国典型的水网密集区，水域面积约占城市群国土面积的20%。水构成扬子江城市群区域最重要的生态要素。该区域人口和经济密度高，城镇化开发强度大，江海运输繁忙，易诱发多种水环境事件，威胁群众健康，降低宜居水平，水生态环境保护任务尤为艰巨。保护区域水资源环境成为扬子江城市群修复生态环境实现绿色可持续发展的关键。

纵观世界大部分著名的城市群在其发展过程中都曾经历过以治理水系为重点的生态修复之路。如美国大西洋沿岸以纽约为中心的城市群对哈得逊河的治理，西欧城市群对莱茵河、塞纳河的治理，英国以伦敦为中心的城市群对泰晤士河的治理，日本地跨三湾一海城市群对琵琶湖等多个内海河流湖泊的污染治理等都是很好的借鉴。

扬子江城市群的水环境治理应注重以下内容。首先，应全面科学测度区域内各类水体水质状况，分析水生态承载能力并划分水生态等级区，根据水生态能级合理安排经济社会活动、规划建设人居环境空间；第二，建设扬子江城市群水资源信息系统，实时监控水系污染、水系周边建设活动，快速应对突发事件；第三，除按照国家要求保护好长江干流的生态环境外，应加大保护和治理各城市中小河流、湖泊等水体环境，消灭V类和劣V类水体；第四，针对城市群内水污染排放突出的产业，如运输业、纺织业、石油化工和化学制品制造业、黑色金属冶炼和压延加工业、电力、热力生产和相关行业，限时进行转型升级和污染治理；最后，实施沿江沿河沿湖沿海生态污染联控和生态保护红线评估考核体系，并纳入政府年度考核。

总之，全面提升扬子江城市群的水环境质量和水环境容量，使其成为长三角和长江经济带乃至全国的“水乡城市群”生态典范。

3.2 建设轨道交通网络大力发展低碳绿色公共交通形成连接城乡“一体化”基础设施网

纵观海内外经济体系的区域拓展和城镇网络延伸，都是以综合交通网络完善为基础的。现代经济全球化的发展空间更是建立在各种“流”（人流、物流、信息流、金融流等）的连接网络和节点的逻辑基础上。正是这些“流”和网络节点的汇聚形成各类各级中心城市和城市群。

国内外城市群、都市圈的空间扩张规律表明，汽车和铁路、轻轨等轨道交通可以有效打破行政区划的障碍，但其能耗各不相同。据有关专业测算，燃油小汽车的人公里碳排放量是燃油公共汽车的3.86倍，而公共汽车的人公里碳排放量又是地铁轻轨的3.8倍。建设生态型城市群应积极倡导公共交通，尤其大力发展建设轨道交通网络，实现城市群内低碳绿色交通为主的互联互通。

“十三五”期间，继南京后，苏州、无锡、常州和南通都将进入地铁、轻轨建设的快速期，应在省级层面协调轨道交通网络建设。一方面要协调好群内八市之间高铁、城际快轨的发展，同时做好与上海、浙江、安徽相邻城市的轨道交通网络衔接；另一方面统筹规划扬子江城市群各中心城市到中小城镇的轨道交通和城乡一体化的交通网络。力争形成扬子江城市群内部主要节点之间以及与周边邻区的“半日工作圈”“一日生活圈”。

扬子江城市群还可借助江海联运的优势和中欧班列快速发展有利条件，大力发展跨境运输。依托5万吨级泊位发展沿江港口群，依托中欧班列车站编组站发展陆运交通枢纽，借助自贸区政策发展现代物流和金融等服务业。

扬子江城市群在持续完善高速公路网、铁路网、航运网、空运网、通讯网和物流网建设的基础上，实现基础设施低碳高效联通，促进要素、人员在城市群无障碍流动，形成网络一体化城市群。

3.3 推进产业跨界融合发展绿色低碳产业集群打造现代产业结构

绿色低碳产业构成生态型城市群的经济基础。扬子江城市群的经济总量在长三角城市群中处于龙头老大的位置，同国际各大城市群相比，无论其总规模，人口和城镇聚集度，基础设施的硬件，相对说差距不大，有的甚至领先；然而就经济结构，制造业的产业结构，新技术新业态的规模，资源配置的创新和管理等仍有相当差距，特别是制造业中传统产业还占半壁江山。必须全力提升自身在全国乃至全球的价值链和产业分工体系中的位置，增强整体的国内外竞争力和影响力。顺应“工业4.0”、“互联网+”的产业发展趋势，形成服务经济与智能制造“双强”的现代经济体系。

首先，大力发展现代生产性服务业，将金融、现代物流、科技信息等与制造业融合发展，使其达到50%或其以上。第二，尽快完成扬子江城市群传统工业升级换代，推动钢铁、石化、冶金、建材、船舶等传统产业的低碳转型，实现工业产品高端、智能、绿色；实现产业转型不是一朝一夕之功，以群内经济总量最大、结构较优的苏州为例，其传统产业从2010年的70%转到新兴产业超过50%用了六年多时间，产业转型必须下大力气并持之以恒。第三，在借鉴欧美等发达国家航天、智能制造、工业互联网、新能源、生物技术、高端装备制造等产业的先进技术基础上实现技术改造及创新，增强城市群先进制造业和战略性新兴产业上的竞争力，形成生态型城市群坚实的产业基础。

3.4 适应交通信息网络化发展构建“功能”型人居环境新体系

扬子江城市群在我国城镇化版图中是发育得比较完善的典型地区之一，大中小各类城市和小城镇，乃至乡村都有较强的经济活力和发展动力，空间布局和规模结构比较合理。近年随着各类经济、文化产业园区的兴起，各类特色小镇、田园综合体正大量涌现，城乡居民点空间结构也出现了一些新形态；随着公共服务和基础设施均质化发展，在互联网+的影响下，原有按市县镇村行政等级划分的城乡居民点体系已经不能完全适应新形势。

国内外专家研究发现，现代信息技术的发展和普及将使城市功能和空间结构呈现出集聚与扩散并存的现象。一方面，高层管理职能、高等教育、科技研发等有越来越集中于中心城市的倾向；另一方面，各类实体经济、社会文化活动却日渐降低对规模聚集空间的依赖程度，并出现居住和就业空间兼容的模式，在城郊、乡镇、村落形成独立的新型产业生活园区。“互联网+”新业态的出现，使得远程服务和电子商务迅速普及，城市的基础设施日益智能化，公共服务设施逐渐网络化。与之相适应的，居民点体系结构也将向扁平化发展。

为适应互联网经济，扬子江城市群发展似应考虑创新人居环境体系，弱化现有居民点等级的行政性，加强居民点的功能性。在城市群空间结构中突出生态空间与产业协作、园区共建，实现资源配置的最优化、创新驱动的最大化，着眼提高区域城乡社会结构的宜居性和居民的幸福感。以轨道交通信息网络构成的城镇发展网，将城市群众多的县、镇开发园区、科创园区、旅游、养老养生、文化体育等各色园区升级为特色化的创新社区、功能小镇、田园综合体等，纳入到网络化的城市群空间体系中，形成区域城镇化的扁平化网络结构和生态化的社会结构。

结语

城市群的成熟发展是个巨系统工程。根据吴良镛院士倡导的”人居环境科学理论”,人居环境不论大小都是以人为中心的多系统协调共存的复杂系统。城镇体系和城市群都是在一定地域范围内市、镇、村共存的人类生产生活共同体。建设生态型城市群目标是创建美好的人居环境，而美好的人居环境总是与美好的人类社会息息相关的。实现生态型城市群发展目标任重道远。为有效推动这项巨大工程，首先有赖于政府的领导和推动，统一规划，分步实施。还应动员社会力量，吸纳各方面的人才，发挥各方面的积极性，参与组建一系列协调机构，如政府间的规划协调机构，轨道交通一体化网络发展协调机构，水系治理和环境质量监督协调机构，产业升级和新业态创新交流中心等，广开言路，招贤纳士，共创共享，方得功成。

参考文献：

[1]国家发展改革委、住房与城乡建设部印发《长江三角洲城市群发展规划》（发改规划〔2016〕1176号）2016年6月1日.

[2]国家发展改革委.《长江经济带发展规划纲要》.2016年9月12日.

[3]吴良镛.人居环境科学导论.中国建筑工业出版社，2001年.

[4]毛保华.中国低碳生态城市发展报告—绿色交通.中国建筑工业出版社，2013年.

[5]阿尔文•托夫勒.第三次浪潮.中信出版社，1980年.

[6]克里斯托弗•H•利姆.数字化削弱超大城市经济“命脉”.参考消息，2017年9月.

[7]李程骅.长三角城市群格局中的“扬子江城市群”构建策略.

江海学刊，2016年6月.
[8]胡彬.生产网络、新型空间形式与全球城市崛起：亚太路径之比较与启示.经济管理，2015年第1期.

特色小镇如何真正踏上特色之路?
——以华侨城甘坑客家小镇为例

宋丁

以文旅产业称著于世的华侨城已多年稳坐亚洲第一、全球第四的交椅，实力不俗。但是，一直以来，让华侨城难以亢奋的是，它没有自己的文化科技创新力量，没有自己的文旅IP，所有3D、4D、5D动漫都是对外采购，甚至从来没有在自己的文旅项目中植入具有IP价值的吉祥物，更没有相应的延伸产品。这不仅加大了华侨城文旅业务的成本，更削弱了华侨城的产业竞争力。

华侨城显然意识到这个问题的严重性了，决心以“文化+旅游+城镇化”、“旅游+互联网+金融”新战略寻求突破。具体目标是：未来计划在全国打造100个特色文旅小镇，形成主流新业态，通过挖掘文化潜能、利用科技创新，为华侨城的各个文旅小镇塑造特色IP。去年以来已签约数十个项目，签约金额数千亿，目标剑指“万亿华侨城”。

100个，10000亿，这些数字的确够威够猛，未来预期前景如何，我在这里就先不讨论了。我眼下关心的是，华侨城是否真正能够通过文旅特色小镇的打造，实现文化科技的IP创新，真正弥补自己的短板?

之所以提这个问题，是因为目前全国风起云涌的特色文旅小镇开发热浪中，恰恰无特色成为最大困境。“天赋特色”型的文旅小镇已被占尽，剩下的大都资源平庸，什么度假小镇、温泉小镇、农业休闲小镇之类，就是没有特色的代名词。

事实上，很多文旅小镇存在不少潜能型特色资源，是有可能转化为现实资源的，文旅小镇成功的关键就在于对接市场需求挖掘潜能，通过创新塑造独特IP。可以说，以文化底蕴和科技手段实施IP创新是文旅小镇突破资源平庸弱势，迈向特色化的战略方向。

华侨城就是认准了这个方向，它把文化科技IP创新的第一仗选在了深圳。华侨城起步于深圳，总部位于深圳，对深圳有着深刻的情结。曾经的锦绣中华、民俗村、世界之窗、欢乐谷都是诞生在深圳的中国主题公园的创新典范，曾经的东部华侨城也是诞生在深圳的中国首个国家级生态旅游度假区。为了突破将近十年来在深圳没有重大创新举措、没有深耕空间的困境，去年以来华侨城全面出击，在深圳各区与政府签约，决心再造六、七个华侨城，其中率先选定的甘坑项目就是要打造深圳中部华侨城。

甘坑客家古村位于深圳中部，经过三百五十多年的风风雨雨，目前仍然保留了不少传统建筑和民俗，然而几十年来日益被城中村密集的违建楼包围，城市建设和房地产开发的浪潮时刻挤迫着甘坑古村的文化神经。当地政府和古村主人数年前试图通过营建甘坑客家小镇以抗衡侵蚀，但收效甚微。

2016年5月，华侨城文化集团全面接手甘坑客家小镇的开发业务，作为其100座特色文旅小镇的起步点。他们与村民组织合作，以PPP模式为先导，计划总投资500亿元，塑造华侨城文旅产业新业态的示范项目。

按照华侨城对甘坑客家小镇的规划，这里将以IPTown模式创造全新的文旅体验五大载体：

——客韵：遵循甘坑客家文明发展轨迹打造全新观感；

作者简介：中国城市经济专家委员会副主任，国家高端智库·中国综合开发研究院旅游地产研究中心主任、研究员。

——婚庆：以客家婚俗为主题打造传统文化体验中心；

——书香：打造客家主题文化建筑诠释“诗礼传家”；

——凉帽：打造富有甘坑本土特色文化内涵的IP形象；

——绘本：打造IP绘本出版特色小镇。

其中，最重要的无疑是“小凉帽”品牌的崛起，华侨城文化集团计划依托小凉帽品牌实现甘坑客家小镇文化科技IP的战略突破，他们的具体做法是：

1. 以客家文化为根基，让IP小凉帽闪亮登场。

客家文化无疑是甘坑文旅小镇的文化根基。然而，深圳客家村落很多，停留在“客家文化”层面难以IP化。甘坑古村曾经以客家小凉帽最大产地著称于世，甘坑小凉帽被广东省列为第五批非物质文化遗产。可以说，每一顶别致的小凉帽下面都有特定角色，都有价值情怀，都有人文故事。华侨城决心锁定小凉帽作为甘坑的文化IP，打造独一无二的客家文化小镇，要把小凉帽这个客家生活资源转化为旅游共享资源，建立与广大游客的伙伴关系；通过小凉帽IP化把传统客家文化资源转化为世界通用语言和行为载体。

2. 以IP+VR+AI科技为支撑，实现小凉帽IP文旅战略突破。

华侨城文化集团强力推进“IP+VR+AI”文化科技新战略，以科技手段对客家小凉帽进行深度挖掘和创作。2016年9月，小凉帽IP注册成功，甘坑客家小镇IP品牌运营启动。他们很快创造了亲切萌态的IP形象“小凉帽”及小伙伴“阿妹”、“铛铛狗”和“凉凉猫”，打造出“小凉帽与二十四节气”、“小凉帽过大年”等多个系列主题形象。2017年5月，小凉帽形象亮相文博会，登上央视《新闻联播》；2017年9月，首部中国本土文化IP+VR原创电影《小凉帽之白鹭归来》在第74届威尼斯国际电影节斩获亚太电影艺术单元最佳沉浸影片、最佳未来影像金狮奖两项大奖，登顶全球VR高峰；2017年11月，全国第一个将IP、VR、AI相融合的未来生活实现方式样板间——小凉帽魔法之家亮相腾讯全球伙伴大会，向社会展现IP驱动产业发展，让产品落地到生活，实现智能化体验。

3. 利用绘本模式把小凉帽IP品牌迅速推广到广大小朋友和家庭中去。

绘本是全球最佳进入家庭、贴近少儿的图文并茂读物。华侨城文化集团将甘坑小凉帽持续导入绘本创作、出版、教育、展览和大赛，以小凉帽国际绘本大赛为基础，力求讲好中国故事，把甘坑打造为IP绘本出版特色小镇，力争将中国原创题材的绘本推向世界。他们以国内艺术院校合作等形式引进绘本工作室；汇聚绘本原创力量，举办绘本国际论坛、组织绘本、原画国际展销会，搭建绘本交流交易平台；拓展延伸产业，如绘本博物馆、绘本主题酒店、新媒体绘本互动、儿童舞台剧等。2017年5—8月举办了第一届国际绘本大赛，共征集了来自40多个国家和地区的有效参赛作品1463件，规模及水平已比肩发展了60余年的老牌欧洲绘本大赛，成为华语第一，全球第三。此外，他们还邀请了一批国内外著名绘本大师担任大赛评委提升了大赛档次和国际知名度。这样的国际绘本大赛将长期进行。

4. 采用IPTown模式切入文旅，将IP开发运营和特色小镇运营相结合。

华侨城文化集团在甘坑客家小镇所作的所有这些科技文化IP创新活动都是基于甘坑客家的文化基础，形成了线上线下的有机结合。他们构建了一个个客家生活场景和故事图景，成为深圳文化IP闪亮名片。以IP创作开路，孵化了一系列亲子教育和科技创新产品，包括绘本故事、VR电影、IP主题邮局、AR明信片、AR唐宋古诗学习卡、IP衍生文创商品等等，还有小凉帽民谣节，小凉帽魔法之家等品牌活动，今年年底小镇还将推出小凉帽主题酒店、农场和VR乐园。所有围绕IP开发的内容都可以在小镇真实场景中找到原型，打通线上线下的互动体验。

华侨城文化集团在甘坑客家小镇的文化科技IP创新之旅给了我们如下启示：

——不以IP为基石，文旅小镇将无特色，缺乏可持续发展的强大动力；

——以特色文化为IP，以传统手段打造文旅小镇，有特色，但缺乏时代感；

——以特色文化为IP，以传统手段+文化科技手段打造，将产生时代型特色文旅小镇。

华侨城甘坑客家小镇是中国时代型特色文旅小镇的典范之作，甘坑客家小镇的成功崛起依赖于“小凉帽”这样的IP主题和形象的诞生。我认为，在全国文旅小镇迅猛发展而又苦于找不到特色IP的困境之下，华侨城甘坑客家小镇的发展经验值得全国其他发展中的文旅小镇参考。

强化有效协作推进扬子江城市群协同发展

黄静进

扬子江城市群是长三角城市群的重要有机组成部分，沿江南京、镇江、常州、无锡、苏州、扬州、泰州和南通八市总面积为4.85万平方公里，占省域面积约50%；人口5000万，约占全省人口60%；2016年GDP总产值为6.01万亿元，占全省比重达79%。扬子江地区有着较完整的产业价值链，较成熟的市场，也有很强的产业规模化和系统整合能力。扬子江城市群的战略部署不仅可以推动江苏省域经济的增长，未来将进一步提升区域辐射影响力，成为长三角城市群发展核心区域，强化长三角城市群配置全球资源的枢纽作用，提升国际竞争力和影响力，推动长三角城市群全面建成全球一流品质的世界级城市群。

扬子江城市群协同发展，最重要就是要突出协同二字，扬子江沿江8个城市不应是8个独立的个体，而是要作为一个有机的整体共同进退，从而发挥出1+1>2的作用，这就是协同发展的意义所在。

然而在实际工作中常常出现难以实现有效协同的问题，那么如何突破现实瓶颈，进一步实现扬子江城市群协同发展？我认为要实现这一目标就一定要在发挥扬子江城市群既有优势的基础上，突出合作重点，创新协同机制，从思想、制度、行动上获得新的发展动力。具体实践上，可以从以下重要方面入手：

一是明晰城市发展定位，突出特色和优势。

扬子江城市群由于历史和经济发展的原因，已形成两大城市圈：宁镇扬和苏锡常，它们已成为扬子江城市群中的两极。苏锡常发展较早，实力雄厚，以对外贸易、机械制造等产业为主。宁镇扬虽为后发，但近年来加速发展态势明显，其中软件设计、互联网等产业发展迅猛。南京是江苏省省会，是长三角城市群规划中唯一定位的“特大城市”，具有丰富的科教资源和创新优势，具有发展现代服务业以及区域金融中心建设等方面的优势，要在扬子江城市群未来发展中发挥龙头的示范带动作用。南京江北新区作为江苏省唯一一个国家级新区，“以自主创新引领产业转型升级、以制度创新促进区域协同发展”是国家发改委明确的江北新区深化体制机制创新的重点任务，因此江北新区必然成为扬子江城市群协同发展的重要的推动引擎。明晰各个城市的发展定位，协调好城市群之间的分工和资源配置，依照构建新型区域价值链的思路，发展具有一定地域分工的特色产业和优势产业，同时推动产业的转型升级和空间重组。

二是创新城市间协同合作机制，深入推进跨江联动发展。

扬子江沿江城市要通过破除行政壁垒，强化城市间的经济协作，推进价值链上下游分工和产业要素交流，将城市群整合为统一的产业市场。目前我国各地政府间的合作是以松散的行政磋商为主要模式，这种横向协同模式往往缺少稳定性，合作共识停留在自行组织的会议之中，这种协同有一定的约束性，有时难以解决冲突问题，横向协同机制尚有不完全的必要。在此，我觉得扬子江城市群可以在纵向协同和横向协同基础上，努力发展整体协同的机制。所谓整体协同也就是从思想认识上首先将扬子江地区作为有机的整

作者简介：曾任中国城市经济学会（第四届）专家委员会副秘书长，现为中国城市经济专家委员会副秘书长兼项目部主任，长于第一线的高端论坛组织与课题研究工作。参与重大政府合作研究课题包括：商务部“国家级经济开发区战略性新兴产业转型研究”、“耒阳资源枯竭型城市转型发展规划”、“阳泉市推进城乡一体化实践研究”等课题，并与南京市政府共同合作研究课题“开发区创新力研究”，并成功组织、出版由时任南京副市长赵晓江同志主编的《创新与创业》一书。成功举办大型高层次论坛包括：第三届中国城市建设投融资论、芜湖中国城市经济年会论坛以及2017扬子江城市群协同发展高层会议等等。

体，从制度设计、法制建设、部门配置、组织体系等方面进行全面细致的规划，在纵向机制上能够实现上通下达，在横向机制上实现共同进退，并能够通过积极主动的探索，寻求引导未来形势发展的方向，从而做到引领创新体制潮流的作用。

沿江8市经过多年的发展和建设，已经建成了便捷的公路网和过江通道。未来要进一步加快沿江两岸城际轨道线的建设，优化轨道交通主轴和高速铁路网络，推动形成扬子江城市群内部及与上海之间的“半日工作圈”、“一日生活圈”，构建水陆两栖立体交通网。同时充分发挥服务平台作用，强化智库资源利用，促进产业创新发展与资源优化配置，加快扬子江城市间的协同发展，加速经济一体化融合。

三是进一步提升对外开放水平。

扬子江城市群地处长江东岸，长江三角洲的北翼核心，一直以来是我国对外开放和交流的重要窗口，也是我国对外贸易的重要商埠。建设扬子江城市群一定要强化与外部区域的整体交流，进一步提高区域开发水平，促进科技、贸易和文化的整体发展。对内，应要加强与其他省份，特别是长三角城市群其他区域的合作与交流，携手上游的武汉城市群、皖江城市带和下游的国际大都市上海，共同建成绿色长江经济带；对外，要进一步推进国际商贸合作，加强高新科技人才交流，提高国际金融服务地位。坚持做好产品输出、产能输出和文化输出的多层次战略部署，在更高层次上参与国际竞争和合作。建设成为竞争力强、影响力大的开放重要门户和标志性区域。

四是加强绿色协作。

习近平总书记强调：“绿水青山就是金山银山”。扬子江城市群人口密度与经济密度高，生态环境脆弱，要将生态环境保护放在了首要位置。要更好发挥政府在空间开发管制、基础设施布局方面的规划指导作用，围绕“黄金水道”，建设“黄金水岸”，在生态优先、绿色发展的前提下，以一体化保护的机制共守长江黄金水道及沿江地区生态安全。加强生态项目建设，建立环保绿色技术共享机制，扩大排污权有偿使用和交易试点，大力发展风能和生物能，减少火电对大气的排放，降低工业污染，全面提升扬子江城市群的绿色发展质量和整体宜居魅力，使其未来成为长江经济带示范性的“绿色城市群”。

五是要推进市场建设，促进要素自由流动。

围绕“简政放权、放管结合、优化服务”的原则，通过体制机制改革，减少行政审批，规范政府管理，打破城市间的贸易壁垒，促进生产要素的自由流动，激发市场活力和社会创造力。从注重审批向完善监管和提供优势服务转变，为市场主体创造公平竞争的环境。政府服务应更多地向战略性、全局性、前瞻性的政策方面延伸。只有抓好行政审批制度改革和政府职能转变，才能切实降低制造业成本，全面破除制约制造业发展的体制机制障碍。

除此之外，针对目前区域间合作机制不稳定、合作机制松散、缺少权威性的问题，我认为在正确把握国家政策的基础上，在省政府建立有效的协同机制的一个方面的基础上，可以尝试在半民间的团体和政府共同可以尝试建立扬子江城市群协同发展战略合作组织或者联盟，通过这样一个半官方的形式、半民间的形式，鼓励各地积极参与并广泛引入全国多方领域的专家学者，号召有识之士共同努力，从科技、文化、经济、教育、法律制度、宣传等方面入手，为进一步协同发展打好基础。

扬子江城市群的协同发展，最终要落实到产业的协同发展。我们要通过合作机制创新，破除产业发展壁垒，强化创新创业战略，充分激发科技创新的原动力，积极推动供给侧改革，统筹结合，推动制造业转型以及战略性新兴产业的大发展。

新时代中华文化走出去 城市驻外机构的新使命

李罡

习近平总书记的中国特色社会主义思想引领中国特色社会主义进入新时代，掀开了实现中华民族伟大复兴的新篇章，开启了加强中国同世界交融发展的新画卷。从2000年至今，国家多次出台政策和指导意见，全面构建为中国文化“走出去”建立起强大的政策体系。中共中央办公厅、国务院办公厅发布《关于进一步加强和改进文化产品和服务出口工作的意见》；国务院办公厅转发财政部等部门发布《关于鼓励和支持文化产品和服务出口的若干政策》；国务院发布《关于加快发展对外文化贸易的意见》；《关于进一步加强和改进中华文化走出去工作的指导意见》等等，这些政策的出台，为中国文化“走出去”提供了政策支持。

中共中央总书记、国家主席、中央军委主席、中央全面深化改革领导小组组长习近平在《关于进一步加强和改进中华文化走出去工作的指导意见》强调，加强和改进中华文化走出去工作，要坚定中国特色社会主义道路自信、理论自信、制度自信、文化自信，加强顶层设计和统筹协调，创新内容形式和体制机制，拓展渠道平台，创新方法手段，增强中华文化亲和力、感染力、吸引力、竞争力，向世界阐释推介更多具有中国特色、体现中国精神、蕴藏中国智慧的优秀文化，提高国家文化软实力。

文化承载着一个国家的精神价值。而一个国家的价值观念又是其发展道路、治国理论、制度理念的基础和源泉。我国的社会主义核心价值观是由国家层面的价值目标——富强、民主、文明、和谐，社会层面的价值取向——自由、平等、公正、法治，个人层面的价值准则——爱国、敬业、诚信、友善所构成，感知这些价值观念，就能够理解当代中国“改革、治党、小康、法治”的理政思维。因此，推动作为精神价值载体的中华文化走出去，让外国民众触摸中华文化的脉搏，感受当代中国的活力，既是传播当代中国价值观念、获取国际知晓率和认同度的核心工作，也是介绍中国特色社会主义的价值表达、建设我国对外政治话语体系的重要内容。习近平总书记在重要会议中分别两次强调弘扬“中华文化”这一国家战略主题，足见党中央对于中华文化海外传播的高度重视。他强调，新时代中国，为全球发展创造的机遇会越来越多，对世界各国开放的大门会越开越大，与不同文明的交流互鉴会越来越广泛，对构建人类命运共同体的贡献会越来越深远。习近平主席提出的构建人类命运共同体的重大理念，把在经济全球化中形成的“你中有我、我中有你”的利益汇合点和利益共同体，提到新的历史高度。地球村一个各国共商、共建、共享的第四轮经济全球化前景正向我们走来，越来越需要人们顺应时代发展潮流，齐心协力应对挑战，越来越需要各国不断扩大和深化各方利益汇合点，形成全方位、多层次的利益共同体。

政府驻外办事机构是各级党委政府派驻外地的一个窗口，经当地党委政府授权担负对外联络、经济协作、信息传递、接待服务等职能的一个常设机构。在新的历史条件下，面对新的机遇，如何充分发挥好其应有的作用，在新时期新时代如何转型，如何服务一带一路和中华文化走出以及如何服务城市，城市驻外机构新的使命是当前亟待解决的一个重要问题。毋庸讳言，过去各级政府驻外办事机构紧紧围绕派出地

作者简介：中国城市经济专家委员会副秘书长。

党委、政府的中心工作，积极开展有关工作，在加强地区间协作，服务本地区经济社会发展、招商引资、对外联络、接待服务和信息传递以及处置突发事件等方面发挥了积极作用，取得了可喜的成绩。但是，驻外办事机构也还存在机构设置不够合理、职能定位不够准确，公务接待不够规范、监督管理机制不够健全、个别机构还出现了违法违纪的严重问题。上述问题的存在，与党中央国务院、省委省政府的要求不相符合，与当前改革开放的形势不相符合，与民主法制建设的国情不相符合，与党风廉政建设的制度不相符合，必须认真加以解决。解决了这些问题还要回到新的使命和职能上继续为国家、为城市、为政府和人民服务的核心点上。

开拓创新，推动政府驻外办事机构工作不断发展。要牢固树立服从大局意识、服务中心意识和为民解难意识，新时代围绕一带一路和中华文化走出去政府驻外机构要发挥新的职能作用，畅通信息服务，当好“联络员”；发挥桥梁纽带和平台作用，当好窗口形象的“展示员”；不断提升协调服务保障能力，当好“办事员”；切实加强队伍建设，当好自身管理的“监督员”。切实为城市和人民解决实际困难，做好为人民的“服务员”，推进城市参与国际化竞争，当好政府的“参谋员”。

一、过去城市驻外机构面临的问题

1. 机构设置不规范

机构设置的不规范致使省级驻外机构和所在的市级驻外机构分别有不同的管理机构管理，所在管理部门的情况不同，机构规格、人员编制、职责权限、单位性质等等都各不相同，管理不够合理，导致机构的工作运行出现混乱。

2. 职责事权混乱

省级驻外机构的职能配置不到位，各自的职责事权较为混乱，没有清晰明确的设置、分配。例如，省级驻外机构相关的人事关系的调动、人财物的搭配、职责的调整、增减具有一定程度的主观性和随意性，缺乏严格的法律法规依据和合理、规范的科学依据。

3. 政策标准不统一

省级驻外机构由于隶属关系的不一致，各系统分别管理，执行中缺乏监督制约手段，存在着较大的主观性和随意性，导致同一行政区域内不同系统和同一系统不同部门之间服务保障标准不一致，机构的职工、干部待遇福利差别较大，经常会出现相同等级、相同城市，酬劳却不相同以及滥发津贴补贴等多种不良现象。所以，省级驻外机构需要及时从统一标准政策开始着手，革新管理机关运行经费的预算和编制，努力实现均等的服务保障。

4. 管理资源不统筹

省级驻外机构的调剂机制不够健全，导致重复投资和闲置浪费，形成较为普遍的资产部门化、部门利益化现象。因此，应通过立法，加强行政事业单位资产的统一管理，加强对机关资源的合理统筹利用，加快建立以量化管理为基础、权属管理为核心，统筹规划、统一政策、高效利用、科学配置、处置规范的行政事业单位资产管理体制，解决一些采取不合理手段的部门，变相利用国有资产为自己发放津贴补贴等问题，切实推进资源、资产的有效整合，实现充分、科学合理的资源共享。

5. 缺乏监督管理手段和行政执法

在长期的实践工作过程中，主管单位对于有些利用人脉关系违规使用土地、违法修建楼堂馆所、违规出租办公用房和超编超标配车、超规格接待、滥发津贴补贴等行为的部门和单位缺乏严格有效的监督管理和行政执法处理，缺乏明确、有效的追究责任的手段和规范的法律依据，使得省级驻外机构的管理职能难以落实。就目前而言，现今的管理能力、效果差，约束力度较低，缺乏有效的制度、执法手段，必须尽快落实、加快推进驻外机构的严格、明确的法律法规。

6. 缺乏创新意识和全局的服务格局

城市驻外机构如何做好工作也是需要创新的，尤其要与时俱进，服务大局和人民，城市驻外机构花的是纳税人的钱就要服务好人民。

近年来，驻外机构虽然在当地党委和政府的领导下，结合各地实际，根据驻地特点，通过扎实抓好党建工作，促进了各项工作的顺利开展和完成，但是与新形势新任务的要求相比，还存在一些“不适合”、“不符合”的问题。主要表现在以下几个方面：一是政府驻外机构的区域布局、组织机构设置、管理方式和工作方法还需要进一步理顺和相应调整。二是有经济实体的驻外机构历史包袱沉重，负债经营，主要精力用在解决历史遗留问题上，不能很好地发挥政务联络的作用。三是党建工作服务招商引资和经济协作的力度还不够大，方法方式和载体还不够新颖有效，与扩大开放上的要求还有一定的差距，提供的信息与经济发展的贴近度还不够紧。四是在内部管理上存在薄弱环节，各项制度不健全，队伍素质还不够高。五是没有发挥好驻地人力资本的作用。对原籍的社会各界人士在驻地工作和创业的人士联系不够，没有搭建好乡亲联谊的平台。六是接待水平不高，没有形成地方特色。有的地处偏僻，与上级部门联系不方便，接待水平不高，满足不了接待要求，七是缺乏国际思维，缺乏与世界资源进行互动，城市如何走出去，如何发挥窗口作用，既要做好引进来，也要做好走出去。

城市驻外机构最关键的是要在新时期要紧紧围绕习主席的讲话精神创新好工作内容，做好城市驻外机构职能转型。我们中国的文化要走出去，各个省各个市的文化也要走出去，如何走这是城市驻外机构需要认真研究的问题。

把跨越时空、超越国度、富有永恒魅力、具有当代价值的文化精神弘扬起来，把继承优秀传统文化又弘扬时代精神、立足本国，立足城市，又面向世界的当代中国文化创新成果传播出去，关注度越来越高，国际社会就想了解中国，想知道中国人的世界观、人生观、价值观，想知道中国人对自然、对世界、对历史、对未来的看法，想知道中国人的喜怒哀乐，想知道中国历史传承、风俗习惯、民族特性，等等。这些光靠正规的新闻发布、官方介绍是远远不够的，靠外国民众来中国亲自了解、亲身感受是很有限的。而文艺是最好的交流方式，京剧、民乐、书法、国画等都是我国文化瑰宝，都是外国人了解中国的重要途径。文艺工作者要讲好中国故事、传播好中国声音、阐发中国精神、展现中国风貌，让外国民众通过欣赏中国作家艺术家的作品来深化对中国的认识、增进对中国的了解。要向世界宣传推介我国优秀文化艺术，让国外民众在审美过程中感受魅力，加深对中华文化的认识和理解。

当今世界是开放的世界，艺术也要在国际市场上竞争，没有竞争就没有生命力。进入新世纪尤其是加入世界贸易组织后，我国文化产业在世界文化市场有了一席之地，中国优秀传统文化越来越多地被世界各国所接受和认可，尤其是中国民族文学，近年来，诗人金罡创作的《仓央嘉措史诗》就备受关注，得到社会各界的好评，中华文化走出去迎来了崭新的发展机遇。要推动中华文化走向世界，开展多渠道多形式多层次对外文化交流，广泛参与世界文明对话，促进文化相互借鉴。要在扎实推进社会主义文化强国建设中，使中华文化走出去迈出更大步伐，着力开创中华文化国际影响力不断增强的新局面。

在全球化背景下，中国文化与西方文化共处同一个舞台。在一定时期内，人们对于选择哪一种文化作为意识形态的指导地位处于困惑之中，甚至对马克思主义的指导地位产生怀疑。加之，女权主义、生态主义等带有一定普遍性社会问题思想的出现，不同程度地扰乱着人们的思想，削减着中国传统文化的影响。而当中国文化要走出去时，却又面临着西方国家文化霸权、话语霸权、意识形态霸权的挑战。文化形态源于人类文明对“真善美”的终极关怀，文化理解与价值共识的基础正是人的理性生活的共同性。一带一路各国家区域地缘政治复杂，宗教文化多样，不同民族和文化传统、不同的宗教信仰及风俗习惯的人彼此交流交往，若不能相互理解和沟通，彼此尊重和包容，则难免会产生相互的隔阂、矛盾甚至冲突。而中国力图通过一带一路建设打造人类命运共同体，使不同文化、不同宗教的人民交流更为密切，为传播各种优秀文化和谐发展、和平共处理念提供了途径，与沿线国家开展丰富多样的文化交流活动，加深各国间沟通和了解，增进文化理解和共识，为深化人文合作提供宝贵借鉴。

新的时代，城市驻外机构会根据新的历史任务来调整新的职能，继续为城市和人民贡献城市驻外机构的力量。

城中村改造与太原城市国土空间的拓展

范富

一、太原概述太原简称并，古称晋阳，别称并州。国土面积6988平方公里，是全国省会城市中国土空间最小的城市之一，位列全国倒数第三。其他两个城市分别是：南京6597平方公里，海口 2304.84平方公里。辖6区、3县、1市；2个国家级开发区（高新区、经济区）、3个省级开发区（民营区、不锈钢园区、阳曲新型工业承载区）；52个街道办事处，578个社区居委会，52个乡（31）、镇（21），929个村民委员会，1528个自然村，是中西部地区重要的交通节点城市，是“一核一圈三群”的中心城市，是太原都市圈的核心。

太原是国家重要的工业基地。产业基础雄厚，工业门类齐全。近100年来，太原的装备制造业，在很多方面居于全国领先地位，如世界知名的不锈钢企业太钢、世界知名的重型机械龙头企业太重、世界知名能源集团晋能集团等，是国家重要的装备制造研发和生产基地。

太原是国务院命名的历史文化名城。有5000多年的文明史和2500多年的建城史，素有“龙城”之雅号；九个独立王朝——赵国、前秦、东魏、北齐、北晋、后唐、后晋、后汉、北汉以太原为其政治中心；自尧以来，太原地区一直是中国北方重要的政治、军事、文化、交通和商业中心。

太原是晋商之都、根祖之地。历史上太原一直是我国北方重要的商业、手工业城市，是晋商的发源地和中心地；是天下张氏、王氏和郭氏的始祖地——汾水之神台骀是张姓始祖，公子晋是王氏始祖，阳曲虢公是郭氏始祖。每年，世界各地的海内外游子纷纷奔赴得姓始祖地太原祭奠自己的祖先；太原物华天宝、人杰地灵，历史上产生过刘恒、李世民、武则天、狄仁杰等杰出的政治家和白居易、王之焕、王昌龄、罗贯中等杰出文学家。

太原是我国第一个全省域、全方位、系统性的综合配套改革试验区——山西国家资源型经济转型综合配套改革试验区的中心城市，拥有独特的政策、区位、能源、资源和环境优势。

对于这样一个工业基地、文明古城、资源大市、交通枢纽、根祖之邦、晋商之都，对于这样一个全国少有的山水城市、生态城市、宜居城市、科研基地,对于这样一个立足黄土高原、雅号龙城的经济、交通、通讯、文化、会展、体育、新闻、出版、医疗、教育中心城市，6988平方公里的国土面积实在是太小了。

二、太原国土空间的制约因素与城中村改造太原国土面积是6988平方公里。在这个三面环山、一水中流的城市地理空间中，山地、丘陵、平川的比例大体是5:3:2。这么算来，太原城市不适宜搞建设的国土面积有3494平方公里；不易、不宜搞建设的国土有2096平方公里，两项合计是5590平方公里，剩下的适宜搞建设的国土面积是1398平方公里。而在这1398平方公里中，农作物种植面积是108.88千公顷（太原市2012年国民经济和社会发展统计公报），就是说有1080平方公里（其中山上梯田大约200平方公里）是基本农田。言下之意，撇开河道、城市道路、城市已有建筑物不算，太原还有318平方公里的国土面积适合搞建设。在这318平方公里的国土上，有66平方公里的国土面积是老工业企业、有191平方公里的国土面积是城中村、有58平方公里的机场国土空间　　这么算来，太原适宜搞建设的城市国土面积只剩下了3平方公里。

太原城市国土空间不足产生的影响是广泛而深远的。比如，我们太原的经济区、高新区、民营区批准

作者简介：中国城市经济专家委员会副主任，太原市委党校市情与发展研究室主任。

的规划面积合计为23.93平方公里，实际可利用面积15.7平方公里。平均每个开发区面积为5.98平方公里，平均实际可利用面积3.9平方公里，最大的9.6平方公里，最小的2.3平方公里。加上不锈钢园区，四个开发区经济总量仅占全市的13%，规模太小、已无发展空间，难以发挥总量提升、产业转型和集聚的作用。省委书记王儒林在太原调研时了解到，高新区“是山西省唯一的国家级高新区，规划面积只有8平方公里，除了中央、省、市单位等占地，实际开发面积只有2.5平方公里，而且现有园区已经城市化，工业企业不断萎缩，许多好项目不能落地”。而“中部六省10个国家级高新区中，平均规划面积134平方公里。太原市区省级以上开发区有4个，实际规划用地只有24平方公里。中部六个省会城市中，武汉是800平方公里，太原是武汉的3%，郑州是977平方公里，我们是郑州的2.4%”。王儒林分析说，“现在太原的城镇化率已经高达84.12%，在中部六个省会城市中位居第一，比武汉高13.52个百分点，比郑州高17.04个百分点，但是太原的‘城中村’和棚户区人口高达94.22万人，占市区人口的33.1%。这说明太原城镇化率太高，城镇化质量太低，实际上就是虚高实低”。全国82个高新技术开发区平均面积78平方公里，以不足6平方公里的开发区去拼人家平均面积134、78平方公里的开发区，在激烈的城市竞争中，竞争结果可想而知。

三、大太原都市圈建设、城中村改造与太原城市国土空间的拓展

拓展太原城市发展空间，国内外有很多经验可资借鉴。如安徽的合肥模式、广东的广佛模式、福建的厦漳泉模式、陕西的西咸模式。从目前看，现实的路径有两条，一条是建设大太原都市圈，一条就是城中村改造。大太原都市圈建设，决策权在国家。所以，奋斗的目标，是建设大太原都市圈；现实的入手点，应该放在城中村改造上。

战略目标：落实国家实施太原城市群的战略规划，建设大太原都市圈

2012年8月20日，国务院正式批复了《山西省国家资源型经济转型综合配套改革试验总体方案》。方案指出：实施太原都市圈战略，以太原都市区为核心，以太原、晋中同城化为重点，以阳泉、忻州、吕梁为支撑，把太原都市圈打造成为中部崛起新的增长极。

2015年2月4日，李小鹏省长在《政府工作报告》中指出，加快太原都市圈建设　推进道路、公交、通信、金融互联互通和产业一体化。

一个方案、一个报告，都有很高的权威性。这里面有一个概念——“同城化”。什么是“同城化”？我觉得武汉三镇：汉口、武昌、汉阳隶属于武汉，那是真正“同城化”。所以太原晋中同城的问题，不是一个单纯的理论问题，更是一个实践问题；不是一个单纯规划问题，更是一个行政区划问题；不是能和不能的问题，而是应该在我省经济社会发展新常态的政策背景下选择先行先试路径的问题。这个路径，安徽撤并巢湖市的合肥模式可以借鉴。今年两会期间，驻晋全国政协委员傅建荣向大会提交了一份关于国家在山西设立晋阳新区的建议，就很值得推广。他说：“去年国家就批了6个新区，加上以前批的一共有11个国家级新区。比如人们熟知的上海浦东新区、天津滨海新区。11个新区分布在东南和西北，中部六省都没有。”应当说，这是解决太原国土空间制约问题的最佳选择，也是实现产城融合、破解城市空间不足、产业同构、恶性竞争的不错选择。

战略重点：借鉴国内各大城市“腾龙换鸟”的发展模式，继续加大老工业企业搬迁力度和城中村改造力度

把市区老工业企业和城中村占用的宝贵土地空间腾出来，让企业找到更合适的发展空间，让农民转化成市民，是国内通行的“腾龙换鸟”模式。这个模式，对缓解太原城市空间的压力，应该说是既实用、管用，又耐用、好用。目前，太原老工业企业搬迁力度和城中村改造力度都在加大。其中，以太化集团搬迁为标志，老工业企业搬迁已经取得了决定性的胜利。现在的问题主要集中在城中村，城中村的土地问题、污染问题、人口问题、治安问题、腐败问题，通过扎实的城中村改造，相信可以得到根本性的改变。今明

两年，我市85个城中村要整村拆除、同步建设，可喜可贺。为保障目标稳步实现，市政府已经制定了19项具体的推进措施。市委的决策很正确，那就是“加快推进城中村改造，是造福群众的最大民生工程、是推进富民强市的重大发展工程、是增强城市功能的重大战略工程、是重塑太原三个形象的重要着力点”。我们应该也必须按照市委的要求，“举全市之力，坚决打赢城中村改造这场硬仗”。

第六篇

中国城市经济
重要研究成果选编

2016年城市经济领域重要论文选编

1. 区域经济

[1]周成，冯学钢，唐睿.区域经济—生态环境—旅游产业耦合协调发展分析与预测——以长江经济带沿线各省市为例.经济地理，2016（3）

基金：国家社会科学基金重点项目（12AJY008）；

关键词：区域经济；生态环境；旅游产业；耦合协调；长江经济带；

摘要：将区域经济—生态环境—旅游产业看成一个内涵广泛、结构复杂且具耦合特征的开放性巨系统，正确认识和处理三者间关系是区域可持续发展的前提与基础。首先，构建了区域经济—生态环境—旅游产业耦合协调评价体系，以长江经济带沿线11个省市为例，运用加权TOPSIS法对该区各省市三大系统的综合发展水平进行评价；其次，基于耦合协调模型，从时空维度对长江经济带各省市三大系统耦合协调演化关系给予分析；最后，运用灰色GM（1.1）模型，对该区三大系统的未来耦合协调度进行预测。研究发现：长江经济带沿线各省市区域经济和旅游产业系统具较高关联性，而环境保护与经济发展间并不具有显著冲突；三大系统耦合协调度从时间上看以保持稳定和波动上升为主，空间上大致呈东高西低的发展格局，且耦合发展主要制约因素东中西部各有不同；未来几年内该区三大系统的耦合协调度除个别省份外，总体呈小幅上升发展趋势。

[2] 丁任重，陈姝兴.中国区域经济政策协调的再思考——兼论“一带一路”背景下区域经济发展的政策与手段.南京大学学报（哲学•人文科学•社会科学），2016（1）

基金：中央高校基本科研业务费专项资金（JBK1507149）；

关键词：区域经济理论；区域协调发展；障碍；一带一路；

摘要：在我国推进“一带一路”战略的阶段性背景下，区域经济协调发展的主要内容是区域经济发展政策协调，对其理论探索和实践研究具有十分重要的意义。但是在实践中，区域经济政策的协调还有一些障碍因素，表现为区域经济政策理念上的碎片化、思路上的趋同化、执行中的孤立化和目标中的短期化。为实现“一带一路”战略的深入推进、大区域治理的协调发展，充分发挥我国在亚太地区合作和交流中的带动作用，需要从协调化定位、差异化规划、具体的产业政策和区域政策、以及对政府职能的全新理解等方面来思考和探索。

[3] 李向阳.跨太平洋伙伴关系协定与“一带一路”之比较.世界经济与政治，2016（9）

基金：2014年度国家社会科学基金重点项目“跨太平洋伙伴关系协定与国际经济秩序的发展方向”（项目批准号：14AGJ010）的资助；

关键词：“一带一路”；跨太平洋伙伴关系协定；区域经济合作机制；国际经济规则；亚太再平衡；

摘要：一个守成大国（美国）与一个新兴大国（中国）分别提出两个不同的跨区域的区域经济合作机制：跨太平洋伙伴关系协定与“一带一路”。两者都以全球经济最有活力的亚洲地区为基础；到目前为止互不包含对方。通过比较两者的联系纽带、合作机制、目标及定位，我们发现，他们分属于两种不同类型的区域经济合作机制：前者以规则为导向，以高门槛和排他性为特征，体现了西方的哲学理念；而后者则以发展为导向，以开放性和多元化为特征，属于新型的区域经济合作机制，体现了东方的哲学理念。就规范性而言，“一带一路”远不及跨太平洋伙伴关系协定，但其所体现的发展导向更适应广大发展中国家的实际需求。当然，“一带一路”在实现发展目标的同时也并不排除构建其内部规则与治理体系。因而，它是中国向本地区乃至世界提供的一项公共产品。未来两者之间的互动关系将在很大程度上决定着中美新型大国关系的形态、亚洲区域经济一体化乃至全球经济格局的发展方向。

[4] 周海鹏，李媛媛，李瑞晶.金融产业集聚对区域经济增长的空间效应研究.现代财经（天津财经大学学报），2016（2）

基金：河北省科技厅软科学基金（14455305D）；河北省社会科学规划基金项目，（HB15YJ095）；（HB15YJ096）；

关键词：金融产业集聚；经济增长规模；经济增长质量；空间效应；

摘要：金融产业集聚对区域经济增长的作用，不仅体现在规模方面，其对经济质量的提升作用也越来越受关注。基于2005—2013年除西藏外30个省市的面板数据，分别建立金融产业集聚度、经济增长规模指数、经济增长质量指数，采用探索性空间数据分析法，构建空间面板数据模型分别考察金融产业集聚对区域经济增长规模、区域经济增长质量的影响。研究结果表明，金融产业集聚度、经济增长规模指数、经济增长质量指数均存在明显的空间自相关；金融产业集聚对经济增长规模和经济增长质量均有正向促进作用，但对经济规模的促进作用要远大于经济质量；人力资本、对外开放水平对经济规模的影响显著，而对经济质量影响不显著；技术进步水平、固定资产投资对经济规模的影响显著，而对经济质量的作用水平较弱。

[5]陆岷峰，吴建平.供给侧改革背景下区域经济发展的机遇和对策.华北金融，2016（6）

关键词：供给侧改革；区域经济；有效供给；

摘要：在我国当前经济增速下滑、结构矛盾凸显的宏观环境下，供给侧改革的实施对我国“十三五”时期乃至更长周期内区域经济发展至关重要。新常态下我国区域经济发展被赋予了新的特点，区域经济可以利用供给侧改革这个契机实现自身发展，因此研究两者之间的关系有着重要的现实意义。一方面，供给侧改革致力于我国经济整体持续增长，供给侧改革和区域经济发展具有关联统一性。另一方面，供给侧改革的本质依然是改革，改革不可避免的会对现有的经济结构造成一定的冲击，供给侧改革和区域经济发展同时又具有了对立性。要把握两者的统一性，有条件的转化两者的对立性，让供给侧改革从创新、协调、绿色、开放、共享五个维度来为我国区域经济发展注入动力。因此在供给侧改革背景下，要做到积极发展区域特色经济和第三产业、加强中西部交通和信息基础设施建设、加大中西部地区金融发展的政策支持、树立区域经济绿色发展理念、平衡区域间科教水平差距、对各区域的房地产市场“因城施策”，发挥供给侧改革对区域经济发展的引领作用。

[6] 李标，宋长旭，吴贾.创新驱动下金融集聚与区域经济增长.财经科学，2016（1）

基金：中央高校基本科研业务费专项资金项目“西部地区可持续发展重大问题研究”（项目编号：JBK120506）资助；

关键词：创新驱动；金融集聚；区域经济增长；R&D；

摘要：本研究使用1998—2013年中国省级面板数据，以传统索罗增长模型为基础，借助全要素生产率，将金融集聚和创新投入因素内生化，对创新驱动下金融集聚与区域经济增长的关系加以实证。结果发现：（1）资本存量和劳动投入是经济增长的基本源泉，但东部地区资本驱动增长的作用不显著；（2）创新是促进经济规模扩大的重要因素，且有助于缩小区域经济发展差距；（3）金融集聚对经济增长有显著的驱动作用；（4）金融集聚对R&D活动的支持具有显著“延迟效应”，表现为其对当期经济增长有细微抑制作用。

[7] 王原雪，张二震.全球价值链视角下的区域经济一体化及中国的策略.南京社会科学，2016（8）

基金：江苏省社科基金重点项目“开放发展理念研究”（16WTA）的阶段性成果；

关键词：全球价值链；区域经济一体化；国际贸易规则；中国的策略；

摘要：在全球价值链分工不断深化的大背景下，以WTO为标志的多边贸易体制正面临严峻挑战，诸如TPP、TTIP等新的区域贸易安排方兴未艾，国际贸易投资规则面临重塑，区域经济一体化发展出现新特点。如何从全球价值链分工的视角正确认识新一轮区域经济一体化发展新趋势，对于我国采取正确的区域开放战略，进一步提升开放发展的水平和层次，具有重要意义。我们要扎实推进自由贸易区战略，积极转变在全球贸易治理中的角色定位，由国际贸易规则制定的参与者向主导者转变，努力构筑中国主导的自由贸易区网络，形成包括邻近国家和地区、涵盖“一带一路”沿线国家以及辐射五大洲重要国家的全球自由贸易区网络，为我国在国际贸易规则重构中赢得主动，缓冲TPP、TTIP等跨区域贸易协定对我国的冲击，巩固和提升我国在全球价值链中的分工地位。

[8] 曹贤忠，曾刚，司月芳.网络资本、知识流动与区域经济增长：一个文献述评.经济问题探索，2016（6）

基金：国家自然科学基金面上项目“层级式产业集群内部技术权力突破与创新升级研究”（41371147），项目负责人为林兰；上海市科学技术委员会软科学项目“基于长江经济带发展战略的长三角科技创新合作研究”（15692100700），项目负责人为曾刚；华东师范大学博士生学术新人资助项目“全球-地方创新网络作用下的区域经济增长”（XRZZ2014002），项目负责人为曹贤忠；

关键词：创新网络；网络资本；知识流动；经济增长；

摘要：网络与区域经济增长是经济地理学研究的热点领域之一。本文基于当前相关研究，对区域经济增长过程中关注越来越多的网络、知识等要素进行了总结归纳，并引进了网络资本的概念，即组织间对关系的投资。网络能促进组织间的知识流动，而知识具有优越性、排他性和可混合性等特性，这三个特性则能较好地测度网络资本。有学者尝试将网络资本纳入区域经济增长模型，这对于组织网络以及知识流动程度的衡量更加精确，为区域经济增长的相关研究提供了新的视角。区域经济增长的实质可看作本地与非本地网络资本综合作用的结果。在未来研究中，可加强不同空间尺度网络资本与区域经济增长的关系机理、不同组织网络间知识流动驱动力及机制，以及典型区域或产业的案例研究。

[9] 张永恒，郝寿义，杨兰桥.要素禀赋变化与区域经济增长动力转换.经济学家，2016（10）

基金：国家社会科学基金一般项目“我国城市群运行效率的综合测度与提升路径研究”（14BJY059）；天津市科技计划项目“高层次创新型人才与滨海新区协同发展的对策研究”（14ZLZLZF0081）；

关键词：要素禀赋；主导要素；区域经济增长；动力转换；

摘要：中国经济自从进入“新常态”以来，大部分地区都面临着经济增长动力弱化及转换的问题。用物理学中的变加速模型可以分析要素禀赋变化，尤其是主导要素变化与区域经济增长动力转换之间的关系，为了更直观地认识这一关系，还可以利用更具体的经济学函数形式对其进行模拟。研究结果表明要素禀赋变化才是区域经济增长动力转换的关键，主导要素升级将会导致在原有经济基础上产生新一轮的聚集或再聚集，并实现区域经济增长的动力转换。最后，文章从初级要素转换和高级要素主导两个层面提出了相应的建议。

[10]张鑫，王志远.区域经济一体化中的政府与市场分工.理论导刊，2016（11）

基金： 广西社会科学重点课题项目“南宁—崇左—凭祥对外开放经济带产业集聚发展对策研究”（gxsk201432）；广西高等学校科学研究重点项目“桂西南资源富集区城乡一体化研究”（ZD2014142）；广西高校中青年教师基础能力提升项目“珠江—西江经济带框架下广西加快产业集聚与促进产业竞争优势升级对策研究”（kY2016LX446）；广西民族师范学院科研项目“产业转移背景下的南崇经济带产业空间集聚与结构优化升级研究”（2013YB033）；

关键词： 区域经济一体化；区域合作；政府机制；市场机制；

摘要： 经济全球化与区域经济一体化是当今世界的两大发展趋势，在区域经济一体化进程中，市场机制与政府机制都是不可缺少的资源配置手段，但它们都存在失灵问题。只有协同发挥市场机制和政府机制的作用，才能有效促进区域经济一体化持续健康发展。为此，要着力解决市场机制和政府机制“失灵问题”，消除公共物品供给不足、市场体系不健全、政府垄断、政府职能定位不准等障碍，充分发挥政府与市场各自分工的作用，建立起市场机制与政府机制有机融合的体制机制。

2. 新型城镇化

[1]王建康，谷国锋，姚丽，陈园园.中国新型城镇化的空间格局演变及影响因素分析——基于285个地级市的面板数据.地理科学，2016（1）

基金： 教育部人文社会科学研究规划基金项目（13YJA790155；15YJA790018）；中央高校基本科研业务费专项资金（14ZZ2132）资助~~；

关键词： 新型城镇化；空间格局演变；空间计量模型；地级市；

摘要： 对中国2003~2012年285个地级市的新型城镇化水平进行测度，对其空间格局的演变进行深刻剖析。基于距离平方倒数权重矩阵，检验空间相关性，建立空间计量模型分析其影响因素，得出以下结论：1新型城镇化的空间格局总体呈东高西低态势，且不断向内陆地区扩展，大城市水平明显高于中小城市；2中国城市的新型城镇化水平具有明显的空间相关性，劳动力、投资水平、经济发展、政府能力、基础设施以及产业结构均起到正向的促进作用，且经济发展、劳动力与基础设施具有显著的正向空间溢出效应，其他几个变量均为负溢出。3估计效果最好的SDM模型显示不仅是本地区解释变量，还包括周边地区的相关变量都会影响各城市新型城镇化进程。

[2] 谢呈阳，胡汉辉，周海波.新型城镇化背景下“产城融合“的内在机理与作用路径.财经研究，2016（1）

基金： 国家自然科学基金面上项目（71473037）；江苏省普通高校研究生科研创新计划项目（KYZZ15_0071）；

关键词： 新型城镇化；产城融合；服务业；劳动力效用；

摘要： “产城融合”对中国实现新型城镇化具有重要意义。文章遵循“理论-模型-实证”的技术路线，探讨了“人本导向”下“产城融合”的含义、机理与作用路径，认为“产城融合”应该是“产”、“人”、“城”三者的融合，而“产”、“城”的协同互促是以“人”为连接点，通过产品及要素市场的价格调节和因果循环机制实现的。实证结果表明，目前中国大多数城镇存在产业基础薄弱和工业发展缺乏城市功能配套的问题，这不利于产业与城市功能的良性互动和新型城镇化的实现。因此，需控制城镇空间的盲目扩张，围绕“人”的需求，重视服务业匹配，有条件的地区甚至可以适度超前推进以服务业为载体的城市功能建设。

[3] 陈肖飞，姚士谋，张落成.新型城镇化背景下中国城乡统筹的理论与实践问题.地理科学，2016（2）

基金：国家自然科学基金项目（41130750、41341170）资助~~；

关键词：城乡统筹；新型城镇化；健康城市化；优化方向；

摘要：城乡统筹问题是当代中国社会经济发展的综合性课题，随着新型城镇化的提出，许多省市的城乡关系都面临复杂的困境，而新型城镇化与城乡统筹发展关系实践不仅是解决农业、农村、农民问题的重要途径，还是推动区域协调发展的强劲动力和扩大内需及促进产业升级的重要抓手。新型城镇化与城乡统筹具有内在的共同点，因此在新型城镇化背景下，分析两者在实践过程中共同存在的生态环境、人口流动、产业布局、城市空间利用以及土地制度等存在的问题具有重要的理论和现实意义。提出了树立资源节约型的城乡统筹理念、确立健康城市化的城乡统筹方向、从区域空间角度认识城乡统筹问题、着力解决城乡统筹的土地问题等观点，并指出了新型城镇化背景下城乡统筹主要优化方向：优化重点区域发展、优化空间布局形态、优化集群产业结构、优化发展美好环境、优化市场导向机制。

[4] 孙东琪，陈明星，陈玉福，叶尔肯•吾扎提.2015-2030年中国新型城镇化发展及其资金需求预测.地理学报，2016（6）

基金：中国科学院重点部署项目（KJZD-EW-TZ-G10）；国家自然科学基金项目（41501137，41530634）；中国博士后科学基金项目（2015M571107）~~；

关键词：新型城镇化；资金需求；预测；2015-2030；中国；

摘要：未来的新型城镇化如何发展是政府和社会各界广泛关注的问题。本文利用时间序列预测法、Logistic曲线估算法、复合函数估算法及建立模型等方法，借助SPSS和ArcGIS平台，对2015-2030年全国及31个省市区的城镇化发展进行预测研究。根据预测结果，探讨了中国城镇化率70.12%背景下的城镇化质量空间分异状况，估算了2015-2030年全国及31个省市区新型城镇化建设的资金需求。结果表明：12015-2030年，中国人口、城镇化率将分别达到14.45亿和70.12%；22015-2030年，人口红利将不存在，会承受人口总量最大的压力。城镇人口自身再生产7016.26万，需要城镇化的农村人口为31567.96万，城市人口净增加3.86亿；32015-2030年，从中国城镇化率时—空分异变化来看，各省市区城镇化率发展的差异性很大，但都在增长，而且增长的幅度空间差异性很大。从城镇化质量来看，也存在着极大的差异，不仅如此，有些省区其城镇化质量与经济社会不相协调；42015-2030年，全国新型城镇化建设所需资金105.38万亿元，而各省市区的资金需求并不均衡，差别极大，资金需求最多的是广东，最少的是西藏，相差148.09倍。最后，就新型城镇化发展及投资建设等方面提出了相关建议。

[5] 孙叶飞，夏青，周敏.新型城镇化发展与产业结构变迁的经济增长效应.数量经济技术经济研究，2016（11）

基金：教育部人文社会科学研究规划基金项目（15YJA630106）的资助；

关键词：新型城镇化；产业结构变迁；经济增长；空间计量模型；门槛模型；

摘要：利用全局主成分分析法和改进Moore指数，分别对新型城镇化水平和产业结构变迁指数进行测算，并在经济增长的空间相关性分析基础上，构建空间自回归模型、空间效应分解模型和面板门槛模型，实证检验了新型城镇化发展与产业结构变迁的经济增长效应。研究显示，新型城镇化通过发挥其“选择效应”优化产业结构、提升企业生产率，有效促进了经济增长；中国经济发展的“结构红利”因产业结构变迁而减弱，导致中国经济发展出现“结构性减速”现象，但产业结构变迁的经济增长效应仍存在；实现产城联动，发挥新型城镇化与产业结构变迁的“协同效应”，对于缓解经济发展过程中的“结构性减速”问题，促进中国经济增长具有积极作用；新型城镇化发展与产业结构变迁的经济增长效应因产城关系的阶段性不匹配而存在“门槛效应”。

[6] 王雨飞，冷志明，丁如曦.中国新型城镇化道路与房地产市场发展转型——“新型城镇化与房地产发展学术论坛“综述.经济研究，2016（2）

基金：中国社会科学院城市与竞争力研究中心团队给予的支持；中国社会科学院创新工程项目“城镇化、工业化与住房发展模式“的资助；

摘要：十八大后，走新型城镇化道路、加快城镇化建设的步伐，已经成为全国上下的普遍共识。事实上，城镇化已经支撑了中国过去三十多年的经济增长，未来在中国经济转型和社会发展进程中还将继续发挥重要作用。截至2014年，中国按城镇常住人口统计的城镇化率为54.77%，已经形成拥有城镇常住人口将近7.5亿，以大城市为中心、中小城市为骨干、小城镇为基础的多层次城镇体系。为此，十八届五中全会针对目前的城镇化及城镇体系提出了在协调发展中拓宽发展空间、塑造区域。

[7] 闫玉科，张萌，章政.广东新型城镇化发展路径研究——基于制度创新视角.农业经济问题，2016（3）

基金：广东省农村经济学会2015年度项目“广东新型城镇化与农业现代化协调发展研究”的研究成果之一；

关键词：新型城镇化；制度创新；发展路径；体制机制；

摘要：广东城镇化过程中出现了户籍人口城镇化率低、区域间城镇化水平悬殊、城乡间公共服务水平差距显著、“四化”发展不协调等问题。广东传统城镇化过程中存在诸如城镇化粗放扩张、产业结构雷同、区域协调机制不完善、重城轻乡等弊端。借鉴国内外城市和产业发展的经验，广东新型城镇化应完善城乡发展规划，加大制度创新力度，构建城乡、区域间统筹发展体制机制，建立和完善“四化”同步发展体制机制。

[8] 辜胜阻，李睿.以互联网创业引领新型城镇化.中国软科学，2016（1）

基金：国家自然科学基金项目（71173162）；国家软科学研究计划项目（2012GXS3B037）；

关键词：创业带动就业；新型城镇化；互联网创业；创业生态；

摘要：创业就业是新型城镇化的基石。当前，我国正进入新一轮创业浪潮，创业创新高度互联网化是其重要特征。众筹、众包、众创空间的发展为创业者提供了资金、技术、专业服务等要素支持，互联网“去中心化”和“去中介化”的趋势为中小城市与乡镇地区带来了良好的创业机遇，长尾效应日益显著使创业者机会大大增加。当前，为进一步发挥互联网创业对新型城镇化的作用，需要构建良好的创业生态，激发回归创业主体的热情，以互联网平台推进各类创业要素的集聚与优化配置，促进创业文化、互联网相关法律法规支持的“软环境”与信息基础设施、现代物流产业等“硬环境”协调发展。

[9] 姚士谋，陈维肖，陈振光，彭丽华.新常态下中国新型城镇化的若干问题.地域研究与开发，2016（1）

基金： 国家自然科学基金项目（41401179）；

关键词： 新常态化；新型城镇化；创新效益型；城乡一体化；

摘要： 改革开放以来，中国的城镇发展和城乡一体化建设取得了巨大成就，特别是城市现代化建设与重大基础设施建设方面进步惊人，但在社会经济高速发展的过程中也出现了城镇化冒进、土地流失、资源环境破坏的问题。为此，“十八大”之后，中国领导人多次提出在新常态化下健康稳定地发展新型城镇化。通过分析全球化的背景，提出了对中国城镇化4个特征的认识，并在中国国情分析的基础上提出了走创新发展模式、逐步加强认识中国城市化规律性的问题，比较全面地论述了中国新型城镇化重大策略的新思路，确定了中国应实施以人为本、改善环境、和谐城市、资源节约型的新型城镇化道路。在新常态化下，应结合资源环境条件，因地制宜，适度发展，合理规划，提升质量，走中国社会主义特色的城镇化发展的健康之路。

[10]苏斯彬，张旭亮.浙江特色小镇在新型城镇化中的实践模式探析.宏观经济管理，2016（10）

基金： 国家社科基金一般项目资助（13BRK017）；

关键词： 特色小镇；新型城镇化；产城融合；

摘要： 特色小镇是伴随新型城镇化建设的新生事物。依托特色小镇的培育和建设，探索推进“小城镇大发展、小区域大平台、小空间大集聚、小载体大创新”的城市新空间发展思路，建设产城人融合发展的现代化开放型小镇，是“自上而下”的顶层设计与“自下而上”的基层探索相结合推进新型城镇化的有效路径。

3. 产业转型升级

[1]戴翔，刘梦，任志成.劳动力演化如何影响中国工业发展：转移还是转型.中国工业经济，2016（9）

基金： 国家社会科学基金重点项目“全球经济深度调整背景下我国外贸增速变化机理及对策研究”（批准号16AJY018）；国家社会科学基金一般项目“要素成本上升、产业断档与我国新型比较优势培育研究”（批准号15BJY119）；江苏省“青蓝工程”中青年学术带头人培养项目“价值链演进新趋势与我国产业发展”（批准号16QL006）；

关键词： 产业转移；产业转型；劳动力演化；相对净流量；

摘要： 劳动力演化对工业发展的影响存在转移和转型的双重效应。本文通过对劳动力区位熵的引力系数修正，测度了产业转移和产业转型的相对净流量。基于2000—2014年中国29个省份按技术水平划分的五类工业产业面板数据，实证研究了劳动力数量、劳动力技能水平以及劳动力技能配置效率对工业产业转移和转型的影响。结果表明，中国工业发展顺应劳动力演化的趋势明显。从数量角度看，人口红利衰减会加速中国工业产业的空间转移，并进一步“倒逼”低技术产业向高技术产业转型；从技能角度看，劳动力技能的提高有利于吸引高技术产业转移和推动低技术产业向中高端转型升级；从技能配置效率看，其对产业转移和转型的作用趋势相反，对产业转移而言，技能配置效率的提高容易形成对产业的“挤出”，对产业转型而言，则会形成对产业转型升级的促进作用。在亟待通过产业转移和转型从而拓展发展空间的战略背景下，除了要注重引导劳动力从沿海向内陆沿边地区适度“回流“和着力促进劳动力技能提升外，必须重视劳动力技能与产业技术的匹配，真正推动“人口红利”向“人才红利”转型。这对于中国工业产业的发展具有极为重要的战略意义。

[2] 王文俊.传统产业转型升级研究综述.财经理论研究，2016（5）

基金：2016年国家社科基金项目（16BMZ091）；
关键词：传统产业；转型升级；产业集群；创新驱动；

摘要：发展中国家传统产业面大量多，且能对战略性新兴产业产生影响，故传统产业的转型升级对发展中国家经济社会发展极其重要。对国内外传统产业转型升级的相关文献进行梳理，有助于我们正确认识传统产业转型升级的理论研究和实践进展，以便发挥政策体系、科学技术、产业集群、绩效评价、区域经济合作等对传统产业转型升级的进一步推动作用。综合而言，相关研究成果主要集中在三个方面：一是产业转型升级的相关理论；二是传统产业与高新技术产业、战略性新兴产业之间的关系；三是传统产业转型升级的动力因素、升级路径。

[3] 王娟.创新驱动传统产业转型升级路径研究.技术经济与管理研究，2016（4）

基金：江苏省教育厅高校哲学社会科学研究项目（2015SJB014）；江苏省社科联应用研究精品项目（15SYA-045）；南京邮电大学国自基金孵化项目（NY214117）；
关键词：传统产业；升级路径；创新驱动；产业结构；

摘要：要想成为创新型国家，必须通过产业转型升级，促进企业创新，实现国家的进一步发展。文章通过分析产业结构转变系数对我国GDP增速的影响，发现产业结构的转型升级可以促进我国经济的发展。同时，深入剖析了我国传统产业发展过程中存在的问题，进而针对性地提出创新驱动传统产业转型升级的路径与策略并提出建议：可以通过产业转移、产业集群、产业融合等路径，坚持技术自主创新为核心、注重全方位统筹推进创新、重视项目申报对科技创新的带动规范作用等策略，促进传统产业的转型升级。最后，以江苏常州的工业创新为例，分析了创新发展促进传统产业转型升级的成功经验，为我国传统产业转型升级提供借鉴经验。

[4] 扶涛.人力资源开发与产业转型升级的匹配效应研究：以广东省为例.广东财经大学学报，2016（3）

基金：广东省高等学校省级重点平台和重大科研项目（2015WTSCX121）；
关键词：人力资源开发；产业结构；产业转型升级；双转移战略；匹配效应；粤商研究；

摘要：经济新常态要求转变经济增长方式，优化产业结构，实现要素驱动向创新驱动转变。人力资源与产业转型匹配是产业转型升级的重要影响因素。构建人力资源开发与产业转型升级适配度评价指标体系，运用适配度评价模型，对广东省2000年~2013年产业转型升级与人力资源开发适配效应进行评价具有一定的价值。研究结果表明：广东省人力资源开发及产业转型升级匹配度与广东省“双转移”战略呈现出基本一致的变动趋势，匹配度提升还有利于人力资源效率和效能的发挥。

[5] 王桂月，徐瑶玉，王圆圆，李新运.我国科技创新对产业转型升级的影响分析.华东经济管理，2016（3）

基金：教育部人文社会科学研究项目（14YJC790114）；山东省软科学计划重大项目（2014RZB01027）；山东省软科学计划一般项目（2014RKB01879）；山东省软科学研究计划项目（2015RZB01011）；
关键词：创新驱动；转型升级；概念模型；指标体系；SVAR模型；

摘要：文章从创新驱动转型发展战略的内涵出发，构建了创新驱动产业转型发展概念模型，并以此为基础建立了创新驱动产业转型升级的指标体系，采用SVAR模型对我国科技创新与产业转型升级之间的动态影响关系进行了实证分析。结果显示，我国科技创新与产业转型升级之间存在格兰杰因果关系，创新投入、创新环境和创新产出对产业转型升级的影响虽上下波动，但总的来说有正向效应，且从方差分解结果来看，科技创新对产业转型各目标的发展有较大的贡献率。综合表明，科技创新能够有效地推动产业转型升级。

[6] 李烨，潘伟恒，龙梦琦.资源型产业绿色转型升级的驱动因素.技术经济，2016（4）

基金：国家自然科学基金项目“面向喀斯特地区生态重建的资源型企业产业转型及管理研究”（70662003）；贵州省高等学校人文社会科学重点研究基地招标课题（JD2013031）；贵州大学人文社科特色重点学科重大招标课题（GDZT20110005）；

关键词：资源型产业；产业转型；产业升级；绿色发展；

摘要：在借鉴前人研究成果的基础上，从外部、情景和内部3个层面梳理分析了影响资源型产业绿色转型升级效果的主要因素。在此基础上，剖析了产业内部创新驱动要素与资源型产业转型升级的耦合机制，并探究了创新要素协同驱动资源型产业转型升级的内部机理。最后，以贵州磷化工业为例，运用多层次因子分析法对其绿色转型升级效果的影响因素进行了实证分析。研究结果表明：产业基础、产业规模、区位条件、技术创新、市场创新、全员参与创新和制度创新等均是影响贵州省磷化工产业转型升级效果的关键因素。

[7] 田原，孙慧.低碳发展约束下资源型产业转型升级研究.经济纵横，2016（1）

基金：国家自然科学基金项目“资源型产业碳排放损益偏离分析及区域公平发展研究”（编号：71463056）；新疆普通高校人文社科重点研究基地一般项目“资源型产业碳减排与转型升级研究”（编号：010115C10）的成果；

关键词：低碳约束；资源型产业；转型升级；路径；

摘要：“十三五”时期坚持绿色发展，要求加快资源型产业转型升级。当前，我国产业技术创新严重缺乏、相关制度供给不足、发展思维定式及政府政绩评价指标不完善等问题，是制约资源型产业转型升级的主要障碍。应加快产业转型的制度创新和政策扶持；依托“一路一带”战略，推进资源型产业转型的全球布局和区域协调发展；完善技术创新激励机制，推进技术创新；增进人力资本积累，夯实产业转型升级的智力基础；大力开展环境治理，推进生态补偿有序进行；建立公平合理的利益共享机制；强化资源型产业转型升级的法律保障等，从而有效推进资源型产业转型升级。

[8] 张振鹏.我国文化产业转型升级的四个核心命题.学术论坛，2016（1）

基金：国家社会科学基金项目“小微文化企业商业模式与发展研究”（14BGL164）；教育部人文社会科学研究项目“农村文化创意产业发展研究”（12YJC630304）；山东省软科学研究重大项目“山东文化创意产业推进特色城镇化建设路径与对策研究”（2014RZB01005）；山东省社会科学规划研究项目“山东小微文化企业成长能力培育研究”（15CGLJ32）；

关键词：文化产业；转型升级；产业价值；企业生态；

摘要：我国文化产业在政府主导下取得快速发展，但出现的问题使得转型升级成为发展的必然要求。在全面深化改革背景下，释放产业价值，提升供给质量，完善市场机制，优化企业生态，是我国文化产业转型升级的四个核心命题。通过社会资本的支持，以供给侧结构性调整来满足文化消费多样化需求。通过市场逻辑，激发文化企业的内生动力，促进文化产业转型升级。

[9] 曹剑飞，齐兰.经济金融化对我国产业转型升级的影响及其对策.学术论坛，2016（1）

基金：国家社会科学基金重点项目“当代垄断资本金融化研究”（12AJL002）阶段性成果；

关键词：金融化；全球化；金融结构；产业结构；

摘要：金融结构内生于产业结构，而产业结构又内生于要素禀赋。当前，我国金融化水平偏低、金融错配问题突出，以大银行为主的金融结构已经不能适应创新驱动、转型升级的需要。为促进我国产业转型升级、跨越“中等收入陷阱”，应进一步提升金融化水平，大力发展中小银行机构、多层次资本市场和互联网金融，形成庞大、活跃的证券市场辅之于大中小银行的金融结构。同时，积极推动人民币国际化进程，从国内、国际两个层面创造有利于我国产业转型升级的环境。

[10]温铁军，谢欣，高俊，董筱丹.地方政府制度创新与产业转型升级——苏州工业园区结构升级案例研究.学术研究，2016（2）

基金：国家社会科学基金重大项目“作为国家综合安全基础的乡村治理结构与机制研究“（14ZDA064）；国家社科基金年度项目“粮食金融化与我国粮食安全战略研究”（14BGJ048）；北京市社科基金重点项目“城乡二元结构下改善社会治理研究”（15FXA003）的阶段性成果；

关键词：地方政府；制度创新；产业转型；

摘要：政府行为对于制度变迁和制度创新具有不可替代的影响。大多数发展中经济体并不具备复制发达国家通过向外转嫁制度成本而成功转变经济结构的条件，容易陷入发展陷阱，形成难以突破的“路径依赖”约束。苏州工业园区的发展实践证明，地方政府因地制宜的本土制度创新，可以实现区域经济发展的内生性结构升级，从而向价值链两端延伸，实现产业利润率上移，摆脱低水平陷阱，带动产业转型升级。这个归纳对于现今的中国提出产业转型升级重任有很大借鉴价值。

4. 创新创业

[1]张旭，郭菊娥，郝凯冰.高等教育“供给侧“综合改革推动创新创业发展.西安交通大学学报（社会科学版），2016（1）

基金：教育部战略研究课题（2015ZC02）；

关键词：高等教育；创新创业；“供给侧”改革；产学对接；

摘要：“供给侧”改革强调的激发微观主体创新、创业、创造的潜能为高等教育改革提供了与社会发展相契合的切入点。按照创新创业发展要求，从高等教育“供给侧”角度出发，在深入分析学风建设、创新创业人才培养和成果转化产学对接的发展格局与实践障碍的基础上，探索推动创新创业的改革路径。主张通过学风建设的机构、制度和信息管理改革，营造风清气正、求真务实的教育环境，为创新创业人才培养和科学研究提供长期有力的文化保障；开展创新创业教育的模块化、专业化和平台化建设，为综合性人才成长提供培育环境；在积极搭建高校与产业成果转化平台的同时，将持续破除可能存在的体制机制障碍作为推动科技成果转化为经济增长的关键抓手。

[2] 赵军，杨克岩.“互联网+“环境下创新创业信息平台构建研究——以大学生创新创业教育为例.情报

科学，2016（5）

基金：吉林省教育厅“十三五“社会科学研究项目；

关键词：互联网+；创新创业；信息平台；构建；

摘要：在对“互联网+”和创新创业的国家战略背景分析的基础上，阐述了“互联网+”内涵和本质，分析了“互联网+”环境下大学生创新创业信息平台构建的必要性，运用专家访谈和问卷调查的方法，分析了“互联网+”环境下大学生创新创业的需求和平台的设计功能，最后提出了基于“云平台”的三层架构。论文对推动“互联网+”环境下的创新创业教育具有积极的推动作用。

[3] 包水梅，杨冬.美国高校创新创业教育发展的基本特征及其启示——以麻省理工学院、斯坦福大学、百森商学院为例.高教探索，2016（11）

基金：兰州大学2016年国家级大学生创新创业训练计划项目“高校创新创业教育实施状况的实证研究——以甘肃省部分高校为例”（项目编号201610730060）；兰州大学2016年中央高校基本科研业务费专项资金资助“港台地区建设世界一流大学之政策运行机制研究”（项目编号16LZUJBWZY014）的研究成果；

关键词：美国；高校；创新创业教育；创新创业文化；素质教育；

摘要：以麻省理工学院、斯坦福大学和百森商学院为案例深入分析可见，美国高校创新创业教育缘自注重效益的实用主义传统，历经起步期、发展期、成熟期三个主要发展阶段，现已呈现出六大特征：视创新创业教育为素质教育的目标定位、趋于专门化的创新创业教育管理、专兼职相结合的创新创业师资队伍、跨学科创新创业课程群的课程构建原则、以创新创业活动为主的第二课堂教育形式、高校主导下的大学与企业及政府相结合的保障机制。美国高校创新创业教育发展对我国的启示在于：要将创新创业教育提高到素质教育的新高度，打造创新创业文化并引领创新创业思潮，整合并完善创新创业教育内外部资源等。

[4] 田鸣，张阳，唐震.典型国家创新创业发展模式研究及启示.科学学与科学技术管理，2016（4）

基金：江苏省哲学社会科学研究规划项目（13GLC011）；

关键词：创新；创业；复杂适应系统；复合系统协调度模型；发展模式；

摘要：新常态下，中国应当如何实施“万众创业，大众创新”以促进经济持续稳定的发展，值得深入思考。以复杂适应系统理论为基础，选取巴西、日本和美国作为研究对象，基于定性的创新创业复杂适应系统模型与定量的创新创业复合系统协调度模型，利用2005—2013年的面板数据，探讨了典型国家的创新创业发展模式。发现巴西、日本和美国分别具有“创业驱动”、“创新驱动”以及“创新创业协同”的3种发展模式。同时指出，巴西的产业结构失衡、日本的大企业大财阀垄断、美国的创新创业复合政策及创新型创业集群作为影响创新创业协同的联动因素是导致各国成败的关键。在此基础上，进一步提出了优化产业结构、合理分配创新资源、制定创新创业复合政策以及建设创新型创业集群等4条对中国的启示。

[5] 蔡跃洲.“互联网+“行动的创新创业机遇与挑战——技术革命及技术-经济范式视角的分析.求是学刊，2016（3）

基金：中国社会科学院创新工程项目“创新驱动发展的分析与测算”，项目编号：10620161001005；国家软科学面上项目“产业结构转换、技术创新与中国经济增长潜力提升”，项目编号：2014GXS4B073；中国特色社会主义理论体系研究中心/国家社科基金重大项目“创新驱动发展战略与‘双创’研究”，项目编号：2015YZD03；

关键词：“互联网+”；创新创业；技术革命；技术-经济范式；关键要素；

摘要：文章依托创新经济学相关理论，对创新创业内涵及内在关联进行辨析。系统梳理了工业革命以来已经历的5次技术革命，总结技术革命、关键要素、技术-经济范式转换之间的内在关联。以此为基础，从技术革命和技术-经济范式转换的视角展望新一轮技术革命，分析“互联网+”的本质，将其看作是新一轮技术革命的产物。结合中国创新创业和“互联网+”的相关实践，就“互联网+”行动背景下创新创业面临的机遇和挑战进行分析展望。针对现实中存在的误区和障碍，给出了相应的政策建议。

[6] 张秀娥，马天女.国外促进大学生创新创业的做法及启示.经济纵横，2016（10）

基金：吉林大学哲学社会科学研究重大课题培育项目“大学生创业机制构建研究”（编号：2015ZDPY10）；吉林大学继续教育研究课题“创新驱动下高校继续教育创业教育课程建设研究”（编号：JLUCEKT2015005）；吉林省社会科学基金项目“吉林省大学生创新创业生态系统优化研究”（编号：2016A15）；吉林省教育厅“十二五”社会科学研究项目“吉林省大学生创业教育课程体系研究”（编号：吉教科文合字[2015]第497号）；吉林省科技发展计划项目“吉林省大学生创新创业制约因素及对策研究”（编号：20160418017FG）；吉林省高等教育教学改革研究项目和吉林大学本科教学改革研究项目“系统化的创业教育课程体系改革研究”（编号：2015XZD058）的成果；

关键词：创新发展；大学生；创新；创业；

摘要：构建创新发展理念下的大学生创新创业机制，提高大学生创新创业能力，是实施国家创新驱动发展战略的重要内容。目前，我国大学生创新精神与创业意愿不足，高校创新创业教育体系不健全，创业环境不够优化。借鉴美国、英国、德国促进大学生创新创业的经验，应构建以大学生为主体、高校为基础、政府为主导、企业为支撑的大学生创新创业促进机制。

[7] 黎文靖，郑曼妮.实质性创新还是策略性创新?——宏观产业政策对微观企业创新的影响.经济研究，2016（4）

基金：国家自然科学基金重点项目（71032006）与面上项目（71372167）；广东省高等院校优秀青年教师支持计划（Y92013017）；中央高校基本科研业务费专项资金资助（暨南远航计划）的资助；

关键词：产业政策；企业创新；政府补贴；税收优惠；

摘要：本文采用2001—2010年沪深A股上市公司的专利数据，分析中国产业政策对企业创新行为的影响及其内部机理。研究发现，受产业政策激励的公司，专利申请显著增加，但只是非发明专利显著增加，追求“数量”而忽略“质量”；当公司预期将获得更多的政府补贴和税收优惠时，其专利申请、特别是非发明专利申请显著增加，选择性产业政策的财税手段使企业为“寻扶持”而创新。进一步对企业分组分析发现，上述现象只在国企组、非高新技术行业组中显著。这说明选择性产业政策只激励企业策略性创新，企业为“寻扶持”而增加创新“数量”，创新“质量”并没有显著提高。发明专利申请的增加才能提高企业的市场价值，推动技术进步和获取竞争优势的实质性创新才能促进企业发展。

[8] 刘学元，丁雯婧，赵先德.企业创新网络中关系强度、吸收能力与创新绩效的关系研究.南开管理评论，2016（1）

基金：国家自然科学基金国际（地区）合作与交流项目（71420107024）资助；

关键词：创新网络；关系强度；吸收能力；创新绩效；

摘要：有关研究表明，在创新网络中，企业创新绩效受到外部网络关系和自身吸收能力两方面的影响，但网络关系的强弱对企业创新绩效的影响在学术界尚未达成共识。在中国关系社会的背景之下，本文构建了网络关系强度、企业吸收能力和创新绩效三者之间的关系理论模型，并以中国278家制造业企业为样本进行了实证研究。研究结果表明，创新网络关系强度和企业吸收能力均对企业创新绩效存在显著的正向影响，且企业吸收能力在网络关系强度和企业创新绩效之间起不完全中介作用。同时，本文检验了企业性质、产业类型和地域分布的影响，发现在私营企业、传统制造业企业和位于华东、华北地区的企业中，创新网络关系强度对创新绩效没有直接影响，但可以通过吸收能力对创新绩效产生间接影响。

[9] 苏屹，姜雪松，雷家骕，林周周.区域创新系统协同演进研究.中国软科学，2016（3）

基金：国家自然科学基金项目（项目编号：71403066）；国家社会科学基金重点项目（项目编号：14AGL004）；高等学校博士科学点专项科研基金资助项目（项目编号：20122304120021）；黑龙江省教育厅人文社会科学项目（项目编号：12534028）；中央高校基本科研费专项基金（项目编号：HEUCF140907）；黑龙江省社会科学研究项目（项目编号：QC2012C067；12B072；13B10；14C003）；

关键词：区域创新系统；协同演进；协同学；B-Z反应；

摘要：区域创新系统是一个结构复杂、功能多样的复杂社会系统，其主要包含创新主体子系统、创新资源子系统、创新环境子系统三个部分，并具有非线性、不确定性、自组织性、涌现性等复杂性系统特征，传统的还原论和线性处理方法无法全面地解决这一问题。借鉴B-Z反应这一非线性化学反应，选择创新效果、创新潜力、创新配置三个状态变量隐喻B-Z反应中的三种主要物质，外界综合投入指数隐喻B-Z反应的控制参数，三个状态变量的调整参数隐喻B-Z反应中的反应速率，构建区域创新系统协同演进模型，并进行实证研究。研究结果表明：一方面，从演进阈值增减性来看：近一年的发展中，黑龙江、江苏、广东、广西、海南、贵州、甘肃、宁夏、青海9个省级行政区的阈值增大，说明经过一年的发展，9个省级行政区域相对于上一年远离了区域创新系统的演进点。另一方面，从演进阈值大小来看：创新能力较强省份和创新能力较弱省份的区域创新系统的阈值趋于两极化，创新能力较强省份的阈值部分极大，部分极小；创新能力较弱省份也出现了同样的状况。在实证研究的基础上，结合区域创新系统的三个状态变量（创新效果、创新配置、创新潜力），从增强创新效果、优化创新配置、提升创新潜力三个方面提出促进我国区域创新系统的协同发展对策。

[10]张峰，黄玖立，王睿.政府管制、非正规部门与企业创新：来自制造业的实证依据.管理世界，2016（2）

基金：国家自然科学基金青年项目“社会关系—市场资产的转化机制及二者的整合效应研究”（71102046）；教育部哲学社会科学研究重大课题攻关项目“中国自由贸易区制度创新与保障体系研究”（14JZD020）；教育部新世纪优秀人才支持计划（NCET-13-0298）；国家社会科学基金资助项目“促进沿海内地沿边对外贸易优势互补研究”（13BJL050）；中央高校基本科研业务费专项资金项目“技术—市场创新配置机制研究”（NKZXB1457）的资助；

关键词：非正规部门；政府管制；创新；模仿；合作；

摘要：为什么中国的多数企业醉心于学习和模仿而自主创新普遍不足?本文基于世界银行2012年中国民营制造企业的问卷调查数据考察了来自非正规部门的灰色竞争对企业创新决策的影响。研究表明，非正规部门的存在及其灰色竞争行为的确抑制了正规企业的独立创新，促使其更多地转向模仿，但合作创新并未受到显著负面影响。进一步研究发现，非正规竞争对企业创新的抑制作用在管制负担重的地区更加严重，在资源丰裕或者知识产权保护强的地区有所减弱。

5. 开发区与国家级新区

[1]王永进，张国峰.开发区生产率优势的来源：集聚效应还是选择效应?.经济研究，2016（7）

基金：国家自然科学基金项目（71573141、71473133、71203104）；南开大学博士研究生科研创新基金的资助；

关键词：开发区；生产率优势；集聚效应；选择效应；

摘要：准确识别开发区生产率优势的来源，对于开发区的效率评价和政策制定具有重要意义。本文首次从“集聚效应”和“选择效应”两个方面对开发区影响生产率的渠道进行了论证，进而运用Combesetal.（2012）的方法对开发区和非开发区的生产率分布进行了系统比较，并定量识别了开发区的“集聚效应”和“选择效应”。研究发现：（1）“集聚效应”和“选择效应”都显著提高了开发区的生产率水平；（2）平均而言，开发区企业的生产率优势主要源自“集聚效应”，但是这种“集聚效应“持续期非常短，在开发区成立三年后就基本消失。由制度和政策优惠所形成“选择效应”则是开发区长期生产率优势的主要源泉；（3）民营、小规模、年轻的低效率企业从“集聚效应”中获益更大，这一方面意味着开发区有助于提高资源配置效率，另一方面也说明开发区起到了“孵化器”的作用，促进了民营中小企业的发展。

[2] 钱振明.城镇化发展过程中的开发区管理体制改革：问题与对策.中国行政管理，2016（6）

基金：国家社会科学基金重点项目“城镇化发展过程中的开发区治理转型”（编号：12AZZ006）；江苏省社会科学基金项目“江苏开发区行政管理体制改革研究”（编号：11ZZB003）；

关键词：开发区；城镇化；社会管理；治理转型；

摘要：中国开发区的发展，走出了一条由功能单一的工业园区，逐步演变为多功能的综合性“城市新区”的城镇化道路。开发区城镇化发展导致的空间变化、社会转型，使开发区管理体制先天缺陷日益突出，并面临法治缺失、原有体制优势弱化、经济开发职能与社会管理职能之间缺乏平衡等诸多问题。开发区管理体制改革，是一个持续不断的过程。管理职能和机构重新定位，运行机制进一步优化，向社会管理、公共服务转型，让更多社会组织参与公共服务，保持机构精简高效新优势，是开发区管理体制改革的主要方向和核心内容。

[3] 张宪涛，丁峻强，雷霞.新常态下开发区土地集约利用评价.西北农林科技大学学报（社会科学版），2016（2）

基金：国土资源公益性行业科研专项（201311006）；国家社会科学基金重点项目（09AZD027）；

关键词：新常态土地利用；开发区；土地集约利用；土地利用评价；

摘要：对开发区土地集约利用情况进行评价，可以为开发区土地可持续利用和开发区转型升级提供依据。以国土部《开发区土地集约利用评价规程》要求为基础，结合新常态经济特征，构建了新常态下开发区土地集约利用评价体系。分别使用两种评价体系对成都经济技术开发区土地利用集约度进行了对比，结果表明：（1）原有规程评价体系不能完全适应新常态下经济发展要求，改进后的新常态评价指标体系更能全面反映情况；（2）新常态下成都经开区在土地利用状况、要素投入质量、产业结构优化等方面存在不足。成都经济技术开发区应提高土地集约利用度，加快开发区转型升级。

[4] 包群，唐诗.开发区建设与周边地区的企业成长：窗口辐射还是挤出效应.产业经济研究，2016（5）

基金：国家自然科学基金（71473136）；霍英东教育基金基础性研究课题（141083）；中国博士后科研基金特别资助项目（2016T90188）；

关键词：经济开发区；辐射作用；地理距离；过度开发；企业成长；

摘要：作为我国经济发展的一项重要制度改革创新，开发区建设承担带动周边地区共同发展的窗口示范角色。通过匹配2000—2007年间微观企业数据和城市层面开发区数据，从地理相邻与政治辖区两个维度构建省内相邻、外省相邻、省内非相邻三类开发区外溢指标。研究表明，开发区建设非但没有如预期般带动周边地区企业成长，还会在一定程度上对企业生产率、存活期限、出口表现、销售收入等多种绩效产生挤出效应。这一挤出效果在考虑了开发区层别（国家级与省级）、地理位置、行业差异与时间趋势等不同情形时都较为稳健。研究还表明由于开发区间的过度竞争行为反而导致对周边地区企业发展的抑制作用。

[5] 韩玉刚，王丹丹.中国开发区向综合新城转型发展研究综述.区域经济评论，2016（3）

基金：国家自然科学基金青年基金项目“省际边缘区多元主体跨界结网行为驱动的产业空间集聚机理研究——以安徽省宁国市、来安县为例”（41201126）；教育部人文社会科学青年基金项目“强弱型省际边缘区产业集群形成的制度分析及提升路径研究”（12YJC790051）；安徽省高校省级自然科学重点项目“皖江城市带开发区与属地政府间关系形态创新研究”（KJ2014A089）；安徽师范大学特色优势研究领域建设项目“安徽产业升级与小微企业发展”；

关键词：开发区；综合新城；转型发展；

摘要：由于发展阶段以及内外部环境的变化，中国开发区普遍面临着转型升级的诉求，而向综合新城转型是中国开发区转型实践的新方向。在此基础上，通过对相关研究成果进行梳理、归纳和总结，从开发区生命周期理论、开发区向综合新城转型发展的内涵与必要性、内在机制和动力因素、转型模式和策略以及转型路径等方面综述分析中国开发区向综合新城转型发展的研究现状。最后，结合当前开发区转型与升级所面临的新问题以及现有研究成果的不足之处，对未来研究方向进行了展望。

[6] 荆锐，陈江龙，田柳.国家级新区发展异质性及驱动机制研究——以上海浦东新区和南京江北新区为例.长江流域资源与环境，2016（6）

基金：国家自然科学基金项目（41201111）~~；

关键词：国家级新区；异质性；驱动机制；上海浦东新区；南京江北新区；

摘要：国家级新区建设是转型期国家推动新型工业化和城镇化战略的重要手段，推动了城市空间重构和功能重组，从而成为城市研究热点。从经济发展、人口集聚规模以及建设用地扩张三个维度刻画对比了上海浦东新区和南京江北新区的发展的异质性，并进一步剖析发展的驱动机制，发现两地发展异质性的表象原因是发展阶段的差异，更深层的是区域发展驱动机制的差异：交通等基础设施建设能强化新区与母城的联系，是实现新区快速健康发展的基础，浦东新区完善的交通运输体系对所在区域及全市的经济快速增长产生了重要影响；而全球资本汇聚、产城融合、城市大事件营销是新区快速发展的重要驱动力；发展型政府的作用及政治精英的影响力对国家级新区发展也具有重要的推动作用。基于上述研究，对于新型工业化和城镇化背景下新区的健康发展提出了政策建议。

[7] 陈东，孔维锋.新地域空间——国家级新区的特征解析与发展对策.中国科学院院刊，2016（1）

基金：中科院科技战略咨询研究院重大咨询项目（Y02015005）；中科院STS项目（KFJ-EW-STS-089）；国家自然科学基金项目（41301120）；国家发展和改革委员会项目；

关键词：国家级新区；阶段；特征；问题；

摘要：国家级新区是影响国家和区域发展但不为公众所熟知的重要地域空间。文章在国家发展改革委委托的《国家级新区发展报告（2015）》研究工作基础上，首先在理论上分析了国家级新区空间、功能、模式3个方面的一般特性和专属特性；实证解析了国家级新区发展的3个阶段以及战略功能重要、区域范围广阔、发展条件优越、区域分异明显等现状特征。进而，探讨了功能认识不够清晰、空间布局不够合理、发展模式不够新颖等国家级新区发展中值得关注的问题，提出了明确功能定位、优化空间布局和促进更好发展等方面的政策建议。

[8] 李云新，贾东霖.国家级新区的时空分布、战略定位与政策特征——基于新区总体方案的政策文本分析.北京行政学院学报，2016（3）

基金：教育部人文社科研究青年基金项目（14YJC630076）；国家社会科学基金青年项目（14CZZ023）；

关键词：国家级新区；国家战略；政策试验；改革创新；

摘要：国家级新区承载着服务国家战略、协调区域发展和政策先行先试的重要功能，其发展历程在某种程度上可以说是中国改革开放进程的缩影。对已有国家级新区总体方案文本进行解读、比较、分析和归纳，有利于全面理解国家级新区的战略定位与政策体系，审视其历程，预见其发展。国家级新区设立时间分布的层次性体现了改革从“摸着石头过河”走向全面深化，区域分布的战略性体现了国家区域发展从非均衡发展走向协调发展。国家级新区战略定位的核心要素总体概括为国家战略中心城市、开放型区域经济引擎、改革发展创新试点、高端产业基地、生态示范园区，但是部分新区核心功能定位缺失。国家级新区政策支持体系在很大程度上体现了与新区战略定位、区域分布、发展状况的匹配，但是仍然存在着政策支持与新区实际状况脱节的现象。应当从明晰新区战略定位与核心功能、增强新区政策支持与战略定位的匹配度、促进政策体系与经济社会发展以及国家改革进程动态适应、推动政策试验与学习机制调整转型等方面促进新区的健康、创新发展。

[9] 李明奎，石磊，谭雪.国家级新区环境绩效评估指标体系构建与应用初探.环境保护，2016（23）

基金：基金项目：“产城融合与新区健康发展的环境管理制度研究——新区环境管理绩效指标体系构建”；

关键词：国家级新区；环境绩效；评估；指标体系；产城融合；

摘要：作为践行生态文明、推进绿色发展的示范区，国家级新区环境管理的作用至关重要。本文结合国家级新区环境管理的特点，借助层次分析法和模糊综合评价法的思路，构建了新区环境绩效评估指标框架以及具体的评价方法体系，结合青岛市西海岸国家级新区的调研案例进行了评价分析，结果表明加强新区功能建设和强化环境管制是未来提升案例新区环境绩效的重点领域。

[10]齐元静，金凤君，刘涛，焦敬娟.国家节点战略的实施路径及其经济效应评价.地理学报，2016（12）

基金：国家自然科学基金项目（41401121）；北京林业大学新进教师科研启动基金项目（BLX2013028）~~；

关键词：区域政策；国家节点战略；政策型增长极；经济效应；

摘要：以试点改革为特色、依托关键节点逐步推进是改革开放以来中国区域开发的重要经验。在对改革开放以来中国区域政策演进的过程与特征梳理的基础上，本文将围绕重要节点的区域开发战略界定为国家节点战略，系统阐述了其理论基础与基本内涵，并以改革开放不同时期的深圳特区、上海浦东新区和天津滨海新区为例，定量考察了国家节点战略对中国区域经济格局演变的影响。研究发现，中国区域政策大体上经历了以经济特区为龙头的探索阶段、以开发区为主导的推广阶段和以国家级新区与国家综合配套改革试验区为载体的优化阶段等三个阶段，其中国家节点战略发挥了重要的示范与引领作用，推动了中国区域政策由点及面的螺旋式演进，在此过程中政府的角色也发生了相应的转变。作为增长极理论在中国转型时期的创新性应用与发展，国家节点战略不仅是区域发展“引擎“和重要增长极，也是转型期中国制度创新的重要载体；国家节点战略地区与区域发展实现了良性耦合，形成了梯次区域开发模式。实证研究表明，国家节点战略是政府引导与调控区域发展的重要手段，其经济效应呈明显的复杂多元特征及阶段性和尺度差异特征。

6. 城市建设

[1]吴丹洁，詹圣泽，李友华等.中国特色海绵城市的新兴趋势与实践研究.中国软科学，2016（1）

基金：国家自然科学基金“创新环境评价及区域差异研究”（71273209）项目；福建拓展一带一路沿线国家经贸关系的对策思考（FJKX-B1512）；智能低碳城市的促进政策研究（2012QNJJ014）；“福建自由贸易试验区建设研究”（FJ2015A04）；“福建自贸港区统筹发展及其法律问题研究”（FJ2015B034）项目的合作研究成果；

关键词：海绵城市；区域经济；资源环境；城乡建设；雨洪治理；低影响模式；中央城市会议；城镇化；

摘要：通过梳理海绵城市（LID）的源起和我国提出的时代背景，探析雨洪治理、弹性城市、生态城市、低碳城市、低影响开发模式和城市可持续发展等海绵城市的核心理念与科学内涵，认为海绵城市建设与雨洪治理息息相关，海绵城市与生态城市、低碳城市、智慧城市存在理论递进的相辅相成紧密联系。海绵城市的理念与思想具有先进性、持续性和有效性，有利于在保障城市水生态安全基础上，推动我国城镇化建设传统观念的转变和城市群现代化开发建设的可持续发展。在分析借鉴我国古代和国内外LID建设经典成就上，研究海绵城市理念的内容目标、技术方法、构建途径及实施策略，探索中国特色的LID试点经验模式与案例归集成效，指出LID建设中存在的误区以及应注意规避的问题，并展望其新兴发展趋势，为我国海绵城市的建设不断积累经验，对贯彻落实中央城市工作会议精神，引导我国海绵城市的构建都极具积极而重大的现实意义。

[2] 张文忠.宜居城市建设的核心框架.地理研究，2016（2）

基金：国家自然科学基金重点项目（41230632）；

关键词：宜居性；宜居城市；安全性；方便性；宜人性；

摘要：围绕最近召开的中央城市工作会议提出的“建设和谐宜居城市“等内容，解析宜居城市的内涵，评述国际上公认上的宜居城市建设的主要经验，重点就宜居城市建设的基本理念、导则和建设重点等进行系统的论述，旨在构建中国宜居城市建设的核心框架，对中国建设宜居城市提供理论指导。

[3] 童陆亿，胡守庚.中国主要城市建设用地扩张特征.资源科学，2016（1）

基金：国家自然科学基金（41101535）；教育部人文社会科学研究基金（14YJCZH192）；博士后基金（2013M530709，2014T70115）；

关键词：城市化；城市扩张；自由度；蔓延度；感观优劣度；中国；

摘要：多维度城市扩张度量，是深刻揭示城市扩张规律及驱动力，实现高效城市扩张控制，推进中国新型城镇化及生态文明建设的重要基础。本文利用城市扩张自由度、蔓延度、感观优劣度指数对中国216个主要城市2000-2012年期间的扩张特征进行了综合度量。结果表明：1中国城市扩张总体趋于紧凑，但低约束扩张模式所催生的“低质量”城市发展态势严峻；2不同维度城市扩张特征不尽相同，东、中部地区是中国近年城市扩张的集中地，扩张自由度及蔓延度较高、区域差异明显，扩张模式不尽合理；广东、河北、山东、河南、安徽等省份“低质量”扩张现象较为严重，西部省份及少数民族自治区扩张模式整体较优；城市圈地区扩张紧凑度较高，但统筹协调程度较低，区域扩张差异明显，局部地区扩张质量较低；3内陆及城市圈地区将成为中国城市扩张的重要发生地；4广州、石家庄、济南、合肥、湘潭城市扩张感观优劣度相对较低。努力构建并完善“国家-地区-城市”多级城市扩张监管体系，是统筹协调区域城市建设用地开发利用，积极推进高质量城镇化，实现城市可持续发展的首要任务。

[4] 张苗，甘臣林，陈银蓉，陈璐.中国城市建设用地开发强度的碳排放效率分析与低碳优化.资源科学，2016（2）

基金：国家社科基金项目（14BGL218）；中央高校基本科研业务费专项基金资助项目（2662013SC41）；教育部人文社会科学研究青年项目（15YJC630011）；

关键词：土地利用；建设用地开发强度；碳排放；效率分析；SBM；中国；

摘要：提高城市建设用地开发强度容易陷入增加投入与控制碳排放两难选择的困境，理想碳排放效率下的适度建设用地开发强度成为控制碳排放与兼顾城市经济发展的关键。本文计算了中国30个省份2003年、2006年、2009年与2012年的建设用地开发强度，然后基于松弛测度（SlackBasedMeasure，SBM）模型估算了建设用地开发强度的碳排放总效率、技术效率和规模效率。研究结果表明：1在时空分布上，城市建设用地开发强度与其碳排放效率是动态变化的，但两者变化趋势并不一致；2城市建设用地开发强度2003-2006年增长缓慢，东部略高；2006-2009年增长明显，东中西差异不大；2009-2012年大幅提升，西部建设用地开发强度超过东部和中部；32003-2012年，碳排放有效省份由中西部向东部转移，东西部地区具有较高的碳排放效率值；4技术效率不足是引起碳排放总效率低下的主要原因；5东部地区由于减缓建设用地开发强度增速得以提高碳排放效率，中西部地区因建设用地开发强度的快速提升而无法兼顾碳排放效率。最后，针对总效率无效省份，构建结合了东中西土地利用与经济发展特点的低碳优化策略，以期改善城市建设用地开发强度的碳排放效率。

[5] 钟成林，胡雪萍.土地收益分配制度对城市建设用地利用效率的影响研究——基于门限回归模型的实证分析.中央财经大学学报，2016（2）

基金：国家社会科学基金项目“国家推进生态城镇化建设的长效机制研究”（项目编号：14BJL065）；

关键词：城市土地利用效率；土地收益分配制度；门限回归；超效率DEA法；

摘要：为考察土地收益分配制度对城市建设用地利用效率的影响，笔者沿着土地收益分配制度—地方政府土地财政行为—城市土地利用效率的分析路径，利用2004—2013省域面板数据，采用DEA超效率模型对城市土地全要素生产率进行了综合测定，并运用普通面板和门限面板模型对二者之间的关系进行了实证，结果表明，我国城市土地利用效率存在着显著的区际差异，其中东部地区最高，中部地区最低；土地收益分配制度对城市建设土地利用效率具有显著影响，土地出让金收益占比和税收占比均显著地抑制了城市建设用地利用效率的提升，但不同环节的土地税收分配结构对城市建设用地利用效率的调节作用存在着方向性差异。土地收益分配制度对城市土地利用效率的影响是非线性的，且存在着单一或双门限效应。

[6] 陈宇琼，钟太洋.中国地方政府土地租税收入变化对城市建设用地扩张的影响.中国土地科学，2016（2）

基金：国家自然科学基金（41271190）；

关键词：土地经济；地方政府土地租税；城市建设用地；协整检验；误差修正模型；

摘要：研究目的：考察地方政府土地租税收入与城市建设用地扩张之间的相互影响。研究方法：以中国大陆1990—2013年的地方政府土地收入和建设用地数据进行实证检验，根据协整理论建立向量误差修正模型。研究结果：耕地占用税和国有土地使用权有偿出让收入与城市建设用地扩张具有长期均衡关系，土地租税收入具有促进城市建设用地扩张作用，其中土地出让收入是城市建设用地扩张的主要影响因素，地方政府土地租税收益分成的提高对城市建设用地扩张起到推动作用，建设用地变化仅与耕地占用税收入存在长期的双向因果关系。研究结论：地方政府的土地财政模式具有不可持续性，耕地占用税制度产生反向政策响应，合理调整土地财税体制和盘活存量土地才是地方政府经营城市土地的关键。

[7] 韩兆柱，马文娟.“互联网+“背景下智慧城市建设路径探析.电子政务，2016（6）

基金：河北省社会科学基金项目“公共治理前沿理论比较研究”（HB15GL010）；

关键词：互联网+；智慧城市；数字治理；PPP模式；

摘要：“互联网+”政策的出台与PPP模式的发展为智慧城市的投融资体制与智慧民生等方面的建设带来巨大的契机，智慧城市的发展在经过与网络产业巨头签订战略议的模式之后悄然开启“互联网+”的大门。对“互联网+”背景下智慧城市建设的必要性及可行性作出分析，提出以客户为主导的模式，引入治理视角，积极培育知识型管理人才，运用PPP模式改善智慧城市建设融资体制，妥善处理好融合与协调中的利益协调等路径进一步促进城市社会治理的发展。

[8] 王枫云，陈亚楠.大数据时代的智慧城市建设与发展困局化解.上海城市管理，2016（2）

基金：广东省哲学社会科学“十二五”规划2014年度项目“我国城市政府向社会组织职能转移中的激励型行政引导模式研究”（GD14CZZ01）；2014年广东省教育厅省级特色创新项目（广州大学“创新强校工程”人文社科类平台项目）“广东城市基层政府公共服务购买的全面质量管理研究”（2014WTSCX058）；广州市教育科学“十二五”规划课题“广州教育公共服务体系优化研究”（2013A010）；

关键词：大数据时代；智慧城市建设；战略资源；安全防范；

摘要：从智慧城市的体系结构来看，和之前的数字城市相比，最大的区别在于对感知层获取的数据融合了大数据的处理，从而获得了支撑和保障智慧城市顺利运营的多元信息，因此也可以简单地认为，智慧城市其实就是对数字城市的升级版。由城市数字化到城市智慧化的转变，关键因素在于要实现对数字信息的智慧处理，所以我们一定要抓住大数据这个大好机遇，挖掘海量数据下的潜在价值，进而推进智慧城市建设。从大数据时代背景下对智慧城市提出的相关要求，以及作用在智慧政务、智慧企业、智慧民生等方面的解剖和之后应该注意的问题等方面来探讨大数据时期的智慧城市建设，有助于进一步提升城市的智慧水平。

[9] 卢超，尤建新，郑海鳌.创新驱动发展的城市建设路径——以上海创新型城市建设为例.科技进步与

对策，2016（23）

基金：上海市浦江人才计划项目（15PJC050）；上海高校青年教师培养计划项目（ZZSD15096）；上海市“科技创新行动计划“软科学研究重点项目（13692100600、15692102800）；上海市人民政府决策咨询研究重点项目（2016-A-044-B）；

关键词：创新驱动发展战略；城市建设路径；创新型城市；创新生态系统；

摘要：创新驱动发展战略对创新型城市建设具有重要指导意义。将创新驱动发展战略的内涵特征与创新型城市的功能特色相结合，从战略导向、核心内容、关键抓手3个方面构建了创新驱动发展城市建设路径理论框架，即依靠制度创新驱动福利发展、依靠科技创新驱动产业发展、依靠金融创新驱动贸易发展。进一步，应用理论框架重点评价了2006-2014年上海创新型城市建设中存在的问题，并从“上海的上海”、“中国的上海”、“世界的上海”3个视角提出了民生发展、创新引领、开放融合的对策建议。

[10]赵亚莉.长三角地区城市建设用地扩展的水资源约束.中国人口•资源与环境，2016（5）

基金：国家自然科学基金项目“经济发达地区生态补偿的土地利用变化效应及其优化调控研究—以苏州市为例”（编号：71373129）；中央高校基本科研业务费专项资金资助（编号：2015B13814）；

关键词：水资源；建设用地；城市扩展；资源约束；长三角地区；

摘要：基于资源约束理论，构建城市建设用地扩展的水资源约束模型，并测算2002-2013年期间长三角地区地级及以上城市建设用地扩展中的水资源约束强度。结果显示，研究时段内长三角地区城市建设用地扩展受到水资源的明显约束，区域建设用地扩展速度比没有水资源约束时年均下降0.35%；水资源约束强度具有空间分异规律，形成了以“苏州—杭州—宁波”、“南京—苏州”为中心地区向江苏北部和浙江南部区域逐步衰减的空间变化特征；水资源约束与城市经济总量和城市规模等级紧密相关，总体上城市经济总量大，规模等级高，建设用地扩展受水资源的约束越大。依据水资源约束强度大小将长三角地区城市归为强约束、中约束、低约束和无约束四类，发现不同类型城市在劳动力增长率、水资源供给增长率、经济产出对建设用地扩展的弹性上存在明显差异。研究还表明，即使在河网密布的长三角地区，城市用地扩展也受到水资源的约束，其他地区务必重视水资源重要性，严格遵循“以水定产、以水定城”的管理政策，提高水土资源利用效率，促进城市可持续发展。

2016年城市经济领域重要出版著作选编

《城市理论:对21世纪权力、城市和城市主义的批判性介绍》

外文书名：Urban theory:A Critical introduction to Power,Cities and Urhanism in the 21st Century
丛书名：城市研究·经典译丛
作　者：艾伦·哈丁 (Alan Harding), 泰尔加·布劳克兰德 (Talja Blokland), 王岩 (译)
出版社：社会科学文献出版社
开　本：16　　　　页　数：294页
语　种：简体中文
ISBN: 978-7-5097-9381-7
版　次：第1版
出版时间：2016年12月1日

本书通过对繁杂的城市理论进行丝分缕析，对城市理论作出了宽泛的界定，以便于读者能够理解非线性发展的、光怪陆离的城市理论，通过对城市理论的主要概念框架进行回顾，作者对城市理论近期的发展及其引发的争论和批评提出了深刻的洞见。

《城市郊区:后郊区时代的郊区地区化》

外文书名：City Suhurhs:Placing Suburhia in a Post-suburban World
丛书名：城市研究·经典译丛
作　者：艾伦·梅斯 (Alan Mace), 李友梅 (丛书主编), 张海东 (丛书主编), 田丰 (译者)
出版社：社会科学文献出版社
开　本：16　　　　页　数: 193页
语　种：简体中文
ISBN: 978-7-5097-9380-0
版　次：第1版
出版时间：2016年12月1日

本书聚焦于伦敦，把郊区置于持续发展的城市化背景中进行研究。书中对过去和现在有关郊区发展的文献进行了理论上的分析；利用布迪厄的住宅场域观点对伦敦进行了实证研究，并探讨了今后对郊区进行研究的方法。

《联合国第二届世界城市日全球城市论坛实录·上海2050：全球城市创新与设计》

外文书名: Shanghai 2050:innovation&design of global city the record of global city forum on the second UN world cities day

丛书名: 面向未来30年的上海发展战略研究

作　者：肖林

出版社：格致出版社; 上海人民出版社

开　本：16　　　　　页　数: 436页

语　种：简体中文

ISBN: 978-7-5432-2710-1, 754322710X

版　次：第1版

出版时间：2016年12月1日

本书再现了以“全球城市：创新与设计”为主题的“2015全球城市论坛”论坛现场的交流盛况，记录了与会嘉宾的真知灼见，为研究者留下了宝贵的参考资料。

《新型城镇化与美丽乡村协调发展研究》

丛书名: 新型城镇化与美丽乡村建设丛书

作　者：杨仁法, 陈洪波

出版社：经济管理出版社

开　本：16　　　　　页　数: 412页

语　种：简体中文

ISBN: 978-7-5096-4709-7

版　次：第1版

出版时间：2016年12月1日

本书对新型城镇化与新农村建设协调发展路径进行深入探讨，针对不同地域发展特点，就新型城镇化推进中遇到的农村劳动力转移就业问题、农民工市民化问题、农村医疗卫生服务问题、传统村落可持续发展、养老等问题进行了研究，总结了各地美丽乡村建设的基本经验，提出了打造成美丽乡村升级版的对策建议。

《留住乡愁：特色旅游小镇与新型城镇化建设》

作　者：刘沛林等
出版社：湖南大学出版社
开　本：16　　　　页　数：426页
语　种：简体中文
ISBN: 978-7-5667-1255-4
版　次：第1版
出版时间：2016年12月1日

本书分为上下两篇，上篇探讨了从挖掘文化基因、打造诗意人居环境、建设新田园城镇等方面开展新型城镇化建设的理论问题，下篇从国内外特色旅游小镇建设的成功经验入手，运用“文化景观基因”理论，解决了“湖湘风情旅游小镇”的特色定位和主题问题，取得了显著的经济和社会效益。

《城镇化与能源消费作用机制及协同发展研究》

外文书名：Study of Mechanism and Synergy Development of Urbanization and Energy Consumption
作　者：关雪凌，周敏
出版社：中国矿业大学出版社
开　本：16　　　　页　数：168页
语　种：简体中文
ISBN: 978-7-5646-3374-5
版　次：第1版
出版时间：2016年12月1日

本书从城镇化和能源消费发展态势与问题入手，在对城镇化与能源消费发展现状进行总结的基础上，探寻传统发展模式下城镇化与能源消费发展存在的不协同问题，找出产生这种不协同问题的根源，然后，分别研究城镇化和能源消费对对方的作用和影响机理。

《中国城市可持续发展绿皮书》

外文书名: Annual greenbook for sustainability of 35 big cities in China
作　者：诸大建, 霍佳震, 何芳
出版社：同济大学出版社
开　本：16　　　　　页　数: 142页
语　种：简体中文
ISBN: 7560865984, 978-7-5608-6598-0
版　次：第1版
出版时间：2016年12月1日

本书基于中国城市化进程，在梳理可持续发展评估理论背景的基础上，通过城市发展与生态的“两个半球”思路及其匹配判断分析，构建了可持续发展评估指标体系和评估基本模型。聚集中国35个大中城市，解读各个城市的生态投入指数和人类发展指数，分析城市可持续发展分类与发展效率，提出进一步推动城市可持续发展的改进模式及路径建议。

《城市更新与产业升级对中国未来城镇化的影响》

作　者：陈苡筱
出版社：经济管理出版社
开　本：16　　　　　页　数: 193页
语　种：简体中文
ISBN: 978-7-5096-4480-5, 7509644801
版　次：第1版
出版时间：2016年12月1日

城市更新与产业结构升级是相生相促的双向关系。城市的更新发展要求产业结构随之更新和升级；而产业的优化发展也一定会促进城市的更新发展。本书正是依据这个的理论框架实地调研了国内三个发达城市——北京、上海、广州，再结合深圳本土的产业升级和城市更新案例研究——公明新创维电子信息产业的升级、光明新区的区域发展和深圳近年来的城市更新历程,对这一双向关系进行论证和阐述，同时结合企业战略管理理论与实际案例，指出公明新创维的城市更新项目是企业战略发展的必然选择。

《城镇化研究成果综述与评价》

作　者：胡玉鸿
出版社：苏州大学出版社
开　本：16　　　　　　页　数：458页
语　种：简体中文
ISBN: 978-7-5672-1732-4
版　次：第1版
出版时间：2016年12月1日

本书全面系统地综述中国城镇化的研究成果，分三部分：基础理论综述（城镇化概念的语源与发展、内涵与指标体系、正当性论证、条件分析、模式比较、功能研究）；探索研究综述（历史进程研究、政策历史演进、法律推进、模式研究、发展方向研究）；社会问题研究综述（农民问题、土地问题、权利问题、新型社会关系、法律对策等研究综述）。

《移民限制人口城乡迁移与城市化模式/区域经济与粤港澳台合作》

外文书名: Migration restriction, rural–urban migration & China's urbanization model
丛书名：区域经济与粤港澳台合作研究丛书
作　者：段晋苑
出版社：经济科学出版社
开　本：32　　　　　　页　数: 220页
语　种：简体中文
ISBN: 7514169083
版　次：第1版
出版时间：2016年12月1日

从分析中国特殊城乡二元户籍制度的建立和演变着笔，描述新中国成立以来户籍迁移限制下的人口城乡迁移的轨迹，考察移民限制政策对我国城市化进程的巨大影响，并以最早吸引农村迁移人口集聚的珠三角城市群为重点，观察我国特殊的城市化发展模式。

《城市化历史演变与中国城市化未来发展研究》

作　者：徐和平
出版社：人民出版社
开　本：16　　　　页　数：274页
语　种：简体中文
ISBN：7010169829，978-7-0101-6982-8
版　次：第1版
出版时间：2016年12月1日

本书从工业化国家城市化历史演变的角度研究有关城市化的理论、政策及模式，在梳理城市化规律及主线的基础上研究中国城市化未来发展及政策取向。

《农业现代化与新型城镇化研究》

作　者：辛岭，胡志全，崔奇峰
出版社：中国农业科学技术出版社
开　本：16　　　　页　数：175页
语　种：简体中文
ISBN：978-7-5116-2923-4
版　次：第1版
出版时间：2016年12月1日

本书在课题“农业现代化与新型城镇化”（国家软科学研究计划课题，课题编号：2014GXS1 B002）研究成果的基础上，对农业现代化和城镇化理论基础进行研究，借鉴发达国家城市化和农业现代化的发展模式，通过典型调研、问卷和专家访谈等多种形式，研究分析我国促进新型城镇化的具体思路、发展路径及其与农业现代化的关系，并分析科技创新创业在农业现代化与新型城镇化协调发展中的作用，最后提出政策建议。

《统筹城乡发展社会协同治理机制研究》

外文书名：Research on the Mechanism of Social Cooperative Governance for Balancing Urban and Rural Development
作　者：刘卫平
出版社：西南财经大学出版社
开　本：16　　页　数：316页
语　种：简体中文
ISBN: 978-7-5504-2814-0
版　次：第1版
出版时间：2016年12月1日

本书在推进国家治理体系和治理能力现代化的时代背景下，坚持党的领导、人民当家做主和依法治国有机统一，以协同治理理论为分析框架，研究和构建中国话语体系下的城乡统筹发展中社会协同治理机制，对创新城乡社会治理体制机制、推进城乡社会发展一体化具有重要的理论意义和实践价值。

《长三角城市群均衡发展研究/长三角经济研究丛书》

丛书名：长三角经济研究丛书
作　者：魏守华
出版社：经济科学出版社
开　本：16　　页　数：262页
语　种：简体中文
ISBN: 978-7-5141-7545-5, 7514175458
版　次：第1版
出版时间：2016年12月1日

本书系统地考察了长三角内外部均衡协调发展状况，包括长三角产业集聚与扩散特征、长三角城市均衡发展特征以及长三角与全国均衡发展特征，揭示了城市群经济空间结构演变的特征与规律，为其他城市群发展及国家城市群战略提供了借鉴和理论支撑。

《统筹城乡发展：评价监测与实践探索》

外文书名：Balance Urban and Rural Development:Assessment,Monitoring and Practice
作　者：张守凤
出版社：科学出版社
开　本：5　　　　　页　数：342页
语　种：简体中文
ISBN：978-7-0304-9012-4，7030490126
版　次：第1版
出版时间：2016年12月1日

本书以统筹城乡发展为主线，以建立城乡和谐共生系统为目标，全面梳理我国关于统筹城乡发展的政策，系统归纳相关领域的研究理论和研究成果，运用系统分析与综合评价的方法，将逻辑分析与数理分析相结合，对我国的31个省（自治区、直辖市）统筹城乡发展的水平和风险状况进行了系统评价和监测预警。

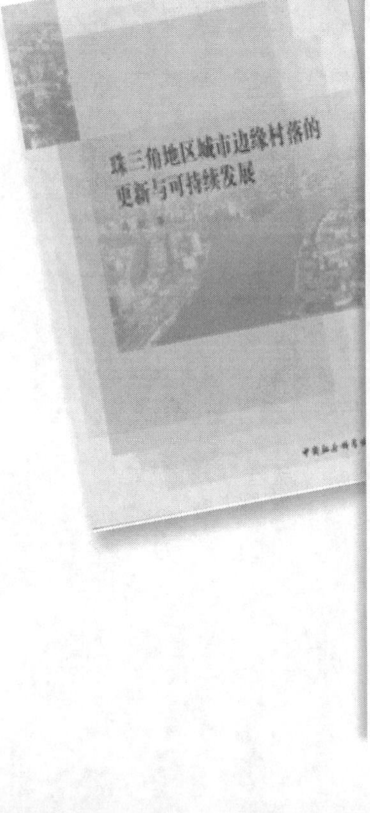

《珠三角地区城市边缘村落的更新与可持续发展》

作　者：马航
出版社：中国社会科学出版社
开　本：16　　　　　页　数：265页
语　种：简体中文
ISBN：7516187763，978-7-5161-8776-0
版　次：第1版
出版时间：2016年11月15日

本书主要以位于珠三角地区城市边缘区的村落为主要研究对象，在系统阐述城市社会学、城市经济学等相关理论基础上，以边缘村落在新型城镇化背景下面临的具体问题为研究切入点。

《中国城市综合发展指标：大城市群发展战略(2016)》

外文书名：China integrated City index 2016 Development Strategy of Megalopolis
编　者：国家发展和改革委员会发展规划司，云河都市研究院
出版社：人民出版社
开　本：16　　　　页　数：205页
语　种：简体中文
ISBN：978-7-0101-6701-5，701016701X
版　次：第1版
出版时间：2016年11月1日

本书由跨学科、跨领域、跨国界的“中国城市综合发展指标”研究团队，通过汇集对中国城镇化问题的认识和吸纳国内外经验教训以及先进理念，摸索和开发既可以量化又可以视化的城市化指标评价体系，为中国的城镇化树立起了一套数字化标杆和参照系。

《中国地方政府债务的规范发展研究》

丛书名：城市化与金融系列丛书
作　者：郑春荣
出版社：格致出版社
开　本：16　　　　页　数：168页
语　种：简体中文
ISBN：7543226693，978-7-5432-2669-2
版　次：第1版
出版时间：2016年11月1日

本书以地方政府债务的规范发展为主题，具体分析几大问题：首先，对改革前的地方政府融资平台进行剖析，分析其运作原因与主要模式。其次，对我国地方政府债务的历史沿革进行介绍。随后的第3章至第7章平行研究了四个问题，这四个问题对于规范地方政府债务都非常重要：依次是上级约束、本级立法约束、外部约束以及内部的预算管理。此外，本书还附了两个专题研究报告，分别对我国地方政府的债务规模估测、增信模式对地方政府融资平台信托融资成本的影响等进行了研究。

《规土融合视角下特大城市土地节约集约利用评价与实践》

外文书名：Economical intensive land use evaluation and application of the mega-cities from the perspective of Fusion of Land Use and Urban Planning

作　者：陈韦，洪旗，陈华飞，熊威，郑金等

出版社：中国建筑工业出版社

开　本：16　　　　页　数：206页

语　种：简体中文

ISBN：978-7-1121-9522-0

版　次：第1版

出版时间：2016年11月1日

本书基于武汉市评价技术的总结和实践探索，系统梳理相关基础理论和研判技术发展趋势，阐明以“规土融合”为突破口在评价与规划融合、评价引导土地管理、评价成果应用、评价信息系统构建等方面的技术创新；介绍了构建特大城市多目标、多层次、全覆盖评价体系的方法步骤；优化提升了指标体系构建、潜力测算等评价技术，并以节约集约用地评价“武汉模式”为例介绍从规划编制、政策引导、管理信息系统等方面进行评价成果应用的实践经验；提出了节约集约用地评价与城市发展规划融合编制的创新模式。

《全球城市竞争力报告(2014–2015)·世界之半：丝绸之路城市网》

外文书名：The Global Urban Competitiveness Report:2014–2015–half of the World:Cities Network of the Silk Road

丛书名：中社智库年度报告

作　者：倪鹏飞，丁如曦，彼得·卡尔·克拉索，唐玉峨等

出版社：中国社会科学出版社

开　本：16　　　　页　数：296页

语　种：简体中文

ISBN：978-7-5161-8962-7

版　次：第1版

出版时间：2016年11月15日

本书展望，在基础设施联通、制度环境优化、商品服务贸易、生产要素流动和产业网络演变等多个方面机遇与挑战并存的背景下，未来丝绸之路城市网将呈现欧洲延展、东亚加密、印非崛起、中亚下沉、中东分化等变动趋势，出现“三网四带”的城市体系新格局，并将通过阿状延伸、带状扩展、多极支撑等方式深刻改变世界经济地理格局。